Foreword

개정 4판을 펴내며...

첫 번째 자바 책을 출간한지 22년이 넘었네요. 이 오랜 시간동안 늘 같은 자리에서 독자분들의 질문에 답변하며 유튜브에 무료 강의, 스터디, 세미나 등 많은 사람이 자바를 쉽게 잘 배울 수 있도록 노력해왔습니다. 저자가 본인 스스로 굳이 이런 글을 쓴다는 것이 내키지 않으나 인터넷에 독자를 현혹하는 정보가 많아서 이 자리를 빌어 저자의 허심탄회한 생각을 한번 읽어주길 바랄 뿐입니다.

세상의 변화만큼이나 자바도 빠르게 성장해왔는데 몇년이 지나도 이 변화를 온전히 담아주는 책이 나오지 않아서 제대로 된 책을 써보자 다짐하고 4판의 집필을 시작하게 되었습니다. 반년이면 되겠지 싶었으나 어느새 1년이 훌쩍 넘어서야 세상에 나오게 되었습니다.
  금전적인 면만 생각하면 대충 구색만 갖춰서 새로운 책으로 출판할 수 있었겠지만, 적어도 누구 하나는 그러지 않아야 하니까요. 누군가 책을 잘 집필해주면 저도 이제 이 무거운 짐을 내려놓고 홀가분해질텐데 이점이 늘 아쉽습니다. 그래도 저는 오랫동안 독자 여러분의 사랑을 많이 받아왔으니 그 보답을 한다는 마음으로 아직까지 버티고 있습니다.

최근 AI의 급격한 발달로 지식을 보다 쉽게 얻을 수 있게 되었습니다. 누구나 AI를 사용하지만, 사람의 능력이 약간만 차이나도 AI가 만들어내는 결과물의 격차가 큽니다. 그래서 사람이 습득해야하는 지식의 양과 질이 더 중요해지고 있습니다.
  실무에서는 점점 높은 수준의 실력을 요구하고 있으나 독자들은 점점 쉬운 책을 원하고 그에 맞는 책이 많이 팔리고 있습니다. 정말로 쉬운 것도 아니고 그저 쉬워보이는 책이나 강좌로는 실력이 늘기 어렵습니다. 그에 비해 이 책은 다소 어렵게 느껴질 수도 있으나 중요한 내용을 빠짐없이 담았고, 대신 저자가 직접 답변해주고 강의 영상도 무료로 제공하여 혼자서도 학습할 수 있도록 돕고 있습니다.
  이를 잘 활용하면 보다 효율적으로 높은 실력을 갖추실 수 있습니다. 저는 독자 여러분을 항상 묵묵히 응원하며, 늘 같은 자리에서 여러분의 질문을 기다리고 있습니다.

2025년 6월 14일

저자 남 궁 성
seong.namkung@gmail.com

Contents

Chapter 01 자바를 시작하기 전에

1. 자바(Java programming language) — 002
    1.1 자바란? — 002
    1.2 자바의 역사 — 003
    1.3 자바언어의 특징 — 006
    1.4 JVM(Java Virtual Machine) — 008

2. 자바개발환경 구축하기 — 010
    2.1 자바 개발도구(JDK)설치하기 — 010
    2.2 인텔리제이(Intellij IDEA) 설치하기 — 020

3. 자바로 프로그램 작성하기 — 028
    3.1 Hello.java — 028
    3.2 자주 발생하는 에러와 해결방법 — 031
    3.3 자바 프로그램의 실행과정 — 032
    3.4 주석(comment) — 033
    3.5 이 책으로 공부하는 방법 — 034

Chapter 02 변수(variable)

1. 변수(variable) — 040
    1.1 변수(variable)란? — 040
    1.2 변수의 선언과 초기화 — 040
    1.3 변수의 명명규칙 — 045

2. 변수의 타입 — 047
    2.1 기본형(primitive type) — 048
    2.2 상수와 리터럴(constant & literal) — 050
    2.3 형식화된 출력 – printf( ) — 058
    2.4 화면에서 입력받기 – Scanner — 062

3. 진법 — 064
    3.1 10진법과 2진법 — 064
    3.2 비트(bit)와 바이트(byte) — 065
    3.3 8진법과 16진법 — 066
    3.4 정수의 진법 변환 — 068
    3.5 실수의 진법 변환 — 070
    3.6 음수의 2진 표현 – 2의 보수법 — 072

4. 기본형(primitive type) — 076
    4.1 논리형 – boolean — 076
    4.2 문자형 – char — 076
    4.3 정수형 – byte, short, int, long — 083
    4.4 실수형 – float, double — 089

5. 형변환 — 095
    5.1 형변환(캐스팅, casting)이란? — 095
    5.2 형변환 방법 — 095
    5.3 정수형 간의 형변환 — 096
    5.4 실수형 간의 형변환 — 098

5.5 정수형과 실수형 간의 형변환	101
5.6 자동 형변환	103

Chapter 03 연산자(operator)

1. 연산자(operator)	**108**
1.1 연산자와 피연산자	108
1.2 식(式)과 대입 연산자	108
1.3 연산자의 종류	108
1.4 연산자의 우선순위와 결합규칙	110
1.5 산술 변환(usual arithmetic conversion)	113
2. 단항 연산자	**115**
2.1 증감 연산자 ++, --	115
2.2 부호 연산자 +, -	118
3. 산술 연산자	**119**
3.1 사칙 연산자 +, -, *, /	119
3.2 나머지 연산자 %	130
4. 비교 연산자	**131**
4.1 대소비교 연산자 〈, 〉, 〈=, 〉=	131
4.2 등가비교 연산자 ==, !=	131
5. 논리 연산자	**136**
5.1 논리 연산자 &&, ||, !	136
5.2 비트 연산자 &, |, ^, ~, 〈〈, 〉〉	143
6. 그 외의 연산자	**152**
6.1 조건 연산자 ? :	152
6.2 대입 연산자 =, op=	154

Chapter 04 조건문과 반복문

1. 조건문 – if, switch	**158**
1.1 if문	158
1.2 if-else문	162
1.3 if-else if문	163
1.4 중첩 if문	166
1.5 switch문	168
2. 반복문 – for, while, do-while	**180**
2.1 for문	180
2.2 while문	191
2.3 do-while문	197
2.4 break문	199
2.5 continue문	200
2.6 이름 붙은 반복문	202

Contents

Chapter 05 배열(array)

1. 배열(array) — 206
   1.1 배열(array)이란? — 206
   1.2 배열의 선언과 생성 — 206
   1.3 배열의 길이와 인덱스 — 208
   1.4 배열의 초기화 — 213
   1.5 배열의 복사 — 216
   1.6 배열의 활용 — 220

2. String배열 — 230
   2.1 String배열의 선언과 생성 — 230
   2.2 String배열의 초기화 — 230
   2.3 char배열과 String클래스 — 233
   2.4 커맨드 라인을 통해 입력받기 — 236

3. 다차원 배열 — 238
   3.1 2차원 배열의 선언과 인덱스 — 238
   3.2 2차원 배열의 초기화 — 238
   3.3 가변 배열 — 243
   3.4 다차원 배열의 활용 — 244

Chapter 06 객체지향 프로그래밍 I

1. 객체지향언어 — 254
   1.1 객체지향언어의 역사 — 254
   1.2 객체지향언어 — 254

2. 클래스와 객체 — 255
   2.1 클래스와 객체의 정의와 용도 — 255
   2.2 객체와 인스턴스 — 256
   2.3 객체의 구성요소 – 속성과 기능 — 257
   2.4 인스턴스의 생성과 사용 — 258
   2.5 객체 배열 — 264
   2.6 클래스의 또 다른 정의 — 266

3. 변수와 메서드 — 270
   3.1 선언위치에 따른 변수의 종류 — 270
   3.2 클래스 변수와 인스턴스 변수 — 271
   3.3 메서드 — 273
   3.4 메서드의 선언과 구현 — 276
   3.5 메서드의 호출 — 278
   3.6 return문 — 282
   3.7 JVM의 메모리 구조 — 285
   3.8 기본형 매개변수와 참조형 매개변수 — 288
   3.9 참조형 반환타입 — 292
   3.10 재귀호출(recursive call) — 294
   3.11 클래스 메서드(static메서드)와 인스턴스 메서드 — 301
   3.12 클래스 멤버와 인스턴스 멤버 간의 참조와 호출 — 304

4. 오버로딩(overloading) — 307
- 4.1 오버로딩이란? — 307
- 4.2 오버로딩의 조건 — 307
- 4.3 오버로딩의 예 — 307
- 4.4 오버로딩의 장점 — 309
- 4.5 가변인자(varargs)와 오버로딩 — 311

5. 생성자(constructor) — 315
- 5.1 생성자란? — 315
- 5.2 기본 생성자(default constructor) — 316
- 5.3 매개변수가 있는 생성자 — 318
- 5.4 생성자에서 다른 생성자 호출하기 – this(), this — 319
- 5.5 생성자를 이용한 인스턴스의 복사 — 322

6. 변수의 초기화 — 324
- 6.1 변수의 초기화 — 324
- 6.2 명시적 초기화(explicit initialization) — 325
- 6.3 초기화 블럭(initialization block) — 326
- 6.4 멤버변수의 초기화 시기와 순서 — 328

Chapter 07 객체지향 프로그래밍 II

1. 상속(inheritance) — 334
- 1.1 상속의 정의와 장점 — 334
- 1.2 클래스간의 관계 – 포함 관계 — 340
- 1.3 클래스간의 관계 결정하기 — 341
- 1.4 단일상속(single inheritance) — 347
- 1.5 Object클래스 – 모든 클래스의 조상 — 349

2. 오버라이딩(overriding) — 351
- 2.1 오버라이딩이란? — 351
- 2.2 오버라이딩의 조건 — 352
- 2.3 오버로딩 vs. 오버라이딩 — 353
- 2.4 super — 354
- 2.5 super() – 조상 클래스의 생성자 — 356

3. package와 import — 360
- 3.1 패키지(package) — 360
- 3.2 패키지의 선언 — 361
- 3.3 import문 — 364
- 3.4 import문의 선언 — 364
- 3.5 static import문 — 366

4. 제어자(modifier) — 368
- 4.1 제어자란? — 368
- 4.2 static – 클래스의, 공통적인 — 368
- 4.3 final – 마지막의, 변경될 수 없는 — 369
- 4.4 abstract – 추상의, 미완성의 — 371
- 4.5 접근 제어자(access modifier) — 372
- 4.6 제어자(modifier)의 조합 — 377

Contents

5. 다형성(polymorphism)   **378**
    5.1 다형성이란?   378
    5.2 참조변수의 형변환   380
    5.3 instanceof 연산자   386
    5.4 참조변수와 인스턴스의 연결   394
    5.5 매개변수의 다형성   397
    5.6 여러 종류의 객체를 배열로 다루기   400

6. 추상 클래스(abstract class)   **405**
    6.1 추상 클래스란?   405
    6.2 추상 메서드(abstract method)   405
    6.3 추상 클래스의 작성   407

7. 인터페이스(interface)   **411**
    7.1 인터페이스란?   411
    7.2 인터페이스의 작성   411
    7.3 인터페이스의 상속   412
    7.4 인터페이스의 구현   412
    7.5 인터페이스를 이용한 다중 상속   415
    7.6 인터페이스를 이용한 다형성   417
    7.7 인터페이스의 장점   420
    7.8 인터페이스의 이해   426
    7.9 디폴트 메서드, static메서드, private메서드   430

8. 내부 클래스(inner class)   **434**
    8.1 내부 클래스란?   434
    8.2 내부 클래스의 종류와 특징   435
    8.3 내부 클래스의 선언   435
    8.4 내부 클래스의 제어자와 접근성   436
    8.5 익명 클래스(anonymous class)   441

Chapter 08   예외 처리(exception handling)

1. 예외 처리(exception handling)   **444**
    1.1 프로그램 오류   444
    1.2 예외 클래스의 계층구조   445
    1.3 예외 처리하기 – try-catch문   446
    1.4 try-catch문에서의 흐름   449
    1.5 예외의 발생과 catch블럭   450
    1.6 예외 발생시키기   454
    1.7 메서드에 예외 선언하기   457
    1.8 finally블럭   464
    1.9 자동 자원 반환 – try-with-resources문   466
    1.10 사용자정의 예외 만들기   469
    1.11 예외 되던지기(exception re-throwing)   472
    1.12 연결된 예외(chained exception)   474

Chapter 09 java.lang패키지와 유용한 클래스

1. java.lang패키지 — 480
- 1.1 Object클래스 — 480
- 1.2 String클래스 — 494
- 1.3 StringBuffer와 StringBuilder — 508
- 1.4 Math클래스 — 514
- 1.5 래퍼(wrapper) 클래스 — 521

2. 유용한 클래스 — 526
- 2.1 java.util.Objects — 526
- 2.2 java.util.Random — 530
- 2.3 정규식(regular expression) – java.util.regex — 535
- 2.4 java.util.Scanner — 540
- 2.5 java.util.StringTokenizer — 543
- 2.6 java.math.BigInteger — 548
- 2.7 java.math.BigDecimal — 551

Chapter 10 날짜와 시간 & 형식화

1. 날짜와 시간 — 558
- 1.1 Calendar와 Date — 558

2. 형식화 클래스 — 570
- 2.1 DecimalFormat — 570
- 2.2 SimpleDateFormat — 574
- 2.3 ChoiceFormat — 578
- 2.4 MessageFormat — 579

3. java.time패키지 — 582
- 3.1 java.time패키지의 핵심 클래스 — 582
- 3.2 LocalDate와 LocalTime — 585
- 3.3 Instant — 590
- 3.4 LocalDateTime과 ZonedDateTime — 591
- 3.5 TemporalAdjusters — 595
- 3.6 Period와 Duration — 597
- 3.7 파싱과 포맷 — 602

Chapter 11 컬렉션 프레임웍

1. 컬렉션 프레임웍(collections framework) — 608
- 1.1 컬렉션 프레임웍의 핵심 인터페이스 — 608
- 1.2 ArrayList — 615
- 1.3 LinkedList — 626
- 1.4 Stack과 Queue — 634

1.5	Iterator, ListIterator, Enumeration	644
1.6	Arrays	654
1.7	Comparator와 Comparable	658
1.8	HashSet	661
1.9	TreeSet	668
1.10	HashMap과 Hashtable	674
1.11	TreeMap	684
1.12	Properties	688
1.13	Collections	694
1.14	컬렉션 클래스 정리 & 요약	699

Chapter 12 모던 자바 기능(new Java features)

1. 지네릭스(generics)		**702**
1.1	지네릭스란?	702
1.2	지네릭 클래스의 선언	703
1.3	지네릭 클래스의 객체 생성과 사용	706
1.4	제한된 지네릭 클래스	709
1.5	와일드 카드	711
1.6	지네릭 메서드	717
1.7	지네릭 타입의 형변환	720
1.8	지네릭 타입의 제거	722
2. 열거형(enums)		**724**
2.1	열거형이란?	724
2.2	열거형의 정의와 사용	725
2.3	열거형에 멤버 추가하기	728
2.4	열거형의 이해	731
3. 애너테이션(annotation)		**735**
3.1	애너테이션이란?	735
3.2	표준 애너테이션	736
3.3	메타 애너테이션	744
3.4	애너테이션 타입 정의하기	748
4. 레코드(record)		**754**
4.1	레코드란?	754
4.2	레코드의 특징	755
4.3	레코드의 중첩	760
4.4	지네릭 레코드	762
4.5	레코드와 애너테이션	764
5. 실드 클래스(sealed class)		**766**
5.1	실드 클래스란?	766
5.2	실드 클래스의 제약 조건	767
5.3	실드 클래스와 switch식	769
6. 모듈(module)		**774**
6.1	모듈이란?	774
6.2	모듈 설명자 – module-info.java	776

6.3	이름없는 모듈과 java.base모듈	779
6.4	전이적 의존성과 순환 의존성	786
6.5	모듈의 컴파일과 실행	788
6.6	자동 모듈	793

Chapter 13 쓰레드(thread)

1. 쓰레드   **796**
- 1.1 프로세스와 쓰레드?   796
- 1.2 쓰레드의 구현과 실행   798
- 1.3 start()와 run()   802
- 1.4 싱글쓰레드와 멀티쓰레드   806
- 1.5 쓰레드의 우선순위   812
- 1.6 쓰레드 그룹(thread group)   815
- 1.7 데몬 쓰레드(daemon thread)   818
- 1.8 쓰레드의 실행제어   822

2. 쓰레드의 동기화   **841**
- 2.1 synchronized를 이용한 동기화   841
- 2.2 wait()과 notify()   845
- 2.3 Lock과 Condition을 이용한 동기화   853
- 2.4 volatile   860
- 2.5 fork & join 프레임웍   862

3. 가상 쓰레드(virtual thread)   **867**
- 3.1 가상 쓰레드란?   867
- 3.2 가상 쓰레드의 생성과 사용   868
- 3.3 가상 쓰레드의 특징   869
- 3.4 플랫폼 쓰레드와 가상 쓰레드   871
- 3.5 가상 쓰레드의 상태   878
- 3.6 가상 쓰레드 작성시 주의사항   884
- 3.7 Continuation과 StackChunk   885

4. Executor와 ExecutorService   **889**
- 4.1 Executor   889
- 4.2 ThreadFactory   890
- 4.3 ExecutorService   892
- 4.4 쓰레드 풀(thread pool)   898
- 4.5 Future   903
- 4.6 CompletableFuture   913

Chapter 14 람다와 스트림

1. 람다식(lambda Expression)   **928**
- 1.1 람다식이란?   928
- 1.2 람다식 작성하기   929
- 1.3 함수형 인터페이스(functional interface)   931
- 1.4 java.util.function패키지   936

Contents

  1.5 Function의 합성과 Predicate의 결합 942
  1.6 메서드 참조 946
 2. 스트림(stream) **948**
  2.1 스트림이란? 948
  2.2 스트림 만들기 953
  2.3 스트림의 중간연산 958
  2.4 Optional⟨T⟩와 OptionalInt 971
  2.5 스트림의 최종연산 976
  2.6 collect( ) 980
  2.7 Collector구현하기 997
  2.8 스트림의 변환 1000

Chapter 15 입출력(I/O)

 1. 자바에서의 입출력 **1004**
  1.1 입출력이란? 1004
  1.2 스트림(stream) 1004
  1.3 바이트 기반 스트림 - InputStream, OutputStream 1005
  1.4 보조 스트림 1007
  1.5 문자 기반 스트림 - Reader, Writer 1008
 2. 바이트 기반 스트림 **1010**
  2.1 InputStream과 OutputStream 1010
  2.2 ByteArrayInputStream과 ByteArrayOutputStream 1012
  2.3 FileInputStream과 FileOutputStream 1016
 3. 바이트 기반의 보조 스트림 **1019**
  3.1 FilterInputStream과 FilterOutputStream 1019
  3.2 BufferedInputStream과 BufferedOutputStream 1020
  3.3 DataInputStream과 DataOutputStream 1023
  3.4 SequenceInputStream 1029
  3.5 PrintStream 1031
 4. 문자 기반 스트림 **1035**
  4.1 Reader와 Writer 1035
  4.2 FileReader와 FileWriter 1037
  4.3 PipedReader와 PipedWriter 1039
  4.4 StringReader와 StringWriter 1041
 5. 문자 기반의 보조 스트림 **1042**
  5.1 BufferedReader와 BufferedWriter 1042
  5.2 InputStreamReader와 OutputStreamWriter 1043
 6. 표준 입출력과 File **1045**
  6.1 표준 입출력 - System.in, System.out, System.err 1045
  6.2 표준 입출력의 대상변경 - setIn(), setOut(), setErr() 1047
  6.3 RandomAccessFile 1049
  6.4 File 1053
 7. 직렬화(serialization) **1072**
  7.1 직렬화란? 1072

7.2	ObjectInputStrea과 ObjectOutputStream	1073
7.3	직렬화 가능한 클래스 만들기 – Serializable, transient	1075
7.4	직렬화 가능한 클래스의 버전관리	1081

Chapter 16　네트워킹(networking)

1. 네트워킹(networking)		**1084**
1.1	클라이언트/서버(client/server)	1084
1.2	IP주소(IP address)	1086
1.3	InetAddress	1087
1.4	URL과 URI	1089
1.5	URLConnection	1092
2. 소켓 프로그래밍		**1097**
2.1	TCP와 UDP	1097
2.2	TCP소켓 프로그래밍	1098
2.3	UDP소켓 프로그래밍	1116

Memo

Chapter 01

자바를 시작하기 전에

getting started with Java

1. 자바(Java Programming Language)

1.1 자바란?

자바는 썬 마이크로시스템즈(Sun Microsystems, 이하 썬)에서 개발하여 1996년 1월에 공식적으로 발표한 객체지향 프로그래밍 언어이며, 추후에 함수형 프로그래밍 기능이 추가되었다. 전세계적으로 가장 많이 사용되는 프로그래밍 언어 중의 하나로 약 30년동안 꾸준히 발전해왔으며 쓰이지 않는 곳을 찾기가 힘들정도로 폭넓은 분야에서 사용된다.

좁은 의미에서의 자바는 단순히 프로그래밍 언어지만, 넓은 의미에서 자바는 프로그래밍 언어 뿐만 아니라 관련된 여러 소프트웨어와 명세(specification)를 포함한다.

자바는 특정 플랫폼에 종속되지 않는 소프트웨어를 개발하고 배포하는데 필요한 모든 것을 제공한다. 그 덕분에 임베디드 시스템, 모바일 기기, 기업용 서버, 게임, 빅데이터, 인공지능에 이르기까지 아주 널리 쓰이고 있다.

자바는 SE(Standard Edition), ME(Micro Edition), EE(Enterprise Edition) 등 여러가지 종류가 있으며 대부분의 경우 자바는 'Java SE'를 의미한다.

| 참고 | Java EE는 2017년에 Eclipse재단으로 이전되면서 Jakarta EE로 이름이 변경되었다.

널리 사용되는 만큼 신중한 기능 개선으로 발전이 더디다는 평을 받아왔지만, 2017년 이후로 업데이트가 빨라져서 6개월마다 새로운 버전이 출시된다. 앞으로 최소한 몇년간은 자바는 기업 환경에서 가장 많이 사용되는 프로그래밍 언어의 지위를 내어주지 않을 것으로 보인다.

모던 프로그래밍 언어에서 가장 핵심적인 것은 객체지향 개념과 함수형 개념인데, 자바로 작성된 객체지향 개념과 관련된 좋은 자료가 많기 때문에 **객체지향 개념을 배우기에는 자바만한 언어가 없다.** 빅데이터에서 많이 쓰이는 함수형 프로그래밍 언어인 스칼라(Scala)도 자바에서 발전된 것으로 자바를 잘 배워두면 여러 언어로 쉽게 확장해 나갈 수 있다.

1.2 자바의 역사

자바의 역사는 1991년에 썬의 엔지니어들에 의해서 고안된 오크(Oak)라는 언어에서부터 시작되었다. 원래 목표는 가전제품에 탑재될 소프트웨어를 만드는 것이었는데, 객체지향 언어인 C++을 확장하려다가 부족함을 느껴서 C++의 단점을 보완한 새로운 언어인 Oak를 개발하기로 결정하였다.

인터넷이 등장하자 운영체제에 독립적인 Oak가 이에 적합하다고 판단하여 개발 방향을 인터넷에 맞게 바꾸면서 이름을 자바(Java)로 변경하고, 1996년 1월에 자바의 정식 버전을 발표했다. 그 당시만 해도 자바로 작성된 애플릿(Applet)은 웹페이지에 사운드와 애니메이션 등의 멀티미디어적인 요소들을 제공할 수 있는 유일한 방법이었기 때문에 많은 인기를 얻고 단 기간에 많은 사용자층을 확보할 수 있었다.

이후에 애플릿이 매크로 미디어사의 플래시(flash)에게 밀려서 자바의 인기가 줄어들었으나 1990년 말에 웹의 폭발적인 성장으로 자바의 인기가 다시 급상승하였다. 대규모의 서버 애플리케이션의 개발에 자바가 사용됨으로써 실무에서 탄탄한 입지를 확보하게 되었다. 그러다가 2008년에 모바일 운영체제인 안드로이드에 자바가 사용되면서 자바의 활용 분야가 더욱 확대되면서 자바가 쓰이지 않는 곳이 없다고 할 정도가 되었다.

썬에서 오라클로

썬은 자바와 MySQL데이터베이스등으로 오픈소스 발전에 큰 기여를 해왔으나, 2000년대 후반에 리눅스의 발전과 닷컴 버블의 붕괴로 주 수익원이던 하드웨어 판매의 급락과 수익이 낮은 오픈소스의 특성으로 경영란에 빠지게 되었다.

결국 데이터베이스의 1인자 오라클(Oracle)이 2010년에 썬을 인수함으로써 자바와 MySQL데이터베이스를 확보하게 되었다. 오라클이 오픈소스의 수익성을 강화하면서 그동안 무료로 사용해 왔던 자바의 유료화가 우려되었으나 기업이나 상업적 용도가 아니면 여전히 자바는 무료로 사용할 수 있다.

Oracle JDK와 OpenJDK

오라클은 자바 개발도구인 JDK(Java Development Kit)의 대부분을 Oracle OpenJDK 라는 오픈소스로 jdk.java.net 사이트에서 공개하고 있으며, 이를 기반으로 여러 기업이 자신만의 JDK를 오픈소스로 개발해서 공개하고 있다.

| 참고 | 오픈소스인 OpenJDK는 조건없이 무료이고 소스가 모두 공개되어있다. https://github.com/openjdk/jdk

배포판	공급자	설명
Oracle OpenJDK	Oracle	오라클이 제공하는 OpenJDK의 공식 배포판. 6개월만 지원
Eclipse Temurin	Eclipse Adoptium	다양한 플랫폼을 지원하며 무료로 LTS 버전의 장기 지원
Amazon Corretto	Amazon	AWS 서비스와 통합에 적합하며 무료로 LTS 버전의 장기 지원
Azul Zulu	Azul Systems	다양한 플랫폼을 지원하며 무료로 LTS 버전의 장기 지원
Red Hat OpenJDK	Red Hat	대규모 기업 환경(RHEL)에서 안정성과 호환성이 뛰어남.

▲ 표1-1 OpenJDK의 종류

오픈소스인 Oracle OpenJDK와 달리, Oracle JDK는 오픈 소스가 아니며 상업용 목적이 아닌 개인 사용자에게만 무료이다. Oracle OpenJDK는 Oracle JDK가 제공하는 JMC(Java Misssion Control)와 JFR(Java Flight Recorder) 등의 상용도구가 포함되지 않는다는 점을 제외하면 Oracle JDK와 거의 동일하다.

JDK의 장기 지원 정책 – LTS, Long Term Support

기존에는 JDK의 발표 후 3년까지 보안 업데이트와 버그 수정이 무료로 지원되었으나 JDK 8부터는 LTS로 지정된 특정 버전만 '장기 지원(최소 8년)'을 제공하고, LTS가 아닌 버전은 다음 버전이 나오는 6개월 후면 지원이 종료된다.

학습 목적인 경우는 LTS버전이 아니어도 상관없으나, 상용 제품이나 기업 환경에서는 반드시 LTS버전의 JDK를 선택해야 한다.

> 참고 │ Oracle JDK와 달리 Oracle OpenJDK는 LTS를 지원 안한다. LTS를 지원하는 OpenJDK가 필요하면 표1-1을 참고.

자바의 새로운 기능 – JDK 8 ~ 21

집필 시점인 2025년을 기준으로 JDK 21이 최신 LTS버전이고, 아래에 JDK 8부터 JDK 21까지 새로 추가된 주요 기능의 목록을 정리하였다. 자세한 내용은 목록에 적힌 책의 페이지를 참고하자.

먼저 가장 중요한 기능 몇가지를 요약하면, JDK 8에서 람다식과 스트림 API가 추가되면서 함수형 프로그래밍이 가능해졌다는 것과 JDK 9에서 G1(Garbage First)이라는 이름의 가비지 컬렉터(Gabage Collector)가 새로 추가되어 자동으로 메모리를 관리해주는 기능이 획기적으로 개선되었다. 그리고 JDK 9부터 추가된 모듈 시스템 덕분에 JDK가 모듈 단위로 잘 정리되어 6개월마다 새로운 버전을 출시하며 빠르게 변화할 수 있게 되었다.

> 참고 │ JDK의 버전은 1.x 형식으로 표기하였으나 JDK 1.5부터 JDK 5와 같이 JDK x의 형식으로 변경되었다.

JDK 8 – 2014.3 LTS
- **함수형 프로그래밍 지원 – 람다식 & 스트림 API**
- 새로운 날짜 및 시간 API: java.time패키지
- Optional 클래스: NullPointerException 방지

JDK 9 – 2017.9
- 모듈 시스템(JEP 261, p.774)
- 간결한 문자열(compact strings, JEP 254 p.507)
- 인터페이스에 private method 허용(p.432)
- **G1을 기본 가비지 컬렉터(GC)로 변경**
- REPL(Read-Eval-Print-Loop) 도구로 jshell을 제공

JDK 10 – 2018.3
- 지역 변수 타입 추론(var, JEP 286, p.54)

JDK 11 - 2018.9 LTS
- HTTP Client API: 현대적인 비동기 HTTP 요청 지원
- String클래스에 메서드 추가: isBlank, lines, repeat 등(p.498)
- var를 Lambda식에 사용 가능.(JEP 323, p.929)

JDK 14 - 2020.3
- switch식(switch expressions, JEP 361, p.178)

JDK 15 - 2020.9
- 텍스트 블럭(JEP 378, p.56)

JDK 16 - 2021.3
- 레코드(records, JEP 395, p.754)
- instanceof를 위한 패턴매칭(JEP 394, p.390)

JDK 17 - 2021.9 LTS
- 실드 클래스(sealed classes, JEP 409, p.766)

JDK 18 - 2022.3
- 간단한 웹서버 제공(/bin/jwebserver, JEP 408)
- 기본 인코딩을 UTF-8로 변경(JEP 400, p.507)

JDK 21 - 2023.9 LTS
- 가상 쓰레드 (JEP 444, p.867)
- switch문을 위한 패턴매칭(JEP 441, p.769)
- 레코드 패턴(JEP 440, p.759)
- Collections Framework에 Sequenced Collections 추가 (JEP 431, p.614)

위의 목록에서 프리뷰 기능(preview features)은 제외하였다. 프리뷰 기능은 새로운 실험적 기능을 개발자의 피드백을 받기 위해 미리보기 형식으로 제공하는 것으로 향후 자바 버전에서 정식 기능이 되거나 폐기될 수 있다.

프리뷰 기능을 사용하려면 컴파일 할 때와 실행할 때와 실행할 때 아래와 같이 별도의 옵션을 지정해야 한다.

```
c:\jdk21\ch01>javac --enable-preview --release 21 PreviewTest.java
c:\jdk21\ch01>java --enable-preview PreviewTest
```

> **참고** 버전별로 추가 및 변경된 사항에 대한 보다 자세한 내용은 아래의 링크에서 확인할 수 있다.
> https://docs.oracle.com/en/java/javase/21/language/java-language-changes-release.html

자바 개선 제안 제도 - JEP, Java Enhancement Proposal

JDK 8부터 도입된 '자바 개선 제안 제도(JEP)'로, 자바에 새로운 기능의 추가나 기존 기능을 개선을 제안하는 공식 문서이다.

 JEP마다 고유 번호가 있으며, OpenJDK 커뮤니티(openjdk.org)를 통해 논의, 승인, 구현 과정을 거친다. 차기 JDK버전에 어떤 JEP들을 포함시킬지 결정한다.

| 참고 | https://openjdk.org/jeps/0 에서 JEP의 목록을 확인할 수 있다.

OpenJDK는 오픈소스 답게 OpenJDK 커뮤니티와 JEP를 통해 Java 플랫폼의 발전 방향을 개발자들과 함께 고민하고 결정하며, 개발자들에게 Java의 미래를 이해할 수 있게 한다.

| 참고 | JEP와 유사한 JSR(Java Spec Request)도 있는데, JSR은 자바의 표준을 위한 제안으로 JEP보다 상위 개념으로 서로 연관되어 있다. 예를 들어 JSR 376은 JEP 261과 JEP 282에 의해 구현되었다.

1.3 자바언어의 특징

자바는 최근에 발표된 언어답게 기존의 다른 언어에는 없는 많은 장점들을 가지고 있다. 그 중 대표적인 몇 가지에 대해서 알아보도록 하자.

1. 운영체제에 독립적이다.

기존의 언어는 한 운영체제에 맞게 개발된 프로그램을 다른 종류의 운영체제에 적용하기 위해서는 많은 노력이 필요하였지만, 자바에서는 더 이상 그런 노력을 하지 않아도 된다. 이것은 일종의 에뮬레이터인 자바가상머신(JVM)을 통해서 가능한 것인데, 자바 응용프로그램은 운영체제나 하드웨어가 아닌 JVM하고만 통신하고 JVM이 자바 응용프로그램으로부터 전달받은 명령을 해당 운영체제가 이해할 수 있도록 변환하여 전달한다. 자바로 작성된 프로그램은 운영체제에 독립적이지만 JVM은 운영체제에 종속적이어서 썬에서는 여러 운영체제에 설치할 수 있는 서로 다른 버전의 JVM을 제공하고 있다.

 그래서 자바로 작성된 프로그램은 운영체제와 하드웨어에 관계없이 실행 가능하며 이것을 '한번 작성하면, 어디서나 실행된다.(Write once, run anywhere)'고 표현하기도 한다.

2. 객체지향 언어이자 함수형 언어이다.

자바는 프로그래밍의 대세로 자리 잡은 객체지향 프로그래밍언어(object-oriented programming language) 중의 하나로 객체지향개념의 특징인 상속, 캡슐화, 다형성이 잘 적용된 순수한 객체지향언어라는 평가를 받고 있다. JDK 8부터 함수형 프로그래밍을 지원하고 있어서 최신 변화의 흐름에 맞춰 지속적으로 성장해 가고 있다.

3. 비교적 배우기 쉽다.

자바의 연산자와 기본구문은 C++에서, 객체지향관련 구문은 스몰톡(small talk)이라는 객체지향언어에서 가져왔다. 이 들 언어의 장점은 취하면서 복잡하고 불필요한 부분은 과

감히 제거하여 단순화함으로서 쉽게 배울 수 있으며, 간결하고 이해하기 쉬운 코드를 작성할 수 있도록 하였다. 객체지향언어의 특징인 재사용성과 유지보수의 용이성 등의 많은 장점에도 불구하고 배우기가 어렵기 때문에 많은 사용자층을 확보하지 못했으나 자바의 간결하면서도 명료한 객체지향적 설계는 사용자들이 객체지향개념을 보다 쉽게 이해하고 활용할 수 있도록 하여 객체지향 프로그래밍의 저변확대에 크게 기여했다.

4. 자동 메모리 관리(Garbage Collection)
자바로 작성된 프로그램이 실행되면, 가비지 컬렉터(garbage collector)가 자동적으로 메모리를 관리해주기 때문에 프로그래머는 메모리를 따로 관리 하지 않아도 된다. 가비지 컬렉터가 없다면 프로그래머가 사용하지 않는 메모리를 체크하고 반환하는 일을 수동적으로 처리해야할 것이다. 자동으로 메모리를 관리한다는 것이 다소 비효율적인 면도 있지만, 프로그래머가 보다 프로그래밍에 집중할 수 있도록 도와준다.

| 참고 | JDK 9부터 성능이 크게 향상된 G1이 기본 가비지 컬렉터가 되었다. 실행시 옵션으로 가비지 컬렉터를 변경가능

5. 네트워크와 분산처리를 지원한다.
인터넷과 대규모 분산환경을 염두에 둔 까닭인지 풍부하고 다양한 네트워크 프로그래밍 라이브러리(Java API)를 통해 비교적 짧은 시간에 네트워크 관련 프로그램을 쉽게 개발할 수 있도록 지원한다.

6. 멀티쓰레드를 지원한다.
일반적으로 멀티쓰레드(multi-thread)의 지원은 사용되는 운영체제에 따라 구현방법도 상이하며, 처리 방식도 다르다. 그러나 자바에서 개발되는 멀티쓰레드 프로그램은 시스템과는 관계없이 구현가능하며, 관련된 라이브러리(Java API)가 제공되므로 구현이 쉽다. 그리고 여러 쓰레드에 대한 스케줄링(scheduling)을 자바 인터프리터가 담당하게 된다.

| 참고 | JDK 21부터 가상 쓰레드(virtual thread)가 추가되어 자바로 고성능, 고처리량의 서버를 만들 수 있게 되었다.

7. 동적 로딩(Dynamic Loading)을 지원한다.
보통 자바로 작성된 애플리케이션은 여러 개의 클래스로 구성되어 있다. 자바는 동적 로딩을 지원하기 때문에 실행 시에 모든 클래스가 로딩되지 않고 필요한 시점에 클래스를 로딩하여 사용할 수 있다는 장점이 있다. 그 외에도 일부 클래스가 변경되어도 전체 애플리케이션을 다시 컴파일하지 않아도 되며, 애플리케이션의 변경사항이 발생해도 비교적 적은 작업만으로도 처리할 수 있는 유연한 애플리케이션을 작성할 수 있다.

1.4 JVM(Java Virtual Machine)

JVM은 'Java virtual machine'을 줄인 것으로 직역하면 '자바를 실행하기 위한 가상 기계'라고 할 수 있다. 가상 기계라는 말이 좀 어색하겠지만 영어권에서는 컴퓨터를 머신(machine)이라고도 부르기 때문에 '머신'이라는 용어대신 '컴퓨터'를 사용해서 '자바를 실행하기 위한 가상 컴퓨터'라고 이해하면 좋을 것이다.

'가상 기계(virtual machine)'는 소프트웨어로 구현된 하드웨어를 뜻하는 넓은 의미의 용어이며, 컴퓨터의 성능이 향상됨에 따라 점점 더 많은 하드웨어들이 소프트웨어화되어 컴퓨터 속으로 들어오고 있다. 그 예로는 TV와 비디오를 소프트웨어화한 윈도우 미디어 플레이어라던가, 오디오 시스템을 소프트웨어화한 윈앰프(winamp) 등이 있다.

이와 마찬가지로 '가상 컴퓨터(virtual computer)'는 실제 컴퓨터(하드웨어)가 아닌 소프트웨어로 구현된 컴퓨터라는 뜻으로 컴퓨터 속의 컴퓨터라고 생각하면 된다.

자바로 작성된 애플리케이션은 모두 이 가상 컴퓨터(JVM)에서만 실행되기 때문에, 자바 애플리케이션이 실행되기 위해서는 반드시 JVM이 필요하다.

▲ 그림1-1 Java애플리케이션과 일반 애플리케이션의 비교

일반 애플리케이션의 코드는 OS만 거치고 하드웨어로 전달되는데 비해 Java애플리케이션은 JVM을 한 번 더 거치기 때문에, 그리고 하드웨어에 맞게 완전히 컴파일된 상태가 아니고 실행 시에 해석(interpret)되기 때문에 속도가 느리다는 단점을 가지고 있다. 그러나 요즘엔 바이트코드(컴파일된 자바코드)를 하드웨어의 기계어로 바로 변환해주는 JIT컴파일러와 향상된 최적화 기술이 적용되어서 속도의 격차를 많이 줄였다.

그림1-1에서 볼 수 있듯이 일반 애플리케이션은 OS와 바로 맞붙어 있기 때문에 OS종속적이다. 그래서 다른 OS에서 실행시키기 위해서는 애플리케이션을 그 OS에 맞게 변경해야한다. 반면에 Java 애플리케이션은 JVM하고만 상호작용을 하기 때문에 OS와 하드웨어에 독립적이라 다른 OS에서도 프로그램의 변경없이 실행이 가능한 것이다. 단, JVM은 OS에 종속적이기 때문에 해당 OS에서 실행가능한 JVM이 필요하다.

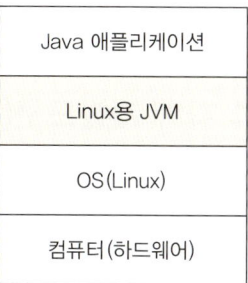

▲ 그림1-2 다양한 OS용 JVM

그래서 오라클에서는 일반적으로 많이 사용되는 주요 OS용 JVM을 제공하고 있고, 이렇게 함으로써 자바의 중요한 장점 중의 하나인 "Write once, run anywhere.(한 번 작성하면 어디서든 실행된다.)"이 가능하게 되는 것이다.

그랄 VM - Graal Virtual Machine

그랄 VM은 고성능, 다중언어 실행환경으로 기존의 핫스팟 VM의 JIT 컴파일러를 그랄 컴파일러로 대체한 가상 머신(Virual Machine)이다. 자바 외에도 다양한 프로그래밍 언어(JavaScript, phthon, Ruby, R 등)를 지원하고 심지어는 여러 언어를 혼합해서 코드를 작성하는 것도 가능한데, 그 이유는 그랄VM은 각 언어의 소스 코드를 인터프리터가 그랄 VM이 이해할 수 있는 중립적인 표현으로 변환해서 처리하기 때문이다.

프로그래밍 언어마다 런타임 환경 성능이 제각각이라 어떤 언어는 성능이 상대적으로 많이 떨어지기도 하는데, 그랄VM은 입력된 중간 표현을 자동으로 최적화하고 런타임에 JIT컴파일까지 해주기 때문에 때로는 네이티브 컴파일러보다 실행 성능이 나을 수 있다.

특히 서버리스 및 클라우드 환경에 맞게 애플리케이션을 최적화하는 네이티브 바이너리(native image)로 변환하는 기능을 제공하는 것이 큰 장점이다.

오라클은 2018년 5월에 그랄 VM을 처음으로 공식 발표하였으나, 보다 효율적인 개발을 위해 JDK 16부터 JDK에서 독립시켜서 별도의 JDK로 개발하고 있다. 머지않아 Oracle JDK의 기본 VM으로 포함될 것이다.

| 참고 | 그랄VM을 사용하려면 그랄VM이 포함된 JDK를 설치해야한다. https://www.graalvm.org/downloads

2. 자바개발환경 구축하기

2.1 자바 개발도구(JDK)설치하기

자바로 프로그래밍을 하기위해서는 먼저 JDK(Java Development Kit)를 설치해야 한다. JDK를 설치하면, 자바가상머신(Java Virtual Machine, JVM)과 자바클래스 라이브러리 (Java API)외에 자바를 개발하는데 필요한 프로그램들이 설치된다.

JDK 다운로드 받기
이 책을 학습하기 위해서는 JDK 21 이상의 버전이 필요하며, http://java.sun.com/에서 다운로드 받아서 설치할 것이다. JDK를 설치하는 것만으로는 자바를 학습하기에 불편하기 때문에, 보다 편리한 개발환경을 제공하는 통합 개발 환경(IDE)가 필요한다. 본인에게 익숙한 것을 사용해도 되지만 가능하면 이 책을 학습하는 동안 인텔리제이(IntelliJ IDEA)을 추천한다. 인텔리제이를 설치하는 방법은 JDK를 설치한 다음에 설명할 것이다.

│참고│ JDK를 설치하는 방법이 변경된 경우 https://github.com/castello/javajungsuk4 에서 JDK21_설치방법.pdf을 확인

1 브라우저를 열고 http://java.sun.com을 방문하면 아래와 같은 화면이 나온다. 아래의 화면에서 'Java SE 21(LTS)'를 클릭하자.

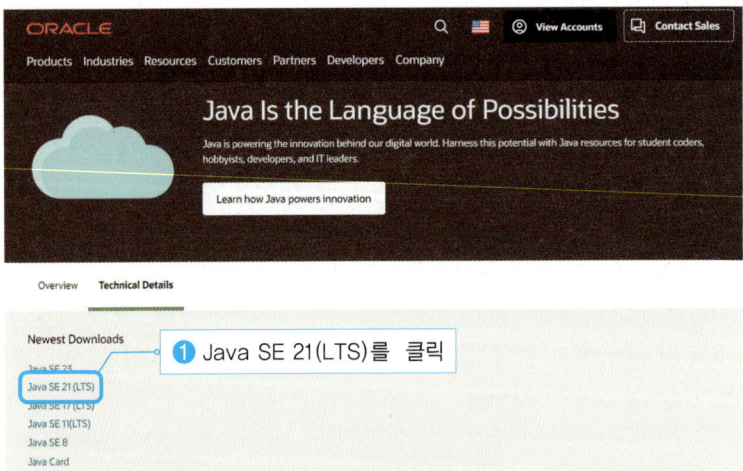

2 아래의 페이지가 나타나면 아래로 약간 스크롤하자. 두번째 그림처럼 다운로드 받을 JDK의 종류를 선택하는 화면이 나타난다.

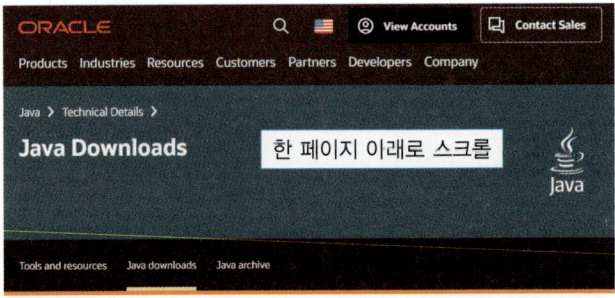

윈도즈 사용자는 아래의 그림과 같이 Windows를 클릭하고, 아래의 세 번째 링크인 'x64 MSI Installer'를 클릭하면, 다운로드가 시작된다.

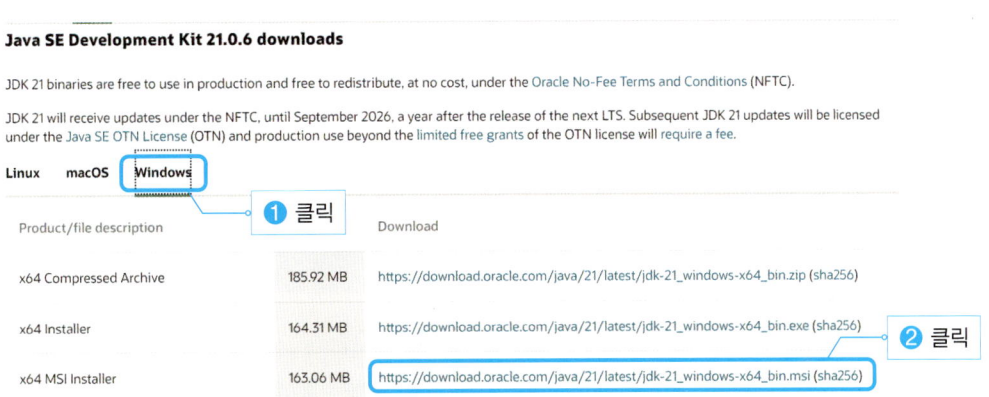

맥OS 사용자는 아래의 그림에서 macOS를 클릭하고, 두 번째 링크인 'ARM64 DMG Installer'를 클릭하면, 다운로드가 시작된다.

| 참고 | Intel CPU가 장착된 컴퓨터의 경우 네 번째 링크인 '64 DMG Installer'를 클릭해야 한다.

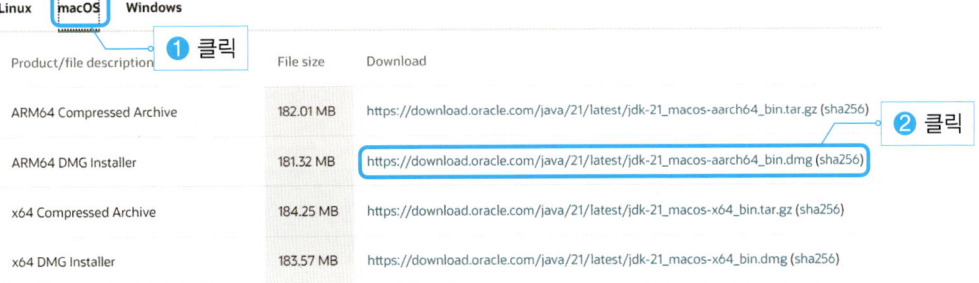

JDK 설치하기 - 윈도우즈

이제 다운로드 받은 JDK를 설치해보자. 윈도우즈에 JDK를 설치하는 방법을 먼저 설명하고 그 다음에 맥OS에 JDK를 설치하는 방법을 설명한다.

1 다운로드 받은 'jdk-21_windows-x64_bin.msi'를 실행하면 다음과 같은 화면을 볼 수 있다. 'Next >'버튼을 클릭하자

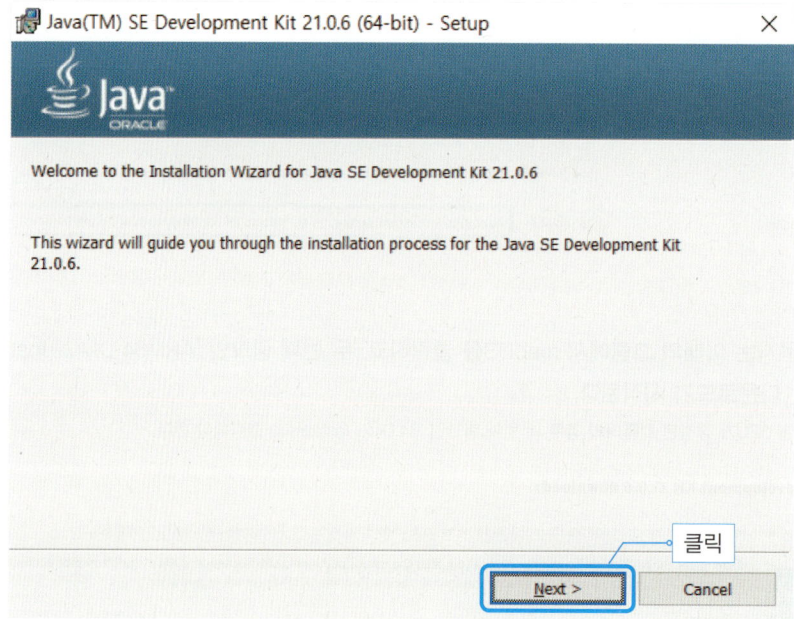

2 JDK를 설치할 위치를 묻는 화면인데, 설치될 위치를 변경하려면, 'Change…'버튼을 누르면 된다. 그냥 설치될 위치 'C:\Program Files\Java\jdk-21'만 확인하고, Next버튼을 클릭하자.

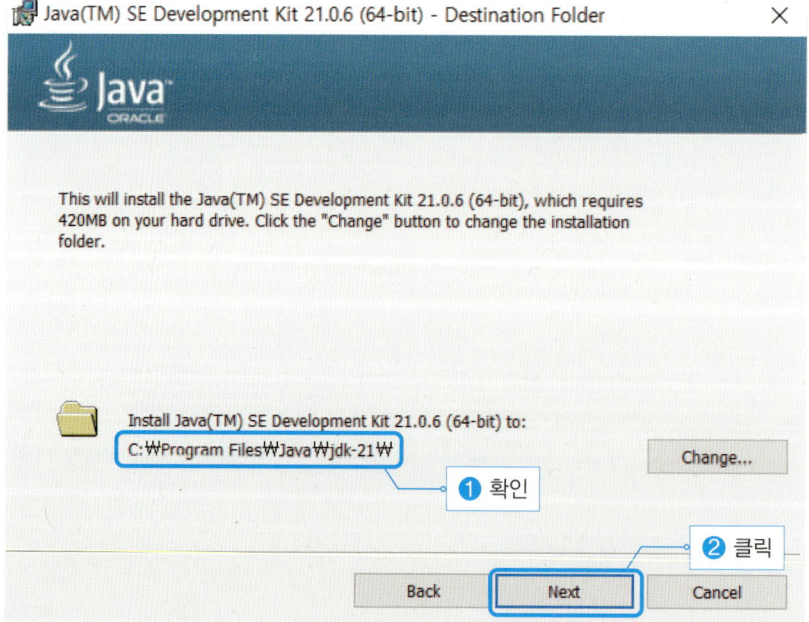

3 아래와 같은 화면이 나타나면서 설치가 시작되는데, 잠시 후 설치가 모두 끝나고 두 번째 화면이 나타난다. 그러면 설치가 잘 끝난 것이다. 'Close'버튼을 누르자.

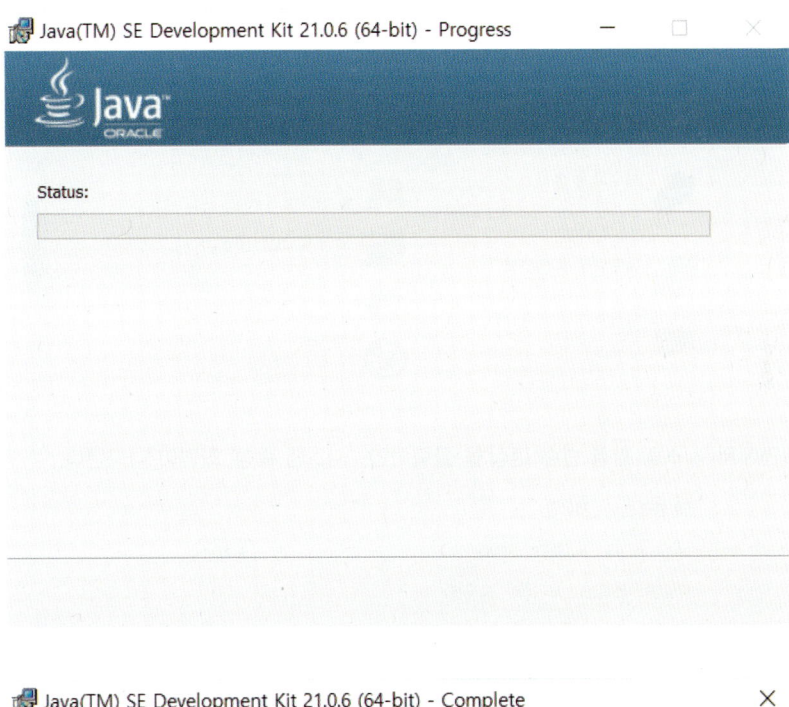

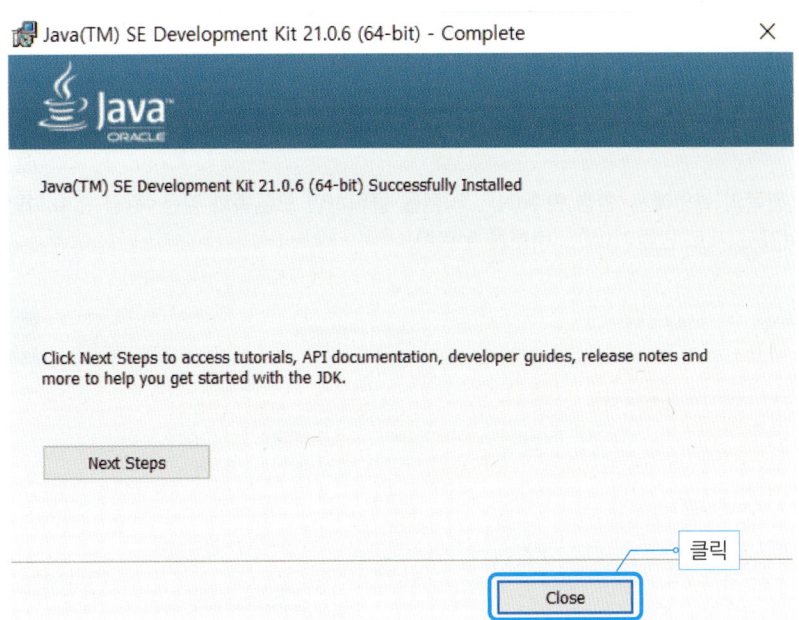

4 설치가 끝났으나 한가지 설정이 남았다. 제어판을 열고, 검색창에 '환경변수'라고 입력하자.

| 참고 | 제어판은 윈도우키를 누르고, 찾기에 '제어판'이라고 입력하면 찾을 수 있다.

아래의 화면에서 '시스템 환경 변수 편집'을 클릭하면, '시스템 속성' 화면이 나타난다.

5 아래 왼쪽의 화면에서 '환경 변수(N)...'버튼을 클릭하면 오른쪽과 같은 '환경 변수'화면이 나타나는데 여기서 '새로 만들기(W)...'버튼을 누르자.

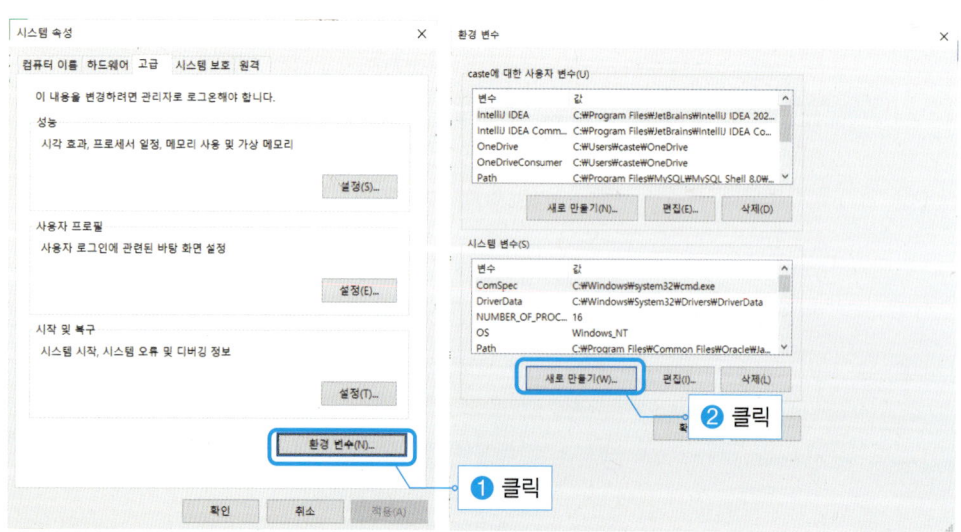

6 아래와 같은 화면이 나타나면, '변수 이름'으로 'JAVA_HOME'을 입력하고 '변수 값'에는 아까 JDK를 설치한 경로인 'C:₩Program Files₩Java₩jdk-21'을 입력하자. 만일 JDK를 다른 곳에 설치했으면, 설치한 경로를 입력해야 한다. 입력한 내용을 다시 한번 확인하고 '확인'을 누르자.

|참고| '변수 값'을 직접 입력하기 보다 '디렉터리 찾아보기(D)...'버튼을 눌러서 찾는 것이 확실하다.

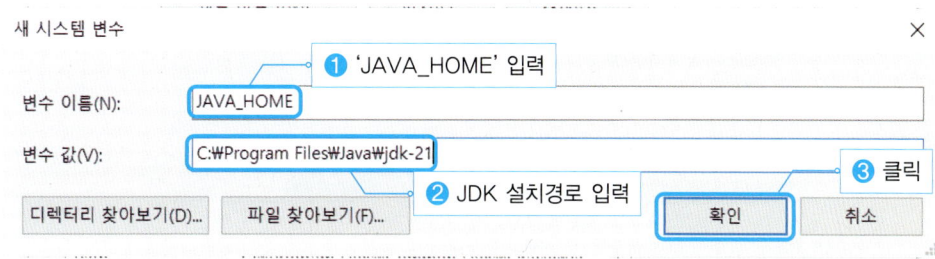

7 아래와 같은 화면이 나타나면, '시스템 변수'목록의 스크롤바를 아래로 내리면 'Path'항목을 찾을 수 있다. 이 항목을 클릭하고, '편집(I)...'버튼을 누르자.

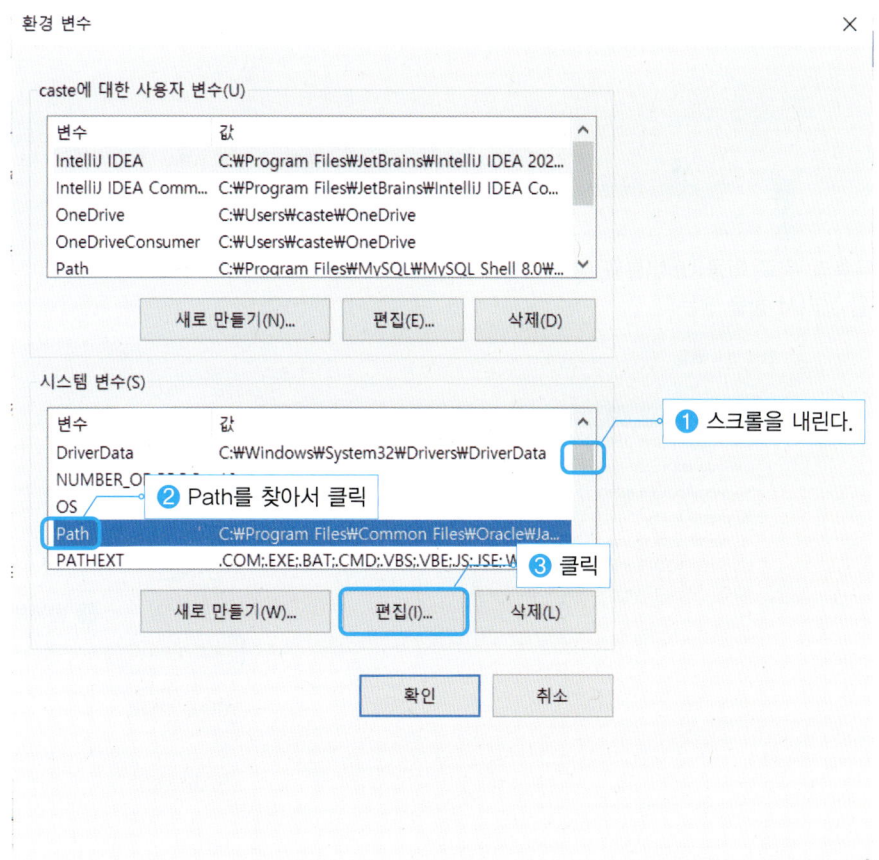

8 아래와 같이 새로운 화면이 열리면 우측 상단의 '새로 만들기(N)'버튼을 누르고, '%JAVA_HOME%\bin'을 입력하고 Enter키를 누르자.

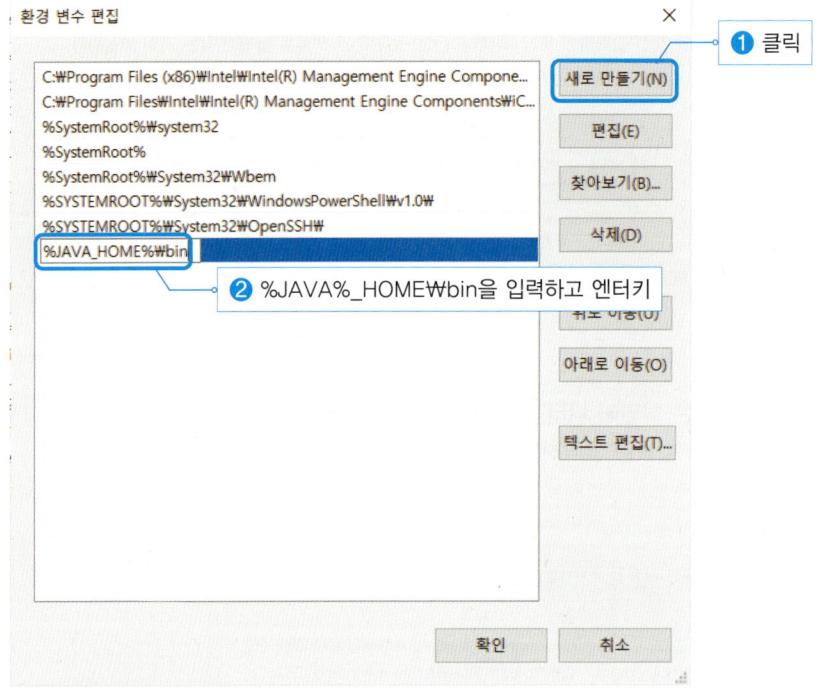

9 우측의 '위로 이동(U)'버튼을 여러번 눌러서 새로 추가한 경로가 맨 위로 올라가게 하고 '확인' 버튼을 눌러서 창을 닫는다.

10 아래의 화면에서 전에 입력한 내용이 추가된 것을 확인하고, '확인'버튼을 클릭하자.

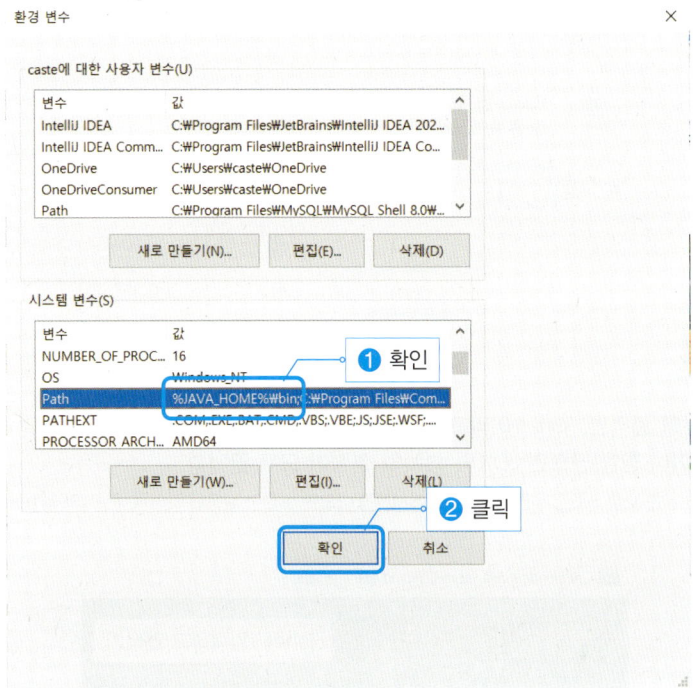

11 아래와 같은 화면에서 다시 '확인'버튼을 클릭하자.

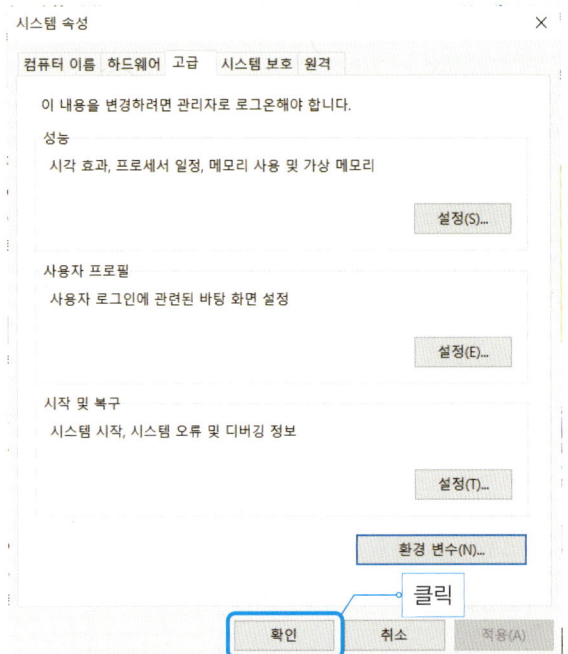

12 이제 설정은 다 끝났고, 설정이 잘되었는지 확인해 보자. '윈도우키+R'을 누르면 아래와 같은 화면이 나오는데, 'cmd'라고 입력하고 '확인'버튼을 누르자.

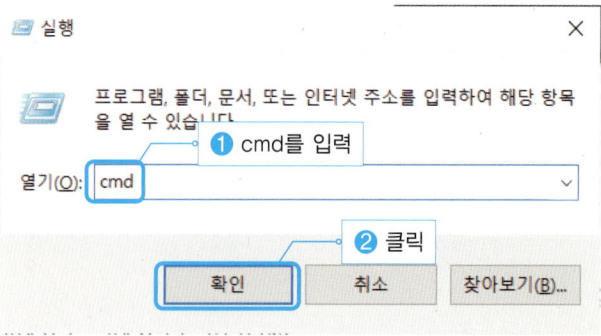

13 새로운 창이 열리면, 'jshell'이라고 입력하고 엔터키를 누르자. 아래와 같은 결과가 나오면 설정이 잘된 것이니 창을 닫으면 JDK의 설치와 설정이 모두 끝났다.

| 참고 | 만일 'jshell은 내부 또는 ... 아닙니다.'라는 메시지가 나오면 설정이 잘못된 것이며, 4~11의 과정을 다시 반복하자.

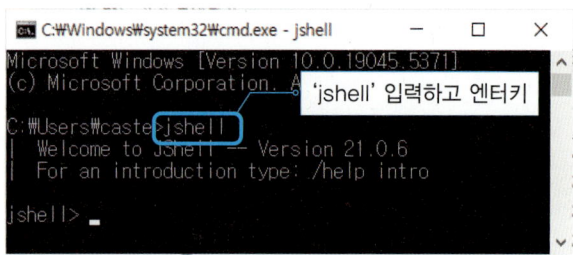

JDK 설치하기 – 맥OS
맥OS 사용자를 위한 JDK설치 방법에 대해서 알아보자.

1 앞에서 다운받은 jdk-21_macos-aarch64_bin.dmg파일을 실행하면 다음과 같은 화면이 나온다. 'JDK 21.0.6.pkg'를 더블 클릭하자.

2 아래의 왼쪽 화면에서 'Continue'버튼을 클릭하면, 오른쪽 화면이 나오는데 다시 'Continue' 버튼을 클릭하자.

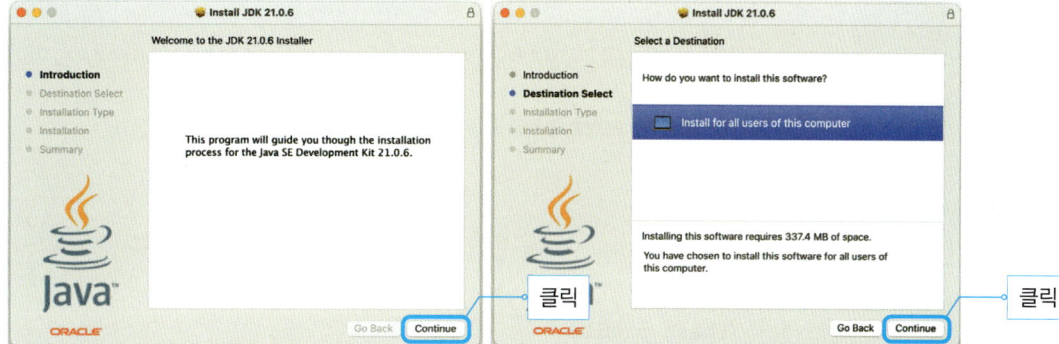

3 아래의 왼쪽 화면에서 'Install'버튼을 누르면 설치가 시작되면서 오른쪽과 같은 화면이 된다.

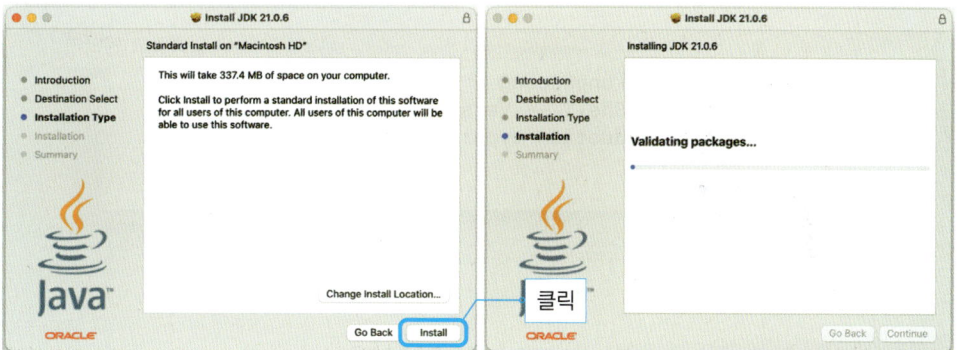

4 아래와 같은 화면이 나오면 설치가 잘 끝난 것이다. 'Close'버튼을 누르자.

5 이제 설치가 끝났으니 설정을 할 차례이다. 사용자 디렉토리 아래의 '.bash_profile'파일을 열고 아래의 두줄을 마지막에 추가하고 저장하자.

```
export JAVA_HOME=/Library/Java/JavaVirtualMachines/jdk-21.jdk/Contents/Home
export PATH=$JAVA_HOME/bin:${PATH}
```

6 마지막으로 터미널을 열고 아래의 명령을 입력하면 변경한 설정이 반영된다.

```
%source ~/.bash_profile
```

7 변경한 설정이 잘 반영되었는지 확인하기 위해 아래와 같이 'jshell'을 입력하고 엔터키를 누르면 아래와 같은 결과가 나오는지 확인하자.

```
(base) seongnamkung@seong ~ % jshell
|  Welcome to JShell -- Version 21.0.6
|  For an introduction type: /help intro

jshell>
```
'jshell' 입력하고 엔터키

2.2 인텔리제이(Intellij IDEA) 설치하기

앞으로 통합 개발 도구인 인텔리제이(IntelliJ IDEA)를 설치하고, 간단한 예제를 실행해볼 것이다. 설치 과정이 다소 변경될 수 있으므로 앞으로 설명하는 내용이 실제 화면과 다르면 저자의 깃헙 리포(https://github.com/castello/javajungsuk4)에서 '인텔리제이_설치방법.pdf'에서 최신 설치방법을 확인하자.

인텔리제이는 두가지 버전이 있는데, 무료 버전으로도 학습에 아무런 지장이 없기 때문에 무료 버전을 설치할 것이다.

- Intellij IDEA Ultimate – 유료, 30일 무료
- **Intellj IDEA Community Edition – 무료**

먼저 윈도우에 설치하는 방법을 설명하고, 그 다음에 MacOS에 설치하는 방법을 설명할 것이다. 본인의 OS에 맞게 설치하면 된다.

Intellij 다운로드하기

1 브라우저를 열고 intellij download라고 입력하여 검색한 후, 아래의 링크를 클릭

2 아래의 페이지가 나타나면 OS의 종류를 선택해서 클릭하고, 화면을 아래로 반 페이지 정도 스크롤하자. 두번째 그림처럼 IntelliJ IDEA Community Edition이 나오는데, 여기서 윈도우즈의 경우 .exe(Windows), 맥OS의 경우 .dmg(Apple Sillicon)을 선택하고, 'Download'버튼을 클릭하자.

ㅣ참고ㅣ 맥OS인데 Intel CPU를 사용하는 경우, .dmg(Intel)을 선택하자.

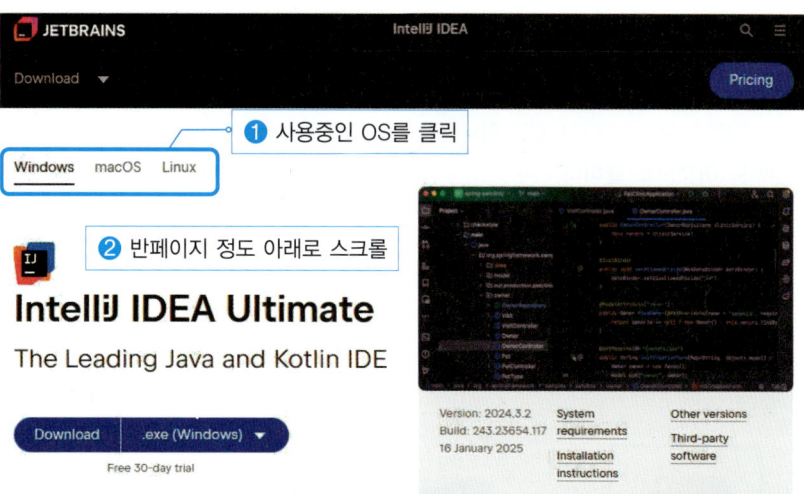

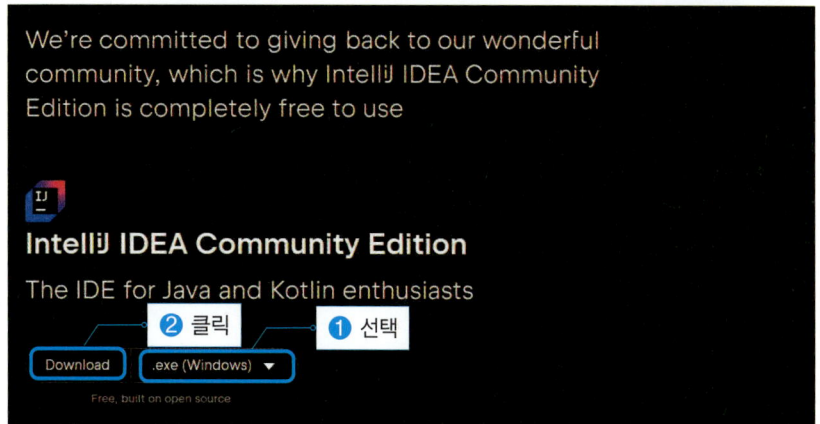

❸ 아래의 페이지가 나타나면서 다운로드가 자동으로 시작된다. 만일 자동으로 다운로드가 시작되지 않으면, 아래의 수동 다운로드 링크를 클릭하자.

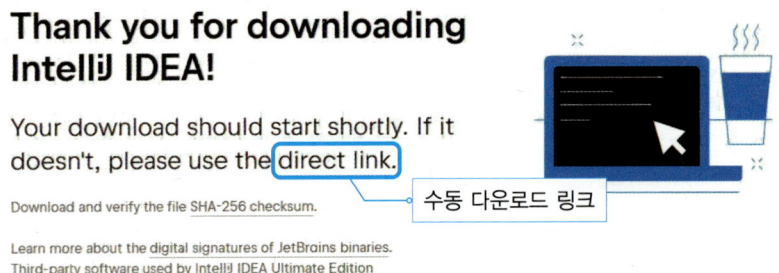

이제 다운로드한 파일을 실행해서 인텔리제이를 설치해 보자. 맥OS의 설치가 간단하므로 먼저 살펴보고, 그 다음에 윈도우에 설치하는 방법을 설명할 것이다.

Intellij 설치하기 – 맥OS

❶ 전에 다운로드 받은 'idealC-2024.3.2.2-aarch64.dmg'를 더블 클릭하면 다음과 같은 화면이 나타난다. 왼쪽의 'Intellij IDEA CE' 아이콘을 드래그해서 'Applications' 아이콘 위로 겹쳐놓으면 된다. 설치는 이것으로 끝이다.

| 참고 | 다운받은 파일의 이름은 새로운 버전이 나오면 달라질 수 있다.

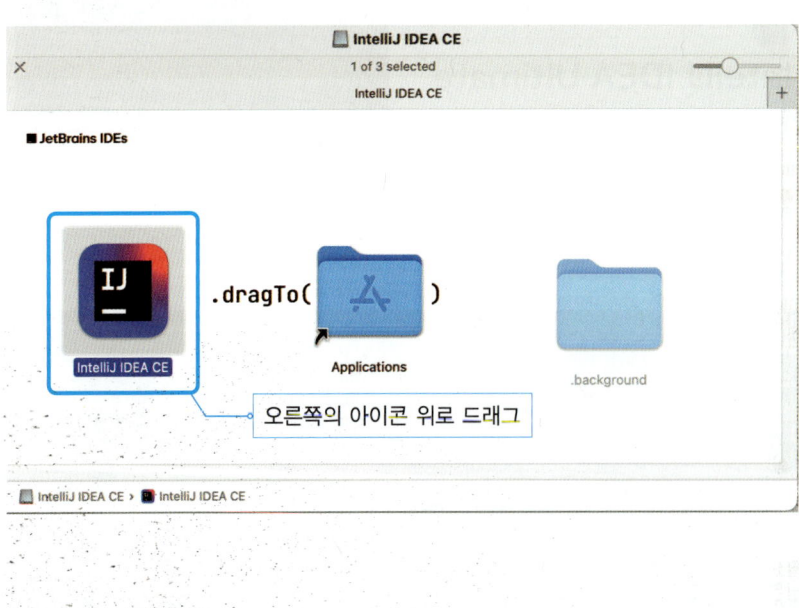

Intellij 설치하기 - 윈도우즈

1 전에 다운로드 받은 'idealC-2024.3.2.2.exe'를 더블 클릭하여 실행하면 다음과 같은 화면이 나오는데, '다음 >'버튼을 클릭하자.

| 참고 | 다운받은 파일의 이름은 새로운 버전이 나오면 달라질 수 있다.

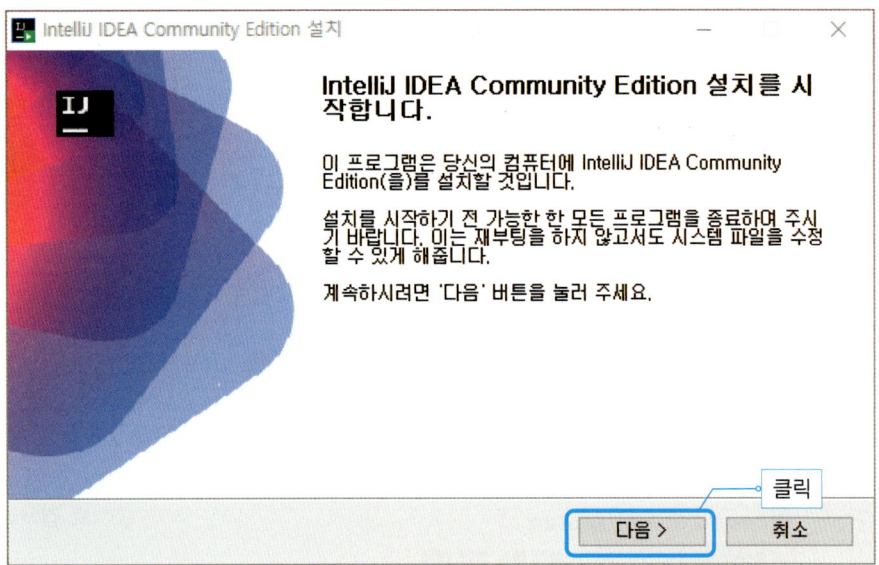

2 인텔리제이를 설치할 위치를 지정하는 화면이 나오는데, 원하는 곳으로 변경해도 되지만 특별한 이유가 없으면 기본을 지정된 위치에 설치하자. 그냥 '다음 >'버튼을 클릭하자.

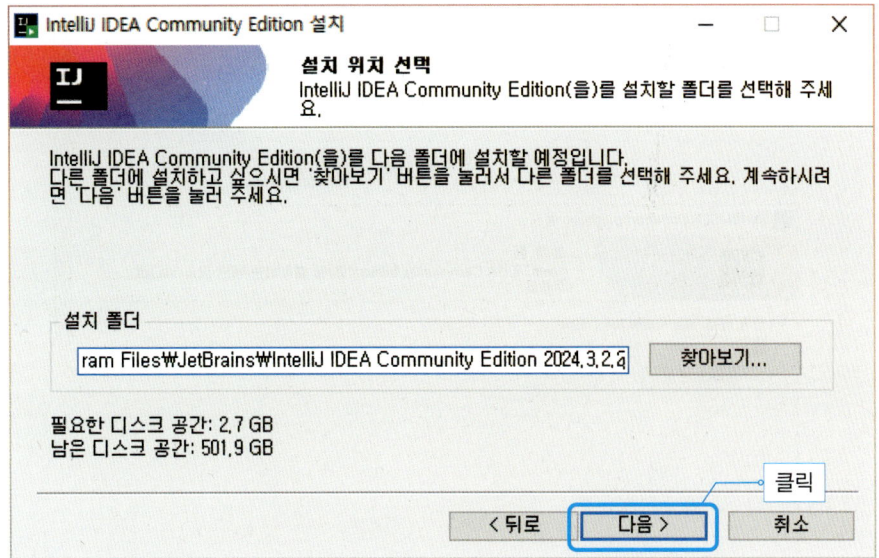

3 아래에 표시된 옵션들을 클릭해서 체크하고, '다음 >' 버튼을 누른다.

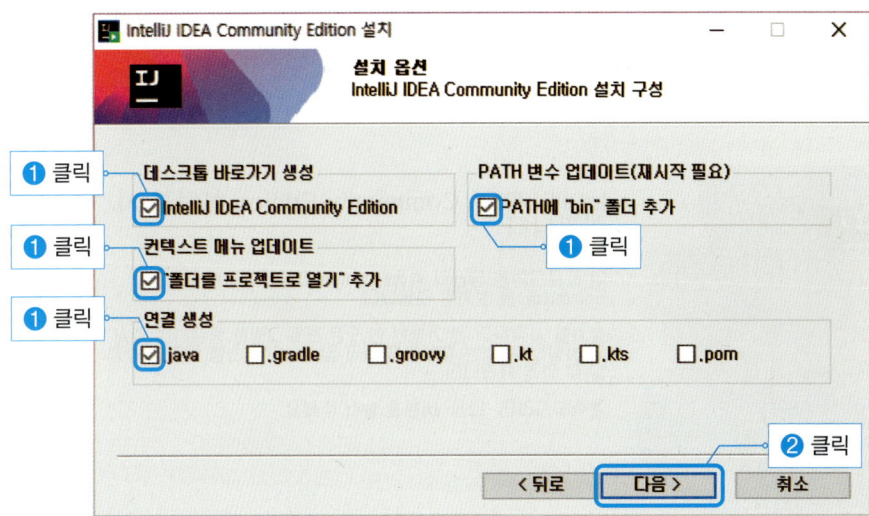

4 바로가기 아이콘이 생성될 시작 메뉴 폴더를 선택하는 화면이다. '설치' 버튼을 클릭하면 설치가 시작된다.

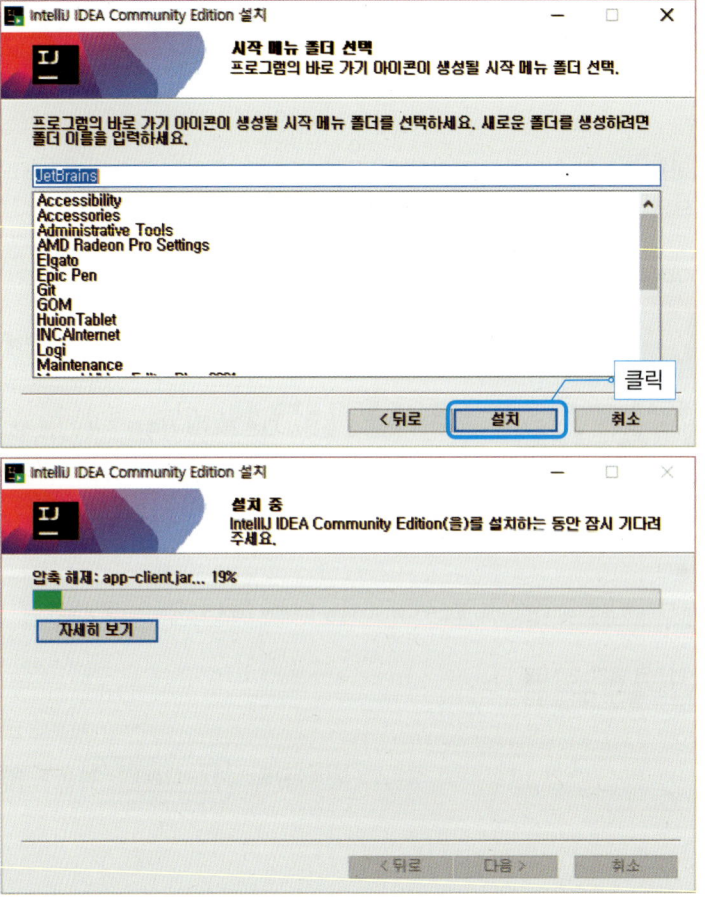

5 설치가 끝나면 아래와 같은 화면이 나타난다. '지금 재부팅 하겠습니다.'클릭하고, '마침'버튼을 클릭하면 설치가 끝난다.

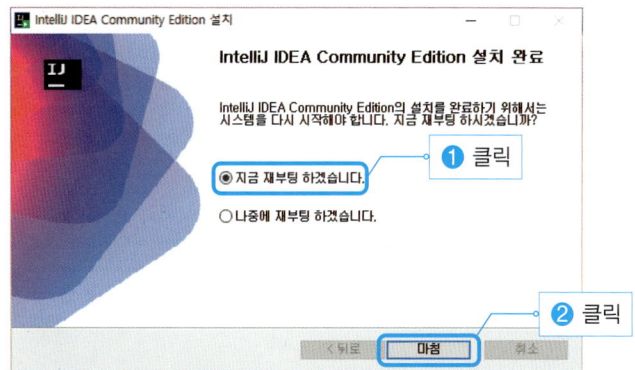

Intellij 실행하기 – 윈도우즈, 맥OS

1 바탕화면에 새로 생성된 아이콘을 클릭하면, 아래와 같은 화면이 나온다. 언어를 선택하고 '다음'버튼을 클릭하고, 그 다음의 사용자 계약 화면에서 체크하고 '계속'버튼을 클릭하자.

| 참고 | 경우에 따라 아래의 화면이 생략될 수도 있으며,. 언어와 지역은 나중에 변경할 수 있다.

2 아래의 화면에서 좌측의 '프로젝트'를 클릭하고, 중앙의 '새 프로젝트'를 클릭하자.

I 참고 I 아래의 화면이 나타나지 않으면, 메뉴에서 File 〉 New 〉 Project...를 클릭면 다음 단계의 화면이 나타난다.
I 참고 I 좌측의 '프로젝트' 아래의 '사용자 지정'을 클릭하면, 사용 언어와 테마 등의 설정을 변경할 수는 화면이 나온다.

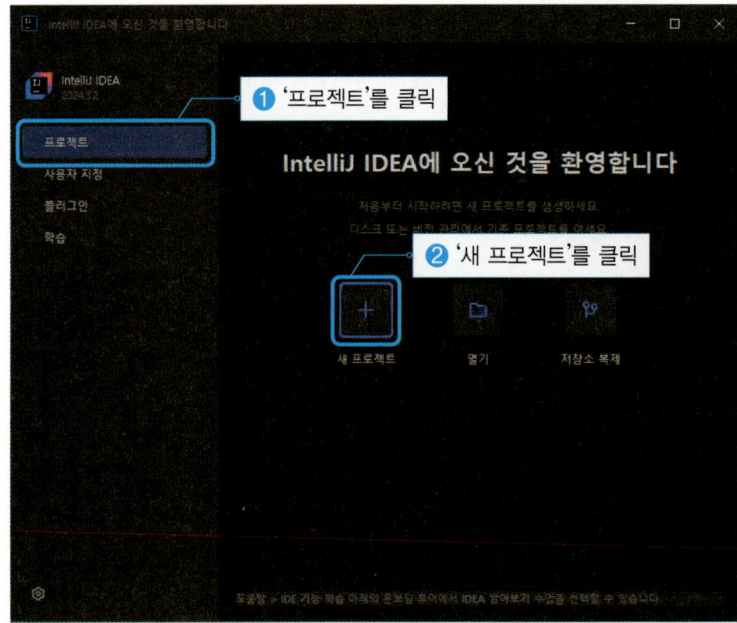

3 새로 생성할 프로젝트의 정보를 입력하는 화면이 나오는데, 프로젝트의 이름을 입력하고 경로를 변경하자. JDK는 전에 설치한 것이 자동으로 나타난다. 앞으로 챕터마다 이름만 다르게 새 프로젝트를 생성하자.

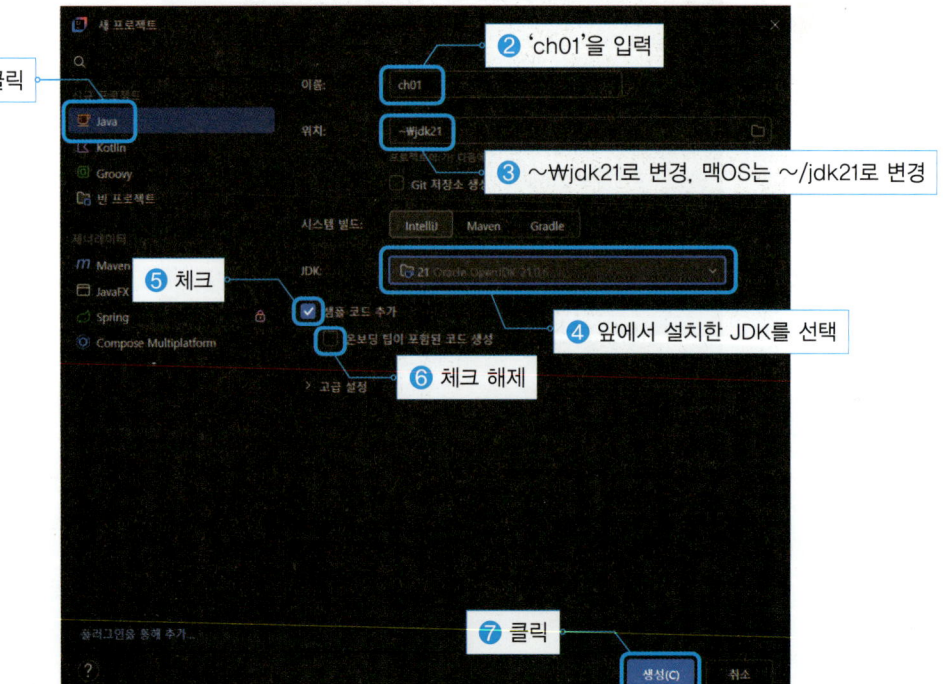

4 새로운 프로젝트가 생성되고 자동으로 Main.java라는 파일이 아래와 같이 생성된다. 녹색 삼각형을 클릭하면 프로그램이 실행되고 그 결과가 화면 하단의 콘솔에 'Hello, World!'가 출력된다. 이제 이걸로 인텔리제이의 설치와 설정이 모두 끝났다.

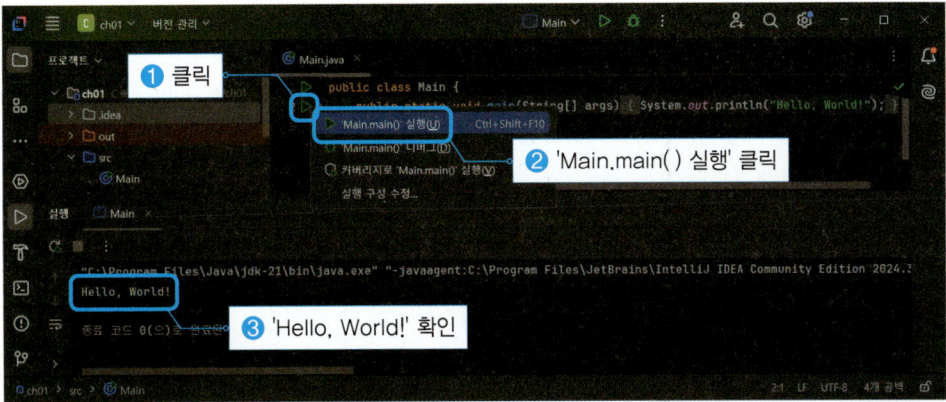

5 자바는 클래스 단위로 코드를 작성하며, 앞으로 새로운 예제를 작성할 때는 아래와 같이 새로운 클래스를 생성하고 코드를 작성하면 된다.

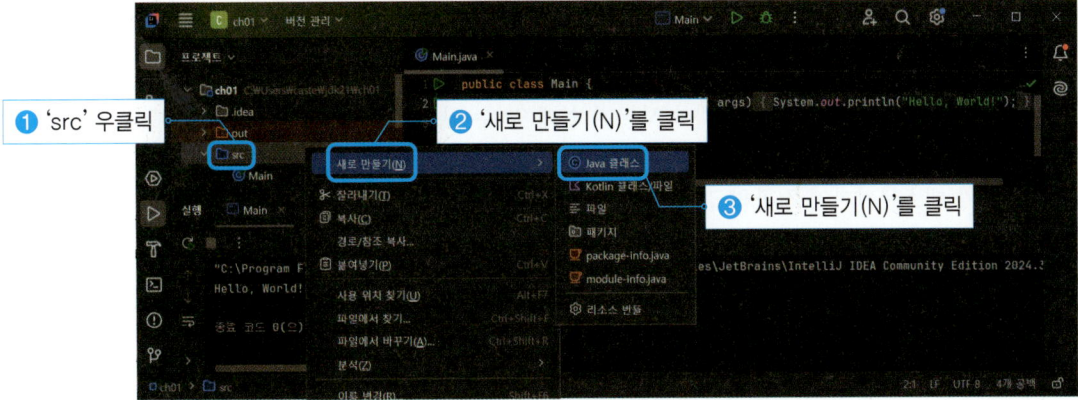

위의 화면에서 '새로 만들기(N)'을 클릭하면 아래와 같은 화면이 나오는데, 클래스 이름을 적고 엔터키를 누르면 새로운 파일이 생성된다. 생성된 파일에 예제의 내용대로 작성하고 이전 단계와 같이 녹색 삼각형을 눌러서 작성한 예제를 실행하면 된다.

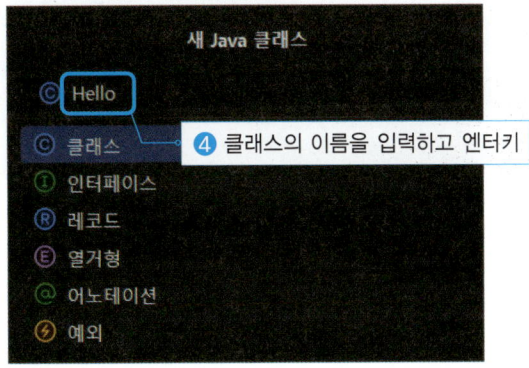

3. 자바로 프로그램작성하기

3.1 Hello.java

자바로 프로그램을 개발하려면 JDK이외에도 편집기가 필요하다. 메모장과 같은 간단한 편집기도 있지만, 처음 자바를 배우는 사람들은 인텔리제이(IntelliJ IDEA)나 이클립스(eclipse)와 같이 다양하고 편리한 기능을 겸비한 고급 개발도구를 사용하는 것이 좋다.

이클립스에 비해 기능은 떨어지지만, 가볍고 간단한 편집기로 비쥬얼 스튜디오 코드(Visual Studio Code)라는 것도 있다.

| 참고 | 비쥬얼 스튜디오 코드는 https://code.visualstudio.com/ 에서 무료로 다운로드받을 수 있다.

▼ 예제 1-1/**Hello.java**

```
class Hello {
    public static void main(String[] args) {
        System.out.println("Hello, Java."); // 화면에 글자를 출력한다.
    }
}
```

▼ 실행결과
```
Hello, Java.
```

이 예제는 화면에 'Hello, Java.'를 출력하는 아주 간단한 프로그램이다. 이 예제를 통해서 화면에 글자를 출력하려면 어떻게 해야 하는지 쉽게 알 수 있을 것이다.

예제1-1을 편집기를 이용해서 작성한 다음 'Hello.java'로 저장하자. 이 때 클래스의 이름 'Hello'가 대소문자까지 정확히 같아야 한다.

이 예제를 실행하려면, 먼저 자바 컴파일러(javac.exe)를 사용해서 소스파일(Hello.java)로부터 클래스파일(Hello.class)을 생성해야 한다. 그 다음에 자바 인터프리터(java.exe)로 실행한다.

▲ 그림1-3 Hello.java를 컴파일하고 실행한 화면

그림1-3과 같은 결과를 얻었다면 자바로 프로그래밍할 준비가 모두 끝난 것이다. 만일 컴파일 시에 오류가 발생했다면 '3.2 자주 발생하는 에러와 해결방법'을 참고하자.

자바에서 모든 코드는 반드시 클래스 안에 존재해야 하며, 서로 관련된 코드들을 그룹으로 나누어 별도의 클래스를 구성하게 된다. 그리고 이 클래스들이 모여 하나의 Java 애플리케이션을 이룬다.

  클래스를 작성하는 방법은 간단하다. 키워드 'class' 다음에 클래스의 이름을 적고, 클래스의 시작과 끝을 의미하는 괄호{} 안에 원하는 코드를 넣으면 된다.

```
class 클래스이름 {
    /*
        모든 코드는 클래스의 블럭{} 내에 작성해야한다. (주석 제외)
    */
}
```

| 참고 | 나중에 배우게 될 package문과 import문은 예외적으로 클래스의 밖에 작성한다.

아래 코드의 'public static void main(String[ ] args)'는 main메서드의 선언부인데, 프로그램을 실행할 때 'java.exe'에 의해 호출될 수 있도록 미리 약속된 부분이므로 항상 똑같이 적어주어야 한다.

| 참고 | '[ ]'은 배열을 의미하는 기호로 배열의 타입(type) 또는 배열의 이름 옆에 붙일 수 있다. 'String[ ] args'는 String타입의 배열 args를 선언한 것이며, 'String args[ ]'와 같이 쓸 수도 있다. 이 둘은 같은 의미이므로 차이가 없다. 자세한 내용은 '5장 배열'에서 배우게 될 것이다.

```
class 클래스이름 {
    public static void main(String[] args)   // main메서드의 선언부
    {
        // 실행될 문장들을 적는다.
    }
}
```

main메서드의 선언부 다음에 나오는 괄호{}는 메서드의 시작과 끝을 의미하며, 이 괄호 사이에 작업할 내용을 작성해 넣으면 된다. Java 애플리케이션은 main메서드의 호출로 시작해서 main메서드의 첫 문장부터 마지막 문장까지 수행을 마치면 종료된다.

모든 클래스가 main메서드를 가지고 있어야 하는 것은 아니지만, 하나의 Java 애플리케이션에는 main메서드를 포함한 클래스가 반드시 하나는 있어야 한다. main메서드는 Java애플리케이션의 시작점이므로 main메서드 없이는 Java 애플리케이션은 실행될 수 없기 때문이다. 작성된 Java애플리케이션을 실행할 때는 'java.exe' 다음에 main메서드를 포함한 클래스의 이름을 적어줘야 한다.

하나의 소스파일에 하나의 클래스만을 정의하는 것이 보통이지만, 하나의 소스파일에 둘 이상의 클래스를 정의하는 것도 가능하다. 이 때 주의해야할 점은 '소스파일의 이름은 public class의 이름과 일치해야 한다.'는 것이다. 만일 소스파일 내에 public class가 없다면, 소스파일의 이름은 소스파일 내의 어떤 클래스의 이름으로 해도 상관없다.

올바른 작성 예	설 명

`Hello2.java`
`public class Hello2 {}`
`         class Hello3 {}`
	public class가 있는 경우, 소스파일의 이름은 반드시 public class의 이름과 일치해야한다.

`Hello2.java`
`class Hello2 {}`
`class Hello3 {}`
	public class가 하나도 없는 경우, 소스파일의 이름은 'Hello2.java', 'Hello3.java' 둘 다 가능하다.

잘못된 작성 예	설 명

`Hello2.java`
`public class Hello2 {}`
`public class Hello3 {}`
	하나의 소스파일에 둘 이상의 public class가 존재하면 안 된다. 각 클래스를 별도의 소스파일에 나눠서 저장하던가 아니면 둘 중의 한 클래스에 public을 붙이지 않아야 한다.

`Hello3.java`
`public class Hello2 {}`
`         class Hello3 {}`
	소스파일의 이름이 public class의 이름과 일치하지 않는 다. 소스파일의 이름을 'Hello2.java'로 변경해야 맞다.

`hello2.java`
`public class Hello2 {}`
`         class Hello3 {}`
	소스파일의 이름과 public class의 이름이 일치하지 않는 다. 대소문자를 구분하므로 대소문자까지 일치해야한다. 그래서, 소스파일의 이름에서 'h'를 'H'로 바꿔야 한다.

▲ 표1-2 소스파일의 작성 예

소스파일(*.java)과 달리 클래스파일(*.class)은 클래스마다 하나씩 만들어지므로 표1-2의 '올바른 작성 예'에 제시된 'Hello2.java'를 컴파일하면 'Hello2.class'와 'Hello3.class' 모두 두 개의 클래스파일이 생성된다.

접근 제어자(access modifier)인 'public'에 대해서는 '7장 객체지향 프로그래밍 II'에서 자세히 배울 것이므로 여기서는 하나의 소스파일에 둘 이상의 클래스를 정의할 때 주의할 점에 대해서만 이해하고 넘어가자.

3.2 자주 발생하는 에러와 해결방법

자바로 프로그래밍을 배워나가면서 많은 수의 크고 작은 에러들을 접하게 될 것이다. 대부분의 에러는 작은 실수에서 비롯된 것들이며, 곧 익숙해져서 쉽게 대응할 수 있게 되지만 처음 배울 때는 작은 실수 하나 때문에 많은 시간을 허비하곤 한다.

그래서 자주 발생하는 기본적인 에러와 해결방법을 간단히 정리하였다. 에러가 발생하였을 때 참고하고, 그 외의 에러는 에러메시지의 일부를 인터넷에서 검색해서 찾아보면 해결책을 얻는데 도움이 될 것이다.

1. cannot find symbol 또는 cannot resolve symbol
지정된 변수나 메서드를 찾을 수 없다는 뜻으로 선언되지 않은 변수나 메서드를 사용하거나, 변수 또는 메서드의 이름을 잘못 사용한 경우에 발생한다. 자바에서는 대소문자 구분을 하기 때문에 철자 뿐 만 아니라 대소문자의 일치여부도 꼼꼼하게 확인해야한다.

2. ';' expected
세미콜론';'이 필요한 곳에 없다는 뜻이다. 자바의 모든 문장의 끝에는 ';'을 붙여주어야 하는데 가끔 이를 잊고 실수하기 쉽다.

3. Exception in thread "main" java.lang.NoSuchMethodError: main
'main메서드를 찾을 수 없다.'는 뜻인데 실제로 클래스 내에 main메서드가 존재하지 않거나 메서드의 선언부 'public static void main(String[ ] args)'에 오타가 존재하는 경우에 발생한다.

이 에러의 해결방법은 main메서드가 클래스에 정의되어 있는지 확인하고, 정의되어 있다면 main메서드의 선언부에 오타가 없는지 확인한다. 자바는 대소문자를 구별하므로 대소문자의 일치여부까지 정확히 확인해야한다.

> **참고** args는 매개변수의 이름이므로 args 대신 argv나 arg와 같이 다른 이름을 사용할 수 있다.

4. Exception in thread "main" java.lang.NoClassDefFoundError: Hello
'Hello라는 클래스를 찾을 수 없다.'는 뜻이다. 클래스 'Hello'의 철자, 특히 대소문자를 확인해보고 이상이 없으면 클래스파일(*.class)이 생성되었는지 확인한다.

예를 들어 'Hello.java'가 정상적으로 컴파일 되었다면 클래스파일 'Hello.class'가 있어야한다. 클래스파일이 존재하는데도 동일한 메시지가 반복해서 나타난다면 클래스패스(classpath)의 설정이 바르게 되었는지 다시 확인해보자.

5. illegal start of expression
직역하면 문장(또는 수식, expression)의 앞부분이 문법에 맞지 않는다는 의미인데, 간단히 말해서 문장에 문법적 오류가 있다는 뜻이다. 괄호'(' 나 '{'를 열고서 닫지 않거나, 수식이나 if문, for문 등에 문법적 오류가 있을 때 또는 public이나 static과 같은 키워드를 잘못 사용한 경우에도 발생한다. 에러가 발생한 곳이 문법적으로 옳은지 확인하라.

6. class, interface, or enum expected

이 메시지의 의미는 '키워드 class나 interface 또는 enum이 없다.'이지만, 보통 괄호 '{' 또는 '}'의 개수가 일치 하지 않는 경우에 발생한다. 열린괄호'{'와 닫힌괄호'}'의 개수가 같은지 확인하자.

마지막으로 한 가지 더 얘기하고 싶은 것은 에러가 발생했을 때, 어떻게 해결할 것인가에 대한 방법이다. 아주 간단하고 당연한 내용이라서 다소 실망스럽게 느껴질지도 모르지만, 막상 실제 에러가 발생했을 때 아래의 순서대로 처리해보면 도움이 될 것이다.

> 1. 에러 메시지를 잘 읽고 해당 부분의 코드를 살펴본다.
>   이상이 없으면 해당 코드의 주위(윗줄과 아래 줄)도 함께 살펴본다.
> 2. 그래도 이상이 없으면 에러 메시지는 잊어버리고 기본적인 부분을 재확인한다.
>   대부분의 에러는 사소한 것인 경우가 많다.
> 3. 의심이 가는 부분을 주석처리하거나 따로 떼어내서 테스트 한다.

에러 메시지가 실제 에러와는 관계없는 내용일 때도 있지만, 대부분의 경우 에러 메시지만 잘 이해해도 문제가 해결되는 경우가 많으므로 **에러 해결을 위해서 제일 먼저 해야 할 일은 에러 메시지를 잘 읽는 것임을 명심**하자.

3.3 자바프로그램의 실행과정

콘솔에서 아래와 같이 Java 애플리케이션을 실행시켰을 때

```
C:\jdk21\ch01\src>java Hello
```

main(String[] args)

내부적인 진행순서는 다음과 같다.

> 1. 프로그램의 실행에 필요한 클래스(*.class파일)를 로드한다.
> 2. 클래스파일을 검사한다.(파일형식, 악성코드 체크)
> 3. 지정된 클래스(Hello)에서 main(String[ ] args)를 호출한다.

main메서드의 첫 줄부터 코드가 실행되기 시작하여 마지막 코드까지 모두 실행되면 프로그램이 종료되고, 프로그램에서 사용했던 자원들은 모두 반환된다.

만일 지정된 클래스에 main메서드가 없다면 다음과 같은 에러 메시지가 나타날 것이다.

```
Exception in thread "main" java.lang.NoSuchMethodError: main
```

3.4 주석(comment)

작성하는 프로그램의 크기가 커질수록 프로그램을 이해하고 변경하는 일이 점점 어려워진다. 심지어는 자신이 작성한 프로그램도 '내가 왜 이렇게 작성했지?'라는 의문이 들기도 하는데, 남이 작성한 코드를 이해한다는 것은 정말 쉬운 일이 아니다.

이러한 어려움을 덜기 위해 사용하는 것이 바로 주석이다. 주석을 이용해서 프로그램 코드에 대한 설명을 적절히 덧붙여 놓으면 프로그램을 이해하는 데 많은 도움이 된다.
  그 외에도 주석은 프로그램의 작성자, 작성일시, 버전과 그에 따른 변경이력 등의 정보를 제공할 목적으로 사용된다.
  주석을 작성하는 방법은 다음과 같이 두 가지 방법이 있다. '/*'와 '*/'사이에 주석을 넣는 방법과 앞에 '//'를 붙이는 방법이 있다.

> **범위 주석** '/*'와 '*/'사이의 내용은 주석으로 간주된다.
> **한 줄 주석** '//'부터 라인 끝까지의 내용은 주석으로 간주된다.

| 참고 | 이 외에도 Java API문서와 같은 형식의 문서를 자동으로 만들 수 있는 주석(/** ~ */)이 있지만 많이 사용되지는 않으므로 자세한 설명은 생략한다. 이 주석은 javadoc.exe에 의해서 html문서로 자동 변환되며, 보다 자세한 내용은 'javadoc'으로 검색하면 찾을 수 있다.

다음은 주석의 몇 가지 사용 예인데 흰색바탕으로 처리된 부분이 주석이다.

```java
/*
Date   : 2025. 3. 1
Source : Hello.java
Author : 남궁성
Email  : seong.namkung@gmail.com
*/
class Hello
{
    public static void main(String[] args)   /* 프로그램의 시작 */
    {
        System.out.println("Hello, Java.");  // Hello, Java를 출력
    }
}
```

위의 코드는 예제1-1에 주석을 넣은 것인데, 컴파일러는 주석을 무시하고 건너뛰기 때문에 위의 코드를 컴파일한 결과와 예제1-1을 컴파일한 결과는 정확히 일치한다. 따라서 주석이 많다고 해서 프로그램의 성능이 떨어지는 일은 없으니 안심하고 주석을 활용하기 바란다. **코드를 작성하기 전에 미리 주석으로 자신의 생각을 정리하고 검토하는 것은 좋은 습관이다.** 주석을 사용하지 말라는 주장도 있으나, 이 주장은 코드를 대충 작성하고 주석을 달지말고 주석이 필요없을 정도로 코드를 읽기 좋게 잘 작성하라는 뜻이다.

한 가지 주의해야할 점은 문자열을 의미하는 큰따옴표(") 안에 주석이 있을 때는 주석이 아닌 문자열로 인식된다는 것이다. Hello.java를 아래와 같이 변경하여 실행해보면, 주석의 내용도 같이 출력되는 것을 확인할 수 있을 것이다.

```
class Hello
{
    public static void main(String[] args)
    {
        System.out.println("Hello, /* 이것은 주석 아님 */ world.");
        System.out.println("Hello, world. // 이것도 주석 아님");
    }
}
```

3.5 이 책으로 공부하는 방법

2000년에 처음으로 자바강의를 시작했으니까 벌써 25년이 넘는 세월이 흘렀다. 그동안 많은 학생들을 가르치면서 어떻게 하면 더 쉽게 잘 배울 수 있을까에 대한 고민을 끊임없이 해왔고 그에 대한 결실로 책도 쓰게 되었다. 여전히 많은 학생들이 자바를 공부하는데 어려움을 겪고 있고, 공부 방법에 대해 고민하는 글들이 저자가 운영하는 카페에 많이 올라왔다. 카페 회원들과 소통하면서 처음 자바를 배우는 학생들이 어떤 점을 어려워하는지 잘 알게 되었고 그 고민에 대한 나름대로의 해법을 갖게 되었다. 카페에 자바를 공부하는 방법에 대한 글도 여러 번 쓰기도 했는데, 책을 구입하고도 카페에 가입하지 않는 독자들도 있기 때문에 그동안의 공부 방법에 대한 고민을 정리해서 책에 포함시키기로 했다.

누구나 자신만의 공부 방법이 있고, 절대적인 것은 없기 때문에 여기서 제시하는 공부 방법을 참고해서 자신에게 맞는 공부 방법을 완성하기 바란다.

이 책은 크게 3부분, 1장부터 5장까지, 6장부터 9장, 그리고 나머지 부분으로 나눌 수 있다. 처음 프로그래밍 언어를 배우는 사람은 2장부터 5장을 익숙해질 때까지 반복해서 봐야하고 실습도 많이 해야 한다. 눈으로만 이해하지 말고, 반드시 모든 예제를 직접 입력해 보고 실행결과를 확인해 보자. **응용이 잘 안된다고 해서 앞부분에만 머물면 안 된다. 지금 단계에서 응용이 안 되는 것은 당연하다.** 기본적인 내용이 익숙해지면, 그 다음 단계인 6장으로 넘어가야 한다.

6장과 7장이 객체지향 개념의 핵심인데, 먼저 6장과 7장에 어떤 내용이 있는지 가볍게 한번 훑고 시작하자. 그 다음엔 6장을 여러 번 반복해서 보자. 6장을 이해하지 못하면 7장은 이해할 수 없기 때문이다. 7장은 좀 어려우므로 저자의 유튜브 채널(https://www.youtube.com/@MasterNKS)의 무료 동영상 강좌를 꼭 볼 것을 권한다.

반복해서 볼 때는 동영상을 1.5배속이나 2배속으로 보면 한 시간에 한번 볼 수 있을 것이다. 하루에 2시간씩 5일보면, 10번은 볼 수 있다. 10번 봐도 이해가 안가면 10번 더 보자. 객체지향 개념을 이해하는데 30시간도 안 걸린다면 대성공이다.

객체지향 개념을 공부할 때 주의할 점은, 객체지향 개념 자체에 몰두하지 않아야 한다는 것이다. 이것은 완전히 샛길로 빠지는 것으로, 여러분들은 객체지향개념 언어인 '자바'를 배우는 것이지 객체지향 개념을 배우는 것이 아니라는 것을 잊지 말자.

6장과 7장은 반복하면 반복할수록 이해가 깊어지므로, 앞으로도 꾸준히 가볍게 복습하는 것이 좋다. 강의 내용을 요약해서 암기하자. 9장까지가 자바의 가장 기본적인 내용이므로 9장까지 마치고 나면, 2장부터 9장까지 전체적으로 한번 복습하면 좋다.

마지막으로 10장부터 16장까지는 자바의 응용부분이므로 앞부분을 충분히 이해하지 않고는 학습하기 어렵다. 이중에서 11장, 12장과 15장을 제외하고 나머지는 필요할 때 공부해도 좋다.

10장은 어떤 클래스들이 있는지 확인하고 필요할 때 책을 보고 사용할 수 있을 정도로만 공부하면 된다.

11장은 지금까지 배운 것들을 전부 활용하고 자료구조의 원리까지 들어가므로 책 전체에서 가장 어렵다. 처음엔 각 클래스의 특징과 사용법 정도만 확인하고 넘어가야 한다. 어떤 클래스들이 있고, 이 클래스들 통해서 어떤 결과를 얻을 수 있다는 정도면 충분하다. 처음부터 이장의 모든 내용을 이해하려고하면 어렵게만 느껴지고 진도도 안 나갈 것이다.

12장에서는 지네릭스가 중요한데, 예전에는 선택적으로 사용하던 기능이었지만 이제는 지네릭스를 모르고는 이해할 수 없는 코드가 많다. 지네릭스는 깊이 들어가면 어렵기 때문에 처음엔 기본적인 사용법만 익히고, 다른 장들을 공부하면서 막히는 부분을 다시 복습하는 식으로 공부하면 좋다. 애너테이션과 열거형은 경력자들의 요청으로 자세히 썼는데, 프로그래밍을 처음 배우는 사람은 기본적인 것만 이해하고 넘어가도 된다.

13장은 쓰레드에 대한 것인데, 일단 쓰레드가 어떤 것인지에 대한 감을 잡는 정도로만 공부하고, 나중에 필요할 때 자세히 보는 것이 좋다. 자바에서는 쉽게 멀티쓰레드를 구현할 수 있도록 미리 작성된 클래스들을 제공하고 있기 때문에 기본 개념만 알아도 도움이 많이 된다.

14장의 람다와 스트림은 11장, 12장과 관련이 많고 난이도가 높기 때문에 프로그래밍을 처음 배우는 사람들은 건너뛰었다가 필요할 때 추가로 학습해도 좋다.

15장은 입출력에 대한 것인데, 이 책의 후반부에서 꼭 학습해야하는 중요한 부분이다. 다른 장에 비해 실습이 재미있을 것이다.

16장은 컴퓨터간의 통신하는 방법에 대한 내용인데, 채팅 프로그램을 만드는 방법을 배운다. 15장과 관련이 있으므로 15장을 충분히 이해한 다음에 학습해야하며, 16장은 필수적으로 공부하지 않아도 되므로 건너뛰어도 좋다.

그 다음에는 안드로이드나 웹프로그래밍(JSP, Spring)을 공부하면서 하루에 한 챕터씩 꾸준히 복습해야 한다. 누구나 시간이 지나면 잊어버리기 때문에 계속 조금씩이라도 반복해서 봐야 실력이 쌓인다. 새로 배워야 할 것이 많다고 기본을 소홀히 하면 배우는 것보다 잃는 것이 더 많을 것이다. 하루에 10분이라도 반드시 시간을 내어 복습하자.

연습문제에 대하여

그동안 책이 두꺼워서 힘들다는 얘기를 많이 들었다. 그래서 고민 끝에 연습문제(약 200페이지)를 별도의 pdf파일로 제공하기로 결정했다. 연습문제는 저자의 깃헙 리포 (https://github.com/castello/javajungsuk4)에서 제공하며, 상업적인 목적이 아니면 누구나 자유롭게 배포해도 된다.

하나의 챕터(chapter, 장)를 공부하고나면 연습문제를 꼭 풀어보자. 그러나 모든 문제를 다 풀어야 하는 것은 아니다. **풀 수 있는 문제들만 풀고, 풀 수 없는 문제들은 넘어갔다가 나중에 복습할 때 다시 풀어보는 것이 좋다.** 아니면 하루에 한 문제씩 틈틈이 고민하는 것도 좋다.

연습문제는 책에 있는 예제들을 응용한 것이 많기 때문에 연습문제를 풀면서 안 풀리는 문제는 해당 챕터를 뒤적거리면서 비슷한 예제가 없는지 찾아봐야 한다. 그러면서 공부가 되는 것이지, 문제만 붙들고 아무리 고민해봐야 문제도 안 풀리고 공부도 되지 않는다.

문제를 풀 때는 항상 종이에 낙서를 하는 방법을 추천한다. 어떻게 풀 것인가를 머리로만 고민하는 것보다 글과 그림으로 시각화하면 문제가 명확해지고 문제해결의 실마리를 쉽게 찾을 수 있기 때문이다.

아무리 고민해도 모르겠는 것은 연습문제 후반부에 있는 답안을 보자. 그래도 이해가 안 되면 카페에 질문을 올리면 저자가 직접 답변해 줄 것이다.

코드초보스터디카페 활용하기

네이버에 운영하고 있는 코드초보스터디는 개설한지 20년이 넘는 장수 카페이다. 회원수는 16만이 넘고 자바관련 카페 중에서 제일 오래되었다. 그동안 많은 스터디와 세미나를 해왔고, 자바 관련 질문이나 고민에 답변해주었다. 특히 본인이 집필한 책에 대한 질문은 거의 본인이 직접 답변해주었고, 다른 회원이 답변해준 내용은 바르게 답변했는지 확인한다.

이 책으로 공부하면서 막히는 것이 있으면, 카페에 질문을 하기 바란다. 가끔 지식인이나 다른 사이트에 이 책에 대한 질문을 하는 것을 볼 수 있는데, 가능하면 코드초보스터디에 질문해주었으면 한다. 다른 카페에 폐를 끼치는 것이기도 하고, 책의 저자로부터 직접 답변을 받을 수 있는데, 실력이 어떤지도 모르는 사람에게 답변을 받을 이유가 없기 때문이다.

카페에는 질문 답변 외에도 많은 자료가 있으므로 카페를 찬찬히 잘 둘러보길 권한다. '초보프로그래머에게'나, '면접후기', '자바소스강좌', 'Java1000제' 같은 게시판은 좋은 글들이 많다.

질문 올리는 방법
책과 관련된 질문은 저자가 빠짐없이 다 확인하고 답변하기 때문에, 답변을 못 받을 까봐 걱정하지 않아도 된다. 다만 질문하기 전에 유사한 질문이 없었는지 검색으로 확인하자.

책의 페이지로만 검색해도 이미 답변된 글들을 찾아서 볼 수 있으므로 답변해줄 때까지 기다리지 않아도 된다.

책과 관련되지 않은 답변은 카페에서 비교적 오래 활동해온 회원들이 해주는 경우가 많은데, 답변을 잘 받으려면, 읽는 사람 입장에서 생각하고 자신의 생각을 잘 정리해서 질문하면 된다. 수려한 문장에 맞춤법까지 완벽해야 좋은 질문이 아니고, 읽는 사람입장에서 답변하기 쉽게 하는 질문이 좋은 질문이다.

급한 마음은 알겠지만, 자신이 올린 질문을 다시 한 번 읽어보고 어떤 작업을 하는 도중에 어떤 문제가 발생했는지를 잘 정리해보자. 그러는 과정에서 스스로 문제가 해결되는 경우도 많다. 에러 메시지가 발생하는 경우는 꼭 같이 올리도록 하고, 소스를 포함시키되 소스가 길다면, 문제가 되는 부분만 따로 떼어서 테스트할 수 있게 올리는 것이 좋다.

앞으로 프로그래밍을 계속할거라면, 카페에서 뿐만 아니라 학교 선배나, 회사 선배, 직장 동료 등 많은 사람에게 질문을 하고 배워야 한다. 실력을 빠르게 향상시키려면, 질문을 잘하는 능력은 필수적이다.

마지막으로 **독자 여러분에게 하고 싶은 당부의 말은 '길을 잃지 말자'**는 것과 **'남과 비교하지 말자'**라는 것이다. 공부하다가 막힌다고 다른 책을 보고 수학공부하고 그러지 말라는 뜻이다. 공부하다 막히면 카페에 와서 질문을 하기 바란다. 저자 본인은 항상 여러 분의 질문을 20년 넘게 한결같이 같은 곳에서 기다리고 있다. 책을 읽다가 어려움이 있으면, 카페에 와서 질문을 하자. 간단한 것일지라도. 어렵다는 말만 반복하면서 질문 한번 안하는 회원들을 많이 봐왔는데, 질문을 부끄러워하지 않았으면 한다.

그리고, 사람마다 타고난 장점이 다르고 성장하는 속도가 다르다. 남들과 비교하지 말고 어제의 자신과 오늘의 자신을 비교하면서 한발 한발 나아가기 바란다.

Memo

Chapter 02

변수
variable

1. 변수(variable)

중요한 프로그래밍 능력 중의 하나가 바로 '**값(data)을 잘 다루는 것**'이다. 값을 저장하는 공간인 변수를 잘 이해하고 활용하는 것은 그 능력을 얻기 위한 첫걸음이니 첫단추를 잘 끼워보자.

1.1 변수(variable)란?

수학에서 '변수(變數)'를 '변하는 수'라고 정의하지만 프로그래밍언어에서의 변수(variable)란, 값을 저장할 수 있는 메모리상의 공간을 의미한다. 이 공간에 저장된 값은 변경될 수 있기 때문에 '변수'라는 수학용어의 정의와 상통하는 면이 있어서 이렇게 이름 붙여졌다.

> "변수란, 단 하나의 값을 저장할 수 있는 메모리 공간."

하나의 변수에 단 하나의 값만 저장할 수 있으므로, 새로운 값을 저장하면 기존의 값은 사라진다.

1.2 변수의 선언과 초기화

변수를 사용하려면 먼저 변수를 선언해야하는데, 변수의 선언방법은 다음과 같다.

```
int age; // age 라는 이름의 변수를 선언
```
변수타입 변수이름

'**변수타입**'은 변수의 '종류'를 지정하는 것이다. 저장하고자 하는 값의 종류에 맞게 변수의 타입을 선택해서 적어주면 된다. 변수는 값을 담기 위한 그릇이므로 어떤 값을 담을 것인지에 따라 그릇의 종류, 즉 변수의 타입이 결정된다.

위의 문장은 변수 'age'를 선언한다. 이 변수는 '나이'를 저장하기 위한 것이고, 나이는 '정수(int**eger**)'이므로 변수의 타입을 'int'로 하였다. '타입(type)'에 대해서는 곧 자세히 다룰 것이므로 지금은 정수를 저장하려면 변수의 타입을 'int'로 한다는 정도만 알아두자.

'**변수이름**'은 말 그대로 변수에 붙인 이름이다. 변수는 '값을 저장할 수 있는 메모리 공간'이므로 변수의 이름은 저장 공간에 이름을 붙여주는 것이다. 그래야 그 이름을 이용해서 저장 공간(변수)에 값을 저장하고, 저장된 값을 읽어오기도 할 수 있는 것이다. 당연한 얘기지만 같은 이름의 변수가 존재하면 안된다. 서로 구별될 수 있어야하기 때문이다.

변수를 선언하면, 메모리의 빈 공간에 '**변수타입**'에 알맞은 크기의 저장 공간이 확보되고, 이 저장공간에 값을 읽고 쓰는 것은 '**변수이름**'을 통해서 가능하다. 저장 공간을 만드는 방법을 배웠으니 이제 이 저장 공간에 값을 저장하고 읽는 방법을 배워보자.

변수의 초기화

변수를 선언한 이후부터는 변수를 사용할 수 있으나, 그 전에 반드시 변수를 '초기화(initialization)'해야 한다. 메모리는 여러 프로그램이 공유하는 자원이므로 전에 다른 프로그램에 의해 저장된 '알 수 없는 값(쓰레기값, garbage value)'이 남아있을 수 있기 때문이다.

변수에 값을 저장할 때는 대입 연산자 '='를 이용한다. 수학에서는 양변의 값이 같다는 뜻이지만, 자바에서는 오른쪽의 값을 왼쪽(변수)에 저장하라는 뜻이다. 그래서 대입 연산자의 왼쪽에는 반드시 변수가 와야 한다.

int age = 25;   // 변수 age를 선언하고 25로 초기화 한다.

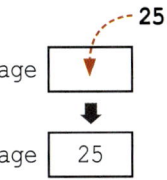

양쪽의 코드는 서로 같은 의미의 다른 코드이다. 변수는 한 줄에 하나씩 선언하는 것이 보통이지만, 타입이 같은 경우 콤마','를 구분자로 여러 변수를 한 줄에 선언하기도 한다.

```
int a;
int b;
int x = 0;
int y = 0;
```
↔
```
int a, b;
int x = 0, y = 0;
```

변수의 종류에 따라 변수의 초기화를 생략할 수 있는 경우도 있지만, 변수는 사용되기 전에 적절한 값으로 초기화 하는 것이 좋다.

> **참고** 지역 변수는 사용되기 전에 초기화를 반드시 해야 하지만 클래스 변수와 인스턴스 변수는 초기화를 생략할 수 있다. 변수의 초기화에 대해서는 6장에서 자세히 배운다.

> "변수의 초기화란, 변수를 사용하기 전에 처음으로 값을 저장하는 것"

지금까지 변수를 선언하고 값을 저장하는 방법을 알아봤으니, 이제 예제를 통해 변수에 저장된 값을 어떻게 읽어오는지 알아보자.

▼ 예제 2-1/**VarEx.java**

```
class VarEx {
    public static void main(String[] args) {
        int year = 0;
        int age  = 14;

        System.out.println(year);
        System.out.println(age);
```

```
        year = age + 2000;    // 변수 age의 값에 2000을 더해서 변수 year에 저장
        age  = age + 1;       // 변수 age에 저장된 값을 1증가시킨다.

        System.out.print(year);  // 값을 출력하고 줄바꿈을 하지않는다.
        System.out.print(age);
    }
}
```

▼ 실행결과
```
0
14
201415
```

두 개의 변수 age와 year를 선언한 다음, 값을 저장하고 출력하는 간단한 예제이다. 먼저 변수의 선언부분을 보면, 변수 year와 age를 각각 0과 14로 초기화 하였다.

```
int year = 0;
int age  = 14;
```

year **0**   age **14**

앞에서 살펴본 것처럼 화면에 글자를 출력하려면 println( )을 사용한다. println( )은 값을 출력하고 줄바꿈을 하지만 print( )는 줄바꿈을 하지 않는다는 차이가 있다.

```
     System.out.println(age);    // 변수 age의 값을 먼저 읽어와야 출력 가능
  →  System.out.println(14);     // 14를 화면에 출력
```

그 다음의 문장은 변수 age에 저장된 값에 2000을 더한 다음, 그 결과를 변수 year에 저장하라는 뜻이다.

```
     year = age + 2000;
```

이 문장이 처리되는 과정을 단계별로 살펴보면 다음과 같다.

```
     year = age  + 2000;    // 변수 age의 값을 알아야 덧셈이 가능하다.
  →  year = 14   + 2000;    // 변수 age에 저장된 값(14)을 읽어온다.
  →  year = 2014;           // 변수 year에 2014를 저장한다.
```

위의 과정에서 알 수 있듯이 변수에 저장된 값을 사용하려면, 그저 변수의 이름만 적어주면 된다. 그리고 변수에 값을 저장하는 '대입 연산(=)'은 우변의 모든 계산이 끝난 후에 제일 마지막에 수행된다.
　다음의 코드는 변수 age에 저장된 값을 1증가 시키는데, 변수의 값을 읽어다 1을 더한 다음 다시 변수 age에 저장하라는 뜻이다.

```
               age = age + 1;   // 변수 age의 값을 1 증가
```

위 문장이 처리되는 과정을 단계별로 살펴보면 다음과 같다.

```
     age = age + 1;
  →  age = 14  + 1;    // 변수 age에 저장된 값을 읽어온다.
  →  age = 15;         // 변수 age에 15를 저장한다.
```

두 변수의 값 교환하기

다음과 같이 변수 x, y가 있을 때, 두 변수에 담긴 값을 서로 바꾸려면 어떻게 해야 할까? 잠시 시간을 갖고 생각해보자.

```
int x = 10;
int y = 20;
```

단순하게 변수 x의 값을 y에 저장하고, y의 값을 x에 저장하면 될 것 같지만 그렇게 해서는 원하는 결과를 얻을 수 없다.

1. 변수 y에 저장된 값을 변수 x에 저장
   ```
   x = y;
   ```

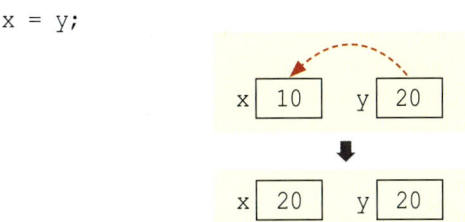

2. 변수 x에 저장된 값을 변수 y에 저장
   ```
   y = x;
   ```

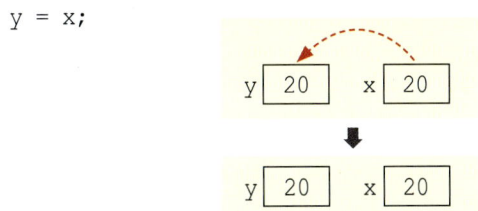

첫 번째 단계에서 y의 값을 x에 저장할 때, 이미 x의 값이 없어졌기 때문에 x의 값을 y에 저장해도 소용이 없는 것이다. 그러면 어떻게 해야 할까? 다음과 같이 변수를 하나 더 선언해서 x의 값을 위한 임시 저장소로 사용하면 된다.

```
int x = 10;
int y = 20;
int tmp;      //  x의 값을 임시로 저장할 변수를 선언
```

그 다음에 아래와 같은 순서로 값을 옮기면 된다.

1. 변수 x에 저장된 값을 변수 tmp에 저장

    tmp = x;

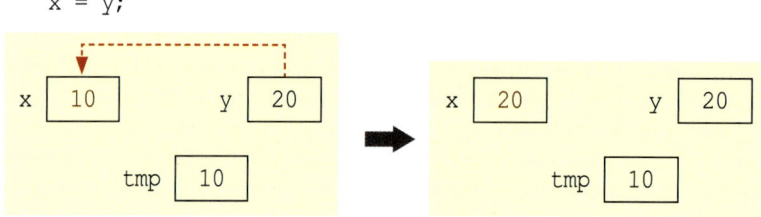

2. 변수 y에 저장된 값을 변수 x에 저장

    x = y;

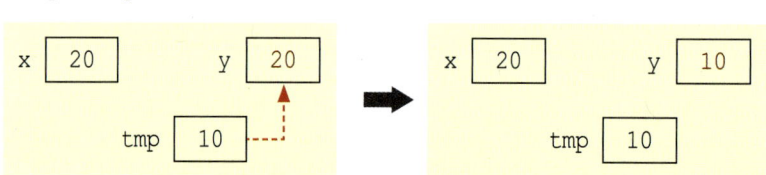

3. 변수 tmp에 저장된 값을 변수 y에 저장

    y = tmp;

두 변수의 값을 교환하는 것은 마치 두 컵에 담긴 내용물을 바꾸려면 컵이 하나 더 필요한 것과 같다. 아직도 위의 과정이 잘 이해되지 않는다면, 한 컵에는 우유를 다른 한 컵에는 물을 담은 다음에 빈 컵을 이용해서 두 컵의 내용물을 바꾸는 일을 직접 해보자.

▼ 예제 2-2/**VarEx2.java**

```
class VarEx2 {
    public static void main(String[] args) {
        int x = 10, y = 20;
        int tmp = 0;

        System.out.println("x:"+ x + " y:" + y);

        tmp = x;
        x = y;
        y = tmp;

        System.out.println("x:"+ x + " y:" + y);
    }
}
```

▼ 실행결과
```
x:10 y:20
x:20 y:10
```

앞서 설명한 내용을 예제로 작성한 것이므로 이해하는데 어려움이 없을 것이다. 한 가지 설명할 것이 있다면 변수의 값을 출력하는 문장인데, 이 문장이 수행되는 과정을 단계별로 적어보면 다음과 같다.

```
  System.out.println("x:" + x + " y:" + y);
→ System.out.println("x:" + 10 + " y:" + 20);
→ System.out.println("x:10" + " y:" + 20);
→ System.out.println("x:10 y:" + 20);
→ System.out.println("x:10 y:20");
```

덧셈 연산자 '+'는 두 값을 더하기도 하지만, 이처럼 문자열과 숫자를 하나로 결합하기도 한다. 문자열은 큰따옴표 ""로 묶은 연속된 문자를 말하는데, 문자열과 문자열 결합에 대한 자세한 내용은 잠시 후에 다룬다.

1.3 변수의 명명규칙

'변수의 이름'처럼 프로그래밍에서 사용하는 모든 이름을 '식별자(identifier)'라고 하며, 식별자는 같은 영역 내에서 서로 구분(식별)될 수 있어야한다. 그리고 식별자를 만들 때는 다음과 같은 규칙을 지켜야 한다.

> 1. **대소문자가 구분되며 길이에 제한이 없다.**
>   - True와 true는 서로 다른 것으로 간주된다.
> 2. **예약어를 사용해서는 안 된다.**
>   - true는 예약어라서 사용할 수 없지만, True는 가능하다.
> 3. **숫자로 시작해서는 안 된다.**
>   - top10은 허용하지만, 7up은 허용되지 않는다.
> 4. **특수문자는 '_'와 '$'만을 허용한다.**
>   - $harp은 허용되지만, S#arp은 허용되지 않는다.

예약어는 '리져브드 워드(reserved keyword)'라고 하는데, 프로그래밍언어의 구문에 사용되는 단어를 뜻한다. 그래서 예약어는 클래스나 변수, 메서드의 이름(identifier)으로 사용할 수 없다. 예약어는 앞으로 하나씩 배울 것이므로 지금은 간단히 훑어보기만 하자.

abstract	default	goto	protected	throws
assert	do	implements	public	transient
boolean	double	import	return	try
break	else	instanceof	short	void
byte	enum	int	static	volatile
case	extends	interface	strictfp	while
catch	final	long	super	_
char	finally	native	switch	
class	float	new	synchronized	
const	for	package	this	
continue	if	private	throw	

▲ 표2-1 java에서 사용되는 예약어(reserved keyword)

| 참고 | goto와 const는 실제로 사용되지 않으며, true, false, null은 예약어가 아니라 리터럴이며 이름으로 사용할 수 없다.
| 참고 | 표2-1의 마지막 항목은 언더스코어(underscore) '_'이며, JDK 9부터 예약어가 되었다.

그 외에 필수적인 것은 아니지만 자바 프로그래머들에게 권장하는 규칙들은 다음과 같다.

> 1. 클래스 이름의 첫 글자는 항상 대문자로 한다.
>   - 변수와 메서드의 이름의 첫 글자는 항상 소문자로 한다.
> 2. 여러 단어로 이루어진 이름은 단어의 첫 글자를 대문자로 한다.
>   - lastIndexOf, StringBuffer
> 3. 상수의 이름은 모두 대문자로 한다. 여러 단어로 이루어진 경우 '_'로 구분한다.
>   - PI, MAX_NUMBER

위의 규칙들은 반드시 지켜야 하는 것은 아니지만, 코드를 보다 이해하기 쉽게 하기 위한 자바 개발자들 사이의 암묵적인 약속이다. 이 규칙을 따르지 않는다고 해서 문제가 되는 것은 아니지만 가능하면 지키도록 노력하자. 만일 특별한 방식으로 식별자를 작성해야 한다면 미리 규칙(coding convention)을 정해놓고 프로그램 전체에 일관되게 적용하는 것이 필요하다.

| 참고 | 자바에서는 모든 이름에 유니코드에 포함된 문자들을 사용할 수 있지만, 적어도 클래스 이름은 ASCII코드(영문자)로 하는 것이 좋다. 유니코드를 인식하지 못하는 운영체계(OS)도 있기 때문이다.

변수의 이름은 짧을수록 좋지만, 약간 길더라도 용도를 알기 쉽게 '의미있는 이름'으로 하는 것이 바람직하다. 변수의 선언문에 주석으로 변수에 대한 정보를 주는 것도 좋은 생각이다.

```
int curPos  = 0;    // 현재 위치(current position)
int lastPos = -1;   // 마지막 위치(last position)
```

예약어와 문맥 예약어

표2-1에서 소개한 예약어는 항상 이름으로 사용할 수 없지만, 표2-2의 문맥 예약어 17개는 문맥에 따라 예약어가 되기도 하고 예약어가 아니기도 하다. JDK 8 이후로 새로 추가된 기능때문에 추가된 예약어이므로 기존 코드와 충돌을 피하기 위해 특정 문맥에서만 예약어로 동작하게 되어 있다.

exports 9	opens 9	requires 9	uses 9	yeild 14
module 9	permits 17	sealed 17	var 10	
non-sealed 17	provides 9	to 9	when 21	
open 9	record 16	transitive 9	with 9	

▲ 표2-2 java에서 사용되는 문맥 예약어(contextual keyword)

| 참고 | 표의 숫자는 각 문맥 예약어가 추가된 JDK 버전을 의미하며, 자바 언어 명세(Java Language Spec)을 참고하였다. (https://docs.oracle.com/javase/specs/jls/se21/html/jls-3.html#jls-3.9)

2. 변수의 타입

우리가 주로 사용하는 값(data)의 종류(type)는 크게 '문자와 숫자'로 나눌 수 있으며, 숫자는 다시 '정수와 실수'로 나눌 수 있다.

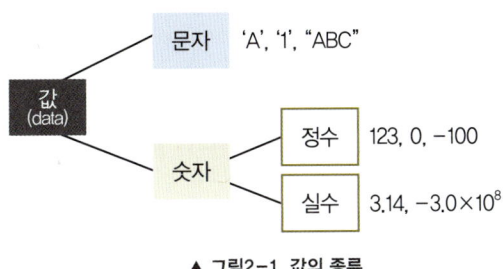

▲ 그림2-1 값의 종류

이러한 값(data)의 종류(type)에 따라 값이 저장될 공간의 크기와 저장형식을 정의한 것이 자료형(data type)이다. 자료형에는 문자형(char), 정수형(byte, short, int, long), 실수형(float, double) 등이 있으며, 변수를 선언할 때는 저장하려는 값의 특성을 고려하여 가장 알맞은 자료형을 선택하면 된다.

기본형과 참조형

자료형은 크게 '기본형'과 '참조형' 두 가지로 나눌 수 있는데, **기본형 변수는 실제 값(data)을 저장**하는 반면, **참조형 변수는 어떤 값이 저장되어 있는 주소(memory address)를 값으로 갖는다.** 자바는 C언어와 달리 참조형 변수 간의 연산을 할 수 없으므로 실제 연산에 사용되는 것은 모두 기본형 변수이다.

| 참고 | 메모리에는 1 byte단위로 일련 번호가 붙어있는데, 이 번호를 '메모리 주소(memory address)' 또는 간단히 '주소'라고 한다. 객체의 주소는 객체가 저장된 메모리 주소를 뜻한다.

기본형(primitive type)
 - 논리형(boolean), 문자형(char), 정수형(byte,short,int,long), 실수형(float,double)
   계산을 위한 실제 값을 저장한다. 모두 8개

참조형(reference type)
 - 객체의 주소를 저장한다. 8개의 기본형을 제외한 나머지 타입.

참조형 변수(또는 참조 변수)를 선언할 때는 변수의 타입으로 클래스의 이름을 사용하므로 클래스의 이름이 참조 변수의 타입이 된다. 그래서 새로운 클래스를 작성한다는 것은 새로운 참조형을 추가하는 셈이다.

다음은 참조 변수를 선언하는 방법이다. 기본형 변수와 같이 변수이름 앞에 타입을 적어주는데 참조 변수의 타입은 클래스의 이름이다.

클래스이름 변수이름;   // 변수의 타입이 기본형이 아닌 것들은 모두 참조변수

다음은 Date클래스 타입의 참조 변수 today를 선언한 것이다. 참조 변수는 null 또는 객체의 주소를 값으로 갖으며 참조 변수의 초기화는 다음과 같이 한다.

```
Date today = new Date(); // Date객체를 생성하고, 그 주소를 today에 저장
```

객체를 생성하는 연산자 new의 결과는 생성된 객체의 주소이다. 이 주소가 대입 연산자 '='에 의해서 참조 변수 today에 저장되는 것이다. 이제 참조 변수 today를 통해서 생성된 객체를 사용할 수 있게 된다.

I 참고 I 참조형 변수는 null 또는 객체의 주소(4 byte, 0x0~0xFFFFFFFF)를 값으로 갖는다. null은 어떤 객체의 주소도 저장되어 있지 않음을 뜻한다. 단, JVM이 32 bit가 아니라 64 bit라면 참조형 변수의 크기는 8 byte가 된다.

> **Q. 자료형(data type)과 타입(type)의 차이가 뭔가요?**
>
> **A.** 기본형은 저장할 값(data)의 종류에 따라 구분되므로 기본형의 종류를 얘기할 때는 '자료형(data type)'이라는 용어를 씁니다. 그러나 참조형은 항상 '객체의 주소(4 byte 정수)'를 저장하므로 값(data)이 아닌, 객체의 종류에 의해 구분되므로 참조형 변수의 종류를 구분할 때는 '타입(type)'이라는 용어를 사용합니다. '타입(type)'이 '자료형(data type)'을 포함하는 보다 넓은 의미의 용어이므로 굳이 구분하지 않아도 됩니다.

2.1 기본형(primitive type)

기본형에는 모두 8개의 타입(자료형)이 있으며, 크게 논리형, 문자형, 정수형, 실수형으로 구분된다.

분류	타입
논리형	**boolean** true와 false 중 하나를 값으로 갖으며, 조건식과 논리적 계산에 사용
문자형	**char** 문자를 저장하는데 사용되며, 변수에 하나의 문자만 저장가능
정수형	**byte, short, *int*, long** 정수를 저장하는데 사용되며, 주로 int를 사용. byte는 이진 데이터를 다룰 때 사용되며, short은 C언어와의 호환을 위해서 추가
실수형	**float, *double*** 실수를 저장하는데 사용되며, 주로 double을 사용

▲ 표2-3 기본형의 종류

문자형인 char는 문자를 내부적으로 정수(유니코드)로 저장하기 때문에 정수형과 별반 다르지 않으며, 정수형 또는 실수형과 연산도 가능하다. 반면에 boolean은 다른 기본형과의 연산이 불가능하다. 즉, boolean을 제외한 나머지 7개의 기본형은 서로 연산과 변환이 가능하다.

정수는 가장 많이 사용되므로 타입을 4가지나 제공한다. 각 타입마다 저장할 수 있는 값의 범위가 다르므로 저장할 값의 범위에 맞는 타입을 선택하면 되지만, 일반적으로 int를 많이 사용한다. 왜냐하면, int는 CPU가 가장 효율적으로 처리할 수 있는 타입이기 때문이다. 효율적인 실행보다 메모리를 절약하려면, byte나 short을 선택하자.

| 참고 | 4개의 정수형(byte, short, int, long)중에서 int형이 기본 자료형(default data type)이며, 실수형(float, double)중에서는 double이 기본 자료형이다.

종류\크기	1 byte	2 byte	4 byte	8 byte
논리형	boolean			
문자형		char		
정수형	byte	short	**int**	long
실수형			float	**double**

▲ 표2-4 기본형의 종류와 크기

기본 자료형의 종류와 크기는 반드시 외워야 하며, 아래의 문장들이 도움이 될 것이다.

▶ boolean은 true와 false 두 가지 값만 표현할 수 있으면 되므로 가장 작은 크기인 1 byte.
▶ char은 자바에서 유니코드(2 byte 문자체계)를 사용하므로 2 byte.
▶ byte는 크기가 1 byte라서 byte.
▶ int(4 byte)를 기준으로 짧아서 short(2 byte), 길어서 long(8 byte). (short ↔ long)
▶ float는 실수값을 부동소수점(floating-point)방식으로 저장하기 때문에 float.
▶ double은 float보다 두 배의 크기(8 byte)를 갖기 때문에 double.

그리고 각 타입의 변수가 저장할 수 있는 값의 범위는 다음과 같다.

자료형	저장 가능한 값의 범위	크기 bit	크기 byte
boolean	false, true	8	1
char	'\u0000' ~ '\uffff' (0~2^{16}-1, 0~65535)	16	2
byte	-128 ~ 127 (-2^7~2^7-1)	8	1
short	-32,768 ~ 32,767 (-2^{15}~2^{15}-1)	16	2
int	-2,147,483,648 ~ 2,147,483,647 (-2^{31}~2^{31}-1, 약 ±20억)	32	4
long	-9,223,372,036,854,775,808 ~ 9,223,372,036,854,775,807 (-2^{63}~2^{63}-1)	64	8
float	1.4E-45 ~ 3.4E38 (1.4×10^{-45}~3.4×10^{38})	32	4
double	4.9E-324 ~ 1.8E308 (4.9×10^{-324}~1.8×10^{308})	64	8

▲ 표2-5 기본형의 크기와 범위

| 참고 | float와 double은 양의 범위만 적은 것이다. 음의 범위는 양의 범위에 음수 부호(-)를 붙이면 된다.

각 자료형이 가질 수 있는 값의 범위를 정확히 외울 필요는 없고, 정수형(byte, short, int, long)의 경우 '-2^{n-1}~ $2^{n-1}-1$'(n은 bit수)이라는 정도만 기억하고 있으면 된다. 예를 들어 int형의 경우 32 bit(4 byte)이므로 '-2^{31}~ $2^{31}-1$'의 범위를 갖는다.

$$2^{10} = 1024 ≒ 10^3 \text{이므로, } 2^{31} = 2^{10} \times 2^{10} \times 2^{10} \times 2 = 1024 \times 1024 \times 1024 \times 2 ≒ \mathbf{2 \times 10^9}$$

따라서 int타입의 변수는 대략 10자리 수(약 20억, 2,000,000,000)의 값을 저장할 수 있다는 것을 알 수 있다. 7~9자리의 수를 계산할 때는 넉넉하게 long타입(약 19자리)으로 변수를 선언하는 것이 좋다. 연산중에 저장범위를 넘어서게 되면 원하지 않는 값을 결과로 얻게 될 것이기 때문이다.

실수형은 정수형과 저장형식이 달라서 같은 크기라도 훨씬 큰 값을 표현할 수 있으나 오차가 발생할 수 있다는 단점이 있다. 그래서 정밀도(precision)가 중요한데, 정밀도가 높을수록 발생하는 오차의 범위가 줄어든다. 아래의 표를 보면 float의 정밀도는 7자리인데, 이것은 10진수로 7자리의 수를 오차없이 저장할 수 있다는 뜻이다.

자료형	저장 가능한 값의 범위	정밀도	크기 bit	byte
float	1.4E-45 ~ 3.4E38 (1.4×10^{-45} ~ 3.4×10^{38})	**7 자리**	32	4
double	4.9E-324 ~ 1.8E308 (4.9×10^{-324} ~ 1.8×10^{308})	**15 자리**	64	8

▲ 표2-6 실수형의 범위와 정밀도

float는 약 $\pm 10^{38}$과 같이 큰 값을 저장할 수 있지만, 정밀도가 7자리 밖에 되지 않으므로 보다 높은 정밀도가 필요한 경우에는 변수의 타입으로 double을 선택해야한다. 이처럼 실수형에서는 저장 가능한 값의 범위뿐만 아니라 정밀도도 타입 선택의 중요한 기준이 된다.

2.2 상수와 리터럴(constant & literal)

'상수(constant)'는 변수와 마찬가지로 '값을 저장할 수 있는 공간'이지만, 변수와 달리 한번 값을 저장하면 다른 값으로 변경할 수 없다. 상수를 선언하는 방법은 변수와 동일하며, 단지 변수의 타입 앞에 키워드 'final'을 붙이면 된다.

```
final int MAX_SPEED = 10;    // 상수 MAX_SPEED를 선언 & 초기화
```

그리고 상수는 선언과 동시에 초기화하는 것이 보통이며, 한번 값이 저장되고 나면 상수의 값을 변경하는 것이 허용되지 않는다.

```
final int MAX_VALUE;         // 상수 MAX_SPEED를 선언
MAX_VALUE = 100;             // 상수 MAX_SPEED를 초기화
MAX_VALUE = 200;             // 에러. 상수의 값은 변경할 수 없음
```

상수의 이름은 모두 대문자로 하는 것이 암묵적인 관례이며, 여러 단어로 이루어져있는 경우 '_'로 구분하는 것이 일반적이다.

| 참고 | JDK 6부터 상수를 선언과 동시에 초기화 하지 않아도 사용하기 전에만 초기화하면 되도록 바뀌었다. 그래도 상수는 선언과 동시에 초기화하는 습관을 들이는 것이 좋다.

리터럴(literal)

원래 12, 123, 3.14, 'A'와 같은 값들이 '상수'인데, 프로그래밍에서는 상수를 '값을 한 번 저장하면 변경할 수 없는 저장공간'으로 정의하였기 때문에 이와 구분하기 위해 상수를 다른 이름으로 불러야만 했다. 그래서 상수 대신 리터럴이라는 용어를 사용한다. 많은 사람들이 리터럴이라는 용어를 어려워하는데, 리터럴은 단지 우리가 기존에 알고 있던 '상수'의 의미하는 다른 용어일 뿐이다.

변수(variable)	하나의 값을 저장하기 위한 공간
상수(constant)	값을 한번만 저장할 수 있는 공간
리터럴(literal)	그 자체로 값을 의미하는 것

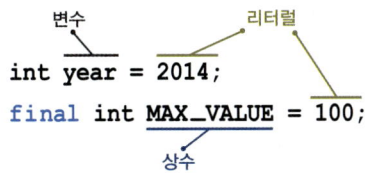

상수가 필요한 이유

아마도 이쯤에서 여러분들은 '그냥 리터럴을 직접 쓰면 될 텐데, 굳이 상수가 따로 필요한가?'라는 의문이 들 것도 같다. 먼저 다음의 코드를 보자.

```java
int triangleArea  = (20 * 10) / 2;   // 삼각형의 면적을 구하는 공식
int rectangleArea =  20 * 10 ;       // 사각형의 면적을 구하는 공식
```

위의 코드는 삼각형과 사각형의 면적을 구해서 변수에 저장한다. 이 공식을 모르는 사람은 없겠지만, 보다 복잡한 공식이라면 얘기가 달라질 것이다. 게다가 20과 10이 아닌 다른 값을 이용해서 결과를 얻고 싶다면 여러 곳을 수정해야한다.

그러면 이제 다음의 코드를 보자.

```java
final int WIDTH  = 20;  // 폭
final int HEIGHT = 10;  // 높이

int triangleArea = (WIDTH * HEIGHT) / 2;  // 삼각형의 면적을 구하는 공식
int rectangleArea = WIDTH * HEIGHT ;      // 사각형의 면적을 구하는 공식
```

상수를 이용해서 기존의 코드를 변경한 것인데, 이전 코드에 비해 면적을 구하는 공식의 의미가 명확해졌다. 그리고 다른 값으로 계산할 때도 여러 곳을 수정할 필요없이 상수의 초기화만 다른 값으로 해주면 된다.

이처럼 상수는 리터럴에 '의미있는 이름'을 붙여서 코드의 이해와 수정을 쉽게 만든다.

리터럴의 타입과 접미사

변수에 타입이 있는 것처럼 리터럴에도 타입이 있다. 변수의 타입은 저장될 '값의 타입(리터럴의 타입)'에 의해 결정되므로, 만일 리터럴에 타입이 없다면 변수의 타입도 필요없을 것이다.

종류	리터럴	접미사
논리형	false, true	없음
정수형	123, 0b0101, 077, 0xFF, 100L	L
실수형	3.14, 3.0e8, 1.4f, 0x1.0p-1	f, d
문자형	'A', '1', '\n'	없음
문자열	"ABC", "123", "A", "true"	없음

▲ 표2-7 리터럴과 접미사

정수형과 실수형에는 여러 타입이 존재하므로, 리터럴에 접미사를 붙여서 타입을 구분한다. 정수형의 경우, long타입의 리터럴에 접미사 'l' 또는 'L'을 붙이고, 접미사가 없으면 int타입의 리터럴이다. byte와 short타입의 리터럴은 별도로 존재하지 않으며 byte와 short타입의 변수에 값을 저장할 때는 int타입의 리터럴을 사용한다.

10진수 외에도 2, 8, 16진수로 표현된 리터럴을 변수에 저장할 수 있으며, 16진수라는 것을 표시하기 위해 리터럴 앞에 접두사 '0x' 또는 '0X'를, 8진수의 경우에는 '0'을 붙인다.

| 참고 | 접두사 '0x', '0X', '0b', '0B', '0'의 '0'은 알파벳이 아니라 숫자이다. 2진 리터럴은 JDK 7부터 추가되었다.

```
int octNum = 010;      //  8진수 10, 10진수로 8
int hexNum = 0x10;     // 16진수 10, 10진수로 16
int binNum = 0b10;     //  2진수 10, 10진수로 2
```

그리고 JDK 7부터 정수형 리터럴의 중간에 구분자 '_'를 넣을 수 있어서 큰 숫자를 편하게 읽을 수 있게 되었다.

```
long big = 100_000_000_000L;          // long big = 100000000000L;
long hex = 0xFFFF_FFFF_FFFF_FFFFL;    // long hex = 0xFFFFFFFFFFFFFFFFL;
```

실수형에서는 float타입의 리터럴에 접미사 'f' 또는 'F'를 붙이고, double타입의 리터럴에는 접미사 'd' 또는 'D'를 붙인다.

```
float  pi    = 3.14f;     // 접미사 f 대신 F를 사용해도 된다.
double rate  = 1.618d;    // 접미사 d 대신 D를 사용해도 된다.
```

실수형 리터럴에는 접미사를 붙여서 타입을 구분하며, float타입 리터럴에는 'f'를, double 타입 리터럴에는 'd'를 붙인다. 정수형에서는 int가 기본 자료형인 것처럼 실수형에서는 double이 기본 자료형이라서 접미사 'd'는 생략이 가능하다. 실수형 리터럴인데, 접미사가 없으면 double타입 리터럴인 것이다.

```
float    pi   = 3.14;   // 에러. float타입 변수에 double타입 리터럴 저장불가
double   rate = 1.618;  // OK. 접미사 d는 생략할 수 있다.
```

위의 문장에서 3.14는 접미사가 붙지 않았으므로 float타입 리터럴이 아니라 double타입 리터럴로 간주된다. 그래서 3.14가 float타입의 범위에 속한 값임에도 불구하고 컴파일 시에 에러가 발생한다. 에러를 피하려면 3.14f와 같이 접미사를 붙여야 한다.

리터럴의 접두사와 접미사는 대소문자를 구별하지 않으므로, 대문자와 소문자 중에서 어떤 것을 사용해도 상관없지만, 소문자'l'의 경우 숫자 '1'과 헷갈리기 쉬우므로 대문자인 'L'을 사용하는 것이 좋다.

ㅣ참고ㅣ 리터럴에 접미사가 붙는 타입은 long, float, double뿐인데, double은 생략가능하므로 long과 float의 리터럴에 접미사를 붙이는 것만 신경쓰면 된다.

리터럴에 소수점이나 10의 제곱을 나타내는 기호 E 또는 e, 그리고 접미사 f, F, d, D를 포함하고 있으면 실수형 리터럴로 간주된다.

자료형	실수형 리터럴	동등한 표현
double	10.	10.0
double	.10	0.10
float	10f	10.0f
float	3.14e3f	3140.0f
double	1e1	10.0
double	1e-3	0.001

▲ 표2-8 실수형 리터럴의 예

타입의 불일치

리터럴의 타입은 저장될 변수의 타입과 일치하는 것이 보통이지만, 타입이 달라도 저장범위가 넓은 타입에 좁은 타입의 값을 저장하는 것은 허용된다.

```
int      i = 'A';       // OK. 문자'A'의 유니코드인 65가 변수 i에 저장된다.
long     l = 123;       // OK. int보다 long이 더 범위가 넓다.
double   d = 3.14f;     // OK. float보다 double이 더 범위가 넓다.
```

그러나 리터럴의 값이 변수의 타입의 범위를 넘어서거나, 리터럴의 타입이 변수의 타입보다 저장범위가 넓으면 컴파일 에러가 발생한다.

```
int      i = 0x123456789;  // 에러. int의 범위를 넘는 값을 저장
float    f = 3.14;         // 에러. float보다 double의 범위가 넓다.
```

3.14는 3.14d에서 접미사가 생략된 것으로 double타입이다. 이 값을 float타입으로 표현할 수 있지만, double타입의 리터럴이므로 float타입의 변수에 저장할 수 없다.

ㅣ참고ㅣ float는 접미사나 정밀도 등 신경 쓸 것이 많다. 이런 것들이 귀찮다면 그냥 double을 사용하자.

byte와 short타입의 리터럴은 따로 존재하지 않으므로 int타입의 리터럴을 사용한다. 단, 변수가 저장할 수 있는 범위에 속한 것이어야 한다.

```
byte  b = 65;      // OK. byte의 범위(-128~127)에 속하는 int타입 리터럴
short s = 0x1234;  // OK. short의 범위에 속하는 int타입 리터럴
```

각 타입의 범위만 알아도 충분히 판단가능한 내용이다. 값의 크기에 상관없이 double타입의 리터럴을 float타입의 변수에 저장할 수 없다는 것만 주의하자. 보다 자세한 내용은 이 장의 마지막 단원인 '형변환'에서 설명한다.

지역 변수의 타입 추론 – var

JDK 10부터 지역 변수(local variable)의 경우, 변수를 선언할 때 타입 대신 'var'를 사용할 수 있게 되었다. 변수는 값을 담기 위한 것이고, 값의 타입과 변수의 타입이 일치하는 것이 보통이기 때문에 변수의 타입을 생략해도 컴파일러가 값의 타입을 보고 변수의 타입을 추론(inference)할 수 있는 것이다.

| 참고 | 지역 변수는 메서드 내에 선언된 변수를 의미하며, 6장 이전까지의 변수는 모두 지역 변수다.

```
var year = 2024;  // 아래의 문장과 동일
int year = 2024;  // 변수의 타입과 값의 타입이 일치
          └─일치─┘
```

실제 타입 대신 'var'를 사용하면 코드가 간결해지고, 변경에도 유리해진다. 클래스를 다른 것으로 바꿀때 변수의 타입은 변경하지 않아도 되기 때문이다.

```
LinkedHashMap map = new LinkedHashMap();  // 변경시 두 곳을 고쳐야 함
var           map = new LinkedHashMap();  // 변경시 한 곳만 고치면 됨.
```

만일 변수를 선언할 때 값을 대입하지 않거나 null을 대입하면, 변수의 타입을 추론할 수 없기 때문에 에러가 발생한다.

```
var obj;         // 에러. 변수를 초기화하지 않아서 변수의 타입 추론 불가
var obj = null;  // 에러. 변수를 null로 초기화하면 변수의 타입 추론 불가
```

그리고 아래의 경우처럼 의도했던 것과 다르게 타입이 추론될 수 있으므로 조심해야 하며 이럴 때는 'var'대신에 실제 타입을 적어주면 된다.

```
byte b = 123;  // 123의 타입은 int지만 byte의 범위를 넘지않아서 OK
var  b = 123;  // byte가 아니라 int로 추론된다.
```

문자 리터럴과 문자열 리터럴

'A'와 같이 작은따옴표로 문자 하나를 감싼 것을 '문자 리터럴'이라고 한다. 두 문자 이상은 큰 따옴표로 감싸야 하며 '문자열 리터럴'이라고 한다.

> **참고** 문자열은 '문자의 연속된 나열'이라는 뜻이며, 영어로 'string'이다.

```
char    ch   = 'J';        // char ch = 'Java'; 이렇게 할 수 없다.
String  name = "Java";     // 변수 name에 문자열 리터럴 "Java"를 저장
```

char타입의 변수는 단 하나의 문자만 저장할 수 있으므로, 여러 문자(문자열, 0~n개 문자)를 저장하기 위해서는 String타입을 사용해야 한다.

문자열 리터럴은 ""안에 아무런 문자도 넣지 않는 것을 허용하며, 이를 빈 문자열(empty string)이라고 한다. 그러나 문자 리터럴은 반드시 ''안에 하나의 문자가 있어야한다.

```
String str  = "";      // OK. 내용이 없는 빈 문자열
char   ch   = '';      // 에러. ''안에 반드시 하나의 문자가 필요
char   ch   = ' ';     // OK. 공백 문자(blank)로 변수 ch를 초기화
```

사실 String은 클래스이므로 아래와 같이 객체를 생성하는 연산자 new를 사용해야 하지만 특별히 위와 같은 표현도 허용한다.

```
String name = new String("Java"); // String객체를 생성
```

그리고 덧셈 연산자(+)를 이용하여 문자열을 결합할 수 있어서 다음과 같이 할 수 있다.

```
String name = "Ja" + "va";   // name은 "Java"
String str  = name + 21;     // str은 "Java21"
```

덧셈 연산자는 피연산자가 모두 숫자일 때는 두 수를 더하지만, 피연산자 중 어느 한 쪽이 String이면 나머지 한 쪽을 먼저 String으로 변환한 다음 두 String을 결합한다.

기본형과 참조형의 구별없이 어떤 타입의 변수도 문자열과 덧셈 연산을 수행하면 그 결과가 문자열이 되는 것이다.

```
문자열 + any type  →  문자열 + 문자열  →  문자열
any type + 문자열  →  문자열 + 문자열  →  문자열
```

예를 들어 7 + "7"을 계산할 때 7이 String이 아니므로, 먼저 7을 String으로 변환한 다음 "7"+"7"을 수행하여 "77"을 결과로 얻는다. 다음은 문자열 결합의 몇 가지 예를 보여준다.

```
7 + " "   →  "7" + " "  →  "7 "
" " + 7   →  " " + "7"  →  " 7"
7 + "7"   →  "7" + "7"  →  "77"
```

```
   7 + 7 + ""    →   14 + ""   →   "14" + ""  →   "14"
   "" + 7 + 7    →   "7" + 7   →   "7" + "7"  →   "77"

   true + ""  →  "true" + ""  →  "true"
   null + ""  →  "null" + ""  →  "null"
```

덧셈 연산자는 왼쪽에서 오른쪽의 방향으로 연산을 수행하기 때문에 결합순서에 따라 결과가 달라진다는 것에 주의하자. 그리고 7과 같은 기본형 타입의 값을 문자열로 변환할 때는 아무런 내용도 없는 빈 문자열("")을 더해주면 된다는 것도 알아두자.

▼ 예제 2-3/**StringEx.java**

```java
class StringEx {
  public static void main(String[] args) {
    String name = "Ja" + "va";
    String str  = name + 21;

    System.out.println(name);
    System.out.println(str);
    System.out.println(7 + " ");
    System.out.println(" " + 7);
    System.out.println(7 + "");
    System.out.println("" + 7);
    System.out.println("" + "");
    System.out.println(7 + 7 + "");
    System.out.println("" + 7 + 7);
  }
}
```

▼ 실행결과
```
Java
Java21
7 
 7
7
7

14
77
```

텍스트 블록(text blocks)

JDK 15부터 다중행 문자열 리터럴(multiline string literal)을 작성할 수 있는 기능을 제공하며, '텍스트 블록(text blocks)'이라고 부른다. 이 기능은 여러 줄로 이루어진 문자열을 작성하기 편리하게 도와준다.

이 전에는 여러 줄로 이루어진 문자열을 작성하려면, 아래와 같이 특수 문자들을 섞어서 문자열을 작성해야 한다. '\n'은 줄바꿈 문자이고, '\t'은 탭 문자(키보드의 tab키)이다.

| 참고 | p.78의 표2-13에 특수 문자의 목록이 있다.

```java
String str = "class Main {\n"
           + "\tpublic String main(String args[] {\n"
           + "\t\tSystem.out.println(\"Hello\");\n"
           + "\t}\n"
           + "}\n";
```

이렇게 작성하면 실수하기 쉽고 보기도 불편하다. 새로 추가된 텍스트 블록을 이용하면 특수 문자를 넣지 않고 편리하면서도 보기 좋게 다중행 문자열을 작성할 수 있다. 위의 문자열을 텍스트 블록으로 작성하면 다음과 같다.

> **참고** 텍스트 블록을 작성할 때 탭 키를 입력하면 4개의 공백 문자로 간주된다.

```
String str = """
class Main {
    public String main(String args[]) {
        System.out.println("Hello");
    }
}
""";
```

텍스트 블록의 시작과 끝을 의미하는 """사이에 텍스트를 탭 문자나 개행문자 없이 자유롭게 작성하면 된다. 주의할 점은 아래와 같이 여는 """의 다음 줄 부터 내용이 시작해야 한다는 것이다.

```
String str1 = """Hello"""; // 에러. 텍스트 블록의 시작 """ 뒤에 내용이 오면 안됨.
String str2 = """
        Hello""";    // OK. "Hello"와 동일
```

그리고 닫는 """의 위치에 의해 들여쓰기의 기준이 된다는 것도 주의해야 한다. 아래의 코드에서 str3는 "Hello"와 닫는 """와 들여쓰기 위치가 같으므로 "Hello"는 들여쓰기가 없다. 반면에 str4는 """의 들여쓰기 위치가 "Hello"보다 2칸 왼쪽에 있다. 그래서 "Hello"의 왼쪽에 공백이 2칸 추가된 것이다. 참고로 몇가지 예를 더 적었는데 가볍게 보고 넘어가길 바란다.

```
String str3 = """
        Hello
        """;   // "Hello\n"와 동일
String str4 = """
        Hello
      """;   // "  Hello\n"와 동일. 닫는 """의 위치가 들여쓰기의 기준
String str5 = """
        Hello
      """.indent(2);   // str4와 동일. 들여쓰기를 숫자로 지정 가능
String str6 = """
        Hello\
      """;   // "Hello"와 동일. '\'는 한 행의 개행 문자(\n)를 제거
```

2.3 형식화된 출력 - printf( )

지금까지 화면에 출력할 때 println( )을 써왔는데, println( )은 사용하기엔 편하지만 변수의 값을 그대로 출력하므로, 값을 변환하지 않고는 다른 형식으로 출력할 수 없다. 같은 값이라도 다른 형식으로 출력하고 싶을 때가 있다. 예를 들면, 소수점 둘째자리까지만 출력한다던가, 정수를 16진수나 8진수로 출력한다던가. 이럴 때 printf( )를 사용하면 된다.

printf( )는 '지시자(specifier)'를 통해 변수의 값을 여러 가지 형식으로 변환하여 출력하는 기능을 가지고 있다. '지시자'는 값을 어떻게 출력할 것인지를 지정해주는 역할을 한다. 정수형 변수에 저장된 값을 10진 정수로 출력할 때는 지시자 '%d'를 사용하며, 변수의 값을 지정된 형식으로 변환해서 지시자대신 넣는다. 예를 들어 int타입의 변수 age의 값이 14일 때, printf( )는 지시자 '%d' 대신 14를 넣어서 출력한다.

```
    System.out.printf("age:%d", age);
→   System.out.printf("age:%d", 14);
→   System.out.printf("age:14");    // "age:14"가 화면에 출력된다.
```

만일 출력하려는 값이 2개라면, 지시자도 2개를 사용해야하며 출력될 값과 지시자의 순서는 일치해야 한다. 물론 3개 이상의 값도 지시자를 지정해서 출력할 수 있으며 개수의 제한은 없다.

```
    System.out.printf("age:%d year:%d", age, year);
→   System.out.printf("age:%d year:%d", 14, 2017);
```

"age:14 year:2017"이 화면에 출력된다.

println( )과 달리 printf( )는 출력 후 줄바꿈을 하지 않는다. 줄바꿈을 하려면 지시자 '%n'을 따로 넣어줘야 한다.

| 참고 | '%n'대신 '\n'을 사용해도 되지만, OS마다 줄바꿈 문자가 다를 수 있기 때문에 '%n'을 사용하는 것이 더 안전하다.

```
    System.out.printf("age:%d", age);     // 출력 후 줄바꿈을 하지 않는다.
    System.out.printf("age:%d%n", age);   // 출력 후 줄바꿈을 한다.
```

printf( )의 지시자 중에서 자주 사용되는 것만 뽑아보면 다음과 같다.

| 참고 | 지시자의 전체 목록을 보려면, Java API에서 Formatter클래스(java.util패키지)를 찾으면 된다.

지시자	설명
%b	불리언(boolean) 형식으로 출력
%d	10진(decimal) 정수의 형식으로 출력
%o	8진(octal) 정수의 형식으로 출력
%x, %X	16진(hexa-decimal) 정수의 형식으로 출력

%f	부동 소수점(floating-point)의 형식으로 출력
%e, %E	지수(exponent) 표현식의 형식으로 출력
%c	문자(character)로 출력
%s	문자열(string)로 출력

▲ 표2-9 자주 사용되는 printf( )의 지시자

▼ 예제 2-4/`PrintfEx.java`

```
class PrintfEx {
 public static void main(String[] args) {
   byte  b = 1;
   short s = 2;
   char  c = 'A';

   int  finger = 10;
   long big = 100_000_000_000L; // long big = 100000000000L;
   long hex = 0xFFFF_FFFF_FFFF_FFFFL ;

   int octNum = 010;      // 8진수 10, 10진수로는 8
   int hexNum = 0x10;     // 16진수 10, 10진수로는 16
   int binNum = 0b10;     // 2진수 10, 10진수로는 2

   System.out.printf("b=%d%n", b);
   System.out.printf("s=%d%n", s);
   System.out.printf("c=%c, %d %n", c, (int)c);
   System.out.printf("finger=[%5d]%n",  finger);
   System.out.printf("finger=[%-5d]%n", finger);
   System.out.printf("finger=[%05d]%n", finger);
   System.out.printf("big=%d%n", big);
   System.out.printf("hex=%#x%n", hex); // '#'은 접두사(16진수 0x, 8진수 0)
   System.out.printf("octNum=%o, %d%n", octNum, octNum);
   System.out.printf("hexNum=%x, %d%n", hexNum, hexNum);
   System.out.printf("binNum=%s, %d%n", Integer.toBinaryString(binNum)
                                                       , binNum);
 }
}
```

▼ 실행결과

```
b=1
s=2
c=A, 65
finger=[   10]
finger=[10   ]
finger=[00010]
big=100000000000
hex=0xffffffffffffffff
octNum=10, 8
hexNum=10, 16
binNum=10, 2
```

정수형의 값을 printf( )로 출력하는 예제이다. 정수를 출력할 때는 지시자 '%d'를 사용하는데, 출력될 값이 차지할 공간을 숫자로 지정할 수 있다. 여러 값을 여러 줄로 간격 맞춰 출력할 때 꼭 필요한 기능이다. 아래의 결과를 보면 '0'과 '-'가 어떤 역할을 하는지 설명하지 않아도 알 수 있을 것이다.

```
System.out.printf("finger = [%5d]%n",  finger);   // finger = [   10]
System.out.printf("finger = [%-5d]%n", finger);   // finger = [10   ]
System.out.printf("finger = [%05d]%n", finger);   // finger = [00010]
```

지시자 '%x'와 '%o'에 '#'를 사용하면 접두사 '0x'와 '0'이 각각 붙는다. 그리고 '%X'는 16진수에 사용되는 접두사와 영문자를 대문자로 출력한다.

```
System.out.printf("hex = %x%n",  hex); // hex = ffffffffffffffff
System.out.printf("hex = %#x%n", hex); // hex = 0xffffffffffffffff
System.out.printf("hex = %#X%n", hex); // hex = 0XFFFFFFFFFFFFFFFF
```

10진수를 2진수로 출력해주는 지시자는 없기 때문에, 정수를 2진 문자열로 변환해주는 'Integer.toBinaryString(int i)'를 사용해야 한다. 이 메서드는 정수를 2진수로 변환해서 문자열로 반환하므로 지시자 '%s'를 사용했다.

```
System.out.printf("binNum=%s%n", Integer.toBinaryString(binNum));
```

그리고 C언어에서는 char타입의 값을 지시자 '%d'로 출력할 수 있지만, 자바에서는 허용되지 않는다. 아래와 같이 int타입으로 형변환해야만 '%d'로 출력할 수 있다.

```
System.out.printf("c = %c, %d %n", c, (int)c); // 형변환이 꼭 필요하다.
```

▼ 예제 2-5/**PrintfEx2.java**

```java
class PrintfEx2 {
  public static void main(String[] args) {
      String url = "www.codechobo.com";

      float f1 = .10f;     // 0.10, 1.0e-1
      float f2 = 1e1f;     // 10.0, 1.0e1, 1.0e+1
      float f3 = 3.14e3f;
      double d = 1.23456789;

      System.out.printf("f1=%f, %e, %g%n", f1, f1, f1);
      System.out.printf("f2=%f, %e, %g%n", f2, f2, f2);
      System.out.printf("f3=%f, %e, %g%n", f3, f3, f3);

      System.out.printf("d=%f%n", d);
      System.out.printf("d=%14.10f%n", d); // 전체 14자리 중 소수점 10자리

      System.out.printf("[12345678901234567890]%n");
      System.out.printf("[%s]%n", url);
      System.out.printf("[%20s]%n", url);
      System.out.printf("[%-20s]%n", url); // 왼쪽 정렬
      System.out.printf("[%.8s]%n", url);  // 왼쪽에서 8글자만 출력
  }
}
```

▼ 실행결과
```
f1=0.100000, 1.000000e-01, 0.100000
f2=10.000000, 1.000000e+01, 10.0000
f3=3140.000000, 3.140000e+03, 3140.00
d=1.234568   ← 마지막 자리 반올림됨
d=  1.2345678900
[12345678901234567890]
[www.codechobo.com]
[    www.codechobo.com]
[www.codechobo.com    ]
[www.code]
```

실수형 값의 출력에 사용되는 지시자는 '%f', '%e', '%g'가 있는데, '%f'가 주로 쓰이고 '%e'는 지수형태로 출력할 때, '%g'는 값을 간략하게 표현할 때 사용한다.

'%f'는 기본적으로 소수점 아래 6자리까지만 출력하기 때문에 소수점 아래 7자리에서 반올림한다. 그래서 1.23456789가 1.234568로 출력되었다. 그리고 다음과 같이 전체 자리수와 소수점 아래의 자리수를 지정할 수도 있다.

%전체자리.소수점아래자리f

```
System.out.printf("d=%14.10f%n", d);  // 전체 14자리 중 소수점 아래 10자리
```

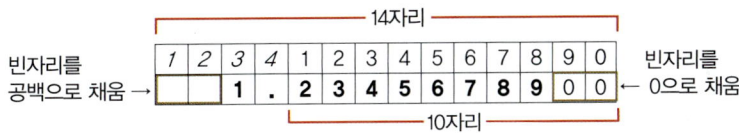

소수점도 한자리를 차지하며, 소수점 아래의 빈자리는 0으로 채우고 정수의 빈자리는 공백으로 채워서 전체 자리수를 맞춘다.

| 참고 | 지시자를 '%014.10'으로 지정했다면, 양쪽 빈자리를 모두 0으로 채웠을 것이다.

지시자 '%s'에도 숫자를 추가하면 원하는 만큼의 출력공간을 확보하거나 문자열의 일부만 출력할 수 있다.

```
System.out.printf("[%s]%n",    url); // 문자열의 길이만큼 출력공간을 확보
System.out.printf("[%20s]%n",  url); // 최소 20글자 출력공간 확보. (우측정렬)
System.out.printf("[%-20s]%n", url); // 최소 20글자 출력공간 확보. (좌측정렬)
System.out.printf("[%.8s]%n",  url); // 왼쪽에서 8글자만 출력
```

지정된 숫자보다 문자열의 길이가 작으면 빈자리는 공백으로 출력된다. 공백이 있는 경우 기본적으로 우측 끝에 문자열을 붙이지만, '-'를 붙이면 좌측 끝에 붙인다. 그리고 '.'을 붙이면 문자열의 일부만 출력할 수 있다. 숫자를 직접 바꿔가면서 다양하게 테스트 해보자.

2.4 화면에서 입력받기 – Scanner

지금까지 화면에 출력만 해왔는데, 이제 화면으로부터 입력받는 방법에 대해서 배워보자. 자바에서 화면으로 부터 입력받는 방법은 여러 가지가 있으며, 점점 간단하고 편리한 방향으로 발전해 왔다. 최신 방법은 JDK 6부터 추가된 Console클래스를 이용하는 것인데, 이 클래스는 인텔리제이와 같은 IDE에서 잘 동작하지 않으므로, 이와 유사한 Scanner클래스를 이용해서 화면으로부터 입력받는 방법을 배워보자.

| 참고 | 화면으로부터 입력받는 방법들은 근본적으로 모두 같으므로 차이를 비교할 필요는 없다. 그저 상황에 맞는 편리한 것을 선택해서 사용하자.

화면으로부터 입력받는 방법은 아직 배우지 않은 것들을 알아야 하는데도 불구하고 본인이 직접 입력을 하면 자칫 지루해 질 수 있는 내용들이 좀 더 재미있어지지 않을까하는 생각에서 미리 소개 하게 되었다. 나중에 자세히 배울 테니 지금은 이해하기보다 가져다 쓰는 정도만 알아두자.

먼저 Scanner클래스를 사용하려면, 아래의 한 문장을 추가해야 한다.

```
import java.util.*;   // Scanner클래스를 사용하기 위해 추가
```

그 다음엔 Scanner클래스의 객체를 생성한다.

```
Scanner scanner = new Scanner(System.in);   // Scanner클래스의 객체를 생성
```

그리고 nextLine()이라는 메서드를 호출하면, 입력대기 상태에 있다가 입력을 마치고 '엔터키(Enter)'를 누르면 입력한 내용이 문자열로 반환된다.

```
String input = scanner.nextLine();   // 입력받은 내용을 input에 저장
int num = Integer.parseInt(input);   // 입력받은 내용을 int타입의 값으로 변환
```

만일 입력받은 문자열을 숫자로 변환하려면, Integer.parseInt()라는 메서드를 이용해야 한다. 이 메서드는 문자열을 int타입의 정수로 변환한다.

| 참고 | 만일 문자열을 float타입의 값으로 변환하길 원하면, Float.parseFloat()를 사용해야한다. 다른 타입으로의 변환은 p.505을 참고하자.

사실 Scanner클래스에는 nextInt()나 nextFloat()와 같이 변환없이 숫자로 바로 입력받을 수 있는 메서드들이 있고, 이 메서드들을 사용하면 문자열을 숫자로 변환하는 수고는 하지 않아도 된다.

```
int num = scanner.nextInt();   // 정수를 입력받아서 변수 num에 저장
```

그러나 이 메서드들은 화면에서 연속적으로 값을 입력받아서 사용하기에 까다로울 때가 있다. 그럴때는 모든 값을 nextLine()으로 입력받아서 적절히 변환하자.

▼ 예제 2-6/**ScannerEx.java**

```java
import java.util.*;      // Scanner를 사용하기 위해 추가
class ScannerEx {
   public static void main(String[] args) {
       Scanner scanner = new Scanner(System.in);

       System.out.print("두자리 정수를 하나 입력해주세요.>");
       String input = scanner.nextLine();
       int num = Integer.parseInt(input);  // 입력받은 문자열을 숫자로 변환
//     int num = scanner.nextInt();

       System.out.println("입력내용 :"+input);
       System.out.printf("num=%d%n", num);
   }
}
```

▶ 실행결과
두자리 정수를 하나 입력해주세요.>**22**
입력내용 :22
num=22

만일 숫자가 아닌 문자 또는 기호를 입력하면, 입력받은 문자열을 숫자로 변환하는 과정인 Integer.parseInt( )에서 에러가 발생한다. 특히 공백을 입력하지 않도록 주의하자.

3. 진법

3.1 10진법과 2진법

우리는 일상생활에서 주로 사용하는 것은 10진법이다. 아마도 사람이 10개의 손가락을 가지고 있기 때문이 아닐까. 1946년에 개발된 컴퓨터인 에니악(ENIAC)은 사람에게 익숙한 10진법을 사용하도록 설계되었으나 전기회로는 전압이 불안정해서 전압을 10단계로 나누어 처리하는 데 한계가 있었다. 그래서 1950년에 개발된 에드박(EDVAC)은 단 두 가지 단계, 전기가 흐르면 1, 흐르지 않으면 0,만으로 동작하도록 설계되었고 매우 성공적이었다.
  손가락의 개수가 10개인 사람에게 10진법이 적합하듯, 컴퓨터와 같은 전기회로에는 2진법이 적합한 것이다.
  그 이후부터 지금까지 대부분의 컴퓨터는 2진 체계로 설계되었기 때문에, 2진법을 알지 못하면 컴퓨터의 동작원리나 데이터 처리방식을 온전히 이해할 수 없다. 지금까지 변수에 값을 저장하면 10진수로 저장되는 것처럼 설명을 하였지만, 컴퓨터는 2진수(0과 1) 밖에 모르기 때문에 아래의 오른쪽과 같이 2진수로 바뀌어 저장된다. 2진수 11001은 10진수로 25이다.

```
int age = 25;   // 변수 age에 25를 저장
```

age | 25 | → | age | 11001

| 참고 | int타입의 크기가 4 byte이면, 32자리의 2진수로 표현해야하지만 앞의 0은 생략하였다. 0을 생략하지 않으면, '11001'이 아니라 '00000000000000000000000000011001'이다.

이처럼 2진법은 0과 1로만 데이터를 표현하기 때문에 10진법에 비해 많은 자리수를 필요로 한다. 10진수 2와 같이 작은 숫자도 2진수로 표현하려면 2자리가 필요하다. 2진수 한 자리로는 1보다 큰 값을 표현할 수 없기 때문이다.
  이것은 10진수에서 9보다 큰 수를 표현하기 위해서는 두 자리의 10진수가 필요한 것과 같다.

2진수	10진수
0	0
1	1
10	2
11	3
100	4
101	5
110	6
111	7
1000	8
1001	9
1010	10

2진수는 2가 없으므로 자리올림이 발생해서 10이 된다.

10진수도 표현할 수 있는 제일 큰 수인 9 다음에는 자리올림이 발생한다.

그래서 2진수 1에 1을 더하면 2가 아닌 10이 되고, 2진수 11에 1을 더하면 12가 아닌 100이 된다. 10진수와 비교해보면 쉽게 이해가 될 것이다.

2진수		10진수	
1	11	9	99
+ 1	+ 1	+ 1	+ 1
10	100	10	100

자리수가 많아지긴 해도 2진수는 10진수를 온전히 표현할 수 있다. 게다가 덧셈이나 뺄셈 같은 연산도 10진수와 동일하다.

3.2 비트(bit)와 바이트(byte)

한 자리의 2진수를 '비트(bit, binary digit)'라고 하며, 1 비트는 컴퓨터가 값을 저장할 수 있는 최소단위이다. 그러나 1 비트는 너무 작은 단위이기 때문에 1 비트 8개를 묶어서 '바이트(byte)'라는 단위로 정의해서 데이터의 기본 단위로 사용한다.

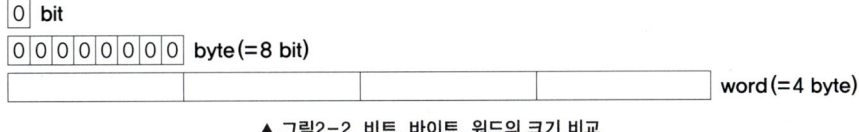

▲ 그림2-2 비트, 바이트, 워드의 크기 비교

이 외에도 '워드(word)'라는 단위가 있는데, **'워드(word)'는 'CPU가 한 번에 처리할 수 있는 데이터의 크기'를 의미한다.** 그림2-2에서는 워드의 크기를 4 바이트(32 비트)라고 했지만, 사실 워드의 크기는 CPU의 성능에 따라 달라진다. 예를 들어 32 비트 CPU에서 1 워드는 32 비트(4 바이트)이고, 64 비트 CPU에서는 64 비트(8 바이트)이다.

| 참고 | nibble : 4 bit, 16진수 1자리(2진수 4자리)를 저장할 수 있는 단위

아래의 표는 1~4비트로 표현할 수 있는 값의 개수를 모두 나열한 것으로 1 비트(2진수 1자리)로 0과 1, 모두 2개(2^1)의 값을, 2비트(2진수 2자리)로는 4개(2^2)의 값을 표현할 수 있다는 것을 알 수 있다.

| 참고 | 0001과 1은 같은 값이지만, 0001이 크기가 4 자리(4 비트)인 데이터라는 것을 강조하기 위해 빈자리를 0으로 채운 것이다.

1 bit (2개)	2 bit (4개)	3 bit (8개)	4 bit (16개)	10진수
0	00	000	0000	0
1	01	001	0001	1
	10	010	0010	2
	11	011	0011	3
		100	0100	4
		101	0101	5
		110	0110	6
		111	0111	7
			1000	8
			1001	9
			1010	10
			1011	11
			1100	12
			1101	13
			1110	14
			1111	15

▲ 표2-10 1~4비트로 표현할 수 있는 값의 개수

이를 일반화하면, n비트로 2^n개의 값을 표현할 수 있다. 그리고 n비트로 10진수를 표현한다면, 표현가능한 10진수의 범위는 $0 \sim 2^n-1$이 된다. 표 2-9의 맨 오른쪽 표를 보면, 4 비트로 모두 16개(2^4)의 값을 표현할 수 있으며, 4 비트로 10진수를 표현한다면 범위가 '$0 \sim 15(0 \sim 2^4-1)$'라는 것을 직접 확인할 수 있다.

> n비트로 표현할 수 있는 10진수
> 값의 개수 : 2^n
> 값의 범위 : $0 \sim 2^n-1$

| 참고 | 10진수 n자리로 표현할 수 있는 값의 범위가 '$0 \sim 10^n-1$'라는 것과 비교해보면 이해가 더 쉬울 것이다. 10진수 2자리로 표현할 수 있는 값의 범위는 '$0 \sim 10^2-1$', 즉 '0~99'가 된다.

3.3 8진법과 16진법

2진법은 오직 0과 1, 두 개의 기호만으로 값을 표현하기 때문에, 2진법으로 값을 표현하면 자리수가 상당히 길어진다는 단점이 있다. 이러한 단점을 보완하기 위해 2진법 대신 8진법이나 16진법을 사용한다.

   8진수는 2진수 3자리를, 16진수는 2진수 4자리를 각각 한자리로 표현할 수 있기 때문에 자리수가 짧아져서 알아보기 쉽고 서로 간의 변환방법 또한 매우 간단하다.

2진법	8진법	10진법	16진법		2진수	8진수	10진수	16진수
0	0	0	0		0	0	0	0
1	1	1	1		1	1	1	1
2개	2	2	2		10	2	2	2
	3	3	3		11	3	3	3
	4	4	4		100	4	4	4
	5	5	5		101	5	5	5
	6	6	6		110	6	6	6
	7	7	7		111	7	7	7
	8개	8	8		1000	10	8	8
		9	9		1001	11	9	9
		10개	A	10	1010	12	10	A
			B	11	1011	13	11	B
			C	12	1100	14	12	C
			D	13	1101	15	13	D
			E	14	1110	16	14	E
			F	15	1111	17	15	F
			16개		10000	20	16	10

▲ 그림2-3 2, 8, 10, 16진법에 사용되는 기호

8진법은 값을 표현하는데 8개의 기호가 필요하므로 0~7의 숫자를 기호로 사용하면 되지만, 16진법은 16개의 기호가 필요하므로 0~9의 숫자만으로는 부족하다. 그래서 6개의 문자(A~F)를 추가로 사용한다. 예를 들어 16진수 A는 10진수로 10이고, F는 15이다.

2진수를 8진수, 16진수로 변환

2진수를 8진수로 변환하려면, 2진수를 뒤에서부터 3자리씩 끊어서 그에 해당하는 8진수로 바꾸면 된다. 8은 2^3이기 때문에, 8진수 한 자리가 2진수 3자리를 대신할 수 있는 것이다. 2진수를 16진수로 변환하는 방법 역시 이와 비슷한데, 3자리가 아닌 4자리씩 끊어서 바꾼다는 점만 다르다.

| 참고 | 8진수 또는 16진수를 2진수로 변환하려면 위와 반대의 과정을 거치기만 하면 된다.

2진수	8진수
000	0
001	1
010	2
011	3
100	4
101	5
110	6
111	7

$1010101100_{(2)} = 1254_{(8)} = 2AC_{(16)}$

2진수	16진수
0000	0
0001	1
0010	2
0011	3
0100	4
0101	5
0110	6
0111	7
1000	8
1001	9
1010	A
1011	B
1100	C
1101	D
1110	E
1111	F

▲ 그림2-4 2진수를 8진수, 16진수로 변환

위의 그림은 2진수를 8진수와 16진수로 변환하는 과정을 보여준다. 2진수 1010101100는 8진수로 '1254'이고, 16진수로는 '2AC'라는 것을 알 수 있다.

3.4 정수의 진법 변환

10진수를 n진수로 변환

10진수를 다른 진수로 변환하려면, 해당 진수로 나누고 나머지 값을 옆에 적는 것을 더 이상 나눌 수 없을 때까지 반복한 다음 마지막 몫과 나머지를 아래부터 위로 순서대로 적으면 된다. 글로 설명하니까 복잡한 것 같지만 사실은 쉽다. 예를 들어 10진수 46을 2진수로 변환하려면, 46을 2로 나누고 그 몫과 나머지를 아래의 그림과 같이 적는다.

```
2 | 46
    23   ...0
    몫    나머지
```

이 작업을 몫이 나누는 값인 2보다 작을 때까지 반복한다.

```
2 | 46   나머지
2 | 23   ...0
2 | 11   ...1
2 |  5   ...1
2 |  2   ...1
     1   ...0
```

$46_{(10)} \rightarrow 101110_{(2)}$

이제 마지막 몫부터 나머지를 아래서 위로 순서대로 적기만 하면 2진수로 변환한 결과가 된다. 10진수를 8진수 또는 16진수로 변환하려면 2대신 8이나 16으로 나누면 된다. 즉, n진수로 변환하려면, n으로 반복해서 나누기만 하면 되는 것이다.

```
8 | 816   나머지          16 | 1615   나머지
8 | 102   ...0            16 |  100   ...15(F)
8 |  12   ...6                   6    ...4
     1    ...4
```

$816_{(10)} \rightarrow 1460_{(8)}$ $1615_{(10)} \rightarrow 64F_{(16)}$

10진수	16진수
10	A
11	B
12	C
13	D
14	E
15	F

아래의 그림은 10진수를 10진수로 변환하는 과정을 보여준다. 10진수를 10진수로 변환하는 것이 의미는 없지만, 이 변환방법의 원리를 이해하고 기억하는데 도움이 될 것이다.

```
10 | 12345   나머지
10 |  1234   ...5
10 |   123   ...4
10 |    12   ...3
        1    ...2
```

$12345_{(10)} \rightarrow 12345_{(10)}$

n진수를 10진수로 변환

어떤 진법의 수라도 10진수로 변환하는 방법은 똑같다. 각 자리의 수에 해당 단위의 값을 곱해서 모두 더하면 된다. 예를 들어 10진수 123은 다음과 같이 풀어쓸 수 있다.

$$123_{(10)} = 100 + 20 + 3$$
$$= 1 \times 100 + 2 \times 10 + 3 \times 1$$
$$= 1 \times 10^2 + 2 \times 10^1 + 3 \times 10^0$$

10^2	10^1	10^0
1	2	3

$$1 \times 10^2 + 2 \times 10^1 + 3 \times 10^0$$

마찬가지로 2진수는 다음과 같이 표현할 수 있는데, 각 자리의 단위가 10의 제곱이 아니라 2의 제곱이라는 점을 제외하면 10진수와 동일하다.

2^5	2^4	2^3	2^2	2^1	2^0
1	0	1	1	1	0

$$1 \times 2^5 + 0 \times 2^4 + 1 \times 2^3 + 1 \times 2^2 + 1 \times 2^1 + 0 \times 2^0$$

2의 제곱	2^0	2^1	2^2	2^3	2^4	2^5	2^6	2^7	2^8	2^9	2^{10}
10진수	1	2	4	8	16	32	64	128	256	512	1024

$$101110_{(2)} = 1 \times 2^5 + 0 \times 2^4 + 1 \times 2^3 + 0 \times 2^2 + 0 \times 2^1 + 0 \times 2^0$$
$$= 1 \times 32 + 0 \times 16 + 1 \times 8 + 1 \times 4 + 1 \times 2 + 0 \times 1$$
$$= 32 + 8 + 4 + 2$$
$$= 46_{(10)}$$

8진수와 16진수를 10진수로 변환하는 방법 역시 동일하다.

8^3	8^2	8^1	8^0
1	4	6	0

$$1 \times 8^3 + 4 \times 8^2 + 6 \times 8^1 + 0 \times 8^0$$

8의 제곱	8^0	8^1	8^2	8^3	8^4
10진수	1	8	64	512	4096

$$1460_{(8)} = 1 \times 8^3 + 4 \times 8^2 + 6 \times 8^1 + 0 \times 8^0$$
$$= 1 \times 512 + 4 \times 64 + 6 \times 8 + 0 \times 1$$
$$= 512 + 256 + 48 + 0$$
$$= 816_{(10)}$$

	16^2	16^1	16^0
	6	4	F

$$6 \times 16^2 + 4 \times 16^1 + F \times 16^0$$

16의 제곱	16^0	16^1	16^2	16^3	16^4
10진수	1	16	256	4096	65536

$64F_{(16)} = 6 \times 16^2 + 4 \times 16^1 + F \times 16^0$
$\qquad\quad = 6 \times 256 + 4 \times 16 + F \times 1$ ← F는 10진수로 15이므로 15×1과 같다.
$\qquad\quad = 1536 + 64 + 15$
$\qquad\quad = 1615_{(10)}$

3.5 실수의 진법 변환

10진 소수점수를 2진 소수점수로 변환하는 방법

앞서 10진 정수를 2진 정수로 변환할 때, 10진수를 2로 계속 나누면서 나머지를 구했던 것을 기억할 것이다. 10진 소수점수를 2진 소수점수로 변환하는 방법은 이와 반대로 10진 소수점수에 2를 계속 곱한다.

예를 들어 10진수 0.625를 2진수로 변환하는 방법은 다음과 같다.

① 10진 소수에 2를 곱한다.

$$0.625 \times 2 = 1.25$$

② 위의 결과에서 소수부만 가져다가 다시 2를 곱한다.

$$0.625 \times 2 = 1.25$$
$$0.25 \times 2 = 0.5$$

③ ①과 ②의 과정을 소수부가 0이 될 때까지 반복한다.

$$0.625 \times 2 = 1.25$$
$$0.25 \ \ \times 2 = 0.5$$
$$0.5 \ \ \ \times 2 = 1.0$$

|참고| ③의 과정에서 소수가 0이 되지 않고 무한히 반복될 수도 있다.

위의 결과에서 정수부만을 위에서 아래로 순서대로 적고 '0.'을 앞에 붙이면 된다.

$$0.625 \times 2 = 1.25$$
$$0.25 \ \ \times 2 = 0.5$$
$$0.5 \ \ \ \times 2 = 1.0$$
$$0.625_{(10)} \rightarrow 0.101_{(2)}$$

참고로 10진 소수를 10진 소수로 변환하는 방법은 다음과 같다. 2대신 10을 곱할 뿐이다. 10진 소수를 2진 소수로 변환하는 방법을 기억하는데 도움이 될 것이다.

$$0.625 \times 10 = \mathbf{6}.25$$
$$0.25 \times 10 = \mathbf{2}.5$$
$$0.5 \times 10 = \mathbf{5}.0$$
$$0.625_{(10)} \rightarrow 0.625_{(10)}$$

2진 소수점수를 10진 소수점수로 변환하는 방법

그러면, 이제 2진 소수를 10진 소수로 바꿔서 $0.101_{(2)}$가 정말로 $0.625_{(10)}$인지 확인해보자. $0.625_{(10)}$를 다음과 같이 표현할 수 있듯이

	10^{-1}	10^{-2}	10^{-3}
0.	6	2	5

$$0.625_{(10)} = 6 \times 10^{-1} + 2 \times 10^{-2} + 5 \times 10^{-3}$$

$0.101_{(2)}$은 다음과 같이 표현할 수 있다.

	2^{-1}	2^{-2}	2^{-3}
0.	1	0	1

$$\begin{aligned}0.101_{(2)} &= 1 \times 2^{-1} + 0 \times 2^{-2} + 1 \times 2^{-3} \\ &= 1 \times 0.5 + 0 \times 0.25 + 1 \times 0.125 \\ &= 0.5 + 0.125 \\ &= 0.625_{(10)}\end{aligned}$$

위의 계산과정을 통해 $0.101_{(2)}$이 $0.625_{(10)}$라는 것을 확인할 수 있다.

| 참고 | 123.456처럼 정수부가 있는 소수점수는 정수부 123과 소수점부 0.456을 따로 변환한 다음에 더하면 된다.

3.6 음수의 2진 표현 - 2의 보수법

앞서 살펴본 것과 같이 n비트의 2진수로 표현할 수 있는 값의 개수는 모두 2^n개이므로, 4비트의 2진수로는 모두 $2^4(=16)$개의 값을 표현할 수 있다. 이 값을 모두 '부호없는 정수(0과 양수)'의 표현에 사용하면, 아래와 같이 '0부터 15까지의 정수'를 나타낼 수 있다.

#	2진수	부호없는 10진수
1	0000	최소값 → 0
2	0001	1
3	0010	2
4	0011	3
5	0100	4
6	0101	5
7	0110	6
8	0111	7
9	1000	8
10	1001	9
11	1010	10
12	1011	11
13	1100	12
14	1101	13
15	1110	14
16	1111	최대값 → 15

▲ 표2-11 4 비트로 표현할 수 있는 부호없는 10진 정수

그러면 4비트의 2진수로 부호있는 정수, 즉 양수와 음수를 모두 표현하려면 어떻게 해야 할까? 4비트 2진수의 절반인 8개는 0으로 시작하고, 나머지 절반은 1로 시작하니까, 1로 시작하는 2진수를 음수표현에 사용하자. 이렇게 하면, '왼쪽의 첫 번째 비트(MSB)'가 0이면 양수, 1이면 음수이므로 첫 번째 비트만으로 값의 부호를 알 수 있게 된다.

| 참고 | 2진수의 제일 왼쪽의 1 bit를 MSB(most significant bit)라고 한다.

#	2진수	부호있는 10진수
1	0000	0
2	0001	1
3	0010	2
4	0011	3
5	0100	4
6	0101	5
7	0110	6
8	0111	7
9	1000	???
10	1001	???
11	1010	???
12	1011	???
13	1100	???
14	1101	???
15	1110	???
16	1111	???

이제 위 표의 절반을 어떻게 음수로 채워야할까? 일단 양수처럼 0부터 순차적으로 채워보자.

#	2진수	부호있는 10진수
1	0000	0
2	0001	1
3	0010	2
4	0011	3
5	0100	4
6	0101	5
7	0110	6
8	0111	최대값 → 7
9	1000	-0
10	1001	-1
11	1010	-2
12	1011	-3
13	1100	-4
14	1101	-5
15	1110	-6
16	1111	최소값 → -7

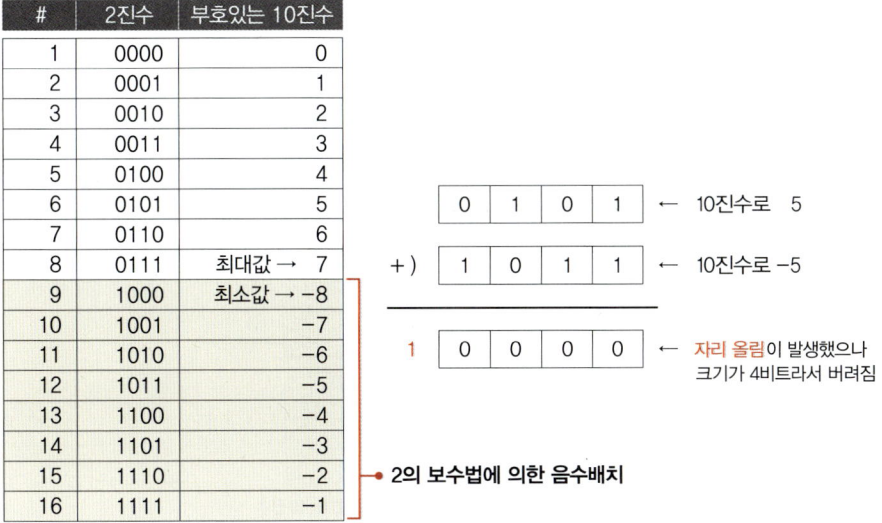

음수를 이렇게 배치하면, 양수의 첫 번째 비트만 1로 바꾸면 음수가 된다는 장점이 있다. 그러나, 두 수를 더했을 때 2진수로 0이 되지 않는다는 것과 0이 두개(0, -0) 존재한다는 단점이 있다. 게다가 2진수가 증가할 때 10진 음수는 감소한다.

#	2진수	부호있는 10진수
1	0000	0
2	0001	1
3	0010	2
4	0011	3
5	0100	4
6	0101	5
7	0110	6
8	0111	최대값 → 7
9	1000	최소값 → -8
10	1001	-7
11	1010	-6
12	1011	-5
13	1100	-4
14	1101	-3
15	1110	-2
16	1111	-1

● 2의 보수법에 의한 음수배치

그러나 위와 같이 '2의 보수법'에 의해 음수를 배치하면, 절대값이 같은 양수와 음수를 더했을 때 2진수로도 0을 결과로 얻으므로 부호를 신경쓰지 않고 덧셈할 수 있게 된다.
그리고 2진수가 증가할 때 10진 음수가 감소한다는 모순도 없어졌다. 다만, 첫 번째 비트를 바꾸는 것만으로 값의 부호를 바꿀 수 없게 되었다.

2의 보수법

어떤 수의 'n의 보수'는 **더했을 때 n이 되는 수**를 말한다. 7의 '10의 보수'는 3이고, 3의 '10의 보수'는 7이다. 3과 7은 '10의 보수의 관계'에 있다고 한다. '2의 보수 관계' 역시, 더해서 2가 되는 두 수의 관계를 말하며 10진수 2는 2진수로 '10'이다. 2진수로 '10'은 **자리올림이 발생하고 0이 되는 수**를 뜻한다. 그래서 '2의 보수 관계'에 있는 두 2진수를 더하면 '(자리올림이 발생하고) **0이 된다.**'

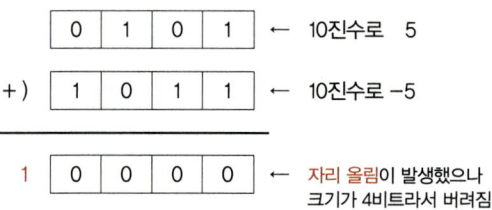

▲ 그림2-5 2의 보수 관계에 있는 두 2진수의 덧셈

위의 그림에서 알 수 있듯이 2진수 '0101'와 '1011'은 서로 '2의 보수 관계'에 있으며, 이 두 2진수를 더하면 0이 된다. 이 덧셈이 10진수로도 0이 되려면, 2진수 '0101'가 10진수로 5니까, 2진수 '1011'은 10진수로 -5이어야 한다.

2진수	부호있는 10진수
0000	0
0001	1
0010	2
0011	3
0100	4
0101	5
0110	6
0111	최대값 → 7
1000	최소값 → -8
1001	-7
1010	-6
1011	-5
1100	-4
1101	-3
1110	-2
1111	-1

▲ 표2-12 2의 보수법으로 표현한 10진수

이처럼 서로 '2의 보수 관계'에 있는 두 2진수로 5와 -5처럼 절대값이 같고 부호가 다른 두 10진수를 표현하는 것을 '2의 보수법'이라고 하며, 현재 대부분의 시스템이 '2의 보수법'으로 부호있는 정수를 표현한다.

음수를 2진수로 표현하기

10진 음의 정수를 2진수로 변환하려면, 먼저 10진 음의 정수의 절대값을 2진수로 변환한다. 그 다음에 이 2진수의 '2의 보수'를 구하면 된다. 예를 들어 '-5'의 2진 표현을 구하는 과정은 다음과 같다.

$$-5_{(10)} \xrightarrow{① 절대값} 5_{(10)} \xrightarrow{② 2진수} 0101_{(2)} \xrightarrow{③ 2의 보수} 1011_{(2)}$$

▲ 그림2-6 10진 음의 정수의 2진 표현을 구하는 과정

위의 방법은 부호가 다르고 절대값이 같은 두 정수의 2진 표현이 서로 '2의 보수'관계에 있다는 것을 이용한 것으로 복잡해 보이지만 간단하다. 절대값은 부호만 떼어내면 되고, 10진수를 2진수로 변환하는 방법은 이미 배웠고, '2의 보수'로 변환하는 방법도 쉽다.

2의 보수 구하기

서로 '2의 보수'의 관계에 있는 두 수를 더하면 '0(자리올림 발생)'이 된다. 예를 들어 2진수 '0101'의 '2의 보수'를 구하려면, '0101'에 어떤 수를 더하면 0이 되는지 알아내야 한다.

| 0 | 1 | 0 | 1 | + | ? | ? | ? | ? | = | 1 | 0 | 0 | 0 | 0 |

2의보수

아래와 같이 뺄셈으로 '2의 보수'를 간단히 구할 수 있지만 자리수가 많아지면 뺄셈도 쉽지 않다.

| 1 | 0 | 0 | 0 | 0 | - | 0 | 1 | 0 | 1 | = | 1 | 0 | 1 | 1 |

2의 보수

다행히 뺄셈보다 '2의 보수'를 더 간단히 구하는 방법이 있다. '1의 보수'를 구한 다음 1을 더한다. 그러면, 2의 보수를 구할 수 있다.

> **2의 보수 = 1의 보수 + 1**

'1의 보수'는 **0을 1로, 1을 0으로**만 바꾸면 되므로 구하기 쉽다. 예를 들어, 2진수 '0101'의 '1의 보수'는 '1010'이다. 여기에 1을 더하기만 하면 2의 보수가 된다.

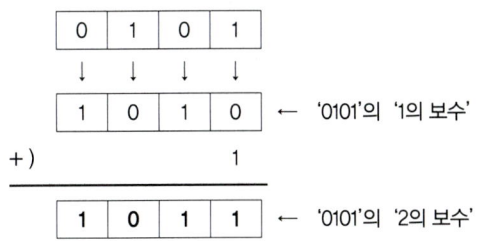

4. 기본형(primitive type)

이번 단원에서는 기본형의 보다 세부적인 내용에 대해 살펴볼 것이다. 다소 깊이 있는 내용이므로 어렵다고 느낄 수도 있는데, 앞서 배운 기본형에 대한 대략적인 내용만으로도 별 부족함 없이 진도를 나갈 수 있으니까 다 이해하지 못해도 괜찮다. 그래도 언젠가는 반드시 알아야하는 내용이므로 가볍게라도 봐둘 필요는 있다.

4.1 논리형 - boolean

논리형에는 'boolean' 한가지 밖에 없다. boolean형 변수에는 true와 false 중 하나를 저장할 수 있으며 기본값(default)은 false이다.

　boolean형 변수는 대답(yes/no), 스위치(on/off) 등의 논리구현에 주로 사용된다. 그리고 boolean형은 true와 false, 두 가지의 값만을 표현하면 되므로 1 bit만으로도 충분하지만, 자바에서는 데이터를 다루는 최소단위가 byte이기 때문에, boolean의 크기가 1 byte 이다. 아래 문장은 power라는 boolean형 변수를 선언하고 true로 변수를 초기화 했다.

```
boolean power    = true;
boolean checked = False;   // 에러. 대소문자가 구분됨. true 또는 false만 가능
```

자바에서는 대소문자가 구별되기 때문에 TRUE와 true는 다른 것으로 간주된다는 것에 주의하자.

4.2 문자형 - char

문자형 역시 'char' 한 가지 자료형밖에 없다. 문자를 저장하기 위한 변수를 선언할 때 사용되며, char타입의 변수는 단 하나의 문자만을 저장할 수 있다. 아래의 문장은 char타입의 변수 ch를 선언하고, 문자 'A'로 초기화한다.

```
char ch = 'A';   // 문자 'A'를 char타입의 변수 ch에 저장.
```

위의 문장은 변수에 '문자'가 저장되는 것 같지만, 사실은 문자가 아닌 '문자의 유니코드 (정수)'가 저장된다. 컴퓨터는 숫자밖에 모르기 때문에 모든 데이터를 숫자로 변환하여 저장하는 것이다. 문자'A'의 유니코드는 65이므로, 변수 ch에는 65가 저장된다.

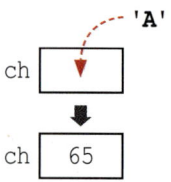

그래서 문자 리터럴 대신 문자의 유니코드를 직접 저장할 수도 있다. 문자 'A'의 유니코드는 10진수로 65이며, 아래의 두 문장은 동일한 결과를 얻는다.

```
char ch = 'A';   // OK. 문자 'A'를 char타입의 변수 ch에 저장.
char ch = 65;    // OK. 문자의 코드를 직접 변수 ch에 저장
```

만일 어떤 문자의 유니코드를 알고 싶으면, char형 변수에 저장된 값을 정수형(int)으로 변환하면 된다.

```
int code = (int)ch;   // ch에 저장된 값을 int타입으로 변환하여 저장한다.
```

어떤 타입(type, 형)을 다른 타입으로 변환하는 것을 형변환(캐스팅, casting)이라고 하는데, 형변환에 대해서는 이 장의 마지막에 자세히 설명할 것이다. 지금은 문자의 유니코드를 알아내는 방법과, 어떤 유니코드가 어떤 문자를 나타내는가를 알아내는 방법이 있다는 것만 이해하고 넘어가자.

▼ 예제 2-7/**CharToCode.java**

```java
class CharToCode {
    public static void main(String[] args) {
        char ch = 'A';      // char ch = 65;
        int code = (int)ch;  // ch에 저장된 값을 int타입으로 변환하여 저장한다.

        System.out.printf("%c=%d(%#X)%n", ch, code, code);

        char hch = '가';     // char hch = 0xAC00;
        System.out.printf("%c=%d(%#X)%n", hch, (int)hch, (int)hch);
    }
}
```

▼ 실행결과
```
A=65(0X41)
가=44032(0XAC00)
```

실행결과를 보면, 문자 'A'의 유니코드는 65(16진수로 0x41)이고, 문자 '가'의 유니코드는 44032(16진수로 0xAC00)이라는 것을 알 수 있다. 유니코드를 알면 아래와 같이 char형 변수에 문자를 저장할 때, 문자 리터럴 대신에 유니코드를 직접 사용할 수도 있다.

```
char hch = 0xAC00;       // char hch = '가';
char hch = '\uAC00';     // 이렇게도 가능
```

특수 문자 다루기

영문자 이외에 tab이나 backspace 등의 특수문자를 저장하려면, 아래와 같이 조금 특별한 방법을 사용한다.

```
char tab = '\t';   // 변수 tab에 탭 문자를 저장
```

'\t'는 실제로는 두 문자로 이루어져 있지만 하나의 문자(탭, tab)를 의미한다. 아래의 표는 탭(tab)과 같이 특수한 문자를 어떻게 표현할 수 있는지 알려준다.

특수 문자	문자 리터럴
tab	\t
backspace	\b
form feed	\f
new line	\n
carriage return	\r
역슬래쉬(₩)	\\
작은따옴표	\'
큰따옴표	\"
유니코드(16진수)문자	\u유니코드 (예: char a='\u0041')

▲ 표2-13 특수 문자를 표현하는 방법

▼ 예제 2-8/`SpecialCharEx.java`

```
class SpecialCharEx {
    public static void main(String[] args) {
        System.out.println('\'');              //  '''처럼 할 수 없다.
        System.out.println("abc\t123\b456");   // \b에 의해 3이 지워진다.
        System.out.println('\n');              // 개행(new line)문자 출력하고 개행
        System.out.println("\"Hello\"");       // 큰따옴표를 출력하려면 이렇게 한다.
        System.out.println("c:\\");
    }
}
```

▼ 실행결과

```
'
abc	12456

"Hello"
c:\
```

| 참고 | 한글 윈도우에서는 역슬래쉬(back slash)가 '\'대신 '₩'로 표시된다.

char의 저장형식

char타입의 크기는 2 byte(=16 bit)이므로, 16자리의 2진수로 표현할 수 있는 정수의 개수인 65536개(=2^{16})의 코드를 사용할 수 있으며, char형 변수는 이 범위 내의 코드 중 하나를 저장할 수 있다. 예를 들어, 문자 'A'를 저장하면, 아래와 같이 2진수 '0000000001000001'(10진수로 65)로 저장된다.

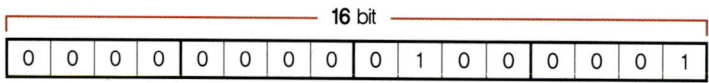

▲ 그림2-7 char의 저장형식(문자 'A')

char타입은 문자를 저장할 변수를 선언하기 위한 것이지만, 실제로 char타입의 변수에 문자가 아닌 '문자의 유니코드(정수)'가 저장되고 저장형식 역시 정수형과 동일하다. 다만, 정수형과 달리 음수가 필요없으므로 저장할 수 있는 값의 범위가 다르다.

2 byte(=16 bit)로는 모두 2^{16}(=65536)개의 값을 표현할 수 있는데, char타입에 저장되는 값인 유니코드는 모두 양수(0 포함)이므로, '0~65535'의 범위를 가지며, 정수형인 'short'은 절반을 음수에 사용하므로 '-32768~32767'을 범위로 갖는다.

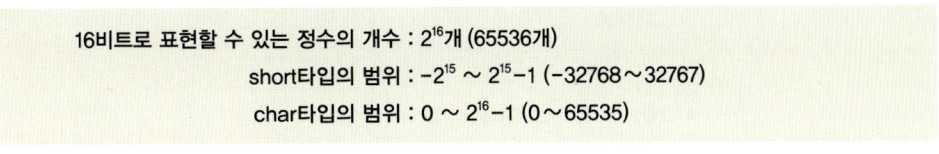

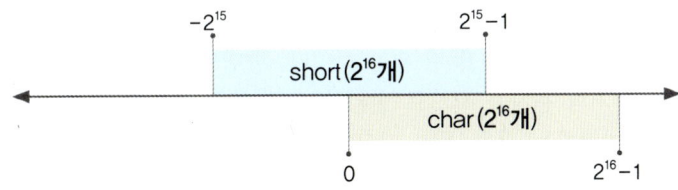

다음과 같이 변수 ch와 s에 'A'와 65를 저장하면, 둘 다 2진수로 똑같은 값이 저장된다. 컴퓨터는 모든 값을 0과 1로 바꾸어 저장하기 때문이다.

```
char ch = 'A';    // char ch = 65;
short s = 65;
```

자료형	2진수	10진수
char	0 0 0 0 0 0 0 0 1 0 0 0 0 0 1	65
short	0 0 0 0 0 0 0 0 0 1 0 0 0 0 0 1	65

▲ 표2-14 char타입과 short타입의 값 비교

그런데도 두 변수의 값을 출력해보면 결과가 다르다. println()은 변수의 타입이 정수형이면 변수에 저장된 값을 10진수로 해석하여 출력하고, 문자형이면 저장된 숫자에 해당하는 유니코드 문자를 출력하기 때문이다.

```
System.out.println(ch);    // A가 출력된다.
System.out.println(s);     // 65가 출력된다.
```

이처럼 값은 어떻게 해석하느냐에 따라 결과가 달라지므로 **값만으로는 값을 해석할 수 없다. 값의 타입까지 알아야 올바르게 해석할 수 있는 것이다.** 예를 들어 '1231'이라는 값이 있을 때, 이 값의 타입을 모르면, 이 값을 '천이백삼십일'로 해석해야할지, 아니면 12월 31일이나 12시 31분으로 해석해야 할지 알 수 없다.

인코딩과 디코딩(encoding & decoding)

컴퓨터가 숫자밖에 모르기 때문에 문자가 숫자로 변환되어 저장된다는 것은 알겠는데, 그러면 도대체 어떤 기준에 의한 것일까? 바로 아래의 오른쪽에 있는 표에 의한 것인데, 이 코드표는 '유니코드(unicode)'이다.

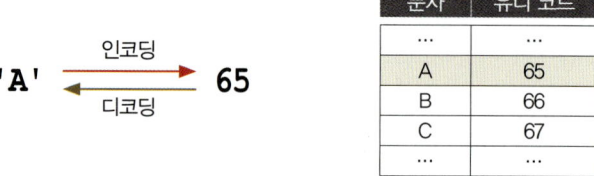

▲ 그림2-8 유니코드(unicode)를 이용한 인코딩과 디코딩

위의 그림에서 오른쪽 표를 보면, 문자 'A'의 유니코드가 65인 것을 알 수 있다. 그래서 문자 'A'를 유니코드로 인코딩하면 65가 되는 것이다. 반대로 65를 유니코드로 디코딩 하면 문자 'A'가 된다. 이처럼 문자를 코드로 변환하는 것을 '문자 인코딩(encoding)', 그 반대로 코드를 문자로 변환하는 것을 '문자 디코딩(decoding)'이라고 하며, 문자를 저장할 때는 인코딩을 해서 숫자로 변환해서 저장하고, 저장된 문자를 읽어올 때는 디코딩을 해서 숫자를 원래의 문자로 되돌려야 한다.

| 참고 | 'encode'는 '~을 코드화하다.' 또는 '~을 암호화하다.'라는 뜻이다.

당연한 얘기지만 **어떻게 인코딩을 했는지를 알아야 디코딩이 가능하다.** 만일 인코딩에 사용된 코드표와 디코딩에 사용된 코드표가 다르면 엉뚱한 글자들로 바뀌어 나타날 것이다. 웹서핑을 하다가 페이지 전체가 알아볼 수 없는 이상한 글자들로 가득 찬 경험이 적어도 한두 번쯤은 있을 텐데, 그 이유는 해당 html문서의 인코딩에 사용된 코드표와 웹브라우져의 설정이 맞지 않아서이다.

대부분의 경우 웹페이지(html파일)에 인코딩 정보가 포함되어 있어서 웹브라우져가 올바르게 디코딩하지만, 웹브라우져의 인코딩 설정이 웹페이지의 인코딩과 다른 경우 글자가 알아볼 수 없게 깨져서 나타난다. 아래의 그림은 웹브라우져의 인코딩을 '중국어 번체'로 지정하여, 한글로 작성된 웹페이지가 알아볼 수 없는 문자들로 표시된 것이다.

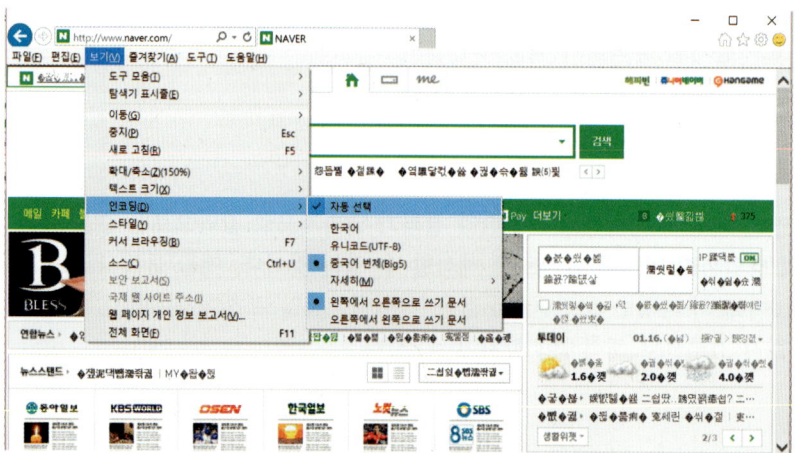

▲ 그림2-9 중국어 인코딩으로 읽어서 깨진 한글 웹페이지

아스키(ASCII)

'ASCII'는 'American Standard Code for Information Interchange'의 약어로 정보교환을 위한 미국 표준 코드란 뜻이다. 아스키는 128개(=2^7)의 문자 집합(character set)을 제공하는 7 bit부호로, 처음 32개의 문자는 인쇄와 전송 제어용으로 사용되는 '제어문자(control character)'로 출력할 수 없고 마지막 문자(DEL)를 제외한 33번째 이후의 문자들은 출력할 수 있는 문자들로, 기호와 숫자, 영대소문자로 이루어져 있다.

아스키는 숫자 '0~9', 영문자 'A~Z'와 'a~z'가 연속적으로 배치되어 있다는 특징이 있으며, 이러한 특징은 프로그래밍에서 유용하게 활용된다.

확장 아스키(Extended ASCII)와 한글

일반적으로 데이터는 byte단위로 다뤄지는데 아스키는 7 bit이므로 1 bit가 남는다. 이 남는 공간을 활용해서 문자를 추가로 정의한 것이 '확장 아스키'이다. 확장 아스키에 추가된 128개의 문자는 여러 국가와 기업에서 서로의 필요에 따라 다르게 정의해서 사용한다.

'ISO(국제표준화기구)'에서 확장 아스키의 표준을 몇 가지 발표했는데, 그 중에서 대표적인 것이 'ISO 8859-1'이다. 이 확장 아스키 버전은 'ISO Latin 1'이라고도 하는데 서유럽에서 일반적으로 사용하는 문자들을 포함하고 있다.

확장 아스키로도 표현할 수 있는 문자의 개수가 255개뿐이므로 한글을 표현하기에는 턱없이 부족하다. 그래서 생각해낸 것이 두 개의 문자코드로 한글을 표현하는 방법이었다.

한글을 표현하는 방법은 조합형과 완성형이 있는데, 조합형은 초성, 중성, 종성을 조합하는 방식이고, 완성형은 확장 아스키의 일부 영역(162~254)에 해당하는 두 문자코드를 조합하여 한글을 표현한다. 현재 조합형은 사용되지 않고 '완성형(KSC 5601)'에 없는 잘 안 쓰이는 8822글자를 추가한 '확장 완성형(CP 949)'이 사용되는데, 이것이 바로 한글 윈도우에서 사용하는 문자 인코딩이다. 한글 윈도우에서 작성된 문서는 기본적으로 'CP 949(확장 완성형)'로 인코딩되어 저장된다.

코드 페이지(code page, cp)

IBM이 자사의 PC에 '확장 아스키'를 도입해서 사용하기 시작할 때, PC를 사용하는 지역이나 국가에 따라 여러 버젼의 '확장 아스키'가 필요했다. IBM은 이들을 '코드 페이지(code page)'라 하고, 각 코드 페이지에 'CP xxx'와 같은 형식으로 이름을 붙였다. IBM은 MS와 같은 업체들과 협력하여 '코드 페이지'를 만들어내고 공유했다. 한글 윈도우는 'CP 949'를, 영문 윈도우는 'CP 437'을 사용한다.

| 참고 | 코드 페이지는 확장 아스키의 256개 문자를 어떤 숫자로 변환할 것인지를 적어놓은 '문자 코드표(code page)'이다.

유니코드(Unicode)

예전엔 같은 지역 내에서만 문서교환이 주를 이뤘지만, 인터넷이 발명되면서 서로 다른 지역의 다른 언어를 사용하는 컴퓨터간의 문서교환이 활발해지기 시작하자 서로 다른 문자 인코딩을 사용하는 컴퓨터간의 문서 교환에 어려움을 겪게 되었다.

이러한 어려움을 해소하고자 전 세계의 모든 문자를 하나의 통일된 문자 집합으로 표현하고자 노력하였고 그 결과가 바로 '유니코드'이다.

유니코드는 처음에 모든 문자를 2 byte(=2^{16}=65536)로 표현하려했으나, 2 byte(=16 bit)로도 부족해서 20 bit(약 100만 문자)로 확장되었다. 새로 추가된 문자들을 보충 문자(supplementary character)라고 하는데 이 문자들을 표현하기 위해서는 char타입이 아닌 int타입을 사용해야 한다. 우리가 보충문자를 쓸 일은 거의 없기 때문에 참고로만 알아두면 된다.

유니코드는 먼저 유니코드에 포함시키고자 하는 문자들의 집합을 정의하였는데, 이것을 유니코드 문자 셋(또는 캐릭터 셋, character set)이라고 한다. 그리고 이 문자 셋에 번호를 붙인 것이 유니코드 인코딩이다. 유니코드 인코딩에는 UTF-8, UTF-16, UTF-32 등 여러 가지 종류가 있는데 자바에서는 UTF-16을 사용해오다가 JDK 18부터 UTF-8로 바뀌었다. UTF-16은 모든 문자를 2 byte의 고정크기로 표현하고 UTF-8은 하나의 문자를 1~4 byte의 가변크기로 표현한다. 그리고 두 인코딩 모두 처음 128문자가 아스키와 동일하다. 아스키를 그대로 포함하고 있는 것이다.

| 참고 | 코드 포인트(code point)는 유니코드 문자 셋에 순서대로 붙인 일련번호이다. 유니코드에는 뭐라고 읽는지도 알 수 없는 문자들이 많이 포함되어 있으므로, 이 문자들은 번호(코드 포인트)를 붙여서 다루는 것이 편리하기 때문이다.

code point	유니코드 문자 셋	ASCII	UTF-8	UTF-16
...	...	...	...	...
U+0061	a	0x61	0x61	0x0061
U+0062	b	0x62	0x62	0x0062
...	...	...	...	...
U+AC00	가	-	0xEAB080	0xAC00
U+AC01	각	-	0xEAB081	0xAC01
...	...	-	...	...

▲ 표2-15 유니코드 인코딩 UTF-8과 UTF-16의 비교

모든 문자의 크기가 동일한 UTF-16이 문자를 다루기는 편리하지만, 1 byte로 표현할 수 있는 영어와 숫자가 2 byte로 표현되므로 문서의 크기가 커진다는 단점이 있다. UTF-8에서 영문과 숫자는 1 byte 그리고 한글은 3 byte로 표현되기 때문에 문서의 크기가 작지만 문자의 크기가 가변적이므로 다루기 어렵다는 단점이 있다. 인터넷에서는 전송 속도가 중요하므로, 문서의 크기가 작을수록 유리하다. 그래서 UTF-8인코딩으로 작성된 웹문서의 수가 빠르게 늘고 있다.

예전에는 한글이 2 byte인코딩을 주로 사용 해오다가 한글이 3 byte인 UTF-8인코딩을 사용하게 되면서 텍스트 파일의 크기가 커져서 불리해졌다.

4.3 정수형 – byte, short, int, long

정수형에는 모두 4개의 자료형이 있으며, 각 자료형이 저장할 수 있는 값의 범위가 서로 다르다. 크기순으로 나열하면 다음과 같다. 단위는 byte이다.

```
byte   <   short   <   int   <   long
 1          2           4          8
```

byte부터 long까지 1 byte부터 시작해서 2배씩 크기가 증가한다는 것을 알 수 있다. 이 중에서도 기본 자료형(default data type)은 int이다.

정수형의 저장형식과 범위

어떤 진법의 리터럴을 변수에 저장해도 실제로는 2진수로 바뀌어 저장된다. 이 2진수가 저장되는 형식은 크게 정수형과 실수형이 있으며, 정수형은 다음과 같은 형식으로 저장된다.

| S | n-1 bit |

S : 부호 비트(양수는 0, 음수는 1)
n : 타입의 크기(단위:bit)

▲ 그림 2-10 정수형의 저장형식

모든 정수형은 부호있는 정수이므로 왼쪽의 첫 번째 비트를 '부호 비트(sign bit)'로 사용하고, 나머지는 값을 표현하는데 사용한다. 그래서 n비트로 표현할 수 있는 값의 개수인 2^n개에서, 절반인 '0'으로 시작하는 2^{n-1}개의 값을 양수(0도 포함)의 표현에 사용하고, 나머지 절반인 '1'로 시작하는 2^{n-1}개의 값은 음수의 표현에 사용한다.

정수형의 저장형식(n bit)		종류	값의 개수
0	n-1 bit	0,양수	2^{n-1}개
1	n-1 bit	음수	2^{n-1}개

그래서 정수형은 타입의 크기만 알면, 최대값과 최소값을 쉽게 계산해낼 수 있다.

> n비트로 표현할 수 있는 정수의 개수 : 2^n개 (= 2^{n-1}개 + 2^{n-1}개)
> n비트로 표현할 수 있는 부호있는 정수의 범위 : $-2^{n-1} \sim 2^{n-1}-1$

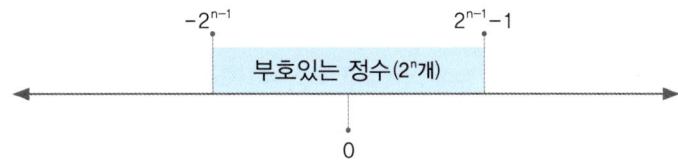

위의 범위의 최대값에서 1을 빼는 이유는 범위에 0이 포함되기 때문이다. 예를 들어 byte의 경우 크기가 1 byte(=8 bit)이므로, byte타입의 변수에 저장할 수 있는 값의 범위는 '-128~127'이다.

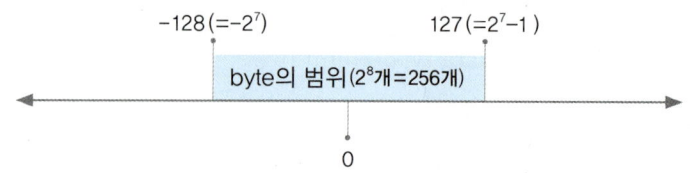

8비트로 표현할 수 있는 정수의 개수 : 2^8개($= 2^7$개 $+ 2^7$개)

8비트로 표현할 수 있는 부호있는 정수의 범위 : $-2^7 \sim 2^7-1 (-128 \sim 127)$

타입	저장 가능한 값의 범위	크 기	
		bit	byte
byte	$-128 \sim 127$ ($-2^7 \sim 2^7-1$)	8	1
short	$-32,768 \sim 32,767$ ($-2^{15} \sim 2^{15}-1$)	16	2
int	$-2,147,483,648 \sim 2,147,483,647$ ($-2^{31} \sim 2^{31}-1$, 약 **±20억**)	32	4
long	$-9,223,372,036,854,775,808 \sim 9,223,372,036,854,775,807$ ($-2^{63} \sim 2^{63}-1$)	64	8

▲ 표2-16 정수형의 표현범위

정수형의 선택기준

변수에 저장하려는 정수값의 범위에 따라 4개의 정수형 중에서 하나를 선택하면 되겠지만, byte나 short보다 int를 사용하도록 하자. byte와 short이 int보다 크기가 작아서 메모리를 조금 더 절약할 수는 있지만, 저장할 수 있는 값의 범위가 작은 편이라서 연산 시에 범위를 넘어서 잘못된 결과를 얻기가 쉽다.

그리고 JVM의 피연산자 스택(operand stack)이 피연산자를 4 byte단위로 저장하기 때문에 크기가 4 byte보다 작은 자료형(byte, short)의 값을 계산할 때는 4 byte로 변환하여 연산이 수행된다. 그래서 오히려 int를 사용하는 것이 더 효율적이다.

int타입의 크기는 4 byte(=32 bit)이므로, 표현할 수 있는 정수의 개수는 '$2^{32} ≒ 4 \times 10^9$, 약 40억'이며, 표현가능한 정수의 범위는 '$-2^{31} \sim 2^{31}-1 ≒ ±20$억'이다.

$2^{10} = 1024 ≒ 10^3$이므로, $2^{32} = 2^{10} \times 2^{10} \times 2^{10} \times 2^2 = 1024 \times 1024 \times 1024 \times 4 ≒ 4 \times 10^9$

결론적으로 **정수형 변수를 선언할 때는 int타입으로 하고, int의 범위(약 ±20억)를 넘어서는 수를 다뤄야할 때는 long을 사용하면 된다.** 그리고 byte나 short은 성능보다 저장공간을 절약하는 것이 더 중요할 때 사용하자.

| 참고 | long타입의 범위를 벗어나는 값을 다룰 때는, 실수형 타입이나 BigInteger클래스(p.548)를 사용하면 된다.

정수형의 오버플로우

만일 4 bit 2진수의 최대값인 '1111'에 1을 더하면 어떤 결과를 얻을까? 4 bit의 범위를 넘어서는 값이 되기 때문에 에러가 발생할까?

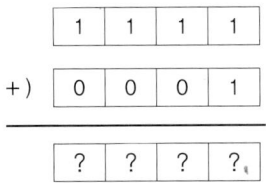

원래 2진수 '1111'에 1을 더하면 '10000'이 되지만, 4 bit로는 4자리의 2진수만 저장할 수 있기 때문에 '0000'이 된다. 즉, 5자리의 2진수 '10000'중에서 하위 4 bit만 저장하게 되는 것이다. 이처럼 연산과정에서 해당 **타입이 표현할 수 있는 값의 범위를 넘어서는 것을 오버플로우(overflow)**라고 한다. 오버플로우가 발생했다고 해서 에러가 발생하는 것은 아니다. 다만 예상했던 결과를 얻지 못할 뿐이다. 애초부터 오버플로우가 발생하지 않게 충분한 크기의 타입을 선택해서 사용해야 한다.

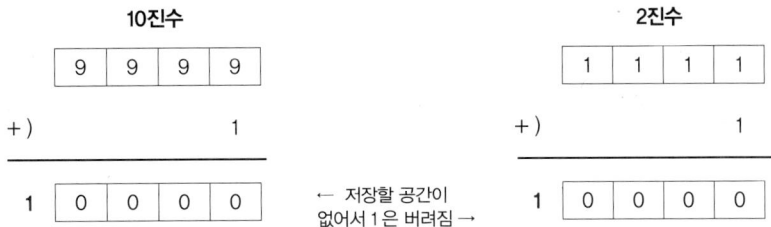

▲ 그림2-11 4자리의 10진수와 2진수의 오버플로우

오버플로우는 '자동차 주행표시기(odometer)'나, '계수기(counter)' 등 우리의 일상생활에서도 발견할 수 있는데, 네 자리 계수기라면 '0000'부터 '9999'까지 밖에 표현하지 못하므로 최대값인 '9999' 다음의 숫자는 '0000'이 될 것이다. 원래는 10000이 되어야하는데 다섯 자리는 표현할 수 없어서 맨 앞의 1은 버려지기 때문이다.

그러면 이번엔 반대로 최소값인 '0000'에서 1을 감소시키면 어떤 결과를 얻을까? 0에서 1을 뺄 수 없으므로 '0000' 앞에 저장되지 않은 1이 있다고 가정하고 뺄셈을 한다. 결과는 아래와 같이 네 자리로 표현할 수 있는 최대값이 된다.

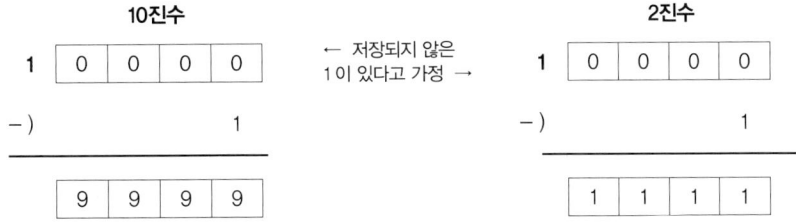

이는 마치 계수기를 거꾸로 돌리는 것과 같다. '0000'에서 정방향으로 돌리면 '0001'이 되지만 역방향으로 돌리면 '9999'가 되는 것이다.

| 참고 | TV의 채널을 증가시키다가 마지막 채널에서 채널을 더 증가시키면 첫 번째 채널로 이동하고, 첫번째 채널에서 채널을 감소시키면 마지막 채널로 이동하는 것과 같다.

그래서 정수형 타입이 표현할 수 있는 최대값에 1을 더하면 최소값이 되고, 최소값에서 1을 빼면 최대값이 된다.

> 최대값 + 1 → 최소값
> 최소값 − 1 → 최대값

아래 그림과 같이 최소값과 최대값을 이어 놓았다고 생각하면 오버플로우의 결과를 더 이해하기 쉽다.

```
최대값 →  9999                    ...
          9998                   0002
          9997                   0001            9999 + 1 → 0000
          ...          +        0000  ← 최소값    최대값      최소값
          0003         −         
          0002                  9999  ← 최대값
          0001                  9998             0000 − 1 → 9999
최소값 →  0000                   9997             최소값      최대값
                                ...
```

위의 그림을 2진수로 바꾸면 다음과 같다.

```
최대값 →  1111                    ...
          1110                  0010
          1101                  0001            1111 + 1 → 0000
          ...          +        0000  ← 최소값    최대값      최소값
          0011         −         
          0010                  1111  ← 최대값
          0001                  1110             0000 − 1 → 1111
최소값 →  0000                   1101             최소값      최대값
                                ...
```

4 bit 2진수의 최소값인 '0000'부터 시작해서 1씩 계속 증가하다 최대값인 '1111'을 넘으면 다시 '0000'이 된다. 그래서 값을 무한히 1씩 증가시켜도 '0000'과 '1111'의 범위를 계속 반복하게 된다.

부호있는 정수의 오버플로우

부호없는 정수와 부호있는 정수는 표현범위 즉, 최대값과 최소값이 다르기 때문에 오버플로우가 발생하는 시점이 다르다. 부호없는 정수는 2진수로 '0000'이 될 때 오버플로우가 발생하고, **부호있는 정수는 부호비트가 0에서 1이 될 때 오버플로우가 발생한다.**

부호없는 10진수	2진수	부호있는 10진수
0	0000	0
1	0001	1
2	0010	2
3	0011	3
4	0100	4
5	0101	5
6	0110	6
7	0111	7 ← 최대값
8	1000	-8 ← 최소값
9	1001	-7
10	1010	-6
11	1011	-5
12	1100	-4
13	1101	-3
14	1110	-2
최대값 → 15	1111	-1
최소값 → 0	0000	0
1	0001	1
2	0010	2

▲ 표2-17 부호없는 정수와 부호있는 정수의 오버플로우

부호없는 정수의 경우 표현범위가 '0~15'이므로 이 값이 계속 반복되고, 부호있는 정수의 경우 표현범위가 '-8~7'이므로 이 값이 무한히 반복된다.

$$\frac{15}{최대값} + 1 \rightarrow \frac{0}{최소값}$$

$$\frac{0}{최소값} - 1 \rightarrow \frac{15}{최대값}$$

$$\frac{7}{최대값} + 1 \rightarrow \frac{-8}{최소값}$$

$$\frac{-8}{최소값} - 1 \rightarrow \frac{7}{최대값}$$

▼ 예제 2-9/OverflowEx.java

```java
class OverflowEx {
    public static void main(String[] args) {
        short sMin = -32768;
        short sMax = 32767;
        char  cMin = 0;
        char  cMax = 65535;

        System.out.println("sMin   = " + sMin);
        System.out.println("sMin-1= " + (short)(sMin-1));
        System.out.println("sMax   = " + sMax);
        System.out.println("sMax+1= " + (short)(sMax+1));
        System.out.println("cMin   = " + (int)cMin);
        System.out.println("cMin-1= " + (int)--cMin);
        System.out.println("cMax   = " + (int)cMax);
        System.out.println("cMax+1= " + (int)++cMax);
    }
}
```

▼ 실행결과
```
sMin   = -32768
sMin-1= 32767
sMax   = 32767
sMax+1= -32768
cMin   = 0
cMin-1= 65535
cMax   = 65535
cMax+1= 0
```

short타입과 char타입의 최대값과 최소값에 1을 더하거나 뺀 결과를 출력하였다. 실행결과를 좀더 이해하기 쉽게 정리하면 다음과 같다.

```
sMin  - 1  →  sMax      // 최소값 - 1 → 최대값
-32768        32767

sMax  + 1  →  sMin      // 최대값 + 1 → 최소값
32767         -32768

cMin  - 1  →  cMax      // 최소값 - 1 → 최대값
0             65535

cMax  + 1  →  cMin      // 최대값 + 1 → 최소값
65535         0
```

최소값에서 1을 빼면 최대값이 되고, 최대값에 1을 더하면 최소값이 된다는 것을 확인할 수 있다. 아직 이해가 안 된다면, 아래의 표가 도움이 될 것이다.

개수	부호	char		2진수(16bit)	short		부호
	0 (1개)	최소값 →	0	0000000000000000	0		0 (1개)
			1	0000000000000001	1		
			2	0000000000000010	2		양수
			3	0000000000000011	3		($2^{15}-1$개,
			...	...	...		32767개)
			32765	0111111111111101	32765		
			32766	0111111111111110	32766		
65536개	양수		32767	0111111111111111	32767	← 최대값	
(2^{16}개)	($2^{16}-1$개,		32768	1000000000000000	-32768	← 최소값	
	65535개)		32769	1000000000000001	-32767		
			32770	1000000000000010	-32766		음수
			...	...	...		(2^{15}개,
			65532	1111111111111100	-4		32768개)
			65533	1111111111111101	-3		
			65534	1111111111111110	-2		
		최대값 →	65535	1111111111111111	-1		

▲ 표 2-18 char와 short의 비교

'short'과 'char'의 크기는 모두 16 bit이므로 표현할 수 있는 값의 개수 역시 2^{16}개(65536개)로 같다. 그러나 'short'은 이 중에서 절반(2^{15}개=32768개)을 '음수'를 표현하는데 사용하고, 'char'는 전체(2^{16}개=65535+1개)를 '양수(65535개)와 0(1개)'을 표현하는데 사용한다.

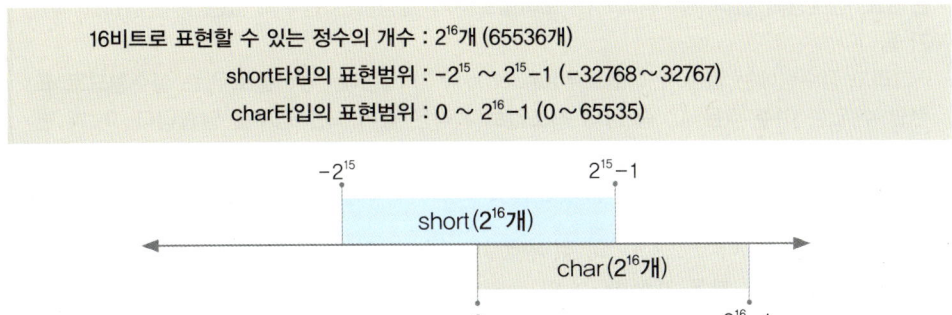

4.4 실수형 – float, double

실수형의 범위와 정밀도
실수형은 실수를 저장하기 위한 타입으로 float와 double, 두 가지가 있으며 각 타입의 변수에 저장할 수 있는 값의 범위는 아래와 같다.

타입	저장 가능한 값의 범위(양수)	정밀도	크기 bit	byte
float	$1.4 \times 10^{-45} \sim 3.4 \times 10^{38}$	**7자리**	32	4
double	$4.9 \times 10^{-324} \sim 1.8 \times 10^{308}$	**15자리**	64	8

▲ 표2-19 실수형의 범위와 정밀도

표2-18의 범위는 '양의 범위'만 적은 것으로, 이 범위에 '-'부호를 붙이면 '음의 범위'가 된다. 예를 들어 float타입으로 표현가능한 음의 범위는 '$-1.4 \times 10^{-45} \sim -3.4 \times 10^{38}$'이다. float타입으로 표현가능한 양의 범위와 음의 범위를 함께 그림으로 그리면 다음과 같다.

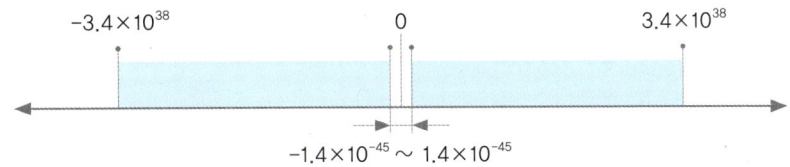

▲ 그림2-12 float타입으로 표현할 수 있는 값의 범위

즉, float타입의 표현범위는 '$-3.4 \times 10^{38} \sim 3.4 \times 10^{38}$'이지만, '$-1.4 \times 10^{-45} \sim 1.4 \times 10^{-45}$' 범위(0은 제외)의 값은 표현할 수 없다. 실수형은 소수점수도 표현해야 하므로 '얼마나 큰 값을 표현할 수 있는가'뿐만 아니라 '얼마나 0에 가깝게 표현할 수 있는가'도 중요하다.

> **Q. 실수형도 정수형처럼 저장할 수 있는 범위를 넘게 되면 오버플로우가 발생하나요?**
>
> **A.** 앞서 정수형에서 변수의 값이 표현범위를 벗어나는 것을 '오버플로우(overflow)'라고 배웠습니다. 실수형에서도 변수의 값이 표현범위의 최대값을 벗어나면 '오버플로우'가 발생하는데요. 정수형과 달리 실수형에서는 오버플로우가 발생하면 변수의 값은 '무한대(infinity)'가 됩니다.
>
> 그리고 정수형에는 없는 '언더플로우(underflow)'가 있는데, '언더플로우'는 실수형으로 표현할 수 없는 아주 작은 값, 즉 양의 최소값보다 작은 값이 되는 경우를 말합니다. 이 때 변수의 값은 0이 됩니다.

4 byte의 정수로는 '약 $\pm 2 \times 10^9$'의 값밖에 표현할 수 없는데, 어떻게 같은 4 byte로 '$\pm 3.4 \times 10^{38}$'과 같이 큰 값을 표현할 수 있는 것일까? 그 이유는 바로 값을 저장하는 형식이 다르기 때문이다.

```
int : 1 + 31 = 32 (4 byte)
┌─────┬──────────────────────────────┐
│ S(1)│          31 bit              │
└─────┴──────────────────────────────┘

float : 1 + 8 + 23 = 32 (4 byte)
┌─────┬────────┬────────────────────┐
│ S(1)│  E(8)  │       M(23)        │
└─────┴────────┴────────────────────┘
```

▲ 그림2-13 int타입과 float타입의 표현형식

위 그림은 int타입과 float타입의 표현형식을 비교한 것인데, int타입은 '부호와 값', 두 부분으로 이루어져있지만, float타입과 같은 실수형은 '부호(S), 지수(E), 가수(M)', 세 부분으로 이루어져 있다. 즉, '2의 제곱을 곱한 형태($\pm M \times 2^E$)'로 저장하기 때문에 이렇게 큰 범위의 값을 저장하는 것이 가능한 것이다.

그러나 정수형과 달리 실수형은 오차가 발생할 수 있다는 단점이 있다. 그래서 실수형에는 표현할 수 있는 값의 범위뿐만 아니라 '정밀도(precision)'도 중요한 요소이다.

표2-18을 보면 float타입은 정밀도가 7자리인데, 이것은 '$a \times 10^n$($1 \leq a < 10$)의 형태로 표현된 '7자리의 10진수를 오차없이 저장할 수 있다'는 뜻으로 아래의 세 값은 float타입의 변수에 저장했을 때 오차없이 저장할 수 있다.

$$1234.567 = 1.234567 \times 10^3$$
$$0.00001234567 = 1.234567 \times 10^{-5}$$
$$1234567000 = 1.234567 \times 10^9$$

만일 7자리 이상의 정밀도가 필요하다면, 변수의 타입을 double로 해야 한다. double타입은 float타입보다 정밀도가 약 2배인, 10진수로 15자리의 정밀도를 가지므로 float타입보다 훨씬 더 정밀하게 값을 표현할 수 있다.

실수형 값을 저장할 때, float타입이 아닌 double타입의 변수를 사용하는 경우는 대부분 저장하려는 '값의 범위'때문이 아니라 '보다 높은 정밀도'가 필요해서이다.

| 참고 | double이라는 이름은 float보다 약 2배(double)의 정밀도를 갖는다는 의미에서 붙여진 것이다.

연산속도의 향상이나 메모리를 절약하려면 float를 선택하고, 더 큰 값의 범위라던가 더 높은 정밀도를 필요로 한다면 double을 선택해야 한다.

▼ 예제 2-10/**FloatEx1.java**

```java
class FloatEx1 {
    public static void main(String[] args) {
        float  f  = 9.12345678901234567890f;
        float  f2 = 1.2345678901234567890f;
        double d  = 9.12345678901234567890d;

        System.out.printf("    123456789012345678901234%n");
        System.out.printf("f  : %f%n", f);  // 소수점 이하 6째자리까지 출력.
        System.out.printf("f  : %24.20f%n", f);
        System.out.printf("f2 : %24.20f%n", f2);
        System.out.printf("d  : %24.20f%n", d);
    }
}
```

▼ 실행결과

```
     123456789012345678901234
f :  9.123457        ← 7자리에서 반올림되었음
f :  9.12345695495605500000
f2:  1.23456788063049320000
d :  9.12345678901234600000
```

실수형 값을 출력할 때는 printf메서드의 지시자 '%f'를 사용한다. '%f'는 기본적으로 소수점 이하 6자리까지만 출력하므로, 7번째 자리에서 반올림되어 '9.123457'이 되었다.

```
        System.out.printf("f  : %f\n", f);        // f  : 9.123457
```

앞서 배운 것처럼, '%24.20f'는 전체 24자리 중에서 20자리는 소수점 이하의 수를 출력하라는 뜻이다.

```
            System.out.printf("f  : %24.20f\n", f);
```

1	2	3	4	1	2	3	4	5	6	7	8	9	0	1	2	3	4	5	6	7	8	9	0
			9	.	1	2	3	4	5	6	9	5	4	9	5	6	0	5	5	0	0	0	0

위의 그림을 보면 실제로 저장된 값은 '9.123456954956055'인데 앞뒤의 빈자리가 공백과 0으로 채워진 것을 알 수 있다.

9.12345678901234567890 원래 값
↓
9.12345695495605500000 저장된 값

float타입의 변수 f에 저장하려던 원래의 값은 '**9.12345678901234567890**'이지만 저장공간의 한계로 오차가 발생하여 실제 저장된 값은 '**9.12345695495605500000**'이다.

그러나 이 두 값이 앞의 7자리는 일치한다. 정밀도가 7자리이므로 원래의 값에서 7자리의 값만 오차없이 저장된 것이다.

```
System.out.printf("f2 : %24.20f\n", f2); // f2 : 1.23456788063049320000
```

위와 같이 간혹 원래의 값과 8자리이상 일치하는 경우도 있지만 항상 그런 것은 아니기 때문에 이런 결과를 기대해서는 안 된다.

실수형의 저장형식

앞서 언급한 바와 같이 실수형은 정수형과 저장형식이 달라서, 실수형은 값을 부동 소수점(floating-point)의 형태로 저장한다. 부동 소수점은 실수를 '$\pm M \times 2^E$'와 같은 형태로 표현하는 것을 말하며, 부동 소수점은 부호(Sign), 지수(Exponent), 가수(Mantissa), 모두 세 부분으로 이루어져 있다.

$$\pm M \times 2^E$$

그래서 부동소수점수는 다음과 같이 세 부분으로 나누어 저장된다.

float : 1 + 8 + 23 = 32 (4 byte)

S (1)	E (8)	M (23)

double : 1 + 11 + 52 = 64 (8 byte)

S (1)	E (11)	M (52)

▲ 그림2-14 float와 double의 표현형식

위와 같은 표현형식은 IEEE754라는 표준을 따른 것인데, IEEE754는 '전기 전자 기술자 협회(IEEE, Institute of Electrical and Electronics Engineers)'에서 제정한 부동 소수점의 표현방법이다.

기호	의미	설명
S	부호(Sign bit)	0이면 양수, 1이면 음수
E	지수(Exponent)	부호있는 정수. 지수의 범위는 -127 ~ 128(float), -1023 ~ 1024(double)
M	가수(Mantissa)	실제값을 저장하는 부분. 10진수로 7자리(float), 15자리(double)의 정밀도로 저장 가능

▲ 표2-20 실수 표현형식의 구성요소

1. 부호(Sign bit)

'S는 부호비트(sign bit)를 의미하며 1 bit이다. 이 값이 0이면 양수를, 1이면 음수를 의미한다. 정수형과 달리 '2의 보수법'을 사용하지 않기 때문에 양의 실수를 음의 실수로 바꾸려면 그저 부호비트만 0에서 1로 변경하면 된다.

2. 지수(Exponent)

'E'는 지수를 저장하는 부분으로 float의 경우, 8 bit의 저장공간을 갖는다. 지수는 '부호있는 정수'이고 8 bit로는 모두 $2^8(=256)$개의 값을 저장할 수 있으므로, '-127~128'의 값이 저장된다. 이 중에서 -127과 128은 '숫자 아님(NaN, Not a Number)'이나 '양의 무한대(POSITIVE_INFINITY)', '음의 무한대(NEGATIVE_INFINITY)'와 같이 특별한 값의 표현을 위해 예약되어 있으므로 실제로 사용가능한 지수의 범위는 '-126~127'이다. 그래서 지수의 최대값이 127이므로 float타입으로 표현할 수 있는 최대값은 2^{127}이고, 10진수로 약 10^{38}이다. 그러나 float의 최소값은 가수의 마지막 자리가 2^{-23}이므로 지수의 최소값보다 2^{-23}배나 더 작은 값, 약 10^{-45}이다.

$$0.00000000000000000000001 \times 2^{-126} = 1.0 \times 2^{-149} \fallingdotseq 10^{-45}$$

3. 가수(Mantissa)

'M'은 실제 값인 가수를 저장하는 부분으로 float의 경우, 2진수 23자리를 저장할 수 있다. 2진수 23자리로는 약 7자리의 10진수를 저장할 수 있는데 이것이 바로 float의 정밀도가 된다. double은 가수를 저장할 수 있는 공간이 52자리로 float보다 약 2배이므로 double이 float보다 약 2배의 정밀도를 갖는 것이다.

부동 소수점의 오차

실수 중에는 '파이($\pi=3.141592...$)'와 같은 **무한 소수가 존재**하므로, 정수와 달리 실수를 저장할 때는 오차가 발생할 수 있다. 게다가 10진수가 아닌 2진수로 저장하기 때문에 10진수로는 유한 소수이더라도, **2진수로 변환하면 무한 소수**가 되는 경우도 있다. 2진수로는 10진 소수를 정확히 표현하기 어렵기 때문이다.

<pre>
        9 . 1234567
        ↓   ↓
      1001 . 00011111100110101101011...
</pre>

위의 그림에서 알 수 있듯이 9.1234567은 10진수로 유한 소수지만, 2진수로는 무한 소수이다. 즉, 2진수로는 이 값을 정확히 표현하지 못한다는 얘기다. 여기서부터 벌써 오차가 발생한다. 비록 2진수로 유한소수라도, 가수를 **저장할 수 있는 자리수가 한정**되어 있으므로 저장되지 못하고 버려지는 값들이 있으면 오차가 발생한다.

  2진수로 변환된 실수를 저장할 때는 먼저 '1.xxx $\times 2^n$'의 형태로 변환하는데, 이 과정을 정규화라고 한다.

<pre>
                                                    ┌─── 23 bit ───┐
1001.00011111100110101100111... ──정규화──→ 1.00100011111100110101101 1011... ×2³
</pre>

정규화된 2진 실수는 항상 '1.'으로 시작하기 때문에, '1.'을 제외한 23자리의 2진수가 가수(mantissa)로 저장되고 그 이후는 잘려나간다. 지수는 기저법으로 저장되기 때문에, 지수인 3에 기저인 127을 더한 130이 2진수로 변환되어 저장된다. 10진수 130은 2진수로 '10000010'이다.

> 94 Chapter 02 변수 variable

| 참고 | 기저법은 '2의 보수법'처럼 부호있는 정수를 저장하는 방법이다. 저장할 때 특정값(기저)을 더했다가 읽어올 때는 다시 뺀다.

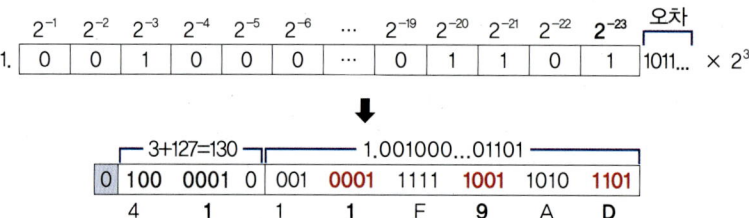

이 때 잘려나간 값들에 의해 발생할 수 있는 최대오차는 약 2^{-23}인데, 이 값은 가수의 마지막 비트의 단위와 같다. 2^{-23}은 10진수로 0.0000001192(약 10^{-7})이므로 float의 정밀도가 7자리라고 하는 것이다. 어떤 책에서는 '소수점이하 6자리'라고 하는데, 이것은 소수점이하의 자릿수만을 센 것으로, 결국 같은 얘기다.

$$2^{-23} \fallingdotseq 0.0000001192 \fallingdotseq 10^{-7}$$

다음의 예제를 보면, float타입의 값이 실제로 어떻게 저장되는지 직접 확인할 수 있다.

▼ 예제 2-11 / **FloatToBinEx.java**

```java
class FloatToBinEx {
    public static void main(String args[]) {
        float f = 9.1234567f;
        int   i = Float.floatToIntBits(f);

        System.out.printf("%f%n", f);
        System.out.printf("%X%n", i); // 16진수로 출력
    } // main의 끝
}
```

▼ 실행결과
9.123457
4111F9AE

Float클래스의 floatToIntBits()는 float타입의 값을 int타입의 값으로 해석해서 반환한다. 반환된 값을 16진수로 출력하면, float타입의 값이 2진수로 어떻게 저장되는지 확인할 수 있다. 실행결과를 보면, 앞서 설명한 것과 달리 0x4111F9AE이다. 그 이유는 잘려나간 첫 번째 자리의 값이 1이라서 반올림되어 0x4111F9AD의 2진수 마지막 자리 두 자리의 값이 '01'에서 '10'으로 1증가했기 때문이다.

| 참고 | 10진수와 달리 2진수는 1이면, 반올림 한다. 2진수에서는 1이 절반이기 때문이다.

5. 형변환

5.1. 형변환(캐스팅, casting)이란?

모든 변수와 리터럴에는 타입이 있다는 것을 배웠다. 프로그램을 작성하다 보면 같은 타입뿐만 아니라 서로 다른 타입간의 연산을 수행해야하는 경우도 있다. 이럴 때는 연산을 수행하기 전에 타입을 일치시켜야 하는데, 변수나 리터럴의 타입을 다른 타입으로 변환하는 것을 '형변환(casting)'이라고 한다.

> 형변환이란, 변수 또는 상수의 타입을 다른 타입으로 변환하는 것

예를 들어 int타입의 값과 float타입의 값을 더하는 경우, 먼저 두 값을 같은 타입으로 즉, 둘 다 float타입으로 변환한 다음에 더해야 한다.

5.2 형변환 방법

형변환 방법은 아주 간단하다. 형변환하고자 하는 변수나 리터럴의 앞에 변환하고자 하는 타입을 괄호와 함께 붙여주기만 하면 된다.

> (타입)피연산자

여기에 사용되는 괄호( )는 '캐스트 연산자'또는 '형변환 연산자'라고 하며, 형변환을 '캐스팅(casting)'이라고도 한다.
  예를 들어 다음과 같은 코드가 있을 때,

```
double d  = 85.4;
int score = (int)d;   // double타입의 변수 d를 int타입으로 형변환
```

두 번째 줄의 연산과정을 단계별로 살펴보면 다음과 같다.

```
    int score = (int)d;
→   int score = (int)85.4;    // 변수 d의 값을 읽어 와서 형변환한다.
→   int score = 85;           // 형변환의 결과인 85를 변수 score에 저장한다.
```

이 과정에서 알 수 있듯이, 형변환 연산자는 그저 피연산자의 값을 읽어서 지정된 타입으로 형변환하고 그 결과를 반환할 뿐이다. 그래서 **피연산자인 변수 d의 값은 형변환 후에도 아무런 변화가 없다.**

▼ 예제 2-12/CastingEx.java
```java
class CastingEx {
    public static void main(String[] args) {
        double d  = 85.4;
        int score = (int)d;

        System.out.println("score="+score);
        System.out.println("d="+d);
    }
}
```

▼ 실행결과
```
score=85
d=85.4     ← 형변환 후에도 피연산자에는 아무런 변화가 없다.
```

기본형(primitive type)에서 boolean을 제외한 나머지 타입들은 서로 형변환이 가능하다. 그리고 기본형과 참조형 간의 형변환은 불가능하다. 참조형의 형변환은 7장에서 설명할 것이고, 여기서는 기본형의 형변환에 대해서만 다룬다.

변환	수식	결과
int → char	(char) 65	'A'
char → int	(int) 'A'	65
float → int	(int) 1.6f	1
int → float	(float) 10	10.0f

▲ 표 2-21 기본형 간의 형변환

표2-20은 형변환의 몇 가지 예를 보여준다. float타입의 값을 int타입으로 변환할 때 소수점 이하의 값은 반올림이 아닌 버림으로 처리된다는 점을 눈여겨보자. char타입도 실제로는 정수로 저장되므로 값이 저장되는 형식은 크게 정수와 실수, 2가지 뿐이다.

5.3 정수형 간의 형변환

큰 타입에서 작은 타입으로의 변환, 예를 들어서 int타입(4 byte)의 값을 byte타입(1 byte)으로 변환하는 경우는 아래와 같이 크기의 차이만큼 잘려나간다. 그래서 경우에 따라 '값 손실(loss of data)'이 발생할 수 있다.

변환	2진수	10진수	값손실
int ↓ byte	00000000 00000000 00000000 00001010 00001010	10 10	없음
int ↓ byte	00000000 00000000 00000001 00101100 00101100	300 44	있음

▲ 표 2-22 정수형 간의 형변환 - 큰 타입에서 작은 타입으로 변환

반대로 작은 타입에서 큰 타입으로의 변환, 예를 들어서 byte타입(1 byte)의 값을 int타입(4 byte)으로 변환하는 경우는 저장공간의 부족으로 잘려나가는 일이 없으므로 값 손실이 발생하지 않는다. 그리고 나머지 빈공간은 0 또는 1로 채워진다.

변환	2진수	10진수	값손실
byte ↓ int	0 0 0 0 1 0 1 0 0 0 0 0 0 0 0 0 0 0 0 0 0 0 0 0 0 0 0 0 0 0 0 0 0 0 0 0 1 0 1 0	10 10	없음

▲ 표2-23 정수형간의 형변환 – 작은 타입에서 큰 타입으로 변환(양수)

원래의 값을 채우고 남은 빈공간은 0으로 채우는 게 보통이지만, 변환하려는 값이 음수인 경우에는 빈 공간을 1로 채운다. 그 이유는 형변환 후에도 부호를 유지할 수 있도록 하기 위해서이다.

변환	2진수	10진수	값손실
byte ↓ int	1 1 1 1 1 1 1 0 1 1 1 1 1 1 1 1 1 1 1 1 1 1 1 1 1 1 1 1 1 1 1 1 1 1 1 1 1 1 1 0	-2 -2	없음

▲ 표2-24 정수형간의 형변환 – 작은 타입에서 큰 타입으로 변환(음수)

왜 -2가 2진수로 '11111111111111111111111111111110'이냐는 질문을 자주 받는데, 이런 의문이 든다면 아직 '2의 보수법'을 이해하지 못한 것이다. 2의 보수법을 다시 한 번 복습하기 바란다.

| 참고 | 2의 보수법은 p.72에 있다.

▼ 예제 2-13/`CastingEx2.java`

```java
class CastingEx2 {
    public static void main(String[] args) {
        int  i = 10;
        byte b = (byte)i;
        System.out.printf("[int -> byte] i=%d -> b=%d%n", i, b);

        i = 300;
        b = (byte)i;
        System.out.printf("[int -> byte] i=%d -> b=%d%n", i, b);

        b = 10;
        i = (int)b;
        System.out.printf("[byte -> int] b=%d -> i=%d%n", b, i);

        b = -2;
        i = (int)b;
        System.out.printf("[byte -> int] b=%d -> i=%d%n", b, i);

        System.out.println("i="+Integer.toBinaryString(i));
    }
}
```

▼ 실행결과

```
[int -> byte] i=10 -> b=10
[int -> byte] i=300 -> b=44
[byte -> int] b=10 -> i=10
[byte -> int] b=-2 -> i=-2
i=11111111111111111111111111111110
```

앞서 설명한 내용들을 확인해 보는 예제이다. 예제의 마지막에는 변수 i의 값인 −2가 2진수로 출력된 것이다. 이처럼 'Integer.toBinaryString(int i)'라는 메서드를 이용하면, 10진 정수를 2진 정수로 변환한 문자열을 얻을 수 있다.

5.4 실수형 간의 형변환

실수형에서도 정수형처럼 작은 타입에서 큰 타입으로 변환하는 경우, 빈 공간을 0으로 채운다. float타입의 값을 double타입으로 변환하는 경우, 지수(E)는 float의 기저인 127을 뺀 후 double의 기저인 1023을 더해서 변환하고, 가수(M)는 float의 가수 23자리를 채우고 남은 자리를 0으로 채운다. 지수의 변화보다는 가수의 변화를 눈여겨보자.

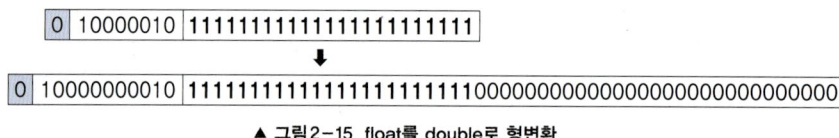

▲ 그림 2-15 float를 double로 형변환

반대로 double타입에서 float타입으로 변환하는 경우, 지수(E)는 double의 기저인 1023을 뺀 후 float의 기저인 127을 더하고 가수(M)는 double의 가수 52자리 중 23자리만 저장되고 나머지는 버려진다.

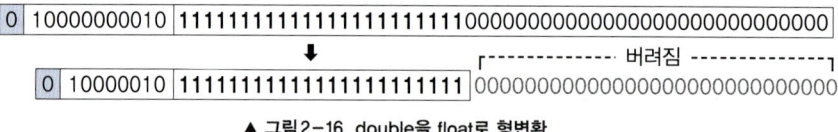

▲ 그림 2-16 double을 float로 형변환

한 가지 주의할 점은 형변환할 때 가수의 24번째 자리에서 반올림이 발생할 수 있다는 것이다. 24번째 자리의 값이 1이면, 반올림이 발생하여 23번째 자리의 값이 1증가한다.

▲ 그림 2-17 double을 float로 형변환할 때 반올림이 발생하는 경우

그리고 float타입의 범위를 넘는 값을 float로 형변환하는 경우는 '±무한대' 또는 '±0'을 결과로 얻는다.

```
double d = 1.0e100;   // float의 최대값보다 큰 값을 d에 저장(1.0×10^100)
float  f = (float)d;  // d의 값을 float로 형변환해서 f에 저장. f는 무한대가 된다.
double d = 1.0e-50;   // float의 최소값보다 작은 값을 d에 저장(1.0×10^-50)
float  f = (float)d;  // f의 값은 0이 된다.
```

▼ 예제 2-14/**CastingEx3.java**

```
class CastingEx3 {
  public static void main(String[] args) {
    float  f = 9.1234567f;
    double d = 9.1234567;
    double d2 = (double)f;

    System.out.printf("f =%20.18f\n", f);
    System.out.printf("d =%20.18f\n", d);
    System.out.printf("d2=%20.18f\n", d2);
  }
}
```

▼ 실행결과
```
f =9.123456954956055000
d =9.123456700000000000
d2=9.123456954956055000
```

변수 f와 d에 같은 값을 저장했지만, 실제로 저장되는 값은 다르다. 변수 f에 저장된 값을 double타입으로 형변환해도 값은 그대로이다. 왜 이런 결과를 얻는지 하나씩 자세히 살펴보자.

① **float f = 9.1234567f;**
9.1234567 = 1.**0010001111110011010110**11011101110001111100011011010011001⋯ × 2^3

┌────────────── 버려짐 ──────────────┐
| 0 | 10000010 | 00100011111100110101**01** | 1011101110001111100011011010 ⋯
                                ↓
| 0 | 10000010 | 00100011111100110101**10** | 반올림발생. 23번째 자리의 값이 1 증가

② **double d = 9.1234567;**
9.1234567 = 1.**0010001111110011010110110111011100011111000110110100**111001⋯ × 2^3

                                                                    ┌ 버려짐 ┐
| 0 | 10000000010 | 00100011111100110101101101110111000111110001101101**00** | 111001⋯
                                ↓
| 0 | 10000000010 | 00100011111100110101101101110111000111110001101101**01** | 반올림 발생

같은 값을 저장해도 float와 double의 정밀도 차이때문에 서로 다른 값이 저장된다.

f=9.123456954956054700
| 0 | 10000010 | 00100011111100110101110 |

d=9.123456700000000200
| 0 | 10000000010 | 00100011111100110101101101110111000111110001101101 |

③ `double d2 = (double)f;`

f `0` `10000010` `00100011111100110101110`

↓

d2 `0` `10000000010` `00100011111100110101110000000000000000000000000000000`

저장할때 이미 값이 달라졌기 때문에, 형변환을 해도 값이 같아지지 않는다.

d `0` `10000000010` `0010001111110011010111010111011100011111000110110101`

d2 `0` `10000000010` `0010001111110011010111000000000000000000000000000000`

5.5 정수형과 실수형 간의 형변환

정수형과 실수형은 저장형식이 완전히 다르기 때문에 정수형 간의 변환처럼 간단히 값을 채우고 자르는 식으로 할 수 없다. 좀 더 복잡한 변환과정을 거쳐야한다.

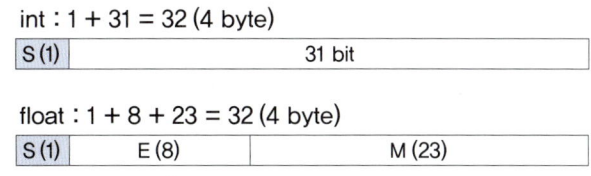

▲ 그림2-18 int타입과 float타입의 저장형식 비교

정수형을 실수형으로 변환

정수는 소수점이하의 값이 없으므로 비교적 변환이 간단하다. 그저 정수를 2진수로 변환한 다음 정규화를 거쳐 실수의 저장형식으로 저장될 뿐이다. 이 과정은 이미 실수형의 저장형식에서 설명했으므로 자세한 내용은 생략한다. 아래의 그림은 10진수 7을 float타입의 변수에 저장되는 과정을 보여준다.

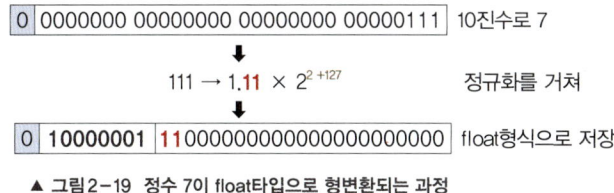

▲ 그림2-19 정수 7이 float타입으로 형변환되는 과정

실수형은 정수형보다 훨씬 큰 저장범위를 갖기 때문에, 정수형을 실수형으로 변환하는 것은 별 무리가 없다. 정수를 2진수로 변환한 다음에 정규화해서 실수의 저장형식에 맞게 저장할 뿐이다. 한 가지 주의할 점은 실수형의 정밀도의 제한으로 인한 오차가 발생할 수 있다는 것이다.

  예를 들어 int의 최대값은 약 20억으로 최대 10자리의 정밀도를 요구한다. 그러나 float는 10진수로 약 7자리의 정밀도만을 제공하므로, int를 float로 변환할 때 정밀도 차이에 의한 오차가 발생할 수 있다. 그래서 10진수로 8자리 이상의 값을 실수형으로 변환할 때는 float가 아닌 double로 형변환해야 오차가 발생하지 않을 것이다.

$$91234567 \xrightarrow{\text{(float)}} 91234568.0 \xrightarrow{\text{(int)}} 91234568$$

$$91234567 \xrightarrow{\text{(double)}} 91234567.0 \xrightarrow{\text{(int)}} 91234567$$

위의 그림은 8자리의 int값을 각각 float와 double로 변환한 다음에 다시 int로 형변환했을 때 값의 변화를 보여준다. float는 정밀도가 약 7자리이므로 8자리의 정수를 저장할 때 오차가 발생하는 것을 알 수 있다. 반면에 double은 약 15자리의 정밀도를 갖기 때문에 오차없이 변환이 가능하다.

실수형을 정수형으로 변환

실수형을 정수형으로 변환하면, 실수형의 소수점이하 값은 버려진다. 정수형의 표현 형식으로 소수점 이하의 값은 표현할 수 없기 때문이다. 예를 들어 float타입의 상수 9.1234567f를 int타입으로 형변환 하면 9가 된다.

```
0 10000010 00100011111001101011110   10진수로 9.1234567
              ↓
    1001.00011111001101011110 → 1001    소수점 이하는 버려진다.
              ↓
0 0000000 00000000 00000000 00001001   10진수로 9
```

▲ 그림 2-20 실수 9.1234567이 int타입으로 형변환되는 과정

그래서 실수형을 정수형으로 형변환할 때 반올림이 발생하지 않는다. 예를 들어, 실수 1.666을 int로 형변환하면, 1이 된다.

$$1.666 \xrightarrow{(int)} 1$$

만일 실수의 소수점을 버리고 남은 정수가 정수형의 저장범위를 넘는 경우에는 정수의 오버플로우가 발생한 결과를 얻는다.

▼ 예제 2-15/CastingEx4.java

```java
class CastingEx4 {
    public static void main(String[] args) {
        int     i  = 91234567;    // 8자리의 10진수
        float   f  = (float)i;    // int를 float로 형변환
        int     i2 = (int)f;      // float를 다시 int로 형변환

        double  d  = (double)i;   // int를 double로 형변환
        int     i3 = (int)d;      // double을 다시 int로 형변환

        float   f2 = 1.666f;
        int     i4 = (int)f2;

        System.out.printf("i=%d\n", i);
        System.out.printf("f=%f i2=%d\n",  f, i2);
        System.out.printf("d=%f i3=%d\n",  d, i3);
        System.out.printf("(int)%f=%d\n", f2, i4);
    }
}
```

▼ 실행결과

```
i=91234567
f=91234568.000000 i2=91234568
d=91234567.000000 i3=91234567
(int)1.666000=1
```

5.6 자동 형변환

서로 다른 타입 간의 대입이나 연산을 할 때, 형변환으로 타입을 일치시키는 것이 원칙이다. 하지만, 경우에 따라 편의상의 이유로 형변환을 생략할 수 있다. 그렇다고 해서 형변환되지 않는 것은 아니고, 컴파일러가 생략된 형변환을 자동적으로 추가한다.

```
float f = 1234;      // 형변환의 생략. float f = (float)1234;와 같음.
```

위의 문장에서 우변은 int타입의 상수이고, 이 값을 저장하려는 변수의 타입은 float이다. 서로 타입이 달라서 형변환이 필요하지만 편의상 생략하였다. float타입의 변수는 1234라는 값을 저장하는데 아무런 문제가 없기 때문이다.

그러나 다음과 같이 변수가 저장할 수 있는 값의 범위보다 더 큰 값을 저장하려는 경우에 형변환을 생략하면 에러가 발생한다.

```
byte b = 1000;       // 에러. byte의 범위(-128~127)를 넘는 값을 저장.
```

에러 메시지는 'incompatible types: possible lossy conversion from int to byte'인데, 앞서 배운 것과 같이 큰 타입에서 작은 타입으로의 형변환은 값 손실이 발생할 수 있다는 뜻이다.

그러나 다음과 같이 명시적으로 형변환 해줬을 경우, 형변환이 프로그래머의 실수가 아닌 의도적인 것으로 간주하고 컴파일러는 에러를 발생시키지 않는다.

```
char ch = (char)1000;  // 명시적 형변환. 에러가 발생하지 않는다.
```

또 다른 예로 다음과 같은 계산식에서 자주 형변환이 생략되는데, 서로 다른 두 타입의 연산에서는 먼저 타입을 일치시킨 다음에 연산을 수행해야 하므로, 연산과정에서 형변환이 자동적으로 이루어진다.

```
int    i = 3;
double d = 1.0 + i;   // double d = 1.0 + (double)i;에서 형변환이 생략됨
```

서로 다른 두 타입 간의 덧셈에서는 두 타입 중 표현범위가 더 넓은 타입으로 형변환하여 타입을 일치시킨 다음에 연산을 수행한다. 그렇게 하는 것이 값손실의 위험이 더 적어서 올바른 결과를 얻을 확률이 높기 때문이다.

```
   double d = 1.0 + i;
→  double d = 1.0 + (double)i;
→  double d = 1.0 + (double)3;   // 3을 double타입으로 형변환하면 3.0이 된다.
→  double d = 1.0 + 3.0;         // double과 double의 덧셈결과 타입은 double.
→  double d = 4.0;               // double + double = double
```

이처럼 연산과정에서 자동적으로 발생하는 형변환을 '산술 변환'이라고 하며, 다음 장에서 자세히 살펴볼 것이다.

자동 형변환의 규칙

형변환을 하는 이유는 주로 서로 다른 두 타입을 일치시키기 위해서 인데, 형변환을 생략하면 컴파일러가 알아서 자동적으로 형변환을 한다고 했다. 그러면 컴파일러는 어떤 판단 기준으로 타입을 일치시킬까?

> 기존의 값을 최대한 보존할 수 있는 타입으로 자동 형변환한다.

표현범위가 좁은 타입에서 넓은 타입으로 형변환하는 경우에는 값 손실이 없으므로 두 타입 중에서 표현범위가 더 넓은 쪽으로 형변환된다.

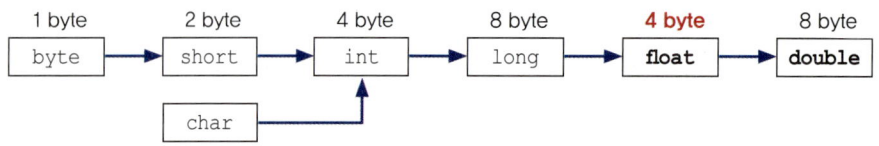

▲ 그림2-21 기본형의 자동 형변환이 가능한 방향

그림2-21은 형변환이 가능한 7개의 기본형을 왼쪽부터 오른쪽으로 표현할 수 있는 값의 범위가 작은 것부터 큰 것의 순서로 나열한 것이다.

화살표방향으로의 변환, 즉 왼쪽에서 오른쪽으로의 변환은 형변환 연산자를 사용하지 않아도 자동 형변환이 되며, 그 반대 방향으로의 변환은 반드시 형변환 연산자를 써줘야 한다.

보통 자료형의 크기가 큰 것일수록 값의 표현범위가 크기 마련이지만, 실수형은 정수형과 값을 표현하는 방식이 다르기 때문에 같은 크기일지라도 실수형이 정수형보다 훨씬 더 큰 표현 범위를 갖기 때문에 float와 double이 같은 크기인 int와 long보다 오른쪽에 위치한다.

| 참고 | 정수형을 실수형으로 형변환하는 경우, 정밀도의 한계로 인한 오차가 발생할 수 있다.

char와 short은 둘 다 2 byte의 크기로 크기가 같지만, char의 범위는 '$0\sim2^{16}-1(0\sim65535)$'이고 short의 범위는 '$-2^{15}\sim2^{15}-1(-32768\sim32767)$'이므로 서로 범위가 달라서 둘 중 어느 쪽으로의 형변환도 값 손실이 발생할 수 있으므로 자동 형변환이 수행될 수 없다.

> 1. boolean을 제외한 나머지 7개의 기본형은 서로 형변환이 가능하다.
> 2. 기본형과 참조형은 서로 형변환할 수 없다.
> 3. 서로 다른 타입의 변수 간의 연산은 형변환을 하는 것이 원칙이지만,
>   값의 범위가 작은 타입에서 큰 타입으로의 형변환은 생략할 수 있다.

자주 사용되는 타입 간의 변환
기본적인 타입 간의 변환은 프로그램에서 자주 사용되므로 반드시 기억해 두자.

1. 숫자를 문자로 변환 - 숫자에 '0'을 더한다.
    (char)(3 + '0') ➡ '3'

2. 문자를 숫자로 변환 - 문자에서 '0'을 뺀다.
    '3' - '0' ➡ 3

3. 숫자를 문자열로 변환 - 숫자에 빈 문자열("")을 더한다.
    3 + "" ➡ "3"

4. 문자열을 숫자로 변환 - Integer.parseInt( ), Double.parseDouble( )을 사용한다.
    Integer.parseInt("3") ➡ 3
    Double.parseDouble("3.14") ➡ 3.14

5. 문자열을 문자로 변환 - charAt(0)을 사용한다.
    "3".charAt(0) ➡ '3'

6. 문자를 문자열로 변환 - 빈 문자열("")을 더한다.
    '3' + "" ➡ "3"

▼ 예제 2-16/`CastingEx5.java`

```java
class CastingEx5 {
    public static void main(String[] args) {
        String str = "3";

        System.out.println(str.charAt(0) - '0');
        System.out.println('3' - '0' + 1);
        System.out.println(Integer.parseInt("3")+1);
        System.out.println("3" + 1);
        System.out.println((char)(3 + '0'));
    }
}
```

▼ 실행결과
```
3
4
4
31
3
```

| 참고 | 연습문제는 깃헙(https://github.com/castello/javajungsuk4)에서 PDF파일로 제공

Memo

Chapter 03

연산자
operator

1. 연산자(operator)

연산자는 '연산을 수행하는 기호'를 말한다. 예를 들어 '+'기호는 덧셈 연산을 수행하며, '덧셈 연산자'라고 한다. 자바에서는 사칙연산(+, -, *, /)을 비롯해서 다양한 연산자들을 제공한다. 처음에는 배워야할 연산자가 많아 보이지만, 자주 쓰이는 것들을 중심으로 하나씩 배워나가면 쉽게 익숙해질 것이다.

1.1 연산자와 피연산자

연산자가 연산을 수행하려면 반드시 연산의 대상이 있어야하는데, 이것을 '피연산자(operand)'라고 한다. 피연산자로 상수, 변수 또는 식(式) 등을 사용할 수 있다.

> **연산자(operator)** 연산을 수행하는 기호(+,-,*,/ 등)
> **피연산자(operand)** 연산자의 작업 대상(변수, 상수, 리터럴, 수식)

다음과 같이 'x + 3'이라는 식(式)이 있을 때, '+'는 두 피연산자를 더해서 그 결과를 반환하는 덧셈 연산자이고, 변수 x와 상수 3은 이 연산자의 피연산자이다.

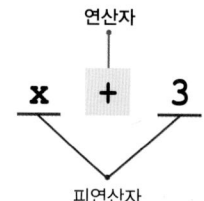

이처럼 덧셈연산자 '+'는 두 값을 더한 결과를 반환하므로, 두 개의 피연산자를 필요로 한다. 대부분의 연산자는 이처럼 두 개의 피연산자를 필요로 하며, 하나 또는 세 개의 피연산자를 필요로 하는 연산자도 있다. **연산자는 피연산자로 연산을 수행하고 나면 항상 결과값을 반환한다.** 예를 들어 x의 값이 5일 때, 덧셈연산 'x + 3'의 결과값은 8이 된다.

1.2 식(式)과 대입 연산자

연산자와 피연산자를 조합하여 계산하고자하는 바를 표현한 것을 '식(式, expression)'이라고 한다. 그리고 식을 계산하여 결과를 얻는 것을 '식을 평가(evaluation)한다'고 한다. 하나의 식을 평가(계산)하면, 단 하나의 결과를 얻는다. 만일 x의 값이 5라면, 아래의 식을 평가한 결과는 23이 된다.

    4 * x + 3

작성한 식을 프로그램에 포함시키려면, 식의 끝에 ';'를 붙여서 문장으로 만들어야 한다.

    4 * x + 3; // 문장(statement)

예를 들어 변수 x의 값이 5일 때, 위의 문장은 다음과 같은 과정으로 처리된다.

```
    4 * x + 3;
→   4 * 5 + 3;
→   23;            // 결과를 얻었지만 쓰이지 않고 사라진다.
```

식이 평가되어 23이라는 결과를 얻었지만, 이 값이 어디에도 쓰이지 않고 사라지기 때문에 이 문장은 아무런 의미가 없다. 그래서 아래와 같이 대입 연산자'='를 사용해서 변수와 같이 값을 저장할 수 있는 공간에 결과를 저장해야한다.

```
    y = 4 * x + 3;
→   y = 4 * 5 + 3;
→   y = 23;        // 식의 평가결과가 변수 y에 저장된다.
```

그 다음에는 변수 y에 저장된 값을 다른 곳에 사용하거나 화면에 출력함으로써 의미있는 결과를 얻을 수 있다.

```
    y = 4 * x + 3;
    System.out.println(y);  // 변수 y의 값을 화면에 출력
```

만일 식의 평가결과를 출력하기만 원할 뿐, 이 값을 다른 곳에 사용하지 않을 것이라면 다음과 같이 변수에 저장하지 않고 println메서드의 괄호( ) 안에 직접 식을 써도 된다.

```
    System.out.println(4 * x + 3);
→   System.out.println(23); // 23이 화면에 출력된다.
```

1.3 연산자의 종류

배워야할 연산자의 개수가 많아서 부담스러울 수 있는데, 기능이 비슷한 것들끼리 묶어놓고 보면 몇 종류 안 된다.

종류	연산자	설명
산술 연산자	+ - * / % << >>	사칙 연산(+,-,*,/)과 나머지 연산(%)
비교 연산자	> < >= <= == !=	크고 작음과 같고 다름을 비교
논리 연산자	&& || ! & | ^ ~	'그리고(AND)'와 '또는(OR)'으로 조건을 연결
대입 연산자	=	우변의 값을 좌변에 저장
기 타	(type) ?: instanceof	형변환 연산자, 삼항 연산자, instanceof연산자

▲ 표3-1 연산자의 기능별 분류

| 참고 | (type)은 '형변환 연산자'를 의미한다.

연산자는 위의 표에서 알 수 있는 것처럼, 크게 산술, 비교, 논리, 대입 4가지로 나눌 수 있다. 산술, 비교, 대입 연산자는 이미 알고 있는 것들이고, 논리 연산자도 쉽게 이해가 될 것이다.

피연산자의 개수에 의한 분류

피연산자의 개수로 연산자를 분류하기도 하는데, 피연산자의 개수가 하나면 '단항 연산자', 두 개면 '이항 연산자', 세 개면 '삼항 연산자'라고 부른다. 대부분의 연산자는 '이항 연산자'이고, 삼항 연산자는 오직 '? :' 하나뿐이다.

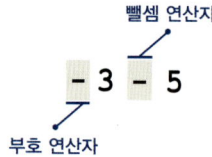

위의 식에는 두 개의 연산자가 포함되어 있는데, 둘 다 같은 기호 '-'로 나타내지만 엄연히 다른 연산자이다. 왼쪽의 것은 '부호 연산자'이고, 오른쪽의 것은 '뺄셈 연산자'이다. 이처럼 서로 다른 연산자의 기호가 같은 경우도 있는데, 이럴 때는 피연산자의 개수로 구분이 가능하다.

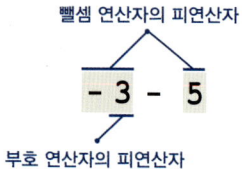

'부호 연산자'는 단항 연산자로 피연산자가 '3' 한 개뿐이지만, '뺄셈 연산자'는 이항 연산자로 피연산자가 '-3'과 '5' 두 개이다.

이처럼 연산자를 기능별, 피연산자의 개수별로 나누어 분류하는 것은 곧이어 배우게 될 **'연산자의 우선순위'** 때문이기도 하다. 연산자마다 우선순위가 다르지만, 같은 종류의 연산자들은 우선순위가 비슷하기 때문에 각 종류별로 우선순위를 외우면 기억하기 더 쉽다.

1.4 연산자의 우선순위와 결합규칙

식에 사용된 연산자가 둘 이상인 경우, 연산자의 우선순위에 의해서 연산순서가 결정된다. 곱셈과 나눗셈(*, /)은 덧셈과 뺄셈(+, -)보다 우선순위가 높다는 것은 이미 수학에서 배워서 알고 있을 것이다. 그래서 아래의 식은 '3 * 4'가 먼저 계산된 다음, 그 결과에 5를 더해서 17을 결과로 얻는다.

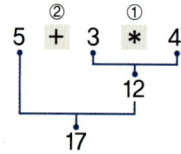

이처럼 연산자의 우선순위는 대부분 상식적인 선에서 해결된다. 아래의 표를 통해 이 사실을 한번 확인해보자.

식	설명
-x + 3	단항 연산자가 이항 연산자보다 우선순위가 높다. 그래서 x의 부호를 바꾼 다음 덧셈이 수행된다. 여기서 '-'는 뺄셈 연산자가 아니라 부호 연산자이다.
x + 3 * y	곱셈과 나눗셈이 덧셈과 뺄셈보다 우선순위가 높다. 그래서 '3 * y'가 먼저 계산된다.
x + 3 > y - 2	비교 연산자(>)보다 산술 연산자 '+'와 '-'가 먼저 수행된다. 그래서 'x + 3'과 'y - 2'가 먼저 계산된 다음에 '>'가 수행된다.
x > 3 && x < 5	논리 연산자 '&&'보다 비교 연산자가 먼저 수행된다. 그래서 'x > 3'와 'x < 5'가 먼저 계산된 다음에 '&&'가 수행된다. 식의 의미는 'x가 3보다 크고 5보다 작다'이다.
result = x + y * 3;	대입 연산자는 연산자 중에서 제일 우선순위가 낮다. 그래서 우변의 최종 연산결과가 변수 result에 저장된다.

▲ 표3-2 연산자 우선순위의 예와 설명

표3-2에서 설명을 가린 채로 왼쪽의 식만 보고 어떤 순서로 연산이 수행될지 생각해보자. 그리 어렵지 않게 연산순서를 알아낼 수 있을 것이다. 실제 프로그래밍에서 사용되는 대부분의 식은 이처럼 상식적으로 판단이 가능한 수준이다.

상식만으로 판단하기 쉽지 않은 우선순위 몇 가지를 아래의 표에 정리하였다. 아직 배우지 않은 연산자들이니까 지금은 가볍게 보고, 이 장을 다 배운 후에 다시 확인하자.

식	설명
x << 2 + 1	쉬프트 연산자(<<)는 덧셈 연산자보다 우선순위가 낮다. 그래서 왼쪽의 식은 'x << (2 + 1)'과 같다.
data & 0xFF == 0	비트 연산자(&)는 비교 연산자(==)보다 우선순위가 낮으므로 비교연산 후에 비트연산이 수행된다. 그래서 왼쪽의 식은 'data & (0xFF == 0)'과 같다.
x < -1 || x > 3 && x < 5	논리 연산자 중에서 AND를 의미하는 '&'와 '&&'가 OR를 의미하는 '|'와 '||'보다 우선순위가 높다. 이처럼 수식에 AND와 OR가 함께 사용되는 경우는 다음과 같이 괄호를 사용해서 우선순위를 명확히 하는 것이 좋다. x < -1 || (x > 3 && x < 5)

▲ 표3-3 주의해야 할 연산자 우선순위의 예와 설명

우리가 알고 있는 일반적인 수학 상식과 표3-3에 정리된 내용정도면 연산자의 우선순위 문제는 해결된다. 만일 우선순위가 확실하지 않다면, 먼저 계산되어야하는 부분을 괄호로 묶어주면 된다. 괄호 안의 계산식이 먼저 계산될 것이 확실하기 때문이다.

| 참고 | 괄호는 연산자가 아니다. 연산자의 우선순위를 임의로 지정할 때 사용하는 기호일 뿐이다.

연산자의 결합규칙

하나의 식에 같은 우선순위의 연산자들이 여러 개 있는 경우, 어떤 순서로 연산을 수행할까? 우선순위가 같다고 해서 아무거나 먼저 처리하는 것은 아니고 나름대로의 규칙을 가지고 있는데, 그 규칙을 '**연산자의 결합규칙**'이라고 한다.

연산자의 결합규칙은 연산자마다 다르지만, 대부분 왼쪽에서 오른쪽의 순서로 연산을 수행하고, 단항 연산자와 대입 연산자만 그 반대로, 오른쪽에서 왼쪽의 순서로, 연산을 수행한다.

그림3-1의 (a)에서 수식 '3 + 4 − 5'는 덧셈연산자'+'의 결합방향이 왼쪽에서 오른쪽이므로 수식의 왼쪽에 있는 '3 + 4'를 먼저 계산하고, 그 다음에 '3 + 4'의 연산결과인 7과 5의 뺄셈을 수행한다.

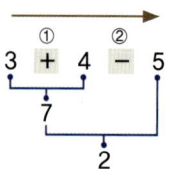 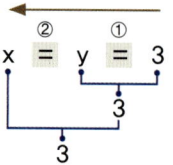

(a) 연산자의 결합규칙이 왼쪽에서 오른쪽인 경우   (b) 연산자의 결합규칙이 오른쪽에서 왼쪽인 경우

▲ 그림3-1 연산자의 결합규칙

그림 3-1의 (b)에서 대입 연산자는 연산자의 결합규칙이 오른쪽에서 왼쪽이므로 수식 'x = y = 3'에서 오른쪽의 대입연산자부터 처리한다. 따라서 'y = 3'이 먼저 수행되어서 y에 3이 저장되고 그 다음에 'x = 3'이 수행되어 x에도 3이 저장된다.

| 참고 | 'x = y = 3;'은 'y=3;'과 'x=3;'을 하나의 문장으로 합쳐놓은 것으로 이해해도 좋다.

```
    x = y = 3
→   x = 3
→   3
```

앞서 모든 연산자는 연산결과를 갖는다고 했는데, 대입연산자도 예외는 아니다. 대입연산자는 우변의 값을 좌변에 저장하고, 저장된 값을 연산결과로 반환한다. 그래서 'y=3'의 연산결과가 3이 되는 것이다.

지금까지 배운 연산자의 우선순위에 대해서 정리하면 다음과 같다.

> 1. 산술 〉 비교 〉 논리 〉 대입. 대입은 제일 마지막에 수행된다.
> 2. 단항(1) 〉 이항(2) 〉 삼항(3). 단항 연산자의 우선순위가 이항 연산자보다 높다.
> 3. 단항 연산자와 대입 연산자를 제외한 모든 연산의 진행방향은 왼쪽에서 오른쪽이다.

표3-3과 이 내용만 잘 기억하고 있어도, 대부분의 연산자 우선순위 문제는 해결할 수 있을 것이다. 그렇지 않을 때는 표3-4를 참고하자.

종류	결합규칙	연산자	우선순위
단항 연산자	←	++ -- + - ~ ! (type)	높음
산술 연산자	→	* / %	
	→	+ -	
	→	<< >>	
비교 연산자	→	< > <= >= instanceof	
	→	== !=	
논리 연산자	→	&	
	→	^	
	→	|	
	→	&&	
	→	||	
삼항 연산자	→	?:	
대입 연산자	←	= += -= *= /= %= <<= >>= &= ^= |=	낮음

▲ 표3-4 연산자의 우선순위와 결합규칙

| 주의 | 단항연산자에 있는 '+'와 '-'는 부호연산자이고, '(type)'은 형변환 연산자이다.
| 참고 | instanceof는 객체의 타입을 확인하는데 사용되는 연산자이다. 7장 객체지향개념II에서 설명한다.

시험에서는 연산자의 우선순위와 결합규칙으로 어려운 문제가 나올 수 있겠지만, 실제 프로그래밍에서는 앞서 정리한 3가지 내용과 몇 가지 예외적인 것들만 기억하는 것만으로도 충분하다.

1.5 산술 변환(usual arithmetic conversion)

이항 연산자는 두 피연산자의 타입이 일치해야 연산이 가능하므로, 피연산자의 타입이 서로 다르다면 연산 전에 형변환 연산자로 타입을 일치시켜야한다. 예를 들어 int타입과 float타입을 덧셈하는 경우, 형변환 연산자를 사용해서 피연산자의 타입을 둘 다 int 또는 float로 일치시켜야 한다.

```
int   i = 10;
float f = 20.0f;

float result = f + (float)i;  // 형변환으로 두 피연산자의 타입을 일치
```

대부분의 경우, 두 피연산자의 타입 중에서 더 큰 타입으로 일치시키는데, 그 이유는 작은 타입으로 형변환하면 원래의 값이 손실될 가능성이 있기 때문이다. 앞서 배운 것과 같이 작은 타입에서 큰 타입으로 형변환하는 경우, 자동적으로 형변환되므로 형변환 연산자를 생략할 수 있다.

```
float result = f + i;   // 큰 타입으로 형변환시, 형변환연산자 생략가능
```

이처럼 연산 전에 피연산자 타입의 일치를 위해 자동 형변환되는 것을 '산술 변환' 또는 '일반 산술 변환'이라 하며, 이 변환은 이항 연산에서만 아니라 단항 연산에서도 일어난다. '산술 변환'의 규칙은 다음과 같다.

① 두 피연산자의 타입을 같게 일치시킨다. (보다 큰 타입으로 일치)
```
long   + int   → long   + long   → long
float  + int   → float  + float  → float
double + float → double + double → double
```

② 피연산자의 타입이 int보다 작은 타입이면 int로 변환된다.
```
byte + short → int + int → int
char + short → int + int → int
```

| 참고 | 모든 연산에서 '산술 변환'이 일어나지만, 쉬프트 연산자(《, 》), 증감 연산자(++, --)는 예외이다.

첫 번째 규칙은 앞서 자동 형변환에서 배운 것처럼 피연산자의 값손실을 최소화하기 위한 것이고, 두 번째 규칙은 정수형의 기본 타입인 int가 가장 효율적으로 처리할 수 있는 타입이기 때문에, 그리고 int보다 작은 타입, 예를 들면 char나 short의 표현범위가 좁아서 연산중에 오버플로우(overflow)가 발생할 가능성이 높기 때문에 만들어진 것이다.

여기서 한 가지 주목해야할 점은 연산결과의 타입이다. 연산결과의 타입은 피연산자의 타입과 일치한다. 예를 들어 int와 int의 나눗셈 연산결과는 int이다. float와 double과 같은 실수형이 아니기 때문에 소수점 이하는 버려진다. 그래서 아래의 식 '5 나누기 2'의 결과가 2.5가 아닌 2이다.

```
int / int → int
 5  /  2  →  2
```

위의 식에서 2.5라는 실수를 결과로 얻으려면, 피연산자 중 어느 한 쪽을 float와 같은 실수형으로 형변환해야 한다. 그러면, 다른 한 쪽은 산술 변환의 첫 번째 규칙에 의해 자동적으로 형변환되어 두 피연산자 모두 실수형이 되고, 연산결과 역시 실수형의 값을 얻을 수 있다.

```
int / (float)int → int / float → float / float → float
 5  / (float)2   →  5  / 2.0f  → 5.0f / 2.0f   → 2.5f
```

결국 산술 변환이란, 용어가 좀 거창하지만, 연산 직전에 발생하는 자동 형변환일 뿐이다. 아래의 두 가지 규칙만 잘 기억해두자.

> **산술 변환이란? 연산 수행 직전에 발생하는 피연산자의 자동 형변환**
> ① 두 피연산자의 타입을 같게 일치시킨다(보다 큰 타입으로 일치).
> ② 피연산자의 타입이 int보다 작은 타입이면 int로 변환된다.

2. 단항 연산자

2.1 증감 연산자 ++ --

증감연산자는 피연산자에 저장된 값을 1 증가 또는 감소시킨다. 증감연산자의 피연산자로 정수와 실수가 모두 가능하지만, 상수는 값을 변경할 수 없으므로 가능하지 않다.

앞서 형변환에서 설명한 것과 같이 대부분의 연산자는 피연산자의 값을 읽어서 연산에 사용할 뿐, 피연산자의 타입이나 값을 변경시키지 않는다. 오직 대입연산자와 증감연산자만 피연산자의 값을 변경한다.

> **참고** 증감연산자는 일반 산술 변환에 의한 자동 형변환이 발생하지 않으며, 연산결과의 타입은 피연산자의 타입과 같다.

> **증가 연산자(++)** 피연산자의 값을 1 증가시킨다.
> **감소 연산자(--)** 피연산자의 값을 1 감소시킨다.

일반적으로 단항 연산자는 피연산자의 왼쪽에 위치하지만, 증가 연산자 '++'와 감소 연산자 '--'는 양쪽 모두 가능하다. 피연산자의 왼쪽에 위치하면 '전위형(prefix)', 오른쪽에 위치하면 '후위형(postfix)'이라고 한다.

전위형과 후위형 모두 피연산자의 값을 1 증가 또는 감소시키지만, 증감연산자가 수식이나 메서드 호출에 포함된 경우 전위형일 때와 후위형일 때의 결과가 다르다.

타입	설명	사용예
전위형	값이 참조되기 **전에** 증가시킨다.	j = ++i;
후위형	값이 참조된 **후에** 증가시킨다.	j = i++;

▲ 표3-5 전위형과 후위형의 비교

그러나 '++i;'와 'i++;'처럼 증감연산자가 수식이나 메서드 호출에 포함되지 않고 독립적인 하나의 문장으로 쓰인 경우에는 전위형과 후위형의 차이가 없다.

```
++i;    // i의 값을 1 증가시킨다.
i++;    // 위의 문장과 차이가 없다.
```

▼ 예제 3-1/`OperatorEx.java`

```java
class OperatorEx {
  public static void main(String args[]) {
     int i=5;
     i++;                // i=i+1;과 같은 의미이다. ++i;로 바꿔 써도 결과는 같다.
     System.out.println(i);

     i=5;                // 결과를 비교하기 위해 i값을 다시 5로 변경.
     ++i;
     System.out.println(i);
  }
}
```

▼ 실행결과
```
6
6
```

i의 값을 증가시킨 후 출력할 때, 한번은 전위형(++i)을 사용했고, 또 한 번은 후위형(i++)을 사용했다. 결과를 보면 두 번 모두 i의 초기값 5에서 1이 증가된 6이 출력됨을 알 수 있다.

이 경우에는 어떤 수식에 포함된 것이 아니라 단독적으로 사용된 것이기 때문에, 증감연산자(++)를 피연산자의 왼쪽에 사용한 경우(전위형, ++i)와 오른쪽에 사용한 경우(후위형, i++)의 차이가 없다.

그러나 다른 수식에 포함되거나 메서드의 매개변수로 사용된 경우, 즉 단독으로 사용되지 않은 경우 전위형(++i)과 후위형(i++)의 결과는 다르다. 다음의 예제를 보자.

▼ 예제 3-2/OperatorEx2.java

```java
class OperatorEx2 {
    public static void main(String args[]) {
        int i=5, j=0;

        j = i++;
        System.out.println("j=i++; 실행 후, i=" + i +", j="+ j);

        i=5;            // 결과를 비교하기 위해, i와 j의 값을 다시 5와 0으로 변경
        j=0;

        j = ++i;
        System.out.println("j=++i; 실행 후, i=" + i +", j="+ j);
    }
}
```

▼ 실행결과
```
j=i++; 실행 후, i=6, j=5
j=++i; 실행 후, i=6, j=6
```

실행결과를 보면 i의 값은 두 경우 모두 1이 증가되어 6이 되지만, j의 값은 그렇지 않다. 식을 계산하기 위해서는 식에 포함된 변수의 값을 읽어 와야 하는데, 전위형은 변수(피연산자)의 값을 먼저 증가시킨 후에 변수의 값을 읽어오는 반면, 후위형은 변수의 값을 먼저 읽어온 후에 값을 증가시킨다.

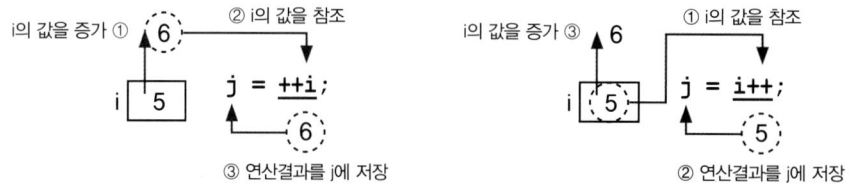

▲ 그림3-2 전위형과 후위형의 연산과정 비교

전위형 'j=++i;'에서는 i의 값을 증가시킨 후에 읽어오므로 i의 값이 5에서 6으로 증가된 후에 이 값이 j에 저장되며, 후위형 'j=i++;'에서는 i값인 5를 먼저 읽어온 다음에 i를 증가시키니까 j에 5가 저장된다.

증감 연산자가 포함된 식을 이해하기 어려울 때는 다음과 같이 증감 연산자를 따로 떼어내면 이해하기가 쉬워진다. 전위형의 경우 증감연산자를 식의 이전으로,

```
j = ++i;  // 전위형
```
→
```
++i;    // 증가 후에
j = i;  // 참조하여 대입
```

후위형의 경우 증감연산자를 식의 이후로 떼어내면 된다.

```
j = i++;  // 후위형
```
→
```
j = i;  // 참조하여 대입 후에
i++;    // 증가
```

다음은 메서드 호출에 증감연산자가 사용된 예이다.

▼ 예제 3-3/**OperatorEx3.java**

```
class OperatorEx3 {
    public static void main(String args[]) {
        int i=5, j=5;
        System.out.println(i++);
        System.out.println(++j);
        System.out.println("i = " + i + ", j = " +j);
    }
}
```

▼ 실행결과
```
5
6
i = 6, j = 6
```

i는 값이 증가되기 전에 참조되므로 println()에게 i에 저장된 값 5를 넘겨주고 나서 i의 값이 증가하기 때문에 5가 출력되고, j의 경우 j에 저장된 값을 증가 시킨 후에 println()에게 값을 넘겨주므로 6이 출력된다. 결과적으로는 i, j 모두 1씩 증가되어 6이 된다.

아래의 왼쪽 코드에서 증감연산자를 따로 떼어내면 오른쪽과 같은 코드가 된다.

```
System.out.println(i++);
System.out.println(++j);
```
↔
```
System.out.println(i);
i++;
++j;
System.out.println(j);
```

증감연산자를 사용하면 코드가 간결해지지만, 지나치면 코드가 복잡해서 이해하기 어려워지기도 한다. 예를 들어 x의 값이 5일 때, 아래 식이 수행된 후의 x의 값은 얼마일까?

```
x = x++ - ++x;    // x의 값은 -1? -2?
```

생각보다 쉽게 답을 내기 어려울 것이다. 실제 프로그래밍에서는 이러한 코드를 작성할 일이 없고, 이렇게 작성하는 것은 바람직하지 않다. 하나의 식에서 증감연산자의 사용을 최소화하고, **식에 두 번 이상 포함된 변수에 증감 연산자를 사용하는 것은 피해야 한다.**
감소 연산자(--)는 피연산자의 값을 1 감소시킨다는 것만 빼면 증가 연산자와 동일하다.

2.2 부호 연산자 + −

부호 연산자 '−'는 피연산자의 부호를 반대로 변경한 결과를 반환한다. 피연산자가 음수면 양수, 양수면 음수가 연산의 결과가 된다. 부호연산자 '+'는 하는 일이 없으며, 쓰이는 경우도 거의 없다. 부호연산자 '−'가 있으니까 형식적으로 '+'를 추가해 놓은 것뿐이다.

　부호 연산자는 boolean형과 char형을 제외한 기본형에만 사용할 수 있다.

| 참고 | 부호연산자는 덧셈, 뺄셈연산자와 같은 기호를 쓰지만 다른 연산자이다. 기호는 같아도 피연산자의 개수가 달라서 구별이 가능하다.

▼ 예제 3-4/`OperatorEx4.java`

```java
class OperatorEx4 {
    public static void main(String[] args) {
        int i = -10;
        i = +i;
        System.out.println(i);

        i = -10;
        i = -i;
        System.out.println(i);
    }
}
```

▼ 실행결과
```
-10
10
```

지금까지 소개한 연산자 외에도 '단항 연산자'가 더 있지만, 편의상 관련된 이항연산자와 함께 놓았다. 논리부정 연산자 '!'는 5.1 논리 연산자'에서, 비트전환 연산자 '~'는 5.2 비트 연산자에서 설명한다.

3. 산술 연산자

산술 연산자에는 사칙 연산자(+, -, *, /)와 나머지 연산자(%)가 있다. 사칙연산은 일상생활에서 자주 사용하는 익숙한 것이라 그리 어렵지 않을 것이다. 다만 몇 가지 주의할 사항들이 있는데, 그 것들을 중심으로 설명할 것이다.

3.1 사칙 연산자 + - * /

사칙 연산자, 덧셈(+), 뺄셈(-), 곱셈(*), 나눗셈(/)은 아마도 프로그래밍에 가장 많이 사용되는 연산자들 일 것이다. 여러분들이 이미 알고 있는 것처럼 곱셈(*), 나눗셈(/), 나머지(%) 연산자가 덧셈(+), 뺄셈(-)연산자보다 우선순위가 높으므로 먼저 처리된다.

그리고 피연산자가 정수형인 경우, 나누는 수로 0을 사용할 수 없다. 만일 0으로 나눈다면, 실행 시에 에러가 발생할 것이다.

▼ 예제 3-5/`OperatorEx5.java`

```
class OperatorEx5 {
    public static void main(String args[]) {
        int a = 10;
        int b = 4;

        System.out.printf("%d + %d = %d%n", a, b, a + b);
        System.out.printf("%d - %d = %d%n", a, b, a - b);
        System.out.printf("%d * %d = %d%n", a, b, a * b);
        System.out.printf("%d / %d = %d%n", a, b, a / b);
        System.out.printf("%d / %f = %f%n", a, (float)b, a / (float)b);
    }
}
```

▼ 실행결과
```
10 + 4 = 14
10 - 4 = 6
10 * 4 = 40
10 / 4 = 2
10 / 4.000000 = 2.500000
```

두 변수 a와 b에 각각 10과 4를 저장하여 사칙연산을 수행하고 그 결과를 출력하는 예제이다. 한 가지 눈여겨볼 것은 10을 4로 나눈 결과가 2.5가 아닌 2라는 것이다.

```
 int   int    int
  10 /  4  →   2      // 소수점 이하는 버려진다.
```

나누기 연산자의 두 피연산자가 모두 int타입인 경우, 연산결과 역시 int타입이다. 그래서 실제 연산결과는 2.5일지라도 int타입의 값인 2를 결과로 얻는다. int타입은 소수점을 저장하지 못하므로 정수만 남고 소수점 이하는 버려지기 때문이다. 이 때, 반올림이 발생하지 않는다는 것에 주의하자.

그래서 올바른 연산결과를 얻기 위해서는 두 피연산자 중 어느 한 쪽을 실수형으로 형변환해야 한다. 그래야만 다른 한 쪽도 같이 실수형으로 자동 형변환되어 결국 실수형의 값을 결과로 얻는다.

```
    int  float          float  float         float
    10 / 4.0f    →     10.0f / 4.0f   →      2.5f
```

위의 연산과정을 보면, 두 피연산자의 타입이 일치하지 않으므로 int타입보다 범위가 넓은 float타입으로 일치시킨 후에 연산을 수행하는 것을 알 수 있다. 이제 float타입과 float타입의 연산이므로 연산결과 역시 float타입이다.

```
System.out.println(3/0);    // 실행하면, 오류(ArithmeticException) 발생!!!
System.out.println(3/0.0);  // Infinity가 출력됨
```

그리고 피연산자가 정수형인 경우, 나누는 수로 0을 사용할 수 없다. 만일 0으로 나누면, 컴파일은 정상적으로 되지만 실행 시 오류(ArithmeticException)가 발생한다.

부동 소수점값인 0.0f, 0.0d로 나누는 것은 가능하지만 그 결과는 Infinity(무한대)이다. 나눗셈 연산자 '/'와 나머지 연산자 '%'의 피연산자가 무한대(Infinity) 또는 0.0인 경우의 결과를 표로 정리해 놓았다. 그리 중요한 것은 아니니까 참고만 하자.

| 참고 | NaN은 'Not a Number'를 줄인 것으로, 숫자가 아니라는 뜻이다.

x	y	x / y	x % y
유한수	±0.0	±Infinity	NaN
유한수	±Infinity	±0.0	x
±0.0	±0.0	NaN	NaN
±Infinity	유한수	±Infinity	NaN
±Infinity	±Infinity	NaN	NaN

▲ 표3-6 피연산자가 유한수가 아닌 경우의 연산결과

▼ 예제 3-6/`OperatorEx6.java`

```
class OperatorEx6 {
  public static void main(String[] args) {
    byte a = 10;
    byte b = 20;
    byte c = a + b;      // 컴파일 에러가 발생한다.
                         // 명시적으로 형변환이 필요하다.
    System.out.println(c);   byte c = (byte)(a+b);
  }
}
```

```
▼ 실행결과
OperatorEx6.java:5: error: incompatible types: possible
lossy conversion from int to byte
            byte c = a + b;
                        ^
1 error
```

이 예제를 컴파일하면 위와 같은 에러가 발생한다. 발생한 위치는 5번째 줄이다. a와 b는 모두 int형보다 작은 byte형이기 때문에 연산자 '+'는 이 두 개의 피연산자들의 자료형을 int형으로 변환한 다음 연산(덧셈)을 수행한다.

그래서 'a+b'의 연산결과는 byte형이 아닌 int형(4 byte)인 것이다. 4 byte의 값을 1 byte의 변수에 형변환없이 저장하려고 했기 때문에 에러가 발생하는 것이다.

크기가 작은 자료형의 변수를 큰 자료형의 변수에 저장할 때는 자동으로 형변환(type conversion, casting)되지만, 반대로 큰 자료형의 값을 작은 자료형의 변수에 저장하려면 명시적으로 형변환 연산자를 사용해서 변환해주어야 한다.

예제의 5번째 줄 'byte c = a + b;'를 'byte c = (byte)(a + b);'와 같이 변경해야 컴파일 에러가 발생하지 않는다.

▼ 예제 3-7/OperatorEx7.java

```java
class OperatorEx7 {
    public static void main(String[] args) {
        byte a = 10;
        byte b = 30;
        byte c = (byte)(a * b);
        System.out.println(c);
    }
}
```

▼ 실행결과
```
44
```

이 예제를 실행하면 44가 화면에 출력된다. '10 * 30'의 결과는 300이지만, 형변환(캐스팅, casting)에서 배운 것처럼, 큰 자료형에서 작은 자료형으로 변환하면 데이터의 손실이 발생하므로 값이 바뀔 수 있다. 300은 byte형의 범위를 넘기 때문에 byte형으로 변환하면 데이터 손실이 발생하여 결국 44가 byte형 변수 c에 저장된다.

아래의 표3-7에서 알 수 있듯이 byte형(1 byte)에서 int형(4 byte)으로 변환하는 것은 2진수 8자리에서 32자리로 변환하는 것이기 때문에 자료 손실이 일어나지 않는다. 원래 8자리는 그대로 보존하고 나머지는 모두 0으로 채운다. 음수인 경우에는 부호를 유지하기 위해 0 대신 1로 채운다.

반대로 int형을 byte형으로 변환하는 경우 앞의 24자리를 없애고 하위 8자리(1 byte)만을 보존한다. 저장된 값이 10인 경우 값이 작아서 상위 24자리를 잘라내도 원래 값을 유지하는데 지장이 없지만, byte형의 범위인 '-128~127'의 범위를 넘는 int형의 값을 byte형으로 변환하면, 원래의 값이 보존되지 않고 byte형의 범위 중 한 값을 가지게 된다. 이러한 값 손실을 예방하기 위해서는 충분히 큰 자료형을 사용해야 한다.

변환	2진수	10진수	값손실
byte ↓ int	00001010 00000000000000000000000000001010	10 10	없음
int ↓ byte	00000000000000000000000100101100 00101100	300 44	있음

▲ 표3-7 byte와 int 간의 형변환

▼ 예제 3-8/`OperatorEx8.java`

```java
class OperatorEx8 {
  public static void main(String args[]) {
    int a = 1_000_000;      // 1,000,000   1백만
    int b = 2_000_000;      // 2,000,000   2백만

    long c = a * b;         // a * b = 2,000,000,000,000 ?
    System.out.println(c);
  }
}
```

▼ 실행결과
-1454759936

식 'a * b'의 결과 값을 담는 변수 c의 자료형이 long타입(8 byte)이기 때문에 2×10^{12}을 저장하기에 충분하므로 '2000000000000'이 출력될 것 같지만, 결과는 전혀 다른 값이 출력된다.

그 이유는 int타입과 int타입의 연산결과는 int타입이기 때문이다. 'a * b'의 결과가 이미 int타입의 값(-1454759936)이므로 long형으로 자동 형변환되어도 값은 변하지 않는다.

```
        long c = a * b;
   →    long c = 1000000 * 2000000;
   →    long c = -1454759936;
```

올바른 결과를 얻으려면 아래와 같이 변수 a 또는 b의 타입을 'long'으로 형변환해야 한다.

```
        long c = (long)a * b;
   →    long c = (long)1000000 * 2000000;
   →    long c = 1000000L * 2000000;
   →    long c = 1000000L * 2000000L;
   →    long c = 2000000000000L;
```

▼ 예제 3-9/`OperatorEx9.java`

```java
class OperatorEx9 {
  public static void main(String args[]) {
    long a = 1_000_000 * 1_000_000;
    long b = 1_000_000 * 1_000_000L;

    System.out.println("a="+a);
    System.out.println("b="+b);
  }
}
```

▼ 실행결과
a=-727379968
b=1000000000000

이 예제는 예제3-8과 비슷한 내용의 예제인데, '1000000 * 1000000'의 결과가 10^{12}임에도 불구하고, -727379968이라는 결과가 출력되었다. 그 이유는 int타입과 int타입의 연산결과는 int타입인데, 연산결과가 int타입의 최대값인 약 2×10^9을 넘으므로 오버플로우(overflow)가 발생했기 때문이다. 이미 오버플로우가 발생한 값을 아무리 long타입의 변수에 저장을 해도 소용이 없다.

```
         int      int          int
       1000000 * 1000000  →  -727379968     오버플로우 발생!!!

    int       long         long        long           long
  1000000  *  1000000L  →  1000000L  *  1000000L  →  1000000000000L
```

그러나 '1000000 * 1000000L'은 int타입과 long타입의 연산이기 때문에 그 결과가 long 타입이다. long타입은 연산결과인 10^{12}을 저장할 수 있는 타입이므로 올바른 결과를 얻을 수 있다.

▼ 예제 3-10/OperatorEx10.java

```java
class OperatorEx10 {
    public static void main(String args[]) {
        int a = 1000000;

        int result1 = a * a / a;      // 1000000 * 1000000 / 1000000
        int result2 = a / a * a;      // 1000000 / 1000000 * 1000000

        System.out.printf("%d * %d / %d = %d%n", a, a, a, result1);
        System.out.printf("%d / %d * %d = %d%n", a, a, a, result2);
    }
}
```

▼ 실행결과

```
1000000 * 1000000 / 1000000 = -727
1000000 / 1000000 * 1000000 = 1000000
```

1,000,000에 1,000,000을 먼저 곱한 후에 나누는 것과 먼저 나눈 후에 곱하는 것의 연산 결과가 다르다는 것을 알 수 있다. 먼저 곱하는 경우 int의 범위를 넘어서기 때문에 예상했던 것과 다른 결과가 나왔다.

```
           1000000 * 1000000 / 1000000
        →  -727379968 / 1000000            오버플로우 발생!!!
        →  -727

           1000000 / 1000000 * 1000000
        →  1 * 1000000
        →  1000000
```

이처럼 같은 의미의 식이라도 연산의 순서에 따라서 다른 결과를 얻을 수 있다는 것에 주의하자.

▼ 예제 3-11/`OperatorEx11.java`

```java
class OperatorEx11 {
    public static void main(String args[]) {
        char a = 'a';
        char d = 'd';
        char zero = '0';
        char two  = '2';

        System.out.printf("'%c' - '%c' = %d%n", d, a, d - a); // 'd'-'a'=3
        System.out.printf("'%c' - '%c' = %d%n", two, zero, two - zero);
        System.out.printf("'%c'=%d%n", a, (int)a);
        System.out.printf("'%c'=%d%n", d, (int)d);
        System.out.printf("'%c'=%d%n", zero, (int)zero);
        System.out.printf("'%c'=%d%n", two,  (int)two);
    }
}
```

▼ 실행결과
```
'd' - 'a' = 3
'2' - '0' = 2
'a'=97
'd'=100
'0'=48
'2'=50
```

사칙연산의 피연산자로 숫자뿐만 아니라 문자도 가능하다. 문자는 실제로 해당 문자의 유니코드(부호없는 정수)로 바뀌어 저장되므로 문자간의 사칙연산은 정수간의 연산과 동일하다. 주로 문자간의 뺄셈을 하는 경우가 대부분이며, 문자 '2'를 숫자로 변환하려면 다음과 같이 문자 '0'을 빼주면 된다.

$$'2' - '0' \rightarrow 50 - 48 \rightarrow 2$$

문자 '2'의 유니코드는 50이고, 문자 '0'은 48이므로, 두 문자간의 뺄셈은 2를 결과로 얻는다. 아래의 표는 유니코드의 일부인데, '0'~'9'까지의 문자가 연속적으로 배치되어 있는 것을 알 수 있다. 그렇기 때문에 해당 문자에서 '0'을 빼주면 숫자로 변환되는 것이다.

문자	코드	문자	코드	문자	코드
0	48	A	65	a	97
1	49	B	66	b	98
2	50	C	67	c	99
3	51	D	68	d	100
4	52	E	69	e	101
5	53	...	...	...	...
6	54	W	87	w	119
7	55	X	88	x	120
8	56	Y	89	y	121
9	57	Z	90	z	122

▲ 표3-8 숫자와 영문자의 유니코드

'A'~'Z'와 'a'~'z' 역시 연속적으로 배치되어 있기 때문에, 문자 'd'에서 문자 'a'를 빼면 다음과 같이 처리된다.

$$'d' - 'a' \rightarrow 100 - 97 \rightarrow 3$$

▼ 예제 3-12/**OperatorEx12.java**

```java
class OperatorEx12 {
    public static void main(String[] args) {
        char c1 = 'a';          // c1에는 문자 'a'의 코드값인 97이 저장된다.
        char c2 = c1;           // c1에 저장되어 있는 값이 c2에 저장된다.
        char c3 =' ';           // c3를 공백으로 초기화 한다.

        int i = c1 + 1;         // 'a'+1 → 97+1 → 98
        c3 = (char)(c1 + 1);
        c2++;
        c2++;

        System.out.println("i=" + i);
        System.out.println("c2=" + c2);
        System.out.println("c3=" + c3);
    }
}
```

> 덧셈연산 c1+1의 결과가 int이므로 이 결과를 char형 변수 c3에 담기 위해서는 char형으로의 형변환이 필요하다.

▼ 실행결과
```
i=98
c2=c
c3=b
```

'c1+1'을 계산할 때, c1이 char형이므로 int형으로 변환한 후 덧셈연산을 수행하게 된다. c1에 저장되어 있는 코드값이 변환되어 int형 값이 되는 것이다. 따라서 'c1+1'은 '97+1'이 되고 결과적으로 int형 변수 i에는 98이 저장된다.

'c2++'은 형변환없이 c2에 저장되어 있는 값을 1 증가시키므로, 예제에서는 원래 저장되어 있던 값인 97이 1씩 두 번 증가되어 99가 된다. 코드값이 10진수로 99인 문자는 'c'이다. 따라서 c2를 출력하면, 'c'가 화면에 나타나는 것이다.

| 참고 | c2++;대신에 c2=c2+1;을 사용하면 에러가 발생할 것이다. c2+1의 연산결과는 int형이며, 그 결과를 다시 c2에 담으려면 형변환 연산자를 사용하여 char형으로 형변환해야 하기 때문이다.

▼ 예제 3-13/**OperatorEx13.java**

```java
class OperatorEx13 {
    public static void main(String[] args) {
        char c1 = 'a';
//      char c2 =  c1+1;        // 라인 5 : 컴파일 에러발생!!!
        char c2 = 'a'+1;        // 라인 6 : 컴파일 에러없음

        System.out.println(c2);
    }
}
```

▼ 실행결과
```
b
```

이 예제를 컴파일 하면 오류가 발생하지 않고 실행도 올바른 결과를 얻는다. 덧셈 연산자와 같은 이항 연산자는 int보다 작은 타입의 피연산자를 int로 자동 형변환한다고 배웠는데, 어째서 아래의 코드처럼 형변환을 해주지 않고도 문제가 없는 것일까?

$$\text{char c2 = (char)('a'+1);}$$

그것은 바로 'a'+1이 리터럴 간의 연산이기 때문이다. 상수 또는 리터럴 간의 연산은 실행 과정동안 변하는 값이 아니기 때문에, 컴파일 시에 컴파일러가 계산해서 그 결과로 대체함으로써 코드를 보다 효율적으로 만든다.

표3-9에서 알 수 있듯이 컴파일러가 미리 덧셈연산을 수행하기 때문에 실행 시에는 덧셈 연산이 수행되지 않는다. 그저 덧셈연산결과인 문자 'b'를 변수 c2에 저장할 뿐이다.

컴파일 전의 코드	컴파일 후의 코드
char c2 = 'a'+1; int sec = 60 * 60 * 24;	char c2 = 'b'; int sec = 86400;

▲ 표3-9 컴파일러에 의해서 최적화된 코드의 비교

그러나 라인 5와 같이 수식에 변수가 들어가 있는 경우에는 컴파일러가 미리 계산을 할 수 없기 때문에 아래의 오른쪽 코드와 같이 형변환을 해주어야 한다. 그렇지 않으면 컴파일 에러가 발생한다.

```
char c2 = c1 + 1;          →          char c2 = (char)(c1+1);
```

일부러 뻔 한 리터럴 연산을 풀어쓸 필요는 없지만, 코드의 가독성과 유지보수를 위해서 그렇게 하는 경우가 있다. 표3-9에서 int타입의 변수 sec에 하루(day)를 초(秒, second) 단위로 변환한 값을 저장하는 코드를 보면, '86400'이라는 값보다는 '60*60*24'와 같이 적어주는 것이 이해하기도 쉽고 오류가 발생할 여지가 적다. 나중에 반나절(12시간)로 값을 변경해야한다면 계산할 필요없이 '60*60*12'로 변경하면 되기 때문이다. 이렇게 풀어 써도 결국 컴파일러에 의해서 미리 계산되기 때문에 실행 시의 성능차이는 없다.

▼ 예제 3-14/OperatorEx14.java

```java
class OperatorEx14 {
    public static void main(String[] args) {
        char c = 'a';
        for(int i=0; i<26; i++) {      // 블럭{} 안의 문장을 26번을 반복한다.
            System.out.print(c++);      //'a'부터 26개의 문자를 출력한다.
        }
        System.out.println(); // 줄바꿈을 한다.

        c = 'A';
        for(int i=0; i<26; i++) {      // 블럭{} 안의 문장을 26번을 반복한다.
            System.out.print(c++);      //'A'부터 26개의 문자를 출력한다.
        }
        System.out.println();

        c='0';
        for(int i=0; i<10; i++) {      // 블럭{} 안의 문장을 10번을 반복한다.
            System.out.print(c++);      //'0'부터 10개의 문자를 출력한다.
```

```
        }
        System.out.println();
    }
}
```

▼ 실행결과
```
abcdefghijklmnopqrstuvwxyz
ABCDEFGHIJKLMNOPQRSTUVWXYZ
0123456789
```

| 참고 | println메서드는 값을 출력하고 줄을 바꾸지만, print메서드는 줄을 바꾸지 않고 출력한다. 매개변수없이 println메서드를 호출하면, 아무 것도 출력하지 않고 단순히 줄을 바꾸고 다음 줄의 처음으로 출력위치를 이동시킨다.

위의 예제를 실행하면, 문자 a부터 시작해서 26개의 문자를 출력하고, 또 문자 A부터 시작해서 26개의 문자, 0부터 9까지 10개의 문자를 출력한다. 소문자 a부터 z까지, 그리고 대문자 A부터 Z까지, 숫자 0부터 9까지 연속적으로 코드가 지정되어 있기 때문에 이런 결과가 나타난다.

문자 a의 코드값은 10진수로 97, b의 코드값은 98, c의 코드값은 99, ... , z의 코드값은 122이며, 문자 A의 코드값은 10진수로 65, B의 코드값은 66, C의 코드값은 67, ... , Z의 코드값은 90이다. 그리고 문자 0의 코드값은 10진수로 48이다.

이 사실을 이용하면 대문자를 소문자로 소문자를 대문자로 변환하는 프로그램을 작성할 수 있다.

| 참고 | 대문자와 소문자 간의 코드값 차이는 10진수로 32이다.

▼ 예제 3-15/**OperatorEx15.java**

```
class OperatorEx15 {
    public static void main(String[] args) {
        char lowerCase = 'a';
        char upperCase = (char)(lowerCase - 32);
        System.out.println(upperCase);
    }
}
```

▼ 실행결과
```
A
```

소문자를 대문자로 변경하려면, 대문자 A가 소문자 a보다 코드값이 32가 적으므로 소문자 a의 코드값에서 32를 빼면 되고, 반대로 대문자를 소문자로 변환하려면 대문자의 코드값에 32를 더해주면 된다.

| 참고 | char형과 int형 간의 뺄셈연산 결과는 int형이므로, 연산 후 char형으로 다시 형변환해야 한다는 것을 잊지 말자.

▼ 예제 3-16/**OperatorEx16.java**

```
class OperatorEx16 {
    public static void main(String[] args) {
        float pi = 3.141592f;
        float shortPi = (int)(pi * 1000) / 1000f;
        System.out.println(shortPi);
    }
}
```

▼ 실행결과
```
3.141
```

int형 간의 나눗셈 'int / int'를 수행하면 결과가 float나 double이 아닌 int임에 주의하라. 그리고 나눗셈의 결과를 반올림을 하는 것이 아니라 버린다는 점도 꼭 기억하자. 예를 들어 '3 / 2'의 결과는 1.5 또는 2가 아니라 1이다.

이 예제는 나눗셈 연산자의 이러한 성질을 이용해서 실수형 변수 pi의 값을 소수점 셋째 자리까지만 빼내는 방법을 보여 준다.

    (int)(pi * 1000) / 1000f;

위의 수식에서 제일 먼저 수행되는 것은 괄호 안의 'pi * 1000'이다. pi가 float이고 1000이 정수형이니까 연산의 결과는 float인 3141.592f가 된다.

    (int)(3141.592f) / 1000f;

그 다음으로는 단항연산자인 형변환 연산자의 형변환이 수행된다. 3141.592f를 int로 변환하면 3141을 얻는다. 소수점 이하는 반올림 없이 버려진다.

    3141 / 1000f;

int와 float의 연산이므로, int가 float로 변환된 다음, float와 float의 연산이 수행된다.

    3141.0f / 1000f → 3.141f

float와 float의 나눗셈이므로 결과는 float인 3.141f가 된다.

| 참고 | 1000f는 1000.0f와 같다.

그렇다면 버림이 아닌 반올림이 되도록 하려면 어떻게 해야 할까? 다음 예제가 그 방법을 알려준다.

▼ 예제 3-17/`OperatorEx17.java`

```
class OperatorEx17 {
  public static void main(String args[]) {
    double pi = 3.141592;
    double shortPi = (int)(pi * 1000 + 0.5) / 1000.0;

    System.out.println(shortPi);
  }
}
```

▼ 실행결과
3.142

이 예제는 소수점 넷째자리에서 반올림하는 방법을 보여준다. 이전 예제와 다른 점은 반올림을 위해 0.5를 더해 준다는 것이다.

    (int)(pi * 1000 + **0.5**) / 1000.0

위의 수식에서 제일 먼저 수행되는 것은 괄호 안의 'pi * 1000'이다. pi가 double이고 1000이 정수형이니까 연산의 결과는 double인 3141.592가 된다. 그리고 여기에 0.5를 더하면 3142.092가 된다.

```
  (int)(3141.592 + 0.5) / 1000.0
→ (int)(3142.092) / 1000.0
```

그 다음엔 형변환 연산자에 의해서 형변환되어 3142.092가 3142가 된다.

```
  3142 / 1000.0
```

int와 double의 연산이므로, int가 double로 변환된 다음, double과 double의 연산이 수행된다.

```
  3142.0 / 1000.0 → 3.142
```

double과 double의 나눗셈이므로 결과는 double인 3.142가 된다. 만일 1000.0이 아닌 1000으로 나누었다면, 3.142가 아닌 3을 결과로 얻었을 것이다.

Math.round( )를 사용하면 좀 더 간단히 반올림할 수 있다. 다음의 예제는 이 메서드의 사용법을 알려준다.

▼ 예제 3-18/**OperatorEx18.java**

```java
class OperatorEx18 {
  public static void main(String args[]) {
    double pi = 3.141592;
    double shortPi = Math.round(pi * 1000) / 1000.0;
    System.out.println(shortPi);
  }
}
```

▼ 실행결과
3.142

이 예제의 결과는 pi의 값을 소수점 넷째 자리인 5에서 반올림을 해서 3.142가 출력되었다. round메서드는 매개변수로 받은 값을 소수점 첫째자리에서 반올림을 하고 그 결과를 정수로 돌려주는 메서드이다. 그래서 Math.round(3141.592)의 결과는 3142이다.

```
   Math.round(pi * 1000) / 1000.0
→  Math.round(3.141592 * 1000) / 1000.0
→  Math.round(3141.592) / 1000.0
→  3142 / 1000.0
→  3.142
```

3.2 나머지 연산자 %

나머지 연산자는 왼쪽의 피연산자를 오른쪽 피연산자로 나누고 난 나머지 값을 결과로 반환하는 연산자이다. 그리고 나눗셈에서처럼 나누는 수(오른쪽 피연산자)로 0을 사용할 수 없다는 점에 주의하자. 나머지 연산자는 주로 짝수, 홀수 또는 배수 검사 등에 주로 사용된다.

▼ 예제 3-19/`OperatorEx19.java`

```java
class OperatorEx19 {
  public static void main(String args[]) {
    int x = 10;
    int y = 8;

    System.out.printf("%d을 %d로 나누면, %n", x, y);
    System.out.printf("몫은 %d이고, 나머지는 %d입니다.%n", x / y, x % y);
  }
}
```

▼ 실행결과

```
10을 8로 나누면,
몫은 1이고, 나머지는 2입니다.
```

나눗셈 연산자와 나머지 연산자를 이용해서 몫과 나머지를 구하는 예제이다. 간단한 예제라서 따로 설명하지 않아도 이해하는 데 어려움이 없을 것이다.

▼ 예제 3-20/`OperatorEx20.java`

```java
class OperatorEx20 {
  public static void main(String[] args) {
    System.out.println(-10%8);
    System.out.println(10%-8);
    System.out.println(-10%-8);
  }
}
```

▼ 실행결과

```
-2
2
-2
```

나머지 연산자(%)는 나누는 수로 음수도 허용한다. 그러나 부호는 무시되므로 결과는 음수의 절대값으로 나눈 나머지와 결과가 같다.

```
System.out.println(10% 8);   // 10을 8로 나눈 나머지 2가 출력된다.
System.out.println(10%-8);   // 위와 같은 결과를 얻는다.
```

그냥 피연산자의 부호를 모두 무시하고, 나머지 연산을 한 결과에 왼쪽 피연산자(나눠지는 수)의 부호를 붙이면 된다.

4. 비교 연산자

비교 연산자는 두 피연산자를 비교하는 데 사용되는 연산자다. 주로 조건문과 반복문의 조건식에 사용되며, 연산결과는 오직 true와 false 둘 중의 하나이다.

비교 연산자 역시 이항 연산자이므로 비교하는 피연산자의 타입이 서로 다를 경우에는 자료형의 범위가 큰 쪽으로 자동 형변환하여 피연산자의 타입을 일치시킨 후에 비교한다는 점에 주의하자.

4.1 대소비교 연산자 〈 〉 〈= 〉=

두 피연산자의 값의 크기를 비교하는 연산자이다. 참이면 true를, 거짓이면 false를 결과로 반환한다. 기본형 중에서는 boolean형을 제외한 나머지 자료형에 다 사용할 수 있지만 참조형에는 사용할 수 없다.

비교연산자	연산결과
〉	좌변 값이 **크면**, true 아니면 false
〈	좌변 값이 **작으면**, true 아니면 false
〉=	좌변 값이 **크거나 같으면**, true 아니면 false
〈=	좌변 값이 **작거나 같으면**, true 아니면 false

▲ 표3-10 대소비교 연산자의 종류와 연산결과

4.2 등가비교 연산자 == !=

두 피연산자의 값이 같은지 또는 다른지를 비교하는 연산자이다. 대소비교 연산자(〈,〉, 〈=, 〉=)와는 달리, 기본형은 물론 참조형, 즉 모든 자료형에 사용할 수 있다. 기본형의 경우 변수에 저장되어 있는 값이 같은지를 알 수 있고, 참조형의 경우 객체의 주소값을 저장하기 때문에 두 개의 피연산자(참조변수)가 같은 객체를 가리키고 있는지를 알 수 있다.

기본형과 참조형은 서로 형변환이 가능하지 않기 때문에 등가비교 연산자(==,!=)로 기본형과 참조형을 비교할 수 없다.

비교연산자	연산결과
==	두 값이 **같으면**, true 아니면 false
!=	두 값이 **다르면**, true 아니면 false

▲ 표3-11 등가비교 연산자의 종류와 연산결과

비교연산자는 수학기호와 유사한 기호와 의미를 가지고 있으므로 이해하는데 별 어려움이 없을 것이다. 한 가지 다른 점은 '두 값이 같다'는 의미로 '='가 아닌 '=='를 사용한다는 것인데, '='는 이미 배운 것과 같이 변수에 값을 저장할 때 사용하는 '대입연산자'이기 때문에 '=='로 두 값이 같은지 비교하는 연산자를 표현한다.

| 주의 | '〉='와 같이 두 개의 기호로 이루어진 연산자는 '=〉'와 같이 기호의 순서를 바꾸거나 '〉 ='와 같이 중간에 공백이 들어가면 안 된다.

▼ 예제 3-21/**OperatorEx21.java**

```
class OperatorEx21 {
  public static void main(String args[]) {
    System.out.printf("10 == 10.0f  \t %b%n", 10==10.0f);
    System.out.printf("'0'== 0      \t %b%n", '0'== 0);
    System.out.printf("'A'== 65     \t %b%n", 'A'== 65);
    System.out.printf("'A' > 'B'    \t %b%n", 'A' > 'B');
    System.out.printf("'A'+1 != 'B' \t %b%n", 'A'+1 != 'B');
  }
}
```

▼ 실행결과
```
10 == 10.0f     true
'0'== 0         false
'A'== 65        true
'A' > 'B'       false
'A'+1 != 'B'    fals
```

비교 연산자도 이항 연산자이므로 연산을 수행하기 전에 형변환을 통해 두 피연산자의 타입을 같게 맞춘 다음 피연산자를 비교한다. 10==10.0f에서 10은 int타입이고 10.0f는 float타입이므로, 10을 float로 변환한 다음에 비교한다. 두 값이 10.0f로 같으므로 결과로 true를 얻게 된다.

```
    10    == 10.0f
→ 10.0f == 10.0f
→ true
```

문자 'A'의 유니코드는 10진수로 65이고, 'B'는 66, '0'은 48이므로 나머지 식들은 다음과 같은 과정으로 연산된다.

```
'0'   == 0   →  48 == 0    → false
'A'   == 65  →  65 == 65   → true
'A' > 'B'    →  65 > 66    → false
'A'+1 != 'B' → 65+1 != 66  → 66 != 66 → false
```

▼ 예제 3-22/**OperatorEx22.java**

```
class OperatorEx22 {
  public static void main(String args[]) {
    float  f  = 0.1f;
    double d  = 0.1;
    double d2 = (double)f;

    System.out.printf("10.0==10.0f  %b%n", 10.0==10.0f);
    System.out.printf("0.1==0.1f    %b%n", 0.1==0.1f);
    System.out.printf("f =%19.17f%n", f);
    System.out.printf("d =%19.17f%n", d);
    System.out.printf("d2=%19.17f%n", d2);
```

```
        System.out.printf("d==f     %b%n", d==f);
        System.out.printf("d==d2    %b%n", d==d2);
        System.out.printf("d2==f    %b%n", d2==f);
        System.out.printf("(float)d==f  %b%n",
                                    (float)d==f);
    }
}
```

▼ 실행결과
```
10.0==10.0f  true
0.1==0.1f    false
f =0.10000000149011612
d =0.10000000000000000
d2=0.10000000149011612
d==f   false
d==d2  false
d2==f  true
(float)d==f  true
```

이 예제의 결과를 보고 다소 혼란스러울 것이다. '10.0==10.0f'는 true인데 '0.1==0.1f'는 false라니 이해하기 어렵다. 왜 이런 결과를 얻는 것일까? 그것은 정수형과 달리 실수형은 근사값으로 저장되므로 오차가 발생할 수 있기 때문이다.

  10.0f는 오차없이 저장할 수 있는 값이라서 double로 형변환해도 그대로 10.0이 되지만, 0.1f는 저장할 때 2진수로 변환하는 과정에서 오차가 발생한다. double타입의 상수인 0.1도 저장되는 과정에서 오차가 발생하지만, float타입의 리터럴인 0.1f보다 적은 오차로 저장된다.

```
float  f = 0.1f;   // f에 0.10000000149011612로 저장된다.
double d = 0.1;    // d에 0.10000000000000001로 저장된다.
```

이미 앞서 배운 것처럼 float타입의 값을 double타입으로 형변환하면, 부호와 지수는 달라지지 않고 그저 가수의 빈자리를 0으로 채울 뿐이므로 0.1f를 double타입으로 형변환해도 그 값은 전혀 달라지지 않는다. 즉, float타입의 값을 정밀도가 더 높은 double타입으로 형변환했다고 해서 오차가 적어지는 것이 아니라는 얘기다.

| 참고 | 그림3-3에서 지수부의 값도 달라진 것처럼 보이지만, float타입과 double타입의 기저(bias)의 차이에 의한 것일 뿐 달라지지 않았다.

```
0 | 01111011 | 10011001100110011001101
                     ↓
0 | 00011111111011 | 10011001100110011001101000000000000000000000000000000
```

▲ 그림3-3 float타입의 값을 double타입으로 변환

그래서 식 'd==f'가 연산되는 과정을 단계별로 살펴보면 다음과 같다. 최종결과는 false이다. 변수 f를 double타입으로 형변환해도 값이 변하지 않았음에 주목하자.

```
        d == f
    →   d ==(double)f
    →   0.10000000000000001 == (double)0.10000000149011612
    →   0.10000000000000001 == 0.10000000149011612
    →   false
```

마찬가지로 변수 d2에 변수 f의 값을 double로 형변환해서 저장해도, 직전에 설명한 것과 같이 f의 값이 그대로 d2에 저장된다. 그래서 'd2==f'의 결과가 true가 되는 것이다.

```
        double d2 = (double)f;
    →   double d2 = (double)0.10000000149011612;
    →   double d2 = 0.10000000149011612;

        d2 == f
    →   0.10000000149011612 == 0.10000000149011612
    →   true
```

그러면 float타입의 값과 double타입의 값을 비교하려면 어떻게 해야 하는 걸까? double타입의 값을 float타입으로 형변환한 다음에 비교해야 한다. 그래야만 올바른 결과를 얻을 수 있다. 또는, 어느 정도의 오차는 무시하고 두 타입의 값을 앞에서 몇 자리만 잘라서 비교할 수도 있다.

```
        (float)d == f
    →   (float)0.10000000000000001 == 0.10000000149011612
    →   0.10000000149011612 == 0.10000000149011612
    →   true
```

문자열의 비교

두 문자열을 비교할 때는, 비교 연산자 '=='대신 equals( )라는 메서드를 사용해야 한다. 비교 연산자는 두 문자열이 완전히 같은 것인지 비교할 뿐이므로, 문자열의 내용이 같은지 비교하기 위해서는 equals( )를 사용하는 것이다. equals( )는 비교하는 두 문자열이 같으면 true를, 다르면 false를 반환한다.

```
String str = new String("abc");

// equals( )는 두 문자열의 내용이 같으면 true, 다르면 false
boolean result = str.equals("abc"); // 내용이 같으므로 result에 true가 저장됨
```

원래 String은 클래스이므로, 아래와 같이 new를 사용해서 객체를 생성해야한다.

```
        String str = new String("abc");  // String클래스의 객체를 생성
        String str = "abc";              // 위의 문장을 간단히 표현
```

그러나 특별히 String만 new를 사용하지 않고, 위와 같이 간단히 쓸 수 있게 허용한다. 위 두 문장은 거의 같지만, 한 가지 차이점이 있는데, 이에 대해서는 '9장 java.lang패키지와 유용한 클래스'에서 설명한다. 지금은 문자열을 비교할 때 비교 연산자가 아니라 equals( )를 사용해야한다는 것만 알면 된다.

▼ 예제 3-23/`OperatorEx23.java`

```java
class OperatorEx23 {
    public static void main(String[] args) {
        String str1 = "abc";
        String str2 = new String("abc");

        System.out.printf("\"abc\"==\"abc\" ? %b%n", "abc"=="abc");
        System.out.printf(" str1==\"abc\" ? %b%n",    str1=="abc");
        System.out.printf(" str2==\"abc\" ? %b%n",    str2=="abc");
        System.out.printf("str1.equals(\"abc\") ? %b%n",
                                                   str1.equals("abc"));
        System.out.printf("str2.equals(\"abc\") ? %b%n",
                                                   str2.equals("abc"));
        System.out.printf("str2.equals(\"ABC\") ? %b%n",
                                                   str2.equals("ABC"));
        System.out.printf("str2.equalsIgnoreCase(\"ABC\") ? %b%n",
                                          str2.equalsIgnoreCase("ABC"));
    }
}
```

▼ 실행결과

```
"abc"=="abc" ? true
 str1=="abc" ? true
 str2=="abc" ? false
str1.equals("abc") ? true
str2.equals("abc") ? true
str2.equals("ABC") ? false
str2.equalsIgnoreCase("ABC") ? true
```

str2와 "abc"의 내용이 같은데도 '=='로 비교하면, false를 결과로 얻는다. 내용은 같지만 서로 다른 객체라서 그렇다. 그러나 equals()는 객체가 달라도 내용이 같으면 true를 반환한다. 그래서 문자열을 비교할 때는 항상 equals()를 사용해야 한다는 것을 기억하자.

만일 대소문자를 구별하지 않고 비교하고 싶으면, equals()대신 equalsIgnoreCase()를 사용하면 된다.

5. 논리 연산자

'x가 4보다 작다'라는 조건은 비교연산자를 써서 'x < 4'와 같이 표현할 수 있다. 그러면, x가 4보다 작거나 또는 10보다 크다'와 같이 두 개의 조건이 결합된 경우는 어떻게 표현해야 할까? 이 때 사용하는 것이 '논리 연산자'이다. 논리 연산자는 둘 이상의 조건을 '그리고(AND)'나 '또는(OR)'으로 연결하여 하나의 식으로 표현할 수 있게 해준다.

5.1 논리 연산자 - &&, ||, !

논리 연산자 '&&'는 우리말로 '그리고(AND)'에 해당하며, 두 피연산자가 모두 true일 때만 true를 결과로 얻는다. '||'는 '또는(OR)'에 해당하며, 두 피연산자 중 어느 한 쪽만 true이어도 true를 결과로 얻는다. 그리고 논리 연산자는 피연산자로 boolean형 또는 boolean형 값을 결과로 하는 조건식만을 허용한다.

> || (OR결합) 피연산자 중 어느 한 쪽만 true이면 true를 결과로 얻는다.
> && (AND결합) 피연산자 양쪽 모두 true이어야 true를 결과로 얻는다.

| 참고 | '|'는 한글 키보드에서 Enter키의 바로 위에 있다.

논리 연산자의 피연산자가 '참(true)인 경우'와 '거짓(false)인 경우'의 연산결과를 표로 나타내면 다음과 같다.

x	y	x || y	x && y
true	true	true	true
true	false	true	false
false	true	true	false
false	false	false	false

▲ 표3-12 논리 연산자의 연산결과

이제 자주 사용될만한 몇 가지 예를 통해서 논리연산자가 실제로 어떻게 사용되고, 주의해야 할 점은 어떤 것들이 있는지 살펴보자.

① x는 10보다 크고, 20보다 작다.
'x > 10'와 'x < 20'가 '그리고(and)'로 연결된 조건이므로 다음과 같이 쓸 수 있다.

```
x > 10 && x < 20
```

'x > 10'는 '10 < x'와 같으므로 다음과 같이 쓸 수도 있다. 보통은 변수를 왼쪽에 쓰지만 이런 경우 가독성측면에서 보면 아래의 식이 더 나을 수 있다.

```
10 < x && x < 20
```

그렇다고 해서 위의 식에서 논리연산자를 생략하고 '10 < x < 20'과 같이 표현하는 것은 허용되지 않는다.

② i는 2의 배수 또는 3의 배수이다.
어떤 수가 2의 배수라는 얘기는 2로 나누었을 때 나머지가 0이라는 뜻이다. 그래서 나머지연산의 결과가 0인지 확인하면 된다. '또는'으로 두 조건이 연결되었으므로 논리 연산자 '||'(OR)를 사용해야 한다.

```
i%2 == 0 || i%3 == 0
```

i의 값이 8일 때, 위의 식은 다음과 같은 과정으로 연산된다.

```
    i%2 == 0 || i%3 == 0
→   8%2 == 0 || 8%3 == 0
→     0 == 0 || 2 == 0
→      true  || false
→           true
```

③ i는 2의 배수 또는 3의 배수지만 6의 배수는 아니다.
이전 조건에 6의 배수를 제외하는 조건이 더 붙었다. 6의 배수가 아니어야 한다는 조건은 'i%6!=0'이고, 이 조건을 '&&(AND)'로 연결해야 한다.

```
( i%2==0 || i%3==0 ) && i%6!=0
```

위의 식에 괄호를 사용한 이유는 '&&'가 '||'보다 우선순위가 높기 때문이다. 만일 괄호를 사용하지 않으면 '&&'를 먼저 연산한다. 다음의 두 식은 동일하다.

```
i%2==0 ||  i%3==0 && i%6!=0
i%2==0 || (i%3==0 && i%6!=0)
```

이처럼 하나의 식에 '&&'와 '||'가 같이 포함된 경우, '&&'가 먼저 연산되어야하는 경우라도 괄호를 사용해서 우선순위를 명확히 해주는 것이 좋다.

④ 문자 ch는 숫자('0'~'9')이다.
사용자로부터 입력된 문자가 숫자('0'~'9')인지 확인하는 식은 다음과 같이 쓸 수 있다.

```
'0' <= ch && ch <= '9'
```

유니코드에서 문자 '0'부터 '9'까지 연속적으로 배치되어 있기 때문에 가능한 식이다. 문자 '0'부터 '9'까지 유니코드는 10진수로 다음과 같다.

문자	'0'	'1'	'2'	'3'	'4'	'5'	'6'	'7'	'8'	'9'
문자코드	48	49	50	51	52	53	54	55	56	57

그래서 ch의 값이 '5'인 경우 위의 식은 다음과 같은 과정으로 연산된다.

```
        '0' <= ch   &&   ch <= '9'
   →    '0' <= '5' && '5' <= '9'
   →     48 <= 53  && 53 <= 57
   →        true   &&   true
   →              true
```

⑤ 문자 ch는 대문자 또는 소문자이다.

④의 경우와 마찬가지로 문자 'a'부터 'z'까지, 그리고 'A'부터 'Z'까지도 연속적으로 배치되어 있으므로 문자 ch가 대문자 또는 소문자'인지 확인하는 식은 다음과 같이 쓸 수 있다.

```
        ('a' <= ch && ch <= 'z') || ('A' <= ch && ch <= 'Z')
```

이제 예제를 통해서 직접 확인해보자.

▼ 예제 3-24/`OperatorEx24.java`

```java
class OperatorEx24 {
  public static void main(String args[]) {
    int  x  = 0;
    char ch = ' ';

    x = 15;
    System.out.printf("x=%2d, 10 < x && x < 20 =%b%n", x,
                                              10 < x && x < 20);
    x = 6;
    System.out.printf("x=%2d,  x%%2==0 || x%%3==0  && x%%6!=0 =%b%n",
                              x, x%2==0||x%3==0&&x%6!=0);
    System.out.printf("x=%2d, (x%%2==0 || x%%3==0) && x%%6!=0 =%b%n",
                              x, (x%2==0||x%3==0)&&x%6!=0);
    ch='1';
    System.out.printf("ch='%c', '0' <= ch && ch <= '9' =%b%n", ch,
                                         '0' <= ch && ch <='9');
    ch='a';
    System.out.printf("ch='%c', 'a' <= ch && ch <= 'z' =%b%n", ch,
                                         'a' <= ch && ch <='z');
    ch='A';
    System.out.printf("ch='%c', 'A' <= ch && ch <= 'Z' =%b%n", ch,
                                         'A' <= ch && ch <='Z');
    ch='q';
    System.out.printf("ch='%c', ch=='q' || ch=='Q' =%b%n", ch,
                                         ch=='q' || ch=='Q');
  }
}
```

▼ 실행결과

```
x=15, 10 < x && x < 20 =true
x= 6,  x%2==0 || x%3==0  && x%6!=0 =true
x= 6, (x%2==0 || x%3==0) && x%6!=0 =false
ch='1', '0' <= ch && ch <= '9' =true
ch='a', 'a' <= ch && ch <= 'z' =true
ch='A', 'A' <= ch && ch <= 'Z' =true
ch='q', ch=='q' || ch=='Q' =true
```

지금까지 논리 연산자에 대해 배운 내용들을 확인할 수 있는 간단한 예제이다. 변수의 값과 조건식을 다양하게 변경해가면서 실행하여, 결과가 예측과 일치하는지 확인해 보자.

▼ 예제 3-25/OperatorEx25.java

```java
import java.util.*;   // Scanner클래스를 사용하기 위해 추가

class OperatorEx25 {
    public static void main(String args[]) {
        Scanner scanner = new Scanner(System.in);
        char ch = ' ';

        System.out.print("문자를 하나 입력하세요.>");

        String input = scanner.nextLine();
        ch = input.charAt(0);

        if('0'<= ch && ch <= '9') {
            System.out.println("입력하신 문자는 숫자입니다.");
        }

        if(('a'<= ch && ch <= 'z') || ('A'<= ch && ch <= 'Z')) {
            System.out.println("입력하신 문자는 영문자입니다.");
        }
    } // main
}
```

▼ 실행결과 1
문자를 하나 입력하세요.>7
입력하신 문자는 숫자입니다.

▼ 실행결과 2
문자를 하나 입력하세요.>a
입력하신 문자는 영문자입니다.

이 예제는 사용자로부터 하나의 문자를 입력받아서 숫자인지 영문자인지 확인한다. 조건문 if는 괄호()안의 연산결과가 참인 경우 블럭{}내의 문장을 수행한다. 그래서 아래의 코드는 '0'<=ch && ch <='9'가 참일 때, 화면에 '입력하신 문자는 숫자입니다.'라고 출력한다.

```
if('0'<= ch && ch <= '9') {
    System.out.printf("입력하신 문자는 숫자입니다.");
}
```

조건문 if에 대해서는 다음 장에서 자세히 배울 것이므로 가볍게 보고 넘어가자.

효율적인 연산(short circuit evaluation)

논리 연산자의 또 다른 특징은 효율적인 연산을 한다는 것이다. OR연산 '||'의 경우, 두 피연산자 중 어느 한 쪽만 '참'이어도 전체 연산결과가 '참'이므로 좌측 피연산자가 'true(참)' 이면, 우측 피연산자의 값은 평가하지 않는다.

x	y	x || y
true	true	true
true	false	true
false	true	true
false	false	false

'x가 true이면, x || y는 항상 true이다.'

AND연산 '&&'의 경우도 마찬가지로 어느 한쪽만 '거짓(false)'이어도 전체 연산결과가 '거짓(false)'이므로 좌측 피연산자가 '거짓(false)'이면, 우측 피연산자는 평가하지 않는다.

x	y	x && y
true	true	true
true	false	false
false	true	false
false	false	false

'x가 false이면, x && y는 항상 false이다.'

그래서 같은 조건식이라도 피연산자의 위치에 따라서 연산속도가 달라질 수 있는 것이다. OR연산 '||'의 경우에는 연산결과가 '참'일 확률이 높은 피연산자를 연산자의 왼쪽에 놓아야 더 빠른 연산결과를 얻을 수 있다.

```
('a'<= ch && ch <= 'z') || ('A'<= ch && ch <= 'Z')
```

위의 식은 문자 ch가 소문자 또는 대문자인지 확인하는 것인데, 이 식에서 문자 ch가 소문자인 조건을 대문자인 조건보다 왼쪽에 놓았다. 그 이유는 사용자로부터 문자 ch를 입력받을 때, 사용자가 대문자보다 소문자를 입력할 확률이 높다고 판단했기 때문이다. 실제로 사용자가 소문자를 더 자주 입력한다면, 이 식은 더 효율적으로 처리될 것이다.

▼ 예제 3-26/OperatorEx26.java

```
class OperatorEx26 {
    public static void main(String[] args) {
        int a = 5;
        int b = 0;

        System.out.printf("a=%d, b=%d%n", a, b);
        System.out.printf("a!=0 || ++b!=0 = %b%n", a!=0 || ++b!=0);
        System.out.printf("a=%d, b=%d%n", a, b);
```

```
        System.out.printf("a==0 && ++b!=0 = %b%n", a==0 && ++b!=0);
        System.out.printf("a=%d, b=%d%n", a, b);
    } // main의 끝
}
```

▼ 실행결과
```
a=5, b=0
a!=0 || ++b!=0 = true
a=5, b=0
a==0 && ++b!=0 = false
a=5, b=0
```

논리 연산자가 효율적인 연산을 하는지 확인하는 예제이다. 변수 b에 증감 연산자 '++'을 사용해서 우측 피연산자가 처리되면, b의 값이 증가하도록 했다.

그러나 실행결과에서 알 수 있듯이, 두 번의 논리연산 후에도 b의 값은 여전히 0인 채로 남아있다. '||(OR)'의 경우는 좌측 피연산자(a!=0)가 참이라서, 그리고 '&&(AND)'의 경우는 좌측 피연산자(a==0)가 거짓이라서 우측 피연산자를 평가하지 않았기 때문이다.

논리 부정 연산자 !

이 연산자는 피연산자가 true이면 false를, false면 true를 결과로 반환한다. 간단히 말해서, true와 false를 반대로 바꾸는 것이다.

x	!x
true	false
false	true

▲ 표3-13 논리 부정 연산자의 연산결과

어떤 값에 논리 부정 연산자 '!'를 반복적으로 적용하면, 참과 거짓이 차례대로 반복된다. 이 연산자의 이러한 성질을 이용하면, 한번 누르면 켜지고, 다시 한 번 누르면 꺼지는 TV의 전원버튼과 같은 '토글 버튼(toggle button)'을 논리적으로 구현할 수 있다.

false(거짓, off) $\xrightarrow{!}$ **true(참, on)** $\xrightarrow{!}$ **false(거짓, off)** $\xrightarrow{!}$ **true(참, on)** $\xrightarrow{!}$ ...

논리 부정 연산자 '!'가 주로 사용되는 곳은 조건문과 반복문의 조건식이며, 이 연산자를 잘 사용하면 조건식이 보다 이해하기 쉬워진다. 예를 들어 '문자 ch는 소문자가 아니다'라는 조건을 아래의 왼쪽과 같이 쓰기보다 오른쪽과 같이 논리부정연산자 '!'를 사용하는 쪽이 알기 쉽다.

```
ch < 'a' || ch > 'z'          ↔          !('a' <= ch && ch <= 'z')
```

위와 같이 논리부정연산자 '!'를 적절히 사용해서 보다 이해하기 쉬운 식이 되도록 노력하자.

▼ 예제 3-27/`OperatorEx27.java`

```java
class OperatorEx27 {
    public static void main(String[] args) {
        boolean  b = true;
        char ch = 'C';

        System.out.printf("b=%b%n", b);
        System.out.printf("!b=%b%n", !b);
        System.out.printf("!!b=%b%n", !!b);
        System.out.printf("!!!b=%b%n", !!!b);
        System.out.println();

        System.out.printf("ch=%c%n", ch);
        System.out.printf("ch < 'a' || ch > 'z'=%b%n",
                                    ch < 'a' || ch > 'z');
        System.out.printf("!('a'<=ch && ch<='z')=%b%n",
                                    !('a'<= ch && ch<='z'));
        System.out.printf("  'a'<=ch && ch<='z' =%b%n",
                                    'a'<=ch && ch<='z');
    } // main의 끝
}
```

▼ 실행결과

```
b=true
!b=false
!!b=true
!!!b=false

ch=C
ch < 'a' || ch > 'z'=true
!('a'<=ch && ch<='z')=true
  'a'<=ch && ch<='z' =false
```

식 '!!b'가 평가되는 과정은 아래와 같다. 단항연산자는 결합방향이 오른쪽에서 왼쪽이므로 피연산자와 가까운 것부터 먼저 연산된다. 그래서 피연산자인 b와 가까운 논리 부정 연산자 '!'가 먼저 수행되어 false를 결과로 얻는다. 그리고 이 값에 다시 '!'연산을 수행하므로 true를 결과로 얻는다.

```
         !!b
    → !!true        가까운 연산자가 먼저 연산된다.
    → !false        !true의 결과는 false이다.
    → true          !false의 결과는 true이다.
```

5.2 비트 연산자 & | ^ ~ << >>

비트 연산자는 피연산자를 비트단위로 논리 연산한다. 피연산자를 이진수로 표현했을 때의 각 자리를 아래의 규칙에 따라 표3-14와 같이 연산을 수행하며, 피연산자로 실수는 허용하지 않는다. 정수(문자 포함)만 허용된다.

> | (OR연산자)   피연산자 중 한 쪽의 값이 1이면, 1을 결과로 얻는다. 그 외에는 0을 얻는다.
> & (AND연산자) 피연산자 양 쪽이 모두 1이어야만 1을 결과로 얻는다. 그 외에는 0을 얻는다.
> ^ (XOR연산자) 피연산자의 값이 서로 다를 때만 1을 결과로 얻는다. 같을 때는 0을 얻는다.

x	y	x|y	x&y	x^y
1	1	1	1	0
1	0	1	0	1
0	1	1	0	1
0	0	0	0	0

▲ 표3-14 비트 연산자의 연산결과

| 참고 | 연산자 '^'는 배타적 XOR(eXclusive OR)라고 하며, 피연산자의 값이 서로 다른 경우, 즉 배타적인 경우에만 참(1)을 결과로 얻는다.

비트OR연산자 '|'는 주로 특정 비트의 값을 변경할 때 사용한다. 아래의 식은 피연산자 0xAB의 마지막 4 bit를 'F'로 변경하는 방법을 보여준다.

식	2진수								16진수
0xAB | 0xF = 0xAF		1	0	1	0	1	0	1	1	0xAB
	|)	0	0	0	0	1	1	1	1	0x**F**
		1	0	1	0	1	1	1	1	0xA**F**

비트AND연산자 '&'는 주로 특정 비트의 값을 뽑아낼 때 사용한다. 아래의 식에서는 피연산자의 마지막 4 bit가 어떤 값인지 알아내는데 사용되었다.

식	2진수								16진수
0xAB & 0xF = 0xB		1	0	1	0	1	0	1	1	0xA**B**
	&)	0	0	0	0	1	1	1	1	0xF
		0	0	0	0	1	0	1	1	0x**B**

비트XOR연산자 '^'는 두 피연산자의 비트가 다를 때만 1이 된다. 그리고 같은 값으로 두고 XOR연산을 수행하면 원래의 값으로 돌아오는 특징이 있어서 간단한 암호화에 사용된다.

식	2진수								16진수
0xAB ^ 0xF = 0xA4	1	0	1	0	1	0	1	1	0xAB
	^) 0	0	0	0	1	1	1	1	0xF
0xA4 ^ 0xF = **0xAB**	1	0	1	0	0	1	0	0	0xA4
	^) 0	0	0	0	1	1	1	1	0xF
	1	0	1	0	1	0	1	1	**0xAB**

지금까지 이해를 돕기 위해 2진수를 8자리로 표현하였지만, 사실은 int타입(4 byte)간의 연산이라 32자리로 표현하는 것이 맞다. 그리고 비트연산에서도 피연산자의 타입을 일치시키는 '산술 변환'이 일어날 수 있다.

▼ 예제 3-28/`OperatorEx28.java`

```java
class OperatorEx28 {
    public static void main(String[] args) {
        int x = 0xAB, y = 0xF;

        System.out.printf("x = %#X \t\t%s%n", x, toBinaryString(x));
        System.out.printf("y = %#X \t\t%s%n", y, toBinaryString(y));
        System.out.printf("%#X | %#X = %#X \t%s%n" ,
                        x, y, x | y, toBinaryString(x | y));
        System.out.printf("%#X & %#X = %#X \t%s%n" ,
                        x, y, x & y, toBinaryString(x & y));
        System.out.printf("%#X ^ %#X = %#X \t%s%n" ,
                        x, y, x ^ y, toBinaryString(x ^ y));
        System.out.printf("%#X ^ %#X ^ %#X = %#X %s%n" ,
                    x, y, y, x ^ y ^ y, toBinaryString(x ^ y ^ y));
    } // main의 끝

    static String toBinaryString(int x) {  // 10진 정수를 2진수로 변환하는 메서드
        String zero = "00000000000000000000000000000000";
        String tmp = zero + Integer.toBinaryString(x);
        return tmp.substring(tmp.length()-32);
    }
}
```

▼ 실행결과
```
x = 0XAB                    00000000000000000000000010101011
y = 0XF                     00000000000000000000000000001111
0XAB | 0XF = 0XAF           00000000000000000000000010101111
0XAB & 0XF = 0XB            00000000000000000000000000001011
0XAB ^ 0XF = 0XA4           00000000000000000000000010100100
0XAB ^ 0XF ^ 0XF = 0XAB     00000000000000000000000010101011
```

비트연산의 결과를 2진수로 출력하기 위해 toBinaryString()이라는 메서드를 작성해서 사용하였다. 이 메서드는 4 byte의 정수를 32자리의 2진수로 변환한다. 이 메서드가 어떻게 동작하는 지를 이해하기에는 아직 배워야할 것들이 많으므로 설명은 생략한다.

비트 전환 연산자 ~

이 연산자는 피연산자를 2진수로 표현했을 때, 0은 1로, 1은 0으로 바꾼다. 논리부정 연산자'!'와 유사하다.

x	~x
1	0
0	1

▲ 표3-15 비트전환 연산자의 2진 연산결과

비트 전환 연산자'~'에 의해 '비트 전환'되고 나면, 부호있는 타입의 피연산자는 부호가 반대로 변경된다. 즉, 피연산자의 '1의 보수'를 얻을 수 있는 것이다. 그래서 비트 전환 연산자를 '1의 보수'연산자라고도 한다.

▲ 표3-16 byte타입의 비트전환연산

예를 들어 10진수 10을 비트전환 연산한 결과는 -11이고, 이 값은 10의 '1의 보수'이다. 이미 배운 것과 같이 1의 보수에 1을 더하면 음수가 되므로 -11에 1을 더하면 -10이 되고, -11은 10의 '1의 보수'가 맞다는 것을 확인할 수 있다.

2진수								10진수
0	0	0	0	1	0	1	0	10
1	1	1	1	0	1	0	1	-11
1	1	1	1	0	1	0	1	-11
0	0	0	0	0	0	0	1	+) 1
1	1	1	1	0	1	1	0	-10

▲ 표3-17 음수를 2진수로 표현하는 방법

위의 표에서는 연산결과를 8자리의 2진수로 표현했지만, 비트 전환 연산자는 피연산자의 타입이 int보다 작으면 int로 자동 형변환(산술 변환) 후에 연산하기 때문에 연산결과는 32자리의 2진수이다.

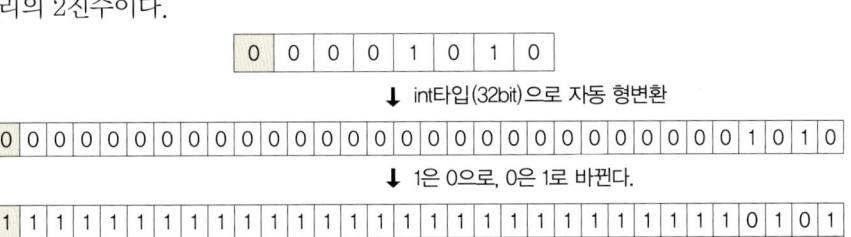

▼ 예제 3-29/OperatorEx29.java

```java
class OperatorEx29 {
    public static void main(String[] args) {
        byte p =  10;
        byte n = -10;

        System.out.printf(" p  =%d \t%s%n",  p,    toBinaryString(p));
        System.out.printf("~p  =%d \t%s%n", ~p,    toBinaryString(~p));
        System.out.printf("~p+1=%d \t%s%n", ~p+1, toBinaryString(~p+1));
        System.out.printf("~~p =%d \t%s%n", ~~p,   toBinaryString(~~p));
        System.out.println();
        System.out.printf(" n  =%d%n",  n);
        System.out.printf("~(n-1)=%d%n", ~(n-1));
    } // main의 끝

    // 10진 정수를 2진수로 변환하는 메서드
    static String toBinaryString(int x) {
        String zero = "00000000000000000000000000000000";
        String tmp = zero + Integer.toBinaryString(x);
        return tmp.substring(tmp.length()-32);
    }
}
```

▼ 실행결과

```
 p  =10      00000000000000000000000000001010
~p  =-11     11111111111111111111111111110101
~p+1=-10     11111111111111111111111111110110
~~p =10      00000000000000000000000000001010

 n  =-10
~(n-1)=10
```

결과를 보면, 어떤 양의 정수에 대한 음의 정수를 얻으려면 어떻게 해야 하는지 알 수 있다. 양의 정수 p가 있을 때, p에 대한 음의 정수를 얻으려면 '~p+1'을 계산하면 된다. 이 사실을 통해서 -10을 2진수로 어떻게 표현할 수 있는지 알 수 있을 것이다.

반대로 음의 정수 n이 있을 때, n에 대한 양의 정수를 얻으려면 '~(n-1)'을 계산하면 된다. 물론 부호연산자'-'를 사용하면 되므로, 이렇게 복잡하게 변환하지 않는다. 참고로만 알아두자.

'~~p'는 변수 p에 비트 전환 연산을 두 번 적용한 것인데, 1을 0으로 바꿨다가 다시 0을 1로 바꾸므로 원래의 값이 된다. 그러나 연산결과의 타입이 byte가 아니라 int라는 것에 주의하자.

쉬프트 연산자 《 》

이 연산자는 피연산자의 각 자리(2진수로 표현했을 때)를 '오른쪽(〉)' 또는 '왼쪽(〈)'으로 이동(shift)한다고 해서 '쉬프트 연산자(shift operator)'라고 이름 붙여졌다.

예를 들어 '8 《 2'는 왼쪽 피연산자인 10진수 8의 2진수를 왼쪽으로 2자리 이동한다.

이 때, 자리이동으로 저장범위를 벗어난 값들은 버려지고 빈자리는 0으로 채워진다. 이 과정을 그림과 함께 단계별로 살펴보면 다음과 같다.

① 10진수 8은 2진수로 '00001000'이다.

| 0 | 0 | 0 | 0 | 1 | 0 | 0 | 0 |

② '8 << 2'은 10진수 8의 2진수를 왼쪽으로 2자리 이동시킨다.

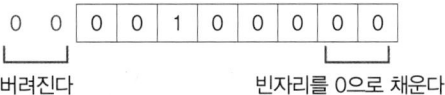

③ 자리이동으로 인해 저장범위를 벗어난 값은 버려지고, 빈자리는 0으로 채워진다.

| 0 | 0 | 0 | 0 | 1 | 0 | 0 | 0 | 0 | 0 |
  버려진다   빈자리를 0으로 채운다

④ '8 << 2'의 결과는 2진수로 '00100000'이 된다. (10진수로 32)

| 0 | 0 | 1 | 0 | 0 | 0 | 0 | 0 |

'<<'연산자의 경우, 피연산자의 부호에 상관없이 각 자리를 왼쪽으로 이동시키며 빈칸을 0으로만 채우면 되지만, '>>'연산자는 오른쪽으로 이동시키기 때문에 부호있는 정수는 부호를 유지하기 위해 왼쪽 피연산자가 음수인 경우 빈자리를 1로 채운다. 물론 양수일 때는 0으로 채운다.

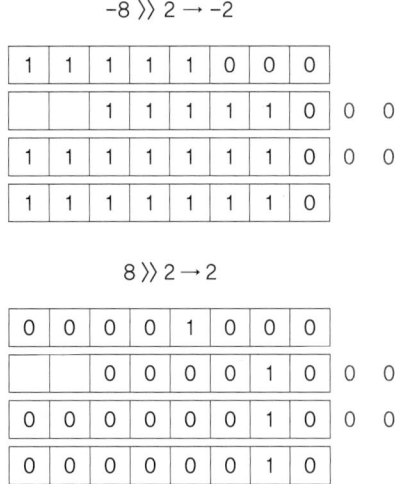

쉬프트 연산자의 좌측 피연산자는 산술변환이 적용되어 int보다 작은 타입은 int타입으로 자동 변환되고 연산결과 역시 int타입이 된다. 그러나 쉬프트 연산자는 다른 이항연산자들과 달리 피연산자의 타입을 일치시킬 필요가 없기 때문에 우측 피연산자에는 산술변환이 적용되지 않는다.

아래의 표는 쉬프트 연산의 결과를 2진수와 10진수로 나타낸 것이다. 각 쉬프트 연산의 결과를 비교해보자.

수식	자리이동	연산결과 2진수	10진수
8 >> 0	없음	00000000 00000000 00000000 00001000	8
8 >> 1	오른쪽으로 한 번	00000000 00000000 00000000 00000100	4
8 >> 2	오른쪽으로 두 번	00000000 00000000 00000000 00000010	2
-8 >> 0	없음	11111111 11111111 11111111 11111000	-8
-8 >> 1	오른쪽으로 한 번	11111111 11111111 11111111 11111100	-4
-8 >> 2	오른쪽으로 두 번	11111111 11111111 11111111 11111110	-2
8 << 0	없음	00000000 00000000 00000000 00001000	8
8 << 1	왼쪽으로 한 번	00000000 00000000 00000000 00010000	16
8 << 2	왼쪽으로 두 번	00000000 00000000 00000000 00100000	32
-8 << 0	없음	11111111 11111111 11111111 11111000	-8
-8 << 1	왼쪽으로 한 번	11111111 11111111 11111111 11110000	-16
-8 << 2	왼쪽으로 두 번	11111111 11111111 11111111 11100000	-32

▲ 표 3-18 쉬프트 연산의 예

위의 표를 보면, 2진수 n자리를 왼쪽으로 이동하면 피연산자를 2^n으로 곱한 결과를, 오른쪽으로 이동하면 피연산자를 2^n으로 나눈 결과를 얻는다는 것을 알 수 있다.

> x << n은 x * 2^n의 결과와 같다.
> x >> n은 x / 2^n의 결과와 같다.

2진수로의 자리이동이 왜 2^n으로 곱하거나 나눈 결과와 같은지 이해가 안가면, 10진수로 자리이동을 해보자. 예를 들어 10진수 123을 왼쪽으로 2자리 이동하면 12300이 되는데, 이 값은 123에 10^2으로 곱한 결과라는 것을 알 수 있다. 이 값을 다시 오른쪽으로 2자리 이동하면 123이 되고 이 값은 12300을 10^2으로 나눈 결과가 된다. 이처럼 10진수에서의 자리이동은 10^n으로 곱하거나 나눈 결과를 얻는다. 단지 2진수이기 때문에 자리이동시 2^n으로 곱하거나 나눈 결과를 얻는 것뿐이다.

그리고, 'x << n'또는 'x >> n'에서, n의 값이 자료형의 bit수 보다 크면, 자료형의 bit수로 나눈 나머지만큼만 이동한다. 예를 들어 int타입이 4 byte(=32 bit)인 경우, 자리수를 32번 바꾸면 결국 제자리로 돌아오기 때문에, '8 >> 32'는 아무 일도 하지 않는다. '8 >> 34'는 34를 32로 나눈 나머지인 2만큼 이동하는 '8 >> 2'를 수행한다. 당연히 n은 정수만 가능하며 음수인 경우, 부호없는 정수로 자동 변환된다.

곱셈이나 나눗셈 연산자를 사용하면 같은 결과를 얻을 수 있는데, 굳이 쉬프트 연산자를 제공하는 이유 무엇일까? 그 이유는 속도 때문이다.

예를 들어 '8 >> 2'의 결과는 '8 / 4'의 결과와 같다. 하지만, '8 / 4'를 연산하는데 걸리는 시간보다 '8 >> 2'를 연산하는데 걸리는 시간이 더 적게 걸린다. 다시 말하면, '>>' 또는

'<<'연산자를 사용하는 것이 나눗셈 '/' 또는 곱셈 '*' 연산자 보다 더 빠르다.

그러나 프로그램의 실행속도도 중요하지만 프로그램을 개발할 때 코드의 가독성(readability)도 중요하다. 쉬프트 연산자가 속도가 빠르긴 해도 곱셈이나 나눗셈 연산자 보다는 가독성이 떨어질 것이다. 쉬프트 연산자보다 곱셈 또는 나눗셈 연산자를 주로 사용하고, 보다 빠른 실행속도가 요구되어지는 곳만 쉬프트 연산자를 사용하는 것이 좋다.

▼ 예제 3-30/`OperatorEx30.java`

```java
class OperatorEx30 {
    // 10진 정수를 2진수로 변환하는 메서드
    static String toBinaryString(int x) {
        String zero = "00000000000000000000000000000000";
        String tmp = zero + Integer.toBinaryString(x);
        return tmp.substring(tmp.length()-32);
    }

    public static void main(String[] args) {
        int dec = 8;
        System.out.printf("%d >> %d = %4d \t%s%n",
                            dec, 0, dec >> 0, toBinaryString(dec >> 0));
        System.out.printf("%d >> %d = %4d \t%s%n",
                            dec, 1, dec >> 1, toBinaryString(dec >> 1));
        System.out.printf("%d >> %d = %4d \t%s%n",
                            dec, 2, dec >> 2, toBinaryString(dec >> 2));
        System.out.printf("%d << %d = %4d \t%s%n",
                            dec, 0, dec << 0, toBinaryString(dec << 0));
        System.out.printf("%d << %d = %4d \t%s%n",
                            dec, 1, dec << 1, toBinaryString(dec << 1));
        System.out.printf("%d << %d = %4d \t%s%n",
                            dec, 2, dec << 2, toBinaryString(dec << 2));
        System.out.println();

        dec = -8;
        System.out.printf("%d >> %d = %4d \t%s%n",
                            dec, 0, dec >> 0, toBinaryString(dec >> 0));
        System.out.printf("%d >> %d = %4d \t%s%n",
                            dec, 1, dec >> 1, toBinaryString(dec >> 1));
        System.out.printf("%d >> %d = %4d \t%s%n",
                            dec, 2, dec >> 2, toBinaryString(dec >> 2));
        System.out.printf("%d << %d = %4d \t%s%n",
                            dec, 0, dec << 0, toBinaryString(dec << 0));
        System.out.printf("%d << %d = %4d \t%s%n",
                            dec, 1, dec << 1, toBinaryString(dec << 1));
        System.out.printf("%d << %d = %4d \t%s%n",
                            dec, 2, dec << 2, toBinaryString(dec << 2));
        System.out.println();
```

```
        dec = 8;
        System.out.printf("%d >> %2d = %4d \t%s%n",
                          dec, 0,  dec >> 0, toBinaryString(dec >> 0));
        System.out.printf("%d >> %2d = %4d \t%s%n",
                          dec, 32, dec >> 32, toBinaryString(dec >> 32));
    } // main의 끝
}
```

▼ 실행결과

```
8 >>  0 =    8   00000000000000000000000000001000
8 >>  1 =    4   00000000000000000000000000000100
8 >>  2 =    2   00000000000000000000000000000010
8 <<  0 =    8   00000000000000000000000000001000
8 <<  1 =   16   00000000000000000000000000010000
8 <<  2 =   32   00000000000000000000000000100000

-8 >>  0 =   -8   11111111111111111111111111111000
-8 >>  1 =   -4   11111111111111111111111111111100
-8 >>  2 =   -2   11111111111111111111111111111110
-8 <<  0 =   -8   11111111111111111111111111111000
-8 <<  1 =  -16   11111111111111111111111111110000
-8 <<  2 =  -32   11111111111111111111111111100000

8 >>  0 =    8   00000000000000000000000000001000
8 >> 32 =    8   00000000000000000000000000001000
```

표3-18의 내용을 직접 확인할 수 있는 예제이다. 값을 바꿔가며 결과를 확인해보자.

▼ 예제 3-31/OperatorEx31.java

```
class OperatorEx31 {
    public static void main(String[] args) {
        int dec  = 1234;
        int hex  = 0xABCD;
        int mask = 0xF;

        System.out.printf("hex=%X%n", hex);
        System.out.printf("%X%n", hex & mask);

        hex = hex >> 4;
        System.out.printf("%X%n", hex & mask);

        hex = hex >> 4;
        System.out.printf("%X%n", hex & mask);

        hex = hex >> 4;
        System.out.printf("%X%n", hex & mask);
    } // main의 끝
}
```

▼ 실행결과
```
hex=ABCD
D
C
B
A
```

쉬프트 연산자와 비트AND연산자를 이용해서 16진수를 끝에서부터 한자리씩 뽑아내는 예제이다. 비트AND연산자는 두 bit가 모두 1일 때만 1이 되므로 0xABCD와 0x000F를 비트AND연산하면 다음과 같이 마지막 자리만 남고 나머지자리는 모두 0이 된다.

	A	B	C	D
	1010	1011	1100	1101
	0000	0000	0000	1111
&)	0	0	0	F
	0000	0000	0000	1101
	0	0	0	D

그 다음엔 쉬프트 연산자로 0xABCD를 2진수로 4자리를 오른쪽으로 이동한다. 2진수 4자리는 16진수로 한자리에 해당하므로 0xABCD는 0x0ABC가 된다.

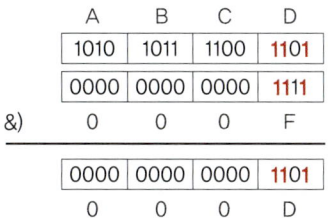

0xABCD >> 4 → 0x0ABC

A	B	C	D		0	A	B	C
1010	1011	1100	1101	→	0000	1010	1011	1100

| 참고 | 0xABCD의 왼쪽 첫 번째 비트가 1인데 왜 0으로 채워졌을까? 정수 상수는 int타입(4 byte)이므로 0xABCD는 사실 0x0000ABCD에서 앞의 0이 생략된 것이기 때문이다.

0x0ABC에 다시 0xF로 비트AND연산을 수행하면, 0xABCD의 오른쪽 끝에서 두번째 자리인 0xC를 결과로 얻을 수 있다.

	0	A	B	C
	0000	1010	1011	1100
	0000	0000	0000	1111
&)	0	0	0	F
	0000	0000	0000	1100
	0	0	0	C

위 과정을 반복하면 16진수 0xABCD의 각 자리를 하나씩 얻을 수 있다.

6. 그 외의 연산자

6.1 조건 연산자 ? :

조건 연산자는 조건식, 식1, 식2 모두 세 개의 피연산자를 필요로 하는 삼항 연산자이며, 삼항 연산자는 조건 연산자 하나뿐이다.

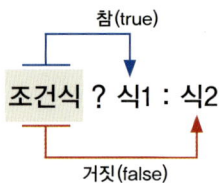

조건 연산자는 첫 번째 피연산자인 조건식의 평가결과에 따라 다른 결과를 반환한다. 조건식의 평가결과가 true이면 식1이, false이면 식2가 연산결과가 된다. 가독성을 높이기 위해 조건식을 괄호( )로 둘러싸는 경우가 많지만 필수는 아니다.

```
result = (x > y) ? x : y ;
```

위의 문장에서 식 'x > y'의 결과가 true이면, 변수 result에는 x의 값이 저장되고, false이면 y의 값이 저장된다.

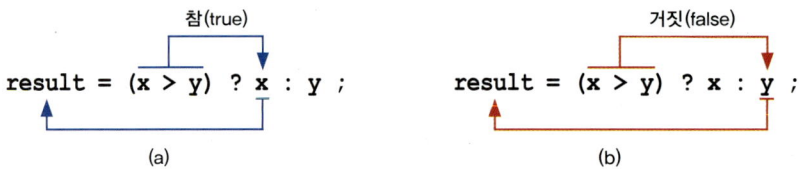

▲ 그림3-4 조건식의 결과가 참(true)일 때(a)와 거짓(false)일 때(b)

만일 x의 값이 5, y의 값이 3이라면, 이 식은 다음과 같은 과정으로 계산된다.

```
    result = (x > y) ? x : y ;
→   result = (5 > 3) ? 5 : 3 ;
→   result = (true) ? 5 : 3 ;      조건식이 true(참)이므로 연산결과는 5
→   result = 5;
```

조건 연산자는 조건문인 if문으로 바꿔 쓸 수 있으며, if문 대신 조건 연산자를 사용하면 코드를 보다 간단히 할 수 있다. 아래 왼쪽의 조건 연산자가 쓰인 문장을 if문으로 바꾸면 오른쪽과 같다.

```
result = (x > y) ? x : y ;
```
↔
```
if (x > y)
    result = x; // x > y가 true일 때
else
    result = y; // x > y가 false일 때
```

아직 if문을 배우지 않았지만, 조건 연산자를 사용하는 것이 if문보다 간략하다는 것은 한 눈에 알 수 있다.

   조건 연산자를 중첩해서 사용하면 셋 이상 중의 하나를 결과로 얻을 수 있다. 아래의 식은 x의 값이 양수면 1, 0이면 0, 음수면 -1, 즉 셋 중의 하나를 결과로 반환한다.

$$result = x > 0\ ?\ 1 : (\ x==0\ ?\ 0 : -1);$$

조건 연산자의 결합규칙이 오른쪽에서 왼쪽이므로 괄호가 없어도 되지만 가독성을 높이기 위해 사용했다. 만일 x의 값이 3이라면, 위의 식은 아래와 같은 과정으로 처리된다.

```
    result = x > 0 ? 1 : (x == 0 ? 0 : -1);
 →  result = x > 0 ? 1 : (3 == 0 ? 0 : -1);
 →  result = x > 0 ? 1 : ( false ? 0 : -1);  조건식이 false이므로, 연산결과는 식2
 →  result = 3 > 0 ? 1 : -1;
 →  result = true ? 1 : -1;    조건식이 true이므로, 연산결과는 식1
 →  result = 1;
```

조건 연산자를 여러 번 중첩하면 코드가 간략해지긴 하지만, 가독성이 떨어지므로 꼭 필요한 경우에 한번 정도만 중첩하는 것이 좋다.

그리고 조건 연산자의 식1과 식2, 이 두 피연산자의 타입이 다른 경우, 이항 연산자처럼 산술 변환이 발생한다.

```
       x = x + (mod < 0.5 ?   0 : 0.5)    0과 0.5의 타입이 다르다.
    →  x = x + (mod < 0.5 ? 0.0 : 0.5)    0이 0.0으로 변환되었다.
```

위의 식에서 조건 연산자의 피연산자 0과 0.5의 타입이 다르므로, 자동 형변환이 일어나서 double타입으로 통일되고 연산결과 역시 double타입이 된다.

▼ 예제 3-32/**OperatorEx32.java**

```java
class OperatorEx32 {
  public static void main(String args[]) {
     int  x, y, z;
     int  absX, absY, absZ;
     char signX, signY, signZ;

     x = 10;
     y = -5;
     z = 0;

     absX = x >= 0 ? x : -x;   // x의 값이 음수이면, 양수로 만든다.
     absY = y >= 0 ? y : -y;
     absZ = z >= 0 ? z : -z;
```

```
    signX = x > 0 ? '+' : ( x==0 ? ' ' : '-');    // 조건 연산자를 중첩
    signY = y > 0 ? '+' : ( y==0 ? ' ' : '-');
    signZ = z > 0 ? '+' : ( z==0 ? ' ' : '-');

    System.out.printf("x=%c%d%n", signX, absX);
    System.out.printf("y=%c%d%n", signY, absY);
    System.out.printf("z=%c%d%n", signZ, absZ);
  }
}
```

▼ 실행결과
```
x=+10
y=-5
z= 0
```

조건 연산자를 이용해서 변수의 절대값을 구한 후, 부호를 붙여 출력하는 예제이다. 간단해서 이해하는 데 별 어려움은 없을 것이다.

6.2 대입 연산자 = op=

대입 연산자는 변수와 같은 저장공간에 값 또는 수식의 연산결과를 저장하는데 사용된다. 이 연산자는 오른쪽 피연산자의 값(식이라면 평가값)을 왼쪽 피연산자에 저장한다. 그리고 저장된 값을 연산결과로 반환한다. 예를 들어, 아래의 문장은 변수 x에 3을 저장하고, 연산결과인 3을 화면에 출력한다.

```
    System.out.println(x = 3);    // 변수 x에 3이 저장되고
 →  System.out.println(3);         // 연산결과인 3이 출력된다.
```

대입 연산자는 연산자들 중에서 가장 낮은 우선순위를 가지고 있기 때문에 식에서 제일 나중에 수행된다. 그리고 앞서 배운 것처럼 연산 진행 방향이 오른쪽에서 왼쪽이기 때문에 'x=y=3;'에서 'y=3'이 먼저 수행되고 그 다음에 'x=y'가 수행된다.

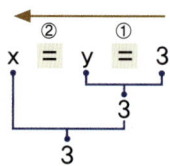

▲ 그림3-5 대입 연산자의 결합방향(오른쪽에서 왼쪽)

lvalue와 rvalue

대입 연산자의 왼쪽 피연산자를 'lvalue(left value)'이라 하고, 오른쪽 피연산자를 'rvalue(right value)'라고 한다.

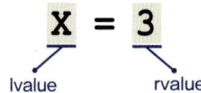

▲ 그림3-6 대입 연산자의 lvalue(왼쪽 값)와 rvalue(오른쪽 값)

대입연산자의 rvalue는 변수뿐만 아니라 식이나 상수 등이 모두 가능한 반면, lvalue는 반드시 변수처럼 값을 변경할 수 있는 것이어야 한다. 그래서 리터럴이나 상수같이 값을 저장할 수 없는 것들은 lvalue가 될 수 없다.

```
int i = 0;
3 = i + 3;              // 에러. lvalue가 값을 저장할 수 있는 공간이 아니다.
i + 3 = i;              // 에러. lvalue의 연산결과는 리터럴(i+3 → 0+3 → 3)

final int MAX = 3;      // 변수 앞에 키워드 final을 붙이면 상수가 된다.
MAX = 10;               // 에러. 상수(MAX)에 새로운 값을 저장할 수 없다.
```

앞서 배운 것과 같이 변수 앞에 키워드 'final'을 붙이면 상수가 된다. 상수에 한 번 저장된 값은 바꿀 수 없다.

복합 대입 연산자

대입 연산자는 다른 연산자(op)와 결합하여 'op='와 같은 방식으로 사용될 수 있다. 예를 들면, 'i = i + 3'은 'i += 3'과 같이 표현될 수 있다. 그리고 결합된 두 연산자는 반드시 공백없이 붙여 써야 한다.

op=	=
i +=3;	i = i + 3;
i -= 3;	i = i - 3;
i *= 3;	i = i * 3;
i /= 3;	i = i / 3;
i %= 3;	i = i % 3;
i <<= 3;	i = i << 3;
i >>= 3;	i = i >> 3;
i &= 3;	i = i & 3;
i ^= 3;	i = i ^ 3;
i |= 3;	i = i | 3;
i *= 10 + j;	i = i * (10 + j);

▲ 표3-19 복합 대입 연산자의 종류

표3-19의 왼쪽은 복합 연산자의 사용 예이고, 오른쪽은 대입 연산자를 이용한 왼쪽과 동일한 의미의 식이다. 복합 연산자가 잘 익숙해지지 않는다면, 오른쪽과 같은 형태의 식을 사용하다가 점차 왼쪽의 형태로 바꿔가도록 하자.

한 가지 주의할 점은 표3-19의 마지막 줄처럼, 대입연산자의 우변이 둘 이상의 항으로 이루어져 있는 경우이다. 'i *= 10 + j;'를 'i = i * 10 +j;'와 같은 것으로 오해하지 않도록 하자.

| 참고 | 연습문제는 깃헙(https://github.com/castello/javajungsuk4)에서 PDF파일로 제공

Memo

Chapter 04

조건문과 반복문
if, switch, for, while statement

지금까지는 코드의 실행흐름이 무조건 위에서 아래로 한 문장씩 순차적으로 진행되었지만 때로는 조건에 따라 문장을 건너뛰고, 때로는 같은 문장을 반복해서 수행해야할 때가 있다. 이처럼 프로그램의 흐름(flow)을 바꾸는 역할을 하는 문장들을 '제어문(flow control statement)'이라고 한다. 제어문에는 '조건문과 반복문'이 있는데, 조건문은 조건에 따라 다른 문장이 수행되도록 하고, 반복문은 특정 문장들을 반복해서 수행한다.

1. 조건문 - if, switch

조건문은 조건식과 조건에 따라 실행될 블럭{}으로 구성되며, 조건식의 결과에 따라 실행할 문장이 달라져서 프로그램의 실행 흐름을 바꿀 수 있다.
   조건문은 if문과 switch문, 두 가지가 있으며 주로 if문이 사용된다. 처리할 경우의 수가 많을 때는 if문보다 switch문이 효율적이지만, switch문은 if문보다 제약이 많다.

1.1 if문

if문은 가장 기본적인 조건문이며, 다음과 같이 '조건식'과 '블럭{}'로 이루어져 있다. 'if'의 뜻이 '만일 ~이라면...'이므로 **만일(if) 조건식이 참(true)이면 블럭{} 안의 문장들을 실행하라.**'라는 의미로 이해하면 된다.

```
if (조건식) {
    // 조건식이 참(true)일 때 수행될 문장들을 적는다.
}
```

만일 다음과 같은 if문이 있을 때, 조건식 'score 〉 60'이 참(true)이면 블럭{} 안의 문장이 실행되어 화면에 "합격입니다."라고 출력되고 거짓(false)이면, if문 다음의 문장으로 넘어간다.

```
if (score > 60) {
    System.out.println("합격입니다.");
}
```

위 if문의 조건식이 평가되는 과정을 단계별로 살펴보면 다음과 같다. 변수 score의 값을 80으로 가정하였다.

```
    score > 60
→   80 > 60
→   true            조건식이 참(true)이므로 블럭{} 안의 문장이 실행된다.
```

위 조건식의 결과는 'true'이므로 if문 괄호{} 안의 문장이 실행된다. 만일 조건식의 결과가 'false'이면, 괄호{} 안의 문장은 실행되지 않을 것이다.

조건식

if문에 사용되는 조건식은 일반적으로 비교 연산자와 논리 연산자로 구성된다. 이미 연산자를 배울 때 살펴보았지만, 복습 차원에서 몇 개를 골라 표로 정리했다.

조건식	조건식이 참일 조건
90 <= x && x <= 100	정수 x가 90이상 100이하일 때
x < 0 || x > 100	정수 x가 0보다 작거나 100보다 클 때
x%3==0 && x%2!=0	정수 x가 3의 배수지만, 2의 배수는 아닐 때
ch=='y' || ch=='Y'	문자 ch가 'y' 또는 'Y'일 때
ch==' ' || ch=='\t' || ch=='\n'	문자 ch가 공백이거나 탭 또는 개행 문자일 때
'A' <= ch && ch <= 'Z'	문자 ch가 대문자일 때
'a' <= ch && ch <= 'z'	문자 ch가 소문자일 때
'0' <= ch && ch <= '9'	문자 ch가 숫자일 때
str.equals ("yes")	문자열 str의 내용이 "yes"일 때(대소문자 구분)
str.equalsIgnoreCase ("yes")	문자열 str의 내용이 "yes"일 때(대소문자 구분안함)

▲ 표 4-1 자주 사용되는 조건식

조건식을 작성할 때 실수하기 쉬운 것이, 등가비교 연산자 '=='대신 대입 연산자'='를 사용하는 것이다. 예를 들어 'x가 0일 때 참'인 조건식은 'x==0'인데, 아래와 같이 실수로 'x=0'이라고 적는 경우가 있다.

```
   if (x = 0)   { ... }     x에 0이 저장되고, 결과는 0이 된다.
 → if (0)       { ... }     결과가 true 또는 false가 아니므로 에러가 발생한다.
```

자바에서 조건식의 결과는 반드시 true 또는 false이어야 한다는 것을 잊지 말자.

▼ 예제 4-1/**FlowEx.java**

```java
class FlowEx {
  public static void main(String[] args) {
    int x= 0;
    System.out.printf("x=%d 일 때, 참인 것은%n", x);

    if(x==0)    System.out.println("x==0");
    if(x!=0)    System.out.println("x!=0");
    if(!(x==0)) System.out.println("!(x==0)");
    if(!(x!=0)) System.out.println("!(x!=0)");

    x = 1;
    System.out.printf("x=%d 일 때, 참인 것은%n", x);

    if(x==0)    System.out.println("x==0");
    if(x!=0)    System.out.println("x!=0");
    if(!(x==0)) System.out.println("!(x==0)");
    if(!(x!=0)) System.out.println("!(x!=0)");
  }
}
```

▼ 실행결과
```
x=0 일 때, 참인 것은
x==0
!(x!=0)
x=1 일 때, 참인 것은
x!=0
!(x==0)
```

블럭{ }

괄호{}로 여러 문장을 하나의 단위로 묶을 수 있는데, 이것을 '블럭(block)'이라고 한다. 블럭은 '{'로 시작해서, '}'로 끝나는데, '}'다음에 문장의 끝을 의미하는 ';'을 붙이지 않는다는 것에 주의하자.

블럭 내의 문장들은 탭(tab)으로 들여쓰기(indentation)를 해서 블럭 안에 속한 문장이라는 것을 알기 쉽게 해주는 것이 좋다. 탭(tab)은 키보드의 맨 왼쪽에 있다.

```
            if(score > 60)
블럭의 시작 → {
                System.out.println("합격입니다.");
                         └─ 탭(tap)에 의한 들여쓰기
블럭의 끝   → }
```

블럭의 시작을 의미하는 '{'의 위치는 아래와 같이 두 가지 스타일이 있는데, 각 스타일마다 장단점이 있으므로 본인의 취향에 맞는 것으로 선택해서 사용하자. 왼쪽의 스타일은 라인의 수가 짧아진다는 장점이, 오른쪽의 스타일은 블럭의 시작과 끝을 찾기 쉽다는 장점이 있다.

```
if(조건식) {              if(조건식)
    ...                   {
}                             ...
                          }
```

블럭 안에는 보통 여러 문장을 넣지만, 한 문장만 넣거나 아무런 문장도 넣지 않을 수 있다. 만일 블럭 내의 문장이 하나뿐 일 때는 아래와 같이 괄호{}를 생략할 수 있다.

```
if(score > 60)
    System.out.println("합격입니다.");
```

또는 아래와 같이 한 줄로 쓸 수도 있다.

```
if(score > 60)    System.out.println("합격입니다.");
```

이처럼 블럭 내의 문장이 하나뿐인 경우 괄호{}를 생략할 수 있지만 가능하면 생략하지 않고 사용하는 것이 바람직하다. 나중에 새로운 문장들이 추가되면 괄호{}로 문장들을 감싸 주어야 하는데, 이 때 괄호{}를 추가하는 것을 잊기 쉽기 때문이다.

```
if (score > 60)
    System.out.println("합격입니다.");    // 문장1  if문에 속한 문장
    System.out.println("축하드립니다.");   // 문장2. if문에 속한 문장이 아님
```

if문에 새로운 코드 한 줄이 추가되었지만, 괄호{}로 묶지 않았기 때문에 '문장2'는 if문에 속한 문장이 아니다. 들여쓰기를 했기 때문에 if문에 속한 것으로 착각하기 쉽지만 단지 들여쓰기를 했다고 if문에 속한 문장이 되는 것은 아니다.

아래와 같이 괄호{}로 묶어줘야만 두 문장 모두 if문에 속한 문장이 된다.

```
if (score > 60) {
    System.out.println("합격입니다.");     // 문장1   if문에 속한 문장
    System.out.println("축하드립니다.");   // 문장2.  if문에 속한 문장
}
```

지금은 '이런 실수를 누가할까?'라는 생각이 들겠지만, 에러를 못 찾아서 한참을 고생하다가 이렇게 어처구니없는 곳에서 실수가 발견되곤 한다. 대부분의 실수는 늘 쉬운 곳에 있다는 것을 잊지 말자.

▼ 예제 4-2/**FlowEx2.java**

```java
import java.util.*; // Scanner클래스를 사용하기 위해 추가

class FlowEx2 {
    public static void main(String[] args) {
        int input;

        System.out.print("숫자를 하나 입력하세요.>");

        Scanner scanner = new Scanner(System.in);
        String tmp = scanner.nextLine();    // 화면을 통해 입력받은 내용을 tmp에 저장
        input = Integer.parseInt(tmp);      // 입력받은 문자열(tmp)을 숫자로 변환

        if(input==0) {
            System.out.println("입력하신 숫자는 0입니다.");
        }

        if(input!=0)
            System.out.println("입력하신 숫자는 0이 아닙니다.");
            System.out.printf("입력하신 숫자는 %d입니다.", input);
    } // main의 끝
}
```

▼ 실행결과 1
숫자를 하나 입력하세요.>3
입력하신 숫자는 0이 아닙니다.
입력하신 숫자는 3입니다.

▼ 실행결과 2
숫자를 하나 입력하세요.>0
입력하신 숫자는 0입니다.
입력하신 숫자는 0입니다.

두 번째 if문은 괄호{}를 생략했기 때문에, 조건식 바로 다음에 오는 하나의 문장만 if문에 속하게 된다. 그래서 실행결과를 보면 세 번째 출력문이 항상 출력된다.

```
if(input! = 0)
    System.out.println("입력하신 숫자는 0이 아닙니다.");
    System.out.printf("입력하신 숫자는 %d입니다.", input); // if문 밖의 문장
```

만일 두 문장 모두 if문에 속하게 하려면 괄호{}로 묶으면 된다. 예제의 두 번째 if문에 괄호{}를 추가하여 다음과 같은 실행결과가 나오는지 확인해보자.

▼ 실행결과

```
숫자를 하나 입력하세요.>0
입력하신 숫자는  0입니다.
```

1.2 if-else문

if문의 변형인 if-else문의 구조는 다음과 같다. if문에 'else블럭'이 추가되었다. 'else'의 뜻이 '그 밖의 다른'이므로 조건식의 결과가 참이 아닐 때, 즉 거짓일 때 else블럭의 문장을 수행하라는 뜻이다.

```
if (조건식) {
        // 조건식이 참(true)일 때 수행될 문장들을 적는다.
} else {
        // 조건식이 거짓(false)일 때 수행될 문장들을 적는다.
}
```

조건식의 결과에 따라 이 두 개의 블럭{} 중 어느 한 블럭{}의 내용이 수행되고 전체 if문을 벗어나게 된다. 두 블럭{}의 내용이 모두 수행되거나, 모두 수행되지 않는 경우는 있을 수 없다. 아래 왼 쪽의 두 개의 if문을 if-else문으로 바꾸면 오른쪽과 같다.

```
if(input==0) {
  System.out.println("0입니다.");
}
if(input!=0) {
  System.out.println("0이 아닙니다.");
}
```

→

```
if(input==0) {
  System.out.println("0입니다.");
} else {
  System.out.println("0이 아닙니다.");
}
```

왼쪽 코드의 두 조건식은 어느 한 쪽이 참이면 다른 한 쪽이 거짓인 상반된 관계에 있기 때문에 오른 쪽과 같이 if-else문으로 바꿀 수 있는 것이지, 두 개의 if문을 항상 if-else문으로 바꿀 수 있는 것은 아니다.

그리고 왼 쪽의 코드는 두 개의 조건식을 계산해야하지만, if-else문을 사용한 오른쪽의 코드는 하나의 조건식만 계산하므로 더 효율적이다.

▼ 예제 4-3/FlowEx3.java

```java
import java.util.*; // Scanner클래스를 사용하기 위해 추가
class FlowEx3 {
  public static void main(String[] args) {
    System.out.print("숫자를 하나 입력하세요.>");
```

```
        Scanner scanner = new Scanner(System.in);
        int input = scanner.nextInt(); // 화면을 통해 입력받은 숫자를 input에 저장

        if(input==0) {
            System.out.println("입력하신 숫자는 0입니다.");
        } else { // input!=0인 경우
            System.out.println("입력하신 숫자는 0이 아닙니다.");
        }
    } // main의 끝
}
```

▼ 실행결과 1
숫자를 하나 입력하세요.>5
입력하신 숫자는 0이 아닙니다.

▼ 실행결과 2
숫자를 하나 입력하세요.>0
입력하신 숫자는 0입니다.

if-else문 역시 블럭 내의 문장이 하나뿐인 경우 아래와 같이 괄호{}를 생략할 수 있다.

```
        if(input == 0)
            System.out.println("입력하신 숫자는 0입니다.");
        else
            System.out.println("입력하신 숫자는 0이 아닙니다.");
```

1.3 if-else if문

if-else문은 경우의 수가 둘 일 때 그 중 하나가 수행되는 구조인데, 경우의 수가 셋 이상인 경우에는 어떻게 해야 할까? 그럴 때는 한 문장에 여러 개의 조건식을 쓸 수 있는 'if-else if'문을 사용하면 된다.

```
    if (조건식1) {
            // 조건식1의 연산 결과가 참일 때 실행될 문장들을 적는다.
    } else if (조건식2) {
            // 조건식2의 연산 결과가 참일 때 실행될 문장들을 적는다.
    } else if (조건식3) {          // 여러 개의 else if를 사용할 수 있다.
            // 조건식3의 연산 결과가 참일 때 실행될 문장들을 적는다.
    } else {   // 마지막은 보통 else블럭으로 끝나며, else블럭은 생략가능하다.
            // 위의 어느 조건식도 만족하지 않을 때 실행될 문장들을 적는다.
    }
```

첫 번째 조건식부터 순서대로 평가해서 결과가 참인 조건식을 만나면, 해당 블럭{}만 실행하고 'if-else if'문 전체를 벗어난다.

 만일 결과가 참인 조건식이 하나도 없으면, 마지막에 있는 else블럭의 문장들이 실행된다. 그리고 else블럭은 생략이 가능하다. else블럭이 생략되었을 때는 if-else if문의 어떤 블럭도 수행되지 않을 수 있다.

 예를 들어 다음과 같은 if-else if문이 있을 때, 변수 score의 값이 85라면, 다음의 과정으로 처리된다.

```
                         거짓
                       ①
            if(score >=90)
                85
            {
                grade = 'A';
                          참 ①
            } else if(score >=80)
                     85
            {                ②
                grade = 'B';
            } else if(score >=70)
            {
          ③    grade = 'C';
            } else {
                grade = 'D';
            }
```

① 결과가 참인 조건식을 만날 때까지 첫 번째 조건식부터 순서대로 평가한다.
   (첫 번째 조건식이 거짓이면, 두 번째 조건식으로 넘어간다.)
② 참인 조건식을 만나면, 해당 블럭{ }의 문장들을 실행한다.
③ if-else if문 전체를 빠져나온다.

▼ 예제 4-4/**FlowEx4.java**

```java
import java.util.*;

class FlowEx4 {
    public static void main(String[] args) {
        int   score = 0;      // 점수를 저장하기 위한 변수
        char grade =' ';      // 학점을 저장하기 위한 변수. 공백으로 초기화한다.

        System.out.print("점수를 입력하세요.>");
        Scanner scanner = new Scanner(System.in);
        score = scanner.nextInt(); // 화면을 통해 입력받은 숫자를 score에 저장

        if (score >= 90) {          // score가 90점 보다 같거나 크면 A학점
            grade = 'A';
        } else if (score >=80) {    // score가 80점 보다 같거나 크면 B학점
            grade = 'B';
        } else if (score >=70) {    // score가 70점 보다 같거나 크면 C학점
            grade = 'C';
        } else {                    // 나머지는 D학점
            grade = 'D';
        }
        System.out.println("당신의 학점은 "+ grade +"입니다.");
    }
}
```

▼ 실행결과 1
점수를 입력하세요.>**70**
당신의 학점은 C입니다.

▼ 실행결과 2
점수를 입력하세요.>**63**
당신의 학점은 D입니다.

점수를 입력하면, 그에 해당하는 학점을 출력하는 간단한 예제이다. 여기서 한 가지 눈여겨봐야할 것은 두 번째와 세 번째 조건식이다.

```
if (score >= 90) {
    grade = 'A';
} else if (80 <= score && score < 90) { // 80 ≦ score < 90
    grade = 'B';
} else if (70 <= score && score < 80) { // 70 ≦ score < 80
    grade = 'C';
} else { // score < 70
    grade = 'D';
}
```

점수가 90점 미만이고, 80점 이상인 사람에게 'B'학점을 주는 조건이라면, 위의 코드에서처럼 조건식이 '80 <= score && score < 90'이 되어야 하는 것이 아닌가?

그럼에도 불구하고, 두 번째 조건식을 'score >= 80'이라고 쓸 수 있는 것은 첫 번째 조건식인 'score >= 90'이 거짓이기 때문이다. 'score >= 90'이 거짓이라는 것은 'score < 90'이 참이라는 뜻이므로 두 번째 조건식에서 'score < 90'이라는 조건을 중복해서 확인할 필요가 없다. 세 번째 조건식도 같은 이유로, '70 <= score && score < 80'이 아닌, 'score >= 70'과 같이 간단히 쓸 수 있다.

```
if (score >= 90) {
    grade = 'A';
} else if (80 <= score && score < 90 ) {
    grade = 'B';
} else if (70 <= score && score < 80 ) {
    grade = 'C';
} else {
    grade = 'D';
}
```

```
if (score >= 90) {
    grade = 'A';
} else if (score >=80) {
    grade = 'B';
} else if (score >=70) {
    grade = 'C';
} else {
    grade = 'D';
}
```

그래서 만일 아래와 같이 왼쪽의 if-else if문을 별개의 if문으로 떼어낸다면, 오른쪽과 같이 조건식이 달라져야 한다.

```
if (score >= 90) {
    grade = 'A';
} else if (score >=80) {
    grade = 'B';
} else if (score >=70) {
    grade = 'C';
} else {
    grade = 'D';
}
```

```
if (score >= 90) {
    grade = 'A';
}
if (80 <= score && score < 90) {
    grade = 'B';
}
if (70 <= score && score < 80) {
    grade = 'C';
}
if (score < 70) {
    grade = 'D';
}
```

if-else if문이 여러 개의 if문을 합쳐놓은 것이긴 하지만, 조건식을 바꾸지 않고 여러 개의 if문으로 쪼개놓기만 하면 전혀 다른 코드가 된다는 점에 유의하자.

1.4 중첩 if문

if문의 블록 내에 또 다른 if문을 포함시키는 것이 가능하며 이것을 중첩 if문이라고 부르며 중첩의 횟수에는 거의 제한이 없다.

```
if (조건식1) {
        // 조건식1의 연산 결과가 true일 때 실행될 문장들을 적는다.
        if (조건식2) {
                // 조건식1과 조건식2가 모두 true일 때 실행될 문장들
        } else {
                // 조건식1이 true이고, 조건식2가 false일 때 실행되는 문장들
        }
} else {
        // 조건식1이 false일 때 실행되는 문장들
}
```

위와 같이 내부의 if문은 외부의 if문보다 안쪽으로 들여쓰기를 해서 두 if문의 범위가 명확히 구분될 수 있도록 작성하는 것이 좋다.

중첩if문에서는 괄호{}의 생략에 더욱 조심해야 한다. 바깥쪽의 if문과 안쪽의 if문이 서로 엉켜서 if문과 else블럭의 관계가 의도한 바와 다르게 형성될 수도 있기 때문이다.

```
if (num >= 0)
    if (num != 0)
        sign = '+';
else
    sign = '-';
```

↔

```
if (num >= 0) {
    if (num != 0) {
        sign = '+';
    } else {
        sign = '-';
    }
}
```

왼쪽 코드는 언뜻 보기에 else블럭이 바깥쪽의 if문에 속한 것처럼 보이지만, 괄호가 생략되었을 때 else블럭은 가까운 if문에 속한 것으로 간주되므로 실제로는 오른쪽과 같이 안쪽 if문의 else블럭이 되어버린다. 이제 else블럭은 어떤 경우에도 실행될 수 없다. 그래서 아래와 같이 괄호{}를 넣어서 if블럭과 else블럭의 관계를 확실히 해주는 것이 좋다.

```
if (num >= 0) {
    if (num != 0)
        sign = '+';
} else {
    sign = '-';
}
```

▼ 예제 4-5/`FlowEx5.java`

```java
import java.util.*;

class FlowEx5 {
    public static void main(String[] args) {
        int  score = 0;
        char grade = ' ', opt = '0';

        System.out.print("점수를 입력해주세요.>");

        Scanner scanner = new Scanner(System.in);
        score = scanner.nextInt();  // 화면을 통해 입력받은 점수를 score에 저장

        System.out.printf("당신의 점수는 %d입니다.%n", score);

        if (score >= 90) {                // score가 90점 보다 같거나 크면 A학점(grade)
            grade = 'A';
            if (score >= 98) {            // 90점 이상 중에서도 98점 이상은 A+
                opt = '+';
            } else if (score < 94) {      // 90점 이상 94점 미만은 A-
                opt = '-';
            }
        } else if (score >= 80){          // score가 80점 보다 같거나 크면 B학점(grade)
            grade = 'B';
            if (score >= 88) {
                opt = '+';
            } else if (score < 84)  {
                opt = '-';
            }
        } else {                          // 나머지는 C학점(grade)
            grade = 'C';
        }
        System.out.printf("당신의 학점은 %c%c입니다.%n", grade, opt);
    }
}
```

▼ 실행결과 1	▼ 실행결과 2	▼ 실행결과 3
점수를 입력해주세요.>100 당신의 점수는 100입니다. 당신의 학점은 A+입니다.	점수를 입력해주세요.>81 당신의 점수는 81입니다. 당신의 학점은 B-입니다.	점수를 입력해주세요.>85 당신의 점수는 85입니다. 당신의 학점은 B0입니다.

위 예제는 모두 3개의 if문으로 이루어져 있으며 if문 안에 또 다른 2개의 if문을 포함하고 있는 모습을 하고 있다. 제일 바깥쪽에 있는 if문에서 점수에 따라 학점(grade)을 결정하고, 내부의 if문에서는 학점을 더 세부적으로 나누어서 평가를 하고 그 결과를 출력한다. 외부 if문의 조건식에 의해 한번 걸러졌기 때문에 내부 if문의 조건식은 더 간단해 질 수 있다.

원래는 아래의 왼쪽과 같이 써야하는데, '90 <= score'라는 조건이 이미 외부 if문의 조건식과 동일하므로 오른쪽의 조건식처럼 간단히 쓸 수 있는 것이다.

```
if (score >= 90) {
   grade = 'A';
   if (score >= 98) {
      opt = '+';
   } else if (90 <= score && score < 94) {
      opt = '-';
   }
   ...
```

```
if (score >= 90) {
   grade = 'A';
   if (score >= 98) {
      opt = '+';
   } else if (score < 94) {
      opt = '-';
   }
   ...
```

아래 오른쪽의 if-else if문은 else블럭이 생략되었는데, 만일 생략되지 않았다면 왼쪽과 같은 코드가 될 것이다. 변수 opt를 선언할 때 이미 '0'으로 초기화했기 때문에 굳이 else 블럭을 쓸 필요가 없는 것이다.

```
char opt = '0';
   ...
if (score >= 98) {
   opt = '+';
} else if (score < 94) {
   opt = '-';
} else {   // 94 ≤ score < 98
   opt = '0';
}
```

```
char opt = '0';
   ...
if (score >= 98) {
   opt = '+';
} else if (score < 94) {
   opt = '-';
}
```

1.5 switch문

if문은 조건식의 결과가 참과 거짓, 두 가지 밖에 없기 때문에 경우의 수가 많아질수록 else-if를 계속 추가해야하므로 조건식이 많아져서 복잡해지고, 여러 개의 조건식을 계산해야하므로 처리시간도 많이 걸린다.

이러한 if문과 달리 switch문은 단 하나의 조건식으로 많은 경우의 수를 처리할 수 있고, 표현도 간결하므로 알아보기 쉽다. 그래서 처리할 경우의 수가 많은 경우에는 if문보다 switch문으로 작성하는 것이 좋다. 다만 switch문은 제약조건이 있기 때문에, 경우의 수가 많아도 어쩔 수 없이 if문으로 작성해야 하는 경우가 있다.

switch문은 조건식을 먼저 계산한 다음, 그 결과와 일치하는 case문으로 이동한다. 이동한 case문 아래에 있는 문장들을 수행하며, break문을 만나면 전체 switch문을 빠져나가게 된다.

① 조건식을 계산한다.
② 조건식의 결과와 일치하는 case문으로 이동한다.
③ 이후의 문장들을 실행한다.
④ break문이나 switch문의 끝을 만나면 switch문 전체를 빠져나간다.

```
         ┌────────①
         │ switch (조건식) {
         │     case 값1 :
         │         // 조건식의 결과가 값1과 같을 경우 수행될 문장들
  ②      │         //...
         │         break;
         │     case 값2 :
         │         // 조건식의 결과가 값2와 같을 경우 수행될 문장들
         │  ③     //...
         │     ▶ break;    // switch문을 벗어난다.
         │     //...
         │     default :
         │         // 조건식의 결과와 일치하는 case문이 없을 때 수행될 문장들
  ④      │         //...
         └─> }
```

만일 조건식의 결과와 일치하는 case문이 하나도 없는 경우에 default문으로 이동한다. default문은 if문의 else블럭과 같은 역할을 한다고 보면 된다. default문의 위치는 어디라도 상관없으나 보통 마지막에 놓기 때문에 break문을 쓰지 않아도 된다.

switch문에서 break문은 각 case문의 영역을 구분하는 역할을 하는데, 만일 break문을 생략하면 case문 사이의 구분이 없어지므로 다른 break문을 만나거나 switch문 블럭{}의 끝을 만날 때까지 나오는 모든 문장들을 수행한다. 이러한 이유로 각 case문의 마지막에 break문을 빼먹는 실수를 하지 않도록 주의해야한다.

그러나 경우에 따라서는 다음과 같이 고의적으로 break문을 생략하는 경우도 있다.

```
switch (level) {
    case 3 :
        grantDelete();    // 삭제권한을 준다.
    case 2 :
        grantWrite();     // 쓰기권한을 준다.
    case 1 :
        grantRead();      // 읽기권한을 준다.
}
```

▌참고▐ 위의 코드는 사용자에게 읽기, 쓰기, 삭제권한을 주는 기능의 grantRead( ), grantWrite( ), grantDelete( )가 존재한다는 가정 하에 작성되었다.

위의 코드는 전체 코드가 아닌 코드의 일부를 발췌한 것인데, 회원제로 운영되는 웹사이트에서 많이 사용될 만한 코드이다.

로그인한 사용자의 등급(level)을 체크하여, 등급에 맞는 권한을 부여하는 방식으로 되어 있다. 제일 높은 등급인 3을 가진 사용자는 grantDelete( ), grantWrite( ), grantRead( )가 모두 수행되어 읽기, 쓰기, 삭제 권한까지 모두 갖게 되고, 제일 낮은 등급인 1을 가진 사용자는 읽기 권한만을 갖게 된다.

예를 들어 변수 level의 값이 2라면, 다음과 같은 흐름으로 진행된다.

```
    int level = 2;
    ...
         ┌─①
    switch (level) {
        case 3 :
            grantDelete();      // 삭제권한을 준다.
        case 2 :
            grantWrite();       // 쓰기권한을 준다.
        case 1 :
            grantRead();        // 읽기권한을 준다.
    }
```
①②③④

변수 level의 값이 2이므로 조건식의 결과는 2가 되고, 이와 일치하는 case문인 'case 2 :'로 이동한다. break문이 없으므로 'case 2 :'에 속한 grantWrite()뿐만 아니라 'case 1 :'에 속한 grantRead()까지 수행되고 더 이상 문장이 없으므로 switch문을 빠져나온다.

switch문의 제약조건

switch문의 조건식은 결과값이 반드시 정수이어야 하며, 이 값과 일치하는 case문으로 이동하기 때문에 case문의 값 역시 정수이어야 한다. 그리고 중복되지 않아야 한다. 같은 값의 case문이 여러 개이면, 어디로 이동해야할 지 알 수 없기 때문이다.

게다가 case문의 값은 반드시 상수이어야 한다. 변수나 실수, 문자열은 case문의 값으로 사용할 수 없다.

> **switch문의 제약조건**
> 1. switch문의 조건식 결과는 정수 값(long타입 제외) 또는 참조형(객체 주소)만 허용
> 2. case문에는 정수 값, 문자열 리터럴 또는 참조형만 가능(중복 불가)

| 참고 | JDK 14부터 switch문의 조건식에 int타입과 참조형이 가능하다. JDK 7이전에는 int타입만 가능했다.

```
    public static void main(String[] args) {
        int num = 10;
        final int ONE = 1;
            ...
        switch(result) {
            case '1':           // OK. 문자 리터럴 (49와 동일)
            case ONE:           // OK. 정수 상수
            case "YES":         // OK. 문자열 리터럴. JDK 7부터 허용
            case Double d:      // OK. 참조형. JDK 14부터 허용
            case num:           // 에러. 변수는 불가
            case 1.0:           // 에러. 실수도 불가
                ...
        }
```

문자 '1'은 정수 49와 동등하므로 문제가 없고, ONE은 정수가 아닌 것처럼 보이지만, 'final'이 붙은 정수 상수이므로 case문의 값으로 적합하다. 그러나 변수나 실수 리터럴은 case문의 값으로 적합하지 않다. JDK 14부터 switch문의 조건식에 참조형 값을 허용하면서 case문에도 Double과 같은 참조형이 가능해 졌다. 다만 타입만 적으면 안되고 변수 선언하듯이 'Double d'와 같은 형식으로 적어야 한다.

참조형은 앞으로 자세히 배울 것이니 지금은 가볍게 보고 넘어가자.

▼ 예제 4-6/**FlowEx6.java**

```java
import java.util.*;
class FlowEx6 {
    public static void main(String[] args) {
        System.out.print("현재 월을 입력하세요.>");

        Scanner scanner = new Scanner(System.in);
        int month = scanner.nextInt();   // 화면을 통해 입력받은 숫자를 month에 저장

        switch(month) {
            case 3:
            case 4:
            case 5:
                System.out.println("현재의 계절은 봄입니다.");
                break;
            case 6: case 7: case 8:
                System.out.println("현재의 계절은 여름입니다.");
                break;

            case 9: case 10: case 11:
                System.out.println("현재의 계절은 가을입니다.");
                break;
            default:
//          case 12:    case 1: case 2:
                System.out.println("현재의 계절은 겨울입니다.");
        }
    } // main의 끝
}
```

▼ 실행결과
현재 월을 입력하세요.>**3**
현재의 계절은 봄입니다.

현재 몇 월인지 입력받아서 해당하는 계절을 출력하는 예제이다. 간단한 예제이므로 별로 설명할 것은 없다 case문은 한 줄에 하나씩 쓰던, 한 줄에 붙여서 쓰던 상관없다.

```
case 3:
case 4:
case 5:
    System.out.println("현재의 계
절은 ...");
    break;
```
↔
```
case 3: case 4: case 5:
    System.out.println("현재의 계
절은 ...");
    break;
```

그리고 예제의 switch문을 if문으로 변경하면 다음과 같다.

```
        if(month==3 || month==4 || month==5) {
            System.out.println("현재의 계절은 봄입니다.");
        } else if(month==6 || month==7 || month==8) {
            System.out.println("현재의 계절은 여름입니다.");
        } else if(month==9 || month==10 || month==11) {
            System.out.println("현재의 계절은 가을입니다.");
        } else { // if(month==12 || month==1 || month==2)
            System.out.println("현재의 계절은 겨울입니다.");
        }
```

두 문장을 비교해보면, 이 예제에서는 if문보다 switch문이 더 알아보기 쉽고 간결하다는 것을 알 수 있다.

▼ 예제 4-7/`FlowEx7.java`

```java
import java.util.*;

class FlowEx7 {
    public static void main(String[] args) {
        System.out.print("가위(1),바위(2),보(3) 중 하나를 입력하세요.>");

        Scanner scanner = new Scanner(System.in);
        int user = scanner.nextInt(); // 화면을 통해 입력받은 숫자를 user에 저장
        int com = (int)(Math.random() * 3) + 1;   // 1,2,3중 하나가 com에 저장됨

        System.out.println("당신은 "+ user +"입니다.");
        System.out.println("컴은   "+ com +"입니다.");

        switch(user-com) {
            case 2: case -1:
                System.out.println("당신이 졌습니다.");
                break;
            case 1: case -2:
                System.out.println("당신이 이겼습니다.");
                break;
            case 0:
                System.out.println("비겼습니다.");
//              break;                 // 마지막 문장이므로 break를 사용할 필요가 없다.
        }
    } // main의 끝
}
```

▼ 실행결과 1
```
가위(1),바위(2),보(3) 중 하나를 입력하세요.>1
당신은   1입니다.
컴은   1입니다.
비겼습니다.
```

▼ 실행결과 2
```
가위(1),바위(2),보(3) 중 하나를 입력하세요.>3
당신은   3입니다.
컴은   2입니다.
당신이 이겼습니다.
```

이 예제는 컴퓨터와 사용자가 가위바위보를 하는 간단한 게임이다. 사용자로부터 1(가위), 2(바위), 3(보) 중의 하나를 입력받고, 컴퓨터는 1, 2, 3 중에서 하나를 임의로 선택한다.

난수(임의의 수)를 얻기 위해서 Math.random( )을 사용했는데, 이 메서드는 0.0과 1.0사이의 범위에 속하는 하나의 double값을 반환한다. 0.0은 범위에 포함되고 1.0은 포함되지 않는다.

```
0.0 <= Math.random() < 1.0
```

만일 1과 3 사이의 정수를 구하기를 원한다면, 다음과 같은 과정으로 난수를 구하는 식을 얻을 수 있다.

1. 각 변에 3을 곱한다.

```
0.0 * 3 <= Math.random() * 3 < 1.0 * 3
    0.0 <= Math.random() * 3 < 3.0
```

2. 각 변을 int형으로 변환한다.

```
(int)0.0 <= (int)(Math.random() * 3) < (int)3.0
       0 <= (int)(Math.random() * 3) < 3
```

3. 각 변에 1을 더한다.

```
0 + 1 <= (int)(Math.random() * 3) + 1 < 3 + 1
    1 <= (int)(Math.random() * 3) + 1 < 4
```

자, 이제는 1과 3사이의 정수 중 하나를 얻을 수 있다. 1은 포함되고 4는 포함되지 않는다.

| 참고 | 순서 2와 3을 바꿔서, 각 변에 1을 먼저 더한 다음 int형으로 변환해도 같은 결과를 얻는다.

위와 같이 식을 변환해가며 범위를 조절하면 원하는 범위의 값을 얻을 수 있다. 주사위를 던졌을 때 나타나는 임의의 값을 얻기 위해서는 3대신 6을 곱하면 된다. 그렇게 하면 1과 6사이의 값을 얻어낼 수 있을 것이다.

이제 사용자가 입력한 값(user)하고 컴퓨터가 생성한 난수(com)하고 비교해서 가위바위보의 승부결과를 판단해야 한다. 두 값 모두 3가지 값이 가능하므로, 아래의 표와 같이 모두 9가지의 경우의 수를 처리해야한다.

com user	가위(1)	바위(2)	보(3)
가위(1)	무승부	컴승	유저승
바위(2)	유저승	무승부	컴승
보(3)	컴승	유저승	무승부

user에서 com의 값을 빼면, 아래의 표와 같은 결과를 얻는다. 무승부는 0, 컴퓨터 승리는 -1과 2, 사용자의 승리는 1, -2이다.

Chapter 04 조건문과 반복문

com \ user	가위(1)	바위(2)	보(3)
가위(1)	0	-1	-2
바위(2)	1	0	-1
보(3)	2	1	0

경우의 수가 9개에서 5개로 줄었다. 그리고 이 값들은 모두 정수이므로 switch문으로 처리가 가능하다.

```java
        switch(user - com) {
            case 2: case -1:
                System.out.println("당신이 졌습니다.");
                break;
            case 1: case -2:
                System.out.println("당신이 이겼습니다.");
                break;
            case 0:
                System.out.println("비겼습니다.");
//              break;          // 마지막 문장이므로 break를 사용할 필요가 없다.
        }
```

▼ 예제 4-8 / `FlowEx8.java`

```java
import java.util.*;

class FlowEx8 {
    public static void main(String[] args) {
        System.out.print("당신의 주민번호를 입력하세요.(011231-1111222)>");

        Scanner scanner = new Scanner(System.in);
        String regNo = scanner.nextLine();

        char gender = regNo.charAt(7); // 입력받은 번호의 8번째 문자를 gender에 저장

        switch(gender) {
            case '1': case '3':
                System.out.println("당신은 남자입니다.");
                break;
            case '2': case '4':
                System.out.println("당신은 여자입니다.");
                break;
            default:
                System.out.println("유효하지 않은 주민등록번호입니다.");
        }
    } // main의 끝
}
```

▼ 실행결과
```
당신의 주민번호를 입력하세요.(011231-1111222)>110101-2111222
당신은 여자입니다.
```

주민등록번호를 입력받아서 성별을 출력하는 예제이다. 주민등록번호 뒷 번호의 첫 자리의 값은 성별을 의미하는데, 그 값이 1, 3이면 남자, 2, 4이면 여자를 의미한다. 입력받은 주민등록번호는 char배열 regNo에 저장되며, 이 배열에서 성별을 의미하는 값은 8번째에 저장되어 있다.

```
gender = regNo.charAt(7);  // 입력받은 번호의 8번째 문자를 gender에 저장
```

문자열에 저장된 문자는 '문자열.charAt(index)'로 가져올 수 있는데, index는 연속된 정수이며 1이 아닌 0부터 시작한다. 그래서 8번째 문자는 regNo.charAt(8)이 아닌 regNo.charAt(7)이다.

index	0	1	2	3	4	5	6	7	8	9	10	11	12	13
regNo	'1'	'1'	'0'	'1'	'0'	'1'	'-'	'2'	'1'	'1'	'1'	'2'	'2'	'2'

char는 하나의 문자를 다루기 위한 타입이지만, char타입의 값은 사실 문자가 아닌 정수(유니코드)로 저장되기 때문에 이처럼 char타입의 값도 switch문의 조건식과 case문에 사용할 수 있다.

▼ 예제 4-9/**FlowEx9.java**

```java
import java.util.*;

class FlowEx9 {
    public static void main(String[] args) {
        char grade = ' ';

        System.out.print("당신의 점수를 입력하세요.(1~100)>");

        Scanner scanner = new Scanner(System.in);
        int score = scanner.nextInt(); // 화면을 통해 입력받은 숫자를 score에 저장

        switch(score) {
            case 100: case 99: case 98: case 97: case 96:
            case 95:  case 94: case 93: case 92: case 91: case 90:
                grade = 'A';
                break;
            case 89: case 88: case 87: case 86: case 85:
            case 84: case 83: case 82: case 81: case 80:
                grade = 'B';
                break;
            case 79: case 78: case 77: case 76: case 75:
            case 74: case 73: case 72: case 71: case 70:
                grade = 'C';
                break;
            default :
                grade = 'F';
        } // end of switch
```

```
            System.out.println("당신의 학점은 "+ grade +"입니다.");
    }
}
```

▼ 실행결과 1
당신의 점수를 입력하세요. (1~100)>82
당신의 학점은 B입니다.

▼ 실행결과 2
당신의 점수를 입력하세요. (1~100)>69
당신의 학점은 F입니다.

이 예제는 예제4-4의 if문을 switch문을 이용해서 변경한 것이다. 이 예제를 if문을 이용해서 구현하려면, 조건식이 4개가 필요하며, 최대 4번의 조건식을 계산해야 한다.

반면에 switch문은 조건식을 1번만 계산하면 되므로 더 빠르다. 그러나 case문이 너무 많아져서 좋지 않은 코드가 되었다. 반드시 속도를 더 향상시켜야 한다면 복잡하더라도 switch문을 선택해야겠지만, 그렇지 않다면 이런 경우 if문이 더 적합하다.

▼ 예제 4-10/**FlowEx10.java**

```java
import java.util.*;

class FlowEx10 {
    public static void main(String[] args) {
        int  score = 0;
        char grade = ' ';

        System.out.print("당신의 점수를 입력하세요.(1~100)>");

        Scanner scanner = new Scanner(System.in);
        String tmp = scanner.nextLine(); // 화면을 통해 입력받은 내용을  tmp에 저장
        score = Integer.parseInt(tmp);   // 입력받은 문자열(tmp)를 숫자로 변환

        switch(score/10) {
            case 10:
            case 9 :
                grade = 'A';
                break;
            case 8 :
                grade = 'B';
                break;
            case 7 :
                grade = 'C';
                break;
            default :
                grade = 'F';
        } // end of switch

        System.out.println("당신의 학점은 "+ grade +"입니다.");
    } // main의 끝
}
```

▼ 실행결과
당신의 점수를 입력하세요. (1~100)>**82**
당신의 학점은 B입니다.

이전 예제에 기교를 부려서 보다 간결하게 작성한 예제이다. score를 10으로 나누면, 전에 배운 것과 같이 'int / int'의 결과는 int이기 때문에, 예를 들어 '88/10'은 8.8이 아니라 8을 얻는다. 따라서 80과 89사이의 숫자들은 10으로 나누면 결과가 8이 된다. 마찬가지로 70과 79사이의 숫자들은 10으로 나누면 7이 된다.

이처럼 switch문에서는 조건식을 잘 만들어서 case문의 갯수를 줄이는 것이 중요하다.

switch문의 중첩

if문처럼 switch문도 중첩이 가능하다. 아래의 예제는 보기만 해도 별도의 설명이 필요 없을 것이다. 한 가지 주의할 점은 중첩 switch문에서 break문을 빼먹기 쉽다는 것이다.

▼ 예제 4-11/**FlowEx11.java**

```java
import java.util.*;

class FlowEx11 {
    public static void main(String[] args) {
        System.out.print("당신의 주민번호를 입력하세요.(011231-1111222)>");

        Scanner scanner = new Scanner(System.in);
        String regNo = scanner.nextLine();
        char gender = regNo.charAt(7); // 입력받은 번호의 8번째 문자를 gender에 저장

        switch(gender) {
            case '1': case '3':
                switch(gender) {
                    case '1':
                        System.out.println("당신은 2000년 이전에 출생한 남자입니다.");
                        break;
                    case '3':
                        System.out.println("당신은 2000년 이후에 출생한 남자입니다.");
                }
                break;    // 이 break문을 빼먹지 않도록 주의
            case '2': case '4':
                switch(gender) {
                    case '2':
                        System.out.println("당신은 2000년 이전에 출생한 여자입니다.");
                        break;
                    case '4':
                        System.out.println("당신은 2000년 이후에 출생한 여자입니다.");
                        break;
                }
                break;
            default:
                System.out.println("유효하지 않은 주민등록번호입니다.");
        }
    } // main의 끝
}
```

▼ 실행결과

```
당신의 주민번호를 입력하세요.(011231-1111222)>010101-4111222
당신은 2000년 이후에 출생한 여자입니다.
```

switch식(switch expression)

JDK 14부터 switch문의 기능이 확장되어서, 전통적으로 문장(statement)이었던 switch문이 식(式, expression)으로도 쓰일 수 있다. 예제4-10의 switch문을 switch식으로 바꾸면 다음과 같다.

```
char grade = switch(score/10) {
    case 9, 10 -> 'A';   // 콤마(,)로 여러 case를 합칠 수 있다.
    case 8     -> 'B';   // break;가 없어도 다음 case로 넘어가지 않는다.
    case 7     -> 'C';
    default    -> 'F';
};  ← 끝에 세미콜론을 붙이는것을 잊지말 것
```

코드가 훨씬 간결해 졌다. 예전의 switch문과 비슷하게 작성하는 것도 여전히 가능하다. 하지만 break문 대신 yield문을 사용해서 대입할 값을 지정해야 한다.

| 참고 | yield는 var처럼 상황에 따라 예약어가 되는 문맥 예약어라서 switch식 내에서만 예약어이다.

```
char grade = switch(score/10) {
    case 10 :
    case 9  :
              yield 'A';   // score가 90이면, grade에 'A'를 대입
    case 8  : yield 'B';
    case 7  : yield 'C';
    default : yield 'F';
};
```

아무래도 화살표(->)를 사용하는 쪽이 break나 yield를 붙이지 않아도 되니 간결하다. 앞서 break문을 생략하는 코드를 소개했지만, break문을 넣어야하는데 잊는 경우가 많아서 의도한 것인지 실수인지 알기 어려워서 break문을 아예 쓰지 않는 쪽으로 변경되었다.

```
char grade = switch(score/10) {
    case 9, 10 -> { // 여러 문장은 괄호{}로 묶는다.
        System.out.println("score = " + score);
        yield 'A';   // yield를 생략할 수 없다.
    }
    case 8     -> 'B';
        ...
```

case문에 해당하는 문장이 여럿일 때는 괄호{}로 묶는다. break문은 쓰지 않으며 yield는 생략할 수 없다. switch식은 어떤 조건에서도 반드시 결과값을 반환해야 하므로 모든 경우를 다 처리할 수 있어야 한다.

```
        char grade = switch(score/10) {
            case 9, 10 -> 'A';
            case 8     -> 'B';
            case 7     -> 'C';
//          default    -> 'F';   // 이 문장이 없으면 에러. 값을 반환할 수 없는 경우가 존재
        };
```

switch문은 모던 프로그래밍 언어에서 활용도가 높고 점점 복잡해지고 있다. 이 외에도 더 많은 기능이 있지만 진도에 맞춰 추가로 설명할 것이다.

처음 배울 때는 if문만으로도 프로그래밍이 충분히 가능하므로 switch문에 대한 부담은 갖지 않길 바란다. 다음은 예제4-10의 switch문을 식으로 변경한 것이다.

▼ 예제 4-12/**FlowEx12.java**

```java
import java.util.*;

class FlowEx12 {
    public static void main(String[] args) {
        int score  = 0;

        System.out.print("당신의 점수를 입력하세요.(1~100)>");

        Scanner scanner = new Scanner(System.in);
        String tmp = scanner.nextLine(); // 화면을 통해 입력받은 내용을  tmp에 저장
        score = Integer.parseInt(tmp);    // 입력받은 문자열(tmp)를 숫자로 변환

        char grade = switch(score/10) {
            case 9, 10 -> 'A';
            case 8     -> 'B';
            case 7     -> 'C';
            default    -> 'F';
        };

        System.out.println("당신의 학점은 "+ grade +"입니다.");
    } // main의 끝
}
```

▼ 실행결과
```
당신의 점수를 입력하세요.(1~100)>82
당신의 학점은  B입니다.
```

2. 반복문 - for, while, do-while

반복문은 어떤 작업이 반복적으로 실행되게 할 때 사용되며, 반복문의 종류로는 for문과 while문, 그리고 while문의 변형인 do-while문이 있다.

for문이나 while문에 속한 문장은 조건에 따라 한 번도 실행되지 않을 수 있지만 do-while문에 속한 문장은 무조건 최소한 한 번은 실행될 것이 보장된다. 반복문은 주어진 조건을 만족하는 동안 주어진 문장들을 반복적으로 실행하므로 조건식을 포함하며, if문과 마찬가지로 조건식의 결과가 true이면 참이고, false면 거짓으로 간주된다.

for문과 while문은 구조와 기능이 유사하여 항상 서로 변환이 가능하기 때문에 반복문을 작성해야할 때 for문과 while문 중 어느 쪽을 선택해도 좋으나 for문은 주로 반복 횟수를 알고 있을 때 사용한다.

2.1 for문

for문은 반복 횟수를 알고 있을 때 적합하다. 구조가 조금 복잡하지만 직관적이라 오히려 이해하기 쉽다. 자세한 설명에 앞서 가장 기본적인 for문의 예를 하나 소개할까 한다. 아래의 for문은 블럭{} 내의 문장을 5번 반복한다. 즉, "I can do it."이라는 문장이 5번 출력된다.

```
                1부터    5까지   1씩 증가
for(int i=1;i<=5;i++) { // i=1,2,3,4,5
    System.out.println("I can do it.");
}
```

변수 i에 1을 저장한 다음, 매 반복마다 i의 값을 1씩 증가시킨다. 그러다가 i의 값이 5를 넘으면 조건식 'i<=5'가 거짓이 되어 반복을 마치게 된다. i의 값이 1부터 5까지 1씩 증가하니까 모두 5번 반복한다. 만일 10번 반복하기를 원한다면, 5를 10으로 바꾸기만 하면 된다.

이제 for문에 대해 좀 더 자세히 배운 다음에 예제를 통해 자주 사용되는 for문의 형태를 가장 쉬운 것부터 조금씩 난이도를 높여가며 소개할 것이다.

for문의 구조와 수행순서

for문은 아래와 같이 '초기화', '조건식', '증감식', '블럭{}', 모두 4부분으로 이루어져 있으며, 조건식이 참인 동안 블럭{} 내의 문장들을 반복하다 거짓이 되면 반복문을 벗어난다.

```
for (초기화;조건식;증감식) {
    // 조건식이 참일 때 수행될 문장들을 적는다.
}
```

|참고| 반복하려는 문장이 단 하나일 때는 괄호{}를 생략할 수 있다.

제일 먼저 '①초기화'가 수행되고, 그 이후부터는 조건식이 참인 동안 '②조건식 → ③수행될 문장 → ④증감식'의 순서로 반복된다. 그러다가 ②조건식이 거짓이 되면, for문 전체를 빠져나가게 된다.

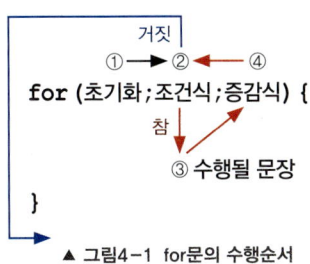

▲ 그림4-1 for문의 수행순서

초기화

반복문에 사용될 변수를 초기화하는 부분이며 처음에 한번만 수행된다. 보통 변수 하나로 for문을 제어하지만, 둘 이상의 변수가 필요할 때는 아래와 같이 콤마','를 구분자로 변수를 초기화하면 된다. 단, 두 변수의 타입이 같아야 한다.

```
for(int i=1;i<=10;i++) { ... }       // 변수 i의 값을 1로 초기화 한다.
for(int i=1,j=0;i<=10;i++) { ... } // int타입의 변수 i와 j를 선언하고 초기화
```

조건식

조건식의 값이 참(true)이면 반복을 계속하고, 거짓(false)이면 반복을 중단하고 for문을 벗어난다. for의 뜻이 '~하는 동안'이므로 조건식이 '참인 동안' 반복을 계속한다고 생각하면 쉽다.

```
for(int i=1;i<=10;i++) { ... }   // 'i<=10'가 참인 동안 블럭{}안의 문장들을 반복
```

조건식을 잘못 작성하면 블럭{} 내의 문장이 한 번도 수행되지 않거나 영원히 반복되는 무한반복에 빠지기 쉬우므로 주의해야 한다. 반복문에서 문제가 발생하는 대부분은 조건문이며, 블럭{} 안에 'System.out.println(i);'만 넣어도 간단히 확인 가능하다.

증감식

반복문을 제어하는 변수의 값을 증가 또는 감소시키는 식이다. 매 반복마다 변수의 값이 증감식에 의해 점차 변하다가 결국 조건식이 거짓이 되어 for문을 벗어나게 된다.

```
for(int i=1;i<=10;i++)   { ... }   // 1부터 10까지 1씩 증가
for(int i=10;i>=1;i--)   { ... }   // 10부터  1까지 1씩 감소
for(int i=1;i<=10;i+=2)  { ... }   // 1부터 10까지 2씩 증가
for(int i=1;i<=10;i*=3)  { ... }   // 1부터 10까지 3배씩 증가
```

증감식도 쉼표','를 이용해서 두 문장 이상을 하나로 연결해서 쓸 수 있다.

```
for(int i=1, j=10;i<=10;i++, j--) { ... } // i는 1부터 10까지 1씩 증가하고
                                          // j는 10부터 1까지 1씩 감소한다.
```

지금까지 살펴본 이 3가지 요소는 생략할 수 있으며, 심지어 모두 생략 가능하다.

```
for(;;) { ... }   // 초기화, 조건식, 증감식 모두 생략. 조건식은 참이 된다.
```

조건식이 생략된 경우, 참(true)으로 간주되어 무한 반복문이 된다. 대신 블럭{} 안에 if문을 넣어서 특정 조건을 만족하면 for문을 빠져 나오게 해야 한다. 무한 반복문에 대해서는 곧 자세히 다룰 것이다.

이제 다양한 예제를 통해 for문을 어떻게 활용하는지 알아보자.

▼ 예제 4-13/**FlowEx13.java**

```java
class FlowEx13 {
    public static void main(String[] args) {
        for(int i=1;i<=5;i++)
            System.out.println(i); // i의 값을 출력한다.

        for(int i=1;i<=5;i++)
            System.out.print(i);   // print()를 쓰면 가로로 출력된다.

        System.out.println();
    }
}
```

▼ 실행결과
```
1
2
3
4
5
12345
```

1부터 5까지 세로로 한번, 가로로 한번 출력하는 간단한 예제이다. 아래의 표를 보면 i의 값이 변화함에 따라 조건식의 결과가 어떻게 되는지 알 수 있다.

i	i<=5
1	1<=5 → true 참
2	2<=5 → true 참
3	3<=5 → true 참
4	4<=5 → true 참
5	5<=5 → true 참
6	6<=5 → false 거짓, 반복종료

사실 i의 값은 1부터 6까지 변하지만, i값이 6일 때 조건식이 '6<=5'가 되고, 이 식의 결과는 거짓(false)이므로 for문을 벗어나기 때문에 6은 출력되지 않는다.

▼ 예제 4-14/`FlowEx14.java`

```java
class FlowEx14 {
    public static void main(String[] args) {
        int sum = 0;    // 합계를 저장하기 위한 변수.

        for(int i=1; i <= 10; i++) {
            sum += i ; // sum = sum + i;
            System.out.printf("1부터 %2d 까지의합: %2d%n",
                                                i, sum);
        }
    } // main의 끝
}
```

▼ 실행결과

```
1부터  1 까지의 합:  1
1부터  2 까지의 합:  3
1부터  3 까지의 합:  6
1부터  4 까지의 합: 10
1부터  5 까지의 합: 15
1부터  6 까지의 합: 21
1부터  7 까지의 합: 28
1부터  8 까지의 합: 36
1부터  9 까지의 합: 45
1부터 10 까지의 합: 55
```

1부터 10까지의 합을 구하는 예제이다. 변수 i를 1부터 10까지 변화시키면서 i를 sum에 계속 더해서 누적시킨다. 그 과정을 출력했으므로 어렵지 않게 이해할 수 있을 것이다.

i	sum = sum + i
1	1 = 0 + 1
2	3 = 1 + 2
3	6 = 3 + 3
4	10 = 6 + 4
5	15 = 10 + 5
6	21 = 15 + 6
7	28 = 21 + 7
8	36 = 28 + 8
9	45 = 36 + 9
10	55 = 45 + 10

이와 같이 매 반복마다 변수들의 값이 어떻게 변하는지 적어보면 이해하기 쉬워진다. 반복회수가 많은 경우에는 일부 구간만 적어보면 된다.

▼ 예제 4-15/`FlowEx15.java`

```java
class FlowEx15 {
    public static void main(String[] args) {
        for(int i=1,j=10;i<=10;i++,j--)
            System.out.printf("%d \t %d%n", i, j);
    }
}
```

▼ 실행결과

```
1    10
2    9
3    8
4    7
5    6
6    5
7    4
8    3
9    2
10   1
```

for문에 i와 j, 두 개의 변수로 i는 1부터 10까지 증가시키는 동시에, j는 10부터 1까지 감소시키며 출력한다. 하나의 for문에 두 개의 변수를 이용해서 출력하는 예를 보여준 것인데, 사실 아래처럼 하나의 변수로도 같은 결과를 얻을 수 있다.

```java
for(int i = 1; i <= 10; i++) {
    System.out.printf("%d \t %d%n", i, 11 - i);
}
```

실행결과에서 i와 j의 관계를 살펴보면, i와 j를 더한 값이 11로 일정하다는 것을 알 수 있다. 이 사실을 이용하면 j는 '11 – i'가 된다. 그래서 j대신 '11 – i'라는 식을 사용할 수 있는 것이다.

$$i + j = 11$$
$$j = 11 - i$$

아무래도 for문에 사용되는 변수의 수가 적은 것이 더 효율적이고 간단하다.

▼ 예제 4-16/**FlowEx16.java**

```java
class FlowEx16 {
    public static void main(String[] args) {
        System.out.println("i \t 2*i \t 2*i-1 \t i*i \t 11-i \t i%3 \t i/3");
        System.out.println("-------------------------------------------");

        for(int i=1;i<=10;i++)
            System.out.printf("%d \t %d \t %d \t %d \t %d \t %d \t %d%n",
                    i, 2*i, 2*i-1, i*i, 11-i, i%3, i/3);
    }
}
```

▼ 실행결과

i	2*i	2*i-1	i*i	11-i	i%3	i/3
1	2	1	1	10	1	0
2	4	3	4	9	2	0
3	6	5	9	8	0	1
4	8	7	16	7	1	1
5	10	9	25	6	2	1
6	12	11	36	5	0	2
7	14	13	49	4	1	2
8	16	15	64	3	2	2
9	18	17	81	2	0	3
10	20	19	100	1	1	3

변수 i의 값이 1부터 10까지 변하는 동안, 다양한 연산자로 짝수(2*i), 홀수(2*i+1), 제곱(i*i), 역순(11-i), 순환(i%3), 반복(i/3)을 구하는 방법을 보여준다.

나머지 연산자'%'를 이용하면 특정 범위의 값들이 순환하면서 반복되는 결과를 얻을 수 있다는 것과 나누기 연산자'/'는 같은 값이 연속적으로 반복되게 할 수 있다는 점을 눈여겨 보자.

중첩 for문

if문 안에 또 다른 if문을 넣을 수 있는 것처럼, for문 안에 또 다른 for문을 포함시키는 것도 가능하다. 그리고 중첩의 횟수는 거의 제한이 없다. 중첩 for문을 설명하는데 별찍기만큼 좋은 것은 없다. 일단 가장 쉬운 것부터 시작해보자.

만일 다음과 같이 5행 10열의 별'*'을 찍으려면 어떻게 해야 할까?

```
**********
**********
**********
**********
**********
```

가장 간단한 방법은 다음과 같이 한 줄씩 5번 출력하는 것이다.

```
System.out.println("**********");
System.out.println("**********");
System.out.println("**********");
System.out.println("**********");
System.out.println("**********");
```

그러나 우리는 for문을 배웠으니, 다음과 같이 간단히 할 수 있다.

```
for(int i = 1;i<= 5;i++) {
    System.out.println("**********"); // 10개의 별을 출력한다.
}
```

'System.out.println("**********");' 역시 반복적인 일을 하는 문장이니 for문으로 바꿀 수 있다. 이 문장을 for문으로 바꾸면 다음과 같다.

```
System.out.println("**********");
```
→
```
for(int j=1;j<=10;j++) {
    System.out.print("*");
}
System.out.println();
```

왼쪽의 문장 대신 오른쪽의 for문을 이전의 for문에 넣으면 다음과 같이 두 개의 for문이 중첩된 형태가 된다.

```
for(int i=1;i<=5;i++) {
    System.out.println("**********");
}
```
→
```
for(int i=1;i<=5;i++) {
    for(int j=1;j<=10;j++) {
        System.out.print("*");
    }
    System.out.println();
}
```

▼ 예제 4-17/`FlowEx17.java`

```java
class FlowEx17 {
    public static void main(String[] args) {
        for(int i=1;i<=5;i++) {
            for(int j=1;j<=10;j++) {
                System.out.print("*");
            }
            System.out.println();
        }
    } // main의 끝
}
```

▼ 실행결과
```
**********
**********
**********
**********
**********
```

이번엔 다음과 같은 삼각형 모양의 별을 출력해보자.

```
*
**
***
****
*****
```

앞서 배운 바와 같이 가로로 출력하려면, println메서드 대신 print메서드로 출력하면 된다. 아래의 for문은 '*****'을 출력하고 줄 바꿈을 한다.

```java
for(int j = 1;j <= 5;j++) {
    System.out.print("*");   // *****을 출력한다.
}
System.out.println();        // 줄 바꿈을 한다.
```

따라서 다음과 같이 코드를 작성하면, 우리가 원하는 결과를 얻을 수 있다.

```java
for(int j=1;j<=1;j++){System.out.print("*");} System.out.println(); // *
for(int j=1;j<=2;j++){System.out.print("*");} System.out.println(); // **
for(int j=1;j<=3;j++){System.out.print("*");} System.out.println(); // ***
for(int j=1;j<=4;j++){System.out.print("*");} System.out.println(); // ****
for(int j=1;j<=5;j++){System.out.print("*");} System.out.println(); // *****
```

위 문장들을 잘 보면 조건식의 숫자만 변할 뿐 나머지는 같다. 똑같은 내용이 반복되는데 반복문으로 간단히 처리할 방법이 없을까? 이럴 때는 한 문장의 조건식에 숫자 대신 변수 i를 넣고, 이 문장을 i의 값이 1부터 5까지 증가하는 for문 안에 넣으면 된다.

```java
for(int i = 1;i <= 5;i++) {
    for(int j=1;j <= i;j++) { System.out.print("*");} System.out.println();
}
```

위의 코드는 for문으로 1부터 5까지 출력하는 것과 근본적으로 같다.

이제 위의 코드로 우리가 원하는 결과를 얻을 수 있는지 직접 확인해 보자.

▼ 예제 4-18/**FlowEx18.java**

```java
import java.util.*;

class FlowEx18 {
    public static void main(String[] args) {
        int num = 0;

        System.out.print("*을 출력할 라인의 수를 입력하세요.>");

        Scanner scanner = new Scanner(System.in);
        String tmp = scanner.nextLine();    // 화면을 통해 입력받은 내용을 tmp에 저장
        num = Integer.parseInt(tmp);        // 입력받은 문자열(tmp)을 숫자로 변환

        for(int i=0;i<num;i++) {
            for(int j=0;j<=i;j++) {
                System.out.print("*");
            }
            System.out.println();
        }
    } // main의 끝
}
```

▼ 실행결과
```
*을 출력할 라인의 수를 입력하세요.>10
*
**
***
****
*****
******
*******
********
*********
**********
```

사용자로부터 라인의 수를 입력받아 별을 출력하도록 약간 수정하였다.

다음은 반복문의 단골손님인 구구단을 출력하는 예제이다. 예제4-16을 약간만 변경한 것이다.

▼ 예제 4-19/**FlowEx19.java**

```java
class FlowEx19 {
    public static void main(String[] args) {
        for(int i=2;i<=9;i++) {
            for(int j=1;j<=9;j++) {
                System.out.printf("%d x %d = %d%n",i,j,i*j);
            }
        }
    } // main의 끝
}
```

▼ 실행결과
```
2 x 1 = 2
2 x 2 = 4
2 x 3 = 6
2 x 4 = 8
2 x 5 = 10
2 x 6 = 12
2 x 7 = 14
2 x 8 = 16
2 x 9 = 18
3 x 1 = 3
3 x 2 = 6
...중간생략...
9 x 7 = 63
9 x 8 = 72
9 x 9 = 81
```

반복문을 중첩해서 구구단을 출력하는 예제이다. 안쪽 for문은 하나의 단을 출력하고, 바깥쪽 for문은 안쪽 for문을 8번(2단~9단) 반복해서 출력한다. 실행결과를 보면 중첩된 for문이 어떤 순서로 반복되는지 알 수 있다. 바깥쪽 for문이 한번 반복될 때마다 안쪽 for문의 모든 반복이 끝나고서야 바깥쪽 for문의 다음 반복으로 넘어간다.

안쪽 for문의 내부에 문장이 하나뿐 이므로 다음과 같이 괄호를 생략할 수 있다.

```
for(int i = 2;i <= 9;i++) {
    for(int j = 1;j <= 9;j++)
        System.out.printf("%d x %d = %d%n", i, j, i*j);
}
```

바깥쪽 for문에게는 안 쪽 for문 전체가 하나의 문장이므로 다음과 같이 바깥쪽 for문의 괄호{}도 생략이 가능하다.

```
for(int i = 2;i <= 9;i++)
    for(int j = 1;j <= 9;j++)
        System.out.printf("%d x %d = %d%n", i, j, i*j);
```

되도록이면 괄호{}를 사용하는 것이 좋지만 너무 많아도 복잡하므로 이처럼 간략하게 생략하는 것도 좋다.

▼ 예제 4-20/`FlowEx20.java`

```
class FlowEx20 {
    public static void main(String[] args) {
        for(int i=1;i<=3;i++)
            for(int j=1;j<=3;j++)
                for(int k=1;k<=3;k++)
                    System.out.println(""+i+j+k);
    } // main의 끝
}
```

▼ 실행결과
```
111
112
113
121
122
123
...중간생략...
323
331
332
333
```

3개의 반복문이 중첩되어 있는 경우 어떤 순서로 반복이 수행되는지를 눈으로 직접 확인할 수 있는 예제이다. 실행결과를 잘 살펴보자. 각 반복문이 3번씩 반복하므로 모두 27번(3*3*3=27)이 반복된다. i, j, k가 각각 1, 2, 3일 때 식 ""+i+j+k는 아래와 같이 계산된다.

""+i+j+k → **""+1**+2+3 → **"1"**+2+3 → **"12"**+3 → **"123"**

| 참고 | 위 과정이 이해되지 않는다면, p.55를 참고하자.

▼ 예제 4-21/`FlowEx21.java`

```java
class FlowEx21 {
    public static void main(String[] args) {
        for(int i=1;i<=5;i++) {
            for(int j=1;j<=5;j++) {
                System.out.printf("[%d,%d]",i,j);
            }
            System.out.println();
        }
    } // main의 끝
}
```

▼ 실행결과
```
[1,1][1,2][1,3][1,4][1,5]
[2,1][2,2][2,3][2,4][2,5]
[3,1][3,2][3,3][3,4][3,5]
[4,1][4,2][4,3][4,4][4,5]
[5,1][5,2][5,3][5,4][5,5]
```

2중 반복문을 이용해서 i와 j를 1부터 5까지 1씩 증가시키면서 i와 j의 값을 쌍으로 출력하였다. 이 2중 for문 안에 if문을 넣어서 조건에 맞는 쌍만 출력함으로써 다양한 모양을 만들어 낼 수 있다. 다음의 예제를 보자.

▼ 예제 4-22/`FlowEx22.java`

```java
class FlowEx22 {
    public static void main(String[] args) {
        for(int i=1;i<=5;i++) {
            for(int j=1;j<=5;j++) {
                if(i==j) {
                    System.out.printf("[%d,%d]", i, j);
                } else {
                    System.out.printf("%5c",' ');
                }
            }
            System.out.println();
        }
    } // main의 끝
}
```

▼ 실행결과
```
[1,1]
     [2,2]
          [3,3]
               [4,4]
                    [5,5]
```

바로 전 예제의 2중 for문에 if문을 넣어서 조건식 'i==j'를 만족하는 경우에만 i와 j의 값을 출력하고 나머지는 공백을 출력하였다.

```
i==j
     [1,1][1,2][1,3][1,4][1,5]
     [2,1][2,2][2,3][2,4][2,5]
     [3,1][3,2][3,3][3,4][3,5]
     [4,1][4,2][4,3][4,4][4,5]
     [5,1][5,2][5,3][5,4][5,5]
```

if문의 조건식을 다르게 하면, 다양한 모양의 출력결과를 얻어낼 수 있다. 여기서 숫자쌍 대신 별'*'을 찍으면 별찍기가 되므로, 이 예제를 이용하면 별찍기가 한결 쉬워진다. 출력되어야할 별의 위치에 해당하는 숫자쌍을 모두 표시한 다음 이 숫자쌍들의 공통점을 찾아서 조건식으로 표현하면 된다.

향상된 for문(enhanced for statement)
JDK 5부터 배열과 컬렉션에 저장된 요소에 접근할 때 기존보다 편리한 방법으로 처리할 수 있도록 for문의 새로운 문법이 추가되었다.

```
for( 타입 변수명 : 배열 또는 컬렉션) {   // 조건식이 없다!!!
        // 반복할 문장
}
```

위의 문장에서 타입은 배열 또는 컬렉션의 요소의 타입이어야 한다. 배열 또는 컬렉션에 저장된 값이 매 반복마다 하나씩 순서대로 읽혀서 변수에 저장된다. 그리고 반복문의 괄호{}내에서는 이 변수를 사용해서 코드를 작성한다.

```
int[] arr = {10,20,30,40,50};
```

배열 arr을 위와 같이 선언했을 때, 이 배열의 모든 요소를 출력하는 for문은 아래와 같다.

```
for(int i=0; i < arr.length; i++) {
    System.out.println(arr[i]);
}
```
↔
```
for(int tmp : arr) {
    System.out.println(tmp);
}
```

위의 왼쪽은 일반적인 for문으로, 그리고 오른쪽은 향상된 for문으로 작성되었다. 두 for문은 동등하며, 향상된 for문은 골치거리인 조건식이 없어서 문제가 발생할 확률이 줄어든다. 그러나 향상된 for문은 배열이나 컬렉션에 저장된 요소들을 읽어오는 용도로만 사용할 수 있다는 제약이 있다.

아직은 배열을 배우지 않아서 좀 어렵게 느껴질 수도 있는데, 지금은 이해하지 못해도 괜찮다. 이런 형태의 for문도 있다는 정도만 알아두어도 앞으로 진도를 나가면서 자연스럽게 익숙해질 것이다.

▼ 예제 4-23/`FlowEx23.java`

```java
class FlowEx23 {
    public static void main(String[] args) {
        int[] arr = {10,20,30,40,50};
        int sum = 0;

        for(int i=0;i<arr.length;i++)
            System.out.printf("%d ", arr[i]);
        System.out.println();

        for(int tmp : arr) {
            System.out.printf("%d ", tmp);
            sum += tmp;
        }
        System.out.println();
        System.out.println("sum="+sum);
    } // main의 끝
}
```

▼ 실행결과
```
10 20 30 40 50
10 20 30 40 50
sum=150
```

2.2 while문

for문에 비해 while문은 구조가 간단하다. if문처럼 조건식과 블럭{}만으로 이루어져 있다. 다만 if문과 달리 while문은 조건식이 '참(true)인 동안', 즉 조건식이 거짓이 될 때까지 블럭{} 내의 문장을 반복한다.

```
while (조건식) {
    // 조건식의 연산결과가 참(true)인 동안, 반복될 문장들을 적는다.
}
```

while문은 먼저 조건식을 평가해서 조건식이 거짓이면 문장 전체를 벗어나고, 참이면 블럭{} 내의 문장을 실행하고 다시 조건식으로 돌아간다. 조건식이 거짓이 될 때까지 이 과정이 계속 반복된다.

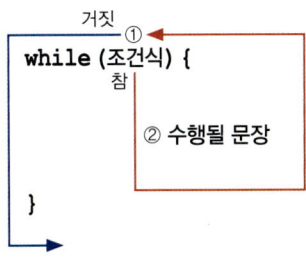

▲ 그림4-2 while문의 수행순서

① 조건식이 참(true)이면 블럭{ }안으로 들어가고, 거짓(false)이면 while문을 벗어난다.
② 블럭{ }의 문장을 실행하고 다시 조건식으로 돌아간다.

for문과 while문의 비교
1부터 10까지의 정수를 순서대로 출력하는 for문을 while문으로 변경하면 아래 오른쪽과 같다.

```
// 1.초기화, 2.조건식, 3.증감식
for(int i=1;i<=10;i++) {
    System.out.println(i);
}
```

```
int i=1; // 1.초기화

while(i<=10) { // 2.조건식
    System.out.println(i);
    i++; // 3.증감식
}
```

위의 두 코드는 완전히 동일하다. for문은 초기화, 조건식, 증감식을 한 곳에 모아 놓은 것일 뿐, while문과 다르지 않다. 그래서 for문과 while문은 항상 서로 변환이 가능하다.

그래도 이 경우 for문이 더 간결하고 알아보기 쉽다. 만일 초기화나 증감식이 필요하지 않은 경우라면, while문이 더 적합할 것이다. 앞으로 소개할 예제들은 for문보다 while문이 더 적합한 것들이다.

while문의 조건식은 생략불가
한 가지 주의할 점은 for문과 달리 while문의 조건식은 생략할 수 없다는 것이다.

```
while( ) {    // 에러. 조건식이 없음.
    ...
}
```

그래서 while문의 조건식이 항상 참이 되도록 하려면 반드시 true를 넣어야 한다. 다음의 두 반복문은 블록{} 내의 문장을 무한 반복한다.

```
for(;;) {    // 조건식이 항상 참
    ...
}
```
↔
```
while(true) {    // 조건식이 항상 참
    ...
}
```

| 참고 | 무한 반복문은 반드시 블록{} 안에 조건문을 넣어서 특정 조건을 만족하면 무한 반복문을 벗어나도록 해야 한다.

▼ 예제 4-24/FlowEx24.java

```
class FlowEx24 {
    public static void main(String[] args) {
        int i= 5;

        while(i--!=0) {
            System.out.println(i + " - I can do it.");
        }
    } // main의 끝
}
```

▼ 실행결과
```
4 - I can do it.
3 - I can do it.
2 - I can do it.
1 - I can do it.
0 - I can do it.
```

변수 i의 값만큼 블록{}을 반복하는 예제이다. i의 값이 5이므로 'I can do it.'이 모두 5번(4~0) 출력되었다. while문의 조건식은 i의 값이 0이 아닌 동안만 참이 되고, i의 값이 매 반복마다 1씩 감소하다 0이 되면 조건식은 거짓이 되어 while문을 벗어난다.

'i--'가 후위형이므로 조건식이 평가된 후에 i의 값이 감소된다는 점에 주의하자. 그래서 실행결과에서 i의 값이 5~1이 아닌 4~0으로 출력된 것이다.

아직 이해가 잘 안 간다면 아래 오른쪽과 같이 조건식에서 감소 연산자 '--'를 분리해보자. 좀 더 이해하기 쉬운 코드가 될 것이다.

```
while(i--!=0) {
    System.out.println(i);
}
```
↔
```
while(i!=0) {
    i--;
    System.out.println(i);
}
```

그러나 '--i'와 같은 전위형은 감소 연산자가 조건식에서 분리되면 while문을 벗어나기 때문에 전과 다른 문장이 된다. 아래 오른쪽의 while문은 반복을 거듭해도 i의 값이 감소하지 않아서 조건식이 결코 거짓이 될 수 없다.

```
while(--i!=0) {                    --i; // while문을 벗어남
    System.out.println(i);    ≠   while(i!=0) {
}                                      System.out.println(i);
                                   }
```

예제4-24에서 'i--'대신 '--i'를 사용한다면, 어떤 결과를 얻을지 예측해보고 예제를 수정하여 직접 결과를 확인해 보자.

▼ 예제 4-25/`FlowEx25.java`

```java
class FlowEx25 {
    public static void main(String[] args) {
        int i=11;
        System.out.println("카운트 다운을 시작합니다.");
        while(i--!=0) {
            System.out.println(i);
            for(long j=0;j<5_000_000_000L;j++) {
                ;
            }
        }
        System.out.println("GAME OVER");
    }
}
```

▼ 실행결과
```
카운트 다운을 시작합니다.
10
9
8
7
6
5
4
3
2
1
0
GAME OVER
```

10부터 0까지 1씩 감소시켜가면서 출력을 하되, for문으로 매 출력마다 약간의 시간이 지연되도록 했다. 컴퓨터의 성능에 따라 지연되는 시간이 달라지므로 지연시간이 너무 짧거나 길면 반복횟수를 적절히 변경하자.

```
for(long j = 0;j < 5_000_000_000L;j++) {
    ;        // 아무런 내용도 없는 빈 문장
}
```

이 for문의 블럭{} 내에는 아무 일도 하지 않는 빈 문장';'하나만 있을 뿐 그 외에는 아무 것도 없다. 그저 조건식과 증감식을 2,000,000,000번 반복하면서 시간을 보낼 뿐이다.
 블럭 내에 문장이 하나뿐일 때 괄호{}를 생략할 수 있으므로 위의 for문을 다음과 같이 바꿀 수 있다.

```
for(long j = 0;j < 5_000_000_000L;j++);
```

또는 아래와 같이 괄호{}를 써주고 빈 문장';'을 없앨 수 있다. 블럭{}안에는 문장을 넣지 않아도 되기 때문이다.

```
for(long j = 0;j < 5_000_000_000L;j++){}
```

간혹 실수로 다음과 같이 코드를 작성하는 경우가 있는데, 이럴 때는 빈 문장';'만 for문에 속한 것으로 간주되어 블럭{}은 반복되지 않는다. 단 한번만 수행된다.

```
for (i=1;i<=10;i++);                    // 빈 문장';'을 10번 반복한다.
{
    System.out.println("i ="+ i);       // i = 11이 출력된다.
}
```

for문은 i의 값이 11일 때, 조건식이 거짓이 되어 반복을 마치므로 i의 값은 11이 출력된다.

▼ 예제 4-26/**FlowEx26.java**

```java
import java.util.*;

class FlowEx26 {
    public static void main(String[] args) {
        int num = 0, sum = 0;
        System.out.print("숫자를 입력하세요.(예:12345)>");

        Scanner scanner = new Scanner(System.in);
        String tmp = scanner.nextLine();    // 화면을 통해 입력받은 내용을 tmp에 저장
        num = Integer.parseInt(tmp);        // 입력받은 문자열(tmp)을 숫자로 변환

        while(num!=0) {
            // num을 10으로 나눈 나머지를 sum에 더함
            sum += num%10;                  // sum = sum + num%10;
            System.out.printf("sum=%3d num=%d%n", sum, num);

            num /= 10;   // num = num / 10;  num을 10으로 나눈 값을 다시 num에 저장
        }
        System.out.println("각 자리수의 합:"+sum);
    }
}
```

▼ 실행결과
```
숫자를 입력하세요.(예:12345)>12345
sum =  5 num = 12345
sum =  9 num = 1234
sum = 12 num = 123
sum = 14 num = 12
sum = 15 num = 1
각 자리수의 합:15
```

사용자로부터 숫자를 입력받고, 이 숫자의 각 자리의 합을 구하는 예제이다. 실행결과에서 알 수 있듯이 12345를 입력하면, 결과는 15(1+2+3+4+5=15)이다.
  어떤 수를 10으로 나머지 연산하면 마지막 자리를 얻을 수 있다. 그리고 10으로 나누면 마지막 한자리가 제거된다.

$$12345 \% 10 \rightarrow 5$$
$$12345 / 10 \rightarrow 1234$$

그래서 입력 받은 숫자 num을 0이 될 때까지 반복해서 10으로 나눠가면서, 10으로 나머지 연산을 하면 num의 모든 자리를 얻을 수 있다. 이 과정을 단계별로 살펴보면 다음과 같다.

num	num%10	sum = sum + num%10 (sum+=num%10)	num = num / 10 (num/=10)
12345	5	5 = 0 + 5	1234 = 12345 / 10
1234	4	9 = 5 + 4	123 = 1234 / 10
123	3	12 = 9 + 3	12 = 123 / 10
12	2	14 = 12 + 2	1 = 12 / 10
1	1	15 = 14 + 1	0 = 1 / 10
0	-	-	-

num의 값은 'num/=10'에 의해 한자리씩 줄어들다가 0이 되면, while문의 조건식이 거짓이 되어 반복을 멈춘다.

▼ 예제 4-27/**FlowEx27.java**

```java
class FlowEx27 {
    public static void main(String[] args) {
        int sum = 0;
        int i   = 0;

        // i를 1씩 증가시켜서 sum에 계속 더해나간다.
        while((sum += ++i) <= 100) {
            System.out.printf("%d - %d%n", i, sum);
        }
    } // main의 끝
}
```

▼ 실행결과
```
1 - 1
2 - 3
3 - 6
4 - 10
5 - 15
6 - 21
7 - 28
8 - 36
9 - 45
10 - 55
11 - 66
12 - 78
13 - 91
```

1부터 몇까지 더하면 누적합계가 100을 넘지 않는 제일 큰 수가 되는지 알아내는 예제이다. 이전에 비해 조건식'(sum+=++i) <=100'이 복잡한데, 아래의 두 식을 하나로 합쳐놓은 것이라고 생각하면 이해하기 쉬울 것이다.

```
sum += ++i     // i의 값을 1 증가시켜서 sum에 누적
sum <= 100     // sum의 값이 100보다 작거나 같은지 확인
```

식이 좀 복잡하긴 해도 예제가 전체적으로 간결하다. 자바를 배우다보면 이와 같은 식들이 자주 등장하므로 익숙해져야 한다.

▼ 예제 4-28/FlowEx28.java

```java
import java.util.*;

class FlowEx28 {
    public static void main(String[] args) {
        int num;
        int sum = 0;
        boolean flag = true;    // while문의 조건식으로 사용될 변수
        Scanner scanner = new Scanner(System.in);

        System.out.println("합계를 구할 숫자를 입력하세요.(끝내려면 0을 입력)");

        while(flag) {    // flag의 값이 true이므로 조건식은 참이 된다.
            System.out.print(">>");

            String tmp = scanner.nextLine();
            num = Integer.parseInt(tmp);

            if(num!=0) {
                sum += num;    // num이 0이 아니면, sum에 더한다.
            } else {
                flag = false; // num이 0이면, flag의 값을 false로 변경.
            }
        } // while문의 끝

        System.out.println("합계:"+ sum);
    }
}
```

▼ 실행결과
```
합계를 구할 숫자를 입력하세요.(끝내려면 0을 입력)
>>100
>>200
>>300
>>400
>>0
합계:1000
```

사용자로부터 반복해서 숫자를 입력받다가 0을 입력하면 입력을 마치고 총 합을 출력하는 예제이다. while문의 조건식으로 변수 flag를 사용했는데, 처음엔 flag에 true를 저장해서 계속 반복을 하다가 사용자가 0을 입력하면 flag의 값을 false로 바꿔서 반복을 멈추게 한다.

```java
while(flag) {    // flag의 값이 true이므로 조건식은 참이 된다.
    System.out.print(">>");

    Scanner scanner = new Scanner(System.in);
    String tmp = scanner.nextLine();
    num = Integer.parseInt(tmp);

    if(num! = 0) {
        sum += num;    // num이 0이 아니면, sum에 더한다.
    } else {
        flag = false;    // num이 0이면, flag의 값을 false로 변경.
    }
}
```

while문의 조건식이 상수는 아니지만, 변수가 고정된 값을 유지하므로 무한 반복문과 같다. 그래서 특정 조건을 만족할 때 반복을 멈추게 하는 if문이 반복문 안에 꼭 필요하다.

2.3 do-while문

do-while문은 while문의 변형으로 기본적인 구조는 while문과 같으나 조건식과 블럭{}의 순서를 바꿔놓은 것이다. 그래서 블럭{}을 먼저 실행한 후에 조건식을 평가한다.
  while문은 조건식의 결과에 따라 블럭{}이 한 번도 실행되지 않을 수 있지만, do-while문은 최소한 한번은 실행될 것을 보장한다.

```
do {
        // 조건식의 연산결과가 참일 때 실행될 문장들을 적는다.
} while (조건식);    ← 끝에 ';'을 잊지 않도록 주의
```

그리 많이 쓰이지는 않지만, 다음의 예제처럼 반복적으로 사용자의 입력을 받아서 처리할 때 유용하다.

▼ 예제 4-29/`FlowEx29.java`

```java
import java.util.*;

class FlowEx29 {
    public static void main(String[] args) {
        int input = 0, answer = 0;

        answer = (int)(Math.random() * 100) + 1;  // 1~100사이의 임의의 수를 저장
        Scanner scanner = new Scanner(System.in);

        do {
            System.out.print("1과 100사이의 정수를 입력하세요.>");
            input = scanner.nextInt();

            if(input > answer) {
                System.out.println("더 작은 수로 다시 시도해보세요.");
            } else if(input < answer) {
                System.out.println("더 큰 수로 다시 시도해보세요.");
            }
        } while(input!=answer);

        System.out.println("정답입니다.");
    }
}
```

▼ 실행결과
```
1과 100사이의 정수를 입력하세요.>50
더 작은 값으로 다시 시도해보세요.
1과 100사이의 정수를 입력하세요.>25
더 작은 값으로 다시 시도해보세요.
1과 100사이의 정수를 입력하세요.>12
더 큰 값으로 다시 시도해보세요.
1과 100사이의 정수를 입력하세요.>21
정답입니다.
```

Math.random( )을 이용해서 1과 100사이의 임의의 수를 변수 answer에 저장하고, 이 값을 맞출 때까지 반복하는 예제이다. 사용자 입력인 input이 변수 answer의 값과 다른 동안 반복하다가 두 값이 같으면 반복을 벗어난다.

▼ 예제 4-30/`FlowEx30.java`

```
class FlowEx30 {
    public static void main(String[] args) {
        for(int i=1;i<=100;i++) {
            System.out.printf("i=%d ", i);

            int tmp = i;

            do {
                // tmp%10이 3의 배수인지 확인(0 제외)
                if(tmp%10%3==0 && tmp%10!=0)
                    System.out.print("짝");
            // tmp /= 10은 tmp = tmp / 10과 동일
            } while((tmp/=10)!=0);

            System.out.println();
        }
    } // main
}
```

▼ 실행결과
```
i=1
i=2
i=3 짝
i=4
i=5
i=6 짝
...
i=97 짝
i=98 짝
i=99 짝짝
i=100
```

숫자 중에 3의 배수(3, 6, 9)가 포함되어 있으면, 포함된 개수만큼 박수를 치는 369게임을 1부터 100까지 출력하는 예제이다. 숫자의 각 자리를 확인해야하므로 예제4-26에서처럼 10으로 나누고 10으로 나머지 연산을 한다. 그러나 이 작업은 변수 i에 직접하면 안되고 다른 변수에 저장해서 처리해야 한다. 변수 i는 for문의 반복을 제어하는데 사용하는 변수이기 때문이다.

```
int tmp = i;      // i의 값을 다른 변수에 저장한다.

do {
    if(tmp%10%3 = = 0 && tmp%10! = 0)  // tmp%10이 3의 배수인지 확인(0은 제외)
        System.out.print("짝");
} while((tmp/ = 10)! = 0);
```

예를 들어 i의 값이 97일 때, do-while문이 반복되는 동안 변수 tmp의 값은 식 'tmp/=10'에 의해 다음과 같이 변화된다.

tmp	tmp%10	tmp%10%3	tmp = tmp / 10
97	7	1	9 = 97 / 10
9	9	0	0 = 9 / 10

두 번째 반복에서만 if문의 조건식 'tmp%10%3==0 && tmp%10!=0'을 만족시키므로 '짝'이 한번 출력된다는 것을 알 수 있다. 위의 표에서 알 수 있듯이 tmp%10은 tmp의 끝자리이다. 식 'tmp%10%3==0'은 tmp의 끝자리가 3의 배수인지 확인하기 위한 것이다. 이 식은 tmp%10의 값이 0일 때도 참이므로, 식 'tmp%10!=0'을 '&&'로 연결해서 tmp%10의 값이 0인 경우를 제외해야 한다.

2.4 break문

앞서 switch문에서 break문에 대해 배웠던 것을 기억할 것이다. 반복문에서도 break문을 사용할 수 있는데, switch문에서 그랬던 것처럼, break문은 자신이 포함된 가장 가까운 반복문을 벗어난다. 주로 if문과 함께 사용되어 특정 조건을 만족하면 반복문을 벗어나게 한다.

▼ 예제 4-31/`FlowEx31.java`

```java
class FlowEx31 {
    public static void main(String[] args) {
        int sum = 0;
        int i   = 0;

        while(true) {
            if(sum > 100)
                break;
            ++i;
            sum += i;
        } // end of while

        System.out.println("i=" + i);
        System.out.println("sum=" + sum);
    }
}
```

break문이 실행되면 이 부분은 실행되지 않고 while문을 완전히 벗어난다.

▼ 실행결과
```
i=14
sum=105
```

숫자를 1부터 계속 더해 나가서 몇까지 더하면 합이 100을 넘는지 알아내는 예제이다. i의 값을 1부터 1씩 계속 증가시켜가며 더해서 sum에 저장한다. sum의 값이 100을 넘으면 if문의 조건식이 참이므로 break문이 실행되어 자신이 속한 반복문을 즉시 벗어난다.

이처럼 무한 반복문에는 조건문과 break문이 항상 같이 사용된다. 그렇지 않으면 무한히 반복되기 때문에 프로그램이 종료되지 않을 것이다.

I 참고 I sum += i;와 ++i; 두 문장을 sum += ++i;과 같이 한 문장으로 줄여 쓸 수 있다. 예제4-27과 비교해보자.

2.5 continue문

continue문은 반복문 내에서만 사용될 수 있으며, 반복이 진행되는 도중에 continue문을 만나면 반복문의 끝으로 이동하여 다음 반복으로 넘어간다. for문의 경우 증감식으로 이동하며, while문과 do-while문의 경우 조건식으로 이동한다.

continue문은 반복문 전체를 벗어나지 않고 다음 반복을 계속 수행한다는 점이 break문과 다르다. 주로 if문과 함께 사용되어 특정 조건을 만족하는 경우에 continue문 이후의 문장들을 수행하지 않고 다음 반복으로 넘어가서 계속 진행하도록 한다.

전체 반복 중에 특정조건을 만족하는 경우를 제외할 때 유용하다.

▼ 예제 4-32/`FlowEx32.java`

```java
class FlowEx32 {
    public static void main(String[] args) {
        for(int i=0;i <= 10;i++) {
            if (i%3==0)
                continue;
            System.out.println(i);
        }
    }
}
```

조건식이 참이 되어 continue문이 실행되면 블럭의 끝으로 이동한다.
break문과 달리 반복문을 벗어나지 않는다.

▼ 실행결과

```
1
2
4
5
7
8
10
```

1과 10사이의 숫자를 출력하되 그 중에서 3의 배수인 것은 제외하도록 하였다. i의 값이 3의 배수인 경우, if문의 조건식 'i%3==0'은 참이 되어 continue문에 의해 반복문의 블럭 끝'}'으로 이동된다. 즉, continue문과 반복문 블럭의 끝'}' 사이의 문장들을 건너뛰고 반복을 이어가는 것이다.

▼ 예제 4-33/`FlowEx33.java`

```java
import java.util.*;

class FlowEx33 {
    public static void main(String[] args) {
        int menu = 0;
        int num = 0;

        Scanner scanner = new Scanner(System.in);
```

```java
        while(true) {
            System.out.println("(1) square");
            System.out.println("(2) square root");
            System.out.println("(3) log");
            System.out.print("원하는 메뉴(1~3)를 선택하세요.(종료:0)>");

            String tmp = scanner.nextLine(); // 화면에서 입력받은 내용을 tmp에 저장
            menu = Integer.parseInt(tmp);    // 입력받은 문자열(tmp)을 숫자로 변환

            if(menu==0) {
                System.out.println("프로그램을 종료합니다.");
                break;
            } else if (!(1 <= menu && menu <= 3)) {
                System.out.println("메뉴를 잘못 선택하셨습니다.(종료는 0)");
                continue;
            }

            System.out.println("선택하신 메뉴는 "+ menu +"번입니다.");
        }
    } // main의 끝
}
```

▼ 실행결과

```
(1) square
(2) square root
(3) log
원하는 메뉴(1~3)를 선택하세요.(종료:0)>4
메뉴를 잘못 선택하셨습니다.(종료는 0)
(1) square
(2) square root
(3) log
원하는 메뉴(1~3)를 선택하세요.(종료:0)>1
선택하신 메뉴는 1번입니다.
(1) square
(2) square root
(3) log
원하는 메뉴(1~3)를 선택하세요.(종료:0)>0
프로그램을 종료합니다.
```

메뉴를 보여주고 선택하게 하는 예제이다. 메뉴를 잘못 선택한 경우, continue문으로 다시 메뉴를 보여주고, 종료(0)를 선택한 경우 break문으로 반복을 벗어나 프로그램이 종료되도록 했다. 이 예제는 메뉴를 보여주고 선택하는 것을 반복하는 것 외에 별다른 기능이 없지만, 곧 이 예제를 좀 더 쓸 만한 것으로 발전시킬 것이다.

2.6 이름 붙은 반복문

break문은 근접한 단 하나의 반복문만 벗어날 수 있기 때문에, 여러 개의 반복문이 중첩된 경우에는 break문으로 중첩 반복문을 완전히 벗어날 수 없다. 이때는 중첩 반복문 앞에 이름을 붙이고 break문과 continue문에 이름을 지정해 줌으로써 하나 이상의 반복문을 벗어나거나 반복을 건너뛸 수 있다.

▼ 예제 4-34/FlowEx34.java

```
class FlowEx34
{
    public static void main(String[] args)
    {
        // for문에 Loop1이라는 이름을 붙였다.
        Loop1 : for(int i=2;i <=9;i++) {
                    for(int j=1;j <=9;j++) {
                        if(j==5)
                            break Loop1;
//                          break;
                            continue Loop1;
//                          continue;
                        System.out.println(i+"*"+ j +"="+ i*j);
                    } // end of for j
                    System.out.println();
        } // end of Loop1

    }
}
```

▼ 실행결과
```
2*1=2
2*2=4
2*3=6
2*4=8
```

구구단을 출력하는 예제이다. 제일 바깥에 있는 for문에 Loop1이라는 이름을 붙였다. 그리고 j가 5일 때 break문을 수행하도록 했다. 반복문의 이름이 지정되지 않은 break문은 자신이 속한 하나의 반복문만 벗어날 수 있지만, 지금처럼 반복문에 이름을 붙여 주고 break문에 반복문 이름을 지정해주면 둘 이상의 반복문도 벗어날 수 있다.

 j가 5일 때 반복문 Loop1을 벗어나게 했으므로 2단의 4번째 줄까지 밖에 출력되지 않았다. 만일 반복문의 이름이 지정되지 않은 break문이었다면 2단부터 9단까지 모두 네 줄씩 출력되었을 것이다.

 예제에서는 'break Loop1;' 아래의 세 문장들을 주석처리하였다. 이 네 문장(2개의 break문과 2개의 continue문) 중의 하나를 선택하고 선택한 문장을 제외한 나머지는 주석처리한 다음, 어떤 결과를 얻을지 예측하고 실행한 후에 예측한 결과와 비교해보자.

| 참고 | continue Loop1;과 같은 문장을 쓸 일은 거의 없을 테니 무시해도 좋다.

▼ 예제 4-35/**FlowEx35.java**

```java
import java.util.*;

class FlowEx35 {
    public static void main(String[] args) {
        int menu = 0, num  = 0;

        Scanner scanner = new Scanner(System.in);

        outer:
        while(true) {
            System.out.println("(1) square");
            System.out.println("(2) square root");
            System.out.println("(3) log");
            System.out.print("원하는 메뉴(1~3)를 선택하세요.(종료:0)>");

            String tmp = scanner.nextLine();  // 화면에서 입력받은 내용을 tmp에 저장
            menu = Integer.parseInt(tmp);     // 입력받은 문자열(tmp)을 숫자로 변환

            if(menu==0) {
                System.out.println("프로그램을 종료합니다.");
                break;
            } else if (!(1<= menu && menu <= 3)) {
                System.out.println("메뉴를 잘못 선택하셨습니다.(종료는 0)");
                continue;
            }

            for(;;) {
                System.out.print("계산할 값을 입력하세요.(계산 종료:0, 전체 종료:99)>");
                tmp = scanner.nextLine();     // 화면에서 입력받은 내용을 tmp에 저장
                num = Integer.parseInt(tmp); // 입력받은 문자열(tmp)을 숫자로 변환

                if(num==0)
                    break;          // 계산 종료. for문을 벗어난다.

                if(num==99)
                    break outer;    // 전체 종료. for문과 while문을 모두 벗어난다.

                switch(menu) {
                    case 1:
                        System.out.println("result="+ num*num);
                        break;
                    case 2:
                        System.out.println("result="+ Math.sqrt(num));
                        break;
                    case 3:
                        System.out.println("result="+ Math.log(num));
                        break;
                }
            } // for(;;)
        } // while의 끝
    } // main의 끝
}
```

▼ 실행결과

```
(1) square
(2) square root
(3) log
원하는 메뉴(1~3)를 선택하세요.(종료:0)>1
계산할 값을 입력하세요.(계산 종료:0, 전체 종료:99)>2
result=4
계산할 값을 입력하세요.(계산 종료:0, 전체 종료:99)>3
result=9
계산할 값을 입력하세요.(계산 종료:0, 전체 종료:99)>0
(1) square
(2) square root
(3) log
원하는 메뉴(1~3)를 선택하세요.(종료:0)>2
계산할 값을 입력하세요.(종료:0, 전체종료:99)>4
result=2.0
계산할 값을 입력하세요.(종료:0, 전체종료:99)>99
```

이 예제는 예제4-33을 발전시킨 것으로 메뉴를 선택하면 해당 연산을 반복할 수 있게 for문을 추가하였다. 이 예제를 실행해서 다양하게 테스트한 후에 분석하면 더 이해하기 쉬울 것이다.

 아래와 같이 반복문만 떼어놓고 보면, 무한 반복문인 while문 안에 또 다른 무한 반복문인 for문이 중첩된 구조라는 것을 알 수 있다. while문은 메뉴를 반복해서 선택할 수 있게 해주고, for문은 선택된 메뉴의 작업을 반복해서 할 수 있게 해준다.

```
outer:
while(true) {
    ...
    for(;;) {
        ...
        if(num==0)   // 계산 종료. for문을 벗어난다.
            • break;
        if(num==99)  // 전체 종료. for문과 while문 모두 벗어난다.
            • break outer;
        ...
    } // for(;;)
} // while(true)
```

선택된 메뉴에서 0을 입력하면 break문으로 for문을 벗어나서 다른 메뉴를 선택할 수 있게 되고, 99를 입력하면 'break outer;'에 의해 for문과 while문 모두를 벗어나 프로그램이 종료된다.

| 참고 | 연습문제는 깃헙(https://github.com/castello/javajungsuk4)에서 PDF파일로 제공

Chapter 05

배열
array

1. 배열(array)

1.1 배열(array)이란?

같은 타입의 여러 변수를 하나로 묶은 것을 '배열(array)'이라고 한다. 많은 양의 데이터를 저장하기 위해서, 예를 들어 10,000개의 데이터를 저장하기 위해 변수를 그만큼 선언해야 한다면 상상하는 것만으로도 상당히 곤혹스러울 것이다.

이런 경우에 배열을 사용하면 많은 양의 데이터를 손쉽게 다룰 수 있다.

> "배열은 **같은 타입**의 여러 변수를 하나로 묶은 것"

여기서 중요한 것은 '같은 타입'이어야 한다는 것이며, 서로 다른 타입의 변수들로 구성된 배열은 만들 수 없다. 한 학급의 시험점수를 저장하고자 할 때가 배열을 사용하기 좋은 예이다. 만일 배열을 사용하지 않는다면 학생 5명의 점수를 저장하기 위해서 아래와 같이 5개의 변수를 선언해야 할 것이다.

```
int score1, score2, score3, score4, score5 ;
```

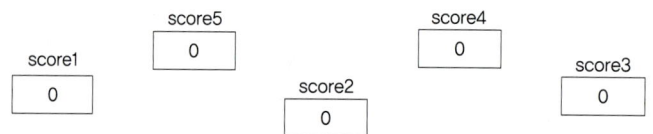

▲ 그림5-1 메모리에 생성된 변수들

변수 대신 배열을 이용하면 다음과 같이 간단히 처리할 수 있다. 변수의 선언과 달리 다뤄야할 데이터의 수가 아무리 많아도 단지 배열의 길이만 바꾸면 된다.

```
int[] score = new int[5]; // 5개의 int 값을 저장할 수 있는 배열을 생성한다.
```

아래의 그림은 위의 코드가 실행되어 생성된 배열을 그림으로 나타낸 것이다. 값을 저장할 수 있는 공간은 score[0]부터 score[4]까지 모두 5개이며, 변수 score는 배열을 다루는데 필요한 참조 변수일 뿐 값을 저장하기 위한 공간은 아니다

| 참고 | 배열처럼 여러 변수를 하나로 묶은 것을 객체라고 하며, 객체를 다루려면 참조 변수가 필요하다.

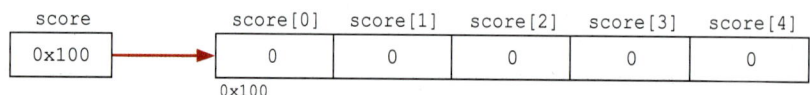

▲ 그림5-2 메모리에 생성된 배열

위의 그림에서 알 수 있듯이, 변수와 달리 배열은 각 저장공간이 연속적으로 배치되어 있다는 특징이 있다.

1.2 배열의 선언과 생성

배열을 선언하는 방법은 간단하다. 원하는 타입의 변수를 선언하고 변수 또는 타입에 배열을 의미하는 대괄호[ ]를 붙이면 된다. 대괄호[ ]는 타입 뒤에 붙여도 되고 변수이름 뒤에 붙여도 되는데, 저자의 경우 대괄호를 타입에 붙이는 쪽을 선호한다. 대괄호가 타입의 일부라고 보기 때문이다.

선언 방법	선언 예
타입[ ] 변수이름;	int[] score; String[] name;
타입 변수이름[ ];	int score[]; String name[];

▲ 표5-1 배열의 선언 방법과 선언 예

배열의 생성

배열을 선언한 다음에 배열을 생성해야 한다. 배열을 선언하는 것은 단지 생성된 배열을 다루기 위한 참조변수를 위한 공간이 만들어질 뿐이고, 배열을 생성해야만 비로소 값을 저장할 공간이 만들어진다. 배열을 생성하려면 연산자 'new'와 함께 배열의 타입과 길이를 지정해 주어야 한다.

```
타입[] 변수이름;              // 배열을 선언 (배열을 다루기 위한 참조 변수 선언)
변수이름 = new 타입[길이];    // 배열을 생성 (실제 저장 공간을 생성)
```

아래의 코드는 '길이가 5인 int배열'을 생성한다.

```
int[] score;              // int타입의 배열을 다루기 위한 참조 변수 score선언
score = new int[5];       // int타입의 값 5개를 저장할 수 있는 배열
```

다음과 같이 배열의 선언과 생성을 동시에 하면 간략히 한 줄로 할 수 있는데, 대부분의 경우 이렇게 한다.

```
int[] score = new int[5];    // 배열의 선언과 생성을 동시에
```

이제 배열의 선언과 생성 과정을 단계별로 그림과 함께 자세히 살펴보자.

1. `int[] score;`
int타입 배열 참조변수 score를 선언한다. 데이터를 저장할 수 있는 공간은 아직 마련되지 않았다.

score

2. score = new int[5];
연산자 'new'에 의해서 메모리의 빈 공간에 5개의 int타입 값을 저장할 수 있는 공간이 마련된다.

```
        score              score[0]  score[1]  score[2]  score[3]  score[4]
       ┌──────┐           ┌────────┬────────┬────────┬────────┬────────┐
       │      │           │        │        │        │        │        │
       └──────┘           └────────┴────────┴────────┴────────┴────────┘
                          0x100
```

그리고 각 배열 요소는 자동적으로 int의 기본값(default)인 0으로 초기화된다.

```
        score              score[0]  score[1]  score[2]  score[3]  score[4]
       ┌──────┐           ┌────────┬────────┬────────┬────────┬────────┐
       │      │           │   0    │   0    │   0    │   0    │   0    │
       └──────┘           └────────┴────────┴────────┴────────┴────────┘
                          0x100
```

끝으로 대입 연산자'='에 의해 배열의 주소가 int배열 참조 변수 score에 저장된다.

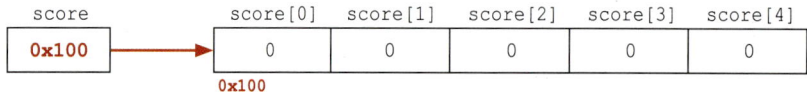

| 참고 | 배열이 주소 0x100번지에 생성되었다고 가정한 그림이다.

참조 변수 score를 통해서만 배열에 값을 저장하거나 읽어 올 수 있다. 이 배열은 '길이가 5인 int배열'이며, 참조 변수의 이름을 따서 '배열 score'라고 부르자.

1.3 배열의 길이와 인덱스

생성된 배열의 각 저장공간을 '배열의 요소(element)'라고 하며, '배열이름[인덱스]'의 형식으로 배열의 요소에 접근한다. **인덱스(index)는 배열의 요소마다 붙여진 일련번호**로 각 요소를 구별하는데 사용된다. 우리가 변수의 이름을 지을 때 score1, score2, score3과 같이 번호를 붙이는 것과 비슷하다고 할 수 있다. 다만 인덱스는 1이 아닌 0부터 시작한다.

> 인덱스(index)의 범위는 0 ~ 배열길이-1

예를 들어 길이가 5인 배열은 모두 5개의 요소(저장공간)를 가지며 인덱스의 범위는 1부터 5까지가 아닌 0부터 4까지, 즉 0, 1, 2, 3, 4가 된다.

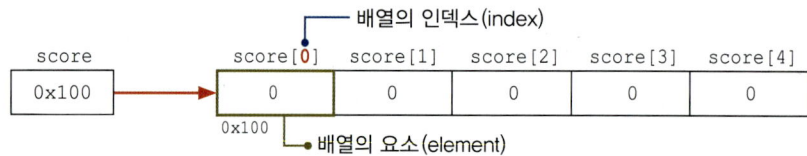

▲ 그림5-3 배열의 요소와 인덱스

배열에 값을 저장하고 읽어오는 방법은 변수와 같다. 변수이름 대신 '배열이름[인덱스]'를 사용한다는 점만 다르다.

```
score[3] = 100;        // 배열 score의 4번째 요소에 100을 저장한다.
int value = score[3]; // 배열 score의 4번째 요소에 저장된 값을 읽어서 value에 저장
```

위의 코드를 단계별로 살펴보면 다음과 같다.

① `score[3] = 100;`   // 배열 score의 4번째 요소에 100을 저장한다.

score		score[0]	score[1]	score[2]	**score[3]**	score[4]
0x100	→	0	0	0	**100**	0

0x100

② `int value = score[3];`   // 배열 score의 4번째 요소의 값을 읽어서 value에 저장.

score		score[0]	score[1]	score[2]	**score[3]**	score[4]
0x100	→	0	0	0	**100**	0

0x100

value
100 ←

배열의 다른 장점은 index로 상수 대신 변수나 수식도 사용할 수 있다는 것이다. 그래서 왼쪽의 코드를 오른쪽과 같이 for문을 이용해서 간단히 할 수 있다. 오른쪽 코드는 index로 상수대신 변수 i를 사용하고, for문으로 변수 i의 값을 0부터 4까지 증가시킨다.

```
score[0] = 0;
score[1] = 10;            for (int i=0; i < 5; i++) {
score[2] = 20;    ──▶        score[i] = i * 10;
score[3] = 30;            }
score[4] = 40;
```

for문의 제어변수 i는 배열의 index로 사용하기에 딱 알맞아서, 배열을 다룰 때 for문은 거의 필수적이다. 만일 아래와 같이 괄호[ ] 안에 수식이 포함된 경우, 이 수식이 먼저 계산된다. 그래야만 배열의 몇 번째 요소인지 알 수 있기 때문이다.

$$\text{int tmp = score[\textbf{i+1}];}$$

예를 들어 score[3]의 값이 100이고, 변수 i의 값이 2일 때, 위의 문장은 다음과 같이 계산된다.

```
    int tmp = score[i+1];
→   int tmp = score[2+1];
→   int tmp = score[3];
→   int tmp = 100;
```

배열을 다룰 때 한 가지 주의할 점은 index의 범위를 벗어난 값을 index로 사용하지 않아야 한다는 것이다. 예를 들어 다음과 같이 길이가 5인 배열이 선언되어 있을 때, index의 범위는 0~4이다. 이 때, 이 범위를 벗어나는 값인 5를 index로 사용하면 안된다는 얘기다.

```
int[] score = new int[5]; // 길이가 5인 int배열. index의 범위는 0~4
    ...
score[5] = 100; // index의 범위(0~4)를 벗어난 값을 index로 사용.
```

유효한 범위를 벗어난 값을 index로 사용하는 것은 가장 흔한 실수이다. 그러나 컴파일러는 이러한 실수를 걸러주지 못한다. 왜냐하면 배열의 index로 변수를 많이 사용하는데, 변수의 값은 실행 시에 대입되므로 컴파일러는 이 값의 범위를 확인할 수 없다.

그래서 유효한 범위의 값을 index로 사용하는 것은 전적으로 프로그래머의 책임이며, 유효하지 않은 값을 index로 사용하면, 무사히 컴파일을 마쳤더라도 실행 시에 에러(ArrayIndexOutOfBoundsException)가 발생한다.

▼ 예제 5-1/`ArrayEx.java`

```java
class ArrayEx {
    public static void main(String[] args) {
        int[] score = new int[5];
        int k = 1;

        score[0] = 50;
        score[1] = 60;
        score[k+1] = 70;   // score[2] = 70
        score[3] = 80;
        score[4] = 90;

        int tmp = score[k+2] + score[4];   // int tmp = score[3] + score[4]

        // for문으로 배열의 모든 요소를 출력한다.
        for(int i=0; i < 5; i++) {
            System.out.printf("score[%d]:%d%n",i, score[i]);
        }

        System.out.printf("tmp:%d%n", tmp);
        System.out.printf("score[%d]:%d%n",7,score[7]); // index의 범위를 벗어난 값
    } // main
}
```

▼ 실행결과

```
score[0]:50
score[1]:60
score[2]:70
score[3]:80
score[4]:90
tmp:170
Exception in thread "main" java.lang.ArrayIndexOutOfBoundsException: 7
        at ArrayEx1.main(ArrayEx.java:20)
```

앞서 배운 내용을 직접 확인할 수 있는 간단한 예제이다. 배열 score는 길이가 5이므로 index의 범위가 0~4인데, 일부러 이 범위에 속하지 않는 7을 배열의 index로 지정해서 값을 출력해보았다. 컴파일 시에는 아무런 문제가 없지만, 실행 시에는 아래와 같은 에러가 발생하였다.

```
Exception in thread "main" java.lang.ArrayIndexOutOfBoundsException: 7
    at ArrayEx.main(ArrayEx.java:20)
```

위 메시지는 배열의 인덱스가 유효한 범위를 넘었다는 뜻이다.

배열의 길이
앞서 배운 것과 같이 배열을 생성할 때 괄호[]안에 배열의 길이를 적어야 하는데, 배열의 길이는 배열 요소의 개수, 즉 값을 저장할 수 있는 공간의 개수다.

당연히 배열의 길이는 양의 정수이어야 하며 최대값은 int타입의 최대값, 약 20억이다. 실제로 이렇게 큰 배열을 생성하는 경우는 꽤 드무니까 배열의 길이는 거의 제약이 없다고 할 수 있다.

```
타입[] 배열이름 = new 타입[길이];
int[] arr     = new int[5];    // 길이가 5인 int배열
```

그런데 길이가 0인 배열도 생성이 가능하다. 길이가 0이라는 얘기는 값을 저장할 수 있는 공간이 하나도 없다는 뜻인데, 이런 배열을 생성하는 것이 무슨 의미가 있을까?

```
int[] arr = new int[0];    // 길이가 0인 배열도 생성이 가능하다!!!
```

그래도 프로그래밍을 하다보면 길이가 0인 배열이 필요한 상황이 있고 나름 유용하다. 앞으로 진도를 나가면서 길이가 0인 배열이 필요한 상황을 만나게 될 것이므로 지금은 자바에서 '배열의 길이가 0일 수도 있다.'는 것만 기억하자.

> 배열의 길이는 int범위의 양의 정수(0 포함)이어야 한다.

배열이름.length
배열의 길이는 '배열이름.length'를 통해서 알 수 있다. 아래의 코드에서 배열 arr의 길이가 5이므로 arr.length의 값도 5이다.

```
int[] arr = new int[5];     // 길이가 5인 int배열
int tmp   = arr.length;     // arr.length의 값은 5이고 tmp에 5가 저장된다.
```

배열은 한번 생성하면 길이를 변경할 수 없기 때문에, '배열이름.length'는 상수다. 즉, 값을 읽을 수만 있을 뿐 변경할 수 없다.

```
int[] arr = new int[5];
arr.length = 10;          // 에러. 배열의 길이는 변경할 수 없음.
```

아래의 코드는 배열의 각 요소를 for문을 이용해서 출력한다. 여기서 배열 score의 길이는 6이며, index의 범위는 0~5이다.

```
int[] score = new int[6]; // 배열의 길이는 6이고 index범위는 0~5

for (int i = 0; i < 6; i++) {
        System.out.println(score[i]);
}
```

이 때 코드를 다음과 같이 변경하여 배열의 길이를 줄인다면, 유효한 index의 범위는 0~4가 된다.

```
int[] score = new int[5];    // 배열의 길이를 6에서 5로 변경.

for (int i = 0; i < 6; i++) { // 실수로 조건식을 변경하지 않음
        System.out.println(score[i]); // 에러발생!!!
}
```

배열의 길이가 변경되었으니 for문의 조건식도 변경해야 한다. 그런데 이것을 잊고 실행하면 for문은 배열의 유효한 index 범위인 0~4를 넘어 0부터 5까지 반복하기 때문에 6번째 반복에서 예외(index가 유효한 범위를 벗어났다는 에러)가 발생하여 비정상적으로 종료될 것이다.

그래서 for문의 조건식에 배열의 길이를 대신 '배열이름.length'를 적는 것이 좋다.

```
int[] score = new int[5]; // 배열의 길이를 6에서 5로 변경

for (int i = 0; i < score.length; i++) { // 조건식을 변경하지 않아도 됨
        System.out.println(score[i]);
}
```

'배열이름.length'는 배열의 길이가 변경되면 자동적으로 같이 변경되므로, 배열과 함께 사용되는 for문의 조건식을 일일이 변경해주지 않아도 된다.

```
for (int i=0; i < 6; i++) {  ──▶  for (int i=0; i < score.length; i++) {
```

for문뿐만 아니라, 모든 경우에 배열의 길이를 직접 적어주는 것보다 '배열이름.length'를 사용하는 것이 코드의 관리가 쉽고 에러가 발생할 확률이 적어진다.

배열의 길이 변경하기

배열은 한번 선언되고 나면 길이를 변경할 수 없다고 배웠는데, 그렇다면 배열에 저장할 공간이 부족한 경우에는 어떻게 해야 할까? 더 큰 길이의 새로운 배열을 생성한 다음, 기존의 배열에 저장된 값들을 새로운 배열에 복사하면 된다.

> **배열의 길이를 변경하는 방법 :**
> 1. 더 큰 배열을 새로 생성한다.
> 2. 기존 배열의 내용을 새로운 배열에 복사한다.

이런 작업들은 비용이 많이 들기 때문에, 처음부터 배열의 길이를 넉넉하게 잡아줘서 새로 배열을 생성해야하는 일이 가능한 적게 발생하도록 해야 한다. 그렇다고 배열의 길이를 너무 크게 잡으면 메모리를 낭비하게 되므로, 기존의 2배의 길이로 생성하는 것이 보통이다.

보다 자세한 내용은 '1.5 배열의 복사'에서 다룬다.

1.4 배열의 초기화

배열은 생성과 동시에 자동으로 자신의 타입에 해당하는 기본값으로 초기화되므로 배열을 사용하기 전에 따로 초기화를 해주지 않아도 되지만, 원하는 값을 저장하려면 아래와 같이 각 요소마다 값을 지정해 줘야한다.

```java
int[] score = new int[5];      // 길이가 5인 int형 배열을 생성한다.
score[0] = 50;                  // 각 요소에 직접 값을 저장한다.
score[1] = 60;
score[2] = 70;
score[3] = 80;
score[4] = 90;
```

배열의 길이가 큰 경우에는 이렇게 요소 하나하나에 값을 지정하기 보다는 for문을 사용하는 것이 좋다. 위의 코드를 for문을 이용해서 바꾸면 다음과 같다.

```java
int[] score = new int[5];      // 길이가 5인 int형 배열을 생성한다.

for(int i = 0; i < score.length; i++)
    score[i] = i * 10 + 50;
```

그러나 for문으로 배열을 초기화하려면, 저장하려는 값에 일정한 규칙이 있어야만 가능하기 때문에 자바에서는 다음과 같이 배열을 간단히 초기화 할 수 있는 방법을 제공한다.

```java
int[] score = new int[]{ 50, 60, 70, 80, 90};   // 배열의 생성과 초기화를 동시에
```

저장할 값들을 괄호{} 안에 쉼표로 구분해서 나열하면 되며, 괄호{} 안의 값의 개수에 의해 배열의 길이가 자동으로 결정되기 때문에 괄호[ ] 안에 배열의 길이는 적지 않는다.

```
int[] score = new int[]{ 50, 60, 70, 80, 90};
int[] score = { 50, 60, 70, 80, 90};   // new int[]를 생략할 수 있음
```

심지어는 위와 같이 'new 타입[ ]'을 생략하여 코드를 더 간단히 할 수도 있다. 아무래도 생략된 형태의 코드가 더 간단하므로 자주 사용된다. 다만 다음과 같이 배열의 선언과 생성을 따로 하는 경우에는 생략할 수 없다는 것만 주의하자.

```
int[] score;
score = new int[]{ 50, 60, 70, 80, 90}; // OK
score = { 50, 60, 70, 80, 90};           // 에러. new int[]를 생략할 수 없음
```

또 다른 예로, 아래와 같이 매개변수로 int배열을 받는 add메서드가 정의되어 있고 이 메서드를 호출해야할 경우 역시 'new 타입[ ]'을 생략할 수 없으며, 이유는 같다.

```
int add(int[] arr) { /* 내용 생략 */ }         // add메서드
int result = add(new int[]{ 100, 90, 80, 70, 60}); // OK
int result = add({ 100, 90, 80, 70, 60});      // 에러. new int[]를 생략할 수 없음
```

그리고 괄호{} 안에 아무 것도 넣지 않으면, 길이가 0인 배열이 생성된다. 배열을 가리키는 참조변수를 null대신 길이가 0인 배열로 초기화하기도 한다. 아래의 세 문장은 모두 길이가 0인 배열을 생성한다.

```
int[] score = new int[0];      // 길이가 0인 배열
int[] score = new int[]{};     // 길이가 0인 배열
int[] score = {};              // 길이가 0인 배열, new int[]가 생략됨
```

배열의 출력

배열을 초기화할 때 for문을 사용하듯이, 배열에 저장된 값을 확인할 때도 다음과 같이 for문을 사용하면 된다.

```
int[] iArr = { 100, 95, 80, 70, 60 };

// 배열의 요소를 순서대로 하나씩 출력
for(int i = 0;i < iArr.length; i++) {
    System.out.println(iArr[i]);
}
```

println메서드는 출력 후에 줄 바꿈을 하므로, 여러 줄에 출력되어 보기 불편할 때가 있다. 그럴 때는 다음과 같이 출력 후에 줄 바꿈을 하지 않는 print메서드를 사용하자.

```
int[] iArr = { 100, 95, 80, 70, 60 };

for(int i = 0;i < iArr.length; i++) {
    System.out.print(iArr[i]+",");  // 각 요소간의 구별을 위해 쉼표를 넣는다.
}
System.out.println();  // 다음 출력이 바로 이어지지 않도록 줄 바꿈을 한다.
```

더 간단한 방법은 'Arrays.toString(배열이름)'메서드를 사용하는 것이다. 이 메서드는 배열의 모든 요소를 '[첫번째 요소, 두번째 요소, ...]'와 같은 형식의 문자열로 만들어서 반환한다. 이 메서드와 관련된 자세한 내용은 진도를 나가면서 자연스럽게 알게 될 것들이므로 지금은 이 메서드를 이용하면 배열의 내용을 쉽게 확인할 수 있다는 것만 알아두자.

| 참고 | Arrays.toString( )을 사용하려면, 'import java.util.*;'를 추가해 야 한다.

```
int[] iArr = { 100, 95, 80, 70, 60 };
// 배열 iArr의 모든 요소를 출력한다. [100, 95, 80, 70, 60]이 출력된다.
System.out.println(Arrays.toString(iArr));
```

만일 iArr의 값을 바로 출력하면 어떻게 될까? iArr은 참조변수니까 변수에 저장된 값, 즉 **'배열의 주소'**가 출력될 것으로 생각했다면 지금까지 잘 이해하고 있는 것이다.

그러나 이러한 예상과는 달리 **'타입@주소'**의 형식으로 출력된다. '[I'는 1차원 int배열이라는 의미이고, '@'뒤에 나오는 16진수는 배열의 주소인데 실제 주소가 아닌 내부 주소이다. 이 내용은 지금 진도와 맞지 않는 내용이므로 가볍게 참고만 하고, 배열을 가리키는 참조변수를 출력해봐야 별로 얻을 정보가 없다는 정도만 기억하자.

```
// 배열을 가리키는 참조변수 iArr의 값을 출력한다.
System.out.println(iArr);  // [I@14318bb와 같은 형식의 문자열이 출력된다.
```

예외적으로 char배열은 println메서드로 출력하면 각 요소가 구분자없이 그대로 출력되는데, 이것은 println메서드가 char배열일 때만 이렇게 동작하도록 작성되었기 때문이다.

```
char[] chArr = { 'a', 'b', 'c', 'd' };
System.out.println(chArr);   // abcd가 출력된다.
```

▼ 예제 5-2/**ArrayEx2.java**

```
import java.util.*;  // Arrays.toString()을 사용하기 위해 추가

class ArrayEx2 {
    public static void main(String[] args) {
        int[] iArr1 = new int[10];
        int[] iArr2 = new int[10];
//      int[] iArr3 = new int[]{100, 95, 80, 70, 60};
        int[] iArr3 = {100, 95, 80, 70, 60};
        char[] chArr = {'a', 'b', 'c', 'd'};
```

```java
        for(int i=0; i < iArr1.length; i++ ) {
            iArr1[i] = i + 1; // 1~10의 숫자를 순서대로 배열에 넣는다.
        }

        for(int i=0; i < iArr2.length; i++ ) {
            iArr2[i] = (int)(Math.random()*10) + 1; // 1~10의 값을 배열에 저장
        }

        // 배열에 저장된 값들을 출력한다.
        for(int i=0; i < iArr1.length;i++) {
            System.out.print(iArr1[i]+",");
        }
        System.out.println();
        System.out.println(Arrays.toString(iArr2));
        System.out.println(Arrays.toString(iArr3));
        System.out.println(Arrays.toString(chArr));
        System.out.println(iArr3);
        System.out.println(chArr);
    }
}
```

▼ 실행결과
```
1,2,3,4,5,6,7,8,9,10,
[3, 4, 8, 10, 1, 10, 6, 2, 7, 1]
[100, 95, 80, 70, 60]
[a, b, c, d]
[I@14318bb   ← 실행할 때 마다 달라질 수 있다.
abcd
```

1.5 배열의 복사

배열은 한번 생성하면 그 길이를 변경할 수 없기 때문에 더 많은 저장공간이 필요하면 보다 큰 배열을 새로 만들고 이전 배열로부터 내용을 복사해야 한다.

배열을 복사하는 방법은 두 가지가 있는데, 먼저 for문을 이용해서 배열을 복사하는 방법은 다음과 같다.

```java
int[] arr = {1,2,3,4,5}; // arr.length는 5
        ...
int[] tmp = new int[arr.length*2]; // 1. arr보다 길이가 2배인 배열 생성

for(int i = 0; i < arr.length;i++)  // 2. arr의 내용을 tmp에 복사
    tmp[i] = arr[i]; // arr[i]의 값을 tmp[i]에 저장

arr = tmp; // 3. 참조변수 arr이 새로운 배열을 가리키게 한다.
```

이 작업은 꽤 비용이 많이 들기 때문에, 처음부터 배열의 길이를 넉넉하게 잡아줘서 새로 배열을 생성해야하는 상황이 가능한 적게 발생하도록 해야 한다. 그렇다고 배열의 길이를 너무 크게 잡으면 메모리를 낭비하게 되므로, 위의 코드에서처럼 기존의 2배정도의 길이로 배열을 생성하는 것이 좋다.

이 과정을 단계별로 그림과 함께 살펴보면 다음과 같다.

1. 배열 arr의 길이인 arr.length의 값이 5이므로 길이가 10인 int배열 tmp가 생성되고, 배열 tmp의 각 요소는 int의 기본값인 0으로 초기화된다.

```
        int[] tmp = new int[arr.length*2];
   →    int[] tmp = new int[5*2];
   →    int[] tmp = new int[10];
```

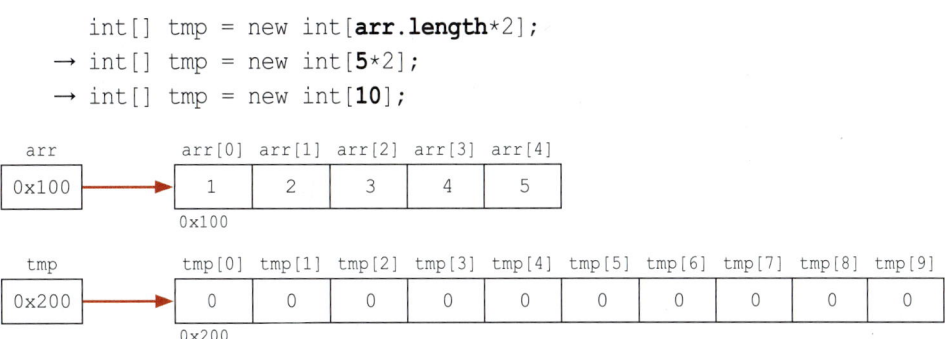

2. for문을 이용해서 배열 arr의 모든 요소에 저장된 값을 하나씩 배열 tmp에 복사한다.

```
        for(int i = 0; i < arr.length;i++)
            tmp[i] = arr[i];
```

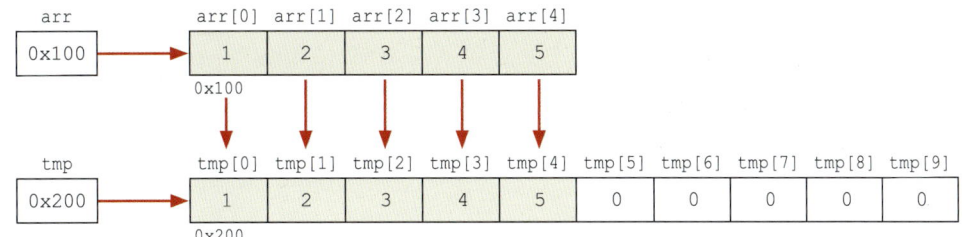

3. 참조변수 arr에 참조변수 tmp의 값을 저장한다. arr의 값은 0x100에서 0x200으로 바뀌고, arr은 배열 tmp를 가리키게 된다.

```
        arr = tmp;  // 변수 tmp에 저장된 값을 변수 arr에 저장한다.
```

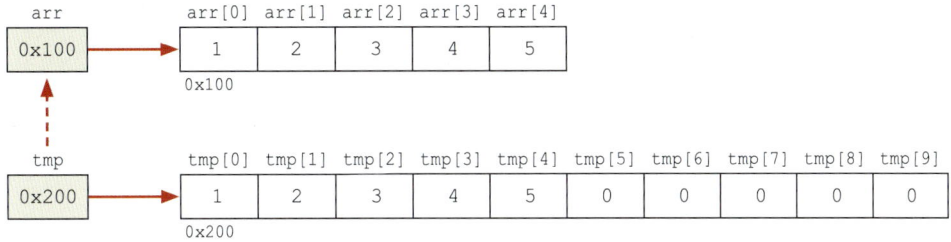

결국 참조변수 arr과 tmp는 같은 배열을 가리키게 된다. 즉, 배열 arr과 배열 tmp는 이름만 다를 뿐 동일한 배열이다. 그리고 전에 arr이 가리키던 배열은 더 이상 사용할 수 없게 된다.

| 참고 | 배열은 참조 변수를 통해서만 접근할 수 있으므로, 참조 변수가 없는 배열은 사용할 수 없다. 이렇게 쓸모없게 된 배열은 JVM의 가비지 컬렉터(garbage collector)에 의해 자동으로 메모리에서 제거된다.

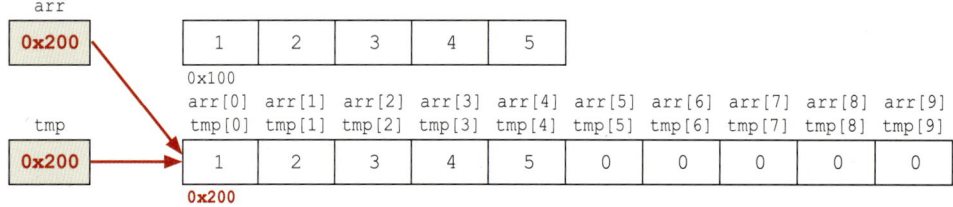

아직 참조 변수에 대해서 자세히 배우지 않았기 때문에 이해하기 어려울 수 있다. 지금은 배열의 길이를 변경할 때 이런 식으로 처리한다는 정도만 이해해도 충분하다.

▼ 예제 5-3/`ArrayEx3.java`

```java
class ArrayEx3 {
    public static void main(String[] args) {
        int[] arr = new int[5];

        // 배열 arr에 1~5를 저장한다.
        for(int i=0; i < arr.length;i++)
            arr[i] = i + 1;

        System.out.println("[변경전]");
        System.out.println("arr.length:"+arr.length);
        for(int i=0; i < arr.length;i++)
            System.out.println("arr["+i+"]:"+arr[i]);

        int[] tmp = new int[arr.length*2];

        // 배열 arr에 저장된 값들을 배열 tmp에 복사한다.
        for(int i=0; i < arr.length;i++)
            tmp[i] = arr[i];

        arr = tmp;   // tmp에 저장된 값을 arr에 저장한다.

        System.out.println("[변경후]");
        System.out.println("arr.length:"+arr.length);
        for(int i=0; i < arr.length;i++)
            System.out.println("arr["+i+"]:"+arr[i]);
    }
}
```

▼ 실행결과
```
[변경전]
arr.length:5
arr[0]:1
arr[1]:2
arr[2]:3
arr[3]:4
arr[4]:5
[변경후]
arr.length:10
arr[0]:1
arr[1]:2
arr[2]:3
arr[3]:4
arr[4]:5
arr[5]:0
arr[6]:0
arr[7]:0
arr[8]:0
arr[9]:0
```

System.arraycopy( )를 이용한 배열의 복사

for문 대신 System클래스의 arraycopy( )를 사용하면 보다 간단하고 빠르게 배열을 복사할 수 있다. for문은 배열의 요소 하나하나에 접근해서 복사하지만, arraycopy( )는 지정된 범위의 값들을 한 번에 통째로 복사한다. 각 요소들이 연속적으로 저장되어 있다는 배열의 특성때문에 이렇게 처리하는 것이 가능한 것이다.

> 배열의 복사는 for문보다 System.arraycopy( )를 사용하는 것이 빠르다.

이전 예제에서 배열의 복사에 사용된 for문을 arraycopy( )로 바꾸면 다음과 같다.

```
for(int i = 0; i < num.length;i++) {   newNum[i] = num[i]; }
```
⬇
```
System.arraycopy(num, 0, newNum, 0, num.length);
```

arraycopy( )를 호출할 때는 어느 배열의 몇 번째 요소에서 어느 배열로 몇 번째 요소로 몇 개의 값을 복사할 것인지 지정해줘야 하는데, 다음과 같이 생각하면 이해하기 쉽다.

```
System.arraycopy(num, 0, newNum, 0, num.length);
```
num[0]에서 newNum[0]으로 num.length개의 데이터를 복사

배열 num의 내용을 배열 newNum으로, 배열 num의 첫 번째 요소(num[0])부터 시작해서 num.length개의 데이터를 newNum의 첫 번째 요소(newNum[0])에 복사한다.

이때 복사하려는 배열의 위치가 적절하지 못하여 복사하려는 내용보다 여유 공간이 적으면 에러(ArrayIndexOutOfBoundsException)가 발생한다.

| 참고 | Arrays.copyOf( )나 Arrays.copyOfRange( )로도 배열을 복사할 수 있다. p.654

▼ 예제 5-4/**ArrayEx4.java**

```java
class ArrayEx4 {
    public static void main(String[] args) {
        char[] abc = { 'A', 'B', 'C', 'D'};
        char[] num = { '0', '1', '2', '3', '4', '5', '6', '7', '8', '9'};
        System.out.println(abc);
        System.out.println(num);

        // 배열 abc와 num을 붙여서 하나의 배열(result)로 만든다.
        char[] result = new char[abc.length+num.length];
        System.arraycopy(abc, 0, result, 0, abc.length);
        System.arraycopy(num, 0, result, abc.length, num.length);
        System.out.println(result);

        // 배열 abc을 배열 num의 첫 번째 위치부터 배열 abc의 길이만큼 복사
        System.arraycopy(abc, 0, num, 0, abc.length);
        System.out.println(num);

          // number의 인덱스6 위치에 3개를 복사
        System.arraycopy(abc, 0, num, 6, 3);
        System.out.println(num);
    }
}
```

▼ 실행결과
```
ABCD
0123456789
ABCD0123456789
ABCD456789
ABCD45ABC9
```

다른 배열과 달리 char배열은 for문을 사용하지 않고도 print( )나 println( )으로 배열에 저장된 모든 문자를 출력할 수 있다.

1.6 배열의 활용

지금까지 배열의 기본적인 내용은 모두 살펴보았는데, 아직 배열을 어떻게 활용해야 할지 감이 잘 오지 않을 것이다. 이제 다양한 예제를 통해서 배열을 어떻게 활용하는지 배워보자.

[예제5-5]	총합과 평균	배열의 모든 요소를 더해서 총합과 평균을 구한다.
[예제5-6]	최대값과 최소값	배열의 요소 중에서 제일 큰 값과 제일 작은 값을 찾는다.
[예제5-7,8]	섞기(shuffle)	배열의 요소의 순서를 반복해서 바꾼다.(카드섞기, 로또번호생성)
[예제5-9]	임의의 값으로 배열 채우기	연속 또는 불연속적인 값들로 배열을 초기화 한다.
[예제5-10]	정렬하기(sort)	오름차순. 내림차순으로 배열을 정렬
[예제5-11]	빈도수 구하기	배열에 어떤 값이 몇 개 저장되어 있는지 세어서 보여준다.

이 외에도 배열의 활용방법은 무궁무진하지만, 이 예제들만 잘 배워두면 앞으로 배울 더 높은 수준의 활용을 이해하는데 별 어려움이 없을 것이다.

▼ 예제 5-5/`ArrayEx5.java`

```java
class ArrayEx5 {
    public static void main(String[] args) {
        int   sum = 0;      // 총점을 저장하기 위한 변수
        float average = 0f; // 평균을 저장하기 위한 변수

        int[] score = {100, 88, 100, 100, 90};

        for (int i=0; i < score.length; i++ ) {
            sum += score[i];
        }
        average = sum / (float)score.length; // 계산결과를 float로 얻기 위해서 형변환

        System.out.println("총점 : " + sum);
        System.out.println("평균 : " + average);
    }
}
```

반복문으로 배열에 저장되어 있는 값을 모두 더한다.

▼ 실행결과
총점 : 478
평균 : 95.6

for문을 이용해서 배열에 저장된 값을 모두 더한 결과를 배열의 개수로 나누어서 평균을 구하는 예제이다. 평균을 구하기 위해 전체 합을 배열의 길이인 score.length로 나누었다.

이 때 int와 int 간의 연산은 int를 결과로 얻기 때문에 정확한 평균값을 얻지 못하므로 score.length를 float로 변환후에 나누었다.

478 / 5 → **95**
478 / **(float)5** → 478 / **5.0f** → 478.0f / 5.0f → **95.6f**

▼ 예제 5-6/**ArrayEx6.java**

```java
class ArrayEx6 {
    public static void main(String[] args) {
        int[] score = { 79, 88, 91, 33, 100, 55, 95};

        int max = score[0];  // 배열의 첫 번째 값으로 최대값을 초기화
        int min = score[0];  // 배열의 첫 번째 값으로 최소값을 초기화

        for(int i=1; i < score.length;i++) {
            if(score[i] > max) {
                max = score[i];
            } else if(score[i] < min) {
                min = score[i];
            }
        } // end of for

        System.out.println("최대값 :" + max);
        System.out.println("최소값 :" + min);
    } // end of main
} // end of class
```

> 배열의 두 번째 요소부터 읽기 위해서 변수 i의 값을 1로 초기화 했다.

▼ 실행결과
최대값 :100
최소값 :33

배열에 저장된 값 중에서 최대값과 최소값을 구하는 예제이다. 배열의 첫 번째 요소 'score[0]'의 값으로 변수 max와 min을 초기화 하였다.

그 다음 반복문을 통해서 배열의 두 번째 요소 'score[1]'부터 max와 비교하기 시작한다. 만일 배열에 담긴 값이 max에 저장된 값보다 크다면, 이 값을 max에 저장한다.

이런 식으로 배열의 마지막 요소까지 비교하고 나면 max에는 배열에 담긴 값 중에서 최대값이 저장된다. 최소값 min도 같은 방식으로 얻을 수 있다.

▼ 예제 5-7/**ArrayEx7.java**

```java
class ArrayEx7 {
    public static void main(String[] args) {
        int[] numArr = new int[10];

        for (int i=0; i < numArr.length; i++ ) {
            numArr[i] = i;   // 배열을 0~9의 숫자로 초기화
            System.out.print(numArr[i]);
        }
        System.out.println();

        for (int i=0; i < 100; i++ ) {
            int n = (int)(Math.random() * 10);  // 0~9중의 한 값을 임의로 얻는다.
            int tmp = numArr[0];
            numArr[0] = numArr[n];
            numArr[n] = tmp;
        }

        for (int i=0; i < numArr.length; i++ )
            System.out.print(numArr[i]);
    } // main의 끝
}
```

> numArr[0]과 numArr[n]의 값을 서로 바꾼다.

▼ 실행결과
0123456789
5827164930

| 참고 | Math.random( ) 때문에 실행 할 때 마다 결과가 다를 수 있다.

길이가 10인 배열 numArr을 생성하고 0~9를 순서대로 저장하여 출력한다. 그 다음 random()을 이용해서 배열의 임의의 위치에 있는 값과 배열의 첫 번째 요소인 'numArr[0]'의 값을 교환하는 일을 100번 반복한다.

만일 random()을 통해 얻은 값 n이 3이라면, 왼쪽의 코드는 오른쪽처럼 될 것이다.

```
int tmp = numArr[0];
numArr[0] = numArr[n];
numArr[n] = tmp;
```
→
```
int tmp = numArr[0];
numArr[0] = numArr[3];
numArr[3] = tmp;
```

오른쪽의 코드는 numArr[0]과 numArr[3]에 저장된 값을 서로 바꾸는 일을 한다. 두 컵에 담긴 내용물을 서로 바꾸려면, 하나의 빈 컵이 더 필요한 것처럼. 두 변수에 저장된 값을 서로 바꾸려면, 별도의 저장공간이 하나 더 필요하다. 여기서는 변수 tmp가 빈 컵의 역할을 한다. 위의 코드를 단계별로 그림을 그려보면 다음과 같다.

1. **tmp = numArr[0];** // numArr[0]의 값을 변수 **tmp**에 저장한다.

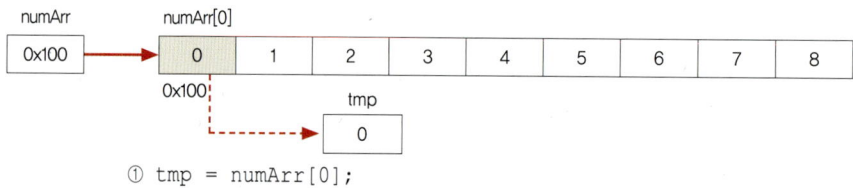

2. **numArr[0] = numArr[3];** // numArr[3]의 값을 numArr[0]에 저장한다.

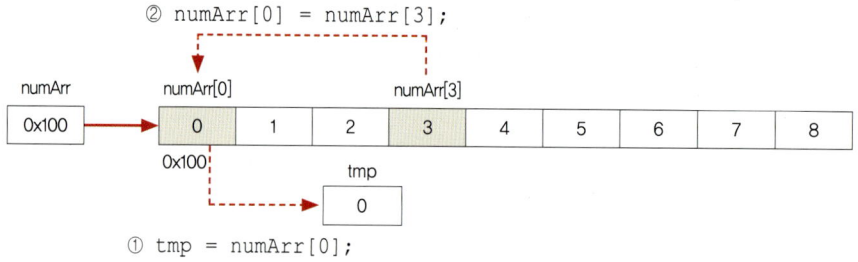

3. **numArr[3] = tmp;** // tmp의 값을 numArr[3]에 저장한다.

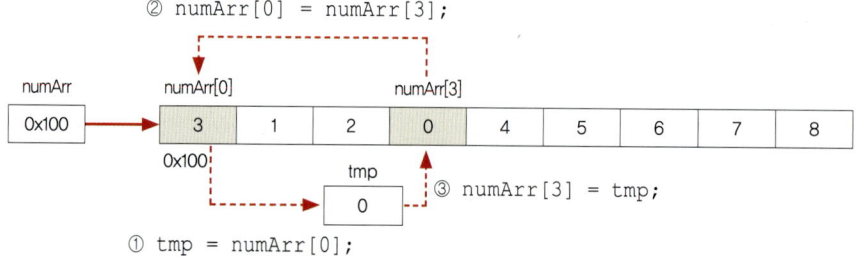

이 작업을 반복적으로 수행하면, 배열 numArr의 값들이 섞이게 된다. 이 예제를 응용하면 카드게임에서 카드 한 벌을 생성하여 초기화한 다음, 카드를 섞는 것과 같은 일을 할 수 있다.

가끔 배열 numArr에 중복된 값이 생길 수도 있지 않느냐는 질문을 받는데, 애초에 중복된 값이 없는 배열에서 값들의 위치만 서로 바꾸는 것이므로 중복된 값이 나올 수가 없다. 종이에 숫자를 써서 직접 해보면 확실히 이해가 될 것이다.

▼ 예제 5-8/**ArrayEx8.java**

```java
class ArrayEx8 {
    public static void main(String[] args) {
        int[] ball = new int[45];   // 45개의 정수를 저장하기 위한 배열 생성.

        // 배열의 각 요소에 1~45의 값을 저장한다.
        for(int i=0; i < ball.length; i++)
            ball[i] = i+1;     // ball[0]에 1이 저장된다.

        int temp = 0;   // 두 값을 바꾸는데 사용할 임시변수
        int j = 0;      // 임의의 값을 얻어서 저장할 변수

        // 배열의 i번째 요소와 임의의 요소에 저장된 값을 서로 바꿔서 배열을 섞는다.
        // 0번째 부터 5번째 요소까지 모두 6개만 바꾼다.
        for(int i=0; i < 6; i++) {
            j = (int)(Math.random() * 45); // 0~44범위의 임의의 값을 얻는다.
            temp    = ball[i];
            ball[i] = ball[j];
            ball[j] = temp;
        }

        // 배열 ball의 앞에서 부터 6개의 요소를 출력한다.
        for(int i=0; i < 6; i++)
            System.out.printf("ball[%d]=%d%n", i, ball[i]);
    }
}
```

▼ 실행결과
```
ball[0]=40
ball[1]=12
ball[2]=19
ball[3]=39
ball[4]=29
ball[5]=3
```

로또번호를 생성하는 예제이다. 길이가 45인 배열에 1부터 45까지의 값을 담은 다음 반복문을 이용해서 ball[i]와 임의의 위치에 있는 값과 자리를 바꾸는 것을 6번 반복한다. 이것은 마치 1부터 45까지의 번호가 쓰인 카드를 잘 섞은 다음 맨 위의 6장을 꺼내는 것과 같다고 할 수 있다.

45개의 요소 중에서 앞에 6개의 요소만 임의의 위치에 있는 요소와 자리를 바꾸면 된다.

```java
// 배열의 인덱스가 i인 요소와 임의의 요소 j에 저장된 값을 서로 바꿔서 배열을 섞는다.
// 0 번째부터 5번째 요소까지 모두 6개만 바꾼다.
for(int i = 0; i < 6; i++) {
    j = (int)(Math.random() * 45); // 0~44범위의 임의의 값을 얻는다.
    temp    = ball[i];
    ball[i] = ball[j];
    ball[j] = temp;
}
```

사실 예제5-7도 100번씩이나 반복할 필요가 없다. 다음과 같이 변경하면 더 효율적이다.

```
        for (int i = 0; i < numArr.length; i++ ) {
            int n = (int)(Math.random() * 10);   // 0~9중의 한 값을 임의로 얻는다.
            int tmp   = numArr[i];
            numArr[i] = numArr[n];                ⎤  numArr[i]와 numArr[n]의
            numArr[n] = tmp;                      ⎦  값을 서로 바꾼다.
        }
```

임의의 값으로 배열 채우기

배열을 연속적인 범위의 임의의 값으로 채우는 것은 다음과 같이 random( )으로 쉽게 가능하다.

```
for(i = 0;i<arr.length;i++) {
    arr[i] = (int)(Math.random()*5);   // 0~4범위의 임의의 값을 저장
}
```

그러면, 불연속적인 범위의 값들로 배열을 채우는 것은 어떻게 해야 할까? 배열을 하나 더 사용하면 된다. 먼저 배열 code에 불연속적인 값들을 담고, 임의로 선택된 index에 저장된 값으로 배열 arr의 요소들을 하나씩 채우면 되는 것이다. 저장된 값에 상관없이 배열의 index는 항상 연속적이기 때문이다. 다음의 예제를 보자.

▼ 예제 5-9/ArrayEx9.java

```java
import java.util.*;  // Arrays.toString()을 사용하기 위해 추가

class ArrayEx9 {
    public static void main(String[] args) {
        int[] code = { -4, -1, 3, 6, 11 };   // 불연속적인 값으로 구성된 배열
        int[] arr = new int[10];

        for (int i=0; i < arr.length; i++ ) {
            int tmp = (int)(Math.random() * code.length);
            arr[i] = code[tmp];
        }

        System.out.println(Arrays.toString(arr));
    } // main의 끝
}
```

▼ 실행결과
[-4, -4, -1, -1, 3, 6, 3, 3, 11, 3]   ← 실행할 때 마다 달라진다.

배열 code의 길이가 5이므로 code.length의 값은 5가 된다. 따라서 변수 tmp에는 0~4범위에 속한 임의의 정수가 저장되는데, 이 범위는 배열 code의 index의 범위와 일치한다.

```
    int tmp = (int)(Math.random()*code.length);
→   int tmp = (int)(Math.random()*5);   // tmp에 0,1,2,3,4중의 하나가 저장된다.
```

만일 i의 값이 0이고, tmp의 값이 4라면 다음과 같이 계산되어 arr[0]에는 code[4]의 값인 11이 저장된다.

```
    arr[i] = code[tmp];
→   arr[0] = code[4];      // code[4]는 배열 code의 5번째 요소이므로 11이다.
→   arr[0] = 11;           // arr[0]에 11이 저장된다.
```

위의 상황을 그림으로 그려보면 다음과 같다.

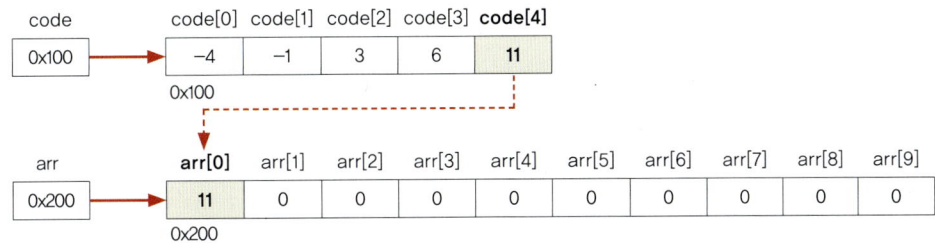

이와 같은 과정이 반복되면서 배열 arr에는 배열 code에 저장된 값들 중의 하나가 임의로 선택되어 저장된다.

▼ 예제 5-10/**ArrayEx10.java**

```
class ArrayEx10 {
    public static void main(String[] args) {
        int[] numArr = new int[10];

        for (int i=0; i < numArr.length; i++ ) {
            System.out.print(numArr[i] = (int)(Math.random() * 10));
        }
        System.out.println();

        for (int i=0; i < numArr.length-1 ; i++ ) {
            boolean changed = false;  // 자리바꿈이 발생했는지를 체크

            for (int j=0; j < numArr.length-1-i ;j++) {
                if(numArr[j] > numArr[j+1]) { // 옆의 값이 작으면 서로 바꾼다.
                    int temp = numArr[j];
                    numArr[j] = numArr[j+1];
                    numArr[j+1] = temp;
                    changed = true;   // 자리바꿈이 발생했으니 changed를 true로.
                }
            } // end for j

            if (!changed) break;      // 자리바꿈이 없으면 반복문을 벗어난다.

            for(int k=0; k<numArr.length;k++)
                System.out.print(numArr[k]); // 정렬된 결과를 출력
            System.out.println();
        } // end for i
    } // main의 끝
}
```

▼ 실행결과
```
1344213843
1342134438
1321344348
1213343448
1123334448
```

길이가 10인 배열에 0과 9사이의 임의의 값으로 채운 다음, 버블정렬 알고리즘을 통해서 크기순으로 정렬하는 예제이다. 이 알고리즘의 정렬방법은 아주 간단하다. 배열의 길이가 n일 때, 배열의 첫 번째부터 n-1까지의 요소에 대해, 바로 옆의 요소의 값과 크기를 비교하여 자리바꿈을 반복하는 것이다.

```
for (int j = 0;j < numArr.length-1-i; j++) {
    // numArr[j]와 바로 옆의 요소 numArr[j+1]을 비교
    if(numArr[j] > numArr[j+1]) {    // 왼쪽의 값이 크면 서로 바꾼다.
        int tmp     = numArr[j];
        numArr[j]   = numArr[j+1];
        numArr[j+1] = tmp;
    }
}
```

예를 들어 다음과 같이 길이가 5인 int배열이 있을 때, 첫 번째와 두 번째 요소의 값을 비교해서 왼쪽 요소의 값이 크면 두 값의 위치를 바꾸고, 그렇지 않으면 바꾸지 않는다.

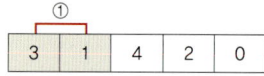

위의 그림에서 왼쪽의 값이 크므로 두 값의 자리를 바꾼다.

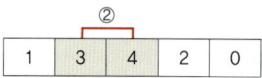

두 번째 비교에서는 왼쪽의 값이 작으므로 두 값의 자리를 바꾸지 않는다. 이러한 작업을 배열의 끝에 도달할 때 까지 반복하면 배열에서 제일 큰 값이 배열의 마지막 값이 된다.

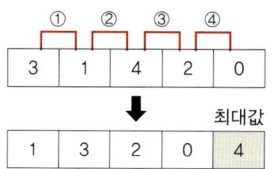

비교횟수는 모두 4번이며, 이 값은 배열의 길이보다 1이 작은 값(numArr.length-1)이다. 즉, 배열의 길이가 5라면, 4번만 비교하면 된다는 뜻이다. 나머지 값들이 아직 정렬되지 않았으므로 비교작업을 배열의 첫 번째 요소부터 다시 해야 한다.
 그러나 처음과 달리 이번엔 세 번만 비교하면 된다. 배열의 마지막 요소는 최대값이므로 비교할 필요가 없기 때문이다.

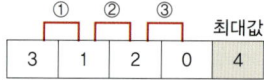

이처럼 비교작업(아래의 for문)을 반복할수록 비교할 범위는 하나씩 줄어든다. 그래서 원래는 배열의 길이에서 1이 작은 'numArr.length-1'번을 비교해야 하는데, 매 반복마다 비교횟수가 1씩 줄어들기 때문에 바깥쪽 for문의 제어변수 i를 빼주는 것이다.

```
            for (int j = 0;j < numArr.length-1-i;j++) {
                // numArr[j]와 바로 옆의 요소 numArr[j+1]을 비교한다.
                if(numArr[j] > numArr[j+1]) { // 왼쪽의 값이 크면 서로 바꾼다.
                    int tmp     = numArr[j];
                    numArr[j]   = numArr[j+1];
                    numArr[j+1] = tmp;
                }
            }
```

위의 작업이 한번 수행되는 것만으로는 정렬이 되지 않기 때문에 아래의 그림에서 알 수 있는 것처럼, 비교작업(위의 for문)을 모두 4번, 즉, '배열의 길이-1'번 만큼 반복해서 비교해야 한다.

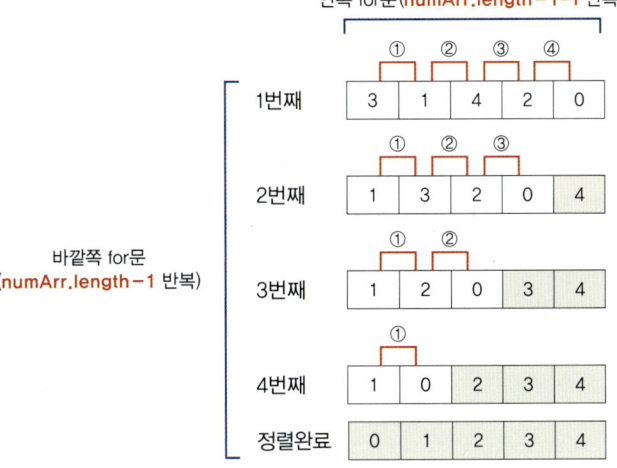

그래서 바깥쪽 for문의 조건식이 'numArr.length-1'이어야 하는 것이다.

```
    for (int i = 0;i < numArr.length-1;i++) {
        changed = false; // 매 반복마다 changed를 false로 초기화

        for (int j = 0;j < numArr.length-1-i;j++) {
            if(numArr[j] > numArr[j+1]) { // 옆의 값이 작으면 서로 바꾼다.
                int tmp     = numArr[j];
                numArr[j]   = numArr[j+1];
                numArr[j+1] = tmp;

                changed = true; // 자리바꿈이 발생했으니 changed를 true로 바꾼다.
            }
        } // end for j

        if (!changed) break;  // 자리바꿈이 없으면 반복문을 벗어난다.

        for(int k = 0; k<numArr.length;k++)
            System.out.print(numArr[k]); // 정렬된 결과를 출력
        System.out.println();
    } // end of for i
```

보다 효율적인 작업을 위해 changed라는 boolean형 변수를 두어서 자리바꿈이 없으면 break문을 수행하여 정렬을 마치도록 했다. 자리바꿈이 없다는 것은 정렬이 완료되었음을 뜻하기 때문이다.

이 정렬 방법을 '버블 정렬(bubble sort)'라고 하는데, 비효율적이지만 가장 간단하다.

```
System.out.print(numArr[i] = (int)(Math.random() * 10));
```

그리고 위의 문장은 아래의 두 문장을 하나로 합친 것이다.

```
numArr[i] = (int)(Math.random() * 10);
System.out.print(numArr[i]);
```

▼ 예제 5-11/**ArrayEx11.java**

```
class ArrayEx11 {
    public static void main(String[] args) {
        int[] numArr  = new int[10];
        int[] counter = new int[10];

        for (int i=0; i < numArr.length; i++ ) {
            numArr[i] = (int)(Math.random() * 10); // 0~9의 임의의 수를 배열에 저장
            System.out.print(numArr[i]);
        }
        System.out.println();

        for (int i=0; i < numArr.length; i++ ) {
            counter[numArr[i]]++;
        }

        for (int i=0; i < numArr.length; i++ ) {
            System.out.println( i +"의 개수 :"+ counter[i]);
        }
    } // main의 끝
}
```

▼ 실행결과
```
4446579753
0의 개수 :0
1의 개수 :0
2의 개수 :0
3의 개수 :1
4의 개수 :3
5의 개수 :2
6의 개수 :1
7의 개수 :2
8의 개수 :0
9의 개수 :1
```

길이가 10인 배열을 만들고 0~9의 임의의 값으로 초기화 한다. 그리고 이 배열에 저장된 각 숫자가 몇 번 반복해서 나타나는지를 세어서 배열 counter에 담고 화면에 출력한다.

간단한 예제라서 아래의 코드만 이해하면 나머지는 별 어려움이 없을 것이다.

```
for (int i = 0; i < numArr.length ; i++ ) {
    counter[numArr[i]]++;
}
```

random()을 사용했기 때문에 실행할 때마다 결과가 달라지겠지만, 실행결과를 토대로 계산과정을 단계별로 살펴보면 다음과 같다.

```
    counter[numArr[i]]++;    // i의 값이 0인 경우를 가정하면,
 →  counter[numArr[0]]++;    // numArr[0]의 값은 4이다.
 →  counter[4]++;            // counter[4]의 값을 1증가시킨다.
```

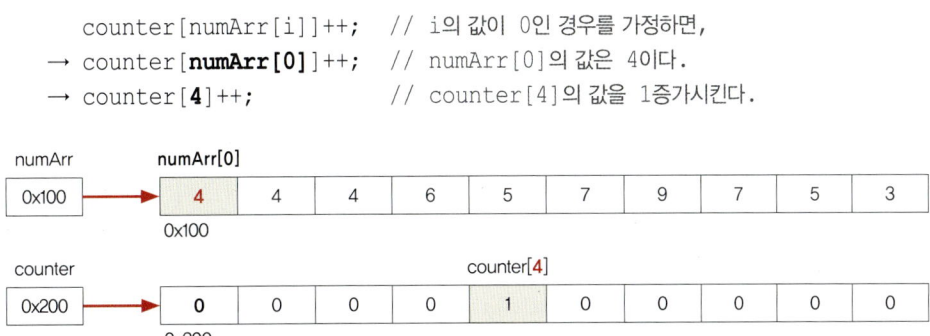

배열 counter에서, 배열 numArr에 저장된 값과 일치하는 인덱스의 요소에 저장된 값을 1증가시킨다. 위의 그림에서는 numArr[0]에 4가 저장되어있으므로 배열 counter의 인덱스가 4인 요소에 저장된 값이 0에서 1로 증가되었다. 이 과정이 반복되고 나면, 배열 counter의 각 요소에는 해당 인덱스의 값이 몇 번 나타났는지 알 수 있는 값이 저장된다.

배열을 이용한 카운팅은 반장 선거처럼 값의 범위가 제한적일 때만 사용할 수 있다는 단점이 있지만, 정렬과 중복제거를 아주 빠르게 처리할 수 있다. 어떻게하면 카운팅 결과가 저장된 배열로 부터 정렬과 중복제거를 할 수 있을지 생각해보자.

| 플래시동영상 | 예제5-11에 대한 설명은 압축된 소스파일의 '/flash/Array.exe'에서 자세히 볼 수 있다.

2. String배열

2.1 String배열의 선언과 생성

배열의 타입이 String인 경우에도 int배열의 선언과 생성방법은 다르지 않다. 예를 들어 3개의 문자열(String)을 담을 수 있는 배열을 생성하는 문장은 다음과 같다.

```
String[] name = new String[3];   // 3개의 문자열을 담을 수 있는 배열을 생성
```

위의 문장을 수행한 결과를 그림으로 표현하면 다음과 같다. 3개의 String타입의 참조변수를 저장하기 위한 공간이 마련되고 참조형 변수의 기본값은 null이므로 각 요소의 값은 null로 초기화 된다.

| 참고 | null은 참조 변수가 어떠한 객체도 가리키고 있지 않다는 뜻이다.

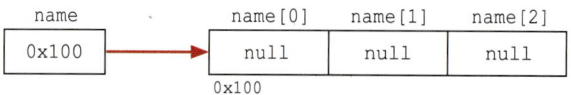

참고로 변수의 타입에 따른 기본값은 다음과 같다.

타입	기본값
boolean	false
char	'\u0000'
byte, short, int	0
long	0L
float	0.0f
double	0.0d 또는 0.0
참조형	null

▲ 표5-2 타입에 따른 변수의 기본값(default value)

2.2 String배열의 초기화

초기화 역시 int배열과 동일한 방법으로 한다. 아래와 같이 배열의 각 요소에 문자열을 지정하면 된다.

```
String[] name = new String[3];   // 길이가 3인 String배열을 생성
name[0] = "Kim";
name[1] = "Park";
name[2] = "Yi";
```

또는 괄호{}를 사용해서 다음과 같이 간단히 초기화 할 수도 있다.

```
String[] name = new String[]{"Kim", "Park", "Yi"};
String[] name = { "Kim", "Park", "Yi"}; // new String[]을 생략가능
```

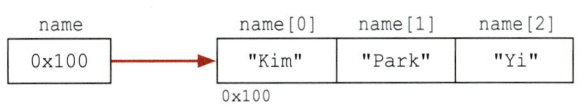

▲ 그림5-4 초기화된 String배열

특별히 String클래스만 "Kim"과 같이 큰따옴표만으로 간략히 표현하는 것이 허용되지만, 원래 String은 클래스이므로 아래의 왼쪽처럼 new연산자를 통해 객체를 생성해야한다.

```
String[] name = new String[3];          String[] name = new String[3];
name[0] = new String("Kim");            name[0] = "Kim";
name[1] = new String("Park");    →      name[1] = "Park";
name[2] = new String("Yi");             name[2] = "Yi";
```

그림5-4도 편의상 간략히 그린 것이며, 원래는 아래와 같이 그려야 더 정확한 그림이다.

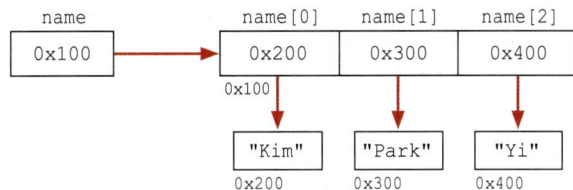

배열에 실제 객체가 아닌 객체의 주소가 저장되어 있는 것을 볼 수 있다. 이처럼, 기본형 배열이 아닌 경우, 즉, 참조형 배열의 경우 배열에 저장되는 것은 객체의 주소이다. 참조형 배열을 객체 배열이라고도 하는데, 다음 장인 '6장 객체지향개념 1'에서 배울 것이다.

| 참고 | 모든 참조 변수에는 객체가 메모리에 저장된 주소 또는 null이 저장된다.

▼ 예제 5-12/**ArrayEx12.java**

```
class ArrayEx12 {
  public static void main(String[] args) {
      String[] names = {"Kim", "Park", "Yi"};

      for(int i=0; i < names.length;i++)
          System.out.println("names["+i+"]:"+names[i]);

      String tmp = names[2]; // 배열 names의 세 번째요소를 tmp에 저장
      System.out.println("tmp:"+tmp);
      names[0] = "Yu"; // 배열 names의 첫 번째 요소를 "Yu"로 변경

      for(String str : names)      // 향상된 for문
          System.out.println(str);
  } // main
}
```

▼ 실행결과
```
names[0]:Kim
names[1]:Park
names[2]:Yi
tmp:Yi
Yu
Park
Yi
```

▼ 예제 5-13/**ArrayEx13.java**

```java
class ArrayEx13 {
    public static void main(String[] args) {
        char[] hex = { 'C', 'A', 'F', 'E'};

        String[] binary = {  "0000", "0001", "0010", "0011"
                           , "0100", "0101", "0110", "0111"
                           , "1000", "1001", "1010", "1011"
                           , "1100", "1101", "1110", "1111" };

        String result="";

        for (int i=0; i < hex.length ; i++ ) {
            if(hex[i] >='0' && hex[i] <='9') {
                result += binary[hex[i]-'0'];       // '8'-'0'의 결과는 8
            } else {       // A~F이면
                result += binary[hex[i]-'A'+10]; // 'C'-'A'의 결과는 2
            }
        }
                                     // String(char[] value)
        System.out.println("hex:"+ new String(hex));
        System.out.println("binary:"+result);
    }
}
```

▼ 실행결과
```
hex:CAFE
binary:1100101011111110
```

  16진수를 2진수로 변환하는 예제이다. 먼저 변환하고자 하는 16진수를 배열 hex에 나열한다. 16진수에는 A~F까지 6개의 문자가 포함되므로 char배열로 처리하였다. 그리고 문자열 배열 binary에는 이진수 '0000'부터 '1111'(16진수로 0~F)까지 모두 16개의 값을 문자열로 저장하였다.
  for문을 이용해서 배열 hex에 저장된 문자를 하나씩 읽어서 그에 해당하는 이진수 표현을 배열 binary에서 얻어 result에 덧붙이고 그 결과를 화면에 출력한다.

       result += binary[hex[i]-'A'+10];

i의 값이 0일 때, hex[0]의 값이 'C'이므로, 위의 문장은 다음과 같은 과정으로 계산된다.

    →   result += binary[**hex[0]**-'A'+10]; // hex[0]은 'C'
    →   result += binary[**'C'**-'A'+10];   // 'C'-'A' → 67-65 → 2
    →   result += binary[2+10];
    →   result += binary[12];
    →   result += "1100";

2.3 char배열과 String클래스

지금까지 여러 문자, 즉 문자열을 저장할 때 String타입의 변수를 사용했다. 사실 문자열은 '문자를 연이어 늘어놓은 것'이라는 뜻으로 char배열과 같은 뜻이다. 그런데 자바에서 char배열이 아닌 String클래스로 문자열을 처리하는 이유는 String클래스가 char배열에 여러 가지 기능을 추가하여 확장한 것이기 때문이다.

   그래서 char배열보다 String클래스를 사용하는 것이 문자열을 다루기 더 편리하다.

> **String클래스는 char배열에 기능(메서드)을 추가한 것이다.**

객체지향개념이 나오기 이전의 언어들은 데이터와 기능을 따로 다루었지만, 객체지향언어에서는 데이터와 그에 관련된 기능을 하나의 클래스에 묶어서 다룰 수 있게 한다. 즉, 서로 관련된 것들끼리 데이터와 기능을 구분하지 않고 함께 묶는 것이다.

| 참고 | 여기서 '기능'은 함수를 의미하며, 메서드는 객체지향 언어에서 '함수' 대신 사용하는 용어일 뿐 함수와 같은 뜻이다.

char배열과 String클래스의 한 가지 중요한 차이가 있는데, String객체(문자열)는 읽을 수만 있을 뿐 내용을 변경할 수 없다는 것이다.

```
String str = "Java";
str = str + "21";          // "Java21"이라는 새로운 문자열이 str에 저장된다.
System.out.println(str);   // "Java21"
```

위의 문장에서 문자열 str의 내용이 변경되는 것 같지만, 문자열은 변경할 수 없으므로 새로운 내용의 문자열이 생성된다.

| 참고 | 변경 가능한 문자열을 다룰 때는 StringBuffer클래스(p.508)를 사용하면 된다.

String클래스의 주요 메서드

String클래스는 상당히 많은 문자열 관련 메서드를 제공하지만, 가장 기본적인 몇 가지만 살펴보고 나머지는 9장에서 자세히 설명할 것이다. 지금은 원하는 결과를 얻으려면 어떻게 코드를 작성하는지만 이해하자.

메서드	설명
char charAt(int index)	문자열에서 해당 위치(index)에 있는 문자를 반환한다.
int length( )	문자열의 길이를 반환한다.
String substring(int from, int to)	문자열에서 해당 범위(from~to)에 있는 문자열을 반환한다. (to는 범위에 포함되지 않음)
boolean equals(Object obj)	문자열의 내용이 같은지 확인한다. 같으면 true, 다르면 false
char[ ] toCharArray( )	문자열을 문자 배열(char[ ])로 변환해서 반환한다.

▲ 표5-3 String클래스의 주요 메서드

charAt( )은 문자열에서 지정된 index에 있는 문자 하나를 가져온다. 배열에서 '배열이름[index]'로 index에 위치한 값을 가져오는 것과 같다고 생각하면 된다. 배열과 마찬가지로 charAt( )의 index는 0부터 시작한다.

```
String str = "ABCDE";
char ch = str.charAt(3); // 문자열 str의 4번째 문자 'D' 를 ch에 저장.
```

index	0	1	2	3	4
문자	A	B	C	D	E

substring( )은 문자열의 일부를 뽑아낼 수 있다. 주의할 것은 범위의 끝은 포함되지 않는다는 것이다. 예를 들어, index의 범위가 1~4라면 4는 범위에 포함되지 않는다.

```
String str = "012345";
String tmp = str.substring(1,4); // str에서 index범위 1~4의 문자들을 반환
System.out.println(tmp);         // "123"이 출력된다.
```

equals( )는 이미 앞에서 간단히 배웠는데, 문자열의 내용이 같은지 다른지 확인할 때 사용한다. 기본형 변수의 값을 비교하는 경우 '=='연산자를 사용하지만, 문자열의 내용을 비교할 때는 equals( )를 사용해야 한다. 그리고 이 메서드는 대소문자를 구분한다는 점에 주의하자. 대소문자를 구분하지 않고 비교하려면 equals( )대신 equalsIgnoreCase( )를 사용해야 한다.

```
String str = "abc";
if(str.equals("abc")) {  // str과 "abc"의 내용이 같으면 true
    ...
}
```

char배열과 String의 변환

가끔 char배열을 String으로 변환하거나, 또는 그 반대로 변환해야하는 경우가 있다. 그럴 때 다음의 코드를 사용하자.

```
char[] chArr = { 'A', 'B', 'C' };
String str = new String(chArr);    // char배열 → String
char[] tmp = str.toCharArray();    // String   → char배열
```

▼ 예제 5-14/**ArrayEx14.java**

```java
class ArrayEx14 {
    public static void main(String[] args) {
        String src = "ABCDE";

        for(int i=0; i < src.length(); i++) {
            char ch = src.charAt(i); // src의 i번째 문자를 ch에 저장
            System.out.println("src.charAt("+i+"):"+ ch);
        }
```

```
        // String을 char[]로 변환
        char[] chArr = src.toCharArray();

        // char배열(char[])을 출력
        System.out.println(chArr);
    }
}
```

▼ 실행결과
```
src.charAt(0):A
src.charAt(1):B
src.charAt(2):C
src.charAt(3):D
src.charAt(4):E
ABCDE
```

String의 charAt( )을 사용하는 방법을 보여주는 예제이다. charAt(int index)은 문자열의 index번째 위치에 있는 문자를 반환한다. idx의 값은 배열처럼 0부터 시작한다는 것에 주의하자.

그리고 println( )로 문자 배열을 출력하면 문자 배열의 모든 문자를 순서대로 붙여서 출력한다.

▼ 예제 5-15/**ArrayEx15.java**

```java
class ArrayEx15 {
    public static void main(String[] args) {
        String source = "SOSHELP";
        String[] morse = {".-", "-...", "-.-.","-..", "."
                ,"..-.", "--.", "....","..",".---"
                , "-.-", ".-..", "--", "-.", "---"
                , ".--.", "--.-",".-.","...","-"
                , "..-", "...-", ".--", "-..-","-.--"
                , "--.." };

        String result="";

        for (int i=0; i < source.length() ; i++ ) {
            result+=morse[source.charAt(i)-'A'];
        }
        System.out.println("source:"+ source);
        System.out.println("morse:"+result);
    }
}
```

▼ 실행결과
```
source:SOSHELP
morse:...---..........-...--.
```

문자열을 모르스(morse)부호로 변환하는 예제이다. 이전의 16진수를 2진수로 변환하는 예제와 같지만, 이번엔 char배열 대신 String을 사용했다.

String의 문자 개수는 length( )로 얻을 수 있고, charAt(int index)는 String의 index번째 문자를 반환한다. 그래서 for문의 조건식에 length( )를 사용하고 charAt(int index)를 통해서 source에서 문자를 하나씩 차례대로 읽어 올 수 있다.

```
    result+= morse[source.charAt(i)-'A'];      // i가 0일 때
 →  result+= morse[source.charAt(0)-'A'];      // source.charAt(0)는 첫 번째 문자
 →  result+= morse['S'-'A'];                    // 'S'-'A' → 83-65 → 18
 →  result+= morse[18];
 →  result+= "...";                             // result = result + "...";
```

2.4 커맨드 라인을 통해 입력받기

Scanner클래스의 nextLine()외에도 화면을 통해 사용자로부터 값을 입력받을 수 있는 간단한 방법이 있다. 바로 커맨드라인을 이용한 방법인데, 프로그램을 실행할 때 클래스 이름 뒤에 공백문자로 구분하여 여러 개의 문자열을 프로그램에 전달 할 수 있다.

만일 실행할 프로그램의 main메서드가 담긴 클래스의 이름이 MainTest라고 가정하면 다음과 같이 실행할 수 있을 것이다.

```
c:\...\ch05> java MainTest abc 123
```

커맨드라인을 통해 입력된 두 문자열 "abc"와 "123"은 String배열에 담겨서 MainTest 클래스의 main메서드의 매개변수(args)에 전달된다. 그리고는 main메서드 내에서 args[0], args[1]과 같은 방식으로 커맨드라인으로 부터 전달받은 문자열에 접근할 수 있다. 여기서 args[0]은 "abc"이고 args[1]은 "123"이 된다.

▼ 예제 5-16/**ArrayEx16.java**

```java
class ArrayEx16 {
    public static void main(String[] args) {
        System.out.println("매개변수의 개수:"+args.length);
        for(int i=0;i< args.length;i++) {
            System.out.println("args[" + i + "] = \""+ args[i] + "\"");
        }
    }
}
```

▼ 실행결과
```
C:\...>cd \Users\userid\jdk21\ch05\out\production\ch05
C:\...\ch05>java ArrayEx16 abc 123 "Hello world"
매개변수의 개수:3
args[0] = "abc"
args[1] = "123"
args[2] = "Hello world"
C:\...\ch05>java ArrayEx16    ← 매개변수를 입력하지 않았다.
매개변수의 개수:0
```

| 참고 | 실행결과에서 '...'은 경로를 짧게 생략해서 표현한 것이며, 'userid'는 사용자에 따라 다를 수 있다.

커맨드라인에 입력된 매개변수는 공백문자로 구분하기 때문에 입력값에 공백이 있는 경우 큰따옴표(")로 감싸주어야 한다. 그리고 커맨드라인에서 숫자를 입력해도 숫자가 아닌 문자열로 처리된다는 것에 주의해야 한다. 문자열 "123"을 숫자 123으로 바꾸려면 다음과 같이 한다.

```
int num = Integer.parseInt("123");  // 변수 num에 숫자 123이 저장된다.
```

그리고 커맨드라인에 매개변수를 입력하지 않으면 크기가 0인 배열이 생성되어 args. length의 값은 0이 된다. 앞서 배운 것처럼 이렇게 크기가 0인 배열을 생성하는 것도 가능하다. 만일 입력된 매개변수가 없다고 해서 배열을 생성하지 않으면 참조변수 args의 값은 null이 될 것이고, 배열 args를 사용하는 모든 코드에서 에러가 발생할 것이다. 이러한 에러를 피하려면, 다음과 같이 main메서드에 if문을 추가해야 한다.

```
    public static void main(String][] args) {
       if(args!=null) { // args가 null이 아닐 때만 괄호{}의 문장들을 수행
          System.out.println("매개변수의 개수:"+args.length);
          for(int i=0;i< args.length;i++) {
             System.out.println("args[" + i + "] = \""+ args[i] + "\"");
          }
       }
    }
```

그러나 입력된 매개변수가 없을 때, JVM이 null 대신 크기가 0인 배열을 생성해서 args에 전달하도록 구현되어 있어서 우리는 이러한 수고를 덜게 되었다.

▼ 예제 5-17/**ArrayEx17.java**

```
class ArrayEx17 {
   public static void main(String[] args) {
      if (args.length !=3) {   // 입력된 값의 개수가 3개가 아니면,
         System.out.println("usage: java ArrayEx17 NUM1 OP NUM2");
         System.exit(0);       // 프로그램을 종료한다.
      }

      int num1 = Integer.parseInt(args[0]); // 문자열을 숫자로 변환한다.
      char op   = args[1].charAt(0);         // 문자열을 문자(char)로 변환한다.
      int num2 = Integer.parseInt(args[2]);
      int result = 0;

      switch(op) {     // switch문의 수식으로 char타입의 변수도 가능하다.
         case '+':
            result = num1 + num2;
            break;
         case '-':
            result = num1 - num2;
            break;
         case 'x':
            result = num1 * num2;
            break;
         case '/':
            result = num1 / num2;
            break;
         default :
            System.out.println("지원되지 않는 연산입니다.");
      }
      System.out.println("결과:"+result);
   }
}
```

▼ 실행결과
```
C:\...\ch05>java ArrayEx17
usage: java ArrayEx17 NUM1 OP NUM2

C:\...\ch05>java ArrayEx17 10 + 3
결과:13

C:\...\ch05>java ArrayEx17 10 x 3
결과:30
```

참고 실행결과에서 '...'은 경로(\Users\userid\jdk21\ch05\out\production)를 짧게 생략해서 표현한 것이며, 'userid'는 사용자에 따라 다를 수 있다. 'cd'명령을 이용해서 해당 경로로 이동한 다음에 실행해야 한다.

화면으로부터 사칙연산을 수행하는 수식을 입력받아서 계산하여 그 결과를 보여주는 예제이다. 커맨드라인으로부터 입력받은 데이터는 모두 문자열이므로 숫자와 문자로 변환이 필요하며, Integer.parseInt()를 사용했다.

3. 다차원 배열

지금까지 우리가 배운 배열은 1차원 배열인데, 2차원 이상의 배열, 즉 다차원(多次元, multi-dimensional) 배열도 가능하다. 메모리의 용량이 허용하는 한, 차원의 제한은 없지만, 주로 1, 2차원 배열이 사용되므로 2차원 배열만 잘 이해하면 3차원 이상의 배열도 어렵지 않게 다룰 수 있으므로 2차원 배열에 대해서 중점적으로 배울 것이다.

3.1 2차원 배열의 선언과 인덱스

2차원 배열을 선언하는 방법은 1차원 배열과 같다. 다만 괄호[ ]가 하나 더 들어갈 뿐이다.

선언 방법	선언 예
타입[ ][ ] 변수이름;	int[][] score;
타입 변수이름[ ][ ];	int score[][];
타입[ ] 변수이름[ ];	int[] score[];

▲ 표5-4 2차원 배열의 선언

| 참고 | 3차원이상의 고차원 배열의 선언은 대괄호[ ]의 개수를 차원의 수만큼 추가해 주기만 하면 된다.

2차원 배열은 주로 테이블 형태의 데이터를 담는데 사용되며, 만일 4행 3열의 데이터를 담기 위한 배열을 생성하려면 다음과 같이한다.

```
int[][] score = new int[4][3];    // 4행 3열의 2차원 배열을 생성한다.
```

위 문장이 수행되면 아래의 그림처럼 4행 3열의 데이터, 모두 12개의 int값을 저장할 수 있는 공간이 마련된다.

위의 그림에서는 각 요소, 즉 저장 공간의 타입을 적어놓은 것이고, 실제로는 배열 요소의 타입인 int의 기본값인 0이 저장된다. 배열을 생성하면, 배열의 각 요소에는 배열 요소 타입의 기본값이 자동적으로 저장된다.

2차원 배열의 index

2차원 배열은 행(row)과 열(column)로 구성되어 있기 때문에 index도 행과 열에 각각 하나씩 존재한다. '행index'의 범위는 '0~행의 길이-1'이고 '열index'의 범위는 '0~열의 길이-1'이다. 그리고 2차원 배열의 각 요소에 접근하는 방법은 '배열이름[행index][열index]'이다.

만일 다음과 같이 배열 score를 생성하면, score[0][0]부터 score[3][2]까지 모두 12개(4 ×3=12)의 int값을 저장할 수 있는 공간이 마련되고, 각 배열 요소에 접근할 수 있는 방법은 아래의 그림과 같다.

```
int[][] score = new int[4][3];   // 4행 3열의 2차원 배열 score를 생성
```

	0	1	2
0	score[0][0]	score[0][1]	score[0][2]
1	score[1][0]	score[1][1]	score[1][2]
2	score[2][0]	score[2][1]	score[2][2]
3	score[3][0]	score[3][1]	score[3][2]

열 index (0 ~ 열의 길이-1)
행 index (0 ~ 행의 길이-1)

배열 score의 1행 1열에 100을 저장하고, 이 값을 출력하려면 다음과 같이 하면 된다.

```
score[0][0] = 100;                    // 배열 score의 1행 1열에 100을 저장
System.out.println(score[0][0]);      // 배열 score의 1행 1열의 값을 출력
```

3.2 2차원 배열의 초기화

2차원 배열도 괄호{}를 사용해서 생성과 초기화를 동시에 할 수 있다. 다만, 1차원 배열보다 괄호{}를 한번 더 써서 행별로 구분해 준다.

```
int[][] arr = new int[][]{ {1, 2, 3}, {4, 5, 6} };
int[][] arr = { {1, 2, 3}, {4, 5, 6} };   // new int[][]가 생략됨
```

크기가 작은 배열은 위와 같이 간단히 한 줄로 써도 되지만, 가능하면 다음과 같이 행별로 줄 바꿈을 해주는 것이 보기도 좋고 이해하기 쉽다.

```
int[][] arr = {
                {1, 2, 3},
                {4, 5, 6}
              };
```

만일 아래와 같은 테이블 형태의 데이터를 배열에 저장하려면,

	국어	영어	수학
1	100	100	100
2	20	20	20
3	30	30	30
4	40	40	40
5	50	50	50

다음과 같이 하면 된다.

```
int[][] score = {
                {100, 100, 100}
              , {20, 20, 20}
              , {30, 30, 30}
              , {40, 40, 40}
              , {50, 50, 50}
            };
```

위 문장이 수행된 후에, 2차원 배열 score가 메모리에 어떤 형태로 만들어지는지 그려보면 다음과 같다.v

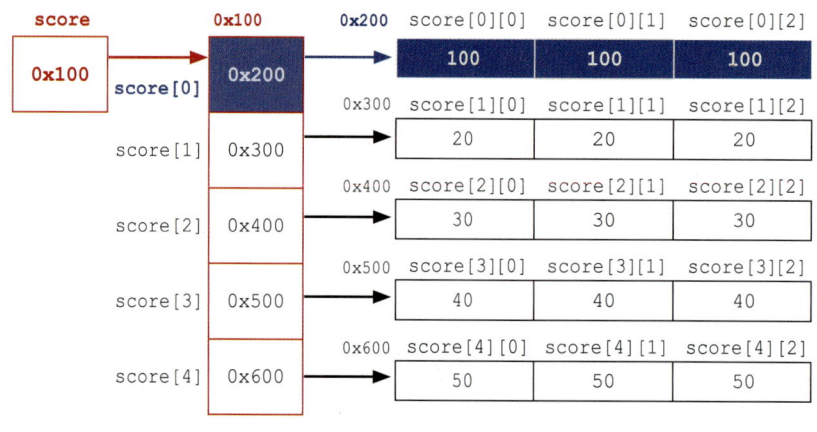

▲ 그림5-5 2차원 배열의 구조

그림5-5에서 알 수 있듯이 2차원 배열은 '배열의 배열'로 구성되어 있다. 여러 개의 1차원 배열을 묶어서 또 하나의 배열로 만든 것이다. 그러면, 여기서 score.length의 값은 얼마일까?

배열 참조변수 score가 참조하고 있는 배열의 길이가 얼마인가를 세어보면 될 것이다. 정답은 5이다. 그리고 score[0].length은 배열 참조변수 score[0]이 참조하고 있는 배열의 길이이므로 3이다.

같은 이유로 score[1].length, score[2].length, score[3].length, score[4].length의 값 역시 모두 3이다.

만일 for문을 이용해서 2차원 배열을 초기화한다면 다음과 같을 것이다.

```
// 2차원 배열 score의 모든 요소를 10으로 초기화한다.
for (int i = 0; i < score.length; i++) {
    for (int j = 0; j < score[i].length; j++) {
        score[i][j] = 10;
    }
}
```

▼ 예제 5-18/**ArrayEx18.java**

```java
class ArrayEx18 {
    public static void main(String[] args) {
        int[][] score = {
                            { 100, 100, 100}
                          , { 20, 20, 20}
                          , { 30, 30, 30}
                          , { 40, 40, 40}
                        };
        int sum = 0;

        for(int i=0;i < score.length;i++) {
            for(int j=0;j < score[i].length;j++) {
                System.out.printf("score[%d][%d]=%d%n", i, j, score[i][j]);
            }
        }

        for (int[] tmp : score) {
            for (int i : tmp) {
                sum += i;
            }
        }

        System.out.println("sum="+sum);
    }
}
```

▼ 실행결과
```
score[0][0]=100
score[0][1]=100
score[0][2]=100
score[1][0]=20
score[1][1]=20
score[1][2]=20
score[2][0]=30
score[2][1]=30
score[2][2]=30
score[3][0]=40
score[3][1]=40
score[3][2]=40
sum=570
```

2차원 배열 score의 모든 요소의 합을 구하고, 출력하는 예제이다. 하나의 이중 for문으로 처리가 가능한 작업이지만, 향상된 for문으로 2차원 배열의 모든 요소를 읽어오는 방법을 보여주기 위해 출력과 합계를 따로 처리하였다.

```java
for (int i : score) {        // 에러. 2차원 배열 score의 각 요소는 1차원 배열
    sum += i;
}
```

이렇게 간단히 되면 좋겠지만, 2차원 배열 score의 각 요소는 1차원 배열이므로 아래와 같이 for문을 하나 더 추가해야 한다.

```java
for (int[] tmp : score) {    // score의 각 요소(1차원 배열 주소)를 tmp에 저장
    for (int i : tmp) {      // tmp는 1차원 배열을 가리키는 참조변수
        sum += i;
    }
}
```

| 참고 | 향상된 for문으로 배열의 각 요소의 값을 읽을 수 있지만, 배열에 저장된 값은 변경할 수 없다.

▼ 예제 5-19/`ArrayEx19.java`

```java
class ArrayEx19 {
    public static void main(String[] args) {
        int[][] score = {
                        { 100, 100, 100}
                        , { 20, 20, 20}
                        , { 30, 30, 30}
                        , { 40, 40, 40}
                        , { 50, 50, 50}
                     };
        // 과목별 총점
        int korTotal = 0, engTotal = 0, mathTotal = 0;

        System.out.println("번호  국어  영어  수학  총점  평균 ");
        System.out.println("==============================");

        for(int i=0;i < score.length;i++) {
            int sum = 0;       // 개인별 총점
            float avg = 0.0f;  // 개인별 평균

            korTotal  += score[i][0];
            engTotal  += score[i][1];
            mathTotal += score[i][2];
            System.out.printf("%3d", i+1);

            for(int j=0;j < score[i].length;j++) {
                sum += score[i][j];
                System.out.printf("%5d", score[i][j]);
            }

            avg = sum/(float)score[i].length;   // 평균계산
            System.out.printf("%5d %5.1f%n", sum, avg);
        }

        System.out.println("==============================");
        System.out.printf("총점:%3d %4d %4d%n",korTotal,engTotal,mathTotal);
    }
}
```

▼ 실행결과

```
번호   국어  영어  수학  총점  평균
==============================
  1   100  100  100  300 100.0
  2    20   20   20   60  20.0
  3    30   30   30   90  30.0
  4    40   40   40  120  40.0
  5    50   50   50  150  50.0
==============================
총점:  240  240  240
```

5명의 학생의 세 과목 점수를 더해서 각 학생의 총점과 평균을 계산하고, 과목별 총점을 계산하는 예제이다. 간단한 예제이므로 자세한 설명은 생략한다.

3.3 가변 배열

자바는 2차원 이상의 배열을 '배열의 배열'의 형태로 처리한다는 사실을 이용하면 보다 자유로운 형태의 배열을 구성할 수 있다.
  2차원 이상의 다차원 배열을 생성할 때 전체 배열 차수 중 마지막 차수의 길이를 지정하지 않고, 추후에 각기 다른 길이의 배열을 생성함으로써 고정된 형태가 아닌 보다 유동적인 가변 배열을 구성할 수 있다.
  만일 다음과 같이 '5 × 3'길이의 2차원 배열 score를 생성하는 코드가 있을 때,

```
int[][] score = new int[5][3]; // 5행 3열의 2차원 배열 생성
```

위 코드를 다음과 같이 표현 할 수 있다.

```
int[][] score = new int[5][];   // 두 번째 차원의 길이는 지정하지 않는다.
score[0] = new int[3];
score[1] = new int[3];
score[2] = new int[3];
score[3] = new int[3];
score[4] = new int[3];
```

첫 번째 코드와 같이 2차원 배열을 생성하면 직사각형 테이블 형태의 고정적인 배열만 생성할 수 있지만, 두 번째 코드와 같이 2차원 배열을 생성하면 다음과 같이 각 행마다 다른 길이의 배열을 생성하는 것이 가능하다.

```
int[][] score = new int[5][];
score[0] = new int[4];
score[1] = new int[3];
score[2] = new int[2];
score[3] = new int[2];
score[4] = new int[3];
```

위의 코드에 의해서 생성된 2차원 배열을 그림으로 표현하면 다음과 같다.

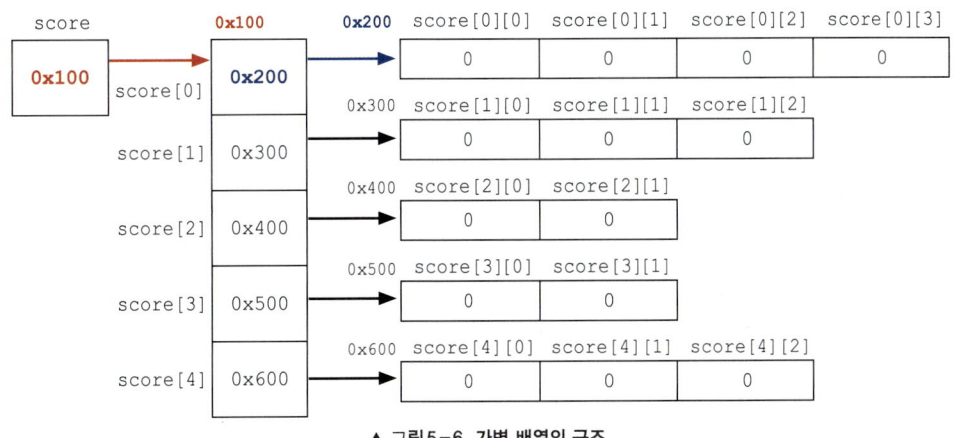

▲ 그림5-6 가변 배열의 구조

score.length의 값은 여전히 5지만, 일반적인 2차원 배열과 달리 score[0].length의 값은 4이고 score[1].length의 값은 3으로 서로 다르다.

가변배열 역시 중괄호{}를 이용해서 다음과 같이 생성과 초기화를 동시에 하는 것이 가능하다.

```
int[][] score = {
                {100, 100, 100, 100}
              , {20, 20, 20}
              , {30, 30}
              , {40, 40}
              , {50, 50, 50}
           };
```

ㅣ플래시동영상ㅣ /flash/MultiDim.exe을 보면 가변 배열의 생성과정을 자세히 볼 수 있다.

3.4 다차원 배열의 활용

다차원 배열의 대표적인 예제들을 몇 가지 골라보았다. 이 예제들만 잘 이해해도 다차원 배열을 활용하는데 별 어려움이 없을 것이다.

[예제5-20] 좌표에 X표하기   입력한 2차원 좌표의 위치에 X를 표시
[예제5-21] 빙고   빙고판을 만들고 입력받은 숫자를 빙고판에서 지운다.
[예제5-22] 행렬의 곱셈   두 행렬(matrix)을 곱한 결과를 출력
[예제5-23] 단어 맞추기   영어 단어를 보여주고, 뜻을 맞추는 게임

이 예제에 추가하면 좋을만한 기능은 없는지 고민해보고, 조금씩 단계별로 발전시켜보면 좋은 공부가 될 것이다.

▼ 예제 5-20/MultiArrEx.java

```java
import java.util.*;
class MultiArrEx {
    public static void main(String[] args) {
        final int SIZE = 10;
        int x = 0, y = 0;

        char[][] board = new char[SIZE][SIZE];
        byte[][] shipBoard = {
         // 1  2  3  4  5  6  7  8  9
            { 0, 0, 0, 0, 0, 0, 1, 0, 0 }, // 1
            { 1, 1, 1, 1, 0, 0, 1, 0, 0 }, // 2
            { 0, 0, 0, 0, 0, 0, 1, 0, 0 }, // 3
            { 0, 0, 0, 0, 0, 0, 1, 0, 0 }, // 4
            { 0, 0, 0, 0, 0, 0, 0, 0, 0 }, // 5
            { 1, 1, 0, 1, 0, 0, 0, 0, 0 }, // 6
            { 0, 0, 0, 1, 0, 0, 0, 0, 0 }, // 7
            { 0, 0, 0, 1, 0, 0, 0, 0, 0 }, // 8
            { 0, 0, 0, 0, 0, 1, 1, 1, 0 }, // 9
        };
```

```java
        // 1행에 행번호를, 1열에 열번호를 저장한다.
        for(int i=1;i<SIZE;i++)
            board[0][i] = board[i][0] = (char)(i+'0');

        Scanner scanner = new Scanner(System.in);

        while(true) {
            System.out.print("좌표를 입력하세요.(종료는 00)>");
            String input = scanner.nextLine(); // 화면입력받은 내용을 input에 저장

            if(input.length()==2) {     // 두 글자를 입력한 경우
                x = input.charAt(0) - '0';   // 문자를 숫자로 변환
                y = input.charAt(1) - '0';

                if(x==0 && y==0) // x와 y가 모두 0인 경우 종료
                    break;
            }

            if(input.length()!=2 || x<=0 || x>=SIZE || y<=0 || y>=SIZE){
                System.out.println("잘못된 입력입니다. 다시 입력해주세요.");
                continue;
            }
            // shipBoard[x-1][y-1]의 값이 1이면, 'O'을 board[x][y]에 저장한다.
            board[x][y] = shipBoard[x-1][y-1]==1 ? 'O' : 'X';

            // 배열 board의 내용을 화면에 출력한다.
            for(int i=0;i<SIZE;i++)
                System.out.println(board[i]); // board[i]는 1차원 배열
            System.out.println();
        }
    } // main의 끝
}
```

▼ 실행결과

```
좌표를 입력하세요.(종료는 00)>1010
잘못된 입력입니다. 다시 입력해주세요.
좌표를 입력하세요.(종료는 00)>33
 123456789
1
2
3  X
4
5
6
7
8
9

좌표를 입력하세요.(종료는 00)>00
```

둘이 마주 앉아 다양한 크기의 배를 상대방이 알지 못하게 배치한 다음, 번갈아가며 좌표를 불러서 상대방의 배의 위치를 알아내는 게임을 간단히 하여 예제로 만들어 보았다.

2차원 char배열 board는 입력한 좌표를 표시하기 위한 것이고, 2차원 byte배열 shipBoard에는 상대방의 배의 위치를 저장한다. 0은 바다이고, 1은 배가 있는 것이다.

```
        char[][] board = new char[SIZE][SIZE];
        byte[][] shipBoard = {
            //  1  2  3  4  5  6  7  8  9
              { 0, 0, 0, 0, 0, 0, 1, 0, 0 }, // 1
              { 1, 1, 1, 1, 0, 0, 1, 0, 0 }, // 2
              { 0, 0, 0, 0, 0, 0, 1, 0, 0 }, // 3
              { 0, 0, 0, 0, 0, 0, 1, 0, 0 }, // 4
              { 0, 0, 0, 0, 0, 0, 0, 0, 0 }, // 5
              { 1, 1, 0, 1, 0, 0, 0, 0, 0 }, // 6
              { 0, 0, 0, 1, 0, 0, 0, 0, 0 }, // 7
              { 0, 0, 0, 1, 0, 0, 0, 0, 0 }, // 8
              { 0, 0, 0, 0, 0, 1, 1, 1, 0 }, // 9
        };
```

배열 board는 좌표를 쉽게 입력하기 위한 행번호와 열번호가 필요하다. 그래서 배열 board가 배열 shipBoard보다 행과 열의 길이가 1씩 큰 것이다.

```
    // 1행에 행번호를, 1열에 열번호를 저장한다.
    for(int i = 1;i < SIZE;i++) {
        board[0][i] = board[i][0] = (char)(i+'0'); // (char)(1+'0') → '1'
    }                                              // (char)(2+'0') → '2'
```

board는 char배열이므로, 숫자를 문자로 변환하여 저장해야한다. 그래서 변수 i에 문자 '0'을 더한다. 숫자 1에 문자 '0'을 더하면 문자 '1'이 된다. 그 다음엔 무한 반복문으로 좌표를 반복해서 입력받는다. 입력받은 좌표 x, y에 저장된 값이 1이면, board[x][y]에 'O'를 저장하고, 1이 아니면 'X'를 저장한다. 배열 board와 shipBoard간에는 좌표가 가로, 세로로 각각 1씩 차이가 난다는 점을 잊지 말자.

```
        while(true) {
            ...
            board[x][y] = shipBoard[x-1][y-1]==1 ? 'O':'X';
```

그리고 2차원 char배열의 각 요소는 1차원 배열이므로 아래의 왼쪽과 같이 간단히 출력할 수 있다. 원래는 오른쪽과 같이 배열의 각 요소를 하나씩 출력해야하는데, println메서드로 1차원 char배열의 참조변수를 출력하면, 배열의 모든 요소를 한 줄로 출력한다.

| 참고 | 그림5-5에서 알 수 있듯이 2차원 배열의 각 요소는 1차원 배열의 참조변수 역할을 한다.

```
for(int i=0;i<SIZE;i++) {              for(int i=0;i<SIZE;i++) {
  System.out.println(board[i]);          for(int j=0;j<SIZE;j++)
}                                          System.out.print(board[i][j]);
                                         System.out.println();
                                       }
```

println메서드가 모든 1차원 배열을 이렇게 출력할 수 있는 것은 아니고, char배열인 경우만 가능하다.

▼ 예제 5-21/MultiArrEx2.java

```java
import java.util.*;

class MultiArrEx2 {
    public static void main(String[] args) {
        final int SIZE = 5;
        int x = 0 , y = 0, num = 0;

        int[][] bingo = new int[SIZE][SIZE];
        Scanner scanner = new Scanner(System.in);

        // 배열의 모든 요소를 1부터 SIZE*SIZE까지의 숫자로 초기화
        for(int i=0;i<SIZE;i++)
            for(int j=0;j<SIZE;j++)
                bingo[i][j] = i*SIZE + j + 1;

        // 배열에 저장된 값을 뒤섞는다.(shuffle)
        for(int i=0;i<SIZE;i++) {
            for(int j=0;j<SIZE;j++) {
                x = (int)(Math.random() * SIZE);
                y = (int)(Math.random() * SIZE);

                // bingo[i][j]와 임의로 선택된 값(bingo[x][y])을 바꾼다.
                int tmp =  bingo[i][j];
                bingo[i][j] = bingo[x][y];
                bingo[x][y] = tmp;
            }
        }

        do {
            for(int i=0;i<SIZE;i++) {
                for(int j=0;j<SIZE;j++)
                    System.out.printf("%2d ", bingo[i][j]);
                System.out.println();
            }
            System.out.println();

            System.out.printf("1~%d의 숫자를 입력하세요.(종료:0)>", SIZE*SIZE);
            String tmp = scanner.nextLine(); // 화면에서 입력받은 내용을 tmp에 저장
            num = Integer.parseInt(tmp);     // 입력받은 문자열(tmp)를 숫자로 변환

            // 입력받은 숫자와 같은 숫자가 저장된 요소를 찾아서 0을 저장
            outer:
            for(int i=0;i<SIZE;i++) {
                for(int j=0;j<SIZE;j++) {
                    if(bingo[i][j]==num) {
                        bingo[i][j] = 0;
                        break outer; // 2중 반복문을 벗어난다.
                    }
                }
            }
        } while(num!=0);
    } // main의 끝
}
```

▼ 실행결과

```
 9 22  2 12 17
 6  1 25  3  5
16  7 11 19 23
14 10 21 13  8
 4 15 20 24 18

1~25의 숫자를 입력하세요.(종료:0)>1
 9 22  2 12 17
 6  0 25  3  5
16  7 11 19 23
14 10 21 13  8
 4 15 20 24 18

1~25의 숫자를 입력하세요.(종료:0)>9
 0 22  2 12 17
 6  0 25  3  5
16  7 11 19 23
14 10 21 13  8
 4 15 20 24 18

1~25의 숫자를 입력하세요.(종료:0)>0
```

5×5크기의 빙고판에 1~25의 숫자를 차례로 저장한 다음에, Math.random()을 이용해서 저장된 값의 위치를 섞는다. 여기까지의 과정은 지금까지 여러 번 반복된 것이므로 자세한 설명은 생략한다.

그 다음에 사용자로부터 숫자를 입력받아서 일치하는 숫자가 빙고판에 있으면 해당 숫자를 0으로 바꾼다.

```
// 입력받은 숫자와 같은 숫자가 저장된 요소를 찾아서 0을 저장
outer:
for(int i=0;i<SIZE;i++) {
    for(int j=0;j< SIZE;j++) {
        if(bingo[i][j]==num) {
            bingo[i][j] = 0;      // 일치하는 숫자를 찾으면 0으로 변경
            break outer;          // 2중 반복문을 벗어난다.
        }
    }
}
```

입력받은 숫자와 일치하는 숫자를 빙고판에서 찾는 방법은 간단하다. 배열의 첫 번째 요소부터 순서대로 하나씩 비교하다 일치하는 숫자를 찾으면, 값을 0으로 바꾸고 break문으로 반복문을 빠져나오면 된다. 이중 반복문이므로, 이름 붙은 break문을 사용해야 한다.

▼ 예제 5-22/**MultiArrEx3.java**

```java
class MultiArrEx3 {
    public static void main(String[] args) {
        int[][] m1 = {
            {1, 2, 3},
            {4, 5, 6}
        };

        int[][] m2 = {
            {1, 2},
            {3, 4},
            {5, 6}
        };

        final int ROW    = m1.length;       // m1의 행 길이
        final int COL    = m2[0].length;    // m2의 열 길이
        final int M2_ROW = m2.length;       // m2의 행 길이

        int[][] m3 = new int[ROW][COL];

        // 행렬곱 m1 x m2의 결과를 m3에 저장
        for(int i=0;i<ROW;i++)
            for(int j=0;j<COL;j++)
                for(int k=0;k<M2_ROW;k++)
                    m3[i][j] += m1[i][k] * m2[k][j];

        // 행렬 m3를 출력
        for(int i=0;i<ROW;i++) {
            for(int j=0;j<COL;j++) {
                System.out.printf("%3d ", m3[i][j]);
            }
            System.out.println();
        }
    } // main의 끝
}
```

▼ 실행결과
```
 22  28
 49  64
```

수학에서 두 개의 행렬(matrix) m1과 m2가 있을 때, 이 두 행렬을 곱한 결과인 행렬 m3는 아래와 같이 정의된다.

| 참고 | 학교 과제로 자주 출제되기 때문에 넣은 예제다. 어렵게 느껴진다면 넘어가도 좋다.

$$\underset{m1}{\begin{pmatrix} A0 & A1 & A2 \\ B0 & B1 & B2 \end{pmatrix}} \times \underset{m2}{\begin{pmatrix} a0 & a1 \\ b0 & b1 \\ c0 & c1 \end{pmatrix}} = \underset{m3}{\begin{pmatrix} A0 \times a0 + A1 \times b0 + A2 \times c0 & A0 \times a1 + A1 \times b1 + A2 \times c1 \\ B0 \times a0 + B1 \times b0 + B2 \times c0 & B0 \times a1 + B1 \times b1 + B2 \times c1 \end{pmatrix}}$$

두 행렬의 곱셈이 가능하려면, m1의 열의 길이와 m2의 행의 길이가 같아야 한다는 조건이 있다. 위의 경우에는 m1이 2행 **3열**이고, m2가 **3행** 2열이므로 곱셈이 가능하다.

그리고 곱셈연산의 결과인 행렬 m3의 행의 길이는 m1의 행의 길이와 같고, 열의 길이는 m2의 열의 길이와 같다. **2행** 3열인 행렬과 3행 **2열**인 행렬을 곱하면 결과는 **2행 2열**의 행렬이 되는 것이다.

지금까지의 내용은 수학에서 정의된 행렬의 곱셈에 대한 정의와 규칙일 뿐, 왜 그렇게 되는지 따지지 말자. 이에 맞게 코드를 작성하는 것만 생각하자. 위의 행렬의 곱셈 공식을 2차원 배열로 표현하면 아래와 같다.

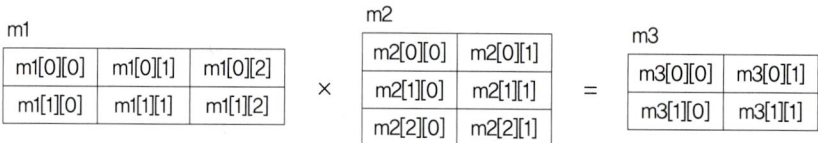

그리고 행렬 곱셈의 결과인 행렬 m3의 각 요소들은 아래와 같이 계산된다.

```
m3[0][0] = m1[0][0] * m2[0][0]
         + m1[0][1] * m2[1][0]
         + m1[0][2] * m2[2][0];

m3[0][1] = m1[0][0] * m2[0][1]
         + m1[0][1] * m2[1][1]
         + m1[0][2] * m2[2][1];

m3[1][0] = m1[1][0] * m2[0][0]
         + m1[1][1] * m2[1][0]
         + m1[1][2] * m2[2][0];

m3[1][1] = m1[1][0] * m2[0][1]
         + m1[1][1] * m2[1][1]
         + m1[1][2] * m2[2][1];
```

위의 문장들을 자세히 들여다보면, 행렬 m3의 **행**index가 행렬 m1의 행index와 일치하고, m3의 **열**index가 m2의 열index와 일치한다는 것을 알 수 있다. 그래서 위의 문장들은 다음과 같이 2중 for문으로 대체할 수 있다.

```
for(int i=0;i<2;i++) {   // i = 0, 1
    for(int j=0;j<2;j++) {   // j = 0, 1
        m3[i][j] = m1[i][0] * m2[0][j]
                 + m1[i][1] * m2[1][j]
                 + m1[i][2] * m2[2][j];
    }
}
```

위의 문장을 잘 보면 여전히 반복되는 부분이 있다. m1의 열index와 m2의 행index가 동일하게 0부터 2까지 1씩 증가한다. 이 부분을 또 하나의 for문으로 바꾸면 다음과 같이 된다.

```
for(int i=0;i<2;i++) {
    for(int j=0;j<2;j++) {
        for(int j=0;k<3;k++) {   // k = 0, 1, 2
            m3[i][j] += m1[i][k] * m2[k][j];
        }
    }
}
```

행렬 m1과 m2의 길이가 달라져도 행렬 m3가 계산될 수 있도록, 배열 m3의 크기와 for문의 조건식이 동적으로 계산되게 하였다.

```java
final int ROW     = m1.length;      // m1의 행 길이(m3의 행 길이)
final int COL     = m2[0].length;   // m2의 열 길이(m3의 열 길이)
final int M2_ROW  = m2.length;      // m2의 행 길이

int[][] m3 = new int[ROW][COL];
```

두 행렬의 곱셈이 가능하려면, 배열 m1의 열의 길이와 배열 m2의 행의 길이가 일치해야 한다는 것에 주의하자.

▼ 예제 5-23/**MultiArrEx4.java**

```java
import java.util.*;

class MultiArrEx4{
    public static void main(String[] args) {
        String[][] words = {
            {"chair","의자"},      // words[0][0], words[0][1]
            {"computer","컴퓨터"}, // words[1][0], words[1][1]
            {"integer","정수"}     // words[2][0], words[2][1]
        };

        Scanner scanner = new Scanner(System.in);

        for(int i=0;i<words.length;i++) {
            System.out.printf("Q%d. %s의 뜻은?", i+1, words[i][0]);

            String tmp = scanner.nextLine();

            if(tmp.equals(words[i][1])) {
                System.out.printf("정답입니다.%n%n");
            } else {
                System.out.printf("틀렸습니다. 정답은 %s입니다.%n%n",words[i][1]);
            }
        } // for
    } // main의 끝
}
```

▼ 실행결과

```
Q1. chair의 뜻은?dmlwk
틀렸습니다. 정답은 의자입니다.

Q2. computer의 뜻은?컴퓨터
정답입니다.

Q3. integer의 뜻은?정수
정답입니다.
```

영단어를 보여주고 단어의 뜻을 맞추는 예제이다. words[i][0]은 문제이고, words[i][1]은 답이다. words[i][0]을 화면에 보여주고, 입력받은 답은 tmp에 저장한다.

```
System.out.printf("Q%d. %s의 뜻은?", i+1, words[i][0]);
String tmp = scanner.nextLine();
```

그 다음엔 equals( )로 tmp와 words[i][1]을 비교해서 정답인지 확인한다.

```
if(tmp.equals(words[i][1])) {
    System.out.printf("정답입니다.%n%n");
} else {
    System.out.printf("틀렸습니다. 정답은 %s입니다.%n%n",words[i][1]);
}
```

| 참고 | 연습문제는 깃헙(https://github.com/castello/javajungsuk4)에서 PDF파일로 제공

Chapter 06

객체지향 프로그래밍 I
Object-oriented Programming I

1. 객체지향언어

1.1 객체지향 언어의 역사

요즘은 컴퓨터의 눈부신 발전으로 활용 폭이 넓고 다양해져서 컴퓨터가 사용되지 않는 분야가 없을 정도지만, 초창기에는 주로 과학실험이나 미사일 발사실험과 같은 모의실험(simulation)을 목적으로 사용되었다. 이 시절의 과학자들은 모의실험을 위해 실제 세계와 유사한 가상 세계를 컴퓨터 속에 구현하고자 노력하였으며 이러한 노력은 객체지향이론을 탄생시켰다.

객체지향이론의 기본 개념은 '실제 세계는 사물(객체)로 이루어져 있으며, 발생하는 모든 사건들은 사물간의 상호작용이다.'라는 것이다. 실제 사물의 속성과 기능을 분석한 다음, 데이터(변수)와 함수로 정의함으로써 실제 세계를 컴퓨터 속에 옮겨 놓은 것과 같은 가상세계를 구현하고 이 가상세계에서 모의실험을 함으로써 많은 시간과 비용을 절약할 수 있었다. 객체지향이론은 상속, 캡슐화, 추상화 개념을 중심으로 점차 구체적으로 발전되었으며 1960년대 중반에 객체지향이론을 프로그래밍언어에 적용한 시뮬라(Simula)라는 최초의 객체지향언어가 탄생하였다.

그 당시에는 FORTRAN이나 COBOL과 같은 절차적 언어들이 주류를 이루었으며, 객체지향언어는 널리 사용되지 못하고 있었다. 1980년대 중반에 C++을 비롯하여 여러 객체지향언어가 발표되면서 객체지향언어가 본격적으로 개발자들의 관심을 끌기 시작하였지만 여전히 사용자층이 넓지 못했다.

그러나 프로그램의 규모가 점점 커지고 사용자들의 요구가 빠르게 변화해가는 상황을 절차적 언어로는 극복하기 어렵다는 한계를 느끼고 객체지향언어를 이용한 개발방법론이 대안으로 떠오르게 되면서 조금씩 입지를 넓혀가고 있었다.

자바가 1995년에 발표되고 1990년대 말에 인터넷의 발전과 함께 크게 유행하면서 객체지향언어는 이제 프로그래밍언어의 주류로 자리 잡았다.

1.2 객체지향언어

객체지향언어는 기존의 프로그래밍언어와 다른 전혀 새로운 것이 아니라, 기존의 프로그래밍 언어에 몇 가지 새로운 규칙을 추가한 보다 발전된 형태의 것이다. 이러한 규칙들을 이용해서 코드 간에 서로 관계를 맺어 줌으로써 보다 유기적으로 프로그램을 구성하는 것이 가능해졌다. 기존의 프로그래밍 언어에 익숙한 사람이라면 자바의 객체지향적인 부분만 새로 배우면 된다. 다만 절차적 언어에 익숙한 프로그래밍 습관을 객체지향적으로 바꾸도록 노력해야할 것이다. 객체지향언어의 주요특징은 다음과 같다.

> 1. **코드의 재사용성이 높다.**
>   새로운 코드를 작성할 때 기존의 코드를 이용하여 쉽게 작성할 수 있다.
> 2. **코드의 관리가 용이하다.**
>   코드간의 관계를 이용해서 적은 노력으로 쉽게 코드를 변경할 수 있다.

> **3. 신뢰성이 높은 프로그래밍을 가능하게 한다.**
> 제어자와 메서드를 이용해서 데이터를 보호하고 올바른 값을 유지하도록 하며, 코드의 중복을 제거하여 코드의 불일치로 인한 오동작을 방지할 수 있다.

객체지향언어의 가장 큰 장점은 '코드의 재사용성이 높고 변경에 유리하다.'는 것이다. 이러한 객체지향언어의 장점은 프로그램의 개발과 유지보수에 드는 시간과 비용을 획기적으로 개선하였다.

앞으로 상속, 다형성과 같은 **객체지향개념을 학습할 때 재사용성과 유지보수 그리고 중복된 코드의 제거, 이 세 가지 관점에서 보면 보다 쉽게 이해할 수 있을 것이다.**

객체지향 프로그래밍은 프로그래머에게 거시적 관점에서 설계할 수 있는 능력을 요구하기 때문에 객체지향개념을 이해했다 하더라도 자바의 객체지향적 장점들을 충분히 활용한 프로그램을 작성하기란 쉽지 않을 것이다.

너무 객체지향개념에 얽매여서 고민하기 보다는 일단 프로그램을 기능적으로 완성한 다음 어떻게 하면 보다 객체지향적으로 코드를 개선할 수 있을지를 고민하여 점차 개선해 나가는 것이 좋다.

이러한 경험들이 축적되어야 프로그램을 객체지향적으로 설계할 수 있는 능력이 길러지는 것이지 처음부터 이론을 많이 안다고 해서 좋은 설계를 할 수 있는 것은 아니다.

2. 클래스와 객체

2.1 클래스와 객체의 정의와 용도

클래스란 '객체를 정의한 것.' 또는 '객체의 설계도'라고 할 수 있다. 클래스는 객체를 생성하는데 사용되며, 객체는 클래스에 정의된 대로 생성된다.

> **클래스의 정의** 클래스란 객체를 정의해 놓은 것이다.
> **클래스의 용도** 클래스는 객체를 생성하는데 사용된다.

객체의 사전적인 정의는, '실제로 존재하는 것'이다. 우리가 주변에서 볼 수 있는 책상, 의자, 자동차와 같은 사물들이 곧 객체이다. 객체지향이론에서는 사물과 같은 유형적인 것뿐만 아니라, 개념이나 논리와 같은 무형적인 것들도 객체로 간주한다.

프로그래밍관점에서 객체는 클래스에 정의된 대로 메모리에 생성된 것을 뜻한다.

> **객체의 정의** 실제로 존재하는 것. 사물 또는 개념
> **객체의 용도** 객체가 가지고 있는 기능과 속성에 따라 다름
>
> **유형의 객체** 책상, 의자, 자동차, TV와 같은 사물
> **무형의 객체** 수학공식, 프로그램 에러와 같은 논리나 개념

클래스와 객체의 관계를 우리가 살고 있는 실생활에서 예를 들면, 제품 설계도와 제품과의 관계라고 할 수 있다. 예를 들면, TV설계도(클래스)는 TV라는 제품(객체)을 정의한 것이며, TV(객체)를 만드는데 사용된다.

또한 클래스는 단지 객체를 생성하는데 사용될 뿐, 객체 그 자체는 아니다. 우리가 원하는 기능의 객체를 사용하기 위해서는 먼저 클래스로부터 객체를 생성하는 과정이 선행되어야 한다.

우리가 TV를 보기 위해서는, TV(객체)가 필요한 것이지 TV설계도(클래스)가 필요한 것은 아니며, TV설계도(클래스)는 단지 TV라는 제품(객체)을 만드는데 사용될 뿐이다.

그리고 TV설계도를 통해 TV가 만들어진 후에야 사용할 수 있다. 프로그래밍에서는 먼저 클래스를 작성한 다음, 클래스로부터 객체를 생성하여 사용한다.

| 참고 | 객체를 사용한다는 것은 객체가 가지고 있는 속성과 기능을 사용한다는 뜻이다.

클래스	객 체
제품 설계도	제품
TV 설계도	TV
붕어빵 기계	붕어빵

▲ 표6-1 클래스와 객체의 예

클래스를 정의하고 클래스를 통해 객체를 생성하는 이유는 설계도를 통해서 제품을 만드는 이유와 같다. 하나의 설계도만 잘 만들어 놓으면 제품을 만드는 일이 쉬워진다. 제품을 만들 때마다 매번 고민할 필요없이 설계도대로 만들면 되기 때문이다.

설계도 없이 제품을 만든다고 생각해보라. 복잡한 제품일수록 설계도 없이 제품을 만든다는 것은 상상할 수도 없을 것이다.

이와 마찬가지로 클래스를 한번만 잘 만들어 놓기만 하면, 매번 객체를 생성할 때마다 어떻게 객체를 만들어야 할지를 고민하지 않아도 된다. 그냥 클래스로부터 객체를 생성해서 사용하기만 하면 되는 것이다.

JDK(Java Development Kit)에서는 프로그래밍을 위해 많은 수의 유용한 클래스(Java API)를 기본적으로 제공하고 있으며, 우리는 이 클래스들을 이용해서 원하는 기능의 프로그램을 보다 쉽게 작성할 수 있다.

2.2 객체와 인스턴스

클래스로부터 객체를 만드는 과정을 클래스의 인스턴스화(instantiate)라고 하며, 어떤 클래스로부터 만들어진 객체를 그 클래스의 인스턴스(instance)라고 한다.

예를 들면, Tv클래스로부터 만들어진 객체를 Tv클래스의 인스턴스라고 한다. 결국 인스턴스는 객체와 같은 의미이지만, 객체는 모든 인스턴스를 대표하는 포괄적인 의미를 갖고 있으며, 인스턴스는 어떤 클래스로부터 만들어진 것인지를 강조하는 보다 구체적인 의미를 갖고 있다.

예를 들면, '책상은 인스턴스다.'라고 하기 보다는 '책상은 객체다.'라는 쪽이, '책상은 책상 클래스의 객체이다.'라고 하기 보다는 '책상은 책상 클래스의 인스턴스다.'라고 하는 것이 더 자연스럽다.

　인스턴스와 객체는 같은 의미이므로 두 용어의 사용을 엄격히 구분할 필요는 없지만, 위의 예에서 본 것과 같이 문맥에 따라 구별하여 사용하는 것이 좋다.

```
                인스턴스화
    클래스    ───────▶    인스턴스(객체)
```

2.3 객체의 구성요소 – 속성과 기능

객체는 속성과 기능, 두 종류의 구성요소로 이루어져 있으며, 일반적으로 객체는 다수의 속성과 다수의 기능을 갖는다. 즉, 객체는 속성과 기능의 집합이라고 할 수 있다. 그리고 객체가 가지고 있는 속성과 기능을 그 객체의 멤버(구성원, member)라 한다.

　클래스란 객체를 정의한 것이므로 클래스에는 객체의 모든 속성과 기능이 정의되어있다. 클래스로부터 객체를 생성하면, 클래스에 정의된 속성과 기능을 가진 객체가 만들어지는 것이다.

　속성과 기능은 아래와 같이 같은 뜻의 여러 가지 용어가 있으며, 앞으로 이 중에서도 '속성'보다는 '멤버 변수'를, '기능'보다는 '메서드'를 주로 사용할 것이다.

> **속성(property)** 멤버 변수(member variable), 특성(attribute), 필드(field), 상태(state)
> **기능(function)** 메서드(method), 함수(function), 행위(behavior)

보다 쉽게 이해할 수 있도록 TV를 예로 들어보자. TV의 속성으로는 전원상태, 크기, 길이, 높이, 색상, 볼륨, 채널과 같은 것들이 있으며, 기능으로는 켜기, 끄기, 볼륨 높이기, 채널 변경하기 등이 있다.

 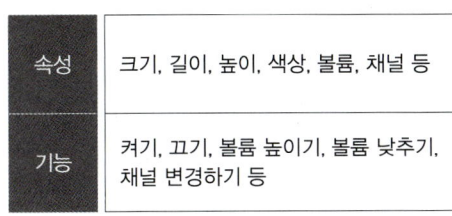

▲ 그림6-1 TV의 속성과 기능

객체지향 프로그래밍에서는 속성과 기능을 각각 변수와 메서드로 표현한다.

속성(property) → 멤버 변수(member variable)
기능(function) → 메서드(method)

채널 → int channel
채널 높이기 → channelUp( ) { ... }

위에서 분석한 내용을 토대로 Tv클래스를 만들어 보면 다음과 같다.

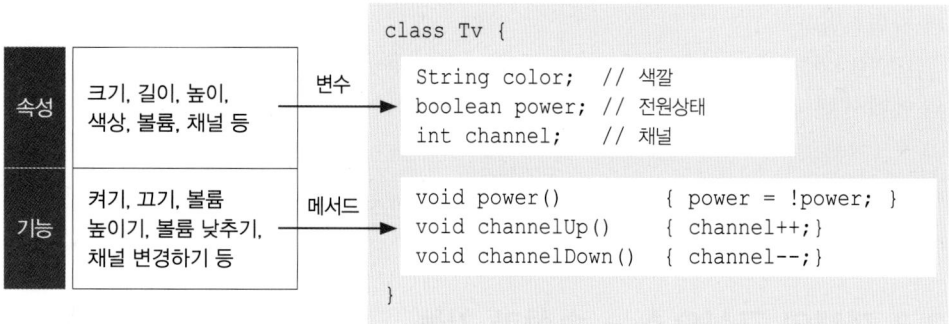

|참고| 멤버 변수와 메서드를 선언할 때 순서는 관계없지만, 일반적으로 메서드보다 멤버 변수를 먼저 선언하고 멤버 변수는 멤버 변수끼리 메서드는 메서드끼리 모아 놓는 것이 일반적이다.

실제 TV가 갖는 기능과 속성은 이 외에도 더 있지만, 프로그래밍에 필요한 속성과 기능만을 선택하여 클래스를 작성하면 된다.
　각 변수의 타입은 속성의 값에 알맞은 것을 선택해야 한다. 전원상태(power)의 경우, on과 off 두 가지 값을 가질 수 있으므로 boolean으로 선언했다.

power()의 'power = !power;' 이 문장에서 power의 값이 true면 false로, false면 true로 변경하는 일을 한다. power의 값에 관계없이 항상 반대의 값으로 변경해주면 되므로 굳이 if문을 사용할 필요가 없다. 참고로 if문을 사용하여 코드를 작성하면 다음과 같다.

```
if (power)      // if (power == true)
    power = false;
else
    power = true;
```

2.4 인스턴스의 생성과 사용

Tv클래스를 선언한 것은 Tv설계도를 작성한 것에 불과하므로, Tv인스턴스를 생성해야 제품(Tv)을 사용할 수 있다. 클래스로부터 인스턴스를 생성하는 방법은 여러가지가 있지만 일반적으로는 다음과 같이 한다.

```
클래스명 변수명;              // 클래스의 객체를 참조하기 위한 참조 변수(리모콘)를 선언
변수명 = new 클래스명();      // 클래스의 객체를 생성 후, 객체의 주소를 참조 변수에 저장(연결)

Tv t;                        // Tv클래스 타입의 참조 변수 t를 선언
t = new Tv();                // Tv인스턴스를 생성한 후, 생성된 Tv인스턴스의 주소를 t에 저장
```

▼ 예제 6-1/**TvEx.java**

```java
class Tv {
    // Tv의 속성(멤버변수)
    String color;              // 색상
    boolean power;             // 전원상태(on/off)
    int channel;               // 채널

    // Tv의 기능(메서드)
    void power()      { power = !power; }   // TV를 켜거나 끄는 기능을 하는 메서드
    void channelUp()   {  ++channel; }      // TV의 채널을 높이는 기능을 하는 메서드
    void channelDown() { --channel; }       // TV의 채널을 낮추는 기능을 하는 메서드
}
class TvEx {
    public static void main(String args[]) {
        Tv t;                     // Tv인스턴스를 참조하기 위한 변수 t를 선언
        t = new Tv();             // Tv인스턴스를 생성
        t.channel = 7;            // Tv인스턴스의 멤버변수 channel의 값을 7로 한다.
        t.channelDown();          // Tv인스턴스의 메서드 channelDown()을 호출한다.
        System.out.println("현재 채널은 " + t.channel + " 입니다.");
    }
}
```

▼ 실행결과
현재 채널은 6 입니다.

이 예제는 Tv클래스로부터 인스턴스를 생성하고 인스턴스의 속성(channel)과 메서드(channelDown( ))를 사용하는 방법을 보여 주는 것이다. 이 예제를 그림과 함께 단계별로 자세히 살펴보도록 하자.

1. Tv t;

Tv클래스 타입의 참조변수 t를 선언한다. 메모리에 참조 변수 t를 위한 공간이 마련된다. 아직 인스턴스가 생성되지 않았으므로 참조 변수로 아무것도 할 수 없다.

2. t = new Tv();

연산자 new에 의해 Tv클래스의 인스턴스가 메모리의 빈 공간에 생성된다. 주소가 0x100인 곳에 생성되었다고 가정하자. 이 때, 멤버 변수는 각 자료형에 해당하는 기본값으로 초기화 된다.
 color는 참조형이므로 null로, power는 boolean이므로 false로, 그리고 channel은 int이므로 0으로 초기화 된다.

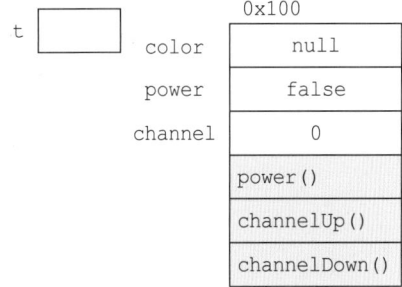

그 다음에는 대입 연산자(=)에 의해서 생성된 객체의 주소가 참조 변수 t에 저장된다. 이제는 참조 변수 t를 통해 Tv인스턴스에 접근할 수 있다. 인스턴스를 다루기 위해서는 참조 변수가 반드시 필요하다.

| 참고 | 아래 그림에서의 화살표는 참조 변수 t가 Tv인스턴스를 참조하고 있다는 것을 알기 쉽게 하기 위해 추가한 상징적인 것이다. 이 때, 참조 변수 t가 Tv인스턴스를 '가리키고 있다' 또는 '참조하고 있다'라고 한다.

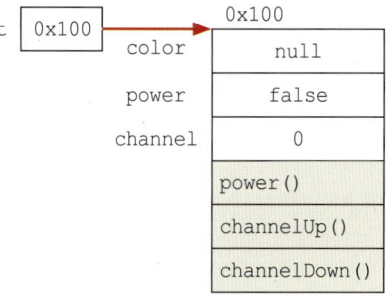

3. t.channel = 7 ;
참조 변수 t에 저장된 주소에 있는 인스턴스의 멤버 변수 channel에 7을 저장한다. 여기서 알 수 있는 것처럼, 인스턴스의 멤버 변수(속성)를 사용하려면 '참조변수.멤버변수'와 같이 하면 된다.

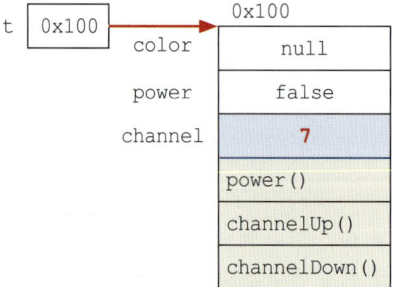

4. t.channelDown();
참조 변수 t가 참조하고 있는 Tv인스턴스의 channelDown메서드를 호출한다. channel Down메서드는 멤버 변수 channel에 저장되어 있는 값을 1 감소시킨다.

```
void channelDown() { --channel; }
```

channelDown( )에 의해서 channel의 값은 7에서 6이 된다.

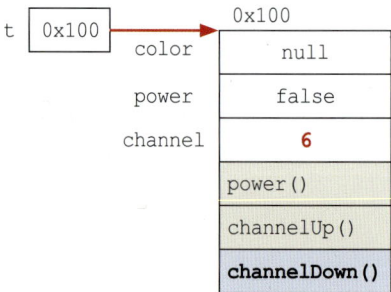

5. System.out.println("현재 채널은 " + t.channel + " 입니다.");
참조 변수 t가 참조하고 있는 Tv인스턴스의 멤버 변수 channel에 저장되어 있는 값을 출력한다. 현재 channel의 값은 6이므로 '현재 채널은 6 입니다.'가 화면에 출력된다.

인스턴스와 참조 변수의 관계는 마치 우리가 일상생활에서 사용하는 TV와 TV리모콘의 관계와 같다. TV리모콘(참조 변수)을 사용하여 TV(인스턴스)를 다루기 때문이다. 다른 점은 인스턴스는 오직 참조 변수를 통해서만 다룰 수 있다는 것이다.

그리고 TV를 사용하려면 TV 리모콘을 사용해야하고, 에어콘을 사용하려면, 에어콘 리모콘을 사용해야하는 것처럼 Tv인스턴스를 사용하려면, Tv클래스 타입의 참조 변수가 필요하다.

> 인스턴스는 참조 변수를 통해서만 다룰 수 있으며,
> 참조 변수의 타입은 인스턴스의 타입과 일치해야 한다.

▼ 예제 6-2/**TvEx2.java**

```java
class Tv2 {
    // Tv2의 속성(멤버 변수)
    String color;          // 색상
    boolean power;         // 전원상태(on/off)
    int channel;           // 채널

    // Tv2의 기능(메서드)
    void power()       { power = !power; }   // TV를 켜거나 끄는 기능을 하는 메서드
    void channelUp()   { ++channel; }        // TV의 채널을 높이는 기능을 하는 메서드
    void channelDown() { --channel; }        // TV의 채널을 낮추는 기능을 하는 메서드
}
class TvEx2 {
   public static void main(String args[]) {
       Tv2 t1 = new Tv2();  // Tv2 t1; t1 = new Tv2();를 한 문장으로 가능
       Tv2 t2 = new Tv2();
       System.out.println("t1의 channel값은 " + t1.channel + "입니다.");
       System.out.println("t2의 channel값은 " + t2.channel + "입니다.");

       t1.channel = 7; // channel 값을 7으로 한다.
       System.out.println("t1의 channel값을 7로 변경하였습니다.");

       System.out.println("t1의 channel값은 " + t1.channel + "입니다.");
       System.out.println("t2의 channel값은 " + t2.channel + "입니다.");
   }
}
```

▼ 실행결과

```
t1의 channel값은 0입니다.
t2의 channel값은 0입니다.
t1의 channel값을 7로 변경하였습니다.
t1의 channel값은 7입니다.
t2의 channel값은 0입니다.
```

위의 예제는 Tv클래스의 인스턴스 t1과 t2를 생성한 후에, 인스턴스 t1의 멤버 변수인 channel의 값을 변경하였다.

|참고| 참조 변수 t1이 가리키고(참조하고) 있는 인스턴스를 간단히 인스턴스 t1이라고 했다.

1. `Tv2 t1 = new Tv2();`
   `Tv2 t2 = new Tv2();`

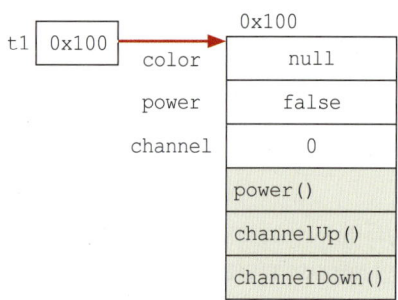
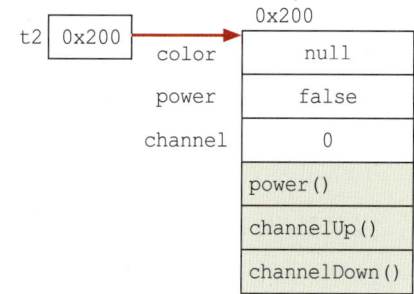

2. `t1.channel = 7;` // t1이 가리키고 있는 인스턴스의 멤버 변수 channel의 값을 7로 변경

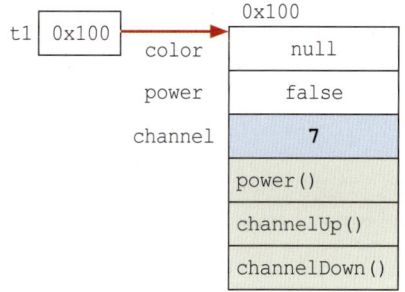
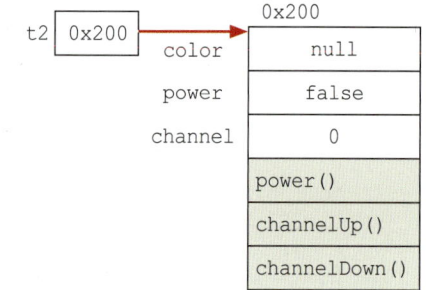

같은 클래스로부터 생성되었어도 각 인스턴스의 속성(멤버 변수)은 서로 다른 값을 유지할 수 있으며, 메서드의 내용은 모든 인스턴스에서 동일하다.

▼ 예제 6-3/`TvEx3.java`

```
class Tv3 {
    // Tv3의 속성(멤버 변수)
    String color;           // 색상
    boolean power;          // 전원상태(on/off)
    int channel;            // 채널

    // Tv3의 기능(메서드)
    void power()      { power = !power; }    // TV를 켜거나 끄는 기능을 하는 메서드
    void channelUp()   {  ++channel; }        // TV의 채널을 높이는 기능을 하는 메서드
    void channelDown() {  --channel; }        // TV의 채널을 낮추는 기능을 하는 메서드
}
class Tv3 {
    public static void main(String args[]) {
        Tv3 t1 = new Tv3();
        Tv3 t2 = new Tv3();
        System.out.println("t1의 channel값은 " + t1.channel + "입니다.");
        System.out.println("t2의 channel값은 " + t2.channel + "입니다.");
```

```
        t2 = t1;        // t1에 저장된 값(주소)을 t2에 저장
        t1.channel = 7; // channel 값을 7로 변경
        System.out.println("t1의 channel값을 7로 변경하였습니다.");

        System.out.println("t1의 channel값은 " + t1.channel + "입니다.");
        System.out.println("t2의 channel값은 " + t2.channel + "입니다.");
    }
}
```

▼ 실행결과

```
t1의 channel값은 0입니다.
t2의 channel값은 0입니다.
t1의 channel값을 7로 변경하였습니다.
t1의 channel값은 7입니다.
t2의 channel값은 7입니다.
```

이 예제의 실행과정을 그림과 함께 설명하면 다음과 같다.

1. `Tv3 t1 = new Tv3();`
   `Tv3 t2 = new Tv3();`

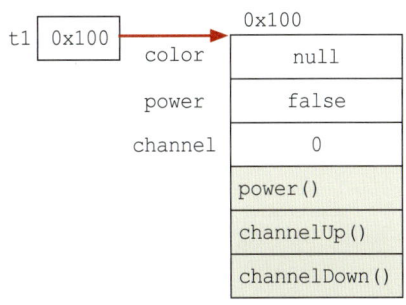
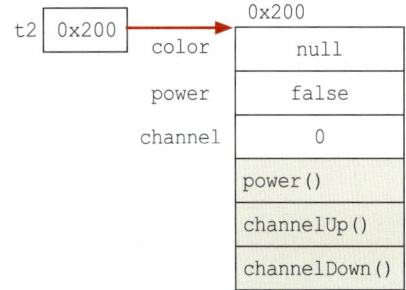

2. `t2 = t1;`   // t1이 저장하고 있는 값(주소)을 t2에 저장한다.

t1은 참조 변수이므로, 인스턴스의 주소를 저장하고 있다. 이 문장이 실행되면, t2가 가지고 있던 값은 잃어버리게 되고 t1에 저장되어 있던 값이 t2에 저장된다. 그러면 t2 역시 t1이 참조하고 있던 인스턴스를 같이 참조하게 되고, t2가 원래 참조하고 있던 인스턴스는 더 이상 사용할 수 없게 된다.

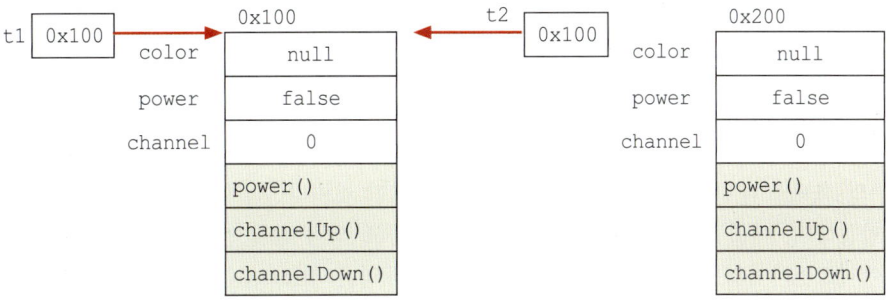

| 참고 | 자신을 참조하고 있는 참조 변수가 하나도 없는 인스턴스는 더 이상 사용될 수 없으므로 '가비지 컬렉터(garbage collector)'에 의해서 자동으로 메모리에서 제거된다.

3. `t1.channel = 7;`   // channel 값을 7로 변경

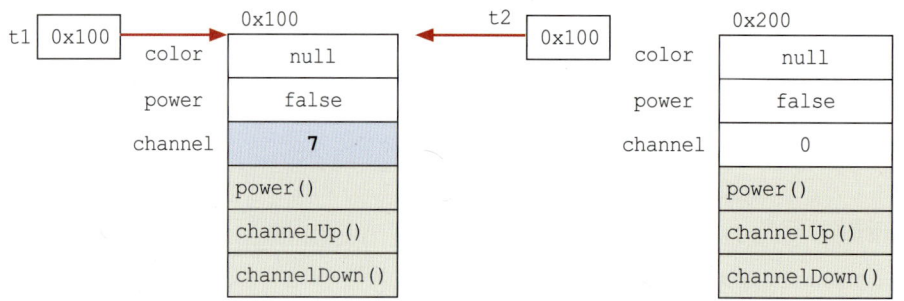

4. `System.out.println("t1의 channel값은 "+t1.channel+"입니다.");`
   `System.out.println("t2의 channel값은 "+t2.channel+"입니다.");`

이제 t1, t2 모두 같은 Tv인스턴스를 가리키기 때문에 t1.channel과 t2.channel의 값은 7이며 다음과 같은 결과가 화면에 출력된다.

  t1의 channel값은 7입니다.
  t2의 channel값은 7입니다.

이 예제에서 알 수 있듯이, 하나의 참조 변수에 하나의 값(주소)만이 저장될 수 있으므로 둘 이상의 참조 변수가 하나의 인스턴스를 가리키는(참조하는) 것은 가능하지만 하나의 참조 변수로 여러 개의 인스턴스를 가리키는 것은 가능하지 않다.

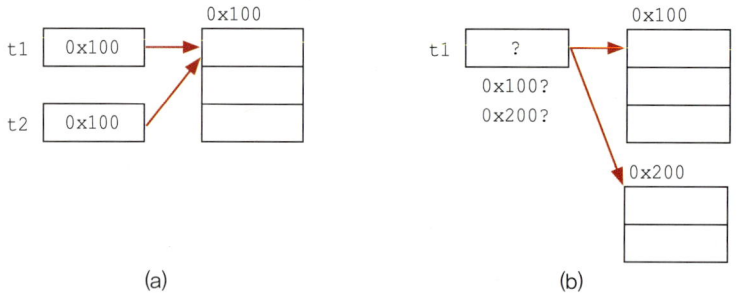

(a) 하나의 인스턴스를 여러 개의 참조 변수가 가리키는 경우(가능)
(b) 여러 인스턴스를 하나의 참조 변수가 가리키는 경우(불가능)

▲ 그림6-2 참조 변수와 인스턴스의 관계

2.5 객체 배열

다수의 객체를 다뤄야할 때, 배열을 이용하면 편리할 것이다. 객체 역시 배열로 다루는 것이 가능하며, 이를 '객체 배열'이라고 한다. 그렇다고 객체 배열 안에 객체가 저장되는 것은 아니고, 객체의 주소가 저장된다. 사실 객체 배열은 참조 변수들을 하나로 묶은 참조 변수 배열인 것이다.

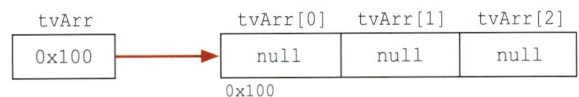

길이가 3인 객체 배열 tvArr을 아래와 같이 생성하면, 각 요소는 참조 변수의 기본값인 null로 자동 초기화 된다. 그리고 이 객체 배열은 3개의 객체, 엄밀히 말하면 객체의 주소,를 저장할 수 있다.

```
Tv[] tvArr = new Tv[3];  // 길이가 3인 Tv타입의 참조 변수 배열
```

```
     tvArr         tvArr[0]  tvArr[1]  tvArr[2]
    ┌──────┐      ┌──────┬──────┬──────┐
    │0x100 │─────▶│ null │ null │ null │
    └──────┘      └──────┴──────┴──────┘
                   0x100
```

위의 그림에서 알 수 있듯이 객체 배열을 생성하는 것은, 그저 객체를 다루기 위한 참조 변수들이 만들어진 것일 뿐, 아직 객체가 생성되지 않았다. 객체를 생성해서 객체 배열의 각 요소에 저장하는 것을 잊으면 안 된다. 지금은 이런 실수를 안 할 것 같지만, 객체 배열에서 제일 많이 받는 질문이 객체 배열만 생성해 놓고 '분명히 객체를 생성했는데, 에러가 발생한다.'는 것이다.

```
Tv[] tvArr = new Tv[3];  // 참조 변수 배열(객체 배열)을 생성

// 객체를 생성해서 배열의 각 요소에 저장
tvArr[0] = new Tv();
tvArr[1] = new Tv();
tvArr[2] = new Tv();
```

배열의 초기화 블럭을 사용하면, 다음과 같이 한 줄로 간단히 할 수 있다.

```
Tv[] tvArr = { new Tv(), new Tv(), new Tv() };
```

다뤄야할 객체의 수가 많을 때는 for문을 사용하면 된다.

```
Tv[] tvArr = new Tv[100];

for(int i = 0;i < tvArr.length;i++) {
    tvArr[i] = new Tv();
}
```

모든 배열이 그렇듯이 객체 배열도 같은 타입의 객체만 저장할 수 있다. 그러면, 여러 종류의 객체를 하나의 배열에 저장할 수 있는 방법은 없을까? 다음 장에 나오는 '다형성(polymorphism)'을 배우고 나면, 하나의 배열로 여러 종류의 객체를 다룰 수 있게 된다.

▼ 예제 6-4/`TvEx4.java`

```java
class TvEx4 {
    public static void main(String args[]) {
        Tv4[] tvArr = new Tv4[3]; // 길이가 3인 Tv객체 배열

        // Tv객체를 생성해서 Tv객체 배열의 각 요소에 저장
        for(int i=0; i < tvArr.length;i++) {
            tvArr[i] = new Tv4();
            tvArr[i].channel = i+10; // tvArr[i]의 channel에 i+10을 저장
        }

        for(int i=0; i < tvArr.length;i++) {
            tvArr[i].channelUp();   // tvArr[i]의 메서드를 호출. 채널이 1증가
            System.out.printf("tvArr[%d].channel=%d%n",i,
                                                    tvArr[i].channel);
        }
    } // main의 끝
}

class Tv4 {
    String color;           // 색상
    boolean power;          // 전원상태(on/off)
    int channel;            // 채널

    void power()        { power = !power; }
    void channelUp()    { ++channel; }
    void channelDown()  { --channel; }
}
```

▼ 실행결과
```
tvArr[0].channel=11
tvArr[1].channel=12
tvArr[2].channel=13
```

2.6 클래스의 또 다른 정의

클래스는 '객체를 생성하기 위한 틀'이며 '클래스는 속성과 기능으로 정의되어있다.'고 했다. 이것은 객체지향이론 관점에서의 정의이고, 이번엔 프로그래밍적인 관점에서 클래스의 정의와 의미를 살펴보자.

1. 클래스 – 데이터와 함수의 결합

프로그래밍언어에서 데이터 처리를 위한 데이터 저장형태의 발전과정은 다음과 같다.

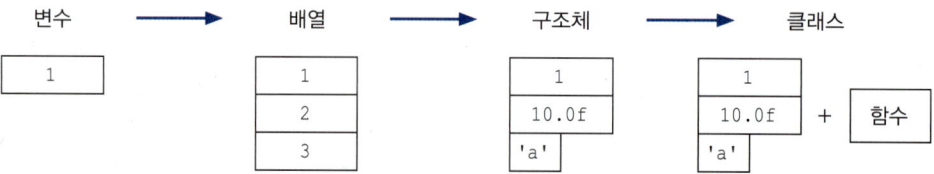

▲ 그림6-3 데이터 저장 개념의 발전 과정

1. **변수**   하나의 데이터를 저장할 수 있는 공간
2. **배열**   같은 종류의 여러 데이터를 하나의 집합으로 저장할 수 있는 공간
3. **구조체** 서로 관련된 여러 데이터를 종류에 관계없이 하나의 집합으로 저장할 수 있는 공간
4. **클래스** 데이터와 함수의 결합(구조체 + 함수)

하나의 데이터를 저장하기 위해 변수를, 그리고 같은 종류의 데이터를 보다 효율적으로 다루기 위해서 배열이라는 개념을 도입했으며, 후에는 구조체(structure)가 등장하여 자료형의 종류에 상관없이 서로 관계가 깊은 변수들을 하나로 묶어서 다룰 수 있게 했다.

그동안 데이터와 함수가 서로 관계가 없는 것처럼 데이터는 데이터끼리, 함수는 함수끼리 따로 다루어져 왔지만, 사실 함수는 주로 데이터를 가지고 작업을 하기 때문에 많은 경우에 있어서 데이터와 함수는 관계가 깊다.

그래서 자바와 같은 객체지향언어에서는 변수(데이터)와 함수를 하나의 클래스에 정의하여 서로 관계가 깊은 변수와 함수들을 함께 다룰 수 있게 했다.

서로 관련된 변수들을 정의하고 이들에 대한 작업을 수행하는 함수들을 함께 정의한 것이 바로 클래스이다. C언어에서는 문자열을 문자의 배열로 다루지만, 자바에서는 String이라는 클래스로 문자열을 다룬다. 문자열을 단순히 문자의 배열로 정의하지 않고 클래스로 정의한 이유는 문자열과 문자열을 다루는데 필요한 함수들을 함께 묶기 위해서이다.

```java
public final class String implements java.io.Serializable, Comparable {
    private char[] value;        // 문자열을 저장하기 위한 공간

    public String replace(char oldChar, char newChar) {
        ...
        char[] val = value;      // 같은 클래스 내의 변수를 사용해서 작업을 한다.
        ...
    }
    ...
}
```

위 코드는 String클래스의 실제 소스의 일부이다. 클래스 내부에 value라는 문자 배열이 선언되어 있고, 문자열을 다루는 데 필요한 함수들을 함께 정의해 놓았다. 문자열의 일부를 뽑아내는 함수나 문자열의 길이를 알아내는 함수들은 항상 작업 대상으로 문자열을 필요로 하기 때문에 문자열과 깊은 관계에 있어서 함께 정의하였다.

이렇게 하면 변수와 함수가 서로 연결되어 작업이 간단하고 명료해진다.

2. 클래스 - 사용자정의 타입(user-defined type)

프로그래밍언어에서 제공하는 기본형(primitive type)외에 프로그래머가 서로 관련된 변수들을 묶어서 하나의 타입으로 새로 추가하는 것을 사용자정의 타입(user-defined type)이라고 한다.

많은 프로그래밍언어에서 사용자정의 타입을 정의할 수 있는 방법을 제공하고 있으며 자바와 같은 객체지향언어에서는 클래스가 곧 사용자 정의 타입이다. 기본형의 개수는 8

개로 정해져 있지만 참조형의 개수가 정해져 있지 않은 이유는 이처럼 프로그래머가 새로운 타입을 추가할 수 있기 때문이다.

```
int hour;           // 시간을 표현하기 위한 변수
int minute;         // 분을 표현하기 위한 변수
float second;       // 초를 표현하기 위한 변수, 1/100초까지 표현하려고 float로 했다.
```

하나의 시간을 표현하기 위해 위와 같이 3개의 변수를 선언하였다. 만일 3개의 시간을 다뤄야 한다면 다음과 같이 해야 할 것이다.

```
int     hour1, hour2, hour3;
int     minute1, minute2, minute3;
float   second1, second2, second3;
```

이처럼 다뤄야 하는 시간의 개수가 늘어날 때마다 시, 분, 초를 위한 변수를 추가해야 하는데 데이터의 개수가 많으면 이런 식으로는 곤란하다.

```
int[]    hour    = new int[3];
int[]    minute  = new int[3];
float[]  second  = new float[3];
```

위와 같이 배열로 처리하면 다뤄야 하는 시간 데이터의 개수가 늘어나더라도 배열의 크기만 변경해주면 되므로, 변수를 매번 새로 선언해줘야 하는 불편함과 복잡함은 없어졌다. 그러나 하나의 시간을 구성하는 시, 분, 초가 분리되어 있어서 실행 중에 시, 분, 초가 따로 섞여서 올바르지 않은 데이터가 될 가능성이 있다. 이런 경우 시, 분, 초를 하나로 묶는 사용자정의 타입, 즉 클래스를 정의하여 사용하는 것이 좋다.

```
class Time {  // 세 개의 변수를 하나로 묶는 새로운 타입을 정의
    int    hour;
    int    minute;
    float  second;
}
```

위의 코드는 시, 분, 초를 저장하기 위한 세 변수를 멤버 변수로 갖는 Time클래스를 정의한 것이다. 사용자정의 타입 Time클래스를 이용해서 코드를 작성하면 아래와 같다.

비객체지향적 코드	객체지향적 코드

`int    hour1, hour2, hour3;`
`int    minute1, minute2, minute3;`
`float  second1, second2, second3;`
	`Time t1 = new Time();`
	`Time t2 = new Time();`
	`Time t3 = new Time();`

`int[]    hour   = new int[3];`
`int[]    minute = new int[3];`
`float[]  second = new float[3];`
	`Time[] t = new Time[3];`
	`t[0] = new Time();`
	`t[1] = new Time();`
	`t[2] = new Time();`

▲ 표6-2 비객체지향적 코드와 객체지향적 코드의 비교

이제 시, 분, 초가 하나의 단위로 묶여서 다루어지기 때문에 다른 시간 데이터와 섞이는 일은 없겠지만, 시간 데이터에는 다음과 같은 추가적인 제약조건이 있다.

> 1. 시, 분, 초는 모두 0보다 크거나 같아야 한다.
> 2. 시의 범위는 0~23, 분과 초의 범위는 0~59 이다.

이러한 조건들이 모두 프로그램 코드에 반영될 때, 보다 정확한 데이터를 유지할 수 있을 것이다. 객체지향언어가 아닌 언어에서는 이러한 추가적인 조건들을 반영하기가 어렵다.

그러나 객체지향언어에서는 제어자와 메서드를 이용해서 이러한 조건들을 코드에 쉽게 반영할 수 있다.

아직 제어자에 대해서 배우지는 않았지만, 위의 조건들을 반영하여 Time클래스를 작성해 보았다. 가볍게 참고만 하기 바란다.

```java
public class Time {
    private int   hour;    // 제어자 private을 붙이면 외부에서 접근 불가
    private int   minute;
    private float second;

    public int   getHour()    { return hour;   }
    public int   getMinute()  { return minute; }
    public float getSecond()  { return second; }

    public void setHour(int h) { // public메서드로만 hour 변경 가능
        if (h < 0 || h > 23) return;
        hour = h; // 조건에 맞는 값일 때만 변경 가능
    }

    public void setMinute(int m) {
        if (m < 0 || m > 59) return;
        minute = m;
    }

    public void setSecond(float s) {
        if (s < 0.0f || s > 59.99f) return;
        second = s;
    }
}
```

제어자를 이용해서 변수의 값을 직접 변경하지 못하도록 하고 대신 메서드를 통해서 값을 변경하도록 작성하였다. 값을 변경할 때 지정된 값의 유효성을 if문으로 점검한 다음에 유효한 값일 경우에만 변경된다..

이 외에도 시간의 차를 구하는 메서드와 같이 시간과 관련된 메서드를 추가로 정의하여 Time클래스를 향상시켜 보는 것도 좋은 프로그래밍 공부거리가 될 것이다.

3. 변수와 메서드

3.1 선언위치에 따른 변수의 종류

변수는 클래스 변수, 인스턴스 변수, 지역 변수 모두 세 종류가 있다. 변수의 종류를 결정짓는 중요한 요소는 '변수의 선언된 위치'이므로 변수의 종류를 파악하려면, 변수가 어느 영역에 선언되었는지 확인하는 것이 중요하다.

영역은 클래스 영역과 메서드 영역 두 가지뿐이며, 메서드 영역이 아니면 클래스 영역이라고 생각하면 쉽다. 메서드 영역에 선언된 변수는 지역 변수(lv)이며, 그 외에는 모두 멤버 변수다. 멤버 변수 중 static이 붙은 것은 클래스 변수(cv), 붙지 않은 것은 인스턴스 변수(iv)이다. 그리고 인스턴스 변수와 클래스 변수의 타입으로 var를 사용할 수 없다.

```
class MyClass
{
    int iv;             // 인스턴스 변수          ← 클래스 영역
    static int cv;      // 클래스 변수(static변수, 공유 변수)

    void method()
    {
        int lv = 0;     // 지역 변수            ← 메서드 영역
    }
}
```

변수의 종류	선언 위치	생성 시기
클래스 변수 (class variable)	클래스 영역	클래스가 메모리에 올라갈 때
인스턴스 변수 (instance variable)		인스턴스가 생성될 때
지역 변수 (local variable)	클래스 영역 이외의 영역 (메서드, 생성자, 초기화 블럭 내부)	변수 선언문이 수행될 때

▲ 표6-3 변수의 종류와 특징

1. 인스턴스 변수(iv, instance variable)
클래스 영역에 선언되며, 인스턴스를 생성할 때 만들어진다. 그래서 인스턴스 변수(iv)를 사용하려면 먼저 인스턴스를 생성해야 한다.

각 인스턴스는 독립적인 저장 공간을 가지므로 서로 다른 값을 가질 수 있다. 인스턴스마다 고유한 상태를 유지해야하는 속성의 경우, 인스턴스 변수(iv)로 선언한다.

2. 클래스 변수(cv, class variable)
클래스 변수는 인스턴스 변수 앞에 static을 붙인 것이다. 인스턴스 변수와 달리, 클래스 변수는 모든 인스턴스가 저장 공간(변수)을 공유한다. 같은 클래스의 모든 인스턴스들이 공통적인 값을 유지해야하는 속성의 경우, 클래스 변수로 선언해야 한다.

클래스 변수는 인스턴스를 생성하지 않고도 언제라도 바로 사용할 수 있으며, '클래스 이름.클래스 변수'와 같은 형식으로 사용한다. 예를 들어 클래스 MyClass의 클래스 변수 cv를 사용하려면 'MyClass.cv'와 같이 하면 된다.

   클래스 변수는 클래스가 메모리에 '로딩(loading)'될 때 자동 생성되어 프로그램이 종료될 때까지 유지되며, public을 앞에 붙이면 같은 프로그램 내에서 어디서나 접근할 수 있는 '전역 변수(global variable)'의 성격을 갖는다.

| 참고 | 참조 변수의 선언이나 객체의 생성과 같이 클래스의 정보가 필요할 때, 클래스는 메모리에 로딩된다.

3. 지역 변수(local variable, lv)

메서드 내에 선언되어 메서드 내에서만 사용 가능하며, 메서드가 호출되면 만들어졌다가 메서드가 종료되면 소멸된다. for문 또는 while문의 블럭 내에 선언된 지역 변수는, 지역 변수가 선언된 블럭{} 내에서만 사용 가능하며, 블럭{}을 벗어나면 소멸되어 사용할 수 없게 된다. 우리가 6장 이전에 선언한 변수들은 모두 main메서드의 지역 변수다.

3.2 클래스 변수와 인스턴스 변수

클래스 변수와 인스턴스 변수의 차이를 이해하기 위한 예로, 카드 게임의 카드를 클래스로 정의해보자.

▲ 그림6-4 게임 카드

카드 클래스를 작성하기 위해 먼저 카드를 분석해서 속성과 기능을 알아내야 한다. 속성으로는 카드의 무늬, 숫자, 폭, 높이 정도를 생각할 수 있을 것이다.

   이 중에서 어떤 속성을 클래스 변수로 선언할지, 또 어떤 속성들을 인스턴스 변수로 선언할 것인지 한번 생각해보자.

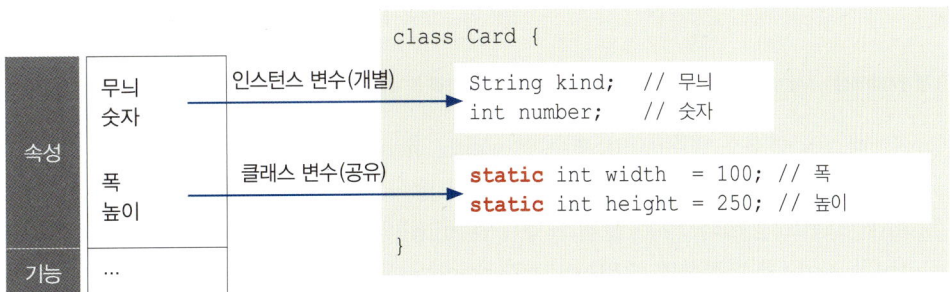

각 Card인스턴스는 자신만의 무늬(kind)와 숫자(number)를 유지하고 있어야 하므로 이들을 인스턴스 변수로 선언하였고, 각 카드의 폭(width)과 높이(height)는 모든 인스턴스가 공통적으로 같은 값을 유지해야하므로 클래스 변수로 선언하였다.

이렇게 하면 카드의 폭을 변경해야 할 때, 모든 카드의 width값을 변경하지 않고 한 카드의 width값만 변경해도 모든 카드의 width값이 변경된다.

▼ 예제 6-5/**CardEx.java**

```java
class CardEx {
    public static void main(String args[]) {
        System.out.println("Card.width  = " + Card.width);
        System.out.println("Card.height = " + Card.height);

        Card c1 = new Card();
        c1.kind = "Heart";
        c1.number = 7;

        Card c2 = new Card();
        c2.kind = "Spade";
        c2.number = 4;

        System.out.println("c1은 " + c1.kind + ", " + c1.number
                 + "이며, 크기는 (" + c1.width + ", " + c1.height + ")" );
        System.out.println("c2는 " + c2.kind + ", " + c2.number
                 + "이며, 크기는 (" + c2.width + ", " + c2.height + ")" );
        System.out.println("c1의 width와 height를 각각 50, 80으로 변경합니다.");
        c1.width = 50;
        c1.height = 80;

        System.out.println("c1은 " + c1.kind + ", " + c1.number
                 + "이며, 크기는 (" + c1.width + ", " + c1.height + ")" );
        System.out.println("c2는 " + c2.kind + ", " + c2.number
                 + "이며, 크기는 (" + c2.width + ", " + c2.height + ")" );
    }
}

class Card {
    String kind ;
    int number;
    static int width  = 100;
    static int height = 250;
}
```

> 클래스 변수(static변수)는 객체생성 없이 '클래스 이름.클래스 변수'로 직접 사용 가능하다.

> 인스턴스 변수의 값을 변경한다.

> 클래스 변수의 값을 변경한다.

▼ 실행결과
```
Card.width  = 100
Card.height = 250
c1은 Heart, 7이며, 크기는 (100, 250)
c2는 Spade, 4이며, 크기는 (100, 250)
c1의 width와 height를 각각 50, 80으로 변경합니다.
c1은 Heart, 7이며, 크기는 (50, 80)
c2는 Spade, 4이며, 크기는 (50, 80)
```

| 플래시동영상 | MemberVar.exe는 예제6-5의 실행 과정을 설명과 함께 보여준다.

Card클래스의 클래스 변수(static변수)인 width, height는 Card클래스의 인스턴스를 생성하지 않고도 '클래스 이름.클래스 변수'와 같은 방식으로 사용할 수 있다.

Card인스턴스인 c1과 c2는 클래스 변수인 width와 height를 공유하기 때문에, c1의 width와 height를 변경하면 c2의 width와 height값도 바뀐 것과 같은 결과를 얻는다.

Card.width, c1.width, c2.width는 모두 같은 저장 공간을 참조하므로 항상 같은 값을 갖게 된다.

클래스 변수를 사용할 때는 Card.width와 같이 '클래스 이름.클래스 변수'의 형태로 하는 것이 좋다. 참조 변수 c1, c2를 통해서도 클래스 변수를 사용할 수 있지만 이렇게 하면 클래스 변수를 인스턴스 변수로 오해하기 쉽기 때문이다.

> 인스턴스 변수는 인스턴스가 생성될 때마다 생성되므로 다른 값을 갖지만,
> 클래스 변수는 모든 인스턴스가 하나의 저장공간을 공유하므로, 같은 값을 갖는다.

3.3 메서드

'메서드(method)'는 특정 작업을 수행하는 문장들을 하나로 묶은 것이다. 기본적으로 수학의 함수와 유사하며, 어떤 값을 입력하면 이 값으로 작업을 수행해서 결과를 반환한다.

예를 들어 제곱근을 구하는 메서드 'Math.sqrt( )'는 4.0을 입력하면, 2.0을 결과로 반환한다.

| 참고 | 메서드는 입력값 또는 출력값(결과값)이 없을 수도 있으며, 심지어는 입력값과 출력값이 모두 없을 수도 있다.

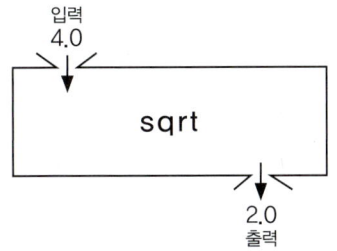

그저 메서드가 작업을 수행하는데 필요한 값만 주고 원하는 결과를 얻으면 될 뿐, 이 메서드가 내부적으로 어떤 과정을 거쳐 결과를 만들어내는지 전혀 몰라도 된다. 즉, 메서드에 넣을 값(입력)과 반환하는 결과(출력)만 알면 되는 것이다. 그래서 메서드를 내부가 보이지 않는 '블랙 박스(black box)'라고도 한다.

sqrt( )외에도 지금까지 빈번히 사용해온 println( )이나 random( )과 같은 메서드들 역시 내부적으로 어떻게 동작하는지 몰라도 사용하는데 아무런 어려움이 없었다.

메서드를 사용하는 이유

메서드를 통해서 얻는 이점은 여러 가지가 있지만 그 중에서 대표적인 세 가지가 있다. 아직 메서드를 배우기 전이므로 여기서 나열하는 이점들이 잘 와 닿지 않을 수 있지만, 이 이점들을 염두에 두고 있으면 메서드를 더 깊게 이해하는데 도움이 될 것이다.

1. 높은 재사용성(reusability)

이미 Java API에서 제공하는 메서드들을 사용하며 경험한 것처럼 한번 만들어 놓은 메서드는 몇 번이고 호출할 수 있으며, 다른 프로그램에서도 사용이 가능하다.

2. 중복된 코드의 제거

프로그램을 작성하다보면, 같은 내용의 문장들이 여러 곳에 반복해서 나타나곤 한다. 이렇게 반복되는 문장들을 묶어서 하나의 메서드로 작성해 놓으면, 반복되는 문장들 대신 메서드를 호출하는 문장으로 대체할 수 있다. 그러면, 전체 소스 코드의 길이도 짧아지고, 변경사항이 발생했을 때 수정해야할 코드의 양이 줄어들어 오류가 발생할 가능성도 함께 줄어든다. 아래의 코드는 예제5-10을 약간 변경한 것인데, 배열을 출력하는 같은 내용의 문장이 두 번 반복된다.

```
public static void main(String args[]) {
    ...
    for (int i = 0;i<10;i++)
        numArr[i] = (int)(Math.random()*10);

    for (int i = 0;i<10;i++)
        System.out.printf("%d", numArr[i]);
    System.out.println();
            ...중간 생략...
    for (int i = 0;i<10;i++)
        System.out.printf("%d", numArr[i]);
    System.out.println();
}
```

같은 내용의 코드가 반복됨.
변경할 때도 두 곳을 모두 수정해야 함.

이처럼 같은 내용의 문장들이 반복되면, 소스 코드도 길어지고 해당 문장에서 변경 사항이 발생했을 때 여러 곳을 고쳐야 하므로 일도 많아지고 오류를 만들어낼 가능성도 높다.
 아래와 같이 printArr이라는 메서드를 만들어서 이전의 코드에 적용하면, 다음과 같다.

```
static void printArr(int[] numArr) {
    for(int i = 0;i<10;i++)
        System.out.printf("%d", numArr[i]);
    System.out.println();
}
```

이제 여기만 변경하면 된다.

```
public static void main(String args[]) {
    ...
    for(int i = 0;i<10;i++)
        numArr[i] = (int)(Math.random()*10);

    printArr(numArr); // 배열을 출력
            ...중간 생략...
    printArr(numArr); // 배열을 출력
}
```

반복되는 코드 대신 메서드를 호출

이처럼 반복적으로 나타나는 문장들을 메서드로 만들어 사용하면 코드의 중복이 제거되고, 변경사항이 발생했을 때 이 메서드만 수정하면 되므로 관리도 쉽고 오류의 발생가능성도 낮아진다.

아직 메서드에 대해 배우지 않아서 이해가지 않는 부분이 있겠지만, 지금은 메서드의 장점으로 이런 것들이 있다는 정도만 이해하자.

3. 프로그램의 구조화
지금까지는 main메서드 안에 모든 문장을 넣는 식으로 프로그램을 작성해왔다. 길어야 100줄 정도 밖에 안 되는 작은 프로그램을 작성할 때는 이렇게 해도 별 문제가 없지만, 몇 천 줄, 몇 만 줄이 넘는 프로그램도 이런 식으로 작성할 수는 없다. 큰 규모의 프로그램에서는 문장들을 작업 단위로 나눠서 여러 개의 메서드에 담아 프로그램의 구조를 단순화시키는 것이 필수적이다. 예를 들어서 예제5-10을 작업 단위로 나누어서 메서드로 만들면, main메서드가 아래와 같이 간단해 진다.

```java
public static void main(String args[]) {
    int[] numArr = new int[10];

    initArr(numArr);   // 1. 배열을 초기화
    printArr(numArr);  // 2. 배열을 출력
    sortArr(numArr);   // 3. 배열을 정렬
    printArr(numArr);  // 4. 배열을 출력
}
```

이처럼 main메서드는 프로그램의 전체 흐름이 한눈에 들어올 정도로 단순하게 구조화하는 것이 좋다. 그래야 나중에 프로그램에 문제가 발생해도 해당 부분을 쉽게 찾아서 해결할 수 있다.

처음에 프로그램을 설계할 때 내용이 없는 메서드를 작업 단위로 만들어 놓고, 하나씩 완성해가는 것도 프로그램을 구조화하는 좋은 방법이다. 아래의 코드는 성적처리 프로그램을 설계한 것인데, 처음에 showMenu메서드를 호출해서 메뉴를 보여주고 선택한 메뉴에 따라 다른 작업을 하도록 작성하였다.

```java
static int  showMenu()           { /* 나중에 내용을 완성한다.*/ }
static void inputRecord()        { /* 나중에 내용을 완성한다.*/ }
static void changeRecord()       { /* 나중에 내용을 완성한다.*/ }
static void deleteRecord()       { /* 나중에 내용을 완성한다.*/ }
static void searchRecord()       { /* 나중에 내용을 완성한다.*/ }
static void showRecordList()     { /* 나중에 내용을 완성한다.*/ }

public static void main(String args[]) {
    ...
    switch(showMenu()) {
        case 1: inputRecord();   break; // 데이터를 입력받는 메서드
        case 2: changeRecord();  break; // 데이터를 변경하는 메서드
        case 3: deleteRecord();  break; // 데이터를 삭제하는 메서드
        case 4: searchRecord();  break; // 데이터를 검색하는 메서드
        default: showRecordList();      // 데이터의 목록을 보여주는 메서드
    }
}
```

3.4 메서드의 선언과 구현

메서드는 크게 두 부분, '선언부(header, 머리)'와 '구현부(body, 몸통)'로 이루어져 있다. 메서드를 정의한다는 것은 선언부와 구현부를 작성하는 것을 뜻하며 다음과 같은 형식으로 로 메서드를 정의한다.

```
반환타입 메서드이름 (타입 변수명, 타입 변수명, ... )     ┤• 선언부
{
    // 메서드 호출시 수행될 코드                          ┤• 구현부
}


int add(int a, int b)                                    ┤• 선언부
{
    int result = a + b;
    return result;     // 호출한 메서드로 결과를 반환      ┤• 구현부
}
```

메서드 선언부(method declaration, 메서드 머리)

메서드 선언부는 '메서드의 이름'과 '매개변수 선언', 그리고 '반환타입'으로 구성되어 있으며, 메서드가 작업을 수행하기 위해 어떤 값들을 필요로 하고 작업의 결과로 어떤 타입의 값을 반환하는지에 대한 정보를 제공한다.

  예를 들어 아래에 정의된 메서드 add는 두 개의 정수를 입력받아서, 두 값을 더한 결과(int타입의 값)를 반환한다.

```
반환타입   메서드이름   매개변수선언
(출력)                (입력)
  int  add(int x, int y) {
       int result = x + y;

       return result; // 결과를 반환
  }
```

메서드의 선언부는 후에 변경할 일이 생기지 않게 신중히 작성해야 한다. 메서드의 선언부가 변경되면, 그 메서드가 호출되는 모든 곳을 같이 변경해야 하기 때문이다.

매개변수 선언(parameter declaration)

매개변수는 메서드가 작업을 수행하는데 필요한 값들(입력)을 제공받기 위한 것이며, 필요한 값의 개수만큼 변수를 선언하며 쉼표','를 구분자로 사용한다. 주의할 점은 일반적인 변수 선언과 달리 두 변수의 타입이 같아도 변수의 타입을 생략할 수 없다는 것이다.

```
int add(int x, int y) { ... }  // OK.
int add(int x, y)     { ... }  // 에러. 매개변수 y의 타입이 없다.
```

선언할 수 있는 매개변수의 개수는 거의 제한이 없지만, 만일 입력해야할 값의 개수가 많은 경우에는 배열이나 참조 변수를 사용하면 된다. 만일 값을 전혀 입력받을 필요가 없다면 괄호( ) 안에 아무 것도 적지 않는다.

| 참고 | 매개변수도 메서드 내에 선언된 것으로 간주되므로 '지역 변수(local variable)'이다.

메서드의 이름(method name)
메서드의 이름도 앞서 배운 변수의 명명규칙대로 작성하면 된다. 메서드는 특정 작업을 수행하므로 메서드의 이름은 'add'처럼 동사인 경우가 많으며, 이름만으로도 메서드의 기능을 쉽게 알 수 있게 의미있는 이름을 짓도록 노력해야 한다.

반환타입(return type)
메서드의 작업수행 결과(출력)인 '반환값(return value)'의 타입을 적는다. 반환값이 없는 경우 반환타입으로 'void'를 적어야한다.

아래에 정의된 메서드 'print99danAll'은 구구단 전체를 출력한다. 작업을 수행하는데 필요한 값도, 작업수행의 결과인 반환값도 없다. 그래서 반환타입이 'void'이다.

| 참고 | 'void'는 '아무 것도 없음'을 의미한다.

```
void print99danAll() {
  for(int i = 1; i <= 9; i++) {
    for(int j = 2; j <= 9; j++) {
      System.out.print(j+"*"+i+" = "+(j*i)+" ");
    }
    System.out.println();
  }
}
```

메서드의 구현부(method body, 메서드 몸통)
메서드의 선언부 다음에 오는 괄호{}를 '메서드의 구현부'라고 하는데, 여기에 메서드를 호출했을 때 수행될 문장들을 넣는다. 우리가 그동안 작성한 문장들은 모두 main메서드의 구현부{}에 속한 것들이었으므로 지금까지 하던 대로만 하면 된다.

return문
메서드의 반환타입이 'void'가 아닌 경우, 구현부{}안에 'return 반환값;'이 반드시 포함되어 있어야 한다. 이 문장은 작업을 수행한 결과인 반환값을 호출한 메서드로 전달하는데, 이 값의 타입은 반환타입과 **일치하거나 자동 형변환이 가능한 것**이어야 한다.

여러 변수를 선언할 수 있는 매개변수와 달리 return문은 단 하나의 값만 반환할 수 있는데, 메서드로의 입력(매개변수)은 여러 개일 수 있어도 출력(반환값)은 없거나 하나만 허용한다.

```
          ┌─────────→ int add(int x, int y)
          │           {
  타입이 일치해야 한다.      int result = x + y;
          │               return result;   // 작업 결과 (반환값)를 반환한다.
          └───────────}
```

위의 코드에서 'return result;'는 변수 result에 저장된 값을 호출한 메서드로 반환한다. 변수 result의 타입이 int이므로 메서드 add의 반환타입과 일치하는 것을 알 수 있다.

지역 변수(local variable)

메서드 내에 선언된 변수들은 그 메서드 내에서만 사용할 수 있으므로 서로 다른 메서드라면 같은 이름의 변수를 선언해도 된다. 이처럼 메서드 내에 선언된 변수를 '지역 변수(local variable)'라고 한다.

| 참고 | 매개변수도 메서드 내에 선언된 것으로 간주되므로 지역 변수이다.

```
int add(int x, int y) {
    int result = x + y;
    return result;
}
int multiply(int x, int y) {
    int result = x * y;
    return result;
}
```

위에 정의된 메서드 add와 multiply에 각기 선언된 변수, x, y, result는 이름만 같을 뿐 서로 다른 변수이다. 이처럼 영역이 다르면 구분할 수 있으므로 이름이 같아도 된다.

3.5 메서드의 호출

메서드를 정의했어도 호출하지 않으면 아무 일도 일어나지 않는다. 메서드를 호출해야만 구현부{}의 문장들이 수행된다. 메서드를 호출하는 방법은 다음과 같다.

| 참고 | main메서드는 프로그램 실행 시 JVM에 의해 자동으로 호출된다.

```
            메서드이름(값1, 값2, ...);  // 메서드를 호출하는 방법
print99danAll();           // void print99danAll()을 호출
int result = add(3, 5);    // int add(int x, int y)를 호출하고, 결과를 result에 저장
```

인자(argument)와 매개변수(parameter)

메서드를 호출할 때 괄호( )안에 지정해준 값들을 '인자(argument)'라고 하는데, 인자의 개수와 순서는 호출된 메서드에 선언된 매개변수와 일치해야 한다.

그리고 인자는 메서드가 호출되면서 매개변수에 대입되므로, 인자의 타입은 매개변수의 타입과 일치하거나 자동 형변환이 가능한 것이어야 한다.

```
public static void main(String args[]) {
    ...                    인자(argument, 원본)
    int result = add( 3, 5 ); // 메서드를 호출
    ...                                  매개변수(parameter, 복사본)

    int add(int x, int y) {
        int result = x + y;
        return result;
    }
```

만일 아래와 같이 메서드에 선언된 매개변수의 개수보다 많은 값을 괄호( )에 넣거나 타입이 다른 값을 넣으면 컴파일러가 에러를 발생시킨다.

```
int result = add(1, 2, 3);    // 에러. 메서드에 선언된 매개변수의 개수가 다름
int result = add(1.0, 2.0);   // 에러. 메서드에 선언된 매개변수의 타입이 다름
```

반환타입이 void가 아닌 경우, 메서드가 작업을 수행하고 반환한 값을 대입 연산자로 변수에 저장하는 것이 보통이지만, 원하지 않으면 저장하지 않아도 된다.

```
int result = add(3, 5); // int add(int x, int y)의 호출 결과를 result에 저장
add(3, 5);              // OK. 메서드 add가 반환한 결과를 사용하지 않아도 된다.
```

메서드의 실행흐름
같은 클래스 내의 메서드끼리 참조변수를 사용하지 않고도 서로 호출이 가능하지만 static 메서드는 같은 클래스 내의 인스턴스 메서드를 호출할 수 없다.

다음은 두 개의 값을 매개변수로 받아서 사칙연산을 수행하는 4개의 메서드를 가진 MyMath클래스를 정의한 것이다.

```
class MyMath {
    long add(long a, long b) {
        long result = a+b;
        return result;
//      return a + b; // 위의 두 줄을 한 줄로 간단히 할 수 있다.
    }
    long subtract(long a, long b)     {   return a - b;   }
    long multiply(long a, long b)     {   return a * b;   }
    double divide(double a, double b) {   return a / b;   }
}
```

MyMath클래스의 'add(long a, long b)'를 호출하려면 먼저 'MyMath mm = new MyMath();'로, MyMath클래스의 인스턴스를 생성해야 한다.

```
            MyMath mm = new MyMath();      // 먼저 인스턴스를 생성

            long value = mm.add(1L, 2L); // 메서드를 호출
                             ①
            long add(long a, long b) {
                    long result = a + b;   ②
          ③         return result;
            }
```

① 메서드 add를 호출한다. 호출시 지정한 1L, 2L이 매개변수 a, b에 각각 복사(대입)된다.
② 괄호{ }안에 있는 문장들이 순서대로 수행된다.
③ 괄호{ }안의 모든 문장이 실행되거나 return문을 만나면, 호출한 메서드(main메서드)로
   되돌아와서 이후의 문장들을 실행한다.

메서드가 호출되면 지금까지 실행 중이던 메서드는 실행을 잠시 멈추고 호출된 메서드의 문장들이 실행된다. 호출된 메서드의 작업이 모두 끝나면, 다시 호출한 메서드로 돌아와 이후의 문장들을 실행한다.

위의 그림에서는 편의상 메서드 add의 호출결과가 바로 value에 저장되는 것처럼 그렸지만, 사실은 호출한 자리를 반환값이 대신하고 대입연산자에 의해 이 값이 변수 value에 저장된다.

```
      long value = add(1L, 2L);
  →   long value = 3L;
```

add메서드의 매개변수의 타입이 long이므로 호출할 때 long 또는 long으로 자동 형변환 가능한 값을 제공해야 한다. 제공된 값은 메서드의 매개변수로 복사된다. 위의 코드에서는 1L과 2L의 값이 long타입의 매개변수 a와 b에 각각 복사된다.

메서드는 호출시 넘겨받은 값으로 작업을 수행하고 그 결과를 반환하면서 종료된다. 반환된 값은 대입 연산자에 의해서 변수 value에 저장된다. 메서드의 결과를 저장하기 위한 변수 value역시 반환값과 같은 타입이거나 반환값이 자동 형변환되어 저장될 수 있는 타입이어야 한다.

▼ 예제 6-6/**MyMathEx.java**

```
class MyMathEx {
  public static void main(String args[]) {
      MyMath mm = new MyMath();
      long result1 = mm.add(5L, 3L);
```

```
        long result2 = mm.subtract(5L, 3L);
        long result3 = mm.multiply(5L, 3L);
        double result4 = mm.divide(5L, 3L);

        System.out.println("add(5L, 3L) = " + result1);
        System.out.println("subtract(5L, 3L) = " + result2);
        System.out.println("multiply(5L, 3L) = " + result3);
        System.out.println("divide(5L, 3L) = " + result4);
    }
}
class MyMath {
    long add(long a, long b) {
        long result = a+b;
        return result;
//      return a + b;    // 위의 두 줄을 한 줄로 간단히 할 수 있다.
    }

    long subtract(long a, long b) { return a - b; }
    long multiply(long a, long b) { return a * b; }
    double divide(double a, double b) {
        return a / b;
    }
}
```

> double대신 long값으로 호출하였다. 이 값은 double로 자동 형변환된다.

▼ 실행결과
```
add(5L, 3L) = 8
subtract(5L, 3L) = 2
multiply(5L, 3L) = 15
divide(5L, 3L) = 1.6666666666666667
```

사칙연산을 위한 4개의 메서드가 정의되어 있는 MyMath클래스를 이용한 예제이다. 이 예제를 통해서 클래스에 선언된 메서드를 어떻게 호출하는지 알 수 있을 것이다.

여기서 눈여겨봐야 할 곳은 divide(double a, double b)를 호출하는 부분이다. divide메서드에 선언된 매개변수 타입은 double형인데, 이와 다른 long형의 값인 5L과 3L을 사용해서 호출하는 것이 가능하다.

```
double result4 = mm.divide( 5L , 3L );  // double대신 long을 지정

double divide(double a, double b) {   // long이 double로 자동 형변환
    return a / b;   // return 5.0 / 3.0;
}
```

호출 시에 입력된 값은 메서드의 매개변수에 대입되는 값이므로, long형의 값을 double형 변수에 저장하는 것과 같아서 'double a = 5L;'을 수행 했을 때와 같이 long형의 값인 5L은 double형 값인 5.0으로 자동 형변환되어 divide의 매개변수 a에 저장된다.

그래서, divide메서드에 두 개의 정수값(5L, 3L)을 입력하여 호출하였음에도 불구하고 연산결과가 double형의 값이 된다.

이와 마찬가지로 add(long a, long b)메서드에도 매개변수 a, b에 int형의 값을 넣어 add(5,3)과 같이 호출하는 것이 가능하다.

3.6 return문

return문은 현재 실행중인 메서드를 종료하고 호출한 메서드로 되돌아간다. 지금까지 반환값이 있을 때만 return문을 썼지만, 원래는 반환값의 유무에 관계없이 모든 메서드에는 적어도 하나의 return문이 있어야 한다. 그런데도 반환타입이 void인 경우, return문 없이도 아무런 문제가 없었던 이유는 컴파일러가 메서드의 마지막에 'return;'을 자동적으로 추가해주었기 때문이다.

```
void printGugudan(int dan) {
    for(int i = 1;i <= 9;i++) {
        System.out.printf("%d * %d = %d%n", dan, i, dan * i );
    }
//      return;    // 반환 타입이 void이므로 생략 가능. 컴파일러가 자동 추가
}
```

그러나 반환타입이 void가 아닌 경우, 즉 반환값이 있는 경우, 반드시 return문이 있어야 한다. return문이 없으면 컴파일 에러(error: missing return statement)가 발생한다.

```
int multiply(int x, int y) {
    int result = x * y;
    return result;         // 반환타입이 void가 아니므로 생략 불가
}
```

아래의 코드는 두 값 중에서 큰 값을 반환하는 메서드이다. 이 메서드의 리턴타입이 int이고 int타입의 값을 반환하는 return문이 있지만, return문이 없다는 에러가 발생한다.
  왜냐하면 if문 조건식의 결과에 따라 return문이 실행되지 않을 수도 있기 때문이다.

```
int max(int a, int b) {
    if(a > b)
        return a;    // 에러. 조건식이 참일 때만 실행된다.
}
```

그래서 이런 경우 다음과 같이 if문의 else블럭에 return문을 추가해서, 항상 결과값이 반환되도록 해야 한다. 이런 실수를 안할 것 같지만 코드가 길어지면 장담할 수 없다.

```
int max(int a, int b) {
    if(a > b)
        return a;
    else
        return b;
}
```

반환값(return value)

return문의 반환값으로 주로 변수가 오긴 하지만 항상 그런 것은 아니다. 아래 왼쪽의 코드는 오른쪽과 같이 간략히 할 수 있는데, 오른 쪽의 코드는 return문의 반환값으로 'x+y'라는 식(式)이 적혀있다. 그렇다고 해서 식이 반환되는 것은 아니고, 이 식을 계산한 결과가 반환된다.

```
int add(int x, int y) {
    int result = x + y;
    return result;
}
```

```
int add(int x, int y) {
    return x + y ;
}
```

| 참고 | 수학에서처럼, result의 값이 'x+y'와 같으므로 result대신 'x+y'를 쓸 수 있다고 생각하면 이해하기 쉽다.

예를 들어 매개변수 x와 y의 값이 각각 3과 5라면, 'return x+y;'는 다음과 같은 계산과정을 거쳐서 반환값은 8이 된다.

```
    return x + y;
→   return 3 + 5;
→   return 8;
```

아래의 diff메서드는 두 개의 정수를 받아서 그 차이를 절대값으로 반환한다. 오른쪽 코드 역시 메서드를 반환하는 것이 아니라 메서드 abs를 호출하고, 그 결과를 받아서 반환한다. 메서드 abs의 반환타입이 메서드 diff의 반환타입과 일치하기 때문에 가능하다는 것에 주의하자.

```
int diff(int x, int y) {
    int result = abs(x-y);
    return result;
}
```

```
int diff(int x, int y) {
    return abs(x-y);
}
```

간단한 메서드의 경우 if문 대신 조건 연산자를 사용하기도 한다. 메서드 abs는 입력받은 정수의 부호를 판단해서 음수일 경우 부호 연산자(-)를 사용해서 양수로 반환한다.

```
int abs(int x) {
    if(x >= 0) {
        return x;
    } else {
        return -x;
    }
}
```

```
int abs(int x) {
    return x >= 0 ? x : -x;
}
```

매개변수의 유효성 검사

메서드의 구현부{}를 작성할 때, 제일 먼저 해야 하는 일이 매개변수의 값이 적절한 것인지 확인하는 것이다. 메서드를 작성하는 사람은 '호출하는 쪽에서 알아서 값을 넘겨주겠지.'라고 생각하면 안된다. 타입만 맞으면 어떤 값도 매개변수를 통해 넘어올 수 있기 때문에, 가능한 모든 경우의 수에 대해 고민하고 그에 대비한 코드를 작성해야 한다.

아래에 정의된 메서드 divide는 매개변수 x를 y로 나눈 결과를 실수(float타입)로 반환하는데, 0으로 나누는 것은 금지되어 있기 때문에 계산 전에 y의 값이 0인지 확인해야 한다.
  만일 y의 값이 0이면, 나누기를 할 수 없으므로 return문으로 작업을 중단하고 메서드를 빠져나와야 한다. 그렇지 않으면, 나누기를 하는 문장에서 에러가 발생하여 프로그램이 비정상적으로 종료된다.

```
float divide(int x, int y) {
    // 작업을 하기 전에 나누는 수(y)가 0인지 확인한다.
    if(y==0) {
        System.out.println("0으로 나눌 수 없습니다.");
        return 0;   // 매개변수가 유효하지 않으므로 메서드를 종료한다.
    }
    return  x / (float)y;
}
```

적절하지 않은 값이 매개변수를 통해 넘어온다면 매개변수의 값을 보정하던가, 보정하는 것이 불가능하다면 return문을 사용해서 작업을 중단하고 호출한 메서드로 되돌아가야 한다.
  이 책의 많은 예제에서 코드를 단순화하기 위해서 유효성 검사를 생략한 경우가 많지만 여러분들이 메서드를 작성할 때는 매개변수의 유효성 검사하는 코드를 반드시 넣길 바란다. 매개변수의 유효성 검사는 메서드의 작성에 있어서 간과하기 쉬운 중요한 부분이다.

3.7 JVM의 메모리 구조

자바 프로그램이 실행되면, JVM은 시스템으로부터 프로그램을 수행하는데 필요한 메모리를 할당받고 JVM은 이 메모리를 용도에 따라 여러 영역으로 나누어 관리한다.
그 중 3가지 주요 영역(method area, call stack, heap)에 대해서 알아보자.

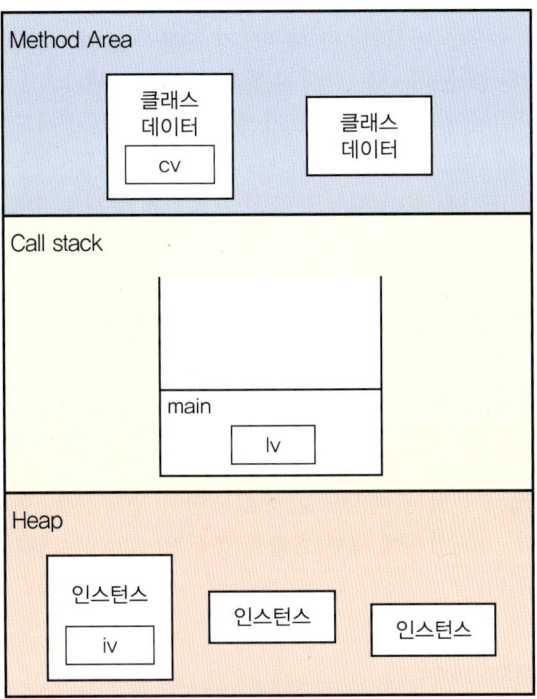

▲ 그림6-5 JVM의 메모리 구조

| 참고 | cv는 클래스 변수, iv는 인스턴스 변수, lv는 지역 변수를 뜻한다.

1. **메서드 영역(method area)**
   - 프로그램 실행 중 어떤 클래스가 필요하면, JVM은 해당 클래스의 클래스파일(*.class)을 읽어서 분석하여 클래스에 대한 정보(클래스 데이터)를 이곳에 저장한다. 이 때, 그 클래스의 클래스 변수(class variable)도 이 영역에 함께 생성된다.

2. **힙(heap)**
   - 인스턴스가 생성되는 공간. 프로그램 실행 중에 인스턴스는 모두 이곳에 생성된다.
     즉, 인스턴스 변수(instance variable)가 생성되는 공간이다.

3. **호출 스택(call stack 또는 execution stack)**
   - 호출 스택은 메서드의 작업에 필요한 메모리 공간을 제공한다. 메서드가 호출되면, 호출스택에 호출된 메서드를 위한 메모리가 할당되며, 이 메모리는 메서드가 작업을 수행하는 동안 지역 변수(매개변수 포함)와 연산의 결과를 저장하는데 사용된다. 그리고 메서드가 종료되면 할당되었던 메모리 공간은 자동으로 반환된다.

메서드가 호출되면 호출 스택에 메서드를 위한 작업 공간이 마련된다. 이 작업 공간은 메서드 마다 서로 구별되며 지역 변수가 저장된다.

처음 호출된 메서드를 위한 작업 공간이 호출스택의 맨 밑에 마련되고, 메서드가 수행 중에 다른 메서드를 호출하면, 자신의 바로 위에 호출된 메서드를 위한 공간이 마련된다.

이 때 호출한 메서드(caller)는 수행을 멈추고, 호출된 메서드(callee)가 수행되기 시작한다. 호출된 메서드가 수행을 마치면, 이 메서드가 사용하던 메모리공간이 호출 스택에서 제거되며, 멈추었던 메서드(caller)는 다시 수행을 계속하게 된다.

호출스택의 제일 상위에 위치하는 메서드가 현재 실행 중인 메서드이며, 나머지는 대기 상태에 있게 된다.

따라서, 호출스택을 조사해 보면 메서드 간의 호출관계와 현재 수행중인 메서드가 어느 것인지 알 수 있다. 호출스택의 특징을 정리해보면 다음과 같다.

> - 메서드가 호출되면 수행에 필요한 메모리를 스택에 할당받는다.
> - 메서드가 수행을 마치고나면 할당받은 메모리가 스택에서 자동 제거된다.
> - 호출 스택의 제일 위에 있는 메서드만 현재 실행 중인 메서드이다.(나머지는 대기중)
> - 아래에 있는 메서드가 바로 위의 메서드를 호출한 메서드이다.

반환타입(return type)이 있는 메서드는 종료되면서 결과값을 자신을 호출한 메서드(caller)에게 반환한다. 대기상태에 있던 호출한 메서드(caller)는 넘겨받은 반환값으로 수행을 계속 진행하게 된다.

▼ 예제 6-7/CallStackEx.java

```java
class CallStackEx {
    public static void main(String[] args) {
        firstMethod(); // static메서드는 객체 생성없이 호출 가능
    }

    static void firstMethod() {
        secondMethod();
    }

    static void secondMethod() {
        System.out.println("secondMethod()");
    }
}
```

▼ 실행결과
```
secondMethod()
```

main( )이 firstMethod( )를 호출하고 firstMethod( )는 secondMethod( )를 호출한다. 객체를 생성하지 않고도 메서드를 호출할 수 있으려면, 메서드 앞에 'static'을 붙여야 한다. 잠시 후에 자세히 설명할 것이므로 지금은 이정도만 알아두자.

위의 예제를 실행시켰을 때, 프로그램이 수행되는 동안 호출스택의 변화를 그림과 함께 살펴보도록 하자.

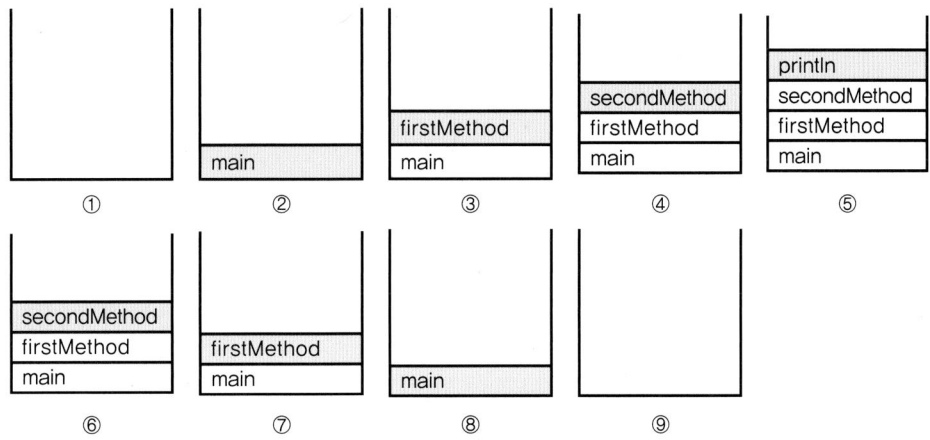

▲ 그림6-6 예제6-7의 실행 시 호출스택의 변화

① ~ ② 위의 예제를 실행시키면, JVM에 의해 main메서드가 호출되면서 프로그램이 시작. 이 때, 호출 스택에는 main메서드를 위한 메모리 공간이 할당되고 main메서드의 코드가 수행되기 시작

③ main메서드가 firstMethod( )를 호출. 아직 main메서드가 끝난 것은 아니므로 main메서드는 대기 중. firstMethod( )가 끝나야 main메서드의 나머지 문장들을 수행할 수 있기 때문.

④ firstMethod( )가 secondMethod( )를 호출. firstMethod( )는 secondMethod( )가 끝날 때까지 대기 중.

⑤ secondMethod( )에서 println( )을 호출했다. println( )에 의해 'secondMethod( )'가 화면에 출력된다.

⑥ println( )의 수행이 완료되어 호출 스택에서 사라지고 자신을 호출한 secondMethod( )로 되돌아간다. 대기 중이던 secondMethod( )는 println( )을 호출한 이후부터 수행을 재개한다.

⑦ secondMethod( )에 더 이상 수행할 코드가 없으므로 종료. 자신을 호출한 firstMethod( )로 돌아간다.

⑧ firstMethod( )도 더 이상 수행할 코드가 없으므로 종료. 자신을 호출한 main메서드로 돌아간다.

⑨ main메서드도 더 이상 수행할 코드가 없으므로 종료. 호출 스택은 완전히 비워지고 프로그램은 종료.

▼ 예제 6-8/**CallStackEx2.java**

```
class CallStackEx2 {
    public static void main(String[] args) {
        System.out.println("main(String[] args)이 시작되었음.");
        firstMethod();
        System.out.println("main(String[] args)이 끝났음.");
    }

    static void firstMethod() {
        System.out.println("firstMethod()이 시작되었음.");
        secondMethod();
        System.out.println("firstMethod()이 끝났음.");
    }

    static void secondMethod() {
        System.out.println("secondMethod()이 시작되었음.");
        System.out.println("secondMethod()이 끝났음.");
    }
}
```

▼ 실행결과
```
main(String[] args)이 시작되었음.
firstMethod()이 시작되었음.
secondMethod()이 시작되었음.
secondMethod()이 끝났음.
firstMethod()이 끝났음.
main(String[] args)이 끝났음.
```

예제6-7에 출력문을 추가해서 각 메서드의 시작과 종료의 순서를 확인하는 예제이다. 그림6-6과 함께 다시 한 번 호출과정을 확인해보자.

3.8 기본형 매개변수와 참조형 매개변수

자바에서는 메서드를 호출할 때 매개변수로 지정한 값을 메서드의 매개변수에 복사해서 넘겨준다. 매개변수의 타입이 기본형(primitive type)일 때는 기본형 값이 복사되겠지만, 참조형(reference type)이면 인스턴스의 주소가 복사된다.

메서드의 매개변수를 기본형으로 선언하면 단순히 저장된 값만 얻지만, 참조형으로 선언하면 값이 저장된 곳의 주소를 알 수 있기 때문에 값을 읽어 오는 것은 물론 값을 변경하는 것도 가능하다.

> **기본형 매개변수**   변수의 값을 읽기만 할 수 있다.(read only)
> **참조형 매개변수**   변수의 값을 읽고 변경할 수 있다.(read & write)

▼ 예제 6-9/`PrimitiveParamEx.java`
```java
class Data { int x; }

class PrimitiveParamEx {
    public static void main(String[] args) {
        Data d = new Data();
        d.x = 10;
        System.out.println("main() : x = " + d.x);

        change(d.x);
        System.out.println("After change(d.x)");
        System.out.println("main() : x = " + d.x);
    }

    static void change(int x) {   // 기본형 매개변수
        x = 1000;
        System.out.println("change() : x = " + x);
    }
}
```

▼ 실행결과
```
main() : x = 10
change() : x = 1000
After change(d.x)
main() : x = 10
```

Ⅰ 플래시동영상 Ⅰ /flash/PrimitiveParam.exe를 보면 예제6-9의 실행과정을 자세히 볼 수 있다.

change메서드에서 main메서드로부터 넘겨받은 d.x의 값을 1000으로 변경했는데도 main메서드에서는 d.x의 값이 그대로이다. 왜 이런 결과가 나오는지 아래의 그림으로 확인해 보자.

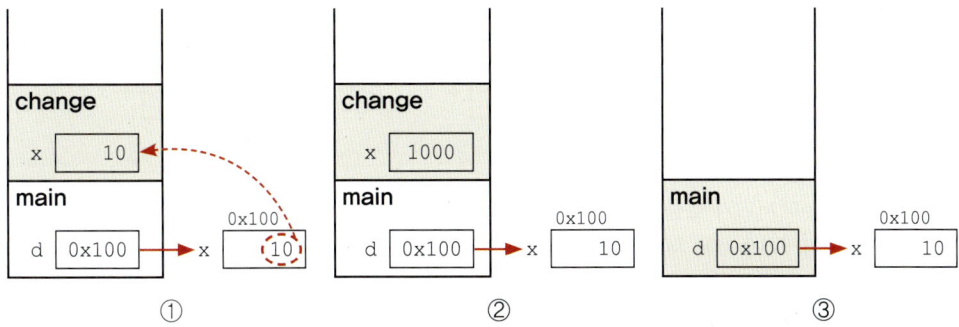

① change메서드가 호출되면서 'd.x'가 change메서드의 매개변수 x에 복사됨
② change메서드에서 x의 값을 1000으로 변경
③ change메서드가 종료되면서 매개변수 x는 스택에서 제거됨

'd.x'의 값이 변경된 것이 아니라, change메서드의 매개변수 x의 값이 변경된 것이다. 즉, 원본이 아닌 복사본이 변경된 것이라 원본에는 아무런 영향을 미치지 못한다. 이처럼 기본형 매개변수는 변수의 값을 읽을 수 있지만 변경할 수는 없다.

▼ 예제 6-10/`ReferenceParamEx.java`

```java
class Data2 { int x; }
class ReferenceParamEx {
    public static void main(String[] args) {
        Data2 d = new Data2();
        d.x = 10;
        System.out.println("main() : x = " + d.x);

        change(d);
        System.out.println("After change(d)");
        System.out.println("main() : x = " + d.x);

    }
    static void change(Data2 d) { // 참조형 매개변수
        d.x = 1000;
        System.out.println("change() : x = " + d.x);
    }
}
```

▼ 실행결과
```
main() : x = 10
change() : x = 1000
After change(d)
main() : x = 1000
```

| 플래시동영상 | ReferenceParam.exe를 보면 예제6-10의 실행과정을 자세히 볼 수 있다.

이전 예제와 달리 change메서드를 호출한 후에 d.x의 값이 변경되었다. change메서드의 매개변수가 참조형이므로 값이 아니라 '값이 저장된 주소'를 change메서드에게 넘겨주었기 때문에 값을 읽어오는 것뿐만 아니라 변경하는 것도 가능하다.

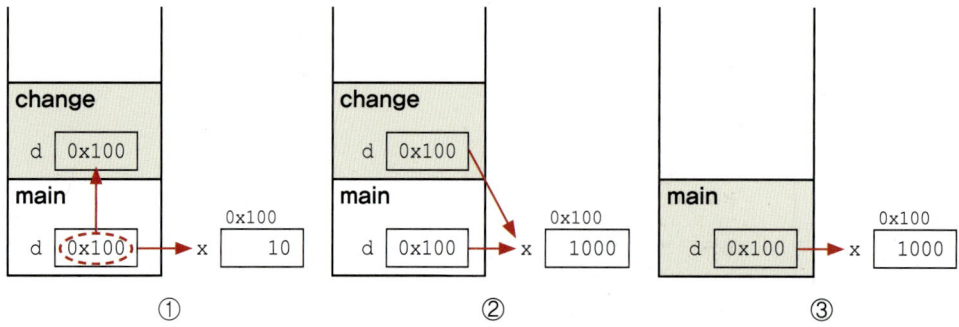

① change메서드가 호출되면서 참조 변수 d의 값(주소)이 매개변수 d에 복사됨.
　 이제 매개변수 d에 저장된 주소값으로 x에 접근이 가능
② change메서드에서 매개변수 d로 x의 값을 1000으로 변경
③ change메서드가 종료되면서 매개변수 d는 스택에서 제거됨

이전 예제와 달리, change메서드의 매개변수를 참조형으로 선언했기 때문에, x의 값이 아닌 주소가 매개변수 d에 복사되었다. 이제 main메서드의 참조변수 d와 change메서드의 참조변수 d는 같은 객체를 가리키게 된다. 그래서 매개변수 d로 x의 값을 읽는 것과 변경하는 것이 모두 가능한 것이다. 이 두 예제의 차이를 이해하는 것은 매우 중요하다.

▼ 예제 6-11/**ReferenceParamEx2.java**

```java
class ReferenceParamEx2 {
    public static void main(String[] args)
    {
        int[] x = {10};   // 크기가 1인 배열. x[0] = 10;
        System.out.println("main() : x = " + x[0]);

        change(x);
        System.out.println("After change(x)");
        System.out.println("main() : x = " + x[0]);
    }

    static void change(int[] x) { // 참조형 매개변수
        x[0] = 1000;
        System.out.println("change() : x = " + x[0]);
    }
}
```

▼ 실행결과
```
main() : x = 10
change() : x = 1000
After change(x)
main() : x = 1000
```

이전의 참조형 매개변수 예제를 Data2클래스의 인스턴스 대신 길이가 1인 배열 x를 사용하도록 변경한 것이다. 배열도 객체와 같이 참조변수를 통해 데이터가 저장된 공간에 접근한다는 것을 이미 배웠다. 이전 예제의 Data2클래스 타입의 참조변수 d와 같이 변수 x도 int배열 타입의 참조변수이기 때문에 같은 결과를 얻는다.
　임시적으로 간단히 처리할 때는 별도의 클래스를 선언하는 것보다 이처럼 배열을 이용하는 것도 좋은 방법이다.

▼ 예제 6-12/`ReferenceParamEx3.java`

```java
class ReferenceParamEx3 {
    public static void main(String[] args) {
        int[] arr = new int[] {3,2,1,6,5,4};

        printArr(arr);     // 배열의 모든 요소를 출력
        sortArr(arr);      // 배열을 정렬
        printArr(arr);     // 정렬후 결과를 출력
        System.out.println("sum="+sumArr(arr)); // 배열의 총합을 출력
    }

    static void printArr(int[] arr) {   // 배열의 모든 요소를 출력
        System.out.print("[");

        for(int i : arr)   // 향상된 for문
            System.out.print(i+",");
        System.out.println("]");
    }

    static int sumArr(int[] arr) {   // 배열의 모든 요소의 합을 반환
        int sum = 0;

        for(int i=0;i<arr.length;i++)
            sum += arr[i];
        return sum;
    }

    static void sortArr(int[] arr) {   // 배열을 오름차순으로 정렬
        for(int i=0;i<arr.length-1;i++)
            for(int j=0;j<arr.length-1-i;j++)
                if(arr[j] > arr[j+1]) {
                    int tmp = arr[j];
                    arr[j] = arr[j+1];
                    arr[j+1] = tmp;
                }
    } // sortArr(int[] arr)
}
```

▼ 실행결과
```
[3,2,1,6,5,4,]
[1,2,3,4,5,6,]
sum=21
```

메서드로 배열을 다루는 여러 가지 방법을 보여주는 예제이다. 매개변수의 타입이 배열이 니까, 참조형 매개변수이다. 그래서 sortArr메서드에서 정렬한 것이 원래의 배열에 영향 을 미친다. 그 외에는 따로 설명하지 않아도 충분히 이해가 될 것이다.

▼ 예제 6-13/`ReturnEx.java`

```java
class ReturnEx {
    public static void main(String[] args) {
        ReturnEx r = new ReturnEx();

        int result = r.add(3,5);
        System.out.println(result);

        int[] result2 = {0}; // 배열을 생성하고 result2[0]의 값을 0으로 초기화
        r.add(3,5,result2);  // 배열을 add메서드의 매개변수로 전달
        System.out.println(result2[0]);
    }
```

```
    int add(int a, int b) {
        return a + b;
    }
    void add(int a, int b, int[] result) {
        result[0] = a + b;    // 매개변수로 넘겨받은 배열에 연산결과를 저장
    }
}
```

▼ 실행결과
```
8
8
```

이 예제는 반환값이 있는 메서드를 반환값이 없는 메서드로 바꾸는 방법을 보여준다. 앞서 배운 참조형 매개변수를 활용하면 반환값이 없어도 메서드의 실행결과를 얻어 올 수 있다.

```
int add(int a, int b) {              void add(int a, int b, int[] result) {
    return a + b;          ⟷            result[0] = a + b;
}                                    }
```

메서드는 단 하나의 값만을 반환할 수 있지만 이것을 응용하면 여러 개의 값을 반환받을 수 있다.

3.9 참조형 반환타입

매개변수뿐만 아니라 반환타입도 참조형이 가능하다. 반환타입이 참조형이라는 것은 반환하는 값의 타입이 참조형이라는 얘긴데, 모든 참조형 타입의 값은 '객체의 주소'이므로 그저 정수값이 반환되는 것일 뿐 특별할 것이 없다. 일단 예제부터 먼저 살펴보자.

▼ 예제 6-14/`ReferenceReturnEx.java`

```
class Data3 { int x; }

class ReferenceReturnEx {
    public static void main(String[] args) {
        Data3 d = new Data3();
        d.x = 10;

        Data3 d2 = copy(d);
        System.out.println("d.x ="+d.x);
        System.out.println("d2.x="+d2.x);
    }

    static Data3 copy(Data3 d) {    // 참조형 반환타입. 객체의 주소(정수)를 반환
        Data3 tmp = new Data3();
        tmp.x = d.x;

        return tmp;
    }
}
```

▼ 실행결과
```
d.x =10
d2.x=10
```

copy메서드는 새로운 객체를 생성한 후에, 매개변수로 넘겨받은 객체에 저장된 값을 복사해서 반환한다. 반환하려는 값이 Data3객체의 주소이므로 반환 타입이 'Data3'이다.

```
static Data3 copy(Data d) {
    Data3 tmp = new Data3();  // 새로운 객체 tmp를 생성
    tmp.x = d.x;              // d.x의 값을 tmp.x에 복사

    return tmp; // 복사한 객체의 주소를 반환
}
```

이 메서드의 반환타입이 'Data3'이므로, 호출결과를 저장하는 변수의 타입 역시 'Data3'타입의 참조변수이어야 한다.

```
Data3 d2 = copy(d);  // static Data3 copy(Data d)
```

copy메서드 내에서 생성한 객체를 main메서드에서 사용할 수 있으려면, 이렇게 새로운 객체의 주소를 반환해야 한다. 그렇지 않으면, copy메서드가 종료되면서 새로운 객체의 참조가 사라지기 때문에 더 이상 이 객체를 사용할 방법이 없다.

copy메서드가 호출된 직후부터 종료까지의 과정을 단계별로 살펴보면 다음과 같다.

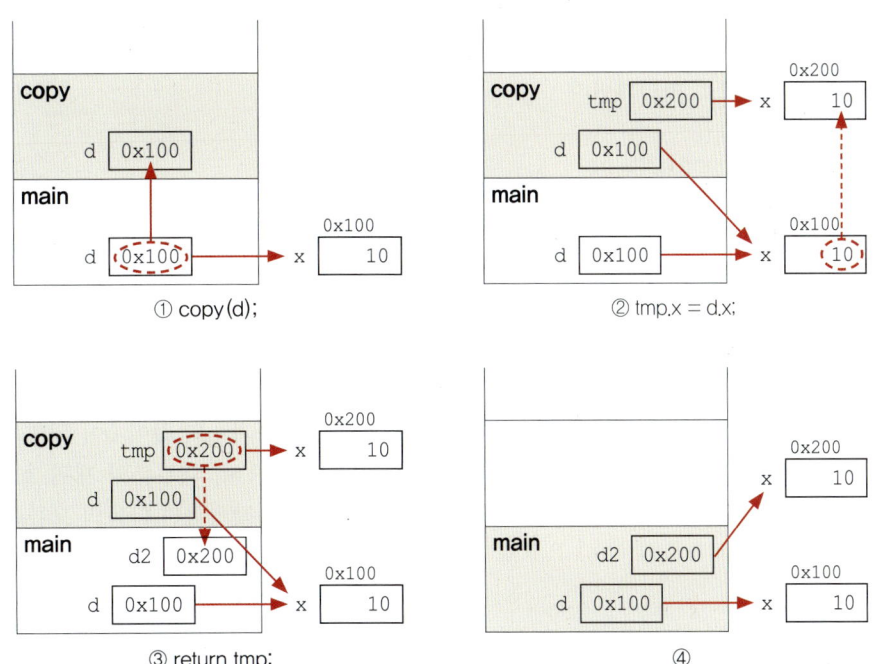

① copy메서드를 호출하면서 참조변수 d의 값이 매개변수 d에 복사된다.
② 새로운 객체를 생성한 다음, d.x에 저장된 값을 tmp.x에 복사한다.
③ copy메서드가 종료되면서 반환한 tmp의 값은 참조변수 d2에 저장된다.
④ copy메서드가 종료되어 tmp가 사라졌지만, d2로 새로운 객체를 다룰 수 있다.

> 반환타입이 '참조형'이라는 것은
> 메서드가 '객체의 주소'를 반환한다는 것을 의미한다.

3.10 재귀 호출(recursive call)

메서드의 내부에서 메서드 자신을 다시 호출하는 것을 '재귀 호출(recursive call)'이라 하고, 재귀 호출을 하는 메서드를 '재귀 메서드'라 한다.

```
void method() {
    method();    // 재귀 호출. 메서드 자신을 호출한다.
}
```

어떻게 메서드가 자기자신을 호출할 수 있는지 의아하겠지만, 메서드 입장에서는 자기 자신을 호출하는 것과 다른 메서드를 호출하는 것의 차이가 없다. '메서드 호출'이라는 것이 그저 특정 위치에 저장되어 있는 명령들을 수행하는 것일 뿐이기 때문이다.

　호출된 메서드는 '값에 의한 호출(call by value)'을 통해, 원래의 값이 아닌 복사된 값으로 작업하기 때문에 호출한 메서드와 관계없이 독립적인 작업수행이 가능하다.

그런데 위의 코드처럼 오로지 재귀 호출뿐이면, 무한히 자기 자신을 호출하기 때문에 무한반복에 빠지게 된다. 무한반복문이 조건문과 함께 사용되어야하는 것처럼, 재귀 호출도 조건문이 필연적으로 따라다닌다.

```
void method(int n) {
    if(n==0)
        return;    // n의 값이 0일 때, 메서드를 종료한다.
    System.out.println(n);

    method(--n);    // 재귀 호출. method(int n)을 호출
}
```

이 코드는 매개변수 n을 1씩 감소시켜가면서 재귀 호출을 하다가 n의 값이 0이 되면 재귀 호출을 중단하게 된다. 재귀호출은 반복문과 유사한 점이 많으며, 대부분의 재귀 호출은 반복문으로 작성하는 것이 가능하다. 위의 코드를 반복문으로 작성하면 다음의 오른쪽 코드와 같다.

```
void method(int n) {
    if(n==0)    return;
    System.out.println(n);
    method(--n);    // 재귀 호출
}
```
→
```
void method(int n) {
    while(n!=0) {
        System.out.println(n--);
    }
}
```

반복문은 그저 같은 문장을 반복해서 수행하는 것이지만, 메서드를 호출하는 것은 반복문보다 몇 가지 과정, 예를 들면 매개변수 복사와 종료 후 복귀할 주소저장 등,이 추가로 필요하기 때문에 반복문보다 재귀 호출의 수행시간이 더 오래 걸린다.

그렇다면 '왜?' 굳이 반복문 대신 재귀 호출을 사용할까'. 그 이유는 바로 재귀 호출이 주는 간결함 때문이다. 몇 겹의 반복문과 조건문으로 복잡하게 작성된 코드가 재귀 호출로 작성하면 보다 단순한 구조로 바뀔 수도 있다. 아무리 효율적이라도 알아보기 힘들게 작성하는 것보다 다소 비효율적이어도 알아보기 쉽게 작성하는 것이 논리적 오류가 발생할 확률도 줄어들고 나중에 수정하기도 좋다.

어떤 작업을 반복적으로 처리해야한다면, 먼저 반복문으로 작성해보고 너무 복잡하면 재귀 호출로 간단히 할 수 없는지 고민해볼 필요가 있다. 재귀 호출은 비효율적이므로 재귀 호출에 드는 비용보다 재귀 호출의 간결함이 주는 이득이 충분히 큰 경우에만 사용해야 한다는 것도 잊지 말자.

대표적인 재귀 호출의 예는 팩토리얼(factorial)을 구하는 것이다. 팩토리얼은 한 숫자가 1이 될 때까지 1씩 감소시켜가면서 계속해서 곱해 나가는 것인데, n!(n은 양의 정수)과 같이 표현한다. 예를 들면, '5! = 5 * 4 * 3 * 2 * 1 = 120'이다.

팩토리얼을 수학적으로 표현하면 다음과 같다.

$$f(n) = n * f(n-1), 단 f(1) = 1$$

다음 예제는 위의 함수를 자바로 구현한 것이다.

▼ 예제 6-15/FactorialEx.java

```java
class FactorialEx {
    public static void main(String args[]) {
        int result = factorial(4);

        System.out.println(result);
    }
    static int factorial(int n) {
        int result = 0;

        if ( n == 1 )
            result = 1;
        else
            result = n * factorial(n-1);  // 다시 메서드 자신을 호출

        return result;
    }
}
```

▼ 실행결과
```
24
```

| 플래시동영상 | /flash/RecursiveCall.exe를 보면 예제6-15의 실행과정을 자세히 볼 수 있다.

위 예제는 팩토리얼을 계산하는 메서드를 구현하고 테스트하는 것이다. factorial( )이 static메서드이므로 인스턴스를 생성하지 않고 직접 호출할 수 있다. 그리고 main메서드와 같은 클래스에 있기 때문에 static메서드를 호출할 때 클래스이름을 생략하는 것이 가능하다. 그래서 'FactorialEx.factorial(4)'대신 'factorial(4)'와 같이 하였다.

예제6-15는 실행과정을 플래시 동영상으로 보여주기 위해 작성한 것이라 코드가 길어졌는데, 좀 더 간단히 하면 다음과 같이 쓸 수 있다.

```
    static int factorial(int n) {
        if(n==1) return 1;
        return n * factorial(n-1);
    }
```

이해하기 어려운 코드는 변수에 직접 값을 대입해보면 알기 쉬워진다. 만일 매개변수 n의 값이 3이라면, n대신 3을 직접 대입해보자. 오른쪽의 코드처럼 된다.

```
int factorial(int n) {                    int factorial(int 3) {
   if(n==1) return 1;           →            if(3==1) return 1;
   return n * factorial(n-1);                return 3 * factorial(3-1);
}                                         }
```

같은 방법으로 main메서드에서 factorial(1)을 호출했을 때의 실행과정을 살펴보자. 아래의 그림은 매개변수 n 대신 1을 대입한 것이다.

```
int result = factorial(1);           ①

            int factorial(int 1) {
       ②        if(1==1) return 1;

                return 1 * factorial(0);
            }
```

if문의 조건식이 참이 되어 1을 반환하기 때문에, 재귀 호출이 일어나기도 전에 factorial 메서드는 종료된다. 그리고 result에는 'factorial(1)'의 반환값인 1이 저장된다. 위의 그림에서는 반환값이 바로 result에 저장되는 것처럼 되어 있지만, 정확히는 아래와 같이 반환값이 메서드의 호출을 대신한다.

```
       int result = factorial(1);
   →   int result = 1;
```

이번엔 'factorial(2)'를 호출했을 때의 실행과정도 살펴보자. 매개변수의 값이 1이 아니므로 조건식이 거짓이 되어 그 다음 문장인 'return 2 * factorial(1);'이 수행되고, 이 식을 계산하는 과정에서 다시 factorial(1)이 호출된다.

① factorial(2)를 호출하면서 매개변수 n에 2가 복사된다.
② 'return 2 * factorial(1);'을 계산하려면 factorial(1)을 호출한 결과가 필요하다.
   그래서 factorial(1)이 호출되고 매개변수 n에 1이 복사된다.
③ if문의 조건식이 참이므로 1을 반환하면서 메서드는 종료된다. 그리고 factorial(1)을 호출한 곳으로 되돌아간다.
④ 이제 factorial(1)의 결과값인 1을 얻었으므로, return문이 다음의 과정으로 계산된다.

```
       return 2 * factorial(1);
   →   return 2 * 1;
   →   return 2;
```

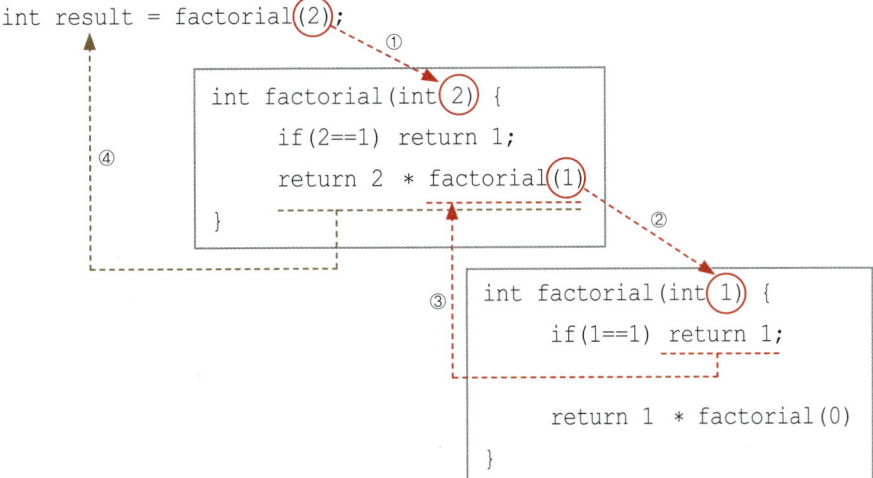

factorial(2)는 종료되면서 결과값 2를 반환하고, 이 값은 변수 result에 저장된다.

```
    int result = factorial(2);
→   int result = 2;
```

이제 매개변수 n의 값이 커도 어떤 과정으로 계산되는지 이해할 수 있으리라 생각한다. 그런데 만일 factorial( )의 매개변수 n의 값이 0이면 어떻게 될까? 또는 100,000과 같이 큰 수이면 어떻게 될까? 예제를 변경해서 실행해보면 쉽게 알 수 있겠지만 그 전에 잠시 시간을 갖고 어떻게 될 것인지 예측해보자. 먼저 매개변수 n의 값이 0인 경우는 if문의 조건식이 절대 참이 될 수 없기 때문에 계속해서 재귀호출만 일어날 뿐 메서드가 종료되지 않으므로 스택에 계속 데이터가 쌓여만 간다.

어느 시점에 이르러서는 결국 스택의 저장 한계를 넘게 되고, '스택오버플로우 에러(Stack OverflowError)'가 발생한다. 매개변수 n의 값이 100,000과 같이 큰 경우에도 마찬가지다.

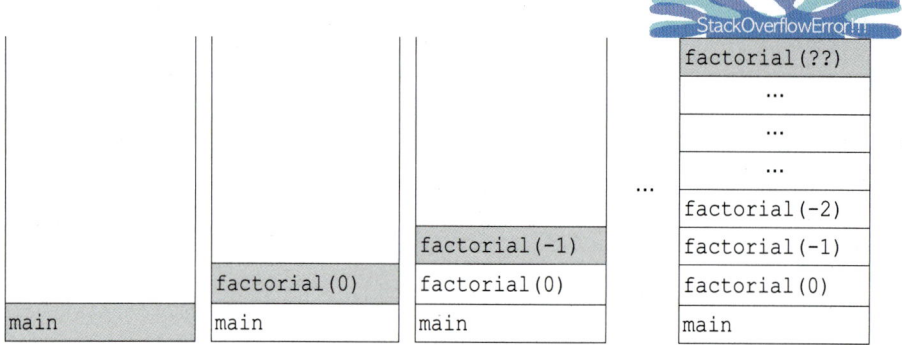

이처럼 우리가 메서드를 작성할 때, '호출하는 사람이 당연히 알아서 적절한 값을 인자로 주겠지.'라는 막연한 믿음을 가지면 안 되고, 어떤 값이 들어와도 에러없이 처리되는 견고한 코드를 작성해야 한다. 그래서 '매개변수의 유효성 검사'가 중요한 것이다.

```
static int factorial(int n) {
    if(n <= 0 || n > 12) return -1;    // 매개변수 n의 유효성 검사를 추가
    if(n == 1) return 1;

    return n * factorial(n-1);
}
```

매개변수 n의 상한값을 12로 정한 이유는 13!의 값이 factorial( )의 반환타입인 int의 최대값(약20억)보다 크기 때문이다. 만일 그 이상의 값을 구하고 싶으면 반환타입을 int보다 큰 long이나 BigInteger로 변경하면 된다.

| 참고 | BigInteger는 배열을 이용해서 무한히 큰 정수를 다룰 수 있게 해주는 클래스로 p.548에서 자세히 배운다.

참고로 재귀 메서드 factorial을 반복문으로 작성하면 다음과 같다.

```
int factorial(int n) {              int factorial(int n) {
    if(n==1) return 1;                  int result = 1;
                                        while(n!=0)
    return n * factorial(n-1);              result *= n--;
}                                       return result;
                                    }
```

while문으로 작성한 오른쪽의 코드는 왼쪽의 재귀 호출과 달리 많은 수의 반복에도 '스택오버플로우 에러'와 같은 메모리 부족 문제를 겪지 않을 뿐만 아니라 속도도 빠르다.

▼ 예제 6-16/`FactorialEx2.java`

```java
class FactorialEx2 {
    static long factorial(int n) {
        if(n<=0 || n>20) return -1;   // 매개변수의 유효성 검사.

        if(n<=1) return 1;
         return n * factorial(n-1);
    }
    public static void main(String args[]) {
        int   n = 21;
        long result = 0;

        for(int i = 1; i <= n; i++) {
            result = factorial(i);

            if(result==-1) {
                System.out.printf("유효하지 않은 값입니다.(0<n<=20):%d%n", n);
                break;
            }

            System.out.printf("%2d!=%20d%n", i, result);
        }
    } // main의 끝
}
```

▼ 실행결과

```
 1!=                   1
 2!=                   2
 3!=                   6
 4!=                  24
 5!=                 120
 6!=                 720
 7!=                5040
 8!=               40320
 9!=              362880
10!=             3628800
11!=            39916800
12!=           479001600
13!=          6227020800
14!=         87178291200
15!=       1307674368000
16!=      20922789888000
17!=     355687428096000
18!=    6402373705728000
19!=  121645100408832000
20!= 2432902008176640000
유효하지 않은 값입니다.(0<n<=20):21
```

이전 예제 6-15에 매개변수의 유효성을 검사하는 코드를 추가해서 factorial( )의 매개변수 n이 음수이거나 20보다 크면 -1을 반환하도록 하였다.

▼ 예제 6-17/`MainEx.java`

```java
class MainEx {
    public static void main(String args[]) {
        main(null);      // 재귀 호출. 자기 자신을 다시 호출
    }
}
```

▼ 실행결과

```
java.lang.StackOverflowError
        at MainEx.main(MainEx.java:3)
        at MainEx.main(MainEx.java:3)
        ...
        at MainEx.main(MainEx.java:3)
        at MainEx.main(MainEx.java:3)
```

main메서드 역시 자기 자신을 호출하는 것이 가능하며 아무런 조건도 없이 계속해서 자기 자신을 다시 호출하기 때문에 무한 호출에 빠지게 된다.

   main메서드가 종료되지 않고 호출 스택에 계속해서 쌓이게 되므로 결국 호출 스택의 메모리 한계를 넘게 되고 StackOverflowError가 발생하여 프로그램은 비정상적으로 종료된다.

▼ 예제 6-18/`PowerEx.java`

```java
class PowerEx {
    public static void main(String[] args) {
        int x = 2;
        int n = 5;
        long result = 0;

        for(int i=1; i<=n; i++) {
            result += power(x, i);
        }
        System.out.println(result);
    }
    static long power(int x, int n) {
        if(n==1) return x;
        return x * power(x, n-1);
    }
}
```

▼ 실행결과
```
62
```

x^1부터 x^n까지의 합을 구하는 예제이다. 재귀 호출로 x^n을 구하는 power( )를 작성하였다. x는 2, n은 5로 계산했기 때문에 $2^1+2^2+2^3+2^4+2^5$의 결과인 62가 출력되었다.

   x의 n제곱을 계산하는 메서드는 다음과 같이 정의할 수 있는데, 이 메서드 역시 메서드의 정의에 자신을 포함하는 재귀 메서드이다.

$$f(x, n) = x * f(x, n-1), \text{단 } f(x, 1) = x$$

예를 들어 2의 4제곱을 구해보자. x는 2이고, n은 4이므로 각각을 메서드에 대입하면 다음과 같이 된다.

```
f(2, 4) = 2 * f(2, 3)
```

f(2, 3)은 '2 * f(2, 2)'이므로, 위의 식에 f(2, 3)대신 '2 * f(2, 2)'를 대입하면 다음과 같다.

```
f(2, 4) = 2 * f(2, 3)
f(2, 4) = 2 * 2 * f(2, 2)
```

같은 방식으로 반복해서 계산하면 다음과 같다. f(2, 1)은 2라는 것에 주의하자.

```
    f(2, 4) = 2 * f(2, 3)
→   f(2, 4) = 2 * 2 * f(2, 2)
→   f(2, 4) = 2 * 2 * 2 * f(2, 1)
→   f(2, 4) = 2 * 2 * 2 * 2
```

이 메서드도 재귀 호출이 아닌 반복문으로 처리하는 것이 가능하다. 재귀 호출의 예를 보여주기 위해 재귀 메서드로 작성한 것 뿐이다.

3.11 클래스 메서드와 인스턴스 메서드

변수에서 그랬던 것과 같이, 메서드 앞에 static이 붙어 있으면 클래스 메서드이고 붙어 있지 않으면 인스턴스 메서드이다.

클래스 메서드도 클래스 변수처럼, 객체를 생성하지 않고도 '클래스이름.메서드이름(매개변수)'와 같은 식으로 호출이 가능하다. 반면에 인스턴스 메서드는 반드시 객체를 생성해야만 호출할 수 있다. 그렇다면 클래스를 정의할 때, 어느 경우에 static을 사용해서 클래스 메서드로 정의해야하는 것일까?

클래스는 '데이터(변수)와 데이터에 관련된 메서드의 집합'이므로, 같은 클래스 내에 있는 메서드와 멤버변수는 아주 밀접한 관계가 있다.

인스턴스 메서드는 인스턴스 변수와 관련된 작업을 하는, 즉 메서드의 작업을 수행하는 데 인스턴스 변수를 필요로 하는 메서드이다. 그런데 인스턴스 변수는 인스턴스(객체)를 생성해야만 만들어지므로 인스턴스 메서드 역시 인스턴스를 생성해야 호출할 수 있다.

반면에 메서드 중에서 **인스턴스와 관계없는(인스턴스 변수나 인스턴스 메서드를 사용하지 않는) 메서드를 클래스 메서드(static메서드)로 정의한다.**

물론 인스턴스 변수를 사용하지 않는다고 해서 반드시 클래스 메서드로 정의해야하는 것은 아니지만 특별한 이유가 없는 한 클래스 메서드로 정의한다.

> 인스턴스 메서드 – 인스턴스(iv의 집합)가 **필요한** 메서드
> 클래스 메서드   – 인스턴스(iv의 집합)가 **필요없는** 메서드

1. **멤버변수 중 모든 인스턴스에 공통으로 사용하는 것에 static을 붙인다.**
   - 인스턴스는 서로 독립적이기 때문에 각 인스턴스의 변수(iv)는 서로 다른 값을 유지한다. 그러나 모든 인스턴스에서 같은 값이 유지되어야 하는 변수는 static을 붙여서 클래스 변수로 정의한다.

2. **클래스 변수(static변수)는 인스턴스를 생성하지 않아도 사용할 수 있다.**
   - static이 붙은 변수(클래스 변수, cv)는 클래스가 메모리에 올라갈 때 자동으로 생성되기 때문이다.

3. **클래스 메서드(static메서드)는 인스턴스 변수를 사용할 수 없다.**
   - 인스턴스 변수는 인스턴스가 반드시 존재해야만 사용할 수 있는데, 클래스 메서드(static이 붙은 메서드)는 인스턴스 생성 없이 호출가능하므로 클래스 메서드가 호출되었을 때 인스턴스가 존재하지 않을 수도 있다. 그래서 클래스 메서드에서 인스턴스변수의 사용을 금지한다.
     반면에 인스턴스 변수나 인스턴스 메서드는 static변수나 static메서드를 사용하는 것이 항상 가능하다. 인스턴스 변수가 존재한다는 것은 static변수가 이미 메모리에 존재한다는 것을 의미하기 때문이다.

4. **메서드 내에서 인스턴스 변수를 사용하지 않는다면, static을 붙이는 것을 고려한다.**
   - 메서드 내에서 인스턴스 변수가 필요하다면, static을 붙일 수 없다. 반대로 인스턴스 변수가 필요하지 않다면 static을 붙여서 성능을 높이자.
     static을 안 붙인 메서드(인스턴스메서드)는 실행 시 호출되어야할 메서드를 찾는 과정이 추가적으로 필요하기 때문에 시간이 더 걸린다.

- 멤버 변수 중 모든 인스턴스에 공통된 값을 가져야 하는 것에 static을 붙이자.
- 작성한 메서드 중에서 인스턴스 변수나 인스턴스 메서드를 사용하지 않는 메서드에 static을 붙일 것을 고려한다.

| 참고 | random( )과 같은 Math클래스의 메서드는 모두 static이다. Math클래스에는 인스턴스 변수가 하나도 없다.

▼ 예제 6-19/**MyMathEx2.java**

```java
class MyMath2 {
    long a, b;   // 인스턴스 변수

    // 인스턴스 변수 a, b만을 이용해서 작업하므로 매개변수가 필요없다.
    long add()      { return a + b; }   // a, b는 인스턴스 변수
    long subtract() { return a - b; }
    long multiply() { return a * b; }
    double divide() { return a / b; }

    // 인스턴스 변수와 관계없이 매개변수만으로 작업이 가능하다.
    static long   add(long a, long b)      { return a + b; } // a, b는 지역 변수
    static long   subtract(long a, long b) { return a - b; }
    static long   multiply(long a, long b) { return a * b; }
    static double divide(double a, double b) { return a / b; }
}

class MyMathEx2 {
    public static void main(String args[]) {
        // 클래스 메서드 호출. 인스턴스 생성없이 호출 가능
        System.out.println(MyMath2.add(200L, 100L));
        System.out.println(MyMath2.subtract(200L, 100L));
        System.out.println(MyMath2.multiply(200L, 100L));
        System.out.println(MyMath2.divide(200.0, 100.0));

        MyMath2 mm = new MyMath2(); // 인스턴스를 생성
        mm.a = 200L;
        mm.b = 100L;

        // 인스턴스 메서드는 객체생성 후에만 호출이 가능함.
        System.out.println(mm.add());
        System.out.println(mm.subtract());
        System.out.println(mm.multiply());
        System.out.println(mm.divide());
    }
}
```

▼ 실행결과
```
300
100
20000
2.0
300
100
20000
2.0
```

인스턴스 메서드인 add( ), subtract( ), multiply( ), divide( )는 인스턴스 변수인 a와 b만으로 작업이 가능하기 때문에, 매개변수가 필요없어서 괄호( )에 매개변수를 선언하지 않았다.

반면에 add(long a, long b), subtract(long a, long b) 등은 인스턴스 변수 없이 매개변수만으로 작업을 수행하기 때문에 static을 붙여서 클래스 메서드로 선언하였다.

그래서 MyMathEx2의 main메서드에서 보면, 클래스 메서드는 객체생성없이 바로 호출이 가능했고, 인스턴스 메서드는 MyMath2클래스의 인스턴스를 생성한 후에야 호출이 가능했다.

이 예제를 통해서 어떤 경우 인스턴스 메서드로, 또는 클래스 메서드로 선언해야 하는지, 그리고 그 차이를 이해하는 것은 매우 중요하다.

3.12 클래스 멤버와 인스턴스 멤버간의 참조와 호출

같은 클래스의 멤버들은 별도의 인스턴스를 생성하지 않고도 서로 참조 또는 호출이 가능하다. 단, 클래스 멤버가 인스턴스 멤버를 참조 또는 호출하고자 하는 경우에는 인스턴스를 생성해야 한다.

  그 이유는 인스턴스 멤버가 존재하는 시점에 클래스 멤버는 항상 존재하지만, 클래스 멤버가 존재하는 시점에 인스턴스 멤버가 존재하지 않을 수도 있기 때문이다.

| 참고 | 인스턴스 멤버란 인스턴스 변수와 인스턴스 메서드를 의미한다.

```
class TestClass {
    void instanceMethod() {}          // 인스턴스 메서드
    static void staticMethod() {}     // static메서드

    void instanceMethod2() {           // 인스턴스 메서드
        instanceMethod();              // 다른 인스턴스 메서드를 호출한다.
        staticMethod();                // static메서드를 호출한다.
    }

    static void staticMethod2() {// static메서드
        instanceMethod();              // 에러. 인스턴스 메서드를 호출할 수 없다.
        staticMethod();                // static메서드는 호출 할 수 있다.
    }
} // end of class
```

위의 코드는 같은 클래스 내의 인스턴스 메서드와 static메서드 간의 호출에 대해서 설명하고 있다. 같은 클래스 내의 메서드는 서로 객체의 생성이나 참조변수 없이 직접 호출이 가능하지만 static메서드는 인스턴스 메서드를 호출할 수 없다.

```
class TestClass2 {
    int iv;                // 인스턴스 변수
    static int cv;         // 클래스 변수

    void instanceMethod() {            // 인스턴스 메서드
        System.out.println(iv);        // 인스턴스 변수를 사용할 수 있다.
        System.out.println(cv);        // 클래스 변수를 사용할 수 있다.
    }

    static void staticMethod() {       // static메서드
        System.out.println(iv);        // 에러. 인스턴스 변수를 사용할 수 없다.
        System.out.println(cv);        // 클래스 변수는 사용할 수 있다.
    }
} // end of class
```

이번엔 변수와 메서드간의 호출에 대해서 살펴보자. 메서드간의 호출과 마찬가지로 인스턴스 메서드는 인스턴스 변수를 사용할 수 있지만, static메서드는 인스턴스 변수를 사용할 수 없다.

▼ 예제 6-20/**MemberCall.java**

```java
class MemberCall {
    int iv = 10;
    static int cv = 20;

    int iv2 = cv;
//  static int cv2 = iv;                           // 에러. 클래스 변수는 인스턴스 변수를 사용할 수 없음.
    static int cv2 = new MemberCall().iv;   // 이처럼 객체를 생성해야 사용가능.

    static void staticMethod1() {
        System.out.println(cv);
//      System.out.println(iv); // 에러. 클래스 메서드에서 인스턴스 변수를 사용불가.
        MemberCall c = new MemberCall();
        System.out.println(c.iv);     // 객체를 생성한 후에야 인스턴스 변수의 참조가능.
    }

    void instanceMethod1() {
        System.out.println(cv);
        System.out.println(iv);       // 인스턴스 메서드에서는 인스턴스 변수를 바로 사용가능.
    }

    static void staticMethod2() {
        staticMethod1();
//      instanceMethod1();      // 에러. 클래스 메서드에서는 인스턴스 메서드를 호출할 수 없음.
        MemberCall c = new MemberCall();
        c.instanceMethod1(); // 인스턴스를 생성한 후에야 호출할 수 있음.
    }

    void instanceMethod2() {       // 인스턴스 메서드에서는 인스턴스 메서드와 클래스 메서드
        staticMethod1();           // 모두 인스턴스 생성없이 바로 호출이 가능하다.
        instanceMethod1();
    }
}
```

클래스 멤버(클래스 변수와 클래스 메서드)는 언제나 참조 또는 호출이 가능하기 때문에 인스턴스 멤버가 클래스 멤버를 사용하는 것은 아무런 문제가 안 된다. 클래스 멤버간의 참조 또는 호출 역시 아무런 문제가 없다.

그러나, 인스턴스 멤버(인스턴스 변수와 인스턴스 메서드)는 반드시 객체를 생성한 후에만 참조 또는 호출이 가능하기 때문에 클래스 멤버가 인스턴스 멤버를 참조, 호출하기 위해서는 객체를 생성하여야 한다.

하지만, **인스턴스 멤버간의 호출에는 아무런 문제가 없다. 하나의 인스턴스 멤버가 존재한다는 것은 인스턴스가 이미 생성되어있다는 것을 의미하며, 즉 다른 인스턴스 멤버들도 모두 존재하기 때문이다.**

실제로는 같은 클래스 내에서 클래스 멤버가 인스턴스 멤버를 참조 또는 호출해야 하는 경우는 드물다. 만일 그런 경우가 발생한다면, 인스턴스 메서드로 작성해야할 메서드를 클래스 메서드로 한 것은 아닌지 생각해봐야 한다.

▎ 알아두면 좋아요!

수학의 대입법처럼, c = new MemberCall( )이므로 c.instanceMethod1( );에서 c대신 new MemberCall( )을 대입하여 사용할 수 있다.

```
MemberCall c = new MemberCall();
int result = c.instanceMethod1();
```

그래서 위의 두 줄을 다음과 같이 한 줄로 할 수 있다.

```
int result = new MemberCall().instanceMethod1();
```

대신 참조변수를 선언하지 않았기 때문에 생성된 MemeberCall인스턴스는 더 이상 사용할 수 없다.

4. 오버로딩(overloading)

4.1 오버로딩이란?

메서드도 변수와 마찬가지로 같은 클래스 내에서 서로 구별될 수 있어야 하므로 각기 다른 이름을 가져야 한다. 그러나 자바에서는 한 클래스 내에 이미 같은 이름의 메서드가 있어도 매개변수의 개수 또는 타입이 다르면, 같은 이름의 메서드를 여러 개 정의할 수 있다.

이처럼 한 클래스 내에 같은 이름의 메서드를 여러 개 정의하는 것을 '메서드 오버로딩(method overloading)' 또는 간단히 '오버로딩(overloading)'이라 한다.

오버로딩(overloading)의 사전적 의미는 '과적하다.' 즉, 많이 싣는 것을 뜻한다. 보통 하나의 메서드 이름에 하나의 기능을 구현하는데, 하나의 메서드 이름으로 여러 기능을 구현하기 때문에 붙여진 이름다. 앞으로 '메서드 오버로딩'을 간단히 '오버로딩'이라고 하자.

4.2 오버로딩의 조건

같은 이름의 메서드를 정의한다고 해서 무조건 오버로딩인 것은 아니다. 오버로딩이 성립하기 위해서는 다음과 같은 조건을 만족해야 한다.

> 1. 메서드 이름이 같아야 한다.
> 2. 매개변수의 개수 또는 타입이 달라야 한다.
> 3. 반환타입은 상관없다.

비록 메서드의 이름이 같아도 매개변수가 다르면 서로 구별될 수 있기 때문에 오버로딩이 가능한 것이다. 위의 조건을 만족시키지 못하는 메서드는 중복 정의로 간주되어 컴파일 시에 에러가 발생한다. 그리고 오버로딩된 메서드들은 매개변수에 의해서만 구별될 수 있으므로 **반환 타입은 오버로딩을 구현하는데 아무런 영향을 주지 못한다**는 것에 주의하자.

4.3 오버로딩의 예

오버로딩의 예로 가장 대표적인 것은 println메서드이다. 지금까지 println메서드에 괄호 안에 값만 지정해주면 화면에 출력하는데 아무런 어려움이 없었다.

사실은 println메서드를 호출할 때 매개변수로 지정하는 값의 타입에 따라서 호출되는 println메서드가 달라진다.

PrintStream클래스에는 어떤 종류의 매개변수를 지정해도 출력할 수 있도록 아래와 같이 10개의 오버로딩된 println메서드가 정의되어 있다.

```
void println()
void println(boolean x)
void println(char x)
void println(char[] x)
void println(double x)
void println(float x)
void println(int x)
void println(long x)
void println(Object x)
void println(String x)
```

println메서드를 호출할 때 매개변수로 넘겨주는 값의 타입에 따라서 위의 오버로딩된 메서드들 중의 하나가 선택되어 실행되는 것이다.

몇 가지 예를 들어 오버로딩에 대해 자세히 설명하고자 한다.

[보기 1]
```
int add(int a, int b) { return a+b; }
int add(int x, int y) { return x+y; }
```

위의 두 메서드는 매개변수의 이름만 다를 뿐 매개변수의 타입이 같기 때문에 오버로딩이 성립하지 않는다. 매개변수의 이름이 다르면 메서드 내에서 사용되는 변수의 이름이 달라질 뿐, 아무런 의미가 없다. 그래서 이 두 메서드는 완전히 동일한 것이다. 마치 수학에서 'f(x) = x + 1'과 'f(a) = a + 1'이 같은 표현인 것과 같다.

컴파일하면, 'add(int,int) is already defined(이미 같은 메서드가 정의되었다).'라는 메시지가 나타날 것이다.

[보기 2]
```
int  add(int a, int b) { return a+b; }
long add(int a, int b) { return (long)(a + b); }
```

이번 경우는 리턴타입만 다른 경우이다. 매개변수의 타입과 개수가 일치하기 때문에 add(3,3)과 같이 호출하였을 때 어떤 메서드가 호출된 것인지 결정할 수 없기 때문에 오버로딩으로 간주되지 않는다.

이 경우 역시 컴파일하면, 'add(int,int) is already defined(이미 같은 메서드가 정의되었다).'라는 메시지가 나타날 것이다.

[보기 3]
```
long add(int a, long b)  { return a+b; }
long add(long a, int b)  { return a+b; }
```

두 메서드 모두 int형과 long형 매개변수가 하나씩 선언되어 있지만, 서로 순서가 다른 경우이다. 이 경우에는 호출 시 매개변수의 값에 의해 호출될 메서드가 구분될 수 있으므로 오버로딩으로 간주한다.

이처럼 매개변수의 순서만을 다르게 하여 오버로딩을 구현하면, 사용자가 매개변수의 순서를 외우지 않아도 되는 장점이 있지만, 오히려 단점이 될 수도 있기 때문에 주의해야 한다.

　예를 들어 add(3,3L)과 같이 호출하면 첫 번째 메서드가, add(3L, 3)과 같이 호출하면 두 번째 메서드가 호출된다. 단, add(3,3)과 같이 호출할 수 없다. 이렇게 호출할 경우, 두 메서드 중 어느 메서드를 호출한 것인지 알 수 없기 때문에 컴파일 에러가 발생한다.

```
[보기 4]
int  add(int a, int b)     { return a+b; }
long add(long a, long b)   { return a+b; }
long add(int[] a) {         // 배열의 모든 요소의 합을 반환
    long result = 0;

    for(int i = 0; i < a.length; i++) {
        result += a[i];
    }
    return result;
}
```

위 메서드들은 모두 바르게 오버로딩되어 있다. 정의된 매개변수가 서로 다르긴 해도, 세 메서드 모두 매개변수로 넘겨받은 값을 더해서 그 결과를 돌려주는 일을 한다.

　같은 일을 하지만 매개변수를 달리해야하는 경우에, 이와 같이 이름은 같고 매개변수를 다르게 하여 오버로딩을 구현한다.

4.4 오버로딩의 장점

지금까지 오버로딩의 정의와 성립하기 위한 조건을 알아보았다. 그렇다면 오버로딩을 구현함으로써 얻는 이득은 무엇인가에 대해서 생각해보자.

　만일 메서드도 변수처럼 단지 이름만으로 구별된다면, 한 클래스내의 모든 메서드들은 이름이 달라야한다. 그렇다면, 이전에 예로 들었던 10가지의 println메서드들은 각기 다른 이름을 가져야 한다.

　예를 들면, 아래와 같은 방식으로 메서드 이름이 변경되어야 할 것이다.

```
void println()
void printlnBoolean(boolean x)
void printlnChar(char x)
void printlnDouble(double x)
void printlnString(String x)
```

모두 근본적으로는 같은 기능을 하는 메서드지만, 서로 다른 이름을 가져야 하기 때문에 메서드를 작성하는 쪽은 이름을 짓기 어렵고, 메서드를 사용하는 쪽도 이름을 일일이 구분해서 기억해야하기 때문에 서로 부담이 된다.

하지만 오버로딩으로 여러 메서드들이 println이라는 하나의 이름으로 정의될 수 있다면, println이라는 이름만 기억하면 되므로 기억하기도 쉽고 이름도 짧게 할 수 있어서 오류의 가능성을 줄일 수 있다. 그리고 메서드의 이름만 보고도 '이 메서드들은 이름이 같으니, 같은 기능을 하겠구나.'라고 쉽게 예측할 수 있게 된다.

또 하나의 장점은 메서드의 이름을 절약할 수 있다는 것이다. 하나의 이름으로 여러 개의 메서드를 정의할 수 있으니, 메서드의 이름을 짓는데 고민을 덜 수 있는 동시에 사용되었어야 할 메서드 이름을 다른 메서드의 이름으로 사용할 수 있기 때문이다.

▼ 예제 6-21/OverloadingEx.java

```java
class OverloadingEx {
    public static void main(String args[]) {
        MyMath3 mm = new MyMath3();
        System.out.println("mm.add(3, 3) 결과:"    + mm.add(3,3));
        System.out.println("mm.add(3L, 3) 결과: "  + mm.add(3L,3));
        System.out.println("mm.add(3, 3L) 결과: "  + mm.add(3,3L));
        System.out.println("mm.add(3L, 3L) 결과: " + mm.add(3L,3L));

        int[] a = {100, 200, 300};
        System.out.println("mm.add(a) 결과: " + mm.add(a));
    }
}

class MyMath3 {
    int add(int a, int b) {
        System.out.print("int add(int a, int b) - ");
        return a+b;
    }

    long add(int a, long b) {
        System.out.print("long add(int a, long b) - ");
        return a+b;
    }

    long add(long a, int b) {
        System.out.print("long add(long a, int b) - ");
        return a+b;
    }

    long add(long a, long b) {
        System.out.print("long add(long a, long b) - ");
        return a+b;
    }

    int add(int[] a) {            // 배열의 모든 요소의 합을 결과로 돌려준다.
        System.out.print("int add(int[] a) - ");
        int result = 0;
        for(int i=0; i < a.length;i++) {
            result += a[i];
        }
        return result;
    }
}
```

▼ 실행결과

```
int add(int a, int b) - mm.add(3, 3) 결과:6
long add(long a, int b) - mm.add(3L, 3) 결과: 6
long add(int a, long b) - mm.add(3, 3L) 결과: 6
long add(long a, long b) - mm.add(3L, 3L) 결과: 6
int add(int[] a) - mm.add(a) 결과: 600
```

|참고| add(3L, 3), add(3, 3L), add(3L, 3L)의 결과는 모두 6L이지만, System.out.println(6L);을 수행하면 6이 출력된다. 리터럴의 접미사는 출력되지 않기 때문이다.

실행결과의 출력순서를 보고 의아할 수도 있다. 어떻게 add메서드가 println메서드보다 먼저 출력될 수 있는가?

```
System.out.println("mm.add(3, 3) 결과:"   + mm.add(3,3));
```

println메서드가 결과를 출력하려면, add메서드의 결과가 먼저 계산되어야 하기 때문이다. 간단히 위의 문장이 아래의 두 문장을 하나로 합친 것이라고 생각하면 이해가 쉬울 것이다.

```
int result = mm.add(3,3);
System.out.println("mm.add(3, 3) 결과:" + result);
```

4.5 가변인자(varargs)와 오버로딩

기존에는 메서드의 매개변수 개수가 고정적이었으나 JDK 5부터 동적으로 지정해 줄 수 있게 되었으며, 이 기능을 '가변인자(variable arguments)'라고 한다.

가변인자는 '**타입... 변수명**'과 같은 형식으로 선언하며, PrintStream클래스의 printf( )가 대표적인 예이다.

```
public PrintStream printf(String format, Object... args) { ... }
```

위와 같이 가변인자 외에도 매개변수가 더 있다면, 가변인자를 매개변수 중에서 제일 마지막에 선언해야 한다. 그렇지 않으면, 컴파일 에러가 발생한다. 가변인자인지 아닌지를 구별할 방법이 없기 때문에 허용하지 않는 것이다.

```
// 컴파일 에러 발생 - 가변인자는 항상 마지막 매개변수이어야 한다.
public PrintStream printf(Object... args, String format) {
       ...
}
```

만일 여러 문자열을 하나로 결합하여 반환하는 concatenate메서드를 작성한다면, 아래와 같이 매개변수의 개수를 다르게 해서 여러 개의 메서드를 작성해야할 것이다.

```
String concatenate(String s1, String s2) { ... }
String concatenate(String s1, String s2, String s3) { ... }
String concatenate(String s1, String s2, String s3, String s4) { ... }
```

이럴 때, 가변인자를 사용하면 메서드 하나로 간단히 대체할 수 있다.

```
String concatenate(String... str) { ... }
```

이 메서드를 호출할 때는 아래와 같이 인자의 개수를 가변적으로 할 수 있다. 심지어는 인자가 아예 없어도 되고 배열도 인자가 될 수 있다.

```
System.out.println(concatenate());                      // 인자가 없음
System.out.println(concatenate("a"));                   // 인자가 하나
System.out.println(concatenate("a", "b"));              // 인자가 둘
System.out.println(concatenate(new String[]{"A", "B"})); // 배열도 가능
```

이쯤에서 아마도 눈치를 챘을 것이다. 그렇다. 가변인자는 내부적으로 배열을 이용하는 것이다. 그래서 가변인자가 선언된 메서드를 호출할 때마다 배열이 새로 생성된다. 가변인자가 편리하지만, 이런 비효율이 숨어있으므로 꼭 필요한 경우에만 가변인자를 사용하자.

그러면 가변인자는 아래와 같이 매개변수의 타입을 배열로 하는 것과 어떤 차이가 있는가?

```
String concatenate(String[] str) { ... }

String result = concatenate(new String[0]); // 인자로 배열을 지정
String result = concatenate(null);          // 인자로 null을 지정
String result = concatenate();              // 에러. 인자가 필요함.
```

매개변수의 타입을 배열로 하면, 반드시 인자를 지정해 줘야하기 때문에, 위의 코드에서처럼 인자를 생략할 수 없다. 그래서 null이나 길이가 0인 배열을 인자로 지정해줘야 하는 불편함이 있다.

| 참고 | C언어와 달리 자바에서는 길이가 0인 배열이 허용된다.

가변인자를 오버로딩할 때 한 가지 주의해야할 점이 있는데, 먼저 예제부터 살펴보자.

▼ 예제 6-22/`VarArgsEx.java`

```java
class VarArgsEx {
    public static void main(String[] args) {
        String[] strArr = { "100", "200", "300" };

        System.out.println(concatenate("", "100", "200", "300"));
        System.out.println(concatenate("-", strArr));
        System.out.println(concatenate(",", new String[]{"1", "2", "3"}));
        System.out.println("["+concatenate(",", new String[0])+"]");
        System.out.println("["+concatenate(",")+"]");
    }

    static String concatenate(String delim, String... args) {
        String result = "";

        for(String str : args) {
            result += str + delim;
        }

        return result;
    }
/*
    static String concatenate(String... args) {
        return concatenate("", args);
    }
*/
} // class
```

▼ 실행결과
```
100200300
100-200-300-
1,2,3,
[]
[]
```

concatenate메서드는 매개변수로 입력된 문자열에 구분자를 사이에 포함시켜 결합해서 반환한다. 가변인자로 매개변수를 선언했기 때문에 문자열을 개수의 제약없이 매개변수로 지정할 수 있다.

```java
String[] strArr = new String[]{"100", "200", "300"};
System.out.println(concatenate("-", strArr));
```

위의 두 문장을 하나로 합치면 아래와 같이 쓸 수 있다.

```java
System.out.println(concatenate("-", new String[]{"100", "200", "300"}));
```

그러나 아래와 같은 문장은 허용되지 않는다는 것에 주의하자.

```java
System.out.println(concatenate("-", {"100", "200", "300"}));
```

위의 예제에서는 주석처리하였지만, concatenate메서드의 또 다른 오버로딩된 메서드가 있다.

```
    static String concatenate(String delim, String... args) {
        String result = "";

        for(String str : args) {
            result += str + delim;
        }

        return result;
    }

    static String concatenate(String... args) {
        return concatenate("",args);
    }
```

이 두 메서드는 별 문제가 없어 보이지만 위의 예제에서 주석을 풀고 컴파일을 하면 아래와 같이 컴파일에러가 발생한다.

```
VarArgsEx.java:5: error: reference to concatenate is ambiguous
      System.out.println(concatenate("-", "100", "200", "300"));
                         ^
  both method concatenate(String,String...) in VarArgsEx and method
concatenate(String...) in VarArgsEx match
1 error
```

에러의 내용을 살펴보면 두 오버로딩된 메서드가 구분되지 않아서 발생하는 것임을 알 수 있다. 가변인자를 선언한 메서드를 오버로딩하면, 메서드를 호출했을 때 이와 같이 구별되지 못하는 경우가 발생하기 쉽기 때문에 주의해야 한다. 가능하면 가변인자를 사용한 메서드는 오버로딩하지 않는 것이 좋다.

5. 생성자(Constructor)

5.1 생성자란?

생성자는 인스턴스가 생성될 때 호출되는 '인스턴스 초기화 메서드'이다. 따라서 인스턴스 변수의 초기화 작업에 주로 사용되며, 인스턴스 생성 시에 실행되어야 할 작업을 위해서도 사용된다.

> **참고** 인스턴스 초기화란, 인스턴스 변수들을 초기화하는 것을 뜻한다.

생성자도 일종의 메서드지만 리턴값이 없다는 점이 일반적인 메서드와 다르다. 그리고 생성자 앞에 리턴값이 없음을 뜻하는 키워드 void를 붙이지 않는다. 생성자의 조건은 다음과 같다.

> 1. 생성자의 이름은 클래스의 이름과 같아야 한다.
> 2. 생성자는 리턴 값이 없다.

> **참고** 모든 생성자가 예외없이 리턴값이 없으므로 void를 붙이지 않는 것이다.

생성자는 다음과 같이 정의한다. 생성자도 오버로딩이 가능하므로 하나의 클래스에 여러 개의 생성자가 존재할 수 있다.

```
클래스이름 (타입 변수명, 타입 변수명, ... ) {
    // 인스턴스 생성 시 수행될 코드,
    // 주로 인스턴스 변수의 초기화 코드를 적는다.
}

class Card {
    Card() {          // 매개변수가 없는 생성자.
        ...
    }

    Card(String k, int num) {      // 매개변수가 있는 생성자.
        ...
    }
    ...
}
```

연산자 new가 인스턴스를 생성하는 것이지 생성자가 인스턴스를 생성하는 것이 아니다. 생성자라는 용어 때문에 오해하기 쉬운데, 생성자는 단순히 인스턴스변수들의 초기화에 사용되는 조금 특별한 메서드일 뿐이다. 생성자가 갖는 몇 가지 특징만 제외하면 일반적인 메서드와 다르지 않다.

Card클래스의 인스턴스를 생성하는 코드를 예로 들어, 수행되는 과정을 단계별로 나누어 보면 다음과 같다.

```
Card c = new Card();
```
1. 연산자 new에 의해서 메모리(heap)에 Card클래스의 인스턴스가 생성된다.
2. 생성자 Card( )가 호출되어 수행된다.
3. 생성된 Card인스턴스의 주소가 참조변수 c에 저장된다.

지금까지 인스턴스를 생성하기위해 사용해왔던 '클래스이름( )'이 바로 생성자였던 것이다. 인스턴스를 생성할 때는 반드시 클래스 내에 정의된 생성자 중의 하나를 선택하여 지정해주어야 한다.

5.2 기본 생성자(default constructor)

지금까지는 생성자를 모르고도 프로그래밍을 해 왔지만, 사실 모든 클래스에는 반드시 하나 이상의 생성자가 정의되어 있어야 한다.
그러나 지금까지 클래스에 생성자를 정의하지 않고도 인스턴스를 생성할 수 있었던 이유는 컴파일러가 제공하는 '기본 생성자(default constructor)' 덕분이었다.

컴파일 할 때, 소스파일(*.java)의 클래스에 생성자가 하나도 정의되지 않은 경우 컴파일러는 자동적으로 아래와 같은 내용의 기본 생성자를 추가한다.

```
클래스이름() { }
Card() { }
```

컴파일러가 자동적으로 추가해주는 기본 생성자는 이와 같이 매개변수도 없고 아무런 내용도 없는 아주 간단한 것이다.
그동안 우리는 인스턴스를 생성할 때 컴파일러가 제공한 기본 생성자를 사용해왔던 것이다. 특별히 인스턴스 초기화 작업이 요구되어지지 않는다면 생성자를 정의하지 않고 컴파일러가 제공하는 기본 생성자를 사용하는 것도 좋다.

| 참고 | 클래스의 '접근 제어자(access modifier)'가 public인 경우에는 기본 생성자로 'public 클래스이름( ){ }'이 추가된다.

▼ 예제 6-23/ConstructorEx.java
```
class Data_1 {
    int value;
}
```

```
class Data_2 {
   int value;

   Data_2(int x) {       // 매개변수가 있는 생성자.
      value = x;
   }
}
class ConstructorEx {
   public static void main(String[] args) {
      Data_1 d1 = new Data_1();
      Data_2 d2 = new Data_2();        // compile error발생
   }
}
```

▼ 실행결과

```
ConstructorEx.java:15: cannot resolve symbol
symbol  : constructor Data_2 ()
location: class Data_2
            Data_2 d2 = new Data_2();        // compile error발생
                        ^
1 error
```

이 예제를 컴파일 하면 위와 같은 에러 메시지가 나타난다. 이것은 Data_2에서 Data_2( ) 라는 생성자를 찾을 수 없다는 내용인데, Data_2에 생성자 Data_2( )가 정의되어 있지 않기 때문에 에러가 발생한 것이다.

Data_1의 인스턴스를 생성하는 코드에는 에러가 없는데, Data_2의 인스턴스를 생성하는 코드에서 에러가 발생하는 이유는 무엇일까?

그 이유는 Data_1에는 정의되어 있는 생성자가 하나도 없으므로 컴파일러가 기본 생성자를 추가해주었지만, Data_2에는 이미 생성자 Data_2(int x)가 정의되어 있으므로 기본 생성자가 추가되지 않았기 때문이다.

컴파일러가 자동적으로 기본 생성자를 추가해주는 경우는 '클래스 내에 생성자가 하나도 없을 때'뿐이라는 것을 명심해야 한다.

```
Data_1 d1 = new Data_1();              Data_1 d1 = new Data_1();
Data_2 d2 = new Data_2(); // 에러   →   Data_2 d2 = new Data_2(10); // OK
```

이 예제에서 컴파일 에러가 발생하지 않도록 하기 위해서는 위의 오른쪽 코드와 같이 Data_2의 인스턴스를 생성할 때 생성자 Data_2(int x)를 사용하던가, 아니면 클래스 Data_2에 생성자 Data_2( )를 추가로 정의해줘야 한다.

> 기본 생성자가 컴파일러에 의해서 자동 추가되는 경우는
> 생성자가 하나도 없을 때 뿐이다.

5.3 매개변수가 있는 생성자

생성자도 메서드처럼 매개변수를 선언하여 호출 시 값을 넘겨받아서 인스턴스의 초기화 작업에 사용할 수 있다. 인스턴스마다 각기 다른 값으로 초기화되어야 하는 경우가 많기 때문에 매개변수를 사용한 초기화는 매우 유용하다.

아래의 코드는 자동차를 클래스로 정의한 것인데, 단순히 color, gearType, door 세 개의 인스턴스 변수와 두 개의 생성자를 가지고 있다.

```
class Car {
    String color;           // 색상
    String gearType;        // 변속기 종류 - auto(자동), manual(수동)
    int door;               // 문의 개수

    Car() {}   // 기본 생성자
    Car(String c, String g, int d) { // 매개변수가 있는 생성자
        color = c;
        gearType = g;
        door = d;
    }
}
```

Car인스턴스를 생성할 때, 생성자 Car()를 사용하면, 인스턴스를 생성한 후에 인스턴스 변수들을 따로 초기화해야 하지만, 매개변수가 있는 생성자 Car(String color, String gearType, int door)를 이용하면 인스턴스를 생성하는 동시에 원하는 값으로 초기화를 할 수 있다.

인스턴스를 생성한 다음에 인스턴스 변수의 값을 변경하는 것보다 매개변수를 갖는 생성자를 사용하는 것이 코드를 보다 짧고 변경에 유리하게 만든다.

```
Car c = new Car();
c.color = "white";
c.gearType = "auto";
c.door = 4;
```
→
```
Car c = new Car("white","auto",4);
```

위의 양쪽 코드 모두 같은 내용이지만, 오른쪽 코드가 더 간결하고 직관적이다. 이처럼 클래스를 작성할 때 다양한 생성자를 제공함으로써 인스턴스 생성 후에 추가로 초기화를 하지 않아도 되게 하는 것이 좋다.

▼ 예제 6-24/CarEx.java

```
class Car {
    String color;           // 색상
    String gearType;        // 변속기 종류 - auto(자동), manual(수동)
    int door;               // 문의 개수

    Car() {}
```

```
    Car(String c, String g, int d) {
        color = c;
        gearType = g;
        door = d;
    }
}
class CarEx {
    public static void main(String[] args) {
        Car c1 = new Car();
        c1.color    = "white";
        c1.gearType = "auto";
        c1.door = 4;

        Car c2 = new Car("white", "auto", 4);

        System.out.println("c1의 color=" + c1.color + ", gearType="
                                        + c1.gearType+ ", door="+c1.door);
        System.out.println("c2의 color=" + c2.color + ", gearType="
                                        + c2.gearType+ ", door="+c2.door);
    }
}
```

▼ 실행결과
```
c1의 color=white, gearType=auto, door=4
c2의 color=white, gearType=auto, door=4
```

5.4 생성자에서 다른 생성자 호출하기 - this(), this

같은 클래스의 멤버들 간에 서로 호출할 수 있는 것처럼 생성자도 서로 호출이 가능하다. 단, 다음의 두 조건을 만족시켜야 한다.

- 생성자의 이름으로 클래스이름 대신 this를 사용한다.
- 다른 생성자를 호출할 때 반드시 첫 줄에서만 호출이 가능하다.

다음의 코드는 생성자를 작성할 때 지켜야하는 두 조건을 모두 만족시키지 못했기 때문에 에러가 발생한다.

```
    Car(String color) {
        door = 5;                  // 첫 번째 줄
        Car(color, "auto", 4);     // 에러1. 생성자의 두 번째 줄에서 다른 생성자 호출
    }                              // 에러2. this(color, "auto", 4);로 해야함
```

생성자 내에서 다른 생성자를 호출할 때는 클래스이름인 'Car'대신 'this'를 사용해야하는데 그러지 않아서 에러이고, 또 다른 에러는 생성자 호출이 첫 번째 줄이 아닌 두 번째 줄이기 때문에 에러이다.

생성자에서 다른 생성자를 첫 줄에서만 호출이 가능하도록 한 이유는 생성자 내에서 초기화 작업 중에 다른 생성자를 호출하면, 호출된 다른 생성자 내에서도 멤버변수들의 값을 초기화를 할 것이므로 이전의 초기화 작업이 무의미해질 수 있기 때문이다.

▼ 예제 6-25/CarEx2.java

```java
class Car {
    String color;        // 색상
    String gearType;     // 변속기 종류 - auto(자동), manual(수동)
    int    door;         // 문의 개수

    Car() {
        this("white", "auto", 4);    //── Car(String color, String gearType, int door)를 호출
    }
    Car(String color) {
        this(color, "auto", 4);
    }
    Car(String color, String gearType, int door) {
        this.color = color;
        this.gearType = gearType;
        this.door = door;
    }
}
class CarEx2 {
    public static void main(String[] args) {
        Car c1 = new Car();
        Car c2 = new Car("blue");

        System.out.println("c1의 color=" + c1.color + ", gearType="
                                         + c1.gearType+ ", door="+c1.door);
        System.out.println("c2의 color=" + c2.color + ", gearType="
                                         + c2.gearType+ ", door="+c2.door);
    }
}
```

▼ 실행결과
```
c1의 color=white, gearType=auto, door=4
c2의 color=blue,  gearType=auto, door=4
```

생성자 Car( )에서 또 다른 생성자 Car(String color, String gearType, int door)를 호출하였다. 이처럼 생성자간의 호출에는 생성자의 이름 대신 this를 사용해야 하므로 'Car' 대신 'this'를 사용했다. 그리고 생성자 Car( )의 첫째 줄에서 호출하였다는 점을 눈여겨보기 바란다.

```
Car() {
    color = "white";
    gearType = "auto";
    door = 4;
}
```
→
```
Car() {
    this("white","auto",4);
}
```

위 코드는 양쪽 모두 같은 일을 하지만 오른쪽 코드는 생성자 Car(String color, String gearType, int door)로 더 간략히 한 것이다. Car c1 = new Car( );와 같이 생성자Car( )로 Car인스턴스를 생성한 경우에, 인스턴스변수 color는 "white", gearType은 "auto", door는 4로 초기화 되도록 하였다.

이것은 마치 실생활에서 자동차(Car인스턴스)를 생산할 때, 아무런 옵션도 주지 않으면, 기본적으로 흰색(white)에 자동변속기어(auto) 그리고 문의 개수가 4개인 자동차가 생산 되도록 하는 것에 비유할 수 있다.

같은 클래스 내의 생성자들은 일반적으로 서로 관계가 깊어서 이처럼 서로 호출하도록 하면 코드의 중복을 줄이고 더 좋은 코드를 얻을 수 있다. 그리고 수정이 필요한 경우에도 보다 적게 변경하면 되므로 유지보수가 쉬워진다.

```
Car(String c, String g, int d) {
    color = c;
    gearType = g;
    door = d;
}
```

```
Car(String color, String gearType,
int door) {
    this.color = color;
    this.gearType = gearType;
    this.door = door;
}
```

왼쪽 코드의 'color = c;'는 생성자의 매개변수로 선언된 지역변수 c의 값을 인스턴스변수 color에 저장한다. 이 때 변수 color와 c는 이름만으로도 서로 구별되므로 아무런 문제가 없다.

하지만, 오른쪽 코드처럼 생성자의 매개변수로 선언된 변수의 이름이 color로 인스턴스 변수 color와 같을 경우에는 이름만으로 두 변수가 서로 구별이 안 된다. 이런 경우에는 인스턴스 변수 앞에 'this'를 붙이면 구별이 가능하다.

this.color는 인스턴스 변수이고, color는 생성자의 매개변수로 선언된 지역 변수이다. 왼쪽 코드와 같이 매개변수 이름을 다르게 하는 것 보다 'this'로 구별되게 하는 것이 의미가 더 명확하고 이해하기 쉽다.

'this'는 참조 변수이며 인스턴스 자신을 가리킨다. 참조변수를 통해 인스턴스의 멤버에 접근할 수 있는 것처럼, 'this'로 인스턴스 변수에 접근할 수 있는 것이다.

하지만, 'this'를 사용할 수 있는 것은 인스턴스 멤버뿐이다. static메서드(클래스 메서드)에서는 인스턴스 멤버들을 사용할 수 없는 것처럼, 'this' 역시 사용할 수 없다. 왜냐하면, static메서드는 인스턴스를 생성하지 않고도 호출될 수 있으므로 static메서드가 호출된 시점에 인스턴스(this)가 존재하지 않을 수도 있기 때문이다.

생성자를 포함한 모든 인스턴스 메서드에는 인스턴스 자신을 가리키는 참조변수 'this'가 지역 변수로 숨겨진 채로 존재한다. 일반적으로 인스턴스 메서드는 인스턴스와 관련된 작업을 하기 때문에 인스턴스의 정보가 필요하지만, static메서드는 인스턴스와 관련 없는 작업을 하므로 인스턴스에 대한 정보가 필요없다.

> **this** 인스턴스 자신을 가리키는 참조 변수, 인스턴스의 주소가 저장되어 있으며 모든 인스턴스 메서드에 지역변수로 숨겨진 채로 존재한다.
> **this( ), this(매개변수)** 생성자, 같은 클래스의 다른 생성자를 호출할 때 사용한다.

| 참고 | this와 this( )는 생긴것 만 비슷할 뿐 전혀 다른 것이다. this는 '참조 변수'이고, this( )는 '생성자'이다.

5.5 생성자를 이용한 인스턴스의 복사

현재 사용하고 있는 인스턴스와 같은 상태를 갖는 인스턴스를 하나 더 만들고자 할 때 생성자를 이용할 수 있다. 두 인스턴스가 같은 상태를 갖는다는 것은 두 인스턴스의 모든 인스턴스 변수(상태)가 동일한 값을 갖고 있다는 것을 뜻한다.

하나의 클래스로부터 생성된 모든 인스턴스의 메서드와 클래스 변수는 서로 동일하기 때문에 인스턴스간의 차이는, 인스턴스마다 각기 다른 값을 가질 수 있는 인스턴스 변수뿐이다.

```
Car(Car c) {
    color    = c.color;
    gearType = c.gearType;
    door     = c.door;
}
```

위의 코드는 Car클래스의 참조 변수를 매개변수로 선언한 생성자이다. 매개변수로 넘겨진 참조 변수가 가리키는 Car인스턴스의 인스턴스 변수인 color, gearType, door의 값을 인스턴스 자신으로 복사하는 것이다.

이렇게 하면 어떤 인스턴스의 상태를 전혀 알지 못해도 똑같은 상태의 인스턴스를 추가로 생성할 수 있다. Java API의 많은 클래스들이 인스턴스의 복사를 위한 생성자를 제공하고 있다.

| 참고 | Object클래스에 정의된 clone( )을 이용하면 간단히 인스턴스를 복사할 수 있다. p.486

▼ 예제 6-26/CarEx3.java

```
class Car2 {
    String color;      // 색상
    String gearType;   // 변속기 종류 - auto(자동), manual(수동)
    int    door;       // 문의 개수

    Car2() {
        this("white", "auto", 4);
    }

    Car2(Car2 c) {  // 인스턴스의 복사를 위한 생성자.
        color    = c.color;
        gearType = c.gearType;
        door     = c.door;
    }
    Car2(String color, String gearType, int door) {
        this.color    = color;
        this.gearType = gearType;
        this.door     = door;
    }
}
```

```
class CarEx3 {
    public static void main(String[] args) {
        Car2 c1 = new Car2();
        Car2 c2 = new Car2(c1); // c1의 복사본 c2를 생성한다.
        System.out.println("c1의 color=" + c1.color + ", gearType="
                                        + c1.gearType+ ", door="+c1.door);
        System.out.println("c2의 color=" + c2.color + ", gearType="
                                        + c2.gearType+ ", door="+c2.door);
        c1.door=100; // c1의 인스턴스변수 door의 값을 변경한다.
        System.out.println("c1.door=100; 수행 후");
        System.out.println("c1의 color=" + c1.color + ", gearType="
                                        + c1.gearType+ ", door="+c1.door);
        System.out.println("c2의 color=" + c2.color + ", gearType="
                                        + c2.gearType+ ", door="+c2.door);
    }
}
```

▼ 실행결과
```
c1의 color=white, gearType=auto, door=4
c2의 color=white, gearType=auto, door=4
c1.door=100; 수행 후
c1의 color=white, gearType=auto, door=100
c2의 color=white, gearType=auto, door=4
```

인스턴스 c2는 c1을 복사하여 생성된 것이므로 서로 같은 상태를 갖지만, 서로 독립적으로 메모리 공간에 존재하는 별도의 인스턴스이므로 c1의 값들이 변경되어도 c2는 영향을 받지 않는다.

생성자 'Car(Car c)'는 아래와 같이 다른 생성자인 'Car(String color, String gearType, int door)'를 호출하는 것이 바람직하다. 무작정 새로 코드를 작성하는 것보다 기존의 코드를 최대한 활용하도록 고민해야 한다.

```
Car(Car c) {
    color    = c.color;
    gearType = c.gearType;
    door     = c.door;
}
```

```
Car(Car c) {
// Car(String color,String gearType,int door)
    this(c.color, c.gearType, c.door);
}
```

지금까지 생성자에 대해서 모르고도 자바프로그래밍이 가능했던 것을 생각한다면, 생성자는 그리 중요하지 않은 것으로 생각될지도 모른다. 하지만, 지금까지 본 것처럼 생성자를 잘 활용하면 보다 간결하고 직관적인 코드를 작성할 수 있을 것이다.

> 인스턴스를 생성할 때는 다음의 2가지 사항을 결정해야 한다.
> 1. 클래스 – 어떤 클래스의 인스턴스를 생성할 것인가?
> 2. 생성자 – 선택한 클래스의 어떤 생성자로 인스턴스를 생성할 것인가?

6 변수의 초기화

6.1 변수의 초기화

변수를 선언하고 처음으로 값을 저장하는 것을 '변수의 초기화'라고 한다. 변수의 초기화는 경우에 따라서 필수적이기도 하고 선택적이기도 하지만, 가능하면 선언과 동시에 적절한 값으로 초기화 하는 것이 바람직하다.

멤버 변수는 초기화를 하지 않아도 자동적으로 변수의 자료형에 맞는 기본값으로 초기화가 이루어지므로 초기화하지 않고 사용할 수 있지만, **지역변수는 사용하기 전에 반드시 초기화해야 한다.** 인스턴스 변수와 클래스 변수는 초기화가 필수가 아니라서 타입 추론(var)을 허용하지 않는다.

```
class InitTest {
    int x;              // 인스턴스 변수. 타입 추론(var)불가
    int y = x;          // 인스턴스 변수. 타입 추론(var)불가

    void method1() {
        int i;          // 지역 변수
        int j = i;      // 에러. 지역 변수를 초기화하지 않고 사용
    }
}
```

위의 코드에서 x, y는 인스턴스 변수이고, i, j는 지역변수이다. 그 중 x와 i는 선언만 하고 초기화를 하지 않았다. 그리고 y를 초기화 하는데 x를 사용하였고, j를 초기화 하는데 i를 사용하였다.

인스턴스 변수 x는 초기화를 해주지 않아도 자동적으로 int형의 기본값인 0으로 초기화 되므로, 'int y = x;'와 같이 할 수 있다. x의 값이 0이므로 y역시 0이 저장된다.

하지만, method1()의 지역 변수 i는 자동적으로 초기화되지 않으므로, 초기화되지 않은 상태에서 변수 j를 초기화 하는데 사용될 수 없다. 컴파일하면, 에러가 발생한다.

> 멤버 변수(클래스 변수와 인스턴스 변수)와 배열의 초기화는 선택이지만,
> 지역 변수의 초기화는 필수이다.

참고로 각 타입의 기본값(default value)은 다음과 같다.

자료형	기본값
boolean	false
char	'\u0000'
byte, short, int	0
long	0L
float	0.0f
double	0.0d 또는 0.0
참조형	null

변수의 초기화에 대한 예를 몇 가지 더 살펴보자.

선언예	설명
`int i=10;` `int j=10;`	int형 변수 i를 선언하고 10으로 초기화 한다. int형 변수 j를 선언하고 10으로 초기화 한다.
`int i=10, j=10;`	같은 타입의 변수는 콤마(,)를 사용해서 함께 선언하거나 초기화할 수 있다.
`int i=10, long j=0;`	**에러**. 타입이 다른 변수는 함께 선언하거나 초기화할 수 없다.
`int i=10;` `int j=i;`	변수 i에 저장된 값으로 변수 j를 초기화 한다. 변수 j는 i의 값인 10으로 초기화 된다.
`int j=i;` `int i=10;`	**에러**. 변수 i가 선언되기 전에 i를 사용할 수 없다.

▲ 표6-4 다양한 초기화 방법

멤버 변수의 초기화는 지역 변수와 달리 여러 가지 방법이 있는데 앞으로 멤버 변수의 초기화에 대한 모든 방법에 대해 비교, 정리할 것이다.

> ▶ **멤버 변수의 초기화 방법**
> 1. 명시적 초기화(explicit initialization)
> 2. 생성자(constructor)
> 3. 초기화 블럭(initialization block)
>   - 인스턴스 초기화 블럭 : 인스턴스 변수를 초기화하는데 사용.
>   - 클래스 초기화 블럭   : 클래스 변수를 초기화하는데 사용.

6.2 명시적 초기화(explicit initialization)

변수를 선언과 동시에 초기화하는 것을 명시적 초기화라고 한다. 가장 기본적이면서도 간단한 초기화 방법이므로 여러 초기화 방법 중에서 가장 우선적으로 고려되어야 한다.

```
class Car {
    int door = 4;              // 기본형(primitive type) 변수의 초기화
    Engine e = new Engine();   // 참조형(reference type) 변수의 초기화

    //...
}
```

명시적 초기화가 간단하고 명료하긴 하지만, 보다 복잡한 초기화가 필요할 때는 '초기화 블럭(initialization block)' 또는 생성자를 사용해야 한다.

6.3 초기화 블럭(initialization block)

초기화 블럭에는 '클래스 초기화 블럭'과 '인스턴스 초기화 블럭' 두 가지 종류가 있다. 클래스 초기화 블럭은 클래스 변수의 초기화에 사용되고, 인스턴스 초기화 블럭은 인스턴스 변수의 초기화에 사용된다.

> **클래스 초기화 블럭**　　클래스 변수의 복잡한 초기화에 사용
> **인스턴스 초기화 블럭**　인스턴스 변수의 복잡한 초기화에 사용

초기화 블럭을 작성하려면, 인스턴스 초기화 블럭은 단순히 클래스 내에 블럭{}만들고 그 안에 코드를 작성하기만 하면 된다. 그리고 클래스 초기화 블럭은 인스턴스 초기화 블럭 앞에 단순히 static을 붙이기만 하면 된다.

초기화 블럭 내에는 조건문, 반복문, 예외처리구문 등을 자유롭게 사용할 수 있으므로, 초기화 작업이 복잡하여 명시적 초기화만으로는 부족한 경우 초기화 블럭을 사용한다.

```
class InitBlock {
    static { /* 클래스 초기화 블럭 입니다. */ }

    { /* 인스턴스 초기화 블럭 입니다. */ }
    // ...
}
```

클래스 초기화 블럭은 클래스가 메모리에 처음 로딩될 때 한번만 수행되며, 인스턴스 초기화 블럭은 생성자와 같이 인스턴스를 생성할 때 마다 수행된다.
　그리고 생성자보다 인스턴스 초기화 블럭이 먼저 수행된다는 사실도 기억해두자.

| 참고 | 클래스가 처음 로딩될 때 클래스 변수들이 자동적으로 메모리에 만들어지고, 곧바로 클래스 초기화 블럭이 클래스 변수들을 초기화한다.

인스턴스 변수의 초기화는 주로 생성자를 사용하고, 인스턴스 초기화 블럭은 모든 생성자에서 공통으로 수행돼야 하는 코드를 넣는데 사용한다.

```
Car() {
    count++;
    serialNo = count;
    color = "White";
    gearType ="Auto";
}
Car(String color, String gearType) {
    count++;
    serialNo = count;
    this.color = color;
    this.gearType = gearType;
}
```

같은 코드가 중복되었다.

예를 들면, 위와 같이 클래스의 모든 생성자에 공통으로 수행되어야 하는 문장들이 있을 때, 이 문장들을 모든 생성자에 넣기보다 아래와 같이 인스턴스 블럭에 넣어주면 코드가 보다 간결해진다.

```
{
    count++;                    ┐
    serialNo = count;           ├ 인스턴스 초기화 블럭
}                               ┘
Car() {
    color = "White";
    gearType ="Auto";
}
Car(String color, String gearType) {
    this.color = color;
    this.gearType = gearType;
}
```

이처럼 코드의 중복을 제거하는 것은 코드의 신뢰성을 높여 주고, 오류의 발생 가능성을 줄여 준다는 장점이 있다. 즉, 재사용성을 높이고 중복을 제거하는 것, 이것이 바로 객체지향프로그래밍이 추구하는 궁극적인 목표이다.

프로그래머는 이와 같은 객체지향언어의 요소들을 잘 이해하고 활용하여 코드의 중복을 최대한 제거하기 위해서 노력해야 한다.

▼ 예제 6-27/**BlockEx.java**

```
class BlockEx {
   static {
      System.out.println("static { }");    ┐ 클래스 초기화 블럭
   }

   {
      System.out.println("{ }");           ┐ 인스턴스 초기화 블럭
   }

   public BlockEx() {
      System.out.println("생성자");
   }

   public static void main(String args[]) {
      System.out.println("BlockEx be = new BlockEx(); ");
      BlockEx be = new BlockEx();

      System.out.println("BlockEx be2 = new BlockEx(); ")
      BlockEx be2 = new BlockEx();
   }
}
```

▼ 실행결과
```
static { }
BlockEx be = new BlockEx();
{ }
생성자
BlockEx be2 = new BlockEx();
{ }
생성자
```

예제가 실행되면서 BlockEx가 메모리에 로딩될 때, 클래스 초기화 블럭이 가장 먼저 수행되어 'static { }'이 화면에 출력된다. 그 다음에 main메서드가 수행되어 BlockEx인스턴스가 생성되면서 인스턴스 초기화 블럭이 먼저 수행되고, 끝으로 생성자가 수행된다.

위의 실행결과에서 알 수 있듯이 클래스 초기화 블럭은 처음 메모리에 로딩될 때 한번만 수행되었지만, 인스턴스 초기화 블럭과 생성자는 인스턴스가 생성될 때 마다 수행되었다.

▼ 예제 6-28/`StaticBlockEx.java`

```java
class StaticBlockEx {
    static int[] arr = new int[10];

    static {
        for(int i=0;i<arr.length;i++) {
            // 1과 10사이의 임의 값을 배열 arr에 저장
            arr[i] = (int)(Math.random()*10) + 1;
        }
    }
    public static void main(String args[]) {
        for(int i=0; i<arr.length;i++)
            System.out.println("arr["+i+"] :" + arr[i]);
    }
}
```

▼ 실행결과
```
arr[0] :4
arr[1] :8
arr[2] :7
arr[3] :2
arr[4] :2
arr[5] :10
arr[6] :7
arr[7] :10
arr[8] :1
arr[9] :7
```

명시적 초기화를 통해 배열 arr을 생성하고, 클래스 초기화 블럭을 이용해서 배열의 각 요소들을 임의의 값으로 채우도록 했다.

이처럼 배열이나 예외처리가 필요한 복잡한 초기화 작업은 명시적 초기화만으로 할 수 없다. 이런 경우에 추가적으로 클래스 초기화 블럭을 사용해야 한다.

| 참고 | 인스턴스 변수의 복잡한 초기화는 생성자 또는 인스턴스 초기화 블럭을 사용한다.

6.4 멤버변수의 초기화 시기와 순서

지금까지 멤버변수를 초기화하는 방법에 대해서 알아봤다. 이제는 초기화가 수행되는 시기와 순서에 대해서 정리해보도록 하자.

클래스변수의 초기화 시점	클래스가 처음 로딩될 때 단 한번 초기화 된다.
인스턴스변수의 초기화 시점	인스턴스가 생성될 때마다 각 인스턴스별로 초기화가 이루어진다
클래스변수의 초기화 순서	기본값 → 명시적 초기화 → 클래스 초기화 블럭
인스턴스변수의 초기화 순서	기본값 → 명시적 초기화 → 인스턴스 초기화 블럭 → 생성자

프로그램 실행도중 클래스에 대한 정보가 요구될 때, 클래스는 메모리에 로딩된다. 예를 들면, 클래스 멤버를 사용했을 때, 인스턴스를 생성할 때 등이 이에 해당한다.

하지만, 해당 클래스가 이미 메모리에 로딩되어 있다면, 또다시 로딩하지 않는다. 물론 초기화도 다시 수행되지 않는다.

| 참고 | 클래스의 로딩 시기는 JVM의 종류에 따라 좀 다를 수 있다. 클래스가 필요할 때 메모리에 로딩하도록 설계가 되어 있는 것도 있고, 실행효율을 높이기 위해서 사용될 클래스들을 프로그램이 시작될 때 미리 로딩하도록 되어있는 것도 있다.

```
class InitTest {
    static int cv = 1;        ┐ 명시적 초기화
    int iv = 1;               ┘ (explicit initialization)

    static {    cv = 2;    }         // 클래스 초기화 블럭

    {    iv = 2;    }                // 인스턴스 초기화 블럭

    InitTest () {                    // 생성자
        iv = 3;
    }
}
```

| 플래시동영상 | Initialization.exe에 초기화 과정에 대한 보다 자세한 설명이 있다.

위의 InitTest클래스는 클래스변수(cv)와 인스턴스변수(iv)를 각각 하나씩 가지고 있다. 'new InitTest( );'와 같이 하여 인스턴스를 생성했을 때, cv와 iv가 초기화되어가는 과정을 단계별로 자세히 살펴보도록 하자.

클래스 초기화			인스턴스 초기화			
기본값	명시적 초기화	클래스 초기화 블럭	기본값	명시적 초기화	인스턴스 초기화 블럭	생성자
cv 0	cv 1	cv 2	cv 2	cv 2	cv 2	cv 2
			iv 0	iv 1	iv 2	iv 3
1	2	3	4	5	6	7

▶ **클래스 변수 초기화 (1~3)** : 클래스가 처음 메모리에 로딩될 때 차례대로 수행됨.
▶ **인스턴스 변수 초기화(4~7)** : 인스턴스를 생성할 때 차례대로 수행됨

| 중요 | 클래스 변수는 항상 인스턴스 변수보다 항상 먼저 생성되고 초기화된다.

1. cv가 메모리(method area)에 생성되고, cv에는 int형의 기본값인 0이 cv에 저장된다.
2. 그 다음에는 명시적 초기화(int cv=1)에 의해서 cv에 1이 저장된다.
3. 마지막으로 클래스 초기화 블럭(cv=2)이 수행되어 cv에는 2가 저장된다.
4. InitTest클래스의 인스턴스가 생성되면서 iv가 메모리(heap)에 존재하게 된다.
   iv 역시 int형 변수이므로 기본값 0이 저장된다.
5. 명시적 초기화에 의해서 iv에 1이 저장되고
6. 인스턴스 초기화 블럭이 수행되어 iv에 2가 저장된다.
7. 마지막으로 생성자가 수행되어 iv에는 3이 저장된다.

▼ 예제 6-29/ProductEx.java

```java
class Product {
    static int count = 0;   // 생성된 인스턴스의 수를 저장하기 위한 변수
    int serialNo;           // 인스턴스 고유의 번호

    {
        ++count;
        serialNo = count;
    }

    public Product() {}     // 기본 생성자, 생략가능
}
class ProductEx {
    public static void main(String args[]) {
        Product p1 = new Product();
        Product p2 = new Product();
        Product p3 = new Product();

        System.out.println("p1의 제품번호(serial no)는 " + p1.serialNo);
        System.out.println("p2의 제품번호(serial no)는 " + p2.serialNo);
        System.out.println("p3의 제품번호(serial no)는 " + p3.serialNo);
        System.out.println("생산된 제품의 수는 모두 "+Product.count+"개 입니다.");
    }
}
```

> Product인스턴스가 생성될 때마다 count의 값을 1씩 증가시켜서 serialNo에 저장한다.

▼ 실행결과

```
p1의 제품번호(serial no)는 1
p2의 제품번호(serial no)는 2
p3의 제품번호(serial no)는 3
생산된 제품의 수는 모두  3개 입니다.
```

공장에서 제품을 생산할 때 제품마다 생산 일련번호(serial no)를 부여하는 것과 같이 Product클래스의 인스턴스가 고유의 일련번호(serialNo)를 갖도록 하였다.

Product클래스의 인스턴스를 생성할 때마다 인스턴스 블럭이 수행되어, 클래스 변수 count의 값을 1증가시킨 다음, 그 값을 인스턴스변수 serialNo에 저장한다.

이렇게 함으로써 새로 생성되는 인스턴스는 이전에 생성된 인스턴스보다 1이 증가된 serialNo값을 갖게 된다.

생성자가 하나 밖에 없기 때문에 인스턴스 블럭 대신, Product클래스의 생성자를 사용해도 결과는 같지만, 코드의 의미상 모든 생성자에서 공통으로 수행되어야하는 내용이기 때문에 인스턴스 블럭을 사용하였다.

만일 count를 인스턴스 변수로 선언했다면, 인스턴스가 생성될 때마다 0으로 초기화 될 것이므로 모든 Product인스턴스의 serialNo값은 항상 1이 될 것이다.

▼ 예제 6-30/DocumentEx.java

```java
class Document {
    static int count = 0;
    String name;        // 문서명(Document name)

    Document() {        // 문서 생성 시 문서명을 지정하지 않았을 때
        this("제목없음" + ++count);
    }

    Document(String name) {
        this.name = name;
        System.out.println("문서 " + this.name + "가 생성되었습니다.");
    }
}

class DocumentEx {
    public static void main(String args[]) {
        Document d1 = new Document();
        Document d2 = new Document("자바.txt");
        Document d3 = new Document();
        Document d4 = new Document();
    }
}
```

▼ 실행결과

```
문서 제목없음1가 생성되었습니다.
문서 자바.txt가 생성되었습니다.
문서 제목없음2가 생성되었습니다.
문서 제목없음3가 생성되었습니다.
```

바로 이전의 일련번호 예제를 응용한 것으로, 워드프로세서나 문서 편집기에 이와 유사한 코드가 사용된다. 문서(Document)를 생성할 때, 문서의 이름을 지정하면 그 이름의 문서가 생성되지만, 문서의 이름을 지정하지 않으면 프로그램이 일정한 규칙을 적용해서 자동으로 이름을 결정한다.

예를 들면, '제목없음1', '제목없음2', '제목없음3'... 과 같은 식으로 문서의 이름이 결정된다. 문서의 이름은 서로 구별될 수 있어야 하기 때문이다.

| 참고 | 연습문제는 깃헙(https://github.com/castello/javajungsuk4)에서 PDF파일로 제공

Memo

Chapter 07

객체지향 프로그래밍 II
Object-oriented Programming II

1. 상속(inheritance)

1.1 상속의 정의와 장점

상속이란, 기존의 클래스를 재사용하여 새로운 클래스를 작성하는 것이다. 상속을 통해서 클래스를 작성하면 보다 적은 양의 코드로 새로운 클래스를 작성할 수 있고 코드를 공통적으로 관리할 수 있기 때문에 코드의 추가 및 변경이 매우 용이하다.

이러한 특징은 코드의 재사용성을 높이고 코드의 중복을 제거하여 프로그램의 생산성과 유지보수에 크게 기여한다.

자바에서 상속하는 방법은 아주 간단하다. 새로 작성하고자 하는 클래스의 이름 뒤에 상속받을 클래스의 이름을 키워드 'extends'와 함께 써 주기만 하면 된다.

예를 들어 새로 작성하려는 클래스의 이름이 Child이고 상속받고자 하는 기존 클래스의 이름이 Parent라면 다음과 같이 하면 된다.

```
class Child extends Parent { // Parent를 상속받는 Child를 정의
    // ...
}
```

이 두 클래스는 서로 상속 관계에 있다고 하며, 상속해주는 클래스를 '조상 클래스'라 하고 상속 받는 클래스를 '자손 클래스'라 한다.

| 참고 | 서로 상속 관계에 있는 두 클래스를 아래와 같은 용어를 사용해서 표현하기도 한다.

조상 클래스	부모(parent)클래스, 상위(super)클래스, 기반(base)클래스
자손 클래스	자식(child)클래스, 하위(sub)클래스, 파생된(derived) 클래스

아래와 같이 서로 상속 관계에 있는 두 클래스를 그림으로 표현하면 다음과 같다.

```
class Parent { }
class Child extends Parent { }
```

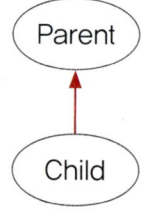

▲ 그림7-1 클래스 Parent와 Child의 상속 계층도

클래스는 타원으로 표현했고 클래스간의 상속 관계는 화살표로 표시했다. 이와 같이 클래스 간의 상속 관계를 그림으로 표현한 것을 '상속 계층도(class hierarchy)'라고 한다.

프로그램이 커질수록 클래스 관계가 복잡해지는데, 이 때 그림7-1과 같이 그림으로 표현하면 클래스간의 관계를 보다 쉽게 이해할 수 있다.

자손 클래스는 조상 클래스의 모든 멤버를 상속받기 때문에, Child클래스는 Parent클래스의 멤버들을 포함한다고 할 수 있다. 클래스는 멤버들의 집합이므로 클래스 Parent와 Child의 관계를 다음과 같이 표현할 수도 있다.

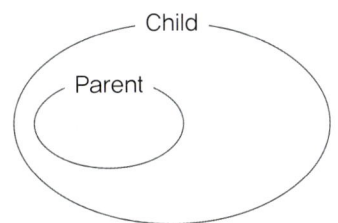

▲ 그림7-2 클래스 Parent와 Child의 다이어그램

만일 Parent클래스에 age라는 정수형 변수를 멤버변수로 추가하면, 자손 클래스는 조상의 멤버를 모두 상속받기 때문에, Child클래스는 자동적으로 age라는 멤버변수가 추가된 것과 같은 효과를 얻는다.

```
class Parent {
    int age;
}

class Child extends Parent { }
```

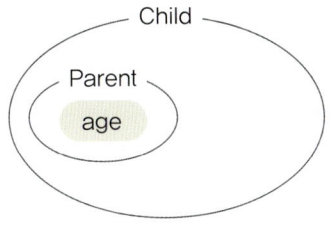

클래스	클래스의 멤버
Parent	age
Child	age

이번엔 반대로 자손인 Child클래스에 새로운 멤버로 play() 메서드를 추가해보자.

```
class Parent {
    int age;
}

class Child extends Parent {
    void play() {
        System.out.println("놀자~");
    }
}
```

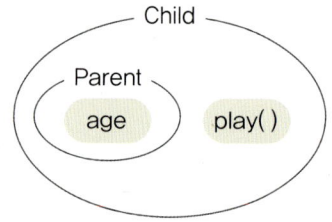

클래스	클래스의 멤버
Parent	age
Child	age, play()

Child클래스에 새로운 코드가 추가되어도 조상인 Parent클래스는 아무런 영향도 받지 않는다. 여기서 알 수 있는 것처럼, 조상 클래스가 변경되면 자손 클래스는 자동적으로 영향을 받게 되지만, 자손 클래스가 변경되는 것은 조상 클래스에 아무런 영향을 주지 못한다.

자손 클래스는 조상 클래스의 모든 멤버를 상속 받으므로 항상 조상 클래스보다 같거나 많은 멤버를 갖는다. 즉, 상속에 상속을 거듭할수록 상속받는 클래스의 멤버 개수는 점점 늘어나게 된다.

그래서 상속을 받는다는 것은 조상 클래스를 확장(extend)한다는 의미로 해석할 수도 있으며 이것이 상속에 사용되는 키워드가 'extends'인 이유이기도 하다.

- 자손은 조상의 모든 멤버를 상속받는다.(생성자와 초기화 블럭은 예외)
- 자손 클래스의 멤버 개수는 조상 클래스보다 항상 같거나 많다.

| 참고 | 접근 제어자(access modifier)가 private 또는 default인 멤버들은 상속은 받지만 접근이 제한되어 사용할 수 없다.

이번엔 Parent클래스로부터 상속받는 Child2클래스를 새로 작성해보자. Child2클래스를 포함한 세 클래스간의 상속 계층도는 다음과 같을 것이다.

```
class Parent { }
class Child  extends Parent { }
class Child2 extends Parent { }
```

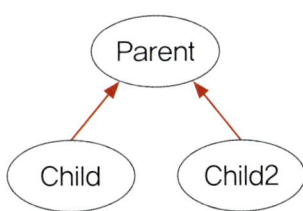

클래스 Child와 Child2가 모두 Parent클래스를 상속받고 있으므로 Parent클래스와 Child클래스, 그리고 Parent클래스와 Child2클래스는 서로 상속관계에 있지만 클래스 Child와 Child2는 서로 아무런 관계가 없다. 클래스 간의 관계에서 형제 관계와 같은 것은 없고, 부모와 자식의 관계(상속 관계)만 존재한다.

만일 Child클래스와 Child2클래스에 공통적으로 추가되어야 하는 멤버(멤버변수나 메서드)가 있다면, 이 두 클래스에 각각 따로 추가하는 것보다 이들의 공통조상인 Parent클래스에 추가하는 것이 좋다.

Parent클래스의 자손인 Child클래스와 Child2클래스는 조상의 멤버를 상속받기 때문에, Parent클래스에 새로운 멤버를 추가해주는 것은 Child클래스와 Child2클래스에 새로운 멤버를 추가하는 것과 같은 효과를 얻는다.

이제는 Parent클래스 하나만 변경하면 되므로 작업이 간단해진다. 이보다 더 중요한 사실은 같은 내용의 코드를 한 곳에서 관리함으로써 코드의 중복이 줄어든 다는 것이다. 코드의 중복이 많아지면 유지보수가 어려워지고 일관성을 유지하기 어렵다.

이처럼 같은 내용의 코드를 하나 이상의 클래스에 중복으로 추가해야하는 경우에 상속 관계를 이용해서 코드의 중복을 최소화해야한다. 프로그램이 어떤 때는 잘 동작하지만 어떤 때는 오동작을 하는 이유는 중복된 코드 중에서 바르게 변경되지 않은 곳이 있기 때문이다.

여기에 또다시 Child클래스로부터 상속받는 GrandChild라는 새로운 클래스를 추가한다면 상속 계층도는 다음과 같을 것이다.

```
class Parent { }
class Child  extends Parent { }
class Child2 extends Parent { }
class GrandChild extends Child { }
```

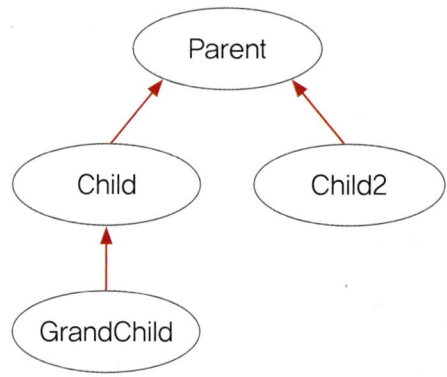

자손 클래스는 조상 클래스의 모든 멤버를 물려받으므로 GrandChild클래스는 Child클래스의 모든 멤버, Child클래스의 조상인 Parent클래스로부터 상속받은 멤버까지 상속받게 된다. 그래서 GrandChild클래스는 Child클래스의 자손이면서 Parent클래스의 자손이기도 하다. 좀 더 정확히 말하자면, Child클래스는 GrandChild클래스의 직접 조상이고, Parent클래스는 GrandChild클래스의 간접 조상이 된다. 그래서 GrandChild클래스는 Parent클래스와 간접적인 상속관계에 있다고 할 수 있다.

이제 Parent클래스에 전과 같이 정수형 변수인 age를 멤버변수로 추가해 보자.

```
class Parent {
    int age;
}
class Child  extends Parent { }
class Child2 extends Parent { }
class GrandChild extends Child { }
```

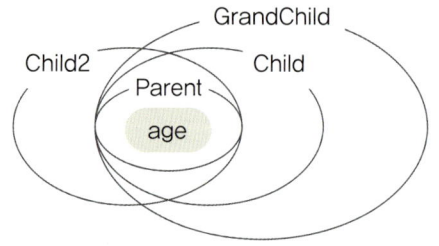

클래스	클래스의 멤버
Parent	age
Child	age
Child2	age
GrandChild	age

Parent클래스는 클래스 Child, Child2, GrandChild의 조상이므로 Parent클래스에 추가된 멤버변수 age는 Parent클래스의 모든 자손에 추가된다. 반대로 Parent클래스에서 멤버변수 age를 제거 한다면, Parent의 자손클래스인 Child, Child2, GrandChild에서도 제거된다.

이처럼 조상 클래스만 변경해도 모든 자손 클래스에, 자손의 자손 클래스에까지 영향을 미치기 때문에, 클래스간의 상속관계를 맺어 주면 자손 클래스들의 공통적인 부분은 조상 클래스에서 관리하고 자손 클래스는 자신에 정의된 멤버들만 관리하면 되므로 각 클래스의 코드가 적어져서 관리가 쉬워진다.

전체 프로그램을 구성하는 클래스들을 면밀히 설계 분석하여, 클래스간의 상속 관계를 적절히 맺어 주는 것은 객체지향 프로그래밍에서 중요한 부분이다.

▼ 예제 7-1/`CaptionTvEx.java`

```java
class Tv {
    boolean power;  // 전원 상태(on/off)
    int channel;    // 채널

    void power()       {   power = !power;  }
    void channelUp()   {   ++channel;       }
    void channelDown() {   --channel;       }
}
class CaptionTv extends Tv {
    boolean caption;       // 캡션(자막) 상태(on/off)
    void displayCaption(String text) {
        if (caption)       // 캡션(자막) 상태가 on(true)일 때만 text를 보여 준다.
            System.out.println(text);
    }
}
class CaptionTvEx {
    public static void main(String args[]) {
        CaptionTv ctv = new CaptionTv();
        ctv.channel = 10;                        // 조상 클래스로부터 상속받은 멤버
        ctv.channelUp();                         // 조상 클래스로부터 상속받은 멤버
        System.out.println(ctv.channel);
        ctv.displayCaption("Hello, World");
        ctv.caption = true;          // 캡션(자막) 기능을 켠다.
        ctv.displayCaption("Hello, World");
    }
}
```

▼ 실행결과
```
11
Hello, World
```

Tv클래스로부터 상속받고 기능을 추가하여 CaptionTv클래스를 작성하였다. 멤버변수 caption은 캡션 기능의 상태를 저장하기 위한 boolean형 변수이고, displayCaption(String text)은 매개변수로 넘겨받은 문자열(text)을 캡션이 켜져 있는 경우(caption의 값이 true인 경우)에만 화면에 출력한다.

자손 클래스의 인스턴스를 생성하면 조상 클래스의 멤버도 함께 생성되기 때문에 따로 조상 클래스의 인스턴스를 생성하지 않고도 조상 클래스의 멤버들을 사용할 수 있다.

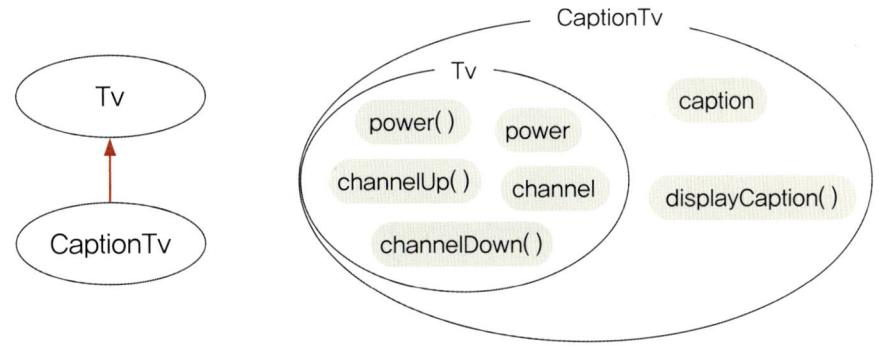

> 자손 클래스의 인스턴스를 생성하면 조상 클래스의 멤버와 자손 클래스의 멤버가 합쳐진 하나의 인스턴스로 생성된다.

1.2 클래스간의 관계 - 포함 관계

지금까지 상속을 통해 클래스 간에 관계를 맺어 주고 클래스를 재사용하는 방법에 대해서 알아보았다. 상속이외에도 클래스를 재사용하는 또 다른 방법이 있는데, 그것은 클래스 간에 '포함'관계를 맺어 주는 것이다. 클래스 간의 포함 관계를 맺어 주는 것은 한 클래스의 멤버 변수로 다른 클래스 타입의 참조 변수를 선언하는 것을 뜻한다.

원(Circle)을 표현하기 위한 Circle이라는 클래스를 다음과 같이 작성하였다고 가정하자.

```
class Circle {
    int x;          // 원점의 x좌표
    int y;          // 원점의 y좌표
    int r;          // 반지름(radius)
}
```

그리고 좌표상의 한 점을 다루기 위한 Point클래스가 다음과 같이 작성되어 있다고 하자.

```
class Point {
    int x;          // x좌표
    int y;          // y좌표
}
```

Point클래스를 재사용해서 Circle클래스를 작성한다면 다음과 같이 할 수 있을 것이다.

```
class Circle {
    int x;      // 원점의 x좌표
    int y;      // 원점의 y좌표
    int r;      // 반지름(radius)
}
```
→
```
class Circle {
    Point c = new Point(); // 원점
    int r;
}
```

이와 같이 한 클래스를 작성하는 데 다른 클래스를 멤버 변수로 선언하여 포함시키는 것은 좋은 생각이다. 하나의 거대한 클래스를 작성하는 것보다 단위별로 여러 개의 클래스를 작성한 다음, 이 단위 클래스들을 포함관계로 재사용하면 보다 간결하고 손쉽게 클래스를 작성할 수 있다. 또한 작성된 단위 클래스들은 다른 클래스를 작성하는데 재사용될 수 있을 것이다.

```
class Car {
    Engine e = new Engine(); // 엔진
    Door[] d = new Door[4];  // 문. 문의 개수를 넷으로 가정하고 배열로 처리
    //...
}
```

위와 같은 Car클래스를 작성할 때, Car클래스의 단위 구성 요소인 Engine, Door와 같은 클래스를 미리 작성해 놓고 이 들을 Car클래스의 멤버 변수로 선언하여 포함 관계를 맺어 주면, 클래스를 작성하는 것도 쉽고 코드도 간결해서 이해하기 쉽다. 그리고 단위 클래스 별로 코드가 작게 나뉘어 작성되어 있기 때문에 코드를 관리하는데도 수월하다.

1.3 클래스간의 관계 결정하기

클래스를 작성하는데 있어서 상속 관계를 맺어 줄 것인지 포함 관계를 맺어 줄 것인지 결정하는 것은 때때로 혼돈스러울 수 있다.

   전에 예를 든 Circle클래스의 경우, Point클래스를 포함시키는 대신 상속 관계를 맺어 주었다면 다음과 같을 것이다.

```
class Circle {
    Point c = new Point();
    int r;
}
```

→

```
class Circle extends Point {
    int r;
}
```

두 경우를 비교해 보면 Circle클래스를 작성하는데 있어서 Point클래스를 포함시키거나 상속받도록 하는 것은 결과적으로 별 차이가 없어 보인다.

그럴 때는 '~은 ~이다(is-a)'와 '~은 ~을 가지고 있다(has-a)'를 넣어서 문장을 만들어 보면 클래스 간의 관계가 보다 명확해 진다.

> 원(Circle)은 점(Point)**이다.** – Circle **is a** Point.
> 원(Circle)은 점(Point)을 **가지고 있다.** – Circle **has a** Point.

원은 원점(Point)과 반지름으로 구성되므로 위의 두 문장을 비교해 보면 첫 번째 문장보다 두 번째 문장이 더 옳다는 것을 알 수 있을 것이다.

   이처럼 클래스를 가지고 문장을 만들었을 때 '~은 ~이다.'라는 문장이 성립한다면, 서로 상속관계를 맺어 주고, '~은 ~을 가지고 있다.'는 문장이 성립한다면 포함 관계를 맺어 주면 된다. 그래서 Circle클래스와 Point클래스 간의 관계는 상속 관계보다 포함 관계를 맺어 주는 것이 더 옳다.

   몇 가지 더 예를 들면, Car클래스와 SportsCar클래스는 'SportsCar는 Car이다.'와 같이 문장을 만드는 것이 더 옳기 때문에 이 두 클래스는 Car클래스를 조상으로 하는 상속 관계를 맺어 주어야 한다.

   Card클래스와 Deck클래스는 'Deck은 Card를 가지고 있다.'와 같이 문장을 만드는 것이 더 자연스럽기 때문에 Deck클래스에 Card클래스를 포함시켜야 한다.

| 참고 | Deck은 카드 한 벌을 뜻한다.

> 상속 관계 '~은 ~이다.(is-a)'
> 포함 관계 '~은 ~을 가지고 있다.(has-a)'

| 참고 | 프로그램의 모든 클래스를 분석하여 가능한 많은 관계를 맺도록 노력해서 코드의 재사용성을 높여야 한다.

▼ 예제 7-2/DrawShape.java

```java
class DrawShape {
   public static void main(String[] args) {
      Point[] p = {   new Point(100, 100),
                      new Point(140,  50),
                      new Point(200, 100)
                  };

      Triangle t = new Triangle(p);
      Circle   c = new Circle(new Point(150, 150), 50);

      t.draw(); // 삼각형을 그린다.
      c.draw(); // 원을 그린다.
   }
}

class Shape {
   String color = "black";
   void draw() {
      System.out.printf("[color=%s]%n", color);
   }
}

class Point {
   int x;
   int y;

   Point(int x, int y) {
      this.x = x;
      this.y = y;
   }
   Point() {
      this(0,0);
   }

   String getXY() {
      return "("+x+","+y+")"; // x와 y의 값을 문자열로 반환
   }
}

class Circle extends Shape {
   Point center;    // 원의 원점좌표
   int r;           // 반지름

   Circle() {
      this(new Point(0, 0), 100); // Circle(Point center, int r)를 호출
   }
```

```
    Circle(Point center, int r) {
        this.center = center;
        this.r = r;
    }

    void draw() { // 원을 그리는 대신에 원의 정보를 출력하도록 했다.
        System.out.printf("[center=(%d, %d), r=%d, color=%s]%n",
                          center.x, center.y, r, color);
    }
}

class Triangle extends Shape {
    Point[] p = new Point[3];        // 3개의 Point인스턴스를 담을 배열을 생성한다.

    Triangle(Point[] p) {
        this.p = p;
    }

    void draw() {
        System.out.printf("[p1=%s, p2=%s, p3=%s, color=%s]%n",
              p[0].getXY(), p[1].getXY(), p[2].getXY(), color);
    }
}
```

▼ 실행결과

```
[p1=(100,100), p2=(140,50), p3=(200,100), color=black]
[center=(150, 150), r=50, color=black]
```

도형을 의미하는 Shape클래스를 정의하고, 2차원 좌표에서의 점을 의미하는 Point클래스를 정의한 다음, 이 두 클래스를 재활용해서 Circle클래스와 Triangle클래스를 정의하였다. 앞서 배운 'is-a'와 'has-a'로 클래스간의 관계를 어떻게 맺어야하는지 확인해보자.

A Circle is a Shape.   // 1. 원은 도형이다.
A Circle is a Point.   // 2. 원은 점이다?

A Circle has a Shape. // 3. 원은 도형을 가지고 있다?
A Circle has a Point. // 4. 원은 점을 가지고 있다.

네 문장 중에서 첫 번째와 네 번째 문장이 자연스럽다는 것을 쉽게 알 수 있다. 클래스 간의 관계를 결정하는 것이 매번 이렇게 딱 떨어지는 건 아니지만, 적어도 클래스간의 관계를 맺어주는데 필요한 가장 기본적인 원칙에 대한 감은 잡을 수는 있을 것이다.

Circle을 Shape와 상속 관계로, 그리고 Point와는 포함 관계로 정의하면 다음과 같다.

```
class Circle extends Shape {   // Circle과 Shape는 상속 관계
    Point center;              // Circle과 Point는 포함 관계
    int r;
        ...
}
```

Circle클래스는 Shape클래스로부터 모든 멤버를 상속받았으므로, Shape클래스에 정의된 color나 draw()를 사용할 수 있다.

```
class Shape {
    String color = "black";

    void draw() {
        System.out.printf("[color=%s]%n", color);
    }
}
```

그러나 Circle클래스에도 draw()가 정의되어 있다. 그러면 둘 중에 어떤 것이 호출되는 것일까? 이미 결과를 통해 알 수 있듯이 Circle클래스의 draw()가 호출된다.

```
class Circle extends Shape {
      ...
    void draw() { // 원을 그리는 대신에 원의 정보를 출력하도록 했다.
        System.out.printf("[center=(%d, %d), r=%d,color=%s]%n",
                            center.x, center.y, r, color);
    }
}
```

이처럼 조상 클래스에 정의된 메서드와 같은 메서드를 자손 클래스에 정의하는 것을 '오버라이딩'이라고 하며, 곧이어 배울 내용이므로 자세한 설명은 생략한다.

  그리고 한 가지 더 설명할 것은 Circle인스턴스를 생성하는 문장인데, 이 문장에 대해서도 독자들로부터 질문을 많이 받았다.

```
Circle   c = new Circle(new Point(150, 150), 50);
```

위 문장이 좀 복잡해 보이지만, 아래의 두 문장을 하나로 합쳐놓은 것 뿐이다.

```
Point    p = new Point(150, 150);
Circle   c = new Circle(p, 50);
```

복잡한 문장을 만났을 때는 이처럼 여러 문장으로 분해해보자. 한결 이해하기 쉬워진다.

▼ 예제 7-3/DeckEx.java

```java
class DeckEx {
    public static void main(String args[]) {
        Deck d = new Deck();     // 카드 한 벌(Deck)을 만든다.
        Card c = d.pick(0);      // 섞기 전에 제일 위의 카드를 뽑는다.
        System.out.println(c);   // System.out.println(c.toString());과 같다.

        d.shuffle();             // 카드를 섞는다.
        c = d.pick(0);           // 섞은 후에 제일 위의 카드를 뽑는다.
        System.out.println(c);
    }
}
```

```java
class Deck {
    final int CARD_NUM = 52;      // 카드의 개수
    Card cardArr[] = new Card[CARD_NUM];   // Card객체 배열을 포함

    Deck () {   // Deck의 카드를 초기화한다.
        int i=0;

        for(int k=Card.KIND_MAX; k > 0; k--)
            for(int n=0; n < Card.NUM_MAX ; n++)
                cardArr[i++] = new Card(k, n+1);
    }

    Card pick(int index) {     // 지정된 위치(index)에 있는 카드 하나를 꺼내서 반환
        return cardArr[index];
    }

    Card pick() {              // Deck에서 카드 하나를 선택한다.
        int index = (int)(Math.random() * CARD_NUM);
        return pick(index);
    }

    void shuffle() { // 카드의 순서를 섞는다.
        for(int i=0; i < cardArr.length; i++) {
            int r = (int)(Math.random() * CARD_NUM);

            Card temp  = cardArr[i];
            cardArr[i] = cardArr[r];
            cardArr[r] = temp;
        }
    }
} // Deck클래스의 끝

class Card {
    static final int KIND_MAX = 4;      // 카드 무늬의 수
    static final int NUM_MAX  = 13;     // 무늬별 카드 수

    static final int SPADE   = 4;
    static final int DIAMOND = 3;
    static final int HEART   = 2;
    static final int CLOVER  = 1;
    int kind;
    int number;

    Card() {
        this(SPADE, 1);
    }

    Card(int kind, int number) {
        this.kind = kind;
        this.number = number;
    }

    public String toString() {
        String[] kinds = {"", "CLOVER", "HEART", "DIAMOND", "SPADE"};
        String numbers = "0123456789XJQK"; // 숫자 10은 X로 표현
```

```
        return "kind : " + kinds[this.kind]
                        + ", number : " + numbers.charAt(this.number);
    } // toString()의 끝
} // Card클래스의 끝
```

▼ 실행결과
```
kind : SPADE, number : 1
kind : HEART, number : 7
```

Deck클래스를 작성하는데 Card클래스를 재사용하여 포함 관계로 작성하였다. 카드 한 벌(Deck)은 모두 52장의 카드로 이루어져 있으므로 Card클래스를 크기가 52인 배열로 처리하였다. shuffle( )은 카드 한 벌의 첫 번째 카드부터 순서대로 임의로 위치에 있는 카드와 위치를 서로 바꾸는 방식으로 카드를 섞는다. random( )을 사용했기 때문에 매 실행 시 마다 결과가 다르게 나타날 것이다.

  pick( )은 Card객체 배열 cardArr에 저장된 Card객체 중에서 하나를 꺼내서 반환한다. Card객체 배열은 참조 변수 배열이고, 이 배열에 실제로 저장된 것은 객체가 아니라 객체의 주소다.

  아래의 문장에서 pick(0)을 호출하면, 매개변수 index의 값이 0이 되므로, cardArr[0]에 저장된 Card객체의 주소가 참조변수 c에 저장된다.

```
Card c = d.pick(0);     // pick(int index)를 호출

Card pick(int index) {
    return cardArr[index];
}
```

예를 들어 index의 값이 0이고, cardArr[0]의 값이 0x200이라면 pick(0)은 다음과 같은 과정으로 계산된다.

```
   return cardArr[index];
→  return cardArr[0];
→  return 0x200;
```

그래서 참조 변수 c에 0x200, 즉 cardArr[0]에 저장된 Card인스턴스의 주소가 저장된다.

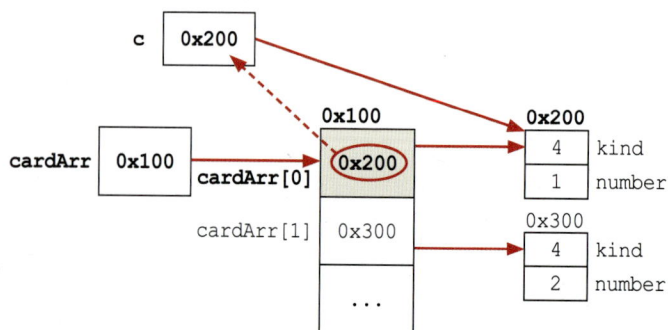

한 가지 더 설명할 것은 Card클래스에 정의된 toString( )인데, toString( )은 인스턴스의 정보를 문자열로 반환할 목적으로 정의된 것이다. 아래의 코드처럼 참조변수 c를 출력하면, 참조변수 c가 가리키고 있는 인스턴스에 toString( )을 호출하여 그 결과를 화면에 출력한다.

```
Deck d = new Deck();    // 카드 한 벌(Deck)을 만든다.
Card c = d.pick(0);     // 섞기 전에 제일 위의 카드를 뽑는다.
System.out.println(c);  // System.out.println(c.toString()); 과 같다.

// System.out.println("Card:"+ c.toString());과 같다.
System.out.println("Card:"+ c);
```

결국 'System.out.println(c)'는 'System.out.println(c.toString( ));'와 같은 결과를 얻는다.

이처럼 참조 변수의 출력이나 덧셈 연산자를 이용한 참조 변수와 문자열의 결합에는 toString( )이 자동적으로 호출되어 참조 변수를 문자열로 대치한 후 처리한다.

| 참고 | 출력(print)은 문자로만 가능하기 때문에 숫자나 객체를 출력하려면 문자열로 변환해야 한다.

toString( )은 모든 클래스의 조상인 Object클래스에 정의된 것으로, 어떤 종류의 객체에 대해서도 toString( )을 호출하는 것이 가능하다. Object클래스와 toString( )에 대한 보다 자세한 것은 '9장 java.lang패키지와 유용한 클래스'에서 설명할 것이다.

1.4 단일 상속(single inheritance)

다른 객체지향언어인 C++에서는 여러 조상 클래스로부터 상속받는 것이 가능한 '다중 상속(multiple inheritance)'을 허용하지만 자바에서는 오직 단일 상속만 허용한다. 그래서 둘 이상의 클래스로부터 상속을 받을 수 없다. 예를 들어 Tv클래스와 DVD클래스가 있을 때, 이 두 클래스로부터 상속을 받는 TvDVD클래스를 작성할 수 없다.

그래서 TvDVD클래스는 조상으로 Tv클래스와 DVD클래스 중 하나만 선택해야한다.

```
class TvDVD extends Tv, DVD {   // 에러. 조상은 하나만 허용된다.
    //...
}
```

다중 상속을 허용하면 여러 클래스로부터 상속받을 수 있기 때문에 복합적인 기능을 가진 클래스를 쉽게 작성할 수 있다는 장점이 있지만, 클래스간의 관계가 매우 복잡해진다는 것과 서로 다른 클래스로부터 상속받은 멤버간의 이름이 같은 경우 구별할 수 있는 방법이 없다는 단점을 가지고 있다.

만일 다중 상속을 허용해서 TvDVD클래스가 Tv클래스와 DVD클래스를 모두 조상으로 하여 두 클래스의 멤버들을 상속받는다고 가정해 보자.

Tv클래스에도 power( )라는 메서드가 있고, DVD클래스에도 power( )라는 메서드가 있을 때 자손인 TvDVD클래스는 어느 조상 클래스의 power( )를 상속받게 되는 것일까?

둘 다 상속받게 된다면, TvDVD클래스 내에서 선언부(이름과 매개변수)만 같고 서로 다른 내용의 두 메서드를 어떻게 구별할 것인가?

static메서드라면 메서드 이름 앞에 클래스의 이름을 붙여서 구별할 수 있다지만, 인스턴스 메서드의 경우 선언부가 같은 두 메서드를 구별할 수 있는 방법은 없다.

이것을 해결하는 방법은 조상 클래스의 메서드의 이름이나 매개변수를 바꾸는 방법 밖에 없다. 이렇게 하면 그 조상 클래스의 power( )메서드를 사용하는 모든 클래스들도 변경을 해야 하므로 그리 간단한 문제가 아니다.

자바에서는 다중 상속의 이러한 문제점을 해결하기 위해 다중 상속의 장점을 포기하고 단일상속만을 허용한다.

단일 상속이 하나의 조상 클래스만을 가질 수 있기 때문에 다중 상속에 비해 불편한 점도 있지만, 클래스간의 관계가 보다 명확해지고 코드를 더욱 신뢰할 수 있게 만들어 준다는 점에서 다중 상속보다 유리하다.

▼ 예제 7-4 / `TvDVD.java`

```
class Tv {
    boolean power;      // 전원상태(on/off)
    int channel;        // 채널

    void power()        { power = !power; }
    void channelUp()    { ++channel; }
    void channelDown()  { --channel; }
}
class DVD {
    boolean power;      // 전원상태(on/off)
    int counter = 0;
    void power(){ power = !power; }
    void play()  { /* 내용생략*/ }
    void stop()  { /* 내용생략*/ }
    void rew()   { /* 내용생략*/ }
    void ff()    { /* 내용생략*/ }
}
class TvDVD extends Tv {
    DVD dvd = new DVD();     // DVD클래스를 포함시켜서 사용한다.
    void play() {
        dvd.play();
    }

    void stop() {
        dvd.stop();
    }
```

```
    void rew() {
        dvd.rew();
    }

    void ff() {
        dvd.ff();
    }
}
```

자바는 다중 상속을 허용하지 않으므로 Tv클래스를 조상으로 하고, DVD클래스는 TvDVD클래스에 포함시켰다. 그리고 TvDVD클래스에 DVD클래스의 메서드와 일치하는 선언부를 가진 메서드를 선언하고 내용은 DVD클래스의 것을 호출해서 사용하도록 했다. 외부적으로는 TvDVD 인스턴스를 사용하는 것처럼 보이지만 내부적으로 DVD 인스턴스를 생성해서 사용하는 것이다.

이렇게 함으로써 DVD클래스의 메서드의 내용이 변경되더라도 TvDVD클래스의 메서드들 역시 변경된 내용이 적용되는 결과를 얻을 수 있을 것이다.

1.5 Object클래스 - 모든 클래스의 조상

Object클래스는 클래스 상속 계층도의 최상위에 있는 조상클래스이다. 다른 클래스로부터 상속 받지 않는 모든 클래스들은 자동적으로 Object클래스로부터 상속받게 함으로써 이것을 가능하게 한다.

만일 다음과 같이 상속 받지 않는 Tv클래스를 정의하였을때,

```
class Tv {
    ...
}
```

위의 코드를 컴파일하면 컴파일러는 위의 코드를 다음과 같이 자동적으로 'extends Object'를 추가하여 Tv클래스가 Object클래스로부터 상속받도록 한다.

```
class Tv extends Object {
    ...
}
```

이렇게 함으로써 Object클래스가 모든 클래스의 조상이 되게 한다. 다른 클래스를 상속을 받는다 하더라도 상속계층도를 따라 조상, 조상의 조상을 찾아 올라가다 보면 결국 마지막 조상은 Object클래스일 것이다.

| 참고 | 이미 어떤 클래스로부터 상속받도록 작성된 클래스는 컴파일러가 'extends Object'를 추가하지 않는다.

```
class Tv {   // extends Object가 생략됨
    ...
}

class CaptionTv extends Tv {
    ...
}
```

위와 같이 Tv클래스가 있고, Tv클래스를 상속받는 CaptionTv가 있을 때 상속계층도는 다음과 같다.

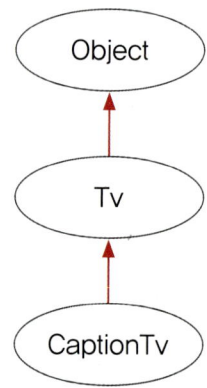

| 참고 | 상속 계층도를 단순화하기 위해 Object클래스를 생략하는 경우가 많다.

이처럼 모든 상속 계층도의 최상위에는 Object클래스가 위치한다. 그래서 자바의 모든 클래스는 Object클래스의 멤버들을 상속 받기 때문에 Object클래스에 정의된 멤버들을 사용할 수 있다.

그동안 toString( )이나 equals(Object o)와 같은 메서드를 따로 정의하지 않고도 사용할 수 있었던 이유는 이 메서드들이 Object클래스에 정의되었기 때문이다.

Object클래스에는 toString( ), equals( )와 같은 모든 인스턴스가 가져야 할 기본적인 11개의 메서드가 정의되어 있으며 이에 대해서는 '9장 java.lang패키지와 유용한 클래스'에서 자세히 학습하게 될 것이다.

2. 오버라이딩(overriding)

2.1 오버라이딩이란?

조상 클래스로부터 상속받은 메서드의 내용을 변경하는 것을 오버라이딩이라고 한다. 상속받은 메서드를 그대로 사용하기도 하지만, 자손 클래스 자신에 맞게 변경해야하는 경우가 많다. 이럴 때 조상의 메서드를 오버라이딩한다.

| 참고 | override의 사전적 의미는 '~위에 덮어쓰다(overwrite)'이다.

2차원 좌표계의 한 점을 표현하기 위한 Point클래스가 있을 때, 이를 조상으로 하는 Point3D클래스, 3차원 좌표계의 한 점을 표현하기 위한 클래스를 다음과 같이 새로 작성하였다고 하자.

```
class Point {
    int x;
    int y;

    String getLocation() {
        return "x :" + x + ", y :"+ y;
    }
}

class Point3D extends Point {
    int z;

    String getLocation() {        // 오버라이딩
        return "x :" + x + ", y :"+ y + ", z :" + z;
    }
}
```

Point클래스의 getLocation()은 한 점의 x, y 좌표를 문자열로 반환하도록 작성되었다.
  이 두 클래스는 서로 상속 관계에 있으므로 Point3D클래스는 Point클래스로부터 getLocation()을 상속받지만, Point3D클래스는 3차원 좌표계의 한 점을 표현하기 위한 것이므로 조상인 Point클래스로부터 상속받은 getLocation()은 Point3D클래스에 맞지 않는다. 그래서 이 메서드를 Point3D클래스 자신에 맞게 z축의 좌표값도 포함하여 반환하도록 오버라이딩하였다.
  Point클래스를 사용하던 사람들은 새로 작성된 Point3D클래스가 Point클래스의 자손이므로 Point3D클래스의 인스턴스에 대해서 getLocation()을 호출하면 Point클래스의 getLocation()처럼 점의 좌표를 문자열로 얻을 수 있을 것이라고 기대할 것이다.
  그렇기 때문에 새로운 메서드를 제공하는 것보다 오버라이딩을 하는 것이 바른 선택이다.

2.2 오버라이딩의 조건

오버라이딩은 메서드의 내용만을 새로 작성하는 것이므로 메서드의 선언부는 조상의 것과 완전히 일치해야 한다. 그래서 오버라이딩이 성립하기 위해서는 다음과 같은 조건을 만족해야 한다.

> 자손 클래스에서 오버라이딩하는 메서드는 조상 클래스의 메서드와
> - 이름이 같아야 한다.
> - 매개변수가 같아야 한다.
> - 반환타입이 같아야 한다.

| 참고 | JDK 5부터 '공변 반환타입(covariant return type)'이 추가되어, 반환타입을 자손 클래스의 타입으로 변경하는 것은 가능하도록 조건이 완화되었다. p.487

한마디로 요약하면 선언부가 서로 일치해야 한다는 것이다. 다만 접근 제어자(access modifier)와 예외(exception)는 제한된 조건 하에서 다르게 변경할 수 있다.

1. **접근 제어자는 조상 클래스의 메서드보다 좁은 범위로 변경 할 수 없다.**

   만일 조상 클래스에 정의된 메서드의 접근 제어자가 protected라면, 이를 오버라이딩하는 자손 클래스의 메서드는 접근 제어자가 protected나 public이어야 한다. 대부분의 경우 같은 범위의 접근 제어자를 사용한다. 접근 제어자의 접근범위를 넓은 것에서 좁은 것 순으로 나열하면 public, protected, (default), private이다.

2. **조상 클래스의 메서드보다 많은 수의 예외를 선언할 수 없다.**

   아래의 코드를 보면 Child클래스의 parentMethod( )에 선언된 예외의 개수가 조상인 Parent 클래스의 parentMethod( )에 선언된 예외의 개수보다 적으므로 바르게 오버라이딩 되었다.

```
class Parent {
    void parentMethod() throws IOException, SQLException {
        ...
    }
}
class Child extends Parent {
    void parentMethod() throws IOException {
        ...
    }
    ...
}
```

여기서 주의해야할 점은 단순히 선언된 예외의 개수의 문제가 아니라는 것이다.

```
class Child extends Parent {
    void parentMethod() throws Exception {
        ...
    }
    ...
}
```

만일 위와 같이 오버라이딩을 하였다면, 분명히 조상클래스에 정의된 메서드보다 적은 개수의 예외를 선언한 것처럼 보이지만 Exception은 모든 예외의 최고 조상이므로 가장 많은 개수의 예외를 던질 수 있도록 선언한 것이다.

그래서 예외의 개수는 적거나 같아야 한다는 조건을 만족시키지 못하는 잘못된 오버라이딩인 것이다.

> 조상 클래스의 메서드를 자손 클래스에서 오버라이딩할 때
> 1. 조상의 메서드와 선언부가 일치해야 한다.
> 2. 접근 제어자를 조상 클래스의 메서드보다 좁은 범위로 변경할 수 없다.
> 3. 예외는 조상 클래스의 메서드보다 많이 선언할 수 없다.

> **Q.** 조상 클래스에 정의된 static메서드를 자손 클래스에서 똑같은 이름의 static메서드로 정의할 수 있나요?
>
> **A.** 가능합니다. 하지만, 이것은 각 클래스에 별개의 static메서드를 정의한 것일 뿐 오버라이딩이 아니에요. 각 메서드는 클래스이름으로 구별될 수 있으며, 호출할 때는 '참조변수.메서드이름( )'대신 '클래스이름.메서드이름( )'으로 하는 것이 바람직합니다. static멤버들은 자신들이 정의된 클래스에 묶여있다고 생각하세요.

2.3 오버로딩 vs. 오버라이딩

오버로딩과 오버라이딩은 서로 혼동하기 쉽지만 사실 그 차이는 명백하다. 오버로딩은 기존에 없는 새로운 메서드를 추가하는 것이고, 오버라이딩은 조상으로부터 상속받은 메서드의 내용을 변경하는 것이다.

> **오버로딩(overloading)** 기존에 없는 새로운 메서드를 정의하는 것(new)
> **오버라이딩(overriding)** 상속받은 메서드의 내용을 변경하는 것(change, modify)

아래의 코드를 보고 오버로딩과 오버라이딩을 구별할 수 있어야 한다.

```
class Parent {
    void parentMethod() {}
}

class Child extends Parent {
    void parentMethod() {}      // 오버라이딩
    void parentMethod(int i) {} // 오버로딩

    void childMethod() {}
    void childMethod(int i) {}  // 오버로딩
    void childMethod() {}       ← 에러. 중복정의 되었음
}                                 already defined in Child
```

2.4 super

super는 자손 클래스에서 조상 클래스로부터 상속받은 멤버를 참조하는데 사용되는 참조변수이다. 멤버 변수와 지역 변수의 이름이 같을 때 this를 붙여서 구별했듯이 상속받은 멤버와 자신의 멤버와 이름이 같을 때는 super를 붙여서 구별할 수 있다.

조상 클래스로부터 상속받은 멤버도 자손 클래스 자신의 멤버이므로 super대신 this를 사용할 수 있다. 그래도 조상 클래스의 멤버와 자손 클래스의 멤버가 중복 정의되어 서로 구별해야하는 경우에만 super를 사용하는 것이 좋다.

조상의 멤버와 자신의 멤버를 구별하는데 사용된다는 점을 제외하고는 super와 this는 근본적으로 같다. 모든 인스턴스메서드에는 자신이 속한 인스턴스의 주소가 지역 변수로 저장되는데, 이것이 참조 변수인 this와 super의 값이 된다.

static메서드(클래스 메서드)는 인스턴스와 관련이 없다. 그래서 this와 마찬가지로 super역시 static메서드에서 사용할 수 없고 인스턴스메서드에서만 사용할 수 있다.

▼ 예제 7-5/SuperEx.java

```java
class SuperEx {
    public static void main(String args[]) {
        Child c = new Child();
        c.method();
    }
}
class Parent {
    int x=10;
}
class Child extends Parent {
    void method() {
        System.out.println("x=" + x);
        System.out.println("this.x=" + this.x);
        System.out.println("super.x="+ super.x);
    }
}
```

▼ 실행결과
```
x=10
this.x=10
super.x=10
```

이 경우 x, this.x, super.x 모두 같은 변수를 의미하므로 모두 같은 값이 출력되었다.

▼ 예제 7-6/SuperEx2.java

```java
class SuperEx {
    public static void main(String args[]) {
        Child c = new Child();
        c.method();
    }
}
class Parent {
    int x=10;
}
```

```java
class Child extends Parent {
    int x=20;

    void method() {
        System.out.println("x=" + x);
        System.out.println("this.x=" + this.x);
        System.out.println("super.x="+ super.x);
    }
}
```

▼ 실행결과
```
x=20
this.x=20
super.x=10
```

이전 예제와 달리 같은 이름의 멤버 변수가 조상 클래스인 Parent에도 있고 자손인 Child 클래스에도 있을 때는 super.x와 this.x는 서로 다른 값을 참조하게 된다. super.x는 조상으로부터 상속받은 멤버변수 x를 뜻하며, this.x는 자손에 선언된 멤버 변수를 뜻한다.

이처럼 조상 클래스에 선언된 멤버변수와 같은 이름의 멤버 변수를 자손 클래스에서 중복해서 정의하는 것이 가능하며 참조 변수 super를 이용해서 서로 구별할 수 있다.

변수 뿐만이 아니라 메서드 역시 super를 써서 호출할 수 있다. 특히 조상의 메서드를 자손에서 오버라이딩한 경우에 super를 사용한다.

```java
class Point {
    int x;
    int y;

    String getLocation() {
        return "x :" + x + ", y :"+ y;
    }
}

class Point3D extends Point {
    int z;
    String getLocation() {            // 오버라이딩
     // return "x :" + x + ", y :"+ y + ", z :" + z;
        return super.getLocation() + ", z :" + z;  // 조상의 메서드 호출
    }
}
```

getLocation()을 오버라이딩할 때 조상 클래스의 getLocation()을 호출하는 코드를 포함시켰다. 조상클래스의 메서드의 내용에 추가적으로 작업을 덧붙이는 경우라면 이처럼 super를 사용해서 조상클래스의 메서드를 포함시키는 것이 좋다. 후에 조상클래스의 메서드가 변경되더라도 변경된 내용이 자손클래스의 메서드에 자동적으로 반영될 것이기 때문이다.

2.5 super() - 조상 클래스의 생성자

this()와 마찬가지로 super() 역시 생성자이다. this()는 같은 클래스의 다른 생성자를 호출하는 데 사용되고, super()는 조상 클래스의 생성자를 호출하는데 사용된다.

자손 클래스의 인스턴스를 생성하면, 자손의 멤버와 조상의 멤버가 모두 합쳐진 하나의 인스턴스가 생성된다. 그래서 자손 클래스의 인스턴스가 조상 클래스의 멤버들을 사용할 수 있는 것이다. 이 때 조상 클래스 멤버의 초기화 작업이 수행되어야 하기 때문에 자손 클래스의 생성자에서 조상 클래스의 생성자가 호출되어야 한다.

생성자의 첫 줄에서 조상클래스의 생성자를 호출해야하는 이유는 자손 클래스의 멤버가 조상 클래스의 멤버를 사용할 수도 있으므로 조상의 멤버들이 먼저 초기화되어 있어야 하기 때문이다.

이와 같은 조상 클래스 생성자의 호출은 클래스의 상속관계를 거슬러 올라가면서 계속 반복된다. 마지막으로 모든 클래스의 최고 조상인 Object클래스의 생성자인 Object()까지 가서야 끝이 난다.

그래서 Object클래스를 제외한 모든 클래스의 생성자는 첫 줄에 반드시 자신의 다른 생성자 또는 조상의 생성자를 호출해야 한다. 그렇지 않으면 컴파일러는 생성자의 첫 줄에 'super();'를 자동적으로 추가할 것이다.

> 생성자 첫 줄에 생성자 this() 또는 super()를 호출해야 한다. 그렇지 않으면 컴파일러가 자동적으로 'super();'를 생성자의 첫 줄에 삽입한다.(Object클래스 제외)

인스턴스를 생성할 때는 클래스를 선택하는 것만큼 생성자를 선택하는 것도 중요하다.

1. **클래스** - 어떤 클래스의 인스턴스를 생성할 것인가?
2. **생성자** - 선택한 클래스의 어떤 생성자를 이용해서 인스턴스를 생성할 것인가?

▼ 예제 7-7/PointEx.java

```java
class PointEx {
    public static void main(String args[]) {
        Point3D p3 = new Point3D(1,2,3);
    }
}
class Point {
    int x, y;

    Point(int x, int y) {
        this.x = x;
        this.y = y;
    }

    String getLocation() {
        return "x :" + x + ", y :"+ y;
    }
}
```

```
class Point3D extends Point {
    int z;

    Point3D(int x, int y, int z) {
        this.x = x;
        this.y = y;
        this.z = z;
    }
    String getLocation() {            // 오버라이딩
        return "x :" + x + ", y :"+ y + ", z :" + z;
    }
}
```

> 생성자 첫 줄에서 다른 생성자를 호출하지 않기 때문에 컴파일러가 'super();'를 여기에 삽입한다. super()는 Point3D의 조상인 Point 클래스의 생성자 Point2()를 의미한다.

▼ 컴파일결과

```
PointEx.java:22: error: constructor Point in class Point cannot be applied
to given types;
    Point3D(int x, int y, int z) {
    ^
  required: int,int
  found:    no arguments
  reason: actual and formal argument lists differ in length
1 error
```

이 예제를 컴파일하면 위와 같은 컴파일 에러가 발생할 것이다. Point3D클래스의 생성자에서 조상 클래스의 생성자 Point()를 호출하는데, 이 생성자가 없기 때문이다.

Point3D클래스의 생성자의 첫 줄이 생성자(조상의 것이든 자신의 것이든)를 호출하는 문장이 아닌 경우, 컴파일러는 다음과 같이 자동적으로 'super();'를 Point3D클래스의 생성자의 첫 줄에 넣어 준다.

```
Point3D(int x, int y, int z) {
    super();  // 조상의 생성자 Point()를 호출
    this.x = x;
    this.y = y;
    this.z = z;
}
```

그래서 Point3D클래스의 생성자 Point3D(int x, int y, int z)로 인스턴스를 생성하면, 첫 문장인 'super();'를 수행하게 된다. super()는 Point3D클래스의 조상인 Point클래스의 생성자 Point()를 뜻하므로 Point()가 호출된다.

그러나 Point클래스에 생성자 Point()가 없기 때문에 위와 같은 컴파일 에러가 발생한 것이다. 이 에러를 수정하려면, Point클래스에 생성자 Point()를 추가해주던가, 생성자 Point3D(int x, int y, int z)의 첫 줄에서 Point(int x, int y)를 호출하도록 변경하면 된다.

| 주의 | 생성자가 정의되어 있는 클래스에는 컴파일러가 기본 생성자를 자동적으로 추가하지 않는다.

```
Point3D(int x, int y, int z) {
    super(x, y);   // 조상의 생성자 Point(int x, int y)를 호출한다.
    this.z = z;
}
```

위와 같이 변경하면 된다. 문제없이 컴파일 될 것이다. **조상 클래스의 멤버 변수는 이처럼 조상의 생성자에 의해 초기화되게 하는 것이 좋다.**

▼ 예제 7-8/**PointEx2.java**

```
class PointEx2 {
    public static void main(String args[]) {
        Point3D p3 = new Point3D();
        System.out.println("p3.x=" + p3.x);
        System.out.println("p3.y=" + p3.y);
        System.out.println("p3.z=" + p3.z);
    }
}

class Point {
    int x=10;
    int y=20;

    Point(int x, int y) {
        this.x = x;
        this.y = y;
    }
}

class Point3D extends Point {
    int z = 30;

    Point3D() {
        this(100, 200, 300);   // Point3D(int x, int y, int z)를 호출한다.
    }

    Point3D(int x, int y, int z) {
        super(x, y);            // Point(int x, int y)를 호출한다.
        this.z = z;
    }
}
```

> 생성자 첫 줄에서 다른 생성자를 호출하지 않기 때문에 컴파일러가 '**super();**'를 여기에 삽입한다. super()는 Point의 조상인 Object 클래스의 생성자인 Object()를 의미한다.

▼ 실행결과
```
p3.x=100
p3.y=200
p3.z=300
```

| 플래시동영상 | /flash/Super.exe는 예제7-8의 실행과정을 설명과 함께 자세히 보여준다.

Point3D클래스의 인스턴스를 생성할 때 어떤 순서로 인스턴스의 초기화가 진행되는지 보여주기 위한 예제이다. Point클래스의 생성자 Point(int x, int y)는 어떠한 생성자도 호출하고 있지 않기 때문에 컴파일 후에 다음과 같은 코드로 변경된다.

```
Point(int x, int y) {
    super();          // 조상인 Obejct클래스의 생성자 Object()를 호출
    this.x = x;
    this.y = y;
}
```

그래서 'Point3D p3 = new Point3D();'와 같이 인스턴스를 생성하면, 아래의 순서로 생성자가 호출된다.

　Point3D() → Point3D(int x,int y,int z) → Point(int x, int y) → Object()

어떤 클래스의 인스턴스를 생성하면, 클래스 상속관계의 최고조상인 Object클래스까지 거슬러 올라가면서 모든 조상클래스의 생성자가 순서대로 호출된다는 것을 알 수 있다.

```
public class Object {
    ...
    public Object() {}
    ...
}
```

④

```
class Point extend Object {
    int x=10;
    int y=20;

    Point(int x, int y) {
        super();
        this.x = x;
        this.y = y;
    }
    ...
}
```

③

```
class Point3D extend Point {
    int z=30;

    Point3D(int x, int y, int z){
        super(x,y);
        this.z = z;
    }

① Point3D() {
        this(100, 200, 300);
    }
}
```

②

3. package와 import

3.1 패키지(package)

패키지란, 클래스의 묶음이다. 패키지는 여러 클래스 또는 인터페이스를 포함할 수 있으며, 서로 관련된 클래스를 그룹 단위로 묶어 놓음으로써 효율적으로 관리할 수 있다. 같은 이름의 클래스라도 서로 다른 패키지에 존재하는 것이 가능하므로, 자신만의 패키지 체계를 유지함으로써 다른 개발자가 개발한 클래스 라이브러리의 클래스와 이름이 충돌하는 것을 피할 수 있다.

지금까지는 단순히 클래스 이름으로만 클래스를 구분 했지만, 사실 클래스의 실제 이름(full name)은 패키지 이름을 포함한 것이다. String클래스의 실제 이름은 java.lang.String이며, java.lang패키지에 속한 String클래스라는 의미이다. 그래서 같은 이름의 클래스도 서로 다른 패키지에 속하면 패키지 이름으로 구별이 가능하다.

클래스가 물리적으로 하나의 클래스 파일(.class)인 것과 같이 패키지는 물리적으로 하나의 디렉토리(폴더)이다. 그래서 어떤 패키지에 속한 클래스는 해당 디렉토리에 존재하는 클래스파일(.class)이어야 한다.

예를 들어, java.lang.String클래스는 물리적으로 디렉토리 java의 서브 디렉토리인 lang에 속한 String.class파일이다. 그리고 우리가 자주 사용하는 System클래스 역시 java.lang패키지에 속하므로 lang디렉토리에 포함되어 있다.

String클래스는 rt.jar파일 안에 압축되어 있으며, 이 파일의 압축을 풀면 아래의 그림과 같다. JDK 9부터 rt.jar는 여러개의 작은 모듈 파일(*.jmod)로 나뉘어졌으며, String클래스는 이 중 하나인 java.base.jmod파일에 있다. 자세한 내용은 12장에서 설명한다.

| 참고 | 클래스 파일들을 압축한 것이 jar파일(*.jar)이며, jar파일은 'jar.exe'외에도 zip압축 유틸리티로 압축을 풀 수 있다.
| 참고 | jmod파일은 JDK설치경로 아래의 jmods 폴더에 저장되어 있다.

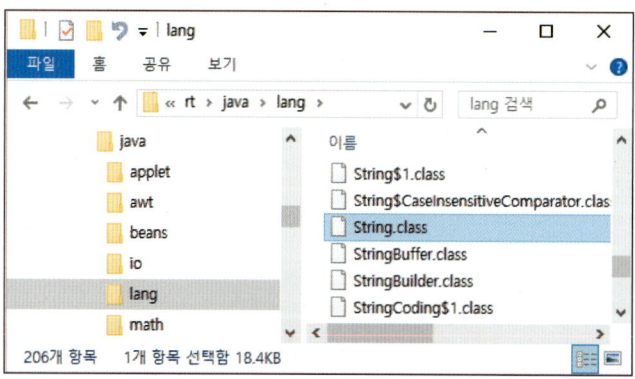

▲ 그림7-3 rt.jar파일의 압축을 푼 후의 상태

디렉토리가 하위 디렉토리를 가질 수 있는 것처럼, 패키지도 다른 패키지를 포함할 수 있으며 점'.'으로 구분한다. 예를 들면 java.lang패키지에서 lang패키지는 java패키지의 하위 패키지이다.

- 하나의 소스파일에는 첫 번째 문장으로 단 한 번의 패키지 선언만을 허용한다.
- 모든 클래스는 반드시 하나의 패키지에 속해야 한다.
- 패키지는 점(.)을 구분자로 하여 계층구조로 구성할 수 있다.
- 패키지는 물리적으로 클래스 파일(.class)을 포함하는 하나의 디렉토리이다.

3.2 패키지의 선언

패키지를 선언하는 것은 아주 간단하다. 클래스나 인터페이스의 소스 파일(.java)의 맨 위에 다음과 같이 한 줄만 적어주면 된다.

package 패키지 이름;

위와 같은 패키지 선언문은 반드시 소스파일에서 주석과 공백을 제외한 첫 번째 문장이어야 하며, 하나의 소스파일에 단 한번만 선언될 수 있다. 해당 소스 파일에 포함된 모든 클래스나 인터페이스는 선언된 패키지에 속하게 된다.

패키지 이름은 대소문자를 모두 허용하지만, 클래스명과 쉽게 구분하기 위해서 소문자로 하는 것을 원칙으로 하고 있다.

모든 클래스는 반드시 하나의 패키지에 포함되어야 한다고 했다. 그럼에도 불구하고 지금까지 소스 파일을 작성할 때 패키지를 선언하지 않고도 아무런 문제가 없었던 이유는 자바에서 기본적으로 제공하는 '이름없는 패키지(unnamed package)' 때문이다.

소스 파일에 자신이 속할 패키지를 지정하지 않은 클래스는 자동적으로 '이름 없는 패키지'에 속하게 된다. 결국 패키지를 지정하지 않는 모든 클래스는 같은 패키지에 속하는 셈이다.

간단한 프로그램은 패키지를 지정하지 않아도 별 문제 없지만, 큰 프로젝트나 Java API와 같은 라이브러리를 작성하는 경우에는 미리 패키지를 구성하여 적용해야한다.

▼ 예제 7-9/PackageTest.java

```java
package com.codechobo.book;
class PackageTest {
    public static void main(String[] args) {
        System.out.println("Hello World!");
    }
}
```

위의 예제를 작성한 뒤 다음과 같이 '-d' 옵션을 추가하여 컴파일을 한다. 아래의 userid는 자신의 것으로 바꿔서 입력해야 한다.

```
C:\Users\userid\jdk21\ch07\src>javac -d . PackageTest.java
```

'-d'옵션은 소스 파일에 지정된 경로를 통해 패키지의 위치를 찾아서 클래스 파일을 생성한다. 만일 지정된 패키지와 일치하는 디렉토리가 존재하지 않으면 자동으로 생성한다.

'-d'옵션 뒤에는 해당 패키지의 루트(root)디렉토리의 경로를 적어준다. 여기서는 현재 디렉토리(.) 즉, 'C:\...\ch07\src'로 지정했기 때문에 컴파일을 수행하고 나면 다음 같은 구조로 디렉토리가 생성된다. 위의 경로에서 '...'은 경로의 일부를 생략한 것이다.

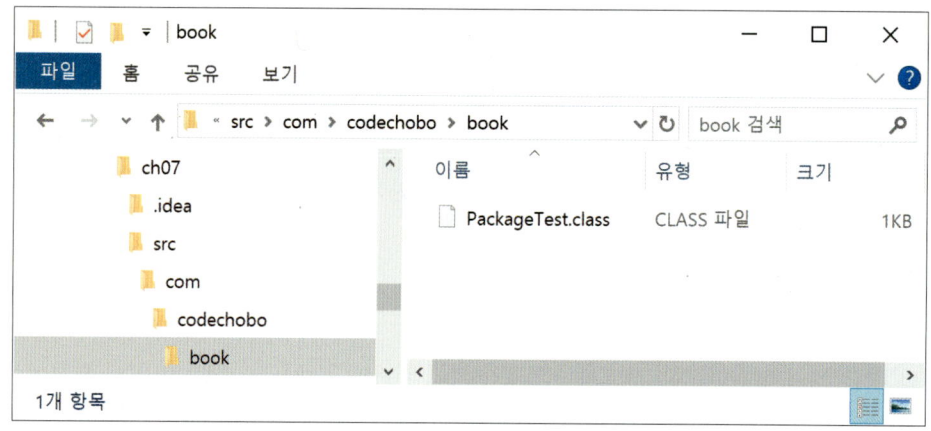

▲ 그림7-4 예제 7-9를 컴파일한 후 생성된 파일구조

기존에 디렉토리가 존재하지 않았으므로 컴파일러가 패키지의 계층구조에 맞게 새로 디렉토리를 생성하고 컴파일된 클래스 파일(PackageTest.class)을 book디렉토리에 놓았다. 이제 패키지의 루트 디렉토리를 클래스 패스(classpath)에 포함시켜야 한다. com.codechobo.book패키지의 루트 디렉토리는 디렉토리 'com'의 상위 디렉토리인 'C:\...\ch07\src'이다. 이 디렉토리를 클래스 패스에 포함시켜야만 실행 시 JVM이 PackageTest클래스를 찾을 수 있다.

▮참고▮ 클래스 패스(classpath)는 컴파일러(javac.exe)나 JVM 등이 클래스의 위치를 찾는데 사용되는 경로이다.

윈도우즈에서는 '제어판-시스템-고급 시스템 설정-환경 변수-새로 만들기'에서 변수 이름에 'CLASSPATH'를 입력하고 변수 값에는 '.;C:\Users**userid**\jdk21\ch07\src'를 입력한다.

▮참고▮ 클래스 패스(classpath)를 환경변수로 추가하는 방법은 p.14에 자세히 설명되어 있다.

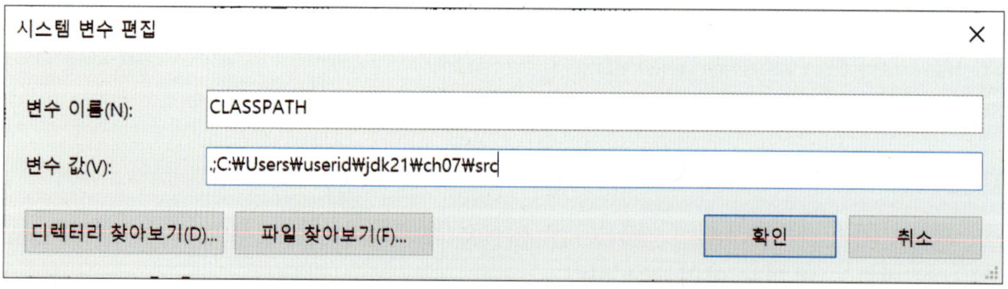

▲ 그림7-5 윈도우즈에서의 클래스 패스(CLASSPATH) 설정

';'를 구분자로 하여 여러 개의 경로를 클래스 패스에 지정할 수 있으며, 맨 앞에 '.;'를 추가한 이유는 현재 디렉토리(.)를 클래스 패스에 포함시키기 위해서이다.

클래스 패스를 지정해 주지 않으면 기본적으로 현재 디렉토리(.)가 클래스 패스로 지정되지만, 이처럼 클래스 패스를 따로 지정해주는 경우에는 더 이상 현재 디렉토리가 자동적으로 클래스 패스로 지정되지 않기 때문에 이처럼 별도로 추가해주어야 한다.

 jar파일을 클래스 패스에 추가하기 위해서는 경로와 파일명을 적어주어야 한다. 예를 들어 'C:\jdk21\ch07\util.jar'파일을 클래스 패스에 포함시키려면 다음과 같이 한다.

```
C:\WINDOWS>SET CLASSPATH = .;C:\Users\userid\jdk21\ch07\src;C:\
jdk21\ch07\util.jar;
```

맥OS의 경우, 클래스 패스 설정을 다음과 같이 한다. 윈도우즈와 달리 경로 구분자가 ':' 임에 주의하자.

```
%export CLASSPATH = .:/Users/userid/jdk21/ch07/src:/jdk21/ch07/util.jar
```

이제 클래스 패스가 바르게 설정되었는지 확인하기 위해 아래의 명령어를 입력해보자. 맥OS의 경우 'echo ${CLASSPATH}'를 입력해야 한다.

```
C:\WINDOWS>echo %CLASSPATH%
.;C:\Users\userid\jdk21\ch07\src;C:\jdk21\ch07\util.jar;
```

클래스 패스로 잘 지정되었음을 알 수 있다. 자, 이제 PackageTest예제를 실행시켜보자.

| 참고 | CLASSPATH의 경로는 순서가 중요하다. 왼쪽에 있는 경로부터 차례대로 클래스를 찾는다.

▼ 실행결과
```
C:\WINDOWS>java com.codechobo.book.PackageTest
Hello World!
```

실행 시에는 이와 같이 PackageTest클래스의 패키지 이름을 모두 적어주어야 한다. JDK에 기본적으로 설정되어 있는 클래스 패스를 이용하면 위의 예제에서와 같이 클래스 패스를 따로 설정하지 않아도 된다. 새로 추가하고자 하는 클래스를 'JDK설치디렉토리\jre\classes'디렉토리에, jar파일인 경우에는 'JDK설치디렉토리\jre\lib\ext'디렉토리에 넣기만 하면 된다.

| 참고 | jre디렉토리 아래의 classes디렉토리는 JDK설치 시에 자동으로 생성되지 않으므로 사용자가 직접 생성해야 한다.

또는 실행 시에 '-cp'옵션을 이용해서 일시적으로 클래스 패스를 지정해 줄 수도 있다.

```
C:\WINDOWS>java -cp C:\Users\userid\jdk21\ch07\src com.codechobo.
book.PackageTest
```

3.3 import문

소스 코드를 작성할 때 다른 패키지의 클래스를 사용하려면 패키지 이름이 포함된 클래스 이름을 사용해야 한다. 하지만, 매번 패키지 이름을 붙여서 작성하기란 여간 불편한 일이 아니다.

소스 코드를 작성하기 전에 import문으로 사용하고자 하는 클래스의 패키지를 미리 명시해주면 소스 코드에 사용되는 클래스 이름에서 패키지 이름은 생략할 수 있다.

import문의 역할은 컴파일러에게 소스 파일에 사용된 클래스의 패키지에 대한 정보를 제공하는 것이다. 컴파일 시에 컴파일러는 import문을 통해 소스 파일에 사용된 클래스들의 패키지를 알아 낸 다음, 모든 클래스 이름 앞에 패키지이름을 붙여 준다.

인텔리제이 설정(Settings)의 'Editor 〉 General 〉 Auto Import'에서 Java항목에 있는 체크박스를 모두 체크하면, 자동으로 import문을 추가해주는 편리한 기능을 제공한다.

ㅣ참고ㅣ import문은 프로그램의 성능에 전혀 영향을 미치지 않는다. import문을 많이 사용하면 컴파일 시간이 아주 조금 더 걸릴 뿐이다.

3.4 import문의 선언

모든 소스 파일(.java)에서 import문은 package문 다음에, 그리고 클래스 선언문 이전에 위치해야 한다. import문은 package문과 달리 한 소스 파일에 여러 번 선언할 수 있다.

> 일반적인 소스 파일(*.java)의 구성은 다음의 순서로 되어 있다.
> ① **package문**
> ② **import문**
> ③ **클래스 선언**

import문을 선언하는 방법은 다음과 같다.

```
import 패키지 이름.클래스 이름;
    또는
import 패키지 이름.*;
```

키워드 import와 패키지 이름을 생략하고자 하는 클래스의 이름을 패키지 이름과 함께 써 주면 된다. 같은 패키지에서 여러 개의 클래스가 사용될 때, import문을 여러 번 사용하는 대신 '패키지 이름.*'을 이용해서 지정된 패키지에 속하는 모든 클래스를 패키지 이름 없이 사용할 수 있다.

클래스 이름을 지정해주는 대신 '*'을 사용하면, 컴파일러는 해당 패키지에서 일치하는 클래스 이름을 찾아야 하는 수고를 더 해야 할 것이다. 단지 그 뿐이다. **실행 시 성능상의 차이는 전혀 없다.**

```
import java.util.Calendar;
import java.util.Date;
import java.util.ArrayList;
```

이처럼 import문을 여러 번 사용하는 대신 아래와 같이 한 문장으로 처리할 수 있다.

```
import java.util.*;
```

한 패키지에서 여러 클래스를 사용하는 경우 클래스의 이름을 일일이 지정해주는 것보다 '패키지 이름.*'과 같이 하는 것이 편리하다.

하지만, import하는 패키지의 수가 많을 때는 어느 클래스가 어느 패키지에 속하는지 구별하기 어렵다는 단점이 있다.

한 가지 조심해야 할 점은 import문에서 클래스의 이름 대신 '*'을 사용하는 것이 하위 패키지의 클래스까지 포함하는 것은 아니라는 것이다.

```
import java.util.*;
import java.text.*;
```

그래서 위의 두 문장 대신 다음과 같이 할 수는 없다.

```
import java.*;
```

▼ 예제 7-10 / `ImportEx.java`

```java
import java.text.SimpleDateFormat;
import java.util.Date;

class ImportEx {
    public static void main(String[] args) {
        Date today = new Date();

        SimpleDateFormat date = new SimpleDateFormat("yyyy/MM/dd");
        SimpleDateFormat time = new SimpleDateFormat("hh:mm:ss a");

        System.out.println("오늘 날짜는 " + date.format(today));
        System.out.println("현재 시간은 " + time.format(today));
    }
}
```

▼ 실행결과

```
오늘 날짜는 2025/02/17
현재 시간은 11:01:31 오전
```

현재 날짜와 시간을 지정된 형식에 맞춰 출력하는 예제이다. SimpleDateFormat과 Date 클래스는 다른 패키지에 속한 클래스이므로 import문으로 어느 패키지에 속하는 클래스인지 명시해 주었다. 그래서 소스에서 클래스이름 앞에 패키지 이름을 생략할 수 있었다.

만일 import문을 지정하지 않았다면 다음과 같이 클래스 이름에 패키지 이름도 적어줘야 했을 것이다.

```
java.util.Date today = new java.util.Date();
java.text.SimpleDateFormat date
        = new java.text.SimpleDateFormat("yyyy/MM/dd");
java.text.SimpleDateFormat time
        = new java.text.SimpleDateFormat("hh:mm:ss a");
```

import문으로 패키지를 지정하지 않으면 위와 같이 모든 클래스 이름 앞에 패키지 이름을 반드시 붙여야 한다. 단, 같은 패키지 내의 클래스는 import문을 지정하지 않고도 패키지 이름을 생략할 수 있다.

지금까지 System과 String 같은 java.lang패키지의 클래스를 패키지 이름 없이 사용할 수 있었던 이유는 모든 소스 파일에는 묵시적으로 다음과 같은 import문이 선언되어 있기 때문이다.

```
import java.lang.*;
```

java.lang패키지는 매우 빈번히 사용되는 중요한 클래스들이 속한 패키지이기 때문에 따로 import문으로 지정하지 않아도 되도록 한 것이다.

3.5 static import문

import문을 사용하면 클래스의 패키지 이름을 생략할 수 있는 것과 같이 static import문을 사용하면 static멤버를 호출할 때 클래스 이름을 생략할 수 있다. 특정 클래스의 static 멤버를 자주 사용할 때 편리하다. 그리고 코드도 간결해진다.

```
import static java.lang.Integer.*;    // Integer클래스의 모든 static메서드
import static java.lang.Math.random;  // Math.random()만. 괄호 안붙임.
import static java.lang.System.out;   // System.out을 out만으로 참조가능
```

만일 위와 같이 static import문을 선언하였다면, 아래의 왼쪽 코드를 오른쪽과 같이 간략히 할 수 있다.

```
System.out.println(Math.random());          out.println(random());
```

▼ 예제 7-11/**StaticImportEx.java**

```java
import static java.lang.System.out;
import static java.lang.Math.*;

class StaticImportEx {
   public static void main(String[] args) {
      // System.out.println(Math.random());
      out.println(random());

      // System.out.println("Math.PI :"+Math.PI);
      out.println("Math.PI :" + PI);
   }
}
```

▼ 실행결과

```
0.6372776821515502
Math.PI :3.141592653589793
```

4. 제어자(modifier)

4.1 제어자란?

제어자(modifier)는 클래스, 변수 또는 메서드의 선언부에 함께 사용되어 부가적인 의미를 부여한다. 제어자의 종류는 크게 접근 제어자와 그 외의 제어자로 나눌 수 있다.

접근 제어자	public, protected, default, private
그 외	static, final, abstract, native, transient, synchronized, volatile, strictfp

제어자는 클래스나 멤버 변수와 메서드에 주로 사용되며, 하나의 대상에 대해서 여러 제어자를 조합하여 사용하는 것이 가능하다.
  단, 접근 제어자는 한 번에 네 가지 중 하나만 선택해서 사용할 수 있다. 즉, 하나의 대상에 대해서 public과 private을 함께 사용할 수 없다.

| 참고 | 제어자들의 위치는 순서가 없지만 주로 접근 제어자를 제일 왼쪽에 놓는 것이 보통이다.

4.2 static – 클래스의, 공통적인

static은 '클래스의' 또는 '공통적인'의 의미를 가지고 있다. 인스턴스 변수는 하나의 클래스로부터 생성되었더라도 각기 다른 값을 유지하지만, 클래스 변수(static멤버 변수)는 인스턴스에 관계없이 같은 값을 갖는다. 그 이유는 하나의 변수를 모든 인스턴스가 공유하기 때문이다.
  static이 붙은 멤버 변수와 메서드, 그리고 초기화 블럭은 인스턴스가 아닌 클래스에 관계된 것이기 때문에 인스턴스를 생성하지 않고도 사용할 수 있다.
  인스턴스 메서드와 static메서드의 근본적인 차이는 메서드 내에서 인스턴스 멤버를 사용하는가의 여부에 있다.

static이 사용될 수 있는 곳 – 멤버변수, 메서드, 초기화 블럭

제어자	대상	의 미
static	멤버변수	– 모든 인스턴스에 공통적으로 사용되는 클래스변수가 된다. – 클래스 변수는 인스턴스를 생성하지 않고도 사용 가능하다. – 클래스가 메모리에 로드될 때 생성된다.
	메서드	– 인스턴스를 생성하지 않고도 호출이 가능한 static메서드가 된다. – static메서드 내에서는 인스턴스 멤버들을 직접 사용할 수 없다.

인스턴스 멤버를 사용하지 않는 메서드는 static을 붙여서 static메서드로 선언하는 것을 고려하자. 가능하다면 static메서드로 하는 것이 인스턴스를 생성하지 않고도 호출이 가능해서 더 편리하고 속도도 더 빠르다.

| 참고 | static초기화 블럭은 클래스가 메모리에 로드될 때 단 한번만 수행되며, 주로 클래스 변수(static변수)의 초기화에 주로 사용된다.

```java
class StaticTest {
    static int width  = 200;       // 클래스 변수(static변수)
    static int height = 120;       // 클래스 변수(static변수)

    static {                        // 클래스 초기화 블럭
        // static변수의 복잡한 초기화 수행
    }

    static int max(int a, int b) {  // 클래스 메서드(static메서드)
        return a > b ? a : b;
    }
}
```

4.3 final - 마지막의, 변경될 수 없는

final은 '마지막의' 또는 '변경될 수 없는'의 의미를 가지고 있으며 거의 모든 대상에 사용될 수 있다.

변수에 사용되면 값을 변경할 수 없는 상수가 되며, 메서드에 사용되면 오버라이딩을 할 수 없게 되고 클래스에 사용되면 자신을 확장하는 자손 클래스를 정의하지 못하게 된다.

final이 사용될 수 있는 곳 - 클래스, 메서드, 멤버변수, 지역변수

제어자	대상	의미
final	클래스	변경될 수 없는 클래스, 확장될 수 없는 클래스가 된다. 그래서 final로 지정된 클래스는 다른 클래스의 조상이 될 수 없다.
	메서드	변경될 수 없는 메서드, final로 지정된 메서드는 오버라이딩을 통해 재정의될 수 없다.
	멤버변수	변수 앞에 final이 붙으면, 값을 변경할 수 없는 상수가 된다.
	지역변수	

| 참고 | 대표적인 final 클래스는 String과 Math가 있다.

```java
final class FinalTest {                 // 조상이 될 수 없는 클래스
    final int MAX_SIZE = 10;            // 값을 변경할 수 없는 멤버변수(상수)

    final void getMaxSize() {           // 오버라이딩할 수 없는 메서드(변경불가)
        final int LV = MAX_SIZE;        // 값을 변경할 수 없는 지역변수(상수)
        return LV;
    }
}
```

생성자를 이용한 final 멤버 변수의 초기화

final이 붙은 변수는 상수이므로 일반적으로 선언과 초기화를 동시에 하지만, 인스턴스 변수의 경우 생성자에서 초기화 되도록 할 수 있다.

   클래스 내에 매개변수를 갖는 생성자를 선언하여, 인스턴스를 생성할 때 final이 붙은 멤버 변수를 초기화하는데 필요한 값을 생성자의 매개변수로부터 제공받는 것이다.

   이 기능을 활용하면 각 인스턴스마다 final이 붙은 멤버변수가 다른 값을 갖도록 하는 것이 가능하다.

   만일 이것이 불가능하다면 클래스에 선언된 final이 붙은 인스턴스 변수는 모든 인스턴스에서 같은 값을 가져야만 할 것이다.

예를 들어 카드의 경우, 각 카드마다 다른 종류와 숫자를 갖지만, 일단 카드가 생성된 후에는 카드의 값이 변경되면 안 된다. 52장의 카드 중에서 하나만 잘못 바꿔도 같은 카드가 2장이 되는 일이 생기기 때문이다. 그래서 카드의 값을 바꾸기 보다는 카드의 순서를 바꾸는 쪽이 더 안전한 방법이다.

▼ 예제 7-12 / `FinalCardEx.java`

```java
class Card {
    final int NUMBER;              // 상수지만 선언과 함께 초기화 하지 않고
    final String KIND;             // 생성자에서 단 한번만 초기화할 수 있다.
    static int width  = 100;
    static int height = 250;

    Card(String kind, int num) {
        KIND = kind;
        NUMBER = num;
    }

    Card() {
        this("HEART", 1);
    }

    public String toString() {
        return KIND +" "+ NUMBER;
    }
}

class FinalCardEx {
    public static void main(String args[]) {
        Card c = new Card("HEART", 10);
//      c.NUMBER = 5;
        System.out.println(c.KIND);
        System.out.println(c.NUMBER);
        System.out.println(c); // System.out.println(c.toString());
    }
}
```

매개변수로 넘겨받은 값으로 KIND와 NUMBER를 초기화한다.

에러!!! cannot assign a value to final variable NUMBER

▼ 실행결과
```
HEART
10
HEART 10
```

4.4 abstract – 추상의, 미완성의

abstract는 '미완성'의 의미를 가지고 있다. 메서드의 선언부만 작성하고 실제 수행 내용은 구현하지 않은 추상 메서드를 선언하는데 사용된다.

그리고 클래스에 사용되어 클래스 내에 추상 메서드가 존재한다는 것을 쉽게 알 수 있게 한다. 보다 자세한 내용은 '추상 클래스'(p.405)에서 다룬다.

abstract가 사용될 수 있는 곳 – 클래스, 메서드

제어자	대상	의미
abstract	클래스	클래스 내에 추상 메서드가 선언되어 있음을 의미한다.
	메서드	선언부만 작성하고 구현부는 작성하지 않은 추상 메서드임을 알린다.

추상 클래스는 아직 완성되지 않은 메서드가 존재하는 '미완성 설계도'이므로 인스턴스를 생성할 수 없다.

```
abstract class AbstractTest {        // 추상 클래스 (추상 메서드를 포함한 클래스)
    abstract void move();            // 추상 메서드 (구현부가 없는 메서드)
}
```

꽤 드물지만 추상 메서드가 없는 클래스, 즉 완성된 클래스도 abstract를 붙여서 추상 클래스로 만드는 경우도 있다. 예를 들어, java.awt.event.WindowAdapter는 아래와 같이 아무런 내용이 없는 메서드들만 정의되어 있다. 이런 클래스는 인스턴스를 생성해봐야 할 수 있는 것이 아무것도 없다. 그래서 인스턴스를 생성하지 못하게 클래스 앞에 제어자 'abstract'를 붙여 놓은 것이다.

```
public abstract class WindowAdapter
    implements WindowListener, WindowStateListener, WindowFocusListener {
    public void windowOpened(WindowEvent e) {}
    public void windowClosing(WindowEvent e) {}
    public void windowClosed(WindowEvent e) {}
    public void windowIconified(WindowEvent e) {}
        ...
}
```

이 클래스 자체로는 쓸모가 없지만, 다른 클래스가 이 클래스를 상속받아서 일부의 원하는 메서드만 오버라이딩해도 된다는 장점이 있다. 만일 이 클래스가 없다면 아무런 내용도 없는 메서드를 잔뜩 오버라이딩해야 한다. 아직 추상 클래스와 인터페이스를 배우지 않았으니 '이런 경우도 있구나.'라고 가볍게 참고만 하기 바란다.

| 참고 | 가끔 이런 질문을 받기 때문에 참고로 적어놓은 것일 뿐이니 심각하게 고민하지 않기 바란다.

4.5 접근 제어자(access modifier)

접근 제어자는 멤버 또는 클래스에 사용되어, 해당하는 멤버 또는 클래스를 외부에서 접근하지 못하도록 제한하는 역할을 한다.

접근 제어자가 default임을 알리기 위해 실제로 default를 붙이지는 않는다. 클래스나 멤버변수, 메서드, 생성자에 접근 제어자가 지정되어 있지 않다면, 접근 제어자가 default임을 뜻한다.

> 접근 제어자가 사용될 수 있는 곳 – 클래스, 멤버변수, 메서드, 생성자
> private   같은 클래스 내에서만 접근이 가능
> default   같은 패키지 내에서만 접근이 가능
> protected   같은 패키지 내에서, 그리고 다른 패키지의 자손 클래스에서 접근이 가능
> public   접근 제한 없음

제어자	같은 클래스	같은 패키지	자손 클래스	전 체
public				
protected				
(default)				
private				

접근 범위가 넓은 쪽에서 좁은 쪽의 순으로 왼쪽부터 나열하면 다음과 같다.

> **public > protected > (default) > private**

public은 접근 제한이 전혀 없는 것이고, private은 같은 클래스 내에서만 사용하도록 제한하는 가장 높은 제한이다. 그리고 default는 같은 패키지내의 클래스에서만 접근이 가능하도록 하는 것이다.

마지막으로 protected는 패키지에 관계없이 상속관계에 있는 자손클래스에서 접근할 수 있도록 제한 하는 것이 목적이지만, 같은 패키지 내에서도 접근이 가능하다. 그래서 protected가 default보다 접근범위가 더 넓다.

| 참고 | 접근 제어자가 default라는 것은 아무런 접근 제어자도 붙이지 않는 것을 의미한다.

대 상	사용가능한 접근 제어자
클래스	public, (default)
메서드	public, protected, (default), private
멤버변수	public, protected, (default), private
지역변수	없 음

▲ 표7-1 대상에 따라 사용할 수 있는 접근 제어자

접근 제어자를 이용한 캡슐화

클래스나 멤버, 주로 멤버에 접근 제어자를 사용하는 이유는 클래스의 내부에 선언된 데이터를 보호하기 위해서이다.

데이터가 유효한 값을 유지하도록, 또는 비밀번호와 같은 데이터를 외부에서 함부로 변경하지 못하도록 하기 위해서는 외부로부터의 접근을 제한하는 것이 필요하다.

이것을 데이터 감추기(data hiding)라고 하며, 객체지향개념의 캡슐화(encapsulation)에 해당하는 내용이다.

또 다른 이유는 클래스 내에서만 사용되는, 내부 작업을 위해 임시로 사용되는 멤버변수나 부분 작업을 처리하기 위한 메서드 등의 멤버들을 클래스 내부에 감추기 위해서이다.

외부에서 접근할 필요가 없는 멤버들을 private으로 지정하여 외부에 노출시키지 않음으로써 복잡성을 줄일 수 있다. 이것 역시 캡슐화에 해당한다.

> 접근 제어자를 사용하는 이유
> – 외부로부터 데이터를 보호하기 위해서
> – 외부에는 불필요한, 내부적으로만 사용되는, 부분을 감추기 위해서

만일 메서드 하나를 변경해야 한다고 가정했을 때, 이 메서드의 접근 제어자가 public이라면, 메서드를 변경한 후에 오류가 없는지 테스트할 범위가 넓다. 그러나 접근 제어자가 default라면 패키지 내부만 확인해 보면 되고, private이면 클래스 하나만 살펴보면 된다.

이처럼 접근 제어자 하나가 때로는 상당한 차이를 만들어낼 수 있다. 접근 제어자를 적절히 선택해서 접근 범위를 최소화하도록 노력하자.

이제 구체적인 예제를 통해 자세히 알아보자. 시간을 표시하기 위한 클래스 Time이 다음과 같이 정의되어 있을 때,

```java
public class Time {
    public int hour;
    public int minute;
    public int second;
}
```

이 클래스의 인스턴스를 생성한 다음, 멤버 변수에 직접 접근하여 값을 변경할 수 있을 것이다.

```java
Time t = new Time();
t.hour = 25;
```

멤버변수 hour는 0보다는 같거나 크고 24보다는 작은 범위의 값을 가져야 하지만 위의 코드에서처럼 잘못된 값을 지정한다고 해도 이것을 막을 방법은 없다.

이런 경우 멤버 변수를 private이나 protected로 제한하고 멤버 변수의 값을 읽고 변경할 수 있는 public메서드를 제공함으로써 간접적으로 멤버 변수의 값을 다룰 수 있도록 하는 것이 바람직하다.

```
public class Time {
    private int hour;      ┐  접근 제어자를 private으로 하여 외부
    private int minute;    │  에서 직접 접근하지 못하게 한다.
    private int second;    ┘

    public int getHour() { return hour; }
    public void setHour(int hour) {
        if (hour < 0 || hour > 23) return;
        this.hour = hour;
    }
    public int getMinute() { return minute; }
    public void setMinute(int minute) {
        if (minute < 0 || minute > 59) return;
        this.minute = minute;
    }
    public int getSecond() { return second; }
    public void setSecond(int second) {
        if (second < 0 || second > 59) return;
        this.second = second;
    }
}
```

get으로 시작하는 메서드는 단순히 멤버 변수의 값을 반환하는 일을 하고, set으로 시작하는 메서드는 매개변수에 지정된 값을 검사하여 조건에 맞는 값일 때만 멤버 변수의 값을 변경하도록 작성되어 있다.

만일 상속을 통해 확장될 것이 예상되는 클래스라면 멤버에 접근 제한을 주되 자손 클래스에서 접근하는 것이 가능하도록 하기 위해 private대신 protected를 사용한다. private이 붙은 멤버는 자손 클래스에서도 접근이 불가능하기 때문이다.

보통 멤버 변수의 값을 읽는 메서드의 이름을 'get멤버변수이름'으로 하고, 멤버 변수의 값을 변경하는 메서드의 이름을 'set멤버변수이름'으로 한다. 반드시 그렇게 해야 하는 것은 아니지만 암묵적인 규칙이므로 특별한 이유가 없는 한 따르자. 그리고 get으로 시작하는 메서드를 '겟터(getter)', set으로 시작하는 메서드를 '셋터(setter)'라고 부른다.

▼ 예제 7-13/**TimeEx.java**

```
public class TimeEx {
    public static void main(String[] args) {
        Time t = new Time(12, 35, 30);
        System.out.println(t);
//      t.hour = 13;           ← 에러! 변수 hour의 접근
        t.setHour(t.getHour()+1);    // 현재 시간보다 1시간 후로 변경한다.
        System.out.println(t); // System.out.println(t.toString());과 같다.
    }
}
```

```java
class Time {
    private int hour, minute, second;

    Time(int hour, int minute, int second) {
        setHour(hour);
        setMinute(minute);
        setSecond(second);
    }

    public int getHour()             { return hour; }
    public void setHour(int hour) {
        if (hour < 0 || hour > 23) return;
        this.hour = hour;
    }
    public int getMinute()            { return minute; }
    public void setMinute(int minute) {
        if (minute < 0 || minute > 59) return;
        this.minute = minute;
    }
    public int getSecond()            { return second; }
    public void setSecond(int second) {
        if (second < 0 || second > 59) return;
        this.second = second;
    }
    public String toString() {
        return hour + ":" + minute + ":" + second;
    }
}
```

▼ 실행결과
```
12:35:30
13:35:30
```

Time클래스의 모든 멤버 변수의 접근 제어자를 private으로 하고, 이들을 다루기 위한 public메서드를 추가했다. 그래서 't.hour = 13;'과 같이 멤버 변수로의 직접 접근은 허가되지 않는다. 메서드를 통한 간접 접근만 허용된다.

| 참고 | 하나의 소스파일(*.java)에는 public클래스가 단 하나만 존재할 수 있으며, 소스 파일의 이름은 반드시 public클래스의 이름과 같아야 한다.

생성자의 접근 제어자

생성자에 접근 제어자를 사용함으로써 인스턴스의 생성을 제한할 수 있다. 보통 생성자의 접근 제어자는 클래스의 접근 제어자와 같지만, 다르게 지정할 수도 있다.

생성자의 접근 제어자를 private으로 지정하면, 외부에서 생성자에 접근할 수 없으므로 인스턴스를 생성할 수 없게 된다. 그래도 클래스 내부에서는 인스턴스를 생성할 수 있다.

```java
class Singleton {
    private Singleton() {  // 클래스 외부에서 호출 불가 (내부 호출 가능)
        ...
    }
    ...
}
```

대신 인스턴스를 생성해서 반환해주는 public메서드를 제공함으로써 외부에서 이 클래스의 인스턴스를 사용하도록 할 수 있다. 이 메서드는 public인 동시에 static이어야 한다.

```
class Singleton {
    ...
    private static Singleton s = new Singleton();
    private Singleton() {
        ...
    }
    // 인스턴스를 생성하지 않고도 호출할 수 있어야 하므로 static이어야 한다.
    public static Singleton getInstance() {
        return s ;
    }
    ...
}
```

> getInstance()에서 사용할 수 있게 인스턴스가 미리 생성되어야 하므로 static이어야 한다.

이처럼 생성자를 통해 직접 인스턴스를 생성하지 못하게 하고 public메서드를 통해 인스턴스에 접근하게 함으로써 사용할 수 있는 인스턴스의 개수를 제한할 수 있다.

또 한 가지, 생성자가 private인 클래스는 다른 클래스의 조상이 될 수 없다. 왜냐하면, 자손 클래스의 인스턴스를 생성할 때 조상 클래스의 생성자를 호출해야만 하는데, 생성자의 접근 제어자가 private이므로 자손에서 호출하는 것이 불가능하기 때문이다.

그래서 클래스 앞에 final을 더 추가하여 상속할 수 없는 클래스라는 것을 알리는 것이 좋다.

Math클래스는 몇 개의 상수와 static메서드만으로 구성되어 있기 때문에 인스턴스를 생성할 필요가 없다. 그래서 외부로부터의 불필요한 접근을 막기 위해 다음과 같이 생성자의 접근 제어자를 private으로 지정하였다.

```
public final class Math {
    private Math() {}
    ...
}
```

▼ 예제 7-14/SingletonEx.java

```
final class Singleton {
    private static Singleton s = new Singleton();
    private Singleton() {
        //...
    }

    public static Singleton getInstance() {
        if(s==null)
            s = new Singleton();
        return s;
    }
}
```

```
class SingletonEx {
    public static void main(String args[]) {
//      Singleton s = new Singleton();
        Singleton s = Singleton.getInstance();
    }
}
```

에러! Singleton( ) has private access in Singleton

4.6 제어자(modifier)의 조합

지금까지 접근 제어자와 static, final, abstract에 대해서 학습했다. 이 외에도 더 많은 제어자들이 있으나 관련 내용이 현재 학습 범위를 넘어선다고 판단되어 생략하였다. 이들은 앞으로 자바를 더 깊게 공부하게 되면서 자연스럽게 알게 될 것이다.

제어자가 사용될 수 있는 대상을 중심으로 제어자를 정리해보았다. 제어자의 기본적인 의미와 그 대상에 따른 의미 변화를 다시 한 번 되새겨 보도록 하자.

대상	사용 가능한 제어자
클래스	public, (default), final, abstract
메서드	모든 접근 제어자, final, abstract, static
멤버변수	모든 접근 제어자, final, static
지역변수	final

▲ 표7-2 대상에 따라 사용할 수 있는 제어자

마지막으로 제어자를 조합해서 사용할 때 주의해야 할 사항에 대해 정리해 보았다.

1. **메서드에 static과 abstract를 함께 사용할 수 없다.**
   static메서드는 몸통이 있는 메서드에만 사용할 수 있기 때문이다.

2. **클래스에 abstract와 final을 동시에 사용할 수 없다.**
   클래스에 사용되는 final은 클래스를 확장할 수 없다는 의미이고 abstract는 상속을 통해서 완성되어야 한다는 의미이므로 서로 모순되기 때문이다.

3. **abstract메서드의 접근 제어자가 private일 수 없다.**
   abstract메서드는 자손클래스에서 구현해주어야 하는데 접근 제어자가 private이면, 자손클래스에서 접근할 수 없기 때문이다.

4. **메서드에 private과 final을 같이 사용할 필요는 없다.**
   접근 제어자가 private인 메서드는 오버라이딩될 수 없기 때문이다. 이 둘 중 하나만 사용해도 의미가 충분하다.

5. 다형성(polymorphism)

5.1 다형성이란?

상속과 함께 객체지향개념의 중요한 특징 중의 하나인 다형성에 대해서 배워 보자. 다형성은 상속과 깊은 관계가 있으므로 학습하기에 앞서 상속에 대해 충분히 알고 있어야 한다.

객체지향개념에서 다형성이란 '여러 가지 형태를 가질 수 있는 능력'을 의미하며, 자바에서는 한 타입의 참조 변수로 여러 타입의 객체를 참조할 수 있도록 함으로써 다형성을 프로그램적으로 구현하였다.

이를 좀 더 구체적으로 말하자면, **조상 타입의 참조 변수로 자손의 인스턴스를 참조할 수 있도록 하였다**는 것이다. 예제를 통해서 보다 자세히 알아보자.

```
class Tv {
    boolean power;       // 전원 상태(on/off)
    int channel;         // 채널

    void power()         {   power = !power;  }
    void channelUp()     {   ++channel;       }
    void channelDown()   {   --channel;       }
}

class CaptionTv extends Tv {
    String text;         // 캡션을 보여 주기 위한 문자열
    void caption() { /* 내용생략 */}
}
```

Tv클래스와 CaptionTv클래스가 이와 같이 정의되어 있을 때, 두 클래스의 관계를 그림으로 나타내면 아래와 같다.

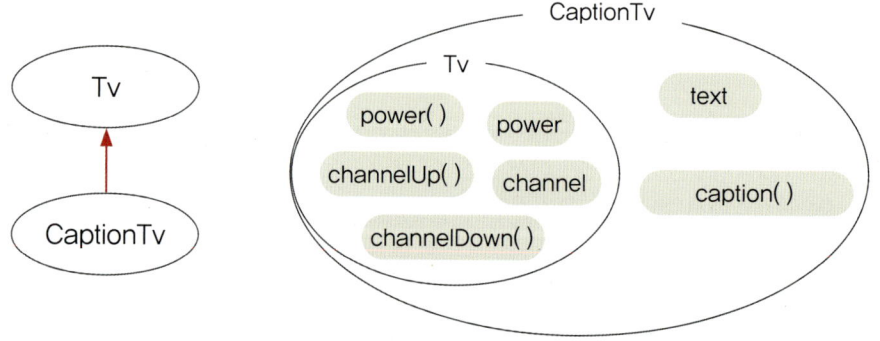

클래스 Tv와 CaptionTv는 서로 상속관계에 있으며, 이 두 클래스의 인스턴스를 생성하고 사용하기 위해서는 다음과 같이 할 수 있다.

```
Tv t = new Tv();
CaptionTv c = new CaptionTv();
```

지금까지 우리는 생성된 인스턴스를 다루기 위해서, 인스턴스의 타입과 일치하는 타입의 참조 변수만을 사용했다. 즉, Tv인스턴스를 다루기 위해서는 Tv타입의 참조 변수를 사용하고, CaptionTv인스턴스를 다루기 위해서는 CaptionTv타입의 참조 변수를 사용했다.

　이처럼 인스턴스의 타입과 참조 변수의 타입이 일치하는 것이 보통이지만, Tv와 CaptionTv클래스가 서로 상속 관계에 있을 경우, 다음과 같이 조상 클래스 타입의 참조 변수로 자손 클래스의 인스턴스를 참조하도록 하는 것도 가능하다.

```
Tv t = new CaptionTv();  // 조상 타입의 참조 변수로 자손 인스턴스를 참조
```

그러면 이제 인스턴스를 같은 타입의 참조 변수로 참조하는 것과 조상 타입의 참조 변수로 참조하는 것은 어떤 차이가 있는지에 대해서 알아보자.

```
CaptionTv c = new CaptionTv();
Tv        t = new CaptionTv();
```

위의 코드에서 CaptionTv인스턴스 2개를 생성하고, 참조 변수 c와 t가 생성된 인스턴스를 하나씩 참조하게 하였다. 이 경우 실제 인스턴스가 CaptionTv타입이라도, 참조 변수 t로는 CaptionTv인스턴스의 모든 멤버를 사용할 수 없다.

　Tv타입의 참조 변수로는 CaptionTv인스턴스 중에서 Tv클래스의 멤버들(상속받은 멤버포함)만 사용할 수 있다. 따라서, 생성된 CaptionTv인스턴스의 멤버 중에서 Tv클래스에 정의 되지 않은 멤버, text와 caption()은 참조 변수 t로 사용이 불가능하다. 즉, t.text 또는 t.caption()와 같이 할 수 없다는 것이다. **둘 다 같은 타입의 인스턴스지만 참조 변수의 타입에 따라 사용할 수 있는 멤버의 개수가 달라진다.**

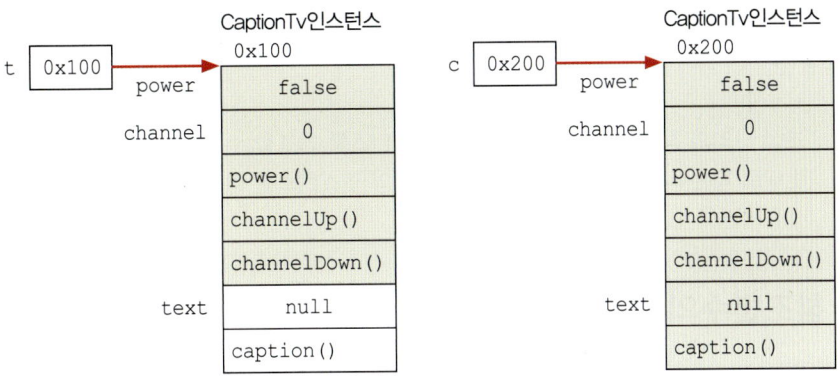

| 참고 | 실제로는 최고 조상인 Object클래스로부터 상속받은 멤버도 포함되어야 하지만 간단히 하기위해 생략했다.

반대로 아래와 같이 자손타입의 참조 변수로 조상 타입의 인스턴스를 참조하는 것은 가능할까?

```
CaptionTv c = new Tv();
```

가능하지 않다. 위의 코드를 컴파일 하면 에러가 발생한다. 그 이유는 실제 인스턴스인 Tv의 멤버 개수보다 참조 변수 c가 사용할 수 있는 멤버 개수가 더 많기 때문이다. 그래서 이를 허용하지 않는다.

CaptionTv클래스에는 text와 caption( )이 정의되어 있으므로 참조변수 c로는 c.text, c.caption( )과 같은 방식으로 c가 참조하고 있는 인스턴스에서 text와 caption( )을 사용하려 할 수 있다.

하지만, c가 참조하고 있는 인스턴스는 Tv타입이고, Tv타입의 인스턴스에는 text와 caption( )이 존재하지 않기 때문에 이들을 사용하려 하면 문제가 발생한다.

그래서, 자손 타입의 참조 변수로 조상타 입의 인스턴스를 참조하는 것은 존재하지 않는 멤버를 사용하고자 할 가능성이 있으므로 허용하지 않는 것이다. **참조변수가 사용할 수 있는 멤버의 개수는 인스턴스의 멤버 개수보다 같거나 적어야 한다.**

| 참고 | 클래스는 상속을 통해서 확장될 수는 있어도 축소될 수는 없어서, 조상 인스턴스의 멤버 개수는 자손 인스턴스의 멤버 개수보다 항상 적거나 같다.

참조 변수의 타입이 참조하고 있는 인스턴스에서 사용할 수 있는 멤버의 개수를 결정한다는 사실을 이해하는 것은 매우 중요하다.

그렇다면, 인스턴스의 타입과 일치하는 참조 변수를 사용하면 인스턴스의 멤버들을 모두 사용할 수 있을 텐데 왜 조상 타입의 참조변수를 사용해서 인스턴스의 일부 멤버만을 사용하도록 할까?

이에 대한 답은 앞으로 배우게 될 것이며, 지금은 조상 타입의 참조 변수로도 자손 클래스의 인스턴스를 참조할 수 있다는 것과 그 차이에 대해서만 이해하면 된다.

| 참고 | 모든 참조변수는 null 또는 주소값이 저장되며, 참조 변수의 타입은 참조할 수 있는 객체의 종류와 사용할 수 있는 멤버의 수를 결정한다.

> 조상 타입의 참조 변수로 자손 타입의 인스턴스를 참조할 수 있다.
> 반대로 자손 타입의 참조 변수로 조상 타입의 인스턴스를 참조할 수는 없다.

5.2 참조변수의 형변환

기본형 변수와 같이 참조 변수도 형변환이 가능하다. 단, 서로 상속 관계에 있는 클래스사이에서만 가능하기 때문에 자손 타입의 참조 변수를 조상 타입의 참조 변수로, 조상 타입의 참조 변수를 자손 타입의 참조 변수로의 형변환만 가능하다.

| 참고 | 바로 윗 조상이나 자손이 아닌, 조상의 조상으로도 형변환이 가능하다. 따라서 모든 참조 변수는 모든 클래스의 조상인 Object클래스 타입으로 형변환이 가능하다.

기본형 변수의 형변환에서 작은 자료형에서 큰 자료형의 형변환은 생략이 가능하듯이, 참조형 변수의 형변환에서는 자손 타입의 참조 변수를 조상 타입으로 형변환하는 경우에는 형변환을 생략할 수 있다.

> 자손타입 → 조상타입(Up-casting)   : 형변환 생략가능
> 자손타입 ← 조상타입(Down-casting) : 형변환 생략불가

조상 타입의 참조변수를 자손타입의 참조변수로 변환하는 것을 '다운 캐스팅(down-casting)'이라고 하며, 자손타입의 참조변수를 조상타입의 참조변수로 변환하는 것을 '업 캐스팅(up-casting)'이라고 한다.

참조 변수간의 형변환 역시 캐스트 연산자를 사용하며, 괄호( )안에 변환하고자 하는 타입의 이름(클래스 이름)을 적어주면 된다.

```java
class Car {
    String color;
    int door;
    void drive() {              // 운전하는 기능
        System.out.println("drive, Brrrr~");
    }
    void stop() {               // 멈추는 기능
        System.out.println("stop!!!");
    }
}
class FireEngine extends Car {  // 소방차
    void water() {              // 물 뿌리는 기능
        System.out.println("water!!!");
    }
}
class Ambulance extends Car {   // 앰뷸런스
    void siren() {              // 사이렌을 울리는 기능
        System.out.println("siren~~~");
    }
}
```

이와 같이 세 클래스, Car, FireEngine, Ambulance가 정의되어 있을 때, 이 세 클래스간의 관계를 그림으로 표현하면 아래와 같다.

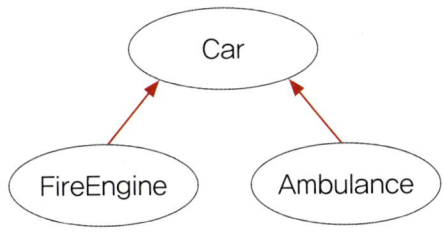

| 참고 | 이처럼 클래스 간의 상속관계를 그림으로 나타내 보면, 형변환의 가능여부를 쉽게 확인할 수 있다.

Car클래스는 FireEngine클래스와 Ambulance클래스의 조상이다. 그렇다고 해서 FireEngine클래스와 Ambulance클래스가 형제 관계는 아니다. 자바에서는 조상과 자식 관계만 존재하기 때문에 FireEngine클래스와 Ambulance클래스는 서로 아무런 관계가 없다.

따라서 Car타입의 참조 변수와 FireEngine타입의 참조 변수 그리고 Car타입의 참조 변수와 Ambulance타입의 참조 변수 간에는 서로 형변환이 가능하지만, FireEngine타입의 참조 변수와 Ambulance타입의 참조 변수는 서로 형변환이 가능하지 않다.

```
FireEngine f;
Ambulance  a;
a = (Ambulance)f;          // 에러. 상속관계가 아닌 클래스간의 형변환 불가
f = (FireEngine)a;         // 에러. 상속관계가 아닌 클래스간의 형변환 불가
```

먼저 Car타입 참조변수와 FireEngine타입 참조변수 간의 형변환을 예로 들어보자.

```
Car car = null;
FireEngine fe = new FireEngine();
FireEngine fe2 = null;

car = fe;                  // car = (Car)fe;에서 형변환 생략됨. 업캐스팅
fe2 = (FireEngine)car;     // 형변환을 생략불가. 다운 캐스팅
```

참조 변수 car와 fe의 타입이 서로 다르기 때문에, 대입 연산(=)이 수행되기 전에 형변환을 수행하여 두 변수간의 타입을 맞춰주어야 한다.
   그러나, 자손 타입의 참조 변수를 조상 타입의 참조 변수에 할당할 경우 형변환을 생략할 수 있어서 'car = fe;'와 같이 하였다. 원칙적으로는 'car = (Car)fe;'와 같이 해야 한다.
   반대로 조상 타입의 참조 변수를 자손 타입의 참조 변수에 저장할 경우 형변환을 생략할 수 없으므로, 'fe2 = (FireEngine)car;'와 같이 명시적으로 형변환을 해주어야 한다.

참고로 형변환을 생략할 수 있는 경우와 생략할 수 없는 경우에 대한 이유를 설명하자면 다음과 같다.
   Car타입의 참조 변수 c가 있다고 가정하자. 참조 변수 c가 참조하고 있는 인스턴스는 아마도 Car인스턴스이거나 자손인 FireEngine인스턴스일 것이다.
   Car타입의 참조 변수 c를 Car타입의 조상인 Object타입의 참조 변수로 형변환 하는 것은 참조 변수가 다룰 수 있는 멤버의 개수가 실제 인스턴스가 갖고 있는 멤버의 개수보다 적을 것이 분명하므로 문제가 되지 않는다. 그래서 형변환을 생략할 수 있도록 한 것이다.

하지만, Car타입의 참조 변수 c를 자손인 FireEngine타입으로 변환하는 것은 참조 변수가 다룰 수 있는 멤버의 개수를 늘리는 것이므로, 실제 인스턴스의 멤버 개수보다 참조 변수가 사용할 수 있는 멤버의 개수가 더 많아지므로 문제가 발생할 가능성이 있다.

그래서 자손 타입으로의 형변환은 생략할 수 없으며, 형변환을 수행하기 전에 instanceof 연산자를 사용해서 참조 변수가 참조하고 있는 실제 인스턴스의 타입을 확인하는 것이 안전하다.

형변환은 참조 변수의 타입을 변환하는 것이지 인스턴스를 변환하는 것은 아니기 때문에 참조 변수의 형변환은 인스턴스에 아무런 영향을 미치지 않는다.

단지 참조 변수의 형변환을 통해서, 참조하고 있는 인스턴스에서 사용할 수 있는 멤버의 범위(개수)를 조절하는 것뿐이다.

전에 예로 든 'Tv t = new CaptionTv( );'도 'Tv t = (Tv)new CaptionTv( );'의 생략된 형태이다. 이해가 잘 안 간다면, 'Tv t = (Tv)new CaptionTv( );'는 아래의 두 줄을 간략히 한 것이라고 생각하면 이해하기 쉽다.

```
CaptionTv c = new CaptionTv();
Tv t = (Tv)c;
```

▼ 예제 7-15 / **CastingEx.java**

```java
class CastingEx {
    public static void main(String args[]) {
        Car car = null;
        FireEngine fe = new FireEngine();
        FireEngine fe2 = null;

        fe.water();
        car = fe;      // car =(Car)fe;에서 형변환이 생략된 형태다.
//      car.water();     ● 컴파일 에러!!! Car타입의
        fe2 = (FireEngine)car; // 자손타입 ← 조상타입    참조변수로는 water( )를
        fe2.water();                                    호출할 수 없다.
    }
}

class Car {
    String color;
    int door;

    void drive() {     // 운전하는 기능
        System.out.println("drive, Brrrr~");
    }

    void stop() {      // 멈추는 기능
        System.out.println("stop!!!");
    }
}

class FireEngine extends Car {    // 소방차
    void water() {     // 물을 뿌리는 기능
        System.out.println("water!!!");
    }
}
```

▼ 실행결과
```
water!!!
water!!!
```

이 예제의 주요 실행 과정을 그림과 함께 자세히 살펴보자.

1. `Car car = null;`
   Car타입의 참조 변수 car를 선언하고 null로 초기화한다.

2. `FireEngine fe = new FireEngine();`
   FireEngine인스턴스를 생성하고 FireEngine타입의 참조 변수가 참조하도록 한다.

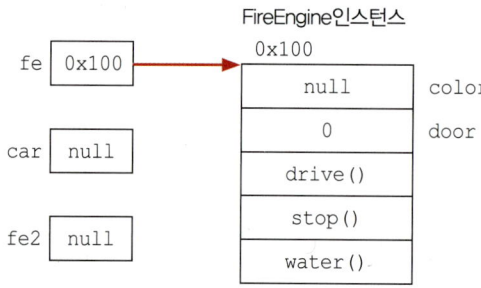

3. `car = fe;` // 조상 타입 ← 자손 타입
   참조 변수 fe가 참조하고 있는 인스턴스를 참조변수 car가 참조하도록 한다. fe의 값(fe가 참조하고 있는 인스턴스의 주소)이 car에 저장된다. 이 때 두 참조 변수의 타입이 다르므로 참조변수 fe가 형변환되어야 하지만 생략되었다.
   이제는 참조 변수 car를 통해서도 FireEngine인스턴스를 사용할 수 있지만, fe와는 달리 car는 Car타입이므로 Car클래스의 멤버가 아닌 water( )는 사용할 수 없다.

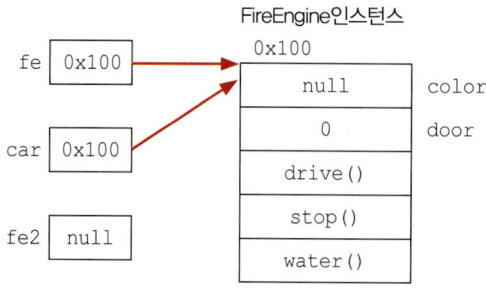

4. `fe2 = (FireEngine)car;` // 자손 타입 ← 조상 타입
   참조 변수 car가 참조하고 있는 인스턴스를 참조변수 fe2가 참조하도록 한다. 이 때 두 참조 변수의 타입이 다르므로 참조 변수 car를 형변환하였다. car에는 FireEngine인스턴스의 주소가 저장되어 있으므로 fe2에도 FireEngine인스턴스의 주소가 저장된다.
   이제는 참조 변수 fe2를 통해서도 FireEngine인스턴스를 사용할 수 있지만, car와는 달리, fe2는 FireEngine타입이므로 FireEngine인스턴스의 모든 멤버들을 사용할 수 있다.

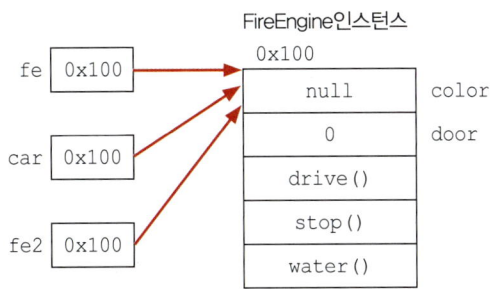

▼ 예제 7-16/CastingEx2.java

```
class CastingEx2 {
    public static void main(String args[]) {
        Car car = new Car();
        Car car2 = null;
        FireEngine fe = null;

        car.drive();
        fe = (FireEngine)car;      // 8번째 줄. 컴파일은 OK. 실행 시 에러가 발생
        fe.drive();
        car2 = fe;
        car2.drive();
    }
}
```

▼ 실행결과
```
drive, Brrrr~
java.lang.ClassCastException: Car
        at CastingEx2.main(CastingEx2.java:8)
```

이 예제는 컴파일은 성공하지만, 실행 시 에러(ClassCastException)가 발생한다. 에러가 발생한 곳은 문장은 'CastingEx2.java'의 8번째 라인인 'fe = (FireEngine)car;'이며, 발생이유는 형변환에 오류가 있기 때문이다. 캐스트 연산자를 이용해서 조상 타입의 참조변수를 자손 타입의 참조 변수로 형변환한 것이기 때문에 문제가 없어 보이지만, 문제는 참조 변수 car가 참조하고 있는 인스턴스가 Car타입의 인스턴스라는데 있다. 전에 배운 것처럼 조상 타입의 인스턴스를 자손타입의 참조 변수로 참조하는 것은 허용되지 않는다.

위의 예제에서 'Car car = new Car();'를 'Car car = new FireEngine();'와 같이 변경하면, 컴파일할 때 뿐 만 아니라 실행할 때도 에러가 발생하지 않을 것이다.

컴파일 시에는 참조 변수간의 타입만 체크하기 때문에 실행 시 생성될 인스턴스의 타입에 대해서는 전혀 알지 못한다. 그래서 컴파일 시에는 문제가 없었지만, 실행 시에는 에러가 발생하여 실행이 비정상적으로 종료된 것이다.

> 서로 상속 관계에 있는 타입간의 형변환은 양방향으로 자유롭게 수행될 수 있으나, **참조 변수가 가리키는 인스턴스의 자손 타입으로 형변환은 허용되지 않는다. 그래서 참조 변수가 가리키는 인스턴스의 타입이 무엇인지 확인하는 것이 중요하다.**

5.3 instanceof 연산자

참조 변수가 참조하고 있는 인스턴스의 실제 타입을 알아보기 위해 instanceof연산자를 사용한다. 주로 조건문에 사용되며, instanceof의 왼쪽에는 참조 변수를 오른쪽에는 타입(클래스명)이 피연산자로 위치한다. 그리고 연산의 결과로 boolean값인 true와 false 중의 하나를 반환한다.

   instanceof를 이용한 연산 결과로 true를 얻었다는 것은 참조변수가 검사한 타입으로 형변환이 가능하다는 것을 뜻한다.

| 참고 | 값이 null인 참조 변수에 대해 instanceof연산을 수행하면 false를 결과로 얻는다.

```
void doWork(Car c) {
    if (c instanceof FireEngine) {
        FireEngine fe = (FireEngine)c;
        fe.water();
            ...
    } else if (c instanceof Ambulance) {
        Ambulance a = (Ambulance)c;
        a.siren();
            ...
    }
        ...
}
```

위의 코드는 Car타입의 참조 변수 c를 매개변수로 하는 메서드이다. 이 메서드가 호출될 때, 매개변수로 Car클래스 또는 그 자손 클래스의 인스턴스를 넘겨받겠지만 메서드 내에서는 정확히 어떤 인스턴스인지 알 길이 없다. 그래서 instanceof연산자를 이용해서 참조변수 c가 가리키고 있는 인스턴스의 타입을 체크하고, 적절히 형변환한 다음에 작업을 해야 한다.

   조상 타입의 참조 변수로 자손타입의 인스턴스를 참조할 수 있기 때문에, 참조 변수의 타입과 인스턴스의 타입이 항상 일치하지는 않는다는 것을 배웠다. 조상 타입의 참조 변수로는 실제 인스턴스의 멤버들을 모두 사용할 수 없기 때문에, 실제 인스턴스와 같은 타입의 참조 변수로 형변환을 해야만 인스턴스의 모든 멤버들을 사용할 수 있다.

▼ 예제 7-17/`InstanceofEx.java`

```
class InstanceofEx {
    public static void main(String args[]) {
        FireEngine fe = new FireEngine();

        if(fe instanceof FireEngine) {
            System.out.println("This is a FireEngine instance.");
        }

        if(fe instanceof Car) {
```

```java
            System.out.println("This is a Car instance.");
        }

        if(fe instanceof Object) {
            System.out.println("This is an Object instance.");
        }

        System.out.println(fe.getClass().getName());  // 클래스의 이름을 출력
    }
} // class
class Car {}
class FireEngine extends Car {}
```

▼ 실행결과

```
This is a FireEngine instance.
This is a Car instance.
This is an Object instance.
FireEngine
```

생성된 인스턴스는 FireEngine타입인데도, Object타입과 Car타입의 instanceof연산에서도 true를 결과로 얻었다. 그 이유는 FireEngine클래스는 Object클래스와 Car클래스의 자손 클래스이므로 조상의 멤버들을 상속받았기 때문에, FireEngine인스턴스는 Object인스턴스와 Car인스턴스를 포함하고 있는 셈이기 때문이다.

요약하면, 실제 인스턴스와 같은 타입의 instanceof연산 이외에 조상 타입의 instanceof 연산에도 true를 결과로 얻으며, instanceof연산의 결과가 true라는 것은 검사한 타입으로의 형변환을 해도 아무런 문제가 없다는 뜻이다.

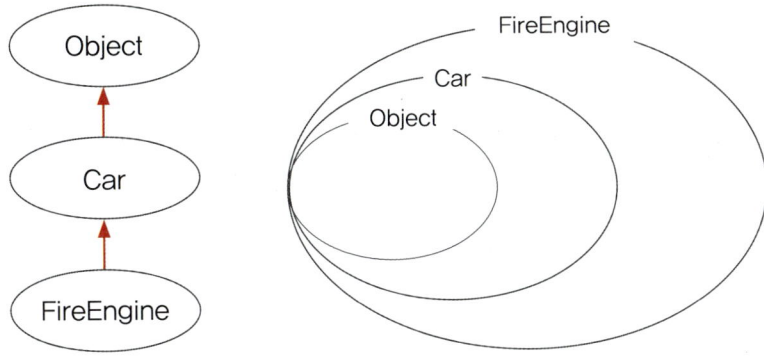

'참조변수.getClass( ).getName( )'은 참조변수가 가리키고 있는 인스턴스의 클래스 이름을 문자열(String)로 반환한다. getClass( )에 대한 자세한 내용은 9장에서 배우게 된다.

> 어떤 타입에 대한 instanceof연산의 결과가 true라는 것은 검사한 타입으로 형변환이 가능하다는 것을 뜻한다.

instanceof를 위한 패턴매칭

많은 경우에 instanceof는 참조변수의 형변환과 같이 사용되기 때문에 instanceof의 다음에 오는 형변환을 생략할 수 있는 문법이 추가되었다. 그래서 아래의 왼쪽의 코드를 오른쪽과 같이 간단히 할 수 있다.

```
if(c instanceof FireEngine){              if(c instanceof FireEngine fe){
    FireEngine fe = (FireEngine)c;            fe.water();
    fe.water();                               ...
    ...
```

위의 오른쪽 코드의 참조변수 fe는 왼쪽에서 처럼 if문의 블럭{}내에 선언된 지역 변수이므로 블럭{} 밖에서는 사용할 수 없다. 그러나 다음 같은 경우는 예외적으로 블럭{} 밖에서도 사용할 수 있다.

```
if(!(obj instanceof Point p)) {
    return false;
}
// Point p = (Point)obj;
return x == p.x && y == p.y; // OK. 참조변수 p를 범위 밖에서도 사용 가능
```

만일 위의 코드가 허용되지 않는다면, 주석처리한 형변환이 필요할 것이다. 한가지 더 예를 들면 아래의 왼쪽 코드에 새로운 문법을 적용하면, 형변환이 사라지기 때문에 오른쪽과 같이 두개의 if문을 하나로 합칠수 있어서 더 간단한 코드를 작성할 수 있다.

```
if(obj instanceof Point){                 if(obj instanceof Point p &&
    Point p = (Point)obj;                     x==p.x && y==p.y){
    if(x==p.x && y==p.y) {                    ...
        ...
```

이와 같은 instanceof와 같은 패턴 매칭과 조건식을 결합이 가능한 경우는 '&&' 연산자로 할 때만 가능하다. '||' 연산자의 경우는 조건식을 결합할 수 없다. '&&' 연산자와 달리 '||' 연산자는 왼쪽 피연산자가 false이어도 오른쪽 피연산자를 평가하기 때문이다.

```
if(obj instanceof Point p || x==p.x) { // 에러.
```

이제 예제를 통해서 지금까지 배운 내용을 직접 확인해 보자.

▼ 예제 7-18/InstanceofEx2.java

```java
public class InstanceofEx2 {
    public static void main(String[] args) {
        Point2D p  = new Point2D(1,1);
        Point2D p2 = new Point2D(1,1);
        Point2D p3 = new Point2D(0,0);
        System.out.println("p  = " + p);
        System.out.println("p2 = " + p2);
        System.out.println("p3 = " + p3);
        System.out.println("p.equals(p2)==" + p.equals(p2));
        System.out.println("p.equals(p3)==" + p.equals(p3));
    }
}

class Point2D {
    private int x;
    private int y;

    Point2D(int x, int y){
        this.x = x;
        this.y = y;
    }

    public boolean equals(Object obj) {
//        if(!(obj instanceof Point2D))
//            return false;
//
//        Point2D p = (Point2D)obj;
//        return x == p.x && y == p.y;
        return (obj instanceof Point2D p) && x == p.x && y == p.x;
    }
    public String toString() {
        return "("+x+","+y+")";
    }
}
```

▼ 실행결과

```
p  = (1,1)
p2 = (1,1)
p3 = (0,0)
p.equals(p2)==true
p.equals(p3)==false
```

2차원 좌표 위의 한 점을 표현하기 위한 Point2D클래스를 정의하고 세 개의 Point2D객체를 생성해서 비교하는 예제이다. equals( )는 이 세 개의 점의 좌표, x와 y의 값을 비교해서 같으면 true, 다르면 false를 반환한다. 예전 같으면 주석처리한 부분과 같은 코드를 작성해야 했지만, 이젠 새로운 문법 덕분에 간단히 한줄로 가능하다.

switch문을 위한 패턴매칭

지금까지 switch문의 조건식에 기본형과 String만 사용할 수 있었는데, JDK 21부터 참조형도 가능하게 확장되었다. 이러한 변경은 앞으로 12장에서 배울 열거형과 레코드 등의 새로운 기능과 함께 사용되어 코드를 더 간결하고 견고하게 작성할 수 있게 도와준다.

```java
// Rectangle, Triangle, Circle은 Shape의 자손
double getArea(Shape s){ // 도형(Shape)의 면적을 계산하는 메서드
    double area = 0.0;
    if(s instanceof Rectangle r) {
        area = r.getWidth() * r.getHeight();
    } else if(s instanceof Triangle t) {
        area = t.getWidth() * t.getHeight() * 0.5;
    } else if(s instanceof Circle c) {
        area = c.getRadius() * c.getRadius() * Math.PI;
    } else {
        area = -1.0;
    }
    return area;
}
```

예전 같으면 위와 같이 작성했을 코드를 다음과 같이 switch식으로 간단히 할 수 있다.

```java
double getArea(Shape s){
    return switch(s) {
        case Rectangle r -> r.getWidth() * r.getHeight();
        case Triangle  t -> t.getWidth() * t.getHeight() * 0.5;
        case Circle    c -> c.getRadius()*c.getRadius()*Math.PI;
        default -> -1.0; // 그 외의 모든 case를 처리. s가 null인 경우 제외
    }
}
```

여기서 두 가지 주의사항이 있는데, 하나는 switch식의 조건식이 참조 변수일 때 가능한 모든 경우의 수(null인 경우는 제외)를 처리해야 한다는 것이다. 앞으로 Shape클래스의 자손은 얼마든지 새로 추가될 수 있으므로 default가 반드시 필요하다.

> **참고** 앞으로 배울 실드 클래스(sealed class)는 자손의 개수를 제한할 수 있으므로 default가 필수는 아니다.

```java
double getArea(Shape s){
    // switch문과 달리 switch식은 어떤 경우에도 값을 반환해야 함
    return switch(s) {
        case Rectangle r -> r.getWidth() * r.getHeight();
        case Triangle  t -> t.getWidth() * t.getHeight() * 0.5;
        case Circle    c -> c.getRadius()*c.getRadius()*Math.PI;
        // 에러. case부족. 처리되지 않은 case가 있다.
    }
}
```

switch식은 조건식의 참조변수가 null인 경우, 실행 중에 에러(NullPointerException)가 발생한다. default는 참조변수가 null인 경우를 처리하지 않는다는 점에 유의하자.

| 참고 | 실행 중 에러를 처리하는 방법은 8장 예외처리에서 자세히 설명한다.

```
double getArea(Shape s){
    return switch(s) { // s가 null이면 NullPointerException 발생
        case Rectangle r -> r.getWidth() * r.getHeight();
        case Triangle  t -> t.getWidth() * t.getHeight() * 0.5;
        case Circle    c -> c.getRadius()*c.getRadius()*Math.PI;
        default -> -1.0; // 그 외의 모든 case를 처리. s가 null인 경우 제외
    }
}
```

JDK 21부터 다음과 같이 null을 처리하는 case를 추가하는 것이 가능해졌다. null을 처리하는 case가 있으면, 참조변수가 null이어도 실행 중에 에러가 발생하지 않는다.

```
double getArea(Shape s){
    return switch(s) {
        case null -> 0; // s가 null이면 0을 반환. default보다 위에 놓는다.
        ...
```

또 다른 주의사항은 case의 순서에 관한 것이다. 아래와 같이 모든 제품의 최고 조상인 Product클래스가 있고, Tv는 CaptionTv와 SmartTv의 조상일 때

```
class Product { }
class Tv        extends Product { }
class CaptionTv extends Tv { }
class SmartTv   extends Tv { }
```

제품을 구입하는 buy( )는 다음과 같이 작성할 수 있는데, case의 순서에 주의해야 한다.

```
void buy(Product p) {
    bonus += switch(p) {
        case CaptionTv c -> 120; // OK
        case Tv t -> 100;        // Tv와 Tv의 모든 자손을 처리
        case SmartTv t -> 200;   // 에러. 절대 실행 되지 않음
        ...
        default -> 0;
    };
```

case는 첫 번째 것부터 내려가면서 순서대로 평가하기 때문에, Tv타입의 case가 위에 있으면 이 case가 모든 종류의 Tv를 처리하므로 그 아래에 있는 SmartTv타입을 처리하는 case는 절대 실행될 수 없다. 그래서 두 case의 순서를 바꿔야 한다.

마지막으로 한가지만 더 살펴보고 나머지 세부적인 사항은 아직 배우지 않은 열거형(enum)이나 실드 클래스(sealed class) 등과 관계가 있으므로 진도에 맞게 추가해서 설명할 것이다.

```
        String getStringType(String str){
            return switch(str){
                case null -> "null";
                case String s -> {
                    if(s.isEmpty()) {
                        yield "empty";
                    }
                    if(s.isBlank()){
                        yield "blank";
                    }
                    yield "String";
                }
//              default -> "String"; // 이미 모든 경우가 처리되어 없어도 OK
            };
        }
```

switch문의 참조변수 str의 타입이 String이고 마지막 case의 타입이 String이므로 빠지는 경우 없이 모두 처리된다. 따라서 default가 없어도 된다. switch문의 조건식이 참조변수인 경우, 모든 경우가 빠짐없이 처리되어야 한다는 점을 잊지말자.

위와 같이 case안에 if문이 중첩된 경우는 다음과 같이 case-when으로 간결하면서도 명확하게 작성하는 것이 좋다.

```
        String getStringType(String str){
            String type = switch(str){
                case null -> "null";
                // str이 String타입이고, str.isEmpty()가 true인 경우
                case String s when s.isEmpty() -> "empty String";
                case String s when s.isBlank() -> "blank String";

                // 위의 두 경우를 제외한 나머지를 여기서 모두 처리
                case String s -> "String";
            };
            return type;
        }
```

여기서도 case의 순서에 주의해야 하는데, 마지막 case가 모든 String타입을 처리하므로 case-when보다 아래에 있어야 한다.

▼ 예제 7-19 / **SwitchEx.java**

```java
public class SwitchEx {
    public static void main(String[] args) {
        System.out.println(getStringType(""));
        System.out.println(getStringType(" "));
        System.out.println(getStringType(null));
        System.out.println(getStringType("abc"));
    }

    static String getStringType(String str){
        String type = switch(str){
            case null -> "null";
            case String s when s.isEmpty() -> "empty String";
            case String s when s.isBlank() -> "blank String";
            case String s -> "String"; // 나머지 모든 경우를 처리
//          default -> "String"; // 이미 모든 경우가 처리되어 필요없음.
        };
        return type;
    }
}
```

▼ 실행결과

```
empty String
blank String
null
String
```

패턴 매칭이 사용된, 즉 조건식이 참조변수인 switch문의 사용 예를 보여주는 예제이다. 이를 변경해서 앞서 배운 내용을 다양하게 테스트해보자.

참고로 null을 처리하는 case와 default를 아래와 같이 하나로 합칠 수도 있다.

| 참고 | null을 처리하는 case는 default하고만 합칠 수 있다. 다른 case와 합치는 것은 허용되지 않는다.

```java
String type = switch(str){
    case String s when s.isEmpty() -> "empty String";
    case String s when s.isBlank() -> "blank String";

    // null과 default를 하나의 case로 처리. null을 왼쪽에 놓아야 한다.
    case null, default -> "null or String";
}
```

이때 이 case는 제일 마지막에 와야하며, null은 반드시 default의 왼쪽에 놓아야 한다.

5.4 참조변수와 인스턴스의 연결

조상 타입의 참조 변수와 자손 타입의 참조 변수의 차이점이 사용할 수 있는 멤버의 개수에 있다고 배웠다. 여기서 한 가지 더 알아두어야 할 내용이 있다.

조상 클래스에 선언된 멤버 변수와 같은 이름의 인스턴스 변수를 자손 클래스에 중복으로 정의했을 때, 조상 타입의 참조 변수로 자손 인스턴스를 참조하는 경우와 자손 타입의 참조 변수로 자손 인스턴스를 참조하는 경우는 서로 다른 결과를 얻는다.

메서드의 경우 조상 클래스의 메서드를 자손의 클래스에서 오버라이딩해도 참조변수의 타입에 관계없이 항상 실제 인스턴스의 메서드(오버라이딩된 메서드)가 호출되지만, **멤버 변수의 경우 참조 변수의 타입에 따라 달라진다.**

> **참고** | static메서드는 static변수처럼 참조 변수의 타입에 영향을 받는다. 참조 변수의 타입에 영향을 받지 않는 것은 인스턴스 메서드 뿐이다. 그래서 static메서드는 반드시 참조 변수가 아닌 '클래스이름.메서드()'로 호출해야 한다.

결론부터 말하면, 멤버 변수가 조상 클래스와 자손 클래스에 중복으로 정의된 경우, 조상 타입의 참조 변수를 사용했을 때는 조상 클래스에 선언된 멤버 변수가 사용되고, 자손타입의 참조 변수를 사용했을 때는 자손 클래스에 선언된 멤버 변수가 사용된다.

하지만 중복 정의되지 않은 경우, 조상 타입의 참조 변수를 사용했을 때와 자손 타입의 참조 변수를 사용했을 때의 차이는 없다. 중복된 경우는 참조 변수의 타입에 따라 달라지지만, 중복되지 않은 경우 하나뿐이므로 선택의 여지가 없기 때문이다.

▼ 예제 7-20/`BindingEx.java`

```java
class BindingEx {
    public static void main(String[] args) {
        Parent p = new Child();
        Child  c = new Child();

        System.out.println("p.x = " + p.x);
        p.method();

        System.out.println("c.x = " + c.x);
        c.method();
    }
}
class Parent {
    int x = 100;

    void method() {
        System.out.println("Parent Method");
    }
}
class Child extends Parent {
    int x = 200;

    void method() {
        System.out.println("Child Method");
    }
}
```

▼ 실행결과
```
p.x = 100
Child Method
c.x = 200
Child Method
```

타입은 다르지만, 참조변수 p와 c모두 Child인스턴스를 참조하고 있다. 그리고 Parent클래스와 Child클래스는 서로 같은 멤버들을 정의하고 있다.

이 때 조상 타입의 참조 변수 p로 Child인스턴스의 멤버들을 사용하는 것과 자손 타입의 참조 변수 c로 Child인스턴스의 멤버들을 사용하는 것의 차이를 알 수 있다.

메서드인 method( )의 경우 참조 변수의 타입에 관계없이 항상 실제 인스턴스의 타입인 Child클래스에 정의된 메서드가 호출되지만, 인스턴스 변수인 x는 참조 변수의 타입에 따라서 달라진다.

▼ 예제 7-21/**BindingEx2.java**

```
class BindingEx2 {
    public static void main(String[] args) {
        Parent p = new Child();
        Child  c = new Child();

        System.out.println("p.x = " + p.x);
        p.method();

        System.out.println("c.x = " + c.x);
        c.method();
    }
}
class Parent {
    int x = 100;

    void method() {
        System.out.println("Parent Method");
    }
}
class Child extends Parent { }
```

▼ 실행결과
```
p.x = 100
Parent Method
c.x = 100
Parent Method
```

이전의 예제와는 달리 Child클래스에 아무런 멤버도 정의되어 있지 않고 단순히 조상으로부터 멤버들을 상속받는다. 그렇기 때문에 참조 변수의 타입에 관계없이 조상의 멤버들을 사용하게 된다.

이처럼 자손에서 조상의 멤버를 중복으로 정의하지 않았을 때는 참조 변수의 타입에 따른 변화는 없다. 어느 클래스의 멤버가 호출되어야 할지, 즉 조상의 멤버가 호출되어야할지, 자손의 멤버가 호출되어야 할지에 대해 선택의 여지가 없기 때문이다.

참조 변수의 타입에 따라 결과가 달라지는 경우는 조상의 멤버 변수와 같은 이름의 멤버 변수를 자손에 중복해서 정의한 경우뿐이다.

▼ 예제 7-22/BindingEx3.java

```java
class BindingEx3 {
    public static void main(String[] args) {
        Parent p = new Child();
        Child  c = new Child();

        System.out.println("p.x = " + p.x);
        p.method();
        System.out.println();
        System.out.println("c.x = " + c.x);
        c.method();
    }
}

class Parent {
    int x = 100;

    void method() {
        System.out.println("Parent Method");
    }
}

class Child extends Parent {
    int x = 200;

    void method() {
        System.out.println("x=" + x);   // this.x와 같다.
        System.out.println("super.x=" + super.x);
        System.out.println("this.x="  + this.x);
    }
}
```

▼ 실행결과
```
p.x = 100
x=200
super.x=100
this.x=200

c.x = 200
x=200
super.x=100
this.x=200
```

자손 Child에 선언된 인스턴스 변수 x와 조상 Parent로부터 상속받은 인스턴스 변수 x를 구분하는데 참조 변수 super와 this가 사용된다. 자손인 Child의 super.x는 조상인 Parent에 선언된 인스턴스 변수 x를 뜻하며, this.x 또는 x는 Child의 인스턴스 변수 x를 뜻한다. 그래서 위 결과에서 x와 this.x의 값이 같다.

전에 배운 것처럼 멤버 변수는 private으로 접근을 제한하고, 외부에서는 메서드를 통해서만 멤버변수에 접근할 수 있도록 하지, 이번 예제에서와 같이 외부에서 참조변수를 통해 직접적으로 인스턴스 변수에 접근할 수 있게 하지 않는다.

예제에서 알 수 있듯이 인스턴스 변수에 직접 접근하면, 참조 변수의 타입에 따라 사용되는 인스턴스 변수가 달라질 수 있으므로 주의해야 한다.

5.5 매개변수의 다형성

참조 변수의 다형적인 특징은 메서드의 매개변수에도 적용된다. 아래와 같이 Product, Tv, Computer, Audio, Buyer클래스가 정의되어 있다고 가정하자.

```
class Product {
    int price;                    // 제품의 가격
    int bonusPoint;               // 제품구매 시 제공하는 보너스 점수
}
class Tv         extends Product {}
class Computer   extends Product {}
class Audio      extends Product {}

class Buyer {                     // 고객, 물건을 사는 사람
    int money = 1000;             // 소유금액
    int bonusPoint = 0;           // 보너스 점수
}
```

Product는 Tv, Audio, Computer의 조상이며, Buyer는 제품(Product)을 구입하는 사람을 클래스로 표현한 것이다.

Buyer클래스에 물건을 구입하는 기능의 메서드를 추가해보자. 구입할 대상이 필요하므로 매개변수로 구입할 제품을 넘겨받아야 한다. Tv를 살 수 있도록 매개변수를 Tv타입으로 하였다.

```
void buy(Tv t) {
    // Buyer가 가진 돈(money)에서 제품의 가격(t.price)만큼 뺀다.
    money = money - t.price;

    // Buyer의 보너스 점수에 제품의 보너스 점수(t.bonusPoint)를 더한다.
    bonusPoint = bonusPoint + t.bonusPoint;
}
```

buy(Tv t)는 제품을 구입하면 제품을 구입한 사람이 가진 돈에서 제품의 가격을 빼고, 보너스점수는 추가하도록 작성되었다. 그런데 buy(Tv t)로는 Tv밖에 살 수 없기 때문에 아래와 같이 다른 제품들도 구입할 수 있는 메서드가 추가로 필요하다.

```
void buy(Computer c) {
    money = money - c.price;
    bonusPoint = bonusPoint + c.bonusPoint;
}

void buy(Audio a) {
    money = money - a.price;
    bonusPoint = bonusPoint + a.bonusPoint;
}
```

이렇게 되면, 제품의 종류가 늘어날 때마다 Buyer클래스에 새로운 buy메서드를 추가해주어야 할 것이다.

그러나 메서드의 매개변수에 다형성을 적용하면 아래와 같이 하나의 메서드로 간단히 처리할 수 있다.

```
void buy(Product p) {
    money = money - p.price;
    bonusPoint = bonusPoint + p.bonusPoint;
}
```

매개변수가 Product타입의 참조 변수라는 것은, 메서드의 매개변수로 Product의 자손 타입의 참조 변수면 어느 것이나 매개변수로 받아들일 수 있다는 뜻이다.

그리고 Product에 price와 bonusPoint가 선언되어 있기 때문에 참조 변수 p로 인스턴스의 price와 bonusPoint를 사용할 수 있기에 이와 같이 할 수 있다.

앞으로 다른 제품을 추가할 때 Product를 상속받기만 하면, buy(Product p)메서드의 매개변수로 받아들여질 수 있다.

```
Buyer b = new Buyer();
Tv t = new Tv();
Computer c = new Computer();
b.buy(t);  // buy(Product p)
b.buy(c);  // buy(Product p)
```

| 참고 | Tv t = new Tv( ); b.buy(t);를 한 문장으로 줄이면 b.buy(new Tv( ));가 된다.

Tv와 Computer는 Product의 자손이므로 위의 코드와 같이 buy(Product p)메서드에 매개변수로 Tv인스턴스나 Computer인스턴스를 제공하는 것이 가능하다.

▼ 예제 7-23/**PolyParamEx.java**

```java
class Product {
    int price;          // 제품의 가격
    int bonusPoint;     // 제품구매 시 제공하는 보너스 점수

    Product(int price) {
        this.price = price;
        bonusPoint =(int)(price/10.0);  // 보너스 점수는 제품 가격의 10%
    }
}
class Tv extends Product {
    Tv() {
        // 조상클래스의 생성자 Product(int price)를 호출한다.
        super(100);     // Tv의 가격을 100만원으로 한다.
    }
```

```java
    // Object의 toString()을 오버라이딩한다.
    public String toString() { return "Tv"; }
}
class Computer extends Product {
    Computer() { super(200); }

    public String toString() { return "Computer"; }
}
class Buyer {                // 고객, 물건을 사는 사람
    int money = 1000;        // 소유금액
    int bonusPoint = 0; // 보너스점수

    void buy(Product p) {
        if(money < p.price) {
            System.out.println("잔액이 부족하여 물건을 살 수 없습니다.");
            return;
        }

        money -= p.price;            // 가진 돈에서 구입한 제품의 가격을 뺀다.
        bonusPoint += p.bonusPoint;  // 제품의 보너스 점수를 추가한다.
        System.out.println(p + "을/를 구입하셨습니다.");
    }
}
class PolyParamEx {
    public static void main(String args[]) {
        Buyer b = new Buyer();

        b.buy(new Tv());
        b.buy(new Computer());

        System.out.println("현재 남은 돈은 " + b.money + "만원입니다.");
        System.out.println("현재 보너스 점수는 " + b.bonusPoint + "점입니다.");
    }
}
```

▼ 실행결과
```
Tv을/를 구입하셨습니다.
Computer을/를 구입하셨습니다.
현재 남은 돈은 700만원입니다.
현재 보너스 점수는 30점입니다.
```

고객(Buyer)이 buy(Product p)메서드를 이용해서 Tv와 Computer를 구입하고, 고객의 잔고와 보너스 점수를 출력하는 예제이다.

매개변수의 다형성의 또 다른 예로 PrintStream에 정의되어있는 print(Object obj)메서드를 살펴보자. print(Object obj)는 매개변수로 Object타입의 변수가 선언되어 있는데 Object는 모든 클래스의 조상이므로 이 메서드의 매개변수로 어떤 타입의 인스턴스도 가능하므로, 이 하나의 메서드로 모든 타입의 인스턴스를 처리할 수 있는 것이다.

이 메서드는 매개변수에 toString()을 호출하여 문자열을 얻어서 출력한다. 실제 코드는 아래와 같다.

```java
        public void print(Object obj) {
            write(String.valueOf(obj)); // valueof()가 반환한 문자열을 출력한다.
        }

        public static String valueOf(Object obj) {
            return (obj == null) ? "null" : obj.toString(); // 문자열을 반환한다.
        }
```

5.6 여러 종류의 객체를 배열로 다루기

조상 타입의 참조 변수로 자손 타입의 객체를 참조하는 것이 가능하므로, Product가 Tv, Computer, Audio의 조상일 때, 다음과 같이 할 수 있는 것을 이미 배웠다.

```
Product p1 = new Tv();
Product p2 = new Computer();
Product p3 = new Audio();
```

위의 코드를 Product타입의 참조 변수 배열로 처리하면 아래와 같다.

```
Product p[] = new Product[3];   // 객체 배열 (참조변수 배열)
p[0] = new Tv();
p[1] = new Computer();
p[2] = new Audio();
```

이처럼 조상 타입의 참조 변수 배열을 사용하면, 공통의 조상을 가진 서로 다른 종류의 객체를 배열로 묶어서 다룰 수 있다. 또는 묶어 다루고싶은 객체들의 상속 관계를 따져서 가장 가까운 공통 조상 클래스 타입의 참조 변수 배열을 생성해서 객체들을 저장하면 된다.

이러한 특징을 이용해서 예제7-22의 Buyer에 구입한 제품을 저장하기 위한 Product배열을 추가해보자.

```
class Buyer {
    int money = 1000;
    int bonusPoint = 0;
    Product[] item = new Product[10];   // 구입한 제품을 저장하기 위한 배열
    int i = 0;                          // Product배열 item에 사용될 index

    void buy(Product p) {
        if(money < p.price) {
            System.out.println("잔액이 부족하여 물건을 살수 없습니다.");
            return;
        }
        money -= p.price;             // 가진 돈에서 제품가격을 뺀다.
        bonusPoint += p.bonusPoint;   // 제품의 보너스 포인트를 더한다.
        item[i++] = p;                // 제품을 Product[] item에 저장한다.
        System.out.println(p + "을/를 구입하셨습니다.");
    }
}
```

구입한 제품을 담기 위해 Buyer에 Product배열인 item을 추가해주었다. 그리고 buy메서드에 'item[i++] = p;'문장을 추가함으로써 물건을 구입하면, 배열 item에 저장되도록 했다. 이렇게 함으로써, 모든 제품의 조상인 Product타입의 배열을 사용함으로써 구입한 제품을 하나의 배열로 간단하게 다룰 수 있게 된다.

▼ 예제 7-24/**PolyParamEx2.java**

```java
class Product {
    int price;              // 제품의 가격
    int bonusPoint;         // 제품구매 시 제공하는 보너스점수

    Product(int price) {
        this.price = price;
        bonusPoint =(int)(price/10.0);
    }

    Product() {} // 기본 생성자
}
class Tv extends Product {
    Tv() {   super(100);  }    ← 조상 클래스의 생성자
                                  Product(int price)를 호출한다.
    public String toString() { return "Tv"; }
}
class Computer extends Product {
    Computer() { super(200); }
    public String toString() { return "Computer"; }
}

class Audio extends Product {
    Audio4() { super(50); }
    public String toString() { return "Audio"; }
}
class Buyer {                    // 고객, 물건을 사는 사람
    int money = 1000;            // 소유금액
    int bonusPoint = 0;          // 보너스 점수
    Product[] item = new Product[10];  // 구입한 제품을 저장하기 위한 배열
    int i =0;                    // Product배열에 사용될 카운터

    void buy(Product p) {
        if(money < p.price) {
            System.out.println("잔액이 부족하여 물건을 살 수 없습니다.");
            return;
        }

        money -= p.price;              // 가진 돈에서 구입한 제품의 가격을 뺀다.
        bonusPoint += p.bonusPoint;    // 제품의 보너스 점수를 추가한다.
        item[i++] = p;                 // 제품을 Product[] item에 저장한다.
        System.out.println(p + "을/를 구입하셨습니다.");
    }

    void summary() {               // 구매한 물품에 대한 정보를 요약해서 보여 준다.
        int sum = 0;               // 구입한 물품의 가격합계
        String itemList ="";       // 구입한 물품목록

        // 반복문으로 구입한 물품의 총 가격과 목록을 만든다.
        for(int i=0; i<item.length;i++) {
            if(item[i]==null) break;
            sum += item[i].price;
            itemList += item[i] + ", ";
        }
        System.out.println("구입하신 물품의 총 금액은 " + sum + "만원입니다.");
        System.out.println("구입하신 제품은 " + itemList + "입니다.");
    }
}
```

```
class PolyParamEx2 {
    public static void main(String args[]) {
        Buyer b = new Buyer();

        b.buy(new Tv());
        b.buy(new Computer());
        b.buy(new Audio());
        b.summary();
    }
}
```

> **실행결과**
> Tv을/를 구입하셨습니다.
> Computer을/를 구입하셨습니다.
> Audio을/를 구입하셨습니다.
> 구입하신 물품의 총 금액은 350만원입니다.
> 구입하신 제품은 Tv, Computer, Audio, 입니다.

|참고| 구입한 제품목록의 마지막에 출력되는 콤마(,)가 눈에 거슬린다면, itemList += item[i] + ", ";를 itemList += (i==0) ? "" + item[i] : ", " + item[i];과 같이 변경하자.

위 예제에서 Product배열로 구입한 제품들을 저장할 수 있도록 했지만, 배열의 크기를 10으로 했기 때문에 11개 이상의 제품을 구입할 수 없는 것이 문제다. 그렇다고 해서 배열의 크기를 무조건 크게 할 수도 없는 일이다.

이런 경우, Vector클래스를 사용하면 된다. Vector는 내부에 Object타입의 배열을 가지고 있어서, 이 배열에 객체를 추가하거나 제거할 수 있게 작성되어 있다. 그리고 배열의 크기를 알아서 관리해주기 때문에 저장할 인스턴스의 개수에 신경 쓰지 않아도 된다.

```
public class Vector extends AbstractList
            implements List, Cloneable, java.io.Serializable {
    protected Object elementData[]; // 모든 종류의 객체를 저장 가능
    ...
}
```

Vector클래스는 이름 때문에 클래스의 기능을 오해할 수 있는데, 단지 동적으로 크기가 관리되는 객체 배열일 뿐이다.

메서드 / 생성자	설 명
Vector()	10개의 객체를 저장할 수 있는 Vector인스턴스를 생성한다. 10개 이상의 인스턴스가 저장되면, 자동적으로 크기가 증가된다.
boolean add(Object o)	Vector에 객체를 추가한다. 추가에 성공하면 결과값으로 true, 실패하면 false를 반환한다.
boolean remove(Object o)	Vector에 저장되어 있는 객체를 제거한다. 제거에 성공하면 true, 실패하면 false를 반환한다.
boolean isEmpty()	Vector가 비어있는지 검사한다. 비어있으면 true, 비어있지 않으면 false를 반환한다.
Object get(int index)	지정된 위치(index)의 객체를 반환한다. 반환타입이 Object타입이므로 적절한 타입으로의 형변환이 필요하다.
int size()	Vector에 저장된 객체의 개수를 반환한다.

▲ 표7-3 Vector클래스의 주요 메서드

▼ 예제 7-25/PolyParamEx3.java

```java
import java.util.*;      // Vector클래스를 사용하기 위해서 추가
class Product {
    int price;           // 제품의 가격
    int bonusPoint;      // 제품구매 시 제공하는 보너스 점수

    Product(int price) {
        this.price = price;
        bonusPoint =(int)(price/10.0);
    }

    Product() {
        price = 0;
        bonusPoint = 0;
    }
}

class Tv extends Product {
    Tv() { super(100); }
    public String toString() { return "Tv"; }
}

class Computer extends Product {
    Computer() { super(200); }
    public String toString() { return "Computer"; }
}

class Audio extends Product {
    Audio() { super(50); }
    public String toString() { return "Audio"; }
}

class Buyer {            // 고객, 물건을 사는 사람
    int money = 1000;    // 소유금액
    int bonusPoint = 0;  // 보너스점수
    Vector item = new Vector();     // 구입한 제품을 저장하는데 사용될 Vector객체

    void buy(Product p) {
        if(money < p.price) {
            System.out.println("잔액이 부족하여 물건을 살수 없습니다.");
            return;
        }
        money -= p.price;               // 가진 돈에서 구입한 제품의 가격을 뺀다.
        bonusPoint += p.bonusPoint;     // 제품의 보너스 점수를 추가한다.
        item.add(p);                    // 구입한 제품을 Vector에 저장한다.
        System.out.println(p + "을/를 구입하셨습니다.");
    }

    void refund(Product p) {            // 구입한 제품을 환불한다.
        if(item.remove(p)) {            // 제품을 Vector에서 제거한다.
            money += p.price;
            bonusPoint -= p.bonusPoint;
            System.out.println(p + "을/를 반품하셨습니다.");
        } else {                        // 제거에 실패한 경우
```

```java
            System.out.println("구입하신 제품 중 해당 제품이 없습니다.");
        }
    }

    void summary() {                    // 구매한 물품에 대한 정보를 요약해서 보여준다.
        int sum = 0;                    // 구입한 물품의 가격합계
        String itemList ="";            // 구입한 물품목록

        if(item.isEmpty()) {            // Vector가 비어있는지 확인한다.
            System.out.println("구입하신 제품이 없습니다.");
            return;
        }

        // 반복문을 이용해서 구입한 물품의 총 가격과 목록을 만든다.
        for(int i=0; i<item.size();i++) {
            Product p = (Product)item.get(i);   // Vector의 i번째에 있는 객체를 얻어온다.
            sum += p.price;
            itemList += (i==0) ? "" + p : ", " + p;
        }
        System.out.println("구입하신 물품의 총금액은 " + sum + "만원입니다.");
        System.out.println("구입하신 제품은 " + itemList + "입니다.");
    }
}

class PolyParamEx3 {
    public static void main(String args[]) {
        Buyer b = new Buyer();
        Tv tv = new Tv();
        Computer com = new Computer();
        Audio audio = new Audio();

        b.buy(tv);
        b.buy(com);
        b.buy(audio);
        b.summary();
        System.out.println();
        b.refund(com);
        b.summary();
    }
}
```

▼ 실행결과
```
Tv을/를 구입하셨습니다.
Computer을/를 구입하셨습니다.
Audio을/를 구입하셨습니다.
구입하신 물품의 총금액은 350만원입니다.
구입하신 제품은 Tv, Computer, Audio입니다.

Computer을/를 반품하셨습니다.
구입하신 물품의 총금액은 150만원입니다.
구입하신 제품은 Tv, Audio입니다.
```

구입한 물건을 다시 반환할 수 있도록 refund(Product p)를 추가하였다. 이 메서드가 호출되면, 구입물품이 저장되어 있는 item에서 해당 제품을 제거한다.

|참고| 문자열과 참조 변수의 덧셈(결합연산)은 참조 변수에 toString()을 호출해서 문자열을 얻어 결합한다. 위 예제에 나오는 "" + p는 "" + p.toString()이 되고, 만일 p.toString()의 결과가 "Audio"라면 ""+"Audio"가 되어 결국 "Audio"가 된다.

6. 추상 클래스(abstract class)

6.1 추상 클래스란?

클래스를 설계도에 비유한다면, 추상 클래스는 미완성 설계도에 비유할 수 있다. 미완성 설계도란, 단어의 뜻 그대로 완성되지 못한 채로 남겨진 설계도를 말한다.

  클래스가 미완성이라는 것은 멤버의 개수에 관계된 것이 아니라, 단지 미완성 메서드(추상메서드)를 포함하고 있다는 의미이다.

  미완성 설계도로 완성된 제품을 만들 수 없듯이 추상 클래스로 인스턴스는 생성할 수 없다. 추상 클래스는 상속을 통해서 자손클래스에 의해서만 완성될 수 있다.

추상 클래스 자체로는 클래스로서의 역할을 다 못하지만, 새로운 클래스를 작성하는데 있어서 바탕이 되는 조상으로서 중요한 의미를 갖는다. 새로운 클래스를 작성할 때 아무 것도 없는 상태에서 시작하는 것보다는 완전하지는 못하더라도 어느 정도 틀(템플릿, template)을 갖춘 상태에서 시작하는 것이 나을 것이다.

  실생활에서 예를 들자면, 같은 크기의 TV라도 기능의 차이에 따라 여러 종류의 모델이 있지만, 사실 이 들의 설계도는 아마 90%정도는 동일할 것이다. 서로 다른 세 개의 설계도를 따로 그리는 것보다는 이들의 공통 부분만을 그린 미완성 설계도를 만들어 놓고, 이 미완성 설계도를 이용해서 각각의 설계도를 완성하는 것이 훨씬 효율적일 것이다.

추상 클래스는 키워드 'abstract'를 붙이기만 하면 된다. 이렇게 함으로써 이 클래스를 사용할 때, 클래스 선언부의 abstract를 보고 이 클래스에는 추상 메서드가 있으니 상속을 통해서 구현해주어야 한다는 것을 쉽게 알 수 있을 것이다.

```
abstract class 클래스이름 {
    ...
}
```

추상 클래스는 추상 메서드를 포함하고 있다는 것을 제외하고는 일반 클래스와 전혀 다르지 않다. 추상 클래스에도 생성자가 있으며, 멤버 변수와 메서드도 가질 수 있다.

> **참고** 추상 메서드를 포함하고 있지 않은 클래스도 키워드 'abstract'를 붙여서 추상 클래스로 지정할 수 있다. 추상 메서드가 없는 완성된 클래스라 할지라도 추상 클래스로 지정되면 클래스의 인스턴스를 생성할 수 없다.

6.2 추상 메서드(abstract method)

메서드는 선언부와 구현부(몸통)로 구성되어 있다고 했다. 선언부만 작성하고 구현부는 작성하지 않은 채로 남겨 둔 것이 추상 메서드이다. 즉, 설계만 해 놓고 실제 수행될 내용은 작성하지 않았기 때문에 미완성 메서드인 것이다.

메서드를 이와 같이 미완성 상태로 남겨 놓는 이유는 메서드의 내용이 상속받는 클래스에 따라 달라질 수 있기 때문에 조상에는 선언부만 작성하고, 주석을 덧붙여 어떤 기능을 수행할 목적으로 작성되었는지 알려 주고, 실제 내용은 상속받는 자손에서 구현하도록 비워 두는 것이다. 그래서 추상 클래스를 상속받는 자손 클래스는 조상의 추상메서드를 상황에 맞게 적절히 구현해주어야 한다.

추상 메서드 역시 키워드 'abstract'를 앞에 붙여 주고, 추상 메서드는 구현부가 없으므로 괄호{}대신 문장의 끝을 알리는 ';'을 적어준다.

```
/* 주석을 통해 어떤 기능을 수행할 목적으로 작성하였는지 설명한다. */
abstract 리턴타입 메서드이름( );
```

추상 클래스로부터 상속받는 자손 클래스는 오버라이딩을 통해 조상인 추상 클래스의 추상 메서드를 모두 구현해야 한다. 만일 조상으로부터 상속받은 추상메서드 중 하나라도 구현하지 않는다면, 자손 클래스 역시 추상 클래스로 지정해야 한다.

```
abstract class Player {    // 추상 클래스
    abstract void play(int pos);        // 추상 메서드
    abstract void stop();               // 추상 메서드
}

class AudioPlayer extends Player {
    void play(int pos) { /* 내용 생략 */ }    // 추상 메서드를 구현
    void stop()        { /* 내용 생략 */ }    // 추상 메서드를 구현
}

abstract class AbstractPlayer extends Player {
    void play(int pos) { /* 내용 생략 */ }    // 추상 메서드를 구현
}
```

실제 작업내용인 구현부가 없는 메서드가 무슨 의미가 있을까 싶기도 하겠지만, 메서드를 작성할 때 실제 작업 내용인 구현부보다 더 중요한 부분이 선언부이다.

메서드의 이름과 메서드의 작업에 필요한 매개변수, 그리고 작업의 결과로 어떤 타입의 값을 반환할 것인가를 결정하는 것은 쉽지 않은 일이다. 선언부만 작성해도 메서드의 절반 이상이 완성된 것이라 해도 과언이 아니다.

메서드를 사용하는 쪽에서는 메서드가 실제로 어떻게 구현되어있는지 몰라도 메서드의 이름과 매개변수, 리턴타입, 즉 선언부만 알고 있으면 되므로 내용이 없을 지라도 추상 메서드를 사용하는 코드를 작성하는 것이 가능하며, 실제로는 자손에 구현된 완성된 메서드가 호출되도록 할 수 있다.

6.3 추상 클래스의 작성

여러 클래스에 공통적으로 사용될 수 있는 클래스를 바로 작성하기도 하고, 기존의 클래스의 공통적인 부분을 뽑아서 추상클래스로 만들어 상속하도록 하는 경우도 있다.
참고로 추상의 사전적 정의는 다음과 같다.

> **추상[抽象]** 낱낱의 구체적 표상(表象)이나 개념에서 공통된 성질을 뽑아 이를 일반적인 개념으로 파악하는 정신 작용

상속이 자손 클래스를 만드는데 조상 클래스를 사용하는 것이라면, 이와 반대로 추상화는 기존의 클래스의 공통 부분을 뽑아내서 조상 클래스를 만드는 것이라고 할 수 있다.

추상화를 구체화와 반대 의미로 이해하면 보다 쉽게 이해할 수 있을 것이다. 상속 계층도를 따라 내려갈수록 클래스는 점점 기능이 추가되어 구체화의 정도가 심해지며, 상속 계층도를 따라 올라갈수록 클래스는 추상화의 정도가 심해진다고 할 수 있다. 즉, 상속 계층도를 따라 내려 갈수록 세분화되며, 올라갈수록 공통 요소만 남게 된다.

> **추상화** 클래스간의 공통점을 찾아내서 공통의 조상을 만드는 작업
> **구체화** 상속을 통해 클래스를 구현, 확장하는 작업

아래에 Player라는 추상 클래스를 작성해 보았다. 이 클래스는 DVD나 Audio와 같은 재생 가능한 기기(Player)를 클래스로 작성할 때, 이 들의 조상으로 사용될 수 있을 것이다.

```java
abstract class Player {
    boolean pause;          // 일시정지 상태를 저장하기 위한 변수
    int currentPos;         // 현재 Play되고 있는 위치를 저장하기 위한 변수

    Player() {              // 추상 클래스도 생성자가 있어야 한다.
        pause = false;
        currentPos = 0;
    }
    /** 지정된 위치(pos)에서 재생을 시작하는 기능이 수행하도록 작성되어야 한다. */
    abstract void play(int pos);        // 추상 메서드
    /** 재생을 즉시 멈추는 기능을 수행하도록 작성되어야 한다. */
    abstract void stop();               // 추상 메서드

    void play() {
        play(currentPos);               // 추상 메서드를 사용할 수 있다.
    }

    void pause() {
        if(pause) {  // pause가 true일 때(정지상태)에서 pause가 호출되면,
            pause = false;              // pause의 상태를 false로 바꾸고,
            play(currentPos);           // 현재의 위치에서 play를 한다.
        } else {     // pause가 false일 때(play상태)에서 pause가 호출되면,
            pause = true;               // pause의 상태를 true로 바꾸고
            stop();                     // play를 멈춘다.
        }
    }
}
```

이제 Player클래스를 조상으로 하는 CDPlayer 클래스를 만들어 보자.

```
class CDPlayer extends Player {
    void play(int currentPos) {
            /* 조상의 추상 메서드를 구현. 내용 생략 */
    }
    void stop() {
            /* 조상의 추상 메서드를 구현. 내용 생략 */
    }
    // CDPlayer클래스에 추가로 정의된 멤버
    int currentTrack;   // 현재 재생 중인 트랙
    void nextTrack() {
        currentTrack++;
            ...
    }
    void preTrack() {
        if(currentTrack > 1) {
            currentTrack--;
        }
            ...
    }
}
```

조상 클래스의 추상 메서드를 CDPlayer클래스의 기능에 맞게 완성해주고, CDPlayer만의 새로운 기능들을 추가하였다.

사실 Player클래스의 play(int pos)와 stop( )을 추상 메서드로 하는 대신, 아무 내용도 없는 메서드로 작성할 수도 있다. 아무런 내용도 없이 단지 괄호{}만 있어도, 추상 메서드가 아닌 일반 메서드로 간주되기 때문이다.

```
class Player {
        ...
        void play(int pos) {}
        void stop() {}
        ...
}
```

어차피 자손 클래스에서 오버라이딩하여 자신의 클래스에 맞게 구현할 테니 추상 메서드로 선언하는 것과 내용없는 빈 몸통만 만들어 놓는 것이나 별 차이가 없어 보인다.

그래도 굳이 abstract를 붙여서 추상 메서드로 선언하는 이유는 자손에서 추상메서드를 반드시 구현하도록 강요하기 위해서이다.

만일 추상 메서드로 정의되어 있지 않고 위와 같이 빈 몸통만 가지도록 정의되어 있다면, 상속받는 자손 클래스에서는 이 메서드들이 온전히 구현된 것으로 인식하고 오버라이딩을 통해 자신의 클래스에 맞도록 구현하지 않을 수도 있기 때문이다.

하지만 abstract를 사용해서 추상 메서드로 정의해놓으면, 자손 클래스를 작성할 때 이

들이 추상 메서드이므로 내용을 구현해주어야 한다는 사실을 인식하고 자신의 클래스에 알맞게 구현할 것이다.

이번엔 기존의 클래스로부터 공통된 부분을 뽑아내어 추상 클래스를 만들어 보자.

```java
class Marine {         // 보병
    int x, y;          // 현재 위치
    void move(int x, int y) { /* 지정된 위치로 이동 */ }
    void stop()              { /* 현재 위치에 정지 */  }
    void stimPack()          { /* 스팀팩을 사용한다.*/ }
}
class Tank {           // 탱크
    int x, y;          // 현재 위치
    void move(int x, int y) { /* 지정된 위치로 이동 */  }
    void stop()              { /* 현재 위치에 정지 */   }
    void changeMode()        { /* 공격모드를 변환한다.*/ }
}
class Dropship {       // 수송선
    int x, y;          // 현재 위치
    void move(int x, int y) { /* 지정된 위치로 이동 */ }
    void stop()              { /* 현재 위치에 정지 */  }
    void load()              { /* 선택된 대상을 태운다.*/ }
    void unload()            { /* 선택된 대상을 내린다.*/ }
}
```

유명한 컴퓨터 게임에 나오는 유닛들을 클래스로 간단히 정의해보았다. 이 유닛들은 각자 나름대로의 기능을 가지고 있지만 공통 부분을 뽑아내어 하나의 클래스로 만들고, 이 클래스로부터 상속받도록 변경해보자.

```java
abstract class Unit {
    int x, y;
    abstract void move(int x, int y);
    void stop() { /* 현재 위치에 정지 */ }
}
class Marine extends Unit {    // 보병
    void move(int x, int y) { /* 지정된 위치로 이동 */ }
    void stimPack()         { /* 스팀팩을 사용한다.*/    }
}
class Tank extends Unit {      // 탱크
    void move(int x, int y) { /* 지정된 위치로 이동 */ }
    void changeMode()       { /* 공격모드를 변환한다. */ }
}
class Dropship extends Unit {  // 수송선
    void move(int x, int y) { /* 지정된 위치로 이동 */ }
    void load()             { /* 선택된 대상을 태운다.*/ }
    void unload()           { /* 선택된 대상을 내린다.*/ }
}
```

각 클래스의 공통 부분을 뽑아내서 Unit클래스를 정의하고 이를 상속받게 하였다. 이 Unit클래스는 다른 유닛을 위한 클래스를 작성하는데 재활용될 수 있을 것이다.

이들 클래스에 대해서 stop()은 선언부와 구현부 모두 공통적이지만, Marine, Tank는 지상 유닛이고 Dropship은 공중 유닛이기 때문에 이동하는 방법이 서로 달라서 move()는 실제 구현 내용이 다를 것이다.

그래도 move()의 선언부는 같기 때문에 추상 메서드로 정의할 수 있다. 최대한의 공통 부분을 뽑아내기 위한 것이기도 하지만, 모든 유닛은 이동할 수 있어야 하므로 Unit클래스에 move메서드가 반드시 필요하기 때문이다.

move()가 추상 메서드로 선언된 것에는, 앞으로 Unit클래스를 상속받아서 작성되는 클래스는 move메서드를 자신에 알맞게 반드시 구현해야 한다는 의미가 담겨 있는 것이기도 하다.

```
Unit[] group = new Unit[4];
group[0] = new Marine();
group[1] = new Tank();
group[2] = new Marine();
group[3] = new Dropship();

for(int i=0;i < group.length;i++)
    group[i].move(100, 200);
```

> Unit배열의 모든 유닛을 좌표(100, 200)의 위치로 이동한다.

위의 코드는 공통 조상인 Unit클래스 타입의 참조변수 배열을 통해서 서로 다른 종류의 인스턴스를 하나의 묶음으로 다룰 수 있다는 것을 보여 주기 위한 것이다.

다형성에서 배웠듯이 조상 클래스 타입의 참조 변수로 자손 클래스의 인스턴스를 참조하는 것이 가능하기 때문에 이처럼 조상 클래스 타입의 배열에 자손 클래스의 인스턴스를 담을 수 있는 것이다.

만일 이들 클래스 간의 공통 조상이 없었다면 이처럼 하나의 배열로 다룰 수 없을 것이다. Unit클래스에 move메서드가 비록 추상 메서드로 정의되어 있다 하더라도 이처럼 Unit클래스 타입의 참조 변수로 move메서드를 호출하는 것이 가능하다. 메서드는 참조 변수의 타입에 관계없이 실제 인스턴스에 구현된 것이 호출되기 때문이다.

group[i].move(100, 200)과 같이 호출하는 것이 Unit클래스의 추상 메서드인 move를 호출하는 것 같이 보이지만 실제로는 이 추상메서드가 구현된 Marine, Tank, Dropship 인스턴스의 메서드가 호출되는 것이다.

모든 클래스의 조상인 Object 타입의 배열로도 서로 다른 종류의 인스턴스를 하나의 묶음으로 다룰 수 있지만, Object에는 move메서드가 정의되어 있지 않기 때문에 move()를 호출하는 부분에서 에러가 발생한다.

```
Object[] group = new Object[4];
group[0] = new Marine();
group[1] = new Tank();
group[2] = new Marine();
group[3] = new Dropship();

for(int i=0;i < group.length;i++)
    group[i].move(100, 200);
```

> 에러!!! Object클래스에 move메서드가 정의되어 있지 않다.

7. 인터페이스(interface)

7.1 인터페이스란?

인터페이스는 일종의 추상 클래스이다. 인터페이스는 추상 클래스처럼 추상 메서드를 갖지만 추상 클래스보다 추상화 정도가 높아서 추상 클래스와 달리 몸통을 갖춘 일반 메서드 또는 멤버 변수를 구성원으로 가질 수 없다. 오직 추상 메서드와 상수만을 멤버로 가질 수 있는데, 상수는 부수적인 것이고 **추상 메서드가 핵심**이다.

추상 클래스를 부분적으로만 완성된 '미완성 설계도'라고 한다면, 인터페이스는 구현된 것은 아무 것도 없고 밑그림만 그려져 있는 '기본 설계도'라 할 수 있다.

인터페이스도 추상 클래스처럼 완성되지 않은 불완전한 것이기 때문에 그 자체만으로 사용되기 보다는 다른 클래스를 작성하는데 도움 줄 목적으로 작성된다.

> **참고** JDK 8부터 인터페이스에 static메서드와 디폴트 메서드(default method)도 추가할 수 있게 바뀌었다.

7.2 인터페이스의 작성

인터페이스를 작성하는 것은 클래스를 작성하는 것과 같다. 다만 키워드로 class 대신 interface를 사용한다는 것만 다르다. 그리고 interface에도 클래스와 같이 접근 제어자로 public 또는 (default)를 사용할 수 있다.

```
interface 인터페이스 이름 {
    public static final 타입 상수이름 = 값;
    public abstract 메서드이름(매개변수목록);
}
```

일반적인 클래스의 멤버와 달리 인터페이스의 멤버는 다음과 같은 제약사항이 있다.

> - 모든 멤버변수는 public static final 이며 생략할 수 있다.
> - 모든 메서드는 public abstract 이며 생략할 수 있다.

> **참고** 위의 제약사항에서 static메서드와 디폴트 메서드(JDK 8), 그리고 private메서드(JDK 9)는 예외이다. p.430

만일 아래와 같이 인터페이스의 멤버에 제어자를 생략하면 컴파일시에 컴파일러가 자동으로 추가해준다.

```
interface PlayingCard {
    public static final int SPADE = 4;
    final int DIAMOND = 3;      // public static final int DIAMOND = 3;
    static int HEART = 2;       // public static final int HEART   = 2;
    int CLOVER = 1;             // public static final int CLOVER  = 1;

    public abstract String getCardNumber();
    String getCardKind();       // public abstract String getCardKind();
}
```

원래는 인터페이스의 모든 메서드는 추상 메서드이어야 하는데 JDK 8부터 인터페이스에 static메서드와 디폴트 메서드(default method)를, 그리고 JDK 9부터 private메서드의 추가를 허용하였다. 그러나 이들은 부수적이며, 핵심은 여전히 추상 메서드이고, **인터페이스는 추상 메서드의 집합**이다.

7.3 인터페이스의 상속

인터페이스는 인터페이스로부터만 상속받을 수 있으며, 클래스와는 달리 다중 상속, 즉 여러 개의 인터페이스로부터 상속을 받는 것이 가능하다.

|참고| 인터페이스는 클래스와 달리 Object클래스와 같은 최고 조상이 없다.

```
interface Movable {
    /** 지정된 위치(x, y)로 이동하는 기능의 메서드 */
    void move(int x, int y);
}

interface Attackable {
    /** 지정된 대상(u)을 공격하는 기능의 메서드 */
    void attack(Unit u);
}

interface Fightable extends Movable, Attackable { }
```

클래스의 상속과 마찬가지로 자손 인터페이스(Fightable)는 조상 인터페이스(Movable, Attackable)에 정의된 멤버를 모두 상속받는다.

그래서 Fightable자체에는 정의된 멤버가 하나도 없지만 조상 인터페이스로부터 상속받은 두 개의 추상 메서드, move(int x, int y)와 attack(Unit u)을 멤버로 갖게 된다.

7.4 인터페이스의 구현

인터페이스도 추상 클래스처럼 그 자체로는 인스턴스를 생성할 수 없으며, 추상 클래스가 상속을 통해 추상 메서드를 완성하는 것처럼, 인터페이스도 자신에 정의된 추상 메서드의 몸통을 만들어주는 클래스를 작성해야 하는데, 그 방법은 추상 클래스가 자신을 상속받는 클래스를 정의하는 것과 다르지 않다. 다만 클래스는 확장한다는 의미의 키워드 'extends'를 사용하지만 인터페이스는 구현한다는 의미의 키워드 'implements'를 사용할 뿐이다.

```
class 클래스이름 implements 인터페이스이름 {
    // 인터페이스에 정의된 추상 메서드를 구현해야 한다.
}

class Fighter implements Fightable {
    public void move(int x, int y) { /* 내용 생략*/ }
    public void attack(Unit u)     { /* 내용 생략*/ }
}
```

|참고| 이 때 'Fighter클래스는 Fightable인터페이스를 구현한다.'라고 한다.

만일 구현하는 인터페이스의 메서드 중 일부만 구현한다면, abstract를 붙여서 추상 클래스로 선언해야 한다.

```
abstract class Fighter implements Fightable {
    public void move(int x, int y) { /* 내용 생략*/ }
}
```

그리고 다음과 같이 상속과 구현을 동시에 할 수도 있다.

```
class Fighter extends Unit implements Fightable {
    public void move(int x, int y) { /* 내용 생략 */ }
    public void attack(Unit u)     { /* 내용 생략 */ }
}
```

| 참고 | 인터페이스의 이름에는 주로 Fightable과 같이 '~을 할 수 있는'의 의미인 'able'로 끝나는 것들이 많은데, 그 이유는 어떠한 기능 또는 행위를 하는데 필요한 메서드를 제공한다는 의미이다. 또한 그 인터페이스를 구현한 클래스는 '~를 할 수 있는' 능력을 갖추었다는 의미이기도 하다.

▼ 예제 7-26/**FighterEx.java**

```
class FighterEx {
  public static void main(String[] args) {
      Fighter f = new Fighter();

      if (f instanceof Unit)
          System.out.println("f는 Unit클래스의 자손입니다.");

      if (f instanceof Fightable)
          System.out.println("f는 Fightable인터페이스를 구현했습니다.");

      if (f instanceof Movable)
          System.out.println("f는 Movable인터페이스를 구현했습니다.");

      if (f instanceof Attackable)
          System.out.println("f는 Attackable인터페이스를 구현했습니다.");

      if (f instanceof Object)
          System.out.println("f는 Object클래스의 자손입니다.");
  } // main
}
class Fighter extends Unit implements Fightable {
  public void move(int x, int y) { /* 내용 생략 */ }
  public void attack(Unit u) { /* 내용 생략 */ }
}
class Unit {
  int currentHP; // 유닛의 체력
  int x;         // 유닛의 위치(x좌표)
  int y;         // 유닛의 위치(y좌표)
}
interface Fightable extends Movable, Attackable { }
interface Movable    { void move(int x, int y); }
interface Attackable { void attack(Unit u); }
```

▼ 실행결과

```
f는 Unit클래스의 자손입니다.
f는 Fightable인터페이스를 구현했습니다.
f는 Movable인터페이스를 구현했습니다.
f는 Attackable인터페이스를 구현했습니다.
f는 Object클래스의 자손입니다.
```

예제에 사용된 클래스와 인터페이스의 관계를 그려보면 다음과 같다.

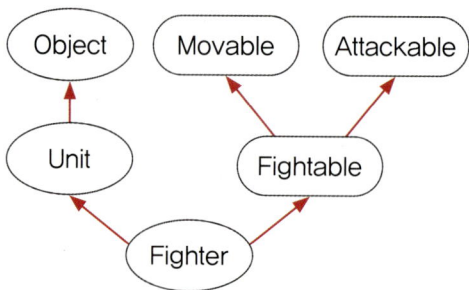

실제로 Fighter클래스는 Unit클래스로부터 상속받고 Fightable인터페이스만을 구현했지만, Unit클래스는 Object클래스의 자손이고, Fightable인터페이스는 Attackable과 Movable인터페이스의 자손이므로 Fighter클래스는 이 모든 클래스와 인터페이스의 자손이 되는 셈이다.

인터페이스는 상속 대신 구현이라는 용어를 사용하지만, 인터페이스로부터 상속받은 추상메서드를 구현하는 것이기 때문에 인터페이스도 조금은 다른 의미의 조상이라고 할 수 있다. 여기서 주의 깊게 봐두어야 할 것은 Movable인터페이스에 정의된 'void move(int x, int y)'를 Fighter클래스에서 구현할 때 접근 제어자를 public으로 했다는 것이다.

```
interface Movable {
    void move(int x, int y); // public abstract가 생략됨
}

class Fighter extends Unit implements Fightable {
    public void move(int x, int y)  { /* 실제구현내용 생략 */ }
    public void attack(Unit u)      { /* 실제구현내용 생략 */ }
}
```

오버라이딩 할 때는 조상의 메서드보다 넓은 범위의 접근 제어자를 지정해야 한다는 것을 기억할 것이다. Movable인터페이스에 'void move(int x, int y)'와 같이 정의되어 있지만 사실 'public abstract'가 생략된 것이기 때문에 실제로 'public abstract void move(int x, int y)'이다. 그래서, 이를 구현하는 Fighter클래스에서는 'void move(int x, int y)'의 접근 제어자를 반드시 public으로 해야 하는 것이다.

7.5 인터페이스를 이용한 다중 상속

두 조상으로부터 상속받는 멤버 중에서 멤버 변수의 이름이 같거나 메서드의 선언부가 일치하고 구현 내용이 다르다면 이 두 조상으로부터 상속받는 자손 클래스는 어느 조상의 것을 상속받게 되는 것인지 알 수 없다. 어느 한 쪽으로부터의 상속을 포기하던가, 이름이 충돌하지 않도록 조상 클래스를 변경하는 수밖에 없다.

그래서 다중 상속은 장점도 있지만 단점이 더 크다고 판단하였기 때문에 자바에서는 다중 상속을 허용하지 않는다. 그러나 또 다른 객체지향언어인 C++에서는 다중 상속을 허용하기 때문에 자바는 다중 상속을 허용하지 않는다는 것이 단점으로 부각되는 것에 대한 대응으로 '자바도 인터페이스를 이용하면 다중 상속이 가능하다.'라고 하는 것일 뿐 자바에서 인터페이스로 다중 상속을 구현하는 경우는 거의 없다.

  이러한 이유로 인터페이스가 다중 상속을 위한 것으로 오해를 사곤 하는데, 앞으로 이 단원을 학습해 나가면서 인터페이스의 참다운 의미를 알게 될 것이다.

  인터페이스를 이용한 다중 상속에 대한 내용은 가볍게 맛만 보고 넘어가는 정도면 충분할 것 같다.

인터페이스는 static상수만 정의할 수 있으므로 조상 클래스의 멤버 변수와 충돌하는 경우는 거의 없고 충돌된다 하더라도 클래스 이름을 붙여서 구분이 가능하다. 그리고 추상메서드는 구현 내용이 전혀 없으므로 조상 클래스의 메서드와 선언부가 일치하는 경우에는 당연히 조상 클래스 쪽의 메서드를 상속받으면 되므로 문제되지 않는다.

  그러나, 이렇게 하면 상속받는 멤버의 충돌은 피할 수 있지만, 다중 상속의 장점을 잃게 된다. 만일 두 개의 클래스로부터 상속을 받아야 할 상황이라면, 두 조상클래스 중에서 비중이 높은 쪽을 선택하고 다른 한쪽은 클래스 내부에 멤버로 포함시키는 방식으로 처리하거나 어느 한쪽의 필요한 부분을 뽑아서 인터페이스로 만든 다음 구현하도록 한다.

  예를 들어, 다음과 같이 Tv클래스와 DVD클래스가 있을 때, TvDVD클래스를 작성하기 위해 두 클래스로부터 상속을 받을 수만 있으면 좋겠지만 다중상속을 허용하지 않으므로, 한 쪽만 선택하여 상속받고 나머지 한 쪽은 클래스 내에 포함시켜서 내부적으로 인스턴스를 생성해서 사용하도록 한다.

```java
public class Tv {
    protected boolean power;
    protected int channel;
    protected int volume;

    public void power()         { power = ! power;}
    public void channelUp()     { channel++;}
    public void channelDown()   { channel--;}
    public void volumeUp()      { volume++; }
    public void volumeDown()    { volume--; }
}
```

```java
public class DVD {
    protected int counter; // DVD의 카운터

    public void play() {
        // DVD Disc를 재생한다.
    }
    public void stop() {
        // 재생을 멈춘다.
    }
    public void reset() {
        counter = 0;
    }
    public int getCounter() {
        return counter;
    }
    public void setCounter(int c) {
        counter = c;
    }
}
```

VCR클래스에 정의된 메서드와 일치하는 추상메서드를 갖는 인터페이스를 작성한다.

```java
public interface IDVD {
    public void play();
    public void stop();
    public void reset();
    public int  getCounter();
    public void setCounter(int c);
}
```

이제 IVCR 인터페이스를 구현하고 Tv클래스로부터 상속받는 TvDVD클래스를 작성한다. 이때 VCR클래스 타입의 참조변수를 멤버변수로 선언하여 IDVD인터페이스의 추상메서드를 구현하는데 사용한다.

```java
public class TvDVD extends Tv implements IDVD {
    DVD dvd = new DVD();

    public void play() {
        dvd.play();          // ← 코드를 작성하는 대신 DVD인스턴스의
    }                        //    메서드를 호출한다.
    public void stop() {
        dvd.stop();
    }
    public void reset() {
        dvd.reset();
    }
    public int getCounter() {
        return dvd.getCounter();
    }
    public void setCounter(int c) {
        dvd.setCounter(c);
    }
}
```

IDVD인터페이스를 구현하기 위해 새로 메서드를 작성해야하는 부담이 있지만 이처럼 DVD클래스의 인스턴스를 사용하면 손쉽게 다중 상속처럼 구현할 수 있다.

또한 DVD클래스의 내용이 변경되어도 변경된 내용이 DVD클래스에도 자동적으로 반영되는 효과도 얻을 수 있다.

사실 인터페이스를 새로 작성하지 않고도 DVD클래스를 TvDVD클래스에 포함시키는 것만으로도 충분하지만, 인터페이스를 이용하면 다형적 특성을 이용할 수 있다는 장점이 있다.

7.6 인터페이스를 이용한 다형성

다형성에 대해 학습할 때 자손 클래스의 인스턴스를 조상 타입의 참조변수로 참조하는 것이 가능하다는 것을 배웠다.

인터페이스 역시 이를 구현한 클래스의 조상이라 할 수 있으므로 해당 인터페이스 타입의 참조 변수로 이를 구현한 클래스의 인스턴스를 참조할 수 있으며, 인터페이스 타입으로의 형변환도 가능하다.

인터페이스 Fightable을 클래스 Fighter가 구현했을 때, 다음과 같이 Fighter인스턴스를 Fightable타입의 참조 변수로 참조하는 것이 가능하다.

```
Fightable f = (Fightable)new Fighter();
   또는
Fightable f = new Fighter();
```

| 참고 | Fightable타입의 참조 변수로는 인터페이스 Fightable에 정의된 멤버들만 사용이 가능하다.

따라서 인터페이스는 다음과 같이 메서드의 매개변수의 타입으로 사용될 수 있다.

```
void attack(Fightable f) {
    //...
}
```

인터페이스 타입의 매개변수가 갖는 의미는 메서드 호출 시 **해당 인터페이스를 구현한 클래스의 인스턴스**를 매개변수로 제공해야한다는 것이다.

그래서 attack메서드를 호출할 때는 매개변수로 Fightable인터페이스를 구현한 클래스의 인스턴스를 넘겨주어야 한다.

```
class Fighter extends Unit implements Fightable {
    public void move(int x, int y)  { /* 내용 생략 */ }
    public void attack(Fightable f) { /* 내용 생략 */ }
}
```

위와 같이 Fightable인터페이스를 구현한 Fighter클래스가 있을 때, attack( )의 매개변수로 Fighter인스턴스를 넘겨 줄 수 있다. 즉, attack(new Fighter( ))와 같이 할 수 있다는 것이다.
   그리고 다음과 같이 메서드의 리턴타입으로 인터페이스의 타입을 지정하는 것 역시 가능하다.

```
Fightable method() {
    ...
    Fighter f = new Fighter();  ┐ 이 두 문장을 한 문장으로 바꾸면
    return f;                   ┘ 다음과 같다. return new Fighter( );
}
```

리턴타입이 인터페이스라는 것은 메서드가 해당 인터페이스를 구현한 클래스의 인스턴스를 반환한다는 것을 의미한다. 이 문장은 외울 때까지 반복해야 한다.
   위의 코드에서는 method( )의 리턴타입이 Fightable인터페이스이기 때문에 메서드의 return문에서 Fightable인터페이스를 구현한 Fighter클래스의 인스턴스를 반환한다.

▼ 예제 7-27/**ParserEx.java**

```java
interface Parseable {
    // 구문 분석작업을 수행한다.
    public abstract void parse(String fileName);
}
class ParserManager {
    // 리턴타입이 Parseable인터페이스이다.
    public static Parseable getParser(String type) {
        if(type.equals("XML")) {
            return new XMLParser();
        } else {
            Parseable p = new HTMLParser();
            return p;
            // return new HTMLParser();
        }
    }
}

class XMLParser implements Parseable {
    public void parse(String fileName) {
        /* 구문 분석작업을 수행하는 코드를 적는다. */
        System.out.println(fileName + "- XML parsing completed.");
    }
}

class HTMLParser implements Parseable {
    public void parse(String fileName) {
        /* 구문 분석작업을 수행하는 코드를 적는다. */
        System.out.println(fileName + "-HTML parsing completed.");
    }
}
```

```
class ParserEx {
    public static void main(String args[]) {
        Parseable parser = ParserManager.getParser("XML");
        parser.parse("document.xml");
        parser = ParserManager.getParser("HTML");
        parser.parse("document2.html");
    }
}
```

▼ 실행결과
```
document.xml - XML parsing completed.
document2.html - HTML parsing completed.
```

Parseable인터페이스는 구문 분석(parsing)을 수행하는 기능을 구현할 목적으로 추상메서드 'parse(String fileName)'을 정의했다. 그리고 XMLParser클래스와 HTMLParser클래스는 Parseable인터페이스를 구현하였다.

ParserManager클래스의 getParser메서드는 매개변수로 넘겨받는 type의 값에 따라 XMLParser인스턴스 또는 HTMLParser인스턴스를 반환한다.

```
Parseable parser = ParseManager.getParser("XML");

public static Parseable getParser(String type) {
    if(type.equals("XML")) {
        return new XMLParser();
    } else {
        Parseable p = new HTMLParser();    return new HTMLParser();
        return p;
    }
}
```

getParser메서드의 호출 결과로 참조변수 parser는 XMLParser인스턴스의 주소값을 갖게 된다. 마치 'Parseable parser = new XMLParser();'이 수행된 것과 같다.

```
parser.parse("document.xml");  // parser는 XMLParser인스턴스를 가리킨다.
```

참조 변수 parser를 통해 parse( )를 호출하면, parser가 참조하고 있는 XMLParser인스턴스의 parse메서드가 호출된다.

만일 나중에 새로운 종류의 XML구문 분석기 NewXMLPaser클래스가 나와도 ParserEx클래스는 변경할 필요없이 ParserManager클래스의 getParser메서드에서 'return new XMLParser( );' 대신 'return new NewXMLParser( );'로 변경하기만 하면 된다.

이러한 장점은 특히 분산 환경에서 그 위력을 발휘한다. 사용자 컴퓨터에 설치된 프로그램을 변경하지 않고 서버측의 변경만으로도 사용자가 새로 개정된 프로그램을 사용하는 것이 가능하다.

7.7 인터페이스의 장점

인터페이스를 사용하는 이유와 그 장점을 정리해 보면 다음과 같다.

> - 개발시간을 단축시킬 수 있다.
> - 표준화가 가능하다.
> - 서로 관계없는 클래스들에게 관계를 맺어 줄 수 있다.
> - 독립적인 프로그래밍이 가능하다.

1. 개발시간을 단축시킬 수 있다.

일단 인터페이스가 작성되면, 이를 사용해서 프로그램을 작성하는 것이 가능하다. 메서드를 호출하는 쪽에서는 메서드의 내용에 관계없이 선언부만 알면 되기 때문이다.

그리고 동시에 다른 한 쪽에서는 인터페이스를 구현하는 클래스를 작성하게 하면, 인터페이스를 구현하는 클래스가 작성될 때까지 기다리지 않고도 양쪽에서 동시에 개발을 진행할 수 있다.

2. 표준화가 가능하다.

프로젝트에 사용되는 기본 틀을 인터페이스로 작성한 다음, 개발자들에게 인터페이스를 구현하여 프로그램을 작성하도록 함으로써 보다 일관되고 정형화된 프로그램의 개발이 가능하다.

3. 서로 관계없는 클래스들에게 관계를 맺어 줄 수 있다.

서로 상속관계에 있지도 않고, 같은 조상클래스를 가지고 있지 않은 서로 아무런 관계도 없는 클래스들에게 하나의 인터페이스를 공통적으로 구현하도록 함으로써 관계를 맺어 줄 수 있다.

4. 독립적인 프로그래밍이 가능하다.

인터페이스를 이용하면 클래스의 선언과 구현을 분리시킬 수 있기 때문에 실제 구현에 독립적인 프로그램을 작성하는 것이 가능하다. 클래스와 클래스간의 직접적인 관계를 인터페이스를 이용해서 간접적인 관계로 변경하면, 한 클래스의 변경이 관련된 다른 클래스에 영향을 미치지 않는 독립적인 프로그래밍이 가능하다.

예를 들어 한 데이터베이스 회사가 제공하는 특정 데이터베이스를 사용하는데 필요한 클래스를 사용해서 프로그램을 작성했다면 이 프로그램은 다른 종류의 데이터베이스를 사용하기 위해서는 전체 프로그램 중에서 데이터베이스 관련된 부분은 모두 변경해야할 것이다.

그러나 데이터베이스 관련 인터페이스를 정의하고 이를 이용해서 프로그램을 작성하면, 데이터베이스의 종류가 변경되더라도 프로그램을 변경하지 않도록 할 수 있다.

단, 데이터베이스 회사에서 제공하는 클래스도 인터페이스를 구현하도록 요구해야 한다. 데이터베이스를 이용한 응용프로그램을 작성하는 쪽에서는 인터페이스를 이용해서 프로그램을 작성하고, 데이터베이스 회사에서는 인터페이스를 구현한 클래스를 작성해서 제공해야한다.

실제로 자바에서는 다수의 데이터베이스와 관련된 다수의 인터페이스를 제공하고 있으며, 프로그래머는 이 인터페이스를 이용해서 프로그래밍하면 특정 데이터베이스에 종속되지 않는 프로그램을 작성할 수 있다.

게임에 나오는 유닛을 클래스로 표현하고 이들의 관계를 상속 계층도로 표현해 보았다.

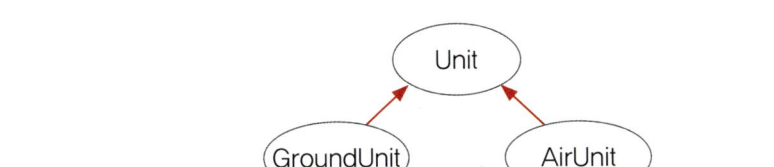

게임에 나오는 모든 유닛들의 최고 조상은 Unit클래스이고 유닛의 종류는 지상 유닛(GroundUnit)과 공중 유닛(AirUnit)으로 나누어진다.

그리고 지상 유닛에는 Marine, SCV(건설인부), Tank가 있고, 공중 유닛으로는 Dropship(수송선)이 있다. SCV에게 Tank와 Dropship과 같은 기계화 유닛을 수리할 수 있는 기능을 제공하기 위해 repair메서드를 정의한다면 다음과 같을 것이다.

```
void repair(Tank t) {
    // Tank를 수리한다.
}
void repair(Dropship d) {
    // Dropship을 수리한다.
}
```

이런 식으로 수리가 가능한 유닛의 개수만큼 다른 버전의 오버로딩된 메서드를 정의해야 할 것이다.

이것을 피하기 위해 매개변수의 타입을 이 들의 공통 조상으로 하면 좋겠지만 Dropship은 공통 조상이 다르기 때문에 공통 조상의 타입으로 메서드를 정의한다고 해도 최소한 2개의 메서드가 필요할 것이다.

```
void repair(GroundUnit gu) {
    // 매개변수로 넘겨진 지상유닛(GroundUnit)을 수리한다.
}
void repair(AirUnit au) {
    // 매개변수로 넘겨진 공중유닛(AirUnit)을 수리한다.
}
```

그리고 GroundUnit의 자손 중에는 Marine과 같이 기계화 유닛이 아닌 클래스도 포함될 수 있기 때문에 repair메서드의 매개변수 타입으로 GroundUnit은 부적합하다.

현재의 상속 관계에서는 이들의 공통점은 없다. 이 때 인터페이스를 이용하면 기존의 상속 관계를 유지하면서 이들 기계화 유닛에 공통점을 부여할 수 있다.

다음과 같이 Repairable이라는 인터페이스를 정의하고 수리가 가능한 기계화 유닛에게 이 인터페이스를 구현하도록 하면 된다.

```
interface Repairable {}
class SCV extends GroundUnit implements Repairable {
    //...
}
class Tank extends GroundUnit implements Repairable {
    //...
}
class Dropship extends AirUnit implements Repairable {
    //...
}
```

이제 이 3개의 클래스에는 같은 인터페이스를 구현했다는 공통점이 생겼다. 인터페이스 Repairable에 정의된 것은 하나도 없고, 단지 인스턴스의 타입 체크에만 사용될 뿐이다. Repairable인터페이스를 중심으로 상속 계층도를 그려보면 다음과 같다.

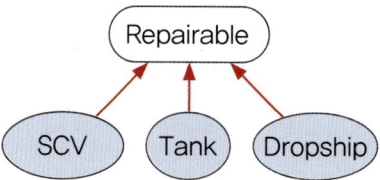

그리고 repair메서드의 매개변수의 타입을 Repairable로 선언하면, 이 메서드의 매개변수로 Repairable인터페이스를 구현한 클래스의 인스턴스만 받아들여질 것이다.

```
void repair(Repairable r) {  // Repairable을 구현한 클래스의 객체만 가능
    // 매개변수로 넘겨받은 유닛을 수리한다.
}
```

앞으로 새로운 클래스가 추가될 때, SCV의 repair()에 의해서 수리가 가능하도록 하려면 Repairable인터페이스를 구현하게 하면 될 것이다.

▼ 예제 7-28/RepairableEx.java

```
class RepairableEx{
    public static void main(String[] args) {
        Tank tank = new Tank();
        Dropship dropship = new Dropship();

        Marine marine = new Marine();
        SCV scv = new SCV();
```

```
        scv.repair(tank);      // SCV가 Tank를 수리하게 한다.
        scv.repair(dropship);
//      scv.repair(marine);
    }
}
```
에러! repair(Repairable) in SCV cannot be applied to (Marine)

```
interface Repairable {}

class Unit {
    int hitPoint;
    final int MAX_HP;
    Unit(int hp) {
        MAX_HP = hp;
    }
    //...
}

class GroundUnit extends Unit {
    GroundUnit(int hp) {
        super(hp);
    }
}

class AirUnit extends Unit {
    AirUnit(int hp) {
        super(hp);
    }
}

class Tank extends GroundUnit implements Repairable {
    Tank() {
        super(150);    // Tank의 HP는 150이다.
        hitPoint = MAX_HP;
    }

    public String toString() {
        return "Tank";
    }
    //...
}

class Dropship extends AirUnit implements Repairable {
    Dropship() {
        super(125);    // Dropship의 HP는 125이다.
        hitPoint = MAX_HP;
    }

    public String toString() {
        return "Dropship";
    }
    //...
}

class Marine extends GroundUnit {
    Marine() {
        super(40);
        hitPoint = MAX_HP;
    }
    //...
}
```

```
class SCV extends GroundUnit implements Repairable{
    SCV() {
        super(60);
        hitPoint = MAX_HP;
    }

    void repair(Repairable r) {
        if (r instanceof Unit u) {
        //    Unit u = (Unit)r;
            while(u.hitPoint!=u.MAX_HP) {
                /* Unit의 HP를 증가시킨다. */
                u.hitPoint++;
            }
            System.out.println( u.toString() + "의 수리가 끝났습니다.");
        }
    }
    //...
}
```

▼ 실행결과
Tank의 수리가 끝났습니다.
Dropship의 수리가 끝났습니다.

repair메서드의 매개변수 r은 Repairable타입이기 때문에 인터페이스 Repairable에 정의된 멤버만 사용할 수 있다. 그러나 Repairable에는 정의된 멤버가 없으므로 이 타입의 참조 변수로 할 수 있는 일은 아무 것도 없다.

그래서 instanceof로 타입을 체크한 뒤 형변환하여 Unit클래스에 정의된 hitPoint와 MAX_HP를 사용할 수 있도록 하였다.

그 다음엔 유닛의 현재 체력(hitPoint)이 유닛이 가질 수 있는 최고 체력(MAX_HP)이 될 때까지 체력을 증가시키는 작업을 수행한다.

Marine은 Repairable인터페이스를 구현하지 않았으므로 SCV클래스의 repair메서드의 매개변수로 Marine을 사용하면 컴파일 시에 에러가 발생한다.

이와 유사한 예를 한 가지 더 들어보자. 게임에 나오는 건물들을 클래스로 표현하고 이들의 관계를 상속 계층도로 표현하였다.

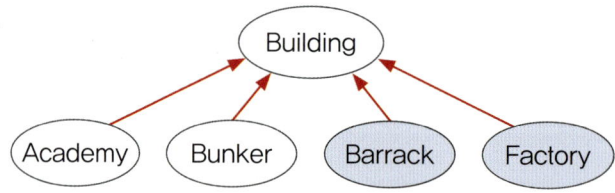

건물을 표현하는 클래스 Academy, Bunker, Barrack, Factory가 있고 이들의 조상인 Building클래스가 있다고 하자. 이 때 Barrack클래스와 Factory클래스에 다음과 같은 내용의, 건물을 이동시킬 수 있는, 새로운 메서드를 추가하고자 한다면 어떻게 해야 할까?

```
    void liftOff()          { /* 내용생략 */ }
    void move(int x, int y) { /* 내용생략 */ }
    void stop()             { /* 내용생략 */ }
    void land()             { /* 내용생략 */ }
```

Barrack클래스와 Factory클래스 모두 위의 코드를 적어주면 되긴 하지만, 코드가 중복된다는 단점이 있다. 그렇다고 해서 조상클래스인 Building클래스에 코드를 추가해주면, Building클래스의 다른 자손인 Academy와 Bunker클래스도 추가된 코드를 상속받으므로 안 된다.

이런 경우에도 인터페이스를 이용해서 해결할 수가 있다. 우선 새로 추가하고자하는 메서드를 정의하는 인터페이스를 정의하고 이를 구현하는 클래스를 작성한다.

```
interface Liftable {
    /** 건물을 들어 올린다. */
    void liftOff();                    // public abstract가 생략됨
    /** 건물을 이동한다. */
    void move(int x, int y);
    /** 건물을 정지시킨다. */
    void stop();
    /** 건물을 착륙시킨다. */
    void land();
}

class LiftableImpl implements Liftable {
    public void liftOff()          { /* 내용 생략 */ }
    public void move(int x, int y) { /* 내용 생략 */ }
    public void stop()             { /* 내용 생략 */ }
    public void land()             { /* 내용 생략 */ }
}
```

마지막으로 새로 작성된 인터페이스와 이를 구현한 클래스를 Barrack과 Factory클래스에 적용하면 된다.

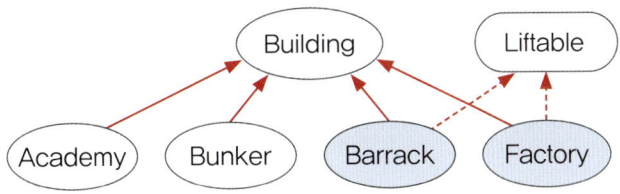

Barrack클래스가 Liftable인터페이스를 구현하도록 하고, 인터페이스를 구현한 LiftableImpl클래스를 Barrack클래스에 포함시켜서 내부적으로 호출해서 사용하도록 한다.

이렇게 함으로써 같은 내용의 코드를 Barrack클래스와 Factory클래스에서 각각 작성하지 않고 LiftableImpl클래스 한 곳에서 관리할 수 있다. 그리고 작성된 Liftable인터페이스와 이를 구현한 LiftableImpl클래스는 후에 다시 재사용될 수 있을 것이다.

```
class Barrack extends Building implments Liftable {
    LiftableImpl l = new LiftableImpl();
    void liftOff()          { l.liftOff(); }
    void move(int x, int y) { l.move(x, y); }
    void stop()             { l.stop(); }
    void land()             { l.land(); }
    void trainMarine() { /* 내용 생략 */ }
        ...
}

class Factory extends Building implments Liftable {
    LiftableImpl l = new LiftableImpl();
    void liftOff()          { l.liftOff(); }
    void move(int x, int y) { l.move(x, y); }
    void stop()             { l.stop(); }
    void land()             { l.land(); }
    void makeTank() { /* 내용 생략 */ }
        ...
}
```

7.8 인터페이스의 이해

지금까지 인터페이스의 특징과 구현하는 방법, 장점 등 인터페이스에 대한 일반적인 사항들에 대해서 모두 살펴보았다. 하지만 '인터페이스란 도대체 무엇인가?'라는 의문은 여전히 남아있을 것이다. 이번 절에서는 인터페이스의 규칙이나 활용이 아닌, 본질적인 측면에 대해 살펴보자.

먼저 인터페이스를 이해하기 위해서는 다음의 두 가지 사항을 반드시 염두에 두고 있어야 한다.

> - 클래스를 사용하는 쪽(User)과 클래스를 제공하는 쪽(Provider)이 있다.
> - 메서드를 사용(호출)하는 쪽(User)에서는 사용하려는 메서드(Provider)의 선언부만 알면 된다.(내용은 몰라도 된다.)

▼ 예제 7-29/InterfaceEx.java

```
class A {
    public void methodA(B b) {
        b.methodB();
    }
}
```

```
class B {
    public void methodB() {
        System.out.println("methodB()");
    }
}
class InterfaceEx {
    public static void main(String args[]) {
        A a = new A();
        a.methodA(new B());
    }
}
```

▼ 실행결과
```
methodB()
```

예제7-28과 같이 클래스 A와 클래스 B가 있다고 하자. 클래스 A(User)는 클래스 B(Provider)의 인스턴스를 생성하고 메서드를 호출한다. 이 두 클래스는 서로 직접적인 관계에 있다. 이것을 간단히 'A-B'라고 표현하자.

이 경우 클래스 A를 작성하려면 클래스 B가 이미 작성되어 있어야 한다. 그리고 클래스 B의 methodB()의 선언부가 변경되면, 이를 사용하는 클래스 A도 변경되어야 한다.

이와 같이 직접적인 관계의 두 클래스는 한 쪽(Provider)이 변경되면 다른 한 쪽(User)도 변경되어야 한다는 단점이 있다.

그러나 클래스 A가 클래스 B를 직접 호출하지 않고 인터페이스를 매개체로 해서 클래스 A가 인터페이스를 통해서 클래스 B의 메서드에 접근하도록 하면, 클래스 B에 변경사항이 생기거나 클래스 B와 같은 기능의 다른 클래스로 대체 되어도 클래스 A는 전혀 영향을 받지 않도록 하는 것이 가능하다.

두 클래스간의 관계를 간접적으로 변경하기 위해서는 먼저 인터페이스를 이용해서 클래스 B(Provider)의 선언과 구현을 분리해야한다.

먼저 다음과 같이 클래스 B에 정의된 메서드를 추상메서드로 정의하는 인터페이스 I를 정의한다.

```
interface I {
    public abstract void methodB();
}
```

그 다음에는 클래스 B가 인터페이스 I를 구현하도록 한다.

```
class B implements I {
    public void methodB() {
        System.out.println("methodB in B class");
    }
}
```

이제 클래스 A는 클래스 B 대신 인터페이스 I를 사용해서 작성할 수 있다.

```
class A {
    public void methodA(B b) {
        b.methodB();
    }
}
```
→
```
class A {
    public void methodA(I i) {
        i.methodB();
    }
}
```

l 참고 l methodA가 호출될 때 인터페이스 I를 구현한 클래스의 인스턴스(클래스 B의 인스턴스)를 제공받아야 한다.

클래스 A를 작성하는데 있어서 클래스 B가 사용되지 않았다는 점에 주목하자. 이제 클래스 A와 B는 'A-B'의 직접적인 관계에서 'A-I-B'의 간접적인 관계로 바뀐 것이다.

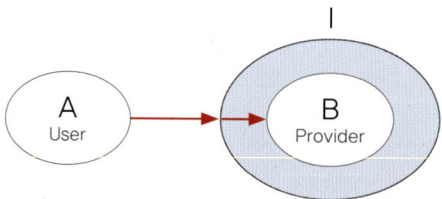

결국 클래스 A는 여전히 클래스 B의 메서드를 호출하지만, 클래스 A는 인터페이스 I하고만 직접적인 관계에 있기 때문에 클래스 B의 변경에 영향을 받지 않는다.

클래스 A는 인터페이스를 통해 실제로 사용하는 클래스의 이름을 몰라도 되고 심지어는 실제로 구현된 클래스가 존재하지 않아도 문제되지 않는다. 클래스 A는 오직 직접적인 관계에 있는 인터페이스 I의 영향만 받는다.

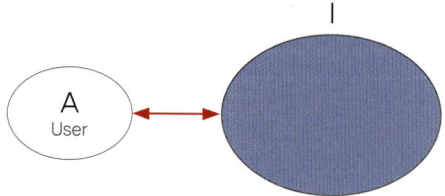

인터페이스 I는 실제구현 내용(클래스 B)을 감싸고 있는 껍데기이며, 클래스 A는 껍데기 안에 어떤 알맹이(클래스)가 들어 있는지 몰라도 된다.

▼ 예제 7-30/InterfaceEx2.java

```
class A {
    void autoPlay(I i) {
        i.play();
    }
}
```

```java
interface I {
    public abstract void play();
}

class B implements I {
    public void play() {
        System.out.println("play in B class");
    }
}

class C implements I {
    public void play() {
        System.out.println("play in C class");
    }
}

class InterfaceEx2 {
   public static void main(String[] args) {
      A a = new A();
      a.autoPlay(new B()); // void autoPlay(I i)호출
      a.autoPlay(new C()); // void autoPlay(I i)호출
   }
}
```

▼ 실행결과
```
play in B class
play in C class
```

| 참고 | 클래스 A를 작성하는데 클래스 B가 관련되지 않았다는 사실에 주목하자.

클래스 A가 인터페이스 I를 사용해서 작성되긴 하였지만, 이처럼 매개변수를 통해서 인터페이스 I를 구현한 클래스의 인스턴스를 동적으로 제공받아야 한다.
   클래스 Thread의 생성자인 Thread(Runnable target)이 이런 방식으로 되어 있다.

| 참고 | Runnable은 인터페이스이다.

이처럼 매개변수를 통해 동적으로 제공받을 수 도 있지만 다음과 같이 제3의 클래스를 통해서 제공받을 수도 있다. JDBC의 DriverManager클래스가 이런 방식으로 되어 있다.

▼ 예제 7-31/**InterfaceEx3.java**

```java
class InterfaceEx3 {
   public static void main(String[] args) {
      A a = new A();
      a.methodA();
   }
}

class A {
   void methodA() {
      I i = InstanceManager.getInstance();
      i.methodB();
      System.out.println(i.toString()); // i로 Object클래스의 메서드 호출가능
   }
}
```

제3의 클래스의 메서드를 통해서 인터페이스 I를 구현한 클래스의 인스턴스를 얻어온다.

```
interface I {
    public abstract void methodB();
}
class B implements I {
    public void methodB() {
        System.out.println("methodB in B class");
    }

    public String toString() { return "class B";}
}
class InstanceManager {
  public static I getInstance() {
    return new B();
  }
}
```

▼ 실행결과
```
methodB in B class
class B
```

인스턴스를 직접 생성하지 않고, getInstance()라는 메서드를 통해 제공받는다. 이렇게 하면, 나중에 다른 클래스의 인스턴스로 변경되어도 A클래스의 변경없이 getInstance()만 변경하면 된다는 장점이 생긴다.

```
class InstanceManager {
    public static I getInstance() {
        return new B(); // 다른 인스턴스로 바꾸려면 여기만 변경하면 됨.
    }
}
```

그리고 인터페이스 I 타입의 참조변수 i로도 Object클래스에 정의된 메서드들을 호출할 수 있다는 것도 알아두자. i에 toString()이 정의되어 있지 않지만, 모든 객체는 Object클래스에 정의된 메서드를 가지고 있을 것이기 때문에 허용하는 것이다.

```
class A {
    void methodA() {
        I i = InstanceManager.getInstance();
        i.methodB();
        System.out.println(i.toString()); // i로 Object의 메서드 호출가능
    }
}
```

7.9 디폴트 메서드, static메서드, private메서드

원래 인터페이스에 추상 메서드만 선언할 수 있었는데, **JDK 8부터 디폴트 메서드와 static메서드, JDK 9부터는 private메서드도 추가할 수 있게 되었으며 이들은 추상 메서드가 아니다.** static메서드는 인스턴스와 관계가 없는 독립적인 메서드이기 때문에 예전부터 인터페이스에 추가하지 못할 이유가 없었다. 그러나 자바를 보다 쉽게 배울 수 있도록 규칙을 단순히 할 필요가 있어서 인터페이스의 모든 메서드는 추상 메서드이어야 한다는 규칙에 예외를 두지 않았다. 덕분에 인터페이스와 관련된 static메서드는 별도의 클래스에 따로 두어야 했다.

가장 대표적인 것으로 java.util.Collection인터페이스가 있는데, 이 인터페이스와 관련된 static메서드들이 인터페이스에는 추상 메서드만 선언할 수 있다는 원칙 때문에 별도의 클래스, Collections라는 클래스에 들어가게 되었다. 만일 인터페이스에 static메서드를 추가할 수 있었다면, Collections클래스는 존재하지 않았을 것이다.

그리고 인터페이스의 static메서드 역시 접근 제어자가 항상 public이며, 생략가능하다.

| 참고 | Collection인터페이스와 Collections클래스에 대해서는 11장 p.610과 p.694에서 자세히 배운다.

디폴트 메서드

조상 클래스에 새로운 메서드를 추가하는 것은 별 일이 아니지만, 인터페이스의 경우는 보통 큰 일이 아니다. 인터페이스에 메서드를 추가한다는 것은, 추상 메서드를 추가한다는 것이고, 이 인터페이스를 구현한 기존의 모든 클래스들이 새로 추가된 메서드를 구현해야하기 때문이다.

인터페이스가 변경되지 않으면 제일 좋겠지만, 아무리 설계를 잘해도 언젠가 변경은 발생하기 마련이다. 그래서 JDK의 설계자들은 고심 끝에 **디폴트 메서드**(default method)라는 것을 고안해 내었다. 디폴트 메서드는 추상 메서드의 기본적인 구현을 제공하는 메서드로, 추상 메서드가 아니기 때문에 디폴트 메서드가 새로 추가되어도 해당 인터페이스를 구현한 클래스를 변경하지 않아도 된다.

디폴트 메서드는 앞에 키워드 default를 붙이며, 추상 메서드와 달리 일반 메서드처럼 몸통{}이 있어야 한다. 디폴트 메서드 역시 접근 제어자가 public이며, 생략가능하다.

```
interface MyInterface {
    void method();
    void newMethod();  // 추상 메서드
}
```
→
```
interface MyInterface {
    void method();
    default void newMethod(){}
}
```

위의 왼쪽과 같이 newMethod()라는 추상 메서드를 추가하는 대신, 오른쪽과 같이 디폴트 메서드를 추가하면, 기존의 MyInterface를 구현한 클래스를 변경하지 않아도 된다. 즉, 조상 클래스에 새로운 메서드를 추가한 것과 동일해 지는 것이다.

대신, 새로 추가된 디폴트 메서드가 기존의 메서드와 이름이 중복되어 충돌하는 경우가 발생한다. 이 충돌을 해결하는 규칙은 다음과 같다.

> **1. 여러 인터페이스의 디폴트 메서드 간의 충돌**
> - 인터페이스를 구현한 클래스에서 디폴트 메서드를 오버라이딩해야 한다.
>
> **2. 디폴트 메서드와 조상 클래스의 메서드 간의 충돌**
> - 조상 클래스의 메서드가 상속되고, 디폴트 메서드는 무시된다.

위의 규칙이 외우기 귀찮으면, 그냥 필요한 쪽의 메서드와 같은 내용으로 오버라이딩 해버리면 그만이다.

private메서드

JDK8부터 디폴트 메서드와 static메서드가 인터페이스에 추가되면서 자연스럽게 private 메서드의 필요성이 대두되었다. static메서드처럼 private메서드는 자손들에게 영향을 미치지 않기 때문에 인터페이스에 추가되어도 아무런 문제가 없기 때문이다.

private메서드는 단지 접근 제어자가 private인 일반 메서드이고, 디폴트 메서드 또는 static메서드의 중복 코드를 제거하거나 코드를 작업별로 분리하는 과정에서 자연스럽게 추가하게 된다. private메서드를 작성할 때 지켜야하는 규칙은 다음과 같다.

> 1. 반드시 구현부(몸통, { })가 있어야 한다.
> 2. 접근 제어자는 private이며, static도 붙일 수 있다.
>   - static메서드에서 호출하는 private메서드는 static을 붙여야 한다.

이제 예제를 통해서 지금까지 살펴본 내용을 직접 확인해 보자. 예제의 주석처리된 부분의 주석을 해제하면 실행결과가 어떻게 달라질지 예상해 보자.

▼ 예제 7-32/**DefaultMethodEx.java**

```java
class DefaultMethodEx {
    public static void main(String[] args) {
        Child c = new Child();
        c.method1();
        c.method2();
        MyInterface.staticMethod();
        MyInterface2.staticMethod();
    }
}

class Child extends Parent implements MyInterface, MyInterface2 {
    public void method1() {
        System.out.println("method1() in Child"); // 오버라이딩
    }
}

class Parent {
//    public void method2() {
//        System.out.println("method2() in Parent");
//    }
}

interface MyInterface {
    default void method1() {
        System.out.println("method1() in MyInterface");
    }

    default void method2() {
        System.out.println("method2() in MyInterface");
        privateMetod();
    }
```

```java
    static void staticMethod() {
        System.out.println("staticMethod() in MyInterface");
        privateStaticMetod();
    }

    private void privateMetod(){
        System.out.println("privateMethod() in MyInterface");
    }

    private static void privateStaticMetod(){
        System.out.println("privateStaticMethod() in MyInterface");
    }
}

interface MyInterface2 {
    default void method1() {
        System.out.println("method1() in MyInterface2");
    }

    static void staticMethod() {
        System.out.println("staticMethod() in MyInterface2");
    }
}
```

▼ 실행결과

```
method1() in Child
method2() in Parent
staticMethod() in MyInterface
staticMethod() in MyInterface2
```

8. 내부 클래스(inner class)

내부 클래스는 클래스 내에 선언된다는 점을 제외하고는 일반적인 클래스와 다르지 않다. 다만 앞으로 배우게 될 내부 클래스의 몇 가지 특징만 잘 이해하면 실제로 활용하는데 어려움이 없을 것이다.

    내부 클래스는 사용빈도가 높지 않으므로 내부 클래스의 기본 원리와 특징을 이해하는 정도까지만 학습해도 충분하다. 실제로는 발생하지 않을 경우까지 이론적으로 만들어 내서 고민하지말자.

8.1 내부 클래스란?

내부 클래스는 클래스 내에 선언된 클래스이다. 클래스에 다른 클래스를 선언하는 이유는 간단하다. 두 클래스가 서로 긴밀한 관계에 있기 때문이다.

    한 클래스를 다른 클래스의 내부 클래스로 선언하면 두 클래스의 멤버들 간에 서로 쉽게 접근할 수 있다는 장점과 외부에는 불필요한 클래스를 감춤으로써 코드의 복잡성을 줄일 수 있다는 장점을 얻을 수 있다.

> **내부 클래스의 장점**
> - 내부 클래스에서 외부 클래스의 멤버들을 쉽게 접근할 수 있다.
> - 코드의 복잡성을 줄일 수 있다(캡슐화).

아래 왼쪽의 A와 B 두 개의 독립적인 클래스를 오른쪽과 같이 바꾸면 B는 A의 내부 클래스(inner class)가 되고 A는 B를 감싸고 있는 외부 클래스(outer class)가 된다.

```
class A {
    ...
}
class B {
    ...
}
```

→

```
class A {    // 외부 클래스
    ...
    class B {    // 내부 클래스
        ...
    }
    ...
}
```

이 때 내부 클래스인 B는 외부 클래스인 A를 제외하고는 다른 클래스에서 잘 사용되지 않는 것이어야 한다.

8.2 내부 클래스의 종류와 특징

내부 클래스의 종류는 변수의 선언 위치에 따른 종류와 같다. 내부 클래스는 마치 변수를 선언하는 것과 같은 위치에 선언할 수 있으며, 변수의 선언 위치에 따라 인스턴스 변수, 클래스 변수(static변수), 지역 변수로 구분되는 것과 같이 내부 클래스도 선언위치에 따라 다음과 같이 구분되어 진다. 내부 클래스의 유효범위와 성질이 변수와 유사하므로 서로 비교해보면 이해하는데 많은 도움이 된다.

| 참고 | 초기화 블럭 관련내용은 p.302를 참고

내부 클래스	특징
인스턴스 클래스 (instance class)	외부 클래스의 멤버 변수 선언 위치에 선언하며, 외부 클래스의 인스턴스 멤버처럼 다루어진다. 주로 외부 클래스의 인스턴스 멤버들과 관련된 작업에 사용될 목적으로 선언된다.
스태틱 클래스 (static class)	외부 클래스의 멤버변수 선언 위치에 선언하며, 외부 클래스의 static멤버처럼 다루어진다. 외부 클래스를 생성하지 않고도 접근이 가능하므로 많이 사용된다.
지역 클래스 (local class)	외부 클래스의 메서드나 초기화 블럭 안에 선언하며, 선언된 영역 내부에서만 사용될 수 있다.
익명 클래스 (anonymous class)	클래스의 선언과 객체의 생성을 동시에 하는 이름없는 클래스(일회용)

▲ 표7-4 내부 클래스의 종류와 특징

8.3 내부 클래스의 선언

아래의 오른쪽 코드에는 외부 클래스(Outer)에 3개의 서로 다른 종류의 내부 클래스를 선언했다. 양쪽의 코드를 비교해 보면 내부 클래스의 선언 위치가 변수의 선언 위치와 동일함을 알 수 있다.

변수가 선언된 위치에 따라 인스턴스변수, 클래스 변수(static변수), 지역 변수로 나뉘듯이 내부 클래스도 이와 마찬가지로 선언된 위치에 따라 나뉜다. 그리고, 각 내부 클래스의 선언 위치에 따라 같은 선언 위치의 변수와 동일한 유효범위(scope)와 접근성(accessibility)을 갖는다.

```
class Outer {
    int iv = 0;
    static int cv =  0;

    void myMethod() {
        int lv = 0;
    }
}
```

```
class Outer {
    class InstanceInner {}
    static class StaticInner {}

    void myMethod() {
        class LocalInner {}
    }
}
```

8.4 내부 클래스의 제어자와 접근성

아래 코드에서 인스턴스 클래스(InstanceInner)와 스태틱 클래스(StaticInner)는 외부 클래스 (Outer)의 멤버변수(인스턴스 변수와 클래스 변수)와 같은 위치에 선언되며, 또한 멤버 변수와 같은 성질을 갖는다. 따라서 내부 클래스가 외부 클래스의 멤버와 같이 간주되고, 인스턴스 멤버와 static멤버 간의 규칙이 내부 클래스에도 똑같이 적용된다.

```
class Outer {
    private int iv = 0;
    protected static int cv = 0;

    void myMethod() {
        int lv = 0;
    }
}
```

```
class Outer {
    private class InstanceInner {}
    protected static class StaticInner {}

    void myMethod() {
        class LocalInner {}
    }
}
```

그리고 내부 클래스도 클래스이기 때문에 abstract나 final과 같은 제어자를 사용할 수 있을 뿐만 아니라, 멤버변수들처럼 private, protected과 접근제어자도 사용이 가능하다.

▼ 예제 7-33/InnerEx.java

```
class InnerEx {
    class InstanceInner {
        int iv = 100;
//      static int cv = 100;           // 에러! static변수를 선언할 수 없다.(JDK 16부터 허용)
        final static int CONST = 100;  // final static은 상수이므로 허용
    }

    static class StaticInner {
        int iv = 200;
        static int cv = 200;    // static클래스는 static멤버를 정의할 수 있다.
    }

    void myMethod() {
        class LocalInner {
            int iv = 300;
//          static int cv = 300;            // 에러! static변수를 선언할 수 없다.
            final static int CONST = 300;   // final static은 상수이므로 허용
        }
    }

    public static void main(String args[]) {
        System.out.println(InstanceInner.CONST);
        System.out.println(StaticInner.cv);
    }
}
```

▼ 실행결과
```
100
200
```

내부 클래스 중에서 스태틱 클래스(StaticInner)만 static멤버를 가질 수 있었는데, JDK 16부터 인스턴스 클래스도 static멤버를 가질 수 있게 변경되었다.

    final과 static이 동시에 붙은 변수는 상수(constant)이므로 모든 내부 클래스에서 정의가 가능하다.

▼ 예제 7-34/`InnerEx2.java`

```java
class InnerEx2 {
    class InstanceInner {}
    static class StaticInner {}

    // 인스턴스 멤버 간에는 서로 직접 접근이 가능하다.
    InstanceInner iv = new InstanceInner();
    // static 멤버 간에는 서로 직접 접근이 가능하다.
    static StaticInner cv = new StaticInner();

    static void staticMethod() {
        // static멤버는 인스턴스멤버에 직접 접근할 수 없다.
//      InstanceInner obj1 = new InstanceInner();
        StaticInner obj2 = new StaticInner();

        // 굳이 접근하려면 아래와 같이 객체를 생성해야 한다.
        // 인스턴스클래스는 외부 클래스를 먼저 생성해야만 생성할 수 있다.
        InnerEx2 outer = new InnerEx2();
        InstanceInner obj1 = outer.new InstanceInner();
    }

    void instanceMethod() {
        // 인스턴스 메서드에서는 인스턴스 멤버와 static멤버 모두 접근 가능하다.
        InstanceInner obj1 = new InstanceInner();
        StaticInner obj2 = new StaticInner();
        // 메서드 내에 지역적으로 선언된 내부 클래스는 외부에서 접근할 수 없다.
//      LocalInner lv = new LocalInner();
    }

    void myMethod() {
        class LocalInner {}
        LocalInner lv = new LocalInner();
    }
}
```

인스턴스 멤버는 같은 클래스에 있는 인스턴스멤버와 static멤버 모두 직접 호출이 가능하지만, static멤버는 인스턴스 멤버를 직접 호출할 수 없는 것처럼, 인스턴스 클래스는 외부 클래스의 인스턴스 멤버를 객체생성 없이 바로 사용할 수 있지만, 스태틱 클래스는 외부 클래스의 인스턴스 멤버를 객체생성 없이 사용할 수 없다.

    마찬가지로 인스턴스 클래스는 스태틱 클래스의 멤버들을 객체생성 없이 사용할 수 있지만, 스태틱 클래스에서는 인스턴스 클래스의 멤버들을 객체생성 없이 사용할 수 없다.

▼ 예제 7-35/`InnerEx3.java`

```java
class InnerEx3 {
    private int outerIv = 0;
    static  int outerCv = 0;

    class InstanceInner {
        int iiv  = outerIv;   // 외부 클래스의 private멤버도 접근 가능
        int iiv2 = outerCv;
    }

    static class StaticInner {
// 스태틱 클래스는 외부 클래스의 인스턴스 멤버에 접근할 수 없다.
//      int siv = outerIv;
        static int scv = outerCv;
    }

    void myMethod() {
        int lv = 0;
        final int LV = 0;    // JDK 8부터 final 생략 가능

        class LocalInner {
            int liv  = outerIv;
            int liv2 = outerCv;
// 외부 클래스의 지역변수는 final이 붙은 변수(상수)만 접근 가능
//          int liv3 = lv;           // 에러!!! JDK 8부터 에러 아님
            int liv4 = LV;           // OK
        }
    }
}
```

내부 클래스에서 외부 클래스의 변수들에 대한 접근성을 보여 주는 예제이다. 인스턴스클래스(InstanceInner)는 외부 클래스(InnerEx3)의 인스턴스멤버이기 때문에 인스턴스변수 outerIv와 static변수 outerCv를 모두 사용할 수 있다. 심지어는 outerIv의 접근 제어자가 private일지라도 사용가능하다.

스태틱 클래스(StaticInner)는 외부 클래스(InnerEx3)의 static멤버이기 때문에 외부 클래스의 인스턴스 멤버인 outerIv와 InstanceInner를 사용할 수 없다. 단지 static멤버인 outerCv만을 사용할 수 있다.

지역 클래스(LocalInner)는 외부 클래스의 인스턴스 멤버와 static멤버를 모두 사용할 수 있으며, 지역 클래스가 포함된 메서드에 정의된 지역변수도 사용할 수 있다. 단, final이 붙은 지역 변수만 접근가능한데 그 이유는 메서드가 수행을 마쳐서 지역 변수가 소멸된 시점에도, 지역 클래스의 인스턴스가 소멸된 지역 변수를 참조하려는 경우가 발생할 수 있기 때문이다.

JDK 8부터 지역 클래스에서 접근하는 지역 변수 앞에 final을 생략할 수 있게 바뀌었다. 대신 컴파일러가 자동으로 붙여준다. 즉, 편의상 final을 생략할 수 있게 한 것일 뿐 해당 변수의 값이 바뀌는 문장이 있으면 컴파일 에러가 발생한다.

▼ 예제 7-36/InnerEx4.java

```java
class Outer {
    class InstanceInner {
        int iv = 100;
    }

    static class StaticInner {
        int iv = 200;
        static int cv = 300;
    }

    void myMethod() {
        class LocalInner {
            int iv = 400;
        }
    }
}

class InnerEx4 {
    public static void main(String[] args) {
        // 인스턴스 클래스의 인스턴스를 생성하려면
        // 외부 클래스의 인스턴스를 먼저 생성해야 한다.
        Outer oc = new Outer();
        Outer.InstanceInner ii = oc.new InstanceInner();

        System.out.println("ii.iv : "+ ii.iv);
        System.out.println("Outer.StaticInner.cv : "
                                    + Outer.StaticInner.cv);

        // 스태틱 내부 클래스의 인스턴스는 외부 클래스를 먼저 생성하지 않아도 된다.
        Outer.StaticInner si = new Outer.StaticInner();
        System.out.println("si.iv : "+ si.iv);
    }
}
```

▼ 실행결과

```
ii.iv : 100
Outer.StaticInner.cv : 300
si.iv : 200
```

외부 클래스가 아닌 다른 클래스에서 내부 클래스를 생성하고 내부 클래스의 멤버에 접근하는 예제이다. 실제로 이런 경우가 발생했다는 것은 내부 클래스로 선언해서는 안 되는 클래스를 내부 클래스로 선언했다는 의미이다. 참고로만 봐두고 가볍게 넘어가도록 하자.
　참고로 컴파일 시 생성되는 클래스 파일은 다음과 같다.

```
InnerEx4.class
Outer.class
Outer$InstanceInner.class
Outer$StaticInner.class
Outer$1LocalInner.class
```

컴파일 했을 때 생성되는 파일명은 '**외부 클래스명$내부 클래스명**.class'형식으로 되어 있다. 다만 서로 다른 메서드 내에서는 같은 이름의 지역변수를 사용하는 것이 가능한 것처럼, 지역 내부 클래스는 다른 메서드에 같은 이름의 내부 클래스가 존재할 수 있기 때문에 내부 클래스명 앞에 숫자가 붙는다.

```
class Outer {
    void myMethod() {
        int lv = 0;
    }

    void myMethod2() {
        int lv = 0;
    }
}
```

↔

```
class Outer {
    void myMethod() {
        class LocalInner {}
    }

    void myMethod2() {
        class LocalInner {}
    }
}
```

만일 오른쪽의 코드를 컴파일 하면 다음과 같은 클래스 파일이 생성될 것이다.

```
Outer.class
Outer$1LocalInner.class
Outer$2LocalInner.class
```

▼ 예제 7-37/**InnerEx5.java**

```java
class Outer {
    int value = 10; // Outer.this.value

    class Inner {
        int value = 20; // this.value

        void method1() {
            int value = 30;
            System.out.println("          value :" + value);
            System.out.println("     this.value :" + this.value);
            System.out.println("Outer.this.value :" + Outer.this.value);
        }
    } // Inner클래스의 끝
} // Outer클래스의 끝

class InnerEx5 {
    public static void main(String args[]) {
        Outer outer = new Outer();
        Outer.Inner inner = outer.new Inner();
        inner.method1();
    }
} // InnerEx5 끝
```

▼ 실행결과
```
          value :30
     this.value :20
Outer.this.value :10
```

위의 예제는 내부 클래스와 외부 클래스에 선언된 변수의 이름이 같을 때 변수 앞에 'this' 또는 '**외부 클래스 이름**.this'를 붙여서 서로 구별할 수 있다는 것을 보여준다.

8.5 익명 클래스(anonymous class)

이제 마지막으로 익명 클래스에 대해서 알아보도록 하자. 익명 클래스는 특이하게도 다른 내부 클래스들과 달리 이름이 없다. 클래스의 선언과 객체의 생성을 동시에 하기 때문에 단 한번만 사용될 수 있고 오직 하나의 객체만을 생성할 수 있는 일회용 클래스이다.

```
new 조상 클래스 이름() {
    // 멤버 선언
}

    또는

new 구현 인터페이스 이름() {
    // 멤버 선언
}
```

이름이 없기 때문에 생성자도 가질 수 없으며, 조상 클래스의 이름이나 구현하고자 하는 인터페이스의 이름을 사용해서 정의하기 때문에 하나의 클래스로 상속받는 동시에 인터페이스를 구현하거나 둘 이상의 인터페이스를 구현할 수 없다. 오로지 단 하나의 클래스를 상속받거나 단 하나의 인터페이스만을 구현할 수 있다.

익명 클래스는 구문이 다소 생소하지만, 인스턴스 클래스를 익명 클래스로 바꾸는 연습을 몇 번만 해 보면 곧 익숙해 질 것이다.

▼ 예제 7-38/InnerEx6.java

```java
class InnerEx6 {
    Object iv = new Object(){ void method(){} };         // 익명 클래스
    static Object cv = new Object(){ void method(){} };  // 익명 클래스

    void myMethod() {
        Object lv = new Object(){ void method(){} };     // 익명 클래스
    }
}
```

위의 예제는 단순히 익명 클래스의 사용 예를 보여 준 것이다. 이 예제를 컴파일하면 다음과 같이 4개의 클래스 파일이 생성된다.

```
InnerEx6.class
InnerEx6$1.class  ← 익명 클래스
InnerEx6$2.class  ← 익명 클래스
InnerEx6$3.class  ← 익명 클래스
```

익명 클래스는 이름이 없기 때문에 '**외부 클래스 이름$숫자**.class'의 형식으로 클래스 파일의 이름이 결정된다.

▼ 예제 7-39/`InnerEx7.java`

```java
import java.awt.*;
import java.awt.event.*;

class InnerEx7 {
    public static void main(String[] args) {
        Button b = new Button("Start");
        b.addActionListener(new EventHandler());
    }
}

class EventHandler implements ActionListener {
    public void actionPerformed(ActionEvent e) {
        System.out.println("ActionEvent occurred!!!");
    }
}
```

이 예제를 실행하면 아무것도 화면에 나타나지 않은 채 종료된다. 단지 익명 클래스로 변환하는 예를 보여주기 위한 것일 뿐이다.

▼ 예제 7-40/`InnerEx8.java`

```java
import java.awt.*;
import java.awt.event.*;

class InnerEx8 {
    public static void main(String[] args) {
        Button b = new Button("Start");
        b.addActionListener(new ActionListener() {
                public void actionPerformed(ActionEvent e) {
                    System.out.println("ActionEvent occurred!!!");
                }
            } // 익명 클래스의 끝
        );
    } // main의 끝
} // InnerEx8의 끝
```

예제7-39을 익명 클래스를 이용해서 변경한 것이 예제7-40이다. 먼저 두 개의 독립된 클래스를 작성한 다음에, 다시 익명 클래스를 이용하여 변경하면 보다 쉽게 코드를 작성할 수 있을 것이다.

| 참고 | 연습문제는 깃헙(https://github.com/castello/javajungsuk4)에서 PDF파일로 제공

Chapter 08

예외 처리
exception handling

1. 예외 처리(exception handling)

1.1 프로그램 오류

프로그램이 실행 중 오작동을 하거나 비정상적으로 종료되는 경우가 있다. 이러한 결과를 초래하는 원인을 프로그램 에러 또는 오류라고 한다.

이를 발생시점에 따라 '컴파일 에러(compile-time error)'와 '런타임 에러(runtime error)'로 나눌 수 있는데, 글자 그대로 '컴파일 에러'는 컴파일 할 때 발생하는 에러이고 프로그램의 실행도중에 발생하는 에러를 '런타임 에러'라고 한다.

이 외에도 '논리적 에러(logical error)'가 있는데, 컴파일도 잘되고 실행도 잘되지만 의도한 것과 다르게 동작하는 것을 말한다. 예를 들어, 창고의 재고가 음수가 된다던가, 게임 프로그램에서 비행기가 총알을 맞아도 죽지 않는 경우가 이에 해당된다.

> **컴파일 에러**   컴파일 시에 발생하는 에러
> **런타임 에러**   실행 시에 발생하는 에러
> **논리적 에러**   실행은 되지만, 의도와 다르게 동작하는 것

소스코드를 컴파일 하면 컴파일러가 소스 코드(*.java)에 대해 오타나 잘못된 구문, 타입 체크 등의 기본적인 검사를 수행하여 오류가 있는지를 알려 준다. 컴파일러가 알려 준 에러들을 모두 수정해서 컴파일을 성공적으로 마치고 나면, 클래스 파일(*.class)이 생성되고, 생성된 클래스 파일을 실행할 수 있게 되는 것이다.

하지만 컴파일을 에러없이 성공적으로 마쳤어도 프로그램의 실행 시에 에러가 발생하지 않는 것은 아니다. 컴파일러가 실행 중에 발생할 수 있는 잠재적인 오류까지 완벽하게 검사할 수 없기 때문에 컴파일은 잘되었어도 실행 중에 에러에 의해서 잘못된 결과를 얻거나 프로그램이 비정상적으로 종료될 수 있다. 여러분은 이미 실행 중에 발생하는 런타임 에러를 여러 번 경험했을 것이다. 예를 들면 프로그램이 실행 중 동작을 멈춘 상태로 오랜 시간 지속되거나, 갑자기 프로그램이 실행을 멈추고 종료되는 경우 등이 이에 해당한다.

런타임 에러를 방지하려면 프로그램의 실행도중 발생할 수 있는 모든 경우를 고려하여 이에 대한 대비를 하는 것이 필요하다.

자바에서는 실행 시(runtime) 발생할 수 있는 프로그램 오류를 '에러(error)'와 '예외(exception)', 두 가지로 구분하였다. 에러는 메모리 부족(OutOfMemoryError)이나 스택오버플로우(StackOverflowError)와 같이 일단 발생하면 복구할 수 없는 심각한 오류이고, 예외는 발생하더라도 수습될 수 있는 비교적 덜 심각한 것이다.

에러가 발생하면, 프로그램의 비정상적인 종료를 막을 길이 없지만, 예외는 발생하더라도 프로그래머가 이에 대한 적절한 코드를 미리 작성해 놓음으로써 프로그램의 비정상적인 종료를 막을 수 있다.

> **에러(error)**   프로그램 코드로 수습될 수 없는 심각한 오류
> **예외(exception)** 프로그램 코드로 수습될 수 있는 미약한 오류

1.2 예외 클래스의 계층구조

자바에서는 실행 시 발생할 수 있는 오류(Exception과 Error)를 클래스로 정의하였다. 앞서 배운 것처럼 모든 클래스의 조상은 Object클래스이므로 Exception과 Error클래스 역시 Object클래스의 자손들이다.

| 참고 | Throwable은 클래스이며 Exception과 Error의 공통 조상이다.

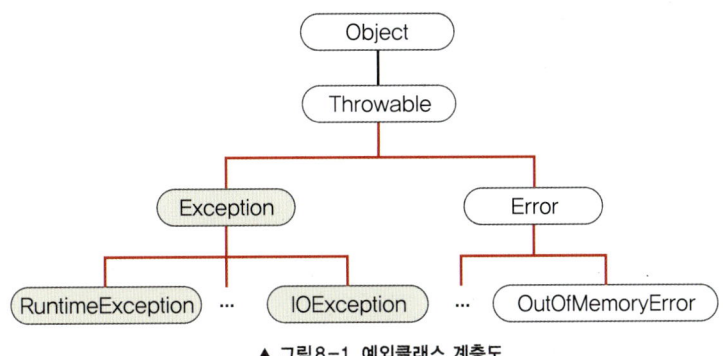

▲ 그림8-1 예외클래스 계층도

모든 예외의 최고 조상은 Exception클래스이며, 상속계층도를 Exception클래스부터 그려보면 다음과 같다.

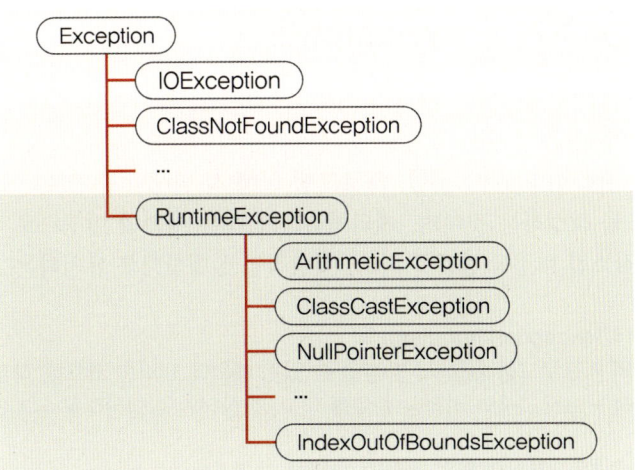

▲ 그림8-2 Exception클래스와 RuntimeException클래스 중심의 상속계층도

위 그림에서 볼 수 있듯이 예외 클래스들은 다음과 같이 두 그룹으로 나눠질 수 있다.

> ① Exception클래스와 그 자손들(그림8-2의 윗부분, RuntimeException과 자손들 제외)
> ② RuntimeException클래스와 그 자손들(그림8-2의 아랫부분)

앞으로 RuntimeException클래스와 그 자손 클래스들을 'RuntimeException클래스들'이
라 하고, RuntimeException클래스들을 제외한 나머지 클래스들을 'Exception클래스들'
이라 하겠다.

RuntimeException클래스들은 주로 프로그래머의 실수에 의해서 발생될 수 있는 예
외들로 자바의 프로그래밍 요소들과 관계가 깊다. 예를 들면, 배열의 범위를 벗어나거
나(ArrayIndexOutOfBoundsException), 값이 null인 참조변수의 멤버를 호출하거나
(NullPointerException), 클래스간의 형변환을 잘못하던가(ClassCastException), 정수
를 0으로 나누려고(ArithmeticException)하는 경우에 발생한다.

Exception클래스들은 주로 외부의 영향으로 발생하는 것들로서, 프로그램의 사용
자들의 동작에 의해서 발생하는 경우가 많다. 예를 들면, 존재하지 않는 파일의 이
름을 입력하던가(FileNotFoundException), 실수로 클래스의 이름을 잘못 적던
가(ClassNotFoundException), 또는 입력한 데이터 형식이 잘못된(DataFormat
Exception) 경우에 발생한다.

Exception클래스들	사용자의 실수와 같은 외적인 요인에 의해 발생하는 예외
RuntimeException클래스들	프로그래머의 실수로 발생하는 예외

1.3 예외 처리하기 – try-catch문

프로그램의 실행 중에 발생하는 에러는 어쩔 수 없지만, 예외는 프로그래머가 이에 대한
처리를 미리 해야 한다.
　예외 처리(exception handling)란, 프로그램 실행 시 발생할 수 있는 예기치 못한 예외
에 대비한 코드를 작성하는 것이며, 예외처리의 목적은 예외의 발생으로 인한 실행 중인
프로그램의 갑작스런 비정상 종료를 막고, 정상적인 실행상태를 유지하는 것이다.

> 예외 처리(exception handling)의
> 　정의 – 프로그램 실행 시 발생할 수 있는 예외에 대비한 코드를 작성하는 것
> 　목적 – 프로그램의 비정상 종료를 막고, 정상적인 실행상태를 유지하는 것

| 참고 | 에러와 예외는 모두 실행 시(runtime) 발생하는 오류이다.

발생한 예외를 처리하지 못하면, 프로그램은 비정상적으로 종료되며, 처리되지 못한 예외
(uncaught exception)는 JVM의 '예외 처리기(UncaughtExceptionHandler)'가 받아서
예외의 원인을 화면에 출력한다.

예외를 처리하기 위해서는 try-catch문을 사용하며, 그 구조는 다음과 같다.

```
try {
    // 예외가 발생할 가능성이 있는 문장들을 넣는다.
} catch (Exception1 e1) {  // 예외 객체를 다루기 위한 참조 변수 선언
    // Exception1이 발생했을 경우, 이를 처리하기 위한 문장을 적는다.
} catch (Exception2 e2) {
    // Exception2가 발생했을 경우, 이를 처리하기 위한 문장을 적는다.
} catch (ExceptionN eN) {
    // ExceptionN이 발생했을 경우, 이를 처리하기 위한 문장을 적는다.
}
```

try블럭에는 실행할 문장들을 넣고, try블럭에서 예외가 발생하면 catch블럭 중에서 발생한 예외의 종류와 일치하는 단 하나의 catch블럭만 수행된다. 발생한 예외의 종류와 일치하는 catch블럭이 없으면 예외는 처리되지 않는다. 예외가 발생하면 예외 객체가 생성되는데, 이 객체에 예외의 정보가 있고 catch블럭에 선언된 참조 변수로 접근할 수 있다.

| 참고 | if문과 달리, try블럭이나 catch블럭 내에 포함된 문장이 하나뿐이어도 괄호{}를 생략할 수 없다.

▼ 예제 8-1/**ExceptionEx.java**

```
class ExceptionEx {
    public static void main(String[] args) {
        try {
            try {    } catch (Exception e) { }
        } catch (Exception e) {
            try {    } catch (Exception e) { }    // 컴파일 에러. 변수 e가 중복 선언
        } // try-catch의 끝

        try {

        } catch (Exception e) {

        } // try-catch의 끝
    } // main메서드의 끝
}
```

위의 예제는 아무 일도 하지 않는다. 단순히 try-catch문의 사용 예를 보여 주기 위해서 작성한 것이다. 하나의 메서드 내에 여러 개의 try-catch문이 포함될 수 있으며, try블럭 또는 catch블럭에 또 다른 try-catch문이 포함될 수 있다. catch블럭 내의 코드에서도 예외가 발생할 수 있기 때문이다.

catch블럭에 선언된 참조 변수는 catch블럭 내에서만 유효하기 때문에, 위의 모든 catch블럭에 참조 변수 이름이 같아도 된다. 그러나 catch블럭 내에 try-catch문이 포함된 경우, 각 catch블럭에 선언된 두 참조 변수의 영역이 서로 겹치므로 다른 이름을 사용해야 한다.

따라서 위의 예제에서 catch블럭 내의 try-catch문에 선언되어 있는 참조변수의 이름을 'e'가 아닌 다른 것으로 바꿔야 한다.

▼ 예제 8-2/**ExceptionEx2.java**

```java
class ExceptionEx2 {
    public static void main(String args[]) {
        int number = 100;
        int result = 0;

        for(int i=0; i < 10; i++) {
            result = number / (int)(Math.random() * 10); // 7번째 라인
            System.out.println(result);
        }
    } // main의 끝
}
```

▼ 실행결과

```
20
100
Exception in thread "main" java.lang.ArithmeticException: / by zero
    at ExceptionEx2.main(ExceptionEx2.java:7)   ← ExceptionEx2.java의 7번째 라인
```

위의 예제는 변수 number에 저장되어 있는 값 100을 0~9사이의 임의의 정수로 나눈 결과를 출력하는 일을 10번 반복한다.

random()을 사용했기 때문에 매번 실행할 때마다 결과가 다르겠지만, 대부분의 경우 10번이 출력되기 전에 예외가 발생하여 프로그램이 비정상적으로 종료될 것이다.

결과에 나타난 메시지를 보면 예외의 발생원인과 위치를 알 수 있다. 이 메시지를 보면, 0으로 나누려 했기 때문에 'ArithmeticException'이 발생했고, 발생위치는 ExceptionEx2클래스의 main메서드(ExceptionEx2.java의 7번째 라인)라는 것을 알 수 있다.

ArithmeticException은 산술 연산 과정에서 오류가 있을 때 발생하는 예외이며, 정수는 0으로 나누는 것이 금지되어있기 때문에 발생했다. 참고로 실수를 0으로 나누는 것은 금지되어있지 않으며 예외가 발생하지 않는다.

이제 어디서 왜 예외가 발생하는지 알았으니, try-catch문을 추가해서 실행도중 예외가 발생하더라도 프로그램이 실행 도중에 비정상적으로 종료되지 않도록 수정해 보자.

▼ 예제 8-3/**ExceptionEx3.java**

```java
class ExceptionEx3 {
    public static void main(String args[]) {
        int number = 100;
        int result = 0;

        for(int i=0; i < 10; i++) {
            try {
                result = number / (int)(Math.random() * 10);
                System.out.println(result);
            } catch (ArithmeticException e)    {
                System.out.println("0");
            } // try-catch의 끝
        } // for의 끝
    }
}
```

ArithmeticException이 발생하면 실행되는 코드

▼ 실행결과
```
16
20
11
0   ← ArithmeticException이 발생해서 0이 출력되었다.
25
100
25
33
14
12
```

위의 예제는 예제8-2에 try-catch문을 추가한 것이다. ArithmeticException이 발생했을 경우에 0을 화면에 출력하게 했다. 위의 결과에서 보면, 4번째에 0이 출력되었는데 그 이유는 for문의 4번째 반복에서 ArithmeticException이 발생했기 때문이다.

발생한 ArithmeticException에 해당하는 catch블럭을 찾아서 그 catch블럭 내의 문장들을 실행한 다음 try-catch문을 벗어나 for문의 다음 반복을 계속 수행하여 작업을 모두 마치고 정상적으로 종료되었다. 만일 예외처리를 하지 않았다면, 세 번째 줄까지만 출력되고 예외가 발생해서 프로그램이 비정상적으로 종료되었을 것이다.

1.4 try-catch문에서의 흐름

try-catch문에서, 예외가 발생한 경우와 발생하지 않았을 때의 실행 흐름이 달라지는데, 아래에 이 두 가지 경우에 따른 문장 실행순서를 정리하였다.

> ▶ **try블럭 내에서 예외가 발생한 경우,**
> 1. 발생한 예외와 일치하는 catch블럭이 있는지 찾는다.
> 2. 일치하는 catch블럭을 찾게 되면, 그 catch블럭 내의 문장들을 수행하고 전체 try-catch문을 빠져나가서 수행을 계속한다.
>   만일 일치하는 catch블럭이 없으면, 예외는 처리되지 않는다.
>
> ▶ **try블럭 내에서 예외가 발생하지 않은 경우,**
> 1. catch블럭을 건너뛰고 전체 try-catch문을 빠져나가서 수행을 계속한다.

▼ 예제 8-4/**ExceptionEx4.java**

```java
class ExceptionEx4 {
    public static void main(String args[]) {
        System.out.println(1);
        System.out.println(2);
        try {
            System.out.println(3);
            System.out.println(4);
        } catch (Exception e)       {
            System.out.println(5);   // 실행되지 않는다.
        } // try-catch의 끝
        System.out.println(6);
    }   // main메서드의 끝
}
```

▼ 실행결과
```
1
2
3
4
6
```

위의 예제에서 예외가 발생하지 않았으므로 catch블럭의 문장이 실행되지 않았다. 다음의 예제는 위의 예제를 변경해서, try블럭에서 예외가 발생하게 하였다.

▼ 예제 8-5/**ExceptionEx5.java**

```
class ExceptionEx5 {
    public static void main(String args[]) {
        System.out.println(1);
        System.out.println(2);
        try {
            System.out.println(3);
            System.out.println(0/0);
            System.out.println(4);   // 실행되지 않는다.
        } catch (ArithmeticException ae)    {
            System.out.println(5);
        }   // try-catch의 끝
        System.out.println(6);
    }   // main메서드의 끝
}
```

0으로 나눠서 고의로 ArithmeticException을 발생시킨다.

▼ 실행결과
```
1
2
3
5
6
```

위의 예제의 결과를 보면, 1,2,3을 출력한 다음 try블럭에서 예외가 발생했기 때문에 try 블럭을 바로 벗어나서 'System.out.println(4);'는 실행되지 않는다. 그리고는 발생한 예외에 해당하는 catch블럭으로 이동하여 문장들을 수행한다. 다음엔 전체 try-catch문을 벗어나서 그 다음 문장을 실행하여 6을 화면에 출력한다.

try블럭에서 예외가 발생하면, 예외가 발생한 위치 이후에 있는 try블럭의 문장들은 수행되지 않는다. 작업 중에 문제(예외)가 생기면 이후의 작업을 진행하는 것이 의미가 없기 때문이다. 그래서 어디까지 try블럭에 포함시킬것인지 잘 결정해야 한다.

1.5 예외의 발생과 catch블럭

catch블럭은 괄호()와 블럭{}으로 나눠져 있는데, 괄호()에는 처리하려는 예외와 같은 타입의 참조 변수를 선언하고 블럭{}에는 예외가 발생했을 때 실행될 문장들을 넣는다.

예외가 발생하면, 발생한 예외에 해당하는 클래스의 인스턴스가 만들어진다. 이 인스턴스에는 발생한 예외에 대한 정보가 담겨있으며, 괄호()안의 참조 변수로 발생한 예외의 정보를 얻을 수 있다.

try블럭 내에서 예외가 발생하면, 첫 번째 catch블럭부터 차례로 내려가면서 catch블럭의 괄호()내에 선언된 참조 변수의 타입과 생성된 예외 인스턴스를 instanceof연산자로 검사한다. 검사 결과가 true인 catch블럭을 찾으면 블럭에 있는 문장들을 수행한 후에 try-catch문을 빠져나가고 예외는 처리된다. 그러나 검사결과가 true인 catch블럭이 하나도 없으면 예외는 처리되지 않는다.

모든 예외 클래스는 Exception의 자손이므로, catch블럭의 괄호()에 Exception타입의 참조 변수를 선언하면 어떤 종류의 예외가 발생해도 이 catch블럭에 의해 처리된다.

▼ 예제 8-6/**ExceptionEx6.java**

```java
class ExceptionEx6 {
    public static void main(String args[]) {
        System.out.println(1);
        System.out.println(2);
        try {
            System.out.println(3);
            System.out.println(0/0);    // 0으로 나눠서 ArithmeticException을 발생시킨다.
            System.out.println(4);      // 실행되지 않는다.
        } catch (Exception e) {         // ArithmeticException대신 Exception을 사용.
            System.out.println(5);
        }   // try-catch의 끝
        System.out.println(6);
    }   // main메서드의 끝
}
```

▼ 실행결과
```
1
2
3
5
6
```

이 예제는 예제8-5를 변경한 것인데, 결과는 같다. catch블럭의 괄호( )에 Arithmetic Exception타입이 아닌 Exception타입의 참조 변수를 선언하였다.

ArithmeticException클래스는 Exception클래스의 자손이므로 ArithmeticException 인스턴스와 Exception클래스의 instanceof연산 결과가 true가 된다. 그래서 Exception 타입의 참조 변수를 선언한 catch블럭의 문장들이 수행되고 예외는 처리된다.

▼ 예제 8-7/**ExceptionEx7.java**

```java
class ExceptionEx7 {
    public static void main(String args[]) {
        System.out.println(1);
        System.out.println(2);
        try {
            System.out.println(3);
            System.out.println(0/0);    // 0으로 나눠서 ArithmeticException을 발생시킨다.
            System.out.println(4);      // 실행되지 않는다.
        } catch (ArithmeticException ae) {
            if (ae instanceof ArithmeticException)
                System.out.println("true");
            System.out.println("ArithmeticException");
        } catch (Exception e) {         // ArithmeticException을 제외한 모든 예외가 처리된다.
            System.out.println("Exception");
        }   // try-catch의 끝
        System.out.println(6);
    }   // main메서드의 끝
}
```

▼ 실행결과
```
1
2
3
true
ArithmeticException
6
```

위의 예제는 두 개의 catch블럭, ArithmeticException타입의 참조변수를 선언한 것과 Exception타입의 참조변수를 선언한 것이 있다.

try블럭에서 ArithmeticException이 발생하였으므로 catch블럭을 하나씩 차례로 검사하게 되는데, 첫 번째 검사에서 일치하는 catch블럭을 찾았기 때문에 두 번째 catch블럭은 검사하지 않는다. 만일 try블럭 내에서 ArithmeticException이 아닌 다른 종류의 예외가 발생했다면, 두 번째 catch블럭인 Exception타입의 참조 변수를 선언한 곳에서 처리되었을 것이다.

이처럼, try-catch문의 마지막에 Exception타입의 참조 변수를 선언한 catch블럭을 놓으면, 어떤 종류의 예외가 발생해도 이 catch블럭에 의해 처리된다.

printStackTrace( )와 getMessage( )
예외가 발생했을 때 생성되는 예외 인스턴스에는 발생한 예외에 대한 정보가 담겨 있으며, catch블럭의 괄호()에 선언된 참조 변수를 통해서 예외 인스턴스에 접근할 수 있다.

이 참조 변수는 선언된 catch블럭 내에서만 사용 가능하며, 자주 사용되는 메서드는 다음과 같다.

> printStackTrace( ) 예외 발생 당시의 호출스택(Call Stack)에 있었던 메서드의 정보와 예외 메시지를 화면에 출력한다.
> getMessage( ) 발생한 예외 클래스의 인스턴스에 저장된 메시지를 얻을 수 있다.

▼ 예제 8-8/ExceptionEx8.java

```java
class ExceptionEx8 {
    public static void main(String args[]) {
        System.out.println(1);
        System.out.println(2);
        try {
            System.out.println(3);
            System.out.println(0/0);    // 예외발생!!!
            System.out.println(4);      // 실행되지 않는다.
        } catch (ArithmeticException ae)       {
            ae.printStackTrace();
            System.out.println("예외메시지 : " + ae.getMessage());
        }   // try-catch의 끝
        System.out.println(6);
    }   // main메서드의 끝
}
```

참조 변수 ae를 통해, 생성된 ArithmeticException인스턴스에 접근할 수 있다.

▼ 실행결과

```
1
2
3
java.lang.ArithmeticException: / by zero
        at ExceptionEx8.main(ExceptionEx8.java:7)
예외메시지 : / by zero
6
```

위 예제의 결과는 예외가 발생해서 비정상적으로 종료되었을 때의 결과와 비슷하지만 예외는 try-catch문에 의해 처리되었으며 프로그램은 정상적으로 종료되었다.

다만 예외 인스턴스의 printStackTrace( )로 호출스택(call stack)에 대한 정보와 예외 메시지를 출력했을 뿐이다.

이처럼 try-catch문으로 예외를 처리하면서도 printStackTrace( ) 또는 getMessage( )와 같은 메서드를 통해서 예외의 발생원인을 알 수 있다.

| 참고 | printStackTrace(PrintStream s) 또는 printStackTrace(PrintWriter s)로 발생한 예외에 대한 정보를 별도의 파일에 저장할 수 있다. 파일 입출력에 대한 내용은 15장에서 배운다.

멀티 catch블럭

JDK 7부터 여러 catch블럭을 '|'기호를 이용해서, 하나의 catch블럭으로 합칠 수 있게 되었으며, 이를 '멀티 catch블럭'이라 한다. 아래의 코드에서 알 수 있듯이 '멀티 catch블럭'을 이용하면 중복된 코드를 줄일 수 있다. 그리고 '|'기호로 연결할 수 있는 예외 클래스의 개수에는 제한이 없다.

| 참고 | 멀티 catch블럭에 사용되는 '|'는 논리 연산자가 아니다. 같은 기호를 다른 용도로 사용하는 것 뿐이다.

```
try {
    ...
} catch (ExceptionA e) {
    e.printStackTrace();
} catch (ExceptionB e2) {
    e2.printStackTrace();
}
```
→
```
try {
    ...
} catch (ExceptionA | ExceptionB e) {
    e.printStackTrace();
}
```

만일 멀티 catch블럭의 '|'기호로 연결된 예외 클래스가 조상과 자손의 관계에 있다면 컴파일 에러가 발생한다. ChildException이 ParentExcpetion의 자손이라고 가정하자.

```
try {
    ...
} catch (ParentException | ChildException e) { // 에러
    e.printStackTrace();
}
```

두 예외 클래스가 조상과 자손의 관계에 있다면, 그냥 다음과 같이 조상만 써주는 것과 똑같기 때문이다. 불필요한 코드는 제거하라는 의미에서 에러가 발생하는 것이다.

```
try {
    ...
} catch (ParentException e) { // OK
    e.printStackTrace();
}
```

그리고 멀티 catch는 하나의 catch블럭으로 여러 예외를 처리하는 것이기 때문에, 발생한 예외를 멀티 catch블럭으로 처리하게 되었을 때, 멀티 catch블럭 내에서는 실제로 어떤 예외가 발생한 것인지 알 수 없다. 그래서 참조변수 e로 멀티 catch블럭에 '|'기호로 연결된 예외 클래스들의 공통 분모인 조상 예외 클래스에 선언된 멤버만 사용할 수 있다.

```
try {
    ...
} catch (ExceptionA | ExceptionB e) {
    e.methodA(); // 에러. ExceptionA에 선언된 methodA()는 호출불가

    if(e instanceof ExceptionA) {
        ExceptionA e1 = (ExceptionA)e;
        e1.methodA(); // OK. ExceptionA에 선언된 메서드 호출가능
    } else {  // if(e instanceof ExceptionB)
        ...
    }

    e.printStackTrace();
}
```

필요하다면, 위와 같이 instanceof로 어떤 예외가 발생한 것인지 확인하고 개별적으로 처리할 수는 있다. 그러나 이렇게까지 해가면서 catch블럭을 합칠 일은 없을 것이다.

마지막으로 멀티 catch블럭에 선언된 참조변수 e는 상수이므로 값을 변경할 수 없다는 제약이 있는데, 이것은 여러 catch블럭이 하나의 참조변수를 공유하기 때문에 생기는 제약으로 실제로 참조변수의 값을 바꿀 일은 없다.
    여러 catch블럭을 멀티 catch블럭으로 합치는 경우는 대부분 코드를 간단히 하는 정도의 수준일 것이므로 이러한 제약은 가볍게 참고만 하자.

1.6 예외 발생시키기

키워드 throw를 사용해서 프로그래머가 고의로 예외를 발생시킬 수 있으며, 방법은 아래의 순서를 따르면 된다.

> 1. 먼저, 연산자 new로 발생시키려는 예외 클래스의 객체를 생성
> ```
> Exception e = new Exception("고의로 발생시켰음");
> ```
> 2. 키워드 throw를 이용해서 예외를 발생시킨다.(예외를 던진다)
> ```
> throw e;
> ```

▼ 예제 8-9/**ExceptionEx9.java**

```
class ExceptionEx9 {
   public static void main(String args[]) {
      try {
         Exception e = new Exception("고의로 발생시켰음.");
         throw e;       // 예외를 발생시킴
      // throw new Exception("고의로 발생시켰음.");
      } catch (Exception e)          {
         System.out.println("에러 메시지 : " + e.getMessage());
          e.printStackTrace();
      }
      System.out.println("프로그램이 정상 종료되었음.");
   }
}
```

위의 두 줄을 한 줄로 줄여 쓸 수 있다.

▼ 실행결과

```
에러 메시지 : 고의로 발생시켰음.
java.lang.Exception: 고의로 발생시켰음.
        at ExceptionEx9.main(ExceptionEx9.java:4)
프로그램이 정상 종료되었음.
```

Exception인스턴스를 생성할 때, 생성자에 문자열을 넣어 주면, 이 문자열이 Exception 인스턴스에 메시지로 저장된다. 이 메시지는 getMessage()를 이용해서 얻을 수 있다.

▼ 예제 8-10/**ExceptionEx10.java**

```
class ExceptionEx10 {
   public static void main(String[] args) {
      throw new Exception();         // Exception을 고의로 발생시킨다.
   }
}
```

▼ 컴파일 결과

```
ExceptionEx10.java:3: error: unreported exception Exception; must be caught
or declared to be thrown
            throw new Exception();
            ^
1 error
```

이 예제를 작성한 후에 컴파일 하면, 위와 같은 에러가 발생하며 컴파일되지 않을 것이다. 예외 처리가 필요한 부분에 예외 처리가 되어 있지 않다는 에러이다. 위의 결과에서 알 수 있는 것처럼, 앞서 그림8-2에서 분류한 'Exception클래스들(Exception클래스와 그 자손들)'이 발생할 가능성이 있는 문장들에 대해 예외 처리를 해주지 않으면 컴파일조차 되지 않는다.

▼ 예제 8-11/**ExceptionEx11.java**

```
class ExceptionEx11 {
    public static void main(String[] args)
    {
        throw new RuntimeException();// RuntimeException을 고의로 발생시킨다.
    }
}
```

▼ 실행결과

```
Exception in thread "main" java.lang.RuntimeException
        at ExceptionEx11.main(ExceptionEx11.java:4)
```

이 예제는 예외 처리를 하지 않았음에도 불구하고 이전의 예제와는 달리 성공적으로 컴파일될 것이다. 그러나 실행하면, 위의 실행결과처럼 RuntimeException이 발생하여 비정상적으로 종료될 것이다.

이 예제가 명백히 RuntimeException을 발생시키는 코드를 가지고 있고, 이에 대한 예외 처리를 하지 않았음에도 불구하고 성공적으로 컴파일 되었다.

이 장의 앞부분에서 설명한 것과 같이 'RuntimeException클래스와 그 자손(RuntimeException클래스들)'에 해당하는 예외는 프로그래머에 의해 실수로 발생하는 것들이기 때문에 예외처리를 강제하지 않는 것이다.

만일 RuntimeException클래스들에 속하는 예외가 발생할 가능성이 있는 코드에도 예외처리를 필수로 해야 한다면, 아래와 같이 참조 변수와 배열이 사용되는 모든 곳에 예외 처리를 해주어야 할 것이다.

```
        try {
            int[] arr = new int[10];
                ...
            System.out.println(arr[i]); // 예외가 발생할 수 있다.
        } catch (ArrayIndexOutOfBoundsException ae) {
                ...
        } catch (NullPointerException ne) {
                ...
        }
```

컴파일러가 예외 처리를 확인하지 않는 RuntimeException클래스들은 'unchecked예외'라고 부르고, 예외 처리를 확인하는 Exception클래스들은 'checked예외'라고 부른다.

1.7 메서드에 예외 선언하기

예외를 처리하는 방법은 지금까지 배워 온 try-catch문을 사용하는 것 외에, 예외를 메서드에 선언하는 방법이 있다.

　예외를 메서드에 선언하는 것은 실제로 예외를 처리하는 것이 아니라, 이 메서드를 호출하면 이런 예외가 발생할 수 있으니 이 메서드를 호출하는 쪽에서 예외를 처리해야 한다고 알려주는 것이다. 즉 예외 처리를 호출한 쪽으로 떠넘기는 것이다.

메서드에 예외를 선언하는 것은 메서드의 선언부에 키워드 throws를 사용해서 메서드 내에서 발생할 수 있는 예외를 적어주기만 하면 된다.

```
void method() throws Exception1, Exception2, ... ExceptionN {
    // 메서드의 내용
}
```

|참고| 예외를 발생시키는 키워드 throw와 예외를 메서드에 선언할 때 쓰이는 throws를 잘 구별하자.

만일 아래와 같이 모든 예외의 최고조상인 Exception클래스를 메서드에 선언하면, 이 메서드에서 모든 종류의 예외가 발생할 수 있다는 의미다.

```
void method() throws Exception {
    // 메서드의 내용
}
```

예외를 선언하면, 선언된 예외뿐만 아니라 그 예외의 자손 예외까지도 발생할 수 있다는 뜻이기 때문이다. 앞서 오버라이딩의 조건에서 언급한 것과 같이, 오버라이딩할 때는 단순히 선언된 예외의 개수가 아니라 상속관계까지 고려해야 한다.

메서드의 선언부에 예외를 선언함으로써 메서드를 사용하려는 사람이 메서드의 선언부를 보았을 때, 이 메서드를 사용하기 위해서는 어떠한 예외들을 처리해야 하는지 쉽게 알 수 있다.

　자바 이전의 프로그래밍 언어들은 대부분 메서드에 예외 선언을 하지 않기 때문에, 경험 많은 프로그래머가 아니고서는 어떤 상황에 어떤 종류의 예외가 발생할 가능성이 있는지 모두 예상하기 힘들기 때문에 그에 대한 대비를 하는 것이 어려웠다.

그러나 자바에서는 메서드를 작성할 때 메서드 내에서 발생할 가능성이 있는 예외를 메서드의 선언부에 명시하여 이 메서드를 사용하는 쪽에서는 이에 대한 처리를 하도록 강요하기 때문에, 프로그래머들의 짐을 덜어 주는 것은 물론이고 보다 견고한 프로그램 코드를 작성할 수 있도록 도와준다.

```
wait
public final void wait()
              throws InterruptedException

Causes the current thread to wait until another thread invokes the notify() method or the notifyAll() method
for this object. In other words, this method behaves exactly as if it simply performs the call wait(0).

The current thread must own this object's monitor. The thread releases ownership of this monitor and waits until
another thread notifies threads waiting on this object's monitor to wake up either through a call to the notify
method or the notifyAll method. The thread then waits until it can re-obtain ownership of the monitor and
resumes execution.
              ...
Throws:
IllegalMonitorStateException - if the current thread is not the owner of the object's monitor.
InterruptedException - if any thread interrupted the current thread before or while the current
thread was waiting for a notification. The interrupted status of the current thread is cleared
when this exception is thrown.
```

▲ 그림8-3 Java API에서 찾아본 Object클래스의 wait메서드

그림8-3은 Java API문서에서 찾아본 java.lang.Object클래스의 wait메서드에 대한 설명이다. 메서드의 선언부에 InterruptedException이 키워드 throws와 함께 적혀 있는 것을 볼 수 있다. 이것이 의미하는 바는 이 메서드에서는 InterruptedException이 발생할 수 있으니, 이 메서드를 호출하고자 하는 메서드에서 InterruptedException을 처리해주어야 한다는 것이다.

InterruptedException에 밑줄이 있는 것으로 보아 링크가 걸려 있음을 알 수 있을 것이다. 이 링크를 클릭하면, InterruptedException에 대한 설명을 볼 수 있다.

```
java.lang
Class InterruptedException

java.lang.Object
    java.lang.Throwable
        java.lang.Exception
            java.lang.InterruptedException

All Implemented Interfaces:
Serializable
```

▲ 그림8-4 Java API에서 찾아본 InterruptedException

그림8-4에서 볼 수 있는 것처럼, InterruptedException은 Exception의 자손이다. 따라서 InterruptedException은 반드시 처리해주어야 하는 필수 예외임을 알 수 있다. 그래서 wait메서드의 선언부에 키워드 throws와 함께 선언되어져 있는 것이다.

Java API의 wait메서드 설명의 아래쪽에 있는 'Throws:'를 보면, wait메서드에서 발생할 수 있는 예외의 목록과 언제 발생하는지에 대한 설명이 덧붙여져 있다.

여기에 두 개의 예외가 적혀 있는데 메서드에 선언되어 있는 InterruptedException외에도 또 하나의 예외(IllegalMonitorStateException)가 더 있다.

IllegalMonitorStateException 역시 링크가 걸려 있으므로 클릭하면, IllegalMonitorStateException에 대한 정보를 얻을 수 있다.

java.lang

Class IllegalMonitorStateException

java.lang.Object
    java.lang.Throwable
        java.lang.Exception
            java.lang.RuntimeException
                java.lang.IllegalMonitorStateException

All Implemented Interfaces:
Serializable

▲ 그림8-5 Java API에서 찾아본 IllegalMonitorStateException

그림8-5에서도 알 수 있듯이 IllegalMonitorStateException은 RuntimeException의 자손이므로 IllegalMonitorStateException은 예외 처리가 필수적이지 않다. 그래서 wait메서드의 선언부에 IllegalMonitorStateException을 적지 않은 것이다.

지금까지 알아본 것처럼, 메서드에 예외를 선언할 때 일반적으로 RuntimeException클래스들은 적지 않는다. 이들을 메서드 선언부의 throws에 선언한다고 해서 문제가 되지는 않지만, 보통 반드시 처리해주어야 하는 필수 예외들만 선언한다.

  Java API문서를 통해 사용하고자 하는 메서드의 선언부와 'Throws:'를 보고, 이 메서드에서는 어떤 예외가 발생할 수 있으며 반드시 처리해주어야 하는 예외는 어떤 것들이 있는지 확인하는 것이 좋다.

사실 예외를 메서드의 throws에 명시하는 것은 예외를 처리하는 것이 아니라, 자신(예외가 발생할 가능성이 있는 메서드)을 호출한 메서드에게 예외를 전달하여 예외 처리를 떠맡기는 것이다.

  예외를 전달받은 메서드가 다시 자신을 호출한 메서드에게 전달할 수 있으며, 이런 식으로 계속 호출스택에 있는 메서드들을 따라 전달되다가 제일 마지막에 있는 main메서드에서도 예외가 처리되지 않으면, main메서드마저 종료되어 프로그램이 전체가 종료된다.

▼ 예제 8-12/`ExceptionEx12.java`

```java
class ExceptionEx12 {
    public static void main(String[] args) throws Exception {
        method1();    // 예외를 전달받았으나 처리하지 않았으므로 JVM으로 예외를 전달
    } // main메서드의 끝

    static void method1() throws Exception {
        method2();  // 예외를 전달받았으나 처리하지 않았으므로 method1()전달
    } // method1의 끝

    static void method2() throws Exception {
        throw new Exception(); // 예외 발생!!! 예외를 처리하지 않았으므로 method2()전달
    } // method2의 끝
}
```

▼ 실행결과
```
Exception in thread "main" java.lang.Exception
        at ExceptionEx12.method2(ExceptionEx12.java:11)
        at ExceptionEx12.method1(ExceptionEx12.java:7)
        at ExceptionEx12.main(ExceptionEx12.java:3)
```

위의 실행결과를 보면, 프로그램의 실행도중 java.lang.Exception이 발생하여 비정상적으로 종료했다는 것과 예외가 발생했을 때 호출스택(call stack)의 내용을 알 수 있다
위의 결과로부터 다음과 같은 사실을 알 수 있다.

> ① 예외가 발생했을 때, 모두 3개의 메서드(main, method1, method2)가 호출스택에 있었으며,
> ② 예외가 발생한 곳은 제일 윗 줄에 있는 method2( )라는 것과
> ③ main메서드가 method1( )을, 그리고 method1( )은 method2( )를 호출했다는 것을 알 수 있다.

위의 예제를 보면, method2( )에서 'throw new Exception( );'문장에 의해 예외가 강제적으로 발생했으나 try-catch문으로 예외처리를 해주지 않았으므로, method2( )는 종료되면서 예외를 자신을 호출한 method1( )에게 넘겨준다. method1( )에서도 역시 예외처리를 해주지 않았으므로 종료되면서 main메서드에게 예외를 넘겨준다.
 그러나 main메서드에서 조차 예외처리를 해주지 않았으므로 main메서드가 종료되어 프로그램이 예외로 인해 비정상적으로 종료되는 것이다.

이처럼 예외가 발생한 메서드에서 예외처리를 하지 않고 자신을 호출한 메서드에게 예외를 넘겨줄 수는 있지만, 이것으로 예외가 처리된 것은 아니고 예외를 단순히 전달만 하는 것이다. 결국 어느 한 곳에서는 반드시 try-catch문으로 예외 처리를 해주어야 한다.

▼ 예제 8-13/**ExceptionEx13.java**

```
class ExceptionEx13 {
   public static void main(String[] args) {
      method1();      // method1()에서 예외를 처리했으므로 예외가 발생했는지도 모름
   }  // main메서드의 끝

   static void method1() {
      try {
          throw new Exception();
      } catch (Exception e) {
         System.out.println("method1메서드에서 예외가 처리되었습니다.");
         e.printStackTrace();
      }
   }  // method1의 끝
}
```

▼ 실행결과
```
method1메서드에서 예외가 처리되었습니다.
java.lang.Exception
        at ExceptionEx13.method1(ExceptionEx13.java:8)
        at ExceptionEx13.main(ExceptionEx13.java:3)
```

예외는 처리되었지만, printStackTrace( )로 예외에 대한 정보를 화면에 출력하였다. 예외가 method1( )에서 발생했으며, main메서드가 method1( )을 호출했음을 알 수 있다.

▼ 예제 8-14/**ExceptionEx14.java**

```java
class ExceptionEx14 {
  public static void main(String[] args) {
     try {
            method1();
     } catch (Exception e){
            System.out.println("main메서드에서 예외가 처리되었습니다.");
            e.printStackTrace();
     }
  }  // main메서드의 끝

  static void method1() throws Exception {
     throw new Exception();
  }  // method1()의 끝
}  // class의 끝
```

▼ 실행결과
```
main메서드에서 예외가 처리되었습니다.
java.lang.Exception
        at ExceptionEx14.method1(ExceptionEx14.java:12)
        at ExceptionEx14.main(ExceptionEx14.java:4)
```

앞의 예제와 이번 예제 모두 main메서드가 method1( )을 호출하며, method1( )에서 예외가 발생한다는 것이 동일하지만, 예외 처리 방법에는 차이가 있다.

예제8-13은 method1( )에서 예외처리를 했고, 예제8-14는 method1( )에서 예외를 선언하여 자신을 호출하는 메서드(main메서드)에 예외를 전달했으며, 호출한 메서드(main메서드)에서는 try-catch문으로 예외를 처리했다.

예제8-13처럼 예외가 발생한 메서드(method1) 내에서 처리되어지면, 호출한 메서드(main메서드)에서는 예외가 발생했다는 사실조차 모르게 된다.

예제8-14처럼 예외가 발생한 메서드에서 예외를 처리하지 않고 호출한 메서드로 넘겨주면, 호출한 메서드에서는 method1( )을 호출한 라인에서 예외가 발생한 것으로 간주되어 이에 대한 처리를 하게 된다.

이처럼 예외가 발생한 메서드 'method1( )'에서 예외를 처리할 수도 있고, 예외가 발생한 메서드를 호출한 'main메서드'에서 처리할 수도 있다. 또는 두 메서드가 예외처리를 분담할 수도 있다.

▼ 예제 8-15/**ExceptionEx15.java**

```java
import java.io.*;

class ExceptionEx15 {
  public static void main(String[] args) {
     // command line에서 입력받은 값을 이름으로 갖는 파일을 생성한다.
     File f = createFile(args[0]);
     System.out.println( f.getName() + " 파일이 성공적으로 생성되었습니다.");
  }  // main메서드의 끝
```

```java
    static File createFile(String fileName) {
        try {
            if (fileName==null || fileName.equals(""))
                throw new Exception("파일이름이 유효하지 않습니다.");
        } catch (Exception e) {
            // fileName이 부적절한 경우, 파일 이름을 '제목없음.txt'로 한다.
            fileName = "제목없음.txt";
        } finally {
            File f = new File(fileName); // File클래스의 객체를 만든다.
            createNewFile(f);            // 생성된 객체를 이용해서 파일을 생성한다.
            return f;
        }
    }   // createFile메서드의 끝

    static void createNewFile(File f) {
        try {
            f.createNewFile();         // 파일을 생성한다.
        } catch(Exception e) { }
    }   // createNewFile메서드의 끝
}
```

▼ 실행결과

```
C:\...\ch08>java ExceptionEx15 "test.txt"
test.txt 파일이 성공적으로 생성되었습니다.

C:\...\ch08>java ExceptionEx15 ""
제목없음.txt 파일이 성공적으로 생성되었습니다.

C:\...\ch08>dir *.txt

 C 드라이브의 볼륨: BOOTCAMP
 볼륨 일련 번호: 0246-9FF7

 C:\Users\userid\jdk21\ch08\out\production\ch08 디렉터리

2025-03-17  오후 11:10                 0 제목없음.txt
2025-03-17  오후 11:10                 0 test.txt
```

| 참고 | 실행 시 커맨드 라인에 파일 이름을 입력하지 않으면, args[0]이 유효하지 않으므로 'File f = createFile (args[0]);' 에서 ArrayIndexOutOfBoundsException이 발생한다.

이 예제는 예외가 발생한 메서드에서 직접 예외를 처리하도록 되어 있다. createFile메서드를 호출한 main메서드에서는 예외가 발생한 사실을 알지 못한다. 적절하지 못한 파일이름(fileName)이 입력되면, 예외를 발생시키고, catch블럭에서, 파일이름을 '제목없음.txt'로 설정해서 파일을 생성한다. 그리고 finally블럭에서는 예외의 발생여부에 관계없이 파일을 생성하는 일을 한다.

| 참고 | File클래스의 createNewFile( )은 예외가 선언된 메서드 이므로 finally블럭 내에 또다시 try-catch문으로 처리해야 하므로 복잡해진다. 예제의 기본 흐름을 간단히 하려고 내부적으로 예외 처리를 한 createNewFile(File f)메서드를 만들었다.

▼ 예제 8-16/`ExceptionEx16.java`

```java
import java.io.*;

class ExceptionEx16 {
    public static void main(String[] args) {
        try {
            File f = createFile(args[0]);
            System.out.println(f.getName()+"파일이 성공적으로 생성되었습니다.");
        } catch (Exception e) {
            System.out.println(e.getMessage()+" 다시 입력해 주시기 바랍니다.");
        }
    }   // main메서드의 끝

    static File createFile(String fileName) throws Exception {
        if (fileName==null || fileName.equals(""))
            throw new Exception("파일이름이 유효하지 않습니다.");
        File f = new File(fileName);     //  File클래스의 객체를 만든다.
        // File객체의 createNewFile메서드를 이용해서 실제 파일을 생성한다.
        f.createNewFile();
        return f;        // 생성된 객체의 참조를 반환한다.
    }   // createFile메서드의 끝
}   // 클래스의 끝
```

▼ 실행결과

```
C:\...\ch08>java ExceptionEx16 test2.txt
test2.txt파일이 성공적으로 생성되었습니다.

C:\...\ch08>java ExceptionEx16 ""
파일이름이 유효하지 않습니다.  다시 입력해 주시기 바랍니다.
```

이 예제에서는 예외가 발생한 createFile메서드에서 잘못 입력된 파일이름을 임의로 처리하지 않고, 호출한 main메서드에게 예외가 발생했음을 알려서 파일이름을 다시 입력 받도록 하였다.

예제8-15와는 달리 createFile메서드에 예외를 선언했기 때문에, File클래스의 createNewFile( )에 대한 예외처리를 하지 않아도 되므로 createNewFile(File f)메서드를 굳이 따로 만들지 않았다. 두 예제 모두 커맨드라인으로부터 파일이름을 입력 받아서 파일을 생성하는 일을 하며, 파일 이름을 잘못 입력했을 때(null 또는 빈 문자열일 때) 예외가 발생하도록 되어 있다.

차이점은 예외의 처리방법에 있다. 예제8-15는 예외가 발생한 createFile메서드 자체 내에서 처리를 하며, 예제8-16은 createFile메서드를 호출한 메서드(main메서드)에서 처리한다.

이처럼 예외가 발생한 메서드 내에서 자체적으로 처리해도 되는 것은 메서드 내에서 try-catch문을 사용해서 처리하고, 두 번째 예제처럼 메서드에 호출 시 넘겨받아야 할 값(fileName)을 다시 받아야 하는 경우(메서드 내에서 자체적으로 해결이 안 되는 경우)에는 예외를 메서드에 선언해서, 호출한 메서드에서 처리해야한다.

1.8 finally블럭

finally블럭은 예외의 발생여부에 상관없이 실행되어야하는 코드를 포함시킬 목적으로 사용된다. try-catch문의 끝에 선택적으로 덧붙여 사용할 수 있으며, try-catch-finally의 순서로 구성된다.

```
try {
    // 예외가 발생할 가능성이 있는 문장들을 넣는다.
} catch (Exception1 e1) {
    // 예외처리를 위한 문장을 적는다.
} finally {
    // 예외의 발생 여부에 관계없이 항상 수행되어야 하는 문장들을 넣는다.
    // finally블럭은 try-catch문의 맨 마지막에 위치해야 한다.
}
```

예외가 발생한 경우에는 'try → catch → finally'의 순으로 실행되고, 예외가 발생하지 않은 경우에는 'try → finally'의 순으로 실행된다.

▼ 예제 8-17/**FinallyEx.java**

```
class FinallyEx {
    public static void main(String args[]) {
        try {
            startInstall();        // 프로그램 설치에 필요한 준비를 한다.
            copyFiles();           // 파일을 복사한다.
            deleteTempFiles();     // 프로그램 설치에 사용된 임시 파일을 삭제한다.
        } catch (Exception e) {
            e.printStackTrace();
            deleteTempFiles();     // 프로그램 설치에 사용된 임시 파일을 삭제한다.
        } // try-catch의 끝
    } // main의 끝

    static void startInstall() {
        /* 프로그램 설치에 필요한 준비를 하는 코드를 적는다.*/
    }
    static void copyFiles() { /* 파일을 복사하는 코드를 적는다. */ }
    static void deleteTempFiles() { /* 임시 파일을 삭제하는 코드를 적는다.*/ }
}
```

| 참고 | startInstall( ), copyFiles( ), deleteTempFiles( )에 실행할 문장이 없지만, 각 메서드의 의미에 해당하는 작업을 수행하는 코드가 작성되어 있다고 가정하자.

이 예제가 하는 일은 프로그램 설치를 위한 준비를 하고 파일들을 복사하고 설치가 완료되면, 프로그램을 설치하는데 사용된 임시 파일을 삭제하는 순서로 진행된다.
프로그램의 설치 과정 중에 예외가 발생하더라도, 설치에 사용된 임시 파일이 삭제되도록 catch블럭에 deleteTempFiles( )메서드를 넣었다.
결국 try블럭의 문장을 수행하는 동안에(프로그램을 설치하는 과정에), 예외의 발생여부에 관계없이 deleteTempFiles( )메서드는 실행되어야 하는 것이다.

이럴 때 finally블럭을 사용하면 좋다. 아래의 코드는 위의 예제를 finally블럭을 이용해서 변경한 것이며, 두 예제의 기능은 동일하다.

▼ 예제 8-18/**FinallyEx2.java**

```java
class FinallyEx2 {
    public static void main(String args[]) {
        try {
            startInstall();        // 프로그램 설치에 필요한 준비를 한다.
            copyFiles();           // 파일을 복사한다.
        } catch (Exception e) {
            e.printStackTrace();
        } finally {
            deleteTempFiles();     // 프로그램 설치에 사용된 임시 파일을 삭제한다.
        } // try-catch의 끝
    }  // main의 끝

    static void startInstall() {
         /* 프로그램 설치에 필요한 준비를 하는 코드를 적는다.*/
    }
    static void copyFiles() { /* 파일을 복사하는 코드를 적는다. */ }
    static void deleteTempFiles() { /* 임시 파일을 삭제하는 코드를 적는다.*/}
}
```

▼ 예제 8-19/**FinallyEx3.java**

```java
class FinallyEx3 {
    public static void main(String args[]) {
        FinallyEx3.method1();
        System.out.println("method1()의 수행을 마치고 main메서드로 돌아왔습니다.");
    }  // main메서드의 끝

    static void method1() {
        try {
            System.out.println("method1()이 호출되었습니다.");
            return;        // 현재 실행 중인 메서드를 종료한다.
        } catch (Exception e)          {
            e.printStackTrace();
        } finally {
            System.out.println("method1()의 finally블럭이 실행되었습니다.");
        }
    }  // method1메서드의 끝
}
```

▼ 실행결과
```
method1()이 호출되었습니다.
method1()의 finally블럭이 실행되었습니다.
method1()의 수행을 마치고 main메서드로 돌아왔습니다.
```

위의 결과에서 알 수 있듯이, try블럭에서 return문이 실행되는 경우에도 finally블럭의 문장들이 먼저 실행된 후에, 현재 실행 중인 메서드를 종료한다.

이와 마찬가지로 catch블럭의 수행 중에 return문을 만나도 finally블럭의 문장들은 수행된다.

1.9 자동 자원 반환 – try-with-resources문

JDK 7부터 try-with-resources문이라는 try-catch문의 변형이 새로 추가되었다. 이 구문은 주로 '15장 입출력(I/O)'과 관련된 클래스를 사용할 때 유용한데, 아직 입출력에 대해 배우지 않았으므로 유용함을 느끼기는 아직 이를 것이다. 이런 것도 있다는 정도로만 가볍게 봐뒀다가 필요할 때 참고하기 바란다.

입출력에 사용되는 클래스 중에 사용한 후에 꼭 닫아 줘야 하는 것들이 있다. 그래야 사용했던 자원(resources)이 반환되기 때문이다.

```
try {
    fis  = new FileInputStream("score.dat");
    dis = new DataInputStream(fis);
             ...
} catch (IOException ie) {
    ie.printStackTrace();
} finally {
    dis.close(); // 작업 중에 예외가 발생하더라도, dis가 닫히도록 finally블럭에 넣음
}
```

위의 코드는 DataInputStream을 사용해서 파일로부터 데이터를 읽는 코드인데, 데이터를 읽는 도중에 예외가 발생하더라도 DataInputStream이 닫히도록 finally블럭 안에 close()를 넣었다. 여기까지는 별 문제가 없어 보이는데, 진짜 문제는 close()가 예외를 발생시킬 수 있다는데 있다. 그래서 위의 코드는 아래와 같이 해야 올바른 것이 된다.

```
try {
    fis  = new FileInputStream("score.dat");
    dis = new DataInputStream(fis);
             ...
} catch (IOException ie) {
    ie.printStackTrace();
} finally {
    try {
        if(dis!=null)
            dis.close();  // 예외가 발생할 수 있다.
    } catch(IOException ie){
        ie.printStackTrace();
    }
}
```

finally블럭 안에 try-catch문을 추가해서 close()에서 발생할 수 있는 예외를 처리하도록 변경했는데, 코드가 복잡해져서 별로 보기에 좋지 않다. 더 나쁜 것은 try블럭과 finally블럭에서 모두 예외가 발생하면, try블럭의 예외는 무시된다는 것이다.

```
try {
    throw new NullPointerException("try"); // 이 예외는 무시된다.
} finally {
    throw new RuntimeException("finally"); // 이 예외만 발생한다.
}
```

이러한 점을 개선하기 위해서 try-with-resources문이 추가된 것이다. 위의 코드를 try-with-resources문으로 바꾸면 다음과 같다.

| 참고 | try블럭의 괄호( )안에 변수를 선언하는 것도 가능하며, 선언된 변수는 try블럭 내에서만 사용할 수 있다.

```
try ( FileInputStream fis = new FileInputStream("score.dat");
      DataInputStream dis = new DataInputStream(fis)) {
    while(true) {
        score = dis.readInt();
        System.out.println(score);
        sum += score;
    }
} catch (EOFException e) {
    System.out.println("점수의 총합은 " + sum + "입니다.");
} catch (IOException ie) {
    ie.printStackTrace();
}
```

try-with-resources문의 괄호( )안에 객체를 생성하는 문장을 넣으면, 이 객체는 따로 close( )를 호출하지 않아도 try블럭을 벗어나는 순간 자동적으로 close( )가 호출된다. 그 다음에 catch블럭 또는 finally블럭이 수행된다.

이처럼 try-with-resources문에 의해 자동으로 객체의 close( )가 호출될 수 있으려면, 클래스가 AutoCloseable이라는 인터페이스를 구현한 것이어야 한다.

```
public interface AutoCloseable {
    void close() throws Exception;
}
```

위의 인터페이스는 각 클래스에서 적절히 자원 반환작업을 하도록 구현되어 있다. 그런데, 위의 코드를 잘 보면 close( )도 Exception을 발생시킬 수 있다. 만일 자동 호출된 close( )에서 예외가 발생하면 어떻게 될까? 일단 다음 예제를 먼저 실행해보자.

▼ 예제 8-20/**TryWithResourceEx.java**

```
class TryWithResourceEx {
    public static void main(String args[]) {
        try (CloseableResource cr = new CloseableResource()) {
            cr.exceptionWork(false); // 예외가 발생하지 않는다.
        } catch (WorkException e) {
            e.printStackTrace();
        } catch (CloseException e) {
            e.printStackTrace();
        }
        System.out.println();
        try (CloseableResource cr = new CloseableResource()) {
            cr.exceptionWork(true); // 예외가 발생한다.
        } catch (WorkException e) {
            e.printStackTrace();
        } catch (CloseException e) {
            e.printStackTrace();
        }
    }   // main의 끝
}
```

```java
class CloseableResource implements AutoCloseable {
    public void exceptionWork(boolean exception) throws WorkException {
        System.out.println("exceptionWork("+exception+")가 호출됨");

        if(exception)
            throw new WorkException("WorkException발생!!!");
    }

    public void close() throws CloseException {
        System.out.println("close()가 호출됨");
        throw new CloseException("CloseException발생!!!");
    }
}
class WorkException extends Exception {
    WorkException(String msg) { super(msg); }
}
class CloseException extends Exception {
    CloseException(String msg) { super(msg); }
}
```

▼ 실행결과

```
exceptionWork(false)가 호출됨
close()가 호출됨
CloseException: CloseException발생!!!
        at CloseableResource.close(TryWithResourceEx.java:31)
        at TryWithResourceEx.main(TryWithResourceEx.java:5)
exceptionWork(true)가 호출됨
close()가 호출됨
WorkException: WorkException발생!!!
        at CloseableResource.exceptionWork(TryWithResourceEx.java:26)
        at TryWithResourceEx.main(TryWithResourceEx.java:13)
        Suppressed: CloseException: CloseException발생!!!
                at CloseableResource.close(TryWithResourceEx.java:31)
                at TryWithResourceEx.main(TryWithResourceEx.java:12)
```

main메서드에 두 개의 try-catch문이 있는데, 첫 번째 것은 close()에서만 예외를 발생시키고, 두 번째 것은 exceptionWork()와 close()에서 모두 예외를 발생시킨다.

첫 번째는 일반적인 예외가 발생했을 때와 같은 형태로 출력되었지만, 두 번째는 출력형태가 다르다. 먼저 exceptionWork()에서 발생한 예외에 대한 내용이 출력되고, close()에서 발생한 예외는 '억제된(suppressed)'이라는 의미의 머리말과 함께 출력되었다.

두 예외가 동시에 발생할 수는 없기 때문에, 실제 발생한 예외를 WorkException으로 하고, CloseException은 억제된 예외로 다룬다. 억제된 예외에 대한 정보는 실제로 발생한 예외인 WorkException에 저장된다.

Throwable에 정의된 메서드 중에 억제된 예외와 관련된 것들은 다음과 같다.

void addSuppressed(Throwable exception)	억제된 예외를 추가
Throwable[] getSuppressed()	억제된 예외(배열)를 반환

만일 기존의 try-catch문을 사용했다면, 먼저 발생한 WorkException은 무시되고, 마지막으로 발생한 CloseException에 대한 내용만 출력되었을 것이다.

1.10 사용자 정의 예외 만들기

기존의 정의된 예외 클래스 외에 프로그래머가 새로운 예외 클래스를 직접 정의하여 사용할 수 있다. 보통 Exception클래스 또는 RuntimeExcpetion클래스로부터 상속받아 클래스를 만들지만, 필요에 따라서 알맞은 예외 클래스를 선택해도 된다.

|참고| 가능하면 새로운 예외 클래스를 만들기보다 기존의 예외클래스를 활용하자.

```
class MyException extends Exception {
    MyException(String msg) {   // 문자열을 매개변수로 받는 생성자
        super(msg); // 조상인 Exception클래스의 생성자를 호출한다.
    }
}
```

Exception클래스로부터 상속받아서 MyException클래스를 만들었다. 필요하다면, 멤버변수나 메서드를 추가할 수 있다. Exception클래스는 생성 시에 String값을 받아서 메시지로 저장할 수 있다. 여러분이 만든 사용자 정의 예외 클래스도 메시지를 저장할 수 있으려면, 위에서 보는 것과 같이 String을 매개변수로 받는 생성자를 추가해주어야 한다.

```
class MyException extends Exception {
    // 에러 코드 값을 저장하기 위한 필드를 추가
    private final int ERR_CODE;   // 생성자를 통해 초기화

    MyException(String msg, int errCode) {      // 생성자
        super(msg);
        ERR_CODE = errCode;
    }

    MyException(String msg) {   // 생성자
        this(msg, 100);         // ERR_CODE를 100(기본값)으로 초기화
    }

    public int getErrCode() {   // 에러 코드를 얻을 수 있는 메서드도 추가
        return ERR_CODE;        // 이 메서드는 주로 getMessage()와 함께 사용
    }
}
```

이전의 코드를 좀더 개선하여 메시지뿐만 아니라 에러코드 값도 저장할 수 있도록 ERR_CODE와 getErrCode()를 MyException클래스의 멤버로 추가했다.

이렇게 함으로써 MyException이 발생했을 때, catch블럭에서 getMessage()와 getErrCode()를 사용해서 에러코드와 메시지를 모두 얻을 수 있을 것이다.

기존의 예외 클래스는 주로 Exception을 상속받아서 'checked예외'로 작성하는 경우가 많았지만, 요즘은 가능하면 예외처리를 선택적으로 할 수 있도록 RuntimeException을 상속받아서 작성하는 한다. 'checked예외'는 반드시 예외처리를 해주어야 하기 때문에 예외 처리가 불필요한 경우에도 try-catch문을 넣어서 코드가 복잡해지기 때문이다.

예외처리를 강제하도록 한 이유는 프로그래밍 경험이 적은 사람들도 보다 견고한 프로그램을 작성할 수 있게 유도하기 위한 것이었는데, 요즘은 자바가 탄생하던 20년 전과 달리 프로그래밍 환경이 많이 달라졌다. 그 때 자바를 설계하던 사람들은 자바가 주로 소형 가전기기나, 데스크탑에서 실행될 것이라고 생각했지만 현재 자바는 모바일이나 웹 프로그래밍에서 주로 쓰이고 있다.

이처럼 프로그래밍 환경이 달라진 만큼 필수적으로 처리해야만 할 것 같았던 예외들이 선택적으로 처리해도 되는 상황으로 바뀌는 경우가 종종 있다.

| 참고 | 앞으로 배울 연결된 예외를 이용하면 필수 예외인 checked예외를 선택 예외인 unchecked예외로 바꿀 수 있다.

▼ 예제 8-21/**NewExceptionEx.java**

```java
class NewExceptionEx {
    public static void main(String args[]) {
        try {
            startInstall();            // 프로그램 설치에 필요한 준비를 한다.
            copyFiles();               // 파일들을 복사한다.
        } catch (SpaceException e)    {
            System.out.println("에러 메시지 : " + e.getMessage());
            e.printStackTrace();
            System.out.println("공간을 확보한 후에 다시 설치하시기 바랍니다.");
        } catch (MemoryException me) {
            System.out.println("에러 메시지 : " + me.getMessage());
            me.printStackTrace();
            System.gc();               // Garbage Collection을 수행하여 메모리를 늘려준다.
            System.out.println("다시 설치를 시도하세요.");
        } finally {
            deleteTempFiles();         // 프로그램 설치에 사용된 임시파일들을 삭제한다.
        } // try의 끝
    } // main의 끝

    static void startInstall() throws SpaceException, MemoryException {
        if(!enoughSpace())             // 충분한 설치 공간이 없으면...
            throw new SpaceException("설치할 공간이 부족합니다.");
        if(!enoughMemory())            // 충분한 메모리가 없으면...
            throw new MemoryException("메모리가 부족합니다.");
    } // startInstall메서드의 끝

    static void copyFiles() { /* 파일들을 복사하는 코드를 적는다. */ }
    static void deleteTempFiles() { /* 임시파일들을 삭제하는 코드를 적는다.*/}
    static boolean enoughSpace() {
        // 설치하는데 필요한 공간이 있는지 확인하는 코드를 적는다.
        return false;
    }
```

```
    static boolean enoughMemory() {
        // 설치하는데 필요한 메모리공간이 있는지 확인하는 코드를 적는다.
        return true;
    }
} // NewExceptionEx클래스의 끝

class SpaceException extends Exception {
    SpaceException(String msg) {
        super(msg);
    }
}
class MemoryException extends Exception {
    MemoryException(String msg) {
        super(msg);
    }
}
```

▼ 실행결과

```
에러 메시지 : 설치할 공간이 부족합니다.
SpaceException: 설치할 공간이 부족합니다.
       at NewExceptionEx.startInstall(NewExceptionEx.java:22)
       at NewExceptionEx.main(NewExceptionEx.java:4)
공간을 확보한 후에 다시 설치하시기 바랍니다.
```

실제 설치 프로그램과 비슷하게 보이려고 하다 보니 좀 복잡해 졌다. MemoryException과 SpaceException, 이 두 개의 사용자정의 예외 클래스를 새로 만들어서 사용했다. Space Exception은 프로그램을 설치하려는 곳에 충분한 공간이 없을 경우에 발생하도록 했으며, MemoryException은 설치작업을 수행하는데 메모리가 충분히 확보되지 않았을 경우에 발생하도록 하였다.

이 두 예외는 startInstall( )을 수행하는 동안에 발생할 수 있으며, enoughSpace( )와 enoughMemory( )의 실행결과에 따라서 발생하는 예외의 종류가 달라지도록 했다.

이번 예제에서 enoughSpace( )와 enoughMemory( )는 단순히 false와 true를 각각 반환하도록 되어 있지만 설치공간과 사용 가능한 메모리를 확인하는 기능을 한다고 가정하였다.

1.11 예외 되던지기(exception re-throwing)

한 메서드에서 발생할 수 있는 예외가 여럿인 경우, 몇 개는 try-catch문을 통해서 메서드 내에서 자체적으로 처리하고, 그 나머지는 선언부에 지정하여 호출한 메서드에서 처리하도록 함으로써, 양쪽에서 나눠서 처리되도록 할 수 있다.

그리고 심지어 단 하나의 예외에 대해서도 예외가 발생한 메서드와 호출한 메서드, 양쪽에서 처리하도록 할 수 있다.

이것은 예외를 처리한 후에 인위적으로 다시 발생시키는 방법을 통해서 가능한데, 이것을 '예외 되던지기(exception re-throwing)'라고 한다.

먼저 예외가 발생할 가능성이 있는 메서드에서 try-catch문을 사용해서 예외를 처리해주고 catch문에서 필요한 작업을 행한 후에 throw문을 사용해서 예외를 다시 발생시킨다. 다시 발생한 예외는 이 메서드를 호출한 메서드에게 전달되고 호출한 메서드의 try-catch문에서 예외를 또다시 처리한다.

이 방법은 하나의 예외에 대해서 예외가 발생한 메서드와 이를 호출한 메서드 양쪽 모두에서 처리해줘야 할 작업이 있을 때 사용된다. 이 때 주의할 점은 예외가 발생할 메서드에서는 try-catch문을 사용해서 예외처리를 해줌과 동시에 메서드의 선언부에 발생할 예외를 throws에 지정해줘야 한다는 것이다.

▼ 예제 8-22/**ExceptionEx17.java**

```
class ExceptionEx17 {
    public static void main(String[] args) {
        try {
            method1();
        } catch (Exception e)         {
            System.out.println("main메서드에서 예외가 처리되었습니다.");
        }
    }   // main메서드의 끝

    static void method1() throws Exception {   // 예외를 선언하고 try-catch로 처리
        try {
            throw new Exception();
        } catch (Exception e) {
            System.out.println("method1메서드에서 예외가 처리되었습니다.");
            throw e;                // 다시 예외를 발생시킨다.
        }
    }   // method1메서드의 끝
}
```

▼ 실행결과
```
method1메서드에서 예외가 처리되었습니다.
main메서드에서 예외가 처리되었습니다.
```

결과에서 알 수 있듯이 method1()과 main메서드 양쪽의 catch블럭이 모두 수행되었음을 알 수 있다. method1()의 catch블럭에서 예외를 처리하고도 throw문을 통해 다시 예외를 발생 시켰다. 그리고 이 예외를 main메서드 한 번 더 처리하였다.

그리고 반환값이 있는 return문의 경우, catch블럭에도 return문이 있어야 한다. 예외가 발생했을 경우에도 값을 반환해야하기 때문이다.

```
static int method1() {
    try {
        System.out.println("method1()이 호출되었습니다.");
        return 0;              // 현재 실행 중인 메서드를 종료한다.
    } catch (Exception e)    {
        e.printStackTrace();
        return 1;    // catch블럭 내에도 return문이 필요하다.
    } finally {
        System.out.println("method1()의 finally블럭이 실행되었습니다.");
    }
}  // method1메서드의 끝
```

또는 catch블럭에서 예외 되던지기를 해서 호출한 메서드로 예외를 전달하면, return문이 없어도 된다. 그래서 검증에서도 assert문 대신 AssertError를 생성해서 던진다.

> **참고** assert문은 검증(assertion)을 수행하기 위한 문장으로 이 책에서는 다루지 않는다.

```
static int method1() throws Exception { // 예외를 선언해야 함
    try {
        System.out.println("method1()이 호출되었습니다.");
        return 0;              // 현재 실행 중인 메서드를 종료한다.
    } catch (Exception e) {
        e.printStackTrace();
//      return 1;     // catch블럭 내에도 return문이 필요하다.
        throw new Exception(); // return문 대신 예외를 호출한 메서드로 전달.
    } finally {
        System.out.println("method1()의 finally블럭이 실행되었습니다.");
    }
}  // method1메서드의 끝
```

> **참고** finally블럭 내에도 return문을 사용할 수 있으며, try블럭이나 catch블럭의 return문 다음에 수행된다. 최종적으로 finally블럭 내의 return문의 값이 반환된다.

1.12 연결된 예외(chained exception)

한 예외가 다른 예외를 발생시킬 수도 있다. 예를 들어 예외 A가 예외 B를 발생시켰다면, A를 B의 '원인 예외(cause exception)'라고 한다. 아래의 코드는 예제8-21의 일부를 변경한 것으로, SpaceException을 원인 예외로 하는 InstallException을 발생시키는 방법을 보여준다.

```
try {
    startInstall();        // SpaceException 발생
    copyFiles();
} catch (SpaceException e) {
    InstallException ie = new InstallException("설치중 예외발생"); // 예외 생성
    ie.initCause(e);   // InstallException의 원인 예외를 SpaceException으로 지정
    throw ie;          // InstallException을 발생시킨다.
} catch (MemoryException me)      {
    ...
```

먼저 InstallException을 생성한 후에, initCause( )로 SpaceException을 InstallException의 원인 예외로 등록한다. 그리고 'throw'로 이 예외를 던진다.

> **참고** 자세한 것은 전체 소스를 봐야 이해가 될 것이므로, 지금은 가볍게 참고만하기 바란다.

initCause( )는 Exception클래스의 조상인 Throwable클래스에 정의되어 있기 때문에 모든 예외에서 사용가능하다.

```
Throwable initCause(Throwable cause)   지정한 예외를 원인 예외로 등록
Throwable getCause( )                  원인 예외를 반환
```

발생한 예외를 그냥 처리하면 될 텐데, 원인 예외로 등록해서 다시 예외를 발생시키는지 궁금할 것이다. 그 이유는 여러가지 예외를 하나의 큰 분류의 예외로 묶어서 다루기 위해서이다.

그렇다고 아래와 같이 InstallException을 SpaceException과 MemoryException의 조상으로 해서 catch블럭을 작성하면, 실제로 발생한 예외가 어떤 것인지 알 수 없다는 문제가 생긴다. 그리고 SpaceException과 MemoryException의 상속관계를 변경해야 한다는 것도 부담이다.

```
try {
    startInstall();        // SpaceException 발생
    copyFiles();
} catch (InstallException e)  { // InstallException은
    e.printStackTrace();   // SpaceException과 MemoryException의 조상
}
```

그래서 생각한 것이 예외가 원인 예외를 포함할 수 있게 한 것이다. 이렇게 하면, 두 예외는 상속관계가 아니어도 상관없다.

```
public class Throwable implements Serializable {
    ...
    private Throwable cause = this; // 객체 자신(this)을 원인 예외로 등록
    ...
}
```

또 다른 이유는 checked예외를 unchecked예외로 바꿀 수 있도록 하기 위해서이다. checked예외로 예외처리를 강제한 이유는 프로그래밍 경험이 적은 사람도 보다 견고한 프로그램을 작성할 수 있도록 유도하기 위한 것이었는데, 지금은 자바가 처음 개발되던 1990년대와 컴퓨터 환경이 많이 달라졌다.

그래서 checked예외가 발생해도 예외를 처리할 수 없는 상황이 하나둘 발생하기 시작했다. 이럴 때 할 수 있는 일이라곤 그저 의미없는 try-catch문을 추가하는 것뿐인데, checked예외를 unchecked예외로 바꾸면 예외처리가 선택적이 되므로 억지로 예외처리를 하지 않아도 된다.

```
static void startInstall() throws SpaceException, MemoryException {
  if(!enoughSpace())              // 충분한 설치 공간이 없으면...
    throw new SpaceException("설치할 공간이 부족합니다.");
  if (!enoughMemory())            // 충분한 메모리가 없으면...
    throw new MemoryException("메모리가 부족합니다.");
}
```

↓

```
static void startInstall() throws SpaceException {
  if(!enoughSpace())              // 충분한 설치 공간이 없으면...
    throw new SpaceException("설치할 공간이 부족합니다.");
  if (!enoughMemory())            // 충분한 메모리가 없으면...
    throw new RuntimeException(new MemoryException("메모리가 부족합니다."));
} // startInstall메서드의 끝
```

MemoryException은 Exception의 자손이므로 반드시 예외를 처리해야하는데, 이 예외를 RuntimeException으로 감싸버렸기 때문에 unchecked예외가 되었다. 그래서 더 이상 startInstall()의 선언부에 MemoryException을 선언하지 않아도 된다. 참고로 위의 코드에서는 initCause()대신 RuntimeException의 생성자를 사용했다.

```
RuntimeException(Throwable cause)  // 원인 예외를 등록하는 생성자
```

이제 예제를 통해서 지금까지 배운 내용을 직접 확인해 보자.

▼ 예제 8-23/ChainedExceptionEx.java

```java
class ChainedExceptionEx {
    public static void main(String args[]) {
        try {
            install();
        } catch (InstallException e) {
            e.printStackTrace();
        } catch (Exception e) {
            e.printStackTrace();
        }
    } // main의 끝

    static void install() throws InstallException {
        try {
            startInstall();            // 프로그램 설치에 필요한 준비를 한다.
            copyFiles();               // 파일들을 복사한다.
        } catch (SpaceException2 se) {
            InstallException ie = new InstallException("설치 중 예외발생");
            ie.initCause(se);
            throw ie;
        } catch (MemoryException2 me) {
            InstallException ie = new InstallException("설치 중 예외발생");
            ie.initCause(me);
            throw ie;
        } finally {
            deleteTempFiles();         // 프로그램 설치에 사용된 임시파일들을 삭제한다.
        } // try의 끝
    }

    static void startInstall() throws SpaceException2, MemoryException2 {
        if(!enoughSpace()) {            // 충분한 설치 공간이 없으면...
            throw new SpaceException2("설치할 공간이 부족합니다.");
        }

        if (!enoughMemory()) {          // 충분한 메모리가 없으면...
            throw new MemoryException2("메모리가 부족합니다.");
//          throw new RuntimeException(new MemoryException("메모리가 부족합니다."));
        }
    } // startInstall메서드의 끝

    static void copyFiles()        { /* 파일들을 복사하는 코드를 적는다.    */ }
    static void deleteTempFiles()  { /* 임시파일들을 삭제하는 코드를 적는다.*/ }

    static boolean enoughSpace() {
        // 설치하는데 필요한 공간이 있는지 확인하는 코드를 적는다.
        return false;
    }
    static boolean enoughMemory() {
        // 설치하는데 필요한 메모리 공간이 있는지 확인하는 코드를 적는다.
        return true;
    }
} // ExceptionEx클래스의 끝
```

```
class InstallException extends Exception {
   InstallException(String msg) {
      super(msg);
   }
}

class SpaceException2 extends Exception {
   SpaceException2(String msg) {
      super(msg);
   }
}

class MemoryException2 extends Exception {
   MemoryException2(String msg) {
      super(msg);
   }
}
```

▼ 실행결과

```
InstallException: 설치 중 예외발생
        at ChainedExceptionEx.install(ChainedExceptionEx.java:17)
        at ChainedExceptionEx.main(ChainedExceptionEx.java:4)
Caused by: SpaceException2: 설치할 공간이 부족합니다.
        at ChainedExceptionEx.startInstall(ChainedExceptionEx.java:31)
        at ChainedExceptionEx.install(ChainedExceptionEx.java:14)
        ... 1 more
```

| 참고 | 연습문제는 깃헙(https://github.com/castello/javajungsuk4)에서 PDF파일로 제공

Memo

Chapter 09

java.lang패키지와 유용한 클래스

java.lang package & util classes

1. java.lang패키지

java.lang패키지는 자바프로그래밍에 가장 기본이 되는 클래스들을 포함하고 있다. 그렇기 때문에 java.lang패키지의 클래스들은 import문 없이도 사용할 수 있게 되어 있다.
 그 동안 String클래스나 System클래스를 import문 없이 사용할 수 있었던 이유가 바로 java.lang패키지에 속한 클래스들이기 때문이었던 것이다. 우선 java.lang패키지의 여러 클래스들 중에서도 자주 사용되는 클래스 몇 가지만을 골라서 학습해보자.

1.1 Object클래스

클래스의 상속을 학습할 때 Object클래스에 대해서 이미 배웠지만, 여기서는 보다 자세히 알아보자. Object클래스는 모든 클래스의 최고 조상이기 때문에 Object클래스의 멤버들은 모든 클래스에서 바로 사용 가능하다.

Object클래스의 메서드	설 명
`protected Object clone()`	객체 자신의 복사본을 반환한다.
`public boolean equals(Object obj)`	객체 자신과 객체 obj가 같은 객체인지 알려준다.(같으면 true)
`protected void finalize()`	객체가 소멸될 때 가비지 컬렉터에 의해 자동적으로 호출된다. 이 때 수행되어야하는 코드가 있을 때 오버라이딩한다.(거의 사용안함)
`public Class getClass()`	객체 자신의 클래스 정보를 담고 있는 Class인스턴스를 반환한다.
`public int hashCode()`	객체 자신의 해시코드를 반환한다.
`public String toString()`	객체 자신의 정보를 문자열로 반환한다.
`public void notify()`	객체 자신을 사용하려고 기다리는 쓰레드를 하나만 깨운다.
`public void notifyAll()`	객체 자신을 사용하려고 기다리는 모든 쓰레드를 깨운다.

`public void wait()`
`public void wait(long timeout)`
`public void wait(long timeout, int nanos)`
	다른 쓰레드가 notify()나 notifyAll()을 호출할 때까지 현재 쓰레드를 무한히 또는 지정된 시간(timeout, nanos)동안 기다리게 한다.(timeout은 천 분의 1초, nanos는 10^9분의 1초)

▲ 표9-1 Object클래스의 메서드

Object클래스는 멤버 변수는 없고 오직 11개의 메서드만 가지고 있다. 이 메서드들은 모든 인스턴스가 가져야 할 기본적인 것들이며, 우선 이 중에서 중요한 몇 가지만 살펴보자.

| 참고 | notify( ), notifyAll( ), wait( )은 쓰레드(thread)와 관련된 것들이며, 13장 쓰레드에서 자세히 설명한다.

equals(Object obj)
매개변수로 객체의 참조 변수를 받아서 비교하여 그 결과를 boolean값으로 알려 주는 역할을 한다. 아래의 코드는 Object클래스에 정의되어 있는 equals메서드의 실제 내용이다.

```
public boolean equals(Object obj) {
    return (this == obj);
}
```

위의 코드에서 알 수 있듯이 두 객체의 같고 다름을 참조변수의 값으로 판단한다. 그렇기 때문에 서로 다른 두 객체를 equals메서드로 비교하면 항상 false를 결과로 얻게 된다.

| 참고 | 객체를 생성할 때, 메모리의 비어있는 공간을 찾아 생성하므로 서로 다른 두 개의 객체가 같은 주소를 갖는 일은 있을 수 없다. 두 개 이상의 참조 변수가 같은 주소값을 갖는 것(한 객체를 가리키는 것)은 가능하다.

▼ 예제 9-1/**EqualsEx.java**

```java
class EqualsEx {
    public static void main(String[] args) {
        Value v1 = new Value(10);
        Value v2 = new Value(10);

        if (v1.equals(v2))
            System.out.println("v1과 v2는 같습니다.");
        else
            System.out.println("v1과 v2는 다릅니다.");

        v2 = v1;

        if (v1.equals(v2))
            System.out.println("v1과 v2는 같습니다.");
        else
            System.out.println("v1과 v2는 다릅니다.");
    } // main
}

class Value {
    int value;

    Value(int value) {
        this.value = value;
    }
}
```

▼ 실행결과
```
v1과 v2는 다릅니다.
v1과 v2는 같습니다.
```

value라는 멤버 변수를 갖는 Value클래스를 정의하고, 두 개의 Value클래스의 인스턴스 생성한 다음 equals메서드를 이용해서 두 인스턴스를 비교하도록 했다. equals메서드는 주소값으로 비교를 하기 때문에, 두 Value인스턴스의 멤버변수 value의 값이 10으로 서로 같을지라도 equals메서드로 비교한 결과는 false일 수밖에 없는 것이다.

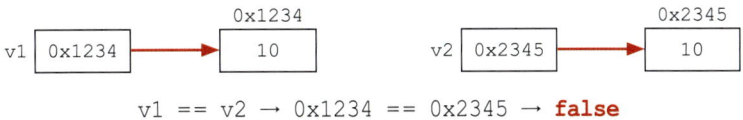

하지만, 'v2 = v1;'을 수행한 후에는 참조변수 v2는 v1이 참조하고 있는 인스턴스의 주소값이 저장되므로 v2도 v1과 같은 주소값이 저장된다. 그래서 이번에는 v1.equals(v2)의 결과가 true가 되는 것이다.

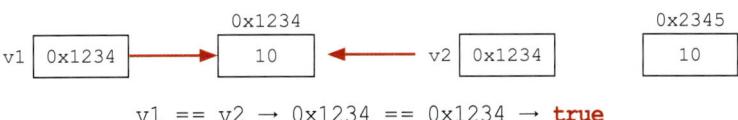

Object클래스로부터 상속받은 equals메서드는 결국 두 개의 참조변수가 같은 객체를 참조하고 있는지, 즉 두 참조변수에 저장된 값(주소값)이 같은지를 판단하는 기능밖에 할 수 없다는 것을 알 수 있다. equals메서드로 Value인스턴스가 가지고 있는 value값을 비교하도록 할 수는 없을까? Value클래스에서 equals메서드를 오버라이딩하여 주소가 아닌 객체에 저장된 내용을 비교하도록 변경하면 된다. 다음의 예제를 보자.

▼ 예제 9-2/`EqualsEx2.java`

```java
class Person {
    long id;

    public boolean equals(Object obj) {
        if(obj instanceof Person p)   // p는 패턴 변수(pattern variable) JDK 16
            return id == p.id;

        return false;
    }

    Person(long id) {
        this.id = id;
    }
}
class EqualsEx2 {
    public static void main(String[] args) {
        Person p1 = new Person(8011081111222L);
        Person p2 = new Person(8011081111222L);

        if(p1==p2)
            System.out.println("p1과 p2는 같은 사람입니다.");
        else
            System.out.println("p1과 p2는 다른 사람입니다.");

        if(p1.equals(p2))
            System.out.println("p1과 p2는 같은 사람입니다.");
        else
            System.out.println("p1과 p2는 다른 사람입니다.");
    }
}
```

▼ 실행결과
```
p1과 p2는 다른 사람입니다.
p1과 p2는 같은 사람입니다.
```

equals메서드가 Person인스턴스의 주소값이 아닌 멤버 변수 id의 값을 비교하도록 하기 위해 equals메서드를 다음과 같이 오버라이딩했다. 이렇게 함으로써 서로 다른 인스턴스일지라도 같은 id(주민등록번호)를 가지고 있다면 equals메서드로 비교했을 때 true를 결과로 얻게 할 수 있다. instanceof는 왼쪽 피연산자가 null이면 false를 반환하므로 아래와 같이 널인지 확인하지 않아도 된다.

```java
public boolean equals(Object obj) {
    if(obj!=null && obj instanceof Person p)
        return id == p.id;
    return false;
}
```

String클래스 역시 Object클래스의 equals()를 그대로 사용하는 것이 아니라 이처럼 오버라이딩을 통해서 String인스턴스가 갖는 문자열의 내용을 비교하도록 되어있다.

그렇기 때문에 같은 내용의 문자열을 갖는 두 String인스턴스에 equals()를 사용하면 항상 true를 얻는 것이다.

| 참고 | String뿐만 아니라, Date, File, wrapper클래스(Integer, Double 등)의 equals()도 주소값이 아닌 내용을 비교하도록 오버라이딩되어 있다. 그러나 의외로 StringBuffer는 오버라이딩되어 있지 않다.

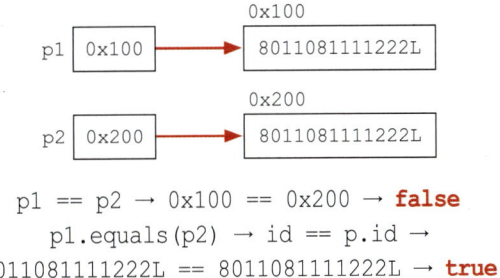

```
p1 == p2 → 0x100 == 0x200 → false
   p1.equals(p2) → id == p.id →
8011081111222L == 8011081111222L → true
```

hashCode( )
이 메서드는 해싱(hashing)기법에 사용되는 '해시 함수(hash function)'를 구현한 것이다. 해싱은 자료 구조 중의 하나인데 다량의 데이터를 저장하고 검색하는 데 유용하다.

해시 함수는 찾고자하는 값을 입력하면, 그 값이 저장된 위치를 알려주는 해시 코드(hash code)를 반환한다. 예를 들어 주차장 키오스크에 차번호를 입력하면, 주차된 위치(해시 코드)를 알려주는 것과 같다.

일반적으로 해시 코드가 같은 두 객체가 존재하는 것이 가능하지만, Object클래스에 정의된 hashCode()는 객체의 주소값으로 해시 코드를 만들어 반환하기 때문에 32 bit JVM에서는 서로 다른 두 객체는 결코 같은 해시 코드를 가질 수 없었지만, 64 bit JVM에서는 8 byte 주소값으로 해시 코드(4 byte)를 만들기 때문에 해시 코드가 중복될 수도 있다.

앞서 살펴본 것과 같이 클래스의 인스턴스 변수 값으로 객체의 같고 다름을 판단해야하는 경우라면 equals() 뿐 만아니라 hashCode()도 적절히 오버라이딩해야 한다. 같은 객체라면 hashCode()를 호출했을 때의 결과값인 해시 코드도 같아야 하기 때문이다.

| 참고 | hashCode()와 해시 코드에 대해서는 11장 '컬렉션 프레임웍'에서 자세히 설명할 것이다.

▼ 예제 9-3/**HashCodeEx.java**

```
class HashCodeEx {
    public static void main(String[] args) {
        String str1 = new String("abc");
        String str2 = new String("abc");

        System.out.println(str1.equals(str2));
        System.out.println(str1.hashCode()); // 내용으로 해시 코드 생성
        System.out.println(str2.hashCode());
        System.out.println(System.identityHashCode(str1)); // 주소로 해시 코드 생성
        System.out.println(System.identityHashCode(str2)); // 값이 다를수 있다.
    }
}
```

▼ 실행결과
```
true
96354
96354
168423058
821270929
```

String클래스는 문자열의 내용이 같으면, 동일한 해시 코드를 반환하도록 hashCode( )가 오버라이딩되어 있기 때문에, 문자열의 내용이 같은 str1과 str2에 대해 hashCode( )를 호출하면 항상 동일한 해시 코드를 얻는다.

반면에 System.identityHashCode(Object x)는 Object클래스의 hashCode( )처럼 객체의 주소값으로 해시 코드를 생성하기 때문에 모든 객체에 대해 항상 다른 해시 코드를 반환할 것을 보장한다. 그래서 str1과 str2가 해시 코드는 같지만 서로 다른 객체라는 것을 알 수 있다.

| 참고 | System.identityHashCode(Object x)의 호출결과는 실행 할 때마다 달라질 수 있다.

toString( )

이 메서드는 인스턴스의 정보를 문자열(String)로 제공할 목적으로 정의한 것이다. 인스턴스의 정보를 제공한다는 것은 대부분의 경우 인스턴스 변수에 저장된 값들을 문자열로 표현한다는 뜻이다.

Object클래스에 정의된 toString( )은 아래와 같다.

```java
public String toString() {
    return getClass().getName()+"@"+Integer.toHexString(hashCode());
}
```

클래스를 작성할 때 toString( )을 오버라이딩하지 않는다면, 위와 같은 내용이 그대로 실행될 것이다. 즉, toString( )을 호출하면 클래스 이름에 16진수의 해시 코드를 얻는다.

| 참고 | getClass( )와 hashCode( ) 역시 Object클래스에 정의된 것이므로 인스턴스 생성없이 바로 호출할 수 있다.

▼ 예제 9-4/`CardToStringEx.java`

```java
class Card {
    String kind;
    int number;

    Card() {
        this("SPADE", 1);
    }
    Card(String kind, int number) {
        this.kind = kind;
        this.number = number;
    }
}
class CardToStringEx {
    public static void main(String[] args) {
        Card c1 = new Card();
        Card c2 = new Card();

        System.out.println(c1.toString());
        System.out.println(c2.toString());
    }
}
```

▼ 실행결과
```
Card@30f39991
Card@452b3a41
```

Card인스턴스 두 개를 생성한 다음, 각 인스턴스에 toString()을 호출한 결과를 출력했다. Card클래스에서 Object클래스로부터 상속받은 toString()을 오버라이딩하지 않았기 때문에 Card인스턴스에 toString()을 호출하면, Object클래스의 toString()이 호출된다.

그래서 위의 결과에 클래스 이름과 해시 코드가 출력되었다. 서로 다른 인스턴스에 대해서 toString()을 호출하였으므로 클래스의 이름은 같아도 해시 코드가 다르다는 것을 확인할 수 있다.

▼ 예제 9-5/**ToStringEx.java**

```
class ToStringEx {
  public static void main(String args[]) {
      String str = new String("KOREA");
      java.util.Date today = new java.util.Date();

      System.out.println(str);
      System.out.println(str.toString());
      System.out.println(today);
      System.out.println(today.toString());
  }
}
```

▼ 실행결과
```
KOREA
KOREA
Sun May 04 17:14:28 KST 2025
Sun May 04 17:14:28 KST 2025
```

위의 결과에서 알 수 있듯이 String클래스와 Date클래스의 toString()을 호출하였더니 클래스 이름과 해시 코드 대신 다른 결과가 출력되었다.

String클래스의 toString()은 String인스턴스가 갖고 있는 문자열을 반환하도록 오버라이딩되어있고, Date클래스의 경우, Date인스턴스가 갖고 있는 날짜와 시간을 문자열로 변환하여 반환하도록 오버라이딩되어 있다.

이처럼 toString()은 일반적으로 인스턴스나 클래스에 대한 정보 또는 인스턴스 변수들의 값을 문자열로 변환하여 반환하도록 오버라이딩되는 것이 보통이다.

이제 Card클래스에서도 toString()을 오버라이딩해서 보다 쓸모 있는 정보를 제공할 수 있도록 바꿔보자.

▼ 예제 9-6/**CardToStringEx2.java**

```
class Card2 {
  String kind;
  int number;

  Card2() {
      this("SPADE", 1);  // Card2(String kind, int number)를 호출
  }
  Card2(String kind, int number) {
      this.kind = kind;
      this.number = number;
  }
  public String toString() {
      return "kind : " + kind + ", number : " + number;
  }
}
```

Card인스턴스의 kind와 number를 문자열로 반환한다.

```
class CardToStringEx2 {
    public static void main(String[] args) {
        Card2 c1 = new Card2();
        Card2 c2 = new Card2("HEART", 10);
        System.out.println(c1.toString());
        System.out.println(c2);
    }
}
```

▼ 실행결과
```
kind : SPADE, number : 1
kind : HEART, number : 10
```

Card인스턴스의 toString()을 호출하면 인스턴스가 갖고 있는 인스턴스변수 kind와 number의 값을 문자열로 변환하여 반환하도록 toString()을 오버라이딩했다. 오버라이딩할 때, Object클래스에 정의된 toString()의 접근 제어자가 public이므로 Card클래스의 toString()의 접근제어자도 public으로 했다는 것을 눈 여겨 보자.

조상의 메서드를 자손에서 오버라이딩할 때는 조상에 정의된 접근 범위보다 같거나 더 넓어야 하기 때문이다. Object클래스에서 toString()의 접근 제어자가 public이므로, 이를 오버라이딩하는 Card클래스에서는 toString()의 접근 제어자를 public으로 할 수 밖에 없다.

clone( )

이 메서드는 자신을 복제하여 새로운 인스턴스를 생성하는 일을 한다. 어떤 인스턴스에 대해 작업을 할 때, 원래의 인스턴스는 보존하고 clone메서드를 이용해서 새로운 인스턴스를 생성하여 작업을 하면 작업이전의 값이 보존되므로 작업에 실패해서 원래의 상태로 되돌리거나 변경되기 전의 값을 참고하는데 도움이 될 것이다.

Object클래스에 정의된 clone()은 단순히 인스턴스 변수의 값만 복사하기 때문에 참조타입의 인스턴스 변수가 있는 클래스는 완전한 복제가 이루어지지 않는다. 이러한 복사를 '얕은 복사(shallow copy)'라고 하는데 곧 자세히 설명할 것이다.

▼ 예제 9-7/`CloneEx.java`

```
class Point implements Cloneable {
    int x, y;

    Point(int x, int y) {
        this.x = x;
        this.y = y;
    }

    public String toString() {
        return "x=" + x + ", y=" + y;
    }

    public Object clone() {   // 오버라이딩. 접근 제어자를 protected에서 public으로 변경
        Object obj = null;
        try {
            obj = super.clone();   // clone()은 반드시 예외처리를 해주어야 한다.
        } catch(CloneNotSupportedException e) {}
        return obj;
    }
}
```

Cloneable인터페이스를 구현한 클래스에서만 clone()을 호출할 수 있다. 이 인터페이스를 구현하지 않고 clone()을 호출하면 예외가 발생한다.

```
class CloneEx {
    public static void main(String[] args){
        Point original = new Point(3, 5);
        Point copy = (Point)original.clone(); // 복제(clone)해서 새로운 객체를 생성
        System.out.println(original);
        System.out.println(copy);
    }
}
```

▼ 실행결과
```
x=3, y=5
x=3, y=5
```

Object의 clone()을 사용하려면, 먼저 복제할 클래스가 Cloneable인터페이스를 구현해야하고, clone()을 오버라이딩하면서 접근 제어자를 protected에서 public으로 변경한다. 그래야만 상속 관계가 없는 클래스에서도 clone()을 호출 할 수 있다.

```
public class Object {
    ...
    protected native Object clone() throws CloneNotSupportedException;
    ...
}
```

| 참고 | Object클래스의 clone()은 Cloneable을 구현하지 않은 클래스 내에서 호출되면 예외를 발생시킨다.

마지막으로 조상 클래스의 clone()을 호출하는 코드가 포함된 try-catch문을 작성한다.

```
class Point implements Cloneable {      // ① Cloneable인터페이스를 구현한다.
    ...
    public Object clone() {    // ② 접근 제어자를 protected에서 public으로 변경
        Object obj = null;
        try {
            obj = super.clone(); // ③ try-catch내에서 조상클래스의 clone()을 호출
        } catch(CloneNotSupportedException e) {}
        return obj;
    }
}
```

Cloneable인터페이스를 구현한 클래스의 인스턴스만 clone()을 통한 복제가 가능한데, 그 이유는 인스턴스의 데이터를 보호하기 위해서이다. Cloneable인터페이스가 구현되어 있다는 것은 클래스 작성자가 복제를 허용한다는 의미이다.

공변 반환타입

JDK 5부터 '공변 반환타입(covariant return type)'이라는 것이 추가되었는데, 이 기능은 오버라이딩할 때 조상 메서드의 반환타입을 자손 타입으로 변경을 허용하는 것이다. 글로 설명하는 것보다 코드를 직접 보는 쪽이 이해가 빠를 것이다.

아래의 코드는 예제9-7의 clone()의 반환타입을 Object에서 Point로 변경한 것이다. 즉, 조상 타입에서 자손 타입으로 변경한 것이다. 그리고 return문에 Point타입으로 형변환도 추가하였다. 예전에는 오버라이딩할 때 조상에 선언된 메서드의 반환타입을 그대로 사용해야 했다.

```
    public Point clone() {    // ① 반환타입을 Object에서 Point로 변경
        Object obj = null;
        try {
            obj = super.clone();
        } catch(CloneNotSupportedException e) {}
        return (Point)obj;    // ② Point타입으로 형변환한다.
    }
```

이처럼 '공변 반환타입'을 사용하면, 조상의 타입이 아닌, 실제로 반환되는 자손 객체의 타입으로 반환할 수 있어서 번거로운 형변환이 줄어든다는 장점이 있다.

```
Point copy = (Point)original.clone();    →    Point copy = original.clone();
```

예제9-7이 공변 반환타입을 사용하도록 직접 변경해서 실행해 보자.

▼ 예제 9-8 / CloneEx2.java

```java
import java.util.*;

class CloneEx2 {
    public static void main(String[] args){
        int[] arr = {1,2,3,4,5};
        int[] arrClone = arr.clone();  // 배열 arr을 복제해서 같은 내용의 새로운 배열을 만든다.
        arrClone[0]= 6;

        System.out.println(Arrays.toString(arr));
        System.out.println(Arrays.toString(arrClone));
    }
}
```

▼ 실행결과
```
[1, 2, 3, 4, 5]
[6, 2, 3, 4, 5]
```

clone()을 이용해서 배열을 복사하는 예제이다. 배열도 객체이므로 Object클래스를 상속받으며, 동시에 Cloneable인터페이스와 Serializable인터페이스가 구현되어 있다. 그래서 Object클래스의 멤버들을 모두 상속받는다. Object클래스에는 protected로 정의되어있는 clone()을 배열에서는 public으로 오버라이딩하였기 때문에 예제처럼 직접 호출이 가능하다. 그리고 원본과 같은 타입을 반환하므로 형변환이 필요 없다.

일반적으로 배열을 복사할 때, 같은 길이의 새로운 배열을 생성한 다음에 System. arraycopy()를 이용해서 내용을 복사하지만, 이처럼 clone()을 이용해서 간단하게 복사할 수 있다는 것도 참고로 알아두자.

아래의 두 코드는 같은 결과를 얻는다. 어느 쪽을 사용해도 상관없다.

```
int[] arr = {1,2,3,4,5};
int[] arrClone = arr.clone();
```

```
int[] arr = {1,2,3,4,5};
int[] arrClone = new int[arr.length];              // 배열을 생성
System.arraycopy(arr,0,arrClone,0,arr.length);     // 내용을 복사
```

배열 뿐 아니라 java.util패키지의 Vector, ArrayList, LinkedList, HashSet, TreeSet, HashMap, TreeMap, Calendar, Date와 같은 클래스들이 이와 같은 방식으로 복제가 가능하다.

```
ArrayList list  = new ArrayList();
     ...
ArrayList list2 = (ArrayList)list.clone();
```

| 참고 | clone( )으로 복제가 가능한 클래스인지 확인하려면 Java API에서 Cloneable을 구현하였는지 확인하면 된다.

얕은 복사와 깊은 복사

clone( )은 단순히 객체에 저장된 값을 그대로 복제할 뿐, 객체가 참조하고 있는 객체까지 복제하지는 않는다. 예제9-8에서처럼 기본형 배열인 경우에는 아무런 문제가 없지만, 객체배열을 clone( )으로 복제하는 경우에는 원본과 복제본이 같은 객체를 공유하므로 완전한 복제라고 보기 어렵다. 이러한 복제(복사)를 '얕은 복사(shallow copy)'라고 한다. 얕은 복사에서는 원본을 변경하면 복사본도 영향을 받는다.

반면에 원본이 참조하고 있는 객체까지 복제하는 것을 '깊은 복사(deep copy)'라고 하며, 깊은 복사에서는 원본과 복사본이 서로 다른 객체를 참조하기 때문에 원본의 변경이 복사본에 영향을 미치지 않는다.

예를 들어 Circle클래스가 아래와 같이 Point타입의 참조변수를 포함하고 있고, clone( )은 단순히 Object클래스의 clone( )을 호출하도록 정의되어 있을 때,

```
class Circle implements Cloneable {
    Point  p; // 원점 - 참조변수
    double r; // 반지름

    Circle(Point p, double r) {
        this.p = p;
        this.r = r;
    }
    public Circle clone() { // 얕은 복사
        Object obj = null;

        try {
            obj = super.clone(); // 조상인 Object의 clone()을 호출한다.
        } catch (CloneNotSupportedException e) {}

        return (Circle)obj;
    }
}
```

Circle인스턴스 c1을 생성하고, clone( )으로 복제해서 c2를 생성하면,

```
Circle c1 = new Circle(new Point(1, 1), 2.0);
Circle c2 = c1.clone(); // 얕은 복사
```

아래의 왼쪽 그림처럼, c1과 c2는 같은 Point인스턴스를 가리키게 되므로 완전한 복제라고 볼 수 없다.

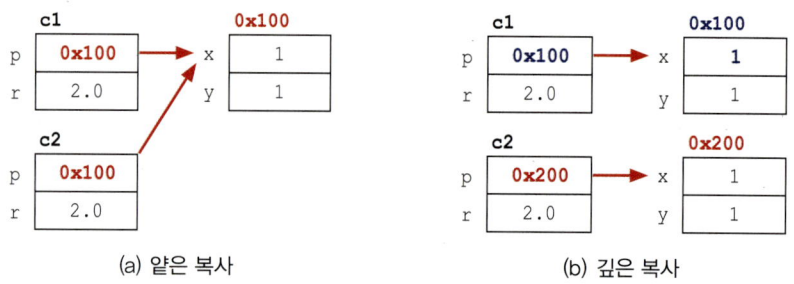

(a) 얕은 복사　　　　　　　　(b) 깊은 복사

▲ 그림9-1 얕은 복사와 깊은 복사의 비교

그러면 어떻게 해야 위의 오른쪽 그림처럼 c1과 c2가 각각의 Point인스턴스를 가리키도록 할 수 있을까? 잠시 고민해 본 다음에 다음의 예제를 실행해서 그 답을 확인하자.

▼ 예제 9-9/ShallowDeepCopy.java

```java
class Circle implements Cloneable {
    Point2 p; // 원점
    double r; // 반지름

    Circle(Point2 p, double r) {
        this.p = p;
        this.r = r;
    }
    public Circle shallowCopy() { // 얕은 복사
        Object obj = null;

        try {
            obj = super.clone();
        } catch (CloneNotSupportedException e) {}

        return (Circle)obj;
    }
    public Circle deepCopy() { // 깊은 복사
        Object obj = null;

        try {
            obj = super.clone();
        } catch (CloneNotSupportedException e) {}

        Circle c = (Circle)obj;
        c.p = new Point2(this.p.x, this.p.y);

        return c;
    }
    public String toString() {
        return "[p=" + p + ", r="+ r +"]";
    }
}
```

```java
class Point2 {
    int x, y;

    Point2(int x, int y) {
        this.x = x;
        this.y = y;
    }

    public String toString() {
        return "("+x +", "+y+")";
    }
}
class ShallowDeepCopy {
    public static void main(String[] args) {
        Circle c1 = new Circle(new Point2(1, 1), 2.0);
        Circle c2 = c1.shallowCopy();
        Circle c3 = c1.deepCopy();

        System.out.println("c1="+c1);
        System.out.println("c2="+c2);
        System.out.println("c3="+c3);

        c1.p.x = 9;
        c1.p.y = 9;
        System.out.println("= c1의 변경 후 =");
        System.out.println("c1="+c1);
        System.out.println("c2="+c2);
        System.out.println("c3="+c3);
    }
}
```

▼ 실행결과
```
c1=[p=(1, 1), r=2.0]
c2=[p=(1, 1), r=2.0]
c3=[p=(1, 1), r=2.0]
= c1의 변경 후 =
c1=[p=(9, 9), r=2.0]
c2=[p=(9, 9), r=2.0]
c3=[p=(1, 1), r=2.0]
```

인스턴스 c1을 생성한 후에 얕은 복사로 c2를 생성하고, 깊은 복사로 c3를 생성하였다.

```
Circle c1 = new Circle(new Point2(1, 1), 2.0);
Circle c2 = c1.shallowCopy();
Circle c3 = c1.deepCopy();
```

위 상황을 그림으로 그려보면 아래와 같다.

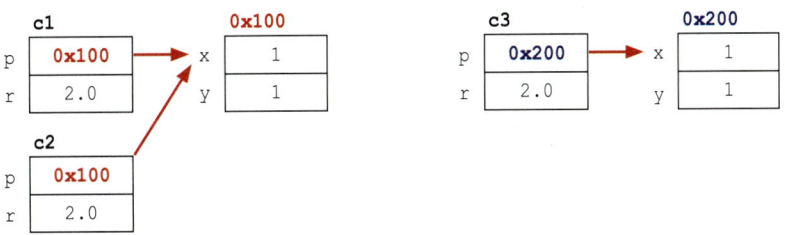

그 다음에 c1이 가리키고 있는 Point2인스턴스의 x와 y의 값을 9로 변경한다.

```
c1.p.x = 9;
c1.p.y = 9;
```

c1을 변경했을 뿐인데, c2도 영향을 받는다. 그러나 c3는 전혀 영향을 받지 않는다.

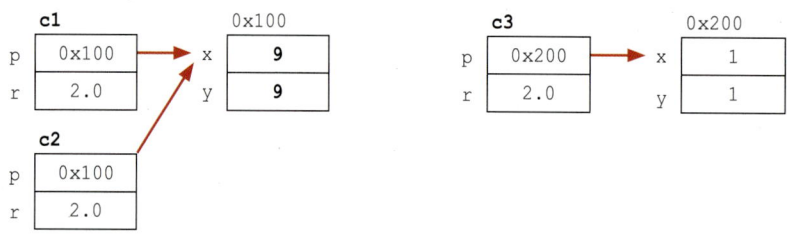

shallowCopy( )의 내용을 보면, 단순히 Object클래스의 clone( )을 호출할 뿐이다.

```
public Circle shallowCopy() { // 얕은 복사
    Object obj = null;
    try {
        obj = super.clone();
    } catch (CloneNotSupportedException e) {}
    return (Circle)obj;
}
```

앞서 설명한 것과 같이 Object클래스의 clone( )은 원본 객체가 가지고 있는 값만 그대로 복사한다. 즉 얕은 복사를 한다.

```
Circle c = (Circle)obj;
c.p = new Point(this.p.x, this.p.y);
```

deepCopy( )는 shallowCopy( )에 위의 두 줄을 추가하여, 복제된 객체가 새로운 Point인스턴스를 참조하도록 했다. 원본이 참조하고 있는 객체까지 복사한 것이다.

getClass( )

이 메서드는 자신이 속한 클래스의 Class객체를 반환하는 메서드인데, Class객체는 이름이 'Class'인 클래스의 객체이다. Class클래스는 아래와 같이 정의되어 있다.

```
public final class Class implements ... {  // Class클래스
    ...
}
```

Class객체는 클래스의 모든 정보를 담고 있으며, 클래스 당 1개만 존재한다. 그리고 클래스 파일이 '클래스 로더(ClassLoader)'에 의해서 메모리에 올라갈 때, 자동으로 생성된다.
  클래스 로더는 실행 시에 필요한 클래스를 동적으로 메모리에 올리는 역할을 한다. 먼저 기존에 생성된 클래스 객체가 메모리에 존재하는지 확인하고, 있으면 객체의 참조를 반환하고 없으면 클래스 패스(classpath)에 지정된 경로를 따라서 클래스 파일을 찾는다.
  못 찾으면 ClassNotFoundException이 발생하고, 찾으면 해당 클래스 파일을 읽어서 Class객체를 생성한다.

▲ 그림9-2 클래스 파일이 클래스 로더에 의해 메모리에 올라가는 과정

그러니까 파일 형태로 저장되어 있는 클래스를 읽어서 Class클래스에 정의된 형식으로 변환하는 것이다. 즉, 클래스 파일을 읽어서 사용하기 편한 형태로 저장해 놓은 것이 Class객체(설계도 객체)이고, 이 객체에는 클래스의 모든 정보가 담겨있다.

| 참고 | 클래스 파일(*.class)을 메모리에 로드하고 변환하는 일은 클래스 로더가 한다.

Class객체를 얻는 방법
클래스의 정보가 필요할 때, 먼저 Class객체에 대한 참조를 얻어 와야 하는데, 해당 Class객체에 대한 참조를 얻는 방법은 여러 가지가 있다.

```
Class cObj = new Card().getClass();     // 생성된 객체로 부터 얻는 방법
Class cObj = Card.class;                // 클래스 리터럴(*.class)로 부터 얻는 방법
Class cObj = Class.forName("Card");     // 클래스 이름으로 부터 얻는 방법
```

특히 forName()은 특정 클래스 파일, 예를 들어 데이터베이스 드라이버를 메모리에 올릴 때 주로 사용한다. 문자열(클래스의 이름)만 바꾸면 코드 변경없이 다른 클래스의 객체를 생성할 수 있다는 것은 꽤 유용하다.

   Class객체를 이용하면 클래스에 정의된 멤버의 이름이나 개수 등, 클래스에 대한 모든 정보를 얻을 수 있기 때문에 Class객체를 통해서 객체를 생성하고 메서드를 호출하는 등 보다 동적인 코드를 작성할 수 있다.

```
Card c = new Card();                          // new연산자를 이용해서 객체 생성
Card c = Card.class.newInstance();            // Class객체를 이용해서 객체 생성
```

동적으로 객체를 생성하고 메서드를 호출하는 방법에 대해 더 알고 싶다면, '리플렉션 API(reflection API)'로 검색하면 된다.

▼ 예제 9-10/`ClassEx.java`

```java
final class Card3 {
    String kind;
    int num;

    Card3() {
        this("SPADE", 1);
    }
```

```
    Card3(String kind, int num) {
        this.kind = kind;
        this.num  = num;
    }

    public String toString() {
        return kind + ":" + num;
    }
}
class ClassEx { // newInstance()가 예외를 발생시킬 수있으므로 main메서드에 예외 선언
    public static void main(String[] args) throws Exception {
        Card3 c  = new Card3("HEART", 3);        // new연산자로 객체 생성
        Card3 c2 = Card3.class.newInstance();    // Class객체를 통해서 객체 생성

        Class cObj = c.getClass();

        System.out.println(c);
        System.out.println(c2);
        System.out.println(cObj.getName());
        System.out.println(cObj.toGenericString());
        System.out.println(cObj.toString());
    }
}
```

▼ 실행결과
```
HEART:3
SPADE:1
Card
final class Card
class Card
```

Class객체를 이용해서 객체를 생성하는 예제이다. Java API문서에서 Class클래스를 찾아보면 클래스의 정보를 얻을 수 있는 많은 수의 메서드가 정의되어 있는 것을 확인할 수 있다.

1.2 String클래스

기존의 다른 언어에서는 문자열을 char형의 배열로 다루었으나 자바에서는 문자열을 위한 클래스를 제공한다. 그것이 바로 String클래스인데, String클래스는 문자열을 저장하고 이를 다루는데 필요한 메서드를 함께 제공한다.

지금까지는 String클래스의 기본적인 기능만 사용해 왔지만 String클래스는 아주 중요하므로 자세히 공부해야 한다.

변경 불가능한(immutable) 클래스

String클래스에는 문자열을 저장하기 위해서 문자형 배열 참조변수(char[ ]) value를 인스턴스 변수로 선언해놓고 있다. 인스턴스 생성 시 생성자의 매개변수로 입력받는 문자열은 이 인스턴스변수(value)에 문자형 배열(char[ ])로 저장되는 것이다.

> **참고** JDK 9부터 메모리 절약을 위해 char[ ]이 byte[ ]로 바뀌었지만 이해하기 쉽게 char[ ]로 설명한다. p.507 참고

```java
public final class String implements java.io.Serializable, Comparable {
    private final char[] value; // 문자열을 저장하기 위한 배열 (불변)
    ...
```

한번 생성된 String인스턴스의 문자열은 읽어 올 수만 있고, 변경할 수는 없다. 예를 들어 아래의 코드와 같이 '+'연산자를 이용해서 문자열을 결합하는 경우 인스턴스 내의 문자열이 바뀌는 것이 아니라 새로운 문자열("ab")이 담긴 String인스턴스가 생성되는 것이다.

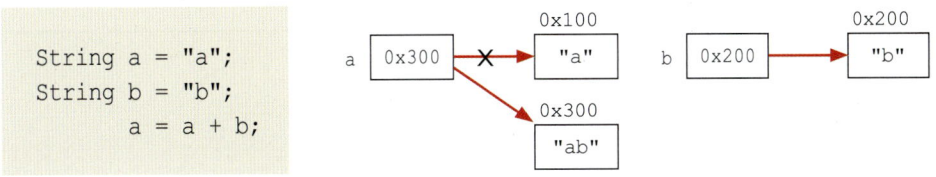

이처럼 덧셈 기호 '+'를 이용해서 문자열을 결합하는 것은 매 연산 시 마다 새로운 문자열을 가진 String인스턴스가 생성되어 메모리공간을 차지하게 되므로 가능하면 결합 횟수를 최소화해야 한다.

그래서 문자열간의 결합이나 추출 등 문자열을 다루는 작업이 많이 필요한 경우에는 String클래스 대신 StringBuffer클래스를 사용하는 것이 좋다. StringBuffer인스턴스에 저장된 문자열은 변경이 가능하므로 하나의 StringBuffer인스턴스만으로도 문자열을 다루는 것이 가능하다.

문자열의 비교
문자열을 만들 때는 두 가지 방법, 문자열 리터럴을 지정하는 방법과 String클래스의 생성자로 만드는 방법이 있다.

```
String str1 = "abc";      // 문자열 리터럴 "abc"의 주소가 str1에 저장됨
String str2 = "abc";      // 문자열 리터럴 "abc"의 주소가 str2에 저장됨
String str3 = new String("abc"); // 새로운 String인스턴스를 생성
String str4 = new String("abc"); // 새로운 String인스턴스를 생성
```

생성자로 생성하면 new연산자에 의해서 메모리 할당이 이루어지기 때문에 항상 새로운 String인스턴스가 생성된다. 반면에 문자열 리터럴은 이미 존재하는 것을 재사용하는 것이다. 문자열은 불변(immutable)이라 여러 곳에서 공유해도 아무런 문제가 없다.

| 참고 | 문자열 리터럴은 클래스가 메모리에 로드될 때 자동적으로 미리 생성된다.

아래의 그림은 위의 코드가 실행되었을 때의 상황을 나타낸 것이다.

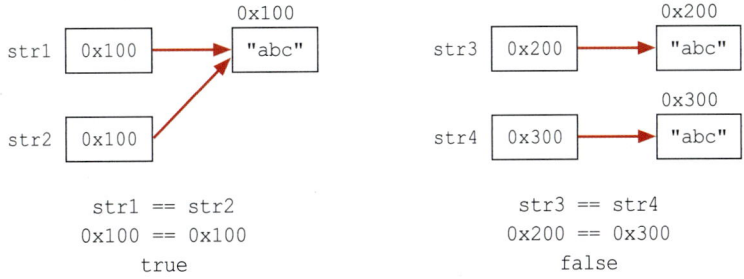

equals( )를 사용했을 때는 두 문자열의 내용("abc")을 비교하기 때문에 두 경우 모두 true를 결과로 얻는다. 하지만, 각 String인스턴스의 주소를 등가비교연산자'=='로 비교했을 때는 결과가 다르다.

▼ 예제 9-11/**StringEx.java**

```java
class StringEx {
    public static void main(String[] args) {
        String str1 = "abc";
        String str2 = "abc";
        System.out.println("String str1 = \"abc\";");
        System.out.println("String str2 = \"abc\";");

        System.out.println("str1 == str2 ? " + (str1 == str2));
        System.out.println("str1.equals(str2) ? " + str1.equals(str2));
        System.out.println();

        String str3 = new String("\"abc\"");
        String str4 = new String("\"abc\"");

        System.out.println("String str3 = new String(\"abc\");");
        System.out.println("String str4 = new String(\"abc\");");

        System.out.println("str3 == str4 ? " + (str3 == str4));
        System.out.println("str3.equals(str4) ? " + str3.equals(str4));
    }
}
```

▼ 실행결과

```
String str1 = "abc";
String str2 = "abc";
str1 == str2 ?  true
str1.equals(str2) ? true

String str3 = new String("abc");
String str4 = new String("abc");
str3 == str4 ? false
str3.equals(str4) ? true
```

문자열 리터럴

자바 소스 파일에 포함된 모든 문자열 리터럴은 컴파일 시에 클래스 파일에 저장되는데, 이 때 같은 내용의 문자열 리터럴은 한번만 저장된다. 문자열 리터럴도 String인스턴스이고, 한번 생성하면 내용을 변경할 수 없으니 하나의 인스턴스를 공유해도 되기 때문이다.

▼ 예제 9-12/**StringEx2.java**

```java
class StringEx2 {
    public static void main(String args[]) {
        String s1 = "AAA";
        String s2 = "AAA";
        String s3 = "AAA";
        String s4 = "BBB";
    }
}
```

위의 예제를 컴파일 하면 StringEx2.class파일이 생성된다. 이 파일의 내용을 16진 코드 에디터로 보면 아래의 그림과 같다.

| 참고 | 일반 문서 편집기로도 StringEx2.class파일의 내용을 볼 수 있다.

```
00000000  CA FE BA BE 00 00 00 34  00 13 0A 00 05 00 0E 08   .......4........
00000010  00 0F 08 00 10 07 00 11  07 00 12 01 00 06 3C 69   ..............<i
00000020  6E 69 74 3E 01 00 03 28  29 56 01 00 04 43 6F 64   nit>...()V...Cod
00000030  65 01 00 0F 4C 69 6E 65  4E 75 6D 62 65 72 54 61   e...LineNumberTa
00000040  62 6C 65 01 00 04 6D 61  69 6E 01 00 16 28 5B 4C   ble...main...([L
00000050  6A 61 76 61 2F 6C 61 6E  67 2F 53 74 72 69 6E 67   java/lang/String
00000060  3B 29 56 01 00 0A 53 6F  75 72 63 65 46 69 6C 65   ;)V...SourceFile
00000070  01 00 0E 53 74 72 69 6E  67 45 78 32 2E 6A 61 76   ...StringEx2.jav
00000080  61 0C 00 06 00 07 01 00  03 41 41 41 01 00 03 42   a........AAA...B
00000090  42 42 01 00 09 53 74 72  69 6E 67 45 78 32 01 00   BB...StringEx2..
000000a0  10 6A 61 76 61 2F 6C 61  6E 67 2F 4F 62 6A 65 63   .java/lang/Objec
000000b0  74 00 20 00 04 00 05 00  00 00 00 00 02 00 00 00   t. .............
000000c0  06 00 07 00 01 00 08 00  00 00 1D 00 01 00 01 00   ................
000000d0  00 00 05 2A B7 00 01 B1  00 00 00 01 00 09 00 00   ...*............
000000e0  00 06 00 01 00 00 00 02  00 09 00 0A 00 0B 00 01   ................
000000f0  00 08 00 00 00 36 00 01  00 00 00 00 00 0E 12 02   .....6..........
00000100  4C 12 02 4D 12 02 4E 12  03 3A 04 B1 00 00 00 01   L..M..N..:......
00000110  00 09 00 00 00 16 00 05  00 00 00 04 00 03 00 05   ................
00000120  00 06 00 06 00 09 00 07  00 0D 00 08 00 01 00 0C   ................
00000130  00 00 00 02 00 0D                                  ......
```

▲ 그림9-3 StringEx2.class파일의 내용

그림9-3의 우측 부분을 보면 알아볼 수 있는 글자들이 눈에 띌 것이다. 그 중에서도 "
"AAA"와 "BBB"가 있는 것을 발견할 수 있을 것이다. 이와 같이 String리터럴들은 컴파일 시에 클래스파일에 저장된다.

그래서 위의 예제를 실행하면, StringEx2클래스가 로딩되면서 "AAA"를 담고 있는 String인스턴스 하나가 자동으로 생성된 후, 참조변수 s1, s2, s3는 모두 이 String인스턴스를 참조하게 된다.

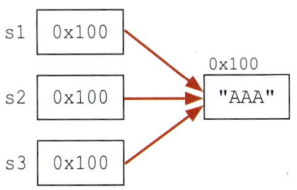

클래스 파일에는 소스 파일에 포함된 모든 리터럴의 목록이 있다. 해당 클래스 파일이 클래스 로더에 의해 메모리에 올라갈 때, 이 리터럴의 목록에 있는 리터럴들이 JVM내에 있는 '상수 저장소(constant pool)'에 저장된다. 이 때, 이곳에 "AAA"와 같은 문자열 리터럴이 자동적으로 생성되어 저장되는 것이다.

빈 문자열(empty string)
길이가 0인 배열이 존재할 수 있을까? 답은 'Yes'이다. char배열도 길이가 0인 배열을 생성할 수 있고, 이 배열을 내부적으로 가지고 있는 문자열이 바로 빈 문자열이다.

'String s ="";'과 같은 문장이 있을 때, 참조변수 s가 참조하고 있는 String인스턴스는 내부에 'new char[0]'과 같이 길이가 0인 char배열을 저장하고 있는 것이다.

| 참고 | C언어는 길이가 0인 배열을 선언할 수 없다.

```
        char[] chArr = new char[0];  // 길이가 0인 char배열
        int[]  iArr  = {};           // 길이가 0인 int배열
```

길이가 0이기 때문에 아무런 문자도 저장할 수 없는 배열이라 무의미하게 느껴지겠지만 어쨌든 이러한 표현이 가능하다.

그러나 'String s = "";'과 같은 표현이 가능하다고 'char c ='';'와 같은 표현도 가능한 것은 아니다. char형 변수에는 반드시 하나의 문자를 지정해야 한다.

| 참고 | C언어는 문자열의 끝에 널 문자를 넣어서 문자열의 끝을 표시한다. 자바는 널 문자를 사용하지 않는 대신 문자열의 길이 정보를 따로 저장한다.

```
String s = null;                    String s = "";    // 빈 문자열로 초기화
char c = '\u0000';                  char c = ' ';     // 공백으로 초기화
```

일반적으로 변수를 선언할 때, 각 타입의 기본값으로 초기화 하지만 String은 참조형 타입의 기본값인 null 보다는 빈 문자열로, char형은 기본값인 '\u0000' 대신 공백으로 초기화 하는 것이 보통이다.

| 참고 | '\u0000'은 유니코드의 첫 번째 문자로써 아무런 문자도 지정되지 않은 빈 문자이다.

▼ 예제 9-13/**StringEx3.java**

```java
class StringEx3 {
    public static void main(String[] args) {
        // 길이가 0인 char배열을 생성한다.
        char[] cArr = new char[0];      // char[] cArr = {};와 같다.
        String s = new String(cArr);    // String s = new String("");와 같다.

        System.out.println("cArr.length="+cArr.length);
        System.out.println("@@@"+s+"@@@");
    }
}
```

▼ 실행결과
```
cArr.length=0
@@@@@@
```

길이가 0인 배열을 생성해서 char형 배열 참조변수 cArr를 초기화 해주었다. 길이가 0이긴 해도 배열이 생성되며 생성된 배열의 주소값이 참조변수 cArr에 저장된다.

String클래스의 생성자와 메서드

아래의 표는 String클래스 내에 정의된 생성자와 메서드의 목록이다. 전체 목록은 아니고, 자주 사용될만한 것들만 뽑았는데도 거의 다 포함되었다. 좀 길지만 인내심을 가지고 끝까지 보기 바란다.

메서드 / 설명	예 제	결 과
String(String s) 주어진 문자열(s)을 갖는 String인스턴스를 생성한다.	String s = new String("Hello");	s = "Hello"

`String(char[] value)` 주어진 문자열(value)을 갖는 String인스턴스를 생성한다.	`char[] c = {'H','e','l','l','o'};` `String s = new String(c);`	`s = "Hello"`

`String(StringBuffer buf)`
StringBuffer인스턴스가 갖고 있는 문자열과 같은 내용의 String인스턴스를 생성한다.
	`StringBuffer sb =`
	`    new StringBuffer("Hello");`
	`String s = new String(sb);`
		`s = "Hello"`

`char charAt(int index)`
지정된 위치(index)에 있는 문자를 알려준다.
(index는 0부터 시작)
	`String s = "Hello";`
	`String n = "0123456";`
	`char c  = s.charAt(1);`
	`char c2 = n.charAt(1);`
		`c  = 'e'`
		`c2 = '1'`

`int compareTo(String str)`
문자열(str)과 사전 순서로 비교한다. 같으면 0을, 사전순으로 이전이면 음수를, 이후면 양수를 반환한다.
	`int i  = "aaa".compareTo("aaa");`
	`int i2 = "aaa".compareTo("bbb");`
	`int i3 = "bbb".compareTo("aaa");`
		`i  = 0`
		`i2 = -1`
		`i3 = 1`

`String concat(String str)` 문자열(str)을 뒤에 덧붙인다.	`String s  = "Hello";` `String s2 = s.concat(" World");`	`s2="Hello World"`
`boolean contains(CharSequence s)` 지정된 문자열(s)이 포함되었는지 검사한다.	`String s  = "abcdefg";` `boolean b = s.contains("bc");`	`b = true`
`boolean endsWith(String suffix)` 지정된 문자열(suffix)로 끝나는지 검사한다.	`String file = "Hello.txt";` `boolean b = file.endsWith("txt");`	`b = true`

`boolean equals(Object obj)`
매개변수로 받은 문자열(obj)과 String인스턴스의 문자열을 비교한다. obj가 String이 아니거나 문자열의 내용이 다르면 false를 반환
	`String s = "Hello";`
	`boolean b  = s.equals("Hello");`
	`boolean b2 = s.equals("hello");`
		`b  = true`
		`b2 = false`

`boolean equalsIgnoreCase(String str)`
문자열과 String인스턴스의 문자열을 대소문자 구분없이 비교한다.
	`String s = "Hello";`
	`boolean b =`
	`    s.equalsIgnoreCase("HELLO");`
		`b  = true`

`String indent(int n)`
문자열의 모든 행의 왼쪽에 주어진 숫자(n)만큼 들여쓰기를 추가/삭제한다.
	`String s  = "Hello";`
	`String s1 = s.indent(2);`
	`String s2 = s1.indent(-1);`
		`s1 = "  Hello"`
		`s2 = " Hello"`

`int indexOf(int ch)`
주어진 문자(ch)가 문자열에 존재하는지 확인하여 위치(index)를 알려준다. 못 찾으면 -1을 반환한다.(index는 0부터 시작)
	`String s = "Hello";`
	`int idx1 = s.indexOf('o');`
	`int idx2 = s.indexOf('k');`
		`idx1 = 4`
		`idx2 = -1`

`int indexOf(int ch, int pos)`
주어진 문자(ch)가 문자열에 존재하는지 지정된 위치(pos)부터 확인하여 위치(index)를 알려준다. 못 찾으면 -1을 반환한다. (index는 0부터 시작)
	`String s = "Hello";`
	`int idx1 = s.indexOf('e', 0);`
	`int idx2 = s.indexOf('e', 2);`
		`idx1 = 1`
		`idx2 = -1`

`int indexOf(String str)` 주어진 문자열을 찾아서 위치(index)를 알려준다. 없으면 -1을 반환.(index는 0부터 시작)	`String s = "ABCDEFG";` `int idx = s.indexOf("CD");`	`idx = 2`

`String intern()`
문자열을 상수풀(constant pool)에 등록한다. 이미 상수풀에 같은 내용의 문자열이 있을 경우 그 문자열의 주소값을 반환한다.
	`String s  = new String("abc");`
	`String s2 = new String("abc");`
	`boolean b  = (s==s2);`
	`boolean b2 = s.equals(s2);`
	`boolean b3 =`
	`    (s.intern()==s2.intern());`
		`b  = false`
		`b2 = true`
		`b3 = true`

메서드 / 설명	예제	결과

int lastIndexOf(int ch)
지정된 문자 또는 문자 코드를 문자열의 오른쪽 끝에서부터 찾아서 위치(index)를 알려준다. 못 찾으면 -1을 반환한다.
	`String s = "java.lang.Object";`
	`int idx1 = s.lastIndexOf('.');`
	`int idx2 = s.indexOf('.');`
		`idx1 = 9`
		`idx2 = 4`

int lastIndexOf(String str)
지정된 문자열을 인스턴스의 문자열 끝에서부터 찾아서 위치(index)를 알려준다. 못 찾으면 -1을 반환한다.
	`String s = "java.lang.java";`
	`int idx1 =`
	`        s.lastIndexOf("java");`
	`int idx2 = s.indexOf("java");`
		`idx1 = 10`
		`idx2 = 0`

int length() 문자열의 길이를 알려준다.	`String s = "Hello";` `int length = s.length();`	`length = 5`
String repeat(int count) 같은 내용이 여러 번 반복된 문자열을 반환	`String s = "*";` `String s1 = s.repeat(5);`	`s1 = "*****"`
String replace(char old, char nw) 문자열 중의 문자(old)를 새로운 문자(nw)로 바꾼 문자열을 반환한다.	`String s = "Hello";` `String s1 = s.replace('H','C');`	`s1 = "Cello"`

String replace(CharSequence old, CharSequence nw)
문자열 중의 문자열(old)을 새로운 문자열(nw)로 모두 바꾼 문자열을 반환한다.
	`String s = "Hellollo";`
	`String s1 =`
	`        s.replace("ll","LL");`
		`s1="HeLLoLLo"`

String replaceAll(String regex, String replacement)
문자열 중에서 지정된 문자열(regex)과 일치하는 것을 새로운 문자열(replacement)로 모두 변경한다.
	`String ab = "AABBAABB";`
	`String r =`
	`    ab.replaceAll("BB","bb");`
		`r = "AAbbAAbb"`

String replaceFirst(String regex, String replacement)
문자열 중에서 지정된 문자열(regex)과 일치 하는 것 중, 첫 번째 것만 새로운 문자열(replacement)로 변경한다.
	`String ab = "AABBAABB";`
	`String r =`
	`    ab.replaceFirst("BB","bb");`
		`r = "AAbbAABB"`

String[] split(String regex)
문자열을 지정된 분리자(regex)로 나누어 문자열 배열에 담아 반환한다.
	`String animals =`
	`        "dog,cat,bear";`
	`String[] arr =`
	`        animals.split(",");`
		`arr[0] = "dog"`
		`arr[1] = "cat"`
		`arr[2] ="bear"`

String[] split(String regex, int limit)
문자열을 지정된 분리자(regex)로 나누어 문자열배열에 담아 반환한다. 단, 문자열 전체를 지정된 수(limit)로 자른다.
	`String animals =`
	`        "dog,cat,bear";`
	`String[] arr =`
	`        animals.split(",",2);`
		`arr[0] = "dog"`
		`arr[1]=`
		`     "cat,bear"`

boolean startsWith(String prefix)
주어진 문자열(prefix)로 시작하는지 검사한다.
	`String s = "java.lang.Object";`
	`boolean b = s.startsWith("java");`
	`boolean b2=s.startsWith("lang");`
		`b = true`
		`b2 = false`

String substring(int begin)
String substring(int begin, int end)
주어진 시작위치(begin)부터 끝 위치(end) 범위에 포함된 문자열을 얻는다. 이 때, 시작위치의 문자는 범위에 포함되지만, 끝 위치의 문자는 포함되지 않는다. (begin ≤ x < end)
	`String s = "java.lang.Object";`
	`String c = s.substring(10);`
	`String p = s.substring(5,9);`
		`c = "Object"`
		`p = "lang"`

String toLowerCase() String인스턴스에 저장되어있는 모든 문자열을 소문자로 변환하여 반환한다.	`String s  = "Hello";` `String s1 = s.toLowerCase();`	`s1 = "hello"`

`String toString()` String인스턴스에 저장되어 있는 문자열을 반환한다.	`String s  = "Hello";` `String s1 = s.toString();`	`s1 = "Hello"`
`String toUpperCase()` String인스턴스에 저장되어있는 모든 문자열을 대문자로 변환하여 반환한다.	`String s  = "Hello";` `String s1 = s.toUpperCase();`	`s1 = "HELLO"`
`String trim()` 문자열의 왼쪽 끝과 오른쪽 끝에 있는 공백을 없앤 결과를 반환한다. 이 때 문자열 중간에 있는 공백은 제거되지 않는다.	`String s  = "   Hello World   ";` `String s1 = s.trim();`	`s1="Hello World"`

`static String valueOf(boolean b)`
`static String valueOf(char c)`
`static String valueOf(int i)`
`static String valueOf(long l)`
`static String valueOf(float f)`
`static String valueOf(double d)`
`static String valueOf(Object o)`
지정된 값을 문자열로 변환하여 반환한다. 참조 변수의 경우, toString()을 호출한 결과를 반환한다.
	`String b=String.valueOf(true);`
	`String c = String.valueOf('a');`
	`String i = String.valueOf(100);`
	`String l=String.valueOf(100L);`
	`String f = String.valueOf(10f);`
	`String d=String.valueOf(10.0);`
	`java.util.Date dd =`
	`          new java.util.Date();`
	`String date =`
	`          String.valueOf(dd);`
		`b = "true"`
		`c = "a"`
		`i = "100"`
		`l = "100"`
		`f = "10.0"`
		`d = "10.0"`
		`date = "Wed Jan 27 21:26:29 KST 2016"`

▲ 표9-2 String클래스의 메서드

| 참고 | CharSequence인터페이스는 CharBuffer, String, StringBuffer, StringBuilder 등의 클래스가 구현하였다.
| 참고 | java.util.Date dd = new java.util.Date( );에서 생성된 Date인스턴스는 현재 시간을 갖는다.

trim( )과 strip( )

trim( )과 strip( )은 문자열의 좌우 공백을 제거할 때 사용하는 것은 같지만, 제거하는 공백의 종류가 다르다. trim( )은 유니코드 이전에 주로 사용하던 아스키(ASCII)에서 정의한 공백(white space)인 공백 문자(' ')와 탭 문자('/t'), 개행 문자('/n') 등만 제거하지만, strip( )은 유니코드에서 추가적으로 정의된 공백도 제거한다.

그리고 문자열의 왼쪽 공백만 제거할 수 있는 stripLeading( )과 오른쪽 공백만 제거할 수 있는 stripTrailing( )도 JDK 11부터 추가되었다. 문자열이 여러 행일 경우, 모든 행의 공백을 제거하는 stripIndent( )는 JDK 15부터 추가되었다.

| 참고 | 유니코드에서 공백으로 인식되는 문자는 String의 isBlank( ) 또는 Character.isWhitespace(int)로 확인할 수 있다.

▼ 예제 9-14/**StringEx4.java**

```java
public class StringEx4 {
    public static void main(String[] args) {
        String str = "   \u2000Hello, world\u2000   "; // 문자 U+2000은 공백
        System.out.println("str.trim()=[" + str.trim()+"]");
        System.out.println("str.strip()=[" + str.strip()+"]");
        System.out.println("str.stripLeading()=[" + str.stripLeading()+"]");
        System.out.println("str.stripTrailing()=["+str.stripTrailing()+"]");
        char ch = '\u2000';   // 유니코드의 문자 U+2000 ~ U+200B는 공백
        System.out.printf("U+%x is blank? %b%n", (int)ch,(ch+"").isBlank());
    }
}
```

▼ 실행결과
```
str.trim()=[ Hello, world ]
str.strip()=[Hello, world]
str.stripLeading()=[Hello, world    ]
str.stripTrailing()=[   Hello, world]
U+2000 is blank? true
```

join( )과 StringJoiner
join( )은 여러 문자열 사이에 구분자를 넣어서 결합한다. 구분자로 문자열을 자르는 split( )과 반대의 작업을 한다고 생각하면 이해하기 쉽다.

```
String animals = "dog,cat,bear";
String[] arr    = animals.split(",");  // 문자열을 ','를 구분자로 나눠서 배열에 저장
String str = String.join("-", arr);    // 배열의 문자열을 '-'로 구분해서 결합
System.out.println(str);               // dog-cat-bear
```

java.util.StringJoiner로도 문자열을 결합할 수도 있는데, 사용하는 방법은 간단하다. 아래의 코드를 보는 것만으로 충분히 이해가 될 것이다.

```
StringJoiner sj = new StringJoiner("," , "[" , "]");
String[] strArr = { "aaa", "bbb", "ccc" };

for(String s : strArr)
    sj.add(s.toUpperCase());

System.out.println(sj.toString()); // [AAA,BBB,CCC]
```

▼ 예제 9-15/**StringEx5.java**

```java
import java.util.StringJoiner;

class StringEx5 {
    public static void main(String[] args) {
        String animals = "dog,cat,bear";
        String[] arr   = animals.split(",");

        System.out.println(String.join("-", arr));

        StringJoiner sj = new StringJoiner("/","[","]");
        for(String s : arr)
            sj.add(s);

        System.out.println(sj.toString());
    }
}
```

▼ 실행결과
```
dog-cat-bear
[dog/cat/bear]
```

유니코드의 보충문자
표9-2의 메서드 중에 매개변수의 타입이 char인 것들이 있고, int인 것들도 있다. 문자를 다루는 메서드라서 매개변수의 타입이 char일 것 같은데 왜 int일까? 그것은 확장된 유니코드를 다루기 위해서이다.

유니코드는 원래 2 byte, 즉 16비트 문자체계인데, 이걸로도 모자라서 20비트로 확장하게 되었다. 그래서 하나의 문자를 char타입으로 다루지 못하고, int타입으로 다룰 수밖에

없다. 확장에 의해 새로 추가된 문자들을 '보충 문자(supplementary characters)'라고 하는데, String클래스의 메서드 중에서는 보충 문자를 지원하는 것이 있고 지원하지 않는 것도 있다. 이들을 구별하는 방법은 쉽다. 매개변수가 'int ch'인 것들은 보충문자를 지원하는 것이고, 'char ch'인 것들은 지원하지 않는 것들이다. 보충 문자를 사용할 일은 거의 없기 때문에 이정도만 알아두자.

문자 인코딩 변환

getBytes(String charsetName)를 사용하면, 문자열의 문자 인코딩을 다른 인코딩으로 변경할 수 있다. 자바는 처음부터 기본 인코딩으로 UTF-16을 사용해왔는데, JDK 18부터 UTF-8로 바뀌었다. 인코딩을 CP949로 변경하려면, 아래와 같이 한다.

> **| 참고 |** 문자 인코딩의 목록은 'System.out.println(java.nio.charset.Charset.availableCharsets( ));'로 출력할 수 있다.

```java
byte[] cp949_str = "가".getBytes("CP949"); // 인코딩을 CP949로 변환
String str = new String(cp949, "CP949");  // byte배열을 문자열로 변환
```

서로 다른 문자 인코딩을 사용하는 시스템 간에 데이터를 주고받을 때는 적절한 문자 인코딩으로 변환이 필요하다. 그렇지 않으면 알아볼 수 없는 내용의 문서를 보게 될 것이다.

▼ 예제 9-16/**StringEx6.java**

```java
import java.util.StringJoiner;

class StringEx6 {
    public static void main(String[] args) throws Exception {
        String str = "가";

        byte[] bArr  = str.getBytes("UTF-8"); // "UTF-8"은 생략 가능(기본 인코딩)
        byte[] bArr2 = str.getBytes("CP949");

        System.out.println("UTF-8:" + joinByteArr(bArr));
        System.out.println("CP949:" + joinByteArr(bArr2));

        System.out.println("UTF-8:" + new String(bArr));
        System.out.println("CP949:" + new String(bArr2, "CP949"));
    }

    static String joinByteArr(byte[] bArr) {
        StringJoiner sj = new StringJoiner(":", "[", "]");

        for(byte b : bArr)
            sj.add(String.format("%02X",b));
        return sj.toString();
    }
}
```

▼ 실행결과
```
UTF-8:[EA:B0:80]
CP949:[B0:A1]
UTF-8:가
CP949:가
```

UTF-8은 한글 한 글자를 3 byte로 표현하고, CP949는 2 byte로 표현한다. 그래서 문자 '가'는 UTF-8로 '0xEAB080'이고, CP949로 '0xB0A1'이다.

> **| 참고 |** 문자 인코딩은 CP949는 한글 윈도우의 기본 인코딩이며, MS949라고도 한다.

String.format( )과 formatted( )

format( )은 형식화된 문자열을 만들어내는 간단한 방법이다. printf( )하고 사용법이 완전히 똑같으므로 사용하는데 별 어려움은 없을 것이다.

```
String str = String.format("%d 더하기 %d는 %d입니다.", 3, 5, 3+5);
System.out.println(str);    // 3 더하기 5는 8입니다.
```

위의 코드를 formatted( )를 이용해서 아래와 같이 바꿀 수 있다.

```
String str = "%d 더하기 %d는 %d입니다.";
System.out.println(str.formatted(3, 5, 3+5));
```

기본형을 String으로 변환

숫자로 이루어진 문자열을 숫자로, 또는 그 반대로 변환하는 경우가 자주 있다. 이미 배운 것과 같이 기본형을 문자열로 변경하는 방법은 간단하다. 숫자에 빈 문자열 " "을 더해주기만 하면 된다. 이 외에도 valueOf( )를 사용하는 방법도 있다. 성능은 valueOf( )가 더 좋지만, 빈 문자열을 더하는 방법이 간단하고 편하기 때문에 성능향상이 필요한 경우에만 valueOf( )를 쓰자.

```
int i = 100;
String str1 = i + "";              // 100을 "100"으로 변환하는 방법1
String str2 = String.valueOf(i);   // 100을 "100"으로 변환하는 방법2
```

String을 기본형으로 변환

반대로 String을 기본형으로 변환하는 방법도 간단하다. valueOf( )를 쓰거나 앞서 배운 parseInt( )를 사용하면 된다.

```
int i  = Integer.parseInt("100");   // "100"을 100으로 변환하는 방법1
int i2 = Integer.valueOf("100");    // "100"을 100으로 변환하는 방법2
```

원래 valueOf( )의 반환 타입은 int가 아니라 Integer인데, 곧 배울 오토박싱(auto-boxing)에 의해 Integer가 int로 자동 변환된다.

```
Integer i2 = Integer.valueOf("100");   // 원래는 반환 타입이 Integer
```

예전에는 parseInt( )와 같은 메서드를 많이 썼는데, 메서드의 이름을 통일하기 위해 valueOf( )가 나중에 추가되었다. valueOf(String s)는 메서드 내부에서 그저 parseInt(String s)를 호출할 뿐이므로, 두 메서드는 반환 타입만 다르지 같은 메서드다.

```
public static Integer valueOf(String s) throws NumberFormatException {
    return Integer.valueOf(parseInt(s, 10)); // 여기서 10은 10진수를 의미
}
```

| 참고 | parseInt(s, 10)은 parseInt(s)와 같다.

기본형 → 문자열	문자열 → 기본형
String String.valueOf(boolean b) String String.valueOf(char c) String String.valueOf(int i) String String.valueOf(long l) String String.valueOf(float f) String String.valueOf(double d)	boolean Boolean.parseBoolean(String s) byte Byte.parseByte(String s) short Short.parseShort(String s) int Integer.parseInt(String s) long Long.parseLong(String s) float Float.parseFloat(String s) double Double.parseDouble(String s)

▲ 표9-3 기본형과 문자열 간의 변환 방법

| 참고 | byte, short을 문자열로 변경할 때는 String valueOf(int i)를 사용하면 된다.
| 참고 | 문자열 "A"를 문자 'A'로 변환하려면 char ch = "A".charAt(0);과 같이 하면 된다.

위의 표에 있는 메서드만 알고 있으면 문자열과 기본형 값의 변환에는 아무런 문제가 없을 것이다. 이 변환은 프로그래밍에서 반드시 알고 있어야 하는 아주 중요한 내용이다.

Boolean, Byte와 같이 기본형 타입의 이름의 첫 글자가 대문자인 것은 래퍼 클래스(wrapper class)이다. 기본형 값을 감싸고 있는 클래스라는 뜻에서 붙여진 이름으로 기본형을 클래스로 표현한 것이다. 이 장의 후반부에서 자세히 다룬다.

▼ 예제 9-17/**StringEx7.java**

```java
class StringEx7 {
    public static void main(String[] args) {
        int iVal = 100;
        String strVal = String.valueOf(iVal); // int를 String으로 변환한다.

        double dVal = 200.0;
        String strVal2 = dVal + "";   // String으로 변환하는 또 다른 방법

        double sum  = Integer.parseInt("+"+strVal)
                                    + Double.parseDouble(strVal2);
        double sum2 = Integer.valueOf(strVal) + Double.valueOf(strVal2);

        System.out.println(String.join("",strVal,"+",strVal2,"=")+sum);
        System.out.println(strVal+"+"+strVal2+"="+sum2);
    }
}
```

▼ 실행결과
```
100+200.0=300.0
100+200.0=300.0
```

이 예제는 문자열과 기본형간의 변환의 예를 보여 준다. parseInt( )나 parseFloat( )같은 메서드는 문자열에 공백 또는 문자가 포함되어 있는 경우 변환 시 예외(NumberFormatException)가 발생할 수 있으므로 주의해야 한다. 그래서 문자열 양끝의 공백을 제거해주는 trim( )을 습관적으로 같이 사용하기도 한다.

```java
int val = Integer.parseInt(" 123 ".trim()); // 문자열 양 끝의 공백을 제거 후 변환
```

그러나 부호를 의미하는 '+'나 소수점을 의미하는 '.'와 float형 값을 뜻하는 f와 같은 자료형 접미사는 허용된다. 단, 자료형에 알맞은 변환을 하는 경우에만 허용된다.

만일 '1.0f'를 int형 변환 메서드인 Integer.parseInt(String s)를 사용해서 변환하려하면 예외가 발생하지만, Float.parseFloat(String s)를 사용하면 아무런 문제가 없다.

이처럼 문자열을 숫자로 변환하는 과정에서는 예외가 발생하기 쉽기 때문에 주의를 기울여야 하고, 예외 처리를 적절히 해주어야 한다.

| 참고 | Integer클래스의 static int parseInt(String s, int radix) 를 사용하면 16진수 값으로 표현된 문자열도 변환할 수 있기 때문에 대소문자 구별 없이 a, b, c, d, e, f도 사용할 수 있다. int result = Integer.parseInt("a", 16);의 경우 result에는 정수값 10이 저장된다.(16진수 a는 10진수로는 10을 뜻한다.)

▼ 예제 9-18/**StringEx8.java**

```
class StringEx8 {
    public static void main(String[] args) {
        String fullName = "Hello.java";

        // fullName에서 '.'의 위치를 찾는다.
        int index = fullName.indexOf('.');

        // fullName의 첫번째 글자부터 '.'이 있는 곳까지 문자열을 추출한다.
        String fileName = fullName.substring(0, index);

        // '.'의 다음 문자 부터 시작해서 문자열의 끝까지 추출한다.
        // fullName.substring(index+1, fullName.length());의 결과와 같다.
        String ext = fullName.substring(index+1);

        System.out.println(fullName + "의 확장자를 제외한 이름은 " + fileName);
        System.out.println(fullName + "의 확장자는 " + ext);
    }
}
```

▶ 실행결과
```
Hello.java의 확장자를 제외한 이름은 Hello
Hello.java의 확장자는 java
```

위 예제는 substring메서드를 이용하여 한 문자열에서 내용의 일부를 추출하는 예를 보인 것이다. substring(int start, int end)를 사용할 때 주의해야할 점은 매개변수로 사용되는 문자열에서 각 문자의 위치를 뜻하는 index가 0부터 시작한다는 것과 start부터 end의 범위 중 end위치에 있는 문자는 결과에 포함되지 않는다는 것이다.

index	0	1	2	3	4	5	6	7	8	9
char	H	e	l	l	o	.	j	a	v	a

사용예	결과

`String str = "Hello.java";`
`int index  = str.indexOf('.');`
`int index2 = str.lastIndexOf('.');`
`String a = str.substring(0,5);`
`String b = str.substring(6,10);`
	`index = 5`
	`index2 = 5`
	`a = "Hello"`
	`b = "java"`

▲ 표9-4 문자열의 index와 관련된 메서드의 사용 예와 결과

컴팩트 문자열(compact string)

지금까지 String클래스는 문자열을 저장하기 위한 char배열을 가지고 있다고 설명해 왔는데 사실 char배열이 아니라 byte배열이다. 전에는 char 배열이었으나 JDK 9부터 보다 효율적인 메모리 사용을 위해 byte배열로 바뀌었으며 이를 '컴팩트 문자열(compact string)'이라고 한다.

```
public final class String implements java.io.Serializable, Comparable {
    private final byte[] value; // JDK 9 이전에는 char[]
```

자바는 고정길이 인코딩인 UTF-16를 오랫동안 사용해왔는데, 모든 문자가 2 byte이기 때문에 문자를 다루기 쉽지만 영문자와 숫자 등의 1 byte 문자들도 2 byte를 차지하는 저장 공간에서 비효율이 있었다.

그래서 문자열의 모든 문자가 1 byte로 표현가능한 경우, 즉 Latin-1(ISO-8859-1) 인코딩(영문자, 숫자, 기호)으로 이루어져 있는 경우 2 byte가 아닌 1 byte로 저장되게 바뀌어서 메모리도 절약하고 성능도 향상되었다. Latin-1 인코딩이 아닌 경우, 예전처럼 문자 하나를 2 byte로 저장한다.

char[ ]						byte[ ]					
'A'		'B'		'C'		'A'	'B'	'C'			
00	41	00	42	00	43	41	42	43			
'가'		'나'		'A'		'가'		'나'		'A'	
AC	00	B0	98	00	41	AC	00	B0	98	00	41

▲ 표9-5 char[ ]과 byte[ ]의 비교

문자를 1 byte로 저장할지 2 byte로 저장할 것인지는 JVM이 알아서 결정하므로 우리는 전혀 신경쓸 필요가 없다. 컴팩트 문자열은 단지 내부적인 변경일 뿐이므로 우리는 예전과 동일하게 String클래스를 사용하면 된다.

| 참고 | JDK 18부터 기본 인코딩이 UTF-16에서 UTF-8로 바뀌었지만, 저장은 위와 같이 1 byte 또는 2 byte로 한다.

1.3 StringBuffer와 StringBuilder

StringBuffer도 String처럼 문자열을 다루기 위한 클래스이므로 문자열을 저장하기 위한 char배열을 인스턴스 변수로 선언해 놓고 있다. JDK 5부터 AbstractStringBuilder가 StringBuffer의 조상으로 추가되었으며, 아래의 코드에서 알 수 있듯이 char배열은 이 클래스로 옮겨졌다.

```
// StringBuffer와 StringBuilder의 조상
abstract class AbstractStringBuilder
            implements Serializable, CharSequence {
    char[] value; // 문자열을 편집하기 위한 버퍼(byte[]로 바뀜, JDK 9)
        ...
}
```

다만 불변(immutable)인 String과 달리 StringBuffer는 가변(mutable)이라서 char배열의 내용을 변경할 수 있다. 그래서 StringBuffer는 char배열의 내용을 변경하는 메서드가 많다. String도 문자열(char배열)을 변경하는 메서드가 있지만, 기존의 문자열이 변경되는 것이 아니라 항상 새로운 문자열을 저장하는 String인스턴스가 반환된다. 반면 StringBuffer는 문자열의 내용을 변경할 수 있으므로 새로운 StringBuffer인스턴스가 반환되지 않는다.

StringBuffer의 생성자

StringBuffer클래스의 인스턴스를 생성할 때, 적절한 길이의 char배열이 생성되고, 이 배열은 문자열을 저장하고 편집하기 위한 공간(buffer)으로 사용된다.

StringBuffer인스턴스를 생성할 때, 버퍼의 크기를 지정해주지 않으면 16개의 문자를 저장할 수 있는 크기의 버퍼를 생성한다. 일반적으로 생성자 StringBuffer(int capacity)를 이용해서 저장될 문자열의 길이보다 여유있는 크기로 지정하는 것이 좋다.

```
AbstractStringBuilder(int capacity) { // StringBuffer의 조상 생성자
    value = new char[capacity];      // JDK 9 부터 byte[]로 바뀜
}

public StringBuffer(int capacity) {  // 버퍼의 크기(capacity)를 지정
    super(capacity); // AbstractStringBuilder(int capacity)호출
}

public StringBuffer() {
    super(16);  ← 버퍼의 크기를 지정하지 않으면 버퍼의 크기는 16이 된다.
}

public StringBuffer(String str) {
    super(str.length() + 16);  ← 지정한 문자열의 길이보다 16 더 크게 버퍼를 생성한다.
    append(str);
}
```

| 참고 | StringBuffer를 생성할 때 버퍼의 크기가 결정되지만, 저장공간이 부족하면 자동으로 늘어난다.

StringBuffer의 변경

문자열 "123"를 내용으로 하는 StringBuffer를 생성했을 때의 상황을 그림으로 그려보면 아래와 같다.

```
StringBuffer sb = new StringBuffer("abc");
```

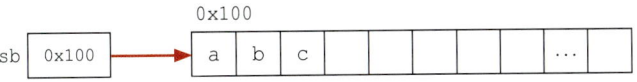

그리고 sb에 문자열 "123"을 추가하면,

```
sb.append("123");   // sb의 내용 뒤에 "123"을 추가한다.
```

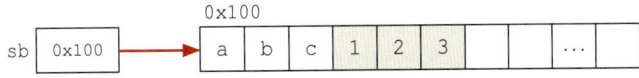

append()는 반환타입이 StringBuffer인데 자신의 주소(this)를 반환한다. 그래서 아래와 같은 문장이 수행되면, sb에 새로운 문자열이 추가되고 sb자신의 주소를 반환하여 sb2에는 sb의 주소인 0x100이 저장된다.

```
StringBuffer sb2 = sb.append("ZZ");   // 끝에 "ZZ"를 추가하고 this반환
System.out.println(sb);    // abc123ZZ
System.out.println(sb2);   // abc123ZZ
```

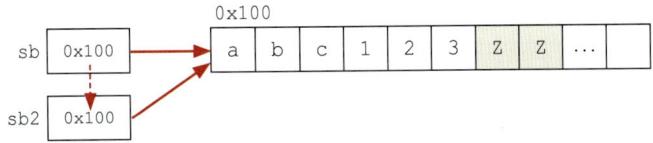

sb와 sb2가 모두 같은 StringBuffer인스턴스를 가리키고 있으므로 같은 내용이 출력된다. 그래서 하나의 StringBuffer인스턴스에 대해 아래와 같이 연속적으로 append( )를 호출하는 것이 가능하다.

```
StringBuffer sb=new StringBuffer("abc");      StringBuffer sb = new StringBuffer("abc");
sb.append("123");                             sb.append("123").append("ZZ");
sb.append("ZZ");                                   sb
```

오른쪽 코드의 밑줄 친 부분이 sb이므로 여기에 다시 append( )를 호출할 수 있는 것이다. 만일 append( )의 반환타입이 void라면 이렇게 할 수 없었을 것이다.

| 참고 | StringBuffer클래스에는 append( )처럼 객체 자신을 반환하는 메서드들이 많이 있다.

StringBuffer의 비교

String인스턴스간의 비교에 대해서 학습하면서 등가비교연산자'=='에 의한 비교와 equals메서드에 의한 비교의 차이점을 자세히 알아봤다.

String은 equals메서드를 오버라이딩해서 문자열의 내용을 비교하도록 구현되어 있지만, StringBuffer는 equals메서드를 오버라이딩하지 않아서 StringBuffer의 equals메서드를 사용해도 등가 비교 연산자(==)로 비교한 것과 같은 결과를 얻는다.

```
StringBuffer sb  = new StringBuffer("abc");
StringBuffer sb2 = new StringBuffer("abc");

System.out.println(sb == sb2);         // false
System.out.println(sb.equals(sb2));    // false
```

반면에 toString()은 오버라이딩되어 있어서 StringBuffer인스턴스에 toString()을 호출하면, 담고있는 문자열을 String으로 반환한다. 그래서 StringBuffer인스턴스에 담긴 문자열을 비교하기 위해서는 StringBuffer인스턴스에 toString()을 호출해서 String인스턴스를 얻은 다음, 여기에 equals메서드를 사용해서 비교해야 한다.

```
String s  = sb.toString();
String s2 = sb2.toString();

System.out.println(s.equals(s2)); // true
```

▼ 예제 9-19/`StringBufferEx.java`

```
class StringBufferEx {
  public static void main(String[] args) {
      StringBuffer sb  = new StringBuffer("abc");
      StringBuffer sb2 = new StringBuffer("abc");

      System.out.println("sb == sb2 ? " + (sb == sb2));
      System.out.println("sb.equals(sb2) ? " + sb.equals(sb2));

      // StringBuffer의 내용을 String으로 변환한다.
      String s  = sb.toString();    // String s = new String(sb);와 같다.
      String s2 = sb2.toString();

      System.out.println("s.equals(s2) ? " + s.equals(s2));
      System.out.println("s.contentEquals(sb2) ? " + s.contentEquals(sb2));
  } // String클래스의 boolean contentEquals(StringBuffer sb)로도 비교 가능
}
```

▼ 실행결과

```
sb == sb2 ? false
sb.equals(sb2) ? false
s.equals(s2) ? true
s.contentEquals(sb2) ? true
```

StringBuffer클래스의 생성자와 메서드

StringBuffer클래스 역시 문자열을 다루기 위한 것이기 때문에 String클래스와 유사한 메서드를 많이 가지고 있다. 그리고 StringBuffer는 추가, 변경, 삭제와 같이 저장된 내용을 변경할 수 있는 메서드들이 추가로 제공된다.

메서드 / 설명	예제 / 결과
`StringBuffer()` 16문자를 담을 수 있는 버퍼를 가진 StringBuffer 인스턴스를 생성한다.	`StringBuffer sb = new StringBuffer();` `sb = ""`
`StringBuffer(int length)` 지정된 개수의 문자를 담을 수 있는 버퍼를 가진 StringBuffer인스턴스를 생성한다.	`StringBuffer sb = new StringBuffer(10);` `sb = ""`
`StringBuffer(String str)` 지정된 문자열 값(str)을 갖는 StringBuffer 인스턴스를 생성한다.	`StringBuffer sb = new StringBuffer("Hi");` `sb = "Hi"`

`StringBuffer append(boolean b)`
`StringBuffer append(char c)`
`StringBuffer append(char[] str)`
`StringBuffer append(double d)`
`StringBuffer append(float f)`
`StringBuffer append(int i)`
`StringBuffer append(long l)`
`StringBuffer append(Object obj)`
`StringBuffer append(String str)`
매개변수로 입력된 값을 문자열로 변환하여 StringBuffer인스턴스가 저장하고 있는 문자열의 뒤에 덧붙인다.
	`StringBuffer sb = new StringBuffer("abc");`
	`StringBuffer sb2 = sb.append(true);`
	`sb.append('d').append(10.0f);`
	`StringBuffer sb3 = sb.append("ABC")`
	`                       .append(123);`
	`sb  = "abctrued10.0ABC123"`
	`sb2 = "abctrued10.0ABC123"`
	`sb3 = "abctrued10.0ABC123"`

`int capacity()`
StringBuffer인스턴스의 버퍼크기를 알려준다. length( )는 버퍼에 담긴 문자열의 길이를 알려준다.
	`StringBuffer sb = new StringBuffer(100);`
	`sb.append("abcd");`
	`int bufferSize = sb.capacity();`
	`int stringSize = sb.length();`
	`bufferSize = 100`
	`stringSize = 4 (sb에 담긴 문자열이 "abcd"이므로)`

`char charAt(int index)`
지정된 위치(index)에 있는 문자를 반환한다.
	`StringBuffer sb = new StringBuffer("abc");`
	`char c = sb.charAt(2);`
	`c='c'`

`StringBuffer delete(int start, int end)`
시작위치(start)부터 끝 위치(end) 사이에 있는 문자를 제거한다. 단, 끝 위치의 문자는 제외.
	`StringBuffer sb = new StringBuffer("0123456");`
	`StringBuffer sb2 = sb.delete(3,6);`
	`sb  = "0126"`
	`sb2 = "0126"`

`StringBuffer deleteCharAt(int index)`
지정된 위치(index)의 문자를 제거한다.
	`StringBuffer sb = new StringBuffer("0123456");`
	`sb.deleteCharAt(3);`
	`sb = "012456"`

`StringBuffer insert(int pos, boolean b)`
`StringBuffer insert(int pos, char c)`
`StringBuffer insert(int pos, char[] str)`
`StringBuffer insert(int pos, double d)`
`StringBuffer insert(int pos, float f)`
`StringBuffer insert(int pos, int i)`
`StringBuffer insert(int pos, long l)`
`StringBuffer insert(int pos, Object obj)`
`StringBuffer insert(int pos, String str)`
	`StringBuffer sb = new StringBuffer("0123456");`
	`sb.insert(4,'.');`

두 번째 매개변수로 받은 값을 문자열로 변환하여 지정된 위치(pos)에 추가한다. pos는 0부터 시작	`sb = "0123.456"`
`int length()`	`StringBuffer sb = new StringBuffer("0123456");` `int length = sb.length();`
StringBuffer인스턴스에 저장되어 있는 문자열의 길이를 반환한다.	`length = 7`

`StringBuffer repeat(int codepoint, int count)`
`StringBuffer repeat(CharSequence cs, int count)`
	`StringBuffer sb = new StringBuffer();`
	`sb.repeat('*',3);`
	`sb.repeat("AB",2);`

문자 또는 문자열을 지정된 수(count)만큼 반복해서 끝에 추가한다.	`sb = "***ABAB"`
`StringBuffer replace(int start, int end, String str)`	`StringBuffer sb = new StringBuffer("0123456");` `sb.replace(3, 6, "AB");`
지정된 범위(start~end)의 문자들을 주어진 문자열로 바꾼다. end위치의 문자는 범위에 포함 되지 않음.(start ≤ x < end)	`sb = "012AB6"` `"345"를 "AB"로 바꿨다.`
`StringBuffer reverse()`	`StringBuffer sb = new StringBuffer("0123456");` `sb.reverse();`
StringBuffer인스턴스에 저장되어 있는 문자열의 순서를 거꾸로 나열한다.	`sb = "6543210"`
`void setCharAt(int index, char ch)`	`StringBuffer sb = new StringBuffer("0123456");` `sb.setCharAt(5, 'o');`
지정된 위치의 문자를 주어진 문자(ch)로 바꾼다.	`sb = "01234o6"`

`void setLength(int newLength)`	`StringBuffer sb = new StringBuffer("0123456");`
	`sb.setLength(5);`
	`StringBuffer sb2 = new StringBuffer("0123456");`
	`sb2.setLength(10);`
	`String str = sb2.toString().trim();`

지정된 길이로 문자열의 길이를 변경한다. 길이를 늘리는 경우에 나머지 빈 공간을 널문자 '\u0000'로 채운다.	`sb  = "01234"`
	`sb2 = "0123456   "`
	`str = "0123456"`

`String toString()`	`StringBuffer sb = new StringBuffer("0123456");` `String str = sb.toString();`
StringBuffer인스턴스의 문자열을 String으로 반환	`str = "0123456"`

`String substring(int start)`
`String substring(int start, int end)`
	`StringBuffer sb = new StringBuffer("0123456");`
	`String str  = sb.substring(3);`
	`String str2 = sb.substring(3, 5);`

지정된 범위 내의 문자열을 String으로 뽑아서 반환한다. 시작위치(start)만 지정하면 시작위치부터 문자열 끝까지 뽑아서 반환한다.	`str  = "3456"` `str2 = "34"`

▲ 표9-6 StringBuffer클래스의 메서드

I 참고 I repeat( )은 JDK 21부터 추가되었다.

▼ 예제 9-20/`StringBufferEx2.java`

```java
class StringBufferEx2 {
  public static void main(String[] args) {
      StringBuffer sb = new StringBuffer("01");
      StringBuffer sb2 = sb.append(23);
      sb.append('4').append(56);

      StringBuffer sb3 = sb.append(78);
      sb3.append(9.0);

      System.out.println("sb ="+sb);
      System.out.println("sb2="+sb2);
      System.out.println("sb3="+sb3);

      System.out.println("sb ="+sb.deleteCharAt(10));
      System.out.println("sb ="+sb.delete(3,6));
      System.out.println("sb ="+sb.insert(3,"abc"));
      System.out.println("sb ="+sb.replace(6, sb.length(), "END"));

      System.out.println("capacity="+sb.capacity());
      System.out.println("length="+sb.length());
  }
}
```

▼ 실행결과
```
sb =0123456789.0
sb2=0123456789.0
sb3=0123456789.0
sb =01234567890
sb =01267890
sb =012abc67890
sb =012abcEND
capacity=18
length=9
```

앞서 소개한 메서드 중에서 일부만 뽑아서 예제로 만들었다. 예제를 변경해서 다른 메서드들도 직접 테스트해보자.

StringBuilder

StringBuffer는 멀티쓰레드에 안전(thread-safe)하도록 동기화되어 있다. 아직은 멀티쓰레드나 동기화에 대해서 배우지 않았지만, 동기화가 StringBuffer의 성능을 떨어뜨린다는 것만 이해하면 된다. 멀티 쓰레드로 작성된 프로그램이 아닌 경우, StringBuffer의 동기화는 불필요하게 성능만 떨어뜨리게 된다.

그래서 StringBuffer에서 쓰레드의 동기화만 뺀 StringBuilder가 새로 추가되었다. StringBuilder는 StringBuffer와 완전히 똑같은 기능으로 작성되어 있어서, 소스 코드에서 StringBuffer를 StringBuilder로 바꾸기만 하면 된다. 즉, StringBuffer타입의 참조변수를 선언한 부분과 StringBuffer의 생성자만 바꾸면 된다는 말이다.

```
StringBuffer sb;                    StringBuilder sb;
sb = new StringBuffer();    ↔       sb = new StringBuilder();
sb.append("abc");                   sb.append("abc");
```

StringBuffer도 충분히 성능이 좋기 때문에 성능 향상이 반드시 필요한 경우를 제외하고는 기존에 작성한 코드에서 StringBuffer를 StringBuilder로 굳이 바꿀 필요는 없다.

| 참고 | 지금까지 작성해온 프로그램은 전부 싱글 쓰레드로 작성된 것이고, 멀티 쓰레드로 프로그램을 작성하는 방법은 13장 쓰레드에서 배우게 된다.

1.4 Math클래스

Math클래스는 기본적인 수학계산에 유용한 메서드로 구성되어 있다. 임의의 수를 얻을 수 있는 random( )과 반올림에 사용되는 round( ) 등은 이미 학습한 바 있다.
   Math클래스의 생성자는 접근 제어자가 private이기 때문에 다른 클래스에서 Math인스턴스를 생성할 수 없도록 되어있다. 그 이유는 클래스 내에 인스턴스 변수가 하나도 없어서 인스턴스를 생성할 필요가 없기 때문이다. Math클래스의 메서드는 모두 static이며, 아래와 같이 3개의 상수를 제공한다.

```
public static final double E   = 2.7182818284590452354;  // 자연로그의 밑
public static final double PI  = 3.14159265358979323846; // 원주율
public static final double TAU = 2.0 * PI; // JDK 19부터 추가
```

올림, 버림, 반올림

소수점 n번째 자리에서 반올림한 값을 얻기 위해서는 round( )를 사용해야 하는데, 이 메서드는 항상 소수점 첫째자리에서 반올림을 해서 정수값(long)을 결과로 돌려준다.
   여러분이 원하는 자리 수에서 반올림된 값을 얻기 위해서는 간단히 10의 n제곱을 곱한 후, 다시 곱한 수로 나눠주기만 하면 된다. 예를 들어 90.7552라는 값을 소수점 셋째자리에서 반올림한 후 소수점 두 자리까지의 값만을 얻고 싶으면, 다음과 같이 계산하면 된다.

> 1. 원래 값에 100을 곱한다.
>   90.7552 * 100 → 9075.52
> 2. 위의 결과에 Math.round( )를 사용한다.
>   Math.round(9075.52) → 9076
> 3. 위의 결과를 다시 100.0으로 나눈다.
>   9076 / 100.0 → 90.76
>   9076 / 100   → 90

마지막에 정수형 값인 100 또는 100L로 나눈다면, 결과는 정수형 값을 얻게 될 것이다. 위의 경우 100.0대신 100으로 나눈다면, 90이라는 정수값을 결과로 얻게 된다. 정수형간의 연산에서는 반올림이 이루어지지 않는다는 것을 기억하자.
   소수점 넷째자리에서 반올림된 소수점 세 자리 값을 얻으려면 100대신 1000으로 곱하고 1000.0으로 나누면 된다. 그리고 반올림이 필요하지 않다면 round( )를 사용하지 않고 단순히 1000으로 곱하고 1000.0으로 나누기만 하면 된다.

▼ 예제 9-21/`MathEx.java`

```java
import static java.lang.Math.*;
import static java.lang.System.*;
class MathEx {
    public static void main(String args[]) {
```

```
        double val = 90.7552;
        out.println("round("+ val +")=" + round(val));    // 반올림

        val *= 100;
        out.println("round("+ val +")=" + round(val));    // 반올림

        out.println("round("+ val +")/100  =" + round(val)/100);     // 반올림
        out.println("round("+ val +")/100.0=" + round(val)/100.0);   // 반올림
        out.println();
        out.printf("ceil(%3.1f)=%3.1f%n",   1.1, ceil(1.1));    // 올림
        out.printf("floor(%3.1f)=%3.1f%n",  1.5, floor(1.5));   // 버림
        out.printf("round(%3.1f)=%d%n",     1.1, round(1.1));   // 반올림
        out.printf("round(%3.1f)=%d%n",     1.5, round(1.5));   // 반올림
        out.printf("rint(%3.1f)=%f%n",      1.5, rint(1.5));    // 반올림
        out.printf("round(%3.1f)=%d%n",    -1.5, round(-1.5));  // 반올림
        out.printf("rint(%3.1f)=%f%n",     -1.5, rint(-1.5));   // 반올림
        out.printf("ceil(%3.1f)=%f%n",     -1.5, ceil(-1.5));   // 올림
        out.printf("floor(%3.1f)=%f%n",    -1.5, floor(-1.5));  // 버림
    }
}
```

▼ 실행결과

```
round(90.7552)=91
round(9075.52)=9076
round(9075.52)/100  =90
round(9075.52)/100.0=90.76

ceil(1.1)=2.0
floor(1.5)=1.0
round(1.1)=1
round(1.5)=2
rint(1.5)=2.000000
round(-1.5)=-1
rint(-1.5)=-2.000000
ceil(-1.5)=-1.000000
floor(-1.5)=-2.000000
```

Math클래스에 속한 메서드들을 활용하는 예제이다. 코드를 간단히 하기 위해 정적 import문을 추가했다.

```
    import static java.lang.Math.*;
    import static java.lang.System.*;
```

rint( )도 round( )처럼 소수점 첫 째자리에서 반올림하지만, 반환값이 double이다.

```
    out.printf("round(%3.1f) = %d%n",  1.5, round(1.5));  // 반환값이 int
    out.printf("rint(%3.1f)  = %f%n",  1.5, rint(1.5));   // 반환값이 double
```

그리고 rint( )는 두 정수의 정가운데 있는 값은 가장 가까운 짝수 정수를 반환한다.

```
    out.printf("round(%3.1f) = %d%n", -1.5, round(-1.5)); // -1
    out.printf("rint(%3.1f)  = %f%n", -1.5, rint(-1.5));  // -2.0
```

round()는 소수점 첫째자리가 5일 때, 더 큰 값으로 반올림하니까 -1이 되지만, rint()는 -1.5와 같이 홀수(-1.0)와 짝수(-2.0)의 딱 중간에 있는 경우 짝수(-2.0)를 결과로 반환한다. 그리고 음수에서는 양수와 달리 -1.5를 버림(floor)하면 -2.0이 된다.

```
out.printf("ceil(%3.1f) = %f%n",   -1.5, ceil(-1.5));   // -1.0
out.printf("floor(%3.1f) = %f%n",  -1.5, floor(-1.5));  // -2.0
```

예외를 발생시키는 메서드

메서드 이름에 'Exact'가 포함된 메서드들이 JDK 8부터 새로 추가되었다. 이들은 정수형 간의 연산에서 발생할 수 있는 오버플로우(overflow)를 감지하기 위한 것이다.

```
int addExact(int x, int y)          // x + y
int subtractExact(int x, int y)     // x - y
int multiplyExact(int x, int y)     // x * y
int incrementExact(int a)           // a++
int decrementExact(int a)           // a--
int negateExact(int a)              // -a
int toIntExact(long value)          // (int)value - int로의 형변환
```

연산자는 단지 결과를 반환할 뿐, 오버플로우의 발생여부에 대해 알려주지 않는다. 그러나 위의 메서드들은 오버플로우가 발생하면, 예외(ArithmeticException)를 발생시킨다.

negateExact(int a)는 매개변수의 부호를 반대로 바꿔주는데 무슨 예외가 발생할까?라고 생각할지도 모르겠다. 부호를 반대로 바꾸는 식은 '~a+1'이다. '~a'의 결과가 int의 최대값이면, 여기에 1을 더하니까 오버플로우가 발생할 수 있는 것이다. 아래의 예제를 실행해보면 이 사실을 확인할 수 있다.

| 참고 | 부호 연산식 '-a'가 왜 '~a+1'과 동등한 지에 대해서는 p.146을 참고하자.
| 참고 | JDK 18부터 divideExact( ), ceilDivExact( ), floorDivExact( )가 더 추가되었다.

▼ 예제 9-22/MathEx2.java

```java
import static java.lang.Math.*;
import static java.lang.System.*;

class MathEx2 {
    public static void main(String args[]) {
        int i = Integer.MIN_VALUE;

        out.println("i ="+i);
        out.println("-i="+(-i));

        try {
            out.printf("negateExact(%d)= %d%n",  10, negateExact(10));
            out.printf("negateExact(%d)= %d%n", -10, negateExact(-10));
            out.printf("negateExact(%d)= %d%n", i, negateExact(i)); // 예외발생
        } catch (ArithmeticException e) {
            // i를 long타입으로 형변환 다음에 negateExact(long a)를 호출
            out.printf("negateExact(%d)= %d%n",(long)i,negateExact((long)i));
        }
    }   // main의 끝
}
```

▼ 실행결과
```
i =-2147483648
-i=-2147483648
negateExact(10)= -10
negateExact(-10)= 10
negateExact(-2147483648)= 2147483648
```

변수 i에 int타입의 최소값인 Integer.MIN_VALUE를 저장한 다음에, 부호연산자로 i의 부호를 반대로 바꾸었다. 그런데, 실행결과에서 -i의 값을 보면 부호가 바뀌지 않고 i의 값 그대로이다. 왜 그런 것일까? 정수형의 최소값에 비트전환연산자'~'를 적용하면, 최대값이 되는데 여기에 1을 더하니까 오버플로우가 발생하는 것이다.

| 1000000 | 00000000 | 00000000 | 00000000 | -2147483648 int의 최소값 |

↓ '~'연산 (0은 1로, 1은 0으로 변환)

| 01111111 | 11111111 | 11111111 | 11111111 | 2147483647 int의 최대값 |

↓ +1 (더하기 1) 오버플로우 발생!!!

| 1000000 | 00000000 | 00000000 | 00000000 | -2147483648 int의 최소값 |

그래서 int의 최소값이 다시 원래의 값이 되어버렸다. 예제에서는 try-catch문을 사용해서 오버플로우가 발생하면, i를 long타입으로 형변환하여 negateExcat(long a)을 호출하도록 작성하였다.

실행결과를 보면 오버플로우로 인한 예외가 발생했지만, catch블럭에 의해 예외가 처리되어 올바른 결과가 출력된 것을 확인할 수 있다.

삼각함수와 지수, 로그
Math클래스에는 이름에서 알 수 있듯이 수학 관련 메서드들이 많이 있다. 보다 자세한 내용은 Java API를 참고하고, 예제를 통해 몇 가지 자주 쓰이는 메서드들의 사용방법만 확인하고 넘어가자.

▼ 예제 9-23/**MathEx3.java**

```java
import static java.lang.Math.*;
import static java.lang.System.*;

class MathEx3 {
    public static void main(String args[]) {
        int x1=1, y1=1;  // (1, 1)
        int x2=2, y2=2;  // (2, 2)

        double c = sqrt(pow(x2-x1, 2) + pow(y2-y1, 2));
        double a = c * sin(PI/4);  // PI/4 rad = 45 degree
        double b = c * cos(PI/4);
//      double b = c * cos(toRadians(45));

        out.printf("a=%f%n", a);
        out.printf("b=%f%n", b);
        out.printf("c=%f%n", c);
        out.printf("angle=%f rad%n", atan2(a,b));
        out.printf("angle=%f degree%n%n", atan2(a,b) * 180 / PI);
//      out.printf("angle=%f degree%n%n", toDegrees(atan2(a,b)));
```

```
        out.printf("24 * log10(2)=%f%n",    24 * log10(2));  // 7.224720
        out.printf("53 * log10(2)=%f%n%n", 53 * log10(2));  // 15.954590
    }
}
```

▼ 실행결과

```
a=1.000000
b=1.000000
c=1.414214
angle=0.785398 rad
angle=45.000000 degree

24 * log10(2)=7.224720
53 * log10(2)=15.95459
```

두 점 (x1, y1), (x2, y2)간의 거리는 c는 $\sqrt{(x2-x1)^2 + (y2-y1)^2}$ 로 구할 수 있다.

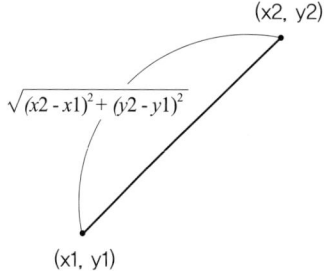

제곱근을 계산해주는 sqrt( )와 n제곱을 계산해주는 pow( )를 사용해서 식을 구성하면 다음과 같다.

```
double c = sqrt(pow(x2-x1, 2) + pow(y2-y1, 2));
```

예제에서 x1과 y1의 값은 1이고, x2와 y2의 값은 2니까, 이 값들을 대입하면 다음과 같이 계산된다.

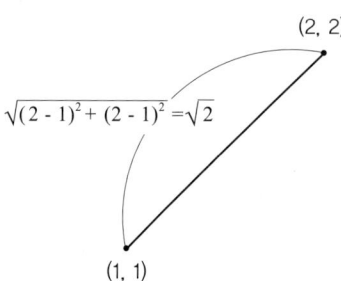

```
      double c = sqrt(pow(2-1, 2) + pow(2-1, 2));
   → double c = sqrt(pow(1, 2) + pow(1, 2));    // pow(1, 2)는 1의 2제곱
   → double c = sqrt(1.0 + 1.0);
   → double c = sqrt(2.0);
   → double c = 1.414214;                  √2 ≒ 1.414214
```

두 점 (x1, y1)과 (x2, y2)을 이은 직선을 빗변으로 하는 삼각형을 그리면 아래와 같다.

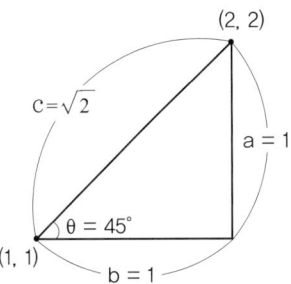

계산하지 않아도 나머지 두 변 a, b의 길이가 1이고 끼인각 θ가 45도라는 것을 알 수 있지만, 자바에서 제공하는 삼각함수들을 이용해서 a, b, θ의 값을 구하였다.

$$a = c \times \sinθ$$
$$b = c \times \cosθ$$

a와 b를 구하는 수학공식은 위와 같으며, 이 공식을 자바로 작성하면 다음과 같다.

|참고| Math클래스에 원주율 PI와 자연로그의 밑인 E가 상수로 정의되어 있다.

```
    double a = c * sin(PI/4);    // PI/4 radian = 45 degree
    double b = c * cos(PI/4);
//  double b = c * cos(toRadians(45)); // 각도를 라디안으로 변환
```

삼각함수는 매개변수의 단위가 '라디안(radian)'이므로, 45도를 '라디안(radian)'단위의 값으로 변환해야 한다. '180° = π rad'이므로, '45° = π/4 rad'이다. 아니면, toRadians (double angdeg)을 이용할 수도 있다. 이 메서드의 반환값은 double이다.

```
    out.printf("angle=%f rad%n", atan2(a,b));
    out.printf("angle=%f degree%n%n", atan2(a,b) * 180 / PI);
//  out.printf("angle=%f degree%n%n", toDegrees(atan2(a,b)));
```

atan2메서드는 직각 삼각형에서 두 변의 길이 a, b를 알면 끼인각θ를 구해준다. 이 메서드의 결과값 역시 단위가 라디안이므로 도(degree)단위로 변환하려면 '180/PI'를 곱하거나 toDegrees(double angrad)를 이용하면 된다.

24자리의 2진수는 10진수로 몇 자리의 값인지를 알아내려면 다음의 식을 풀어야한다.

$$2^{24} = 10^x$$

이 식의 양변에 상용로그($\log_{10}$)를 취하면, 다음과 같은 식이 된다.

$$24 \times \log_{10}2 = x$$

이 식은 아래와 같이 계산할 수 있으며, 결과는 약 7.2이다. 즉, 24자리의 2진수는 10진수로 7자리의 값을 표현할 수 있다는 얘기다.

```
out.printf("24 * log10(2) = %f%n",   24 * log10(2));  // 7.224720
out.printf("53 * log10(2) = %f%n%n", 53 * log10(2));  // 15.954590
```

그래서 float타입의 정밀도가 7자리인 것이다. 마찬가지로 double타입의 정밀도는 15자리임을 알 수 있다.

> **참고** ┃ float타입의 가수는 23자리지만, 정규화를 통해 1자리를 더 확보할 수 있으므로 실제로 저장할 수 있는 가수는 24자리이다. double타입 역시 52+1=53자리이다.

StrictMath클래스

Math클래스는 최대한의 성능을 얻기 위해 JVM이 설치된 OS의 메서드(native method)를 호출해서 사용한다. 즉, OS에 의존적인 계산을 하고 있는 것이다. 예를 들어 부동소수점 계산의 경우, 반올림의 처리방법 설정이 OS마다 다를 수 있기 때문에 자바로 작성된 프로그램임에도 불구하고 컴퓨터마다 결과가 다를 수 있다.

이러한 차이를 없애기 위해 성능은 다소 포기하는 대신, 어떤 OS에서 실행되어도 항상 같은 결과를 얻도록 Math클래스를 새로 작성한 것이 StrictMath클래스이다.

Math클래스의 메서드

자주 쓰이는 것들만 골라서 정리해보았다. 어떤 것들이 있는지 가볍게 훑어보자.

메서드 / 설명	예제	결과

`static double abs(double a)`
`static float  abs(float f)`
`static int    abs(int f)`
`static long   abs(long f)`
주어진 값의 절대값을 반환한다.
	`int    i = Math.abs(-10);`
	`double d = Math.abs(-10.0);`
		`i = 10`
		`d = 10.0`

`static double ceil(double a)`
주어진 값을 올림하여 반환한다.
	`double d  = Math.ceil(10.1);`
	`double d2 = Math.ceil(-10.1);`
	`double d3 = Math.ceil(10.000015);`
		`d  = 11.0`
		`d2 = -10.0`
		`d3 = 11.0`

`static double floor(double a)` 주어진 값을 버림하여 반환한다.	`double d  = Math.floor(10.8);` `double d2 = Math.floor(-10.8);`	`d  = 10.0` `d2 = -11.0`

`static double max(double a, double b)`
`static float  max(float a, float b)`
`static int    max(int a, int b)`
`static long   max(long a, long b)`
주어진 두 값을 비교하여 큰 쪽을 반환한다.
	`double d = Math.max(9.5, 9.50001);`
	`int    i = Math.max(0, -1);`
		`d = 9.50001`
		`i = 0`

`static double min(double a, double b)`
`static float  min(float a, float b)`
`static int    min(int a, int b)`
`static long   min(long a, long b)`
주어진 두 값을 비교하여 작은 쪽을 반환한다.
	`double d = Math.min(9.5, 9.50001);`
	`int    i = Math.min(0, -1);`
		`d = 9.5`
		`i = -1`

static double random() 0.0~1.0범위의 임의의 double값을 반환한다. (1.0은 범위에 포함되지 않는다.)	`double d = Math.random();` `int i = (int)(Math.random()*10)+1`	`0.0 <= d < 1.0` `1 <= i < 11`

static double rint(double a)
주어진 double값과 가장 가까운 정수값을 double형으로 반환한다. 단, 두 정수의 정가운데 있는 값(1.5, 2.5, 3.5 등)은 짝수를 반환
	`double d  = Math.rint(1.2);`
	`double d2 = Math.rint(2.6);`
	`double d3 = Math.rint(3.5);`
	`double d4 = Math.rint(4.5);`
		`d  = 1.0`
		`d2 = 3.0`
		`d3 = 4.0`
		`d4 = 4.0`

static long round(double a)
static long round(float a)
소수점 첫째자리에서 반올림한 정수값(long)을 반환한다. 매개변수의 값이 음수인 경우, round( )와 rint( )의 결과가 다르다는 것에 주의하자.
	`long l  = Math.round(1.2);`
	`long l2 = Math.round(2.6);`
	`long l3 = Math.round(3.5);`
	`long l4 = Math.round(4.5);`
	`double d  = 90.7552;`
	`double d2 = Math.round(d*100)/100.0;`
		`l  = 1`
		`l2 = 3`
		`l3 = -4`
		`l4 = -5`
		`d  = 90.7552`
		`d2 = 90.76`

▲ 표 9-7 Math클래스의 메서드

1.5 래퍼(wrapper) 클래스

객체지향 개념에서 모든 것은 객체이어야 한다. 그러나 자바에서는 8개의 기본형을 객체로 다루지 않는데 이것이 바로 자바가 완전한 객체지향 언어가 아니라는 얘기를 듣는 이유이다. 그 대신 보다 높은 성능을 얻을 수 있었다.

때로는 기본형(primitive type) 값도 어쩔 수 없이 객체로 다뤄야 하는 경우가 있다. 예를 들면, 매개변수로 객체를 요구할 때, 기본형 값이 아닌 객체로 저장해야할 때, 객체간의 비교가 필요할 때 등등의 경우에는 기본형 값들을 객체로 변환하여 작업을 수행해야 한다. 이 때 사용되는 것이 래퍼(wrapper)클래스이며, 8개의 기본형을 대신할 수 있는 8개의 래퍼 클래스가 있다.

래퍼클래스	팩토리 메서드	활용예
Boolean	Boolean valueOf (boolean value) Boolean valueOf (String s)	`Boolean b  = Boolean.valueOf(true);` `Boolean b2 = Boolean.valueOf("true");`
Character	Character valueOf (char c)	`Character c = Character.valueOf('a');`
Byte	Byte valueOf (byte value) Byte valueOf (String s, int radix)	`Byte b  = Byte.valueOf("10");` `Byte b2 = Byte.valueOf("F", 16);`
Short	Short valueOf (short value) Short valueOf (String s)	`Short s  = Short.valueOf((short)10);` `Short s2 = Short.valueOf("10");`
Integer	Integer valueOf (int value) Integer valueOf (String s)	`Integer i  = Integer.valueOf(100);` `Integer i2 = Integer.valueOf("100");`
Long	Long valueOf (long value) Long valueOf (String s)	`Long l  = Long.valueOf(100);` `Long l2 = Long.valueOf("100");`
Float	Float valueOf (float value) Float valueOf (String s)	`Float f  = Float.valueOf(1.0f);` `Float f2 = Float.valueOf("1.0");`
Double	Double valueOf (double value) Double valueOf (String s)	`Double d  = Double.valueOf(1.0);` `Double d2 = Double.valueOf("1.0");`

▲ 표 9-8 래퍼 클래스의 팩토리 메서드

아래의 코드는 int형의 래퍼 클래스인 Integer클래스 소스 코드의 일부이다.

```
public final class Integer extends Number implements Comparable {
        ...
    private final int value;    // 문자열처럼 불변(immutable)이다.
        ...
}
```

이처럼 래퍼 클래스들은 내부에 기본형 값을 저장하고 있으며, 이 값은 문자열처럼 한번 저장하면 변경할 수 없는 불변(immutable)이다.

```
Integer i = new Integer(10);       // 생성자로 생성. 사용중단 권장(deprecated)
Integer i = Integer.valueOf(10);   // 팩토리 메서드로 생성
```

래퍼 클래스의 객체를 생성하는 방법은 위의 2가지이다. JDK 9부터 생성자로 생성하는 것은 권장하지 않으므로 valueOf( )라는 팩토리 메서드로 생성하는 것이 바람직하다.

팩토리 메서드
객체를 생성해서 반환하는 메서드를 팩토리 메서드라고 하며 객체를 생성하지 않고 호출할 수 있어야 하므로 static메서드이다. 그래서 '정적 팩토리 메서드(static factory method)'라고도 한다.

```
public static Integer valueOf(int i) {
    return new Integer(i);    // 객체를 생성해서 반환
}
```

위의 코드는 아주 간단한 팩토리 메서드인데, 위와 같이 작성하면 생성자와 다를게 없어 보이지만 나중에 변경사항이 발생했을 때나 다른 기능을 추가할 수도 있는 등 여러가지로 생성자보다 유리하다. 래퍼 클래스의 팩토리 메서드를 캐싱 기능을 사용하며, Integer클래스의 valueOf( )는 다음과 같이 작성되어 있다.

| 참고 | IntegerCache.low의 값은 -128이고, IntegerCache.high의 값은 127이며, IntegerCache.high의 값은 -XX:AutoBoxCacheMax=〈size〉옵션으로 변경가능하다.

```
public static Integer valueOf(int i) {
    // low < i < high인 경우 캐시(배열)에 미리 저장해 놓은 객체를 반환
    if (i >= IntegerCache.low && i <= IntegerCache.high)
        return IntegerCache.cache[i + (-IntegerCache.low)];
    return new Integer(i);    // i가 캐시 범위 밖이면 새로 생성해서 반환
}
```

Integer객체 배열(캐시)에 -128 ~ 127범위의 Integer객체를 미리 생성해서 채워놓는다. 그리고 이 범위 안의 값을 가진 Integer객체는 캐시에서 꺼내서 반환하고, 범위를 벗어난 객체는 새로 생성해서 반환한다.

아래의 코드에서 10은 캐시 범위(-128~127)안에 속한 값이므로 valueOf()가 캐시에 저장된 객체를 반환한다. 그래서 등가 비교 연산, 즉 객체의 주소 비교의 결과가 true이고, 200은 캐시 범위를 벗어나므로 늘 새로운 객체를 반환하므로 결과가 false이다.

```
Integer.valueOf(10)  == Integer.valueOf(10))  // true.  캐시 범위 안
Integer.valueOf(200) == Integer.valueOf(200)) // false. 캐시 범위 밖
```

▼ 예제 9-24/**WrapperEx.java**

```
class WrapperEx {
  public static void main(String[] args) {
  // Integer i  = new Integer(100); // JDK 9부터 사용중단 권고(deprecated)
     Integer i  = Integer.valueOf(100);
     Integer i2 = Integer.valueOf("100");

     System.out.println("i==i2 ? "+(i==i2));
     System.out.println("i.equals(i2) ? "+i.equals(i2));
     System.out.println("i.compareTo(i2)="+i.compareTo(i2));
     System.out.println("i.toString()="+i.toString());

     System.out.println("MAX_VALUE="+Integer.MAX_VALUE);
     System.out.println("MIN_VALUE="+Integer.MIN_VALUE);
     System.out.println("SIZE="+Integer.SIZE+" bits");
     System.out.println("BYTES="+Integer.BYTES+" bytes");
     System.out.println("TYPE="+Integer.TYPE);
  }
}
```

▼ 실행결과

```
i==i2 ? true
i.equals(i2) ? true
i.compareTo(i2)=0
i.toString()=100
MAX_VALUE=2147483647
MIN_VALUE=-2147483648
SIZE=32 bits
BYTES=4 bytes
TYPE=int
```

래퍼 클래스들은 모두 equals()가 오버라이딩되어 있어서 주소값이 아닌 객체가 가지고 있는 값을 비교한다. 그래서 실행결과를 보면 equals()를 이용한 두 Integer객체의 비교 결과가 true라는 것을 알 수 있다. 오토박싱이 된다고 해도 Integer객체에 비교 연산자를 사용할 수 없어서 compareTo()를 제공한다. compareTo()는 양수, 0, 음수 중의 하나를 반환하며, 두 값이 같을 때는 0, 왼쪽 값이 클 때는 양수, 왼쪽 값이 작을 때는 음수이다.

그리고 toString()도 오버라이딩되어 있어서 객체가 가지고 있는 값을 문자열로 변환하여 반환한다. 이 외에도 래퍼 클래스들은 MAX_VALUE, MIN_VALUE, SIZE, BYTES, TYPE 등의 static상수를 공통적으로 가지고 있다.

| 참고 | BYTES는 JDK 8부터 추가되었다.

Number클래스

이 클래스는 추상클래스로 내부적으로 숫자를 멤버변수로 갖는 래퍼 클래스들의 조상이다. 아래의 그림은 래퍼 클래스의 상속계층도인데, 기본형 중에서 숫자와 관련된 래퍼 클래스들은 모두 Number클래스의 자손이라는 것을 알 수 있다.

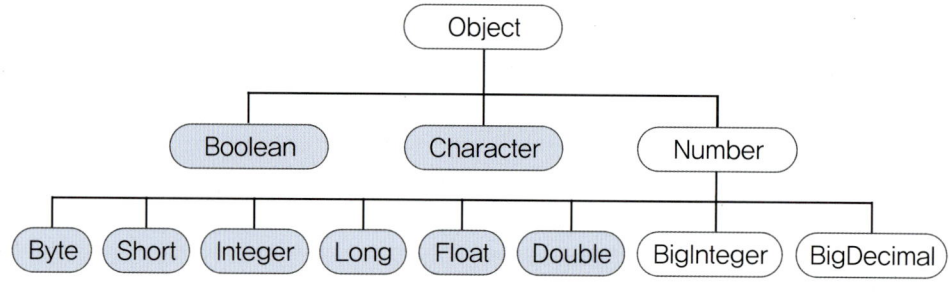

▲ 그림9-4 래퍼 클래스(회색 바탕)의 상속계층도

그 외에 Number클래스의 자손으로 BigInteger와 BigDecimal 등이 있는데, BigInteger는 long으로도 다룰 수 없는 큰 범위의 정수를, BigDecimal은 double로도 다룰 수 없는 큰 범위의 부동 소수점수를 처리하기 위한 것으로 연산자의 역할을 하는 다양한 메서드를 제공한다. 참고로 Number클래스의 실제 소스는 아래와 같다. 객체가 가지고 있는 값을 숫자와 관련된 기본형으로 변환하여 반환하는 메서드들을 정의하고 있다.

```java
public abstract class Number implements java.io.Serializable {
    public abstract int    intValue();
    public abstract long   longValue();
    public abstract float  floatValue();
    public abstract double doubleValue();

    public byte  byteValue()  { return (byte)intValue();  }
    public short shortValue() { return (short)intValue(); }
        ...
```

오토박싱 & 언박싱(autoboxing & unboxing)

JDK 5이전에는 기본형과 참조형 간의 연산이 불가능했기 때문에, 래퍼 클래스로 기본형을 객체로 만들어서 연산해야 했다.

```java
int i = 5;
Integer iObj = new Integer(7);

int sum = i + iObj;    // 에러. 기본형과 참조형 간의 덧셈 불가(JDK1.5 이전)
```

그러나 이제는 기본형과 참조형 간의 덧셈이 가능하다. 자바 언어의 규칙이 바뀐 것은 아니고, 컴파일러가 자동으로 변환하는 코드를 넣어주기 때문이다. 아래의 경우, 컴파일러가 Integer객체를 int타입의 값으로 변환해주는 intValue()를 추가해준다.

컴파일 전의 코드	컴파일 후의 코드
int i = 5; Integer iObj = new Integer(7); **int sum = i + iObj;**	int i = 5; Integer iObj = new Integer(7); **int sum = i + iObj.intValue();**

이 외에도 내부적으로 객체 배열을 가지고 있는 Vector클래스나 ArrayList클래스에 기본형 값을 저장해야할 때나 형변환이 필요할 때도 컴파일러가 자동적으로 코드를 추가해 준다. 기본형 값을 래퍼 클래스의 객체로 자동 변환해주는 것을 '오토박싱(autoboxing)'이라고 하고, 반대로 변환하는 것을 '언박싱(unboxing)'이라고 한다.

| 참고 | '〈Integer〉'는 지네릭스(generics)라고 하는 것인데, 12장에서 배운다.

```
ArrayList<Integer> list = new ArrayList<Integer>();
list.add(10);              // 오토박싱. 10 → Integer.valueOf(10)

int value = list.get(0);   // 언박싱. Integer.valueOf(10) → 10
```

위의 코드에서 알 수 있듯이 ArrayList에 숫자를 저장하거나 꺼낼 때, 기본형 값을 래퍼 클래스의 객체로 변환하지 않아도 되므로 편리하다.

▼ 예제 9-25/**WrapperEx2.java**

```
class WrapperEx2 {
    public static void main(String[] args) {
        int i = 10;

        // 기본형을 참조형으로 형변환(형변환 생략가능)
        Integer intg = (Integer)i; // Integer intg = Integer.valueOf(i);
        Object  obj = (Object)i;   // Object obj = (Object)Integer.valueOf(i);

        Long    lng = 100L;   // Long lng = Long.valueOf(100L);

        int i2 = intg + 10;    // 참조형과 기본형간의 연산 가능
        long l = intg + lng;   // 참조형 간의 덧셈도 가능

        Integer intg2 = Integer.valueOf(20);
        int i3 = (int)intg2;   // 참조형을 기본형으로 형변환도 가능(형변환 생략가능)

        Integer intg3 = intg2 + i3;

        System.out.println("i        ="+i);
        System.out.println("intg     ="+intg);
        System.out.println("obj      ="+obj);
        System.out.println("lng      ="+lng);
        System.out.println("intg + 10 ="+i2);
        System.out.println("intg + lng ="+l);
        System.out.println("intg2 ="+intg2);
        System.out.println("i3       ="+i3);
        System.out.println("intg2 + i3 ="+intg3);
    }
}
```

▼ 실행결과
```
i          =10
intg       =10
obj        =10
lng        =100
intg + 10  =20
intg + lng =110
intg2      =20
i3         =20
intg2 + i3 =40
```

이 예제는 오토박싱(autoboxing)을 이용해서 기본형과 참조형 간의 형변환과 연산을 수행하는 예를 보여준다. 지금까지 배워온 것과는 달리 기본형과 참조형 간의 형변환도 가능할 뿐만 아니라, 심지어는 참조형 간의 연산도 가능하다는 것에 다소 놀랐을 것이다.

그러나 사실 이 기능은 컴파일러가 제공하는 편리한 기능일 뿐 자바의 원칙이 바뀐 것은 아니다. 생성자가 없는 클래스에 컴파일러가 기본 생성자를 자동적으로 추가해 주듯이 개발자가 간략하게 쓴 구문을 컴파일러가 원래의 구문으로 변경해 주는 것뿐이다.

컴파일 전의 코드	컴파일 후의 코드

`Integer intg = (Integer)i;`
`Object  obj  = (Object)i;`
`Long    lng  = 100L;`
	`Integer intg = Integer.valueOf(i);`
	`Object  obj  = (Object)Integer.valueOf(i);`
	`Long    lng  = Long.valueOf(100L);`

▲ 표9-9 컴파일러의 오토박싱 기능에 의해 변경된 코드 비교

오토박싱이 편리한 기능이긴 하지만, 처음 자바를 배우는 입장에서는 지금까지 배워온 기본 개념이 흔들릴 수 있다. 적어도 자바의 기본 개념들이 익숙해질 때까지는 이러한 새로운 기능들을 사용하지 않아도 괜찮다.

2. 유용한 클래스

java.util패키지에 많은 수의 클래스가 있지만 실제로 자주 쓰이는 것들은 그렇게 많지 않기 때문에 모든 클래스들을 간단히 설명하기 보다는 자주 사용되는 중요한 클래스들만을 골라서 다양한 용도로 활용하는 방법을 보여주고자 한다.

하나하나 자세히 공부하기 보다 어떤 것들이 있지만 알아두었다가 필요할 때 참고하면 충분하다.

2.1 java.util.Objects

Object클래스의 보조 클래스로 Math클래스처럼 모든 메서드가 'static'이다. 객체의 비교나 널 체크(null check)에 유용하다.

isNull()은 해당 객체가 널인지 확인해서 null이면 true를 반환하고 아니면 false를 반환한다. nonNull()은 isNull()과 정반대의 일을 한다. 즉, !Objects.isNull(obj)와 같다.

```
static boolean isNull(Object obj)
static boolean nonNull(Object obj)
```

그리고 requireNonNull()은 해당 객체가 널이 아니어야 하는 경우에 사용한다. 만일 객체가 널이면, NullPointerException을 발생시킨다. 두 번째 매개변수로 지정하는 문자열은 예외의 메시지가 된다.

| 참고 | 아래의 마지막 메서드는 14장의 람다식과 관련된 것이므로 설명을 생략한다. T는 Object타입이라고 생각하자.

```
static <T> T requireNonNull(T obj)
static <T> T requireNonNull(T obj, String message)
static <T> T requireNonNull(T obj, Supplier<String> messageSupplier)
```

예전 같으면, 매개변수의 유효성 검사를 다음과 같이 해야 하는데, 이제는 requireNonNull( )의 호출만으로 간단히 끝낼 수 있다.

```
void setName(String name) {
  if(name==null)
      throw new NullPointerException("name must not be null.");
  this.name = name;
}
```

⬇

```
void setName(String name) {
  this.name = Objects.requireNonNull(name, "name must not be null.");
}
```

Object클래스에 두 객체의 등가 비교를 위한 equals( )만 있고, 대소 비교를 위한 compare( )가 없는 것이 좀 아쉬웠다. 그래서인지 Objects에 compare( )가 추가되었다. compare( )는 두 비교대상이 같으면 0, 왼쪽이 크면 양수, 작으면 음수를 반환한다.

```
static int compare(Object a, Object b, Comparator c)
```

이 메서드는 a와 b 두 객체를 비교하는데, 두 객체를 비교하는데 사용할 비교 기준이 필요하다. 그 역할을 하는 것이 Comparator인데, 11장에서 자세히 배우게 된다. 그때까지 궁금증을 잠시 접어두고 이런 것이 있다는 정도만 알아두자.

```
static boolean equals(Object a, Object b)
static boolean deepEquals(Object a, Object b)
```

Object클래스에 정의된 equals( )가 왜 Objects클래스에도 있는지 궁금할 텐데, 이 메서드의 장점은 null검사를 하는 조건식을 쓰지 않아도 된다는 것이다.

```
if(a!=null && a.equals(b)) {   // a가 null인지 반드시 확인해야 한다.
    ...
}
```

⬇

```
if(Objects.equals(a, b)) {     // a가 null인지 확인할 필요가 없다.
    ...
}
```

equals( )의 내부에서 a와 b의 널 검사를 하기 때문에 따로 널 검사를 위한 조건식을 따로 넣지 않아도 되는 것이다. 이 메서드의 실제 코드는 다음과 같다.

```
public static boolean equals(Object a, Object b) {
    return (a == b) || (a != null && a.equals(b));
}
```

a와 b가 모두 널인 경우에는 참을 반환한다는 점을 빼고는 특별한 것이 없다. equals( )보다는 deepEquals( )의 존재가 더 반가운데, 이 메서드는 객체를 재귀적으로 비교하기 때문에 다차원 배열의 비교도 가능하다.

```
String[][] str2D  = new String[][]{{"aaa","bbb"},{"AAA","BBB"}};
String[][] str2D2 = new String[][]{{"aaa","bbb"},{"AAA","BBB"}};

System.out.println(Objects.equals(str2D, str2D2));      // false
System.out.println(Objects.deepEquals(str2D, str2D2));  // true
```

위와 같이 두 2차원 문자열 배열을 비교할 때, 단순히 equals( )를 써서는 비교할 수 없다. equals( )와 반복문을 함께 써야하는데, deepEquals( )를 쓰면 간단히 끝난다.

```
static String toString(Object o)
static String toString(Object o, String nullDefault)
```

toString( )도 equals( )처럼, 내부적으로 널 검사를 한다는 것 빼고는 특별한 것이 없다. 두 번째 메서드는 o가 널일 때, 대신 사용할 값을 지정할 수 있어서 유용하다.

마지막으로 hashCode( )인데, 이것 역시 내부적으로 널 검사를 한 후에 Object클래스의 hashCode( )를 호출할 뿐이다. 단, 널일 때는 0을 반환한다.

```
static int hashCode(Object o)
static int hash(Object... values)
```

보통은 클래스에 선언된 인스턴스의 변수들의 hashCode( )를 조합해서 반환하도록, hashCode( )를 오버라이딩하는데, 그 대신 매개변수의 타입이 가변인자인 두 번째 메서드를 사용하면 편리하다. hashCode( )에 대한 내용은 11장에서 자세히 설명할 것이다.

▼ 예제 9-26/ObjectsEx.java

```
import java.util.*;
import static java.util.Objects.*;  // Objects클래스의 메서드를 static import

class ObjectsEx {
  public static void main(String[] args) {
    String[][] str2D   = new String[][]{{"aaa","bbb"},{"AAA","BBB"}};
    String[][] str2D_2 = new String[][]{{"aaa","bbb"},{"AAA","BBB"}};

    System.out.print("str2D ={");
```

```
            for(String[] tmp : str2D)
                System.out.print(Arrays.toString(tmp));
        System.out.println("}");

        System.out.print("str2D_2={");
        for(String[] tmp : str2D_2)
            System.out.print(Arrays.toString(tmp));
        System.out.println("}");

        System.out.println("equals(str2D, str2D_2)="
                                    + Objects.equals(str2D, str2D_2));
        System.out.println("deepEquals(str2D, str2D_2)="
                                    + Objects.deepEquals(str2D, str2D_2));

        System.out.println("isNull(null) ="+isNull(null));
        System.out.println("nonNull(null)="+nonNull(null));
        System.out.println("hashCode(null)="+Objects.hashCode(null));
        System.out.println("toString(null)="+Objects.toString(null));
        System.out.println("toString(null, \"\")="
                                    + Objects.toString(null, ""));
        Comparator c = String.CASE_INSENSITIVE_ORDER; // 대소문자 구분 안하는 비교

        System.out.println("compare(\"aa\",\"bb\")="+compare("aa","bb",c));
        System.out.println("compare(\"bb\",\"aa\")="+compare("bb","aa",c));
        System.out.println("compare(\"ab\",\"AB\")="+compare("ab","AB",c));
    }
}
```

▼ 실행결과

```
str2D  ={[aaa, bbb][AAA, BBB]}
str2D_2={[aaa, bbb][AAA, BBB]}
equals(str2D, str2D_2)=false
deepEquals(str2D, str2D_2)=true
isNull(null) =true
nonNull(null)=false
hashCode(null)=0
toString(null)=null
toString(null, "")=
compare("aa","bb")=-1
compare("bb","aa")=1
compare("ab","AB")=0
```

static import문을 사용했음에도 불구하고 Object클래스의 메서드와 이름이 같은 것들은 충돌이 난다. 즉, 컴파일러가 구별을 못한다. 그럴 때는 클래스의 이름을 붙여줄 수밖에 없다. 그리고 String클래스에 상수로 정의되어 있는 Comparator가 있어서 그걸 사용해서 compare( )를 호출했다.

```
    Comparator c = String.CASE_INSENSITIVE_ORDER; // 대소문자 구분안하는 비교
        ...
    System.out.println("compare(\"ab\",\"AB\") = "+compare("ab","AB",c));
```

이 Comparator는 문자열을 대소문자 구분하지 않고 비교할 때 사용하기 위한 것이다. 그래서 아래와 같이 "ab"와 "AB"를 비교한 결과가 0, 즉 두 문자열이 같다는 결과가 나온다.

2.2 java.util.Random

난수를 얻는 방법을 생각하면 Math.random()이 떠오를 것이다. 이 외에도 Random클래스를 사용하면 난수를 얻을 수 있다. 사실 Math.random()은 내부적으로 Random클래스의 인스턴스를 생성해서 사용하는 것이므로 둘 중에서 편한 것을 사용하면 된다. 아래의 두 문장은 동등하다.

```
double randNum = Math.random();
double randNum = new Random().nextDouble(); // 위의 문장과 동일
```

예를 들어 1~6사이의 정수를 난수로 얻고자 할 때는 다음과 같다.

```
int num = (int)(Math.random() * 6) + 1;
int num = new Random().nextInt(6) + 1; // nextInt(6)은 0~6의 정수를 반환
```

Math.random()과 Random의 가장 큰 차이점이라면, 종자값(seed)을 설정할 수 있다는 것이다. 종자값이 같은 Random인스턴스들은 항상 같은 난수를 같은 순서대로 반환한다. 종자값은 난수를 만드는 공식에 사용되는 값으로 같은 공식에 같은 값을 넣으면 같은 결과를 얻는 것처럼 같은 종자값을 넣으면 같은 난수를 얻게 된다.

Random클래스의 생성자와 메서드

생성자 Random()은 아래와 같이 종자값을 System.currentTimeMillis()로 하기 때문에 실행할 때마다 얻는 난수가 달라진다.

| 참고 | System.currentTimeMillis()는 현재시간을 천분의 1초 단위로 변환해서 반환한다.

```
public Random() {
    this(System.currentTimeMillis()); // Random(long seed)를 호출
}
```

표9-10은 Random클래스의 메서드 목록인데, 별로 특별한 것은 없다. 각 메서드가 반환하는 값의 범위와 nextBytes()는 BigInteger(int signum, byte[] magnitude)와 함께 사용하면 int의 범위인 '$-2^{31} \sim 2^{31}-1$'보다 넓은 범위의 난수를 얻을 수 있다는 정도만 확인하자.

메서드	설명
Random()	현재시간(System.currentTimeMillis())을 종자값(seed)으로 이용하는 Random인스턴스를 생성한다.
Random(long seed)	매개변수seed를 종자값으로 하는 Random인스턴스를 생성한다.
boolean nextBoolean()	boolean타입의 난수를 반환한다.
void nextBytes(byte[] bytes)	bytes배열에 byte타입의 난수를 채워서 반환한다.

double nextDouble()	double타입의 난수를 반환한다.(0.0 <= x < 1.0)
float nextFloat()	float타입의 난수를 반환한다.(0.0 <= x < 1.0)
double nextGaussian()	평균은 0.0이고 표준편차는 1.0인 가우시안(Gaussian)분포에 따른 double형의 난수를 반환한다.
int nextInt()	int타입의 난수를 반환한다.(int의 범위)
int nextInt(int n)	0 ~ n의 범위에 있는 int값을 반환한다.(n은 범위에 포함되지 않음)
long nextLong()	long타입의 난수를 반환한다.(long의 범위)
void setSeed(long seed)	종자값을 주어진 값(seed)으로 변경한다.

▲ 표 9-10 Random의 생성자와 메서드

| 참고 | 이 외에도 JDK 8부터 새로 추가된 스트림(Stream)과 관련 메서드들이 있는데, 이에 대한 설명은 14장 람다와 스트림에서 한다.

▼ 예제 9-27/**RandomEx.java**

```java
import java.util.*;

class RandomEx {
    public static void main(String args[]) {
        Random rand  = new Random(1);
        Random rand2 = new Random(1);

        System.out.println("= rand =");
        for(int i=0; i < 5; i++)
            System.out.println(i + ":" + rand.nextInt());

        System.out.println();
        System.out.println("= rand2 =");
        for(int i=0; i < 5; i++)
            System.out.println(i + ":" + rand2.nextInt());
    }
}
```

▼ 실행결과
```
= rand =
0:-1155869325
1:431529176
2:1761283695
3:1749940626
4:892128508

= rand2 =
0:-1155869325
1:431529176
2:1761283695
3:1749940626
4:892128508
```

Random인스턴스 rand와 rand2가 같은 종자값(seed)을 사용하기 때문에 같은 값들을 같은 순서로 얻는 것을 확인할 수 있다. 여러분의 컴퓨터에서도 위와 같은 실행결과를 얻을 수 있을 것이다. 같은 종자값을 갖는 Random인스턴스는 시스템의 종류나 실행시간 등에 관계없이 항상 같은 값을 같은 순서로 반환할 것을 보장한다.

▼ 예제 9-28/RandomEx2.java

```java
import java.util.*;

class RandomEx2 {
    public static void main(String[] args) {
        Random rand = new Random();
        int[] number = new int[100];
        int[] counter = new int[10];

        for (int i=0; i < number.length ; i++ ) {
//          System.out.print(number[i] = (int)(Math.random() * 10));
//          0<=x<10 범위의 정수 x를 반환한다.
            System.out.print(number[i] = rand.nextInt(10));
        }
        System.out.println();

        for (int i=0; i < number.length ; i++ )
            counter[number[i]]++;

        for (int i=0; i < counter.length ; i++ )
            System.out.println( i +"의 개수 :"+ printGraph('#',counter[i])
                                            + " " + counter[i]);
    }

    public static String printGraph(char ch, int value) {
        char[] bar = new char[value];

        for(int i=0; i < bar.length; i++)
            bar[i] = ch;

        return new String(bar);
    }
}
```

▼ 실행결과
```
4454220056104988170287866732882606319328767723986001159222360852739795293508319367373897797384213146
0의 개수 :######### 9
1의 개수 :######## 8
2의 개수 :############# 13
3의 개수 :############# 13
4의 개수 :###### 6
5의 개수 :###### 6
6의 개수 :########## 10
7의 개수 :############# 13
8의 개수 :############ 12
9의 개수 :########## 10
```

0~9 사이의 난수를 100개 발생시키고 각 숫자의 빈도수를 센 다음 그래프를 그리는 예제이다. nextInt(int n)는 0 부터 n사이의 정수를 반환한다. 단, n은 범위에 포함되지 않는 것에 주의하자.

| 참고 | p.228의 예제5-11을 변형한 것이므로, 이해하기 어렵다면 플래시 강좌 Array.exe를 참고하자.

▼ 예제 9-29/RandomEx3.java

```java
import java.util.*;

class RandomEx3 {
    public static void main(String[] args) {
        for(int i=0; i < 10;i++)
            System.out.print(getRand(5, 10)+",");
        System.out.println();

        int[] result = fillRand(new int[10], new int[]{ 2, 3, 7, 5});

        System.out.println(Arrays.toString(result));
    }
    public static int[] fillRand(int[] arr, int from, int to) {
        for(int i=0; i < arr.length; i++)
            arr[i] = getRand(from, to);

        return arr;
    }
    public static int[] fillRand(int[] arr, int[] data) {
        for(int i=0; i < arr.length; i++)
            arr[i] = data[getRand(0, data.length-1)];

        return arr;
    }
    public static int getRand(int from, int to) {
        return (int)(Math.random() * (Math.abs(to-from)+1))
                                             + Math.min(from, to);
    }
}
```

▼ 실행결과

```
6,5,5,10,10,5,9,5,7,9,
[3, 2, 2, 2, 5, 5, 5, 3, 3, 2]
```

Math.random()을 이용해서 실제 프로그래밍에 유용할만한 메서드를 만들어 보았다. 자주 사용되는 코드는 메서드로 만들어 놓으면 여러모로 도움이 되므로 잘 정리해두자.

> **int[] fillRand(int[] arr, int from, int to)**
> : 배열 arr을 from과 to범위의 값들로 채워서 반환한다.
>
> **int[] fillRand(int[] arr, int[] data)**
> : 배열 arr을 배열 data에 있는 값들로 채워서 반환한다.
>
> **int getRand(int from, int to)**
> : from과 to범위의 정수(int)값을 반환한다. from과 to 모두 범위에 포함된다.

▼ 예제 9-30/**RandomEx4.java**

```
class RandomEx4 {
   final static int RECORD_NUM = 10;  // 생성할 레코드의 수를 정한다.
   final static String TABLE_NAME = "TEST_TABLE";
   final static String[] CODE1 = {"010","011","017","018","019"};
   final static String[] CODE2 = {"남자", "여자"};
   final static String[] CODE3 = {"10대","20대","30대","40대","50대"};

   public static void main(String[] args) {
      for(int i=0; i < RECORD_NUM; i++) {
         System.out.println(" INSERT INTO "+TABLE_NAME
                  + " VALUES ("
                  + " '" + getRandArr(CODE1)   + "'"
                  + ", '" + getRandArr(CODE2)  + "'"
                  + ", '" + getRandArr(CODE3)  + "'"
                  + ",  " + getRand(100, 200)  // 100~200 사이의 값을 얻는다.
                  + "); ");
      }
   }

   public static String getRandArr(String[] arr) {
      return arr[getRand(arr.length-1)];       // 배열에 저장된 값 중 하나를 반환한다.
   }

   public static int getRand(int n) { return getRand(0, n); }
   public static int getRand(int from, int to) {
     return (int)(Math.random()*(Math.abs(to-from)+1))+Math.min(from,to);
   }
}
```

▼ 실행결과

```
INSERT INTO TEST_TABLE VALUES ( '018', '여자', '20대',  134);
INSERT INTO TEST_TABLE VALUES ( '010', '남자', '50대',  123);
INSERT INTO TEST_TABLE VALUES ( '018', '남자', '20대',  160);
INSERT INTO TEST_TABLE VALUES ( '011', '여자', '50대',  149);
INSERT INTO TEST_TABLE VALUES ( '018', '여자', '50대',  184);
INSERT INTO TEST_TABLE VALUES ( '019', '여자', '30대',  167);
INSERT INTO TEST_TABLE VALUES ( '019', '남자', '30대',  112);
INSERT INTO TEST_TABLE VALUES ( '010', '남자', '20대',  179);
INSERT INTO TEST_TABLE VALUES ( '011', '남자', '30대',  126);
INSERT INTO TEST_TABLE VALUES ( '018', '여자', '20대',  173);
```

데이터베이스에 넣을 테스트 데이터를 만드는 예제이다. 지금까지는 연속적인 범위 내에서 값을 얻어왔지만, 때로는 이 예제와 같이 불연속적인 범위에 있는 값을 임의로 얻어 와야 하는 경우도 있다.

이런 경우 불연속적인 값을 배열에 저장한 후, 배열의 index를 임의로 얻어서 배열에 저장된 값을 읽어오도록 하면 된다. 아직 데이터베이스를 배우지 않은 독자도 있겠지만, 앞으로 데이터베이스를 배우게 되면 이 예제가 다량의 테스트 데이터를 생성하는데 유용하게 쓰일 것이다.

2.3 정규식(regular expression) - java.util.regex

정규식이란 텍스트 데이터 중에서 원하는 조건(패턴, pattern)과 일치하는 문자열을 찾아내기 위해 사용하는 것으로 미리 정의된 기호와 문자를 이용해서 작성한 문자열을 말한다. 원래 Unix에서 사용하던 것이고 Perl의 강력한 기능이었는데 요즘은 Java를 비롯해 많은 언어에서 지원하고 있다.

정규식을 이용하면 많은 양의 텍스트 파일 중에서 원하는 데이터를 손쉽게 뽑아낼 수 있고 입력된 데이터가 형식에 맞는지 체크할 수도 있다. 예를 들면 HTML문서를 크롤링해서 전화번호나 이메일 주소만을 따로 추출한다던가, 입력한 비밀번호가 숫자와 영문자의 조합으로 되어 있는지 검사를 할 수 있다.

Java API문서에서 java.util.regex.Pattern을 찾아보면 정규식에 사용되는 기호와 작성방법이 모두 설명되어 있지만, 처음부터 이 내용만으로는 정규식을 어떻게 작성해야할지 이해하기가 쉽지는 않을 것이다. 정규식을 자세히 설명하자면 책 한 권 분량이 될 정도로 광범위하기 때문에 깊이 있게 학습하는 것보다는 자주 쓰이는 정규식의 작성 예를 보고 응용할 수 있을 정도까지만 학습하고 넘어가는 것이 좋을 것 같다.

▼ 예제 9-31/**RegularEx.java**

```java
import java.util.regex.*;         // Pattern과 Matcher가 속한 패키지
class RegularEx {
    public static void main(String[] args) {
        String[] data = {"bat", "baby", "bonus", "cA","ca", "co", "c.",
                         "c0", "car","combat","count","date", "disc"};
        Pattern p = Pattern.compile("c[a-z]*"); // c로 시작하는 소문자영단어

        for(int i=0; i < data.length; i++) {
            Matcher m = p.matcher(data[i]);
            if(m.matches())
                System.out.print(data[i] + ",");
        }
    }
}
```

▼ 실행결과
```
ca,co,car,combat,count,
```

data라는 문자열 배열에 담긴 문자열 중에서 지정한 정규식과 일치하는 문자열을 출력하는 예제이다. Pattern은 정규식을 정의하는데 사용되고 Matcher는 정규식(패턴)을 데이터와 비교하는 역할을 한다. 정규식을 정의하고 데이터를 비교하는 과정을 단계별로 설명하면 다음과 같다.

1. 정규식을 매개변수로 Pattern클래스의 static메서드인 Pattern compile(String regex)을 호출하여 Pattern인스턴스를 얻는다.
   ```
   Pattern p = Pattern.compile("c[a-z]*");
   ```
2. 정규식으로 비교할 대상을 매개변수로 Pattern클래스의 Matcher matcher (CharSequence input)를 호출해서 Matcher인스턴스를 얻는다.
   ```
   Matcher m = p.matcher(data[i]);
   ```
3. Matcher인스턴스에 boolean matches( )를 호출해서 정규식에 부합하는지 확인한다.
   ```
   if(m.matches())
   ```

| 참고 | CharSequence는 인터페이스로, 이를 구현한 클래스는 CharBuffer, String, StringBuffer가 있다.

▼ 예제 9-32/RegularEx2.java

```java
import java.util.regex.*;              // Pattern과 Matcher가 속한 패키지
class RegularEx2 {
    public static void main(String[] args) {
        String[] data = {"bat", "baby", "bonus", "c", "cA", "ca", "co",
                    "c.", "c0", "c#", "car","combat","count", "date", "disc" };

        String[] pattern = {".*","c[a-z]*","c[a-z]", "c[a-zA-Z]",
                        "c[a-zA-Z0-9]","c.","c.*","c\\.","c\\w", "c\\d",
                        "c.*t", "[b|c].*", ".*a.*", ".*a.+", "[b|c].{2}" };

        for(int x=0; x < pattern.length; x++) {
            Pattern p = Pattern.compile(pattern[x]);
            System.out.print("Pattern : " + pattern[x] + "  결과: ");
            for(int i=0; i < data.length; i++) {
                Matcher m = p.matcher(data[i]);
                if(m.matches())
                    System.out.print(data[i] + ",");
            }
            System.out.println();
        }
    } // public static void main(String[] args)
}
```

▼ 실행결과

```
Pattern : .*    결과: bat,baby,bonus,c,cA,ca,co,c.,c0,c#,car,combat,count,date,
disc,
Pattern : c[a-z]*    결과: c,ca,co,car,combat,count,
Pattern : c[a-z]    결과: ca,co,
Pattern : c[a-zA-Z]    결과: cA,ca,co,
Pattern : c[a-zA-Z0-9]    결과: cA,ca,co,c0,
Pattern : c.    결과: cA,ca,co,c.,c0,c#,
Pattern : c.*    결과: c,cA,ca,co,c.,c0,c#,car,combat,count,
Pattern : c\.    결과: c.,
Pattern : c\w    결과: cA,ca,co,c0,
Pattern : c\d    결과: c0,
Pattern : c.*t    결과: combat,count,
Pattern : [b|c].*    결과: bat,baby,bonus,c,cA,ca,co,c.,c0,c#,car,combat,count,
Pattern : .*a.*    결과: bat,baby,ca,car,combat,date,
Pattern : .*a.+    결과: bat,baby,car,combat,date,
Pattern : [b|c].{2}    결과: bat,car,
```

| 참고 | 큰따옴표(")내에서 escape문자'\'를 표현하려면 escape문자를 '\\'와 같이 두 번 사용해야한다.

자주 쓰일 만한 패턴들을 만들어서 테스트하고 그 결과를 정리하였다. 이 패턴들을 이해하고 나면 정규식에 사용되는 다른 기호를 사용하는 방법도 이해하기 쉬워질 것이다.
 예제에 사용된 패턴들을 조금씩 변경해보고 그 결과를 확인하는 것은 좋은 연습이 될 것이다.

정규식 패턴	설 명	결과
c[a-z]*	c로 시작하는 영단어	c,ca,co,car,combat,count,
c[a-z]	c로 시작하는 두 자리 영단어	ca,co,
c[a-zA-Z]	c로 시작하는 두 자리 영단어 (a~z 또는 A~Z, 즉 대소문자 구분안함)	cA,ca,co,
c[a-zA-Z0-9] c\w	c로 시작하고 숫자와 영어로 조합된 두 글자	cA,ca,co,c0,
.*	모든 문자열	bat,baby,bonus,c,cA,ca,co,c.,c0,c#,car,combat,count,date,disc,
c.	c로 시작하는 두 자리 문자열	cA,ca,co,c.,c0,c#,
c.*	c로 시작하는 모든 문자열(기호포함)	cA,ca,co,c.,c0,c#,car,combat,count,
c\.	c.와 일치하는 문자열'.'은 패턴작성에 사용되는 문자이므로 escape문자인 '\'를 사용해야한다.	c.,
c\d c[0-9]	c와 숫자로 구성된 두 자리 문자열	c0,
c.*t	c로 시작하고 t로 끝나는 모든 문자열	combat,count,
[b|c].* [bc].* [b-c].*	b 또는 c로 시작하는 문자열	bat,baby,bonus,c,cA,ca,co,c.,c0,c#,car,combat,count,
[^b|c].* [^bc].* [^b-c].*	b 또는 c로 시작하지 않는 문자열	date,disc,
.*a.*	a를 포함하는 모든 문자열 * : 0 또는 그 이상의 문자	bat,baby,ca,car,combat,date,
.*a.+	a를 포함하는 모든 문자열. + : 1 또는 그 이상의 문자. '+'는 '*'과는 달리 반드시 하나 이상의 문자가 있어야 하므로 a로 끝나는 단어는 포함되지 않았다.	bat,baby,car,combat,date,
[b|c].{2}	b 또는 c로 시작하는 세 자리 문자열. (b 또는 c 다음에 두 자리이므로 모두 세 자리)	bat,car,

▲ 표9-11 예제9-32에 사용된 패턴의 설명과 결과

▼ 예제 9-33/RegularEx3.java

```java
import java.util.regex.*;          // Pattern과 Matcher가 속한 패키지
class RegularEx3{
    public static void main(String[] args) {
        String source = "HP:011-1111-1111, HOME:02-999-9999 ";
        String pattern = "(0\\d{1,2})-(\\d{3,4})-(\\d{4})";

        Pattern p = Pattern.compile(pattern);
        Matcher m = p.matcher(source);

        int i=0;
        while(m.find()) {
            System.out.println( ++i + ": " + m.group() + " -> "+ m.group(1)
                                + ", " + m.group(2) + ", " + m.group(3));
        }
    } // main의 끝
}
```

▼ 실행결과
```
1: 011-1111-1111 -> 011, 1111, 1111
2: 02-999-9999 -> 02, 999, 9999
```

정규식의 일부를 괄호로 나누어 묶어서 그룹화(grouping)할 수 있다. 그룹화된 부분은 하나의 단위로 묶이는 셈이 되어서 한 번 또는 그 이상의 반복을 의미하는 '+' 나 '*' 가 뒤에 오면 그룹화된 부분이 적용대상이 된다. 그리고 그룹화된 부분은 group(int i)를 이용해서 나누어 얻을 수 있다.

위의 예제에서 '(0\\d{1,2})-(\\d{3,4})-(\\d{4})'은 괄호를 이용해서 정규식을 세 부분으로 나누었는데, 예제와 결과에서 알 수 있듯이 매칭되는 문자열에서 첫 번째 그룹은 group(1)로 두 번째 그룹은 group(2)와 같이 호출함으로써 얻을 수 있다. group( ) 또는 group(0)은 그룹으로 매칭된 문자열을 전체를 나누어지지 않은 채로 반환한다.

| 참고 | group(int i)를 호출할 때 i가 실제 그룹의 수보다 많으면 java.lang.IndexOutOfBoundsException이 발생한다.

정규식 패턴	설 명
0\\d{1,2}	0으로 시작하는 최소 2자리 최대 3자리 숫자(0포함)
\\d{3,4}	최소 3자리 최대 4자리의 숫자
\\d{4}	4자리의 숫자

▲ 표9-12 예제9-32에 사용된 패턴

find( )는 주어진 소스 내에서 패턴과 일치하는 부분을 찾아내면 true를 반환하고 찾지 못하면 false를 반환한다. find( )를 호출해서 패턴과 일치하는 부분을 찾아낸 다음, 다시 find( )를 호출하면 이전에 발견한 패턴과 일치하는 부분의 다음부터 다시 패턴매칭을 시작한다.

```java
Matcher m = p.matcher(source);

while(m.find()) {   // find()는 일치하는 패턴이 없으면 false를 반환
    System.out.println(m.group());
}
```

▼ 예제 9-34/`RegularEx4.java`

```java
import java.util.regex.*;           // Pattern과 Matcher가 속한 패키지
class RegularEx4 {
    public static void main(String[] args) {
        String source = "A broken hand works, but not a broken heart.";
        String pattern = "broken";
        StringBuffer sb = new StringBuffer();

        Pattern p = Pattern.compile(pattern);
        Matcher m = p.matcher(source);
        System.out.println("source:"+source);

        int i=0;

        while(m.find()) {
            System.out.println(++i + "번째 매칭:" + m.start() + "~"+ m.end());
            // broken을 drunken으로 치환하여 sb에 저장한다.
            m.appendReplacement(sb, "drunken");
        }

        m.appendTail(sb);
        System.out.println("Replacement count : " + i);
        System.out.println("result:"+sb.toString());
    }
}
```

▼ 실행결과

```
source:A broken hand works, but not a broken heart.
1번째 매칭:2~8
2번째 매칭:31~37
Replacement count : 2
result:A drunken hand works, but not a drunken heart.
```

Matcher의 find()로 정규식과 일치하는 부분을 찾으면, 그 위치를 start()와 end()로 알아 낼 수 있고 appendReplacement(StringBuffer sb, String replacement)를 이용해서 원하는 문자열(replacement)로 치환할 수 있다. 치환된 결과는 StringBuffer인 sb에 저장되는데, sb에 저장되는 내용을 단계별로 살펴보면 이해하기 쉬울 것이다.

1. 문자열 source에서 "broken"을 m.find()로 찾은 후 처음으로 m.appendReplacement(sb, "drunken");가 호출되면 source의 시작부터 "broken"을 찾은 위치까지의 내용에 "drunken"을 더해서 저장한다.
   - sb에 저장된 내용 : "A drunken"

2. m.find()는 첫 번째로 발견된 위치의 끝에서부터 다시 검색을 시작하여 두 번째 "broken"을 찾게 된다. 다시 m.appendReplacement(sb, "drunken");가 호출
   - sb에 저장된 내용 : "A drunken hand works, but not a drunken"

3. m.appendTail(sb);이 호출되면 마지막으로 치환된 이후의 부분을 sb에 덧붙인다.
   - sb에 저장된 내용 : "A drunken hand works, but not a drunken heart."

2.4 java.util.Scanner

Scanner는 화면, 파일, 문자열과 같은 입력소스로부터 문자데이터를 읽어오는데 도움을 줄 목적으로 JDK 5부터 추가되었다. Scanner에는 다음과 같은 생성자를 지원하기 때문에 다양한 입력소스로부터 데이터를 읽을 수 있다.

```
Scanner(String source)
Scanner(File source)
Scanner(InputStream source)
Scanner(Readable source)
Scanner(ReadableByteChannel source)
Scanner(Path source)                        // JDK 7부터 추가
```

| 참고 | File이나 InputStream에 대해서는 '15장 입출력(I/O)'에서 자세히 배우게 될 것이다.

또한 Scanner는 정규식 표현(regular expression)을 이용한 라인단위의 검색을 지원하며 구분자(delimiter)에도 정규식 표현을 사용할 수 있어서 복잡한 형태의 구분자도 처리가 가능하다.

```
Scanner useDelimiter(Pattern pattern)
Scanner useDelimiter(String  pattern)
```

Scanner가 없던 JDK 5 이전에는 자바는 화면으로부터 입력받는 것이 왜 이렇게 불편하냐는 개발자들의 문의가 많았으나 Scanner덕분에 더 이상 이런 문의는 받지 않게 되었다. JDK 6부터는 화면 입출력만 전문적으로 담당하는 java.io.Console이 새로 추가되었다. Console은 잘 동작하지 않는 IDE도 있기 때문에 이 책에서는 Scanner를 주로 사용했다. 이 두 클래스는 사용법이나 성능측면에서 거의 같기 때문에 어떤 것을 사용해도 상관없다.

```
// JDK 5이전
BufferedReader br = new BufferedReader(
                        new InputStreamReader(System.in));
String input = br.readLine();

// JDK 5이후. java.util.Scanner
Scanner s = new Scanner(System.in);
String input = s.nextLine();

// JDK 6이후. java.io.Console
Console console = System.console();
String input = console.readLine();
```

입력받을 값이 숫자라면 nextLine( )대신 nextInt( ) 또는 nextLong( )과 같은 메서드를 사용할 수 있다. Scanner에서는 이와 같은 메서드를 제공함으로써 입력받은 문자를 다시 변환하는 수고를 덜어 준다.

boolean	nextBoolean()
byte	nextByte()
short	nextShort()
int	nextInt()
long	nextLong()
double	nextDouble()
float	nextFloat()
String	nextLine()

l 주의 l 실제 입력된 데이터의 형식에 맞는 메서드를 사용하지 않으면, InputMismatchException이 발생한다.

▼ 예제 9-35/**ScannerEx.java**

```java
import java.util.*;

class ScannerEx {
    public static void main(String[] args) {
        Scanner s = new Scanner(System.in);
        String[] argArr = null;

        while(true) {
            String prompt = ">>";
            System.out.print(prompt);

            // 화면으로부터 라인단위로 입력받는다.
            String input = s.nextLine();

            input = input.trim();           // 입력받은 값에서 불필요한 앞뒤 공백을 제거한다.
            argArr = input.split(" +");     // 입력받은 내용을 공백을 구분자로 자른다.

            String command = argArr[0].trim();

            if("".equals(command)) continue;

            // 명령어를 소문자로 바꾼다.
            command = command.toLowerCase();

            // q 또는 Q를 입력하면 실행종료한다.
            if(command.equals("q")) {
                System.exit(0);
            } else {
                for(int i=0; i < argArr.length;i++)
                    System.out.println(argArr[i]);
            }
        } // while(true)
    } // main
}
```

▼ 실행결과
```
>>hello
hello
>>hello    123
hello
123
>>hello 123 456
hello
123
456
>>
>>q
```

화면으로부터 라인단위로 입력받아서 입력받은 내용을 공백을 구분자로 나눠서 출력하는 예제이다. 입력받은 라인의 단어는 공백이 여러 개 일 수 있으므로 정규식을 " +"로 하였다. 이 정규식의 의미는 하나 이상의 공백을 의미한다.

    argArr = input.split(" +");   // 입력받은 내용을 공백을 구분자로 자른다.

이 예제를 발전시켜서 도스같은 콘솔 어플리케이션을 작성해보면 좋은 공부가 될 것이다.

| 참고 | 코드초보스터디 카페(http://cafe.naver.com/javachobostudy/24687)의 Java1000제라는 게시판에 단계별로 발전된 예제 씨리즈가 있다.

▼ 예제 9-36 / `ScannerEx2.java`

```java
import java.util.Scanner;
import java.io.File;

class ScannerEx2 {
    public static void main(String[] args) throws Exception {
        Scanner sc = new Scanner(new File("data2.txt"));
        int sum = 0;
        int cnt = 0;

        while (sc.hasNextInt()) {
            sum += sc.nextInt();
            cnt++;
        }

        System.out.println("sum="+sum);
        System.out.println("average="+ (double)sum/cnt);
    }
}
```

▼ 실행결과

```
c:\...\ch09>java ScannerEx2
sum=1500
average=300.0

c:\...\ch09>type data2.txt
100
200
300
400
500
```

data2.txt파일로부터 데이터를 읽어서 합과 평균을 계산하는 예제이다. 여기서는 data2.txt파일이 예제 소스파일인 ScannerEx2.java와 같은 디렉토리에 있어서 경로없이 파일명만 지정해주었지만 소스파일과 다른 디렉토리에 위치한 파일을 읽기 위해서는 파일명에 경로도 함께 지정해주어야 한다.

| 참고 | 인텔리제이의 좌측 프로젝트 창에서 ch9폴더를 '우클릭 > New > File'에서 'data2.txt'파일을 생성할 수 있다.

▼ 예제 9-37 / `ScannerEx3.java`

```java
import java.util.Scanner;
import java.io.File;

class ScannerEx3 {
    public static void main(String[] args) throws Exception {
        Scanner sc = new Scanner(new File("data3.txt"));
        int cnt = 0;
        int totalSum = 0;
```

```
        while(sc.hasNextLine()) {
            String line = sc.nextLine();
            Scanner sc2 = new Scanner(line).useDelimiter(",");
            int sum = 0;

            while(sc2.hasNextInt()) {
                sum += sc2.nextInt();
            }
            System.out.println(line + ", sum = "+ sum);
            totalSum += sum;
            cnt++;
        }
        System.out.println("Line: " + cnt + ", Total: " + totalSum);
    }
}
```

▼ 실행결과

```
c:\...\ch09>java ScannerEx3
100,100,100, sum = 300
200,200,200, sum = 600
300,300,300, sum = 900
400,400,400, sum = 1200
500,500,500, sum = 1500
Line: 5, Total: 4500

c:\...\ch09>type data3.txt
100,100,100
200,200,200
300,300,300
400,400,400
500,500,500
```

이전 예제와 같이 파일로부터 데이터를 읽어서 계산하는 예제인데 이전과는 달리 ','를 구분자로 한 라인에 여러 데이터가 저장되어 있다. 이럴 때는 파일의 내용을 먼저 라인별로 읽은 다음에 다시 ','를 구분자로 하는 Scanner를 이용해서 각각의 데이터를 읽어야 한다.

2.5 java.util.StringTokenizer

StringTokenizer는 긴 문자열을 지정된 구분자(delimiter)를 기준으로 토큰(token)이라는 여러 개의 문자열로 잘라내는 데 사용된다. 예를 들어 "100,200,300,400"이라는 문자열이 있을 때 ','를 구분자로 잘라내면 "100", "200", "300", "400"이라는 4개의 문자열(토큰)을 얻을 수 있다.

StringTokenizer를 이용하는 방법 이외에도 아래와 같이 String의 split(String regex)이나 Scanner의 useDelimiter(String pattern)를 사용할 수도 있지만,

```
String[] result = "100,200,300,400".split(",");
Scanner sc2 = new Scanner("100,200,300,400").useDelimiter(",");
```

이 두 가지 방법은 정규식 표현(regular expression)을 사용해야하므로 정규식 표현에 익숙하지 않은 경우 StringTokenizer를 사용하는 것이 간단하면서도 명확한 결과를 얻을 수 있을 것이다.

그러나 StringTokenizer는 구분자로 단 하나의 문자 밖에 사용하지 못하기 때문에 보다 복잡한 형태의 구분자로 문자열을 나누어야 할 때는 어쩔 수 없이 정규식을 사용하는 메서드를 사용해야 할 것이다.

StringTokenizer의 생성자와 메서드
StringTokenizer의 주로 사용되는 생성자와 메서드는 다음과 같다.

생성자 / 메서드	설 명
StringTokenizer(String str, String delim)	문자열(str)을 지정된 구분자(delim)로 나누는 StringTokenizer를 생성한다.(구분자는 토큰으로 간주되지 않음)
StringTokenizer(String str, String delim, boolean returnDelims)	문자열(str)을 지정된 구분자(delim)로 나누는 StringTokenizer를 생성한다. returnDelims의 값을 true로 하면 구분자도 토큰으로 간주된다.
int countTokens()	전체 토큰의 수를 반환한다.
boolean hasMoreTokens()	토큰이 남아있는지 알려준다.
String nextToken()	다음 토큰을 반환한다.

▲ 표9-13 StringTokenizer의 생성자와 메서드

▼ 예제 9-38/StringTokenizerEx.java

```java
import java.util.*;

class StringTokenizerEx {
    public static void main(String[] args){
        String source = "100,200,300,400";
        StringTokenizer st = new StringTokenizer(source, ",");

        while(st.hasMoreTokens()){
            System.out.println(st.nextToken());
        }
    } // main의 끝
}
```

▼ 실행결과
```
100
200
300
400
```

','를 구분자로 하는 StringTokenizer를 생성해서 문자열(source)을 나누어 출력하는 예제이다. 간단한 예제이므로 자세한 설명은 생략한다.

▼ 예제 9-39/`StringTokenizerEx2.java`

```java
import java.util.*;

class StringTokenizerEx2 {
    public static void main(String[] args) {
        String expression = "x=100*(200+300)/2";
        StringTokenizer st =
            new StringTokenizer(expression, "+-*/=()", true);

        while(st.hasMoreTokens()){
            System.out.println(st.nextToken());
        }
    } // main의 끝
}
```

▼ 실행결과
```
x
=
100
*
(
200
+
300
)
/
2
```

생성자 StringTokenizer(String str, String delim, boolean returnDelims)를 사용해서 구분자도 토큰으로 간주되도록 하였다.

```
StringTokenizer st = new StringTokenizer(expression, "+-*/=()", true);
```

그리고 구분자로 여러 문자들을 지정한 것을 눈여겨보자. 앞서 얘기한 바와 같이 StringTokenizer는 단 한 문자의 구분자만 사용할 수 있기 때문에, "+-*/=()" 전체가 하나의 구분자가 아니라 각각의 문자가 모두 구분자라는 것에 주의해야한다.

|참고| 만일 구분자가 두 문자 이상이라면, Scanner나 String클래스의 split메서드를 사용해야 한다.

▼ 예제 9-40/`StringTokenizerEx3.java`

```java
import java.util.*;

class StringTokenizerEx3 {
  public static void main(String args[]) {
      String source =
          "1,김천재,100,100,100|2,박수재,95,80,90|3,이자바,80,90,90";
      StringTokenizer st = new StringTokenizer(source, "|");

      while(st.hasMoreTokens()) {
          String token = st.nextToken();

          StringTokenizer st2 = new StringTokenizer(token, ",");
          while(st2.hasMoreTokens())
              System.out.println(st2.nextToken());

          System.out.println("------");
      }
  } // main의 끝
}
```

▼ 실행결과
```
1
김천재
100
100
100
------
2
박수재
95
80
90
------
3
이자바
80
90
90
------
```

문자열에 포함된 데이터가 두 가지 종류의 구분자로 나뉘어져 있을 때 두 개의 StringTokenizer와 이중 반복문을 사용해서 처리하는 방법을 보여주는 예제이다. 한 학생의 정보를 구분하기위해 "|"를 사용하였고, 학생의 이름과 점수 등을 구분하기 위해 ","를 사용하였다.

▼ 예제 9-41/**StringTokenizerEx4.java**

```
import java.util.*;

class StringTokenizerEx4 {
    public static void main(String args[]) {
        String input = "삼십만삼천백십오";
        System.out.println(input);
        System.out.println(hangulToNum(input));
    }

    public static long hangulToNum(String input) { // 한글을 숫자로 바꾸는 메서드
        long result = 0;        // 최종 변환결과를 저장하기 위한 변수
        long tmpResult = 0;    // 십백천 단위의 값을 저장하기 위한 임시변수
        long num = 0;

        final String NUMBER = "영일이삼사오육칠팔구";
        final String UNIT   = "십백천만억조";
        final long[] UNIT_NUM = {10,100,1000,10000,(long)1e8,(long)1e12};

        StringTokenizer st = new StringTokenizer(input, UNIT, true);

        while(st.hasMoreTokens()) {
            String token = st.nextToken();
            int check = NUMBER.indexOf(token); // 숫자인지, 단위(UNIT)인지 확인한다.

            if(check==-1) { // 단위인 경우
                if("만억조".indexOf(token)==-1) {
                    tmpResult += ( num!=0 ? num : 1)
                                * UNIT_NUM[UNIT.indexOf(token)];
                } else {
                    tmpResult += num;
                    result += (tmpResult!=0 ? tmpResult : 1)
                                * UNIT_NUM[UNIT.indexOf(token)];
                    tmpResult = 0;
                }
                num = 0;
            } else {    // 숫자인 경우
                num = check;
            }
        } // end of while

        return result + tmpResult + num;
    }
}
```

▼ 실행결과
삼십만삼천백십오
303115

 한글로 된 숫자를 아라비아 숫자로 변환하는 예제이다. 짧지만 조금 어려울 수도 있기 때문에 예제를 보기 전에 어떻게 이 문제를 풀 것인가를 고민해 보면 이해하는데 많은 도움이 될 것이다.
 먼저 tmpResult는 "만억조"와 같은 큰 단위가 나오기 전까지 "십백천"단위의 값을 저장하기 위한 임시공간이고, result는 실제 결과 값을 저장하기 위한 공간임을 알아두자.
한글로 된 숫자를 구분자(단위)로 잘라서, 토큰이 숫자면 num에 저장하고 단위면 num에다 단위(UNIT_NUM배열 중의 한 값)를 곱해서 tmpResult에 저장한다. 예를 들어 "삼십"이면 '3 * 10 = 30'이 되어 30이 tmpResult에 저장된다.

그리고 "만삼천"과 같이 숫자 없이 바로 단위로 시작하는 경우에는 num의 값이 0이기 때문에 단위의 값을 곱해도 그 결과가 0이 되므로 삼항 연산자를 이용해서 num의 값을 1로 바꾼 후 단위값을 곱하도록 하였다.

```
tmpResult += ( num!=0 ? num : 1) * UNIT_NUM[UNIT.indexOf(token)];
```

그 다음에 "만억조"와 같이 큰 단위가 나오면 tmpResult에 저장된 값에 큰 단위 값을 곱해서 result에 저장하고 tmpResult는 0으로 초기화 한다. 예를 들어 "삼십만"은 tmpResult에 저장되어 있던 30에 10000을 곱해서 result에 저장하고, tmpResult는 0으로 초기화 한다.

```
tmpResult += num;
result +=
    (tmpResult!=0 ? tmpResult : 1)* UNIT_NUM[UNIT.indexOf(token)];
tmpResult = 0;
```

▼ 예제 9-42/**StringTokenizerEx5.java**

```java
import java.util.*;

class StringTokenizerEx5 {
    public static void main(String[] args) {
        String data = "100,,,200,300";

        String[] result = data.split(",");
        StringTokenizer st = new StringTokenizer(data, ",");

        for(int i=0; i < result.length;i++)
            System.out.print(result[i]+"|");

        System.out.println("개수:"+result.length);

        int i=0;
        for(;st.hasMoreTokens();i++)
            System.out.print(st.nextToken()+"|");

        System.out.println("개수:"+i);
    } // main
}
```

▼ 실행결과
```
100|||200|300|개수:5 ← split()
100|200|300|개수:3 ← StringTokenizer
```

구분자를 ','로 하는 문자열 데이터를 String클래스의 split( )과 StringTokenizer로 잘라낸 결과를 비교하는 예제이다. 실행결과를 보면, split( )은 빈 문자열도 토큰으로 인식하는 반면 StringTokenizer는 빈 문자열을 토큰으로 인식하지 않기 때문에 인식하는 토큰의 개수가 서로 다른 것을 알 수 있다.

이 외에도 성능의 차이가 있는데, split( )은 데이터를 토큰으로 잘라낸 결과를 배열에 담아서 반환하기 때문에 데이터를 토큰으로 바로바로 잘라서 반환하는 StringTokenizer보다 성능이 떨어질 수밖에 없다. 그러나 데이터의 양이 많은 경우가 아니라면 별 문제가 되지 않으므로 크게 신경 쓸 부분은 아니다.

2.6 java.math.BigInteger

정수형으로 표현할 수 있는 값의 한계가 있다. 가장 큰 정수형 타입인 long으로 표현할 수 있는 값은 10진수로 19자리 정도이다. 이 값도 상당히 큰 값이지만, 과학적 계산에서는 더 큰 값을 다뤄야할 때가 있다. 그럴 때 사용하면 좋은 것이 BigInteger이다.

BigInteger는 내부적으로 int배열을 사용해서 값을 다룬다. 그래서 long타입보다 훨씬 큰 값을 다룰 수 있는 것이다. 대신 성능은 long타입보다 떨어질 수밖에 없다.

```
final int signum;   // 부호. 1(양수), 0, -1(음수) 셋 중의 하나
final int[] mag;    // 값(magnitude)
```

위의 코드에서 알 수 있듯이, BigInteger도 String처럼 불변(immutable)이다. 그리고 모든 정수형이 그렇듯이 BigInteger 역시 값을 '2의 보수'의 형태로 표현한다.

좀더 자세히 말하면, 위의 코드에서 알 수 있듯이 부호를 따로 저장하고 배열에는 값 자체만 저장한다. 그래서 signum의 값이 -1, 즉 음수인 경우, 2의 보수법에 맞게 mag의 값을 변환해서 처리한다. 그래서 부호만 다른 두 값의 mag는 같고 signum은 다르다.

BigInteger의 생성
BigInteger를 생성하는 방법은 여러 가지가 있는데, 문자열로 숫자를 표현하는 것이 일반적이다. 정수형 리터럴로는 표현할 수 있는 값의 한계가 있기 때문이다.

```
BigInteger val;
val = new BigInteger("12345678901234567890");  // 문자열로 생성
val = new BigInteger("FFFF", 16);   // n진수(radix)의 문자열로 생성
val = BigInteger.valueOf(1234567890L);         // 숫자로 생성
```

다른 타입으로의 변환
BigInteger를 문자열, 또는 byte배열로 변환하는 메서드는 다음과 같다.

```
String toString()              // 문자열로 변환
String toString(int radix)     // 지정된 진법(radix)의 문자열로 변환
byte[] toByteArray()           // byte배열로 변환
```

부모인 Number로부터 상속받은 기본형으로 변환하는 메서드들을 가지고 있다.

```
int    intValue()
long   longValue()
float  floatValue()
double doubleValue()
```

정수형으로 변환하는 메서드 중에서 이름 끝에 'Exact'가 붙은 것들은 변환한 결과가 변환한 타입의 범위에 속하지 않으면 ArithmeticException을 발생시킨다.

```
byte    byteValueExact()
int     intValueExact()
long    longValueExact()
```

BigInteger의 연산
BigInteger에는 정수형에 사용할 수 있는 모든 연산자와 수학적인 계산을 쉽게 해주는 메서드들이 정의되어 있다. 기본적인 연산을 수행하는 메서드 몇 개만 고르면 아래와 같다.

| 참고 | remainder와 mod는 둘 다 나머지를 구하는 메서드지만, mod는 나누는 값이 음수이면 ArithmeticException을 발생시킨다는 점이 다르다.

```
BigInteger add(BigInteger val)          // 덧셈(this + val)
BigInteger subtract(BigInteger val)     // 뺄셈(this - val)
BigInteger multiply(BigInteger val)     // 곱셈(this * val)
BigInteger divide(BigInteger val)       // 나눗셈(this / val)
BigInteger remainder(BigInteger val)    // 나머지(this % val)
```

BigInteger는 불변이므로, 반환타입이 BigInteger란 얘기는 새로운 인스턴스가 반환된다는 뜻이다. Java API를 보면, 메서드마다 연산기호가 적혀있기 때문에, 각 메서드가 어떤 연산자를 구현한 것인지 쉽게 알 수 있다.

| 참고 | BigInteger도 Integer처럼 캐시 기능이 있어서, -16~16범위의 값인 경우 valueOf( )는 캐시된 객체를 반환한다.

비트 연산 메서드
워낙 큰 숫자를 다루기 위한 클래스이므로, 성능을 향상시키기 위해 비트단위로 연산을 수행하는 메서드를 많이 가지고 있다. and, or, xor, not과 같이 비트연산자를 구현한 메서드는 물론이고 다음과 같은 메서드도 제공한다.

```
int         bitCount()        // 2진수로 표현했을 때, 1의 개수(음수는 0의 개수)를 반환
int         bitLength()       // 2진수로 표현했을 때, 값을 표현하는데 필요한 bit수
boolean     testBit(int n)    // 우측에서 n+1번째 비트가 1이면 true, 0이면 false
BigInteger  setBit(int n)     // 우측에서 n+1번째 비트를 1로 변경
BigInteger  clearBit(int n)   // 우측에서 n+1번째 비트를 0으로 변경
BigInteger  flipBit(int n)    // 우측에서 n+1번째 비트를 전환(1→0, 0→1)
```

| 참고 | n의 값은 배열의 index처럼 0부터 시작하므로, 우측에서 첫 번째 비트는 n이 0이다.

앞서 정수가 짝수인지 확인할 때, 정수를 2로 나머지 연산한 결과가 0인지 확인하는 조건식을 작성하였다. BigInteger의 경우에도 같은 식으로 작성하면 꽤 복잡해진다.

```
BigInteger bi = new BigInteger("4");
if(bi.remainder(new BigInteger("2")).equals(BigInteger.ZERO)) {
    ...
```

대신 짝수는 제일 오른쪽 비트가 0일 것이므로, testBit(0)으로 마지막 비트를 확인하는 것이 더 효율적이다.

```
        BigInteger bi = new BigInteger("4");

        if(!bi.testBit(0)) {   // if(bi.testBit(0)==false) {
            ...
```

이처럼, 가능하면 산술연산 대신 비트연산으로 처리하도록 노력해야 한다.

▼ 예제 9-43/**BigIntegerEx.java**

```
import java.math.*;
class BigIntegerEx {
    public static void main(String[] args) throws Exception {
        for(int i=1; i<100;i++) { // 1!부터 99!까지 출력
            System.out.printf("%d!=%s%n", i, calcFactorial(i));
            Thread.sleep(300); // 0.3초의 지연
        }
    }

    static String calcFactorial(int n) {
        return factorial(BigInteger.valueOf(n)).toString();
    }

    static BigInteger factorial(BigInteger n) {
        if(n.equals(BigInteger.ZERO))
            return BigInteger.ONE;
        else  // return n * factorial(n-1);
            return n.multiply(factorial(n.subtract(BigInteger.ONE)));
    }
}
```

▼ 실행결과

```
1!=1
2!=2
3!=6
4!=24
5!=120
6!=720
7!=5040
8!=40320
9!=362880
...
98!=9426890448883247745626185743057242473809693764078951663494238777294707
07002322379888297615920772911982360585058860846042941264756736000000000000
0000000000
99!=93326215443944152681699238856266700490715968264381621468592963895217599
99322991560894146397615651828625369792082722375825118521091686400000000000
000000000000
```

1!~99!까지 출력하는 예제이다. long타입으로는 20!까지밖에 계산할 수 없지만, BigInteger로는 99!까지, 그 이상도 얼마든지 가능하다. BigInteger의 최대값은 ±2의 Integer.MAX_VALUE제곱인데, 10진수로 10의 6억 제곱이다.

```
        // 6.464569929448805E8
        System.out.println(Math.log10(2) * Integer.MAX_VALUE);
```

2.7 java.math.BigDecimal

double타입으로 표현할 수 있는 값은 상당히 범위가 넓지만, 정밀도가 최대 13자리 밖에 되지 않고 실수형의 특성상 오차를 피할 수 없다. BigDecimal은 실수형과 달리 정수를 이용해서 실수를 표현한다. 앞에서 배운 것과 같이 실수의 오차는 10진 실수를 2진 실수로 정확히 변환할 수 없는 경우가 있기 때문에 발생하는 것이므로, 실수를 오차가 없는 2진 정수로 변환하여 다루는 것이다. 실수를 정수와 10의 제곱의 곱으로 표현한다.

$$정수 \times 10^{-scale}$$

scale은 0부터 Integer.MAX_VALUE사이의 범위에 있는 값이다. 그리고 BigDecimal은 정수를 저장하는데 BigInteger를 사용한다.

| 참고 | BigInteger처럼 BigDecimal도 불변(immutable)이다.

```
private final BigInteger intVal;      // 정수(unscaled value)
private final int scale;              // 지수(scale)
private transient int precision;      // 정밀도(precision) - 정수의 자릿수
```

예를 들어 123.45는 12345×10^{-2}로 표현할 수 있으며, 이 값이 BigDecimal에 저장되면, intVal의 값은 12345가 되고 scale의 값은 2가 된다. scale은 소수점 이하의 자리수를 의미한다는 것을 알 수 있다. 그리고 precision의 값은 5가 되는데, 이 값은 정수의 전체 자리수를 의미한다.

```
BigDecimal val = new BigDecimal("123.45");      // 12345×10⁻²
System.out.println(val.unscaledValue());        // 12345
System.out.println(val.scale());                // 2
System.out.println(val.precision());            // 5
```

BigDecimal의 생성

BigDecimal을 생성하는 방법은 여러 가지가 있는데, 문자열로 숫자를 표현하는 것이 일반적이다. 기본형 리터럴로 표현할 수 있는 값의 한계가 있기 때문이다.

```
BigDecimal val;
val = new BigDecimal("123.4567890");  // 문자열로 생성
val = new BigDecimal(123.456);        // double타입의 리터럴로 생성
val = new BigDecimal(123456);         // int, long타입의 리터럴로 생성가능
val = BigDecimal.valueOf(123.456);    // 생성자 대신 valueOf(double) 사용
val = BigDecimal.valueOf(123456);     // 생성자 대신 valueOf(int) 사용
```

그리고 한 가지 주의할 점은, double타입의 값을 매개변수로 갖는 생성자를 사용하면 오차가 발생할 수 있다는 것이다.

```
System.out.println(new BigDecimal(0.1));   // 0.1000000000000000005551...
System.out.println(new BigDecimal("0.1")); // 0.1
```

다른 타입으로의 변환
BigDecimal을 문자열로 변환하는 메서드는 다음과 같다.

```
String toPlainString()      // 항상 다른 기호없이 숫자로만 표현
String toString()           // 필요하면 지수형태로 표현할 수도 있음
```

대부분의 경우 이 두 메서드의 반환결과가 같지만, BigDecimal을 생성할 때 '1.0e-22'와 같은 지수형태의 리터럴을 사용했을 때 다른 결과를 얻는 경우가 있다.

```
BigDecimal val = new BigDecimal(1.0e-22);
System.out.println(val.toPlainString());// 0.00000000000000000000010...
System.out.println(val.toString());     // 1.000000000000000048...5E-22
```

BigDecimal도 Number로 부터 상속받은 기본형으로 변환하는 메서드를 가지고 있다.

```
int     intValue()
long    longValue()
float   floatValue()
double  doubleValue()
```

BigDecimal을 정수형으로 변환하는 메서드 중에서 이름 끝에 'Exact'가 붙은 것들은 변환한 결과가 변환한 타입의 범위에 속하지 않으면 ArithmeticException을 발생시킨다.

```
byte        byteValueExact()
short       shortValueExact()
int         intValueExact()
long        longValueExact()
BigInteger  toBigIntegerExact()
```

BigDecimal의 연산
BigDecimal에는 실수형에 사용할 수 있는 모든 연산자와 수학적인 계산을 쉽게 해주는 메서드들이 정의되어 있다. 아래는 기본적인 연산을 수행하는 메서드 몇 개만 골라보면 아래와 같다.

```
BigDecimal add(BigDecimal val)       // 덧셈(this + val)
BigDecimal subtract(BigDecimal val)  // 뺄셈(this - val)
BigDecimal multiply(BigDecimal val)  // 곱셈(this * val)
BigDecimal divide(BigDecimal val)    // 나눗셈(this / val)
BigDecimal remainder(BigDecimal val) // 나머지(this % val)
```

BigInteger와 마찬가지로 BigDecimal은 불변이므로, 반환타입이 BigDecimal인 경우 새로운 인스턴스가 반환된다. Java API를 보면, 메서드 마다 연산기호가 적혀있기 때문에, 영어를 몰라도 각 메서드가 어떤 연산자를 구현한 것인지 쉽게 알 수 있다.

한 가지 알아둬야 할 것은 연산결과의 정수, 지수, 정밀도가 달라진다는 것이다.

```
                                              // value, scale, precision
BigDecimal bd1 = new BigDecimal("123.456");   // 123456,  3,   6
BigDecimal bd2 = new BigDecimal("1.0");       // 10,      1,   2
BigDecimal bd3 = bd1.multiply(bd2);           // 1234560, 4,   7
```

곱셈에서는 두 피연산자의 scale을 더하고, 나눗셈에서는 뺀다. 덧셈과 뺄셈에서는 둘 중에서 자리수가 높은 쪽으로 맞추기 위해서 두 scale중에서 큰 쪽이 결과가 된다.

반올림 모드 – divide( )와 setScale( )

다른 연산과 달리 나눗셈을 처리하기 위한 메서드는 다음과 같이 다양한 버젼이 존재한다. 나눗셈의 결과를 어떻게 반올림(roundingMode)처리할 것인가와, 몇 번째 자리(scale)에서 반올림할 것인지를 지정할 수 있다. BigDecimal이 아무리 오차없이 실수를 저장한다해도 나눗셈에서 발생하는 오차는 어쩔 수 없다.

```
BigDecimal divide(BigDecimal divisor)
BigDecimal divide(BigDecimal divisor, int roundingMode)
BigDecimal divide(BigDecimal divisor, RoundingMode roundingMode)
BigDecimal divide(BigDecimal divisor, int scale, int roundingMode)
BigDecimal divide(BigDecimal divisor, int scale,
                                      RoundingMode roundingMode)
BigDecimal divide(BigDecimal divisor, MathContext mc)
```

roundingMode는 반올림 처리방법에 대한 것으로 BigDecimal에 정의된 'ROUND_'로 시작하는 상수들 중에 하나를 선택해서 사용하면 된다. RoundingMode는 이 상수들을 열거형으로 정의한 것으로 나중에 추가되었다. 가능하면 열거형 RoundingMode를 사용하자.

상수	설명
CEILING	올림
FLOOR	내림
UP	양수일 때는 올림, 음수일 때는 내림
DOWN	양수일 때는 내림, 음수일 때는 올림(UP과 반대)
HALF_UP	반올림(5이상 올림, 5미만 버림)
HALF_EVEN	반올림(반올림 자리의 값이 짝수면 HALF_DOWN, 홀수면 HALF_UP)
HALF_DOWN	반올림(6이상 올림, 6미만 버림)
UNNECESSARY	나눗셈의 결과가 딱 떨어지는 수가 아니면, ArithmeticException발생

▲ 표9-14 열거형 RoundingMode에 정의된 상수

올림과 내림은 수학시간에 배워서 잘 알고 있을 것이고, 우리가 일반적으로 알고 있는 반올림은 'HALF_UP'이다. 5가 아닌 6을 기준으로 반올림하는 것이 'HALF_DOWN'이다.

주의할 점은 1.0/3.0처럼 divide( )로 나눗셈한 결과가 무한소수인 경우, 반올림 모드를 지정해주지 않으면 ArithmeticException이 발생한다는 것이다.

```
BigDecimal bigd  = new BigDecimal("1.0");
BigDecimal bigd2 = new BigDecimal("3.0");

System.out.println(bigd.divide(bigd2)); //ArithmeticException발생.
System.out.println(bigd.divide(bigd2, 3, RoundingMode.HALF_UP)); // 0.333
```

java.math.MathContext
MathContext는 반올림 모드와 정밀도(precision)을 하나로 묶어 놓은 것일 뿐 별다른 것은 없다. 한 가지 주의할 점은 divide( )에서는 scale이 소수점 이하의 자리수를 의미하는데, MathContext에서는 precision이 정수와 소수점 이하를 모두 포함한 자리수를 의미한다는 것이다.

```
BigDecimal bd1  = new BigDecimal("123.456");
BigDecimal bd2  = new BigDecimal("1.0");

System.out.println(bd1.divide(bd2, 2, HALF_UP)); // 123.46
System.out.println(bd1.divide(bd2,
                   new MathContext(2, HALF_UP))); // 1.2E+2
```

그래서 위의 결과를 보면, scale이 2이면 나눗셈의 결과가 소수점 두 자리까지 출력되는데, MathContext를 이용한 결과는 precision을 가지고 반올림 하므로 bd1의 precision인 12346에서 세 번째 자리에서 반올림해서 precision은 12000이 아니라 12가 된다. 여기에 scale이 반영되어 '1.2E+2'가 된 것이다. 위의 코드에서 scale과 precision의 값을 바꿔가면서 반복해서 출력해 보면 쉽게 이해가 될 것이다.

scale의 변경
BigDecimal을 10으로 곱하거나 나누는 대신 scale의 값을 변경함으로써 같은 결과를 얻을 수 있다. BigDecimal의 scale을 변경하려면, setScale( )을 이용하면 된다.

```
BigDecimal setScale(int newScale)
BigDecimal setScale(int newScale, int roundingMode)
BigDecimal setScale(int newScale, RoundingMode mode)
```

setScale( )로 scale을 값을 줄이는 것은 10의 n제곱으로 나누는 것과 같으므로, divide( )를 호출할 때처럼 오차가 발생할 수 있고 반올림 모드를 지정해 주어야 한다.

▼ 예제 9-44/BigDecimalEx.java

```
import java.math.*;
import static java.math.RoundingMode.*;
```

```java
class BigDecimalEx {
    public static void main(String[] args) throws Exception {
        BigDecimal bd1 = new BigDecimal("123.456");
        BigDecimal bd2 = new BigDecimal("1.0");

        System.out.print("bd1="+bd1);
        System.out.print(",\tvalue="+bd1.unscaledValue());
        System.out.print(",\tscale="+bd1.scale());
        System.out.print(",\tprecision="+bd1.precision());
        System.out.println();

        System.out.print("bd2="+bd2);
        System.out.print(",\tvalue="+bd2.unscaledValue());
        System.out.print(",\tscale="+bd2.scale());
        System.out.print(",\tprecision="+bd2.precision());
        System.out.println();

        BigDecimal bd3 = bd1.multiply(bd2);
        System.out.print("bd3="+bd3);
        System.out.print(",\t\tvalue="+bd3.unscaledValue());
        System.out.print(",\t\tscale="+bd3.scale());
        System.out.print(",\tprecision="+bd3.precision());
        System.out.println();

        System.out.println(bd1.divide(bd2, 2, HALF_UP));  // 123.46
        System.out.println(bd1.setScale(2, HALF_UP));     // 123.46
        System.out.println(bd1.divide(bd2, new MathContext(2, HALF_UP)));
    }
}
```

▼ 실행결과

```
bd1=123.456,     value=123456,    scale=3,     precision=6
bd2=1.0,         value=10,        scale=1,     precision=2
bd3=123.4560,    value=1234560,   scale=4,     precision=7
123.46
123.46
1.2E+2
```

| 참고 | 연습문제는 코드초보스터디(http://cafe.naver.com/javachobostudy.cafe)에서 PDF파일로 제공

Memo

Chapter 10

날짜와 시간 & 형식화
date, time and formatting

1. 날짜와 시간

1.1 Calendar와 Date

Date는 날짜와 시간을 다룰 목적으로 JDK1.0부터 제공되어온 클래스이다. JDK1.0이 제공하는 클래스의 수와 기능은 지금과 비교할 수 없을 정도로 빈약했다. Date클래스 역시 기능이 부족했기 때문에, 서둘러 Calendar라는 새로운 클래스를 그 다음 버젼인 JDK1.1부터 제공하기 시작했다. Calendar는 Date보다는 훨씬 나았지만 몇 가지 단점들이 발견되었다. 늦은 감이 있지만 Java 8부터 'java.time패키지'로 기존의 단점들을 개선한 새로운 클래스들이 추가되었다.

새로 추가된 java.time패키지만 배우면 좋을 텐데, 아쉽게도 Calendar와 Date는 자바의 탄생부터 지금까지 30년 가까이 사용되어왔고, 지금도 계속 사용되고 있으므로 배우지 않고 넘어갈 수가 없다. 그렇다고 해서 Calendar와 Date의 기능을 깊게 배울 필요는 없고 여기서 소개하는 예제들을 이해하고 필요할 때 활용하는 정도면 충분하다.

| 참고 | 여기서 말하는 Date클래스는 java.util패키지에 속한 것이다. java.sql패키지의 Date클래스와 혼동하지 말자.

Calendar와 GregorianCalendar

Calendar는 추상클래스이기 때문에 직접 객체를 생성할 수 없고, 메서드를 통해서 완전히 구현된 클래스의 인스턴스를 얻어야 한다.

```
Calendar cal = new Calendar(); // 에러!!! 추상클래스는 인스턴스를 생성할 수 없다.

// OK, getInstance()메서드는 Calendar를 구현한 클래스의 인스턴스를 반환한다.
Calendar cal = Calendar.getInstance();
```

Calendar를 상속받아 완전히 구현한 클래스로는 GregorianCalendar와 BuddhistCalendar가 있는데 getInstance()는 시스템의 국가와 지역설정을 확인해서 태국인 경우에는 BuddhistCalendar의 인스턴스를 반환하고, 그 외에는 GregorianCalendar의 인스턴스를 반환한다.

GregorianCalendar는 Calendar를 상속받아 오늘날 전세계 공통으로 사용하고 있는 그레고리력에 맞게 구현한 것으로 태국을 제외한 나머지 국가에서는 GregorianCalendar를 사용하면 된다.

인스턴스를 직접 생성해서 사용하지 않고 이처럼 메서드를 통해서 인스턴스를 반환받게 하는 이유는 최소한의 변경으로 프로그램이 동작할 수 있도록 하기 위한 것이다.

```
class MyApplication {
    public static void main(String args[]) {
        Calendar cal = new GregorianCalendar(); // 경우에 따라 변경이 발생 가능
            ...
    }
}
```

만일 위와 같이 특정 인스턴스를 생성하도록 프로그램이 작성되어 있다면, 다른 종류의 역법(calendar)을 사용하는 국가에서 실행한다던가, 새로운 역법이 추가된다던가 하는 경우, 즉 다른 종류의 인스턴스를 필요로 하는 경우에 MyApplication을 변경해야 한다.

그러나 아래와 같이 상황에 따라 다른 종류의 Caldendar를 반환하는 팩토리 메서드로부터 인스턴스를 얻게 하면 MyApplication을 변경하지 않아도 된다.

```
class MyApplication {
    public static void main(String args[]) {
        Calendar cal = Calendar.getInstance();  // 적절한 캘린더를 반환
        ...
    }
}
```

대신 getInstance()의 내용은 달라져야 하겠지만, MyApplication이 변경되지 않아도 된다는 것이 중요하다. getInstance()메서드가 static인 이유는 메서드 내의 코드에서 인스턴스 변수를 사용하거나 인스턴스 메서드를 호출하지 않기 때문이며(p.304 참고), 또 다른 이유는 getInstance()가 static이 아니라면 위와 같이 객체를 생성한 다음에 호출해야 하는데 Calendar는 추상클래스이기 때문에 객체를 생성할 수 없기 때문이다.

Date와 Calendar간의 변환

Calendar가 새로 추가되면서 Date는 대부분의 메서드가 'deprecated'되었으므로 잘 사용되지 않는다. 그럼에도 불구하고 여전히 Date를 필요로 하는 메서드들이 있기 때문에 Calendar를 Date로 또는 그 반대로 변환할 일이 생긴다. 그럴 때는 다음과 같이 하자.

| 참고 | Java API문서를 보면 더 이상 사용을 권장하지 않는 대상에 'deprecated'가 붙어있다.

1. Calendar를 Date로 변환
```
Calendar cal = Calendar.getInstance();
    ...
Date d = new Date(cal.getTimeInMillis()); // Date(long date)
```

2. Date를 Calendar로 변환
```
Date d = new Date();
    ...
Calendar cal = Calendar.getInstance();
cal.setTime(d)
```

▼ 예제 10-1/`CalendarEx.java`

```
import java.util.*;

class CalendarEx {
    public static void main(String[] args)
    {   // 기본적으로 현재날짜와 시간으로 설정된다.
        Calendar today = Calendar.getInstance();
```

```java
            System.out.println("이 해의 년도 : " + today.get(Calendar.YEAR));
            System.out.println("월(0~11, 0:1월): " + today.get(Calendar.MONTH));
            System.out.println("이 해의 몇 째 주: " + today.get(Calendar.WEEK_OF_YEAR));
            System.out.println("이 달의 몇 째 주: "
                                    + today.get(Calendar.WEEK_OF_MONTH));
            // DATE와 DAY_OF_MONTH는 같다.
            System.out.println("이 달의 몇 일: " + today.get(Calendar.DATE));
            System.out.println("이 달의 몇 일: " + today.get(Calendar.DAY_OF_MONTH));
            System.out.println("이 해의 몇 일: " + today.get(Calendar.DAY_OF_YEAR));
            System.out.println("요일(1~7, 1:일요일): "
                + today.get(Calendar.DAY_OF_WEEK));    // 1:일요일, 2:월요일, ... 7:토요일
            System.out.println("이 달의 몇 째 요일: "
                                    + today.get(Calendar.DAY_OF_WEEK_IN_MONTH));
            System.out.println("오전_오후(0:오전, 1:오후): "
                                    + today.get(Calendar.AM_PM));
            System.out.println("시간(0~11): " + today.get(Calendar.HOUR));
            System.out.println("시간(0~23): " + today.get(Calendar.HOUR_OF_DAY));
            System.out.println("분(0~59): " + today.get(Calendar.MINUTE));
            System.out.println("초(0~59): " + today.get(Calendar.SECOND));
            System.out.println("1000분의 1초(0~999): "
                                    + today.get(Calendar.MILLISECOND));
            // 천분의 1초를 시간으로 표시하기 위해 3600000으로 나누었다.(1시간 = 60 * 60초)
            System.out.println("TimeZone(-12~+12): "
                        + (today.get(Calendar.ZONE_OFFSET)/(60*60*1000)));
            System.out.println("이 달의 마지막 날: "
                + today.getActualMaximum(Calendar.DATE) );  // 이 달의 마지막 일을 찾는다.
    }
}
```

▼ 실행결과

```
이 해의 년도 : 2025
월(0~11, 0:1월): 4       ← 5월
이 해의 몇 째 주: 19
이 달의 몇 째 주: 2
이 달의 몇 일: 5
이 달의 몇 일: 5
이 해의 몇 일: 125
요일(1~7, 1:일요일): 2    ← 월요일
이 달의 몇 째 요일: 1     ← 이달의 첫 번째 월요일
오전_오후(0:오전, 1:오후): 1
시간(0~11): 2
시간(0~23): 14
분(0~59): 11
초(0~59): 22
1000분의 1초(0~999): 330
TimeZone(-12~+12): 9
이 달의 마지막 날: 31
```

getInstance( )를 통해서 얻은 인스턴스는 기본적으로 현재 시스템의 날짜와 시간에 대한 정보를 담고 있다. 원하는 날짜나 시간으로 설정하려면 set메서드를 사용하면 된다.

여기서는 'int get(int field)'를 이용해서 원하는 필드의 값을 얻어오는 방법을 보여주기 위한 것이다.

```
public final static int YEAR = 1;
```

get메서드의 매개변수로 사용되는 int값들은 Calendar에 정의된 static상수이다. 이 예제에서는 자주 쓰이는 것들만 골라놓은 것인데 실제로는 더 많은 필드들이 정의되어 있으니 보다 자세한 내용은 Java API문서를 참고하자.

```
System.out.println("월(0~11, 0:1월): " + today.get(Calendar.MONTH));
```

한 가지 주의해야할 것은 get(Calendar.MONTH)로 얻어오는 값의 범위가 1~12가 아닌 0~11이라는 것이다. 그래서 get(Calendar.MONTH)로 얻어오는 값이 0이면 1월을 의미하고, 11이면 12월을 의미한다.

▼ 예제 10-2/**CalendarEx2.java**

```java
import java.util.*;

class CalendarEx2 {
    public static void main(String[] args) {
        // 요일은 1부터 시작하기 때문에, DAY_OF_WEEK[0]은 비워두었다.
        final String[] DAY_OF_WEEK = {"", "일", "월", "화", "수", "목", "금", "토"};

        Calendar date1 = Calendar.getInstance();
        Calendar date2 = Calendar.getInstance();

        // month의 경우 0부터 시작하기 때문에 8월인 경우, 7로 지정해야 한다.
        // date1.set(2024, Calendar.AUGUST, 15);와 같이 할 수도 있다.
        date1.set(2024, 7, 15); // 2024년 8월 15일로 날짜를 설정
        System.out.println("date1은 "+ toString(date1)
                    + DAY_OF_WEEK[date1.get(Calendar.DAY_OF_WEEK)]+"요일이고,");
        System.out.println("오늘(date2)은 " + toString(date2)
                    + DAY_OF_WEEK[date2.get(Calendar.DAY_OF_WEEK)]+"요일입니다.");

        // 두 날짜의 차이를 얻으려면, getTimeInMillis() 천분의 일초 단위로 변환해야 한다.
        long difference =
            (date2.getTimeInMillis() - date1.getTimeInMillis())/1000;
        System.out.println("그 날(date1)부터 지금(date2)까지 "
                    + difference +"초가 지났습니다.");
        System.out.println("일(day)로 계산하면 "+ difference/(24*60*60)
                    +"일입니다."); // 1일 = 24 * 60 * 60
    }
    public static String toString(Calendar date) {
        return date.get(Calendar.YEAR)+"년 "+ (date.get(Calendar.MONTH)+1)
                    +"월 " + date.get(Calendar.DATE) + "일 ";
    }
}
```

▼ 실행결과

```
date1은 2024년 8월 15일 목요일이고,
오늘(date2)은 2024년 8월 20일 화요일입니다.
그 날(date1)부터 지금(date2)까지 432000초가 지났습니다.
일(day)로 계산하면 5일입니다.
```

두 날짜간의 차이를 구하는 예제이다. 날짜와 시간을 원하는 값으로 변경하려면 set메서드를 사용하면 된다.

```
void set(int field, int value)
void set(int year, int month, int date)
void set(int year, int month, int date, int hourOfDay, int minute)
void set(int year, int month, int date, int hourOfDay, int minute,
                                                       int second)
```

| 참고 | clear( )는 모든 필드의 값을, clear(int field)는 지정된 필드의 값을 기본값으로 초기화 한다. 각 필드의 기본값은 Java API문서에서 GregorianCalendar를 참고하자.

두 날짜간의 차이를 구하기 위해서는 두 날짜를 최소단위인 초단위로 변경한 다음 그 차이를 구하면 된다. getTimeInMillis( )는 1/1000초 단위로 값을 반환하기 때문에 초단위로 얻기 위해서는 1000으로 나눠 주어야 하고, 일단위로 얻기 위해서는 '24(시간) * 60(분) * 60(초) * 1000'으로 나누어야 한다.

예제에서는 변수 difference에 저장할 때 이미 초단위로 변경하였기 때문에 일단위로 변경할 때 '24(시간)*60(분)*60(초)'로만 나누었다.

시간상의 전후를 알고 싶을 때는 두 날짜간의 차이가 양수인지 음수인지를 판단하면 될 것이다. 아니면, 간단히 'boolean after(Object when)' 또는 'boolean before(Object when)'를 사용해도 좋다.

▼ 예제 10-3/**CalendarEx3.java**

```java
import java.util.*;

class CalendarEx3 {
    public static void main(String[] args) {
        final int[] TIME_UNIT = {3600, 60, 1}; // 큰 단위를 앞에 놓는다.
        final String[] TIME_UNIT_NAME = {"시간 ", "분 ", "초 "};

        Calendar time1 = Calendar.getInstance();
        Calendar time2 = Calendar.getInstance();

        time1.set(Calendar.HOUR_OF_DAY, 10); // time1을 10시 20분 30초로 설정
        time1.set(Calendar.MINUTE, 20);
        time1.set(Calendar.SECOND, 30);

        time2.set(Calendar.HOUR_OF_DAY, 20); // time2을 20시 30분 10초로 설정
        time2.set(Calendar.MINUTE, 30);
        time2.set(Calendar.SECOND, 10);

        System.out.println("time1 :"+time1.get(Calendar.HOUR_OF_DAY)+"시 "
            + time1.get(Calendar.MINUTE)+"분 " + time1.get(Calendar.SECOND)+"초");
        System.out.println("time2 :"+time2.get(Calendar.HOUR_OF_DAY)+"시 "
            + time2.get(Calendar.MINUTE)+"분 " + time2.get(Calendar.SECOND)+"초");

        long difference =
            Math.abs(time2.getTimeInMillis() - time1.getTimeInMillis())/1000;
        System.out.println("time1과 time2의 차이는 "+ difference +"초 입니다.");
```

```
        String tmp = "";
        for(int i=0; i < TIME_UNIT.length;i++) {
            tmp += difference/TIME_UNIT[i] + TIME_UNIT_NAME[i];
            difference %= TIME_UNIT[i];
        }
        System.out.println("시분초로 변환하면 " + tmp + "입니다.");
    }
}
```

▼ 실행결과
```
time1 :10시 20분 30초
time2 :20시 30분 10초
time1과 time2의 차이는 36580초 입니다.
시분초로 변환하면 10시간 9분 40초 입니다
```

두 개의 시간 데이터로부터 초 단위로 차이를 구한 다음, 시분초로 바꿔 출력하는 예제이다. 가장 큰 단위인 시간 단위(3600초)로 나누고 남은 나머지를 다시 분 단위(60초)로 나누면 그 나머지는 초 단위의 값이 된다.

```
        for(int i = 0; i < TIME_UNIT.length;i++) {
            tmp += difference / TIME_UNIT[i] + TIME_UNIT_NAME[i];
            // difference = difference % TIME_UNIT[i];
            difference %= TIME_UNIT[i];
        }
```

▼ 예제 10-4/**CalendarEx4.java**

```
import java.util.*;

class CalendarEx4 {
    public static void main(String[] args) {
        Calendar date = Calendar.getInstance();
        date.set(2024, 7, 31);          // 2024년 8월 31일

        System.out.println(toString(date));
        System.out.println("= 1일 후 =");
        date.add(Calendar.DATE, 1);
        System.out.println(toString(date));

        System.out.println("= 6달 전 =");
        date.add(Calendar.MONTH, -6);
        System.out.println(toString(date));

        System.out.println("= 31일후(roll) =");
        date.roll(Calendar.DATE, 31);
        System.out.println(toString(date));

        System.out.println("= 31일후(add) =");
        date.add(Calendar.DATE, 31);
        System.out.println(toString(date));
    }

    public static String toString(Calendar date) {
        return date.get(Calendar.YEAR)+"년 "+ (date.get(Calendar.MONTH)+1)
                          +"월 " + date.get(Calendar.DATE) + "일";
    }
}
```

▼ 실행결과
```
2024년 8월 31일
= 1일후 =
2024년 9월 1일
= 6달 전 =
2024년 3월 1일
= 31일후(roll) =
2024년 3월 1일
= 31일후(add) =
2024년 4월 1일
```

'add(int field, int amount)'를 사용하면 지정한 필드의 값을 원하는 만큼 증가 또는 감소 시킬 수 있기 때문에 add메서드를 이용하면 특정 날짜 또는 시간을 기점으로 해서 일정기 간 전후의 날짜와 시간을 알아낼 수 있다.

'roll(int field, int amount)'도 지정한 필드의 값을 증가 또는 감소시킬 수 있는데, add 메서드와의 차이점은 다른 필드에 영향을 미치지 않는다는 것이다. 예를 들어 add메서드 로 날짜필드(Calendar.DATE)의 값을 31만큼 증가시켰다면 다음 달로 넘어가므로 월 필 드(Calendar.MONTH)의 값도 1 증가하지만, roll메서드는 같은 경우에 월 필드의 값은 변하지 않고 일 필드의 값만 바뀐다.

단, 한 가지 예외가 있는데 일 필드(Calendar.DATE)가 말일(end of month) 일 때, roll 메서드를 이용해서 월 필드(Calendar.MONTH)를 변경하면 일 필드(Calendar.DATE)에 영향을 미칠 수 있다.

▼ 예제 10-5/**CalendarEx5.java**

```
import java.util.*;

class  CalendarEx5 {
   public static void main(String[] args) {
      Calendar date = Calendar.getInstance();

      date.set(2025, 0, 31);        // 2025년 1월 31일
      System.out.println(toString(date));
      date.roll(Calendar.MONTH, 1);
      System.out.println(toString(date));
   }

   public static String toString(Calendar date) {
      return date.get(Calendar.YEAR)+"년 "+ (date.get(Calendar.MONTH)+1)
                                   +"월 " + date.get(Calendar.DATE) + "일";
   }
}
```

▼ 실행결과
2025년 1월 31일
2025년 2월 28일

2025년 1월 31일에 대해 roll( )을 호출해서 월 필드를 1 증가시켰을 때, 월 필드는 2월이 되는데 2월에는 31일이 없기 때문에 2월의 말일인 28일로 자동 변경되었다. add( )도 같 은 경우에 마찬가지로 자동 변경된다.

▼ 예제 10-6/**CalendarEx6.java**

```
import java.util.*;

class CalendarEx6 {
     public static void main(String[] args) {
          if(args.length !=2) {
               System.out.println("Usage : java CalendarEx6 2024 11");
               return;
          }
          int year  = Integer.parseInt(args[0]);
          int month = Integer.parseInt(args[1]);
```

```java
            int START_DAY_OF_WEEK = 0;
            int END_DAY = 0;

            Calendar sDay = Calendar.getInstance();      // 시작일
            Calendar eDay = Calendar.getInstance();      // 끝일

            // 월의 경우 0 부터 11까지의 값을 가지므로 1을 빼주어야 한다.
            // 예를 들어, 2024년 9월 1일은 sDay.set(2024, 8, 1);과 같이 해줘야 한다.
            sDay.set(year, month-1, 1);
            eDay.set(year, month, 1);

            // 다음달의 첫날에서 하루를 빼면 현재달의 마지막 날이 된다.
            // 10월 1일에서 하루를 빼면 9월 30일이 된다.
            eDay.add(Calendar.DATE, -1);

            // 첫 번째 요일이 무슨 요일인지 알아낸다.
            START_DAY_OF_WEEK = sDay.get(Calendar.DAY_OF_WEEK);

            // eDay에 지정된 날짜를 얻어온다.
            END_DAY = eDay.get(Calendar.DATE);

            System.out.println("       " + args[0] +"년 " + args[1] +"월");
            System.out.println(" SU MO TU WE TH FR SA");

            // 해당 월의 1일이 어느 요일인지에 따라서 공백을 출력한다.
            // 만일 1일이 수요일이라면 공백을 세 번 찍는다. (일요일부터 시작)
            for(int i=1; i < START_DAY_OF_WEEK; i++) {
                System.out.print("   ");
            }

            for(int i=1, n=START_DAY_OF_WEEK ; i <= END_DAY; i++, n++) {
                System.out.print((i < 10)? "  "+i : " "+i );
                if(n%7==0) System.out.println();
            }
        }
}
```

▼ 실행결과

```
C:\...\ch10>java CalendarEx6 2024 9
       2024년 9월
 SU MO TU WE TH FR SA
  1  2  3  4  5  6  7
  8  9 10 11 12 13 14
 15 16 17 18 19 20 21
 22 23 24 25 26 27 28
 29 30
```

커맨드라인으로 년과 월을 입력하면 달력을 출력하는 예제이다. 특별히 설명할 것은 없고, 다음 달의 1일에서 하루를 빼면 이번 달의 마지막 일을 알 수 있다는 것을 기억해 두기 바란다. 예를 들면 2월의 마지막 날을 알고 싶을 때 3월 1일에서 하루를 빼면 된다.

| 참고 | getActualMaximum(Calendar.DATE)를 사용해도 해당 월의 마지막 날을 알 수 있다.

▼ 예제 10-7/CalendarEx7.java

```java
import java.util.*;

class CalendarEx7 {
    public static void main(String[] args) {
        if(args.length !=2) {
            System.out.println("Usage : java CalendarEx7 2024 11");
            return;
        }

        int year  = Integer.parseInt(args[0]);
        int month = Integer.parseInt(args[1]);

        Calendar sDay = Calendar.getInstance();         // 시작일
        Calendar eDay = Calendar.getInstance();         // 끝일

        // 월의 경우 0 부터 11까지의 값을 가지므로 1을 빼줘야한다.
        // 예를 들어, 2024년 9월 1일은 sDay.set(2024, 8, 1);과 같이 해줘야 한다.
        sDay.set(year, month-1, 1);        // 입력월의 1일로 설정한다.
        // 입력월의 말일로 설정한다.
        eDay.set(year, month-1,  sDay.getActualMaximum(Calendar.DATE));
        // 1일이 속한 주의 일요일로 날짜설정.
        sDay.add(Calendar.DATE, -sDay.get(Calendar.DAY_OF_WEEK) + 1);
        // 말일이 속한 주의 토요일로 날짜설정
        eDay.add(Calendar.DATE, 7 - eDay.get(Calendar.DAY_OF_WEEK));

        System.out.println("        " + year +"년 " + month +"월");
        System.out.println(" SU MO TU WE TH FR SA");

        // 시작 일부터 마지막 일까지(sDay <= eDay) 1일씩 증가시키면서 일(Calendar.DATE)을 출력
        for(int n=1; sDay.before(eDay) || sDay.equals(eDay)
                                   ; sDay.add(Calendar.DATE, 1)) {
            int day = sDay.get(Calendar.DATE);
            System.out.print((day < 10)? "  "+day : " "+day );
            if(n++%7==0) System.out.println();  // 7일치를 찍고 나서 줄을 바꾼다.
        }
    } // main
}
```

▼ 실행결과

```
C:\...\ch10>java CalendarEx7 2024 9
        2024년 9월
 SU MO TU WE TH FR SA
  1  2  3  4  5  6  7
  8  9 10 11 12 13 14
 15 16 17 18 19 20 21
 22 23 24 25 26 27 28
 29 30  1  2  3  4  5
```

이전 예제를 첫 주와 마지막 주가 이전 달, 이후 달과 연결되도록 변경하였다. 보다 다양한 메서드의 활용법을 보여주고자 노력했다.

▼ 예제 10-8/CalendarEx8.java

```java
class CalendarEx8 {
    public static void main(String[] args){
        String date1 = "202408";
        String date2 = "202305";

        // 년과 월을 substring으로 잘라서 정수로 변환한다.
        // 년에 12를 곱해서 월로 변환한 다음에 뺄셈을 하면 개월차를 구할 수 있다.
        int month1 = Integer.parseInt(date1.substring(0,4))* 12
                        + Integer.parseInt(date1.substring(4));
        int month2 = Integer.parseInt(date2.substring(0,4))* 12
                        + Integer.parseInt(date2.substring(4));

        System.out.println(date1 +"과 " + date2 + "의 차이는 "
                        + Math.abs(month1-month2) + "개월 입니다.");
    }
}
```

▼ 실행결과
```
202408과 202305의 차이는 15개월 입니다.
```

년과 월 정도의 계산이라면, 굳이 Calendar를 사용하지 않고 이처럼 간단히 처리해도 좋을 것이다.

▼ 예제 10-9/CalendarEx9.java

```java
class CalendarEx9 {
    public static void main(String[] args) {
        System.out.println("2024. 5. 31 :" + getDayOfWeek(2024, 5, 31));
        System.out.println("2022. 6. 1 :" + getDayOfWeek(2022, 6, 1));
        System.out.println("2024. 5. 1 - 2024.4.28 :"
                        + dayDiff(2024,5,1,2024,4,28));
        System.out.println("2025. 6. 29 : " +convertDateToDay(2025, 6, 29));
        System.out.println("739431 : "+convertDayToDate(739431));
    }

    public static int[] endOfMonth = {31, 28, 31, 30, 31, 30,   // 각 달의 마지막 일
                                      31, 31, 30, 31, 30, 31};

    public static boolean isLeapYear(int year) {
        return ((year%4==0)&&(year%100!=0)||(year%400==0));
    }

    public static int dayDiff(int y1, int m1, int d1, int y2, int m2, int d2) {
        return convertDateToDay(y1,m1,d1) - convertDateToDay(y2, m2, d2);
    }

    public static int getDayOfWeek(int year, int month, int day) {
        // 1~7의 값을 반환한다. 결과가 1이면 일요일이다.
        return convertDateToDay(year, month, day)%7 + 1;
    }

    public static String convertDayToDate(int day) {
        int year=1;
        int month=0;
```

```java
        while(true) {
            int aYear = isLeapYear(year)? 366 :365;
            if (day > aYear ) {
                day-= aYear;
                year++;
            } else {
                break;
            }
        }

        while(true) {
            int endDay = endOfMonth[month];
            // 윤년이고 윤달이 포함되어 있으면, 1일을 더한다.
            if(isLeapYear(year) && month == 1) endDay++;

            if(day > endDay) {
                day -= endDay;
                month++;
            } else {
                break;
            }
        }

        return year+"-"+(month+1)+"-"+day;
    }

    public static int convertDateToDay(int year, int month, int day) {
        int numOfLeapYear = 0; // 윤년의 수

        // 전년도까지의 윤년의 수를 구한다.
        for(int i=1;i < year; i++) {
            if(isLeapYear(i))
                numOfLeapYear++;
        }

        // 전년도까지의 일수를 구한다.
        int toLastYearDaySum = (year-1) * 365 + numOfLeapYear;

        // 올해의 현재 월까지의 일수 계산
        int thisYearDaySum =0;

        for(int i=0; i < month-1; i++)
            thisYearDaySum+=endOfMonth[i];

        // 윤년이고, 2월이 포함되어 있으면 1일을 증가시킨다.
        if (month > 2 && isLeapYear(year))
            thisYearDaySum++;

        thisYearDaySum+=day;

        return toLastYearDaySum+thisYearDaySum;
    }
}
```

▼ 실행결과
```
2024. 5. 31 :6
2022. 6. 1 :4
2024. 5. 1 - 2024.4.28 :3
2025. 6. 29 : 739431
739431 : 2025-6-29
```

이 예제는 날짜계산을 위한 몇 가지 메서드를 직접 구현해 보았다. 여기서 작성한 메서드의 기능을 요약하면 다음과 같다.

> **boolean isLeapYear(int year)**
> : 매개변수 year가 윤년이면 true를 그렇지 않으면 false를 반환한다.
> **int dayDiff(int y1, int m1, int d1, int y2, int m2, int d2)**
> : 두 날짜간의 차이를 일단위로 반환한다.
> **int getDayOfWeek(int year, int month, int day)**
> : 지정한 날짜의 요일을 반환한다.(1~7, 1이 일요일)
> **String convertDayToDate(int day)**
> : 일단위의 값을 년월일의 형태의 문자열로 변환하여 반환한다.
> **int convertDateToDay(int year, int month, int day)**
> : 년월일을 입력받아서 일단위로 변환한다.

날짜를 일단위로, 일단위의 값을 날짜로 바꾸는 것을 제외하고는 간단하다. 두 날짜의 차이를 구하려면, 일단위로 변환한 다음 두 값을 서로 빼기만 하면 된다.

요일을 구하는 것은 일단위로 바꾼 다음에 요일의 개수인 7로 나누고, 요일이 1부터 시작하기 위해서 1을 더했다. 1을 더하지 않고 요일의 범위를 0~6으로 해도 되지만, Calendar에서의 요일범위가 1~7이기 때문에 동일하게 처리했다.

| 참고 | 일 단위로 변환할 때 서기 1년 1월 1일부터의 일(日)의 수를 계산하였지만, Calendar의 경우 1970년 1월 1일을 기준으로 계산한다. 그래서 1970년 1월 1일 이전의 날짜에 대해 getTimeInMillis( )를 호출하면 음수를 결과로 얻는다.

2. 형식화 클래스

성적처리 프로그램을 작성했을 때 각 점수의 평균을 소수점 2자리로 일정하게 맞춰서 출력하려면 어떻게 해야 할까 고민해본 적이 있을 것이다.
평균값에 100을 곱하고 int형으로 형변환한 다음에 다시 100f로 나누고 반올림하려면 Math.round()도 써야하고 등등 생각만 해도 머리가 복잡하다.

  날짜를 형식에 맞게 출력하려면 숫자보다 더 복잡해진다. Calendar를 이용해서 년, 월, 일, 시, 분, 초를 각각 별도로 얻어서 조합을 해야 하는 과정을 거쳐야 한다.

  자바에서는 이러한 문제들을 쉽게 해결할 수 있는 방법을 제공하는데 그 것이 바로 형식화 클래스이다. 이 클래스는 java.text패키지에 포함되어 있으며 숫자, 날짜, 텍스트 데이터를 일정한 형식에 맞게 표현할 수 있는 방법을 객체지향적으로 설계하여 표준화하였다.

  형식화 클래스는 형식화에 사용될 패턴을 정의하는데, 데이터를 정의된 패턴에 맞춰 형식화할 수 있을 뿐만 아니라 역으로 형식화된 데이터에서 원래의 데이터를 얻어낼 수도 있다.

  이것은 마치 "123"과 같은 문자열을 Integer.parseInt()를 사용해서 123이라는 숫자로 변환하는 것과 같은 일이 가능하다는 것을 의미한다. 즉, 형식화된 데이터의 패턴만 정의해주면 복잡한 문자열에서도 substring()을 사용하지 않고도 쉽게 원하는 값을 얻어낼 수 있다는 것이다.

  이 외에도 형식화 클래스는 알아두면 편리하게 사용할 좋은 기능들을 가지고 있는데 백문이 불여일견이라고 긴 설명보다도 예제를 통해서 어떻게 활용하는지 이해하는 쪽이 훨씬 더 빠르리라 생각한다.

  이제 설명은 이쯤 해두고 형식화 클래스를 하나씩 예제와 함께 자세히 살펴보도록 하자.

2.1 DecimalFormat

형식화 클래스 중에서 숫자를 형식화 하는데 사용되는 것이 DecimalFormat이다. DecimalFormat을 이용하면 숫자 데이터를 정수, 부동소수점, 금액 등의 다양한 형식으로 표현할 수 있으며, 반대로 일정한 형식의 텍스트 데이터를 숫자로 쉽게 변환하는 것도 가능하다.

  형식화 클래스에서는 원하는 형식으로 표현 또는 변환하기 위해서 패턴을 정의하는데, 형식화 클래스에서는 패턴을 정의하는 것이 전부라고 해도 과언이 아니다.
아래의 표에 DecimalFormat의 패턴의 작성에 사용되는 기호와 설명, 그리고 자주 사용될 만한 패턴들을 예로 들었다. 여기에 제시된 패턴들만 잘 이해하고 응용하면 DecimalFormat의 패턴을 작성하는 것은 그리 어려운 일이 아닐 것이다.

기호	의미	패턴	결과(1234567.89)
0	10진수(값이 없을 때는 0)	0 0.0 0000000000.0000	1234568 1234567.9 0001234567.8900
#	10진수	# #.# ##########.####	1234568 1234567.9 1234567.89
.	소수점	#.#	1234567.9
-	음수부호	#.#- -#.#	1234567.9- -1234567.9
,	단위 구분자	#,###.## #,####.##	1,234,567.89 123,4567.89
E	지수기호	#E0 0E0 ##E0 00E0 ####E0 0000E0 #.#E0 0.0E0 0.000000000E0 00.00000000E0 000.0000000E0 #.########E0 ##.#######E0 ###.######E0	.1E7 1E6 1.2E6 12E5 123.5E4 1235E3 1.2E6 1.2E6 1.234567890E6 12.34567890E5 123.4567890E4 1.23456789E6 1.23456789E6 1.23456789E6
;	패턴구분자	#,###.##+;#,###.##-	1,234,567.89+ (양수일 때) 1,234,567.89- (음수일 때)
%	퍼센트	#.#%	123456789%
\u2030	퍼밀(퍼센트 x 10)	#.#\u2030	1234567890‰
\u00A4	통화	\u00A4 #,###	₩ 1,234,568
'	escape문자	'#'#,### "#,###	#1,234,568 '1,234,568

▲ 표10-1 DecimalFormat의 패턴에 사용되는 기호

| 참고 | 자세한 내용은 https://docs.oracle.com/en/java/javase/21/docs/api/java.base/java/text/DecimalFormat.html

DecimalFormat을 사용하는 방법은 간단하다. 먼저 원하는 출력형식의 패턴을 작성하여 DecimalFormat인스턴스를 생성한 다음, 출력하고자 하는 문자열로 format메서드를 호출하면 원하는 패턴에 맞게 변환된 문자열을 얻게 된다.

```
double number = 1234567.89;
DecimalFormat df = new DecimalFormat("#.#E0");
String result = df.format(number);
```

자, 이제 예제를 통해서 DecimalFormat의 다양한 활용방법을 알아보도록 하자.

▼ 예제 10-10/DecimalFormatEx.java

```java
import java.text.*;

class DecimalFormatEx {
    public static void main(String[] args) throws Exception {
        double number = 1234567.89;
        String[] pattern = {
            "0",
            "#",
            "0.0",
            "#.#",
            "0000000000.0000",
            "##########.####",
            "#.#-",
            "-#.#",
            "#,###.##",
            "#,####.##",
            "#E0",
            "0E0",
            "##E0",
            "00E0",
            "####E0",
            "0000E0",
            "#.#E0",
            "0.0E0",
            "0.000000000E0",
            "00.00000000E0",
            "000.0000000E0",
            "#.#########E0",
            "##.########E0",
            "###.#######E0",
            "#,###.##+;#,###.##-",
            "#.#%",
            "#.#\u2030",
            "\u00A4 #,###",
            "'#'#,###",
            "''#,###",
        };

        for(int i=0; i < pattern.length; i++) {
            DecimalFormat df = new DecimalFormat(pattern[i]);
            System.out.printf("%19s : %s\n",pattern[i], df.format(number));
        }
    } // main
}
```

▼ 실행결과

```
                  0 : 1234568
                  # : 1234568
                0.0 : 1234567.9
                #.# : 1234567.9
    0000000000.0000 : 0001234567.8900
    ##########.#### : 1234567.89
               #.#- : 1234567.9-
               -#.# : -1234567.9
           #,###.## : 1,234,567.89
          #,####.## : 123,4567.89
                #E0 : .1E7
                0E0 : 1E6
               ##E0 : 1.2E6
               00E0 : 12E5
             ####E0 : 123.5E4
             0000E0 : 1235E3
              #.#E0 : 1.2E6
              0.0E0 : 1.2E6
      0.000000000E0 : 1.234567890E6
      00.00000000E0 : 12.34567890E5
      000.0000000E0 : 123.4567890E4
      #.#########E0 : 1.23456789E6
      ##.########E0 : 1.23456789E6
      ###.#######E0 : 1.23456789E6
#,###.##+;#,###.##- : 1,234,567.89+
               #.#% : 123456789%
               #.#‰ : 1234567890‰
             ¤ #,### : ₩ 1,234,568
           '#'#,### : #1,234,568
            ''#,### : '1,234,568
```

자주 사용될 만한 패턴들을 작성해서 테스트한 예제이다. 각 패턴에 의한 결과를 비교해 보고 이 패턴들을 변형하여 새로운 패턴을 만들어 테스트해보자.

▼ 예제 10-11/DecimalFormatEx2.java

```java
import java.text.*;

class DecimalFormatEx2 {
    public static void main(String[] args) {
        DecimalFormat df  = new DecimalFormat("#,###.##");
        DecimalFormat df2 = new DecimalFormat("#.###E0");

        try {
            Number num = df.parse("1,234,567.89");
            System.out.print("1,234,567.89" + " -> ");

            double d = num.doubleValue();
            System.out.print(d + " -> ");

            System.out.println(df2.format(num));
        } catch (Exception e) {}
    } // main
}
```

▼ 실행결과
```
1,234,567.89 -> 1234567.89 -> 1.235E6
```

패턴을 이용해서 숫자를 다르게 변환하는 예제이다. parse메서드를 이용하면 기호와 문자가 포함된 문자열을 숫자로 쉽게 변환할 수 있다.

| 참고 | Integer.parseInt메서드는 콤마(,)가 포함된 문자열을 숫자로 변환하지 못한다.

parse(String source)는 DecimalFormat의 조상인 NumberFormat에 정의된 메서드이며, 이 메서드의 선언부는 다음과 같다.

```
public Number parse(String source) throws ParseException
```

Number클래스는 Integer, Double과 같은 숫자를 저장하는 래퍼 클래스의 조상이며, doubleValue()는 Number에 저장된 값을 double형의 값으로 변환하여 반환한다. 이 외에도 intValue(), floatValue()등의 메서드가 Number클래스에 정의되어 있다.

2.2 SimpleDateFormat

앞에서 날짜를 계산할 때 Date와 Calendar를 사용해서 날짜를 계산하는 방법을 배웠는데, 이제는 출력하는 방법에 대해서 배울 차례이다.

Date와 Calendar만으로 날짜 데이터를 원하는 형태로 다양하게 출력하는 것은 불편하고 복잡하다. 그러나 SimpleDateFormat을 사용하면 이러한 문제들이 간단히 해결된다.

| 참고 | DateFormat은 추상클래스로 SimpleDateFormat의 조상이다. DateFormat는 추상클래스이므로 인스턴스를 생성하기 위해서는 getDateInstance( )와 같은 팩토리 메서드를 이용해야 한다. getDateInstance( )에 의해서 반환되는 것은 DateFormat을 상속받아 완전하게 구현한 SimpleDateFormat인스턴스이다.

기호	의미	보기
G	연대(BC, AD)	AD
y	년도	2024
M	월(1~12 또는 1월~12월)	10 또는 10월, OCT
w	년의 몇 번째 주(1~53)	50
W	월의 몇 번째 주(1~5)	4
D	년의 몇 번째 일(1~366)	100
d	월의 몇 번째 일(1~31)	15
F	월의 몇 번째 요일(1~5)	1
E	요일	월
a	오전/오후(AM, PM)	PM
H	시간(0~23)	20
k	시간(1~24)	13
K	시간(0~11)	10
h	시간(1~12)	11
m	분(0~59)	35
s	초(0~59)	55
S	천분의 일초(0~999)	253
z	Time zone(General time zone)	GMT+9:00
Z	Time zone(RFC 822 time zone)	+0900
'	escape문자(특수문자를 표현하는데 사용)	없음

▲ 표10-2 SimpleDateFormat의 패턴에 사용되는 기호

| 참고 | 보다 자세한 내용을 보고 싶으면 'simpledateformat jdk21'로 검색하면 된다.

SimpleDateFormat을 사용하는 방법은 간단하다. 먼저 원하는 출력형식의 패턴을 작성하여 SimpleDateFormat인스턴스를 생성한 다음, 출력하고자 하는 Date인스턴스를 가지고 format(Date d)를 호출하면 지정한 출력형식에 맞게 변환된 문자열을 얻게 된다.

```
    Date today = new Date();
    SimpleDateFormat df = new SimpleDateFormat("yyyy-MM-dd");

    // 오늘 날짜를 yyyy-MM-dd형태로 변환하여 반환
    String result = df.format(today);
```

자, 이제 예제를 통해서 SimpleDateFormat의 다양한 활용방법을 알아보도록 하자.

▼ 예제 10-12/**DateFormatEx.java**

```java
import java.util.*;
import java.text.*;

class DateFormatEx {
    public static void main(String[] args) {
        Date today = new Date();

        SimpleDateFormat sdf1, sdf2, sdf3, sdf4;
        SimpleDateFormat sdf5, sdf6, sdf7, sdf8, sdf9;

        sdf1 = new SimpleDateFormat("yyyy-MM-dd");
        sdf2 = new SimpleDateFormat("''yy년 MMM dd일 E요일");
        sdf3 = new SimpleDateFormat("yyyy-MM-dd HH:mm:ss.SSS");
        sdf4 = new SimpleDateFormat("yyyy-MM-dd hh:mm:ss a");

        sdf5 = new SimpleDateFormat("오늘은 올 해의 D번째 날입니다.");
        sdf6 = new SimpleDateFormat("오늘은 이 달의 d번째 날입니다.");
        sdf7 = new SimpleDateFormat("오늘은 올 해의 w번째 주입니다.");
        sdf8 = new SimpleDateFormat("오늘은 이 달의 W번째 주입니다.");
        sdf9 = new SimpleDateFormat("오늘은 이 달의 F번째 E요일입니다.");

        System.out.println(sdf1.format(today));      // format(Date d)
        System.out.println(sdf2.format(today));
        System.out.println(sdf3.format(today));
        System.out.println(sdf4.format(today));
        System.out.println();
        System.out.println(sdf5.format(today));
        System.out.println(sdf6.format(today));
        System.out.println(sdf7.format(today));
        System.out.println(sdf8.format(today));
        System.out.println(sdf9.format(today));
    }
}
```

▼ 실행결과
```
2024-08-21
'24년 8월 21일 수요일
2024-08-21 15:12:27.191
2024-08-21 03:12:27 오후

오늘은 올 해의 234번째 날입니다.
오늘은 이 달의 21번째 날입니다.
오늘은 올 해의 34번째 주입니다.
오늘은 이 달의 4번째 주입니다.
오늘은 이 달의 3번째 월요일입니다.
```

자주 사용될 만한 패턴을 만들어서 다양한 형식으로 예제가 실행된 날짜와 시간을 출력해 보았다. 이 예제에 사용된 패턴들을 다양하게 응용하여 테스트 해보도록 하자.

| 주의 | 홑따옴표(')는 escape기호이기 때문에 패턴 내에서 홑따옴표를 표시하기 위해서는 홑따옴표를 연속적으로 두 번 사용해야 한다.

▼ 예제 10-13/`DateFormatEx2.java`

```java
import java.util.*;
import java.text.*;

class DateFormatEx2 {
    public static void main(String[] args) {
        Calendar cal = Calendar.getInstance();
        cal.set(2024, 7, 23);   // 2024년 8월 23일 - Month는 0~11의 범위를 갖는다.

        Date day = cal.getTime();  // Calendar를 Date로 변환

        SimpleDateFormat sdf1, sdf2, sdf3, sdf4;
        sdf1 = new SimpleDateFormat("yyyy-MM-dd");
        sdf2 = new SimpleDateFormat("yy-MM-dd E요일");
        sdf3 = new SimpleDateFormat("yyyy-MM-dd HH:mm:ss.SSS");
        sdf4 = new SimpleDateFormat("yyyy-MM-dd hh:mm:ss a");

        System.out.println(sdf1.format(day));
        System.out.println(sdf2.format(day));
        System.out.println(sdf3.format(day));
        System.out.println(sdf4.format(day));
    }
}
```

▼ 실행결과
```
2024-08-23
24-08-23 금요일
2024-08-23 13:52:06.929
2024-08-23 01:52:06 오후
```

Date인스턴스만 format메서드에 사용될 수 있기 때문에 Calendar인스턴스를 Date인스턴스로 변환하는 방법을 보여 주는 예제이다. Date인스턴스와 Calendar인스턴스간의 변환방법을 잘 정리해두도록 하자.

| 참고 | Date인스턴스를 Calendar인스턴스로 변환할 때는 Calendar클래스의 setTime( )을 사용하면 된다.

▼ 예제 10-14/`DateFormatEx3.java`

```java
import java.util.*;
import java.text.*;

class DateFormatEx3 {
    public static void main(String[] args) {
        DateFormat df  = new SimpleDateFormat("yyyy년 MM월 dd일");
        DateFormat df2 = new SimpleDateFormat("yyyy/MM/dd");

        try {
            Date d = df.parse("2024년 8월 23일");
            System.out.println(df2.format(d));
        } catch (Exception e) {}
    } // main
}
```

▼ 실행결과
```
2024/08/23
```

parse(String source)를 사용하여 날짜 데이터의 출력형식을 변환하는 방법을 보여주는 예제이다. Integer의 parseInt( )가 문자열을 정수로 변환하는 것처럼 SimpleDateFormat의 parse(String source)는 문자열source을 날짜Date인스턴스로 변환해주기 때문에 매우 유용하게 쓰일 수 있다.

예를 들어 사용자로부터 날짜 데이터를 문자열로 입력받을 때, 입력받은 문자열을 날짜로 인식하기 위해서는 substring메서드를 이용해서 년, 월, 일을 뽑아내야 하는데 parse(String source)은 이러한 수고를 덜어 준다.

| 참고 | parse(String source)는 SimpleDateFormat의 조상인 DateFormat에 정의되어 있다.
| 참고 | 지정된 형식과 입력된 형식이 일치하지 않는 경우에는 예외가 발생하므로 적절한 예외처리가 필요하다.

▼ 예제 10-15/`DateFormatEx4.java`

```java
import java.util.*;
import java.text.*;

class DateFormatEx4 {
    public static void main(String[] args) {
        String pattern = "yyyy/MM/dd";
        DateFormat df = new SimpleDateFormat(pattern);
        Scanner s = new Scanner(System.in);

        Date inDate = null;

        System.out.println("날짜를 " + pattern
                             + "의 형태로 입력해주세요.(입력예:2024/12/31)");
        while(s.hasNextLine()) {
            try {
                inDate = df.parse(s.nextLine());
                break;
            } catch(Exception e) {
                System.out.println("날짜를 " + pattern
                             + "의 형태로 다시 입력해주세요.(입력예:2024/12/31)");
            }
        } // while

        Calendar cal = Calendar.getInstance();
        cal.setTime(inDate);
        Calendar today = Calendar.getInstance();
        long day = (cal.getTimeInMillis()
                            - today.getTimeInMillis())/(60*60*1000);
        System.out.println("입력하신 날짜는 현재와 "+ day +"시간 차이가 있습니다.");
    } // main
}
```

▼ 실행결과

```
C:\...\ch10>java DateFormatEx4
날짜를 yyyy/MM/dd의 형태로 입력해주세요.(입력예:2024/12/31)
asdfasdf
날짜를 yyyy/MM/dd형태로 다시 입력해주세요.
20241231
날짜를 yyyy/MM/dd형태로 다시 입력해주세요.
2024/12/31
입력하신 날짜는 현재와  3158시간 차이가 있습니다.
```

화면으로부터 날짜를 입력받아서 계산결과를 출력하는 예제이다. while과 try-catch문을 이용해서 사용자가 올바른 형식으로 날짜를 입력할 때까지 반복해서 입력받도록 하였다.

지정된 패턴으로 입력되지 않은 경우, parse메서드를 호출하는 부분에서 예외(ParseException)가 발생하기 때문에 while문을 벗어나지 못한다.

2.3 ChoiceFormat

ChoiceFormat은 특정 범위에 속하는 값을 문자열로 변환해준다. 연속적 또는 불연속적인 범위의 값들을 처리하는 데 있어서 if문이나 switch문은 적절하지 못한 경우가 많다.

이럴 때 ChoiceFormat을 잘 사용하면 복잡하게 처리될 수밖에 없었던 코드를 간단하고 직관적으로 만들 수 있다.

▼ 예제 10-16/ChoiceFormatEx.java

```java
import java.text.*;

class ChoiceFormatEx {
    public static void main(String[] args) {
        double[] limits = {60, 70, 80, 90};   // 낮은 값부터 큰 값의 순서로 적어야한다.
        // limits, grades간의 순서와 개수를 맞추어야 한다.
        String[] grades = {"D", "C", "B", "A"};

        int[] scores = { 100, 95, 88, 70, 52, 60, 70};

        ChoiceFormat form = new ChoiceFormat(limits, grades);

        for(int i=0;i<scores.length;i++) {
            System.out.println(scores[i]+":"
                                +form.format(scores[i]));
        }
    } // main
}
```

▼ 실행결과
```
100:A
95:A
88:B
70:C
52:D
60:D
70:C
```

두 개의 배열이 사용되었는데 하나(limits)는 범위의 경계값을 저장하는데 사용하였고, 또 하나(grades)는 범위에 포함된 값을 치환할 문자열을 저장하는데 사용되었다.

경계값은 double형으로 반드시 모두 오름차순으로 정렬되어 있어야 하며, 치환 될 문자열의 개수는 경계값에 의해 정의된 범위의 개수와 일치해야한다. 그렇지 않으면 Illegal ArgumentException이 발생한다.

예제에서는 4개의 경계값에 의해 '60~69', '70~79', '80~89', '90~'의 범위가 정의되었다.

▼ 예제 10-17/ChoiceFormatEx2.java

```java
import java.text.*;

class ChoiceFormatEx2 {
    public static void main(String[] args) {
        String pattern = "60#D|70#C|80<B|90#A";
        int[] scores = { 91, 90, 80, 88, 70, 52, 60};

        ChoiceFormat form = new ChoiceFormat(pattern);

        for(int i=0;i<scores.length;i++) {
            System.out.println(scores[i]+":"+form.format(scores[i]));
        }
    } // main
}
```

▼ 실행결과
```
91:A
90:A
80:C
88:B
70:C
52:D
60:D
```

이전 예제를 패턴을 사용하도록 변경한 것이다. 이처럼 배열 대신 패턴을 사용해서 보다 간결하게 처리할 수도 있다. 패턴은 구분자로 '#'와 '<' 두 가지를 제공하는데 'limit#value'의 형태로 사용한다. '#'는 경계값을 범위에 포함시키지만, '<'는 포함시키지 않는다. 위의 결과에서 90은 A지만, 80은 B가 아닌, C인 것에 주목하자.

| 참고 | 경계값을 포함하지 않는다고 해서 "61#D|71#C|81#B|91#A"와 같이 하는 것보다는 "60<D|70<C|80<B| 90<A"과 같이 하는 것이 낫다.

2.4 MessageFormat

MessageFormat은 데이터를 정해진 양식에 맞게 출력할 수 있도록 도와준다. 데이터가 들어갈 자리를 마련해 놓은 양식을 미리 작성하고 프로그램을 이용해서 다수의 데이터를 같은 양식으로 출력할 때 사용하면 좋다.

예를 들어 고객들에게 보낼 안내문을 출력할 때 같은 안내문 양식에 받는 사람의 이름과 같은 데이터만 달라지도록 출력할 때, 또는 하나의 데이터를 다양한 양식으로 출력할 때 사용한다. 그리고 SimpleDateFormat의 parse처럼 MessageFormat의 parse를 이용하면 지정된 양식에서 필요한 데이터만을 손쉽게 추출해 낼 수도 있다.

MessageFormat의 활용방법은 설명보다 예제를 보는 것이 더 이해하기 쉬우므로 이제 예제를 하나씩 살펴보자.

▼ 예제 10-18/**MessageFormatEx.java**

```java
import java.text.*;
class MessageFormatEx {
    public static void main(String[] args) {
        String msg = "Name: {0} \nTel: {1} \nAge:{2} \nBirthday:{3}";

        Object[] arguments = {
            "이자바","02-123-1234", "27", "07-09"
        };

        String result =
                MessageFormat.format(msg, arguments);
        System.out.println(result);
    }
}
```

▼ 실행결과
```
Name: 이자바
Tel: 02-123-1234
Age:27
Birthday:07-09
```

MessageFormat에 사용할 양식인 문자열 msg를 작성할 때 '{숫자}'로 표시된 부분이 데이터가 출력될 자리이다. 이 자리는 순차적일 필요는 없고 여러 번 반복해서 사용할 수도 있다. 여기에 사용되는 숫자는 배열처럼 인덱스가 0 부터 시작하며 양식에 들어갈 데이터는 객체 배열인 arguments에 지정되어 있음을 알 수 있다.

arguments는 객체 배열이니까 String이외에도 다른 객체들이 지정될 수 있으며, 이 경우 보다 세부적인 옵션들이 사용될 수 있다. 이러한 옵션들이 사용되는 빈도가 낮기 때문에 여기서 자세한 설명은 생략한다. 자세한 내용은 Java API문서를 참고하자.

▼ 예제 10-19/`MessageFormatEx2.java`

```java
import java.text.*;

class MessageFormatEx2 {
    public static void main(String[] args) {
        String tableName = "CUST_INFO";
        String msg = "INSERT INTO " + tableName
                    + " VALUES (''{0}'',''{1}'',{2},''{3}'');";

        Object[][] arguments = {
            {"이자바","02-123-1234", "27", "07-09"},
            {"김프로","032-333-1234", "33", "10-07"},
        };

        for(int i=0; i < arguments.length;i++) {
            String result = MessageFormat.format(msg, arguments[i]);
            System.out.println(result);
        }
    }
}
```

▼ 실행결과
```
INSERT INTO CUST_INFO VALUES ('이자바','02-123-1234',27,'07-09');
INSERT INTO CUST_INFO VALUES ('김프로','032-333-1234',33,'10-07');
```

이전 예제를 보다 발전시켜서 반복문으로 하나 이상의 데이터 집합을 출력하는 예제이다. 다수의 데이터를 데이터베이스에 저장하기 위한 Insert문으로 변환하는 경우 등에 사용하면 좋을 것이다.

홑따옴표(')는 MessageFormat의 양식에 escape문자로 사용되기 때문에 문자열 msg내에서 홑따옴표를 사용하려면 홑따옴표를 연속으로 두 번 사용해야 한다.

▼ 예제 10-20/`MessageFormatEx3.java`

```java
import java.text.*;

class MessageFormatEx3 {
    public static void main(String[] args) throws Exception {
        String[] data = {
            "INSERT INTO CUST_INFO VALUES ('이자바','02-123-1234',27,'07-09');",
            "INSERT INTO CUST_INFO VALUES ('김프로','032-333-1234',33,'10-07');"
        };

        String pattern = "INSERT INTO CUST_INFO VALUES ({0},{1},{2},{3});";
        MessageFormat mf = new MessageFormat(pattern);

        for(int i=0; i < data.length;i++) {
            Object[] objs = mf.parse(data[i]);
            for(int j=0; j < objs.length; j++) {
                System.out.print(objs[j] + ",");
            }
            System.out.println();
        }
    } // main
}
```

▼ 실행결과
```
'이자바','02-123-1234',27,'07-09',
'김프로','032-333-1234',33,'10-07',
```

이전 예제에서는 데이터를 양식에 넣어서 출력했지만 이번에는 parse(String source)를 이용해서 출력된 데이터로부터 필요한 데이터만을 뽑아내는 방법을 보여 준다.

이 예제를 잘 활용하면 어려운 작업을 쉽게 처리할 수 있으니 잘 기억해두었다가 요긴하게 사용하기 바란다.

▼ 예제 10-21/**MessageFormatEx4.java**

```java
import java.util.*;
import java.text.*;
import java.io.*;

class MessageFormatEx4 {
    public static void main(String[] args) throws Exception {
        String tableName = "CUST_INFO";
        String fileName = "data4.txt";
        String msg = "INSERT INTO "+ tableName
                                   + " VALUES ({0},{1},{2},{3});";
        Scanner s = new Scanner(new File(fileName));

        String pattern = "{0},{1},{2},{3}";
        MessageFormat mf = new MessageFormat(pattern);

        while(s.hasNextLine()) {
            String line = s.nextLine();
            Object[] objs = mf.parse(line);
            System.out.println(MessageFormat.format(msg, objs));
        }

        s.close();  // 작업이 끝났으니 Scanner에서 사용한 파일을 닫아 준다.
    } // main
}
```

▼ 실행결과

```
INSERT INTO CUST_INFO VALUES ('이자바','02-123-1234',27,'07-09');
INSERT INTO CUST_INFO VALUES ('김프로','032-333-1234',33,'10-07');

c:\...\ch10>type data4.txt
'이자바','02-123-1234',27,'07-09'
'김프로','032-333-1234',33,'10-07'
```

이전의 예제에서는 데이터를 객체배열에 직접 초기화하였는데, 이렇게 하면 데이터가 바뀔 때마다 매번 배열을 변경해야하고 그리고는 다시 컴파일을 해줘야하므로 불편하다.

이러한 불편함을 없애기 위해 이번엔 Scanner를 통해 파일로부터 데이터를 라인별로 읽어서 처리하도록 변경했다. 이렇게 파일로부터 데이터를 제공받으면 데이터가 변경되어도 다시 컴파일을 하지 않아도 된다. 실행 시에 입력받을 데이터가 저장된 파일명도 지정할 수 있게 예제를 변경하면, 파일의 이름이 바뀌어도 다시 컴파일 하지 않아도 되므로 더 편리할 것이다.

| 참고 | 인텔리제이의 좌측 프로젝트 창에서 ch10폴더를 '우클릭 〉 New 〉 File'에서 'data4.txt'파일을 생성할 수 있다.

3. java.time패키지

Java의 탄생부터 지금까지 날짜와 시간을 다루는데 사용해왔던, Date와 Calendar가 가지고 있던 단점들을 해소하기 위해 드디어 Java 8부터 'java.time패키지'가 추가되었다. 이 패키지는 다음과 같이 4개의 하위 패키지를 가지고 있다.

패키지	설명
java.time	날짜와 시간을 다루는데 필요한 핵심 클래스들을 제공
java.time.chrono	표준(ISO)이 아닌 달력 시스템을 위한 클래스들을 제공
java.time.format	날짜와 시간을 파싱하고, 형식화하기 위한 클래스들을 제공
java.time.temporal	날짜와 시간의 필드(field)와 단위(unit)를 위한 클래스들을 제공
java.time.zone	시간대(time-zone)와 관련된 클래스들을 제공

▲ 표10-3 java.time패키지와 서브 패키지들

패키지의 개수는 많지만 실제로 사용되는 핵심적인 클래스들은 그리 많지 않으니까 미리 겁먹지 않아도 된다. 위의 패키지들에 속한 클래스들의 가장 큰 특징은 String클래스처럼 '불변(immutable)'이라는 것이다. 그래서 날짜나 시간을 변경하는 메서드들은 기존의 객체를 변경하는 대신 항상 변경된 새로운 객체를 반환한다. 기존 Calendar클래스는 변경 가능하므로, 멀티 쓰레드 환경에서 안전하지 못하다.

멀티 쓰레드 환경에서는 동시에 여러 쓰레드가 같은 객체에 접근할 수 있기 때문에, 변경 가능한 객체는 데이터가 잘못될 가능성이 있으며, 이를 쓰레드에 안전(thread-safe)하지 않다고 한다.

새로운 패키지가 도입되었음에도 불구하고, 앞으로도 기존에 작성된 프로그램과의 호환성 때문에 Date와 Calendar는 여전히 사용될 것이다. 새로운 java.time패키지의 클래스와 기존의 날짜와 시간관련 클래스들 간의 변환방법에 대해서는 이장의 뒷부분에서 소개할 것이다.

3.1 java.time패키지의 핵심 클래스

날짜와 시간을 하나로 표현하는 Calendar클래스와 달리, java.time패키지에서는 날짜와 시간을 별도의 클래스로 분리해 놓았다. 시간을 표현할 때는 LocalTime클래스를 사용하고, 날짜를 표현할 때는 LocalDate클래스를 사용한다. 그리고 날짜와 시간이 모두 필요할 때는 LocalDateTime클래스를 사용하면 된다.

```
LocalDate  +  LocalTime  →  LocalDateTime
   날짜           시간           날짜 & 시간
```

여기에 시간대(time-zone)까지 다뤄야 한다면, ZonedDateTime클래스를 사용하자.

```
LocalDateTime  +  시간대  →  ZonedDateTime
```

Calendar는 ZonedDateTime처럼, 날짜와 시간 그리고 시간대까지 모두 가지고 있다. Date와 유사한 클래스로는 Instant가 있는데, 이 클래스는 날짜와 시간을 초 단위(정확히는 나노초)로 표현한다. 날짜와 시간을 초단위로 표현한 값을 타임스탬프(time-stamp)라고 부르는데, 이 값은 날짜와 시간을 하나의 정수로 표현할 수 있으므로 날짜와 시간의 차이를 계산하거나 순서를 비교하는데 유리해서 데이터베이스에 많이 사용된다.

이외에도 날짜를 더 세부적으로 다룰 수 있는 Year, YearMonth, MonthDay와 같은 클래스도 있다.

Period와 Duration
날짜와 시간의 간격을 표현하기 위한 클래스도 있는데, Period는 두 날짜간의 차이를 표현하기 위한 것이고, Duration은 시간의 차이를 표현하기 위한 것이다.

```
날짜 - 날짜 = Period
시간 - 시간 = Duration
```

객체 생성하기 – now( ), of( )
java.time패키지에 속한 클래스의 객체를 생성하는 가장 기본적인 방법은 now( )와 of( )를 사용하는 것이다. now( )는 현재 날짜와 시간을 저장하는 객체를 생성한다.

```
LocalDate      date     = LocalDate.now();     // 2024-08-21
LocalTime      time     = LocalTime.now();     // 11:23:11.335881
LocalDateTime dateTime = LocalDateTime.now();//2024-08-21T11:23:11.335
ZonedDateTime dateTimeInKr = ZonedDateTime.now();
                          // 2024-08-21T11:23:11.336137+09:00[Asia/Seoul]
```

of( )는 단순히 해당 필드의 값을 순서대로 지정해 주기만 하면 된다. 각 클래스마다 다양한 종류의 of( )가 정의되어 있다.

```
LocalDate date = LocalDate.of(2024, 12, 31); // 2024년 12월 31일
LocalTime time = LocalTime.of(23, 59, 59);   // 23시 59분 59초

LocalDateTime dateTime = LocalDateTime.of(date, time);
ZonedDateTime zDateTime = ZonedDateTime.of(dateTime,ZoneId.of("Asia/Seoul"));
```

Temporal과 TemporalAmount
LocalDate, LocalTime, LocalDateTime, ZonedDateTime등 날짜와 시간을 표현하기 위한 클래스들은 모두 Temporal, TemporalAccessor, TemporalAdjuster인터페이스를 구현했고, Duration과 Period는 TemporalAmount인터페이스를 구현하였다. 앞으로 소개할 메서드 중에서 매개변수의 타입이 Temporal로 시작하는 것들이 자주 등장할텐데 대부분 날짜와 시간을 위한 것이므로, TemporalAmount인지 아닌지만 확인하면 된다.

> **참고** 'temporal'과 'chrono'의 의미가 모두 시간(time)인데도, 'time'대신 굳이 이런 어려운 용어를 쓴 이유는 시간(시분초)과 더 큰 개념의 시간(년월일시분초)을 구분하기 위해서이다.

> **Temporal, TemporalAccessor, TemporalAdjuster를 구현한 클래스**
> – LocalDate, LocalTime, LocalDateTime, ZonedDateTime, Instant 등
>
> **TemporalAmount를 구현한 클래스**
> – Period, Duration

TemporalUnit과 TemporalField

날짜와 시간의 단위를 정의해 놓은 것이 TemporalUnit인터페이스이고, 이 인터페이스를 구현한 것이 열거형 ChronoUnit이다. 그리고 TemporalField는 년, 월, 일 등 날짜와 시간의 필드를 정의해 놓은 것으로, 열거형 ChronoField가 이 인터페이스를 구현하였다.

I 참고 I 열거형(enumeration)은 서로 관련된 상수를 묶어서 정의해 놓은 것이다. p.691을 참고하자.

```
    LocalTime now = LocalTime.now();       // 현재 시간
    int minute = now.getMinute();          // 현재 시간에서 분(minute)만 뽑아낸다.
//  int minute = now.get(ChronoField.MINUTE_OF_HOUR);  // 위의 문장과 동일
```

날짜와 시간에서 특정 필드의 값만을 얻을 때는 get( )이나, get으로 시작하는 이름의 메서드를 이용한다. 그리고 아래와 같이 특정 날짜와 시간에서 지정된 단위의 값을 더하거나 뺄 때는 plus( ) 또는 minus( )에 값과 함께 열거형 ChronoUnit을 사용한다.

```
    LocalDate today    = LocalDate.now();  // 오늘
    LocalDate tomorrow = today.plus(1, ChronoUnit.DAYS);  // 오늘에 1일을 더한다.
    LocalDate tomorrow = today.plusDays(1);  // 위의 문장과 동일
```

참고로 get( )과 plus( )의 정의는 아래와 같다.

```
    int get(TemporalField field)
    LocalDate plus(long amountToAdd, TemporalUnit unit)
```

특정 TemporalField나 TemporalUnit을 사용할 수 있는지 확인하는 메서드는 다음과 같다. 이 메서드들은 날짜와 시간을 표현하는 데 사용하는 모든 클래스에 포함되어 있다.

```
    boolean isSupported(TemporalUnit unit)    // Temporal에 정의
    boolean isSupported(TemporalField field)  // TemporalAccessor에 정의
```

보다 자세한 내용은 LocalDate와 LocalTime에서 다룰 것이다.

I 참고 I ChronoField와 ChronoUnit의 상수 목록은 p.586과 p.588에 있다.

3.2 LocalDate와 LocalTime

LocalDate와 LocalTime은 java.time패키지의 가장 기본이 되는 클래스이며, 나머지 이들의 확장이므로 이 두 클래스만 잘 이해하고 나면 나머지는 아주 쉬워진다.

객체를 생성하는 방법은 현재의 날짜와 시간을 LocalDate와 LocalTime으로 각각 반환하는 now( )와 지정된 날짜와 시간으로 LocalDate와 LocalTime객체를 생성하는 of( )가 있다. 둘 다 static 팩토리 메서드이다.

```
LocalDate today = LocalDate.now();   // 오늘의 날짜
LocalTime now   = LocalTime.now();   // 현재 시간

LocalDate birthDate = LocalDate.of(1999, 12, 31); // 1999년 12월 31일
LocalTime birthTime = LocalTime.of(23, 59, 59);   // 23시 59분 59초
```

of( )는 다음과 같이 여러 가지 버전이 제공된다.

```
static LocalDate of(int year, Month month, int dayOfMonth)
static LocalDate of(int year, int month,   int dayOfMonth)

static LocalTime of(int hour, int min)
static LocalTime of(int hour, int min, int sec)
static LocalTime of(int hour, int min, int sec, int nanoOfSecond)
```

참고로 다음과 같이 일 단위나 초 단위로도 지정할 수 있다. 아래의 첫 번째 문장은 1999년의 365번째 날, 즉 마지막 날을 의미하며, 두 번째 문장은 그 날의 0시 0분 0초부터 86399초(하루는 86400초)가 지난 시간, 즉 23시 59분 59초를 의미한다.

```
LocalDate birthDate = LocalDate.ofYearDay(1999, 365); // 1999년 12월 31일
LocalTime birthTime = LocalTime.ofSecondDay(86399);   // 23시 59분 59초
```

또는 parse( )를 이용하면 문자열을 날짜와 시간으로 변환할 수도 있다.

```
LocalDate birthDate = LocalDate.parse("1999-12-31"); // 1999년 12월 31일
LocalTime birthTime = LocalTime.parse("23:59:59");   // 23시 59분 59초
```

| 참고 | parse( )에 대해서는 이 장의 뒷부분에서 더 자세히 설명되어 있다.

특정 필드의 값 가져오기 – get( ), getXXX( )

LocalDate와 LocalTime의 객체에서 특정 필드의 값을 가져올 때는 아래의 표에 있는 메서드를 사용한다. '1999년 12월 31일 23:59:59'를 예로 들어 각 메서드의 호출결과를 적어 놓았으니 어렵지 않게 이해할 수 있을 것이다. 주의할 점은 Calendar와 달리 월(month)의 범위가 1~12이고, 요일은 월요일이 1, 화요일이 2, ... , 일요일은 7이라는 것이다.

| 참고 | Calendar는 1월을 0으로 표현하고, 일요일은 1, 월요일은 2, ... , 토요일은 7로 표현한다.

클래스	메서드		설명(1999-12-31 23:59:59)
LocalDate	int	getYear( )	년도(1999)
	int	getMonthValue( )	월(12)
	Month	getMonth( )	월(DECEMBER) getMonth( ).getValue( ) = 12
	int	getDayOfMonth( )	일(31)
	int	getDayOfYear( )	같은 해의 1월 1일부터 몇번째 일(365)
	DayOfWeek	getDayOfWeek( )	요일(FRIDAY) getDayOfWeek( ).getValue( ) = 5
	int	lengthOfMonth( )	같은 달의 총 일수(31)
	int	lengthOfYear( )	같은 해의 총 일수(365), 윤년이면 366
	boolean	isLeapYear( )	윤년여부 확인(false)
LocalTime	int getHour( )		시(23)
	int getMinute( )		분(59)
	int getSecond( )		초(59)
	int getNano( )		나노초(0)

▲ 표10-4 LocalDate와 LocalTime의 필드의 값을 반환하는 메서드

위의 표에 소개된 메서드 외에도 get( )과 getLong( )이 있는데, 원하는 필드를 직접 지정할 수 있다. 대부분의 필드는 int타입의 범위에 속하지만, 몇몇 필드는 int타입의 범위를 넘을 수 있다. 그럴 때 get( )대신 getLong( )을 사용해야 한다. getLong( )을 사용해야 하는 필드는 표 10-5에서 이름 옆에 '*'표시가 되어 있다.

```
int  get     (TemporalField field)
long getLong (TemporalField field)
```

이 메서드들의 매개변수로 사용할 수 있는 필드의 목록은 아래와 같다.

TemporalField(ChronoField)	설명
ERA	시대
YEAR_OF_ERA, YEAR	년
MONTH_OF_YEAR	월
DAY_OF_WEEK	요일(1:월요일, 2:화요일, ... 7:일요일)
DAY_OF_MONTH	일
AMPM_OF_DAY	오전/오후
HOUR_OF_DAY	시간(0~23)
CLOCK_HOUR_OF_DAY	시간(1~24)
HOUR_OF_AMPM	시간(0~11)
CLOCK_HOUR_OF_AMPM	시간(1~12)
MINUTE_OF_HOUR	분
SECOND_OF_MINUTE	초
MILLI_OF_SECOND	천분의 일초(=10^{-3}초)
MICRO_OF_SECOND *	백만분의 일초(=10^{-6}초)
NANO_OF_SECOND *	10억분의 일초(=10^{-9}초)
DAY_OF_YEAR	그 해의 몇번째 날
EPOCH_DAY *	EPOCH(1970.1.1)부터 몇번째 날
MINUTE_OF_DAY	그 날의 몇 번째 분(시간을 분으로 환산)
SECOND_OF_DAY	그 날의 몇 번째 초(시간을 초로 환산)
MILLI_OF_DAY	그 날의 몇 번째 밀리초(=10^{-3}초)
MICRO_OF_DAY *	그 날의 몇 번째 마이크로초(=10^{-6}초)
NANO_OF_DAY *	그 날의 몇 번째 나노초(=10^{-9}초)
ALIGNED_WEEK_OF_MONTH	그 달의 n번째 주(1~7일 1주, 8~14일 2주, ...)

ALIGNED_WEEK_OF_YEAR	그 해의 n번째 주(1월 1~7일 1주, 8~14일 2주, ...)
ALIGNED_DAY_OF_WEEK_IN_MONTH	요일(그 달의 1일을 월요일로 간주하여 계산)
ALIGNED_DAY_OF_WEEK_IN_YEAR	요일(그 해의 1월 1일을 월요일로 간주하여 계산)
INSTANT_SECONDS	년월일을 초단위로 환산(1970-01-01 00:00:00 UTC를 0초로 계산) Instant에만 사용가능
OFFSET_SECONDS	UTC와의 시차. ZoneOffset에만 사용가능
PROLEPTIC_MONTH	년월을 월단위로 환산(2015년11월=2015*12+11)

▲ 표10-5 열거형 ChronoField에 정의된 상수 목록

이 목록은 ChronoField에 정의된 모든 상수를 나열한 것일 뿐, 사용할 수 있는 필드는 클래스마다 다르다. 예를 들어 LocalDate는 날짜를 표현하기 위한 것이므로, MINUTE_OF_HOUR와 같이 시간에 관련된 필드는 사용할 수 없다.

> 참고 ┃ 만일 해당 클래스가 지원하지 않는 필드를 사용하면, UnsupportedTemporalTypeException이 발생한다.

```
LocalDate today = LocalDate.now();    // 오늘의 날짜
System.out.println(today.get(ChronoField.MINUTE_OF_HOUR)); // 예외 발생
```

참고로 특정 필드가 가질 수 있는 값의 범위를 알고 싶으면, 다음과 같이 하면 된다.

```
System.out.println(ChronoField.CLOCK_HOUR_OF_DAY.range()); // 1 - 24
System.out.println(ChronoField.HOUR_OF_DAY.range());       // 0 - 23
```

HOUR_OF_DAY는 밤 12시를 0으로 표현하고, CLOCK_HOUR_OF_DAY는 24로 표현한다는 것을 알 수 있다.

필드의 값 변경하기 - with( ), plus( ), minus( )

날짜와 시간에서 특정 필드 값을 변경하려면, 다음과 같이 with로 시작하는 메서드를 사용하면 된다.

```
LocalDate withYear(int year)
LocalDate withMonth(int month)
LocalDate withDayOfMonth(int dayOfMonth)
LocalDate withDayOfYear(int dayOfYear)

LocalTime withHour(int hour)
LocalTime withMinute(int minute)
LocalTime withSecond(int second)
LocalTime withNano(int nanoOfSecond)
```

with( )를 사용하면, 원하는 필드를 직접 지정할 수 있다. 위의 메서드들은 모두 with( )로 작성된 것이라는 것을 짐작할 수 있다.

```
LocalDate with(TemporalField field, long newValue)
```

앞서 언급한 것과 같이 필드를 변경하는 메서드들은 항상 새로운 객체를 생성해서 반환하므로 아래와 같이 대입 연산자를 같이 사용해야한다는 것을 잊으면 안 된다.

```
date = date.withYear(2024);    // 년도를 2024년으로 변경된 객체를 반환
time = time.withHour(12);      // 시간을 12시로 변경된 객체를 반환
```

이 외에도 특정 필드에 값을 더하거나 빼는 plus( )와 minus( )가 있는데, 아래에는 plus( )만 표시하였다.

```
LocalTime plus(TemporalAmount amountToAdd)
LocalTime plus(long amountToAdd, TemporalUnit unit)
LocalDate plus(TemporalAmount amountToAdd)
LocalDate plus(long amountToAdd, TemporalUnit unit)
```

plus( )로 만든 다음과 같은 메서드들도 있다.

```
LocalDate plusYears(long yearsToAdd)
LocalDate plusMonths(long monthsToAdd)
LocalDate plusDays(long daysToAdd)
LocalDate plusWeeks(long weeksToAdd)

LocalTime plusHours(long hoursToAdd)
LocalTime plusMinutes(long minutesToAdd)
LocalTime plusSeconds(long secondstoAdd)
LocalTime plusNanos(long nanosToAdd))
```

그리고 LocalTime의 truncatedTo( )는 지정된 것보다 작은 단위의 필드를 0으로 만든다.

```
LocalTime time = LocalTime.of(12, 34, 56); // 12시 34분 56초
time = time.truncatedTo(ChronoUnit.HOURS); // 시(hour)보다 작은 단위를 0으로.
System.out.println(time);                  // 12:00
```

LocalTime과 달리 LocalDate에는 truncatedTo( )가 없는데, 그 이유는 LocalDate의 필드인 년, 월, 일은 0이 될 수 없기 때문이다. 그리고 이 메서드의 매개변수로는 아래의 표 중에서 시간과 관련된 필드만 사용가능하다.

TemporalUnit(ChronoUnit)	설명
FOREVER	Long.MAX_VALUE초(약 3천억년)
ERAS	1,000,000,000년
MILLENNIA	1,000년
CENTURIES	100년
DECADES	10년
YEARS	년
MONTHS	월
WEEKS	주
DAYS	일
HALF_DAYS	반나절
HOURS	시
MINUTES	분
SECONDS	초
MILLIS	천분의 일초($=10^{-3}$)
MICROS	백만분의 일초($=10^{-6}$)
NANOS	10억분의 일초($=10^{-9}$)

▲ 표10-6 열거형 ChronoUnit에 정의된 상수 목록

날짜와 시간의 비교 – isAfter( ), isBefore( ), isEqual( )

LocalDate와 LocalTime도 compareTo( )가 적절히 오버라이딩되어 있어서, 아래와 같이 compareTo( )로 비교할 수 있다.

```
int result = date1.compareTo(date2); // 같으면 0, date1이 이전이면 -1, 이후면 1
```

그런데도 보다 편리하게 비교할 수 있는 메서드들이 추가로 제공된다.

```
boolean isAfter (ChronoLocalDate other)
boolean isBefore(ChronoLocalDate other)
boolean isEqual (ChronoLocalDate other)     // LocalDate에만 있음
```

equals( )가 있는데도, isEqual( )을 제공하는 이유는 연표(chronology)가 다른 두 날짜를 비교하기 위해서이다. 모든 필드가 일치해야하는 equals( )와 달리 isEqual( )은 오직 날짜만 비교한다. 그래서 대부분의 경우 equals( )와 isEqual( )의 결과는 같다.

```
LocalDate     kDate = LocalDate.of(1999, 12, 31);
JapaneseDate  jDate = JapaneseDate.of(1999, 12, 31);

System.out.println(kDate.equals(jDate));  // false YEAR_OF_ERA가 다름
System.out.println(kDate.isEqual(jDate)); // true
```

이제 예제를 통해서 지금까지 배운 내용을 직접 확인해 보자.

▼ 예제 10-22/**NewTimeEx.java**

```java
import java.time.*;
import java.time.temporal.*;

class NewTimeEx {
    public static void main(String[] args) {
        LocalDate today = LocalDate.now(); // 오늘의 날짜
        LocalTime now   = LocalTime.now(); // 현재 시간

        LocalDate birthDate = LocalDate.of(1999, 12, 31); // 1999년 12월 31일
        LocalTime birthTime = LocalTime.of(23, 59, 59);   // 23시 59분 59초

        System.out.println("today="+today);
        System.out.println("now="+now);
        System.out.println("birthDate="+birthDate);  // 1999-12-31
        System.out.println("birthTime="+birthTime);  // 23:59:59

        System.out.println(birthDate.withYear(2000)); // 2000-12-31
        System.out.println(birthDate.plusDays(1));    // 2000-01-01
        System.out.println(birthDate.plus(1,ChronoUnit.DAYS)); // 2000-01-01

        // 23:59:59 -> 23:00
        System.out.println(birthTime.truncatedTo(ChronoUnit.HOURS));

        // 특정 ChronoField의 범위를 알아내는 방법
        System.out.println(ChronoField.CLOCK_HOUR_OF_DAY.range()); // 1-24
        System.out.println(ChronoField.HOUR_OF_DAY.range());       // 0-23
    }
}
```

▼ 실행결과
```
today=2024-08-21
now=10:44:38.589760
birthDate=1999-12-31
birthTime=23:59:59
2000-12-31
2000-01-01
2000-01-01
23:00
1 - 24
0 - 23
```

3.3 Instant

Instant는 에포크 타임(epoch time, 1970-01-01 00:00:00 UTC)부터 경과된 시간을 나노초 단위로 표현한다. 사람에겐 불편하지만, 단일 진법으로만 다루기 때문에 계산하기 쉽다. 사람이 사용하는 날짜와 시간은 여러 진법이 섞여있어서 계산하기 어렵다.

```
Instant now  = Instant.now();
Instant now2 = Instant.ofEpochSecond(now.getEpochSecond());
Instant now3 = Instant.ofEpochSecond(now.getEpochSecond(),
                                      now.getNano());
```

Instant를 생성할 때는 위와 같이 now()와 ofEpochSecond()를 사용한다. 그리고 필드에 저장된 값을 가져올 때는 다음과 같이 한다.

```
long epochSec = now.getEpochSecond();
int  nano     = now.getNano();
```

위의 코드에서 짐작할 수 있듯이, Instant는 시간을 초 단위와 나노초 단위로 나누어 저장한다. 데이터베이스의 타임스탬프(timestamp)처럼 밀리초 단위의 에포크 타임을 필요로 하는 경우를 위해 toEpochMilli()가 정의되어 있다.

```
long toEpochMilli()
```

Instant는 항상 UTC(+00:00)를 기준으로 하기 때문에, LocalTime과 차이가 있을 수 있다. 예를 들어 한국은 시간대가 '+09:00'이므로 Instant와 LocalTime간에는 9시간의 차이가 있다. 시간대를 고려해야하는 경우 OffsetDateTime을 사용하는 것이 더 나은 선택일 수 있다.

  UTC는 'Coordinated Universal Time'의 약어로 '세계 협정시'이라고 하며, 1972년 1월 1일부터 시행된 국제 표준시이다. 이전에 사용되던 GMT(Greenwich Mean Time)와 UTC는 거의 같지만, UTC가 좀 더 정확하다.

I 참고 I CUT가 아니라 UTC가 된 이유는 영어와 프랑스어 표기의 중간 형태를 선택했기 때문이다.

Instant와 Date간의 변환

Instant는 기존의 java.util.Date를 대체하기 위한 것이며, Java 8부터 Date에 Instant로 변환할 수 있는 새로운 메서드가 추가되었다.

```
static Date    from(Instant instant)   // Instant → Date
Instant        toInstant()             // Date → Instant
```

3.4 LocalDateTime과 ZonedDateTime

앞서 언급한 것과 같이 LocalDate와 LocalTime을 합쳐 놓은 것이 LocalDateTime이고, LocalDateTime에 시간대(time zone)를 추가한 것이 ZonedDateTime이다.

```
LocalDate     + LocalTime → LocalDateTime
LocalDateTime +   시간대   → ZonedDateTime
```

기본적인 것들은 이미 LocalDate와 LocalTime에서 설명했기 때문에, 추가적인 부분에 대해서만 배우면 된다.

LocalDate와 LocalTime으로 LocalDateTime만들기

LocalDate와 LocalTime으로 합쳐서 하나의 LocalDateTime을 만들 수 있다. 다음은 LocalDateTime을 만들 수 있는 다양한 방법을 보여준다.

```
LocalDate date = LocalDate.of(2025, 12, 31);
LocalTime time = LocalTime.of(12,34,56);

LocalDateTime dt  = LocalDateTime.of(date, time);
LocalDateTime dt2 = date.atTime(time);
LocalDateTime dt3 = time.atDate(date);
LocalDateTime dt4 = date.atTime(12, 34, 56);
LocalDateTime dt5 = time.atDate(LocalDate.of(2025, 12, 31));
LocalDateTime dt6 = date.atStartOfDay(); // dt6 = date.atTime(0,0,0);
```

물론 LocalDateTime에도 날짜와 시간을 직접 지정할 수 있는 다양한 버젼의 of( )와 now( )가 정의되어 있다.

```
// 2024년 12월 31일 12시 34분 56초
LocalDateTime dateTime = LocalDateTime.of(2024, 12, 31, 12, 34, 56);
LocalDateTime today    = LocalDateTime.now();
```

LocalDateTime의 변환

반대로 LocalDateTime을 LocalDate 또는 LocalTime으로 변환할 수 있다.

```
LocalDateTime dt = LocalDateTime.of(2024, 12, 31, 12, 34, 56);
LocalDate date = dt.toLocalDate();  // LocalDateTime → LocalDate
LocalTime time = dt.toLocalTime();  // LocalDateTime → LocalTime
```

LocalDateTime으로 ZonedDateTime만들기

LocalDateTime에 시간대(time-zone)를 추가하면, ZonedDateTime이 된다. 기존에는 TimeZone클래스로 시간대를 다뤘지만 새로운 시간 패키지에서는 ZoneId라는 클래스를 사용한다. ZoneId는 일광 절약시간(DST, Daylight Saving Time)을 자동적으로 처리해주므로 더 편리하다.

LocalDate에 시간 정보를 추가하는 atTime()을 쓰면 LocalDateTime을 얻을 수 있는 것처럼, LocalDateTime에 atZone()으로 시간대 정보를 추가하면, ZonedDateTime을 얻을 수 있다.

| 참고 | 사용가능한 ZoneId의 목록은 ZoneId.getAvailableZoneIds()로 얻을 수 있다.

```
ZoneId         zid = ZoneId.of("Asia/Seoul");
ZonedDateTime zdt = dateTime.atZone(zid);
System.out.println(zdt); // 2024-12-31T12:34:56+09:00[Asia/Seoul]
```

LocalDate에 atStartOfDay()라는 메서드가 있는데, 이 메서드에 매개변수로 ZoneId를 지정해도 ZonedDateTime을 얻을 수 있다.

```
ZonedDateTime zdt = LocalDate.now().atStartOfDay(zid);
System.out.println(zdt); // 2024-08-21T00:00+09:00[Asia/Seoul]
```

메서드의 이름(atStartOfDay)에서 알 수 있듯이 시간이 0시 0분으로 되어 있는 것을 확인할 수 있다.

만일 현재 특정 시간대의 시간, 예를 들어 뉴욕,을 알고 싶다면 다음과 같이 하면 된다.

```
ZoneId         nyId   = ZoneId.of("America/New_York");
ZonedDateTime nyTime = ZonedDateTime.now().withZoneSameInstant(nyId);
```

위의 코드에서 now() 대신 of()를 사용하면 날짜와 시간을 지정할 수 있다.

ZoneOffset

UTC로부터 얼마만큼 떨어져 있는지를 ZoneOffSet으로 표현한다. 위의 결과에서 알 수 있듯이 서울은 '+9'이다. 즉, UTC보다 9시간(32400초=60×60×9초)이 빠르다.

```
   ZoneOffset krOffset = ZonedDateTime.now().getOffset();
// ZoneOffset krOffset = ZoneOffset.of("+9"); // ±h, ±hh, ±hhmm, ±hh:mm
   int krOffsetInSec = krOffset.get(ChronoField.OFFSET_SECONDS);//32400초
```

OffsetDateTime

ZonedDateTime은 ZoneId로 구역을 표현하는데, ZoneId가 아닌 ZoneOffset을 사용하는 것이 OffsetDateTime이다. ZoneId는 일광 절약 시간처럼 시간대와 관련된 규칙들을 포함하고 있는데, ZoneOffset은 단지 시간대를 시간의 차이로만 구분한다. 컴퓨터에게 일광 절약 시간처럼 계절별로 시간을 더했다 뺐다하는 것과 같은 행위는 위험하기 그지없다. 아무런 변화 없이 일관된 시간 체계를 유지하는 것이 더 안전하다. 같은 지역 내의 컴퓨터 간에 데이터를 주고받을 때, 전송 시간을 표현하기에 LocalDateTime이면, 충분하겠지만, 서로 다른 시간대에 존재하는 컴퓨터간의 통신에는 OffsetDateTime이 필요하다.

```
ZonedDateTime zdt = ZonedDateTime.of(date, time, zid);
OffsetDateTime odt = OffsetDateTime.of(date, time, krOffset);

// ZonedDatetime → OffsetDateTime
OffsetDateTime odt = zdt.toOffsetDateTime();
```

OffsetDateTime은 ZonedDateTime처럼, LocalDate와 LocalTime에 ZoneOffset을 더하거나, ZonedDateTime에 toOffsetDateTime()을 호출해서 얻을 수도 있다.

ZonedDateTime의 변환

ZonedDateTime도 LocalDateTime처럼 날짜와 시간에 관련된 다른 클래스로 변환하는 메서드들을 가지고 있다.

```
LocalDate        toLocalDate()
LocalTime        toLocalTime()
LocalDateTime    toLocalDateTime()
OffsetDateTime   toOffsetDateTime()
long             toEpochSecond()
Instant          toInstant()
```

앞서 잠시 언급한 것과 같이 GregorianCalendar와 가장 유사한 것이 ZonedDateTime이다. GregorianCalendar와 ZonedDateTime간의 변환방법만 알면, 그 다음엔 위에 나열한 메서드를 이용해서 다른 날짜와 시간 클래스들로 변환할 수 있다.

```
// ZonedDateTime → GregorianCalendar
GregorianCalendar from(ZonedDateTime zdt)

// GregorianCalendar → ZonedDateTime
ZonedDateTime     toZonedDateTime()
```

이제 예제로 지금까지 배운 내용을 직접 확인해 보자. 예제는 다음 페이지에 있다.

▼ 예제 10-23/NewTimeEx2.java

```java
import java.time.*;

class NewTimeEx2 {
    public static void main(String[] args) {
        LocalDate date = LocalDate.of(2024, 12, 31); // 2024년 12월 31일
        LocalTime time = LocalTime.of(12,34,56);     // 12시 34분 56초

        // 2024년 12월 31일 12시 34분 56초
        LocalDateTime dt  = LocalDateTime.of(date, time);

        ZoneId zid = ZoneId.of("Asia/Seoul");
        ZonedDateTime zdt = dt.atZone(zid);
//      String strZid = zdt.getZone().getId();

        ZonedDateTime seoulTime = ZonedDateTime.now();
        ZoneId nyId = ZoneId.of("America/New_York");
        ZonedDateTime nyTime = ZonedDateTime.now().withZoneSameInstant(nyId);

        // ZonedDatetime -> OffsetDateTime
        OffsetDateTime odt = zdt.toOffsetDateTime();

        System.out.println(dt);
        System.out.println(zid);
        System.out.println(zdt);
        System.out.println(seoulTime);
        System.out.println(nyTime);
        System.out.println(odt);
    }
}
```

▼ 실행결과

```
2024-12-31T12:34:56
Asia/Seoul
2024-12-31T12:34:56+09:00[Asia/Seoul]
2024-12-15T10:55:13.746673+09:00[Asia/Seoul]
2024-12-15T07:52:07.747629-04:00[America/New_York]   ← 일광 절약 시간에 따라 달라진다.
2024-12-31T12:34:56+09:00
```

3.5 TemporalAdjusters

앞서 plus( ), minus( )와 같은 메서드로 날짜와 시간을 계산할 수 있다는 것을 배웠다. 지난 주 토요일이 며칠인지, 또는 이번 달의 3번째 금요일은 며칠인지와 같은 날짜계산을 plus( ), minus( )로 하기엔 좀 불편하다. 그래서 자주 쓰일만한 날짜 계산들을 대신 해주는 메서드를 정의해놓은 것이 TemporalAdjusters클래스이다.

```
LocalDate today = LocalDate.now();
LocalDate nextMonday =
        today.with(TemporalAdjusters.next(DayOfWeek.MONDAY));
```

위의 코드는 다음 주 월요일의 날짜를 계산할 때 TemporalAdjusters에 정의된 next( )를 사용하였다. 이 외에도 다음과 같이 더 많은 유용한 메서드들이 TemporalAdjusters에 정의되어 있다.

메서드	설명
firstDayOfNextYear( )	다음 해의 첫 날
firstDayOfNextMonth( )	다음 달의 첫 날
firstDayOfYear( )	올 해의 첫 날
firstDayOfMonth( )	이번 달의 첫 날
lastDayOfYear( )	올 해의 마지막 날
lastDayOfMonth( )	이번 달의 마지막 날
firstInMonth (DayOfWeek dayOfWeek)	이번 달의 첫 번째 ?요일
lastInMonth (DayOfWeek dayOfWeek)	이번 달의 마지막 ?요일
previous (DayOfWeek dayOfWeek)	지난 ?요일(당일 미포함)
previousOrSame (DayOfWeek dayOfWeek)	지난 ?요일(당일 포함)
next (DayOfWeek dayOfWeek)	다음 ?요일(당일 미포함)
nextOrSame (DayOfWeek dayOfWeek)	다음 ?요일(당일 포함)
dayOfWeekInMonth(int ordinal, DayOfWeek dayOfWeek)	이번 달의 n번째 ?요일

▲ 표10-7 TemporalAdjusters의 메서드

TemporalAdjuster직접 구현하기

보통은 TemporalAdjusters에 정의된 메서드로 충분하겠지만, 필요하면 자주 사용되는 날짜계산을 해주는 메서드를 직접 만들 수도 있다. LocalDate의 with( )는 다음과 같이 정의되어있으며, TemporalAdjuster인터페이스를 구현한 클래스의 객체를 매개변수로 제공해야한다.

```
LocalDate with(TemporalAdjuster adjuster)
```

with( )는 LocalTime, LocalDateTime, ZonedDateTime, Instant 등 대부분의 날짜와 시간에 관련된 클래스에 포함되어 있다.

TemporalAdjuster인터페이스는 다음과 같이 추상 메서드 하나만 정의되어 있으며, 이 메서드만 구현하면 된다.

```
@FunctionalInterface
public interface TemporalAdjuster {
    Temporal adjustInto(Temporal temporal);
}
```

실제로 구현해야하는 것은 adjustInto()지만, 우리가 TemporalAdjuster와 같이 사용해야 하는 메서드는 with()이다. with()와 adjustInto() 중에서 어느 쪽을 사용해도 되지만, adjustInto()는 내부적으로만 사용할 의도로 작성된 것이기 때문에, with()를 사용하도록 하자.

앞서 언급한 것과 같이 날짜와 시간에 관련된 대부분의 클래스는 Temporal인터페이스를 구현하였으므로 adjustInto()의 매개변수가 될 수 있다.

예를 들어, 특정 날짜로부터 2일 후의 날짜를 계산하는 DayAfterTomorrow는 다음과 같이 작성할 수 있다.

```
class DayAfterTomorrow implements TemporalAdjuster {
    @Override
    public Temporal adjustInto(Temporal temporal) {
        return temporal.plus(2, ChronoUnit.DAYS);  // 2일을 더한다.
    }
}
```

▼ 예제 10-24/NewTimeEx3.java

```
import java.time.*;
import java.time.temporal.*;
import static java.time.DayOfWeek.*;
import static java.time.temporal.TemporalAdjusters.*;

class DayAfterTomorrow implements TemporalAdjuster {
   public Temporal adjustInto(Temporal temporal) {
       return temporal.plus(2, ChronoUnit.DAYS);
   }
}

class NewTimeEx3 {
   public static void main(String[] args) {
       LocalDate today = LocalDate.now();
       LocalDate date  = today.with(new DayAfterTomorrow());

       p(today); // System.out.println(today);
       p(date);
       p(today.with(firstDayOfNextMonth())); // 다음 달의 첫 날
       p(today.with(firstDayOfMonth()));     // 이 달의 첫 날
       p(today.with(lastDayOfMonth()));      // 이 달의 마지막 날
       p(today.with(firstInMonth(TUESDAY))); // 이 달의 첫번째 화요일
       p(today.with(lastInMonth(TUESDAY)));  // 이 달의 마지막 화요일
       p(today.with(previous(TUESDAY)));         // 지난 주 화요일
       p(today.with(previousOrSame(TUESDAY)));   // 지난 주 화요일 (오늘 포함)
       p(today.with(next(TUESDAY)));             // 다음 주 화요일
       p(today.with(nextOrSame(TUESDAY)));       // 다음 주 화요일 (오늘 포함)
       p(today.with(dayOfWeekInMonth(4, TUESDAY))); // 이 달의 4번째 화요일
   }
```

```
    static void p(Object obj) {  // 라인의 길이를 줄이기 위해 새로 정의한 메서드
        System.out.println(obj);
    }
}
```

▼ 실행결과
```
2024-08-21
2024-08-23
2024-09-01
2024-08-01
2024-08-31
2024-08-06
2024-08-27
2024-08-20
2024-08-20
2024-08-27
2024-08-27
2024-08-27
```

3.6 Period와 Duration

앞서 잠시 언급한 것과 같이 Period는 날짜의 차이를, Duration은 시간의 차이를 계산하기 위한 것이다.

| 날짜 − 날짜 = Period |
| 시간 − 시간 = Duration |

between( )
예를 들어 두 날짜 date1과 date2의 차이를 나타내는 Period는 between( )으로 얻을 수 있다.

```
        LocalDate date1 = LocalDate.of(2024, 1,  1);
        LocalDate date2 = LocalDate.of(2025, 12, 31);

        Period pe = Period.between(date1, date2);
```

date1이 date2보다 날짜 상으로 이전이면 양수로, 이후면 음수로 Period에 저장된다.
그리고 시간차이를 구할 때는 Duration을 사용한다는 것을 제외하고는 Period와 똑같다.

```
        LocalTime time1 = LocalTime.of(00,00,00);
        LocalTime time2 = LocalTime.of(12,34,56);  // 12시 34분 56초

        Duration du = Duration.between(time1, time2);
```

Period, Duration에서 특정 필드의 값을 얻을 때는 get()을 사용한다.

```
long year  = pe.get(ChronoUnit.YEARS);    // int getYears()
long month = pe.get(ChronoUnit.MONTHS);   // int getMonths()
long day   = pe.get(ChronoUnit.DAYS);     // int getDays()

long sec   = du.get(ChronoUnit.SECONDS);  // long getSeconds()
long nano  = du.get(ChronoUnit.NANOS);    // int  getNano()
```

그런데, Period와 달리 Duration에는 getHours(), getMinites() 같은 메서드가 없다. 믿기 힘든 사실이니 직접 확인해 보자. getUnits()라는 메서드로 get()에 사용할 수 있는 ChronoUnit의 종류를 확인할 수 있다.

```
System.out.println(pe.getUnits()); // [Years, Months, Days]
System.out.println(du.getUnits()); // [Seconds, Nanos]
```

실망스럽게도 Duration에는 ChronoUnit.SECONDS와 ChronoUnit.NANOS밖에 사용할 수 없다. 좀 불편하지만 어쩔 수 없이 다음과 같이 직접 계산해 보았다.

```
long hour = du.getSeconds() / 3600;
long min  = (du.getSeconds() - hour*3600) / 60;
long sec  = (du.getSeconds() - hour*3600 - min * 60) % 60;
int  nano = du.getNano();
```

이 방법은 어쩐지 좀 불편하고 불안하기도 하다. 좀더 안전하고 간단한 방법이 없을까? 고민 끝에 Duration을 LocalTime으로 변환한 다음에, LocalTime이 가지고 있는 get메서드들을 사용하면 더 간단하다는 것을 알아냈다.

```
LocalTime tmpTime = LocalTime.of(0,0).plusSeconds(du.getSeconds());

int hour = tmpTime.getHour();
int min  = tmpTime.getMinute();
int sec  = tmpTime.getSecond();
int nano = du.getNano();
```

between()과 until()

until()은 between()과 거의 같은 일을 한다. between()은 static메서드이고, until()은 인스턴스 메서드라는 차이가 있다.

```
//   Period pe = Period.between(today, myBirthDay);
     Period pe = today.until(myBirthDay);
     long dday = today.until(myBirthDay, ChronoUnit.DAYS);
```

Period는 년월일을 분리해서 저장하기 때문에, D-day를 구하려는 경우에는 두 개의 매개변수를 받는 until( )을 사용하는 것이 낫다. 날짜가 아닌 시간에도 until( )을 사용할 수 있지만, Duration을 반환하는 until( )은 없다.

```
long sec = LocalTime.now().until(endTime, ChronoUnit.SECONDS);
```

of( ), with( )
Period에는 of( ), ofYears( ), ofMonths( ), ofWeeks( ), ofDays( )가 있고, Duration에는 of( ), ofDays( ), ofHours( ), ofMinutes( ), ofSeconds( ) 등이 있다. 사용법은 앞서 Local Date와 LocalTime에서 배운 것과 같다.

```
   Period   pe = Period.of(1, 12, 31);  // 1년 12개월 31일
   Duration du = Duration.of(60, ChronoUnit.SECONDS);   // 60초
// Duration du = Duration.ofSeconds(60);   // 위의 문장과 동일.
```

특정 필드의 값을 변경하는 with( )도 있다.

```
pe = pe.withYears(2);     // 1년에서 2년으로 변경. withMonths(), withDays()
du = du.withSeconds(120); // 60초에서 120초로 변경. withNanos()
```

사칙연산, 비교연산, 기타 메서드
plus( ), minus( )외에 곱셈과 나눗셈을 위한 메서드도 있다.

```
pe = pe.minusYears(1).multipliedBy(2); // 1년을 빼고, 2배를 곱한다.
du = du.plusHours(1).dividedBy(60);    // 1시간을 더하고 60으로 나눈다.
```

Period에 나눗셈을 위한 메서드가 없는데, Period는 날짜의 기간을 표현하기 위한 것이므로 나눗셈을 위한 메서드가 별로 유용하지 않기 때문에 넣지 않은 것이다.

그리고 음수인지 확인하는 isNegative( )와 0인지 확인하는 isZero( )가 있다. 두 날짜 또는 시간을 비교할 때, 사용하면 어느 쪽이 앞인지 또는 같은지 알아낼 수 있다.

```
boolean sameDate = Period.between(date1, date2).isZero();
boolean isBefore = Duration.between(time1, time2).isNegative();
```

부호를 반대로 변경하는 negate( )와 부호를 없애는 abs( )가 있다. 아래 양쪽의 코드는 동일하다. Period에는 abs( )가 없어서 대신 아래의 오른쪽과 같은 코드를 사용해야 한다.

```
du = du.abs();
```
⟷
```
if(du.isNegative())
    du = du.negated();
```

Period에 normalized( )라는 메서드가 있는데, 이 메서드는 월(month)의 값이 12를 넘지 않게, 즉 1년 13개월을 2년 1개월로 바꿔준다. 일(day)의 길이는 일정하지 않으므로 그대로 놔둔다.

```
pe = Period.of(1,13,32).normalized(); // 1년 13개월 32일→2년 1개월 32일
```

다른 단위로 변환 – toTotalMonths( ), toDays( ), toHours( ), toMinutes( )
이름이 'to'로 시작하는 메서드들이 있는데, 이 들은 Period와 Duration을 다른 단위의 값으로 변환하는데 사용된다. get( )은 특정 필드의 값을 그대로 가져오는 것이지만, 아래의 메서드들은 특정 단위로 변환한 결과를 반환한다는 차이가 있다.

| 참고 | 이 메서드들의 반환타입은 모두 정수(long타입)인데, 이것은 지정된 단위 이하의 값들은 버려진다는 뜻이다.

클래스	메서드	설명
Period	long toTotalMonths( )	년월일을 월단위로 변환해서 반환(일 단위는 무시)
Duration	long toDays( )	일단위로 변환해서 반환
	long toHours( )	시간단위로 변환해서 반환
	long toMinutes( )	분단위로 변환해서 반환
	long toMillis( )	천분의 일초 단위로 변환해서 반환
	long toNanos( )	나노초 단위로 변환해서 반환

▲ 표10-8 Period와 Duration의 변환 메서드

참고로 LocalDate의 toEpochDay( )라는 메서드는 에포크 데이(epoch day)인 '1970-01-01'부터 날짜를 세어서 반환한다. 이 메서드를 이용하면 Period를 사용하지 않고도 두 날짜간의 일수를 편리하게 계산할 수 있다. 단, 두 날짜 모두 Epoch Day이후의 것이어야 한다.

```
LocalDate date1 = LocalDate.of(2024, 8, 22);
LocalDate date2 = LocalDate.of(2024, 8, 23);

long period = date2.toEpochDay() - date1.toEpochDay(); // 1
```

LocalTime에도 다음과 같은 메서드가 있어서, Duration을 사용하지 않고도 위와 같이 뺄셈으로 시간차이를 계산할 수 있다.

```
int  toSecondOfDay()
long toNanoOfDay()
```

▼ 예제 10-25/**NewTimeEx4.java**

```java
import java.time.*;
import java.time.temporal.*;
class NewTimeEx4 {
    public static void main(String[] args) {
        LocalDate date1 = LocalDate.of(2024, 1,  1);
        LocalDate date2 = LocalDate.of(2025, 12, 31);

        Period pe = Period.between(date1, date2);

        System.out.println("date1="+date1);
        System.out.println("date2="+date2);
        System.out.println("pe="+pe);

        System.out.println("YEAR=" +pe.get(ChronoUnit.YEARS));
        System.out.println("MONTH="+pe.get(ChronoUnit.MONTHS));
        System.out.println("DAY="   +pe.get(ChronoUnit.DAYS));

        LocalTime time1 = LocalTime.of( 0, 0, 0);
        LocalTime time2 = LocalTime.of(12,34,56); // 12시간 23분 56초

        Duration du = Duration.between(time1, time2);

        System.out.println("time1="+time1);
        System.out.println("time2="+time2);
        System.out.println("du="+du);

        LocalTime tmpTime = LocalTime.of(0,0).plusSeconds(du.getSeconds());

        System.out.println("HOUR="   +tmpTime.getHour());
        System.out.println("MINUTE="+tmpTime.getMinute());
        System.out.println("SECOND="+tmpTime.getSecond());
        System.out.println("NANO="   +tmpTime.getNano());
    }
}
```

▼ 실행결과

```
date1=2024-01-01
date2=2025-12-31
pe=P1Y11M30D
YEAR=1
MONTH=11
DAY=30
time1=00:00
time2=12:34:56
du=PT12H34M56S
HOUR=12
MINUTE=34
SECOND=56
NANO=0
```

3.7 파싱과 포맷

지금까지 새로운 java.time패키지 날짜와 시간을 다루는 기본적인 방법에 대해서 알아봤는데, 이제 마지막으로 날짜와 시간을 원하는 형식으로 출력하고 해석(파싱, parsing)하는 방법에 대해서 배울 차례이다.

형식화(formatting)와 관련된 클래스들은 java.time.format패키지에 들어있는데, 이 중에서 DateTimeFormatter가 핵심이다. 이 클래스에는 자주 쓰이는 다양한 형식들을 기본적으로 정의하고 있으며, 그 외의 형식이 필요하다면 직접 정의해서 사용할 수도 있다.

```
LocalDate date = LocalDate.of(2024, 1, 2);
String yyyymmdd =
    DateTimeFormatter.ISO_LOCAL_DATE.format(date); // "2024-01-02"
String yyyymmdd =
    date.format(DateTimeFormatter.ISO_LOCAL_DATE); // "2024-01-02"
```

날짜와 시간의 형식화에는 위와 같이 format()이 사용되는데, 이 메서드는 DateTimeFormatter뿐만 아니라 LocalDate나 LocalTime같은 클래스에도 있다. 같은 기능을 하니까 상황에 따라 편한 쪽을 선택해서 사용하면 된다.

아래의 표는 DateTimeFormatter에 상수로 정의된 형식들의 목록이다.

DateTimeFormatter	설명	보기
ISO_DATE_TIME	Date and time with ZoneId	2024-11-03T10:15:30+01:00[Europe/Paris]
ISO_LOCAL_DATE	ISO Local Date	2024-11-03
ISO_LOCAL_TIME	Time without offset	10:15:30
ISO_LOCAL_DATE_TIME	ISO Local Date and Time	2024-11-03T10:15:30
ISO_OFFSET_DATE	ISO Date with offset	2024-11-03+01:00
ISO_OFFSET_TIME	Time with offset	10:15:30+01:00
ISO_OFFSET_DATE_TIME	Date Time with Offset	2024-11-03T10:15:30+01:00
ISO_ZONED_DATE_TIME	Zoned Date Time	2024-11-03T10:15:30+01:00[Europe/Paris]
ISO_INSTANT	Date and Time of an Instant	2024-11-03T10:15:30Z
BASIC_ISO_DATE	Basic ISO date	20241103
ISO_DATE	ISO Date with or without offset	2024-11-03+01:00 2024-11-03
ISO_TIME	Time with or without offset	10:15:30+01:00 10:15:30
ISO_ORDINAL_DATE	Year and day of year	2024-337
ISO_WEEK_DATE	Year and Week	2024-W48-6
RFC_1123_DATE_TIME	RFC 1123 / RFC 822	Tue, 20 Aug 2024 11:05:30 GMT

▲ 표10-9 DateTimeFormatter에 정의된 형식

로케일에 종속된 형식화

DateTimeFormatter의 static메서드 ofLocalizedDate(), ofLocalizedTime(), ofLocalized DateTime()은 로케일(locale)에 종속적인 포맷터를 생성한다.

```
DateTimeFormatter formatter =
        DateTimeFormatter.ofLocalizedDate(FormatStyle.SHORT);
String shortFormat = formatter.format(LocalDate.now());
```

FormatStyle의 종류에 따른 출력 형태는 다음과 같다.

FormatSytle	날짜	시간
FULL	2024년 12월 24일 화요일	N/A
LONG	2024년 12월 24일 (화)	오후 11시 22분 33초
MEDIUM	2024. 12. 24	오후 11:22:33
SHORT	24. 12. 24	오후 11:22

▲ 표 10-10 열거형 FormatStyle에 정의된 상수와 출력 예

출력형식 직접 정의하기

DateTimeFormatter의 ofPattern( )으로 원하는 출력형식을 직접 작성할 수도 있다.

```
DateTimeFormatter formatter = DateTimeFormatter.ofPattern("yyyy/MM/dd");
```

출력형식에 사용되는 기호의 목록은 다음과 같다.

기호	의미	보기
G	연대(BC, AD)	서기 또는 AD
y 또는 u	년도	2024
M 또는 L	월(1~12 또는 1월~12월)	11
Q 또는 q	분기(quarter)	4
w	년의 몇 번째 주(1~53)	48
W	월의 몇 번째 주(1~5)	4
D	년의 몇 번째 일(1~366)	332
d	월의 몇 번째 일(1~31)	28
F	월의 몇 번째 요일(1~5)	4
E 또는 e	요일	토 또는 7
a	오전/오후(AM, PM)	오후
H	시간(0~23)	22
k	시간(1~24)	22
K	시간(0~11)	10
h	시간(1~12)	10
m	분(0~59)	12
s	초(0~59)	35
S	천분의 일초(0~999)	7

A	천분의 일초(그 날의 0시 0분 0초 부터의 시간)	80263808
n	나노초(0~999999999)	475000000
N	나노초(그 날의 0시 0분 0초 부터의 시간)	81069992000000
V	시간대 ID(VV)	Asia/Seoul
z	시간대(time-zone) 이름	KST
O	지역화된 zone-offset	GMT+9
Z	zone-offset	+0900
X 또는 x	zone-offset(Z는 +00:00를 의미)	+09
'	escape문자(특수문자를 표현하는데 사용)	없음

▲ 표10-11 DateTimeFormatter의 패턴에 사용되는 기호

아래의 예제는 자주 사용될만한 패턴의 예를 보여준다.

▼ 예제 10-26/**DateFormatterEx.java**

```java
import java.time.*;
import java.time.format.*;
class DateFormatterEx {
    public static void main(String[] args) {
        ZonedDateTime zdateTime = ZonedDateTime.now();

        String[] patternArr = {
                "yyyy-MM-dd HH:mm:ss",
                "''yy년 MMM dd일 E요일",
                "yyyy-MM-dd HH:mm:ss.SSS Z VV",
                "yyyy-MM-dd hh:mm:ss a",
                "오늘은 올 해의  D번째 날입니다.",
                "오늘은 이 달의 d번째 날입니다.",
                "오늘은 올 해의  w번째 주입니다.",
                "오늘은 이 달의 W번째 주입니다.",
                "오늘은 이 달의 W번째 E요일입니다."
        };

        for(String p : patternArr) {
            DateTimeFormatter formatter = DateTimeFormatter.ofPattern(p);
            System.out.println(zdateTime.format(formatter));
        }
    } // main의 끝
}
```

▼ 실행결과

```
2024-08-21 14:11:41
'24년 8월 21일 화요일
2024-08-21 14:11:41.545 +0900 Asia/Seoul
2024-08-21 02:11:41 PM
오늘은 올 해의 234번째 날입니다.
오늘은 이 달의 21번째 날입니다.
오늘은 올 해의 34번째 주입니다.
오늘은 이 달의 4번째 주입니다.
오늘은 이 달의 4번째 화요일입니다.
```

문자열을 날짜와 시간으로 파싱하기

문자열을 날짜 또는 시간으로 변환하려면 static메서드 parse( )를 사용하면 된다. 날짜와 시간을 표현하는데 사용되는 클래스에는 이 메서드가 거의 다 포함되어 있다. parse( )는 오버로딩된 메서드가 여러 개 있는데, 그중에서 다음의 2개가 자주 쓰인다.

```
static LocalDateTime parse(CharSequence text)
static LocalDateTime parse(CharSequence text, DateTimeFormatter formatter)
```

DateTimeFormatter에 상수로 정의된 형식을 사용할 때는 다음과 같이 한다.

```
LocalDate date =
    LocalDate.parse("2024-01-02",DateTimeFormatter.ISO_LOCAL_DATE);
```

자주 사용되는 기본적인 형식의 문자열은 ISO_LOCAL_DATE와 같은 형식화 상수를 사용하지 않고도 파싱이 가능하다.

```
LocalDate     newDate     = LocalDate.parse("2001-01-01");
LocalTime     newTime     = LocalTime.parse("23:59:59");
LocalDateTime newDateTime = LocalDateTime.parse("2001-01-01T23:59:59");
```

다음과 같이 ofPattern( )을 이용해서 파싱을 할 수도 있다.

```
DateTimeFormatter pattern =
            DateTimeFormatter.ofPattern("yyyy-MM-dd HH:mm:ss");
LocalDateTime endOfYear =
            LocalDateTime.parse("2024-12-31 23:59:59", pattern);
```

▼ 예제 10-27/**DateFormatterEx2.java**

```java
import java.time.*;
import java.time.format.*;

class DateFormatterEx2 {
    public static void main(String[] args) {
        LocalDate newYear =
            LocalDate.parse("2024-01-01", DateTimeFormatter.ISO_LOCAL_DATE);

        LocalDate     date     = LocalDate.parse("2001-01-01");
        LocalTime     time     = LocalTime.parse("23:59:59");
        LocalDateTime dateTime = LocalDateTime.parse("2001-01-01T23:59:59");

        DateTimeFormatter pattern =
                    DateTimeFormatter.ofPattern("yyyy-MM-dd HH:mm:ss");
        LocalDateTime endOfYear =
                    LocalDateTime.parse("2024-12-31 23:59:59", pattern);
```

```
        System.out.println(newYear);
        System.out.println(date);
        System.out.println(time);
        System.out.println(dateTime);
        System.out.println(endOfYear);
    } // main의 끝
}
```

▼ 실행결과
```
2024-01-01
2001-01-01
23:59:59
2001-01-01T23:59:59
2024-12-31T23:59:59
```

I 참고 I 연습문제는 깃헙(https://github.com/castello/javajungsuk4)에서 PDF파일로 제공

Chapter 11

컬렉션 프레임웍

collections framework

1. 컬렉션 프레임웍(collections framework)

컬렉션 프레임웍이란, '데이터 군(群)을 저장하는 클래스들을 표준화'한 것이다. 컬렉션(Collection)은 다수(多數)의 데이터, 즉 데이터 그룹을, 프레임웍은 표준화된 프로그래밍 방식을 의미한다.

> **참고** Java API문서에서는 컬렉션 프레임웍을 '데이터 군(群, group)을 다루고 표현하기 위한 단일화된 구조(architecture)'라고 정의하고 있다.

JDK 1.2 이전까지는 Vector, Hashtable, Properties와 같은 컬렉션 클래스, 다수의 데이터를 저장할 수 있는 클래스,들을 서로 다른 각자의 방식으로 처리해야 했으나 JDK 1.2부터 컬렉션 프레임웍이 등장하면서 다양한 종류의 컬렉션 클래스가 추가되고 모든 컬렉션 클래스를 표준화된 방식으로 다룰 수 있도록 체계화되었다.

> **참고** 앞으로 Vector와 같이 다수의 데이터를 저장할 수 있는 클래스를 '컬렉션 클래스'라고 하겠다.

컬렉션 프레임웍은 컬렉션,다수의 데이터,을 다루는 데 필요한 다양하고 풍부한 클래스들을 제공하기 때문에 프로그래머의 짐을 상당히 덜어 주고 있으며, 또한 인터페이스와 다형성을 이용한 객체지향적 설계를 통해 표준화되어 있기 때문에 사용법을 익히기에도 편리하고 재사용성이 높은 코드를 작성할 수 있다는 장점이 있다.

1.1 컬렉션 프레임웍의 핵심 인터페이스

컬렉션 프레임웍은 컬렉션데이터 그룹을 크게 3가지 타입이 존재한다고 인식하고 각 컬렉션을 다루는데 필요한 기능을 가진 3개의 인터페이스를 정의하였다. 그리고 인터페이스 List와 Set의 공통된 부분을 다시 뽑아서 새로운 인터페이스인 Collection을 추가로 정의하였다.

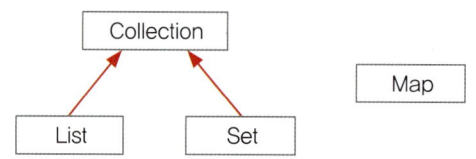

▲ 그림11-1 컬렉션 프레임웍의 핵심 인터페이스간의 상속계층도

인터페이스 List와 Set을 구현한 컬렉션 클래스들은 서로 많은 공통부분이 있어서, 공통된 부분을 다시 뽑아 Collection인터페이스를 정의할 수 있었지만 Map인터페이스는 이들과는 전혀 다른 형태로 컬렉션을 다루기 때문에 같은 상속 계층도에 포함되지 못했다.
    이러한 설계는 객체지향 언어의 장점을 극명히 보여주는 것으로 객체지향 개념을 학습하는 사람들에게 많은 것을 느끼게 한다. 후에 프로그래밍 실력을 어느 정도 갖추게 되었을 때 컬렉션 프레임웍의 실제 소스를 분석해보면 객체지향적인 설계능력을 향상시키는 데 많은 도움이 될 것이다.

> **참고** JDK 5부터 Iterable인터페이스가 추가되고 이를 Collection인터페이스가 상속받도록 변경되었지만 그림11-1에서 Iterable은 생략하였다.

인터페이스	특 징
List	순서가 있는 데이터의 집합. 데이터의 중복을 허용한다. 예) 대기자 명단
	구현클래스 : ArrayList, LinkedList, Stack, Vector 등
Set	순서를 유지하지 않는 데이터의 집합. 데이터의 중복을 허용하지 않는다. 예) 양의 정수집합, 소수의 집합
	구현클래스 : HashSet, TreeSet 등
Map	키(key)와 값(value)의 쌍(pair)으로 이루어진 데이터의 집합 순서는 유지되지 않으며, 키는 중복을 허용하지 않고, 값은 중복을 허용한다. 예) 우편번호, 지역번호(전화번호)
	구현클래스 : HashMap, TreeMap, Hashtable, Properties 등

▲ 표11-1 컬렉션 프레임웍의 핵심 인터페이스와 특징

|참고| 키(Key)란, 데이터 집합에서 어떤 값(value)을 찾는데 열쇠(key)가 된다는 의미에서 붙여진 이름이다. 그래서 키(Key)는 중복을 허용하지 않는다.

실제 개발 시에는 다루고자 하는 컬렉션의 특징을 파악하고 어떤 인터페이스를 구현한 컬렉션 클래스를 사용해야하는지 결정해야하므로 위의 표11-1에 적힌 각 인터페이스의 특징과 차이를 잘 이해하고 있어야 한다.

컬렉션 프레임웍의 모든 컬렉션 클래스들은 List, Set, Map 중의 하나를 구현하고 있으며, 구현한 인터페이스의 이름이 클래스의 이름에 포함되어있어서 이름만으로도 클래스의 특징을 쉽게 알 수 있도록 되어있다.

그러나 Vector, Stack, Hashtable, Properties와 같은 클래스들은 컬렉션 프레임웍이 만들어지기 이전부터 존재하던 것이기 때문에 컬렉션 프레임웍의 명명법을 따르지 않는다.

Vector나 Hashtable과 같은 기존의 컬렉션 클래스들은 호환을 위해, 설계를 변경해서 남겨두었지만 가능하면 사용하지 않는 것이 좋다. 그 대신 새로 추가된 ArrayList와 HashMap을 사용하자.

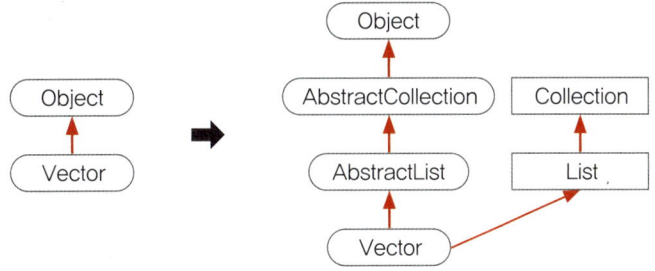

▲ 그림11-2 Vector클래스의 상속계층도 변화 - 왼쪽이 JDK 1.2 이전, 오른쪽이 이후

Collection인터페이스

List와 Set의 조상인 Collection인터페이스에는 다음과 같은 메서드들이 정의되어 있다.

메서드	설 명
boolean add(Object o) boolean addAll(Collection c)	지정된 객체(o) 또는 Collection(c) 의 객체들을 Collection에 추가한다.
void clear( )	Collection의 모든 객체를 삭제한다.
boolean contains(Object o) boolean containsAll(Collection c)	지정된 객체(o) 또는 Collection의 객체들이 Collection에 포함되어 있는지 확인한다.
boolean equals(Object o)	동일한 Collection인지 비교한다.
int hashCode( )	Collection의 hash code를 반환한다.
boolean isEmpty( )	Collection이 비어있는지 확인한다.
Iterator iterator( )	Collection의 Iterator를 얻어서 반환한다.
boolean remove(Object o)	지정된 객체를 삭제한다.
boolean removeAll(Collection c)	지정된 Collection에 포함된 객체들을 삭제한다.
boolean retainAll(Collection c)	지정된 Collection에 포함된 객체만을 남기고 다른 객체들은 Collection 에서 삭제한다. 이 작업으로 인해 Collection에 변화가 있으면 true를 그렇지 않으면 false를 반환한다.
int size( )	Collection에 저장된 객체의 개수를 반환한다.
Object[ ] toArray( )	Collection에 저장된 객체를 객체배열(Object[ ])로 반환한다.
Object[ ] toArray(Object[ ] a)	지정된 배열에 Collection의 객체를 저장해서 반환한다.

▲ 표11-2 Collection인터페이스에 정의된 메서드

| 참고 | JDK.8부터 추가된 parallelStream, removeIf, stream, forEach 등은 14장 람다와 스트림에서 설명한다.
| 참고 | Iterator인터페이스는 컬렉션에 포함된 객체들에 접근할 수 있는 방법을 제공한다.

Collection인터페이스는 컬렉션 클래스에 저장된 데이터를 읽고, 추가하고 삭제하는 등 컬렉션을 다루는데 필요한 가장 기본적인 메서드들을 정의하고 있다.

위의 표11-2에서 반환 타입이 boolean인 메서드들은 작업을 성공하거나 사실이면 true를, 그렇지 않으면 false를 반환한다.

예를 들어 'boolean add(Object o)'를 사용해서 객체를 컬렉션에 추가할 때, 성공하면 true를, 실패하면 false를 반환한다. 'boolean isEmpty( )'를 사용해서 컬렉션에 포함된 객체가 없으면, 즉 컬렉션이 비어있으면 true를, 그렇지 않으면 false를 반환한다.

이 외에도 JDK 8부터 추가된 '람다(Lambda)와 스트림(Stream)'에 관련된 메서드들이 더 있는데, 이 메서드들은 '14장 람다와 스트림'에서 설명할 것이다.

그리고 Java API문서를 보면, 표11-2에 사용된 'Object'가 아닌 'E'로 표기되어있는데, E는 특정 타입을 의미하는 것으로 JDK 5부터 추가된 지네릭스(Generics)에 의한 표기이다. 아직 지네릭스를 배우지 않았기 때문에 이해를 돕기 위한 의도로 'E'대신 'Object'로 표기했다. 'E'외에도 'T'나 'K', 'V'를 사용하는 경우도 있는데 모두 Object타입이라고 이해하자. 지네릭스는 12장에서 배울 것이다.

List인터페이스

List인터페이스는 **중복을 허용**하면서 **저장순서가 유지**되는 컬렉션을 구현하는데 사용된다.

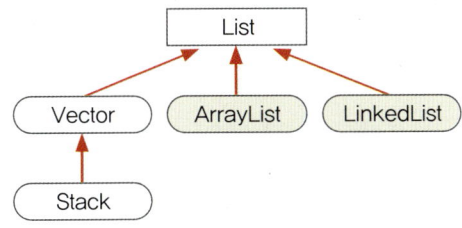

▲ 그림11-3 List의 상속계층도

List인터페이스에 정의된 메서드는 다음과 같다. Collection인터페이스로부터 상속받은 것들은 제외하였다.

메서드	설 명
void add(int index, Object element) boolean addAll(int index, Collection c)	지정된 위치(index)에 객체(element) 또는 컬렉션에 포함된 객체들을 추가한다.
Object get(int index)	지정된 위치(index)에 있는 객체를 반환한다.
int indexOf(Object o)	지정된 객체의 위치(index)를 반환한다. (List의 첫 번째 요소부터 순방향으로 찾는다.)
int lastIndexOf(Object o)	지정된 객체의 위치(index)를 반환한다. (List의 마지막 요소부터 역방향으로 찾는다.)
ListIterator listIterator( ) ListIterator listIterator(int index)	List의 객체에 접근할 수 있는 ListIterator를 반환한다.
Object remove(int index)	지정된 위치(index)에 있는 객체를 삭제하고 삭제된 객체를 반환한다.
Object set(int index, Object element)	지정된 위치(index)에 객체(element)를 저장한다
void sort(Comparator c)	지정된 비교자(comparator)로 List를 정렬한다.
List subList(int fromIndex, int toIndex)	지정된 범위(fromIndex부터 toIndex)에 있는 객체를 반환한다.

▲ 표11-3 List인터페이스의 메서드

Set인터페이스

Set인터페이스는 중복을 허용하지 않고 저장순서가 유지되지 않는 컬렉션 클래스를 구현하는데 사용된다. Set인터페이스를 구현한 클래스로는 HashSet, TreeSet 등이 있다.

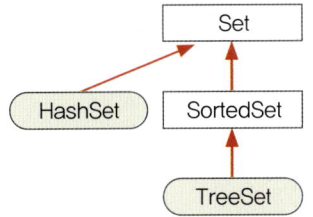

▲ 그림11-4 Set의 상속계층도

Map인터페이스

Map인터페이스는 키(key)와 값(value)을 하나의 쌍으로 묶어서 저장하는 컬렉션 클래스를 구현하는 데 사용된다. 키는 중복될 수 없지만 값은 중복을 허용한다. 기존에 저장된 데이터와 중복된 키와 값을 저장하면 기존의 값이 없어지고 마지막에 저장된 값이 남게 된다. Map인터페이스를 구현한 클래스로는 Hashtable, HashMap, LinkedHashMap, SortedMap, TreeMap 등이 있다.

| 참고 | Map이란 개념은 어떤 두 값을 연결한다는 의미에서 붙여진 이름이다.

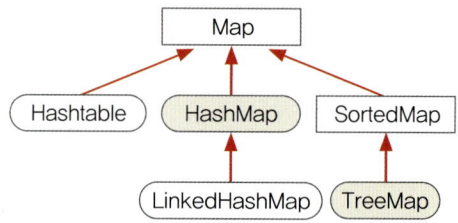

▲ 그림 11-5 Map의 상속계층도

메서드	설 명
void clear( )	Map의 모든 객체를 삭제한다.
boolean containsKey(Object key)	지정된 key객체와 일치하는 Map의 key객체가 있는지 확인한다.
boolean containsValue(Object value)	지정된 value객체와 일치하는 Map의 value객체가 있는지 확인한다.
Set entrySet( )	Map에 저장되어 있는 key-value쌍을 Map.Entry타입의 객체로 저장한 Set으로 반환한다.
boolean equals(Object o)	동일한 Map인지 비교한다.
Object get(Object key)	지정한 key객체에 대응하는 value객체를 찾아서 반환한다.
int hashCode( )	해시코드를 반환한다.
boolean isEmpty( )	Map이 비어있는지 확인한다.
Set keySet( )	Map에 저장된 모든 key객체를 반환한다.
Object put(Object key, Object value)	Map에 value객체를 key객체에 연결(mapping)하여 저장한다.
void putAll(Map t)	지정된 Map의 모든 key-value쌍을 추가한다.
Object remove(Object key)	지정한 key객체와 일치하는 key-value객체를 삭제한다.
int size( )	Map에 저장된 key-value쌍의 개수를 반환한다.
Collection values( )	Map에 저장된 모든 value객체를 반환한다.
static Entry entry(Object k, Object v)	지정된 키(k)와 값(v)를 Entry객체로 묶어서 반환한다.

▲ 표 11-4 Map인터페이스의 메서드

values( )에서는 반환타입이 Collection이고, keySet( )에서는 반환타입이 Set인 것에 주목하자. Map인터페이스에서 값(value)은 중복을 허용하기 때문에 Collection타입으로 반환하고, 키(key)는 중복을 허용하지 않기 때문에 Set타입으로 반환한다.

Map.Entry인터페이스

Map.Entry인터페이스는 Map인터페이스의 내부 인터페이스이다. 내부 클래스와 같이 인터페이스도 인터페이스 안에 인터페이스를 정의하는 내부 인터페이스(inner interface)를 정의하는 것이 가능하다.

Map에 저장되는 key-value쌍을 다루기 위해 내부적으로 Entry인터페이스를 정의해 놓았다. 이것은 보다 객체지향적으로 설계하도록 유도하기 위한 것으로 Map인터페이스를 구현하는 클래스에서는 Map.Entry인터페이스도 함께 구현해야한다.

다음은 Map인터페이스의 소스코드의 일부이다.

```
public interface Map {
    ...
    public static interface Entry {
        Object getKey();
        Object getValue();
        Object setValue(Object value);
        boolean equals(Object o);
        int hashCode();
        ...                       // JDK 8부터 추가된 메서드는 생략
    }
}
```

메서드	설 명
boolean equals(Object o)	동일한 Entry인지 비교한다.
Object getKey()	Entry의 key객체를 반환한다.
Object getValue()	Entry의 value객체를 반환한다.
int hashCode()	Entry의 해시코드를 반환한다.
Object setValue(Object value)	Entry의 value객체를 지정된 객체로 바꾼다.

▲ 표11-5 Map.Entry인터페이스의 메서드

of( )와 copyOf( )

List, Set, Map을 생성해서 반환하는 팩토리 메서드이다. 배열의 생성과 초기화를 동시에 하는 것과 같은 코드를 작성할 수 있게 해준다. of( )는 가변인자와 오버로딩을 이용하므로 괄호( )안에 여러 객체를 넣을 수 있다. JDK 9부터 추가되었다.

```
// 3개의 요소가 저장된 List를 반환(읽기 전용)
List list = List.of("aaa", "bbb", "ccc");
```

Set은 위의 코드에서 List를 Set으로만 변경하면 되고, Map의 경우 of( )가 아니라 ofEntries( )이다.

```
static Map ofEntries(Entry... entires)
```

copyOf( )는 이름에서 알 수 있듯이 매개변수로 컬렉션을 받아서 복사해서 반환한다. 반환된 컬렉션은 얕은 복사로 복사된 것이며 읽기만 가능할 뿐 변경할 수 없다.

```
List list = List.of("aaa", "bbb", "ccc");
List copy = List.copyOf(list);   // list의 얕은 복사본(읽기 전용) 반환
copy.add("ddd");   // 에러. 읽기 전용이라 변경 불가
```

copyOf( )는 각 인터페이스에 다음과 같이 선언되어 있다.

```
static List copyOf(Collection coll)
static Set  copyOf(Collection coll)
static Map  copyOf(Map map)
```

지금은 간단히 소개만 하고 앞으로 예제를 통해 메서드의 활용법을 보다 자세히 배우게 될 것이다.

SequencedCollection

JDK 21부터 추가된 인터페이스로 Collection의 자손이고 List의 조상이다. 다음과 같은 디폴트 메서드가 정의되어 있다.

```
default void addFirst(Object e) { ... } // e를 컬렉션의 맨 앞에 저장
default void addLast(Object e) { ... }  // e를 컬렉션의 맨 끝에 저장

default Object getFirst() { ... }      // 컬렉션의 첫 번째 요소를 반환
default Object getLast()  { ... }      // 컬렉션의 마지막 요소를 반환

default Object removeFirst() { ... }   // 컬렉션의 첫 번째 요소를 제거
default Object removeLast()  { ... }   // 컬렉션의 마지막 요소를 제거

default List reversed() { ... } // 컬렉션의 역순으로 List에 담아 반환
```

기존에 있던 List인터페이스를 구현한 클래스의 메서드 중에 공통으로 사용할 수 있는 것들을 뽑아서 인터페이스로 정의한 것일 뿐 특별한 것은 없다. 따라서 기존의 상속 계층도가 아래와 같이 바뀌었다.

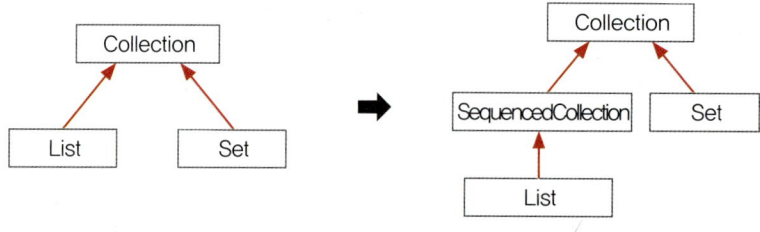

이제 본론으로 들어가 컬렉션 프레임웍의 구성요소들을 하나씩 살펴보자.

1.2 ArrayList와 Vector

아마도 ArrayList는 컬렉션 프레임웍에서 가장 많이 사용되는 클래스일 것이다. 이 ArrayList는 List인터페이스를 구현하기 때문에 데이터의 저장순서가 유지되고 중복을 허용한다는 특징을 갖는다. ArrayList는 기존의 Vector를 개선한 것으로 이 둘은 거의 동일하다. 중요한 차이점은 동기화인데, Vector는 동기화되어 있고 ArrayList는 동기화되어 있지 않다. 동기화는 13장 쓰레드에서 배울 것이므로 지금은 이런 차이가 있다는 정도만 알아두자. 보통은 Vector보다 ArrayList를 주로 사용한다.

ArrayList는 Object배열을 이용해서 데이터를 순차적으로 저장한다. 예를 들면, 첫 번째로 저장한 객체는 Object배열의 0번째 위치에 저장되고 그 다음에 저장하는 객체는 1번째 위치에 저장된다. 이런 식으로 계속 배열에 순서대로 저장되며, 배열에 더 이상 저장할 공간이 없으면 보다 큰 새로운 배열을 생성해서 기존의 배열에 저장된 내용을 새로운 배열로 복사한 다음에 저장된다.

```
public class ArrayList extends AbstractList
    implements List, RandomAccess, Cloneable, java.io.Serializable {
        ...
        transient Object[] elementData; // Object배열
        ...
}
```

| 참고 | transient는 직렬화(serialization)와 관련된 제어자이다. 직렬화에 대해서는 15장에서 다룬다.

위의 코드는 ArrayList의 소스코드 일부인데 ArrayList는 elementData라는 이름의 Object배열을 멤버변수로 선언하고 있다는 것을 알 수 있다. 선언된 배열의 타입이 모든 객체의 최고조상인 Object이기 때문에 모든 종류의 객체를 담을 수 있다.

지금까지 여러 값이나 객체를 담을 때 배열을 주로 사용해왔는데, 성능이 크게 중요한 경우가 아니라면, 배열 대신 ArrayList를 쓰는 것이 좋다. 작성해야할 코드도 줄어들고 오류가 발생할 확률도 줄어들기 때문이다.

메서드	설 명
ArrayList( )	크기가 10인 ArrayList를 생성
ArrayList(Collection c)	주어진 컬렉션이 저장된 ArrayList를 생성
ArrayList(int initialCapacity)	지정된 초기용량을 갖는 ArrayList를 생성
boolean add(Object o)	ArrayList의 마지막에 객체를 추가. 성공하면 true
void add(int index, Object element)	지정된 위치(index)에 객체를 저장
boolean addAll(Collection c)	주어진 컬렉션의 모든 객체를 저장한다.
boolean addAll(int index, Collection c)	지정된 위치부터 주어진 컬렉션의 모든 객체를 저장한다.
void clear( )	ArrayList를 완전히 비운다.
Object clone( )	ArrayList를 복제한다.

메서드	설명
boolean contains(Object o)	지정된 객체(o)가 ArrayList에 포함되어 있는지 확인
void ensureCapacity(int minCapacity)	ArrayList의 용량이 최소한 minCapacity가 되도록 한다.
Object get(int index)	지정된 위치(index)에 저장된 객체를 반환한다.
int indexOf(Object o)	지정된 객체가 저장된 위치를 찾아 반환한다.
boolean isEmpty( )	ArrayList가 비어있는지 확인한다.
Iterator iterator( )	ArrayList의 Iterator객체를 반환
int lastIndexOf(Object o)	객체(o)가 저장된 위치를 끝부터 역방향으로 검색해서 반환
ListIterator listIterator( )	ArrayList의 ListIterator를 반환
ListIterator listIterator(int index)	ArrayList의 지정된 위치부터 시작하는 ListIterator를 반환
Object remove(int index)	지정된 위치(index)에 있는 객체를 제거한다.
boolean remove(Object o)	지정한 객체를 제거한다.(성공하면 true, 실패하면 false)
boolean removeAll(Collection c)	지정한 컬렉션에 저장된 것과 동일한 객체들을 ArrayList에서 제거한다.
boolean retainAll(Collection c)	ArrayList에 저장된 객체 중에서 주어진 컬렉션과 공통된 것들만 남기고 나머지는 삭제한다.
Object set(int index, Object element)	주어진 객체(element)를 지정된 위치(index)에 저장한다.
int size( )	ArrayList에 저장된 객체의 개수를 반환한다.
void sort(Comparator c)	지정된 정렬기준(c)으로 ArrayList를 정렬
List subList(int fromIndex, int toIndex)	fromIndex부터 toIndex사이에 저장된 객체를 반환한다.
Object[ ] toArray( )	ArrayList에 저장된 모든 객체들을 객체배열로 반환한다.
Object[ ] toArray(Object[ ] a)	ArrayList에 저장된 모든 객체들을 객체배열 a에 담아 반환한다.
void trimToSize( )	용량을 크기에 맞게 줄인다.(빈 공간을 없앤다.)

▲ 표11-6 ArrayList의 생성자와 메서드

▼ 예제 11-1/**ArrayListEx.java**

```java
import java.util.*;

class ArrayListEx {
    public static void main(String[] args) {
        ArrayList list1 = new ArrayList(10);
        list1.add(5); // list1.add(new Integer(5));과 동일. 오토박싱
        list1.add(4);
        list1.add(2);
        list1.add(0);
        list1.add(1);
        list1.add(3);

        ArrayList list2 = new ArrayList(list1.subList(1,4));
        print(list1, list2);

        Collections.sort(list1);    // list1과 list2를 정렬
        Collections.sort(list2);    // Collections.sort(List l)
        print(list1, list2);

        System.out.println("list1.containsAll(list2):"
                        + list1.containsAll(list2));

        list2.add("B");
        list2.add("C");
```

```
            list2.add(3, "A");
            print(list1, list2);

            list2.set(3, "AA");
            print(list1, list2);

            // list1에서 list2와 겹치는 부분만 남기고 나머지는 삭제
            System.out.println("list1.retainAll(list2):"
                                            + list1.retainAll(list2));
            print(list1, list2);

            //  list2에서 list1에 포함된 객체들을 삭제
            for(int i= list2.size()-1; i >= 0; i--) {
                if(list1.contains(list2.get(i)))
                    list2.remove(i);
            }
            print(list1, list2);
    }   // main의 끝

    static void print(ArrayList list1, ArrayList list2) {
        System.out.println("list1:"+list1);
        System.out.println("list2:"+list2);
        System.out.println();
    }
}   // class
```

▼ 실행결과

```
list1:[5, 4, 2, 0, 1, 3]
list2:[4, 2, 0]

list1:[0, 1, 2, 3, 4, 5]   ← Collections.sort(List l)를 이용해서 정렬
list2:[0, 2, 4]

list1.containsAll(list2) :true   ← list1이 list2의 모든 요소를 포함하고 있을 때만 true
list1:[0, 1, 2, 3, 4, 5]
list2:[0, 2, 4, A, B, C]   ← add(Object obj)를 이용해서 새로운 객체를 저장

list1:[0, 1, 2, 3, 4, 5]
list2:[0, 2, 4, AA, B, C]   ← set(int index, Object obj)를 이용해서 다른 객체로 변경

list1.retainAll(list2) :true   ← retainAll에 의해 list1에 변화가 있었으므로 true를 반환
list1:[0, 2, 4]   ← list2와의 공통요소 이외에는 모두 삭제되었다(변화가 있었다).
list2:[0, 2, 4, AA, B, C]

list1:[0, 2, 4]
list2:[AA, B, C]
```

위의 예제는 ArrayList의 기본적인 메서드를 이용해서 객체를 다루는 방법을 보여 준다. ArrayList는 List인터페이스를 구현했기 때문에 저장된 순서를 유지한다는 것을 알 수 있다. 그리고 Collections클래스의 sort메서드를 이용해서 ArrayList에 저장된 객체들을 정렬하였는데 Collections에 대한 내용과 정렬(sort)하는 방법에 대해서는 후에 자세히 다룰 것이므로 간단한 정렬방법이 있다는 정도만 이해하고 넘어가자.

| 주의 | Collection은 인터페이스이고, Collections는 클래스이다.

```
        for(int i = list2.size()-1; i >= 0; i--) {
            if(list1.contains(list2.get(i)))
                list2.remove(i);
        }
```

이 예제에서 한 가지 더 설명할 것은 위의 코드인데, list2에서 list1과 공통되는 요소들을 찾아서 삭제한다. 여기서는 list2의 각 요소를 접근하기 위해 get(int index)메서드와 for 문을 사용하였는데, for문의 변수 i를 0 부터 증가시킨 것이 아니라, 'list2.size()-1'부터 감소시키면서 거꾸로 반복시켰다.

만일 변수 i를 증가시켜가면서 삭제하면, 한 요소가 삭제될 때마다 빈 공간을 채우기 위해 나머지 요소들이 자리 이동을 하기 때문에 올바른 결과를 얻을 수 없다. 그래서 제어변수를 감소시켜가면서 삭제를 해야 자리이동이 발생해도 영향을 받지 않고 작업이 가능하다.

여기에 대해서는 나중에 다시 자세히 설명할 것이지만 잠시 고민해보자.

| 참고 | 예제11-1의 for문을 변경해서 i의 값을 증가시켜가면서 삭제해보면 쉽게 이해할 수 있을 것이다.

▼ 예제 11-2/`ArrayListEx2.java`

```java
import java.util.*;

class ArrayListEx2 {
    public static void main(String[] args) {
        final int LIMIT = 10;          // 자르고자 하는 글자의 개수를 지정한다.
        String source = "0123456789abcdefghijABCDEFGHIJ!@#$%^&*()ZZZ";
        int length = source.length();

        List list = new ArrayList(length/LIMIT + 10);// 크기를 여유 있게 잡는다.

        for(int i=0; i < length; i+=LIMIT) {
            if(i+LIMIT < length )
                list.add(source.substring(i, i+LIMIT));
            else
                list.add(source.substring(i));
        }

        for(int i=0; i < list.size(); i++) {
            System.out.println(list.get(i));
        }
    } // main()
}
```

▼ 실행결과
```
0123456789
abcdefghij
ABCDEFGHIJ
!@#$%^&*()
ZZZ
```

긴 문자열 데이터를 원하는 길이로 잘라서 ArrayList에 담은 다음 출력하는 예제이다. 단순히 문자열을 특정크기로 잘라서 출력할 것이라면, charAt(int i)와 for문을 이용하면 되겠지만 ArrayList에 잘라서 담아놓음으로써 ArrayList의 기능을 이용해서 다양한 작업을 간단하게 처리할 수 있다.

```
List list = new ArrayList(length/LIMIT + 10); // 크기를 여유 있게 잡는다.
```

ArrayList를 생성할 때, 저장할 요소의 개수를 고려해서 실제 저장할 개수보다 약간 여유 있는 크기로 하는 것이 좋다. 생성할 때 지정한 크기보다 더 많은 객체를 저장하면 자동적으로 크기가 늘어나기는 하지만 이 과정에서 처리시간이 많이 소요되기 때문이다.

▼ 예제 11-3/**VectorEx.java**

```java
import java.util.*;

class VectorEx {
    public static void main(String[] args) {
        Vector v = new Vector(5);      // 용량(capacity)이 5인 Vector를 생성한다.
        v.add("1");
        v.add("2");
        v.add("3");
        print(v);

        v.trimToSize(); // 빈 공간을 없앤다. (용량과 크기가 같아진다.)
        System.out.println("=== After trimToSize() ===");
        print(v);

        v.ensureCapacity(6);
        System.out.println("=== After ensureCapacity(6) ===");
        print(v);

        v.setSize(7);
        System.out.println("=== After setSize(7) ===");
        print(v);

        v.clear();
        System.out.println("=== After clear() ===");
        print(v);
    }

    public static void print(Vector v) {
        System.out.println(v);
        System.out.println("size :" + v.size());
        System.out.println("capacity :" + v.capacity());
    }
}
```

▼ 실행결과

```
[1, 2, 3]
size :3
capacity :5
=== After trimToSize() ===
[1, 2, 3]
size :3
capacity :3
=== After ensureCapacity(6) ===
[1, 2, 3]
size :3
```

```
capacity :6
=== After setSize(7) ===
[1, 2, 3, null, null, null, null]
size :7
capacity :12
=== After clear() ===
[]
size :0
capacity :12
```

이 예제는 Vector의 용량(capacity)과 크기(size)에 관한 것인데, 각 실행과정을 그림과 함께 단계별로 살펴보자.

1. 다음 capacity가 5인 Vector인스턴스 v를 생성하고, 3개의 객체를 저장한 후의 상태를 그림으로 나타낸 것이다.

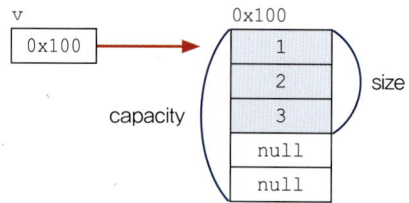

2. v.trimToSize( )를 호출하면 v의 빈 공간을 없애서 size와 capacity를 같게 한다. 배열은 크기를 변경할 수 없기 때문에 새로운 배열을 생성해서 그 주소값을 변수 v에 할당한다. 기존의 Vector인스턴스는 더 이상 사용할 수 없으며, 후에 가비지 컬렉터에 의해서 메모리에서 제거된다.

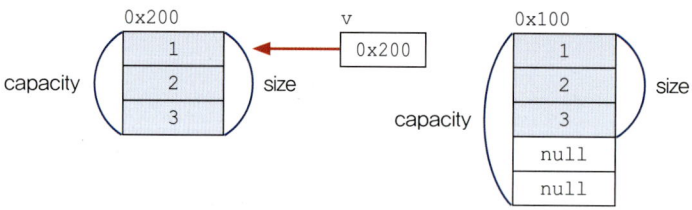

3. v.ensureCapacity(6)는 v의 capacity가 최소한 6이 되게 한다. 만일 v의 capacity가 6이상이라면 아무 일도 일어나지 않는다. 현재는 v의 capacity가 3이므로 크기가 6인 배열을 생성해서 v의 내용을 복사했다. 배열은 생성후에 크기를 변경할 수 없으므로 기존의 인스턴스를 다시 사용하지 못하고 새로운 인스턴스를 생성하였다.

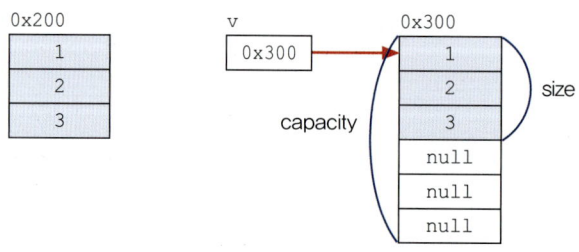

4. v.setSize(7)는 v의 size가 7이 되도록 한다. 만일 v의 capacity가 충분하면 새로 인스턴스를 생성하지 않아도 되지만 지금은 capacity가 6이므로 새로운 인스턴스를 생성해야한다. Vector는 capacity가 부족할 경우 자동적으로 기존의 크기보다 2배의 크기로 증가된다. 그래서 v의 capacity는 12가 된다. 아래의 그림에서 size범위 내의 null은 저장된 것으로 간주된다.

| 참고 | 생성자 Vector(int initialCapacity, int capacityIncrement)를 사용하면 2배가 아니라 원하는 만큼 증가시킬 수 있다.

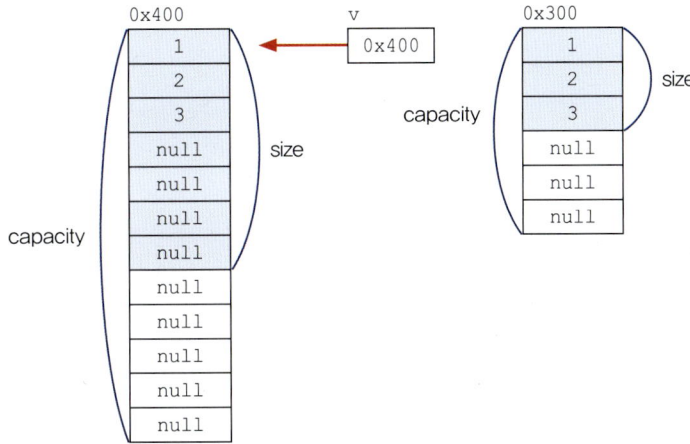

5. v.clear( );는 v의 모든 요소를 삭제한다. 아래의 왼쪽 그림의 상태에서 오른쪽 그림과 같은 상태가 되는 것이다.

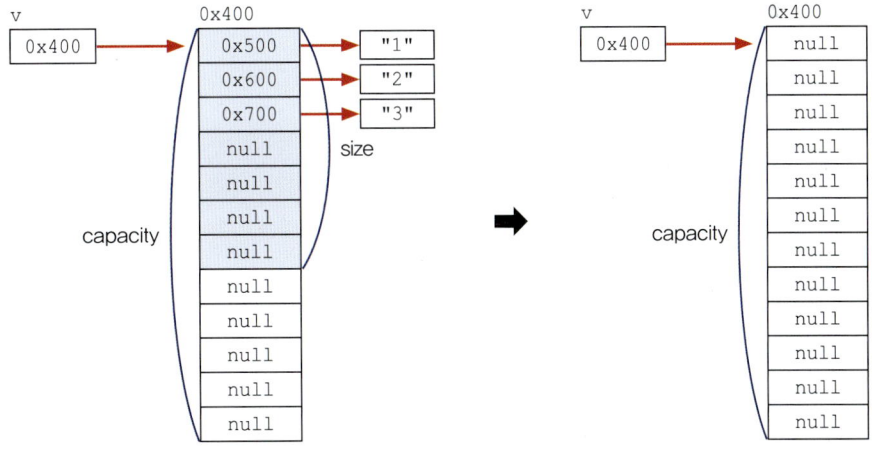

| 참고 | Vector는 Object배열이기 때문에 실제로는 마지막 그림처럼 주소가 저장되어야 더 정확한 것이지만, 편의상 이전의 그림들은 간략하게 표현했다.

ArrayList나 Vector 같이 배열을 이용한 자료구조는 데이터를 읽어오고 저장하는 데는 효율이 좋지만, 용량을 변경해야할 때는 새로운 배열을 생성한 후 기존의 배열로부터 새로 생성된 배열로 데이터를 복사해야하기 때문에 상당히 효율이 떨어진다는 단점을 가지고 있다. 그래서 처음에 인스턴스를 생성할 때, 저장할 데이터의 개수를 잘 고려하여 충분한 용량의 인스턴스를 생성하는 것이 좋다.

지금까지 ArrayList에 대한 기본 내용들은 모두 살펴보았다. 이제는 조금 더 깊숙이 들어가 내부를 분석해보자.

다음의 예제는 Vector클래스의 실제 코드를 바탕으로 이해하기 쉽게 재구성한 것이다.

▼ 예제 11-4 / **MyVector.java**

```java
import java.util.*;
public class MyVector implements List {
    Object[] data = null;   // 객체를 담기 위한 객체배열을 선언한다.
    int capacity = 0;       // 용량
    int size = 0;           // 크기

    public MyVector(int capacity) {
        if (capacity < 0)
            throw new IllegalArgumentException("유효하지 않은 값입니다. :"+ capacity);

        this.capacity = capacity;
        data = new Object[capacity];
    }

    public MyVector() {
        this(10);           // 크기를 지정하지 않으면 크기를 10으로 한다.
    }

    // 최소한의 저장공간(capacity)를 확보하는 메서드
    public void ensureCapacity(int minCapacity) {
        if (minCapacity - data.length > 0)
            setCapacity(minCapacity);
    }

    public boolean add(Object obj) {
        // 새로운 객체를 저장하기 전에 저장할 공간을 확보한다.
        ensureCapacity(size+1);
        data[size++] = obj;
        return true;
    }

    public Object get(int index) {
        if(index < 0 || index >= size)
            throw new IndexOutOfBoundsException("범위를 벗어났습니다.");
        return data[index];
    }

    public Object remove(int index) {
        Object oldObj = null;

        if(index < 0 || index >= size)
            throw new IndexOutOfBoundsException("범위를 벗어났습니다.");
        oldObj = data[index];

        // 삭제하고자 하는 객체가 마지막 객체가 아니라면, 배열 복사를 통해 빈자리를 채워줘야 한다.
        if(index != size-1) {
            System.arraycopy(data, index+1, data, index, size-index-1);
        }
        // 마지막 데이터를 null로 한다. 배열은 0 부터 시작하므로 마지막 요소는 index가 size-1이다.
        data[size-1] = null;
        size--;
        return oldObj;
    }
```

```java
    public boolean remove(Object obj) {
        for(int i=0; i< size; i++) {
//          if(obj.equals(data[i])) { // obj가 null이면 NullPointerException발생
            if(Objects.equals(obj, data[i])) { // obj가 null이어도 OK
                remove(i);
                return true;
            }
        }
        return false;
    }

    public void trimToSize() {
        setCapacity(size);
    }

    private void setCapacity(int capacity) {
        if(this.capacity==capacity) return; // 크기가 같으면 변경하지 않는다.

        Object[] tmp = new Object[capacity];
        System.arraycopy(data,0, tmp, 0, size);
        data = tmp;
        this.capacity = capacity;
    }

    public void clear(){
        for (int i = 0; i < size; i++)
            data[i] = null;
        size = 0;
    }

    public Object[] toArray(){
        Object[] result = new Object[size];
        System.arraycopy(data, 0, result, 0, size);

        return result;
    }

    public boolean isEmpty() { return size==0;}
    public int capacity() { return capacity; }
    public int size() { return size; }
/****************************************/
/*     List인터페이스로부터 상속받은 메서드들     */
/****************************************/
// public int size();
// public boolean isEmpty();
    public boolean contains(Object o){ return false;}
    public Iterator iterator(){ return null; }
// public Object[] toArray();
    public Object[] toArray(Object a[]){ return null;}
// public boolean add(Object o);
// public boolean remove(Object o);
    public boolean containsAll(Collection c){ return false; }
    public boolean addAll(Collection c){ return false; }
    public boolean addAll(int index, Collection c){ return false; }
    public boolean removeAll(Collection c){ return false; }
    public boolean retainAll(Collection c){ return false; }
// public void clear();
    public boolean equals(Object o){ return false; }
// public int hashCode();
```

```
// public Object get(int index);
   public Object set(int index, Object element){ return null;}
   public void add(int index, Object element){}
// public Object remove(int index);
   public int indexOf(Object o){ return -1;}
   public int lastIndexOf(Object o){ return -1;}
   public ListIterator listIterator(){ return null; }
   public ListIterator listIterator(int index){ return null; }
   public List subList(int fromIndex, int toIndex){ return null; }
// public void sort(Comparator c) { /* 내용생략 */ }
// public Spliterator spliterator() { /* 내용생략 */ }
// public void replaceAll(UnaryOperator operator){/* 내용생략 */}
}
```

List인터페이스의 메서드 중 주석처리한 것은 코드를 정상적으로 동작하도록 구현한 것이고, 주석처리하지 않은 것은 컴파일만 가능하도록 최소한으로 구현한 것이다.

| 참고 | 인터페이스를 구현할 때 인터페이스에 정의된 모든 메서드를 구현해야 한다. 일부 메서드만 구현했다면 추상클래스로 선언해야한다. 그러나 JDK 8부터 추가된 디폴트 메서드는 구현하지 않아도 된다.

```
public boolean contains(Object o){ return false;}
public boolean equals(Object o){ return false; }
public Object set(int index, Object element){ return null;}
public void add(int index, Object element){}
public int indexOf(Object o){ return -1;}
public int lastIndexOf(Object o){ return -1;}
public String toString() { return ""; }
```

예제11-4에서 위의 메서드들은 여러분 스스로 구현할 수 있을 정도의 수준이므로 올바르게 동작하도록 코드를 직접 작성하고 테스트 해보자. 또는 메서드의 실제 구현내용을 모두 삭제하고 본인이 직접 다시 코드를 작성해 보는 것도 좋은 공부가 될 것이다.

지금까지 학습해온 내용으로 충분히 이해할 수 있는 수준이라, 군이 별도의 설명이 필요 없으리라 생각한다. remove메서드만큼은 이해하기 어려울 수도 있기 때문에 단계별로 자세히 설명한다.

```
public Object remove(int index) {
    Object oldObj = null;

    if(index < 0 || index >= size)
        throw new IndexOutOfBoundsException("범위를 벗어났습니다.");
    oldObj = data[index];

    if(index != size-1) {
        System.arraycopy(data, index+1, data, index, size-index-1);
    }

    data[size-1] = null;
    size--;

    return oldObj;
}
```

Object remove(int index)메서드는 지정된 위치(index)에 있는 객체를 삭제하고 삭제한 객체를 반환하도록 작성하였다. 삭제할 객체의 바로 아래에 있는 데이터를 한 칸씩 위로 복사해서 삭제할 객체를 덮어쓰는 방식으로 처리한다. 만일 삭제할 객체가 마지막 데이터라면, 복사할 필요없이 단순히 null로 변경해주기만 하면 된다.

 아래의 그림은 MyVector클래스에 0~4의 값이 저장되어 있는 상태에서 세 번째 데이터를 삭제하기 위해 remove(2)를 호출했다고 가정하고, 그 수행과정의 일부를 단계별로 나타낸 것이다.

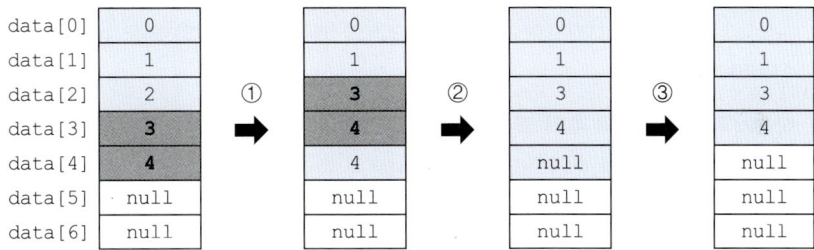

1. 삭제할 데이터의 아래에 있는 데이터를 한 칸씩 위로 복사해서 삭제할 데이터를 덮어쓴다.
현재 5개의 데이터가 저장되어있으므로 size는 5이고 삭제할 객체의 index는 2이므로 System.arraycopy(data, index+1, data, index, size-index-1)는 System.arraycopy(data, 3, data, 2, 2)가 된다.

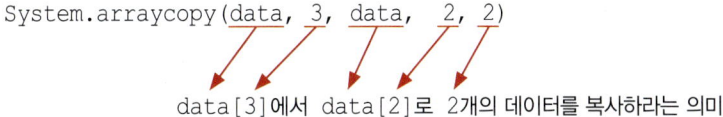

2. 데이터가 모두 한 칸씩 위로 이동하였으므로 마지막 데이터는 null로 변경해야한다.

```
data[size-1] = null;
```

3. 데이터가 삭제되어 데이터의 개수가 줄었으므로 size의 값을 1 감소시킨다.

```
size--;
```

소스코드가 잘 이해되지 않을 때는 이와 같이 상황을 설정해서, 단계별 변화를 그림으로 그려보면 많은 도움이 된다. 머릿속으로만 생각하는 것은 한계가 있으니 꼭 그림으로 그리는 습관을 들이자. 쉬운 그림부터 그리는 습관을 들여야 어려운 그림도 그릴 수 있다.
 위 과정을 통해 배워야 할 것은 배열에 객체를 순차적으로 저장할 때와 객체를 마지막에 저장된 것부터 삭제하면 System.arraycopy( )를 호출하지 않기 때문에 작업시간이 짧지만, 배열의 중간에 위치한 객체를 추가하거나 삭제하는 경우 System.arraycopy( )를 호출해서 다른 데이터의 위치를 이동시켜 줘야 하기 때문에 다루는 데이터의 개수가 많을수록 작업시간이 오래 걸린다는 것이다.

1.3 LinkedList

배열은 가장 기본적인 형태의 자료구조로 구조가 간단하며 사용하기 쉽고 데이터를 읽어 오는데 걸리는 시간(접근 시간, access time)이 가장 빠르다는 장점을 가지고 있지만 다음 과 같은 단점도 가지고 있다.

> 1. **크기를 변경할 수 없다.**
>   - 크기를 변경할 수 없으므로 새로운 배열을 생성해서 데이터를 복사해야 한다.
>   - 실행 속도를 향상시키려면 충분히 큰 크기의 배열을 생성해야 하므로 메모리가 낭비된다.
> 2. **비순차적인 데이터의 추가 또는 삭제에 시간이 많이 걸린다.**
>   - 차례대로 데이터를 추가하고 마지막에서부터 데이터를 삭제하는 것은 빠르지만,
>   - 배열의 중간에 데이터를 추가하려면, 빈자리를 만들기 위해 다른 데이터들을 복사해서 이동해야 한다.

이러한 배열의 단점을 보완하기 위해서 링크드 리스트(linked list)라는 자료구조가 고안되었다. 배열은 모든 데이터가 연속적으로 존재하지만 링크드 리스트는 불연속적으로 존재하는 데이터를 서로 연결(link)한 형태로 구성되어 있다.

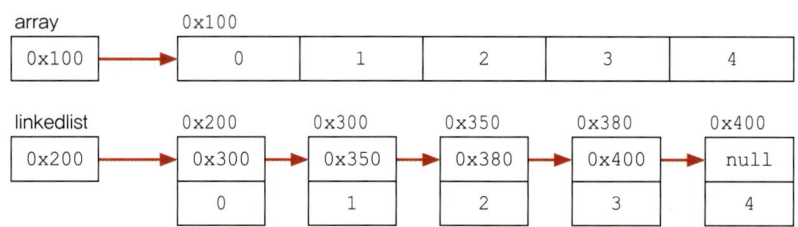

▲ 그림11-7 배열과 링크드 리스트

위의 그림에서 알 수 있듯이 링크드 리스트의 각 요소(node)들은 자신과 연결된 다음 요소에 대한 참조(주소값)와 데이터로 구성되어 있다.

```
class Node {
    Node    next;      // 다음 요소의 주소를 저장
    Object obj;       // 데이터를 저장
}
```

링크드 리스트에서의 데이터 삭제는 간단하다. 삭제하고자 하는 요소의 이전 요소가 삭제하고자 하는 요소의 다음 요소를 참조하도록 변경하기만 하면 된다. 단 하나의 참조만 변경하면 삭제가 이루어지는 것이다. 배열처럼 데이터를 이동하기 위해 복사하는 과정이 없기 때문에 처리 속도가 매우 빠르다.

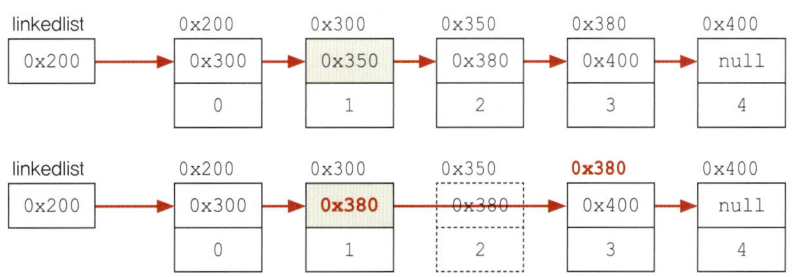

▲ 그림11-8 링크드 리스트의 데이터 삭제

새로운 데이터를 추가할 때는 새로운 요소를 생성한 다음 추가하고자 하는 위치의 이전 요소의 참조를 새로운 요소에 대한 참조로 변경해주고, 새로운 요소가 그 다음 요소를 참조하도록 변경하기만 하면 되므로 처리속도가 매우 빠르다.

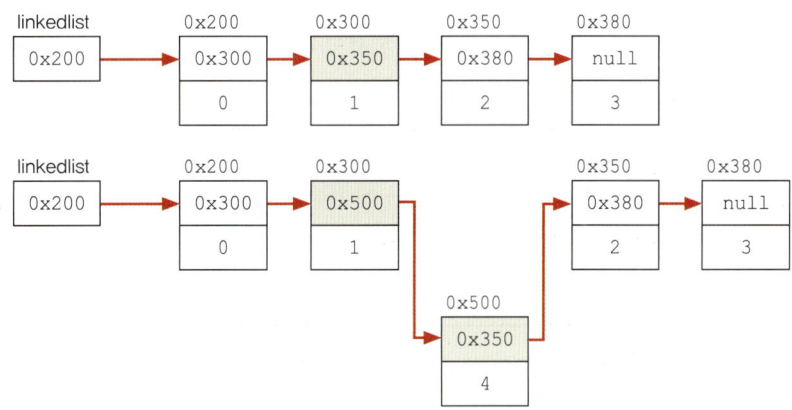

▲ 그림11-9 링크드 리스트의 데이터 추가

링크드 리스트는 이동 방향이 단방향이기 때문에 다음 요소에 대한 접근은 쉽지만 이전 요소에 대한 접근은 어렵다. 이 점을 보완한 것이 더블 링크드 리스트(이중 연결 리스트, doubly linked list)이다.

더블 링크드 리스트는 단순히 링크드 리스트에 참조변수를 하나 더 추가하여 다음 요소에 대한 참조뿐 아니라 이전 요소에 대한 참조가 가능하도록 했을 뿐, 그 외에는 링크드 리스트와 같다.

더블 링크드 리스트는 링크드 리스트보다 각 요소에 대한 접근과 이동이 쉽기 때문에 링크드 리스트보다 더 많이 사용된다.

```
class Node {
    Node    next;      // 다음 요소의 주소를 저장
    Node    previous;  // 이전 요소의 주소를 저장
    Object obj;        // 데이터를 저장
}
```

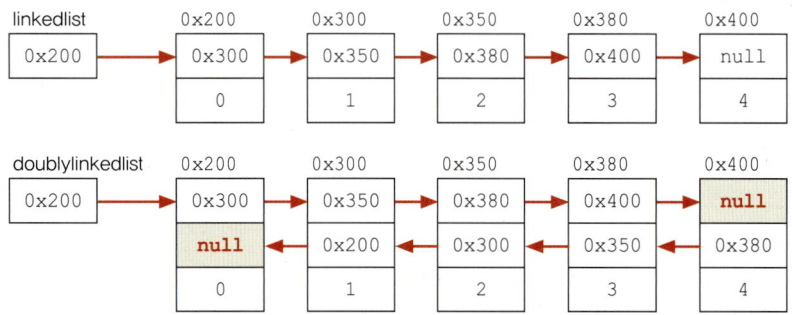

▲ 그림11-10 링크드 리스트(linked list)와 더블 링크드 리스트(doubly-linked list)

더블 링크드 리스트의 접근성을 보다 향상시킨 것이 '더블 써큘러 링크드 리스트(이중 원형 연결리스트, doubly circular linked list)'인데, 단순히 더블 링크드 리스트의 첫 번째 요소와 마지막 요소를 서로 연결시킨 것이다. 이렇게 하면, 마지막 요소의 다음 요소가 첫 번째 요소가 되고, 첫 번째 요소의 이전 요소가 마지막 요소가 된다. 마치 TV의 마지막 채널에서 채널을 증가시키면 첫 번째 채널로 이동하고 첫 번째 채널에서 채널을 감소시키면 마지막 채널로 이동하는 것과 같다.

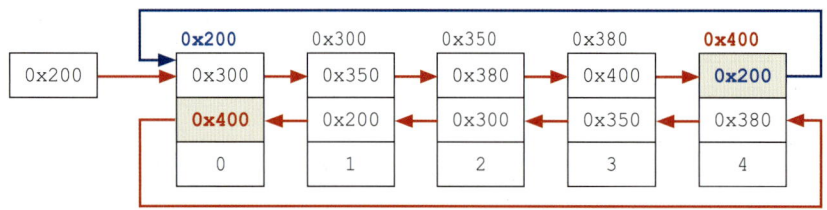

▲ 그림11-11 더블 써큘러 링크드 리스트(이중 원형 연결리스트, doubly circular linked list)

실제로 LinkedList클래스는 이름과 달리 '링크드 리스트'가 아닌 '더블 링크드 리스트'로 구현되어 있는데, 이는 링크드 리스트의 단점인 낮은 접근성(accessability)을 높이기 위한 것이다. 지금까지 링크드 리스트의 기본원리에 대해서 살펴보았는데, 이제 본론으로 들어가 LinkedList클래스에 대해 알아보도록 하자.

생성자 또는 메서드	설 명
LinkedList( )	LinkedList객체를 생성
LinkedList(Collection c)	주어진 컬렉션을 포함하는 LinkedList객체를 생성
boolean add(Object o)	지정된 객체(o)를 LinkedList의 끝에 추가. 저장에 성공하면 true, 실패하면 false
void add(int index, Object element)	지정된 위치(index)에 객체(element)를 추가
boolean addAll(Collection c)	주어진 컬렉션에 포함된 모든 요소를 LinkedList의 끝에 추가한다. 성공하면 true, 실패하면 false
boolean addAll(int index, Collection c)	지정된 위치(index)에 주어진 컬렉션에 포함된 모든 요소를 추가. 성공하면 true, 실패하면 false
void clear( )	LinkedList의 모든 요소를 삭제
boolean contains(Object o)	지정된 객체가 LinkedList에 포함되었는지 알려줌

boolean containsAll(Collection c)	지정된 컬렉션의 모든 요소가 포함되었는지 알려줌
Object get(int index)	지정된 위치(index)의 객체를 반환
int indexOf(Object o)	지정된 객체가 저장된 위치(앞에서 몇 번째)를 반환
boolean isEmpty()	LinkedList가 비어있는지 알려준다. 비어있으면 true
Iterator iterator()	Iterator를 반환한다.
int lastIndexOf(Object o)	지정된 객체의 위치(index)를 반환(끝부터 역순검색)
ListIterator listIterator()	ListIterator를 반환한다.
ListIterator listIterator(int index)	지정된 위치에서부터 시작하는 ListIterator를 반환
Object remove(int index)	지정된 위치(index)의 객체를 LinkedList에서 제거
boolean remove(Object o)	지정된 객체를 LinkedList에서 제거. 성공하면 true, 실패하면 false
boolean removeAll(Collection c)	지정된 컬렉션의 요소와 일치하는 요소를 모두 삭제
boolean retainAll(Collection c)	지정된 컬렉션의 모든 요소가 포함되어 있는지 확인
Object set(int index, Object element)	지정된 위치(index)의 객체를 주어진 객체로 바꿈
int size()	LinkedList에 저장된 객체의 수를 반환
List subList(int fromIndex, int toIndex)	LinkedList의 일부를 List로 반환
Object[ ] toArray()	LinkedList에 저장된 객체를 배열로 반환
Object[ ] toArray(Object[ ] a)	LinkedList에 저장된 객체를 주어진 배열에 저장하여 반환
Object element()	LinkedList의 첫 번째 요소를 반환
boolean offer(Object o)	지정된 객체(o)를 LinkedList의 끝에 추가. 성공하면 true, 실패하면 false
Object peek()	LinkedList의 첫 번째 요소를 반환
Object poll()	LinkedList의 첫 번째 요소를 반환. LinkedList에서는 제거된다.
Object remove()	LinkedList의 첫 번째 요소를 제거
void addFirst(Object o)	LinkedList의 맨 앞에 객체(o)를 추가
void addLast(Object o)	LinkedList의 맨 끝에 객체(o)를 추가
Iterator descendingIterator()	역순으로 조회하기 위한 DescendingIterator를 반환
Object getFirst()	LinkedList의 첫번째 요소를 반환
Object getLast()	LinkedList의 마지막 요소를 반환
boolean offerFirst(Object o)	LinkedList의 맨 앞에 객체(o)를 추가.성공하면, true
boolean offerLast(Object o)	LinkedList의 맨 끝에 객체(o)를 추가.성공하면, true
Object peekFirst()	LinkedList의 첫번째 요소를 반환
Object peekLast()	LinkedList의 마지막 요소를 반환
Object pollFirst()	LinkedList의 첫번째 요소를 반환하면서 제거
Object pollLast()	LinkedList의 마지막 요소를 반환하면서 제거
Object pop()	removeFirst()와 동일
void push(Object o)	addFirst()와 동일
Object removeFirst()	LinkedList의 첫번째 요소를 제거
Object removeLast()	LinkedList의 마지막 요소를 제거
boolean removeFirstOccurrence(Object o)	LinkedList에서 첫번째로 일치하는 객체를 제거
boolean removeLastOccurrence(Object o)	LinkedList에서 마지막으로 일치하는 객체를 제거

▲ 표11-7 LinkedList의 생성자와 메서드

| 참고 | LinkedList는 Queue인터페이스(JDK 5)와 Deque인터페이스(JDK 6)를 구현하도록 변경되었는데, 표11-7의 마지막의 22개의 메서드는 Queue인터페이스(회색바탕)와 Deque인터페이스(흰색 바탕)를 구현하면서 추가된 것이다.

LinkedList 역시 List인터페이스를 구현했기 때문에 ArrayList와 내부 구현 방법만 다를 뿐 제공하는 메서드의 종류와 기능은 거의 같기 때문에 이에 대한 설명은 따로 필요없을 것 같다.

대신 두 가지 예제를 통해서 ArrayList와 LinkedList의 성능 차이를 비교하고, 그 결과를 설명하고자 한다. 이 예제들을 통해서 ArrayList와 LinkedList의 장단점을 이해하고 필요한 상황에 적절한 것을 선택해서 사용하자.

▼ 예제 11-5/**ArrayListLinkedListEx.java**

```java
import java.util.*;
public class ArrayListLinkedListEx {
    public static void main(String args[]) {
            // 추가할 데이터의 개수를 고려하여 충분히 잡아야 한다.
            ArrayList al = new ArrayList(2_000_000);
            LinkedList ll = new LinkedList();

            System.out.println("= 순차적으로 추가하기 =");
            System.out.println("ArrayList :"+add1(al));
            System.out.println("LinkedList :"+add1(ll));
            System.out.println();
            System.out.println("= 중간에 추가하기 =");
            System.out.println("ArrayList :"+add2(al));
            System.out.println("LinkedList :"+add2(ll));
            System.out.println();
            System.out.println("= 중간에서 삭제하기 =");
            System.out.println("ArrayList :"+remove2(al));
            System.out.println("LinkedList :"+remove2(ll));
            System.out.println();
            System.out.println("= 순차적으로 삭제하기 =");
            System.out.println("ArrayList :"+remove1(al));
            System.out.println("LinkedList :"+remove1(ll));
    }

    public static long add1(List list) { // 1. 순차적으로 추가하기
            long start = System.currentTimeMillis();
            for(int i=0; i<1_000_000;i++) list.add(i+"");
            long end = System.currentTimeMillis();
            return end - start;
    }

    public static long add2(List list) { // 2. 중간에 추가하기
            long start = System.currentTimeMillis();
            for(int i=0; i<10_000;i++) list.add(500, "X");
            long end = System.currentTimeMillis();
            return end - start;
    }

    public static long remove1(List list) { // 3. 순차적으로 삭제하기
            long start = System.currentTimeMillis();
            for(int i=list.size()-1; i >= 0;i--) list.remove(i);
            long end = System.currentTimeMillis();
            return end - start;
    }
```

```
    public static long remove2(List list) {   // 4. 중간에서 삭제하기
        long start = System.currentTimeMillis();
        for(int i=0; i<10_000;i++) list.remove(i);
        long end = System.currentTimeMillis();
        return end - start;
    }
}
```

▼ 실행결과

```
= 순차적으로 추가하기 =
ArrayList :33
LinkedList :95

= 중간에 추가하기 =
ArrayList :1029
LinkedList :10

= 중간에서 삭제하기 =
ArrayList :1000
LinkedList :146

= 순차적으로 삭제하기 =
ArrayList :5
LinkedList :10
```

보다 명확한 차이를 얻기 위해 데이터의 개수를 크게 설정했다.

결론1 순차적으로 추가/삭제하는 경우에는 ArrayList가 LinkedList보다 빠르다.

단순히 저장하는 시간만을 비교할 수 있도록 하기 위해서 ArrayList를 생성할 때는 저장할 데이터의 개수만큼 충분한 초기용량을 확보해서, 저장공간이 부족해서 새로운 ArrayList를 생성해야하는 상황이 일어나지 않도록 했다. 만일 ArrayList의 크기가 충분하지 않으면, 새로운 크기의 ArrayList를 생성하고 데이터를 복사하는 일이 발생하게 되므로 순차적으로 데이터를 추가해도 ArrayList보다 LinkedList가 더 빠를 수 있다.

순차적으로 삭제한다는 것은 마지막 데이터부터 역순으로 삭제하는 것을 의미하며, ArrayList는 마지막 데이터부터 삭제할 경우 각 요소들의 이동이 필요하지 않기 때문에 상당히 빠르다. 단지 마지막 요소의 값을 null로만 바꾸면 되니까.

결론2 중간 데이터를 추가/삭제하는 경우에는 LinkedList가 ArrayList보다 빠르다.

중간 요소를 추가 또는 삭제하는 경우, LinkedList는 각 요소간의 연결만 변경해주면 되기 때문에 처리속도가 상당히 빠르다. 반면에 ArrayList는 각 요소들을 이동하여 추가할 공간을 확보하거나 빈 공간을 채워야하기 때문에 처리속도가 늦다.

예제에서는 ArrayList와 LinkedList의 차이를 비교하기 위해 데이터의 개수를 크게 잡았는데, 사실 데이터의 개수가 그리 크지 않다면 어느 것을 사용해도 큰 차이가 나지는 않는다. 그래도 ArrayList와 LinkedList의 장단점을 잘 이해하고 상황에 따라 적합한 것을 선택해서 사용하는 것이 좋다.

| 참고 | 위의 예제에서 데이터의 개수와 ArrayList의 초기 용량의 크기를 변경해가며 테스트해보고 결과를 비교 분석해보자.

▼ 예제 11-6/**ArrayListLinkedListEx2.java**

```java
import java.util.*;

public class ArrayListLinkedListEx2 {
    public static void main(String args[]) {
        ArrayList al = new ArrayList(1_000_000);
        LinkedList ll = new LinkedList();
        add(al);
        add(ll);

        System.out.println("= 접근시간테스트 =");
        System.out.println("ArrayList :"+access(al));
        System.out.println("LinkedList :"+access(ll));
    }

    public static void add(List list) {
        for(int i=0; i<100_000;i++) list.add(i+"");
    }

    public static long access(List list) {
        long start = System.currentTimeMillis();
        for(int i=0; i<10_000;i++) list.get(i);
        long end = System.currentTimeMillis();
        return end - start;
    }
}
```

▼ 실행결과
```
= 접근시간테스트 =
ArrayList :1
LinkedList :84
```

배열의 경우 만일 인덱스가 n인 요소의 값을 얻어 오고자 한다면 단순히 아래와 같은 수식을 계산함으로써 해결된다.

> **인덱스가 n인 데이터의 주소 = 배열의 주소 + n * 데이터 타입의 크기**

아래와 같이 Object배열이 선언되었을 때 arr[2]에 저장된 값을 읽으려 한다면 n은 2, 모든 참조형 변수의 크기는 4byte이고 생성된 배열의 주소는 0x100이므로 3번째 데이터가 저장되어 있는 주소는 0x100 + 2 * 4 = 0x108이 된다.

```
Object[] arr = new Object[5];
```

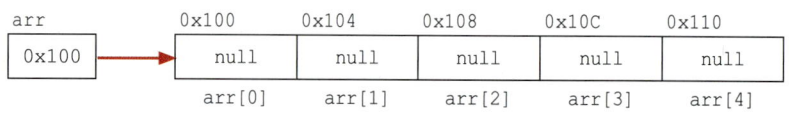

▲ 그림 11-12 배열의 메모리 구조

배열은 각 요소들이 연속적으로 메모리상에 존재하기 때문에 이처럼 간단한 계산만으로 원하는 요소의 주소를 얻어서 저장된 데이터를 곧바로 읽어올 수 있지만, LinkedList는 불연속적으로 위치한 각 요소들이 서로 연결된 것이라 처음부터 n번째 데이터까지 차례대로 따라가야만 원하는 값을 얻을 수 있다.

그래서 LinkedList는 저장해야하는 데이터의 개수가 많아질수록 데이터를 읽어 오는 시간, 즉 접근 시간(access time)이 길어진다는 단점이 있다.

컬렉션	읽기(접근시간)	추가 / 삭제	비 고
ArrayList	빠르다	느리다	순차적인 추가삭제는 더 빠름. 비효율적인 메모리사용
LinkedList	느리다	빠르다	데이터가 많을수록 접근성이 떨어짐

▲ 표11-8 ArrayList와 LinkedList의 비교

다루고자 하는 데이터의 개수가 변하지 않는 경우라면, ArrayList가 최상의 선택이 되겠지만, 데이터 개수의 변경이 잦다면 LinkedList를 사용하는 것이 더 나은 선택이 될 것이다.

두 클래스의 장점을 이용해서 두 클래스를 조합해서 사용하는 방법도 생각해 볼 수 있다. 처음에 작업하기 전에 데이터를 저장할 때는 ArrayList를 사용한 다음, 작업할 때는 LinkedList로 데이터를 옮겨서 작업하면 좋은 효율을 얻을 수 있을 것이다.

```
ArrayList al = new ArrayList(1_000_000);
for(int i = 0; i<1_000_000;i++) al.add(i+"");

LinkedList ll = new LinkedList(al);
for(int i = 0; i<100_000;i++) ll.add(i/2, "X");
```

컬렉션 프레임웍에 속한 대부분의 컬렉션 클래스들은 이처럼 서로 변환이 가능한 생성자를 제공하므로 이를 이용하면 간단히 다른 컬렉션 클래스로 데이터를 옮길 수 있다.

1.4 Stack과 Queue

자바에서 제공하는 Stack과 Queue에 대해서 알아보기 이전에 스택(stack)과 큐(queue)의 기본 개념과 특징에 대해서 먼저 살펴보도록 하자.

스택은 마지막에 저장한 데이터를 가장 먼저 꺼내게 되는 LIFO(Last In First Out)구조로 되어 있고, 큐는 처음에 저장한 데이터를 가장 먼저 꺼내게 되는 FIFO(First In First Out)구조로 되어 있다. 쉽게 얘기하자면 스택은 동전통과 같은 구조로 양 옆과 바닥이 막혀 있어서 한 방향으로만 뺄 수 있는 구조이고, 큐는 양 옆만 막혀 있고 위아래로 뚫려 있어서 한 방향으로는 넣고 한 방향으로는 빼는 파이프와 같은 구조로 되어 있다.

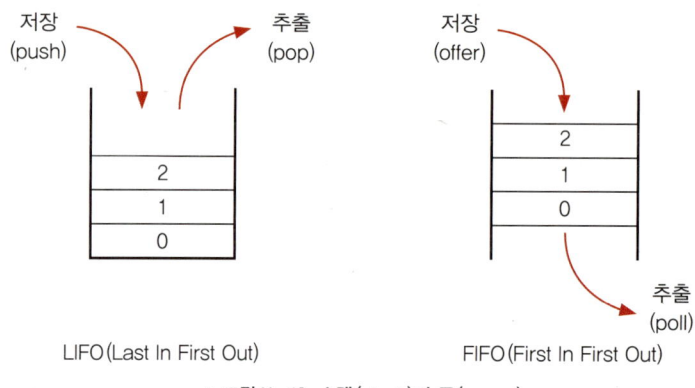

▲ 그림11-13 스택(stack)과 큐(queue)

예를 들어 스택에 0, 1, 2의 순서로 데이터를 넣었다면 꺼낼 때는 2, 1, 0의 순서로 꺼내게 된다. 즉, 넣은 순서와 꺼낸 순서가 뒤집어지게 되는 것이다. 이와 반대로 큐에 0, 1, 2의 순서로 데이터를 넣었다면 꺼낼 때 역시 0, 1, 2의 순서로 꺼내게 된다. 순서의 변경 없이 먼저 넣은 것을 먼저 꺼내게 되는 것이다.

그렇다면 스택과 큐를 구현하기 위해서는 어떤 컬렉션 클래스를 사용하는 것이 좋을까? 순차적으로 데이터를 추가하고 삭제하는 스택에는 ArrayList와 같은 배열 기반의 컬렉션 클래스가 적합하지만, 큐는 데이터를 꺼낼 때 항상 첫 번째 저장된 데이터를 삭제하므로, ArrayList와 같은 배열 기반의 컬렉션 클래스를 사용한다면 데이터를 꺼낼 때마다 빈 공간을 채우기 위해 데이터의 복사가 발생하므로 비효율적이다. 그래서 큐는 ArrayList보다 데이터의 추가/삭제가 쉬운 LinkedList로 구현하는 것이 더 적합하다.

메서드	설 명
boolean empty()	Stack이 비어있는지 알려준다.
Object peek()	Stack의 맨 위에 저장된 객체를 반환. pop()과 달리 Stack에서 객체를 꺼내지는 않음.(비었을 때는 EmptyStackException발생)
Object pop()	Stack의 맨 위에 저장된 객체를 꺼낸다. (비었을 때는 EmptyStackException발생)
Object push(Object item)	Stack에 객체(item)를 저장한다.
int search(Object o)	Stack에서 주어진 객체(o)를 찾아서 그 위치를 반환. 못찾으면 -1을 반환. (배열과 달리 위치는 0이 아닌 1부터 시작)

▲ 표11-9 Stack의 메서드

메서드	설명
boolean add(Object o)	지정된 객체를 Queue에 추가한다. 성공하면 true를 반환. 저장공간이 부족하면 IllegalStateException발생
Object remove( )	Queue에서 객체를 꺼내 반환.비어있으면 NoSuchElementException발생
Object element( )	삭제없이 요소를 읽어온다. peek와 달리 Queue가 비었을 때 NoSuchElementException발생
boolean offer(Object o)	Queue에 객체를 저장. 성공하면 true, 실패하면 false를 반환
Object poll( )	Queue에서 객체를 꺼내서 반환. 비어있으면 null을 반환
Object peek( )	삭제없이 요소를 읽어 온다. Queue가 비어있으며 null을 반환

▲ 표11-10 Queue의 메서드

▼ 예제 11-7/StackQueueEx.java

```java
import java.util.*;

class StackQueueEx {
    public static void main(String[] args) {
        Stack st = new Stack();
        Queue q = new LinkedList();    // Queue인터페이스의 구현체인 LinkedList를 사용

        st.push("0");
        st.push("1");
        st.push("2");

        q.offer("0");
        q.offer("1");
        q.offer("2");

        System.out.println("= Stack =");
        while(!st.empty()) {
            System.out.println(st.pop());
        }

        System.out.println("= Queue =");
        while(!q.isEmpty()) {
            System.out.println(q.poll());
        }
    }
}
```

▼ 실행결과
```
= Stack =
2
1
0
= Queue =
0
1
2
```

스택과 큐에 각각 "0", "1", "2"를 같은 순서로 넣고 꺼내었을 때의 결과가 다른 것을 알 수 있다. 큐는 먼저 넣은 것이 먼저 꺼내지는 구조(FIFO)이기 때문에 넣을 때와 같은 순서이고, 스택은 먼저 넣은 것이 나중에 꺼내지는 구조(LIFO)이기 때문에 넣을 때의 순서와 반대로 꺼내진 것을 알 수 있다.

자바에서는 스택을 Stack클래스로 구현하여 제공하고 있지만 큐는 Queue인터페이스로만 정의해 놓았을 뿐 별도의 클래스를 제공하고 있지 않다. 대신 Queue인터페이스를 구현한 클래스들이 있어서 이 들 중의 하나를 선택해서 사용하면 된다.

알아두면 좋아요! - 인터페이스를 구현한 클래스 찾기

위의 예제에서와 같이 Queue인터페이스의 기능을 사용하고자 할 때는 다음과 같이 Java API문서를 참고하면 된다. 아래 그림의 하단에 보면 'All Known Implementing Classes' 라는 항목이 있는데 여기에 나열된 클래스들이 바로 Queue인터페이스를 구현한 클래스들이다.

```
java.util
Interface Queue<E>

Type Parameters:
E - the type of elements held in this collection

All Superinterfaces:
Collection<E>, Iterable<E>

All Known Subinterfaces:
BlockingDeque<E>, BlockingQueue<E>, Deque<E>, TransferQueue<E>

All Known Implementing Classes:
AbstractQueue, ArrayBlockingQueue, ArrayDeque, ConcurrentLinkedDeque,
ConcurrentLinkedQueue, DelayQueue, LinkedBlockingDeque, LinkedBlockingQueue,
LinkedList, LinkedTransferQueue, PriorityBlockingQueue, PriorityQueue,
SynchronousQueue
```

▲ 그림11-14 Java API문서에서 찾은 Queue

각 클래스들은 각자 나름대로의 용도가 있겠지만 적어도 Queue인터페이스에 정의된 메서드를 모두 작성해 놓았으며, 이 메서드들에 대해서는 내용은 좀 다를 수 있겠지만 대부분 거의 같은 기능을 한다. 그래서 Queue인터페이스에 정의된 기능을 사용하고 싶다면, 'All known Implementing Classes'에 적혀있는 클래스들 중에서 적당한 것을 하나 골라 잡아서 'Queue q = new LinkedList( );'와 같은 식으로 객체를 생성해서 사용하면 된다.

Stack직접 구현하기

Stack은 컬렉션 프레임웍 이전부터 존재하던 것이기 때문에 ArrayList가 아닌 Vector로부터 상속받아 구현하였다. Stack의 실제코드를 이해하기 쉽게 약간 수정해서 MyStack을 만들어 보았다. 스택을 자바코드로 어떻게 구현하였는지 이해하는데 많은 도움이 될 것이다.

▼ 예제 11-8/MyStack.java

```java
import java.util.*;

class MyStack extends Vector {
    public Object push(Object item) {
        addElement(item);
        return item;
    }

    public Object pop() {
        Object obj = peek();         // Stack에 저장된 마지막 요소를 읽어온다.
```

```java
        //   만일 Stack이 비어있으면 peek()메서드가 EmptyStackException을 발생시킨다.
        //   마지막 요소를 삭제한다. 배열의 index가 0 부터 시작하므로 1을 빼준다.
        removeElementAt(size() - 1);
        return obj;
    }
    public Object peek() {
        int len = size();

        if (len == 0)
            throw new EmptyStackException();
        // 마지막 요소를 반환한다. 배열의 index가 0 부터 시작하므로 1을 빼준다.
        return elementAt(len - 1);
    }
    public boolean empty() {
        return size() == 0;
    }
    public int search(Object o) {
        int i = lastIndexOf(o);      // 끝에서부터 객체를 찾는다.
                                     // 반환값은 저장된 위치(배열의 index)이다.
        if (i >= 0) { // 객체를 찾은 경우
            return size() - i; // Stack은 맨 위에 저장된 객체의 index를 1로 정의하기 때문에
        }                      // 계산을 통해서 구한다.
        return - 1;    // 해당 객체를 찾지 못하면 -1를 반환한다.
    }
}
```

Vector에 구현되어 있는 메서드를 이용하기 때문에 코드도 간단하고 어렵지 않다. 추가적인 설명이 없어도 이해하는데 어려움이 없으리라 생각한다.

| 참고 | EmptyStackException은 선택처리 예외이므로 따로 예외처리를 해주지 않아도 된다.

스택과 큐의 활용

지금까지 스택과 큐의 개념과 구현에 대해서 알아보았는데 이제는 스택과 큐를 어떻게 활용할 것인가에 대해서 살펴보자.

우리가 쉽게 찾아볼 수 있는 스택과 큐의 활용 예는 다음과 같다.

> **스택의 활용 예** – 수식 계산, 수식 괄호 검사, 워드프로세서의 undo/redo, 웹브라우저의 뒤로/앞으로
> **큐의 활용 예** – 최근 사용 문서, 인쇄작업 대기 목록, 버퍼(buffer)

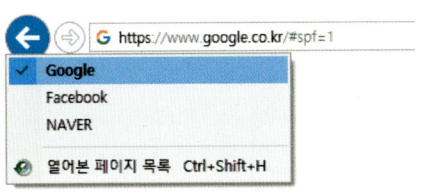

▲ 그림 11-15 스택의 활용 예 – 웹브라우저의 '뒤로/앞으로' 버튼

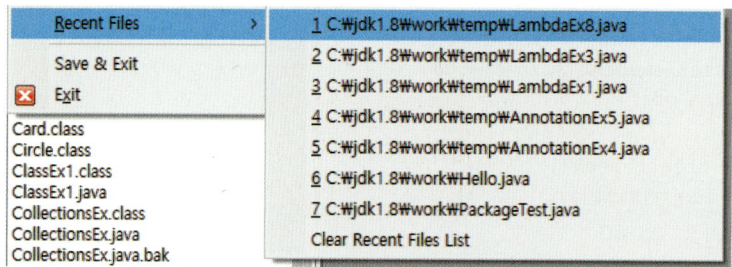

▲ 그림11-16 큐의 활용 예 – 최근 문서 목록

스택과 큐는 실제 프로그래밍에서 빈번하게 사용되는 자료구조라고는 하지만 어디에 사용되었고 막상 어떻게 활용해야할지를 생각해보면 잘 떠오르지 않을 것이다.

이제 스택과 큐를 어떻게 활용하는지 감을 잡을 수 있는 예제를 몇 가지 학습해보고 나면 스택과 큐를 이해하고 활용하는데 많은 도움이 될 것이다.

▼ 예제 11-9/`StackEx.java`

```java
import java.util.*;

public class StackEx {
    public static Stack back    = new Stack();
    public static Stack forward = new Stack();

    public static void main(String[] args) {
        goURL("1.구글");
        goURL("2.야후");
        goURL("3.네이버");
        goURL("4.다음");

        printStatus();

        goBack();
        System.out.println("= '뒤로' 버튼을 누른 후 =");
        printStatus();

        goBack();
        System.out.println("= '뒤로' 버튼을 누른 후 =");
        printStatus();

        goForward();
        System.out.println("= '앞으로' 버튼을 누른 후 =");
        printStatus();

        goURL("codechobo.com");
        System.out.println("= 새로운 주소로 이동 후 =");
        printStatus();
    }

    public static void printStatus() {
        System.out.println("back:"+back);
        System.out.println("forward:"+forward);
```

```java
            System.out.println("현재화면은 '" + back.peek()+"' 입니다.");
            System.out.println();
    }

    public static void goURL(String url){
        back.push(url);
        if(!forward.empty())
            forward.clear();
    }

    public static void goForward(){
        if(!forward.empty())
            back.push(forward.pop());
    }

    public static void goBack(){
        if(!back.empty())
            forward.push(back.pop());
    }
}
```

▼ 실행결과

```
back:[1.구글, 2.야후, 3.네이버, 4.다음]
forward:[]
현재화면은 '4.다음' 입니다.

= '뒤로' 버튼을 누른 후 =
back:[1.구글, 2.야후, 3.네이버]
forward:[4.다음]
현재화면은 '3.네이버' 입니다.

= '뒤로' 버튼을 누른 후 =
back:[1.구글, 2.야후]
forward:[4.다음, 3.네이버]
현재화면은 '2.야후' 입니다.

= '앞으로' 버튼을 누른 후 =
back:[1.구글, 2.야후, 3.네이버]
forward:[4.다음]
현재화면은 '3.네이버' 입니다.

= 새로운 주소로 이동 후 =
back:[1.구글, 2.야후, 3.네이버, codechobo.com]
forward:[]
현재화면은 'codechobo.com' 입니다.
```

이 예제는 웹브라우저의 '뒤로', '앞으로' 버튼의 기능을 구현한 것이다. 이 기능을 구현하기 위해서는 2개의 스택을 사용해야한다. 웹브라우저로 위의 예제에서 구성한 시나리오대로 동작해보면 쉽게 이해할 수 있을 것이다.

Ⅰ참고Ⅰ 워드프로세서의 되돌리기 기능(undo/redo) 역시 이와 같은 방식으로 되어있다.
Ⅰ참고Ⅰ 예제11-9와 달리 스택 1개와 현재의 위치를 저장하는 변수 하나만으로도 구현 가능하다.

▼ 예제 11-10/`ExpValidCheck.java`

```java
import java.util.*;
public class ExpValidCheck {
    public static void main(String[] args) {
        if(args.length!=1){
            System.out.println("Usage : java ExpValidCheck \"EXPRESSION\"");
            System.out.println("Example : java ExpValidCheck \"((2+3)*1)+3\"");
            System.exit(0);
        }

        Stack st = new Stack();
        String expression = args[0];

        System.out.println("expression:"+expression);

        try {
            for(int i=0; i < expression.length();i++){
                char ch = expression.charAt(i);

                if(ch=='('){
                    st.push(ch+"");
                } else if(ch==')') {
                    st.pop();
                }
            }

            if(st.isEmpty()){
                System.out.println("괄호가 일치합니다.");
            } else {
                System.out.println("괄호가 일치하지 않습니다.");
            }
        } catch (EmptyStackException e) {
            System.out.println("괄호가 일치하지 않습니다.");
        } // try
    }
}
```

▼ 실행결과

```
c:\...\ch11>java ExpValidCheck "(2+3)*1"
expression:(2+3)*1
괄호가 일치합니다.

c:\...\ch11>java ExpValidCheck "(2+3)*1)"
expression:(2+3)*1)
괄호가 일치하지 않습니다.
```

입력한 수식의 괄호가 올바른지를 체크하는 예제이다. '('를 만나면 스택에 넣고 ')'를 만나면 스택에서 '('를 꺼낸다. ')'를 만나서 '('를 꺼내려 할 때 스택이 비어있거나, 수식을 검사하고 난 후에도 스택이 비어있지 않으면 괄호가 잘못된 것이다.

')'를 만나서 '('를 꺼내려 할 때 스택이 비어있으면 EmptyStackException이 발생하므로 try-catch문을 이용해서 EmptyStackException이 발생하면 괄호가 일치하지 않는다는 메시지를 출력하도록 했다.

▼ 예제 11-11/QueueEx.java

```java
import java.util.*;

class QueueEx {
    static Queue q = new LinkedList();
    static final int MAX_SIZE = 5;    // Queue에 최대 5개까지만 저장

    public static void main(String[] args) {
        System.out.println("help를 입력하면 도움말을 볼 수 있습니다.");

        while(true) {
            System.out.print(">>");
            try {
                // 화면으로부터 라인단위로 입력받는다.
                Scanner s = new Scanner(System.in);
                String input = s.nextLine().trim();

                if("".equals(input)) continue;

                if(input.equalsIgnoreCase("q")) {
                    System.exit(0);
                } else if(input.equalsIgnoreCase("help")) {
                    System.out.println(" help - 도움말을 보여줍니다.");
                    System.out.println(" q 또는 Q - 프로그램을 종료합니다.");
                    System.out.println(" history - 최근에 입력한 명령어를 "
                                                + MAX_SIZE +"개 보여줍니다.");
                } else if(input.equalsIgnoreCase("history")) {
                    int i=0;
                    // 입력받은 명령어를 저장하고,
                    save(input);

                    // LinkedList의 내용을 보여준다.
                    LinkedList tmp = (LinkedList)q;
                    ListIterator it = tmp.listIterator();

                    while(it.hasNext())
                        System.out.println(++i+"."+it.next());
                } else {
                    save(input);
                    System.out.println(input);
                } // if(input.equalsIgnoreCase("q")) {
            } catch(Exception e) {
                System.out.println("입력오류입니다.");
            }
        } // while(true)
    } // main()

    public static void save(String input) {
        // queue에 저장한다.
        if(!"".equals(input))
            q.offer(input);

        // queue의 최대크기를 넘으면 제일 처음 입력된 것을 삭제한다.
        if(q.size() > MAX_SIZE)   // size()는 Collection인터페이스에 정의
            q.remove();
    }
} // end of class
```

▼ 실행결과

```
c:\...\ch11>java QueueEx
help를 입력하면 도움말을 볼 수 있습니다.
>>help
 help - 도움말을 보여줍니다.
 q 또는 Q - 프로그램을 종료합니다.
 history - 최근에 입력한 명령어를 5개 보여줍니다.
>>dir
dir
>>cd
cd
>>mkdir
mkdir
>>dir
dir
>>history
1.dir
2.cd
3.mkdir
4.dir
5.history
>>q

c:\...\ch11>
```

이 예제는 유닉스의 history명령을 Queue를 이용해서 구현한 것이다. history명령은 사용자가 입력한 명령의 이력을 순서대로 보여 준다. 여기서는 최근 5개의 명령만을 보여주는데 MAX_SIZE의 값을 변경함으로써 더 많은 명령 입력 기록을 남길 수 있다.

대부분의 프로그램이 최근에 열어 본 문서의 목록을 보여 주는 기능을 제공하는데, 이 기능도 위의 예제를 응용하면 쉽게 구현할 수 있을 것이다.

PriorityQueue

Queue인터페이스의 구현체 중의 하나로, 저장한 순서에 관계없이 우선 순위(priority)가 높은 것부터 꺼내게 된다는 특징이 있다. 그리고 null은 저장할 수 없다. null을 저장하면 NullPointerException이 발생한다.

PriorityQueue는 저장공간으로 배열을 사용하며, 각 요소를 '힙(heap)'이라는 자료구조의 형태로 저장한다. 힙은 잠시 후에 배울 이진 트리의 한 종류로 가장 큰 값이나 가장 작은 값을 빠르게 찾을 수 있다는 특징이 있다.

┃참고┃ 자료구조 힙(heap)은 앞서 배운 JVM의 힙(heap)과 이름만 같을 뿐은 다른 것이다.

▼ 예제 11-12 / `PriorityQueueEx.java`

```java
import java.util.*;

class PriorityQueueEx {
    public static void main(String[] args) {
        Queue pq = new PriorityQueue();
        pq.offer(3);   // pq.offer(new Integer(3)); 오토박싱
        pq.offer(1);
        pq.offer(5);
        pq.offer(2);
        pq.offer(4);
        System.out.println(pq); // pq의 내부 배열을 출력
```

```
        Object obj = null;

        // PriorityQueue에 저장된 요소를 하나씩 꺼낸다.
        while((obj = pq.poll())!=null)
            System.out.println(obj);
    }
}
```

▼ 실행결과
```
[1, 2, 5, 3, 4]
1
2
3
4
5
```

저장순서가 3,1,5,2,4인데도 출력결과는 1,2,3,4,5이다. 우선순위는 숫자가 작을수록 높은 것이므로 1이 가장 먼저 출력된 것이다. 물론 숫자뿐만 아니라 객체를 저장할 수도 있는데 그럴 경우 각 객체의 크기를 비교할 수 있는 방법을 제공해야 한다. 예제에서는 정수를 사용했는데, 컴파일러가 Integer로 오토박싱 해준다. Integer와 같은 Number의 자손들은 자체적으로 숫자를 비교하는 방법을 정의하고 있기 때문에 비교 방법을 지정해 주지 않아도 된다.

참조변수 pq를 출력하면, PriorityQueue가 내부적으로 가지고 있는 배열의 내용이 출력되는데, 저장한 순서와 다르게 저장되었다. 앞서 설명한 것과 같이 힙이라는 자료구조의 형태로 저장된 것이라서 그렇다. 이 자료구조에 대한 설명은 책의 범위를 넘어서므로 자세한 설명은 생략한다.

Deque(Double-Ended Queue)
Queue의 변형으로, 한 쪽 끝으로만 추가/삭제할 수 있는 Queue와 달리, Deque(덱, 또는 디큐라고 읽음)은 양쪽 끝에 추가/삭제가 가능하다. Deque의 조상은 Queue이며, 구현체로는 ArrayDeque과 LinkedList 등이 있다.

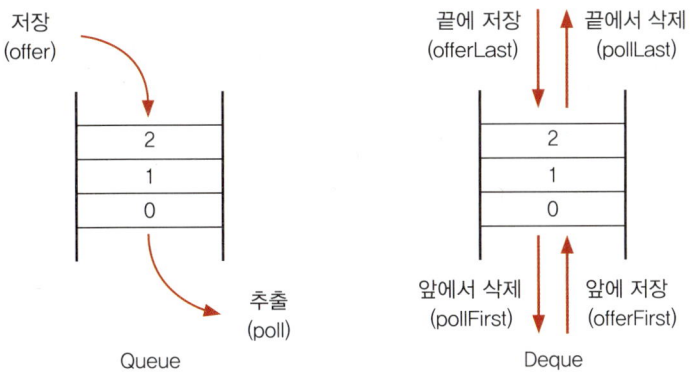

▲ 그림11-17 큐(queue)와 덱(deque)

덱은 스택과 큐를 하나로 합쳐놓은 것과 같으며 스택으로 사용할 수 있고, 큐로 사용할 수도 있다. 위의 그림과 아래의 표를 같이 보면 어렵지 않게 이해할 수 있을 것이다.

Deque	Queue	Stack
offerLast( )	offer( )	push( )
pollLast( )	–	pop( )
pollFirst( )	poll( )	–
peekFirst( )	peek( )	–
peekLast( )	–	peek( )

▲ 표11-11 덱(Deque)의 메서드에 대응하는 큐와 스택의 메서드

1.5 Iterator, ListIterator, Enumeration

Iterator, ListIterator, Enumeration은 모두 컬렉션에 저장된 요소를 접근하는데 사용되는 인터페이스이다. Enumeration은 Iterator의 구버전이며, ListIterator는 Iterator의 기능을 향상 시킨 것이다. 즉 Iterator가 핵심이며, 이 것만 이해하면 된다.

Iterator와 Iterable

컬렉션 프레임웍에서는 Iterable과 Iterator로 컬렉션에 저장된 요소들을 읽어오는 방법을 표준화하였다. Iterator는 컬렉션에 저장된 모든 요소에 하나씩 접근하는 기능을 정의한 인터페이스이고, Iterable은 Iterator를 반환하는 메서드를 정의한 인터페이스이다. 일반적으로 이터러블은 이터레이터를 제공해야 하며, 이터레이터를 통해 이터러블의 요소를 하나씩 모두 접근할 수 있다.

```
public interface Iterator {
    boolean hasNext();
    Object next();
    void remove();
    ...
}

public interface Iterable {
    Iterator iterator();  // 모든 Iterable은 Iterator를 제공해야 한다.
    ...
}

public interface Collection extends Iterable { ... }
```

iterator( )는 Iterable인터페이스에 정의된 메서드이고, Collection인터페이스는 Iterable의 자손이다. 따라서 Colleciton의 자손인 List와 Set을 구현한 클래스는 iterator( )가 각 컬렉션 클래스의 특징에 맞게 작성되어 있다. 그래서 Iterator를 이용하면 컬렉션 클래스의 종류에 관계없이 같은 방식으로 모든 요소를 조회할 수 있다.

메서드	설 명
boolean hasNext( )	읽어 올 요소가 남아있는지 확인한다. 있으면 true, 없으면 false를 반환한다.
Object next( )	다음 요소를 읽어 온다. next( )를 호출하기 전에 hasNext( )를 호출해서 읽어 올 요소가 있는지 확인하는 것이 안전하다.
void remove( )	next( )로 읽어 온 요소를 삭제한다. next( )를 호출한 다음에 remove( )를 호출해야한다.(선택적 기능)

▲ 표11-12 Iterator인터페이스의 메서드

ArrayList에 저장된 요소들을 출력하기 위한 코드는 다음과 같이 작성할 수 있다.

```
Collection c = new ArrayList();  // 다른 컬렉션으로 변경시 이 부분만 고치면 된다.
Iterator it = c.iterator();

while(it.hasNext())
    System.out.println(it.next());
```

ArrayList대신 Collection인터페이스를 구현한 다른 컬렉션 클래스에 대해서도 이와 동일한 코드를 사용할 수 있다. 첫 줄에서 ArrayList대신 Collection인터페이스를 구현한 다른 컬렉션 클래스의 객체를 생성하도록 변경하기만 하면 된다.

Iterator를 이용해서 컬렉션의 요소를 읽어오는 방법을 표준화했기 때문에 이처럼 코드의 재사용성을 높이는 것이 가능한 것이다. 이처럼 공통 인터페이스를 정의해서 표준을 정의하고 구현하여 표준을 따르도록 함으로써 코드의 일관성을 유지하여 재사용성을 극대화하는 것이 객체지향 프로그래밍의 중요한 목적 중의 하나이다.

> **Q.** 참조변수의 타입을 ArrayList타입이 아니라 Collection타입으로 한 이유는 뭔가요?
> **A.** Collection에 없고 ArrayList에만 있는 메서드를 사용하는게 아니라면, Collection타입의 참조변수로 선언하는 것이 좋습니다. 만일 Collection인터페이스를 구현한 다른 클래스, 예를 들어 LinkedList로 바꿔야 한다면 선언문 하나만 변경하면 나머지 코드는 검토하지 않아도 됩니다. 참조변수 타입이 Collection이므로 Collection에 정의되지 않은 메서드는 사용되지 않았을 것이 확실하니까요. 그러나 참조변수 타입을 ArrayList로 했다면, 선언문 이후의 문장들을 검토해야 합니다. Collection에 정의되지 않은 메서드를 호출했을 수 있기 때문입니다.

Map인터페이스를 구현한 컬렉션 클래스는 키(key)와 값(value)을 쌍(pair)으로 저장하고 있기 때문에 iterator()를 직접 호출할 수 없고, 그 대신 keySet()이나 entrySet()과 같은 메서드를 통해서 키와 값을 각각 따로 Set의 형태로 얻어 온 후에 다시 iterator()를 호출해야 Iterator를 얻을 수 있다.

```
Map map = new HashMap();
      ...
Iterator it = map.entrySet().iterator();
```

Iterator it = map.entrySet().iterator(); 는 아래의 두 문장을 하나로 합친 것이라고 이해하면 된다.

```
Set eSet = map.entrySet();
Iterator it = eSet.iterator();
```

이 문장들의 실행순서를 그림으로 그려보면 다음과 같다.

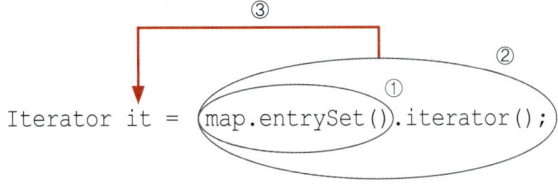

① map.entrySet()의 실행결과가 Set이므로
   Iterator it = map.entrySet().iterator(); → Iterator it = Set인스턴스.iterator();

② map.entrySet()를 통해 얻은 Set인스턴스의 iterator()를 호출해서 Iterator인스턴스를 얻는다.
   Iterator it = Set인스턴스.iterator(); → Iterator it = Iterator인스턴스;

③ 마지막으로 Iterator인스턴스의 참조가 it에 저장된다.

StringBuffer를 사용할 때 이와 유사한 코드를 많이 보았을 것이다.

```
StringBuffer sb = new StringBuffer();
sb.append("A");
sb.append("B");
sb.append("C");
```

위와 같은 코드를 아래와 같이 간단히 쓸 수 있는데 그 이유는 바로 append메서드가 수행 결과로 StringBuffer를 리턴하기 때문이다. 만일 void append(String str)과 같이 void를 리턴하도록 선언되어 있다면 위의 코드를 아래와 같이 쓸 수 없었을 것이다. append메서드의 호출결과가 void이기 때문에 또 다시 void에 append메서드를 호출 할 수 없기 때문이다.

```
StringBuffer sb = new StringBuffer();
sb.append("A").append("B").append("C");//StringBuffer append(String str)
```

▼ 예제 11-13/IteratorEx.java

```
import java.util.*;
class IteratorEx {
    public static void main(String[] args) {
        ArrayList list = new ArrayList();
        list.add("1");
        list.add("2");
        list.add("3");
        list.add("4");
        list.add("5");

        Iterator it = list.iterator();

        while(it.hasNext()) {
            Object obj = it.next();
            System.out.println(obj);
        }
    } // main
}
```

▼ 실행결과
```
1
2
3
4
5
```

List클래스들은 저장순서를 유지하기 때문에 Iterator를 이용해서 읽어 온 결과 역시 저장순서와 동일하지만 Set클래스들은 각 요소간의 순서가 유지 되지 않기 때문에 Iterator를 이용해서 저장된 요소들을 읽어 와도 처음에 저장된 순서와 같지 않다.

ListIterator와 Enumeration

Enumeration은 컬렉션 프레임웍이 만들어지기 이전에 사용하던 것으로 Iterator의 구버전이라고 생각하면 된다. 이전 버전으로 작성된 소스와의 호환을 위해서 남겨 두고 있을 뿐이므로 가능하면 Enumeration대신 Iterator를 사용하자.

ListIterator는 Iterator를 상속받아서 기능을 추가한 것으로, 컬렉션의 요소에 접근할 때 Iterator는 단방향으로만 이동할 수 있는 데 반해 ListIterator는 양방향으로의 이동이 가능하다. 다만 ArrayList나 LinkedList와 같이 List인터페이스를 구현한 컬렉션에서만 사용할 수 있다.

> **Enumeration** Iterator의 구버전
> **ListIterator** Iterator에 양방향 조회기능추가(List를 구현한 경우만 사용가능)

다음은 Enumeration, Iterator, ListIterator의 메서드에 대한 설명이다. Enumeration과 Iterator는 메서드이름만 다를 뿐 기능은 같고, ListIterator는 Iterator에 이전방향으로의 접근기능을 추가한 것일 뿐이라는 것을 알 수 있다.

메서드	설 명
boolean hasMoreElements()	읽어 올 요소가 남아있는지 확인한다. 있으면 true, 없으면 false를 반환한다. Iterator의 hasNext()와 같다.
Object nextElement()	다음 요소를 읽어 온다. nextElement()를 호출하기 전에 hasMoreElements()를 호출해서 읽어올 요소가 남아있는지 확인하는 것이 안전하다. Iterator의 next()와 같다.

▲ 표11-13 Enumeration인터페이스의 메서드

메서드	설 명
void add(Object o)	컬렉션에 새로운 객체(o)를 추가한다.(선택적 기능)
boolean hasNext()	읽어 올 다음 요소가 남아있는지 확인한다. 있으면 true, 없으면 false를 반환
boolean hasPrevious()	읽어 올 이전 요소가 남아있는지 확인한다. 있으면 true, 없으면 false를 반환
Object next()	다음 요소를 읽어 온다. next()를 호출하기 전에 hasNext()를 호출해서 읽어 올 요소가 있는지 확인하는 것이 안전하다.
Object previous()	이전 요소를 읽어 온다. previous()를 호출하기 전에 hasPrevious()를 호출해서 읽어 올 요소가 있는지 확인하는 것이 안전하다.
int nextIndex()	다음 요소의 index를 반환한다.
int previousIndex()	이전 요소의 index를 반환한다.
void remove()	next() 또는 previous()로 읽어 온 요소를 삭제한다. 반드시 next()나 previous()를 먼저 호출한 다음에 이 메서드를 호출해야한다.(선택적 기능)
void set(Object o)	next() 또는 previous()로 읽어 온 요소를 지정된 객체(o)로 변경한다. 반드시 next()나 previous()를 먼저 호출한 다음에 이 메서드를 호출해야한다.(선택적 기능)

▲ 표11-14 ListIterator의 메서드

▼ 예제 11-14/`ListIteratorEx.java`

```java
import java.util.*;
class ListIteratorEx {
   public static void main(String[] args) {
      ArrayList list = new ArrayList();
      list.add("1");
      list.add("2");
      list.add("3");
      list.add("4");
      list.add("5");

      ListIterator it = list.listIterator();

      while(it.hasNext()) {
         System.out.print(it.next()); // 순방향으로 진행하면서 읽어온다.
      }
      System.out.println();

      while(it.hasPrevious()) {
         System.out.print(it.previous()); // 역방향으로 진행하면서 읽어온다.
      }
      System.out.println();
   }
}
```

▼ 실행결과
```
12345
54321
```

ListIterator의 사용방법을 보여주는 간단한 예제이다. Iterator는 단방향으로만 이동하기 때문에 컬렉션의 마지막 요소에 다다르면 더 이상 사용할 수 없지만, ListIterator는 양방향으로 이동하기 때문에 각 요소간의 이동이 자유롭다. 다만 이동하기 전에 반드시 hasNext()나 hasPrevious()를 호출해서 이동할 수 있는지 확인해야 한다.

표11-14에 있는 메서드 중에서 '선택적 기능(optional operation)'이라고 표시된 것들은 반드시 구현하지 않아도 된다. 예를 들어 Iterator인터페이스를 구현하는 클래스에서 remove()는 선택적인 기능이므로 구현하지 않아도 괜찮다. 그렇다하더라도 인터페이스로부터 상속받은 메서드는 추상메서드라 메서드의 몸통(body)을 반드시 만들어 주어야 하므로 다음과 같이 처리한다.

```java
        public void remove() {
            throw new UnsupportedOperationException();
        }
```

단순히 public void remove() { };와 같이 구현하는 것보다 이처럼 예외를 던져서 구현되지 않은 기능이라는 것을 메서드를 호출하는 쪽에 알리는 것이 좋다. 그렇지 않으면 호출하는 쪽에서는 소스를 구해보기 전까지는 이 기능이 바르게 동작하지 않는 이유를 알 방법이 없다.

```
remove

void remove()

Removes from the list the last element that was returned by next() or previous()
(optional operation). This call can only be made once per call to next or previous. It
can be made only if add(E) has not been called after the last call to next or
previous.

Specified by:
  remove in interface Iterator<E>
Throws:
  UnsupportedOperationException - if the remove operation is not supported
  by this list iterator

  IllegalStateException - if neither next nor previous have been called, or
  remove or add have been called after the last call to next or previous
```

▲ 그림 11-18 Java API문서에서 찾은 ListIterator의 remove()

Java API문서에서 remove()메서드의 상세내용을 보면 remove메서드를 지원하지 않는 Iterator는 UnsupportedOperationException을 발생시킨다고 쓰여 있다. 즉, remove메서드를 구현하지 않는 경우에는 UnsupportedOperationException을 발생시키도록 구현하라는 뜻이다.

위의 코드에서 remove메서드의 선언부에 예외처리를 하지 않은 이유는 UnsupportedOperationException이 RuntimeException의 자손이기 때문이다.

Iterator의 remove()는 단독으로 쓰일 수 없고, next()와 같이 써야한다. 특정위치의 요소를 삭제하는 것이 아니라 읽어 온 것을 삭제한다. next()의 호출없이 remove()를 호출하면, IllegalStateException이 발생한다.

'마이크로소프트 아웃룩(Microsoft outlook)'과 같은 email클라이언트에서 메일서버에 있는 메일을 가져올 때 서버에 있는 메일을 읽어만 올 것인지(copy), 메일을 가져오면서 서버에서 삭제할 것(move)인지를 선택할 수 있다. 이와 같은 기능을 구현하고자 할 때 쓸 목적으로 remove()를 정의해 놓은 것이다.

단순히 서버에서 읽어오기만 할 때는 next()를 사용하면 되고, 읽어 온 메일을 서버에 남기지 않고 지울 때는 next()와 함께 remove()를 사용하면 이와 같은 기능을 구현할 수 있다.

▼ 예제 11-15/IteratorEx2.java

```
import java.util.*;

public class IteratorEx2 {
    public static void main(String[] args) {
        ArrayList original = new ArrayList(10);
        ArrayList copy1    = new ArrayList(10);
        ArrayList copy2    = new ArrayList(10);

        for(int i=0; i < 10; i++)
            original.add(i+"");

        Iterator it = original.iterator();
```

```
        while(it.hasNext())
            copy1.add(it.next());

        System.out.println("= Original에서 copy1로 복사(copy) =");
        System.out.println("original:"+original);
        System.out.println("copy1:"+copy1);
        System.out.println();

        it = original.iterator(); // Iterator는 재사용이 안되므로, 다시 얻어와야 한다.
        while(it.hasNext()){
            copy2.add(it.next());
            it.remove();
        }

        System.out.println("= Original에서 copy2로 이동(move) =");
        System.out.println("original:"+original);
        System.out.println("copy2:"+copy2);
    } // main
} // class
```

▼ 실행결과

```
= Original에서 copy1로 복사(copy) =
original:[0, 1, 2, 3, 4, 5, 6, 7, 8, 9]
copy1:[0, 1, 2, 3, 4, 5, 6, 7, 8, 9]

= Original에서 copy2로 이동(move) =
original:[]
copy2:[0, 1, 2, 3, 4, 5, 6, 7, 8, 9]
```

다음 예제는 전에 만들었던 예제11-4의 MyVector클래스를 상속받는 새로운 클래스가 Iterable을 구현하도록 한 것이다. 이 예제를 통해서 Iterable과 Iterator를 어떻게 구현하는지 배울 수 있을 것이다.

▼ 예제 11-16/**MyVector2.java**

```
import java.util.*;

public class MyVector2 extends MyVector implements Iterable {
    public MyVector2(int capacity) {
        super(capacity);
    }

    public MyVector2() {
        this(10);
    }

    public String toString() {
        String tmp = "";
        Iterator it = iterator();

        for(int i=0; it.hasNext();i++) {
            if(i!=0) tmp+=", ";
            tmp += it.next();          // tmp += next().toString();
        }
        return "["+ tmp +"]";
    }
```

```java
    public Iterator iterator() {
        return new MyIterator();
    }

    class MyIterator implements Iterator {
        int cursor = 0;
        int lastRet = -1;

        public boolean hasNext() {
            return cursor != size();
        }

        public Object next(){
            Object next = get(cursor);
            lastRet = cursor++;
            return next;
        }

        public void remove() {
            // 더이상 삭제할 것이 없으면 IllegalStateException를 발생시킨다.
            if(lastRet==-1) {
                throw new IllegalStateException();
            } else {
                MyVector2.this.remove(lastRet);
                cursor--;            // 삭제 후에 cursor의 위치를 감소시킨다.
                lastRet = -1;        // lastRet의 값을 초기화 한다.
            }
        }
    } // class MyIterator
}
```

| 참고 | 이 예제를 컴파일 하기 위해서는 p.622 예제11-4 MyVector.java가 있어야 한다.

cursor는 앞으로 읽어 올 요소의 위치를 저장하는데 사용되고, lastRet는 마지막으로 읽어 온 요소의 위치(index)를 저장하는데 사용된다.

그래서 lastRet는 cursor보다 항상 1이 작은 값이 저장되고 remove( )를 호출하면 이미 next( )를 통해서 읽은 위치의 요소, 즉 lastRet에 저장된 값의 위치에 있는 요소를 삭제하고 lastRet의 값을 -1로 초기화 한다.

만일 next( )를 호출하지 않고 remove( )를 호출하면 lastRet의 값은 -1이 되어 IllegalStateException이 발생한다. remove( )는 next( )로 읽어 온 객체를 삭제하는 것이기 때문에 remove( )를 호출하기 전에는 반드시 next( )가 호출된 상태이어야 한다.

```java
        public void remove() {
            // 더이상 삭제할 것이 없으면 IllegalStateException이 발생
            if(lastRet == -1) {
                throw new IllegalStateException();
            } else {
                remove(lastRet);    // 최근에 읽어온 요소를 삭제
                cursor--;           // cursor의 위치를 1감소
                lastRet = -1;       // 읽어온 요소가 삭제되었으므로 초기화
            }
        }
```

위의 코드에서 보면 remove(lastRet)를 호출하여 lastRet의 위치에 있는 객체를 삭제한 다음에 cursor의 값을 감소시킨다. 그리고 lastRet의 값을 초기화(-1)한다.

그 이유는 remove메서드를 호출해서 객체를 삭제하고 나면, 삭제된 위치 이후의 객체들이 빈 공간을 채우기 위해 자동적으로 이동되기 때문에 cursor의 위치도 같이 이동시켜주어야 하기 때문이다.

그리고 읽어온 요소가 삭제되었으므로 읽어온 요소의 위치를 저장하는 lastRet의 값은 -1로 초기화해야 한다. lastRet의 값이 -1이라는 것은 읽어온 값이 없다는 것을 의미한다.

```
MyVector2 v = new MyVector2(5);
v.add("0"); v.add("1"); v.add("2"); v.add("3"); v.add("4");
Iterator it = v.iterator();
```

1. 만일 위의 코드와 같이 0~4의 값이 저장되어 있는 MyVector2의 Iterator를 얻어왔다면 다음과 같은 그림의 상태일 것이다.

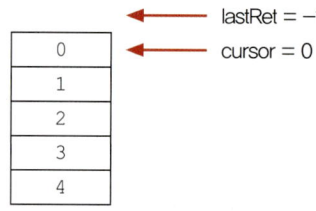

2. 그리고 next( )를 두 번 호출하면 다음과 같은 그림이 될 것이다. 첫 번째 요소인 0을 읽고 두 번째 요소인 1까지 읽어 온 상태이다.

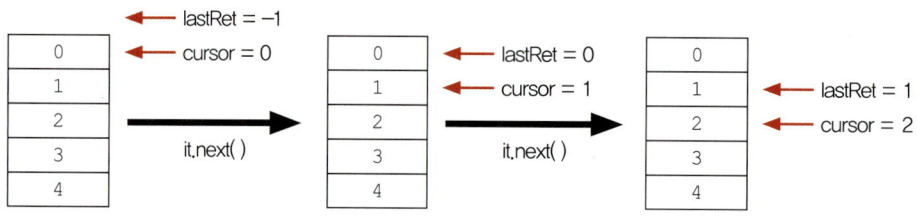

3. remove( )를 호출하면, 마지막으로 읽어 온 요소인 1이 삭제된다. 이 때 lastRet의 값은 -1로 초기화 되고 cursor의 값은 1감소된다. 데이터가 삭제되어 다른 데이터들이 한자리씩 이동하였기 때문에 cursor의 위치도 한자리 이동되어야 하는 것이다.

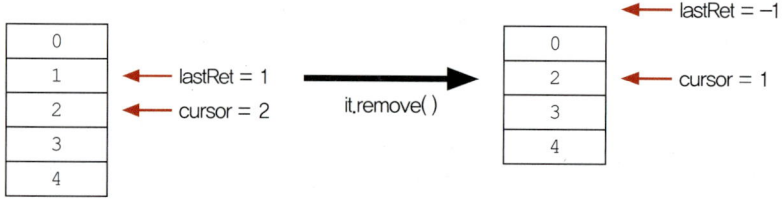

| 참고 | lastRet의 값이 -1이라는 것은 읽어 온 값이 없다는 의미이다. remove( )는 읽어온 값이 있어야 호출될 수 있다.

▼ 예제 11-17/`MyVector2Ex.java`

```java
import java.util.*;
class MyVector2Ex {
    public static void main(String args[]) {
        MyVector2 v = new MyVector2();
        v.add("0");
        v.add("1");
        v.add("2");
        v.add("3");
        v.add("4");

        System.out.println("삭제 전 : " + v);
        Iterator it = v.iterator();
        it.next();
        it.remove();
        it.next();
        it.remove();

        System.out.println("삭제 후 : " + v);
    }
}
```

▼ 실행결과
```
삭제 전 : [0, 1, 2, 3, 4]
삭제 후 : [2, 3, 4]
```

I 참고 I 이 예제를 실행하려면 예제11-16 MyVector2.java가 필요하다.

MyVector2클래스를 테스트하는 간단한 예제이다. MyVector2객체를 생성하고 데이터를 저장한 다음 Iterator를 통해서 첫 번째와 두 번째에 저장된 데이터를 삭제한다.

```
        if(lastRet == -1) {
            throw new IllegalStateException();
        } else {
            remove(lastRet);
//          cursor--;            // 주석처리한다.
            lastRet = -1;
        }
```

예제11-16 MyVector2.java의 remove( )에서 위와 같이 주석처리하면, MyVector2Test .java의 실행결과는 다음과 같이 될 것이다. 0과 1, 첫 번째와 두 번째 요소가 순서대로 삭제되지 않고, 첫 번째와 세 번째 요소인 0과 2가 삭제된 것을 알 수 있다.

삭제 전 : [0, 1, 2, 3, 4]
삭제 후 : [1, 3, 4]

1.6 Arrays

Arrays클래스에는 배열을 다루는데 유용한 메서드가 정의되어 있다. 같은 기능의 메서드가 배열의 타입만 다르게 오버로딩되어 있어서 많아 보이지만, 실제로는 그리 많지 않다. 아래는 Arrays에 정의된 toString( )인데, 모든 기본형 배열과 참조형 배열 별로 하나씩 정의되어 있다.

| 참고 | Arrays에 정의된 메서드는 모두 static메서드이다.

```
static String toString(boolean[] a)
static String toString(byte[] a)
static String toString(char[] a)
static String toString(short[] a)
static String toString(int[] a)
static String toString(long[] a)
static String toString(float[] a)
static String toString(double[] a)
static String toString(Object[] a)
```

같은 메서드를 배열의 타입별로 일일이 설명할 필요는 없으므로, 앞으로 매개변수의 타입이 int배열인 메서드에 대한 사용법만 살펴볼 것이다.

배열의 복사 – copyOf( ), copyOfRange( )

copyOf( )는 배열 전체를, copyOfRange( )는 배열의 일부를 복사해서 새로운 배열을 만들어 반환한다. 늘 그렇듯이 copyOfRange( )에 지정된 범위의 끝은 포함되지 않는다.

```
int[] arr  =  {0,1,2,3,4};
int[] arr2 = Arrays.copyOf(arr, arr.length);  // arr2 = [0,1,2,3,4]
int[] arr3 = Arrays.copyOf(arr, 3);           // arr3 = [0,1,2]
int[] arr4 = Arrays.copyOf(arr, 7);           // arr4 = [0,1,2,3,4,0,0]
int[] arr5 = Arrays.copyOfRange(arr, 2, 4);   // arr5 = [2,3]  ← 4는 포함x
int[] arr6 = Arrays.copyOfRange(arr, 0, 7);   // arr6 = [0,1,2,3,4,0,0]
```

배열 채우기 – fill( ), setAll( )

fill( )은 배열의 모든 요소를 지정된 값으로 채운다. setAll( )은 배열을 채우는데 사용할 함수형 인터페이스를 매개변수로 받는다. 이 메서드를 호출할 때는 함수형 인터페이스를 구현한 객체를 매개변수로 지정하던가 아니면 람다식을 지정해야한다.

```
int[] arr =  new int[5];
Arrays.fill(arr, 9);      // arr = [9,9,9,9,9]
Arrays.setAll(arr, () -> (int)(Math.random()*5)+1); //arr = [1,5,2,1,1]
```

위의 문장에 사용된 'i->(int)(Math.random( )*5)+1'은 '람다식(lambda expression)'인데, 1~5의 범위에 속한 임의의 정수를 반환하는 일을 한다. 그리고 setAll( )메서드는 이 람다식이 반환한 임의의 정수로 배열을 채운다. 아직 함수형 인터페이스와 람다식을 배우지 않았으므로 '람다식이 이런 것이구나'라는 정도만 이해하자.

배열의 정렬과 검색 – sort( ), binarySearch( )

sort( )는 배열을 정렬할 때, 그리고 배열에 저장된 요소를 검색할 때는 binarySearch( )를 사용한다. binarySearch( )는 배열에서 지정된 값이 저장된 위치(index)를 찾아서 반환하는데, 반드시 배열이 정렬된 상태이어야 올바른 결과를 얻는다. 그리고 만일 검색한 값과 일치하는 요소들이 여러 개 있다면, 이 중에서 어떤 것의 위치가 반환될지는 알 수 없다.

```
int[] arr = { 3, 2, 0, 1, 4};
int idx = Arrays.binarySearch(arr, 2);        // idx = -5  ← 잘못된 결과

Arrays.sort(arr);   // 배열 arr을 정렬한다.
System.out.println(Arrays.toString(arr));     // [0, 1, 2, 3, 4]
int idx = Arrays.binarySearch(arr, 2);        // idx = 2   ← 올바른 결과
```

배열의 첫 번째 요소부터 순서대로 하나씩 검색하는 것을 '순차 검색(linear search)'이라고 하는데, 이 검색 방법은 배열이 정렬되어 있지 않아도 되지만 배열의 요소를 하나씩 비교하기 때문에 시간이 많이 걸린다. 반면에 이진 검색(binary search)은 배열의 검색할 범위를 반복적으로 절반씩 줄여가면서 검색하기 때문에 검색속도가 상당히 빠르다. 배열의 길이가 10배가 늘어나도 검색 횟수는 3~4회 밖에 늘어나지 않으므로 큰 배열의 검색에 유리하다. 단, 배열이 정렬이 되어 있는 경우에만 사용할 수 있다는 단점이 있다.

배열의 비교와 출력 – toString( ), equals( ), compare( ), mismatch( )

toString( )배열의 모든 요소를 문자열로 편하게 출력할 수 있다. 이미 많이 사용해서 익숙할 것이다. toString( )은 일차원 배열에만 사용할 수 있으므로, 다차원 배열에는 deepTo String( )을 사용해야 한다. deepToString( )은 배열의 모든 요소를 재귀적으로 접근해서 문자열을 구성하므로 2차원뿐만 아니라 3차원 이상의 배열에도 동작한다.

```
int[]   arr  = {0,1,2,3,4};
int[][] arr2D = {{11,12}, {21,22}};
System.out.println(Arrays.toString(arr)); // [0, 1, 2, 3, 4]
System.out.println(Arrays.deepToString(arr2D)); //[[11, 12], [21, 22]]
```

equals( )는 두 배열에 저장된 모든 요소를 비교해서 같으면 true, 다르면 false를 반환한다. equals( )도 일차원 배열에만 사용가능하므로, 다차원 배열의 비교에는 deepEquals( )를 사용해야한다.

```
String[][] str2D  = new String[][]{{"aaa","bbb"},{"AAA","BBB"}};
String[][] str2D2 = new String[][]{{"aaa","bbb"},{"AAA","BBB"}};
System.out.println(Arrays.equals(str2D, str2D2));      // false
System.out.println(Arrays.deepEquals(str2D, str2D2)); // true
```

위와 같이 2차원 String배열을 equals( )로 비교하면 배열에 저장된 내용이 같은데도 false를 결과로 얻는다. 다차원 배열은 '배열의 배열'로 구성하기 때문에 equals( )로 비교하면, 문자열을 비교하는 것이 아니라 '배열에 저장된 배열의 주소'를 비교하게 된다. 서로 다른 배열은 항상 주소가 다르므로 false를 결과로 얻는다.

```
int i1 = Arrays.compare(new int[]{1}, new int[]{1,2});     // i = -1
int i2 = Arrays.compare(new int[]{1,2}, new int[]{1,2});   // i = 0
int i3 = Arrays.compare(new int[]{1,2}, new int[]{1});     // i = 1
```

compare()는 equals()처럼 두 배열을 비교하지만, equals()와 달리 정렬을 목적으로 비교한다. compare()를 이용하면 여러 배열을 쉽게 정렬할 수 있다.

```
int idx  = Arrays.mismatch(new int[]{1}, new int[]{1,2});     // idx = 1
int idx2 = Arrays.mismatch(new int[]{1, 2}, new int[]{1,2});  // idx2 = -1
```

mistmatch()는 두 배열이 일치하지 않는 첫 요소의 index를 반환한다. 두 배열이 같으면 일치하지 않는 요소를 찾을 수 없으므로 -1을 결과로 반환한다.

배열을 List로 변환 - asList(Object... a)

asList()는 배열을 List에 담아서 반환한다. 매개변수의 타입이 가변인수라서 배열 생성 없이 저장할 요소들만 나열하는 것도 가능하다.

```
List list = Arrays.asList(new Integer[]{1,2,3,4,5}); // list =[1, 2, 3, 4, 5]
List list = Arrays.asList(1,2,3,4,5);                // list =[1, 2, 3, 4, 5]
list.add(6);    // UnsupportedOperationException 예외 발생
```

한 가지 주의할 점은 asList()가 반환한 List의 크기를 변경할 수 없다는 것이다. 즉, 추가 또는 삭제가 불가능하다. 저장된 내용은 변경가능하다. 만일 크기를 변경할 수 있는 List가 필요하다면 다음과 같이 하면 된다.

```
List list = new ArrayList(Arrays.asList(1,2,3,4,5));
```

parallelXXX( ), spliterator( ), stream( )

이 외에도 'parallel'로 시작하는 이름의 메서드들이 있는데, 이 메서드들은 보다 빠른 결과를 얻기 위해 여러 쓰레드가 작업을 나누어 처리하도록 한다. spliterator()는 여러 쓰레드가 처리할 수 있게 하나의 작업을 여러 작업으로 나누는 Spliterator를 반환하며, stream()은 컬렉션을 스트림으로 변환한다. 이 메서드들은 앞으로 배울 '14장 람다와 스트림'과 관련된 내용이므로 참고로만 알아두자.

▼ 예제 11-18/**ArraysEx.java**

```java
import java.util.*;

class ArraysEx {
    public static void main(String[] args) {
        int[]   arr   = {0,1,2,3,4};
        int[][] arr2D = {{11,12,13}, {21,22,23}};

        System.out.println("arr="+Arrays.toString(arr));
        System.out.println("arr2D="+Arrays.deepToString(arr2D));
```

```java
        int[] arr2 = Arrays.copyOf(arr, arr.length);
        int[] arr3 = Arrays.copyOf(arr, 3);
        int[] arr4 = Arrays.copyOf(arr, 7);
        int[] arr5 = Arrays.copyOfRange(arr, 2, 4);
        int[] arr6 = Arrays.copyOfRange(arr, 0, 7);
        System.out.println("arr2="+Arrays.toString(arr2));
        System.out.println("arr3="+Arrays.toString(arr3));
        System.out.println("arr4="+Arrays.toString(arr4));
        System.out.println("arr5="+Arrays.toString(arr5));
        System.out.println("arr6="+Arrays.toString(arr6));

        int[] arr7 =  new int[5];
        Arrays.fill(arr7, 9);   // arr=[9,9,9,9,9]
        System.out.println("arr7="+Arrays.toString(arr7));
        Arrays.setAll(arr7, i -> (int)(Math.random()*6)+1);
        System.out.println("arr7="+Arrays.toString(arr7));

        String[][] str2D  = new String[][]{{"aaa","bbb"},{"AAA","BBB"}};
        String[][] str2D2 = new String[][]{{"aaa","bbb"},{"AAA","BBB"}};
        System.out.println(Arrays.equals(str2D, str2D2));       // false
        System.out.println(Arrays.deepEquals(str2D, str2D2)); // true

        int[][] arrArr = { {1,2}, {1}, {1,2,3}};
        Arrays.sort(arrArr, (e1, e2)-> Arrays.compare(e1, e2)); // 람다식으로 정렬
        System.out.println("arrArr=" + Arrays.deepToString(arrArr));
        System.out.println("mismatch idx=" +
                Arrays.mismatch(new int[]{1}, new int[]{1,2}));

        char[] chArr = { 'A', 'D', 'C', 'B', 'E' };
        System.out.println("chArr="+Arrays.toString(chArr));
        System.out.println("index of B ="+Arrays.binarySearch(chArr, 'B'));
        System.out.println("= After sorting =");
        Arrays.sort(chArr);
        System.out.println("chArr="+Arrays.toString(chArr));
        System.out.println("index of B ="+Arrays.binarySearch(chArr, 'B'));
    }
}
```

▼ 실행결과

```
arr=[0, 1, 2, 3, 4]
arr2D=[[11, 12, 13], [21, 22, 23]]
arr2=[0, 1, 2, 3, 4]
arr3=[0, 1, 2]
arr4=[0, 1, 2, 3, 4, 0, 0]
arr5=[2, 3]
arr6=[0, 1, 2, 3, 4, 0, 0]
arr7=[9, 9, 9, 9, 9]
arr7=[6, 2, 1, 6, 3]
false
true
arrArr=[[1], [1, 2], [1, 2, 3]]
mismatch idx=1
chArr=[A, D, C, B, E]
index of B =-2   ← 정렬하지 않아서 잘못된 결과
= After sorting =
chArr=[A, B, C, D, E]
index of B =1    ← 정렬한 후라서 올바른 결과
```

1.7 Comparator와 Comparable

이전 예제에서 Arrays.sort( )를 호출만 하면 컴퓨터가 알아서 배열을 정렬하는 것처럼 보이지만, 사실은 Character클래스의 Comparable의 구현에 의해 정렬되었던 것이다. Comparator와 Comparable은 모두 인터페이스로 컬렉션을 정렬하는데 필요한 메서드를 정의하고 있으며, Comparable을 구현하고 있는 클래스들은 같은 타입의 인스턴스끼리 서로 비교할 수 있는 클래스들, 주로 Integer와 같은 wrapper클래스와 String, Date, File과 같은 것들이며 기본적으로 오름차순, 즉 작은 값에서부터 큰 값의 순으로 정렬되도록 구현되어 있다. 그래서 Comparable을 구현한 클래스는 정렬이 가능하다는 것을 의미한다. 참고로 Java API문서에서 Comparable을 찾아보면, 이를 구현한 클래스의 목록을 볼 수 있다. Comparator와 Comparable의 실제 소스는 다음과 같다.

```
public interface Comparator {
    int compare(Object o1, Object o2);
    boolean equals(Object obj);
}
public interface Comparable {
    public int compareTo(Object o);
}
```

| 참고 | Comparable은 java.lang패키지에 있고, Comparator는 java.util패키지에 있다.

compare( )와 compareTo( )는 선언형태와 이름이 약간 다를 뿐 두 객체를 비교한다는 같은 기능을 목적으로 고안된 것이다. compareTo( )의 반환값은 int이지만 실제로는, 비교하는 두 객체가 같으면 0, 비교하는 값보다 작으면 음수, 크면 양수를 반환하도록 구현해야 한다. 이와 마찬가지로 compare( )도 객체를 비교해서 음수, 0, 양수 중의 하나를 반환하도록 구현해야한다.

   equals메서드는 모든 클래스가 가지고 있는 공통적인 메서드이지만, Comparator를 구현하는 클래스는 오버라이딩이 필요할 수도 있다는 것을 알리기 위해서 정의한 것일 뿐, 그냥 compare(Object o1, Object o2)만 구현하면 된다.

```
public final class Integer extends Number implements Comparable {
    ...
    public int compareTo(Object o) {
        return compareTo((Integer)o);
    }
    public int compareTo(Integer anotherInteger) {
        int thisVal = this.value;
        int anotherVal = anotherInteger.value;

        // 비교하는 값이 크면 -1, 같으면 0, 작으면 1을 반환한다.
        return (thisVal<anotherVal ? -1 : (thisVal==anotherVal ? 0 : 1));
    }
    ...
}
```

위의 코드는 Integer클래스의 일부이다. Comparable의 compareTo(Object o)를 구현해 놓은 것을 볼 수 있다. 두 Integer객체에 저장된 int값(value)을 비교해서 같으면 0, 크면 -1, 작으면 1을 반환하는 것을 알 수 있다. 앞으로 배울 예제11-26에서 TreeSet에 Integer인스턴스를 저장했을 때 정렬되는 기준이 바로 compareTo메서드에 의한 것이다.

Comparable을 구현한 클래스들이 기본적으로 오름차순으로 정렬되어 있지만, 내림차순으로 정렬한다던가 아니면 다른 기준에 의해서 정렬되도록 하고 싶을 때 Comparator를 구현해서 정렬기준을 제공할 수 있다.

> **Comparable** 기본 정렬기준을 구현하는데 사용.
> **Comparator** 기본 정렬기준 외에 다른 기준으로 정렬하고자할 때 사용

Comparator와 Comparable을 구현하는 것이 그리 어렵지 않다고 느꼈을 것이다. 이제 간단한 예제를 통해서 실제로 어떻게 사용되는지 확인해 보자.

▼ 예제 11-19/`ComparatorEx.java`

```java
import java.util.*;

class ComparatorEx {
    public static void main(String[] args) {
        String[] strArr = {"cat", "Dog", "lion", "tiger"};

        Arrays.sort(strArr); // String의 Comparable구현에 의한 정렬
        System.out.println("strArr=" + Arrays.toString(strArr));

        Arrays.sort(strArr, String.CASE_INSENSITIVE_ORDER); // 대소문자 구분안함
        System.out.println("strArr=" + Arrays.toString(strArr));

        Arrays.sort(strArr, new Descending()); // 역순 정렬
        System.out.println("strArr=" + Arrays.toString(strArr));
    }
}

class Descending implements Comparator {
    public int compare(Object o1, Object o2){
        if(o1 instanceof Comparable c1 && o2 instanceof Comparable c2){
//          Comparable c1 = (Comparable)o1;
//          Comparable c2 = (Comparable)o2;
            return c1.compareTo(c2) * -1 ; // -1을 곱해서 기본 정렬방식의 역으로 변경한다.
                                           // 또는 c2.compareTo(c1)와 같이 순서를 바꿔도 된다.
        }
        return -1;
    }
}
```

▼ 실행결과
```
strArr=[Dog, cat, lion, tiger]
strArr=[cat, Dog, lion, tiger]
strArr=[tiger, lion, cat, Dog]
```

전에 배운 것과 같이 Arrays.sort( )는 배열을 정렬할 때, Comparator를 지정해주지 않으면 저장하는 객체주로 Comparable을 구현한 클래스의 객체에 구현된 내용에 따라 정렬된다.

```
static void sort(Object[] a) // 객체 배열에 저장된 객체가 구현한 Comparable에 의한 정렬
static void sort(Object[] a, Comparator c)   // 지정한 Comparator에 의한 정렬
```

String의 Comparable구현은 문자열이 사전 순으로 정렬되도록 작성되어 있다. 문자열의 오름차순 정렬은 공백, 숫자, 대문자, 소문자의 순으로 정렬되는 것을 의미한다. 정확히 얘기하면 문자의 유니코드의 순서가 작은 값에서부터 큰 값으로 정렬되는 것이다.

그리고 아래와 같이 대소문자를 구분하지 않고 비교하는 Comparator를 상수의 형태로 제공한다.

```
public static final Comparator CASE_INSENSITIVE_ORDER
```

이 Comparator를 이용하면, 문자열을 대소문자 구분없이 정렬할 수 있다.

```
Arrays.sort(strArr, String.CASE_INSENSITIVE_ORDER); // 대소문자 구분없이 정렬
```

String의 기본 정렬을 반대로 하는 것, 즉 문자열을 내림차순(descending order)을 구현하는 것은 아주 간단하다. 단지 String에 구현된 compareTo( )의 결과에 -1을 곱하기만 하면 된다. 또는 비교하는 객체의 위치를 바꿔서 c2.compareTo(c1)과 같이 해도 된다.

다만 compare( )의 매개변수가 Object타입이기 때문에 compareTo( )를 바로 호출할 수 없으므로 먼저 Comparable로 형변환해야 한다는 것만 확인하자.

```
class Descending implements Comparator {
    public int compare(Object o1, Object o2){
        if(o1 instanceof Comparable c1 && o2 instanceof Comparable c2){
            return c1.compareTo(c2) * -1 ;   // 기본 정렬방식의 역으로 변경한다.
        }
        return -1;
    }
}
```

1.8 HashSet

HashSet은 Set인터페이스를 구현한 가장 대표적인 컬렉션이며, Set인터페이스의 특징대로 HashSet은 중복된 요소를 저장하지 않는다.

HashSet에 새로운 요소를 추가할 때는 add메서드나 addAll메서드를 사용하는데, 만일 HashSet에 이미 저장되어 있는 요소와 중복된 요소를 추가하고자 한다면 이 메서드들은 false를 반환함으로써 중복된 요소이기 때문에 추가에 실패했다는 것을 알린다.

이러한 HashSet의 특징을 이용하면, 컬렉션 내의 중복 요소들을 쉽게 제거할 수 있다.

ArrayList와 같이 List인터페이스를 구현한 컬렉션과 달리 HashSet은 저장순서를 유지하지 않으므로 저장순서를 유지하고자 한다면 LinkedHashSet을 사용해야한다.

| 참고 | HashSet은 내부적으로 HashMap을 이용해서 만들어졌으며, HashSet이란 이름은 해싱(hashing)을 이용해서 구현했기 때문에 붙여진 것이다. 해싱(hashing)에 대한 자세한 내용은 HashMap에서 설명한다.

생성자 또는 메서드	설 명
HashSet()	HashSet객체를 생성한다.
HashSet(Collection c)	주어진 컬렉션을 포함하는 HashSet객체를 생성한다.
HashSet(int initialCapacity)	주어진 값을 초기용량으로하는 HashSet객체를 생성한다.
HashSet(int initialCapacity, float loadFactor)	초기용량과 load factor를 지정하는 생성자.
boolean add(Object o)	새로운 객체를 저장한다.
boolean addAll(Collection c)	주어진 컬렉션에 저장된 모든 객체들을 추가한다.(합집합)
void clear()	저장된 모든 객체를 삭제한다.
Object clone()	HashSet을 복제해서 반환한다.(얕은 복사)
boolean contains(Object o)	지정된 객체를 포함하고 있는지 알려준다.
boolean containsAll(Collection c)	주어진 컬렉션에 저장된 모든 객체들을 포함하고 있는지 알려준다.
boolean isEmpty()	HashSet이 비어있는지 알려준다.
Iterator iterator()	Iterator를 반환한다.
boolean remove(Object o)	지정된 객체를 HashSet에서 삭제한다.(성공하면 true, 실패하면 false)
boolean removeAll(Collection c)	주어진 컬렉션에 저장된 모든 객체와 동일한 것들을 HashSet에서 모두 삭제한다.(차집합)
boolean retainAll(Collection c)	주어진 컬렉션에 저장된 객체와 동일한 것만 남기고 삭제한다.(교집합)
int size()	저장된 객체의 개수를 반환한다.
Object[] toArray()	저장된 객체들을 객체배열의 형태로 반환한다.
Object[] toArray(Object[] a)	저장된 객체들을 주어진 객체배열(a)에 담는다.

▲ 표11-15 HashSet의 메서드

| 참고 | load factor는 컬렉션 클래스에 저장공간이 가득 차기 전에 미리 용량을 확보하기 위한 것으로 이 값을 0.8로 지정하면, 저장공간의 80%가 채워졌을 때 용량이 두 배로 늘어난다. 기본값은 0.75, 즉 75%이다.

| 참고 | JDK 8부터 추가된 스트림(Stream)과 관련된 메서드들이 추가되었으나 메서드 목록에 넣지 않았다. 관련 내용은 14장 람다와 스트림에서 다룬다.

▼ 예제 11-20/**HashSetEx.java**

```java
import java.util.*;

class HashSetEx {
    public static void main(String[] args) {
        Object[] objArr = {"1",new Integer(1),"2","2","3","3","4","4","4"};
        Set set = new HashSet();

        for(int i=0; i < objArr.length; i++) {
            set.add(objArr[i]);        // HashSet에 objArr의 요소들을 저장한다.
        }
        // HashSet에 저장된 요소들을 출력한다.
        System.out.println(set);
    }
}
```

▼ 실행결과
[1, 1, 2, 3, 4]

결과에서 알 수 있듯이 중복된 값은 저장되지 않았다. add메서드는 객체를 추가할 때 HashSet에 이미 같은 객체가 있으면 중복으로 간주하고 저장하지 않는다. 그리고는 작업이 실패했다는 의미로 false를 반환한다.

'1'이 두 번 출력되었는데, 둘 다 '1'로 보이기 때문에 구별이 안 되지만, 사실 하나는 String인스턴스이고 다른 하나는 Integer인스턴스로 서로 다른 객체이므로 중복으로 간주하지 않는다.

Set을 구현한 컬렉션 클래스는 List를 구현한 컬렉션 클래스와 달리 순서를 유지하지 않기 때문에 저장한 순서와 다를 수 있다.

만일 중복을 제거하는 동시에 저장한 순서를 유지하고자 한다면 HashSet대신 Linked HashSet을 사용해야한다.

▼ 예제 11-21/**HashSetLotto.java**

```java
import java.util.*;

class HashSetLotto {
    public static void main(String[] args) {
        Set set = new HashSet();

        for (int i = 0; set.size() < 6 ; i++) {
            int num = (int)(Math.random()*45) + 1;
            set.add(Integer.valueOf(num)); // set.add(new Integer(num));와 동일
        }

        List list = new LinkedList(set); // LinkedList(Collection c)
        Collections.sort(list);          // Collections.sort(List list)
        System.out.println(list);
    }
}
```

▼ 실행결과
[7, 11, 17, 18, 24, 28]

중복된 값은 저장되지 않는 HashSet의 성질을 이용해서 로또번호를 만드는 예제이다. Math.random()을 사용했기 때문에 실행할 때 마다 결과가 다를 것이다.

번호를 크기순으로 정렬하기 위해서 Collections클래스의 sort(List list)를 사용했다. 이 메서드는 인자로 List인터페이스 타입을 필요로 하기 때문에 LinkedList클래스의 생성자 LinkedList(Collection c)를 이용해서 HashSet에 저장된 객체들을 LinkedList에 담아서 처리했다.

실행결과의 정렬기준은, 컬렉션에 저장된 객체가 Integer이기 때문에 Integer클래스에 정의된 기본정렬이 사용되었다. 정렬기준을 변경하는 방법과 Collections클래스에 대해서는 이장의 끝부분에서 자세히 다룰 것이다.

| 참고 | Collection은 인터페이스고 Collections는 클래스임에 주의하자.

▼ 예제 11-22/**Bingo.java**

```java
import java.util.*;

class Bingo {
    public static void main(String[] args) {
        Set set = new HashSet();
//      Set set = new LinkedHashSet();
        int[][] board = new int[5][5];

        for(int i=0; set.size() < 25; i++) {
            set.add((int)(Math.random()*50)+1+"");
        }

        Iterator it = set.iterator();

        for(int i=0; i < board.length; i++) {
            for(int j=0; j < board[i].length; j++) {
                board[i][j] = Integer.parseInt((String)it.next());
                System.out.print((board[i][j] < 10 ? "  " : " ") + board[i][j]);
            }
            System.out.println();
        }
    } // main
}
```

▼ 실행결과
```
28  3 29 14  6
 1 39 16 50 11
 4 23 12 34 45
30 20 42 31 25
32 13 26 44 19
```

1~50사이의 숫자 중에서 25개를 골라서 '5×5'크기의 빙고판을 만드는 예제이다. next( )는 반환값이 Object타입이므로 형변환해서 원래의 타입으로 되돌려 놓아야 한다. 이 예제 역시 random( )을 사용했기 때문에 실행할 때마다 다른 결과를 얻을 것이다.

그런데 몇번 실행해보면 같은 숫자가 비슷한 위치에 나온다는 사실을 발견할 수 있을 것이다. 앞서 언급한 것과 같이 HashSet은 저장된 순서를 보장하지 않고 자체적인 저장방식에 따라 순서가 결정되기 때문이다. 이 경우에는 HashSet보다 LinkedHashSet이 더 나은 선택이다.

▼ 예제 11-23/`HashSetEx3.java`

```java
import java.util.*;
class HashSetEx3 {
    public static void main(String[] args) {
        HashSet set = new HashSet();

        set.add("abc");
        set.add("abc");
        set.add(new Person("David",10));
        set.add(new Person("David",10));

        System.out.println(set);
    }
}
class Person {
    String name;
    int age;

    Person(String name, int age) {
        this.name = name;
        this.age = age;
    }

    public String toString() {
        return name +":"+ age;
    }
}
```

▼ 실행결과
```
[David:10, abc, David:10]
```

Person클래스는 name과 age를 멤버변수로 갖는다. 이름(name)과 나이(age)가 같으면 같은 사람으로 인식하도록 하려는 의도로 작성하였다. 하지만 실행결과를 보면 두 인스턴스의 name과 age의 값이 같음에도 불구하고 서로 다른 것으로 인식하여 'David:10'이 두 번 출력되었다.

 클래스의 작성의도대로 이 두 인스턴스를 같은 것으로 인식하게 하려면 어떻게 해야 하는 걸까? 이에 대한 답은 다음 예제에 나와 있다.

▼ 예제 11-24/`HashSetEx4.java`

```java
import java.util.*;
class HashSetEx4 {
    public static void main(String[] args) {
        HashSet set = new HashSet();

        set.add(new String("abc"));
        set.add(new String("abc"));
        set.add(new Person2("David",10));
        set.add(new Person2("David",10));

        System.out.println(set);
    }
}
```

```
class Person2 {
    String name;
    int age;

    Person2(String name, int age) {
        this.name = name;
        this.age = age;
    }

    public boolean equals(Object obj) {
        if(obj instanceof Person2 p) {
            return name.equals(p.name) && age == p.age;
        }

        return false;
    }

    public int hashCode() {
        return (name+age).hashCode();
    }

    public String toString() {
        return name +":"+ age;
    }
}
```

▼ 실행결과
[abc, David:10]

HashSet의 add메서드는 새로운 요소를 추가하기 전에 기존에 저장된 요소와 같은 것인지 판별하기 위해 추가하려는 요소의 equals( )와 hashCode( )를 호출하기 때문에 equals( )와 hashCode( )를 목적에 맞게 오버라이딩해야 한다.

그래서 String클래스에서 같은 내용의 문자열에 대한 equals( )의 호출결과가 true인 것과 같이, Person2클래스에서도 두 인스턴스의 name과 age가 서로 같으면 true를 반환하도록 equals( )를 오버라이딩했다. 그리고 hashCode( )는 String클래스의 hashCode( )를 이용해서 구현했다. String클래스의 hashCode( )는 잘 구현되어 있기 때문에 이를 활용하면 간단히 처리할 수 있다.

```
public int hashCode() {
    return (name+age).hashCode();
}
```

위의 코드를 JDK 8부터 추가된 java.util.Objects클래스의 hash( )를 이용해서 작성하면 아래와 같다. 이 메서드의 괄호 안에 클래스의 인스턴스 변수들을 넣으면 된다. 이전의 코드와 별반 다르지 않지만, 가능하면 아래의 코드를 쓰자.

```
public int hashCode() {
    return Objects.hash(name, age); // int hash(Object... values)
}
```

오버라이딩을 통해 작성된 hashCode( )는 다음의 세 가지 조건을 만족 시켜야 한다.

1. 실행 중인 애플리케이션 내의 동일한 객체에 대해서 여러 번 hashCode( )를 호출해도 동일한 int값을 반환해야한다. 하지만, 실행시마다 동일한 int값을 반환할 필요는 없다. (단, equals메서드의 구현에 사용된 멤버변수의 값이 바뀌지 않았다고 가정한다.)

예를 들어 Person2클래스의 equals메서드에 사용된 멤버변수 name과 age의 값이 바뀌지 않는 한, 하나의 Person2인스턴스에 대해 hashCode( )를 여러 번 호출했을 때 항상 같은 int값을 얻어야 한다.

```
Person2 p = new Person2("David", 10);
int hashCode1 = p.hashCode();
int hashCode2 = p.hashCode();
p.age = 20;
int hashCode3 = p.hashCode();
```

위의 코드에서 hashCode1의 값과 hashCode2의 값은 항상 일치해야하지만 이 두 값이 매번 실행할 때마다 반드시 같은 값일 필요는 없다. hashCode3은 equals메서드에 사용된 멤버변수 age를 변경한 후에 hashCode메서드를 호출한 결과이므로 hashCode1이나 hashCode2와 달라도 된다.

| 참고 | String클래스는 문자열의 내용으로 해시코드를 만들어 내기 때문에 내용이 같은 문자열에 대한 hashCode( )호출은 항상 동일한 해시코드를 반환한다. 반면에 Object클래스는 객체의 주소로 해시코드를 만들어 내기 때문에 실행할 때마다 해시코드값이 달라질 수 있다.

2. equals메서드를 이용한 비교에 의해서 true를 얻은 두 객체에 대해 각각 hashCode( )를 호출해서 얻은 결과는 반드시 같아야 한다.

인스턴스 p1과 p2에 대해서 equals메서드를 이용한 비교의 결과인 변수 b의 값이 true라면, hashCode1과 hashCode2의 값은 같아야 한다는 뜻이다.

```
Person2 p1 = new Person2("David", 10);
Person2 p2 = new Person2("David", 10);
boolean b = p1.equals(p2);
int hashCode1 = p1.hashCode();
int hashCode2 = p2.hashCode();
```

3. equals메서드를 호출했을 때 false를 반환하는 두 객체는 hashCode( ) 호출에 대해 같은 int값을 반환하는 경우가 있어도 괜찮지만, 해싱(hashing)을 사용하는 컬렉션의 성능을 향상시키기 위해서는 다른 int값을 반환하는 것이 좋다.

위의 코드에서 변수 b의 값이 false일지라도 hasCode1과 hashCode2의 값이 같은 경우가 발생하는 것을 허용한다. 하지만, 해시코드를 사용하는 Hashtable이나 HashMap과 같은 컬렉션의 성능을 높이기 위해서는 가능한 한 서로 다른 값을 반환하도록 hashCode( )를 잘 작성해야 한다는 뜻이다.

서로 다른 객체에 대해서 해시코드값 hasCode( )를 호출한 결과이 중복되는 경우가 많아질수록 해싱을 사용하는 Hashtable, HashMap과 같은 컬렉션의 검색속도가 떨어진다.

| 참고 | 해시코드와 해싱에 대한 보다 자세한 내용은 p.681에서 설명할 것이다.

두 객체에 대해 equals메서드를 호출한 결과가 true이면, 두 객체의 해시코드는 반드시 같아야하지만, 두 객체의 해시코드가 같다고 해서 equals메서드의 호출결과가 반드시 true이어야 하는 것은 아니다.

사용자정의 클래스를 작성할 때 equals메서드를 오버라이딩해야 한다면 hashCode( )도 클래스의 작성의도에 맞게 오버라이딩하는 것이 원칙이지만, 경우에 따라 위의 예제에서와 같이 간단히 구현하거나 생략해도 별 문제가 되지 않으므로 hashCode( )를 구현하는데 너무 부담 갖지 않았으면 한다.

마지막으로 예제 하나만 더 보고 HashSet에 대한 설명을 마무리하겠다.

▼ 예제 11-25/`HashSetEx5.java`

```java
import java.util.*;
class HashSetEx5 {
   public static void main(String args[]) {
      HashSet setA   = new HashSet();
      HashSet setB   = new HashSet();
      HashSet setHab = new HashSet();
      HashSet setKyo = new HashSet();
      HashSet setCha = new HashSet();

      setA.add("1");   setA.add("2");   setA.add("3");
      setA.add("4");   setA.add("5");
      System.out.println("A = "+setA);

      setB.add("4");   setB.add("5");   setB.add("6");
      setB.add("7");   setB.add("8");
      System.out.println("B = "+setB);

      Iterator it = setB.iterator();
      while(it.hasNext()) {
         Object tmp = it.next();
         if(setA.contains(tmp))
            setKyo.add(tmp);
      }

      it = setA.iterator();
      while(it.hasNext()) {
         Object tmp = it.next();
         if(!setB.contains(tmp))
            setCha.add(tmp);
      }

      it = setA.iterator();
      while(it.hasNext())
         setHab.add(it.next());

      it = setB.iterator();
      while(it.hasNext())
         setHab.add(it.next());

      System.out.println("A ∩ B = " + setKyo);  // 한글 ㄷ을 누르고 한자키
      System.out.println("A ∪ B = " + setHab);  // 한글 ㄷ을 누르고 한자키
      System.out.println("A - B = " + setCha);
   }
}
```

▼ 실행결과
```
A = [1, 2, 3, 4, 5]
B = [4, 5, 6, 7, 8]
A ∩ B = [4, 5]
A ∪ B = [1, 2, 3, 4, 5, 6, 7, 8]
A - B = [1, 2, 3]
```

이 예제는 두 개의 HashSet에 저장된 객체들을 비교해서 합집합, 교집합, 차집합을 구하는 방법을 보여준다. 사실 Set은 중복을 허용하지 않으므로 HashSet의 메서드를 호출하는 것만으로도 간단하게 합집합(addAll), 교집합(retainAll), 차집합(removeAll)을 구할 수 있다. 그래도 직접 작성해 보는 것이 더 도움이 될 것 같아서 만들어 보았다.

contains( )와 add( )만을 이용한 간단한 것이기 때문에 별도의 설명은 필요없을 것이다.

1.9 TreeSet

TreeSet은 이진 탐색 트리(binary search tree)라는 자료구조의 형태로 데이터를 저장하는 컬렉션 클래스이다. 이진 탐색 트리는 정렬, 검색, 범위검색(range search)에 높은 성능을 보이는 자료구조이며 TreeSet은 이진 탐색 트리의 성능을 향상시킨 '레드-블랙 트리(Red-Black tree)'로 구현되어 있다.

그리고 Set인터페이스를 구현했으므로 **중복된 데이터의 저장을 허용하지 않으며 정렬된 위치에 저장하므로 저장순서를 유지하지도 않는다.**

이진 트리(binary tree)는 링크드리스트처럼 여러 개의 노드(node)가 서로 연결된 구조로, 각 노드에 최대 2개의 노드를 연결할 수 있으며 '루트(root)'라고 불리는 하나의 노드에서부터 시작해서 계속 확장해 나갈 수 있다.

위 아래로 연결된 두 노드를 '부모-자식관계'에 있다고 하며 위의 노드를 부모 노드, 아래의 노드를 자식 노드라 한다. 부모-자식관계는 상대적인 것이며 하나의 부모 노드는 최대 두 개의 자식 노드와 연결될 수 있다.

아래의 그림에서 A는 B와 C의 부모 노드이고, B와 C는 A의 자식 노드이다.

| 참고 | 트리(tree)는 각 노드간의 연결된 모양이 나무와 같다고 해서 붙여진 이름이다.

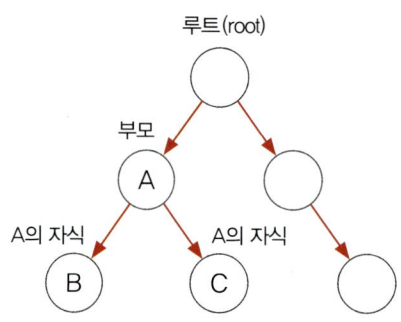

▲ 그림11-19 이진 트리(binary tree)의 예

이진 트리의 노드를 코드로 표현하면 다음과 같다.

```
class TreeNode {
    TreeNode left;        // 왼쪽 자식노드
    Object   element;     // 객체를 저장하기 위한 참조변수
    TreeNode right;       // 오른쪽 자식노드
}
```

데이터를 저장하기 위한 Object타입의 참조변수 하나와 두 개의 노드를 참조하기 위한 두 개의 참조변수를 선언했다.

이진 탐색 트리(binary search tree)는 부모노드의 왼쪽에 부모노드의 값보다 작은 값의 자식노드를 오른쪽에는 큰 값의 자식노드를 저장하는 이진 트리이다.

예를 들어 데이터를 5, 1, 7의 순서로 저장한 이진 트리의 구조는 아래와 같이 표현할 수 있다. 실제로는 오른쪽 그림과 같이 표현해야하나 앞으로 간단히 왼쪽과 같이 표현하여 설명하겠다.

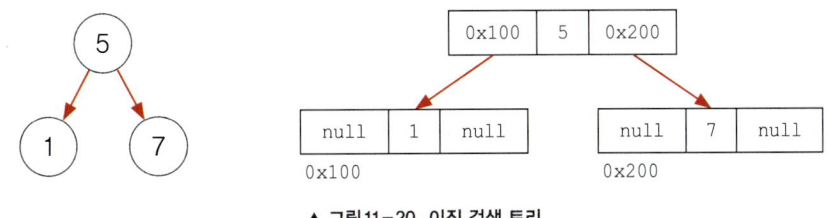

▲ 그림11-20 이진 검색 트리

예를 들어 이진 탐색 트리에 7, 4, 9, 1, 5의 순서로 값을 저장한다고 가정하면 다음과 같은 순서로 진행된다.

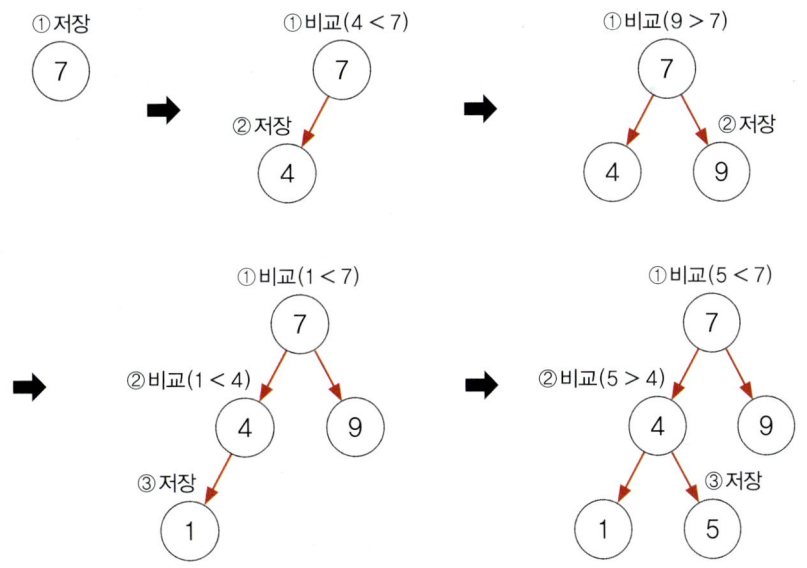

▲ 그림11-21 이진 탐색 트리에 값을 저장하는 과정

첫 번째로 저장되는 값은 루트가 되고, 두 번째 값은 트리의 루트부터 시작해서 값의 크기를 비교하면서 트리를 따라 내려간다. 작은 값은 왼쪽에 큰 값은 오른쪽에 저장한다. 이렇게 트리를 구성하면, 왼쪽 마지막 레벨이 제일 작은 값이 되고 오른쪽 마지막 레벨의 값이 제일 큰 값이 된다. 앞서 살펴본 것처럼, 컴퓨터는 알아서 값을 비교하지 못한다.

TreeSet에 저장되는 객체가 Comparable을 구현하던가 아니면, TreeSet에게 Comparator를 제공해서 두 객체를 비교할 방법을 알려줘야 한다. 그렇지 않으면, TreeSet에 객체를 저장할 때 예외가 발생한다.

왼쪽 마지막 값에서부터 오른쪽 값까지 값을 '왼쪽 노드→부모 노드→오른쪽 노드' 순으로 읽어오면 오름차순으로 정렬된 순서를 얻을 수 있다. TreeSet은 이처럼 정렬된 상태를 유지하기 때문에 단일 값 검색과 범위검색(range search), 예를 들면 3과 7사이의 범위에 있는 값을 검색,이 매우 빠르다.

저장된 값의 개수에 비례해서 검색시간이 증가하긴 하지만 값의 개수가 10배 증가해도 특정 값을 찾는데 필요한 비교횟수가 3~4번만 증가할 정도로 검색효율이 뛰어난 자료구조이다.

트리는 데이터를 순차적으로 저장하는 것이 아니라 저장위치를 찾아서 저장해야하고, 삭제하는 경우 트리의 일부를 재구성해야하므로 링크드리스트보다 데이터의 추가/삭제시간은 더 걸린다. 대신 배열이나 링크드 리스트에 비해 검색과 정렬기능이 더 뛰어나다.

> **이진 탐색 트리(binary search tree)는**
> - 모든 노드는 최대 두 개의 자식노드를 가질 수 있다.
> - 왼쪽 자식노드의 값은 부모노드의 값보다 작고 오른쪽자식노드의 값은 부모노드의 값보다 커야한다.
> - 노드의 추가 삭제에 시간이 걸린다.(순차적으로 저장하지 않으므로)
> - 검색(범위검색)과 정렬에 유리하다.
> - 중복된 값을 저장하지 못한다.

생성자 또는 메서드	설 명
TreeSet( )	기본 생성자
TreeSet(Collection c)	주어진 컬렉션을 저장하는 TreeSet을 생성
TreeSet(Comparator comp)	주어진 정렬조건으로 정렬하는 TreeSet을 생성
TreeSet(SortedSet s)	주어진 SortedSet을 구현한 컬렉션을 저장하는 TreeSet을 생성
boolean add(Object o) boolean addAll(Collection c)	지정된 객체(o) 또는 Collection(c) 의 객체들을 Collection에 추가
Object ceiling(Object o)	지정된 객체와 같은 객체를 반환. 없으면 큰 값을 가진 객체 중 제일 가까운 값의 객체를 반환. 없으면 null
void clear( )	저장된 모든 객체를 삭제한다.
Object clone( )	TreeSet을 복제하여 반환한다.
Comparator comparator( )	TreeSet의 정렬기준(Comparator)를 반환한다.
boolean contains(Object o) boolean containsAll(Collection c)	지정된 객체(o) 또는 Collection의 객체들이 포함되어 있는지 확인한다.
NavigableSet descendingSet( )	TreeSet에 저장된 요소들을 역순으로 정렬해서 반환
Object first( )	정렬된 순서에서 첫 번째 객체를 반환한다.
Object floor(Object o)	지정된 객체와 같은 객체를 반환. 없으면 작은 값을 가진 객체 중 제일 가까운 값의 객체를 반환. 없으면 null
SortedSet headSet(Object toElement)	지정된 객체보다 작은 값의 객체들을 반환한다.
NavigableSet headSet(Object toElement, boolean inclusive)	지정된 객체보다 작은 값의 객체들을 반환 inclusive가 true이면, 같은 값의 객체도 포함
Object higher(Object o)	지정된 객체보다 큰 값을 가진 객체 중 제일 가까운 값의 객체를 반환. 없으면 null

boolean isEmpty()	TreeSet이 비어있는지 확인한다.
Iterator iterator()	TreeSet의 Iterator를 반환한다.
Object last()	정렬된 순서에서 마지막 객체를 반환한다.
Object lower(Object o)	지정된 객체보다 작은 값을 가진 객체 중 제일 가까운 값의 객체를 반환. 없으면 null
Object pollFirst()	TreeSet의 첫번째 요소(제일 작은 값의 객체)를 반환.
Object pollLast()	TreeSet의 마지막 번째 요소(제일 큰 값의 객체)를 반환.
boolean remove(Object o)	지정된 객체를 삭제한다.
boolean retainAll(Collection c)	주어진 컬렉션과 공통된 요소만을 남기고 삭제한다.(교집합)
int size()	저장된 객체의 개수를 반환한다.
Spliterator spliterator()	TreeSet의 spliterator를 반환
SortedSet subSet(Object fromElement, Object toElement)	범위 검색(fromElement와 toElement사이)의 결과를 반환한다.(끝 범위인 toElement는 범위에 포함되지 않음)
NavigableSet⟨E⟩ subSet(E fromElement, boolean fromInclusive, E toElement, boolean toInclusive)	범위 검색(fromElement와 toElement사이)의 결과를 반환한다.(fromInclusize가 true면 시작값이 포함되고, toInclusive가 true면 끝값이 포함된다.)
SortedSet tailSet(Object fromElement)	지정된 객체보다 큰 값의 객체들을 반환한다.
Object[] toArray()	저장된 객체를 객체배열로 반환한다.
Object[] toArray(Object[] a)	저장된 객체를 주어진 객체배열에 저장하여 반환한다.

▲ 표11-16 TreeSet의 생성자와 메서드

▼ 예제 11-26/`TreeSetLotto.java`

```
import java.util.*;

class TreeSetLotto {
    public static void main(String[] args) {
        Set set = new TreeSet();

        for (int i = 0; set.size() < 6 ; i++) {
            int num = (int)(Math.random()*45) + 1;
            set.add(num);  // set.add(new Integer(num));
        }

        System.out.println(set);
    }
}
```

▼ 실행결과
```
[5, 12, 24, 26, 33, 45]
```

이전의 예제11-21 HashSetLotto.java를 TreeSet을 사용해서 바꾸었다. 이전 예제와는 달리 정렬하는 코드가 빠져 있는데, TreeSet은 저장할 때 이미 정렬하기 때문에 읽어올 때 따로 정렬할 필요가 없기 때문이다.

| 참고 | Math.random()을 이용했기 때문에 실행할 때마다 결과가 달라진다.

▼ 예제 11-27/`TreeSetEx.java`

```java
import java.util.*;
class TreeSetEx {
   public static void main(String[] args) {
      TreeSet set = new TreeSet();

      String from = "b";
      String to   = "d";

      set.add("abc");       set.add("alien");     set.add("bat");
      set.add("car");       set.add("Car");       set.add("disc");
      set.add("dance");     set.add("dZZZZ");     set.add("dzzzz");
      set.add("elephant");  set.add("elevator");  set.add("fan");
      set.add("flower");

      System.out.println(set);
      System.out.println("range search : from " + from +" to "+ to);
      System.out.println("result1 : " + set.subSet(from, to));
      System.out.println("result2 : " + set.subSet(from, to + "zzz"));
   }
}
```

▼ 실행결과

```
[Car, abc, alien, bat, car, dZZZZ, dance, disc, dzzzz, elephant, elevator, fan, flower]
range search : from b to d
result1 : [bat, car]
result2 : [bat, car, dZZZZ, dance, disc]
```

subSet()을 이용해서 범위검색(range search)할 때 시작범위는 포함되지만 끝 범위는 포함되지 않으므로 result1에는 c로 시작하는 단어까지만 검색결과에 포함되어 있다.

만일 끝 범위인 d로 시작하는 단어까지 포함시키고자 한다면, 아래와 같이 끝 범위에 'zzz'와 같은 문자열을 붙이면 된다.

```
System.out.println("result2 : " + set.subSet(from, to + "zzz"));
```

d로 시작하는 단어 중에서 'dzzz' 다음에 오는 단어는 없을 것이기 때문에 d로 시작하는 모든 단어들이 포함될 것이다.

결과를 보면 'abc'보다 'Car'가 앞에 있고 'dZZZZ'가 'dance' 보다 앞에 정렬되어 있는 것을 알 수 있다. 대문자가 소문자보다 우선하기 때문에 대소문자가 섞여 있는 경우 의도한 것과는 다른 범위검색결과를 얻을 수 있다.

그래서 가능하면 대문자 또는 소문자로 통일해서 저장하는 것이 좋다.

| 참고 | 반드시 대소문자가 섞여 있어야 하거나 다른 방식으로 정렬해야하는 경우 Comparator를 이용하면 된다.

문자열의 경우 정렬순서는 문자의 코드값이 기준이 되므로, 오름차순 정렬의 경우 코드값의 크기가 작은 순서에서 큰 순서, 즉 공백, 숫자, 대문자, 소문자 순으로 정렬되고 내림차순의 경우 그 반대가 된다. 다음의 예제를 통해서 이를 확인하고 잘 기억해 두자.

▼ 예제 11-28/AsciiPrint.java

```java
class AsciiPrint{
    public static void main(String[] args) {
        char ch = ' ';
        // 공백(' ')이후의 문자들을 출력한다.
        for(int i=0; i < 95; i++)
            System.out.print(ch++);
    }
}
```

▼ 실행결과
```
 !"#$%&'()*+,-./0123456789:;<=>?@ABC
DEFGHIJKLMNOPQRSTUVWXYZ[\]^_`abcdefghi
jk lmnopqrstuvwxyz{|}~
```

| 참고 | 출력된 실행결과의 첫 번째 문자는 공백문자이다.

▼ 예제 11-29/TreeSetEx2.java

```java
import java.util.*;

class TreeSetEx2 {
    public static void main(String[] args) {
        TreeSet set = new TreeSet();
        int[] score = {80, 95, 50, 35, 45, 65, 10, 100};

        for(int i=0; i < score.length; i++)
            set.add(score[i]);

        System.out.println("50보다 작은 값 :" + set.headSet(new Integer(50)));
        System.out.println("50보다 큰 값 :" + set.tailSet(new Integer(50)));
    }
}
```

▼ 실행결과
```
50보다 작은 값 :[10, 35, 45]
50보다 큰 값 :[50, 65, 80, 95, 100]
```

headSet메서드와 tailSet메서드를 이용하면, TreeSet에 저장된 객체 중 지정된 기준 값보다 큰 값의 객체들과 작은 값의 객체들을 얻을 수 있다.

예제에 사용된 값들로 이진 탐색 트리를 구성해 보면 다음 그림과 같다.

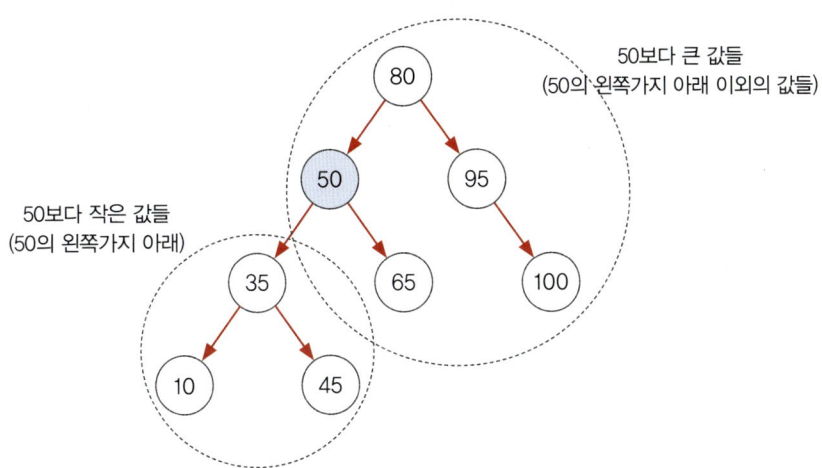

▲ 그림 11-22 예제 11-29에 사용된 데이터로 구성한 이진 검색 트리

위의 그림을 보면 50이 저장된 노드의 왼쪽노드와 그 아래 연결된 모든 노드의 값은 50보다 작고, 나머지 다른 노드의 값들은 50보다 같거나 크다는 것을 알 수 있다.

1.10 HashMap과 Hashtable

Hashtable과 HashMap의 관계는 Vector와 ArrayList의 관계와 같아서 Hashtable보다는 새로운 버전인 HashMap을 사용할 것을 권한다. 여기서는 HashMap대해서만 설명하도록 하겠다.

HashMap은 Map을 구현했으므로 앞에서 살펴본 Map의 특징, 키(key)와 값(value)을 묶어서 하나의 데이터(entry)로 저장한다는 특징을 갖는다. 그리고 해싱(hashing)을 사용하기 때문에 많은 양의 데이터를 검색하는데 있어서 뛰어난 성능을 보인다.

아래는 HashMap의 실제 코드인데, 이해하기 쉽게 JDK 7의 것을 사용했다.

```
public class HashMap extends AbstractMap implements Map, Cloneable,
    Serializable
{
    transient Entry[] table;
        ...
    static class Entry implements Map.Entry {
        final Object key;
        Object value;
            ...
    }
}
```

HashMap은 Entry라는 내부 클래스를 정의하고, 다시 Entry타입의 배열을 선언하고 있다. 키(key)와 값(value)은 별개의 값이 아니라 서로 관련된 값이기 때문에 각각의 배열로 선언하기 보다는 하나의 클래스로 정의해서 하나의 배열로 다루는 것이 데이터의 무결성(integrity)적인 측면에서 더 바람직하기 때문이다.

비객체지향적인 코드	객체지향적인 코드

Object[] key;
Object[] value;
	Entry[] table;
	class Entry {
	  Object key;
	  Object value;
	}

▲ 표 11-17 비객체지향적인 코드와 객체지향적인 코드의 비교

| 참고 | Map.Entry는 Map인터페이스에 정의된 'static inner interface'이다.

HashMap은 키와 값을 각각 Object타입으로 저장한다. 즉 (Object, Object)의 형태로 저장하기 때문에 어떠한 객체도 저장할 수 있지만 키는 주로 String을 대문자 또는 소문자로 통일해서 사용하곤 한다.

> **키(key)** 컬렉션 내의 키(key) 중에서 유일해야 한다.
> **값(value)** 키(key)와 달리 데이터의 중복을 허용한다.

키는 저장된 값을 찾는데 사용되는 것이기 때문에 컬렉션 내에서 유일(unique)해야 한다. 즉, HashMap에 저장된 데이터를 하나의 키로 검색했을 때 결과가 단 하나이어야 함을 뜻한다. 만일 하나의 키에 대해 여러 검색결과 값을 얻는다면 원하는 값이 어떤 것인지 알 수 없기 때문이다.

예를 들어 사용자ID가 키(key)로, 비밀번호가 값(value)으로 연결되어 저장된 데이터집합이 있다고 가정하자. 로그인 시에 비밀번호를 확인하기 위해서 입력된 사용자ID에 대한 비밀번호를 검색했을 때, 단 하나의 결과를 얻어야만 올바른 비밀번호를 입력했는지 확인이 가능할 것이다. 만일 하나의 사용자ID에 대해서 두 개 이상의 비밀번호를 얻는다면 어떤 비밀번호가 맞는 것인지 알 수 없다.

생성자 / 메서드	설명
HashMap()	HashMap객체를 생성
HashMap(int initialCapacity)	지정된 값을 초기용량으로 하는 HashMap객체를 생성
HashMap(int initialCapacity, float loadFactor)	지정된 초기용량과 load factor의 HashMap객체를 생성
HashMap(Map m)	지정된 Map의 모든 요소를 포함하는 HashMap을 생성
void clear()	HashMap에 저장된 모든 객체를 제거
Object clone()	현재 HashMap을 복제해서 반환
boolean containsKey(Object key)	HashMap에 지정된 키(key)가 포함되어있는지 알려준다.(포함되어 있으면 true)
boolean containsValue(Object value)	HashMap에 지정된 값(value)가 포함되어있는지 알려준다.(포함되어 있으면 true)
Set entrySet()	HashMap에 저장된 키와 값을 엔트리(키와 값의 결합)의 형태로 Set에 저장해서 반환
Object get(Object key)	지정된 키(key)의 값(객체)을 반환. 못찾으면 null 반환
Object getOrDefault(Object key, Object defaultValue)	지정된 키(key)의 값(객체)을 반환한다. 키를 못찾으면, 기본값(defaultValue)로 지정된 객체를 반환
boolean isEmpty()	HashMap이 비어있는지 알려준다.
Set keySet()	HashMap에 저장된 모든 키가 저장된 Set을 반환
Object put(Object key, Object value)	지정된 키와 값을 HashMap에 저장
void putAll(Map m)	Map에 저장된 모든 요소를 HashMap에 저장
Object remove(Object key)	HashMap에서 지정된 키로 저장된 값(객체)를 제거
Object replace(Object key, Object value)	지정된 키의 값을 지정된 객체(value)로 대체
boolean replace(Object key, Object oldValue, Object newValue)	지정된 키와 객체(oldValue)가 모두 일치하는 경우에만 새로운 객체(newValue)로 대체
int size()	HashMap에 저장된 요소의 개수를 반환
Collection values()	HashMap에 저장된 모든 값을 컬렉션의 형태로 반환

▲ 표11-18 HashMap의 생성자와 메서드

| 참고 | JDK 8부터 새로 추가된 메서드 중 람다와 스트림에 관련된 것들은 표11-18에서 제외됨.

▼ 예제 11-30/`HashMapEx.java`

```java
import java.util.*;

class HashMapEx {
    public static void main(String[] args) {
        HashMap map = new HashMap();
        map.put("myId", "1234");
        map.put("asdf", "1111");
        map.put("asdf", "1234");

        Scanner s = new Scanner(System.in);    // 화면으로부터 라인단위로 입력받는다.

        while(true) {
            System.out.println("id와 password를 입력해주세요.");
            System.out.print("id :");
            String id = s.nextLine().trim();

            System.out.print("password :");
            String password = s.nextLine().trim();
            System.out.println();

            if(!map.containsKey(id)) {
                System.out.println("입력하신 id는 존재하지 않습니다."
                                    + " 다시 입력해주세요.");
                continue;
            }

            if(!(map.get(id)).equals(password)) {
                System.out.println("비밀번호가 일치하지 않습니다. 다시 입력해주세요.");
            } else {
                System.out.println("id와 비밀번호가 일치합니다.");
                break;
            }
        } // while
    } // main의 끝
}
```

▼ 실행결과

```
c:\...\ch11>java HashMapEx1
id와 password를 입력해주세요.
id :asdf
password :1111

비밀번호가 일치하지 않습니다. 다시 입력해주세요.
id와 password를 입력해주세요.
id :asdf
password :1234

id와 비밀번호가 일치합니다.

c:\...\ch11>
```

HashMap을 생성하고 사용자ID와 비밀번호를 키와 값의 쌍(pair)으로 저장한 다음, 입력된 사용자ID를 키로 HashMap에서 검색해서 얻은 값(비밀번호)을 입력된 비밀번호와 비교하는 예제이다.

```
HashMap map = new HashMap();
map.put("myId", "1234");
map.put("asdf", "1111");
map.put("asdf", "1234");
```

위의 코드는 HashMap을 생성하고 데이터를 저장하는 부분인데 이 코드가 실행되고 나면 HashMap에는 아래와 같은 형태로 데이터가 저장된다.

키(key)	값(value)
myId	1234
asdf	1234

3개의 데이터 쌍을 저장했지만 실제로는 2개 밖에 저장되지 않은 이유는 중복된 키가 있기 때문이다. 세 번째로 저장한 데이터의 키인 'asdf'는 이미 존재하기 때문에 새로 추가되는 대신 기존의 값을 덮어썼다. 그래서 키 'asdf'에 연결된 값은 '1234'가 된다.

Map은 값은 중복을 허용하지만 키는 중복을 허용하지 않기 때문에 저장하려는 두 데이터 중에서 어느 쪽을 키로 할 것인지를 잘 결정해야한다.

| 참고 | Hashtable은 키(key)나 값(value)으로 null을 허용하지 않지만, HashMap은 허용한다. 그래서 'map.put(null, null);'이나 'map.get(null);'과 같이 할 수 있다.

▼ 예제 11-31/**HashMapEx2.java**

```
import java.util.*;

class HashMapEx2 {
    public static void main(String[] args) {
        HashMap map = new HashMap();
        map.put("김자바", 100);
        map.put("이자바", 100);
        map.put("강자바", 80);
        map.put("안자바", 90);

        Set set = map.entrySet();
        Iterator it = set.iterator();

        while(it.hasNext()) {
            Map.Entry e = (Map.Entry)it.next();
            System.out.println("이름 : "+ e.getKey()
                                + ", 점수 : " + e.getValue());
        }

        set = map.keySet();
        System.out.println("참가자 명단 : " + set);

        Collection values = map.values();
        it = values.iterator();

        int total = 0;
```

```
        while(it.hasNext()) {
            Integer i = (Integer)it.next();
            total += i.intValue();
        }

        System.out.println("총점 : " + total);
        System.out.println("평균 : " + (float)total/set.size());
        System.out.println("최고점수 : " + Collections.max(values));
        System.out.println("최저점수 : " + Collections.min(values));
    }
}
```

▼ 실행결과

```
이름 : 안자바, 점수 : 90
이름 : 김자바, 점수 : 100
이름 : 강자바, 점수 : 80
이름 : 이자바, 점수 : 100
참가자 명단 : [안자바, 김자바, 강자바, 이자바]
총점 : 370
평균 : 92.5
최고점수 : 100
최저점수 : 80
```

HashMap의 기본적인 메서드를 이용해서 데이터를 저장하고 읽어오는 예제이다. entry Set( )을 이용해서 키와 값을 함께 읽어 올 수도 있고 keySet( )이나 values( )를 이용해서 키와 값을 따로 읽어 올 수 있다. 간단한 예제이니 더 이상의 설명은 필요 없을 것 같다.

▼ 예제 11-32/**HashMapEx3.java**

```java
import java.util.*;

class HashMapEx3 {
    static HashMap phoneBook = new HashMap();

    public static void main(String[] args) {
        addPhoneNo("친구", "이자바", "010-111-1111");
        addPhoneNo("친구", "김자바", "010-222-2222");
        addPhoneNo("친구", "김자바", "010-333-3333");
        addPhoneNo("회사", "김대리", "010-444-4444");
        addPhoneNo("회사", "김대리", "010-555-5555");
        addPhoneNo("회사", "박대리", "010-666-6666");
        addPhoneNo("회사", "이과장", "010-777-7777");
        addPhoneNo("세탁", "010-888-8888");

        printList();
    } // main

    // 그룹에 전화번호를 추가하는 메서드
    static void addPhoneNo(String groupName, String name, String tel) {
        addGroup(groupName);
        HashMap group = (HashMap)phoneBook.get(groupName);
        group.put(tel, name);        // 이름은 중복될 수 있으니 전화번호를 key로 저장한다.
    }
```

```java
    // 그룹을 추가하는 메서드
    static void addGroup(String groupName) {
        if(!phoneBook.containsKey(groupName))
            phoneBook.put(groupName, new HashMap());
    }

    static void addPhoneNo(String name, String tel) {
        addPhoneNo("기타", name, tel);
    }

    // 전화번호부 전체를 출력하는 메서드
    static void printList() {
        Set set = phoneBook.entrySet();
        Iterator it = set.iterator();

        while(it.hasNext()) {
            Map.Entry e = (Map.Entry)it.next();

            Set subSet = ((HashMap)e.getValue()).entrySet();
            Iterator subIt = subSet.iterator();

            System.out.println(" * "+e.getKey()+"["+subSet.size()+"]");

            while(subIt.hasNext()) {
                Map.Entry subE = (Map.Entry)subIt.next();
                String telNo = (String)subE.getKey();
                String name  = (String)subE.getValue();
                System.out.println(name + " " + telNo );
            }
            System.out.println();
        }
    } // printList()
} // class
```

▼ 실행결과

```
 * 기타[1]
세탁  010-888-8888

 * 친구[3]
이자바 010-111-1111
김자바 010-222-2222
김자바 010-333-3333

 * 회사[4]
이과장 010-777-7777
김대리 010-444-4444
김대리 010-555-5555
박대리 010-666-6666
```

HashMap은 데이터를 키와 값을 모두 Object타입으로 저장하기 때문에 HashMap의 값 (value)으로 HashMap을 다시 저장할 수 있다. 이렇게 함으로써 하나의 키에 다시 복수의 데이터를 저장할 수 있다.

먼저 전화번호를 저장할 그룹을 만들고 그룹 안에 다시 이름과 전화번호를 저장하도록 했다. 이때 이름대신 전화번호를 키로 사용했다는 것을 확인하자. 이름은 동명이인이 있을 수 있지만 전화번호는 유일하기 때문이다.

| 참고 | 배열의 배열인 2차원 배열과 비교해보면 이해하기 쉬울 것이다.

▼ 예제 11-33/**HashMapEx4.java**

```java
import java.util.*;
class HashMapEx4 {
    public static void main(String[] args) {
        String[] data = { "A","K","A","K","D","K","A","K","K","K","Z","D" };
        HashMap map = new HashMap();

        for(int i=0; i < data.length; i++) {
            if(map.containsKey(data[i])) {
                Integer value = (Integer)map.get(data[i]);
                map.put(data[i], value + 1);
            } else {
                map.put(data[i], 1);
            }
        }

        Iterator it = map.entrySet().iterator();

        while(it.hasNext()) {
            Map.Entry entry = (Map.Entry)it.next();
            int value = (Integer)entry.getValue();
            System.out.println(entry.getKey() + " : "
                            + printBar('#', value) + " " + value );
        }
    } // main

    public static String printBar(char ch, int value) {
        char[] bar = new char[value];

        for(int i=0; i < bar.length; i++)
            bar[i] = ch;

        return new String(bar); // String(char[] chArr)
    }
}
```

▼ 실행결과
```
A : ### 3
D : ## 2
Z : # 1
K : ###### 6
```

문자열 배열에 담긴 문자열을 하나씩 읽어서 HashMap에 키로 저장하고 값으로 1을 저장한다. HashMap에 같은 문자열이 키로 저장되어 있는지 containsKey()로 확인하여 이미 저장되어 있는 문자열이면 값을 1증가시킨다.

그리고 그 결과를 printBar()를 이용해서 그래프로 표현했다. 이렇게 하면 문자열 배열에 담긴 문자열들의 빈도수를 구할 수 있다.

한정된 범위 내에 있는 순차적인 값들의 빈도수는 배열을 이용하지만, 이처럼 한정되지 않은 범위의 비순차적인 값들의 빈도수는 HashMap을 이용해서 구할 수 있다.

| 참고 | 결과를 통해 HashMap과 같이 해싱을 구현한 컬렉션 클래스들은 저장순서를 유지하지 않는다는 것을 명심하자

HashMap대한 설명은 이쯤에서 마무리하기로 하고 HashMap과 HashSet 등에 사용되는 해싱(hashing)에 대해서 알아보도록 하자.

해싱과 해시함수

해싱이란 해시함수(hash function)를 이용해서 데이터를 해시테이블(hash table)에 저장하고 검색하는 기법을 말한다. 해시함수는 데이터가 저장되어 있는 곳을 알려 주기 때문에 다량의 데이터 중에서도 원하는 데이터를 빠르게 찾을 수 있다.

해싱을 구현한 컬렉션 클래스로는 HashSet, HashMap, Hashtable 등이 있다. Hashtable은 컬렉션 프레임웍이 도입되면서 HashMap으로 대체되었으나 이전 소스와의 호환성 문제로 남겨 두고 있다. 가능하면 Hashtable대신 HashMap을 사용하도록 하자.

해싱에서 사용하는 자료구조는 다음과 같이 배열과 링크드 리스트의 조합으로 되어 있다.

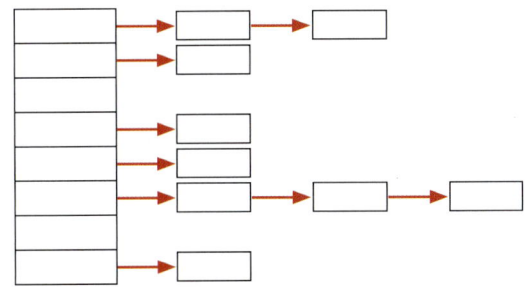

▲ 그림 11-23 배열과 링크드 리스트의 조합

저장할 데이터의 키를 해시함수에 넣으면 배열의 한 요소를 얻게 되고, 다시 그 곳에 연결되어 있는 링크드 리스트에 저장하게 된다.

이해를 돕기 위해 실생활에 비유한 예를 하나 들어보겠다. 한 간호사가 많은 환자들의 데이터 중에서, 원하는 환자의 데이터를 쉽게 찾을 수 있는 방법이 없을까를 고민하다가 주민등록번호의 맨 앞자리인 생년을 기준으로 데이터를 분류해서 10개의 서랍(배열)에 나눠 담는 방법을 생각해냈다. 예를 들면 71년생, 72년생과 같은 70년대생 환자들의 데이터는 같은 서랍에 저장된다.

이렇게 분류해서 저장해두면 환자의 주민번호로 태어난 년대를 계산해서 어느 서랍에서 찾아야 할지를 쉽게 알 수 있다.

| 참고 | 동명이인이 있을 수 있기 때문에 이름보다는 주민등록번호를 키로 사용한다.

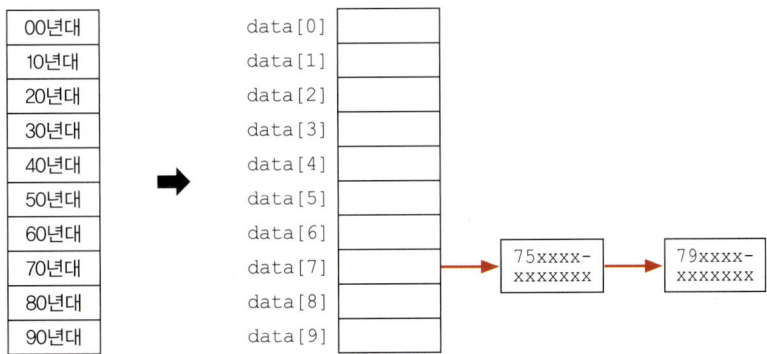

▲ 그림 11-24 HashMap에 저장된 데이터를 찾는 과정

여기서 서랍은 해싱에 사용되는 자료구조 중 배열의 각 요소를 의미하며, 배열의 각 요소에는 링크드 리스트가 저장되어 있어서 실제 데이터는 링크드 리스트에 담겨지게 된다.

아래 그림은 79년생 환자의 주민번호를 키로 해시함수를 통해 7이라는 해시코드를 얻은 다음, 배열의 7번째 요소에 저장된 링크드 리스트에서 원하는 데이터를 검색하는 과정을 표현한 것이다.

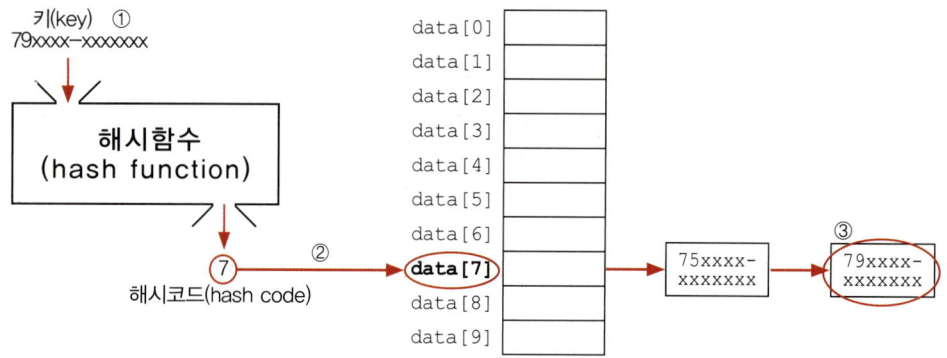

▲ 그림11-25 HashMap에 저장된 데이터를 찾는 과정

① 검색하고자 하는 값의 키로 해시함수를 호출한다.
② 해시함수의 계산결과(해시코드)로 해당 값이 저장되어 있는 링크드 리스트를 찾는다.
③ 링크드 리스트에서 검색한 키와 일치하는 데이터를 찾는다.

이미 배운 바와 같이 링크드 리스트는 검색에 불리한 자료구조이기 때문에 링크드 리스트의 크기가 커질수록 검색속도가 떨어지게 된다. 이는 하나의 서랍에 데이터의 수가 많을수록 검색에 시간이 더 걸리는 것과 같다.

반면에 배열은 배열의 크기가 커져도, 원하는 요소가 몇 번째에 있는 지만 알면 아래의 공식에 의해서 빠르게 원하는 값을 찾을 수 있다.

> 배열의 인덱스가 n인 요소의 주소 = 배열의 시작주소 + type의 size * n

그래서 실생활과는 맞지 않지만, 하나의 서랍에 많은 데이터가 저장되어 있는 형태보다는 많은 서랍에 하나의 데이터만 저장되어 있는 형태가 더 빠른 검색결과를 얻을 수 있다.

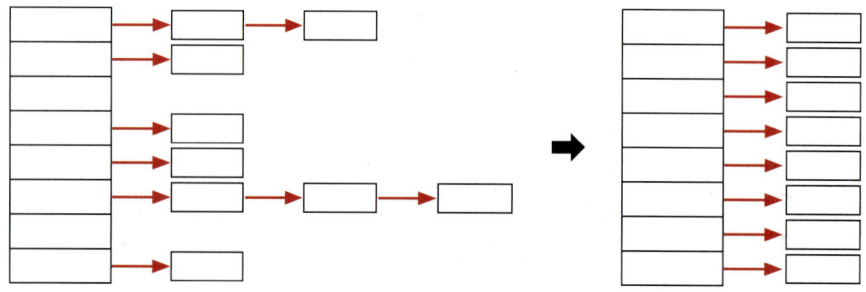

▲ 그림11-26 해시코드의 성능이 좋지 않은 경우(왼쪽)와 성능이 좋은 경우(오른쪽)

하나의 링크드 리스트(서랍)에 최소한의 데이터만 저장되려면, 저장될 데이터의 크기를 고려해서 HashMap의 크기를 적절하게 지정해주어야 하고, 해시함수가 서로 다른 키(주민번호)에 대해서 중복된 해시코드(서랍위치)의 반환을 최소화해야 한다. 그래야 HashMap에서 빠른 검색시간을 얻을 수 있다.

그래서 해싱을 구현하는 과정에서 제일 중요한 것은 해시함수의 알고리즘이며, 이 예에서 사용된 해시함수의 알고리즘은 주어진 키(주민번호)의 첫 번째 문자를 뽑아서 정수로 반환하기만 하면 되므로 아래와 같이 코드로 표현할 수 있다.

```
int hashFunction(String key) {
    return Integer.parseInt(key.substring(0,1);
}
```

알고리즘이 간단한 만큼 성능은 좋지 않아서 서로 다른 키에 대해서 중복된 해시코드를 반환하는 경우가 많다.

실제로는 HashMap과 같이 해싱을 구현한 컬렉션 클래스에서는 Object클래스에 정의된 hashCode( )를 해시함수로 사용한다. Object클래스에 정의된 hashCode( )는 객체의 주소를 이용하는 알고리즘으로 해시코드를 만들어 내기 때문에 모든 객체에 대해 hashCode( )를 호출한 결과가 서로 유일한 훌륭한 방법이다.

String클래스의 경우 Object로부터 상속받은 hashCode( )를 오버라이딩해서 문자열의 내용으로 해시코드를 만들어 낸다. 그래서 서로 다른 String인스턴스일지라도 같은 내용의 문자열을 가졌다면 hashCode( )를 호출하면 같은 해시코드를 얻는다.

HashSet에서 이미 설명했던 것과 같이 서로 다른 두 객체에 대해 equals( )로 비교한 결과가 true인 동시에 hashCode( )의 반환값이 같아야 같은 객체로 인식한다. HashMap에서도 같은 방법으로 객체를 구별하며, 이미 존재하는 키에 대한 값을 저장하면 기존의 값을 새로운 값으로 덮어쓴다.

그래서 새로운 클래스를 정의할 때 equals( )를 재정의오버라이딩해야 한다면 hashCode( )도 같이 재정의해서 equals( )의 결과가 true인 두 객체의 해시코드hashCode( )의 결과값이 항상 같도록 해주어야 한다.

그렇지 않으면 HashMap과 같이 해싱을 구현한 컬렉션 클래스에서는 equal( )의 호출결과가 true지만 해시코드가 다른 두 객체를 서로 다른 것으로 인식하고 따로 저장할 것이다.

| 참고 | equals( )로 비교한 결과가 false이고 해시코드가 같은 경우는 같은 링크드 리스트(서랍)에 저장된 서로 다른 두 데이터가 된다.

1.11 TreeMap

TreeMap은 이름에서 알 수 있듯이 이진검색트리의 형태로 키와 값의 쌍으로 이루어진 데이터를 저장한다. 그래서 검색과 정렬에 적합한 컬렉션 클래스이다.

이진 검색 트리와 Map에 대해서는 이미 충분히 설명했기 때문에 더 이상의 설명은 필요 없으리라 생각한다. 한가지 설명할 것이 있다면 HashMap과 TreeMap의 검색성능에 관한 것인데, 검색에 관한한 대부분의 경우에서 HashMap이 TreeMap보다 더 뛰어나므로 HashMap을 사용하는 것이 좋다. 다만 범위검색이나 정렬이 필요한 경우에는 TreeMap을 사용하자.

메서드	설명
TreeMap( )	TreeMap객체를 생성
TreeMap(Comparator c)	지정된 Comparator를 기준으로 정렬하는 TreeMap객체를 생성
TreeMap(Map m)	주어진 Map에 저장된 모든 요소를 포함하는 TreeMap을 생성
TreeMap(SortedMap m)	주어진 SortedMap에 저장된 모든 요소를 포함하는 TreeMap을 생성
Map.Entry ceilingEntry(Object key)	지정된 key와 일치하거나 큰 중 제일 작은 것의 키와 값의 쌍(Map.Entry)를 반환. 없으면 null을 반환
Object ceilingKey(Object key)	지정된 key와 일치하거나 큰 것중 제일 작은 것의 키를 반환. 없으면 null을 반환
void clear( )	TreeMap에 저장된 모든 객체를 제거
Object clone( )	현재 TreeMap을 복제해서 반환
Comparator comparator( )	TreeMap의 정렬기준이 되는 Comparator를 반환 Comparator가 지정되지 않았다면 null을 반환
boolean containsKey(Object key)	TreeMap에 지정된 키(key)가 포함되어있는지 알려줌 (포함되어 있으면 true)
boolean containsValue(Object value)	TreeMap에 지정된 값(value)가 포함되어있는지 알려줌 (포함되어 있으면 true)
NavigableSet descendingKeySet( )	TreeMap에 저장된 키를 역순으로 정렬해서 NavigableSet에 담아서 반환
Set entrySet( )	TreeMap에 저장된 키와 값을 엔트리(키와 값의 결합)의 형태로 Set에 저장해서 반환
Map.Entry firstEntry( )	TreeMap에 저장된 첫번째 (가장 작은) 키와 값의 쌍(Map.Entry)을 반환
Object firstKey( )	TreeMap에 저장된 첫번째 (가장 작은) 키를 반환
Map.Entry floorEntry(Object key)	지정된 key와 일치하거나 작은 것 중에서 제일 큰 키의 쌍(Map.Entry)을 반환. 없으면 null을 반환
Object floorKey(Object key)	지정된 key와 일치하거나 작은 것 중에서 제일 큰 키를 반환. 없으면 null을 반환
Object get(Object key)	지정된 키(key)의 값(객체)을 반환
SortedMap headMap(Object toKey)	TreeMap에 저장된 첫번째 요소부터 지정된 범위에 속한 모든 요소가 담긴 SortedMap을 반환(toKey는 미포함)

메서드	설명
NavigableMap headMap(Object toKey, boolean inclusive)	TreeMap에 저장된 첫번째 요소부터 지정된 범위에 속한 모든 요소가 담긴 SortedMap을 반환. inclusive의 값이 true면 toKey도 포함
Map.Entry higherEntry(Object key)	지정된 key보다 큰 키 중에서 제일 작은 키의 쌍(Map.Entry)을 반환. 없으면 null을 반환
Object higherKey(Object key)	지정된 key보다 큰 키 중에서 제일 작은 키의 쌍(Map.Entry)를 반환. 없으면 null을 반환
boolean isEmpty()	TreeMap이 비어있는지 알려준다.
Set keySet()	TreeMap에 저장된 모든 키가 저장된 Set을 반환
Map.Entry lastEntry()	TreeMap에 저장된 마지막 키(가장 큰 키)의 쌍을 반환
Object lastKey()	TreeMap에 저장된 마지막 키(가장 큰 키)를 반환
Map.Entry lowerEntry(Object key)	지정된 key보다 작은 키 중에서 제일 큰 키의 쌍(Map.Entry)을 반환. 없으면 null을 반환
Object lowerKey(Object key)	지정된 key보다 작은 키 중에서 제일 큰 키의 쌍(Map.Entry)를 반환. 없으면 null을 반환
NavigableSet navigableKeySet()	TreeMap의 모든 키가 담긴 NavigableSet을 반환
Map.Entry pollFirstEntry()	TreeMap에서 제일 작은 키를 제거하면서 반환
Map.Entry pollLastEntry()	TreeMap에서 제일 큰 키를 제거하면서 반환
Object put(Object key, Object value)	지정된 키와 값을 TreeMap에 저장
void putAll(Map map)	Map에 저장된 모든 요소를 TreeMap에 저장
Object remove(Object key)	TreeMap에서 지정된 키로 저장된 값(객체)를 제거
Object replace(Object k, Object v)	기존의 키(k)의 값을 지정된 값(v)으로 변경.
boolean replace(Object key, Object oldValue, Object newValue)	기존의 키(k)의 값을 새로운 값(newValue)으로 변경 단, 기존의 값과 지정된 값(oldValue)가 일치해야함
int size()	TreeMap에 저장된 요소의 개수를 반환
NavigableMap subMap(Object fromKey, boolean fromInclusive, Object toKey, boolean toInclusive)	지정된 두개의 키 사이에 있는 모든 요소들이 담긴 NavagableMap을 반환. fromInclusive가 true면 범위에 fromKey포함. toInclusive가 true면 범위에 toKey포함
SortedMap subMap(Object fromKey, Object toKey)	지정된 두 개의 키 사이에 있는 모든 요소들이 담긴 SortedMap을 반환(toKey는 포함되지 않는다.)
SortedMap tailMap(Object fromKey)	지정된 키부터 마지막 요소의 범위에 속한 요소가 담긴 SortedMap을 반환
NavigableMap tailMap(Object fromKey, boolean inclusive)	지정된 키부터 마지막 요소의 범위에 속한 요소가 담긴 NavigableMap을 반환. inclusive가 true면 fromKey포함
Collection values()	TreeMap에 저장된 모든 값을 컬렉션의 형태로 반환

▲ 표11-19 TreeMap의 생성자와 메서드

| 참고 | JDK 8부터 새로 추가된 메서드 중 람다와 스트림에 관련된 것들은 제외됨

▼ 예제 11-34/**TreeMapEx.java**

```java
import java.util.*;

class TreeMapEx {
    public static void main(String[] args) {
        String[] data = { "A","K","A","K","D","K","A","K","K","K","Z","D" };

        TreeMap map = new TreeMap();

        for(int i=0; i < data.length; i++) {
            if(map.containsKey(data[i])) {
                Integer value = (Integer)map.get(data[i]);
                map.put(data[i], value + 1);
            } else {
                map.put(data[i], 1);
            }
        }

        Iterator it = map.entrySet().iterator();

        System.out.println("= 기본정렬 =");
        while(it.hasNext()) {
            Map.Entry entry = (Map.Entry)it.next();
            int value = (Integer)entry.getValue();
            System.out.println(entry.getKey() + " : " + printBar('#', value)
                                                    + " " + value );
        }
        System.out.println();

        // map을 ArrayList로 변환한 다음에 Collectons.sort()로 정렬
        Set  set  = map.entrySet();
        List list = new ArrayList(set); // ArrayList(Collection c)

        // static void sort(List list, Comparator c)
        Collections.sort(list, new ValueComparator());

        it = list.iterator();

        System.out.println("= 값의 크기가 큰 순서로 정렬 =");
        while(it.hasNext()) {
            Map.Entry entry = (Map.Entry)it.next();
            int value = (Integer)entry.getValue();
            System.out.println(entry.getKey() + " : " + printBar('#', value)
                                                    + " " + value );
        }

    } //    public static void main(String[] args)

    static class ValueComparator implements Comparator {
        public int compare(Object o1, Object o2) {
            if(o1 instanceof Map.Entry e1 && o2 instanceof Map.Entry e2) {
//              Map.Entry e1 = (Map.Entry)o1;
//              Map.Entry e2 = (Map.Entry)o2;

                int v1 = (Integer)e1.getValue();
                int v2 = (Integer)e2.getValue();
```

```
                    return  v2 - v1;
            }
            return -1;
        }
    } //  static class ValueComparator implements Comparator {

    public static String printBar(char ch, int value) {
        char[] bar = new char[value];

        for(int i=0; i < bar.length; i++)
            bar[i] = ch;

        return new String(bar);
    }
}
```

▼ 실행결과
```
= 기본정렬 =
A : ### 3
D : ## 2
K : ###### 6
Z : # 1

= 값의 크기가 큰 순서로 정렬 =
K : ###### 6
A : ### 3
D : ## 2
Z : # 1
```

이 예제는 예제11-33 HashMapEx4.java를 TreeMap을 이용해서 변형한 것인데 TreeMap을 사용했기 때문에 HashMapEx4.java의 결과와는 달리 키가 오름차순으로 정렬되어 있는 것을 알 수 있다. 키가 String인스턴스이기 때문에 String클래스에 정의된 정렬기준에 의해서 정렬된 것이다.

그리고 Comparator를 구현한 클래스와 Collections.sort(List list, Comparator c)를 이용해서 값에 대한 내림차순으로 정렬하는 방법을 보여 준다.

1.12 Properties

Properties는 HashMap의 구버전인 Hashtable을 상속받아 구현한 것으로, Hashtable은 키와 값을 (Object, Object)의 형태로 저장하는데 비해 Properties는 (String, String)의 형태로 저장하는 보다 단순화된 컬렉션클래스이다.

주로 애플리케이션의 환경설정과 관련된 속성(property)을 저장하는데 사용되며 데이터를 파일로부터 읽고 쓰는 편리한 기능을 제공한다. 그래서 간단한 입출력은 Properties를 활용하면 몇 줄의 코드로 쉽게 해결될 수 있다.

메서드	설명
Properties( )	Properties객체를 생성한다.
Properties(Properties defaults)	지정된 Properties에 저장된 목록을 가진 Properties 객체를 생성한다.
String getProperty(String key)	지정된 키(key)의 값(value)을 반환한다.
String getProperty(String key, String defaultValue)	지정된 키(key)의 값(value)을 반환한다. 키를 못찾으면 defaultValue를 반환한다.
void list(PrintStream out)	지정된 PrintStream에 저장된 목록을 출력한다.
void list(PrintWriter out)	지정된 PrintWriter에 저장된 목록을 출력한다.
void load(InputStream inStream)	지정된 InputStream으로부터 목록을 읽어서 저장한다.
void load(Reader reader)	지정된 Reader으로부터 목록을 읽어서 저장한다.
void loadFromXML(InputStream in)	지정된 InputStream으로부터 XML문서를 읽어서, XML문서에 저장된 목록을 읽어다 담는다.(load & store)
Enumeration propertyNames( )	목록의 모든 키(key)가 담긴 Enumeration을 반환한다.
void save(OutputStream out, String header)	deprecated되었으므로 store( )를 사용하자.
Object setProperty(String key, String value)	지정된 키와 값을 저장한다. 이미 존재하는 키(key)면 새로운 값(value)로 바뀐다.
void store(OutputStream out, String comments)	저장된 목록을 지정된 OutputStream에 출력(저장)한다. comments는 목록에 대한 주석으로 저장된다.
void store(Writer writer, String comments)	저장된 목록을 지정된 Writer에 출력(저장)한다. comments는 목록에 대한 설명(주석)으로 저장된다.
void storeToXML(OutputStream os, String comment)	저장된 목록을 지정된 출력스트림에 XML문서로 출력(저장)한다. comment는 목록에 대한 설명(주석)으로 저장된다.
void storeToXML(OutputStream os, String comment, String encoding)	저장된 목록을 지정된 출력스트림에 해당 인코딩의 XML문서로 출력(저장)한다. comment는 목록에 대한 설명(주석)으로 저장된다.
Set stringPropertyNames( )	Propertyies에 저장되어 있는 모든 키(key)를 Set에 담아서 반환한다.

▲ 표11-20 Properties의 생성자와 메서드

▼ 예제 11-35/**PropertiesEx.java**

```java
import java.util.*;

class PropertiesEx {
```

```java
public static void main(String[] args) {
    Properties prop = new Properties();

    // prop에 키와 값(key, value)을 저장한다.
    prop.setProperty("timeout","30");
    prop.setProperty("language","kr");
    prop.setProperty("size","10");
    prop.setProperty("capacity","10");

    // prop에 저장된 요소들을 Enumeration을 이용해서 출력한다.
    Enumeration e = prop.propertyNames();

    while(e.hasMoreElements()) {
        String element = (String)e.nextElement();
        System.out.println(element + "="+ prop.getProperty(element));
    }

    System.out.println();
    prop.setProperty("size","20");  // size의 값을 20으로 변경한다.
    System.out.println("size=" + prop.getProperty("size"));
    System.out.println("capacity=" + prop.getProperty("capacity", "20"));
    System.out.println("loadfactor="
                            + prop.getProperty("loadfactor", "0.75"));

    System.out.println(prop);   // prop에 저장된 요소들을 출력한다.
    prop.list(System.out);      // prop에 저장된 요소들을 화면(System.out)에 출력한다.
    }
}
```

▼ 실행결과

```
capacity=10
size=10
timeout=30
language=kr

size=20
capacity=10
loadfactor=0.75    ← loadfactor라는 키가 없기 때문에 디폴트 값으로 지정한 0.75가 출력되었다.
{capacity=10, size=20, timeout=30, language=kr} ← System.out.println(prop);
-- listing properties --
capacity=10
size=20                       prop.list(System.out);에
timeout=30                    의해서 출력된 내용
language=kr
```

Properties의 기본적인 메서드를 이용해서 저장하고 읽어오고 출력하는 방법을 보여주는 간단한 예제이다. 데이터를 저장하는데 사용되는 setProperty()는 단순히 Hashtable의 put메서드를 호출할 뿐이다. 그리고 setProperty()는 기존에 같은 키로 저장된 값이 있는 경우 그 값을 Object타입으로 반환하며, 그렇지 않을 때는 null을 반환한다.

```
Object setProperty(String key, String value)
```

getProperty( )는 Properties에 저장된 값을 읽어오는 일을 하는데, 만일 읽어오려는 키가 존재하지 않으면 지정된 기본값(defaultValue)을 반환한다.

```
String getProperty(String key)
String getProperty(String key, String defaultValue)
```

Properties는 Hashtable을 상속받아 구현한 것이라 Map의 특성상 저장순서를 유지하지 않기 때문에 예제의 결과에 출력된 순서가 저장순서와는 무관하다는 것을 확인하자.
  Properties는 컬렉션프레임웍 이전의 구버전이므로 Iterator가 아닌 Enumeration을 사용한다. 그리고 list메서드를 이용하면 Properties에 저장된 모든 데이터를 화면 또는 파일에 편리하게 출력할 수 있다.

```
void list(PrintStream out)
void list(PrintWriter out)
```

System.out은 화면과 연결된 표준출력으로 System클래스에 정의된 PrintStream타입의 static변수이다. 보다 자세한 것은 '15장 입출력(I/O)'에서 설명할 것이므로 지금은 일단 이 정도만 이해하고 넘어가자.

▼ 예제 11-36/**PropertiesEx2.java**

```java
import java.io.*;
import java.util.*;
class PropertiesEx2 {
   public static void main(String[] args) {
      // commandline에서 inputfile을 지정해주지 않으면 프로그램을 종료한다.
      if(args.length != 1) {
         System.out.println("USAGE: java PropertiesEx2 INPUT_FILE_NAME");
         System.exit(0);
      }

      Properties prop = new Properties();

      String inputFile = args[0];

      try {
         prop.load(new FileInputStream(inputFile));
      } catch(IOException e) {
         System.out.println("지정된 파일을 찾을 수 없습니다.");
         System.exit(0);
      }

      String name = prop.getProperty("name");
      String[] data = prop.getProperty("data").split(",");
      int max = 0, min = 0;
      int sum = 0;

      for(int i=0; i < data.length; i++) {
         int intValue = Integer.parseInt(data[i]);

         if (i==0) max = min = intValue;
```

```
            if (max < intValue)
                max = intValue;
            else if (min > intValue)
                min = intValue;

            sum += intValue;
        }
        System.out.println("이름 :" + name);
        System.out.println("최대값 :" + max);
        System.out.println("최소값 :" + min);
        System.out.println("합계 :" + sum);
        System.out.println("평균 :" + (sum*100.0/data.length)/100);
    }
}
```

▼ 실행결과

```
c:\...\ch11>java PropertiesEx2 input.txt
이름 :Seong Namkung
최대값 :35
최소값 :1
합계 :111
평균 :11.1

c:\...\ch11>type input.txt
# 이것은 주석입니다.
# 여러 줄도 가능하고요.
name=Seong Namkung
data=9,1,5,2,8,13,26,11,35,1
```

외부파일(input.txt)로부터 데이터를 입력받아서 계산결과를 보여주는 예제이다. 외부파일의 형식은 라인단위로 키와 값이 '='로 연결된 형태이어야 하며 주석라인은 첫 번째 문자가 '#'이어야 한다.

정해진 규칙대로만 파일을 작성하면 load( )를 호출하는 것만으로 쉽게 데이터를 읽어 올 수 있다. 다만 인코딩(encoding)문제로 한글이 깨질 수 있기 때문에 한글을 입력받으려면 아래와 같이 코드를 변경해야한다.

```
        String name = prop.getProperty("name");
        try {
            name = new String(name.getBytes("8859_1"), "EUC-KR");
        } catch(Exception e) {}
```

파일로부터 읽어온 데이터의 인코딩을 라틴문자집합(8859_1)에서 한글완성형(EUC-KR 또는 KSC5601)으로 변환해주는 과정을 추가한 것인데 이에 대한 자세한 설명은 생략하겠다. 우리가 사용하고 있는 OS의 기본 인코딩(encoding)이 유니코드가 아니라서 이런 변환이 필요한 것이라는 것만 이해하고 넘어가자.

| 참고 | key에 문자 '='를 포함시키고자 한다면 escape문자 '\'를 사용하여 '\='와 같이 표현한다.

▼ 예제 11-37/PropertiesEx3.java

```java
import java.util.*;
import java.io.*;
class PropertiesEx3 {
    public static void main(String[] args) {
        Properties prop = new Properties();

        prop.setProperty("timeout","30");
        prop.setProperty("language","한글");
        prop.setProperty("size","10");
        prop.setProperty("capacity","10");

        try {
            prop.store(new FileOutputStream("output.txt")
                                            , "Properties Example");
            prop.storeToXML(new FileOutputStream("output.xml")
                                            , "Properties Example");
        } catch(IOException e) {
            e.printStackTrace();
        }
    } // main의 끝
}
```

▼ 실행결과 – output.txt의 내용

```
#Properties Example
#Mon Nov 09 16:16:05 KST 2015
capacity=10
size=10
timeout=30
language=\uD55C\uAE00   ← 한글이 유니코드로 바뀌어 있다.
```

▼ 실행결과 – output.xml의 내용

```
<?xml version="1.0" encoding="UTF-8" standalone="nos"?>
<!DOCTYPE properties SYSTEM "http://java.sun.com/dtd/properties.dtd">
<properties>
<comment>Properties Example</comment>
<entry key="capacity">10</entry>
<entry key="size">10</entry>
<entry key="timeout">30</entry>
<entry key="language">한글</entry>   ← 한글이 그대로 저장되어 있다. 콘솔에서 한글이 깨질 수 있다.
</properties>
```

이전 예제와는 반대로 Properties에 저장된 데이터를 store( )와 storeToXML( )를 이용해서 파일로 저장하는 방법을 보여 준다. 여기서도 한글문제가 발생하는데 storeToXML( )로 저장한 XML은 Editplus나 Eclipse에서 한글편집이 가능하므로 데이터에 한글이 포함된 경우 store( )보다는 storeToXML( )을 이용해서 XML로 저장하는 것이 좋다.

▼ 예제 11-38/**PropertiesEx4.java**

```java
import java.util.*;

class PropertiesEx4 {
    public static void main(String[] args) {
        Properties sysProp = System.getProperties();
        System.out.println("java.version :"
                                + sysProp.getProperty("java.version"));
        System.out.println("user.language :"
                                + sysProp.getProperty("user.language"));
        sysProp.list(System.out);
    }
}
```

▼ 실행결과

```
java.version :21.0.2
user.language :ko
-- listing properties --
java.specification.version=21
sun.jnu.encoding=UTF-8
...중간 생략...
java.version=21.0.2
user.dir=/Users/seongnamkung/jdk21/ch11
os.arch=aarch64
java.vm.specification.name=Java Virtual Machine Specification
native.encoding=UTF-8
java.library.path=/Users/seongnamkung/Library/Java/Exte...
java.vm.info=mixed mode, sharing
stderr.encoding=UTF-8
java.vendor=Amazon.com Inc.
java.vm.version=21.0.2+13-LTS
sun.io.unicode.encoding=UnicodeBig
socksNonProxyHosts=local|*.local|169.254/16|*.169.254/16
java.class.version=65.0
```

시스템 속성을 가져오는 방법을 보여주는 예제이다. System클래스의 getProperties( )를 호출하면 시스템과 관련된 속성이 저장된 Properties를 가져올 수 있다. 이 중에서 원하는 속성을 getProperty( )를 통해 얻을 수 있다.

이 예제를 실행시켜보고 어떠한 속성들이 있는지 살펴보고 어떤 속성을 통해 어떤 값을 얻을 수 있는지 확인하도록 하자.

| 참고 | 결과 중에 내용이 길어서 '...'로 생략된 값들이 있는데, getProperty( )를 이용해서 출력하면 전체 값을 얻을 수 있다.

| 참고 | https://docs.oracle.com/en/java/javase/21/docs/api/system-properties.html에 모든 시스템 속성의 정보의 목록과 설명이 있다.

1.13 Collections

Arrays가 배열과 관련된 메서드를 제공하는 것처럼, Collcections는 컬렉션과 관련된 메서드를 제공한다. fill( ), copy( ), sort( ), binarySearch( ) 등의 메서드는 두 클래스에 모두 포함되어 있으며 같은 기능을 한다. 이 메서드들은 Arrays에서 이미 배웠으므로 설명을 생략한다.

| 주의 | java.util.Collection은 인터페이스이고, java.util.Collections는 클래스이다.

컬렉션의 동기화

멀티 쓰레드(multi-thread) 프로그래밍에서는 하나의 객체를 여러 쓰레드가 동시에 접근할 수 있기 때문에 데이터의 무결성(Integrity)을 유지하기 위해서는 공유되는 객체에 동기화(synchronization)가 필요하다.

Vector와 Hashtable과 같은 구버젼(JDK 2 이전)의 클래스들은 자체적으로 동기화 처리가 되어 있는데, 멀티쓰레드 프로그래밍이 아닌 경우에는 불필요한 기능이 되어 성능을 떨어뜨리는 요인이 된다.

그래서 새로 추가된 ArrayList와 HashMap과 같은 컬렉션은 동기화를 자체적으로 처리하지 않고 필요한 경우에만 java.util.Collections클래스의 동기화 메서드를 이용해서 동기화처리가 가능하도록 변경하였다.

Collections클래스에는 다음과 같은 동기화 메서드를 제공하고 있으므로, 동기화가 필요할 때 해당하는 것을 사용하면 된다.

```
static Collection      synchronizedCollection(Collection c)
static List            synchronizedList(List list)
static Set             synchronizedSet(Set s)
static Map             synchronizedMap(Map m)
static SortedSet       synchronizedSortedSet(SortedSet s)
static SortedMap       synchronizedSortedMap(SortedMap m)
static NavigableSet    synchronizedNavigableSet(NavigableSet s)
static NavigableMap    synchronizedNavigableMap(NavigableMap m)
```

이 들을 사용하는 방법은 다음과 같다.

```
List syncList = Collections.synchronizedList(new ArrayList(...));
```

| 참고 | 멀티쓰레딩과 동기화에 대해서는 13장 쓰레드(thread)에서 자세히 다룰 것이므로 지금은 동기화가 필요한 경우에 Collections클래스의 동기화메서드를 사용하면 된다는 것만 알면 된다.

변경불가 컬렉션 만들기

컬렉션에 저장된 데이터를 보호하기 위해서 컬렉션을 변경할 수 없게, 즉 읽기전용으로 만들어야할 때가 있다. 주로 멀티 쓰레드 프로그래밍에서 여러 쓰레드가 하나의 컬렉션을 공유하다보면 데이터가 손상될 수 있는데, 이를 방지하려면 아래의 메서드들을 이용하자.

데이터가 보호되는 것은 물론 성능 향상까지 기대할 수 있다.

```
static Collection    unmodifiableCollection(Collection c)
static List          unmodifiableList(List list)
static Set           unmodifiableSet(Set s)
static Map           unmodifiableMap(Map m)
static NavigableSet  unmodifiableNavigableSet(NavigableSet s)
static NavigableMap  unmodifiableNavigableMap(NavigableMap m)
static SortedSet     unmodifiableSortedSet(SortedSet s)
static SortedMap     unmodifiableSortedMap(SortedMap m)
static SequencedSet  unmodifiableSequencedSet(SequencedSet s)
static SequencedMap  unmodifiableSequencedMap(SequencedMap m)
static SequncecedCollection unmodifiableSequencedCollection(
                                            SequencedCollection c)
```

한 종류의 객체만 저장하는 컬렉션 만들기

컬렉션에 모든 종류의 객체를 저장할 수 있다는 것은 장점이기도하고 단점이기도 하다. 대부분의 경우 한 종류의 객체를 저장하며, 컬렉션에 지정된 종류의 객체만 저장할 수 있도록 제한하고 싶을 때 아래의 메서드를 사용한다.

```
static Collection    checkedCollection(Collection c, Class type)
static List          checkedList(List list, Class type)
static Set           checkedSet(Set s, Class type)
static Map           checkedMap(Map m, Class keyType, Class valueType)
static Queue         checkedQueue(Queue queue, Class type)
static NavigableSet  checkedNavigableSet(NavigableSet s, Class type)
static SortedSet     checkedSortedSet(SortedSet s, Class type)
static NavigableMap  checkedNavigableMap(NavigableMap m, Class keyType,
                                                        Class valueType)
static SortedMap     checkedSortedMap(SortedMap m, Class keyType,
                                                        Class valueType)
```

사용방법은 다음과 같이 두 번째 매개변수에 저장할 객체의 클래스를 지정하면 된다.

```
List list = new ArrayList();
List checkedList = checkedList(list, String.class); // String만 저장가능

checkedList.add("abc");            // OK.
checkedList.add(new Integer(3));   // 에러. ClassCastException발생
```

컬렉션에 저장할 요소의 타입을 제한하는 것은 다음 장에서 배울 지네릭스(generics)로 간단히 처리할 수 있는데eh 이런 메서드들을 제공하는 이유는 하위 호환성 때문이다.
　지네릭스는 JDK 5부터 도입된 기능이므로 JDK 5이전에 작성된 코드를 사용할 때는 이 메서드들이 필요할 수 있다.

싱글톤 컬렉션 만들기
단 하나의 객체만을 저장하는 컬렉션을 만들고 싶을 경우가 있다. 이럴 때는 아래의 메서드를 사용하면 된다.

```
static List singletonList(Object o)
static Set  singleton(Object o)           // singletonSet이 아님
static Map  singletonMap(Object key, Object value)
```

매개변수로 저장할 요소를 지정하면, 해당 요소를 저장하는 컬렉션을 반환한다. 그리고 반환된 컬렉션은 변경할 수 없다.

빈 컬렉션 만들기
NullPointerException의 발생을 줄이기 위해 문자열을 null 대신 빈 문자열로 초기화하는 것처럼, 같은 이유로 비슷한 상황에서 null 대신 빈 컬렉션 사용해야할 때가 있다.
  Collections클래스는 기본적으로 아래와 같이 3개의 빈 컬렉션을 제공하며 모두 변경 불가(immutable)이다.

```
static final List EMPTY_LIST
static final Map  EMPTY_MAP
static final Set  EMPTY_SET
```

이 외에도 아래와 같이 빈 컬렉션을 반환하는 메서드도 제공한다. Collections의 생성자는 private이라 상속이 불가하므로 오버라이딩도 할 수 없다. 그래서 메서드에 final을 붙일 필요가 없지만 몇몇 메서드는 컴파일러 최적화를 위해 final이 붙어있다.

```
static final Map         emptyMap()
static final List        emptyList()
static final Set         emptySet()
static NavigableSet      emptyNavigableSet()
static final NavigableMap emptyNavigableMap()
static SortedSet         emptySortedSet()
static final SortedMap   emptySortedMap()
```

그리고 컬렉션은 아니지만 이 외에도 빈 이터레이터를 반환하는 메서드도 있다.

```
static Enumeration  emptyEnumeration()
static Iterator     emptyIterator()
static ListIterator emptyListIterator()
```

이 외에도 아직 소개하지 않은 메서드들 더 있는데 다음 예제를 통해서 그 사용법을 충분히 이해할 수 있을 것이므로 설명을 생략한다.

▼ 예제 11-39/CollectionsEx.java

```java
import java.util.*;
import static java.util.Collections.*;

class CollectionsEx {
    public static void main(String[] args) {
        List list = new ArrayList();
        System.out.println(list);

        addAll(list, 1,2,3,4,5);
        System.out.println(list);

        rotate(list, 2);   // 오른쪽으로 두 칸씩 이동
        System.out.println(list);

        swap(list, 0, 2);  // 첫 번째와 세 번째를 교환(swap)
        System.out.println(list);

        shuffle(list);         // 저장된 요소의 위치를 임의로 변경
        System.out.println(list);

        sort(list, reverseOrder());  // 역순 정렬 reverse(list);와 동일
        System.out.println(list);

        sort(list);        // 정렬
        System.out.println(list);

        int idx = binarySearch(list, 3);   // 3이 저장된 위치(index)를 반환
        System.out.println("index of 3 = " + idx);

        System.out.println("max="+max(list));
        System.out.println("min="+min(list));
        System.out.println("min="+max(list, reverseOrder()));

        fill(list, 9); // list를 9로 채운다.
        System.out.println("list="+list);

        // list와 같은 크기의 새로운 list를 생성하고 2로 채운다. 단, 결과는 변경불가
        List newList = nCopies(list.size(), 2);
        System.out.println("newList="+newList);

        System.out.println(disjoint(list, newList)); // 공통요소가 없으면 true

        copy(list, newList); // newList에서 list로 복사
        System.out.println("newList="+newList);
        System.out.println("list="+list);

        replaceAll(list, 2, 1);
        System.out.println("list="+list);

        Enumeration e = enumeration(list);
        ArrayList list2 = list(e);

        System.out.println("list2="+list2);
    }
}
```

▼ 실행결과

```
[]
[1, 2, 3, 4, 5]
[4, 5, 1, 2, 3]
[1, 5, 4, 2, 3]
[4, 1, 2, 3, 5]
[5, 4, 3, 2, 1]
[1, 2, 3, 4, 5]
index of 3 = 2
max=5
min=1
min=1
list=[9, 9, 9, 9, 9]
newList=[2, 2, 2, 2, 2]
true
newList=[2, 2, 2, 2, 2]
list=[2, 2, 2, 2, 2]
list=[1, 1, 1, 1, 1]
list2=[1, 1, 1, 1, 1]
```

1.14 컬렉션 클래스 정리 & 요약

지금까지 소개한 컬렉션 클래스의 특징과 관계를 그림으로 정리해보았다. 각 컬렉션 클래스마다 장단점이 있으므로 구현원리와 특징을 잘 이해해서 상황에 가장 적합한 것을 선택하여 사용하길 바란다.

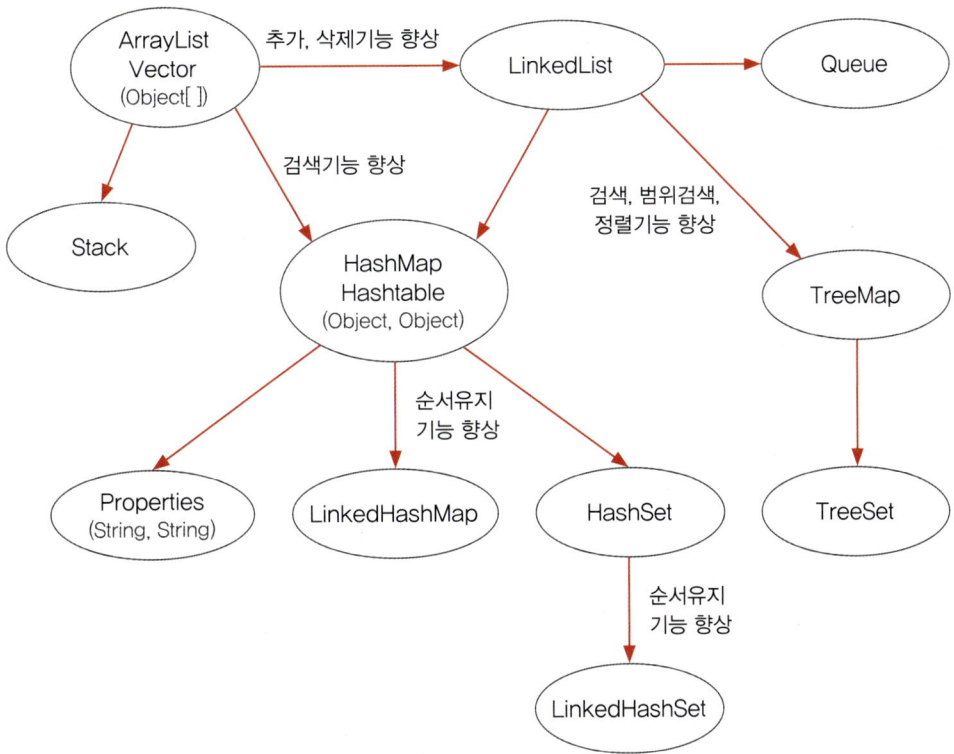

▲ 그림11-27 컬렉션 클래스간의 관계

컬렉션	특 징
ArrayList	배열기반. 데이터의 추가와 삭제에 불리, 순차적인 추가삭제는 제일 빠름. 임의의 요소에 대한 접근성(accessibility)이 뛰어남.
LinkedList	연결기반. 데이터의 추가와 삭제에 유리. 임의의 요소에 대한 접근성이 좋지 않다.
HashMap	배열과 연결이 결합된 형태. 추가, 삭제, 검색, 접근성이 모두 뛰어남. 검색에는 최고성능을 보인다.
TreeMap	연결기반. 정렬과 검색(특히 범위검색)에 적합. 검색성능은 HashMap보다 떨어짐.
Stack	Vector를 상속받아 구현
Queue	LinkedList가 Queue인터페이스를 구현
Properties	Hashtable을 상속받아 구현
HashSet	HashMap을 이용해서 구현
TreeSet	TreeMap을 이용해서 구현
LinkedHashMap LinkedHashSet	HashMap과 HashSet에 저장순서 유지기능을 추가

▲ 표11-21 컬렉션 클래스의 특징

Memo

Chapter 12

모던 자바 기능
modern Java features

1. 지네릭스(Generics)

JDK 5에서 처음 도입된 지네릭스는 JDK 8부터 도입된 람다식만큼 큰 변화였다. 그 당시만 해도 지네릭스는 선택적으로 사용하는 경우가 많았지만 이제는 지네릭스를 모르고는 Java API문서조차 제대로 보기 어려울 만큼 중요한 위치를 차지하고 있다.

이번 장을 다 이해했다고 해서 지네릭스를 완전히 이해할 수는 없을 것이다. 이 장에서는 기본적인 개념정도만 익히고, 다른 장을 통해서 지네릭스가 실제로 어떻게 활용되는지 배움으로써 보다 깊게 이해하게 될 것이다. 지네릭스가 잘 이해되지 않는다고 해서 이 장에만 너무 머물러 있지 않기를 당부하는 바이다.

1.1 지네릭스란?

지네릭스는 다양한 타입의 객체들을 다루는 메서드나 컬렉션 클래스에 컴파일 시의 타입 체크(compile-time type check)를 해주는 기능이다. 자바는 강 타입 언어(strongly typed language)이므로 컴파일러가 타입을 체크해주는 것은 당연한데 이 기능이 왜 필요할까? 먼저 아래의 코드를 보고 우리가 언제 Object타입을 사용하는지 생각해보자.

```java
class TotalComparator implements Comparator {
    public int compare(Object o1, Object o2) {
        // 1. instanceof로 타입 체크
        if(o1 instanceof Student && o2 instanceof Student) {
            Student s1 = (Student) o1; // 2. 형변환
            Student s2 = (Student) o2;
            return Integer.compare(s1.getTotal(), s2.getTotal());
        }
        return -1;
    }
}
```

위의 코드에서 Comparator의 compare( )의 매개변수 타입이 Object인 이유는 모든 타입을 비교할 수 있게 하기 위해서이다. 이렇게 하지 않으면 다형성에서 배운 것과 같이 매개변수의 타입이 다른 무수히 많은 버전의 compare( )가 존재해야 한다.

이처럼 매개변수를 Object타입으로하는 것은 코드의 중복을 제거할 수 있다는 장점이 있지만, 실제 타입 정보를 알 수 없기때문에 컴파일러의 주요 기능인 타입 체크가 동작되지 않는다는 단점이 있다. 컴파일러가 타입을 체크할 수없기 때문에 위의 코드에서 처럼 instanceof로 실제 타입을 체크하고 형변환하는 일을 우리가 직접 해야한다. 만일 Object 타입대신 실제 타입을 사용한다면 다음과 같이 깔끔한 코드가 될 것이다.

```java
class TotalComparator implements Comparator {
  public int compare(Student s1, Student s2) {
      return Integer.compare(s1.getTotal(), s2.getTotal());
  }
}
```

이전 코드와 달리 Object타입 대신 Student타입을 지정했다. Object타입이 아니므로 컴파일러가 타입 체크를 제대로 할 수 있어서 우리가 instanceof로 체크하고 형변환할 필요가 없다. 이처럼 지네릭스를 이용하면, 우리가 직접 코드를 추가하지 않아도 컴파일러가 미리 실행전에 체크해주므로 코드가 간단해지고, 실행시 발생할 수 있는 에러도 감소하여 안정성이 높아진다.

> **지네릭스의 장점**
> 1. 타입 안정성을 제공한다.
> 2. 타입 체크와 형변환을 생략할 수 있으므로 코드가 간결해 진다.

1.2 지네릭 클래스의 선언

지네릭 타입은 클래스와 메서드에 선언할 수 있는데, 먼저 클래스에 선언하는 지네릭 타입에 대해서 알아보자. 예를 들어 클래스 Box가 다음과 같이 정의되어 있다고 가정하자.

```
class Box {
    Object item;

    void setItem(Object item) { this.item = item; }
    Object getItem() { return item; }
}
```

이 클래스를 지네릭 클래스로 변경하면 다음과 같이 클래스 옆에 '〈T〉'를 붙이면 된다. 그리고 'Object'를 모두 'T'로 바꾼다.

```
class Box<T> {    // 지네릭 타입 T를 선언
    T item;

    void setItem(T item) { this.item = item; }
    T getItem() { return item; }
}
```

Box〈T〉에서 T를 '타입 변수(type variable)'라고 하며, 'Type'의 첫 글자에서 따온 것이다. 타입 변수는 T가 아닌 다른 것을 사용해도 된다. ArrayList〈E〉의 경우, 타입 변수 E는 'Element(요소)'의 첫 글자를 따서 사용했다. 타입 변수가 여러 개인 경우에는 Map〈K, V〉와 같이 콤마','를 구분자로 나열하면 된다. K는 Key(키)를 의미하고, V는 Value(값)을 의미한다. 무조건 'T'를 사용하기보다 가능하면, 이처럼 상황에 맞게 의미있는 문자를 선택해서 사용하는 것이 좋다.

　이들은 **기호의 종류만 다를 뿐 '임의의 참조형 타입'을 의미한다는 것은 모두 같다.** 마치 수학식 'f(x, y) = x + y'가 'f(k, v) = k + v'와 다르지 않은 것처럼 말이다.

　기존에는 다양한 종류의 타입을 다루는 메서드의 매개변수나 리턴타입으로 Object타입의 참조변수를 많이 사용했고, 그로 인해 형변환이 불가피했지만, 이젠 Object타입 대신 원하는 타입을 지정하기만 하면 된다.

이제 지네릭 클래스가 된 Box클래스의 객체를 생성할 때는 다음과 같이 참조변수와 생성자에 타입 T대신에 사용될 실제 타입을 지정해주어야 한다.

```
Box<String> b = new Box<String>();  // 타입 T 대신, 실제 타입을 지정
b.setItem(new Object());            // 에러. String이외의 타입은 지정불가
b.setItem("ABC");                   // OK. String타입이므로 가능
String item = (String) b.getItem(); // 형변환이 필요없음
```

위의 코드에서 타입 T대신에 String타입을 지정해줬으므로, 지네릭 클래스 Box〈T〉는 다음과 같이 정의된 것과 같다.

```
class Box { // 지네릭 타입을 String으로 지정
    String item;
    void setItem(String item) { this.item = item; }
    String getItem() { return item; }
}
```

지네릭이 도입되기 이전의 코드와 호환을 위해, 지네릭 클래스인데도 예전의 방식으로 객체를 생성하는 것이 허용된다. 다만 지네릭 타입을 지정하지 않아서 안전하지 않다는 경고가 발생한다.

```
Box b = new Box();            // OK. T는 Object로 간주된다.
b.setItem("ABC");             // 경고. unchecked or unsafe operation
b.setItem(new Object());      // 경고. unchecked or unsafe operation
```

아래와 같이 타입 변수 T에 Object타입을 지정하면, 타입을 지정하지 않은 것이 아니라 알고 적은 것이므로 경고는 발생하지 않는다.

```
Box<Object> b = new Box<Object>();
b.setItem("ABC");             // 경고발생 안함
b.setItem(new Object());      // 경고발생 안함
```

지네릭스가 도입되기 이전의 코드와 호환성을 유지하기 위해서 지네릭스를 사용하지 않은 코드를 허용하는 것일 뿐, 앞으로 지네릭 클래스를 사용할 때는 반드시 타입을 지정해서 지네릭스와 관련된 경고가 나오지 않게 하자.

지네릭스의 용어

지네릭스에서 사용되는 용어들은 자칫 헷갈리기 쉽다. 진도를 더 나가기 전에, 지네릭스의 용어를 먼저 정리하고 넘어가자. 다음과 같이 지네릭 클래스 Box가 선언되어 있을 때,

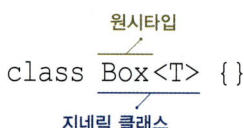

Box⟨T⟩	지네릭 클래스. 'T의 Box' 또는 'T Box'라고 읽는다.
T	타입 변수 또는 타입 매개변수.(T는 타입 문자)
Box	원시 타입(raw type)

타입 문자 T는 지네릭 클래스 Box⟨T⟩의 타입 변수 또는 타입 매개변수라고 하는데, 메서드의 매개변수와 유사한 면이 있기 때문이다. 그래서 아래와 같이 타입 매개변수에 타입을 지정하는 것을 '지네릭 타입 호출'이라고 하고, 지정된 타입 'String'을 '매개변수화된 타입(parameterized type)'이라고 한다. 매개변수화된 타입이라는 용어가 좀 길어서, 앞으로 이 용어 대신 '대입된 타입'이라는 용어를 사용할 것이다.

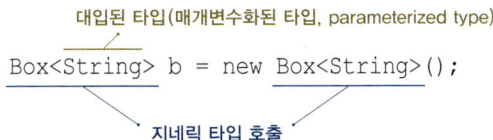

예를 들어, Box⟨String⟩과 Box⟨Integer⟩는 지네릭 클래스 Box⟨T⟩에 서로 다른 타입을 대입하여 호출한 것일 뿐, 이 둘이 별개의 클래스를 의미하는 것은 아니다. 이는 마치 매개변수의 값이 다른 메서드 호출, 즉 add(3,5)와 add(2,4)가 서로 다른 메서드를 호출하는 것이 아닌 것과 같다.

컴파일 후에 Box⟨String⟩과 Box⟨Integer⟩는 이들의 '원시 타입'인 Box로 바뀐다. 즉, 지네릭 타입이 제거된다. 이에 대해서는 '1.8 지네릭 타입의 제거'에서 자세히 설명한다.

지네릭스의 제약 사항

지네릭 클래스 Box의 객체를 생성할 때, 객체별로 다른 타입을 지정하는 것은 적절하다. 지네릭스는 이처럼 인스턴스별로 다르게 동작하도록 하려고 만든 기능이니까.

```
Box<Apple> appleBox = new Box<Apple>();   // OK. Apple객체만 저장가능
Box<Grape> grapeBox = new Box<Grape>();   // OK. Grape객체만 저장가능
```

그러나 모든 객체에 대해 동일하게 동작해야하는 static멤버에 타입 변수 T를 사용할 수 없다. T는 인스턴스변수로 간주되기 때문이다. 이미 알고 있는 것처럼 static멤버는 인스턴스변수를 참조할 수 없다.

```
class Box<T> {
    static T item; // 에러
    static int compare(T t1, T t2) { ... } // 에러
        ...
}
```

static멤버는 타입 변수에 지정된 타입, 즉 대입된 타입의 종류에 관계없이 동일한 것이어야 하기 때문이다. 즉, 'Box⟨Apple⟩.item'과 'Box⟨Grape⟩.item'이 다른 것이어서는 안 된다는 뜻이다.

그리고 지네릭 타입의 배열을 생성하는 것도 허용되지 않는다. 지네릭 배열 타입의 참조변수를 선언하는 것은 가능하지만, 'new T[10]'과 같이 배열을 생성하는 것은 안 된다는 뜻이다.

```
class Box<T> {
    T[] itemArr;    // OK. T타입의 배열을 위한 참조변수
        ...
    T[] toArray() {
        T[] tmpArr = new T[itemArr.length];    // 에러. 지네릭 배열 생성불가
        ...
        return tmpArr;
    }
        ...
}
```

지네릭 배열을 생성할 수 없는 것은 new연산자 때문인데, 이 연산자는 컴파일 시점에 타입 T가 뭔지 정확히 알아야 한다. 그런데 위의 코드에 정의된 Box〈T〉클래스를 컴파일하는 시점에서는 T가 어떤 타입이 될지 전혀 알 수 없다. instanceof연산자도 new연산자와 같은 이유로 T를 피연산자로 사용할 수 없다.
  꼭 지네릭 배열을 생성해야할 필요가 있을 때는, new연산자대신 'Reflection API'의 newInstance( )와 같이 동적으로 객체를 생성하는 메서드로 배열을 생성하거나, Object 배열을 생성해서 복사한 다음에 'T[ ]'로 형변환하는 방법 등을 사용한다.

| 참고 | 지네릭 배열의 실제 구현은 검색이나, %JAVA_HOME%/lib/src.zip에서 Collections.toArray(T[ ] a)의 소스를 보자.

1.3 지네릭 클래스의 객체 생성과 사용

지네릭 클래스 Box〈T〉가 다음과 같이 정의되어 있다고 가정하자. 이 Box〈T〉의 객체에는 한 가지 종류, 즉 T타입의 객체만 저장할 수 있다. 전과 달리 ArrayList를 이용해서 여러 객체를 저장할 수 있도록 하였다.

```
class Box<T> {
    ArrayList<T> list = new ArrayList<T>();

    void add(T item)          { list.add(item);        }
    T get(int i)              { return list.get(i);    }
    ArrayList<T> getList()    { return list;           }
    int size()                { return list.size();    }
    public String toString()  { return list.toString(); }
}
```

Box〈T〉의 객체를 생성할 때는 다음과 같이 한다. 참조변수와 생성자에 대입된 타입(매개변수화된 타입)이 일치해야 한다. 일치하지 않으면 에러가 발생한다.

```
Box<Apple> appleBox = new Box<Apple>();  // OK
Box<Apple> appleBox = new Box<Grape>();  // 에러. 대입된 타입이 다르다.
```

두 타입이 상속관계에 있어도 마찬가지이다. Apple이 Fruit의 자손이라고 가정하자.

```
Box<Fruit> appleBox = new Box<Apple>(); // 에러. 대입된 타입이 다르다.
```

단, 두 지네릭 클래스의 타입이 상속관계에 있고, 대입된 타입이 같은 것은 괜찮다. FruitBox는 Box의 자손이라고 가정하자.

```
Box<Apple> appleBox = new FruitBox<Apple>(); // OK. 다형성
```

JDK 7부터는 추정이 가능한 경우 타입을 생략할 수 있게 되었다. 참조변수의 타입으로 부터 Box가 Apple타입의 객체만 저장한다는 것을 알 수 있기 때문에, 생성자에 반복해서 타입을 지정해주지 않아도 되는 것이다. 따라서 아래의 두 문장은 동일하다.

```
Box<Apple> appleBox = new Box<Apple>();
Box<Apple> appleBox = new Box<>();      // OK. JDK 7부터 생략 가능
```

생성된 Box⟨T⟩의 객체에 'void add(T item)'으로 객체를 추가할 때, 대입된 타입과 다른 타입의 객체는 추가할 수 없다.

```
Box<Apple> appleBox = new Box<Apple>();
appleBox.add(new Apple()); // OK.
appleBox.add(new Grape()); // 에러. Box<Apple>에는 Apple객체만 추가가능
```

그러나 타입 T가 'Fruit'인 경우, 'void add(Fruit item)'가 되므로 Fruit의 자손들은 이 메서드의 매개변수가 될 수 있다. Apple이 Fruit의 자손이라고 가정하였다.

```
Box<Fruit> fruitBox = new Box<Fruit>();
fruitBox.add(new Fruit());  // OK. void add(Fruit item)
fruitBox.add(new Apple());  // OK. void add(Fruit item) 다형성
```

이제 예제를 통해서 지금까지 배운 내용을 직접 확인해 보자. 예제는 다음 페이지에 있다.

▼ 예제 12-1/**FruitBoxEx.java**

```java
import java.util.ArrayList;

class Fruit                      { public String toString() { return "Fruit";}}
class Apple extends Fruit        { public String toString() { return "Apple";}}
class Grape extends Fruit        { public String toString() { return "Grape";}}
class Toy                        { public String toString() { return "Toy"  ;}}

class FruitBoxEx {
   public static void main(String[] args) {
      Box<Fruit> fruitBox = new Box<Fruit>();
      Box<Apple> appleBox = new Box<Apple>();
      Box<Toy>   toyBox   = new Box<Toy>();
//    Box<Grape> grapeBox = new Box<Apple>(); // 에러. 타입 불일치

      fruitBox.add(new Fruit());
      fruitBox.add(new Apple()); // OK.  void add(Fruit item)

      appleBox.add(new Apple());
      appleBox.add(new Apple());
//    appleBox.add(new Toy()); // 에러. Box<Apple>에는 Apple만 담을 수 있음

      toyBox.add(new Toy());
//    toyBox.add(new Apple()); // 에러. Box<Toy>에는 Apple을 담을 수 없음

      System.out.println(fruitBox);
      System.out.println(appleBox);
      System.out.println(toyBox);
   } // main의 끝
}

class Box<T> {
   ArrayList<T> list = new ArrayList<T>();
   void add(T item) { list.add(item);     }
   T get(int i)     { return list.get(i); }
   int size()       { return list.size(); }
   public String toString() { return list.toString();}
}
```

▼ 실행결과

```
[Fruit, Apple]
[Apple, Apple]
[Toy]
```

1.4 제한된 지네릭 클래스

타입 문자로 사용할 타입을 명시하면 한 종류의 타입만 저장할 수 있도록 제한할 수 있지만, 그래도 여전히 모든 종류의 타입을 지정할 수 있다는 것에는 변함이 없다. 그렇다면, 타입 매개변수 T에 지정할 수 있는 타입의 종류를 제한할 수 있는 방법은 없을까?

```
FruitBox<Toy> fruitBox = new FruitBox<Toy>();
fruitBox.add(new Toy());    // OK. 과일상자에 장난감을 담을 수 있다.
```

다음과 같이 지네릭 타입에 'extends'를 사용하면, 특정 타입의 자손들만 대입할 수 있게 제한할 수 있다.

```
class FruitBox<T extends Fruit> {   // Fruit의 자손만 T로 지정가능
    ArrayList<T> list = new ArrayList<T>();
        ...
}
```

여전히 한 종류의 타입만 담을 수 있지만, Fruit클래스의 자손들만 담을 수 있다는 제한이 더 추가된 것이다.

```
FruitBox<Apple> appleBox = new FruitBox<Apple>(); // OK
FruitBox<Toy>   toyBox = new FruitBox<Toy>();     // 에러. Toy는 Fruit의 자손 아님
```

게다가 add()의 매개변수의 타입 T도 Fruit와 그 자손 타입이 될 수 있으므로, 아래와 같이 여러 과일을 담을 수 있는 상자가 가능하게 된다.

```
FruitBox<Fruit> fruitBox = new FruitBox<Fruit>();
fruitBox.add(new Apple());   // OK. Apple이 Fruit의 자손
fruitBox.add(new Grape());   // OK. Grape가 Fruit의 자손
```

다형성에서 조상타입의 참조변수로 자손타입의 객체를 가리킬 수 있는 것처럼, 매개변수화된 타입의 자손 타입도 가능한 것이다. 타입 매개변수 T에 Object를 대입하면, 모든 종류의 객체를 저장할 수 있게 된다.

만일 클래스가 아니라 인터페이스를 구현해야 한다는 제약이 필요하다면, 이때도 'extends'를 사용한다. 'implements'를 사용하지 않는 다는 점에 주의하자.

```
interface Eatable {}
class FruitBox<T extends Eatable> { ... }
```

클래스 Fruit의 자손이면서 Eatable인터페이스도 구현해야한다면 아래와 같이 '&'기호로 연결한다.

```
class FruitBox<T extends Fruit & Eatable> { ... }
```

이제 FruitBox에는 Fruit의 자손이면서 Eatable을 구현한 클래스만 타입 매개변수 T에 대입될 수 있다.

▼ 예제 12-2/**FruitBoxEx2.java**

```java
import java.util.ArrayList;

class Fruit2 implements Eatable {
    public String toString() { return "Fruit";}
}
class Apple2 extends Fruit2 { public String toString() { return "Apple";}}
class Grape2 extends Fruit2 { public String toString() { return "Grape";}}
class Toy2                  { public String toString() { return "Toy"  ;}}

interface Eatable {}

class FruitBoxEx2 {
    public static void main(String[] args) {
        FruitBox<Fruit2> fruitBox = new FruitBox<Fruit2>();
        FruitBox<Apple2> appleBox = new FruitBox<Apple2>();
        FruitBox<Grape2> grapeBox = new FruitBox<Grape2>();
//      FruitBox<Grape2> grapeBox = new FruitBox<Apple2>(); // 에러. 타입 불일치
//      FruitBox<Toy2>   toyBox   = new FruitBox<Toy2>();   // 에러.

        fruitBox.add(new Fruit2());
        fruitBox.add(new Apple2());
        fruitBox.add(new Grape2());
        appleBox.add(new Apple2());
//      appleBox.add(new Grape2());  // 에러. Grape는 Apple의 자손이 아님
        grapeBox.add(new Grape2());

        System.out.println("fruitBox-"+fruitBox);
        System.out.println("appleBox-"+appleBox);
        System.out.println("grapeBox-"+grapeBox);
    } // main
}

class FruitBox<T extends Fruit2 & Eatable> extends Box2<T> {}

class Box2<T> {
    ArrayList<T> list = new ArrayList<T>();
    void add(T item) { list.add(item);       }
    T    get(int i)  { return list.get(i); }
    int  size()      { return list.size(); }
    public String toString() { return list.toString();}
}
```

▼ 실행결과

```
fruitBox-[Fruit, Apple, Grape]
appleBox-[Apple]
grapeBox-[Grape]
```

1.5 와일드 카드

지금까지 살펴본 바와 같이 지네릭 클래스 타입의 참조 변수에 대입된 타입과 생성할 때 대입된 타입이 일치해야 한다.

```
FruitBox<Fruit> box = new FruitBox<Fruit>();  // OK. 대입된 타입 일치
FruitBox<Fruit> box = new FruitBox<Apple>();  // 에러. 대입된 타입 불일치
```

다형성을 배운 우리는 이러한 제약이 너무 빡빡하다는 생각이 든다. 지네릭스에서도 다형성과 같은 유연한 기능이 없을까? 그래서 나온 것이 와일드 카드다.

`<? extends T>`	와일드 카드의 상한 제한. T와 그 자손들만 가능
`<? super T>`	와일드 카드의 하한 제한. T와 그 조상들만 가능
`<?>`	제한 없음. 모든 타입이 가능. `<? extends Object>`와 동일

| 참고 | 지네릭 클래스와 달리 와일드 카드에는 '&'를 사용할 수 없다. 즉, `<? extends T & E>`와 같이 할 수 없다.

와일드 카드를 이용하면, 하나의 참조변수로 대입된 타입이 다른 여러 객체를 다룰 수 있다. 단, 와일드 카드는 참조 변수에만 사용할 수 있다. 객체를 생성할 때는 단 하나의 타입이 명확히 지정되어야 하기 때문이다.

```
FruitBox<? extends Fruit> box = new FruitBox<Fruit>();  // OK
FruitBox<? extends Fruit> box = new FruitBox<Apple>();  // OK
FruitBox<? extends Fruit> box = new FruitBox<Grape>();  // OK
```

참조변수 box에 대입된 타입이 `<? extends Fruit>`이므로 Fruit와 Fruit의 자손인 Apple, Grape이 대입된 객체를 가리킬 수 있다. 만일 `<? super Fruit>`로 하면 Fruit와 Fruit의 모든 조상이 가능하다.

```
FruitBox<? super Fruit> box = new FruitBox<Fruit>();   // OK
FruitBox<? super Fruit> box = new FruitBox<Object>();  // OK
```

예를 들어 매개변수에 과일박스를 대입하면 주스를 만들어서 반환하는 Juicer라는 클래스가 있고, 이 클래스에는 과일을 주스로 만들어서 반환하는 makeJuice( )라는 static메서드가 다음과 같이 정의되어 있다고 가정하자.

```
class Juicer {
    static Juice makeJuice(FruitBox<Fruit> box) { // <Fruit>으로 지정
        String tmp = "";
        for(Fruit f : box.getList()) tmp += f + " ";
        return new Juice(tmp);
    }
}
```

Juicer클래스는 지네릭 클래스가 아닌데다, 지네릭 클래스라고 해도 static메서드에는 타입 매개변수 T를 매개변수에 사용할 수 없으므로 아예 지네릭스를 적용하지 않던가, 위와 같이 타입 매개변수 대신, 특정 타입을 지정해줘야 한다.

```
FruitBox<Fruit> fruitBox = new FruitBox<Fruit>();
FruitBox<Apple> appleBox = new FruitBox<Apple>();
    ...
System.out.println(Juicer.makeJuice(fruitBox));  // OK. FruitBox<Fruit>
System.out.println(Juicer.makeJuice(appleBox));  // 에러. FruitBox<Apple>
```

이렇게 지네릭 타입을 'FruitBox⟨Fruit⟩'로 고정해 놓으면, 위의 코드에서 알 수 있듯이 'FruitBox⟨Apple⟩'타입의 객체는 makeJuice()의 매개변수가 될 수 없으므로, 다음과 같이 여러 가지 타입의 매개변수를 갖는 makeJuice()를 만들 수밖에 없다.

```
        static Juice makeJuice(FruitBox<Fruit> box) {
            String tmp = "";
            for(Fruit f : box.getList()) tmp += f + " ";
            return new Juice(tmp);
        }
        static Juice makeJuice(FruitBox<Apple> box) {
            String tmp = "";
            for(Fruit f : box.getList()) tmp += f + " ";
            return new Juice(tmp);
        }
```

그러나 위와 같이 오버로딩하면, 컴파일 에러가 발생한다. 대입된 **지네릭 타입이 다른 것만으로는 오버로딩이 성립하지 않기 때문이다.** 지네릭 타입은 컴파일러가 컴파일할 때만 사용하고 제거해버린다. 그래서 위의 두 메서드는 오버로딩이 아니라 '메서드 중복 정의'이다. 이럴 때 사용하면 좋은 것이 바로 '와일드 카드'이다.

와일드 카드를 사용해서 makeJuice()의 매개변수 타입을 FruitBox⟨Fruit⟩에서 FruitBox⟨? extends Fruit⟩으로 바꾸면 다음과 같이 된다.

```
        static Juice makeJuice(FruitBox<? extends Fruit> box) {
            String tmp = "";
            for(Fruit f : box.getList()) tmp += f + " ";
            return new Juice(tmp);
        }
```

이제 이 메서드의 매개변수로 FruitBox⟨Fruit⟩뿐만 아니라, FruitBox⟨Apple⟩와 FruitBox⟨Grape⟩도 가능하게 된다.

| 참고 | 매개변수의 타입을 'FruitBox⟨? extends Object⟩'로 하면, 모든 종류의 FruitBox가 매개변수로 가능하다.

```
    FruitBox<Fruit> fruitBox = new FruitBox<Fruit>();
    FruitBox<Apple> appleBox = new FruitBox<Apple>();
        ...
    System.out.println(Juicer.makeJuice(fruitBox)); // OK. FruitBox<Fruit>
    System.out.println(Juicer.makeJuice(appleBox)); // OK. FruitBox<Apple>
```

매개변수의 타입을 FruitBox⟨? extends Object⟩로 하면, 모든 종류의 FruitBox가 이 메서드의 매개변수로 가능해진다. 대신, 전과 달리 box의 요소가 Fruit의 자손이라는 보장이 없으므로 아래의 for문에서 box에 저장된 요소를 Fruit타입의 참조변수로 못받는다.

```
    static Juice makeJuice(FruitBox<? extends Object> box) {
        String tmp = "";
        for(Fruit f : box.getList()) tmp += f + " "; // 에러? Fruit이 아닐 수 있음
        return new Juice(tmp);
    }
```

그러나 실제로 테스트 해보면 문제없이 컴파일되는데 그 이유는 바로 지네릭 클래스 FruitBox를 제한했기 때문이다.

```
        class FruitBox<T extends Fruit> extends Box<T> {}
```

컴파일러는 위 문장으로부터 모든 FruitBox의 요소들이 Fruit의 자손이라는 것을 알고 있으므로 문제 삼지 않는 것이다.

▼ 예제 12-3/**FruitBoxEx3.java**

```
import java.util.ArrayList;

class Fruit3                    { public String toString() { return "Fruit";}}
class Apple3 extends Fruit3     { public String toString() { return "Apple";}}
class Grape3 extends Fruit3     { public String toString() { return "Grape";}}

class Juice {
    String name;

    Juice(String name)         { this.name = name + "Juice";      }
    public String toString()   { return name;                     }
}

class Juicer {
    static Juice makeJuice(FruitBox3<? extends Fruit3> box) {
        String tmp = "";

        for(Fruit3 f : box.getList())
            tmp += f + " ";
        return new Juice(tmp);
    }
}
```

```
class FruitBoxEx3 {
   public static void main(String[] args) {
      FruitBox3<Fruit3> fruitBox = new FruitBox3<Fruit3>();
      FruitBox3<Apple3> appleBox = new FruitBox3<Apple3>();

      fruitBox.add(new Apple3());
      fruitBox.add(new Grape3());
      appleBox.add(new Apple3());
      appleBox.add(new Apple3());

      System.out.println(Juicer.makeJuice(fruitBox));
      System.out.println(Juicer.makeJuice(appleBox));
   }  // main
}

class FruitBox3<T extends Fruit3> extends Box3<T> {}

class Box3<T> {
   ArrayList<T> list = new ArrayList<T>();
   void add(T item) { list.add(item); }
   T    get(int i)  { return list.get(i); }
   int  size()      { return list.size(); }
   ArrayList<T> getList() { return list; }
   public String toString() { return list.toString();}
}
```

▼ 실행결과
```
Apple Grape Juice
Apple Apple Juice
```

다음의 예제는 'super'로 와일드 카드의 하한을 제한하는 경우에 대한 예를 보여준다. 일단 예제부터 먼저 보자.

▼ 예제 12-4/**FruitBoxEx4.java**

```
import java.util.*;

class Fruit4  {
   String name;
   int weight;

   Fruit4(String name, int weight) {
      this.name   = name;
      this.weight = weight;
   }

   public String toString() { return name+"("+weight+")";}
}

class Apple4 extends Fruit4 {
   Apple4(String name, int weight) {
      super(name, weight);
   }
}

class Grape4 extends Fruit4 {
   Grape4(String name, int weight) {
      super(name, weight);
   }
}
```

```java
class AppleComp implements Comparator<Apple4> {
    public int compare(Apple4 t1, Apple4 t2) {
        return Integer.compare(t2.weight, t1.weight);
    }
}

class GrapeComp implements Comparator<Grape4> {
    public int compare(Grape4 t1, Grape4 t2) {
        return Integer.compare(t2.weight, t1.weight);
    }
}

class FruitComp implements Comparator<Fruit4> {
    public int compare(Fruit4 t1, Fruit4 t2) {
        return Integer.compare(t1.weight, t2.weight);
    }
}

class FruitBoxEx4 {
    public static void main(String[] args) {
        FruitBox4<Apple4> appleBox = new FruitBox4<Apple4>();
        FruitBox4<Grape4> grapeBox = new FruitBox4<Grape4>();

        appleBox.add(new Apple4("GreenApple", 300));
        appleBox.add(new Apple4("GreenApple", 100));
        appleBox.add(new Apple4("GreenApple", 200));
        grapeBox.add(new Grape4("GreenGrape", 400));
        grapeBox.add(new Grape4("GreenGrape", 300));
        grapeBox.add(new Grape4("GreenGrape", 200));

        Collections.sort(appleBox.getList(), new AppleComp());
        Collections.sort(grapeBox.getList(), new GrapeComp());
        System.out.println(appleBox);
        System.out.println(grapeBox);

        Collections.sort(appleBox.getList(), new FruitComp());
        Collections.sort(grapeBox.getList(), new FruitComp());
        System.out.println(appleBox);
        System.out.println(grapeBox);
    } // main
}
class FruitBox4<T extends Fruit4> extends Box4<T> {}
class Box4<T> {
    ArrayList<T> list = new ArrayList<T>();
    void add(T item) { list.add(item); }
    T get(int i) { return list.get(i); }
    ArrayList<T> getList() { return list; }
    int size() { return list.size(); }
    public String toString() { return list.toString();}
}
```

▼ 실행결과

```
[GreenApple(300), GreenApple(200), GreenApple(100)]
[GreenGrape(400), GreenGrape(300), GreenGrape(200)]
[GreenApple(100), GreenApple(200), GreenApple(300)]
[GreenGrape(200), GreenGrape(300), GreenGrape(400)]
```

이 예제는 Collections.sort()를 이용해서 appleBox와 grapeBox에 담긴 과일을 무게별로 정렬한다. 이 메서드의 선언부는 다음과 같다.

```
static <T> void sort(List<T> list, Comparator<? super T> c)
```

'static' 옆에 있는 '<T>'는 메서드에 선언된 지네릭 타입이다. 이런 메서드를 지네릭 메서드라고 하는데, 다음 단원에서 배울 것이다. 첫 번째 매개변수는 정렬할 대상이고, 두 번째 매개변수는 정렬할 방법이 정의된 Comparator이다. Comparator의 지네릭 타입에 하한 제한이 걸려있는 와일드 카드가 사용되었다. 먼저 다음과 같이 와일드 카드를 사용하지 않았다고 가정해보자.

```
static <T> void sort(List<T> list, Comparator<T> c)
```

만일 타입 매개변수 T에 Apple이 대입되면, 위의 정의는 아래와 같이 바뀔 것이다.

```
static void sort(List<Apple> list, Comparator<Apple> c)
```

이것은 List<Apple>을 정렬하기 위해서는 Comparator<Apple>이 필요하다는 것을 의미한다. 그래서 Comparator<Apple>을 구현한 AppleComp클래스를 아래처럼 정의하였다.

```
class AppleComp implements Comparator<Apple> {
    public int compare(Apple t1, Apple t2) {
        return Integer.compare(t2.weight, t1.wight);
    }
}
```

지금까지 별문제 없어 보인다. 하지만, Apple대신 Grape가 대입된다면? List<Grape>를 정렬하려면, Comparator<Grape>가 필요하다. Comparator<Apple>로 List<Grape>를 정렬할 수 없기 때문이다.

```
class GrapeComp implements Comparator<Grape> {
    public int compare(Grape t1, Grape t2) {
        return Integer.compare(t2.weight, t1.weight);
    }
}
```

AppleComp와 GrapeComp는 타입만 다를 뿐 완전히 같은 코드이다. 코드의 중복도 문제지만, 새로운 Fruit의 자손이 생길 때마다 위와 같은 코드를 반복해서 만들어야 한다는 것이 더 문제다. 이 문제를 해결하기 위해서는 타입 매개변수에 하한 제한의 와일드 카드를 적용해야 한다. 앞서 살펴본 것과 같이 sort()는 원래 그렇게 정의되어 있다.

```
static <T> void sort(List<T> list, Comparator<? super T> c)
```

위의 문장에서 타입 매개변수 T에 Apple이 대입되면 다음과 같이 된다.

```
static void sort(List<Apple> list, Comparator<? super Apple> c)
```

매개변수의 타입이 Comparator<? super Apple>이라는 의미는 Comparator의 타입 매개변수로 Apple과 그 조상이 가능하다는 뜻이다. 즉, Comparator<Apple>, Comparator<Fruit>, Comparator<Object> 중의 하나가 두 번째 매개변수로 올 수 있다는 뜻이다.

Comparator<? super Apple> : Comparator<Apple>, Comparator<Fruit>, Comparator<Object>

Comparator<? super Grape> : Comparator<Grape>, Comparator<Fruit>, Comparator<Object>

그래서 아래와 같이 FruitComp를 만들면, List<Apple>과 List<Grape>를 모두 정렬할 수 있다. 비교의 대상이 되는 weight는 Apple과 Grape의 조상인 Fruit에 정의되어 있기 때문에 가능한 것이기도 하다.

```
class FruitComp implements Comparator<Fruit> {
    public int compare(Fruit t1, Fruit t2) {
        return Integer.compare(t1.weight, t2.weight);
    }
}
    ...
// List<Apple>과 List<Grape>를 모두 Comparator<Fruit>으로 정렬
Collections.sort(appleBox.getList(), new FruitComp());
Collections.sort(grapeBox.getList(), new FruitComp());
```

이러한 장점 때문에 Comparator에는 항상 <? super T>가 습관적으로 따라 붙는다. 와일드 카드 때문에 Comparator를 어려워하는 경우가 많은데, 그럴 때는 그냥 와일드 카드를 무시하고 Comparator<T>라고 생각하기 바란다.

1.6 지네릭 메서드

메서드의 선언부에 지네릭 타입이 선언된 메서드를 지네릭 메서드라 한다. 앞서 살펴본 것처럼, Collections.sort()가 바로 지네릭 메서드이며, 지네릭 타입의 선언 위치는 반환 타입 바로 앞이다.

```
static <T> void sort(List<T> list, Comparator<? super T> c)
```

지네릭 클래스에 정의된 타입 매개변수와 지네릭 메서드에 정의된 타입 매개변수는 전혀 별개의 것이다. 같은 타입 문자 T를 사용해도 같은 것이 아니라는 것에 주의해야 한다.

| 참고 | 지네릭 메서드는 지네릭 클래스가 아닌 클래스에도 정의될 수 있다.

```
class FruitBox<T> {
    ...
    static <T> void sort(List<T> list, Comparator<? super T> c) {
        ...
    }
```

위의 코드에서 **지네릭 클래스 FruitBox에 선언된 타입 매개변수 T와 지네릭 메서드 sort()에 선언된 타입 매개변수 T는 타입 문자만 같을 뿐 서로 다른 것이다.** 그리고 sort()가 static메서드라는 것에 주목하자. 앞서 설명한 것처럼, static멤버에는 타입 매개변수를 사용할 수 없지만, 이처럼 메서드에 지네릭 타입을 선언하고 사용하는 것은 가능하다.

메서드에 선언된 지네릭 타입은 지역 변수를 선언한 것과 같다고 생각하면 이해하기 쉬운데, 이 타입 매개변수는 메서드 내에서만 지역적으로 사용될 것이므로 메서드가 static이건 아니건 상관이 없다.

앞서 나왔던 makeJuice()를 지네릭 메서드로 바꾸면 다음과 같다.

```
static Juice makeJuice(FruitBox<? extends Fruit> box) {
    String tmp = "";
    for(Fruit f : box.getList()) tmp += f + " ";
    return new Juice(tmp);
}
```
↓
```
static <T extends Fruit> Juice makeJuice(FruitBox<T> box) {
    String tmp = "";
    for(Fruit f : box.getList()) tmp += f + " ";
    return new Juice(tmp);
}
```

이제 이 메서드를 호출할 때는 아래와 같이 타입 변수에 타입을 대입해야 한다.

```
FruitBox<Fruit> fruitBox = new FruitBox<Fruit>();
FruitBox<Apple> appleBox = new FruitBox<Apple>();
    ...
System.out.println(Juicer.<Fruit>makeJuice(fruitBox));
System.out.println(Juicer.<Apple>makeJuice(appleBox));
```

대부분의 경우 컴파일러가 타입을 추정할 수 있기 때문에 생략 가능하다. 위의 코드에서도 fruitBox와 appleBox의 선언부를 통해 대입된 타입을 컴파일러가 추정할 수 있다.

```
System.out.println(Juicer.makeJuice(fruitBox)); // 대입된 타입을 생략할 수 있다.
System.out.println(Juicer.makeJuice(appleBox));
```

한 가지 주의할 점은 지네릭 메서드를 호출할 때, 대입된 타입을 생략할 수 없는 경우에는 참조변수나 클래스 이름을 생략할 수 없다는 것이다.

```
System.out.println(<Fruit>makeJuice(fruitBox));         // 에러. 클래스 이름 생략불가
System.out.println(this.<Fruit>makeJuice(fruitBox));    // OK
System.out.println(Juicer.<Fruit>makeJuice(fruitBox));  // OK
```

같은 클래스 내에 있는 멤버들끼리는 참조변수나 클래스이름, 즉 'this.'이나 '클래스이름.'을 생략하고 메서드 이름만으로 호출이 가능하지만, 대입된 타입이 있을 때는 반드시 써줘야 한다. 이것은 단지 기술적인 이유에 의한 규칙이므로 그냥 지키기만 하면 된다.

지네릭 메서드는 매개변수의 타입이 복잡할 때도 유용하다. 만일 아래와 같은 코드가 있다면 타입을 별도로 선언함으로써 코드를 간략히 할 수 있다.

```
public static void printAll(ArrayList<? extends Product> list,
                            ArrayList<? extends Product> list2) {
   for(Unit u : list)
       System.out.println(u);
}
```

```
public static <T extends Product> void printAll(ArrayList<T> list,
                                                ArrayList<T> list2) {
   for(Unit u : list)
       System.out.println(u);
}
```

이번엔 좀 복잡하게 선언된 지네릭 메서드 하나를 예를 들어보겠다. 아래의 메서드는 Collections클래스의 sort( )인데, 좀 전에 소개한 sort( )와 달리 매개변수가 하나이다.

```
public static <T extends Comparable<? super T>> void sort(List<T> list)
```

매개변수로 지정한 List<T>를 정렬한다는 것은 알겠는데, 메서드에 선언된 지네릭 타입이 좀 복잡하다. 이럴 때는 일단 와일드 카드를 걷어내자.

```
public static <T extends Comparable<T>> void sort(List<T> list)
```

이해하기가 좀 쉬워졌는가? List<T>의 요소가 Comparable인터페이스를 구현한 것이어야 한다는 뜻이다. 앞서 살펴본 것처럼 인터페이스이어도 'implements'라고 쓰지 않는다. 이제 다시 와일드 카드를 넣고 이해해보자.

```
public static <T extends Comparable<? super T>> void sort(List<T> list)
```

① 타입 T를 요소로 하는 List를 매개변수로 허용한다.
② 'T'는 Comparable을 구현한 클래스이어야 하며(<T extends Comparable>), 'T'또는 그 조상의 타입을 비교하는 Comparable이어야한다는 것(Comparable<? super T>)을 의미한다. 만일 T가 Student이고, Person의 자손이라면, <? super T>는 Student, Person, Object가 모두 가능하다.

1.7 지네릭 타입의 형변환

지네릭 타입과 원시 타입(raw type)간의 형변환이 가능할까? 잠시 생각해 본 다음에 아래의 코드를 보자.

```
Box         box    = null;
Box<Object> objBox = null;

box    = (Box)objBox;         // OK. 지네릭 타입 → 원시 타입. 경고 발생
objBox = (Box<Object>)box;    // OK. 원시 타입 → 지네릭 타입. 경고 발생
```

위에서 알 수 있듯이, 지네릭 타입과 넌지네릭(non-generic) 타입간의 형변환은 항상 가능하다. 다만 경고가 발생할 뿐이다. 그러면, 대입된 타입이 다른 지네릭 타입 간에는 형변환이 가능할까?

```
Box<Object> objBox = null;
Box<String> strBox = null;

objBox = (Box<Object>)strBox; // 에러. Box<String> → Box<Object>
strBox = (Box<String>)objBox; // 에러. Box<Object> → Box<String>
```

불가능하다. 대입된 타입이 Object일지라도 말이다. 이 사실은 이미 배웠다. 아래의 문장이 안 된다는 얘기는 Box<String>이 Box<Object>로 형변환될 수 없다는 사실을 간접적으로 알려주는 것이기 때문이다.

```
// Box<Object> objBox = (Box<Object>)new Box<String>();
Box<Object> objBox = new Box<String>(); // 에러. 형변환 불가능
```

그러면 다음의 문장은 어떨까? Box<String>이 Box<? extends Object>로 형변환될까?

```
Box<? extends Object> wBox = new Box<String>();
```

형변환이 된다. 그래서 전에 배운 makeJuice메서드의 매개변수에 다형성이 적용될 수 있었던 것이다.

```
// 매개변수로 FruitBox<Fruit>, FruitBox<Apple>, FruitBox<Grape> 등이 가능
static Juice makeJuice(FruitBox<? extends Fruit> box) { ... }

FruitBox<? extends Fruit> box = new FruitBox<Fruit>();  // OK
FruitBox<? extends Fruit> box = new FruitBox<Apple>();  // OK
FruitBox<? extends Fruit> box = new FruitBox<Grape>();  // OK
```

반대로의 형변환도 성립하지만, 확인되지 않은 형변환이라는 경고가 발생한다. 'FruitBox<? extends Fruit>'에 대입될 수 있는 타입이 여러 개인데다, FruitBox<Apple>를 제외한 다른 타입은 FruitBox<Apple>로 형변환될 수 없기 때문이다.

```
        FruitBox<? extends Fruit> box = null;
        // OK. 미확인 타입의 형변환 경고.
        // FruitBox<? extends Fruit> → FruitBox<Apple>
        FruitBox<Apple> appleBox = (FruitBox<Apple>)box;
```

이번엔 좀 실질적인 예를 살펴보자. 다음은 java.util.Optional클래스의 실제 소스의 일부이다. 지금까지 배운 내용들을 떠올리며, 아래의 코드를 자세히 살펴보자.

```
        public final class Optional<T> {
            private static final Optional<?> EMPTY = new Optional<>();
            private final T value;
                ...
            public static<T> Optional<T> empty() {
                Optional<T> t = (Optional<T>) EMPTY;
                return t;
            }
        }
                ...
```

static상수 EMPTY에 비어있는 Optional객체를 생성해서 저장했다가 empty()를 호출하면 EMPTY를 형변환해서 반환한다. 먼저 상수를 선언하는 문장을 단계별로 분석해보면 다음과 같다. 편의상 제어자는 생략하였다.

```
       Optional<?> EMPTY = new Optional<>();
    →  Optional<? extends Object> EMPTY = new Optional<>();
    →  Optional<? extends Object> EMPTY = new Optional<Object>();
```

⟨?⟩는 ⟨? extends Object⟩를 줄여 쓴 것이며, ⟨⟩안에 생략된 타입은 '?'가 아니라 'Object'이다.

```
       Optional<?> EMPTY = new Optional<?>();        // 에러. 미확인 타입의 객체는 생성불가
       Optional<?> EMPTY = new Optional<Object>();   // OK.
       Optional<?> EMPTY = new Optional<>();         // OK. 위의 문장과 동일
```

| 주의 | class Box⟨T extends Fruit⟩의 경우 Box⟨?⟩ b = new Box⟨⟩;는 Box⟨?⟩ b = new Box⟨Fruit⟩;이다.

위의 문장에서 EMPTY의 타입을 Optional⟨Object⟩가 아닌 Optional⟨?⟩로 한 이유는 Optional⟨T⟩로 형변환이 가능하기 때문이다.

```
       Optional<?>      wopt = new Optional<Object>();
       Optional<Object> oopt = new Optional<Object>();

       Optional<String> sopt = (Optional<String>)wopt; // OK. 형변환 가능
       Optional<String> sopt = (Optional<String>)oopt; // 에러. 형변환 불가
```

empty()의 반환 타입이 Optional⟨T⟩이므로 EMPTY를 Optional⟨T⟩로 형변환해야 하는데, 위의 코드에서 알 수 있는 것처럼 Optional⟨Object⟩는 Optional⟨T⟩로 형변환이 불가능하다.

```java
public static<T> Optional<T> empty() {
    Optional<T> t = (Optional<T>) EMPTY; // Optional<?> → Optional<T>
    return t;
}
```

정리하면, Optional〈Object〉를 Optional〈String〉으로 직접 형변환하는 것은 불가능하지만, 와일드 카드가 포함된 지네릭 타입으로 형변환하면 가능하다. 대신 확인되지 않은 타입으로의 형변환이라는 경고가 발생한다.

```
Optional<Object> → Optional<T>                      // 형변환 불가능.
Optional<Object> → Optional<?> → Optional<T>        // 형변환 가능. 경고발생
```

마지막으로 하나만 덧붙이면, 다음과 같이 와일드 카드가 사용된 지네릭 타입끼리도 다음과 같은 경우에는 형변환이 가능하다.

```java
FruitBox<? extends Object> objBox = null;
FruitBox<? extends String> strBox = null;

strBox = (FruitBox<? extends String>)objBox; // OK. 미확정 타입으로 형변환 경고
objBox = (FruitBox<? extends Object>)strBox; // OK. 미확정 타입으로 형변환 경고
```

형변환이 가능하긴 하지만, 와일드 카드는 타입이 확정된 타입이 아니므로 컴파일러는 미확정 타입으로 형변환하는 것이라고 경고한다.

1.8 지네릭 타입의 제거

컴파일러는 지네릭 타입을 이용해서 소스파일을 체크하고, 필요한 곳에 형변환을 넣어준다. 그리고 지네릭 타입을 제거한다. 즉, 컴파일된 파일(*.class)에는 지네릭 타입에 대한 정보가 없는 것이다.

이렇게 하는 주된 이유는 지네릭이 도입되기 이전의 소스 코드와의 호환성을 유지하기 위해서이다. JDK 5부터 지네릭스가 도입되었지만, 아직도 원시 타입을 사용해서 코드를 작성하는 것을 허용한다. 그러나 앞으로 가능하면 원시 타입을 사용하지 않도록 하자. 언젠가는 분명히 새로운 기능을 위해 하위 호환성을 포기하게 될 때가 올 것이기 때문이다. 지네릭 타입의 제거 과정은 꽤 복잡하기 때문에 자세히 설명하기 어렵다. 기본적인 제거 과정에 대해서만 살펴볼 것이다.

1. 지네릭 타입의 경계(bound)를 제거한다.

지네릭 타입이 〈T extends Fruit〉라면 T는 Fruit로 치환된다. 〈T〉인 경우는 T는 Object로 치환된다. 그리고 클래스 옆의 선언은 제거된다.

```
class Box<T extends Fruit> {          class Box {
    void add(T t) {           →           void add(Fruit t) {
        ...                                   ...
    }                                     }
}                                     }
```

2. 지네릭 타입을 제거한 후에 타입이 일치하지 않으면, 형변환을 추가한다.

List의 get()은 Object타입을 반환하므로 형변환이 필요하다.

```
T get(int i) {                        Fruit get(int i) {
    return list.get(i);      →            return (Fruit)list.get(i);
}                                     }
```

와일드 카드가 있는 경우에는 다음과 같이 적절한 타입으로의 형변환이 추가된다.

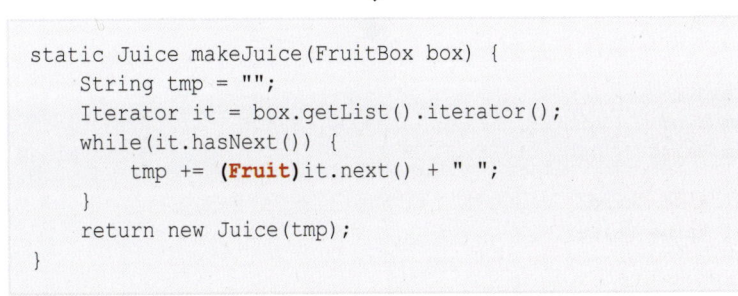

지금까지 지네릭스에 대해서 모두 살펴보았는데, 지네릭스의 모든 내용을 담지는 못했다. 지네릭스를 완전히 이해하는 것이 그리 쉬운 일이 아니기 때문에 설명에도 어려움이 많았다. 이 단원을 통해 지네릭스를 완전히 이해하기보다 우선 기본적인 내용만 이해하고, 다른 장을 공부하면서 부족하다고 느끼는 부분을 다시 복습하는 방식으로 학습하면서 이해의 폭을 넓혀가는 방법을 추천한다.

2. 열거형

2.1 열거형이란?

열거형은 서로 관련된 상수를 편리하게 선언하기 위한 것으로 여러 상수를 정의할 때 사용하면 유용하다. 원래 자바는 열거형이라는 것이 존재하지 않았으나 JDK 5부터 새로 추가되었다. 자바의 열거형은 C언어의 열거형보다 더 향상된 것으로 열거형이 갖는 값뿐만 아니라 타입도 체크하기 때문에 논리적인 오류를 더 줄일 수 있다.

```
class Card {
    static final int CLOVER = 0;
    static final int HEART = 1;
    static final int DIAMOND = 2;
    static final int SPADE = 3;

    static final int TWO = 0;
    static final int THREE = 1;
    static final int FOUR = 2;

    final int kind;
    final int num;
}
```

⬇

```
class Card {
    enum Kind  { CLOVER, HEART, DIAMOND, SPADE }   // 열거형 Kind를 정의
    enum Value { TWO, THREE, FOUR }                // 열거형 Value를 정의

    final Kind  kind;   // 타입이 int가 아닌 Kind임에 유의하자.
    final Value value;
}
```

기존의 많은 언어들, 예를 들어 C언어는 타입이 달라도 값이 같으면 조건식 결과가 참(true)이였으나, 자바의 열거형은 '타입에 안전한 열거형(typesafe enum)'이라서 실제 값이 같아도 타입이 다르면 컴파일 에러가 발생한다. 이처럼 값뿐만 아니라 타입까지 체크하기 때문에 타입에 안전하다고 하는 것이다.

```
if(Card.CLOVER==Card.TWO)            // true지만 false이어야 의미상 맞음.
if(Card.Kind.CLOVER==Card.Value.TWO) // 컴파일 에러. 값은 같지만 타입이 다름
```

그리고 더 중요한 것은 상수의 값이 바뀌면, 해당 상수를 참조하는 모든 소스를 다시 컴파일해야 한다는 것이다. 하지만 열거형 상수를 사용하면, 기존의 소스를 다시 컴파일하지 않아도 된다.

2.2 열거형의 정의와 사용

열거형을 정의하는 방법은 간단하다. 다음과 같이 괄호{}안에 상수의 이름을 나열하기만 하면 된다.

```
enum 열거형이름 { 상수명1, 상수명2, ... }
```

예를 들어 동서남북 4방향을 상수로 정의하는 열거형 Direction은 다음과 같다.

```
enum Direction { EAST, SOUTH, WEST, NORTH }
```

이 열거형에 정의된 상수를 사용하는 방법은 '열거형이름.상수명'이다. 클래스의 static변수를 참조하는 것과 동일하다.

```
class Unit {
    int x, y;         // 유닛의 위치
    Direction dir;    // 열거형을 인스턴스 변수로 선언

    void init() {
        dir = Direction.EAST;   // 유닛의 방향을 EAST로 초기화
    }
}
```

열거형 상수간의 비교에는 '=='를 사용할 수 있다. equals( )가 아닌 '=='로 비교가 가능하다는 것은 그만큼 빠른 성능을 제공한다는 얘기다. 그러나 '<', '>'와 같은 비교연산자는 사용할 수 없고 compareTo( )는 사용가능하다. 앞서 배운 것과 같이 compareTo( )는 두 비교대상이 같으면 0, 왼쪽이 크면 양수, 오른쪽이 크면 음수를 반환한다.

```
if(dir == Direction.EAST) {
   x++;
} else if (dir > Direction.WEST) {  // 에러. 열거형 상수에 비교 연산자 사용불가
   ...
} else if (dir.compareTo(Direction.WEST) > 0) { // compareTo()는 가능
   ...
}
```

다음과 같이 switch문의 조건식에도 열거형을 사용할 수 있다.

```
void move() {
    switch(dir) {
        case EAST  -> x++;   // Direction.EAST는 에러. JDK 21부터 허용
        case WEST  -> x--;
        case SOUTH -> y++;
        case NORTH -> y--;
    }
}
```

이 때 주의할 점은 case문에 열거형의 이름은 적지 않고 상수의 이름만 적어야 한다는 것인데, JDK 21부터 열거형의 이름을 붙일 수 있게 바뀌었다. 대부분의 경우 생략가능하다.

한가지 더 주의할 것은 switch문의 case의 갯수가 열거형에 정의된 상수의 갯수와 일치하지 않으면 에러가 발생한다는 것이다. 열거형의 모든 상수를 case로 처리하던가 default를 마지막에 넣어서 모든 경우가 빠짐없이 처리되어야 한다.

```
void move() {
    switch(dir) {
        case EAST -> x++;
        // 열거형의 상수를 모두 처리하지 않아서 아래의 문장이 없으면 에러.
        default -> throw new RuntimeException("Invalid");
    }
}
```

모든 열거형의 조상 – java.lang.Enum
열거형 Direction에 정의된 모든 상수를 출력하려면, 다음과 같이 한다.

```
Direction[] dArr = Direction.values();

for(Direction d : dArr)    // for(Direction d : Direction.values())
    System.out.printf("%s = %d%n", d.name(), d.ordinal());
```

values()는 열거형의 모든 상수를 배열에 담아 반환한다. 이 메서드는 모든 열거형이 가지고 있는 것으로 컴파일러가 자동으로 추가해 준다. 그리고 ordinal()은 모든 열거형의 조상인 java.lang.Enum클래스에 정의된 것으로, 열거형 상수가 정의된 순서(0부터 시작)를 정수로 반환한다.

Enum클래스에는 그 밖에도 다음과 같은 메서드가 정의되어 있다.

메서드	설명
Class⟨E⟩ getDeclaringClass()	열거형의 Class객체를 반환한다.
String name()	열거형 상수의 이름을 문자열로 반환한다.
int ordinal()	열거형 상수가 정의된 순서를 반환한다.(0부터 시작)
T valueOf(Class⟨T⟩ enumType, String name)	지정된 열거형에서 name과 일치하는 열거형 상수를 반환한다.
Optional⟨Enum.EnumDesc⟨E⟩⟩ describeConstable()	Enum의 설명자(EnumDesc)가 담긴 Optional(래퍼 클래스)을 반환한다. JDK 12

▲ 표12-1 Enum클래스에 정의된 메서드

| 참고 | Optional은 T타입의 객체를 포함하는 래퍼 클래스이며, p.971에서 자세히 설명한다.
| 참고 | JDK 12부터 상수 풀(constant pool)을 조작하기 위한 JVM Constant API(java.lang.constant패키지)가 추가되었다. 이 패키지는 상수, 클래스, 메서드의 정보를 제공하는 ConstantDesc, ClassDesc 등의 설명자(descriptor)를 제공한다.

이외에도 values()처럼 컴파일러가 자동적으로 추가해주는 메서드가 하나 더 있다.

```
static E[] values()
static E   valueOf(String name)
```

이 메서드는 열거형 상수의 이름으로 문자열 상수에 대한 참조를 얻을 수 있게 해준다.

```
        Direction d = Direction.valueOf("WEST");
        System.out.println(d); // WEST
        System.out.println(Direction.WEST == Direction.valueOf("WEST")); //true
```

이제 예제를 통해 열거형을 직접 정의하고 사용해 보자.

▼ 예제 12-5/**EnumEx.java**

```java
enum Direction { EAST, SOUTH, WEST, NORTH }

class EnumEx {
    public static void main(String[] args) {
        Direction d1 = Direction.EAST;
        Direction d2 = Direction.valueOf("WEST");
        Direction d3 = Enum.valueOf(Direction.class, "EAST");

        System.out.println("d1="+d1);
        System.out.println("d2="+d2);
        System.out.println("d3="+d3);
        System.out.println("d1==d2 ? "+ (d1==d2));
        System.out.println("d1==d3 ? "+ (d1==d3));
        System.out.println("d1.equals(d3) ? "+ d1.equals(d3));
//      System.out.println("d2 > d3 ? "+ (d1 > d3)); // 에러
        System.out.println("d1.compareTo(d3) ? "+ (d1.compareTo(d3)));
        System.out.println("d1.compareTo(d2) ? "+ (d1.compareTo(d2)));

        switch(d1) {
            case EAST  -> System.out.println("The direction is EAST.");
            case SOUTH -> System.out.println("The direction is SOUTH.");
            case WEST  -> System.out.println("The direction is WEST.");
            case NORTH -> System.out.println("The direction is NORTH.");
        }

        Direction[] dArr = Direction.values();

        for(Direction d : dArr)   // for(Direction d : Direction.values())
            System.out.printf("%s=%d%n", d.name(), d.ordinal());
    }
}
```

▼ 실행결과

```
d1=EAST
d2=WEST
d3=EAST
d1==d2 ? false
d1==d3 ? true
d1.equals(d3) ? true
d1.compareTo(d3) ? 0
d1.compareTo(d2) ? -2
The direction is EAST.
EAST=0
SOUTH=1
WEST=2
NORTH=3
```

2.3 열거형에 멤버 추가하기

Enum클래스에 정의된 ordinal()이 열거형 상수가 정의된 순서를 반환하지만, 이 값을 열거형 상수의 값으로 사용하지 않는 것이 좋다. 이 값은 내부적인 용도로만 사용되기 위한 것이기 때문이다.

열거형 상수의 값이 불연속적인 경우에는 이때는 다음과 같이 열거형 상수의 이름 옆에 원하는 값을 괄호()와 함께 적어주면 된다.

```
enum Direction { EAST(1), SOUTH(5), WEST(-1), NORTH(10) }
```

그리고 지정된 값을 저장할 수 있는 인스턴스 변수와 생성자를 새로 추가해 주어야 한다. 이 때 주의할 점은, 먼저 열거형 상수를 모두 정의한 다음에 다른 멤버들을 추가해야한다는 것이다. 그리고 열거형 상수의 마지막에 ';'도 잊지 말아야 한다.

```
enum Direction {
    EAST(1), SOUTH(5), WEST(-1), NORTH(10);   // 끝에 ';'를 추가해야 한다.

    private final int value;    // 정수를 저장할 필드(인스턴스 변수)를 추가
    Direction(int value) { this.value = value; } // 생성자를 추가

    public int getValue() { return value; }
}
```

열거형의 인스턴스 변수는 반드시 final이어야 한다는 제약은 없지만, value는 열거형 상수의 값을 저장하기 위한 것이므로 final을 붙였다. 그리고 외부에서 이 값을 얻을 수 있게 getValue()도 추가하였다.

```
Direction d = new Direction(1); // 에러. 열거형의 생성자는 외부에서 호출불가
```

열거형 Direction에 새로운 생성자가 추가되었지만, 위와 같이 열거형의 객체를 생성할 수 없다. 열거형의 생성자는 제어자가 묵시적으로 private이기 때문이다.

```
enum Direction {
    ...
    Direction(int value) {  // private Direction(int value)와 동일
    ...
}
```

필요하다면, 다음과 같이 하나의 열거형 상수에 여러 값을 지정할 수도 있다. 다만 그에 맞게 인스턴스 변수와 생성자 등을 새로 추가해주어야 한다.

```
enum Direction {
    EAST(1, ">"), SOUTH(2,"V"), WEST(3, "<"), NORTH(4,"^");

    private final int value;
    private final String symbol;

    Direction(int value, String symbol) { // private이 생략됨
```

```java
            this.value = value;
            this.symbol = symbol;
        }
        public int getValue()    { return value; }
        public String getSymbol() { return symbol; }
    }
```

▼ 예제 12-6/**EnumEx2.java**

```java
enum Direction2 {
    EAST(1, ">"), SOUTH(2,"V"), WEST(3, "<"), NORTH(4,"^");

    private static final Direction2[] DIR_ARR = Direction2.values();
    private final int value;
    private final String symbol;

    Direction2(int value, String symbol) { // 접근 제어자 private이 생략됨
        this.value  = value;
        this.symbol = symbol;
    }

    public int    getValue()  { return value; }
    public String getSymbol() { return symbol; }

    public static Direction2 of(int dir) {
        if (dir < 1 || dir > 4) {
            throw new IllegalArgumentException("Invalid value :" + dir);
        }
        return DIR_ARR[dir - 1];
    }

    // 방향을 회전시키는 메서드. num의 값만큼 90도씩 시계방향으로 회전한다.
    public Direction2 rotate(int num) {
        num = num % 4;

        if(num < 0)  num +=4;  // num이 음수일 때는 시계반대 방향으로 회전

        return DIR_ARR[(value-1+num) % 4];
    }

    public String toString() {
        return name() + getSymbol();
    }
} // enum Direction

class EnumEx2 {
    public static void main(String[] args) {
        for(Direction2 d : Direction2.values())
            System.out.printf("%s=%d%n", d.name(), d.getValue());

        Direction2 d1 = Direction2.EAST;
        Direction2 d2 = Direction2.of(1);

        System.out.printf("d1=%s, %d%n", d1.name(), d1.getValue());
        System.out.printf("d2=%s, %d%n", d2.name(), d2.getValue());
```

▼ 실행결과

```
EAST=1
SOUTH=2
WEST=3
NORTH=4
d1=EAST, 1
d2=EAST, 1
SOUTHV
WEST<
NORTH^
WEST<
```

```
        System.out.println(Direction2.EAST.rotate(1));
        System.out.println(Direction2.EAST.rotate(2));
        System.out.println(Direction2.EAST.rotate(-1));
        System.out.println(Direction2.EAST.rotate(-2));
    }
}
```

열거형에 추상 메서드 추가하기

열거형 Transportation은 운송 수단의 종류 별로 상수를 정의하고 있으며, 각 운송 수단에는 기본요금(BASIC_FARE)이 책정되어 있다.

```
        enum Transportation {
            BUS(100), TRAIN(150), SHIP(100), AIRPLANE(300);

            private final int BASIC_FARE;

            private Transportation(int basicFare) {
                BASIC_FARE = basicFare;
            }

            int fare() { // 운송 요금을 반환
                return BASIC_FARE;
            }
        }
```

그러나 이것만으로는 부족하다. 거리에 따라 요금을 계산하는 방식이 각 운송 수단마다 다를 것이기 때문이다. 이럴 때, 열거형에 추상 메서드 'fare(int distance)'를 선언하면 각 열거형 상수가 이 추상 메서드를 반드시 구현해야 한다.

```
enum Transportation {
   BUS(100)  {   // 추상 메서드를 구현
      int fare(int distance) { return distance*BASIC_FARE;}
   },
   TRAIN(150) { int fare(int distance) { return distance*BASIC_FARE;}},
   SHIP(100)  { int fare(int distance) { return distance*BASIC_FARE;}},
   AIRPLANE(300){ int fare(int distance) { return distance*BASIC_FARE;}};

   abstract int fare(int distance);  // 거리에 따른 요금을 계산하는 추상 메서드

   protected final int BASIC_FARE;   // protected로 해야 각 상수에서 접근가능

   Transportation(int basicFare) {
      BASIC_FARE = basicFare;
   }

   public int getBasicFare() { return BASIC_FARE; }
}
```

위의 코드는 열거형에 정의된 추상 메서드를 각 상수가 어떻게 구현하는지 보여준다. 마치 익명 클래스를 작성한 것처럼 보일 정도로 유사하다.

▼ 예제 12-7/EnumEx3.java

```java
enum Transportation {
    BUS(100)       { int fare(int distance) { return distance*BASIC_FARE;}},
    TRAIN(150)     { int fare(int distance) { return distance*BASIC_FARE;}},
    SHIP(100)      { int fare(int distance) { return distance*BASIC_FARE;}},
    AIRPLANE(300)  { int fare(int distance) { return distance*BASIC_FARE;}};

    protected final int BASIC_FARE; // protected로 해야 각 상수에서 접근가능

    Transportation(int basicFare) { // private Transportation(int basicFare) {
        BASIC_FARE = basicFare;
    }

    public int getBasicFare() { return BASIC_FARE; }

    abstract int fare(int distance); // 거리에 따른 요금 계산
}
class EnumEx3 {
    public static void main(String[] args) {
        System.out.println("bus fare="+Transportation.BUS.fare(100));
        System.out.println("train fare="+Transportation.TRAIN.fare(100));
        System.out.println("ship fare="+Transportation.SHIP.fare(100));
        System.out.println("airplane fare="+Transportation.AIRPLANE.fare( 100));
    }
}
```

▼ 실행결과

```
bus fare=10000
train fare=15000
ship fare=10000
airplane fare=30000
```

예제에서는 각 열거형 상수가 추상 메서드 fare( )를 똑같은 내용으로 구현했지만, 다르게 구현될 수도 있게 하려고 추상 메서드로 선언한 것이다.

2.4 열거형의 이해

지금까지 열거형에 대해서 모두 살펴봤는데, 열거형의 이해를 돕기 위해 마지막으로 열거형이 내부적으로 어떻게 구현되었는지에 대해 설명하고자 한다.

만일 열거형 Direction이 다음과 같이 정의되어 있을 때,

```
enum Direction { EAST, SOUTH, WEST, NORTH }
```

사실은 열거형 상수 하나하나가 Direction객체이다. 위의 문장을 클래스로 정의한다면 다음과 같을 것이다.

```java
class Direction extends Enum { // 모든 열거형의 조상 Enum
    static final Direction EAST  = new Direction("EAST");
    static final Direction SOUTH = new Direction("SOUTH");
    static final Direction WEST  = new Direction("WEST");
    static final Direction NORTH = new Direction("NORTH");

    private String name;

    private Direction(String name) {
        this.name = name;
    }
}
```

Direction클래스의 static상수 EAST, SOUTH, WEST, NORTH의 값은 객체의 주소이고, 이 값은 바뀌지 않는 값이므로 '=='로 비교가 가능한 것이다. 모든 열거형의 조상은 추상 클래스 Enum이며, 이 클래스에는 열거형이 가져야 하는 기본 기능이 구현되어 있다.

열거형을 선언하면 Enum을 상속받는 새로운 클래스 자동으로 만들어진다. 이해를 돕기 위해 Enum을 흉내 내어 MyEnum을 작성해보았다.

```java
abstract class MyEnum<T extends MyEnum<T>> implements Comparable<T> {
    static int id = 0; // 객체에 붙일 일련번호 (0부터 시작)

    int ordinal;
    String name = "";

    public int ordinal() { return ordinal; }

    MyEnum(String name) {
        this.name = name;
        ordinal = id++;   // 객체를 생성할 때마다 id의 값을 증가시킨다.
    }

    public int compareTo(T t) {
        return ordinal - t.ordinal();
    }
}
```

앞서 6장에서 배운 것과 같이 객체가 생성될 때마다 번호를 붙여서 인스턴스변수 ordinal에 저장한다. 그리고 Comparable인터페이스를 구현해서 열거형 상수간의 비교가 가능하도록 되어 있다. 구현 내용은 간단하다. 두 열거형 상수의 ordinal값을 서로 빼주기만 하면 된다. 만일 클래스를 MyEnum⟨T⟩와 같이 선언하였다면, compareTo()를 위와 같이 간단히 작성할 수 없었을 것이다. 타입 T에 ordinal()이 정의되어 있는지 확인할 수 없기 때문이다.

```java
abstract class MyEnum<T> implements Comparable<T> {
    ...
    public int compareTo(T t) {
        return ordinal - t.ordinal();   // 에러. 타입 T에 ordinal()이 있나?
    }
}
```

그래서 MyEnum<T extends<MyEnum<T>>와 같이 선언한 것이며, 이것은 타입 T가 MyEnum<T>의 자손이어야 한다는 의미이다. 타입 T가 MyEnum의 자손이므로 ordinal( )이 정의되어 있는 것은 분명하므로 형변환 없이도 에러가 나지 않는다.

그리고 추상 메서드를 새로 추가하면, 클래스 앞에도 'abstract'를 붙여줘야 하고, 각 static상수들도 추상 메서드를 구현해주어야 한다. 아래의 코드에서는 익명 클래스의 형태로 추상 메서드를 구현하였다.

```java
abstract class Direction extends MyEnum<Direction> {
    static final Direction EAST  = new Direction("EAST") { // 익명 클래스
        Point moveTo(Point p) { /* 내용 생략 */ }
    };
    static final Direction SOUTH = new Direction("SOUTH") {
        Point moveTo(Point p) { /* 내용 생략 */ }
    };
    static final Direction WEST  = new Direction("WEST") {
        Point moveTo(Point p) { /* 내용 생략 */ }
    };
    static final Direction SOUTH  = new Direction("SOUTH") {
        Point moveTo(Point p) { /* 내용 생략 */ }
    };

    private String name;

    private Direction(String name) {
        this.name = name;
    }

    abstract Point moveTo(Point p);
}
```

이제 왜 열거형에 추상 메서드를 추가하면 각 열거형 상수가 추상 메서드를 구현해야 하는지 이해가 될 것이다.

이제 예제를 통해서 지금까지 배운 것들을 직접 확인해 보자.

▼ 예제 12-8/EnumEx4.java

```java
abstract class MyEnum<T extends MyEnum<T>> implements Comparable<T> {
    static int id = 0;
    int ordinal;
    String name = "";

    public int ordinal() { return ordinal; }

    MyEnum(String name) {
        this.name = name;
        ordinal = id++;
    }

    public int compareTo(T t) {
        return ordinal - t.ordinal(); // 사실 Integer.compare()를 사용해야 한다.
    }
}
```

```
abstract class MyTransportation extends MyEnum<MyTransportation> {
    static final MyTransportation BUS    = new MyTransportation("BUS", 100) {
        int fare(int distance) { return distance * BASIC_FARE; }
    };
    static final MyTransportation TRAIN  = new MyTransportation("TRAIN", 150) {
        int fare(int distance) { return distance * BASIC_FARE; }
    };
    static final MyTransportation SHIP   = new MyTransportation("SHIP", 100) {
        int fare(int distance) { return distance * BASIC_FARE; }
    };
    static final MyTransportation AIRPLANE =
                                    new MyTransportation("AIRPLANE", 300) {
        int fare(int distance) { return distance * BASIC_FARE; }
    };

    abstract int fare(int distance); // 추상 메서드

    protected final int BASIC_FARE;

    private MyTransportation(String name, int basicFare) {
        super(name);
        BASIC_FARE = basicFare;
    }

    public String name()     { return name; }
    public String toString() { return name; }
}
class EnumEx4 {
    public static void main(String[] args) {
        MyTransportation t1 = MyTransportation.BUS;
        MyTransportation t2 = MyTransportation.BUS;
        MyTransportation t3 = MyTransportation.TRAIN;
        MyTransportation t4 = MyTransportation.SHIP;
        MyTransportation t5 = MyTransportation.AIRPLANE;

        System.out.printf("t1=%s, %d%n", t1.name(), t1.ordinal());
        System.out.printf("t2=%s, %d%n", t2.name(), t2.ordinal());
        System.out.printf("t3=%s, %d%n", t3.name(), t3.ordinal());
        System.out.printf("t4=%s, %d%n", t4.name(), t4.ordinal());
        System.out.printf("t5=%s, %d%n", t5.name(), t5.ordinal());
        System.out.println("t1==t2 ? "+(t1==t2));
        System.out.println("t1.compareTo(t3)="+ t1.compareTo(t3));
    }
}
```

▼ 실행결과

```
t1=BUS, 0
t2=BUS, 0
t3=TRAIN, 1
t4=SHIP, 2
t5=AIRPLANE, 3
t1==t2 ? true
t1.compareTo(t3)=-1
```

3. 애너테이션(annotation)

3.1 애너테이션이란?

자바를 개발한 사람들은 소스 코드에 대한 문서를 따로 만들기보다 소스 코드와 문서를 하나의 파일로 관리하는 것이 낫다고 생각했다. 그래서 소스코드의 주석'/** ~ */'에 소스 코드에 대한 정보를 저장하고, 소스 코드의 주석으로부터 HTML문서를 생성해내는 프로그램(javadoc.exe)을 만들어서 사용했다. 다음은 모든 애너테이션의 조상인 Annotation인터페이스의 소스 코드의 일부이다.

```
/**
 * The common interface extended by all annotation types.  Note that an
 * interface that manually extends this one does <i>not</i> define
 * an annotation type.  Also note that this interface does not itself
 * define an annotation type.
    ...
 * The {@link java.lang.reflect.AnnotatedElement} interface discusses
 * compatibility concerns when evolving an annotation type from being
 * non-repeatable to being repeatable.
 *
 * @author  Josh Bloch
 * @since   1.5
 */
public interface Annotation {
    ...
```

'/**'로 시작하는 주석 안에 소스 코드에 대한 설명들이 있고, 그 안에 '@'이 붙은 태그 들이 눈에 띌 것이다. 미리 정의된 태그들을 이용해서 주석 안에 정보를 저장하고, javadoc.exe라는 프로그램이 이 정보를 읽어서 문서를 작성하는데 사용한다.

  이 기능을 응용하여, 프로그램의 소스 코드 안에 다른 프로그램을 위한 정보를 미리 약속된 형식으로 포함시킨 것이 바로 애너테이션이다. 애너테이션은 주석(comment)처럼 프로그래밍 언어에 영향을 미치지 않으면서도 다른 프로그램에게 유용한 정보를 제공할 수 있다는 장점이 있다.

| 참고 | 애너테이션(annotation)의 뜻은 주석, 주해, 메모이다.

예를 들어, 자신이 작성한 소스 코드 중에서 특정 메서드만 테스트하기를 원한다면, 다음과 같이 '@Test'라는 애너테이션을 메서드 앞에 붙인다. '@Test'는 '이 메서드를 테스트해야 한다'는 것을 테스트 프로그램에게 알리는 역할을 할 뿐, 메서드가 포함된 프로그램 자체에는 아무런 영향을 미치지 않는다. 주석처럼 존재하지 않는 것이나 다름없다.

```
@Test    // 이 메서드가 테스트 대상임을 테스트 프로그램에게 알린다.
public void method() {
    ...
}
```

테스트 프로그램에게 테스트할 메서드를 일일이 알려주지 않고, 해당 메서드 앞에 애너테이션만 붙이면 된다니 얼마나 편리한가. 그렇다고 모든 프로그램에게 의미가 있는 것은 아니고, 해당 프로그램에 미리 정의된 종류와 형식으로 작성해야만 의미가 있다. '@Test'는 테스트 프로그램을 제외한 다른 프로그램에게는 아무런 의미가 없는 정보일 것이다.

애너테이션은 Java에서 기본적으로 제공하는 것과 다른 프로그램에서 제공하는 것들이 있는데, 어느 것이든 그저 약속된 형식으로 정보를 제공하기만 하면 될 뿐이다. 애너테이션이 제공한 정보를 이용해서 내부적으로 어떻게 처리하는 지까지 지금의 학습 단계에서 고민하지 않기 바란다.

Java에서 제공하는 표준 애너테이션은 주로 컴파일러를 위한 것으로 컴파일러에게 유용한 정보를 제공한다. 그리고 새로운 애너테이션을 정의할 때 사용하는 메타 애너테이션을 제공한다.

| 참고 | JDK에서 제공하는 메타 애너테이션은 'java.lang.annotation'패키지에 포함되어 있다.

3.2 표준 애너테이션

자바에서 기본적으로 제공하는 애너테이션들은 몇 개 없다. 그나마 이들의 일부는 '메타 애너테이션(meta annotation)'으로 애너테이션을 정의하는데 사용되는 애너테이션의 애너테이션이다. 아직 여러 분들은 대부분 새로운 애너테이션을 정의하기보다는 이미 작성된 애너테이션을 사용하는 경우가 많을 것이므로 가벼운 마음으로 읽으면 좋을 것 같다.

애너테이션	설명
@Override	컴파일러에게 오버라이딩하는 메서드라는 것을 알린다.
@Deprecated	앞으로 사용하지 않을 것을 권장하는 대상에 붙인다.
@SuppressWarnings	컴파일러의 특정 경고메시지가 나타나지 않게 해준다.
@SafeVarargs	지네릭스 타입의 가변인자에 사용한다. JDK 7
@FunctionalInterface	함수형 인터페이스라는 것을 알린다. JDK 8
@Native	native메서드에서 참조되는 상수 앞에 붙인다. JDK 8
@Target*	애너테이션이 적용가능한 대상을 지정하는데 사용한다.
@Documented*	애너테이션 정보가 javadoc으로 작성된 문서에 포함되게 한다.
@Inherited*	애너테이션이 자손 클래스에 상속되도록 한다.
@Retention*	애너테이션이 유지되는 범위를 지정하는데 사용한다.
@Repeatable*	애너테이션을 반복해서 적용할 수 있게 한다. JDK 8

▲ 표12-2 자바에서 기본적으로 제공하는 표준 애너테이션 (*가 붙은 것은 메타 애너테이션)

메타 애너테이션은 잠시 후에 소개하기로 하고, 메타 애너테이션을 제외한 애너테이션에 대해서 먼저 알아보자.

@Override

메서드 앞에만 붙일 수 있는 애너테이션으로, 조상의 메서드를 오버라이딩하는 것이라는 걸 컴파일러에게 알려주는 역할을 한다. 아래의 코드에서와 같이 오버라이딩할 때 조상 메서드의 이름을 잘못 써도 컴파일러는 이것이 잘못된 것인지 알지 못한다.

```
class Parent {
    void parentMethod() { }
}
class Child extends Parent {
    void parentmethod() { }   // 오버라이딩하려 했으나 실수로 이름을 잘못적음
}
```

오버라이딩할 때는 이처럼 메서드의 이름을 잘못 적는 경우가 많은데, 컴파일러는 그저 새로운 이름의 메서드가 추가된 것으로 인식할 뿐이다. 게다가 실행 시에도 오류가 발생하지 않고 조상의 메서드가 호출되므로 어디서 잘못되었는지 알아내기 어렵다.

```
class Child extends Parent {          class Child extends Parent {
    void parentmethod(){}     →           @Override
}                                         void parentmethod() {}
                                      }
```

그러나 위의 오른쪽 코드와 같이 메서드 앞에 '@Override'라고 애너테이션을 붙이면, 컴파일러가 같은 이름의 메서드가 조상에 있는지 확인하고 없으면, 에러메시지를 출력한다.

오버라이딩할 때 메서드 앞에 '@Override'를 붙이는 것이 필수는 아니지만, 알아내기 어려운 실수를 미연에 방지해주므로 반드시 붙이도록 하자.

▼ 예제 12-9/`AnnotationEx.java`

```
class Parent {
    void parentMethod() { }
}
class Child extends Parent {
    @Override
    void parentmethod() { }  // 조상 메서드의 이름을 잘못 적었음.
}
```

▼ 컴파일 결과

```
AnnotationEx.java:6: error: method does not override or implement a method
from a supertype
        @Override
        ^
1 error
```

이 예제를 컴파일하면 위와 같은 에러메시지가 나타난다. 오버라이딩을 해야 하는데 하지 않았다는 뜻이다. '@Override'를 메서드 앞에 붙이지 않았다면 나타나지 않았을 메시지이다. Child클래스에서 메서드의 이름을 'parentMethod'로 변경하고 다시 컴파일해보자. 이번에 에러메시지가 나타나지 않을 것이다.

@Deprecated
새로운 버전의 Java가 소개될 때, 새로운 기능이 추가될 뿐만 아니라 기존의 부족했던 기능들을 개선하기도 한다. 이 과정에서 기존의 기능을 대체할 것들이 추가되어도, 이미 여러 곳에서 사용되고 있을지 모르는 기존의 것들을 함부로 삭제할 수 없다.

그래서 생각해낸 방법이 더 이상 사용되지 않는 필드나 메서드에 '@Deprecated'를 붙이는 것이다. 이 애너테이션이 붙은 대상은 다른 것으로 대체되었으니 더 이상 사용하지 않을 것을 권한다는 의미이다. 예를 들어 java.util.Date클래스의 대부분의 메서드에는 '@Deprecated'가 붙어있는데, Java API에서 Date클래스의 getDate()를 보면 아래와 같이 적혀있다.

```
int getDate()
    Deprecated.
    As of JDK version 1.1, replaced by Calendar.get(Calendar.DAY_OF_MONTH).
```

이 메서드 대신에 JDK 1.1부터 추가된 Calendar클래스의 get()을 사용하라는 얘기다. 기존의 것 대신 새로 추가된 개선된 기능을 사용하도록 유도하는 것이다. 굳이 기존의 것을 사용하겠다면, 아무도 못 말리겠지만 가능하면 '@Deprecated'가 붙은 것들은 사용하지 않아야 한다.

만일 '@Deprecated'가 붙은 대상을 사용하는 코드를 작성하면, 컴파일할 때 아래와 같은 메시지가 나타난다.

```
Note: AnnotationEx2.java uses or overrides a deprecated API.
Note: Recompile with -Xlint:deprecation for details.
```

해당 소스파일이 'deprecated'된 대상을 사용하고 있으며, '-Xlint:deprecation'옵션을 붙여서 다시 컴파일하면 자세한 내용을 알 수 있다는 뜻이다.

▼ 예제 12-10 / `AnnotationEx2.java`

```java
class NewClass{
    int newField;
    int getNewField() { return newField; }

    @Deprecated
    int oldField;

    @Deprecated
    int getOldField() { return oldField; }
}
class AnnotationEx2 {
    public static void main(String args[]) {
        NewClass nc = new NewClass();

        nc.oldField = 10;                    // @Depreacted가 붙은 대상을 사용
        System.out.println(nc.getOldField()); // @Depreacted가 붙은 대상을 사용
    }
}
```

```
▼ 실행결과 - C:\Users\userid\jdk21\ch12\src>

c:\...\ch12\src>javac AnnotationEx2.java
Note: AnnotationEx2.java uses or overrides a deprecated API.
Note: Recompile with -Xlint:deprecation for details.

c:\...\ch12\src>java AnnotationEx2
10
```

이 예제는 '@Deprecated'가 붙은 대상을 사용해서 고의적으로 위의 메시지가 나타나도록 했다. 메시지가 나타나기는 했지만 컴파일도 실행도 잘되었다. '@Deprecated'가 붙은 대상을 사용하지 않도록 권할 뿐 강제성은 없기 때문이다.

메시지에 나온 대로 '-Xlint:deprecation'옵션을 붙여서 다시 컴파일하면, 아래와 같이 자세한 내용을 보여준다.

```
C:\...\ch12\src>javac -Xlint:deprecation AnnotationEx2.java
AnnotationEx2.java:21: warning: [deprecation] oldField in NewClass has been
deprecated
    nc.oldField = 10;
              ^
AnnotationEx2.java:22: warning: [deprecation] getOldField() in NewClass has
been deprecated
    System.out.println(nc.getOldField());
                              ^
2 warnings
```

단지 'oldField'와 'getOldField( )'가 'deprecated'된 대상인데 사용했다고 알려주는 것일 뿐 별다른 내용은 없다.

@FunctionalInterface

'함수형 인터페이스(functional interface)'를 선언할 때, 이 애너테이션을 붙이면 컴파일러가 '함수형 인터페이스'를 올바르게 선언했는지 확인하고, 잘못된 경우 에러를 발생시킨다. 필수는 아니지만, 붙이면 실수를 방지할 수 있으므로 '함수형 인터페이스'를 선언할 때는 이 애너테이션을 반드시 붙이도록 하자.

> **참고** 함수형 인터페이스는 추상 메서드가 하나뿐이어야 한다는 제약이 있다. p.931을 참고

```
@FunctionalInterface
public interface Runnable {
    public abstract void run();  // 추상 메서드
}
```

@SuppressWarnings

컴파일러가 보여주는 경고메시지가 나타나지 않게 억제해준다. 이전 예제에서처럼 컴파일러의 경고메시지는 무시하고 넘어갈 수도 있지만, 모두 확인하고 해결해서 컴파일 후에 어떠한 메시지도 나타나지 않게 해야 한다.

그러나 경우에 따라서는 경고가 발생할 것을 알면서도 묵인해야 할 때가 있는데, 이 경고를 그대로 놔두면 컴파일할 때마다 메시지가 나타난다. 이전 예제에서 확인한 것과 같이 '-Xlint'옵션을 붙이지 않으면 컴파일러는 경고의 자세한 내용은 보여주지 않으므로 다른 경고들을 놓치기 쉽다. 이 때는 묵인해야하는 경고가 발생하는 대상에 반드시 '@SuppressWarnings'를 붙여서 컴파일 후에 어떤 경고 메시지도 나타나지 않게 해야한다.

'@SuppressWarnings'로 억제할 수 있는 경고 메시지의 종류는 여러 가지가 있는데, Java의 버젼이 올라가면서 앞으로도 계속 추가될 것이다. 이 중에서 주로 사용되는 것은 "deprecation", "unchecked", "rawtypes", "varargs" 정도이다.

"deprecation"은 앞서 살펴본것과 같이 '@Deprecated'가 붙은 대상을 사용해서 발생하는 경고를, "unchecked"는 지네릭스로 타입을 지정하지 않았을 때 발생하는 경고를, "rawtypes"는 지네릭스를 사용하지 않아서 발생하는 경고를, 그리고 "varargs"는 가변인자의 타입이 지네릭 타입일 때 발생하는 경고를 억제할 때 사용한다.

억제하려 는 경고 메시지를 애너테이션의 뒤에 괄호( )안에 문자열로 지정하면 된다.

```
@SuppressWarnings("unchecked")     // 지네릭스와 관련된 경고를 억제
ArrayList list = new ArrayList();  // 지네릭 타입을 지정하지 않았음.
list.add(obj);                     // 여기서 경고가 발생
```

만일 둘 이상의 경고를 동시에 억제하려면 다음과 같이 한다. 배열에서처럼 괄호{}를 추가로 사용해야한다는 것에 주의하자.

```
@SuppressWarnings({"deprecation", "unchecked", "varargs"})
```

'@SuppressWarnings'로 억제할 수 있는 경고 메시지의 종류는 앞으로 계속 추가될 것이기 때문에, 이전 버전에서는 발생하지 않던 경고가 새로운 버전에서는 발생할 수 있다. 새로 추가된 경고 메시지를 억제하려면, 경고 메시지의 종류를 알아야 하는데, -Xlint옵션으로 컴파일해서 나타나는 경고의 내용 중에서 대괄호[ ] 안에 있는 것이 바로 메시지의 종류이다.

> **참고** ㅣ -Xlint:unchecked와 같이 하면 unchecked와 관련된 경고만 표시된다.

```
C:\Users\userid\jdk21\ch12\src>javac -Xlint AnnotationTest.java
AnnotationTest.java:15: warning: [rawtypes] found raw type: List
    public static void sort(List list) {
                            ^
  missing type arguments for generic class List<E>
  where E is a type-variable:
    E extends Object declared in interface List
```

위의 경고 메시지를 보면 대괄호[ ] 안에 "rawtypes"라고 적혀있으므로, 이 경고 메시지를 억제하려면 다음과 같이 하면 된다.

```
@SuppressWarnings("rawtypes")
public static void sort(List list) {
    ...
}
```

▼ 예제 12-11/**AnnotationEx3.java**

```java
import java.util.ArrayList;
class NewClass3 {
    int newField;

    int getNewField() {
        return newField;
    }
```

```java
    @Deprecated
    int oldField;

    @Deprecated
    int getOldField() {
        return oldField;
    }
}

class AnnotationEx3 {
    @SuppressWarnings("deprecation")     // deprecation관련 경고를 억제
    public static void main(String args[]) {
        NewClass3 nc = new NewClass3();

        nc.oldField = 10;                        //@Deprecated가 붙은 대상을 사용
        System.out.println(nc.getOldField()); //@Deprecated가 붙은 대상을 사용

        @SuppressWarnings("unchecked")                // 지네릭스 관련 경고를 억제
        ArrayList<NewClass3> list = new ArrayList(); // 타입을 지정하지 않음.
        list.add(nc);
    }
}
```

▼ 실행결과 – C:\Users\userid\jdk21\ch12\src

```
c:\...\ch12\src>javac AnnotationEx3.java

c:\...\ch12\src>java AnnotationEx3
10
```

main메서드 앞에 '@SuppressWarnings("deprecation")'을 붙여서, 이 메서드 내에서 일어나는 'deprecation'과 관련된 모든 경고가 나타나지 않게 했다. 그리고 타입을 지정하지 않은 ArrayList객체를 생성한 곳에 '@SuppressWarnings("unchecked")'를 붙여서 경고를 억제했다. 두 애너테이션을 합쳐서 아래와 같이 main메서드에서 두 종류의 경고를 모두 억제하도록 할 수도 있다.

```java
// main메서드 내의 "deprecation"과 "unchecked"관련 경고를 모두 억제한다.
@SuppressWarnings({"deprecation", "unchecked"})
public static void main(String args[]) {
    NewClass3 nc = new NewClass3();

    nc.oldField = 10;                        // @Deprecated가 붙은 대상을 사용
    System.out.println(nc.getOldField());  // @Deprecated가 붙은 대상을 사용

    ArrayList<NewClass3> list = new ArrayList();  // 타입을 지정하지 않음.
}
```

그러나 그렇게 하면 나중에 추가된 코드에서 발생할 수도 있는 경고까지 억제될 수 있으므로 바람직하지 않다. 해당 대상에만 애너테이션을 붙여서 경고의 억제범위를 최소화하는 것이 좋다.

@SafeVarargs
메서드에 선언된 가변인자의 타입이 non-reifiable타입일 경우, 해당 메서드를 선언하는 부분과 호출하는 부분에서 "unchecked"경고가 발생한다. 해당 코드에 문제가 없다면 이 경고를 억제하기 위해 '@SafeVarargs'를 사용해야 한다.

이 애너테이션은 static이나 final이 붙은 메서드와 생성자에만 붙일 수 있다. 즉, 오버라이드될 수 있는 메서드에는 사용할 수 없다는 뜻이다.

지네릭스에서 살펴본 것과 같이 어떤 타입들은 컴파일 이후에 제거된다. 컴파일 후에도 제거되지 않는 타입을 reifiable타입이라고 하고, 제거되는 타입을 non-reifiable타입이라고 한다. 지네릭 타입들은 대부분 컴파일 시에 제거되므로 non-reifiable타입이다.

> 참고 | reifiable은 're(다시)' + '-ify(~화 하다)' + '-able(~할 수 있는)'의 합성어로 직역하면, '다시 ~화(化) 할 수 있는'이라는 뜻이다. '리어화이어블'이라고 읽는다. 컴파일 후에도 타입정보가 유지되면 reifiable타입이다.

예를 들어, java.util.Arrays의 asList()는 다음과 같이 정의되어 있으며, 이 메서드는 매개변수로 넘겨받은 값들로 배열을 만들어서 새로운 ArrayList객체를 만들어서 반환하는데 이 과정에서 경고가 발생한다.

> 주의 | 아래의 코드에 사용된 ArrayList는 Arrays클래스의 내부 클래스이다. java.util.ArrayList와 혼동하지 말자.

```
public static <T> List<T> asList(T... a) {
    return new ArrayList<T>(a); // ArrayList(E[] array)를 호출. 경고발생
}
```

asList()의 매개변수가 가변인자인 동시에 지네릭 타입이다. 메서드에 선언된 타입 T는 컴파일 과정에서 Object로 바뀐다. 즉, Object[]가 되는 것이다. Object[]에는 모든 타입의 객체가 들어있을 수 있으므로, 이 배열로 ArrayList<T>를 생성하는 것은 위험하다고 경고하는 것이다. 그러나 asList()가 호출되는 부분을 컴파일러가 체크해서 타입 T가 아닌 다른 타입이 들어가지 못하게 할 것이므로 위의 코드는 아무런 문제가 없다.

이럴 때는 메서드 앞에 '@SafeVarargs'를 붙여서 '이 메서드의 가변인자는 타입 안정성이 있다.'고 컴파일러에게 알려서 경고가 발생하지 않도록 해야 한다.

메서드를 선언할 때 @SafeVarargs를 붙이면, 이 메서드를 호출하는 곳에서 발생하는 경고도 억제된다. 반면에 @SafeVarargs대신, @SuppressWarnings("unchecked")로 경고를 억제하려면, 메서드 선언뿐만 아니라 메서드가 호출되는 곳에도 애너테이션을 붙여야한다.

그리고 @SafeVarargs로 'unchecked'경고는 억제할 수 있지만, 'varargs'경고는 억제할 수 없기 때문에 습관적으로 @SafeVarargs와 @SuppressWarnings("varargs")를 같이 붙인다.

```
@SafeVarargs                        // 'unchecked'경고를 억제한다.
@SuppressWarnings("varargs")        // 'varargs'경고를 억제한다.
public static <T> List<T> asList(T... a) {
    return new ArrayList<>(a);
}
```

@SuppressWarnings("varargs")를 붙이지 않아도 경고 없이 컴파일 된다. 그러나 -Xlint옵션을 붙여서 컴파일 해보면, 'varargs'경고가 발생한 것을 확인할 수 있다. 그래서 가능하면 이 두 애너테이션을 항상 같이 사용하는 것이 좋다.

▼ 예제 12-12/**AnnotationEx4.java**

```java
import java.util.Arrays;
class MyArrayList<T> {
   T[] arr;

   @SafeVarargs
   @SuppressWarnings("varargs")
   MyArrayList(T... arr) {
       this.arr = arr;
   }

   @SafeVarargs
// @SuppressWarnings("unchecked")
   public static <T> MyArrayList<T> asList(T... a) {
       return new MyArrayList<>(a);
   }

   public String toString() {
      return Arrays.toString(arr);
   }
}

class AnnotationEx4 {
// @SuppressWarnings("unchecked")
   public static void main(String args[]) {
       MyArrayList<String> list = MyArrayList.asList("1","2","3");

       System.out.println(list);
   }
}
```

▼ 실행결과

[1, 2, 3]

▼ 컴파일 결과 – C:\Users\userid\jdk21\ch12\src>

```
C:\...\ch12\src>javac AnnotationEx4.java

C:\...\ch12\src>javac -Xlint AnnotationEx4.java
AnnotationEx4.java:15: warning: [varargs] Varargs method could cause heap
pollution from non-reifiable varargs parameter a
        return new MyArrayList<>(a);
                                ^
1 warning
```

위의 컴파일 결과를 보면, 옵션없이 컴파일했을 때는 아무런 경고가 없지만, -Xlint옵션을 붙여서 컴파일했을 때는 'varargs'경고가 발생한 것을 알 수 있다. 아래와 같이 애너테이션을 추가하면, -Xlint옵션으로 컴파일 하여도 경고가 나타나지 않을 것이다.

```java
     @SafeVarargs
     @SuppressWarnings("varargs")   // 애너테이션을 추가
//   @SuppressWarnings("unchecked")
     public static <T> MyArrayList<T> asList(T... a) {
         return new MyArrayList<>(a);
     }
```

그리고 예제에서 asList( )의 @SafeVarargs를 주석처리하고, asList( )와 main( )에 붙은 @SuppressWarning("unchecked")를 주석해제해 보자. @SafeVarargs가 이 두 개의 애너테이션과 같은 효과를 얻는다는 것을 확인할 수 있다.

```
//      @SafeVarargs          ← 주석처리
        @SuppressWarnings("unchecked")  ← 주석해제
        public static <T> MyArrayList<T> asList(T... a) {
            return new MyArrayList<>(a);
        }
        ...
class AnnotationEx3 {
        @SuppressWarnings("unchecked")  ← 주석해제
        public static void main(String args[]) {
```

3.3 메타 애너테이션

앞서 설명한 것과 같이 메타 애너테이션은 '애너테이션을 위한 애너테이션', 즉 애너테이션에 붙이는 애너테이션으로 애너테이션을 정의할 때 애너테이션의 적용대상(target)이나 유지기간(retention)등을 지정하는데 사용된다.

| 참고 | 메타 애너테이션은 'java.lang.annotation'패키지에 포함되어 있다.

@Target

애너테이션이 적용가능한 대상을 지정하는데 사용된다. 아래는 '@SuppressWarnings'를 정의한 것인데, 이 애너테이션에 적용할 수 있는 대상을 '@Target'으로 지정하였다. 앞서 언급한 것과 같이 여러 개의 값을 지정할 때는 배열에서처럼 괄호{}를 사용해야한다.

```
@Target({TYPE, FIELD, METHOD, PARAMETER,CONSTRUCTOR, LOCAL_VARIABLE})
@Retention(RetentionPolicy.SOURCE)
public @interface SuppressWarnings {
    String[] value();
}
```

'@Target'으로 지정할 수 있는 애너테이션 적용대상의 종류는 아래와 같다.

대상 타입	의미
ANNOTATION_TYPE	애너테이션
CONSTRUCTOR	생성자
FIELD	필드(멤버변수, enum상수)
LOCAL_VARIABLE	지역변수
METHOD	메서드
MODULE	모듈. JDK 9
PACKAGE	패키지
PARAMETER	매개변수
RECORD_COMPONENT	레코드 컴포넌트. JDK 21
TYPE	타입(클래스, 인터페이스, enum)
TYPE_PARAMETER	타입 매개변수. JDK 8
TYPE_USE	타입이 사용되는 모든 곳. JDK 8

▲ 표12-3 애너테이션 적용대상의 종류

'TYPE'은 타입을 선언할 때, 애너테이션을 붙일 수 있다는 뜻이고 'TYPE_USE'는 해당 타입의 변수를 선언할 때 붙일 수 있다는 뜻이다. 표12-3의 값들은 'java.lang.annotation.ElementType'이라는 열거형에 정의되어 있으며, 아래와 같이 static import문을 쓰면 'ElementType.TYPE'을 'TYPE'과 같이 간단히 할 수 있다.

```java
import static java.lang.annotation.ElementType.*;

@Target({FIELD, TYPE, TYPE_USE})      // 적용대상이 FIELD, TYPE, TYPE_USE
public @interface MyAnnotation { }    // MyAnnotation을 정의

@MyAnnotation          // 적용대상이 TYPE인 경우
class MyClass {
    @MyAnnotation      // 적용대상이 FIELD인 경우
    int i;

    @MyAnnotation      // 적용대상이 TYPE_USE인 경우
    MyClass mc;
}
```

'FIELD'는 기본형에, 그리고 'TYPE_USE'는 참조형에 사용된다는 점에 주의하자.

@Retention

애너테이션이 유지(retention)되는 기간을 지정하는데 사용된다. 애너테이션의 유지 정책(retention policy)의 종류는 다음과 같다.

유지 정책	의미
SOURCE	소스 파일에만 존재. 클래스파일에는 존재하지 않음.
CLASS	클래스 파일에 존재. 실행시에 사용불가. 기본값
RUNTIME	클래스 파일에 존재. 실행시에 사용가능.

▲ 표12-4 애너테이션 유지정책(retention policy)의 종류

'@Override'나 '@SuppressWarnings'처럼 컴파일러가 사용하는 애너테이션은 유지 정책이 'SOURCE'이다. 컴파일러를 직접 작성할 것이 아니면, 이 유지정책은 필요없다.

```java
@Target(ElementType.METHOD)
@Retention(RetentionPolicy.SOURCE)
public @interface Override {}
```

유지 정책을 'RUNTIME'으로 하면, 실행 시에 '리플렉션(reflection)'을 통해 클래스 파일에 저장된 애너테이션의 정보를 읽어서 처리할 수 있다. '@FunctionalInterface'는 '@Override'처럼 컴파일러가 체크해주는 애너테이션이지만, 실행 시에도 사용되므로 유지 정책이 'RUNTIME'으로 되어 있다.

```java
@Documented
@Retention(RetentionPolicy.RUNTIME)
@Target(ElementType.TYPE)
public @interface FunctionalInterface {}
```

유지 정책 'CLASS'는 컴파일러가 애너테이션의 정보를 클래스 파일에 저장할 수 있게는 하지만, 클래스 파일이 JVM에 로딩될 때는 애너테이션의 정보가 무시되어 실행 시에 애너테이션에 대한 정보를 얻을 수 없다. 이것이 'CLASS'가 유지정책의 기본값임에도 불구하고 잘 사용되지 않는 이유이다.

| 참고 | 지역 변수에 붙은 애너테이션은 컴파일러만 인식할 수 있으므로, 유지정책이 'RUNTIME'인 애너테이션을 지역변수에 붙여도 실행 시에는 인식되지 않는다.

@Documented
애너테이션에 대한 정보가 javadoc으로 작성한 문서에 포함되도록 한다. 자바에서 제공하는 기본 애너테이션 중에 '@Override'와 '@SuppressWarnings'를 제외하고는 모두 이 메타 애너테이션이 붙어 있다.

```
@Documented
@Retention(RetentionPolicy.RUNTIME)
@Target(ElementType.TYPE)
public @interface FunctionalInterface {}
```

@Inherited
애너테이션이 자손 클래스에 상속되도록 한다. '@Inherited'가 붙은 애너테이션을 조상 클래스에 붙이면, 자손 클래스도 이 애너테이션이 붙은 것과 같이 인식된다.

```
@Inherited                          // @SupperAnno가 자손까지 영향 미치게
@interface SupperAnno {}

@SuperAnno
class Parent {}

class Child extends Parent {}    // Child에 애너테이션이 붙은 것으로 인식
```

위의 코드에서 Child클래스는 애너테이션이 붙지 않았지만, 조상인 Parent클래스에 붙은 '@SuperAnno'가 상속되어 Child클래스에도 '@SuperAnno'가 붙은 것처럼 인식된다.

@Repeatable
보통은 하나의 대상에 한 종류의 애너테이션을 붙이는데, '@Repeatable'이 붙은 애너테이션은 여러 번 붙일 수 있다.

| 참고 | 괄호안의 'ToDos.class'는 반복된 애너테이션을 저장할 애너테이션을 지정한 것으로 곧 설명할 것이다.

```
@Repeatable(ToDos.class) // ToDo애너테이션을 여러 번 반복해서 쓸 수 있게 한다.
@interface ToDo {
    String value();
}
```

예를 들어 '@ToDo'라는 애너테이션이 위와 같이 정의되어 있을 때, 다음과 같이 MyClass클래스에 '@ToDo'를 여러 번 붙이는 것이 가능하다.

```
@ToDo("delete test codes.")
@ToDo("override inherited methods")
class MyClass {
    ...
}
```

일반적인 애너테이션과 달리 같은 이름의 애너테이션이 여러 개가 하나의 대상에 적용될 수 있기 때문에, 이 애너테이션들을 하나로 묶어서 다룰 수 있는 애너테이션도 추가로 정의해야 한다.

```
@interface ToDos { // 여러 개의 ToDo애너테이션을 담을 컨테이너 애너테이션 ToDos
    ToDo[] value(); // ToDo애너테이션 배열타입의 요소를 선언. 이름이 반드시 value이어야 함
}

@Repeatable(ToDos.class) // 괄호 안에 컨테이너 애너테이션을 지정해 줘야한다.
@interface ToDo {
    String value();
}
```

@Native

네이티브 메서드(native method)에 의해 참조되는 '상수 필드(constant field)'에 붙이는 애너테이션이다. 아래는 java.lang.Long클래스에 정의된 상수이다.

```
@Native public static final long MIN_VALUE = 0x8000000000000000L;
```

네이티브 메서드는 JVM이 설치된 OS의 메서드를 말한다. 네이티브 메서드는 보통 C언어로 작성되어 있는데, 자바에서는 메서드의 선언부만 정의하고 구현은 하지 않는다. 그래서 추상 메서드처럼 선언부만 있고 몸통이 없다.

```
public class Object {
    private static native void registerNatives();   // 네이티브 메서드

    static {
        registerNatives(); // 네이티브 메서드를 호출
    }

    protected native Object clone() throws CloneNotSupportedException;
    public final native Class<?> getClass();
    public final native void notify();
    public final native void notifyAll();
    public final native void wait(long timeout) throws InterruptedException;
    public native int hashCode();
        ...
}
```

이처럼 모든 클래스의 조상인 Object클래스의 메서드들은 대부분 네이티브 메서드이다. 네이티브 메서드는 자바로 정의되어 있기 때문에 호출하는 방법은 자바의 일반 메서드와 다르지 않지만 실제로 호출되는 것은 OS의 메서드이다.

그냥 아무런 내용도 없는 네이티브 메서드를 선언해 놓고 호출한다고 되는 것은 아니고,

자바에 정의된 네이티브 메서드와 OS의 메서드를 연결해주는 작업이 추가로 필요하다. 이 역할은 JNI(Java Native Interface)가 하는데, JNI는 이 책의 범위를 벗어나므로 자세한 설명은 생략한다.

3.4 애너테이션 타입 정의하기

지금까지 애너테이션을 사용하는 방법에 대해서 살펴봤는데, 이제 직접 애너테이션을 만들어서 사용해볼 것이다. 새로운 애너테이션을 정의하는 방법은 아래와 같다. '@'기호를 붙이는 것을 제외하면 인터페이스를 정의하는 것과 동일하다.

```
@interface 애너테이션이름 {
    타입 요소이름();   // 애너테이션의 요소를 선언한다.
    ...
}
```

엄밀히 말해서 '@Override'는 애너테이션이고 'Override'는 '애너테이션의 타입'이다.

애너테이션의 요소
애너테이션 내에 선언된 메서드를 '애너테이션의 요소(element)'라고 하며, 아래에 선언된 TestInfo애너테이션은 다섯 개의 요소를 갖는다.

| 참고 | 애너테이션에도 인터페이스처럼 상수를 정의할 수 있지만, 디폴트 메서드는 정의할 수 없다.

```
@interface TestInfo {
    int        count();
    String     testedBy();
    String[]   testTools();
    TestType   testType(); // enum TestType { FIRST, FINAL }
    DateTime   testDate(); // 자신이 아닌 다른 애너테이션(@DateTime)을 포함할 수 있다.
}
@interface DateTime {
    String yymmdd();
    String hhmmss();
}
```

애너테이션의 요소는 반환값이 있고 매개변수는 없는 추상 메서드의 형태를 가지며, 상속을 통해 구현하지 않아도 된다. 다만, 애너테이션을 적용할 때 이 요소들의 값을 빠짐없이 지정해주어야 한다. 요소의 이름도 같이 적어주므로 순서는 상관없다.

```
@TestInfo(
    count=3, testedBy="Kim",
    testTools={"JUnit","AutoTester"},
    testType=TestType.FIRST,
    testDate=@DateTime(yymmdd="160101", hhmmss="235959")
)
public class NewClass { ... }
```

애너테이션의 각 요소는 기본값을 가질 수 있으며, 기본값이 있는 요소는 애너테이션을 적용할 때 값을 지정하지 않으면 기본값이 사용된다.

| 참고 | 기본값으로 null을 제외한 모든 리터럴이 가능하다.

```
@interface TestInfo {
    int count() default 1;      // 기본값을 1로 지정
}

@TestInfo       // @TestInfo(count=1)과 동일
public class NewClass { ... }
```

애너테이션 요소가 오직 하나뿐이고 이름이 value인 경우, 애너테이션을 적용할 때 요소의 이름을 생략하고 값만 적어도 된다.

```
@interface TestInfo {
    String value();
}

@TestInfo("passed")    // @TestInfo(value="passed")와 동일
class NewClass { ... }
```

요소의 타입이 배열인 경우, 괄호{}를 사용해서 여러 개의 값을 지정할 수 있다.

```
@interface TestInfo {
    String[] testTools();
}

@Test(testTools={"JUnit", "AutoTester"})  // 값이 여러 개인 경우
@Test(testTools="JUnit")                   // 값이 하나일 때는 괄호{}생략가능
@Test(testTools={})                        // 값이 없을 때는 괄호{}가 반드시 필요
```

기본값을 지정할 때도 마찬가지로 괄호{}를 사용할 수 있다.

```
@interface TestInfo {
    String[] info()  default {"aaa","bbb"};   // 기본값이 여러 개인 경우. 괄호{}사용
    String[] info2() default "ccc";           // 기본값이 하나인 경우. 괄호 생략가능
}

@TestInfo              // @TestInfo(info={"aaa","bbb"}, info2="ccc")와 동일
@TestInfo(info2={})    // @TestInfo(info={"aaa","bbb"}, info2={})와 동일
class NewClass { ... }
```

요소의 타입이 배열일 때도 요소의 이름이 value이면, 요소의 이름을 생략할 수 있다. 예를 들어, '@SuppressWarnings'의 경우, 요소의 타입이 String배열이고 이름이 value이다.

```
@interface SuppressWarnings {
    String[] value();
}
```

그래서 애너테이션을 적용할 때 요소의 이름을 생략할 수 있는 것이다.

```
//  @SuppressWarnings(value = {"deprecation", "unchecked"})
    @SuppressWarnings({"deprecation", "unchecked"})
    class NewClass { ... }
```

java.lang.annotation.Annotation

모든 애너테이션의 조상은 Annotation이다. 그러나 애너테이션은 상속이 허용되지 않으므로 아래와 같이 명시적으로 Annotation을 조상으로 지정할 수 없다.

```
@interface TestInfo extends Annotation {  // 에러. 허용되지 않는 표현
    int     count();
    String  testedBy();
    ...
}
```

게다가 아래의 소스에서 볼 수 있듯이 Annotation은 애너테이션이 아니라 일반적인 인터페이스로 정의되어 있다.

```
package java.lang.annotation;

public interface Annotation {   // Annotation자신은 인터페이스이다.
    boolean equals(Object obj);
    int hashCode();
    String toString();

    Class<? extends Annotation> annotationType();  // 애너테이션의 타입을 반환
}
```

모든 애너테이션의 조상인 Annotation인터페이스가 위와 같이 정의되어 있기 때문에, 모든 애너테이션 객체에 대해 equals( ), hashCode( ), toString( )과 같은 메서드를 호출하는 것이 가능하다.

```
Class<AnnotationTest> cls = AnnotationTest.class;
Annotation[] annoArr = AnnotationTest.class.getAnnotations();

for(Annotation a : annoArr) {
    System.out.println("toString():"+a.toString());
    System.out.println("hashCode():"+a.hashCode());
    System.out.println("equals():"+a.equals(a));
    System.out.println("annotationType():"+a.annotationType());
}
```

위의 코드는 AnnotationTest클래스에 적용된 모든 애너테이션에 대해 toString( ), hashCode( ), equals( )를 호출한다.

마커 애너테이션 Marker Annotation
값을 지정할 필요가 없는 경우, 애너테이션의 요소를 하나도 정의하지 않을 수 있다. Serializable이나 Cloneable인터페이스처럼, 요소가 하나도 정의되지 않은 애너테이션을 마커 애너테이션이라고 한다.

```
@Target(ElementType.METHOD)
@Retention(RetentionPolicy.SOURCE)
public @interface Override {}    // 마커 애너테이션. 정의된 요소가 하나도 없다.

@Target(ElementType.METHOD)
@Retention(RetentionPolicy.SOURCE)
public @interface Test {}        // 마커 애너테이션. 정의된 요소가 하나도 없다.
```

애너테이션 요소의 규칙
애너테이션의 요소를 선언할 때 반드시 지켜야 하는 규칙은 다음과 같다.

- 요소의 타입은 기본형, String, enum, 애너테이션, Class만 허용된다.
- ( )안에 매개변수를 선언할 수 없다.
- 예외를 선언할 수 없다.
- 요소를 타입 매개변수로 정의할 수 없다.

아래의 코드에서 오른쪽 주석을 가리고 무엇이 잘못되었는지 잠시 생각해보자.

```
@interface AnnoTest {
    int id = 100;                       // OK. 상수 선언. static final int id = 100;
    String major(int i, int j);         // 에러. 매개변수를 선언할 수 없음
    String minor() throws Exception;    // 에러. 예외를 선언할 수 없음
    ArrayList<T> list();                // 에러. 요소의 타입에 타입 매개변수 사용불가
}
```

▼ 예제 12-13/**AnnotationEx5.java**

```java
import java.lang.annotation.*;

@Deprecated
@SuppressWarnings("1111") // 유효하지 않은 애너테이션은 무시된다.
@TestInfo(testedBy="aaa", testDate=@DateTime(yymmdd="160101", hhmmss="235959"))
class AnnotationEx5 {
    public static void main(String args[]) {
        // AnnotationEx5의 Class객체를 얻는다.
        Class<AnnotationEx5> cls = AnnotationEx5.class;

        TestInfo anno = (TestInfo)cls.getAnnotation(TestInfo.class);
        System.out.println("anno.testedBy()="+anno.testedBy());
        System.out.println("anno.testDate().yymmdd()="
                                        +anno.testDate().yymmdd());
        System.out.println("anno.testDate().hhmmss()="
                                        +anno.testDate().hhmmss());
```

```java
        for(String str : anno.testTools())
            System.out.println("testTools="+str);

        System.out.println();

        // AnnotationEx5에 적용된 모든 애너테이션을 가져온다.
        Annotation[] annoArr = cls.getAnnotations();

        for(Annotation a : annoArr)
            System.out.println(a);
    } // main의 끝
}
@Retention(RetentionPolicy.RUNTIME)    // 실행 시에 사용가능하도록 지정
@interface TestInfo {
    int       count()              default 1;
    String    testedBy();
    String[]  testTools()          default "JUnit";
    TestType  testType()           default TestType.FIRST;
    DateTime  testDate();
}

@Retention(RetentionPolicy.RUNTIME)    // 실행 시에 사용가능하도록 지정
@interface DateTime {
    String yymmdd();
    String hhmmss();
}
enum TestType { FIRST, FINAL }
```

▼ 실행결과

```
anno.testedBy()=aaa
anno.testDate().yymmdd()=160101
anno.testDate().hhmmss()=235959
testTools=JUnit

@java.lang.Deprecated()
@TestInfo(count=1, testType=FIRST, testTools=[JUnit], testedBy=aaa, 
testDate=@DateTime(yymmdd=160101, hhmmss=235959))
```

애너테이션을 직접 정의하고, 애너테이션의 요소의 값을 출력하는 방법을 보여주는 예제이다. AnnotationEx5클래스에 적용된 애너테이션을 실행시간에 얻으려면, 아래와 같이 하면 된다.

        Class<AnnotationEx5> cls = AnnotationEx5.class;

        TestInfo anno = (TestInfo)cls.getAnnotation(TestInfo.class);

'AnnotationEx5.class'는 클래스 객체를 의미하는 리터럴이다. 앞서 9장에서 배운 것과 같이, 모든 클래스 파일은 클래스 로더(Classloader)에 의해 메모리에 올라갈 때, 클래스에 대한 정보가 담긴 객체를 생성하는데 이 객체를 클래스 객체라고 한다. 이 객체를 참조할 때는 '클래스이름.class'의 형식을 사용한다.

클래스 객체에는 해당 클래스에 대한 모든 정보를 가지고 있는데, 애너테이션의 정보도 포함되어 있다.

　클래스 객체가 가지고 있는 getAnnotation( )이라는 메서드에 매개변수로 정보를 얻고자하는 애너테이션을 지정해주거나 getAnnotations( )로 모든 애너테이션을 배열로 받아올 수 있다.

```
TestInfo anno = (TestInfo)cls.getAnnotation(TestInfo.class);
System.out.println("anno.testedBy() = "+anno.testedBy());

// AnnotationEx5에 적용된 모든 애너테이션을 가져온다.
Annotation[] annoArr = cls.getAnnotations();
```

| 참고 | Class클래스를 Java API에서 찾아보면 클래스의 정보를 제공하는 다양한 메서드가 정의되어 있는 것을 볼 수 있다.

클래스 객체에는 해당 클래스에 대한 모든 정보를 가지고 있는데, 애너테이션의 정보도 포함되어 있다.

　클래스 객체가 가지고 있는 getAnnotation( )이라는 메서드에 매개변수로 정보를 얻고자하는 애너테이션을 지정해주거나 getAnnotations( )로 모든 애너테이션을 배열로 받아올 수 있다.

```
TestInfo anno = (TestInfo)cls.getAnnotation(TestInfo.class);
System.out.println("anno.testedBy() = "+anno.testedBy());

// AnnotationEx5에 적용된 모든 애너테이션을 가져온다.
Annotation[] annoArr = cls.getAnnotations();
```

| 참고 | Class클래스를 Java API에서 찾아보면 클래스의 정보를 제공하는 다양한 메서드가 정의되어 있는 것을 볼 수 있다.

4. 레코드(record)

4.1 레코드란?

여러 값을 하나로 묶어서 다룰 수 있는 간단한 클래스를 편리하게 작성할 수 있는 기능으로 JDK 21부터 정식기능으로 추가되었다. 클래스를 사용해도 되지만, 레코드는 클래스보다 훨씬 짧은 코드로 작성할 수 있어서 편리하다.

| 참고 | Lombok 라이브러리(projectlombok.org)는 애너테이션을 이용해서 레코드처럼 편리한 기능을 제공한다.

예를 들어 좌표 상의 한점을 표현하는 두 개의 값 x와 y를 하나로 묶는 불변 클래스 Point를 작성하려면, 간단히 한 줄로 가능하다.

```java
record Point(int x, int y) {} // x, y 두 개의 인스턴스 변수를 갖는 불변 클래스
```

클래스의 이름을 적고, 괄호() 안에 매개변수의 목록을 작성하듯이 인스턴스 변수를 나열하기만 하면 된다. 위의 코드를 예전의 방식으로 작성하면 다음과 같다.

```java
final class Point {            // 다른 클래스의 조상이 될 수 없다.
    private final int x;       // 불변 클래스라서 인스턴스 변수에 final
    private final int y;

    Point(int x, int y){
        this.x = x;
        this.y = y;
    }

    // getter. 불변 클래스라 setter는 없다.
    public int x() { return x; }
    public int y() { return y; }

    public boolean equals(Object obj) {
        return (obj instanceof Point p) && x==p.x && y==p.y;
    }

    public int hashCode() {
        return Objects.hash(x,y);
    }

    public String toString() {
        return String.format("Point[x=%d, y=%d]",x,y);
    }
}
```

위와 같은 코드를 작성하는 경우가 많아서 레코드라는 기능이 새로 추가된 것이다. 일단 간단한 예제를 통해 어떻게 사용되는지 확인해 보자.

▼ 예제 12-14/RecordEx.java

```java
record Point(int x, int y) {}

public class RecordEx {
    public static void main(String[] args) {
        var p  = new Point(1,2);
        var p2 = new Point(1,2);
        var p3 = new Point(1,1);
        System.out.println("p = " + p);
        System.out.println("p2 = " + p2);
        System.out.println("p3 = " + p3);
        System.out.println("p.x() = " + p.x());
        System.out.println("p.y() = " + p.y());
        System.out.println("p.equals(p2) = " + p.equals(p2));
        System.out.println("p.equals(p3) = " + p.equals(p3));
        System.out.println("p.hashCode() = " + p.hashCode());
        System.out.println("p2.hashCode() = " + p2.hashCode());
        System.out.println("p3.hashCode() = " + p3.hashCode());
    }
}
```

▼ 실행결과
```
p = Point[x=1, y=2]
p2 = Point[x=1, y=2]
p3 = Point[x=1, y=1]
p.x() = 1
p.y() = 2
p.equals(p2) = true
p.equals(p3) = false
p.hashCode() = 33
p2.hashCode() = 33
p3.hashCode() = 32
```

4.2 레코드의 특징

열거형의 조상이 java.lang.Enum인것처럼 모든 레코드의 조상은 추상 클래스 java.lang.Record이다. 그래서 레코드는 다른 클래스를 상속받을 수 없고 final 클래스라 다른 클래스의 조상이 될 수 없다. 다만 인터페이스를 구현하는 것은 가능하다.

```java
// final class Point extends java.lang.Record {...}
record Point(int x, int y) {} extends Parent {} // 에러. 상속 불가
record Point(int x, int y) {} implements Cloneable {} // OK. 구현 가능
```

기존의 클래스처럼 레코드에 직접 코드를 추가하는 것도 가능하고 자동으로 추가된 요소의 오버라이딩도 가능하다. 다만 인스턴스 변수와 초기화 블럭은 추가할 수 없다.

```java
record Point(int x, int y) {
    public final int hash;   // 에러. 인스턴스 변수 추가 불가
    { hash = 0; }            // 에러. 인스턴스 초기화 블럭 추가 불가

    public static void staticMethod() { }   // OK. 클래스 메서드 추가 가능
    public void instanceMethod() { }        // OK. 인스턴스 메서드 추가 가능
    public String toString() {              // OK. 오버라이딩 가능
        return String.format("(%d, %d)", x, y);
    }
}
```

생성자도 추가할 수 있고 자동으로 추가된 생성자를 덮어쓰는 것도 가능하다.

| 참고 | 오버라이딩이라고 표현을 했지만 직접 작성하는 것이며, 직접 작성한 요소가 있으면 자동으로 추가되지 않는다.

```
public Point(int x, int y) { // 자동으로 생성된 생성자를 덮어쓰기
    // x 또는 y의 값이 범위를 벗어나면 예외를 발생시킨다.
    if(!((MIN_VALUE <= x && x<=MAX_VALUE) &&
        (MIN_VALUE <= y && y <=MAX_VALUE)))
        throw new IllegalArgumentException("Invalid Argument");
    this.x = x;
    this.y = y;
}
```

위의 코드는 Point객체를 생성하기전에 x와 y의 값을 검사해서 지정된 범위를 벗어나면 예외가 발생하도록 한 것인데, 컴팩트 생성자라는 문법을 이용하면 코드를 간단히 할 수 있다.

```
public Point(int x, int y) { // 컴팩트 생성자(compact constructor)
    if(!((MIN_VALUE <= x && x<=MAX_VALUE) &&
        (MIN_VALUE <= y && y <=MAX_VALUE)))
        throw new IllegalArgumentException("Invalid Argument");
    this.x = x;
    this.y = y;
}
```

이제 예제를 통해 지금까지 배운 내용을 직접 확인해 보자.

▼ 예제 12-15/RecordEx2.java

```java
record Point2(int x, int y) {
    //  1. 인스턴스 변수, 초기화 블럭 추가 불가
//     public final int hash; // 에러. iv 추가 불가
//     { hash = 0; } // 에러. 인스턴스 초기화 블럭 추가 불가

    // 2. 클래스 변수(cv) 추가 가능
    public static final int MAX_VALUE;
    public static final int MIN_VALUE;

    // 3. static 초기화 블럭 추가 가능
    static {
        MAX_VALUE = 100;
        MIN_VALUE = -100;
    }

    // 4. static 메서드 추가 가능 - 두 점 p, p2 사이의 거리를 반환
    public static double getDistance(Point2 p, Point2 p2){
        int a = p2.x - p.x;
        int b = p2.y - p.y;
        return Math.sqrt(a*a + b*b);
    }
```

```java
    // 5. 생성자 추가 가능
    public Point2(){
        this(0,0);   // Point2(int x, int y) 호출
    }

    // 6. 컴팩트 생성자(compact constructor)
//  public Point2(int x, int y) {
    public Point2 {
        if(!((MIN_VALUE <= x && x<=MAX_VALUE)
          && (MIN_VALUE <= y && y<=MAX_VALUE)))
            throw new IllegalArgumentException("Invalid Argument");
//          this.x = x;
//          this.y = y;
    }

    // 7. 인스턴스 메서드 추가 가능 - 두 점 this, p 사이의 거리를 반환
    public double getDistance(Point2 p){
        return Point2.getDistance(this, p);
    }

    // 8. 오버라이딩 가능
    @Override
    public String toString() {
        return String.format("(%d, %d)", x, y);
    }
}

public class RecordEx2 {
    public static void main(String[] args) {
        var p = new Point2();
        var p2 = new Point2(1,1);
        System.out.println("p  = " + p);
        System.out.println("p2 = " + p2);
        System.out.println("p.getDistance(p2) = " + p.getDistance(p2));
        System.out.println("Point2.getDistance(p, p2) = "
                                        + Point2.getDistance(p, p2));
    }
}
```

▼ 실행결과

```
p  = (0, 0)
p2 = (1, 1)
p.getDistance(p2) = 1.4142135623730951
Point2.getDistance(p, p2) = 1.4142135623730951
```

▼ 예제 12-16/RecordEx3.java

```java
import java.lang.reflect.Constructor;
import java.lang.reflect.Method;
import java.lang.reflect.RecordComponent;

record Rectangle(int w, int h) {}
public class RecordEx3 {
    public static void main(String[] args) {
        Class cls = Rectangle.class; // 레코드 Rectangle의 클래스 객체(설계도)를 얻는다.
        System.out.println("cls = " + cls);
        System.out.println("cls.isRecord() = " + cls.isRecord());
        System.out.println("cls.getSuperclass() = " + cls.getSuperclass());

        System.out.println("= 레코드의 필드(인스턴스 변수) =");
        for(RecordComponent rc : cls.getRecordComponents())
            System.out.println(rc);

        System.out.println("= 레코드의 생성자 =");
        for(Constructor con : cls.getDeclaredConstructors())
            System.out.println(con);

        System.out.println("= 레코드의 메서드 =");
        for(Method m : cls.getDeclaredMethods())
            System.out.println(m);
    }
}
```

▼ 실행결과

```
cls = class Rectangle
cls.isRecord() = true
cls.getSuperclass() = class java.lang.Record  ←모든 레코드의 조상
= 레코드의 필드(인스턴스 변수) =
int w
int h
= 레코드의 생성자 =
Rectangle(int,int)
= 레코드의 메서드 =
public final boolean Rectangle.equals(java.lang.Object)
public final java.lang.String Rectangle.toString()
public final int Rectangle.hashCode()
public int Rectangle.w()
public int Rectangle.h()
```

리플렉션 API를 이용해서 레코드 Rectangle의 멤버를 모두 출력하는 예제이다. 이 예제의 결과를 보면 어떤 멤버가 레코드에 자동으로 추가되는지 확인할 수 있다. 레코드를 선언할 때 괄호()안에 선언된 변수를 레코드의 컴포넌트라고 부르며, getRecordComponents()로 확인할 수 있다.

| 참고 | isRecord()와 getRecordComponents()는 JDK 16부터 Class클래스에 추가되었다.

```java
// w와 h, 두 개의 컴포넌트(인스턴스 변수)가 선언된 레코드 Rectangle을 정의
record Rectangle(int w, int h) {}
```

▼ 예제 12-17/**RecordEx4.java**

```java
interface Shape {}
record RectAngle(int w, int h) implements Shape {}
record Triangle(int w, int h) implements Shape {}
record Circle(int r) implements Shape {}

public class RecordEx4 {
    public static void main(String[] args) {
        System.out.println("Rectangle(3,5) = " + getArea(new RectAngle(3, 5)));
        System.out.println("Triangle(3,5)  = " + getArea(new Triangle(3, 5)));
        System.out.println("Circle(1) = " + getArea(new Circle(1)));
    }
    static double getArea(Shape s){
            if(s instanceof RectAngle(int w, int h)) {
                return w * h;
            } else if(s instanceof Triangle(int w, int h)){
                return w * h * 0.5;
            } else if(s instanceof Circle(int r)){
                return r * r * Math.PI;
            } else {
                return -1.0;
            }
    }
    static double getArea2(Shape s){
        return switch(s) {
            case RectAngle r -> r.w() * r.h();
            case Triangle t  -> t.w() * t.h() * 0.5;
            case Circle c    -> c.r() * c.r() * Math.PI;
            default -> -1.0;
        };
    }

    static double getArea3(Shape s){
        return switch(s) { // 레코드 컴포넌트의 타입 추론이 가능 - var
            case RectAngle(var w2, var h2) -> w2 * h2; // 변수 이름이 달라도 된다.
            case Triangle(var w, var h)    -> w * h * 0.5;
            case Circle(var r) -> r * r * Math.PI;
            default -> -1.0;
        };
    }
}
```

▼ 실행결과
```
RectAngle(3,5) = 15.0
Triangle(3,5)  = 7.5
Circle(1) = 3.141592653589793
```

여러 종류의 도형의 면적을 계산하는 getArea()를 여러 버전으로 작성했다. 3개의 메서드 모두 같은 일을 하지만, 레코드와 가장 잘 어울리는 것은 getArea3()이다.

getArea()와 getArea3()에서 참조변수 s가 가리키는 객체의 타입이 Rectangle일 때, 이 객체에서 w()와 h()가 자동으로 호출되어 변수 w와 h에 각각 대입된다. 이 때 변수의 이름은 컴포넌트의 이름과 달라도 된다. 그리고 컴포넌트의 타입 추론도 가능하다.

| 참고 | getArea2()는 메서드의 이름만 일치하면 도형이 레코드가 아니어도 동작하지만 getArea()와 getArea3()는 반드시 레코드이어야 한다.

4.3 레코드의 중첩

레코드도 다음과 같이 내부 클래스처럼 클래스나 메서드안에 넣을 수 있다. 클래스 내의 레코드는 항상 static이며, 생략 가능하다.

```
class Circle {
    // 중첩 레코드 - 클래스 내의 레코드
    static record Point(int x, int y) {} // static 생략 가능
    void method() {
        // 지역 레코드 - 메서드 내의 레코드
        record Point(int x, int y) {}
        ...
    }
}
```

마찬가지로 레코드 안에 레코드를 넣는 것도 가능하다. 다만 중첩된 내부 레코드에서 외부 레코드의 컴포넌트에 접근하는 것은 허용되지 않는다.

```
record Student(Class c, String name) {
    record Class(int grade, int ban) { // 중첩 레코드. static 생략됨
        String getName(){
            return name; // 에러. 외부 레코드의 컴포넌트에 접근 불가
        }
    }
}
```

레코드가 중첩되어 있으면 객체에서 값을 꺼내는 것이 불편하다. 아래와 같이 instanceof를 이용하면 간단히 값을 꺼낼 수 있다.

```
var c = new Circle(new Circle.Point(1, 2), 3.0);

// 레코드의 구조 분해 - 변수 x, y, r은 괄호{}내에서만 유효
if(c instanceof Circle(Circle.Point(var x, var y), var r)) {
    System.out.println("x = " + x);  // x = 1
    System.out.println("y = " + y);  // y = 2
    System.out.println("r = " + r);  // r = 3.0
}
System.out.println("x = " + x);  // 에러. x가 유효하지 않음
```

여기서 instanceof는 타입을 확인하는 용도가 아니라 값을 편리하게 꺼내기 위한 것이며 괄호{}로 감싸는 것이 불편하면 다음과 같이 하는 것도 가능하다.

```
    if(!(c instanceof Circle(Circle.Point(var x, var y), var r)))
        return;
System.out.println("x = " + x);
System.out.println("y = " + y);
System.out.println("r = " + r);
```

▼ 예제 12-18/RecordEx5.java

```java
public class RecordEx5 {
    // 중첩 레코드는 static(생략가능)
    static record Circle(Point p, double r){
        static record Point(int x, int y){} // 레코드의 중첩 - Circle안의 Point
    }

    public static void main(String[] args) {
        var c = new Circle(new Circle.Point(1,2), 3.0);
        System.out.println("c = " + c);

        // instanceof를 이용한 구조분해
        if(!(c instanceof Circle(Circle.Point(var x, var y),var r))) return;
        System.out.println("x = " + x);
        System.out.println("y = " + y);
        System.out.println("r = " + r);

        // instanceof를 이용한 구조분해없이 읽기
        System.out.println("c.p = " + c.p);
        System.out.println("c.p.x() = " + c.p.x());
        System.out.println("c.p.y() = " + c.p.y());
        System.out.println("c.r() = " + c.r());
    }
}
```

▼ 실행결과

```
c = Circle[p=Point[x=1, y=2], r=3.0]
x = 1
y = 2
r = 3.0
c.p = Point[x=1, y=2]
c.p.x() = 1
c.p.y() = 2
c.r() = 3.0
```

4.4 지네릭 레코드

클래스처럼 레코드에도 지네릭스를 적용할 수 있다. 아래의 지네릭 레코드 Point는 생성할 때마다 타입 T를 다르게 지정할 수 있으므로 x, y의 타입이 다른 여러 종류의 Point레코드를 정의할 필요가 없다.

```
record Point<T extends Number>(T x, T y) {}
```

위에 정의한 지네릭 레코드 Point로 아래와 같이 x, y의 타입이 다른 여러 종류의 객체를 생성할 수 있다. var를 사용하는 경우, 생성자에 타입을 써줘야 타입이 체크된다.

```
// var p = new Point<Integer>(1, 2); 아래의 문장과 동일
Point<Integer> p  = new Point<>(1, 2);
Point<Double>  p2 = new Point<>(3.0, 4.0);
```

지네릭 레코드는 지네릭 클래스와 같기 때문에 추가로 설명할 내용은 없고 예제를 살펴보는 것으로 충분할 것이다.

▼ 예제 12-19/RecordEx6.java

```java
import java.math.*;
import java.util.*;

public class RecordEx6 {
    public static void main(String[] args) {
        // 지역 레코드 - 메서드 내에 선언된 레코드
        record Point<T extends Number>(T x, T y) {
            public String typeOf() {
                return switch (this.x()) {
                    case Integer i -> "Point<Integer>";
                    case Double d -> "Point<Double>";
                    case BigInteger d -> "Point<BigInteger>";
                    default -> "Point";
                };
            }
        };

        Point<Integer> p = new Point<>(1,2);
        var p2 = new Point<Long>(3L,5L);
        var p3 = new Point<Double>(2.0,4.0);
        System.out.println("p = " + p);
        System.out.println("p2 = " + p2);
        System.out.println("p3 = " + p3);
        System.out.println("p.typeOf()  = " + p.typeOf());
        System.out.println("p2.typeOf() = " + p2.typeOf());
        System.out.println("p3.typeOf() = " + p3.typeOf());
    }
}
```

▼ 실행결과
```
p = Point[x=1, y=2]
p2 = Point[x=3, y=5]
p3 = Point[x=2.0, y=4.0]
p.typeOf()  = Point<Integer>
p2.typeOf() = Point
p3.typeOf() = Point<Double>
```

▼ 예제 12-20/**RecordEx7.java**

```java
import java.math.*;
import java.util.*;

public class RecordEx7 {
    // 중첩 레코드 - static이 생략됨
    record Point<T extends Number>(T x, T y) implements Comparable<Point<T>> {
        public int compareTo(Point<T> p) {
            // 먼저 x와 x2를 비교한다. - 정수뿐만 아니라 실수도 비교해야하므로 double로 비교
            // T는 Number의 자손이므로 모든 T는 Number의 doubleValue()를 가지고 있음.
            int result =
                    Double.compare(x.doubleValue(), p.x().doubleValue());

            // x와 x2가 같으면 y와 p.y를 비교한다.
            return result!=0 ? result :
                    Double.compare(y.doubleValue(), p.y().doubleValue());
        }
        public String toString() { return "("+x+", "+y+")"; }
    };

    public static void main(String[] args) {
        var list = new ArrayList<Point>(List.of(
            new Point<Integer>(3,1),
     new Point<BigDecimal>(BigDecimal.valueOf(2.3),BigDecimal.valueOf(4.5)),
            new Point<Double>(2.1,1.0),
     new Point<BigInteger>(BigInteger.valueOf(1),BigInteger.valueOf(2)),
            new Point<Integer>(1,1), new Point<Integer>(2,1)
        ));

        System.out.println("list = " + list);
        Collections.sort(list);
        System.out.println("list = " + list);
    }
}
```

▼ 실행결과

```
list = [(3, 1), (2.3, 4.5), (2.1, 1.0), (1, 2), (1, 1), (2, 1)]
list = [(1, 1), (1, 2), (2, 1), (2.1, 1.0), (2.3, 4.5), (3, 1)]
```

레코드 Point가 Comparable을 구현하게 하고, Collections.sort( )로 정렬하는 예제이다. 정렬 방법은 먼저 두 Point의 x를 비교하고, 같으면 y도 비교한다. 지네릭 타입 T는 Number의 자손이어야 하므로, Number에 정의되어 있는 doubleValue( )를 이용해서 비교한다. 이렇게 하면 정수와 실수를 모두 비교할 수 있다.

doubleValue( )는 Number객체에 저장된 값을 double타입의 값으로 변환하여 반환한다.

4.5 레코드와 애너테이션

클래스처럼 레코드에도 애너테이션을 적용할 수 있다. 다음과 같이 애너테이션 Range가 있을 때

```
@Target(ElementType.RECORD_COMPONENT) // 레코드의 컴포넌트에 적용 가능
@Retention(RetentionPolicy.RUNTIME)   // 실행 중에 유지
@interface Range {
    int min() default Integer.MIN_VALUE;
    int max() default Integer.MAX_VALUE;
}
```

위와 같이 애너테이션 Range를 레코드의 컴포넌트에 붙이면,

```
record Point(
        @Range(min = 0,   max = 10) int x, // 레코드의 컴포넌트
        @Range(min = -10, max = 10) int y  // 레코드의 컴포넌트
){}
```

아래와 같이 인스턴스 변수에 애너테이션이 붙은 것으로 간주된다.

```
final classe Point extends java.lang.Record {
    @Range(min = 0,   max = 10)
    private final int x;           // 인스턴스 변수

    @Range(min = -10, max = 10)
    private final int y;           // 인스턴스 변수
    ...
```

애너테이션을 이용해서 Point레코드의 객체를 생성할 때, 지정된 범위(min~max)를 벗어나면 예외를 발생시키던가, 범위를 벗어나지 않게 값을 변경하는 것이 가능하다.
　만일 아래와 같이 애너테이션의 적용 대상(target)에 메서드도 포함되어 있으면, 컴포넌트의 getter에도 애너테이션이 붙은 것으로 간주된다.

```
// 레코드의 컴포넌트와 getter에 적용 가능 - Point의 경우, x, y, x(), y()
@Target({ElementType.RECORD_COMPONENT, ElementType.METHOD})
@Retention(RetentionPolicy.RUNTIME)   // 실행 중에 유지
@interface Range {
    int min() default Integer.MIN_VALUE;
    int max() default Integer.MAX_VALUE;
}
```

이제 예제를 통해 지금까지 배운 내용을 직접 확인해보자.

▼ 예제 12-21/**RecordEx8.java**

```java
import java.lang.annotation.*;
import java.lang.reflect.Method;
import java.lang.reflect.RecordComponent;

@Target({ElementType.RECORD_COMPONENT, ElementType.METHOD})
@Retention(RetentionPolicy.RUNTIME)
@interface Range {
    int min() default Integer.MIN_VALUE;
    int max() default Integer.MAX_VALUE;
}

public class RecordEx8 {
    static record Point(
            @Range(min=0,   max=10) int x,
            @Range(min=-10, max=10) int y
    ) {
        Point(int x, int y) {
            this.x = x;
            this.y = y;

            // 레코드의 모든 컴포넌트(인스턴스 변수)에 대해 반복
            for (RecordComponent rc : getClass().getRecordComponents()) {
                Range anno = rc.getDeclaredAnnotation(Range.class);

                if(anno==null) continue; // 컴포넌트(인스턴스 변수)에 @Range가 없으면
                final int MIN_VALUE = anno.min();
                final int MAX_VALUE = anno.max();

                try {
                    // 컴포넌트(인스턴스 변수)의 getter인 x(), y()를 찾아서 호출
                    Method m =  getClass().getDeclaredMethod(rc.getName());

                    // 아래의 문장으로, x()와 y()에도 @Range가 붙어있는 것을 확인 가능
//                    System.out.println(m.getDeclaredAnnotation(Range.class)
//                                                +" "+m.getName()+"()");
                    int rcValue = (int)m.invoke(this); // x(), y()를 호출

                    if(!((MIN_VALUE <= rcValue && rcValue <= MAX_VALUE)))
                       throw new IllegalArgumentException("Invalid Argument:"
                                            + rc.getName()+"="+rcValue);
                } catch(ReflectiveOperationException e) {
                    e.printStackTrace();
                }
            } // for
        }
    }
    public static void main(String[] args) {
        Point p = new Point(3, 5);
        System.out.println("p = " + p);
        p = new Point(-1000, 1000); // 에러. 지정된 범위(min~max)를 벗어나는 값
    }
}
```

▼ 실행결과

```
p = Point[x=3, y=5]
Exception in thread "main" java.lang.IllegalArgumentException: Invalid
Argument:x=-1000
        at RecordEx8$Point.<init>(RecordEx8.java:39)
        at RecordEx8.main(RecordEx8.java:50)
```

5. 실드 클래스(sealed class)

5.1 실드 클래스란?

지금까지 상속에 별다른 제한이 거의 없었다. 다음과 같이 public 클래스를 작성하면, 어떤 클래스라도 이 클래스의 자식이 될 수 있다.

```
public class Type {} // 자식의 개수에 제한이 없다.
```

상속에 제한을 두려면, 디폴트(package-private)로 접근 제어자를 좁혀서 패키지 내에서만 상속을 받도록 하던가 아니면 final을 붙여서 상속을 받을 수 없도록 할 수 있다.

```
package ch12;
class PackageType {} // 패키지 ch12 내에서만 상속 가능(package-private)
public final class FinalType {} // 자식의 개수 0개
```

이처럼 상속에 제한이 적은 이유는 코드의 유연성과 확장성 때문이었다. 그러나 적절한 제한을 두는 것은 보다 견고한 코드를 작성할 수 있다는 장점도 있다. 그래서 JDK 17부터 추가된 것이 '실드 클래스(sealed class)'이다.

실드 클래스란 상속에 구체적인 제한을 두는 것으로 부모 클래스에 상속을 받을 수 있는 자식 클래스를 명시한다. 아래에 정의된 Type클래스는 ValType와 RefType 외의 클래스는 상속이 허용(permit)되지 않는다.

```
// ValType과 RefType에게만 상속(구현)을 허용
sealed interface Type permits ValType, RefType {}
final class ValType implements Type {}
final class RefType implements Type {}
final class NewType implements Type {} // 에러. 허용되지 않은 타입
```

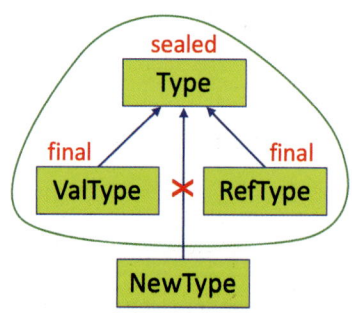

이러한 제한을 통해 코드의 작성의도가 더 명확해지고, 의도하지 않은 잠재적인 실수가 컴파일러에 의해 걸러질 수 있다.

5.2 실드 클래스의 제약조건

실드 클래스는 키워드 'sealed'와 'permits'를 붙여야하고 'permits' 다음에는 반드시 하나 이상의 자식을 지정해야한다. 그리고 아래와 같이 실드 인터페이스도 가능하다.

```
// 실드 클래스(인터페이스)의 자식은 final, sealed, non-sealed 중의 하나이어야 함
sealed interface Type permits ValType, RefType {}
sealed class ValType implements Type permits Bool,Char {}
final  class RefType implements Type {}
final  class Bool    extends     ValType {}
final  class Char    extends     ValType {}
```

실드 클래스의 상속을 제한하는 것이므로, 실드 클래스의 자식은 final이거나 sealed인 것이 보통이다. 만일 실드 클래스의 자식이지만 상속 제한을 풀고 싶으면 반드시 키워드 'non-sealed'를 붙여야 한다.

```
sealed     interface Type permits RefType {}
sealed     class RefType implements Type permits Obj {}
non-sealed class Obj extends RefType {} // 상속 제한 해제
```

실드 클래스의 자식은 반드시 제어자 final, sealed, non-sealed 중의 하나를 붙여서 의도를 명확히 해야한다. 아래의 코드에서 OldType은 실드 클래스의 자식이면서도 이 셋 중에 어느 것도 붙이지 않아서 에러가 발생한다. 반면에 열거형과 레코드는 묵시적으로 final이므로 레코드인 NewType은 에러가 발생하지 않는다.

```
// 실드 클래스(인터페이스)의 자식은 final, sealed, non-sealed 중의 하나이어야 함
sealed interface Type permits NewType, OldType, EnumType {}
       class  OldType  implements Type {} // 에러. 필수 키워드 없음
final  record NewType() implements Type {} // OK. final이 생략됨
       enum   EnumType  implements Type {} // OK. 모든 열거형은 final
```

그리고 실드 클래스의 자식은 반드시 부모와 같은 모듈에 있어야 하며, 이름 없는 모듈의 경우 같은 패키지에 있어야 한다. 또한 익명 클래스나 지역 클래스는 실드 클래스의 자식이 될 수 없다. 모듈에 대해서는 이 장의 마지막에 배울 것이다.

▼ 예제 12-22/SealedEx.java

```java
sealed interface Type permits ValType, RefType {}
sealed interface ValType extends Type permits Num {}
sealed interface RefType extends Type permits Obj {}

// 참조형(RefType)의 자손들
non-sealed class Obj implements RefType {}
class Tv extends Obj {}

// 기본형(ValType)의 자손들
sealed interface Num extends ValType permits Int, Lng, Flt, Dbl {}
record Int(Integer val) implements Num {} // 레코드와 열거형은 묵시적 final
record Lng(Long val)    implements Num {}
record Flt(Float val)   implements Num {}
record Dbl(Double val)  implements Num {}

public class SealedEx {
    static String typeOf(Type type) {
        return switch (type) {
            case Type t -> "Type";
//          default -> "Type";
        };
    }

    static String typeOf2(Type type) {
        return switch (type) {
            case RefType r -> "RefType";
            case ValType v -> "ValType";
        };
    }

    static String typeOf3(RefType type) { // 매개변수의 타입이 RefType
        return switch (type) {
            case Tv t  -> "Tv";
            case Obj o -> "Obj";
//          case RefType v -> "RefType";
        };
    }

    static String typeOf4(Type type) {
        return switch (type) {
            case Int i -> "Int";
            case Lng l -> "Lng";
            case Flt f -> "Flt";
            case Dbl d -> "Dbl";
//          case ValType v -> "ValType";
            case RefType r -> "RefType";
        };
    }

    public static void main(String[] args) {
        System.out.println("typeOf4(new Tv()) = " + typeOf4(new Tv()));
        System.out.println("typeOf4(new Int(10)) = " + typeOf4(new Int(10)));
        System.out.println("typeOf4(new Lng(100L)) = "+typeOf4(new Lng(100L)));
        System.out.println("typeOf4(new Flt(2f)) = " + typeOf4(new Flt(2f)));
        System.out.println("typeOf4(new Dbl(4.0)) = " + typeOf4(new Dbl(4.0)));
        System.out.println("typeOf4(new Int(100)) = " + typeOf4(new Int(100)));
    }
}
```

▼ 실행결과
```
typeOf4(new Tv()) = RefType
typeOf4(new Int(10)) = Int
typeOf4(new Lng(100L)) = Lng
typeOf4(new Flt(2f)) = Flt
typeOf4(new Dbl(4.0)) = Dbl
typeOf4(new Int(100)) = Int
```

먼저 예제에 정의된 클래스와 인터페이스의 관계를 그림으로 그리면 다음과 같다.

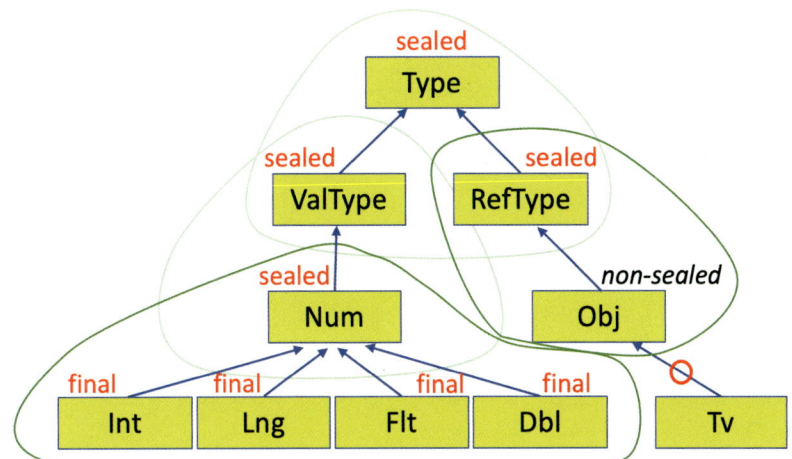

자바의 타입 시스템과 유사하게 타입을 선언하였다. 모든 타입의 최상위 조상으로 Type 인터페이스를 정의하고, 자식을 기본형(ValType)과 참조형(RefType), 두 개로 제한하였다. 그리고 Obj타입을 참조형의 최고 조상 클래스로 하고 'non-sealed'로 해서 다른 클래스가 상속할 수 있도록 제한을 풀었다. 예제를 이리저리 변경해 가면서 배운 내용을 직접 확인해보자.

예제에 switch식을 포함한 여러가지 버전의 typeOf( )이 작성되어 있는데, 이 메서드는 매개변수로 넘겨진 객체의 타입을 문자열로 반환한다. main( )에서 각기 다른 버전의 typeOf( )를 호출하도록 변경하고 실행해서 결과를 확인해보자. 자세한 설명은 다음 절에 이어서 한다.

5.3 실드 클래스와 switch식

실드 클래스의 또 다른 장점은 switch식과 함께 사용하면 컴파일러가 코드의 오류를 체크해서 알려줄 수 있다는 것이다. 전에는 상속이 제한되어 있지 않아서 컴파일러가 코드를 체크하는데 한계가 있었으나 실드 클래스가 도입되면서 타입의 관계가 명확해졌기 때문에 컴파일러가 보다 꼼꼼한 체크를 할 수 있게 되었다.

열거형도 switch식과 함께 사용하면 같은 장점을 누릴 수 있으므로 이해하기 쉽게 열거형으로 예를 들어 설명하겠다.

만일 다음과 같이 4개의 상수를 가진 열거형 Direction이 있을 때,

```
enum Direction { EAST, WEST, NORTH, SOUTH };
```

Direction타입의 열거형 상수(객체)를 받아서 문자열로 반환하는 메서드를 switch식으로 작성하면 다음과 같다.

```java
String getDirection(Direction d) {
    return switch(d) { // switch식은 어떤 경우에도 값을 반환해야 한다.
        case EAST  -> "EAST";
        case WEST  -> "WEST";
        case NORTH -> "NORTH";
        case SOUTH -> "SOUTH";
    };
}
```

열거형 상수가 4개 뿐이므로, 4개의 case로 모든 경우를 빠짐없이 처리할 수 있으므로 default없이 switch식을 작성할 수 있다. 매개변수 d에 null이 대입될 수 있으므로 switch식에 null을 처리하는 case를 추가할 수 있지만 필수는 아니다.

| 참고 | switch식은 조건식이 참조변수인 경우, 변수의 값이 null이면, NullPointerException이 발생한다.

```java
// UP, DOWN을 새로 추가
enum Direction { EAST, WEST, NORTH, SOUTH, UP, DOWN };
```

나중에 열거형 Direction에 새로운 상수 UP, DOWN을 추가되면, switch식에서 컴파일 에러가 발생하여 처리되지 않은 case가 있다는 것을 알 수 있다. 변경 사항이 발생했을 때 관련된 곳을 빠짐없이 변경하는 것이 쉽지 않은데, 컴파일러가 체크해서 알려준다는 것은 실수를 줄이는데 큰 도움이 된다.

그러나 아래와 같이 switch식에 default를 사용하면, 열거형 Direction에 새로운 상수가 추가되어도 default가 처리할 수 있으므로 컴파일 에러가 발생하지 않는다.

```java
String getDirection(Direction d) {
    return switch(d) {
        case EAST  -> "EAST";
        case WEST  -> "WEST";
        case NORTH -> "NORTH";
        default    -> "SOUTH"; // OK. UP, DOWN도 같이 처리
    };
}
```

그래서 default를 사용하지 않고, case만으로 switch식을 작성해야하는 것이다. 이것이 가능한 이유는 열거형 상수의 개수가 제한되어 있기 때문이며, 실드 클래스로 자식 클래스의 개수를 제한하면 열거형이 아닌 참조 타입에서도 같은 이점을 누릴 수 있게 된다.

| 참고 | 열거형은 생성할 수 있는 객체(열거형 상수)의 수를, 실드 클래스는 상속받을 수 있는 클래스의 수를 제한한다.

```java
// 새로운 타입 NewType을 추가
sealed interface Type permits ValType, RefType, NewType;
    ...
String typeOf(Type type) {
    // 컴파일 에러. case로 처리되지 않은 타입이 있음.
```

```
            return switch(type) {
                    case ValType v -> "ValType";
                    case RefType r -> "RefType";
            }
```

위의 코드는 예제12-22의 일부를 변경한 것으로 실드 인터페이스인 Type에 새로운 자식인 NewType이 추가되면, switch식에서 컴파일 에러가 발생하여 switch식도 변경해야 한다는 것을 알려준다.

만일 인터페이스 Type이 '실드(sealed)'가 아니었다면, switch식에 default를 추가해야 할 뿐만아니라 새로운 타입이 추가되어도 컴파일러가 에러를 체크할 수 없다.

> **참고** 실드 클래스로 상속을 제한한 덕분에 예제12-22의 switch식은 모두 default없이 작성될 수 있었다.

이제 예제12-22의 switch식을 하나씩 살펴보자.

```
static String typeOf(Type type) {
        return switch (type) {
                case Type t -> "Type";
//              default    -> "Type";
        };
}
```

typeOf()의 매개변수의 타입과 case의 타입이 정확히 일치하므로 이것 하나로 처리가 가능하다. 매개변수로 제공되는 객체는 모두 Type의 자손일 것이기 때문이다.

```
sealed interface Type permits ValType, RefType { }
        ...
static String typeOf2(Type type) {
        return switch (type) {
                case RefType r -> "RefType";
                case ValType v -> "ValType";
        };
}
```

매개변수의 타입인 Type가 '실드(sealed)'이므로 자식이 ValType과 RefType, 두 개뿐이므로 위와 같이 두 개의 case로 모든 경우를 처리할 수 있다.

```
non-sealed class Obj implements RefType { }
class Tv extends Obj { }
        ...
static String typeOf3(RefType type) {
        return switch (type) {
                case Tv t -> "Tv";      // 조상인 Obj보다 위에 있어야
                case Obj o -> "Obj";    // RefType의 유일한 자식
//              case RefType v -> "RefType";
        };
}
```

Obj가 'non-sealed'이므로 상속 제한이 풀려서 부모가 될 수 있고, RefType의 유일한 자식이므로 Obj타입의 case로 모든 경우를 처리할 수 있다. 그래서 ObjType의 case는 RefType의 case대신 사용될 수 있으며, 제일 마지막 case이어야 한다. 그리고 Tv타입을 처리하는 case는 부모인 Obj타입을 처리하는 case보다 반드시 위에 있어야 한다.

```
        sealed interface ValType extends Type permits Num {}
        sealed interface Num extends ValType permits Int, Lng, Flt, Dbl {}
            ...
        static String typeOf4(Type type) {
            return switch (type) {
                case Int i -> "Int";
                case Lng l -> "Lng";
                case Flt f -> "Flt";
                case Dbl d -> "Dbl";
//              case ValType v -> "ValType"; // 모든 Num의 조상
                case RefType r -> "RefType";
            ...
```

마지막으로 위의 switch식은 ValType의 모든 자식들이 case로 작성되어 있기 때문에 ValType을 처리하는 case가 없어도 된다. 이처럼 부모 타입의 case로 처리하는 것보다 자식 타입의 case를 직접 적어야 새로운 타입이 추가되었을 때 컴파일러로 체크가 가능하다. 그리고 매개변수의 타입이 Type이므로 RefType을 처리하는 case도 있어야 모든 경우를 처리할 수 있다.

▼ 예제 12-23/SealedEx2.java

```java
import java.lang.reflect.Modifier;

// 같은 파일 내 자식이 있으면 permits 생략 가능
sealed interface Val {} // permits IntVal, LongVal {}
record IntVal(int value)   implements Val {}
record LongVal(long value) implements Val {}

public class SealedEx2 {
    public static void main(String[] args) {
        Class cls = Val.class;
        System.out.println(cls.getName() + " isSealed()=" + cls.isSealed());

        // 실드 인터페이스의 모든 자식의 정보를 출력
        for(Class c : cls.getPermittedSubclasses()) {
            String clsInfo = Modifier.isFinal(c.getModifiers()) ? "final ":"";
            clsInfo += c.isSealed() ? "sealed " : "";
            clsInfo += c.isRecord() ? "record " : "";
            clsInfo += c.getName();
            System.out.println(clsInfo);
        }
    }
}
```

▼ 실행결과
```
Val isSealed() = true
final record IntVal
final record LongVal
```

실드 클래스와 관련되어 리플렉션 API의 Class클래스에 getPermittedSubclasses()와 isSealed()가 추가되었다. isSealed()는 해당 타입이 'sealed'일때 true를 반환하고 getPermittedSubclasses()로 실드 클래스의 자식들을 알아낼 수 있다.

```
// 자식이 같은 파일에 정의되면 permits 생략가능
sealed interface Val permits IntVal, LongVal {}
record IntVal(int value)    implements Val {} // final이 생략됨
record LongVal(long value)  implements Val {} // final이 생략됨
```

앞서 설명한 바와 같이 실드 클래스의 자식들이 부모와 같은 파일에 정의되면, 위와 같이 permits를 생략할 수 있다. permits를 생략해도 getPermittedSubclasses()를 호출하면 IntVal과 LongVal이 Class배열에 담겨서 반환된다.

getModifiers()는 타입에 붙어있는 모든 제어자를 반환하는데, 메서드는 하나의 값만 반환할 수 있으므로 제어자를 상수로 정의하고 이들의 합을 반환한다.

```
public class Modifier {
    ...
    public static final int PUBLIC    = 0x00000001; // 10진수로 1
    public static final int PRIVATE   = 0x00000002;
    public static final int PROTECTED = 0x00000004;
    ...
    public static final int FINAL     = 0x00000010; // 10진수로 16
```

만일 제어자가 public이면서 final인 클래스는 17을 반환한다. 더해서 17이되는 경우는 public 이면서 final인 경우 뿐이다. 각 상수는 2의 제곱으로 정의되어 있어서 여러 상수를 더해도 서로 구별될 수 있다.

만일 상수의 값을 1, 10, 100, 1000과 같이 10의 제곱으로 정의했으면, 1010은 1000과 10의 합이라는 것을 쉽게 알 수 있다. 이 외의 어떠한 상수의 합도 1010을 만들어낼 수 없기 때문이다. 그리고 Modifier.isFinal()은 getModifiers()가 반환하는 제어자의 조합에 final이 포함되어 있는지 알려준다.

6. 모듈(module)

6.1 모듈이란?

모듈은 패키지의 상위 집합으로, 여러 패키지를 하나로 묶을 수 있다. JDK 8까지는 패키지가 최상위 집합이었으나 JDK 9부터 모듈이라는 개념이 추가되어 모듈이 최상위 집합이 되었다.

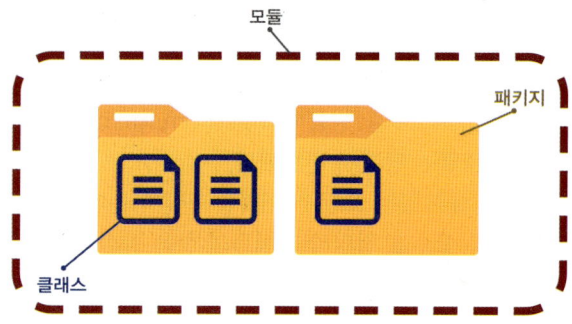

▲ 그림12-1 두 개의 패키지를 묶는 모듈

모듈 개념이 도입되기 전에는 패키지의 캡슐화가 불완전해서 내부에서만 사용하는 코드가 외부에 노출되는 경우가 종종 발생했다. 이처럼 내부 코드가 외부에 노출되면 불필요한 의존성이 생겨서 변경에 불리해진다. 처음 자바를 만들었을 당시 모든 코드를 하나의 패키지에 넣고 외부에 노출할 클래스는 public으로 하고 내부 코드는 public을 붙이지 않아서 외부에서 접근할 수 없게 할 계획이었다.

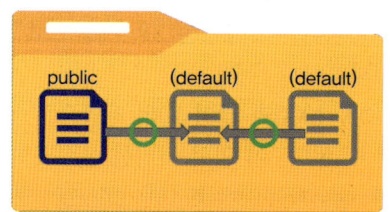

▲ 그림12-2 같은 패키지 내에서의 접근

그런데, 클래스가 점점 많아져서 패키지를 둘로 나누면 클래스가 default(접근 제어자 안 붙이는 것)인 경우 다른 패키지에서 접근할 수 없게 된다.

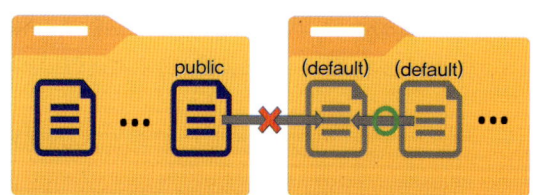

▲ 그림12-3 패키지 내부와 외부에서의 접근

클래스의 접근 제어자를 default에서 public으로 바꾸면 되지만, 이렇게 하면 원하지 않는 패키지에서도 접근이 가능하게 되므로 불필요한 의존성이 생길 수 있다.

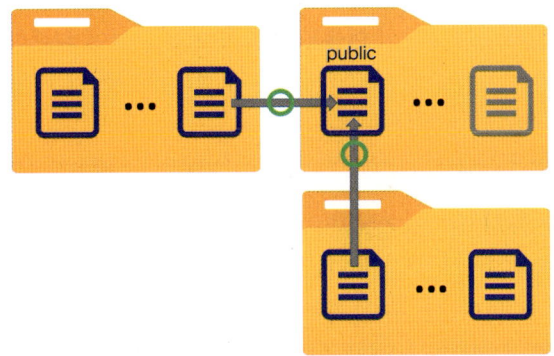

▲ 그림12-4 패키지 내부와 외부에서의 접근

이럴 때 두 패키지를 하나의 모듈로 묶어주고 원하는 패키지만 접근할 수 있게 모듈 설명자(module-info.java)를 작성하고 컴파일해서 모듈에 포함시키면 된다.

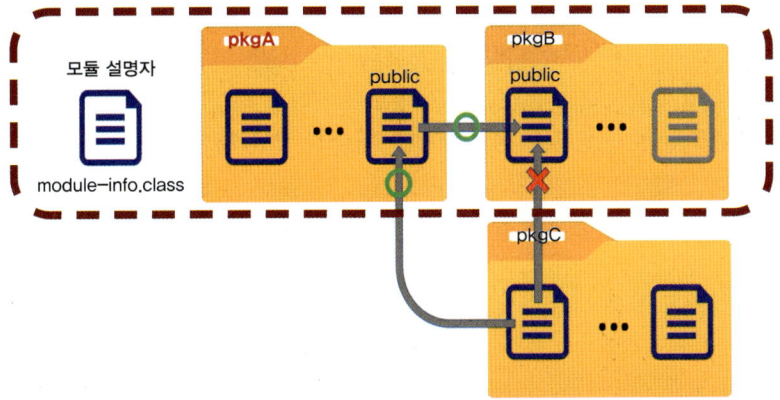

▲ 그림 12-5 모듈 내부와 외부에서의 접근

위의 그림과 같이 모듈을 구성하려면 다음과 같이 모듈 설명자(module-info.java)를 작성해야 한다.

```
module myModule {
    exports pkgA;   // 모든 모듈에 myModule의 pkgA를 노출(접근 허용)
//  exports pkgA to moduleA, moduleB; // 지정된 모듈에만 노출
}
```

모듈의 이름은 myModule이고, 키워드 exports로 이 모듈의 pkgA패키지만 노출(exports)하여 모듈의 외부에서 접근할 수 있게 하였다. pkgB패키지는 노출하지 않았으므로 이 패키지의 클래스는 public이어도 myModule 외부인 pkgC에서 접근할 수 없다.
그러나 pkgA와 pkgB는 같은 모듈 내에 있으므로 노출하지 않아도 접근할 수 있다.

6.2 모듈 설명자 - module-info.java

앞서 살펴본 것처럼 모듈에는 모듈의 정보가 담겨있는 '모듈 설명자(module descriptor)'가 필요하며 모듈 설명자에는 모듈의 이름과 모듈이 어떤 모듈에 의존하고 어떤 패키지를 노출하는지 등의 정보가 적혀있다. 즉, 모듈 자신의 정보와 다른 모듈과의 관계에 대한 정보를 제공하는 것이 모듈 설명자이다.

> **참고** 패키지에 대한 주석과 설명을 제공하거나 애너테이션을 적용할 때 사용하는 package-info.java도 있다.

```
// 모듈의 루트(root)에 모듈 설명자(module-info.java)를 아래와 같이 작성
module com.codechobo.myModule {   // 모듈 이름
    // requires로 필요한 모듈을 명시
    requires java.desktop;
    requires java.base;       // 생략 가능. 필수 모듈이라 자동 추가됨

    // exports로 노출할 패키지를 지정
    exports com.codechobo.pkgA;
}
```

이처럼 모듈 설명자를 통해 모듈간의 의존 정보를 컴파일 타임과 런타임에 활용하면 모듈간의 불필요한 의존성이 생기는 것을 방지할 수 있다. 모듈화된 JDK에서 가장 필수적인 java.base모듈은 의존성을 생략할 수 있다.

모듈 시스템이 도입되기 전에는 소스 파일의 import문을 직접 보지 않고는 실행 전에 의존성을 확인할 방법이 없었다. 그래서 의존하는 모듈을 실수로 누락하기 쉽고, 누락하면 실행 중에 클래스를 찾을 수 없다는 ClassNotFoundException이 발생한다.

JDK 9부터는 모듈 설명자(module-info.java)를 통해 의존성을 컴파일 타임 뿐만 아니라 런타임에도 확인이 가능하므로, 애플리케이션을 시작하면 먼저 모듈 설명자에 적힌 정보를 통해 의존성을 확인하고 누락된 모듈이 있으면 에러를 발생시키고 즉시 종료된다.

이렇게 함으로써 누락된 클래스에 의해 실행 중에 프로그램이 갑자기 종료되는 것을 상당히 줄일 수 있게 되었다.

> **참고** 하위 호환성 때문에 모듈을 사용하지 않는 코드도 모듈과 같이 사용될 수 있게 허용한다. 그래서 모듈이 도입된 JDK 9 후에도 여전히 실행중에 클래스가 누락될 수 있다.

모듈 이름

모듈 이름은 전역적으로 유일해야 하기 때문에 패키지 이름처럼 모듈의 이름은 위의 예시와 같이 도메인 이름을 거꾸로 쓰는 것(com.codechobo)이 일반적이다. 모듈 선언에만 모듈 이름을 쓰기 때문에 모듈 설명자가 아닌 소스 파일에서 모듈 이름을 참조할 일은 없다.

> **참고** 모듈의 이름에 숫자를 포함시키면 경고가 발생한다.

의존 모듈 명시와 패키지 노출 – requires, exports
위에 작성한 모듈 설명자 module-info.java에서 소개한 requires는 해당 모듈이 필요로 하는 다른 모듈, 즉 의존 모듈을 지정할 때 사용한다. 그리고 자신의 모듈에서 외부에 노출할 패키지를 지정할 때는 exports를 사용한다. 특정 모듈에게만 노출할 때는 to를 같이 사용한다.

| 참고 | 의존성 전이에 사용되는 requires transitive는 잠시 후에 설명한다.

리플렉션 허용 – open, opens
리플렉션은 자바의 Reflection API를 이용해서 코드의 정보를 실행중에 동적으로 알아내거나 변경하는 것을 말한다. 프레임웍은 리플렉션을 이용해서 자동으로 처리해주는 기능을 제공하는 경우가 많다. 이런 프레임웍을 사용할 때, 우리가 작성한 코드의 정보를 프레임웍이 알아낼 수 있게 리플렉션을 허용하는 것이 opens이다. 아래의 코드는 패키지 pkgA의 리플렉션을 moduleA와 moduleB에게 허용한다.

```
module com.codechobo.myModule {
        opens com.codechobo.pkgA to moduleA, moduleB;
//      opens com.codechobo.pkgA;  // 모든 모듈에게 리플렉션 허용
}
```

만일 모듈의 모든 패키지를 외부에 공개하려면 다음과 같이 module앞에 키워드 open을 붙인다.

```
// 모든 패키지에 대한 리플렉션을 다른 모듈에게 허용
open module com.codechobo.myModule { }
```

서비스 제공자 인터페이스와 모듈 – uses, provides
JDK 6부터 서비스 제공자 인터페이스(SPI, Service Provider Interface)가 추가되었다. 이 기능은 인터페이스인 서비스(service)와 이 인터페이스의 구현체인 서비스 제공자(serivce provider)를 따로 작성해서, 서비스 로더(ServiceLoader클래스)를 통해 실행 중에 서비스 제공자(구현체)를 다른 것으로 바꿀 수 있게 하기 위한 것이다.

JDK 9부터 여기에 모듈을 결합해서 서비스와 서비스 제공자를 별도의 모듈로 구성하고 모듈 설명자에 키워드 uses와 provides를 이용해서 기술한다.

먼저 서비스를 사용하는 모듈은 키워드 uses로 모듈이 사용할 서비스(인터페이스)를 지정한다.

```
module com.codechobo.myModule {
    uses pkgA.MyService;  // 사용할 인터페이스나 추상 클래스를 지정
}
```

그리고 서비스를 제공하는 모듈은 키워드 provide로 서비스(MyService 인터페이스)를 지정하고 키워드 with 다음에는 서비스 제공자(MyServiceImpl 클래스)를 지정한다.

```
module com.codechobo.myModule {
    provides pkgA.MyService with impl.MyServiceImpl;
}
```

참고로 module, requires, exports, open, use 등은 module-info.java내에서만 키워드로 동작한다. 이제 예제를 통해 지금까지 배운 것들을 실습해 보자.

▼ 예제 12-24/pkgA/ModuleEx.java
```java
package pkgA; // 패키지 필수. 패키지가 지정된 클래스 (인터페이스) 만 모듈에 포함 가능

import javax.swing.JOptionPane;

public class ModuleEx {
    public static void main(String[] args) {
        String question = "What is your favorite fruit?";
        String str = JOptionPane.showInputDialog(question);
        System.out.println("str = " + str);
    }
}
```

▼ 실행결과
```
str = pear
```

이 예제를 실행하면 아래의 그림과 같은 창이 나타나는데, 여기에 문자열을 입력하고 OK 버튼을 누르면 입력한 값이 콘솔에 출력된다.

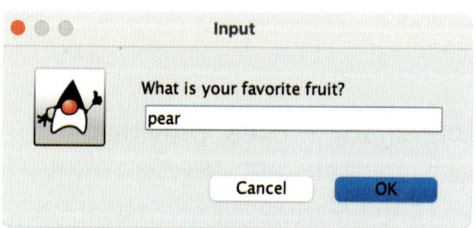

▲ 그림12-6 예제 12-24의 실행화면

간단한 예제지만 java.desktop모듈의 JOptionPane클래스를 이용하기 때문에 이 모듈에 의존성이 있다. JOptionPane클래스는 Swing에서 제공하는 윈도우로 사용자 입력받을 수 있는 기능을 제공한다.

| 참고 | Swing은 자바에서 GUI(윈도우) 프로그래밍을 하기 위한 라이브러리이다.

6.3 이름없는 모듈과 java.base모듈

원래는 예제12-24의 모듈 설명자에 requires로 java.desktop모듈의 의존성을 적어줘야 하지만 module-info.java를 아예 작성하지 않았다. 이처럼 모듈 설명자 module-info.java가 없으면 자동으로 '이름 없는 모듈(unnamed module)'에 속하게 되는데, 클래스를 작성할 때 패키지를 지정하지 않으면 이름없는 패키지에 속하게 되는 것과 같다.

  이름 없는 모듈의 모든 패키지는 다른 모듈에게 전부 노출(exports)되고 개방(opens)된다. 그리고 자동으로 java.se 모듈에 의존하게 되어 JDK의 모든 모듈을 사용할 수 있다.

  이렇게 하는 이유는 모듈이 도입되기 이전의 코드와의 하위 호환성 때문일 뿐이므로 이제는 반드시 모듈 설명자를 작성해야 한다. 이전 예제의 루트 폴더에 다음과 같이 모듈의 이름만 있고 내용이 없는 module-info.java를 작성해서 추가해보자.

| 참고 | intellij의 경우, 프로젝트의 src폴더에서 우클릭하고 New > module-info.java를 클릭하면 자동 생성된다.

```
module myModule {

}
```

모듈 설명자 module-info.java는 다음과 같이 src폴더의 안에 추가한다.

```
src
├ pkgA   ← 패키지
│  └ ModuleEx.java
└ module-info.java   ← 모듈 설명자
```

이제 모듈 설명자가 있기 때문에 컴파일러가 모듈 myModule을 인식하게 되고 모듈 설명자는 module-info.class로 컴파일 된다. module-info.java를 추가하고 위와 같이 작성한 다음, 인텔리제이의 메뉴 Build 아래의 'Build Project'로 프로젝트를 빌드하면 다음과 같은 에러가 발생한다.

```
java: package javax.swing is not visible
    (package javax.swing is declared in module java.desktop, but
 module myModule does not read it)
```

이 에러는 예제12-24가 java.desktop 모듈의 javax.swing패키지를 사용하는데, 이 모듈에 대한 의존성이 모듈 설명자에 적혀있지 않다는 뜻이다. 모듈 설명자를 아래와 같이 변경하면 에러가 없어지고 이전처럼 정상적으로 실행된다.

```
module myModule {
        requires java.desktop;    // 필요한 모듈을 추가
//      requires java.base;       // 필수 모듈. 생략 가능
}
```

| 참고 | java.base모듈은 JDK의 핵심 모듈이므로 requires로 지정하지 않아도 된다.

java.base모듈

JDK 1.0의 클래스 개수는 모두 200개도 안되었으나 점차 늘어나다 JDK 8에 이르러서는 수만 개로 늘어났다. 이 많은 클래스가 rt.jar라는 하나의 큰 파일(약 65M)에 모두 포함되어있으니 사용하지 않는 클래스도 불필요하게 메모리에 올라갈 수 밖에 없었다.

  2005년부터 이런 문제를 인식하고 큰 덩어리로 묶인 클래스를 더 작은 단위인 모듈로 나누는 작업을 시작했다. 단순히 클래스를 나누는 것이 아니라 클래스간의 의존 관계도 고려해야하므로 복잡하고 어려운 작업이었다.

  그래서 JDK 7에 반영하기로 했던 계획이 계속 연기되다가 2017년이 되어서야 JDK 9에 '자바 플랫폼 모듈 시스템(Java Platform Module System)'이라는 이름으로 적용되었다.

  비대했던 rt.jar는 73개(리눅스용 JDK 9 기준)의 모듈로 나누어졌고 모듈간의 의존성은 깔끔하게 정리되었다. 덕분에 유지보수하기 쉬워졌고 보안도 개선되었다.

아래의 그림은 JDK의 모듈간의 의존성을 그림으로 표현한 것의 일부이다. 가장 핵심 모듈인 java.base가 그림의 맨 아래에 있고, JDK의 모든 모듈에 의존하는 java.se 모듈이 맨 위에 있다. 참고로 JDK의 전체 모듈 목록은 '`java --list-modules`'명령으로 확인할 수 있다.

| 참고 | JDK 전체 모듈간의 의존성 그림 – https://www.baeldung.com/wp-content/uploads/2017/03/jdk-tr1.png

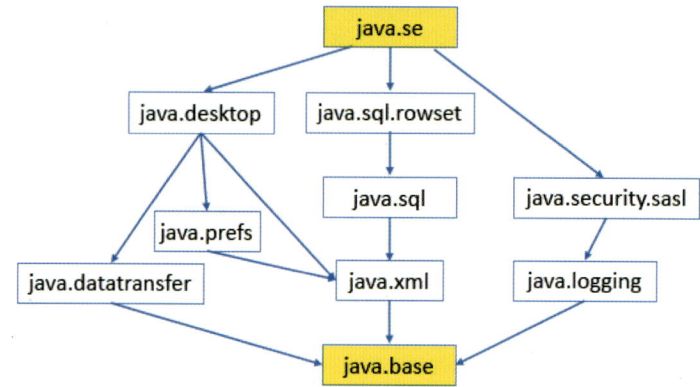

▲ 그림12-7 JDK 모듈간의 의존성 그래프

아래의 내용은 JDK의 핵심 모듈인 java.base에 대한 요약 정보이며, 왼쪽은 파일 개수 오른쪽은 파일 크기의 총합이다.

| 참고 | https://cr.openjdk.org/~mr/jigsaw/jdk9-module-summary.html에 모듈간의 의존성과 정보가 잘 정리되어 있다.

```
java.base
5689      classes            22,332,359
18        resources             562,318
9         configs                48,457
2         commands               27,152
Total bytes                 43,999,189
Total bytes of dependencies 0
Total jmod bytes (1 file)18,578,950
```

java.base 모듈은 원래 약 43M이지만 java.base.jmod라는 압축된 파일(약 18M)로 제공되는데 크기가 기존 rt.jar의 27%정도 밖에 되지 않는다. 이 파일에는 5689개의 클래스와 그 밖의 리소스, 즉 이미지나 텍스트 파일, 설정 파일 등이 포함된다.

    네이티브 라이브러리 같은 바이너리 파일을 모듈에 포함시키는 경우만 모듈을 jmod파일로 만들고 보통은 jar파일로 만든다.

| 참고 | 확장자가 jmod인 파일은 jar.exe로 압축 풀기가 가능하다. jar -xvf java.base.jmod

▼ 예제 12-25/**pkgA/InputService.java**

```java
package pkgA;
import pkgB.InputServiceImpl;

public interface InputService {
    public String showInput(String msg);
    public static InputService getInstance() { // 디폴트 메서드
        return new InputServiceImpl();
    }
}
```

▼ 예제 12-26/**pkgB/InputServiceImpl.java**

```java
package pkgB;
import pkgA.InputService;
import javax.swing.*;
import java.util.logging.Logger;

public class InputServiceImpl implements InputService {
    private static final Logger logger =
                    Logger.getLogger(InputServiceImpl.class.getName());

    public String showInput(String msg) {
        logger.info("msg = "+msg);
        return JOptionPane.showInputDialog(msg);
    }
}
```

▼ 예제 12-27/**moduleEx2/src/module-info.java**

```java
module moduleEx2 {
    requires java.desktop;
    requires java.logging;

    exports pkgA;
}
```

▼ 예제 12-28/**src/module-info.java**

```java
module moduleEx2_2 {
    requires moduleEx2;
    requires java.logging;
}
```

▼ 예제 12-29/pkgC/Main.java

```java
package pkgC;
import pkgA.InputService;
import java.util.logging.Logger;

public class Main {
    private static final Logger logger =
                                Logger.getLogger(Main.class.getName());

    public static void main(String[] args) {
        InputService service = InputService.getInstance();
// InputServiceImpl service = new InputServiceImpl(); // 에러. 노출되지 않은 패키지

        String answer = service.showInput("What is your favorite fruit?");
        logger.info("answer = " + answer);
    }
}
```

▼ 실행결과

```
Mar 10, 2025 11:02:39 PM pkgB.InputServiceImpl showInput
INFO: msg = What is your favorite fruit?
2025-03-10 23:02:43.628 java[15873:1360574] TSM AdjustCapsLockLEDForKeyTran
sitionHandling - _ISSetPhysicalKeyboardCapsLockLED Inhibit
Mar 10, 2025 11:02:44 PM pkgC.Main main
INFO: answer = apple
```

위 예제는 예제12-24를 모듈로 구성한 것일 뿐이므로 코드는 거의 동일하다.

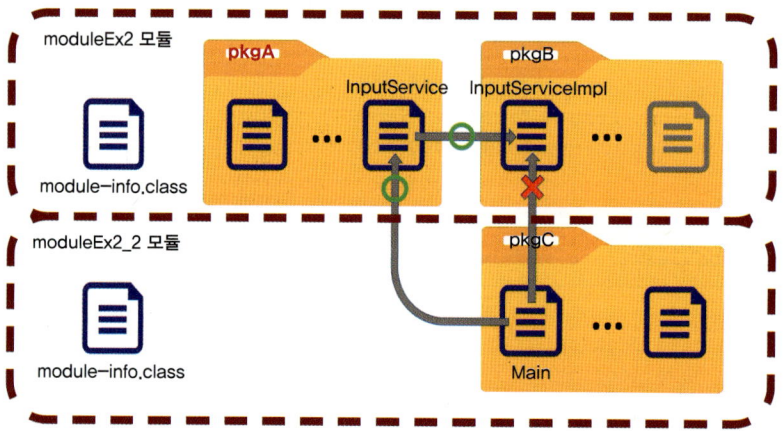

▲ 그림12-8 두 개의 패키지(pkgA, pkgB)를 묶는 모듈(moduleEx2)

모듈을 2개의 패키지(pkgA, pkgB)로 구성하고 InputService인터페이스가 담긴 pkgA만 노출(exports)하였다. pkgB에는 InputService인터페이스를 구현한 InputServiceImpl클래스가 들어있다. 모듈 외부의 Main클래스는 노출된 pkgA 패키지만 접근할 수 있고, 노출되지 않은 내부 구현인 pkgB는 접근할 수 없다.

인텔리제이에서 모듈을 생성하려면 먼저 메뉴 File 아래의 Project Structure...'를 클릭하자. 그러면 아래와 같은 화면이 나타나는데, 이 화면에서 '+'를 클릭해서 모듈 moduleEx2를 추가하고 'OK'를 누르자. 같은 방법으로 moduleEx2_2도 생성한다.

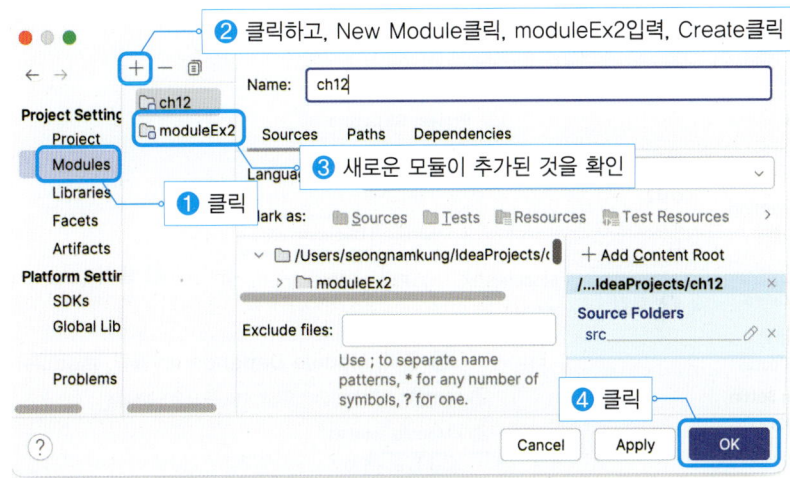

▲ 그림12-9 인텔리제이의 프로젝트 창에서 모듈을 추가하는 방법

위와 같이 두 개의 모듈을 만들었으면, 프로젝트 내에 모듈 이름과 같은 이름의 폴더가 만들어지는데, 그 안의 src폴더에서 우클릭 'New 〉 Package'를 클릭해서 패키지를 만들자. 모듈 설명자도 'New 〉 module-info.java'를 클릭하면 쉽게 만들 수 있다. 나머지 파일들은 아래와 같은 구조로 생성하자. 확장자가 iml인 파일은 인텔리제이가 자동으로 생성해주는 것이니 직접 생성하지 않아도 된다.

▲ 그림12-10 모듈 moduleEx2와 moduleEx2_2의 파일 구조(예제12-25~29)

이전 그림12-10과 같이 폴더와 파일을 구성하였으면, 설정을 한가지 더 해야한다. 인텔리제이의 메뉴 File 아래의 'Project Structure...'를 클릭하면 아래와 같은 화면이 나타나는데, 이 화면에서 번호를 표시한 순서대로 클릭해서 모듈 의존성, 즉 moduleEx2_2이 의존하는 모듈이 moduleEx2라는 것을 설정한다. 이제 'OK'를 누르고 Main클래스를 실행하면 된다.

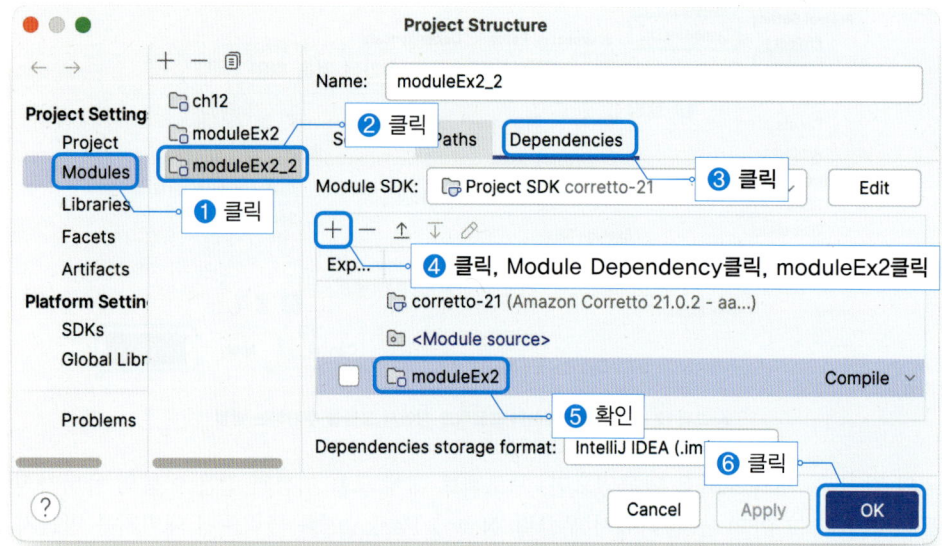

▲ 그림12-11 moduleEx2_2의 모듈 의존성을 추가하는 방법

모듈 간의 의존성은 화살표로 표현하는데, 아래의 그림을 보면 moduleEx2가 java.desktop과 java.logging에 의존하고 있는 것을 알 수 있다.

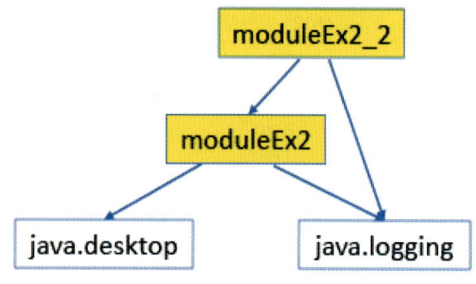

▲ 그림12-12 모듈간 의존성

java.logging모듈의 Logger는 로깅, 즉 메시지를 기록하는 기능을 제공한다. Logger를 이용하면, System.out보다 훨씬 세련되고 다양한 방법으로 로깅을 처리할 수 있다. 예를 들면 메시지 출력형식을 지정한다던가 레벨을 두어서 메시지의 종류를 구분해서 원하는 메시지만 출력하는 것이 가능하다. 실무에서는 JDK에서 제공하는 Logger보다 더 개선된 기능을 제공하는 오픈소스 라이브러리를 사용하며, LogBack이 유명하다.

검색해 보면 LogBack에 대한 충분한 자료를 쉽게 얻을 수 있으며, 지금은 Logger에 대한 간단한 사용법만 설명할 것이다. 아래는 예제12-30 Main.java의 일부이다.

```java
// 지정된 이름의 로거를 찾아서 반환(싱글톤)
private static final Logger logger =
                Logger.getLogger(Main.class.getName());
```

로깅을 하려면 먼저 Logger를 얻어야 하는데, getLogger(String name)를 위와 같이 호출해서 얻는다. getLogger()는 매개변수로 이름을 주면, 해당 이름에 해당하는 Logger를 반환하는데, 기존에 생성된 Logger중에 이름이 같은 것을 찾아서 반환하고 없으면 새로 Logger를 생성해서 반환한다. 즉, 매번 새로운 객체를 생성하는 것이 아니라 하나의 객체를 재사용하는 싱글톤 패턴(Singleton pattern, p.375)으로 작성되어 있다.

Logger의 이름은 문자열이면 어떤것을 사용해도 되지만, 주로 위의 코드와 같이 클래스 이름을 사용한다. 그래야 설정을 통해 클래스의 패키지 이름으로 Logger를 묶어서 다루거나 패키지마다 다르게 로깅 레벨을 지정할 수 있기 때문이다.

| 참고 | Logger의 출력은 기본적으로 콘솔로 되어 있지만, 다른 대상으로 출력하는 것, 예를 들면 파일도 가능하다.

```java
logger.info("answer = " + answer); // 메시지를 INFO레벨로 출력
```

Logger를 얻은 다음엔 위와 같이 메시지를 Logger에 출력한다. Logger에는 다음과 같이 9개의 로깅 레벨과 메서드가 정의되어 있다. 기본적으로 info()를 사용하고, 상황에 따라 그에 맞는 메서드를 선택해서 사용자.

| 참고 | 레벨을 INFO로 설정, logger.setLevel(Level.INFO)하면, INFO의 상위 레벨(WARNING, SEVERE)도 출력된다.

레벨	메서드 이름	값	설명
OFF	off()	Integer.MAX_VALUE	비활성화
SEVERE	severe()	1000	심각
WARNING	warning()	900	경고
INFO	**info()**	**800**	**정보**
CONFIG	config()	700	설정
FINE	fine()	500	디버깅 정보
FINER	finer()	400	디버깅 정보(상세)
FINEST	finest()	300	디버깅 정보(더 상세)
ALL	all()	Integer.MIN_VALUE	활성화

▲ 표12-5 Logger의 로그 레벨

6.4 전이적 의존성과 순환 의존성

그림12-13을 보면 moduleEx2_2가 moduleEx2와 java.logging에 의존하고 있는데, 이미 moduleEx2가 java.logging에 의존하고 있으므로 굳이 moduleEx2_2가 java.loggingn에 의존하는 것을 모듈 설명자에 기술할 필요가 없다. 이럴 때 '전이적 의존성(transitive dependency)'을 이용하면 모듈간의 의존관계가 단순해 진다.

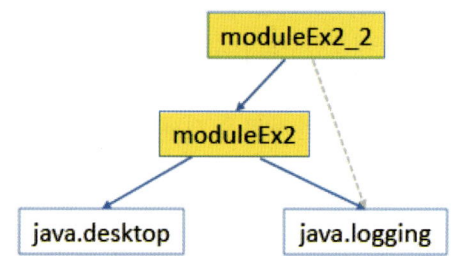

▲ 그림12-13 java.logging과 전의적 종속관계인 moduleEx2_2

moduleEx2의 모듈 설명자에서 java.logging의 의존성을 'requires transitive'로 지정하면, modeuleEx2에 의존하는 모든 모듈은 자동적으로 java.logging에 의존하게 된다.

```
module moduleEx2 {
    requires java.desktop;
    requires java.logging;

    exports pkgA;
}
```
→
```
module moduleEx2 {
    requires java.desktop;
    requires transitive java.logging;

    exports pkgA;
}
```

이제 moduleEx2_2는 moduleEx2에만 의존하면 된다.

```
module moduleEx2_2 {
    requires moduleEx2;
    requires java.logging;
}
```
→
```
module moduleEx2_2 {
    requires moduleEx2;
}
```

이전 예제에서 두 개의 모듈 설명자를 위와 같이 수정하고 실행하면, 전과 같은 실행결과를 얻을 수 있다.

집합 모듈

이처럼 전이적 의존성을 이용하면 모듈의 의존성을 간단히 할 수 있으며, 집합 모듈은 이를 이용해서 자주 사용되는 여러 모듈을 하나의 모듈로 묶은 것을 말한다.

집합 모듈은 어떤 클래스나 패키지도 가지고 있지 않다. 오직 모듈 설명자 module-info.class만 가지고 있으며, java.se 모듈이 집합 모듈의 대표적인 예이다. 이 모듈은 아래와 같이 여러 모듈에 전이적 종속성을 가지고 있다.

```
module java.se {
    requires transitive java.compiler;
    requires transitive java.datatransfer;
    requires transitive java.desktop;
    requires transitive java.instrument;
    requires transitive java.logging;
            ...
}
```

JDK의 모든 모듈에 의존해야할 때, 다음과 같이 간단히 java.se모듈 하나에만 의존하면 위와 같이 여러 모듈을 일일이 써주지 않아도 된다.

```
module myModule {
  requires transitive java.compiler;
  requires transitive java.datatransfer;
            ...
}
```
→
```
module myModule {
  require java.se;
}
```

순환 의존성

모듈간의 의존 관계는 단방향이어야 한다. 두 모듈이 서로 의존하는 양방향 의존 관계가 되면 안된다. 그리고 두 모듈의 의존 관계가 단방향이어도 아래의 오른쪽 그림처럼 세 모듈의 의존 방향이 순환하는 경우가 있는데, 이 두 경우 모두 모듈이 서로 순환 의존 관계에 있다고 한다.

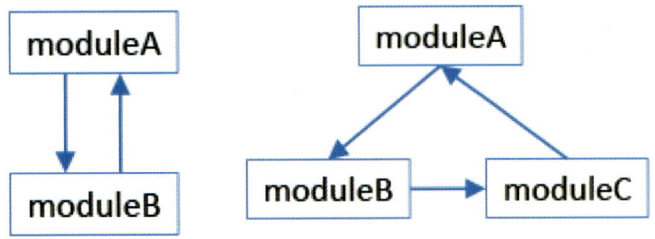

▲ 그림12-14 의존성이 순환 관계인 모듈의 예

순환 의존 관계를 알아내는 방법은 간단하다. 어느 한 모듈에서 시작해서 화살표를 계속 따라 갔을 때 어느 한 곳에서 멈추지 않으면 순환 의존 관계에 있는 것이다.

이처럼 모듈간의 의존성이 순환되는 경우 다음과 같은 컴파일 에러가 발생한다. 모듈이 순환 의존 관계에 있는 이유는 모듈 설계를 잘못했기 때문이다. 패키지를 모듈로 잘못 묶었다는 것이며, 모듈 구성을 다시해서 순환 의존 관계를 해소해야 한다. 두 모듈을 하나로 합치거나, 셋으로 나누거나, 인터페이스를 이용해서 의존성의 방향을 바꾸는 등의 방법이 있으나 책의 범위를 벗어나므로 자세한 설명은 생략한다.

6.5 모듈의 컴파일과 실행

인텔리제이 같은 IDE를 사용하지 않고 컴파일함으로써 컴파일과 실행 옵션에 대해서 배워보자. 지금은 가볍게 보고 필요할때 참고해도 괜찮다.

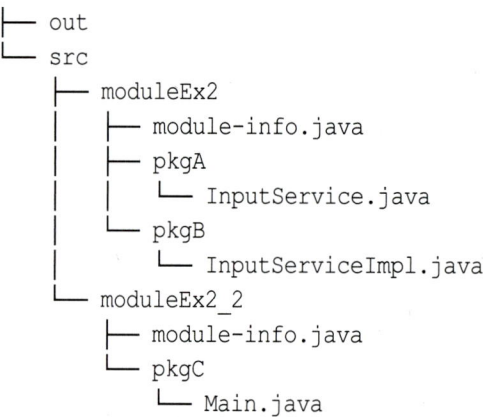

예제12-25~30을 src폴더에 위와 같이 구성을 한 후에 컴파일러(javac.exe)로 다음과 같이 컴파일하면 된다. 모듈을 컴파일할 때는 module-info.java를 같이 적어줘야 하므로 모듈별로 컴파일해야 한다.

l 참고 l -d 옵션은 폴더도 같이 생성한다. 컴파일 결과로 모듈 이름에 숫자를 넣지말라는 경고가 발생하면 무시하자.

```
c:\...\ch12>javac -d out/moduleEx2 src/moduleEx2/module-info.java src/moduleEx2/pkgA/InputService.java src/moduleEx2/pkgB/InputServiceImpl.java

c:\...\ch12> javac -d out/moduleEx2_2 src/moduleEx2_2/module-info.java src/moduleEx2_2/pkgC/Main.java --module-path out
```

위와 같이 컴파일하고 나면 폴더 구조가 다음과 같이 바뀐다.

l 참고 l 윈도우즈의 도스창(cmd.exe)에서 'tree /F'명령을 실행하면 아래와 비슷하게 나온다.

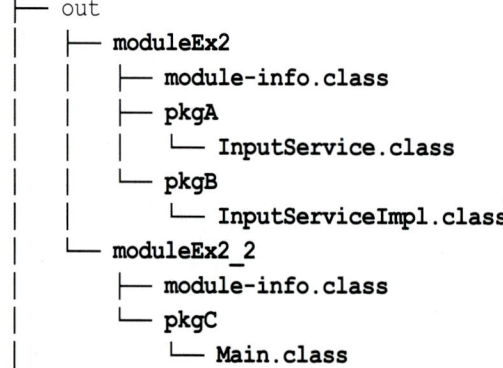

```
└── src
    ├── moduleEx2
    │   ├── module-info.java
    │   ├── pkgA
    │   │   └── InputService.java
    │   └── pkgB
    │       └── InputServiceImpl.java
    └── moduleEx2_2
        ├── module-info.java
        └── pkgC
            └── Main.java
```

위와 같이 파일 구조가 만들어지면, 다음과 같이 명령을 입력해서 실행하면 전과 같은 실행 결과를 볼 수 있다.

```
c:\...\ch12>java --module-path out --module moduleEx2_2/pkgC.Main
```

모듈화된 프로그램을 실행하려면 --module-path옵션으로 모듈 경로(module path)를, 그리고 --module옵션으로 '모듈이름/클래스이름'을 지정해야 한다.

모듈화된 jar

jar파일은 여러 클래스 파일을 하나로 묶은 것으로 ZIP압축 형식으로 되어 있다. 모듈도 하나의 jar파일로 묶을 수 있으며, 이런 모듈을 '모듈화된 jar(modular jar)'라고 한다. 이전 예제에서와 같이 jar파일로 묶지 않고 모듈을 구성하는 것을 '펼쳐진 모듈(exploded module)'이라고 한다. 둘 중에 어느 방식으로 모듈화해도 되지만, 모듈을 하나의 jar파일로 묶으면 버전 관리나 배포가 쉬워진다.

JDK 9이전에도 jar파일이 있었고 모듈과 유사한 개념으로 사용되었지만 모듈 설명자가 없다. 그렇기 때문에 의존성 관리와 캡슐화가 부족하다.

> **참고** jar파일의 이름은 모듈이름과 관계 없다. 모듈 이름은 module-info.class에서 알아낸다.

펼쳐진 모듈을 jar파일로 묶는 방법은 다음과 같다. 아래의 명령은 out폴더안의 moduleEx2를 moduleEx2.jar로 묶는다. 아래 명령의 맨 오른쪽에 점(.)을 잊지말자.

```
c:\...\ch12> jar -cvf moduleEx2.jar -C out/moduleEx2 .
```

모듈 moduleEx2가 moduleEx2.jar라는 모듈화된 jar로 만들어질 것이다. 잘 만들어졌는지 내용을 확인해 보는 명령은 다음과 같다.

```
c:\...\ch12> jar -tf moduleEx2.jar
META-INF/
META-INF/MANIFEST.MF
```

```
module-info.class
pkgA/
pkgA/InputService.class
pkgB/
pkgB/InputServiceImpl.class
```

이번엔 아래의 명령으로 moduleEx2_2도 모듈화된 jar로 만들어보자. 옵션 e는 실행가능한 jar파일을 생성할 때 사용하며, 프로그램의 시작점인 main메서드가 포함된 클래스를 지정해야 한다.

```
c:\...\ch12>jar --create --file moduleEx2_2.jar --main-class pkgC.Main -C out/moduleEx2_2 .
```

이제 현재 폴더(.)에 두 개의 모듈화된 jar파일이 생성되었을 것이다. 아래의 명령으로 jar파일을 실행해보자. --module-path 옵션은 JVM에게 모듈을 위치(module path)를 알려주기 위한 것이고, --module 옵션으로 실행할 모듈을 지정한다.

```
c:\...\ch12> java --module-path . --module moduleEx2_2
```

IDE를 사용하면 좀더 편리하게 모듈화된 jar파일을 생성할 수 있다. 인텔리제이의 메뉴에서 File 〉 Project Structure...를 클릭하면 다음과 같은 창이 나타난다.

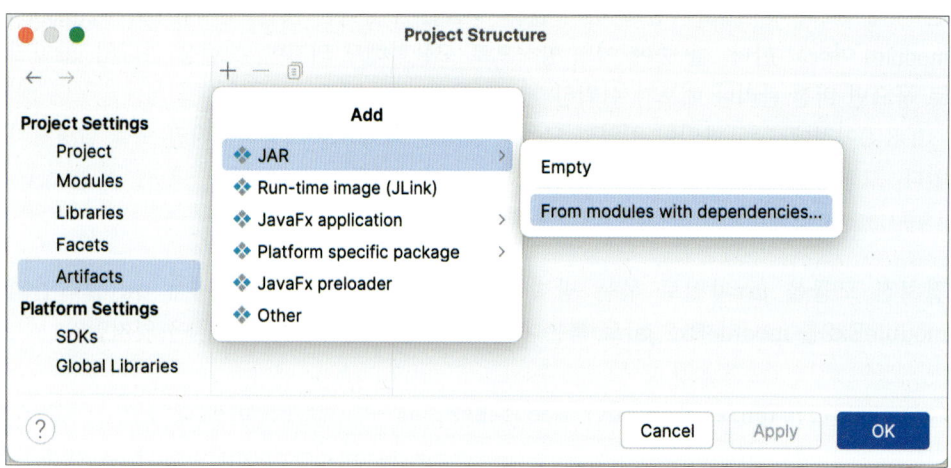

위의 창에서 좌상단의 '+'를 클릭하고 'JAR 〉 From modules with dependencies...'를 클릭하면 아래와 같은 창이 나타난다. 첫 번째 항목인 Module에서 jar파일로 만들 모듈을 선택하고 두번째 항목인 Main Class에 main메서드가 있는 클래스를 패키지 이름과 함께 적어주고 OK버튼을 누른다. 이 항목은 실행가능한 모듈이 아닌 경우 비워 놓아도 된다.

Create JAR from Modules

- Module: moduleEx2_2
- Main Class: pkgC.Main
- JAR files from libraries
  - ● extract to the target JAR
  - ○ copy to the output directory and link via manifest
- Directory for META-INF/MANIFEST.MF: /Users/seongnamkung/IdeaProjects/moduleEx2/moduleEx2_2/src
- ☐ Include tests

이제 메뉴 'Build 〉 Build Artifacts…'를 클릭해서 jar파일을 생성한다. 생성된 jar파일은 프로젝트의 out폴더 내의 artifacts폴더안에서 찾을 수 있다.

모듈 패스와 모듈 해석

자바 애플리케이션을 실행할 때, 아래와 같이 모듈 패스를 지정해주고 애플리케이션의 시작점인 main클래스(main메서드가 있는 클래스)를 지정해줘야 한다.

```
c:\...\ch12>java --module-path out;jars --module moduleEx2_2/pkgC.Main
```

위의 경우, 모듈 패스는 'out;jars'이며 ';'는 경로 구분자인데, 맥OS와 리눅스는 ':'이고 윈도우즈의 경우 ';'이다. 모듈을 찾을 때 모듈 패스의 순서대로 out에서 먼저 찾고 그 다음에 jars에서 찾는다. 모듈은 jar파일의 형태이거나 펼쳐진 모듈(exploded)일 수 있다.

프로그램이 시작되면, 지정된 모듈 패스에 적힌 폴더를 차례대로 방문하여 main클래스가 포함된 모듈, 여기서는 moduleEx2_2를 찾는다. 이 모듈의 모듈 설명자(module-info.class)를 읽어서 이 모듈이 의존하는 모듈을 모두 등록하고 각 모듈의 모듈 설명자를 확인해서 모듈을 등록하는 일을 반복한다.

```
module moduleEx2_2 {
//   requires java.base; // 생략 가능
    requires moduleEx2;
    requires java.logging;
}
```

이 것을 모듈 해석(module resolution)이라고 하며, 이 과정을 통해 누락된 모듈이 있는지 중복된 모듈이 있으면 FindException이 발생하여 프로그램이 종료된다. 이렇게 프로그램이 시작하자마자 모듈의 유효성을 검사하기 때문에 실행 중에 해당 모듈없어서 종료된다던가 원하지 않는 모듈이 사용된다던가하는 일을 방지할 수 있다.

```
// 해당 모듈을 발견하지 못하는 경우의 예외 메시지
java.lang.module.FindException: Module moduleEx2 not found,
required by moduleEx2_2

// 같은 이름의 모듈이 2개인 경우의 예외 메시지
java.lang.module.FindException: Two versions of module moduleEx2
found in out (moduleEx2_0 and moduleEx2)
```

뿐만 아니라 모듈 해석과정에서 모듈 간의 순환 의존성(cycle dependence)도 확인하며, 순환 의존성이 발견되면 다음과 같이 ResolutionException이 발생한다.

```
Error occurred during initialization of boot layer
java.lang.module.ResolutionException: Cycle detected: moduleEx2_2
-> moduleEx2 -> moduleEx2_2
```

기존의 클래스 패스(class path)는 클래스의 수가 너무 많고 의존성 정보가 없기 때문에 누락되거나 중복된 클래스를 확인할 수 없다. 클래스가 누락되면 실행 중에 ClassNotFoundException이 발생하고, 클래스가 중복되면 클래스 패스에서 먼저 발견된 클래스를 사용되어 의도한것과 다른 클래스가 사용될 수 있다.

| 참고 | 모듈 패스가 도입되었지만 하위 호환성을 위해 클래스 패스(classpath)는 여전히 남아있다.

모듈 패스를 이용한 모듈 해석도 실행중에 클래스가 누락되어 ClassNotFoundException이 발생할 수 있지만 모듈 레벨에서 최소한의 확인을 하고 시작하기 때문에 클래스 누락으로 인한 예외를 줄일 수 있다.

참고로 다음과 같은 코드로 실행 중에 모듈과 모듈 패스에 대한 정보를 얻을 수 있다.

```
Properties prop = System.getProperties(); // 시스템 정보가 담긴 Properties얻기
String mainModule = prop.getProperty("jdk.module.main"); // moduleEx2_2
String mainClass = prop.getProperty("jdk.module.main.class");//pkgC.Main
String modulePath = prop.getProperty("jdk.module.path"); // out:jars
String separator = prop.getProperty("path.separator"); // 경로 구분자(:)
```

6.6 자동 모듈

지금까지 모듈에 대해 배웠는데 한가지 의문이 들것이다. 모듈이 도입되기 이전의 코드는 어떻게 해야하는가? 그대로 모듈과 함께 사용될 수 있는가? 아니면 그 많은 코드를 모듈화 시켜야 하는 것일까?

언젠가 기존의 코드를 모두 모듈화시켜야 겠지만 하루 아침에 그 많은 코드를 모듈화 할 수 없기 때문에 하위 호환성을 중요시하는 자바가 선택한 방법은 바로 '이름없는 모듈(unnamed module)'과 '자동 모듈(automatic module)'이다.

모듈화 되지 않은 클래스는 모두 하나의 모듈, 즉 이름 없는 모듈에 포함되고, 모듈화되지 않은 jar파일들을 모듈 패스에 추가하면 각기 하나의 자동 모듈이 된다. 이렇게 함으로써 기존의 코드를 전혀 변경하지 않고도 모든 코드가 모듈이 되어 모듈 시스템 내에서 함께 동작할 수 있게 된다.

모듈화되지 않은 클래스들 → 이름 없는 모듈
모듈화되지 않은 jar파일 → 자동 모듈

모듈이 도입되기 전부터 관련 패키지를 jar파일로 묶어서 모듈처럼 사용했다. 기존의 수많은 라이브러리들이 jar파일 형태로 개발되고 공유되었다. 이런 jar파일은 모듈화된 jar와 달리 모듈 설명자(module-info.java)가 없다. 즉, 모듈 이름과 모듈 의존성, 노출하거나 공개할 패키지 정보가 없다는 것이다.

그래서 이름 없는 모듈과 자동 모듈은 모든 모듈에 의존하고 자신의 모든 패키지를 노출하고 공개하는 것으로 정했다. 단, public이 아닌 패키지는 제외. 그리고 자동으로 java.se 모듈에 의존하게 되어 JDK의 모든 모듈을 사용할 수 있다.

자동 모듈의 이름은 jar내의 '/META/MANIFEST.MF'파일의 'Automatic-Module-Name'항목에 의해 결정된다. 예를 들어 junit-jupiter-api-5.4.0.jar의 MANIFEST.MF파일의 내용을 보면 다음과 같은 한줄이 포함되어 있는데, 자동 모듈의 이름을 무엇으로 할지가 적혀있다.

```
Automatic-Module-Name: org.junit.jupiter.api
```

기존의 jar파일을 모듈화했으면 가장 좋았겠지만 그렇지 못한 경우엔 최소한 모듈 이름이라도 이렇게 제공하는 것이다. 만일 위 내용이 없었다면 이 jar파일의 모듈 이름은 'junit.jupiter.api'으로 자동 결정되었을 것이다. 이 이름은 jar파일의 이름에서 '-'를 '.'으로 바꾸고 마지막의 숫자(버전번호)를 제거한 것이다.

jar파일이 모듈화된 jar인지 확인하려면 module-info.class가 포함되어 있는지 알아야 하는데, 다음 명령으로 간단히 확인할 수 있다.

| 참고 | 아래의 명령을 실습하려면, 먼저 junit-jupiter-api-5.4.0.jar파일을 Maven repository에서 다운받아야 한다.

```
c:\...\ch12>jar --file=junit-jupiter-api-5.4.0.jar --describe-
module
No module descriptor found. Derived automatic module.

org.junit.jupiter.api@5.4.0 automatic
requires java.base mandated
contains org.junit.jupiter.api
        ...
```

위의 실행결과는 jar파일에 모듈 설명자(module descriptor)가 없을 때 나타나는 것인데, 모듈 설명자처럼 모듈 이름, 모듈 버전, 의존 모듈, 노출할 패키지 등의 정보를 모두 제공한다. 이 jar파일이 자동 모듈이 된다면, 모듈 설명자의 내용이 위와 같을 것이라는 것을 알 수 있다.

> **참고** jar파일에 모듈 설명자가 있다면, 모듈 설명자의 내용이 출력된다.

모듈 이름 org.junit.jupiter.api의 옆에 있는 '5.4.0'은 모듈의 버전인데, 자바의 모듈 시스템은 모듈의 버전 정보를 사용하지 않는다. 그러나 다른 도구나 프레임웍에서 이 정보를 사용하기도 한다. 모듈의 버전 정보는 다음과 같은 코드로 알아낼 수 있다.

```
Optional<String> version = org.junit.jupiter.api.Test.class
                    .getModule().getDescriptor().rawVersion();
System.out.println("version = " + version.orElse("No Ver."));
```

위의 코드는 org.junit.jupiter.api 라이브러리의 Test클래스가 속한 모듈의 버전을 알아내서 출력하는데, 버전 정보가 없으면 'No Ver.'을 출력한다.

> **참고** 모듈의 버전은 jar파일을 생성할 때 --module-version옵션으로 지정할 수 있다.
> **참고** 연습문제는 깃헙(https://github.com/castello/javajungsuk4)에서 PDF파일로 제공

Java
Programming
Language

Chapter 13

쓰레드
thread

1. 쓰레드

1.1 프로세스와 쓰레드

프로세스(process)란 간단히 말해서 '실행 중인 프로그램(program)'이다. 프로그램을 실행하면 OS로부터 실행에 필요한 자원(메모리)을 할당받아 프로세스가 된다.

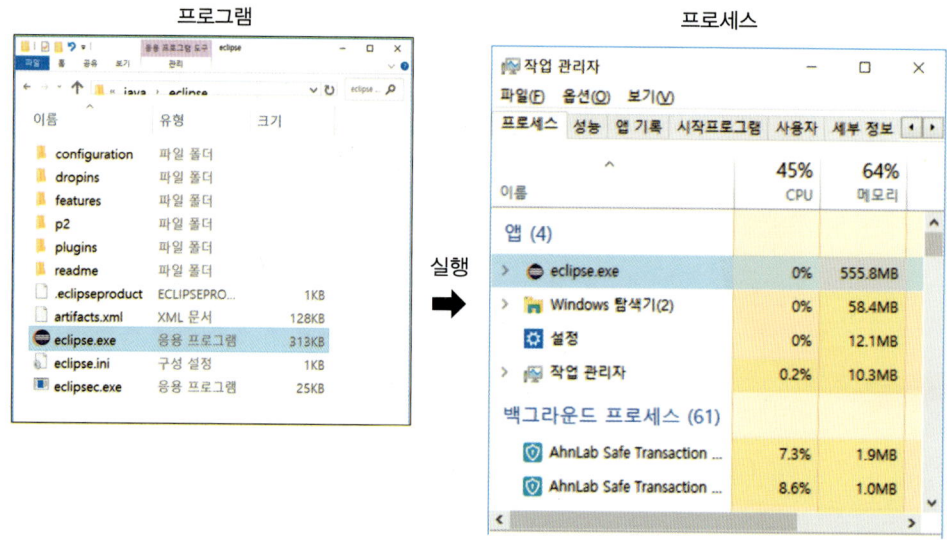

▲ 그림 13-1 프로그램과 프로세스

프로세스는 프로그램을 수행하는 데 필요한 데이터와 메모리 등의 자원 그리고 쓰레드로 구성되어 있으며 프로세스의 자원을 이용해서 실제로 작업을 수행하는 것이 바로 쓰레드이다. 그래서 모든 프로세스에는 최소한 하나 이상의 쓰레드가 존재하며, 둘 이상의 쓰레드를 가진 프로세스를 '멀티쓰레드 프로세스(multi-threaded process)'라고 한다.

| 참고 | 쓰레드를 프로세스라는 작업공간(공장)에서 작업을 처리하는 일꾼(worker)으로 생각하면 이해하기 쉽다.

(a) 싱글쓰레드 = 자원 + 쓰레드   (b) 멀티쓰레드 = 자원 + 쓰레드 + 쓰레드 + ...

▲ 그림 13-2 싱글쓰레드와 멀티쓰레드

하나의 프로세스가 가질 수 있는 쓰레드의 개수는 제한되어 있지 않으나 쓰레드가 작업을 수행하는데 개별적인 호출 스택을 필요로 하기 때문에 프로세스의 메모리 한계에 따라 생성할 수 있는 쓰레드의 수가 결정된다.

| 참고 | JVM 실행 옵션 -Xss로 호출 스택의 크기를 줄이면 더 많은 수의 쓰레드를 생성할 수 있다.

멀티 태스킹과 멀티 쓰레딩

현재 주로 사용되는 윈도우나 리눅스를 포함한 대부분의 OS는 멀티 태스킹(multi-tasking, 다중 작업)을 지원하므로 여러 개의 프로세스가 동시에 실행될 수 있다.

이와 마찬가지로 멀티 쓰레딩은 하나의 프로세스 내에서 여러 쓰레드가 동시에 작업을 수행하는 것이다. CPU의 코어(core)가 한 번에 단 하나의 작업만 수행할 수 있으므로, 실제로 동시에 처리되는 작업의 개수는 코어의 개수와 일치한다. 그러나 그림13-1에서 알 수 있듯이 처리해야하는 쓰레드의 수는 언제나 코어의 개수보다 훨씬 많기 때문에 각 코어가 아주 짧은 시간 동안 여러 작업을 번갈아 가며 수행함으로써 여러 작업들이 모두 동시에 수행되는 것처럼 보이게 한다.

그래서 프로세스의 성능이 단순히 쓰레드의 개수에 비례하는 것은 아니며, 하나의 쓰레드를 가진 프로세스 보다 두 개의 쓰레드를 가진 프로세스가 오히려 더 낮은 성능을 보일 수도 있다.

멀티 쓰레딩의 장단점

도스(DOS)와 같이 한 번에 한 가지 작업만 할 수 있는 OS와 윈도우와 같은 멀티 태스킹이 가능한 OS의 차이는 이미 경험으로 잘 알고 있을 것이다. 싱글 쓰레드 프로그램과 멀티 쓰레드 프로그램의 차이도 이와 같으며, 멀티쓰레딩의 장점은 다음과 같다.

> **멀티쓰레딩의 장점**
> - CPU의 사용률을 향상시킨다.
> - 자원을 보다 효율적으로 사용할 수 있다.
> - 사용자에 대한 응답성이 향상된다.
> - 작업이 분리되어 코드가 간결해진다.

메신저로 채팅하면서 파일을 다운로드 받거나 음성대화를 나눌 수 있는 것이 가능한 이유가 바로 멀티 쓰레드로 작성되어 있기 때문이다. 만일 싱글 쓰레드로 작성되어 있다면 파일을 다운로드 받는 동안에는 다른 일(채팅)을 전혀 할 수 없을 것이다.

여러 사용자에게 서비스를 해주는 서버 프로그램의 경우 멀티 쓰레드로 작성하는 것은 필수적이어서 하나의 서버 프로세스가 여러 개의 쓰레드를 생성해서 쓰레드와 사용자의 요청이 일대일로 처리되도록 프로그래밍해야 한다.

만일 싱글쓰레드로 서버 프로그램을 작성한다면 사용자의 요청 마다 새로운 프로세스를 생성해야 하는데 프로세스를 생성하는 것은 쓰레드를 생성하는 것에 비해 더 많은 시간과 메모리 공간이 필요하기 때문에 많은 수의 사용자 요청을 서비스하기 어렵다.

| 참고 | 쓰레드를 가벼운 프로세스, 즉 경량 프로세스(LWP, light-weight process)라고 부르기도 한다.

그러나 멀티쓰레딩에 장점만 있는 건 아니다. 멀티쓰레드 프로세스는 여러 쓰레드가 같은 프로세스 내에서 자원을 공유하면서 작업을 하기 때문에 발생할 수 있는 동기화(synchronization), 교착상태(deadlock)와 같은 문제들을 고려해서 신중히 프로그래밍해야 한다. 동기화에 대한 자세한 내용은 이 장의 뒷부분에서 자세히 설명할 것이다.

| 참고 | 교착상태 - 두 쓰레드가 자원을 점유한 상태에서 서로의 자원을 사용하려고 기다리느라 진행이 멈춰있는 상태

1.2 쓰레드의 구현과 실행

쓰레드를 구현하는 방법은 Thread클래스를 상속받는 방법과 Runnable인터페이스를 구현하는 방법, 모두 두 가지가 있다. 어느 쪽을 선택해도 별 차이는 없지만 Thread클래스를 상속받으면 다른 클래스를 상속받을 수 없기 때문에, Runnable인터페이스를 구현하는 방법이 일반적이다.

Runnable인터페이스를 구현하는 방법은 재사용성(reusability)이 높고 코드의 일관성(consistency)을 유지할 수 있기 때문에 보다 객체지향적인 방법이라 할 수 있겠다.

1. Thread클래스를 상속
```
class MyThread extends Thread {
    public void run() { /* 작업내용 */ }  // Thread클래스의 run()을 오버라이딩
}
```

2. Runnable인터페이스를 구현
```
class MyThread implements Runnable {
    public void run() { /* 작업내용 */ }  // Runnable인터페이스의 run()을 구현
}
```

Runnable인터페이스는 오로지 run()만 정의되어 있는 간단한 인터페이스이다. Runnable인터페이스를 구현하기 위해서 해야 할 일은 추상메서드인 run()의 몸통{}을 만들어 주는 것뿐이다. 지금까지 main()의 몸통{}을 작성한 것과 똑같다.

```
public interface Runnable {
    public abstract void run();
}
```

쓰레드를 구현한다는 것은, 위의 두 방법 중 어떤 것을 선택하든지, 그저 쓰레드를 통해 작업하고자 하는 내용으로 run()의 몸통{}을 채우는 것일 뿐이다.

다음 예제를 통해서 쓰레드를 구현하는 2가지 방법의 차이를 확인하자.

▼ 예제 13-1/**ThreadEx.java**
```
class ThreadEx {
    public static void main(String args[]) {
        ThreadEx_1 t1 = new ThreadEx_1();

        Runnable r = new ThreadEx_2();
        Thread t2 = new Thread(r);      // 생성자 Thread(Runnable target)

        t1.start();
        t2.start();
    }
}
```

```
class ThreadEx_1 extends Thread {
    public void run() {
        for(int i=0; i < 5; i++) {
            System.out.println(getName()); // 조상인 Thread의 getName()을 호출
        }
    }
}

class ThreadEx_2 implements Runnable {
    public void run() {
        for(int i=0; i < 5; i++) {
            // Thread.currentThread() - 현재 실행중인 Thread를 반환한다.
            System.out.println(Thread.currentThread().getName());
        }
    }
}
```

▼ 실행결과
```
Thread-0
Thread-0
Thread-0
Thread-0
Thread-0
Thread-1
Thread-1
Thread-1
Thread-1
Thread-1
```

Thread클래스를 상속받은 경우와 Runnable인터페이스를 구현한 경우의 인스턴스 생성 방법이 다르다.

```
ThreadEx_1 t1 = new ThreadEx_1();  // Thread의 자손 클래스의 인스턴스를 생성

Runnable r  = new ThreadEx_2();    // Runnable을 구현한 클래스의 인스턴스를 생성
Thread    t2 = new Thread(r);      // 생성자 Thread(Runnable target)
```

Runnable인터페이스를 구현한 경우, Runnable인터페이스를 구현한 클래스의 인스턴스를 생성한 다음, 이 인스턴스를 Thread클래스의 생성자의 매개변수로 제공해야 한다.

아래의 코드는 실제 Thread클래스의 소스 코드(Thread.java)를 이해하기 쉽게 수정한 것인데, 인스턴스변수로 Runnable타입의 변수 r을 선언해 놓고 생성자를 통해서 Runnable인터페이스를 구현한 인스턴스를 참조하도록 되어 있는 것을 확인할 수 있다.

그리고 run()을 호출하면 참조변수 r을 통해서 Runnable인터페이스를 구현한 인스턴스의 run()이 호출된다. 이렇게 함으로써 상속을 통해 run()을 오버라이딩하지 않고도 외부로부터 run()을 제공받을 수 있게 된다.

| 참고 | p.422의 예제7-28과 유사한 방식의 코드이므로 서로 비교해보면 이해하는데 도움이 될 것이다.

```
public class Thread {
    private Runnable r; // Runnable을 구현한 클래스의 인스턴스를 참조하기 위한 변수

    public Thread(Runnable r) {
        this.r = r;
    }

    public void run() {
        if(r!=null)
            r.run();   // Runnable인터페이스를 구현한 인스턴스의 run()을 호출
    }
    ...
}
```

Thread클래스를 상속받으면, 자손 클래스에서 조상인 Thread클래스의 메서드를 직접 호출할 수 있지만, Runnable을 구현하면 Thread클래스의 static메서드인 currentThread()를 호출하여 쓰레드에 대한 참조를 얻어 와야만 호출이 가능하다.

```
static Thread currentThread()    현재 실행중인 쓰레드의 참조를 반환한다.
String  getName()                쓰레드의 이름을 반환한다.
long    threadId()               쓰레드의 Id를 반환한다.  JDK 19
```

그래서 Thread를 상속받은 ThreadEx_1에서는 간단히 getName()을 호출하면 되지만, Runnable을 구현한 ThreadEx_2에는 멤버라고는 run()밖에 없기 때문에 Thread클래스의 getName()을 호출하려면, 'Thread.currentThread().getName()'와 같이 해야 한다.

```java
class ThreadEx_1 extends Thread {
    public void run() {
        for(int i = 0; i < 5; i++) {
            // 조상인 Thread의 getName()을 호출
            System.out.println(getName());
        }
    }
}

class ThreadEx_2 implements Runnable {
    public void run() {
        for(int i = 0; i < 5; i++) {
            // Thread.currentThread() - 현재 실행중인 Thread를 반환한다.
            System.out.println(Thread.currentThread().getName());
        }
    }
}
```

참고로 쓰레드의 이름은 다음과 같은 생성자나 메서드를 통해서 지정 또는 변경가능하다.

```
Thread(Runnable target, String name)
Thread(String name)
void setName(String name)
```

예제13-1의 결과에서도 알 수 있듯이 쓰레드의 이름을 지정하지 않으면 'Thread-번호'의 형식으로 이름이 정해진다.

그리고, 'System.out.println(Thread.currentThread().getName())'는 아래의 코드를 한 줄로 줄여 쓴 것이라고 이해하면 된다.

```java
Thread t = Thread.currentThread();
String name = t.getName();
System.out.println(name);
```

쓰레드의 실행 - start( )

쓰레드를 생성했다고 해서 자동으로 실행되는 것은 아니다. start( )를 호출해야만 쓰레드가 실행된다.

```
t1.start();    // 쓰레드 t1을 실행시킨다.
t2.start();    // 쓰레드 t2를 실행시킨다.
```

사실은 start( )가 호출되었다고 해서 바로 실행되는 것이 아니라, 일단 실행대기 상태에 있다가 자신의 차례가 되어야 실행된다. 물론 실행대기중인 쓰레드가 하나도 없으면 곧바로 실행상태가 된다.

| 참고 | 쓰레드의 실행 순서는 OS의 스케쥴러가 작성한 스케쥴에 의해 결정된다. 곧 자세히 설명할 것이다.

한 가지 더 알아 두어야 하는 것은 한 번 실행이 종료된 쓰레드는 다시 실행할 수 없다는 것이다. 즉, 하나의 쓰레드에 대해 start( )가 한 번만 호출될 수 있다는 뜻이다.

그래서 만일 쓰레드의 작업을 한 번 더 수행해야 한다면 아래의 오른쪽 코드와 같이 새로운 쓰레드를 생성한 다음에 start( )를 호출해야 한다. 만일 아래 왼쪽의 코드처럼 하나의 쓰레드에 대해 start( )를 두 번 이상 호출하면 실행시에 IllegalThreadStateException이 발생한다.

```
ThreadEx_1 t1 = new ThreadEx_1();
t1.start();
t1.start();   // 예외 발생
```

```
ThreadEx_1 t1 = new ThreadEx_1();
t1.start();
t1 = new ThreadEx_1(); // 다시 생성
t1.start(); // OK
```

1.3 start()와 run()

쓰레드를 실행시킬 때 run()이 아닌 start()를 호출한다는 것에 대해서 다소 의문이 들었을 것이다. 이제 start()와 run()의 차이와 쓰레드가 실행되는 과정에 대해서 자세히 살펴보자.

main메서드에서 run()을 호출하는 것은 생성된 쓰레드를 실행시키는 것이 아니라 단순히 클래스에 선언된 메서드를 호출하는 것일 뿐이다.

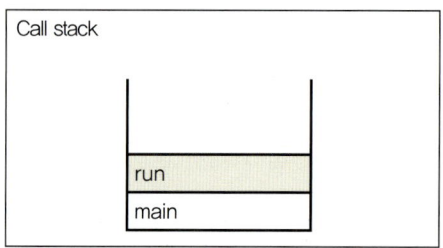

▲ 그림13-3 main메서드에서 run()을 호출했을 때의 호출스택

반면에 start()는 새로운 쓰레드가 작업을 실행하는데 필요한 호출스택(call stack)을 생성한 다음에 run()을 호출해서, 생성된 호출스택에 run()이 첫 번째로 올라가게 한다.

모든 쓰레드는 독립적인 작업을 수행하기 위해 자신만의 호출스택을 필요로 하기 때문에, 새로운 쓰레드를 생성하고 실행시킬 때마다 새로운 호출스택이 생성되고 쓰레드가 종료되면 작업에 사용된 호출스택은 소멸된다.

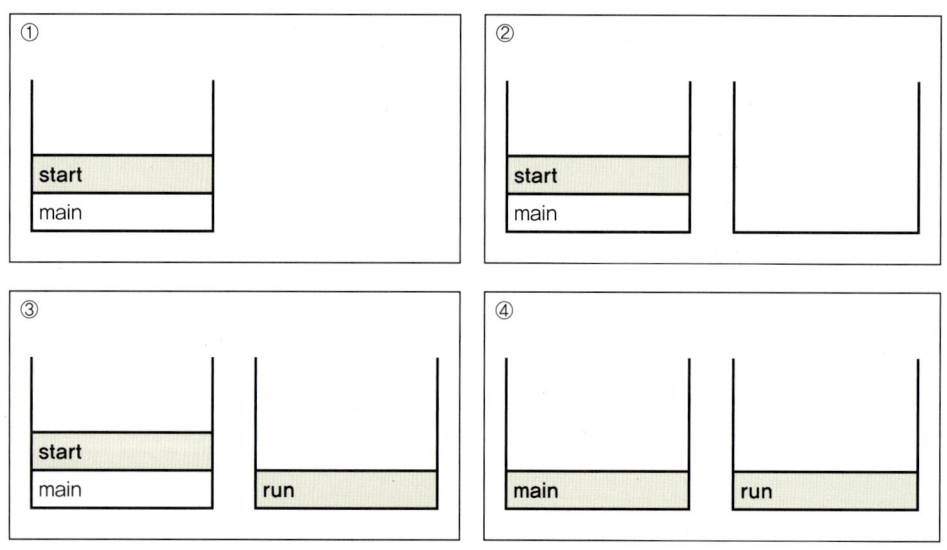

① main메서드에서 쓰레드의 start()를 호출한다.
② start()는 새로운 쓰레드를 생성하고, 쓰레드가 작업하는데 사용될 호출스택을 생성한다.
③ 새로 생성된 호출스택에 run()이 호출되어, 쓰레드가 독립된 공간에서 작업을 수행한다.
④ 이제는 호출스택이 2개이므로 스케줄러가 정한 순서에 의해서 번갈아 가면서 실행된다.

▲ 그림13-4 새로운 쓰레드를 생성하고 start()를 호출한 후 호출스택의 변화

호출스택에서는 가장 위에 있는 메서드가 현재 실행중인 메서드이고 나머지 메서드들은 대기상태에 있다는 것을 기억하고 있을 것이다. 그러나 위의 그림에서와 같이 쓰레드가 둘 이상일 때는 호출스택의 최상위에 있는 메서드일지라도 대기상태에 있을 수 있다.

스케줄러는 실행대기중인 쓰레드들의 우선순위를 고려하여 실행순서와 실행시간을 결정하고, 각 쓰레드들은 작성된 스케줄에 따라 자신의 순서가 되면 지정된 시간동안 작업을 수행한다.

이 때 주어진 시간동안 작업을 마치지 못한 쓰레드는 다시 자신의 차례가 돌아올 때까지 대기상태로 있게 되며, 작업을 마친 쓰레드, 즉 run()의 수행이 종료된 쓰레드는 호출스택이 모두 비워지면서 이 쓰레드가 사용하던 호출스택은 사라진다.

이는 마치 자바프로그램을 실행하면 호출스택이 생성되고 main메서드가 처음으로 호출되고, main메서드가 종료되면 호출스택이 비워지면서 프로그램도 종료되는 것과 같다.

main쓰레드

이미 눈치 챘겠지만 main메서드의 작업을 수행하는 것도 쓰레드이며, 이를 main쓰레드라고 한다. 우리는 지금까지 우리도 모르는 사이에 이미 쓰레드를 사용하고 있었던 것이다. 앞서 쓰레드가 일꾼이라고 하였는데, 프로그램이 실행되기 위해서는 작업을 수행하는 일꾼이 최소한 하나는 필요하지 않겠는가. 그래서 프로그램을 실행하면 기본적으로 하나의 쓰레드(일꾼)를 생성하고, 그 쓰레드가 main메서드를 호출해서 작업이 수행되도록 하는 것이다.

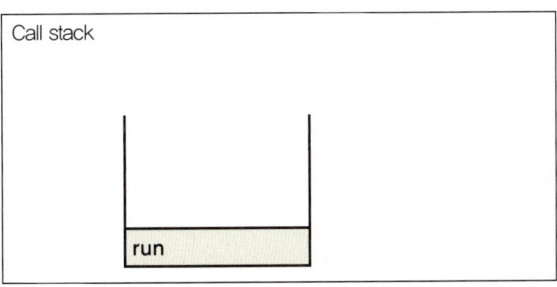

▲ 그림13-5 main메서드가 종료된 후의 호출스택

지금까지는 main메서드가 수행을 마치면 프로그램이 종료되었으나, 위의 그림에서와 같이 main메서드가 수행을 마쳤다하더라도 다른 쓰레드가 아직 작업을 마치지 않은 상태라면 프로그램이 종료되지 않는다.

> **실행 중인 사용자 쓰레드가 하나도 없을 때 프로그램은 종료된다.**

쓰레드는 '사용자 쓰레드(user thread)'와 '데몬 쓰레드(daemon thread)', 두 종류가 있는데 자세한 것은 곧 설명할 것이다.

| 참고 | 사용자 쓰레드(user thread)는 'non-daemon thread'라고도 한다.

▼ 예제 13-2/`ThreadEx2.java`

```
class ThreadEx2 {
    public static void main(String args[]) throws Exception {
        ThreadEx2_1 t1 = new ThreadEx2_1();
        t1.start();
    }
}

class ThreadEx2_1 extends Thread {
    public void run() {
        throwException();
    }

    public void throwException() {
        try {
            throw new Exception();
        } catch(Exception e) {
            e.printStackTrace();
        }
    }
}
```

▼ 실행결과

```
java.lang.Exception
        at ThreadEx2_1.throwException(ThreadEx2.java:15)
        at ThreadEx2_1.run(ThreadEx2.java:10)
```

새로 생성한 쓰레드에서 고의로 예외를 발생시키고 printStackTrace( )를 이용해서 예외가 발생한 당시의 호출스택을 출력하는 예제이다. 호출스택의 첫 번째 메서드가 main메서드가 아니라 run메서드인 것을 확인하자.

한 쓰레드가 예외가 발생해서 종료되어도 다른 쓰레드의 실행에는 영향을 미치지 않는다. 아래의 그림에 main쓰레드의 호출스택이 없는 이유는 main쓰레드가 이미 종료되었기 때문이다.

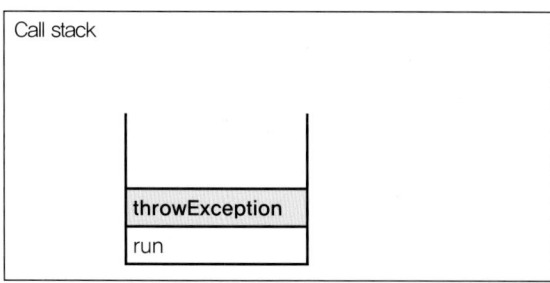

▼ 예제 13-3/`ThreadEx3.java`

```java
class ThreadEx3 {
    public static void main(String args[]) throws Exception {
        ThreadEx3_1 t1 = new ThreadEx3_1();
        t1.run();
    }
}

class ThreadEx3_1 extends Thread {
    public void run() {
        throwException();
    }

    public void throwException() {
        try {
            throw new Exception();
        } catch(Exception e) {
            e.printStackTrace();
        }
    }
}
```

▼ 실행결과

```
java.lang.Exception
        at ThreadEx3_1.throwException(ThreadEx3.java:15)
        at ThreadEx3_1.run(ThreadEx3.java:10)
        at ThreadEx3.main(ThreadEx3.java:4)
```

이전 예제와 달리 쓰레드가 새로 생성되지 않았다. 그저 ThreadEx3_1클래스의 run()이 호출되었을 뿐이다. 아래 그림은 main쓰레드의 호출스택이며, main메서드가 포함되어 있음을 확인하자.

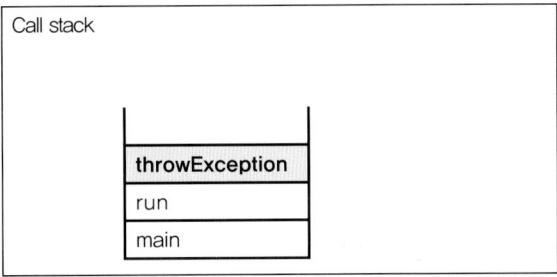

1.4 싱글쓰레드와 멀티쓰레드

앞에서 멀티쓰레드 프로세스가 가진 장점을 간단히 설명했는데, 이번에는 예제를 통해서 싱글쓰레드 프로세스와 멀티쓰레드 프로세스의 차이를 보다 깊이 있게 이해할 수 있도록 하고자 한다.

두 개의 작업을 하나의 쓰레드(th1)로 처리하는 경우와 두 개의 쓰레드(th1, th2)로 처리하는 경우를 가정해보자. 하나의 쓰레드로 두 작업을 처리하는 경우는 한 작업을 마친 후에 다른 작업을 시작하지만, 두 개의 쓰레드로 작업 하는 경우에는 짧은 시간동안 2개의 쓰레드(th1, th2)가 번갈아 가면서 작업을 수행해서 동시에 두 작업이 처리되는 것과 같이 느끼게 한다.

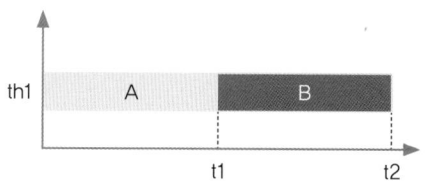 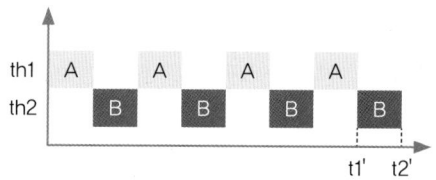

(a) 하나의 쓰레드로 두 개의 작업을 수행하는 경우   (b) 두 개의 쓰레드로 두 개의 작업을 수행하는 경우

▲ 그림13-6 싱글쓰레드 프로세스와 멀티쓰레드 프로세스의 비교(싱글 코어)

위의 그래프에서 알 수 있듯이 하나의 쓰레드로 두개의 작업을 수행한 시간과 두 개의 쓰레드로 두 개의 작업을 수행한 시간(t2≒t2')은 거의 같다. 오히려 두 개의 쓰레드로 작업한 시간이 싱글 쓰레드로 작업한 시간보다 더 걸리게 되는데 그 이유는 쓰레드간의 작업전환(context switching)에 시간이 걸리기 때문이다.

작업 전환을 할 때는 현재 진행 중인 작업의 상태, 예를 들면 다음에 실행해야할 위치(PC, 프로그램 카운터) 등의 정보를 저장하고 읽어 오는 시간이 소요된다. 참고로 쓰레드의 스위칭에 비해 프로세스의 스위칭이 더 많은 정보를 저장해야하므로 더 많은 시간이 소요된다.

| 참고 | 프로세스 또는 쓰레드 간의 작업 전환을 '컨텍스트 스위칭(context switching)'이라고 한다.

그래서 싱글 코어에서 단순히 CPU만을 사용하는 계산작업이라면 오히려 멀티 쓰레드보다 싱글 쓰레드로 프로그래밍하는 것이 더 효율적이다.

▼ 예제 13-4/ThreadEx4.java

```
class ThreadEx4 {
    public static void main(String args[]) {
        long startTime = System.currentTimeMillis();

        for(int i=0; i < 300_000; i++)
            System.out.printf("%s", "-");

        System.out.print("소요시간1:" +(System.currentTimeMillis()- startTime));
```

```
        for(int i=0; i < 300_000; i++)
            System.out.printf("%s", "|");

        System.out.print("소요시간2:"+(System.currentTimeMillis() - startTime));
    }
}
```

▼ 실행결과

```
------------------------------------------------------------------------
------------------------------------------------------------------------
...중간 생략...-------------------------------------------------------------
------------------------------------------------------------------------
------소요시간1:326||||||||||||||||||||||||||||||||||||||||||||||||||||
||||||||||||||||||||||||||||||||||||||||||||||||||||||||||||||||||||||||
||||||||||||||||||||||||||||||||||||||||||||||||||||||||||||||||||||||||
|...중간 생략...||||||||||||||||||||||||||||||||||||||||||||||||||||||||
|||||||||||||||||||||||||||소요시간2:590
```

'-'를 출력하는 작업과 '|'를 출력하는 작업을 하나의 쓰레드가 연속적으로 처리하는 시간을 측정하는 예제이다.

   컴퓨터의 성능이나 실행환경에 의해서 실행결과는 달라질 수 있으며, 저자의 컴퓨터에서 10번 수행했을 때 평균 소요시간은 594.6밀리세컨드(milli second, 천분의 일초)이었다.

   이제 새로운 쓰레드를 하나 생성해서 두 개의 쓰레드가 작업을 하나씩 나누어서 수행한 후 실행결과를 비교해보자.

▼ 예제 13-5/**ThreadEx5.java**

```java
class ThreadEx5 {
    static long startTime = 0;

    public static void main(String args[]) {
        ThreadEx5_1 th1 = new ThreadEx5_1();
        th1.start();
        startTime = System.currentTimeMillis();

        for(int i=0; i < 300_000; i++)
            System.out.printf("%s", "-");

        System.out.print("소요시간1:" + (System.currentTimeMillis()
                                            - ThreadEx5.startTime));
    }
}

class ThreadEx5_1 extends Thread {
    public void run() {
        for(int i=0; i < 300_000; i++)
            System.out.printf("%s", "|");

        System.out.print("소요시간2:" + (System.currentTimeMillis()
                                            - ThreadEx5.startTime));
    }
}
```

▼ 실행결과 1 - 싱글코어(1 core)

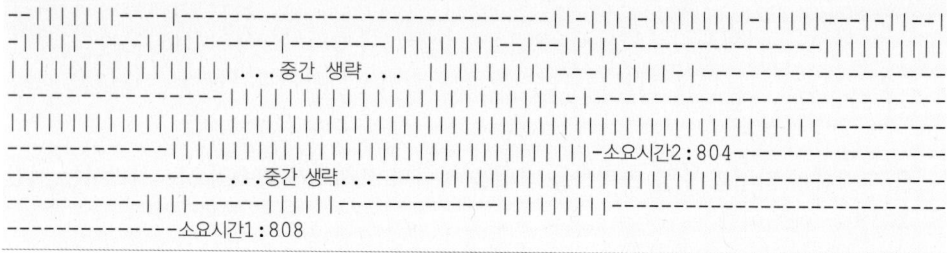

▼ 실행결과 2 - 멀티코어(4 core)

이전 예제와는 달리 두 작업이 아주 짧은 시간동안 번갈아가면서 실행되었으며 거의 동시에 작업이 완료되었음을 알 수 있다.

이 예제 역시 컴퓨터의 성능이나 실행환경에 의해서 실행결과는 달라질 수 있으며, 저자의 컴퓨터에서 10번 수행했을 때 평균 소요시간은 816.8밀리세컨드(millisecond, 천분의 일초)로 이전의 예제보다 222.2밀리세컨드의 작업시간이 더 소요되었다.

두 개의 쓰레드로 작업하는데도 더 많은 시간이 걸린 이유는 두 가지이다. 하나는 두 쓰레드가 번갈아가면서 작업을 처리하기 때문에 쓰레드간의 작업 전환 시간이 소요되기 때문이고, 나머지 하나는 한 쓰레드가 화면에 출력하고 있는 동안 다른 쓰레드는 출력이 끝나기를 기다려야하는데, 이때 발생하는 대기시간 때문이다.

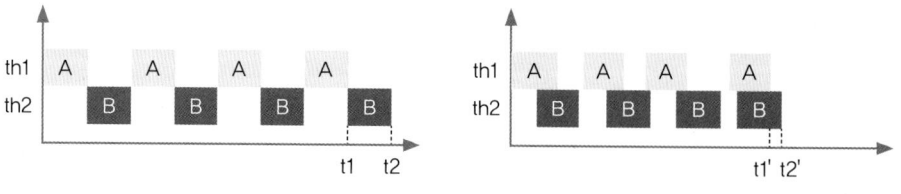

(a) 싱글 코어로 두개의 쓰레드를 실행하는 경우 (b) 멀티 코어로 두개의 쓰레드를 실행하는 경우

▲ 그림13-7 싱글코어와 멀티코어의 비교

실행결과를 싱글 코어일 때와 멀티 코어일 때를 비교해 놓았는데, 싱글 코어인 경우에는 멀티 쓰레드라도 하나의 코어가 번갈아가면서 작업을 수행하는 것이므로 두 작업이 절대 겹치지 않는다. 그러나, 멀티 코어에서는 멀티 쓰레드로 두 작업을 수행하면, 동시에 두 쓰레드가 수행될 수 있으므로 실행결과2와 그림13-7의 (b)처럼 두 작업, A와 B가 겹치는 부분이 발생한다. 그래서 화면(console)이라는 자원을 놓고 두 쓰레드가 경쟁하게 되는 것이다. 보통 PC에서 코어 1개가 수백개의 쓰레드를 처리하므로 많이 겹치진 않는다.

| 참고 | 여러 쓰레드가 여러 작업을 동시에 진행하는 것을 병행(concurrent)라고 하고, 하나의 작업을 여러 쓰레드가 나눠서 처리하는 것을 병렬(parallel)이라고 한다. 병행이면서 동시에 병렬도 가능하다.

위의 결과는 실행할 때마다 다른 결과를 얻을 수 있는데 그 이유는 실행 중인 예제 프로그램(프로세스)이 OS의 프로세스 스케줄러의 영향을 받기 때문이다. JVM의 쓰레드 스케줄러에 의해서 어떤 쓰레드가 얼마동안 실행될 것인지 결정되는 것과 같이 프로세스도 프로세스 스케줄러에 의해서 실행순서와 실행시간이 결정되기 때문에 매 순간 상황에 따라 프로세스에게 할당되는 실행시간이 일정하지 않고 쓰레드에게 할당되는 시간 역시 일정하지 않게 된다. 그래서 쓰레드가 이러한 불확실성을 가지고 있다는 것을 염두에 두어야 한다.

자바가 OS(플랫폼) 독립적이라고 하지만 실제로는 OS종속적인 부분이 몇 가지 있는데 쓰레드도 그 중의 하나이다.

| 참고 | JVM의 종류에 따라 쓰레드 스케줄러의 구현 방법이 다를 수 있기 때문에 멀티 쓰레드로 작성된 프로그램을 다른 종류의 OS에서도 충분히 테스트해 볼 필요가 있다.

두 쓰레드가 서로 다른 자원을 사용하는 작업의 경우에는 싱글 쓰레드 프로세스보다 멀티 쓰레드 프로세스가 더 효율적이다. 예를 들면 사용자로부터 데이터를 입력받는 작업, 네트워크로 파일을 주고받는 작업, 프린터로 파일을 출력하는 작업과 같이 외부기기와의 입출력을 필요로 하는 경우가 이에 해당한다.

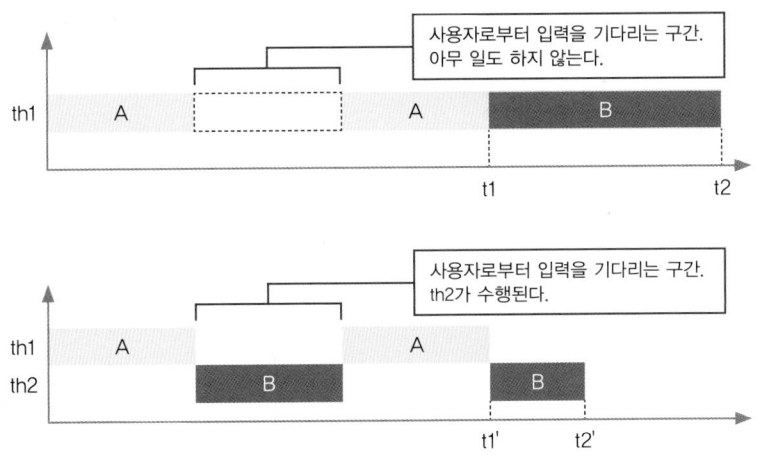

▲ 그림13-8 싱글 쓰레드 프로세스(위)와 멀티 쓰레드 프로세스(아래)의 비교

만일 사용자로 부터 입력받는 작업(A)과 화면에 출력하는 작업(B)을 하나의 쓰레드로 처리한다면 그림13-8의 첫 번째 그래프처럼 사용자가 입력을 마칠 때까지 아무 일도 하지 못하고 기다리기만 해야 한다.

그러나 두 개의 쓰레드로 처리한다면 사용자의 입력을 기다리는 동안 다른 쓰레드가 작업을 처리할 수 있기 때문에 보다 효율적인 CPU의 사용이 가능하다.

작업 A와 B가 모두 종료되는 시간 t2와 t2'를 비교하면 t2 〉 t2'로 멀티 쓰레드 프로세스의 경우가 작업을 더 빨리 마치는 것을 알 수 있다.

▼ 예제 13-6/`ThreadEx6.java`

```java
import javax.swing.JOptionPane;

class ThreadEx6 {
    public static void main(String[] args) throws Exception {
        String input = JOptionPane.showInputDialog("아무 값이나 입력하세요.");
        System.out.println("입력하신 값은 " + input + "입니다.");

        for(int i=10; i > 0; i--) {
            System.out.println(i);
            try {
                Thread.sleep(1000);   // 1초간 시간을 지연한다.
            } catch(Exception e ) {}
        }
    }
}
```

▼ 실행결과

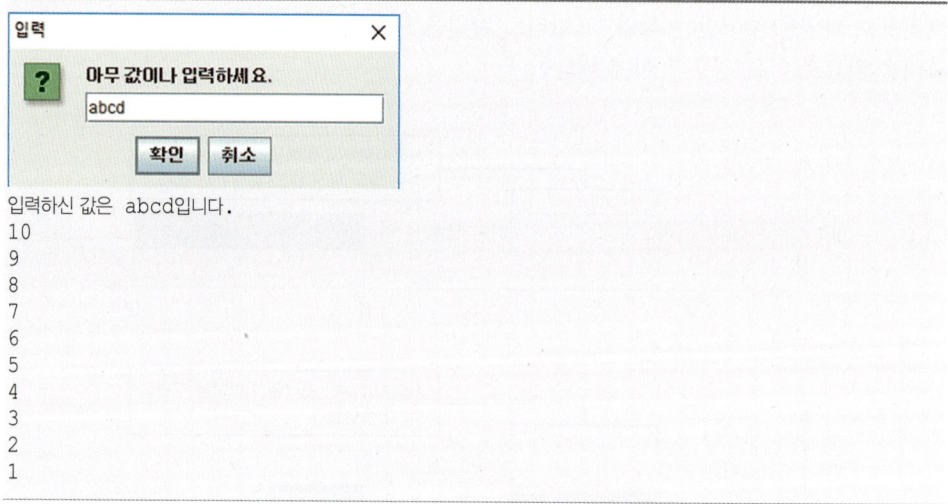

```
입력하신 값은 abcd입니다.
10
9
8
7
6
5
4
3
2
1
```

이 예제는 하나의 쓰레드로 사용자의 입력을 받는 작업과 화면에 숫자를 출력하는 작업을 처리하기 때문에 사용자가 입력을 마치기 전까지는 화면에 숫자가 출력되지 않다가 사용자가 입력을 마치고 나서야 화면에 숫자가 출력된다.

▼ 예제 13-7/**ThreadEx7.java**

```java
import javax.swing.JOptionPane;

class ThreadEx7 {
    public static void main(String[] args) throws Exception  {
        ThreadEx7_1 th1 = new ThreadEx7_1();
        th1.start();

        String input = JOptionPane.showInputDialog("아무 값이나 입력하세요.");
        System.out.println("입력하신 값은 " + input + "입니다.");
    }
}

class ThreadEx7_1 extends Thread {
    public void run() {
        for(int i=10; i > 0; i--) {
            System.out.println(i);
            try {
                sleep(1000);
            } catch(Exception e ) {}
        }
    } // run()
}
```

▼ 실행결과

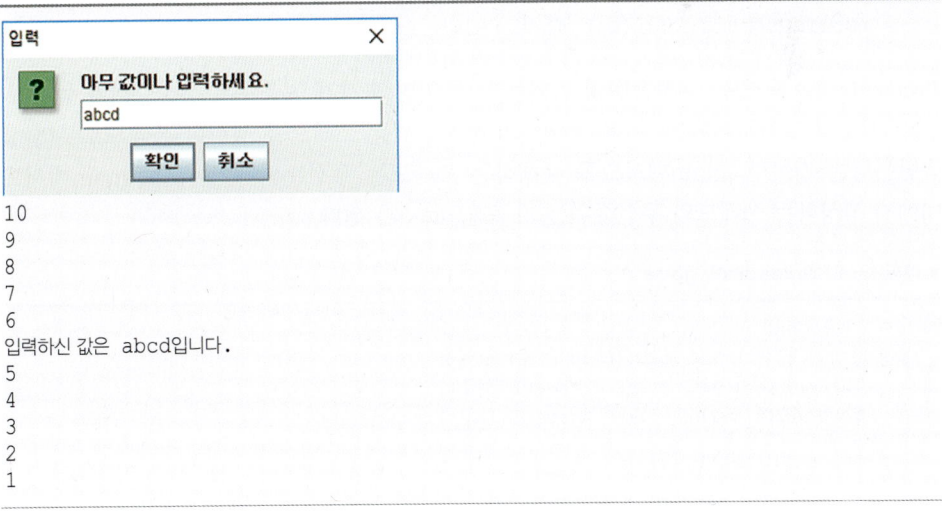
10
9
8
7
6
입력하신 값은 abcd입니다.
5
4
3
2
1

이전 예제와 달리 사용자로부터 입력받는 부분과 화면에 숫자를 출력하는 부분을 두 개의 쓰레드로 나누어서 처리했기 때문에 사용자가 입력을 마치지 않았어도 화면에 숫자가 출력되는 것을 알 수 있다.

1.5 쓰레드의 우선순위

쓰레드는 우선순위(priority)라는 속성(멤버변수)을 가지고 있는데, 이 우선순위의 값에 따라 쓰레드가 얻는 실행시간이 달라진다. 쓰레드가 수행하는 작업의 중요도에 따라 쓰레드의 우선순위를 서로 다르게 지정하여 특정 쓰레드가 더 많은 작업시간을 갖도록 할 수 있다.

예를 들어 파일 전송기능이 있는 메신저의 경우, 파일 다운로드를 처리하는 쓰레드보다 채팅내용을 전송하는 쓰레드의 우선순위가 더 높아야 사용자가 채팅하는데 불편함이 없을 것이다. 대신 파일 다운로드 작업에 걸리는 시간은 더 길어질 것이다.

이처럼 시각적인 부분이나 사용자에게 빠르게 반응해야하는 작업을 하는 쓰레드의 우선순위는 다른 작업을 수행하는 쓰레드에 비해 높아야 한다.

쓰레드의 우선순위 지정하기

쓰레드의 우선순위와 관련된 메서드와 상수는 다음과 같다.

```
void setPriority(int newPriority)    쓰레드의 우선순위를 지정한 값으로 변경한다.
int  getPriority()                   쓰레드의 우선순위를 반환한다.

public static final int MAX_PRIORITY  = 10   // 최대우선순위
public static final int MIN_PRIORITY  = 1    // 최소우선순위
public static final int NORM_PRIORITY = 5    // 보통우선순위
```

쓰레드가 가질 수 있는 우선순위의 범위는 1~10이며 숫자가 높을수록 우선순위가 높다.

한 가지 더 알아두어야 할 것은 쓰레드의 우선순위는 쓰레드를 생성한 쓰레드로부터 상속받는다는 것이다. main메서드를 수행하는 쓰레드는 우선순위가 5이므로 main메서드 내에서 생성하는 쓰레드의 우선순위는 자동적으로 5가 된다.

▼ 예제 13-8/**ThreadEx8.java**

```java
class ThreadEx8 {
    public static void main(String args[]) {
        ThreadEx8_1 th1 = new ThreadEx8_1();
        ThreadEx8_2 th2 = new ThreadEx8_2();

        th2.setPriority(7);

        System.out.println("Priority of th1(-) : " + th1.getPriority());
        System.out.println("Priority of th2(|) : " + th2.getPriority());
        th1.start();
        th2.start();
    }
}

class ThreadEx8_1 extends Thread {
    public void run() {
        for(int i=0; i < 300; i++) {
            System.out.print("-");
            for(int x=0; x < 10_000_000; x++);
        }
    }
```

```java
        }
    }
}
class ThreadEx8_2 extends Thread {
    public void run() {
        for(int i=0; i < 300; i++) {
            System.out.print("|");
            for(int x=0; x < 10_000_000; x++);
        }
    }
}
```

▼ 실행결과 1 – 싱글코어

```
c:\...\ch13>start /affinity 1 java -Xint ThreadEx8  ← 싱글 코어로 실행하는 명령
Priority of th1(-) : 5
Priority of th2(|) : 7
||||||||||||||||||||||||||||||||||||||||||||||||||||||||||||||||||||||||||||
||||||||||||||||||||||||||||||||||---|||||||||||||||||||||||||||||||||||||||
||||||||||||||||||||||||||||||||||||||||||||||||||||||||||||||||||||||||||||
|||||||||----|||||||||||||||||||||||||||||||||||||||||||||||||||||||||||||||
|||-------------------------------------------------------------------------
----------------------------------------------------------------------------
----------------------------------------------------------------------------
------------------------------------------------------------------
```

▼ 실행결과 2 – 멀티코어

```
c:\...\ch13>java ThreadEx8
Priority of th1(-) : 5
Priority of th2(|) : 7
-||-|||||||||||||||||||||||||||||||||||||||||||||||||||||---------------
|||||||||||||||||||||||||||||||||||||||||||||||---------------||||||||||||||-
||||||----------|||||||||||||||-----------|||||||||||||---------|||||||||||--
-|||||||||||||||||||||----------------||||-----------------|||||||||||---------
------|||||||||||||||||----------------|||||||----------------|||||-----------
--------------|||||||||||||------------------||||||||||||||||||------------------
||||||||||||||||-------------||||||---------------|||||||---------------------
-----------------------------
```

th1과 th2 모두 main메서드에서 생성하였기 때문에 main메서드를 실행하는 쓰레드의 우선순위인 5를 상속받았다. 그 다음에 th2.setPriority(7)로 th2의 우선순위를 7로 변경한 다음에 start( )를 호출해서 쓰레드를 실행시켰다. 이처럼 쓰레드를 실행하기 전에만 우선순위를 변경할 수 있다. 우선순위가 높아지면 한 번에 작업이 끝나버릴 수 있기 때문에 아무 일도 하지 않는 반복문을 추가하여 작업을 지연시켰다.

```java
        for(int i = 0; i < 300; i++) {
            System.out.print("|");
            for(int x = 0; x < 10_000_000; x++);   // 작업을 지연시키기 위한 for문
        }
```

이 for문은 실행 중에 JIT컴파일러의 최적화에 의해 제거될 수있으므로 실행할 때 **–Xint** 옵션을 붙여야 한다. 멀티코어는 스케쥴링 시간이 짧아서 –Xint옵션을 붙이지 않았다.

실행결과1을 보면 이전의 예제와는 달리 우선순위가 높은 th2의 실행시간이 th1에 비해 상당히 늘어난 것을 알 수 있다.

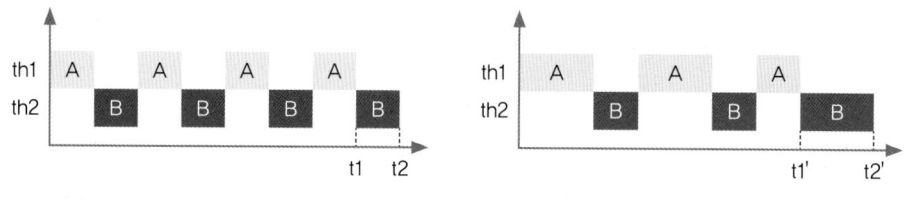

(a) 두 쓰레드의 우선순위가 같은 경우   (b) th1의 우선순위가 th2의 우선순위보다 높은 경우

▲ 그림13-9 쓰레드의 우선순위에 따른 할당되는 시간의 차이

그림13-9는 윈도우즈에서 싱글코어로 두 개의 쓰레드로 두개의 작업을 실행했을 때의 결과를 그림으로 나타낸 것인데, 우선순위가 같은 경우 각 쓰레드에게 거의 같은 양의 실행시간이 주어지지만, 우선순위가 다르면 우선순위가 높은 th1에게 상대적으로 th2보다 더 많은 양의 실행시간이 주어지고 결과적으로 작업 A가 B보다 더 빨리 완료될 수 있다.

그러나 실행결과2에서 알 수 있듯이 멀티코어에서는 쓰레드의 우선순위에 따른 차이가 거의 없었다. 우선순위를 다르게 하여 여러 번 테스트해도 결과는 같았다. 결국 우선순위에 차등을 두어 쓰레드를 실행시키는 것이 별 효과가 없었다.

그저 쓰레드에 높은 우선순위를 주면 더 많은 실행시간과 실행기회를 갖게 될 것이라고 기대할 수 없는 것이다.

| 참고 | 예제13-8의 테스트는 윈도우즈10에서 쿼드 코어 CPU로 실행하였다.

멀티코어라 해도 OS마다 다른 방식으로 스케쥴링하기 때문에, 어떤 OS에서 실행하느냐에 따라 다른 결과를 얻을 수 있다. 굳이 우선순위에 차등을 두어 쓰레드를 실행하려면, 특정 OS의 스케쥴링 정책과 JVM의 구현을 직접 확인해봐야 한다. 자바는 쓰레드가 우선순위에 따라 어떻게 다르게 처리되어야 하는지에 대해 강제하지 않으므로 쓰레드의 우선순위와 관련된 구현이 JVM마다 다를 수 있기 때문이다.

만일 확인한다 하더라도 OS의 스케쥴러에 종속적이라서 어느 정도 예측만 가능한 정도일 뿐 정확히 알 수는 없다.

쓰레드에 우선순위를 부여하는 대신 작업에 우선순위를 두어 PriorityQueue에 저장해 놓고, 우선순위가 높은 작업이 먼저 처리되도록 하는 것도 하나의 방법이다.

1.6 쓰레드 그룹(thread group)

쓰레드 그룹은 서로 관련된 쓰레드를 그룹으로 다루기 위한 것으로, 폴더를 생성해서 관련된 파일들을 함께 넣어서 관리하는 것처럼 쓰레드 그룹을 생성해서 쓰레드를 그룹으로 묶어서 관리할 수 있다.

또한 폴더 안에 폴더를 생성할 수 있듯이 쓰레드 그룹에 다른 쓰레드 그룹을 포함 시킬 수 있다. 사실 쓰레드 그룹은 보안상의 이유로 도입된 개념으로, 자신이 속한 쓰레드 그룹이나 하위 쓰레드 그룹은 변경할 수 있지만 다른 쓰레드 그룹의 쓰레드를 변경할 수는 없다. ThreadGroup을 사용해서 생성할 수 있으며, 주요 생성자와 메서드는 다음과 같다.

생성자 / 메서드	설명
ThreadGroup(String name)	지정된 이름의 새로운 쓰레드 그룹을 생성
ThreadGroup(ThreadGroup parent, String name)	지정된 쓰레드 그룹에 포함되는 새로운 쓰레드 그룹을 생성
int activeCount()	쓰레드 그룹에 포함된 활성상태에 있는 쓰레드의 수를 반환
int activeGroupCount()	쓰레드 그룹에 포함된 활성상태에 있는 쓰레드 그룹의 수를 반환
void checkAccess()	현재 실행중인 쓰레드가 쓰레드 그룹을 변경할 권한이 있는지 체크. 만일 권한이 없다면 SecurityException을 발생시킨다.
void destroy()	쓰레드 그룹과 하위 쓰레드 그룹까지 모두 삭제한다. 단, 쓰레드 그룹이나 하위 쓰레드 그룹이 비어있어야 한다.
int enumerate(Thread[ ] list) int enumerate(Thread[ ] list, boolean recurse) int enumerate(ThreadGroup[ ] list) int enumerate(ThreadGroup[ ] list, boolean recurse)	쓰레드 그룹에 속한 쓰레드 또는 하위 쓰레드 그룹의 목록을 지정된 배열에 담고 그 개수를 반환. 두 번째 매개변수인 recurse의 값을 true로 하면 쓰레드 그룹에 속한 하위 쓰레드 그룹에 쓰레드 또는 쓰레드 그룹까지 배열에 담는다.
int getMaxPriority()	쓰레드 그룹의 최대우선순위를 반환
String getName()	쓰레드 그룹의 이름을 반환
ThreadGroup getParent()	쓰레드 그룹의 상위 쓰레드그룹을 반환
void interrupt()	쓰레드 그룹에 속한 모든 쓰레드를 interrupt
boolean isDaemon()	쓰레드 그룹이 데몬 쓰레드그룹인지 확인
boolean isDestroyed()	쓰레드 그룹이 삭제되었는지 확인
void list()	쓰레드 그룹에 속한 쓰레드와 하위 쓰레드그룹에 대한 정보를 출력
boolean parentOf(ThreadGroup g)	지정된 쓰레드 그룹의 상위 쓰레드그룹인지 확인
void setDaemon(boolean daemon)	쓰레드 그룹을 데몬 쓰레드그룹으로 설정/해제
void setMaxPriority(int pri)	쓰레드 그룹의 최대우선순위를 설정

▲ 표13-1 ThreadGroup의 생성자와 메서드

쓰레드를 쓰레드 그룹에 포함시키려면 Thread의 생성자를 이용해야 한다.

```
Thread(ThreadGroup group, String name)
Thread(ThreadGroup group, Runnable target)
Thread(ThreadGroup group, Runnable target, String name)
Thread(ThreadGroup group, Runnable target, String name, long stackSize)
```

모든 쓰레드는 반드시 쓰레드 그룹에 포함되어 있어야 하기 때문에, 위와 같이 쓰레드 그룹을 지정하는 생성자를 사용하지 않은 쓰레드는 기본적으로 자신을 생성한 쓰레드와 같은 쓰레드 그룹에 속하게 된다.

자바 어플리케이션이 실행되면, JVM은 main과 system이라는 쓰레드 그룹을 만들고 JVM운영에 필요한 쓰레드들을 생성해서 이 쓰레드 그룹에 포함시킨다. 예를 들어 main메서드를 수행하는 main이라는 이름의 쓰레드는 main쓰레드 그룹에 속하고, 가비지 컬렉션을 수행하는 Finalizer쓰레드는 system쓰레드 그룹에 속한다.

우리가 생성하는 모든 쓰레드 그룹은 main쓰레드 그룹의 하위 쓰레드 그룹이 되며, 쓰레드 그룹을 지정하지 않고 생성한 쓰레드는 자동적으로 main쓰레드 그룹에 속하게 된다.

그 외에 Thread의 쓰레드 그룹과 관련된 메서드는 다음과 같다.

> **ThreadGroup getThreadGroup()**   쓰레드 자신이 속한 쓰레드 그룹을 반환한다.
> **void uncaughtException(Thread t, Throwable e)**   쓰레드 그룹의 쓰레드가 처리되지 않은 예외에 의해 실행이 종료되었을 때, JVM에 의해 이 메서드가 자동적으로 호출된다.

▼ 예제 13-9/**ThreadEx9.java**

```java
class ThreadEx9 {
    public static void main(String args[]) throws Exception {
        ThreadGroup main = Thread.currentThread().getThreadGroup();
        ThreadGroup grp1 = new ThreadGroup("Group1");
        ThreadGroup grp2 = new ThreadGroup("Group2");

        // ThreadGroup(ThreadGroup parent, String name)
        ThreadGroup subGrp1 = new ThreadGroup(grp1,"SubGroup1");

        grp1.setMaxPriority(3);       // 쓰레드 그룹 grp1의 최대우선순위를 3으로 변경.

        Runnable r = new Runnable() {
            public void run() {
                try {
                    Thread.sleep(100); // 쓰레드를 0.1초간 멈추게 한다.
                } catch (InterruptedException e) {}
            }
        };

        // Thread(ThreadGroup tg, Runnable r, String name)
        new Thread(grp1,    r, "th1").start();
        new Thread(subGrp1, r, "th2").start();
        new Thread(grp2,    r, "th3").start();

        System.out.println(">>List of ThreadGroup : "+ main.getName()
                  +", Active ThreadGroup: " + main.activeGroupCount()
                  +", Active Thread: " + main.activeCount());
        main.list();
    }
}
```

▼ 실행결과

```
>>List of ThreadGroup : main, Active ThreadGroup: 3, Active Thread: 5
java.lang.ThreadGroup[name=main,maxpri=10]
    Thread[#1,main,5,main]
    Thread[#19,Monitor Ctrl-Break,5,main]
    java.lang.ThreadGroup[name=Group1,maxpri=3]
        Thread[#21,th1,3,Group1]
        java.lang.ThreadGroup[name=SubGroup1,maxpri=3]
            Thread[#22,th2,3,SubGroup1]
    java.lang.ThreadGroup[name=Group2,maxpri=10]
        Thread[#23,th3,5,Group2]
```

쓰레드 그룹과 쓰레드를 생성하고 main.list()를 호출해서 main쓰레드 그룹의 정보를 출력하는 예제이다. 쓰레드 그룹의 정보를 출력되기 전에 쓰레드가 종료될 수 있으므로, Thread.sleep(100)을 호출하여 0.1초간 멈추게 하였다.

```
        Runnable r = new Runnable() {
            public void run() {
                try {
                    Thread.sleep(100); // 쓰레드를 0.1초간 멈추게 한다.
                } catch(InterruptedException e) {}
            }
        };

        new Thread(grp1, r, "th1").start();
```

결과를 보면 쓰레드 그룹에 포함된 하위 쓰레드 그룹이나 쓰레드는 들여쓰기를 이용해서 구별되도록 하였음을 알 수 있다.

 새로 생성한 모든 쓰레드 그룹은 main쓰레드 그룹의 하위 쓰레드 그룹으로 포함되어 있다는 것과 setMaxPriority()는 쓰레드가 쓰레드 그룹에 추가되기 이전에 호출되어야 하며, 쓰레드 그룹 grp1의 최대우선순위를 3으로 했기 때문에, 후에 여기에 속하게 된 쓰레드 그룹과 쓰레드가 영향을 받았음을 확인하자.

 그리고 참조 변수 없이 쓰레드를 생성해서 바로 실행시켰는데, 그렇다고 해서 이 쓰레드가 가비지 컬렉터의 제거 대상이 되지는 않는다. 이 쓰레드의 참조가 ThreadGroup에 저장되어 있기 때문이다.

```
new Thread(grp1,r,"th1").start();    ←→    Thread th1 = new Thread(grp1, r, "th1");
                                            th1.start();
```

| 참고 | 쓰레드 그룹을 지정하지 않은 쓰레드는 자동적으로 main쓰레드 그룹에 속하게 된다.

1.7 데몬 쓰레드(daemon thread)

데몬 쓰레드는 다른 일반 쓰레드(데몬 쓰레드가 아닌 쓰레드)의 작업을 돕는 보조적인 역할을 수행하는 쓰레드이다. 일반 쓰레드가 모두 종료되면 데몬 쓰레드는 강제적으로 자동 종료되는데, 그 이유는 데몬 쓰레드는 일반 쓰레드의 보조 역할을 수행하므로 일반 쓰레드가 모두 종료되고 나면 데몬 쓰레드의 존재의 의미가 없기 때문이다.

이 점을 제외하고는 데몬 쓰레드와 일반 쓰레드는 다르지 않다. 데몬 쓰레드의 예로는 가비지 컬렉터, 워드프로세서의 자동저장, 화면 자동갱신 등이 있다.

데몬 쓰레드는 무한루프와 조건문을 이용해서 실행 후 대기하고 있다가 특정 조건이 만족되면 작업을 수행하고 다시 대기하도록 작성한다.

데몬 쓰레드는 일반 쓰레드의 작성방법과 실행방법이 같으며 다만 쓰레드를 생성한 다음 실행하기 전에 setDaemon(true)를 호출하기만 하면 된다. 그리고 데몬 쓰레드가 생성한 쓰레드는 자동적으로 데몬 쓰레드가 된다는 점도 알아두자.

```
boolean isDaemon()              쓰레드가 데몬 쓰레드인지 확인한다.
                                데몬 쓰레드이면 true를 반환한다.
void setDaemon(boolean on)      쓰레드를 데몬 쓰레드로 또는 사용자 쓰레드로 변경한다.
                                매개변수 on의 값을 true로 지정하면 데몬 쓰레드가 된다.
```

▼ 예제 13-10/**ThreadEx10.java**

```java
class ThreadEx10 implements Runnable  {
    static boolean autoSave = false;

    public static void main(String[] args) {
        Thread t = new Thread(new ThreadEx10());
        t.setDaemon(true);              // 이 부분이 없으면 종료되지 않는다.
        t.start();

        for(int i=1; i <= 10; i++) {
            try{
                Thread.sleep(1000);
            } catch (InterruptedException e) {}
            System.out.println(i);

            if(i==5)
                autoSave = true;
        }

        System.out.println("프로그램을 종료합니다.");
    }

    public void run() {
        while(true) {
            try {
                Thread.sleep(3 * 1000); // 3초마다
            } catch(InterruptedException e) {}
```

```
                // autoSave의 값이 true이면 autoSave()를 호출한다.
                if(autoSave) {
                    autoSave();
                }
            }
        }

        public void autoSave() {
            System.out.println("작업파일이 자동저장되었습니다.");
        }
    }
```

▼ 실행결과

```
1
2
3
4
5
6
작업파일이 자동저장되었습니다.
7
8
작업파일이 자동저장되었습니다.
9
10
프로그램을 종료합니다.
```

3초마다 변수 autoSave의 값을 확인해서 그 값이 true이면, autoSave()를 호출하는 일을 무한히 반복하도록 쓰레드를 작성하였다. 만일 이 쓰레드를 데몬 쓰레드로 설정하지 않았다면, 이 프로그램은 강제종료하지 않는 한 영원히 종료되지 않을 것이다.

```
        Thread t = new Thread(new ThreadEx10());
        t.setDaemon(true);    // 이 부분이 없으면 종료되지 않는다.
        t.start();
```

setDaemon메서드는 반드시 start()를 호출하기 전에 실행되어야한다. 그렇지 않으면 IllegalThreadStateException이 발생한다.

▼ 예제 13-11/**ThreadEx11.java**

```java
import java.util.*;

class ThreadEx11 {
    public static void main(String args[]) throws Exception {
        ThreadEx11_1 t1 = new ThreadEx11_1("Thread1");
        ThreadEx11_2 t2 = new ThreadEx11_2("Thread2");
        t1.start();
        t2.start();
    }
}
```

```
class ThreadEx11_1 extends Thread {
    ThreadEx11_1(String name) {
        super(name);
    }

    public void run() {
        try {
            sleep(5 * 1000);           // 5초 동안 기다린다.
        } catch(InterruptedException e) {}
    }
}

class ThreadEx11_2 extends Thread {
    ThreadEx11_2(String name) {
        super(name);
    }

    public void run() {
        Map map = getAllStackTraces();
        Iterator it = map.keySet().iterator();

        int x=0;
        while(it.hasNext()) {
            Object obj = it.next();
            Thread t = (Thread)obj;
            StackTraceElement[] ste = (StackTraceElement[])(map.get(obj));

            System.out.println( "["+ ++x + "] name : " + t.getName()
                    + ", group : " + t.getThreadGroup().getName()
                    + ", daemon : " + t.isDaemon());

            for(int i=0; i < ste.length; i++) {
                System.out.println(ste[i]);
            }

            System.out.println();
        }
    }
}
```

▼ 실행결과

```
[1] name : Reference Handler, group : system, daemon : true
java.base@21.0.1/java.lang.ref.Reference.waitForReferencePendingList(Native Method)
java.base@21.0.1/java.lang.ref.Reference.processPendingReferences(Reference.java:246)
java.base@21.0.1/java.lang.ref.Reference$ReferenceHandler.run(Reference.java:208)

[2] name : Notification Thread, group : system, daemon : true

[3] name : Thread1, group : main, daemon : false
java.base@21.0.1/java.lang.Thread.beforeSleep(Thread.java:456)
java.base@21.0.1/java.lang.Thread.sleep(Thread.java:504)
app//ThreadEx11_1.run(ThreadEx11.java:19)
```

```
[4] name : Signal Dispatcher, group : system, daemon : true

[5] name : Finalizer, group : system, daemon : true
java.base@21.0.1/java.lang.Object.wait0(Native Method)
java.base@21.0.1/java.lang.Object.wait(Object.java:366)
java.base@21.0.1/java.lang.Object.wait(Object.java:339)
java.base@21.0.1/java.lang.ref.NativeReferenceQueue.await(NativeReference
Queue.java:48)
java.base@21.0.1/java.lang.ref.ReferenceQueue.remove0(ReferenceQueue.java:
158)
java.base@21.0.1/java.lang.ref.NativeReferenceQueue.remove(NativeReference
Queue.java:89)
java.base@21.0.1/java.lang.ref.Finalizer$FinalizerThread.run(Finalizer.java:
173)

[6] name : Common-Cleaner, group : InnocuousThreadGroup, daemon : true
java.base@21.0.1/jdk.internal.misc.Unsafe.park(Native Method)
java.base@21.0.1/java.util.concurrent.locks.LockSupport.parkNanos(Lock
Support.java:269)
java.base@21.0.1/java.util.concurrent.locks.AbstractQueuedSynchronizer$Condi
tionObject.await(AbstractQueuedSynchronizer.java:1847)
java.base@21.0.1/java.lang.ref.ReferenceQueue.await(ReferenceQueue.java:71)
java.base@21.0.1/java.lang.ref.ReferenceQueue.remove0(ReferenceQueue.java:
143)
java.base@21.0.1/java.lang.ref.ReferenceQueue.remove(ReferenceQueue.java:
218)
java.base@21.0.1/jdk.internal.ref.CleanerImpl.run(CleanerImpl.java:140)
java.base@21.0.1/java.lang.Thread.runWith(Thread.java:1596)
java.base@21.0.1/java.lang.Thread.run(Thread.java:1583)
java.base@21.0.1/jdk.internal.misc.InnocuousThread.run(InnocuousThread.java:
186)

[7] name : Thread2, group : main, daemon : false
java.base@21.0.1/java.lang.Thread.dumpThreads(Native Method)
java.base@21.0.1/java.lang.Thread.getAllStackTraces(Thread.java:2521)
app//ThreadEx11_2.run(ThreadEx11.java:30)
```

getAllStackTraces( )를 이용하면 실행 중 또는 대기상태, 즉 작업이 완료되지 않은 모든 쓰레드의 호출스택을 출력할 수 있다. 결과를 보면 getAllStackTraces( )가 호출되었을 때, 새로 생성한 Thread1, Thread2를 포함해서 모두 7개의 쓰레드가 실행 중 또는 대기상태에 있다는 것을 알 수 있다.

   프로그램을 실행하면, JVM은 가비지 컬렉션, 객체의 참조 관리, 리소스 관리와 같이 프로그램이 실행되는 데 필요한 보조 작업을 수행하는 데몬 쓰레드들을 자동적으로 생성해서 실행시킨다. 그리고 이 들은 대부분 'system쓰레드 그룹'에 속한다.

   AWT나 Swing과 같이 GUI를 가진 프로그램을 실행하는 경우에는 이벤트와 그래픽 처리를 위해 더 많은 데몬 쓰레드가 생성된다.

| 참고 | main쓰레드는 이미 종료되었기 때문에 결과에 포함되지 않았음을 확인하자.
| 참고 | GUI는 Graphic User Interface의 약자로 Java에서는 AWT나 Swing을 이용해서 GUI를 가진 프로그램을 작성할 수 있다. JavaFX라는 보다 발전된 GUI기술도 있지만, 실무에서 거의 사용되지 않기 때문에 이 책에서는 다루지 않는다.

1.8 쓰레드의 실행제어

쓰레드 프로그래밍이 어려운 이유는 동기화(synchronization)와 스케줄링(scheduling) 때문이다. 앞서 우선순위를 통해 쓰레드간의 스케줄링을 하는 방법을 배우기는 했지만, 이것만으로는 부족하다. 효율적인 멀티쓰레드 프로그램을 만들려면 보다 정교한 제어를 통해 프로세스에게 주어진 자원과 시간을 여러 쓰레드가 낭비없이 잘 사용하도록 프로그래밍해야 한다.

쓰레드의 스케줄링을 잘하기 위해서는 쓰레드의 상태와 관련 메서드를 잘 알아야 하는데, 먼저 쓰레드의 스케줄링과 관련된 메서드는 다음과 같다.

메서드	설명
static void sleep(long millis) static void sleep(long millis, int nanos) static void sleep(Duration duration)	지정된 시간(천분의 일초 단위)동안 쓰레드를 일시 정지시킨다. 지정한 시간이 지나고 나면, 자동적으로 다시 실행 대기 상태가 된다. sleep(Duration duration)은 JDK 19부터 추가
void join() void join(long millis) void join(long millis, int nanos) boolean join(Duration duration)	지정된 시간동안 쓰레드가 실행되도록 한다. 지정된 시간이 지나거나 작업이 종료되면 join()을 호출한 쓰레드로 다시 돌아와 실행을 계속한다. join(Duration duration)은 JDK 19부터 추가
void interrupt()	sleep()이나 join()에 의해 일시 정지 상태인 쓰레드를 깨워서 실행 대기 상태로 만든다. 해당 쓰레드에서는 InterruptedException이 발생함으로써 일시 정지 상태를 벗어나게 된다.
void stop()	쓰레드를 즉시 종료시킨다.
void suspend()	쓰레드를 일시 정지시킨다. resume()을 호출하면 다시 실행 대기 상태가 된다.
void resume()	suspend()에 의해 일시 정지 상태에 있는 쓰레드를 실행 대기 상태로 만든다.
static void yield()	실행 중에 자신에게 주어진 실행시간을 다른 쓰레드에게 양보(yield)하고 자신은 실행 대기 상태가 된다.

▲ 표13-2 쓰레드의 스케줄링과 관련된 메서드

I 참고 I resume(), stop(), suspend()는 쓰레드를 교착 상태(dead-lock)로 만들기 쉽기 때문에 deprecated되었다.

앞으로 예제를 통해서 자세히 학습할 것이므로 일단 가볍게 보아두는 정도로 넘어가고, 이제 쓰레드의 상태에 대해서 알아보자.

상태	설명
NEW	쓰레드가 생성되고 아직 start()가 호출되지 않은 상태
RUNNABLE	실행 중 또는 실행 가능한 상태
BLOCKED	동기화 블럭에 의해서 일시정지된 상태(lock이 풀릴 때까지 기다리는 상태)
WAITING, TIMED_WAITING	쓰레드의 작업이 종료되지는 않았지만 실행가능하지 않은(unrunnable) 일시정지 상태. TIMED_WAITING은 일시정지시간이 지정된 경우를 의미한다.
TERMINATED	쓰레드의 작업이 종료된 상태

▲ 표13-3 쓰레드의 상태

| 참고 | 쓰레드의 상태는 Thread의 getState( )를 호출해서 확인할 수 있다. JDK 5부터 추가되었다.

다음 그림은 쓰레드의 생성부터 소멸까지의 모든 과정을 그린 것인데, 앞서 소개한 메서드들에 의해서 쓰레드의 상태가 어떻게 변화되는지를 잘 보여 준다.

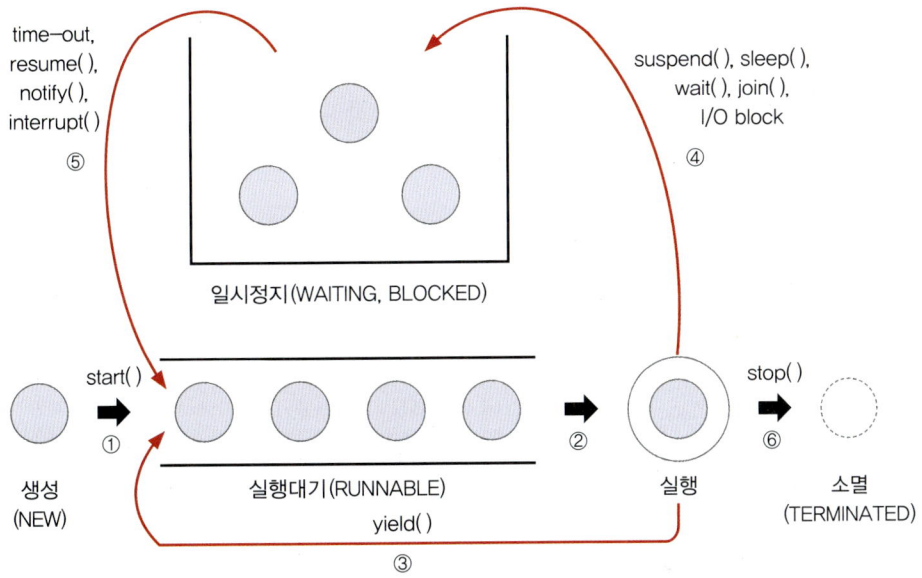

▲ 그림 13-10 쓰레드의 상태

① 쓰레드를 생성하고 start( )를 호출하면 바로 실행되는 것이 아니라 실행 대기열에 저장되어 자신의 차례가 될 때까지 기다려야 한다. 실행 대기열은 큐(queue)와 같은 구조로 먼저 실행 대기열에 들어온 쓰레드가 먼저 실행된다.
② 실행 대기 상태에 있다가 자신의 차례가 되면 실행상태가 된다.
③ 주어진 실행 시간이 다되거나 yield( )를 만나면 다시 실행 대기 상태가 되고 다음 차례의 쓰레드가 실행상태가 된다.
④ 실행 중에 suspend( ), sleep( ), wait( ), join( ), I/O block에 의해 일시 정지 상태가 될 수 있다. I/O block은 입출력 작업에서 발생하는 지연 상태를 말한다. 사용자의 입력을 기다리는 경우를 예로 들 수 있는데, 이런 경우 일시정지 상태에 있다가 사용자가 입력을 마치면 다시 실행대기 상태가 된다.
⑤ 지정된 일시 정지 시간이 다되거나(time-out), notify( ), resume( ), interrupt( )가 호출되면 일시 정지 상태를 벗어나 다시 실행 대기열에 저장되어 자신의 차례를 기다리게 된다.
⑥ 실행을 모두 마치거나 stop( )이 호출되면 쓰레드는 소멸된다.

| 참고 | 설명을 위해 ①부터 ⑥까지 번호를 붙이기는 했지만 번호의 순서대로 쓰레드가 수행되는 것은 아니다.

지금까지의 설명만으로 잘 이해되지 않을 것이다. 앞으로 예제를 하나씩 단계적으로 학습해 나가면 어떤 상황에 어떻게 처리해야할지 명확히 이해하게 될 것이다.

sleep(long millis) – 일정시간동안 쓰레드를 멈추게 한다.
sleep( )은 지정된 시간동안 쓰레드를 멈추게 한다.

> **static** void sleep(long millis)
> **static** void sleep(long millis, int nanos)

밀리 세컨드(millis, 1000분의 일초)와 나노세컨드(nanos, 10억분의 일초)의 시간 단위로 세밀하게 값을 지정할 수 있지만 어느 정도의 오차가 발생할 수 있다는 것은 염두에 둬야 한다. 예를 들어, 쓰레드가 0.0015초를 동안 멈추게 하려면 다음과 같이 한다.

| 참고 | 나노세컨드(nanos)로 지정할 수 있는 값의 범위는 0~999999이며, 999999나노세컨드는 약 1밀리세컨드이다.

```
try {
    Thread.sleep(1, 500000);   // 쓰레드를 0.0015초 동안 멈추게 한다.
} catch(InterruptedException e) {}
```

sleep( )에 의해 일시정지 상태가 된 쓰레드는 지정된 시간이 다 되거나 interrupt( )가 호출되면(InterruptedException발생), 잠에서 깨어나 실행대기 상태가 된다.
 그래서 sleep( )을 호출할 때는 항상 try-catch문으로 예외를 처리해줘야 한다. 매번 예외처리를 해주는 것이 번거롭기 때문에, 아래와 같이 try-catch문까지 포함하는 새로운 메서드를 만들어서 사용하기도 한다.

```
void delay(long millis) {
    try {
        Thread.sleep(millis);
    } catch(InterruptedException e) {}
}
```

▼ 예제 13-12/**ThreadEx12.java**

```java
class ThreadEx12 {
    public static void main(String args[]) {
        ThreadEx12_1 th1 = new ThreadEx12_1();
        ThreadEx12_2 th2 = new ThreadEx12_2();
        th1.start();
        th2.start();

        try {
            th1.sleep(2000);
        } catch(InterruptedException e) {}

        System.out.print("<<main 종료>>");
    } // main
}

class ThreadEx12_1 extends Thread {
    public void run() {
        for(int i=0; i < 300; i++)
            System.out.print("-");
```

```java
        System.out.print("<<th1 종료>>");
   } // run()
}

class ThreadEx12_2 extends Thread {
   public void run() {
      for(int i=0; i < 300; i++)
         System.out.print("|");

      System.out.print("<<th2 종료>>");
   } // run()
}
```

▼ 실행결과

```
-----------------------------------------------------------------
------------------------------------------------------------|||||-
|||||||||||||||||||||||||||||||||||||||||||||||||||||||||||||-----
-----------------------------------------------------------------
-----------------------------------------------------------|-----
-|||||||||||||||||||||||||||||||||||||||||||||||||||||||||||||||-
|||||||||||||||||||||||||||||||||||||||||||||||||||||||||||||||||
|||||||||||||||||||||||||||||||||||||||||||||||||||||||||||||||||
||<<th1 종료>><<th2 종료>><<main 종료>>
```

위의 결과를 보면 쓰레드 th1의 작업이 가장 먼저 종료되었고, 그 다음이 th2, main의 순인 것을 알 수 있다. 그러나 아래의 코드를 생각해보면 이 결과가 뜻밖이라는 생각이 들 것이다.

```java
         th1.start();
         th2.start();

         try {
            th1.sleep(2000);   // Thread.sleep(2000);과 동일
         } catch(InterruptedException e) {}

         System.out.print("<<main 종료>>");
```

쓰레드 th1과 th2에 대해 start()를 호출하자마자 'th1.sleep(2000)'을 호출하여 쓰레드 th1이 2초 동안 작업을 멈추고 일시정지 상태에 있도록 하였으니까 쓰레드 th1이 가장 늦게 종료되어야 하는데 결과에서는 제일 먼저 종료되었다.

그 이유는 sleep()이 항상 현재 실행 중인 쓰레드에 대해 작동하기 때문에 'th1.sleep(2000)'과 같이 호출하였어도 실제로 영향을 받는 것은 main메서드를 실행하는 main쓰레드이다.

그래서 sleep()은 static으로 선언되어 있으며 참조변수를 이용해서 호출하기 보다는 'Thread.sleep(2000);'과 같이 해야 한다.

| 참고 | yield()가 static으로 선언되어 있는 것도 sleep()과 같은 이유이다.

interrupt( )와 interrupted( ) - 쓰레드의 작업을 취소한다.
진행 중인 쓰레드의 작업이 끝나기 전에 취소해야 할 때가 있다. 예를 들어 큰 파일을 다운로드받을 때 시간이 너무 오래 걸리면 중간에 다운로드를 포기하고 취소할 수 있어야 한다. interrupt( )는 쓰레드에게 작업을 멈추라고 요청한다. 단지 멈추라고 요청만 하는 것일 뿐 쓰레드를 강제로 종료시키지는 못한다. interrupt( )는 그저 쓰레드의 interrupted상태(인스턴스 변수)를 바꾸는 것일 뿐이다.

그리고 interrupted( )는 쓰레드에 대해 interrupt( )가 호출되었는지 알려준다. interrupt( )가 호출되지 않았다면 false를, interrupt( )가 호출되었다면 true를 반환한다.

```
Thread th = new Thread();
th.start();
    ...
th.interrupt(); // 쓰레드 th에 interrupt()를 호출한다.

class MyThread extends Thread {
    public void run() {
        while(!interrupted()) { // interrupted()의 결과가 false인 동안 반복
            ...
        }
    }
}
```

interrupt( )가 호출되면, interrupted( )의 결과가 false에서 true로 바뀌어 while문을 벗어나게 된다. while문의 조건식에 '!'가 포함되어 있는 것에 주의하자.

isInterrupted( )도 쓰레드의 interrupt( )가 호출되었는지 확인하는데 사용할 수 있지만, interrupted( )와 달리 isInterrupted( )는 쓰레드의 interrupted상태를 false로 초기화하지 않는다.

`void interrupt()`	쓰레드의 interrupted상태를 false에서 true로 변경.
`boolean isInterrupted()`	쓰레드의 interrupted상태를 반환.
`static boolean interrupted()`	현재 쓰레드의 interrupted상태를 반환 후, false로 변경

쓰레드가 sleep( ), wait( ), join( )에 의해 '일시정지 상태(WAITING)'에 있을 때, 해당 쓰레드에 대해 interrupt( )를 호출하면, sleep( ), wait( ), join( )에서 InterruptedException이 발생하고 쓰레드는 '실행대기 상태(RUNNABLE)'로 바뀐다. 즉, 멈춰있던 쓰레드를 깨워서 실행가능한 상태로 만드는 것이다.

아래는 예제13-7을 interrupt( )와 interrupted( )를 사용해서 수정한 것으로 카운트 다운 도중에 사용자의 입력이 들어오면 카운트 다운을 종료한다.

▼ 예제 13-13/**ThreadEx13.java**

```java
import javax.swing.JOptionPane;

class ThreadEx13 {
    public static void main(String[] args) throws Exception  {
        ThreadEx13_1 th1 = new ThreadEx13_1();
        th1.start();
```

```
        String input = JOptionPane.showInputDialog("아무 값이나 입력하세요.");
        System.out.println("입력하신 값은 " + input + "입니다.");
        th1.interrupt();   // interrupt()를 호출하면, interrupted상태가 true가 된다.
        System.out.println("isInterrupted():"+ th1.isInterrupted()); // true
    }
}

class ThreadEx13_1 extends Thread {
    public void run() {
        int i = 10;

        while(i!=0 && !isInterrupted()) {
            System.out.println(i--);
            for(long x=0;x<2_500_000_000L;x++);  // 시간 지연. 최적화를 피하려고 long타입
        }
        System.out.println("카운트가 종료되었습니다.");
    }
}
```

▼ 실행결과

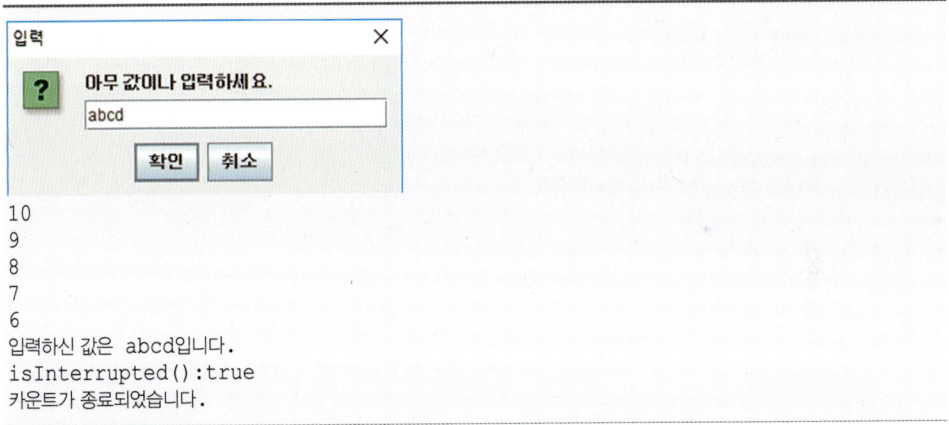

```
10
9
8
7
6
입력하신 값은 abcd입니다.
isInterrupted():true
카운트가 종료되었습니다.
```

이전 예제와 달리 사용자의 입력이 끝나자 interrupt()에 의해 카운트다운이 중간에 멈추었다. JIT컴파일러의 최적화를 피하기 위해 for문에 long타입의 변수 x를 사용했다.

▼ 예제 13-14/**ThreadEx14.java**

```
import javax.swing.JOptionPane;

class ThreadEx14 {
    public static void main(String[] args) throws Exception  {
        ThreadEx14_1 th1 = new ThreadEx14_1();
        th1.start();

        String input = JOptionPane.showInputDialog("아무 값이나 입력하세요.");
        System.out.println("입력하신 값은 " + input + "입니다.");
        th1.interrupt();   // interrupt()를 호출하면, interrupted상태가 true가 된다.
        System.out.println("isInterrupted():"+ th1.isInterrupted());
    }
}
```

```
class ThreadEx14_1 extends Thread {
    public void run() {
        int i = 10;

        while(i!=0 && !isInterrupted()) {
            System.out.println(i--);
            try {
                Thread.sleep(1000);   // 1초 지연
            } catch (InterruptedException e) {}
        }
        System.out.println("카운트가 종료되었습니다.");
    }
}
```

▼ 실행결과

```
10
9
8
입력하신 값은 abcd입니다.
isInterrupted():false   ← true일 때도 있음.
7
6
5
4
3
2
1
카운트가 종료되었습니다.
```

이전 예제에서 시간지연을 위해 사용했던 for문 대신 Thread.sleep(1000)으로 1초 동안 지연되도록 변경했을 뿐인데, 카운트가 종료되지 않았다. isInterrupted( )의 결과를 출력해보니 false이다. 왜 그럴까?

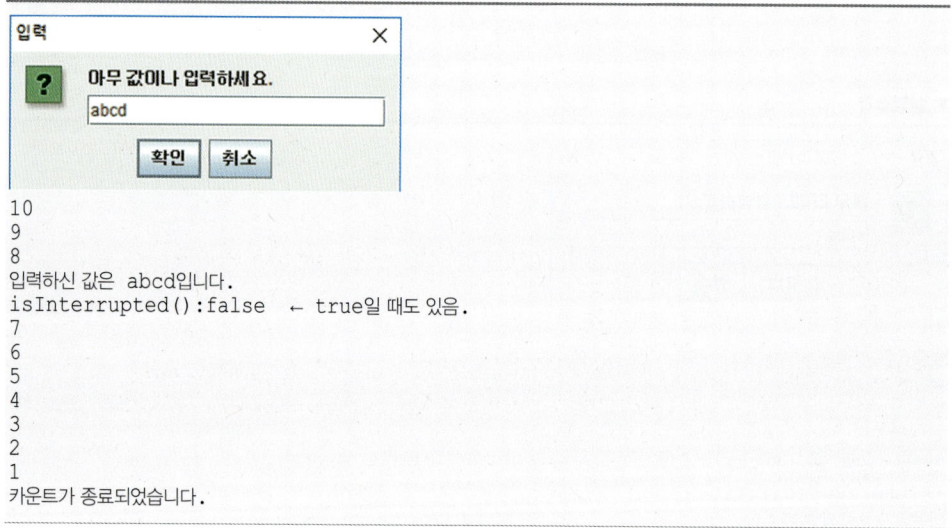

그 이유는 Thread.sleep(1000)에서 InterruptedException이 발생했기 때문이다. sleep( )에 의해 쓰레드가 잠시 멈춰있을 때, interrupt( )를 호출하면 InterruptedException이 발생되고 쓰레드의 interrupted상태는 false로 자동 초기화된다.

그럴 때는 위와 같이 catch블럭에 interrupt()를 추가로 넣어줘서 쓰레드의 interrupted 상태를 true로 다시 바꿔줘야 한다. 이 예제에 interrupt()를 추가해서 카운트 다운이 중단되는지 직접 확인해보자.

suspend( ), resume( ), stop( )

suspend()는 sleep()처럼 쓰레드를 멈추게 한다. suspend()에 의해 정지된 쓰레드는 resume()을 호출해야 다시 실행대기 상태가 된다. stop()은 호출되는 즉시 쓰레드가 종료된다.

suspend(), resume(), stop()은 쓰레드의 실행을 제어하는 가장 손쉬운 방법이지만, suspend()와 stop()이 교착상태(deadlock)를 일으키기 쉽게 작성되어있으므로 사용이 권장되지 않는다. 그래서 이 메서드들은 모두 'deprecated'되었다. Java API문서 stop()을 찾아보면 아래와 같이 'Deprecated.'라고 적혀있다.

> void stop(Throwable obj)
> **Deprecated.**
> This method was originally designed to force a thread to stop and throw a given Throwable as an exception. It was inherently unsafe (see stop() for details), and furthermore could be used to generate exceptions that the target thread was not prepared to handle.

'deprecated'의 의미는 '전에는 사용되었지만, 앞으로 사용하지 않을 것을 권장한다.'이다. 'deprecated'된 메서드는 하위 호환성을 위해서 삭제하지 않는 것일 뿐이므로 사용해서는 안 된다.

▼ 예제 13-15/**ThreadEx15.java**

```java
class ThreadEx15 {
    public static void main(String args[]) {
        RunImplEx15 r = new RunImplEx15();
        Thread th1 = new Thread(r, "*");
        Thread th2 = new Thread(r, "**");
        Thread th3 = new Thread(r, "***");
        th1.start();
        th2.start();
        th3.start();

        try {
            Thread.sleep(2000);
            th1.suspend();          // 쓰레드 th1을 잠시 중단시킨다.
            Thread.sleep(2000);
            th2.suspend();
            Thread.sleep(3000);
            th1.resume();           // 쓰레드 th1이 다시 동작하도록 한다.
            Thread.sleep(3000);
            th1.stop();             // 쓰레드 th1을 강제종료시킨다.
            th2.stop();
```

```
            Thread.sleep(2000);
            th3.stop();
        } catch (Exception e) {}
    } // main
}
class RunImplEx15 implements Runnable {
    public void run() {
        while(true) {
            System.out.println(Thread.currentThread().getName());
            try {
                Thread.sleep(1000);
            } catch (InterruptedException e) {}
        }
    } // run()
}
```

▼ 실행결과
*
**
***
*
**
***
**
***
**
***
***
***
***
*
***
*
***
*
***
**

| 참고 | 위 예제가 종료되지 않으면, 인텔리제이의 우측 상단의 빨간색 사각형 버튼을 눌러서 강제 종료하자.

suspend()와 resume(), stop()의 사용법을 보여 주는 예제이다. sleep(2000)은 쓰레드를 2초가 멈추게 하지만, 2초 후에 바로 실행상태가 아닌 실행대기상태가 된다.

이 예제는 간단하기 때문에 교착상태가 일어날 일이 없으므로 suspend()와 stop()을 사용해도 아무런 문제가 없지만, 좀더 복잡한 경우에는 사용하지 않는 것이 좋다.

그 대신 이 문제를 해결할 다른 방법이 있으니 다음 예제를 보자.

▼ 예제 13-16/**ThreadEx16.java**

```
class ThreadEx16 {
    public static void main(String args[]) {
        RunImplEx16 r1 = new RunImplEx16();
        RunImplEx16 r2 = new RunImplEx16();
        RunImplEx16 r3 = new RunImplEx16();
        Thread th1 = new Thread(r1, "*");
        Thread th2 = new Thread(r2, "**");
        Thread th3 = new Thread(r3, "***");
        th1.start();
        th2.start();
        th3.start();

        try {
            Thread.sleep(2000);
            r1.suspend();              // th1.suspend()이 아님에 주의
            Thread.sleep(2000);
            r2.suspend();
            Thread.sleep(3000);
            r1.resume();
```

```
                Thread.sleep(3000);
                r1.stop();
                r2.stop();
                Thread.sleep(2000);
                r3.stop();
        } catch (InterruptedException e) {}
    }
}
class RunImplEx16 implements Runnable {
    boolean suspended = false;
    boolean stopped   = false;

    public void run() {
        while(!stopped) {
            if(!suspended) {
                System.out.println(Thread.currentThread().getName());
                try {
                    Thread.sleep(1000);
                } catch(InterruptedException e) {}
            }
        }
        System.out.println(Thread.currentThread().getName() + " - stopped");
    }
    public void suspend() { suspended = true;  }
    public void resume()  { suspended = false; }
    public void stop()    { stopped = true;    }
}
```

▼ 실행결과

```
**
*
***
**
*
***
***
*
**
***
**
***
***
***
*
***
*
***
*
***
*
***
** - stopped
***
* - stopped
***
*** - stopped
```

| 참고 | 실행환경과 상황에 따라 실행결과가 위와 다를 수 있다. 이 예제가 종료되지 않으면 강제 종료시켜야 한다.

stopped와 suspended라는 boolean타입의 두 변수를 인스턴스변수로 선언하고, 이 변수를 사용해서 반복문과 조건문의 조건식을 작성한다. 그리고 이 변수의 값을 변경함으로써 쓰레드의 작업이 중지되었다가 재개되거나 종료되도록 할 수 있다.

```
boolean suspended = false;
boolean stopped   = false;

public void run() {
    while(!stopped) {      // stopped의 값이 false인 동안 반복한다.
        if(!suspended) {   // suspended의 값이 false일 때만 작업을 수행한다.
            ...
```

그리고 각 쓰레드가 다른 실행상태를 가질 수 있어야 하므로, 이전 예제와 달리 하나의 RunImplEx16객체를 공유하지 않는다는 점에 주의하자.

만일 이 예제가 잘 동작하지 않는다면, 아래의 오른쪽과 같이 suspended와 stopped의 선언문 앞에 'volatile'을 붙이자. 그러면 잘 동작할 것이다.

```
boolean suspended = false;          volatile boolean suspended = false;
boolean stopped   = false;    →     volatile boolean stopped   = false;
```

volatile에 대해서는 이 장의 뒷부분에서 자세히 설명할 것이다.

▼ 예제 13-17/**ThreadEx17.java**

```java
class ThreadEx17 {
    public static void main(String args[]) {
        ThreadEx17_1 th1 = new ThreadEx17_1("*");
        ThreadEx17_1 th2 = new ThreadEx17_1("**");
        ThreadEx17_1 th3 = new ThreadEx17_1("***");
        th1.start();
        th2.start();
        th3.start();

        try {
            Thread.sleep(2000);
            th1.suspend();
            Thread.sleep(2000);
            th2.suspend();
            Thread.sleep(3000);
            th1.resume();
            Thread.sleep(3000);
            th1.stop();
            th2.stop();
            Thread.sleep(2000);
            th3.stop();
        } catch (InterruptedException e) {}
    }
}
```

```java
class ThreadEx17_1 implements Runnable {
    volatile boolean suspended = false;
    volatile boolean stopped   = false;

    Thread th;

    ThreadEx17_1(String name) {
        th = new Thread(this, name); // Thread(Runnable r, String name)
    }

    public void run() {
        while(!stopped) {
            if(!suspended) {
                System.out.println(Thread.currentThread().getName());
                try {
                    Thread.sleep(1000);
                } catch(InterruptedException e) {}
            }
        }
        System.out.println(Thread.currentThread().getName() + " - stopped");
    }

    public void suspend() { suspended = true;  }
    public void resume()  { suspended = false; }
    public void stop()    { stopped = true;    }
    public void start()   { th.start();        }
}
```

이전의 예제를 보다 객체지향적으로 코드를 정리하였다. 두 예제를 비교해보고 어디가 달라졌고 어떤 점이 개선되었는지 확인해보자.

yield( ) – 다른 쓰레드에게 양보한다.

yield( )는 쓰레드 자신에게 주어진 실행시간을 다음 차례의 쓰레드에게 양보(yield)한다. 예를 들어 스케쥴러에 의해 1초의 실행시간을 할당받은 쓰레드가 0.5초의 시간동안 작업한 상태에서 yield( )가 호출되면, 나머지 0.5초는 포기하고 다시 실행대기상태가 된다.

yield( )와 interrupt( )를 적절히 사용하면, 프로그램의 응답성을 높이고 보다 효율적인 실행이 가능하게 할 수 있다. 이 메서드들이 실제로 어떻게 사용되는지 다음의 예제를 직접 실행해보고 나면 좀 더 쉽게 이해될 것이다.

▼ 예제 13-18/`ThreadEx18.java`

```java
class ThreadEx18 {
    public static void main(String args[]) {
        ThreadEx18_1 th1 = new ThreadEx18_1("*");
        ThreadEx18_1 th2 = new ThreadEx18_1("**");
        ThreadEx18_1 th3 = new ThreadEx18_1("***");
        th1.start();
        th2.start();
        th3.start();

        try {
            Thread.sleep(2000);
            th1.suspend();
            Thread.sleep(2000);
            th2.suspend();
            Thread.sleep(3000);
            th1.resume();
            Thread.sleep(3000);
            th1.stop();
            th2.stop();
            Thread.sleep(2000);
            th3.stop();
        } catch (InterruptedException e) {}
    }
}
class ThreadEx18_1 implements Runnable {
    volatile boolean suspended = false;
    volatile boolean stopped   = false;

    Thread th;

    ThreadEx18_1(String name) {
        th = new Thread(this, name); // Thread(Runnable r, String name)
    }
    public void run() {
        String name =th.getName();

        while(!stopped) {
            if(!suspended) {
                System.out.println(name);
                try {
                    Thread.sleep(1000);
                } catch(InterruptedException e) {
                    System.out.println(name + " - interrupted");
                }
```

```
            } else {
                Thread.yield();
            }
        }
        System.out.println(name + " - stopped");
    }
    public void suspend() {
        suspended = true;
        th.interrupt();
        System.out.println(th.getName() + " - interrupt() by suspend()");
    }
    public void stop() {
        stopped = true;
        th.interrupt();
        System.out.println(th.getName() + " - interrupt() by stop()");
    }
    public void resume() { suspended = false; }
    public void start()  { th.start(); }
}
```

▼ 실행결과

```
*
**
***
*
**
***
* - interrupt() by suspend()
* - interrupted
**
***
**
** - interrupt() by suspend()
***
** - interrupted
***
***
*
***
*
***
*
***
* - interrupt() by stop()
* - interrupted
* - stopped
** - stopped
** - interrupt() by stop()
***
***
*** - interrupt() by stop()
*** - interrupted
*** - stopped
```

| 참고 | 실행환경과 상황에 따라 실행결과가 위와 다를 수 있다.

이 전의 예제에 yield( )와 interrupt( )를 추가해서 예제의 효율과 응답성을 향상시켰다. 먼저 아래의 코드를 보면 if문에 yield( )를 호출하는 else블럭이 추가되었다.

```
while(!stopped) {
  if(!suspended) {
     ...
    try {
       Thread.sleep(1000);
    }catch(InterruptedException e){}
  }
} // while
```

```
while(!stopped) {
  if(!suspended) {
     ...
    try {
       Thread.sleep(1000);
    } catch(InterruptedException e){}
  } else {
     Thread.yield();
  }
} // while
```

왼쪽 코드에서 만일 suspended의 값이 true라면, 즉 잠시 실행을 멈추게 한 상태라면, 쓰레드는 주어진 실행시간을 그저 while문을 의미없이 돌면서 낭비하게 될 것이다. 이런 상황을 '바쁜 대기상태(busy-waiting)'이라고 한다.

그러나 오른쪽 코드는, 같은 경우에 yield( )를 호출해서 남은 실행시간을 while문에서 낭비하지 않고 다른 쓰레드에게 양보(yield)하게 되므로 더 효율적이다. 또 한 가지 달라진 부분은 suspend( )와 stop( )인데, interrupt( )를 호출하는 코드를 추가했다.

```
public void suspend() {
   suspended = true;
}
public void stop() {
   stopped = true;
}
```

```
public void suspend() {
   suspended = true;
   th.interrupt();
}
public void stop() {
   stopped = true;
   th.interrupt();
}
```

만일 stop( )이 호출되었을 때 Thread.sleep(1000)에 의해 쓰레드가 일시정지 상태에 머물러 있는 상황이라면, stopped의 값이 true로 바뀌었어도 쓰레드가 정지될 때까지 최대 1초의 시간지연이 생길 것이다.

```
while(!stopped) {
   if(!suspended) {
          ...
      try {
         Thread.sleep(1000); // interrupt()가 호출되면, 예외가 발생된다.
      } catch(InterruptedException e) {
         System.out.println(name + " - interrupted");
      }
   } else {
      Thread.yield();
   }
}
```

그러나 같은 상황에서 interrupt( )를 호출하면, sleep( )에서 InterruptedException이 발생하여 즉시 일시정지 상태에서 벗어나게 되므로 응답성이 좋아진다. 이전 예제와 비교해 보면 응답성의 차이를 느낄 수 있을 것이다.

join( ) – 다른 쓰레드의 작업을 기다린다.
쓰레드 자신이 하던 작업을 잠시 멈추고 다른 쓰레드가 지정된 시간동안 작업을 수행하도록 할 때 join( )을 사용한다.

```
void join()
void join(long millis)
void join(long millis, int nanos)
boolean join(Duration duration)   // JDK 19
```

시간을 지정하지 않으면, 해당 쓰레드가 작업을 모두 마칠 때까지 기다리게 된다. 작업 중에 다른 쓰레드의 작업이 먼저 수행되어야할 필요가 있을 때 join( )을 사용한다.

```
try {
    th1.join();    // 현재 실행중인 쓰레드가 쓰레드 th1의 작업이 끝날때까지 기다린다.
} catch(InterruptedException e) {}
```

join( )도 sleep( )처럼 interrupt( )에 의해 대기상태에서 벗어날 수 있으며, join( )이 호출되는 부분을 try-catch문으로 감싸야 한다. join( )은 여러모로 sleep( )과 유사한 점이 많은데, sleep( )과 다른 점은 join( )은 현재 쓰레드가 아닌 특정 쓰레드에 대해 동작하므로 static메서드가 아니라는 것이다.

> 참고 | join( )은 자신의 작업 중간에 다른 쓰레드의 작업을 참여(join)시킨다는 의미로 이름 지어진 것이다.

▼ 예제 13-19/**ThreadEx19.java**

```java
class ThreadEx19 {
    static long startTime = 0;

    public static void main(String args[]) {
        ThreadEx19_1 th1 = new ThreadEx19_1();
        ThreadEx19_2 th2 = new ThreadEx19_2();
        th1.start();
        th2.start();
        startTime = System.currentTimeMillis();

        try {
            th1.join(); // main쓰레드가 th1의 작업이 끝날 때까지 기다린다.
            th2.join(); // main쓰레드가 th2의 작업이 끝날 때까지 기다린다.
        } catch(InterruptedException e) {}

        System.out.print("소요시간:" + (System.currentTimeMillis()
                                        - ThreadEx19.startTime));
    } // main
}

class ThreadEx19_1 extends Thread {
    public void run() {
        for(int i=0; i < 300; i++)
            System.out.print(new String("-"));
    } // run()
}
```

```
class ThreadEx19_2 extends Thread {
    public void run() {
        for(int i=0; i < 300; i++) {
            System.out.print(new String("|"));
        }
    } // run()
}
```

▼ 실행결과

```
||||||||----------||||||||-------|||||||||||||||||||||||----||||||----
------ ----------|||||||||||||||||---------------||||||----------------
---|||||||||||||||----------|||||||||||||------------|||||-------
|||||||||||||||---------------------------||||--------------------------
---||||||----------|||||||||||||------------||||||||--------------
---------|||||||||||||||||---------------|||---------|||||||||--------
--------|||||--------------------------|||||||---------||||||||||||||--
--||||||||||||||||||||||||||||||||||||||||||||||||||||||||||||||||
||||소요시간:6
```

join()을 사용하지 않았으면 main쓰레드는 바로 종료되었겠지만, join()으로 쓰레드 th1 과 th2의 작업을 마칠 때 까지 main쓰레드가 기다리도록 했다. 그래서 main쓰레드가 두 쓰레드의 작업에 소요된 시간을 출력할 수 있다.

이 예제만으로는 join()을 언제 사용해야하는지 잘 감이 오지 않을 것이다. 그래서 보다 실질적인 예제를 준비했다. 다음의 예제를 보자.

▼ 예제 13-20/**ThreadEx20.java**

```
class ThreadEx20 {
    public static void main(String args[]) {
        ThreadEx20_1 gc = new ThreadEx20_1();
        gc.setDaemon(true);
        gc.start();

        for(int i=0; i < 20; i++) {
            int requiredMemory = (int)(Math.random() * 10) * 20;

            // 필요한 메모리가 사용할 수 있는 양보다 크거나 전체 메모리의 60%이상을
            // 사용했을 경우 gc를 깨운다.
            if(gc.freeMemory() < requiredMemory
                || gc.freeMemory() < gc.totalMemory() * 0.4) {
                gc.interrupt();        // 잠자고 있는 쓰레드 gc를 깨운다.
            }

            gc.usedMemory += requiredMemory;
            System.out.println("usedMemory:"+gc.usedMemory);
        }
    }
}

class ThreadEx20_1 extends Thread {
    final static int MAX_MEMORY = 1000;
    int usedMemory = 0;
```

```
    public void run() {
        while(true) {
            try {
                Thread.sleep(10 * 1000);        // 10초를 기다린다.
            } catch(InterruptedException e) {
                System.out.println("Awaken by interrupt().");
            }
            gc();    // garbage collection을 수행한다.
            System.out.println("Garbage Collected. Free Memory :"+ freeMemory());
        }
    }
    public void gc() {
        usedMemory -= 300;
        if(usedMemory < 0) usedMemory = 0;
    }
    public int totalMemory() { return MAX_MEMORY; }
    public int freeMemory()  { return MAX_MEMORY - usedMemory; }
}
```

▼ 실행결과

```
usedMemory:180
usedMemory:320
usedMemory:340
usedMemory:340
usedMemory:460
usedMemory:480
usedMemory:620
usedMemory:620
usedMemory:740
usedMemory:780
usedMemory:860
usedMemory:1000
usedMemory:1060
usedMemory:1220
usedMemory:1220
Awaken by interrupt().
Garbage Collected. Free Memory :80
Awaken by interrupt().
Garbage Collected. Free Memory :380
usedMemory:780
Awaken by interrupt().
Garbage Collected. Free Memory :520
usedMemory:480
usedMemory:540
usedMemory:720
Awaken by interrupt().
Garbage Collected. Free Memory :580
usedMemory:440
```

이 예제는 JVM의 가비지 컬렉터(garbage collector)를 흉내 내어 간단히 구현해 본 것이다. random()을 사용했기 때문에 실행할 때마다 결과가 다를 수 있다. 위 실행결과는 설명을 위해 여러 번 실행해서 얻은 것이다.

먼저 sleep()을 이용해서 10초마다 한 번씩 가비지 컬렉션을 수행하는 쓰레드를 만든 다음, 쓰레드를 생성해서 데몬 쓰레드로 설정하였다.

```
    public void run() {
        while(true) {
            try {
                Thread.sleep(10 * 1000);    // 10초를 기다린다.
            } catch(InterruptedException e) {
                System.out.println("Awaken by interrupt().");
            }
            gc();       // garbage collection을 수행한다.
            System.out.println("Garbage Collected. Free Memory :"+freeMemory());
        }
    }
```

반복문을 사용해서 메모리의 양을 계속 감소시키도록 했고, 매 반복마다 if문으로 메모리를 확인해서 남은 메모리가 전체메모리의 40% 미만일 경우에 interrupt()를 호출해서, 즉시 가비지 컬렉터 쓰레드를 깨워서 gc()를 수행하도록 하였다.

```
for(int i = 0; i < 20; i++) {
    requiredMemory = (int)(Math.random() * 10) * 20;

    // 필요한 메모리가 사용할 수 있는 양보다 적거나 전체 메모리의 60%이상을 사용했을 경우 gc를 깨운다.
    if(gc.freeMemory()<requiredMemory || gc.freeMemory()<gc.totalMemory()*0.4){
        gc.interrupt();    // 잠자고 있는 쓰레드 gc를 깨운다.
    }
    gc.usedMemory += requiredMemory;
    System.out.println("usedMemory:"+gc.usedMemory);
}
```

그러나 예제의 실행결과를 보면 MAX_MEMORY가 1000임에도 불구하고 usedMemory의 값이 1000을 넘는 것을 알 수 있다. 이것은 쓰레드 gc가 interrupt()에 의해서 깨어났음에도 불구하고 gc()가 수행되기 이전에 main쓰레드의 작업이 수행되어 메모리를 사용하기 때문이다. 그래서 쓰레드 gc를 깨우는 것뿐만 아니라 join()을 이용해서 쓰레드 gc가 작업할 시간을 어느 정도 주고 main쓰레드가 기다리도록 해서, 사용할 수 있는 메모리가 확보된 다음에 작업을 계속 하는 것이 필요하다.

```
if(gc.freeMemory()<requiredMemory...
    gc.interrupt();
}
```
→
```
if(gc.freeMemory()<requiredMemory...
    gc.interrupt();
    try {
        gc.join(100);
    } catch(InterruptedException e) {}
}
```

그래서 위의 왼쪽의 코드를 오른쪽과 같이 join()을 호출해서 쓰레드 gc가 0.1초 동안 수행될 수 있도록 변경해야하며, 예제를 이와 같이 변경한 다음 실행해보고 그 결과를 확인해보자. 가비지 컬렉터와 같은 데몬 쓰레드의 우선순위를 낮추기 보다는 sleep()을 이용해서 주기적으로 실행되도록 하다가 필요할 때마다 interrupt()를 호출해서 즉시 가비지 컬렉션이 이루어지도록 하는 것이 좋다. 그리고 필요하다면 join()도 함께 사용해야한다는 것을 기억하자.

2. 쓰레드의 동기화

싱글 쓰레드 프로세스의 경우 프로세스 내에서 단 하나의 쓰레드만 작업하기 때문에 프로세스의 자원을 가지고 작업하는데 별문제가 없지만, 멀티 쓰레드 프로세스의 경우 여러 쓰레드가 같은 프로세스 내의 자원을 공유해서 작업하기 때문에 서로의 작업에 영향을 주게 된다. 만일 쓰레드A가 작업하던 도중에 다른 쓰레드B에게 제어권이 넘어갔을 때, 쓰레드A가 작업하던 공유데이터를 쓰레드B가 임의로 변경하였다면, 다시 쓰레드A가 제어권을 받아서 나머지 작업을 마쳤을 때 원래 의도했던 것과는 다른 결과를 얻을 수 있다.

이러한 일이 발생하는 것을 방지하기 위해서 한 쓰레드가 특정 작업을 끝마치기 전까지 다른 쓰레드에 의해 방해받지 않도록 하는 것이 필요하다. 그래서 도입된 개념이 바로 '임계 영역(critical section)'과 '잠금(락, lock)'이다.

공유 데이터를 사용하는 코드 영역을 임계 영역으로 지정해놓고, 공유 데이터(객체)가 가지고 있는 lock을 획득한 단 하나의 쓰레드만 이 영역 내의 코드를 수행할 수 있게 한다. 그리고 해당 쓰레드가 임계 영역 내의 모든 코드를 수행하고 벗어나서 lock을 반납해야만 다른 쓰레드가 반납된 lock을 획득하여 임계 영역의 코드를 수행할 수 있게 된다.

이처럼 **한 쓰레드가 진행 중인 작업을 다른 쓰레드가 간섭하지 못하도록 막는 것을 '쓰레드의 동기화(synchronization)'**라고 한다.

자바에서는 synchronized블럭을 이용해서 쓰레드의 동기화를 지원했지만, JDK 5부터는 'java.util.concurrent.locks'와 'java.util.concurrent.atomic'패키지를 통해서 다양한 방식으로 동기화를 구현할 수 있도록 지원하고 있다.

2.1 synchronized를 이용한 동기화

먼저 가장 간단한 동기화 방법인 synchronized 키워드를 이용한 동기화에 대해서 알아보자. 이 키워드는 임계 영역을 설정하는데 사용된다. 아래와 같이 두 가지 방식이 있다.

```
1. 메서드 전체를 임계 영역으로 지정
    public synchronized void calcSum() {        ┐ 임계 영역(critical section)
        //...
    }
2. 특정한 영역을 임계 영역으로 지정
    synchronized(객체의 참조변수) {                ┐ 임계 영역(critical section)
        //...
    }
```

첫 번째 방법은 메서드 앞에 synchronized를 붙이는 것인데, synchronized를 붙이면 메서드 전체가 임계 영역으로 설정된다. 쓰레드는 synchronized메서드가 호출된 시점부터 해당 메서드가 포함된 객체의 lock을 얻어 작업을 수행하다가 메서드가 종료되면 lock을 반환한다.

두 번째 방법은 메서드 내의 코드 일부를 블럭{}으로 감싸고 블럭 앞에 'synchronized (참조 변수)'를 붙이는 것인데, 이때 참조변수는 락을 걸고자하는 객체를 참조하는 것이어야 한다. 이 블럭을 synchronized블럭이라고 부르며, 이 블럭의 영역 안으로 들어가면서부터 쓰레드는 지정된 객체의 lock을 얻게 되고, 이 블럭을 벗어나면 lock을 반납한다.

두 방법 모두 lock의 획득과 반납이 모두 자동적으로 이루어지므로 우리가 해야 할 일은 그저 임계 영역만 설정해주는 것뿐이다.

모든 객체는 lock을 하나씩 가지고 있으며, 해당 객체의 lock을 가지고 있는 쓰레드만 임계 영역의 코드를 수행할 수 있다. 그리고 다른 쓰레드들은 lock을 얻을 때까지 기다리게 된다.

임계 영역은 멀티쓰레드 프로그램의 성능을 좌우하기 때문에 가능하면 메서드 전체에 락을 거는 것보다 synchronized블럭으로 임계 영역을 최소화해서 보다 효율적인 프로그램이 되도록 노력해야 한다.

▼ 예제 13-21/`ThreadEx21.java`

```java
class ThreadEx21 {
    public static void main(String args[]) {
        Runnable r = new RunnableEx21();
        new Thread(r).start();  // ThreadGroup에 의해 참조되므로 gc대상이 아니다.
        new Thread(r).start();  // ThreadGroup에 의해 참조되므로 gc대상이 아니다.
    }
}

class Account {
    private int balance = 1000;

    public  int getBalance() {
        return balance;
    }

    public void withdraw(int money){
        if(balance >= money) {
            try { Thread.sleep(1000);} catch(InterruptedException e) {}
            balance -= money;
        }
    } // withdraw
}

class RunnableEx21 implements Runnable {
    Account acc = new Account();

    public void run() {
        while(acc.getBalance() > 0) {
            // 100, 200, 300중의 한 값을 임의로 선택해서 출금(withdraw)
            int money = (int)(Math.random() * 3 + 1) * 100;
            acc.withdraw(money);
            System.out.println("balance:"+acc.getBalance());
        }
    } // run()
}
```

▼ 실행결과
```
balance:700
balance:400
balance:200
balance:0
balance:-100
```

은행 계좌(account)에서 잔고(balance)를 확인하고 임의의 금액을 출금(withdraw)하는 예제이다. 아래의 코드를 보면 잔고가 출금하려는 금액보다 큰 경우에만 출금하도록 되어 있는 것을 확인할 수 있다.

```java
public void withdraw(int money){
    if(balance >= money) {
        try { Thread.sleep(1000);} catch(Exception e) {}
        balance -= money;
    }
} // withdraw
```

그러나 실행 결과를 보면 잔고(balance)가 음수인 것을 볼 수 있다. 어찌된 일일까? 그 이유는 한 쓰레드가 if문의 조건식을 통과하고 출금하기 바로 직전에 다른 쓰레드가 끼어들어서 출금을 먼저 했기 때문이다.

  예를 들어 한 쓰레드가 if문의 조건식을 계산했을 때는 잔고(balance)가 200이고 출금하려는 금액(money)이 100이라서 조건식(balance >= money)이 true가 되어 출금(balance -= money)을 수행하려는 순간 다른 쓰레드에게 제어권이 넘어가서 다른 쓰레드가 200을 출금하여 잔고가 0이 되었다. 다시 이전의 쓰레드로 제어권이 넘어오면 if문 다음부터 수행하게 되므로 잔고가 0인 상태에서 100을 출금하여 잔고가 결국 -100이 된다. 그래서 잔고를 확인하는 if문과 출금하는 문장은 하나의 임계 영역으로 묶여져야 한다.

예제에서는 상황을 보여주기 위해 일부러 Thread.sleep(1000)을 사용해서 if문을 통과하자마자 다른 쓰레드에게 제어권을 넘기도록 하였지만, 굳이 이렇게 하지 않더라도 이처럼 한 쓰레드의 작업이 다른 쓰레드에 의해서 영향을 받는 일이 발생할 수 있기 때문에 동기화가 반드시 필요하다. 아래와 같이 withdraw메서드에 synchronized키워드를 붙이기만 하면 간단히 동기화가 된다.

```java
public synchronized void withdraw(int money){
    if(balance >= money) {
        try { Thread.sleep(1000);} catch(Exception e) {}
        balance -= money;
    }
} // withdraw
```

한 쓰레드에 의해서 먼저 withdraw()가 호출되면, 이 메서드가 종료되어 lock이 반납될 때까지 다른 쓰레드는 withdraw()를 호출하더라도 대기 상태에 머물게 된다.
  메서드 앞에 synchronized를 붙이는 대신, synchronized블럭을 사용하면 다음과 같다.

```java
public void withdraw(int money){
    synchronized(this) {
        if(balance >= money) {
            try { Thread.sleep(1000);} catch(Exception e) {}
            balance -= money;
        }
    }
} // withdraw
```

이 경우에는 둘 중의 어느 쪽을 선택해도 같으니까 synchronized메서드로 하는 것이 낫다.

▼ 예제 13-22/**ThreadEx22.java**

```java
class ThreadEx22 {
    public static void main(String args[]) {
        Runnable r = new RunnableEx22();
        new Thread(r).start();
        new Thread(r).start();
    }
}

class Account2 {
    private int balance = 1000; // private으로 해야 동기화가 의미가 있다.

    public  int getBalance() {
        return balance;
    }

    public synchronized void withdraw(int money){ // synchronized로 메서드를 동기화
        if(balance >= money) {
            try { Thread.sleep(1000);} catch(InterruptedException e) {}
            balance -= money;
        }
    } // withdraw
}

class RunnableEx22 implements Runnable {
    Account2 acc = new Account2();

    public void run() {
        while(acc.getBalance() > 0) {
            // 100, 200, 300중의 한 값을 임의로 선택해서 출금(withdraw)
            int money = (int)(Math.random() * 3 + 1) * 100;
            acc.withdraw(money);
            System.out.println("balance:"+acc.getBalance());
        }
    } // run()
}
```

▼ 실행결과
```
balance:800
balance:500
balance:200
balance:200
balance:100
balance:100
balance:100
balance:100
balance:0
balance:0
```

이전 예제의 withdraw()에 synchronized를 붙이기만 했는데도, 전과 달리 결과에 음수값이 나타나지 않는 것을 확인할 수 있다. 여기서 한 가지 주의할 점은 Account클래스의 인스턴스 변수인 balance의 접근 제어자가 private이라는 것이다. 만일 private이 아니면, 외부에서 직접 접근할 수 있기 때문에 아무리 동기화를 해도 이 값의 변경을 막을 길이 없다. synchronized를 이용한 동기화는 지정된 영역의 코드를 한 번에 하나의 쓰레드가 수행하는 것을 보장하는 것일 뿐이기 때문이다.

2.2 wait()과 notify()

synchronized로 동기화해서 공유 데이터를 보호하는 것 까지는 좋은데, 특정 쓰레드가 객체의 락을 가진 상태로 오랜 시간을 보내지 않도록 하는 것도 중요하다. 만일 계좌에 출금할 돈이 부족해서 한 쓰레드가 락을 보유한 채로 돈이 입금될 때까지 오랜 시간을 보낸다면, 다른 쓰레드들은 모두 해당 객체의 락을 기다리느라 다른 작업들도 원활히 진행되지 않을 것이다.

이것을 개선하기 위한 것이 바로 wait()과 notify()이다. 동기화된 임계 영역의 코드를 수행하다가 작업을 더 이상 진행할 상황이 아니면, 일단 wait()을 호출하여 쓰레드가 락(사실은 모니터)을 반납하고 기다리게 한다. 그러면 다른 쓰레드가 락을 얻어 해당 객체에 대한 작업을 수행할 수 있게 된다. 나중에 작업을 진행할 수 있는 상황이 되면 notify()를 호출해서, 작업을 중단했던 쓰레드가 다시 락을 얻어 작업을 진행할 수 있게 한다.

> **참고** 모든 객체는 하나의 Monitor(락과 유사)를 가지고 있으며, wait() & notify()는 Monitor기반으로 동작한다.

이는 마치 빵을 사려고 빵집 앞에 줄을 서있는 것과 유사한데, 자신의 차례가 되었는데도 자신이 원하는 빵이 나오지 않았으면, 다음 사람에게 순서를 양보하고 기다리다가 자신이 원하는 빵이 나오면 통보를 받고 빵을 사가는 것이다.

차이가 있다면, 오래 기다린 쓰레드가 먼저 락을 얻는다는 보장이 없다는 것이다. wait()이 호출되면, 실행 중이던 쓰레드는 해당 객체의 대기실(waiting pool)에서 통지를 기다린다. notify()가 호출되면, 해당 객체의 대기실에 있던 모든 쓰레드 중에서 임의의 쓰레드만 통지를 받는다. notifyAll()은 기다리고 있는 모든 쓰레드에게 통보를 하지만, 그래도 락을 얻을 수 있는 것은 하나의 쓰레드일 뿐이고 나머지 쓰레드는 통보를 받긴 했지만, lock을 얻지 못하면 다시 lock을 기다리는 신세가 된다.

wait()과 notify()는 특정 객체에 대한 것이므로 Object클래스에 정의되어있다.

```
void wait()
void wait(long timeout)
void wait(long timeout, int nanos)
void notify()
void notifyAll()
```

wait()은 notify() 또는 notifyAll()이 호출될 때까지 기다리지만, 매개변수가 있는 wait()은 지정된 시간동안만 기다린다. 즉, 지정된 시간이 지난 후에 자동적으로 notify()가 호출되는 것과 같다.

그리고 waiting pool은 객체마다 존재하는 것이므로 notifyAll()이 호출된다고 해서 모든 객체의 waiting pool에 있는 쓰레드가 깨워지는 것은 아니다. notifyAll()이 호출된 객체의 waiting pool에 대기 중인 쓰레드만 해당된다는 것을 기억하자.

> **wait( ), notify( ), notifyAll( )**
> - Object에 정의되어 있다.
> - 동기화 블록(synchronized블록)내에서만 사용할 수 있다.
> - 보다 효율적인 동기화를 가능하게 한다.

다음 예제에서는 식당에서 음식(Dish)을 만들어서 테이블(Table)에 추가(add)하는 요리사(Cook)와 테이블의 음식을 소비(remove)하는 손님(Customer)을 쓰레드로 구현했다.

▼ 예제 13-23/WaitNotifyEx.java

```java
import java.util.ArrayList;
class WaitNotifyEx {
    public static void main(String[] args) throws Exception {
        Table table = new Table(); // 여러 쓰레드가 공유하는 객체

        new Thread(new Cook(table), "COOK1").start();
        new Thread(new Customer(table, "donut"),  "CUST1").start();
        new Thread(new Customer(table, "burger"), "CUST2").start();

        Thread.sleep(100);   // 0.1초(100 밀리 세컨드) 후에 강제 종료시킨다.
        System.exit(0);      // 프로그램 전체를 종료. (모든 쓰레드가 종료됨)
    }
}

class Customer implements Runnable {
    private Table  table;
    private String food;

    Customer(Table table, String food) {
        this.table = table;
        this.food  = food;
    }

    public void run() {
        while(true) {
            try { Thread.sleep(10);} catch(InterruptedException e) {}
            String name = Thread.currentThread().getName();

            if(eatFood())
                System.out.println(name + " ate a " + food);
            else
                System.out.println(name + " failed to eat. :(");
        } // while
    }

    boolean eatFood() { return table.remove(food); }
}

class Cook implements Runnable {
    private Table table;

    Cook(Table table) {this.table = table; }

    public void run() {
        while(true) {
            // 임의의 요리를 하나 선택해서 table에 추가한다.
            int idx = (int)(Math.random()*table.dishNum());
            table.add(table.dishNames[idx]);

            try { Thread.sleep(1);} catch(InterruptedException e) {}
        } // while
    }
}
```

```java
class Table {
    String[] dishNames = { "donut","donut","burger" }; // donut이 더 자주 나온다.
    final int MAX_FOOD = 6;  // 테이블에 놓을 수 있는 최대 음식의 개수

    private ArrayList<String> dishes = new ArrayList<>();

    public void add(String dish) {
        // 테이블에 음식이 가득찼으면, 테이블에 음식을 추가하지 않는다.
        if(dishes.size() >= MAX_FOOD)
            return;
        dishes.add(dish);
        System.out.println("Dishes:" + dishes.toString());
    }

    public boolean remove(String dishName) {
        // 지정된 요리와 일치하는 요리를 테이블에서 제거한다.
        for(int i=0; i<dishes.size();i++)
            if(dishName.equals(dishes.get(i))) {
                dishes.remove(i);
                return true;
            }

        return false;
    }
    public int dishNum() { return dishNames.length; }
}
```

▼ 실행결과

```
Dishes:[donut]
Dishes:[donut, burger]
Dishes:[donut, burger, donut]
Dishes:[donut, burger, donut, donut]
CUST1 ate a donut
CUST2 ate a burger
Dishes:[burger, donut, donut]
Dishes:[burger, donut, donut, burger]
Dishes:[burger, donut, donut, burger, donut]
Dishes:[burger, donut, donut, burger, donut, donut]
CUST2 ate a burger
CUST1 ate a donut
Exception in thread "COOK1" java.util.ConcurrentModificationException
        at java.util.ArrayList$Itr.checkForComodification(ArrayList.java:901)
        at java.util.ArrayList$Itr.next(ArrayList.java:851)
        at java.util.AbstractCollection.toString(AbstractCollection.java:461)
        at Table.add(WaitNotifyEx.java:49)
        at Cook.run(WaitNotifyEx.java:35)
        at java.lang.Thread.run(Thread.java:745)
CUST1 ate a donut
CUST2 ate a burger
CUST1 ate a donut
CUST2 ate a burger
CUST1 ate a donut
Exception in thread "CUST2" java.lang.IndexOutOfBoundsException: Index: 0, Size: 0
        at java.util.ArrayList.rangeCheck(ArrayList.java:653)
        at java.util.ArrayList.get(ArrayList.java:429)
        at Table.remove(WaitNotifyEx.java:54)
        at Customer.eatFood(WaitNotifyEx.java:24)
        at Customer.run(WaitNotifyEx.java:17)
        at java.lang.Thread.run(Thread.java:745)
CUST1 failed to eat. :(
CUST1 failed to eat. :(
```

실행결과는 실행할 때마다 다른데, 예외가 발생할 수도 있고 발생하지 않을 수도 있다. 이 예제를 반복해서 실행해보자. 위의 실행결과에서는 2가지 종류의 예외가 발생했는데, 요리사(Cook) 쓰레드가 테이블에 음식을 놓는 도중에, 손님(Customer) 쓰레드가 음식을 가져가려했기 때문에 발생하는 예외(ConcurrentModificationException)이고, 다른 하나는 손님 쓰레드가 테이블의 마지막 남은 음식을 가져가는 도중에 다른 손님 쓰레드가 먼저 음식을 낚아채버려서 있지도 않은 음식을 테이블에서 제거하려했기 때문에 발생하는 예외(IndexOutOfBoundsException)이다.

이런 예외들이 발생하는 이유는 여러 쓰레드가 테이블을 공유하는데도 동기화를 하지 않았기 때문이다. 이제 이 예제에 동기화를 추가해서 예외가 발생하지 않도록 해보자.

▼ 예제 13-24/**WaitNotifyEx2.java**

```java
import java.util.ArrayList;
class Customer2 implements Runnable {
    private Table2  table;
    private String  food;

    Customer2(Table2 table, String food) {
        this.table = table;
        this.food  = food;
    }

    public void run() {
        while(true) {
            try { Thread.sleep(10);} catch(InterruptedException e) {}
            String name = Thread.currentThread().getName();

            if(eatFood())
                System.out.println(name + " ate a " + food);
            else
                System.out.println(name + " failed to eat. :(");
        } // while
    }

    boolean eatFood() { return table.remove(food); }
}
class Cook2 implements Runnable {
    private Table2 table;

    Cook2(Table2 table) { this.table = table; }

    public void run() {
        while(true) {
            int idx = (int)(Math.random()*table.dishNum());
            table.add(table.dishNames[idx]);
            try { Thread.sleep(100);} catch(InterruptedException e) {}
        } // while
    }
}
class Table2 {
    String[] dishNames = { "donut","donut","burger" };
    final int MAX_FOOD = 6;
    private ArrayList<String> dishes = new ArrayList<>();
```

```java
    public synchronized void add(String dish) { // synchronized를 추가
        if(dishes.size() >= MAX_FOOD)
            return;
        dishes.add(dish);
        System.out.println("Dishes:" + dishes.toString());
    }

    public boolean remove(String dishName) {
        synchronized(this) {
            while(dishes.size()==0) {
                String name = Thread.currentThread().getName();
                System.out.println(name+" is waiting.");
                try { Thread.sleep(500);} catch(InterruptedException e) {}
            }

            for(int i=0; i<dishes.size();i++)
                if(dishName.equals(dishes.get(i))) {
                    dishes.remove(i);
                    return true;
                }
        } // synchronized
        return false;
    }

    public int dishNum() { return dishNames.length; }
}
class WaitNotifyEx2 {
    public static void main(String[] args) throws Exception {
        Table2 table = new Table2(); // 여러 쓰레드가 공유하는 객체

        new Thread(new Cook2(table), "COOK1").start();
        new Thread(new Customer2(table, "donut"),  "CUST1").start();
        new Thread(new Customer2(table, "burger"), "CUST2").start();

        Thread.sleep(5000);
        System.exit(0);
    }
}
```

▼ 실행결과

```
Dishes:[burger]
CUST2 ate a burger
CUST1 failed to eat. :(    ← donut이 없어서 먹지 못했다.
CUST2 is waiting.    ← 음식이 없어서 테이블에 lock을 건 채로 계속 기다리고 있다.
CUST2 is waiting.
CUST2 is waiting.
... 중간 생략 ...
```

여러 쓰레드가 공유하는 객체인 테이블(Table)의 add( )와 remove( )를 동기화하였다. 더이상 전과 같은 예외는 발생하지 않지만, 뭔가 원활히 진행되고 있는 것 같지는 않다.
 손님 쓰레드가 원하는 음식이 테이블에 없으면, 'failed to eat'을 출력하고, 테이블에 음식이 하나도 없으면, 0.5초마다 음식이 추가되었는지 확인하면서 기다도록 작성되어 있다.
 그런데, 요리사 쓰레드는 왜 음식을 추가하지 않고 손님 쓰레드를 계속 기다리게 하는 것일까?

```
        synchronized(this) {
            while(dishes.size()==0) { // 0.5초마다 음식이 추가되었는지 확인
                String name = Thread.currentThread().getName();
                System.out.println(name+" is waiting.");
                try { Thread.sleep(500);} catch(InterruptedException e) {}
            }
                ...
        } // synchronized의 끝
```

그 이유는 손님 쓰레드가 테이블 객체의 lock을 쥐고 기다리기 때문이다. 요리사 쓰레드가 음식을 새로 추가하려해도 테이블 객체의 lock을 얻을 수 없어서 불가능하다. 이럴 때 사용하는 것이 바로 'wait() & notify()'이다. 손님 쓰레드가 lock을 쥐고 기다리는 게 아니라, wait()으로 lock을 풀고 기다리다가 음식이 추가되면 notify()로 통보를 받고 다시 lock을 얻어서 나머지 작업을 진행하게 할 수 있다.

다음 예제는 위 예제에 wait()과 notify()를 추가한 것이다.

▼ 예제 13-25/**WaitNotifyEx3.java**

```java
import java.util.ArrayList;
class Customer3 implements Runnable {
    private Table3  table;
    private String  food;

    Customer3(Table3 table, String food) {
        this.table = table;
        this.food  = food;
    }

    public void run() {
        while(true) {
            try { Thread.sleep(100);} catch(InterruptedException e) {}
            String name = Thread.currentThread().getName();

            table.remove(food);
            System.out.println(name + " ate a " + food);
        } // while
    }
}

class Cook3 implements Runnable {
    private Table3 table;

    Cook3(Table3 table) { this.table = table; }

    public void run() {
        while(true) {
            int idx = (int)(Math.random()*table.dishNum());
            table.add(table.dishNames[idx]);
            try { Thread.sleep(10);} catch(InterruptedException e) {}
        } // while
    }
}
```

```java
class Table3 {
    String[] dishNames = { "donut","donut","burger" }; // donut의 확률을 높인다.
    final int MAX_FOOD = 6;
    private ArrayList<String> dishes = new ArrayList<>();

    public synchronized void add(String dish) {
        while(dishes.size() >= MAX_FOOD) {
                String name = Thread.currentThread().getName();
                System.out.println(name+" is waiting.");
                try {
                    wait(); // COOK쓰레드를 기다리게 한다.
                    Thread.sleep(500);
                } catch(InterruptedException e) {}
        }
        dishes.add(dish);
        notify();  // 기다리고 있는 CUST를 깨우기 위함.
        System.out.println("Dishes:" + dishes.toString());
    }

    public void remove(String dishName) {
        synchronized(this) {
            String name = Thread.currentThread().getName();

            while(dishes.size()==0) {
                    System.out.println(name+" is waiting.");
                    try {
                        wait(); // CUST쓰레드를 기다리게 한다.
                        Thread.sleep(500);
                    } catch(InterruptedException e) {}
            }

            while(true) {
                for(int i=0; i<dishes.size();i++) {
                    if(dishName.equals(dishes.get(i))) {
                        dishes.remove(i);
                        notify(); // 잠자고 있는 COOK을 깨우기 위함
                        return;
                    }
                } // for문의 끝

                try {
                    System.out.println(name+" is waiting.");
                    wait(); // 원하는 음식이 없는 CUST쓰레드를 기다리게 한다.
                    Thread.sleep(500);
                } catch(InterruptedException e) {}
            } // while(true)
        } // synchronized
    }
    public int dishNum() { return dishNames.length; }
}

class WaitNotifyEx3 {
    public static void main(String[] args) throws Exception {
        Table3 table = new Table3();

        new Thread(new Cook3(table), "COOK1").start();
        new Thread(new Customer3(table, "donut"),  "CUST1").start();
        new Thread(new Customer3(table, "burger"), "CUST2").start();
```

```
        Thread.sleep(2000);
        System.exit(0);
    }
}
```

▼ 실행결과

```
Dishes:[donut]
Dishes:[donut, burger]
... 중간 생략 ...
Dishes:[donut, donut, donut, donut, donut, donut]
COOK1 is waiting.
CUST2 is waiting.
CUST1 ate a donut
Dishes:[donut, donut, donut, donut, donut, donut]
CUST2 is waiting.   ← 원하는 음식이 없어서 손님이 기다리고 있다.
COOK1 is waiting.   ← 테이블이 가득차서 요리사가 기다리고 있다.
CUST1 ate a donut   ← 테이블의 음식이 소비되어 notify()가 호출된다.
CUST2 is waiting.   ← 요리사가 아닌 손님이 통지를 받고, 원하는 음식이 없어서 다시 기다린다.
CUST1 ate a donut   ← 테이블의 음식이 소비되어 notify()가 호출된다.
Dishes:[donut, donut, donut, donut, donut]   ← 이번엔 요리사가 통지받고 음식추가
CUST2 is waiting.  ← 음식추가 통지를 받았으나 원하는 음식이 없어서 다시 기다린다.
Dishes:[donut, donut, donut, donut, donut, burger]  ← 요리사가 음식추가 (활동 중)
CUST1 ate a donut
CUST2 ate a burger  ← 음식추가 통지를 받고, 원하는 음식을 소비 (활동 중)
Dishes:[donut, donut, donut, donut, donut]
Dishes:[donut, donut, donut, donut, donut, burger]
COOK1 is waiting.
CUST1 ate a donut
```

이전 예제에 wait()과 notify()를 추가하였다. 그리고 테이블에 음식이 없을 때뿐만 아니라, 원하는 음식이 없을 때도 손님이 기다리도록 바꾸었다.

실행결과를 보니 이제 뭔가 좀 잘 돌아가는 것 같다. 그런데, 여기에도 한 가지 문제가 있다. 테이블 객체의 waiting pool에 요리사 쓰레드와 손님 쓰레드가 같이 기다린다는 것이다. 그래서 notify()가 호출되었을 때, 요리사 쓰레드와 손님 쓰레드 중에서 누가 통지를 받을지 알 수 없다.

만일 테이블의 음식이 줄어들어서 notify()가 호출되었다면, 요리사 쓰레드가 통지를 받아야 한다. 그러나 notify()는 그저 waiting pool에서 대기 중인 쓰레드 중에서 하나를 임의로 선택해서 통지할 뿐, 요리사 쓰레드를 선택해서 통지할 수 없다. 운 좋게 요리사 쓰레드가 통지를 받으면 다행인데, 손님 쓰레드가 통지를 받으면 lock을 얻어도 여전히 자신이 원하는 음식이 없어서 다시 waiting pool에 들어가게 된다.

기아 현상과 경쟁 상태

지독히 운이 나쁘면 요리사 쓰레드는 계속 통지를 받지 못하고 오랫동안 기다리게 되는데, 이것을 '기아(starvation) 현상'이라고 한다. 이 현상을 막으려면, notify() 대신 notifyAll()을 사용해야 한다. 일단 모든 쓰레드에게 통지를 하면, 손님 쓰레드는 다시 waiting pool에 들어가더라도 요리사 쓰레드는 결국 lock을 얻어서 작업을 진행할 수 있기 때문이다.

notifyAll( )로 요리사 쓰레드의 기아현상은 막았지만, 손님 쓰레드까지 통지를 받아서 불필요하게 요리사 쓰레드와 lock을 얻기 위해 경쟁하게 된다. 이처럼 여러 쓰레드가 lock을 얻기 위해 서로 경쟁하는 것을 '경쟁 상태(race condition)'라고 하는데, 이 경쟁 상태를 개선하기 위해서는 요리사 쓰레드와 손님 쓰레드를 구별해서 통지하는 것이 필요하다.

곧 배우게 될 Lock과 Condition을 이용하면, wait( ) & notify( )로는 불가능한 선별적인 통지가 가능하다.

2.3 Lock과 Condition을 이용한 동기화

동기화할 수 있는 방법은 synchronized블럭 외에도 'java.util.concurrent.locks'패키지가 제공하는 lock클래스들을 이용하는 방법이 있다. 이 패키지는 JDK 5에 와서야 추가된 것으로 그 전에는 동기화 방법이 synchronized블럭뿐이었다.

synchronized블럭으로 동기화를 하면 자동적으로 lock이 잠기고 풀리기 때문에 편리하다. 심지어 synchronized블럭 내에서 예외가 발생해도 lock은 자동적으로 풀린다. 그러나 때로는 같은 메서드 내에서만 lock을 걸 수 있다는 제약이 불편하기도 하다. 그럴 때 이 lock클래스를 사용한다. lock클래스의 종류는 다음과 같이 3가지가 있다.

ReentrantLock	재진입이 가능한 lock. 가장 일반적인 배타 lock
ReentrantReadWriteLock	읽기에는 공유적이고, 쓰기에는 배타적인 lock
StampedLock	ReentrantReadWriteLock에 낙관적인 lock의 기능을 추가

| 참고 | StampedLock은 JDK 8부터 추가되었으며, 다른 lock과 달리 Lock인터페이스를 구현하지 않았다.

ReentrantLock은 가장 일반적인 lock이다. 'reentrant(재진입할 수 있는)'이라는 단어가 앞에 붙은 이유는 우리가 앞서 wait( ) & notify( )에서 배운 것처럼, 특정 조건에서 lock을 풀고 나중에 다시 lock을 얻고 임계영역으로 들어와서 이후의 작업을 수행할 수 있기 때문이다. 지금까지 우리가 lock이라고 불러왔던 것과 일치한다.

ReentrantReadWriteLock은 이름에서 알 수 있듯이, 읽기를 위한 lock과 쓰기를 위한 lock을 제공한다. ReentrantLock은 배타적인 lock이라서 무조건 lock이 있어야만 임계영역의 코드를 수행할 수 있지만, ReentrantReadWriteLock은 읽기 lock이 걸려있으면, 다른 쓰레드가 읽기 lock을 중복해서 걸고 읽기를 수행할 수 있다. 읽기는 내용을 변경하지 않으므로 동시에 여러 쓰레드가 읽어도 문제가 되지 않는다. 그러나 읽기 lock이 걸린 상태에서 쓰기 lock을 거는 것은 허용되지 않는다. 반대의 경우도 마찬가지다. 읽기를 할 때는 읽기 lock을 걸고, 쓰기 할 때는 쓰기 lock을 거는 것일 뿐 lock을 거는 방법은 같다.

StampedLock은 lock을 걸거나 해지할 때 '스탬프(long타입의 정수값)'를 사용하며, 읽기와 쓰기를 위한 lock외에 '낙관적 읽기 lock(optimistic reading lock)'이 추가된 것이다. 읽기 lock이 걸려있으면, 쓰기 lock을 얻기 위해서는 읽기 lock이 풀릴 때까지 기다려야하는데 비해 '낙관적 읽기 lock'은 쓰기 lock에 의해 바로 풀린다. 그래서 낙관적 읽기에 실패하면, 읽기 lock을 얻어서 다시 읽어 와야 한다. **무조건 읽기 lock을 걸지 않고, 쓰기와 읽기가 충돌할 때만 쓰기가 끝난 후에 읽기 lock을 거는 것이다.**

다음의 코드는 가장 일반적인 StampedLock을 이용한 낙관적 읽기의 예이다.

```
int getBalance() {
    long stamp = lock.tryOptimisticRead(); // 낙관적 읽기 lock을 건다.

    int curBalance = this.balance; // 공유 데이터인 balance를 읽어온다.

    if(!lock.validate(stamp)) { // 쓰기 lock에 의해 낙관적 읽기 lock이 풀렸는지 확인
        stamp = lock.readLock(); // lock이 풀렸으면, 읽기 lock을 얻으려고 기다린다.
        try {
            curBalance = this.balance; // 공유 데이터를 다시 읽어온다.
        } finally {
            lock.unlockRead(stamp);    // 읽기 lock을 푼다.
        }
    }

    return curBalance; // 낙관적 읽기 lock이 풀리지 않았으면 곧바로 읽어온 값을 반환
}
```

아직 lock클래스들에 대해 자세히 배우지 않았지만, 낙관적 읽기 lock을 어떻게 사용하는지 충분히 감을 잡을 수 있을 것이다. ReentrantLock만 이해하고 나면, 나머지 lock클래스들은 Java API의 샘플 코드만 봐도 충분히 응용이 가능하므로 ReentrantLock에 대해서만 설명하고 나머지 lock클래스에 대해서는 설명을 생략한다.

ReentrantLock의 생성자
ReentrantLock은 다음과 같이 두 개의 생성자를 가지고 있다.

```
ReentrantLock()
ReentrantLock(boolean fair)
```

생성자의 매개변수를 true로 주면, lock이 풀렸을 때 가장 오래 기다린 쓰레드가 lock을 획득할 수 있게, 즉 공정(fair)하게 처리한다. 그러나 공정하게 처리하려면 어떤 쓰레드가 가장 오래 기다렸는지 확인하는 과정을 거칠 수밖에 없으므로 성능은 떨어진다.
　대부분의 경우 굳이 공정하게 처리하지 않아도 문제가 되지 않으므로 공정함보다 성능을 선택한다.

```
void lock()           lock을 잠근다.
void unlock()         lock을 해지한다.
boolean isLocked()    lock이 잠겼는지 확인한다.
```

자동적으로 lock의 잠금과 해제가 관리되는 synchronized블럭과 달리, ReentrantLock과 같은 lock클래스들은 수동으로 lock을 잠그고 해제해야 한다. 그래도 lock을 잠그고 푸는 것은 간단하다. 그저 메서드를 호출하기만 하면 될 뿐이다. lock을 걸고 나서 푸는 것을 잊어버리는 실수를 하지 않도록 주의해야 한다는 것은 잊지 말자.

```
synchronized(lock) {                    lock.lock();
    // 임계 영역            →           // 임계 영역
}                                       lock.unlock();
```

임계 영역 내에서 예외가 발생하거나 return문으로 빠져 나가게 되면 lock이 풀리지 않을 수 있으므로 unlock()은 try-finally문으로 감싸는 것이 일반적이다. 참조변수 lock은 ReentrantLock객체를 참조한다고 가정하였다.

```
lock.lock();    // ReentrantLock lock = new ReentrantLock();
try {
    // 임계 영역
} finally {
    lock.unlock();
}
```

이렇게 하면, try블럭 내에서 어떤 일이 발생해도 finally블럭에 있는 unlock()이 수행되어 lock이 풀리지 않는 일은 발생하지 않는다. 대부분의 경우 lock() & unlock() 대신 synchronized블럭을 사용할 수 있으며, 그럴 때는 그냥 synchronized블럭을 사용하는 것이 더 나을 수 있다.

이외에도 tryLock()이라는 메서드가 있는데, 이 메서드는 lock()과 달리, 다른 쓰레드에 의해 lock이 걸려 있으면 lock을 얻으려고 기다리지 않는다. 또는 지정된 시간만큼만 기다린다. lock을 얻으면 true를 반환하고, 얻지 못하면 false를 반환한다.

> **boolean tryLock()**
> **boolean tryLock(long timeout, TimeUnit unit) throws InterruptedException**

lock()은 lock을 얻을 때까지 쓰레드를 블락(block)시키므로 쓰레드의 응답성이 나빠질 수 있다. 응답성이 중요한 경우, tryLock()을 이용해서 지정된 시간동안 lock을 얻지 못하면 다시 작업을 시도할 것인지 포기할 것인지를 사용자가 결정할 수 있게 하는 것이 좋다.

그리고 이 메서드는 InterruptedException을 발생시킬 수 있는데, 이것은 지정된 시간동안 lock을 얻으려고 기다리는 중에 interrupt()에 의해 작업을 취소될 수 있도록 코드를 작성할 수 있다는 뜻이다.

ReentrantLock과 Condition

앞서 wait() & notify() 예제에 요리사 쓰레드와 손님 쓰레드를 구분해서 통지하지 못한다는 단점을 기억할 것이다. Condition은 이 문제점을 해결하기 위한 것이다.

wait() & notify()로 쓰레드의 종류를 구분하지 않고, 공유 객체의 waiting pool에 같이 몰아넣는 대신, 손님 쓰레드를 위한 Condition과 요리사 쓰레드를 위한 Condition을 따로 만들어서 각각의 waiting pool에서 기다리게 하면 문제는 해결된다. 말로 설명하는 것보다 직접 코드를 보는 쪽이 더 이해가 쉬울 것이다.

Condition은 이미 생성된 lock으로부터 newCondition( )을 호출해서 생성한다.

```
private ReentrantLock lock = new ReentrantLock(); // lock을 생성
// lock으로 condition을 생성
private Condition forCook = lock.newCondition(); // 요리사 대기실
private Condition forCust = lock.newCondition(); // 손님 대기실
```

위의 코드에서 두 개의 Condition을 생성했는데, 하나는 요리사 쓰레드를 위한 것이고 다른 하나는 손님 쓰레드를 위한 것이다. 그 다음엔, wait( ) & notify( )대신 Condition의 await( ) & signal( )을 사용하면 그걸로 끝이다.

Object	Condition
void wait( )	void await( ) void awaitUninterruptibly( )
void wait(long timeout)	boolean await(long time, TimeUnit unit) long awaitNanos(long nanosTimeout) boolean awaitUntil(Date deadline)
void notify( )	void signal( )
void notifyAll( )	void signalAll( )

▲ 표13-4 wait( ) & notify( )와 await( ) & signal( )의 비교

아래의 코드는 예제13-25(p.850)에서 테이블에 음식을 추가하는 add( )인데, wait( )과 notify( )대신 await( )과 signal( )을 사용하였다.

```
public void add(String dish) {
    lock.lock();

    try {
        while(dishes.size() >= MAX_FOOD) {
            String name = Thread.currentThread().getName();
            System.out.println(name+" is waiting.");
            try {
                forCook.await(); // wait(); COOK쓰레드를 기다리게 한다.
            } catch(InterruptedException e) {}
        }

        dishes.add(dish);
        forCust.signal(); // notify();  기다리고 있는 CUST를 깨우기 위함.
        System.out.println("Dishes:" + dishes.toString());
    } finally {
        lock.unlock();
    }
}
```

전에는 손님 쓰레드를 기다리게 할 때와 요리사 쓰레드를 기다리게 할 때 모두 wait( )을 사용했는데, 이제는 wait( )대신 forCook.await( )과 forCust.await( )을 사용함으로써 대기와 통지의 대상이 명확히 구분된다.

▼ 예제 13-26/ch13/WaitNotify4.java

```java
import java.util.ArrayList;
import java.util.concurrent.locks.ReentrantLock;
import java.util.concurrent.locks.Condition;

class Customer4 implements Runnable {
    private Table4  table;
    private String  food;

    Customer4(Table4 table, String food) {
        this.table = table;
        this.food  = food;
    }

    public void run() {
        while(true) {
            try { Thread.sleep(100);} catch(InterruptedException e) {}
            String name = Thread.currentThread().getName();

            table.remove(food);
            System.out.println(name + " ate a " + food);
        } // while
    }
}

class Cook4 implements Runnable {
    private Table4 table;

    Cook4(Table4 table) { this.table = table; }

    public void run() {
        while(true) {
            int idx = (int)(Math.random()*table.dishNum());
            table.add(table.dishNames[idx]);
            try { Thread.sleep(10);} catch(InterruptedException e) {}
        } // while
    }
}

class Table4 {
    String[] dishNames = { "donut","donut","burger" }; // donut의 확률을 높인다.
    final int MAX_FOOD = 6;
    private ArrayList<String> dishes = new ArrayList<>();

    private ReentrantLock lock = new ReentrantLock();
    private Condition forCook = lock.newCondition();
    private Condition forCust = lock.newCondition();

    public void add(String dish) {
        lock.lock();

        try {
            while(dishes.size() >= MAX_FOOD) {
                String name = Thread.currentThread().getName();
                System.out.println(name+" is waiting.");
```

```java
                try {
                    forCook.await(); // wait();  COOK쓰레드를 기다리게 한다.
                    Thread.sleep(500);
                } catch(InterruptedException e) {}
            }

            dishes.add(dish);
            forCust.signal(); // notify();   기다리고 있는 CUST를 깨우기 위함.
            System.out.println("Dishes:" + dishes.toString());
        } finally {
            lock.unlock();
        }
    }

    public void remove(String dishName) {
        lock.lock(); //                    synchronized(this) {
        String name = Thread.currentThread().getName();

        try {
            while(dishes.size()==0) {
                System.out.println(name+" is waiting.");
                try {
                    forCust.await(); // wait();  CUST쓰레드를 기다리게 한다.
                    Thread.sleep(500);
                } catch(InterruptedException e) {}
            }

            while(true) {
                for(int i=0; i<dishes.size();i++) {
                    if(dishName.equals(dishes.get(i))) {
                        dishes.remove(i);
                        forCook.signal(); // notify();잠자고 있는 COOK을 깨움
                        return;
                    }
                } // for문의 끝

                try {
                    System.out.println(name+" is waiting.");
                    forCust.await(); // wait(); // CUST쓰레드를 기다리게 한다.
                    Thread.sleep(500);
                } catch(InterruptedException e) {}
            } // while(true)
            // } // synchronized
        } finally {
            lock.unlock();
        }
    }

    public int dishNum() { return dishNames.length; }
}

class WaitNotifyEx4 {
    public static void main(String[] args) throws Exception {
        Table4 table = new Table4();
```

```
        new Thread(new Cook4(table), "COOK1").start();
        new Thread(new Customer4(table, "donut"),  "CUST1").start();
        new Thread(new Customer4(table, "burger"), "CUST2").start();

        Thread.sleep(2000);
        System.exit(0);
    }
}
```

▼ 실행결과

```
Dishes:[donut]
Dishes:[donut, donut]
... 중간 생략 ...
Dishes:[donut, donut, donut, donut, donut, burger]
COOK1 is waiting. ← 테이블에 음식이 가득차서 기다림. forCook.await()
CUST2 ate a burger ← 음식이 소비되면서 forCook.signal()이 호출되어 요리사 쓰레드가 통지받음.
CUST1 ate a donut
Dishes:[donut, donut, donut, donut, donut]
CUST2 is waiting. ← 원하는 음식이 없어서 기다림. forCust.await()
CUST1 ate a donut
Dishes:[donut, donut, donut, donut, donut] ← 음식이 추가되면서 forCust.signal()
CUST2 is waiting. ← forCust.signal()에 의해 통지받았으나 원하는 음식이 없어서 다시 기다림.
Dishes:[donut, donut, donut, donut, donut, donut]
CUST1 ate a donut
CUST2 is waiting. ← forCust.signal()에 의해 통지받았으나 원하는 음식이 없어서 다시 기다림.
Dishes:[donut, donut, donut, donut, donut, burger]
CUST1 ate a donut
CUST2 ate a burger
```

예제13-25와 달리, 요리사 쓰레드가 통지를 받아야하는 상황에서 손님 쓰레드가 통지를 받는 경우가 없어졌다. '기아 현상'이나 '경쟁 상태'가 확실히 개선된 것이다. 그래도 쓰레드의 종류에 따라 구분하여 통지를 할 수 있게 된 것일 뿐, 여전히 특정 쓰레드를 선택할 수 없기 때문에 같은 종류의 쓰레드간의 '기아 현상'이나 '경쟁 상태'가 발생할 가능성은 남아있다.

손님이 원하는 음식의 종류로 Condition을 더 세분화하면, 통지를 받고도 원하는 음식이 없어서 다시 기다리는 일이 없도록 할 수 있다. 직접 예제를 개선해보자.

2.4 volatile

싱글코어 프로세서가 장착된 컴퓨터에서는 예제13-16이 아무런 문제없이 실행될 것이다. 그러나 요즘엔 대부분 멀티 코어 프로세서가 장착된 컴퓨터를 사용하기 때문에 이 예제에서 문제가 발생할 가능성이 있다. 그 이유는 멀티코어 프로세서에서는 코어마다 별도의 캐시를 가지고 있기 때문이다.

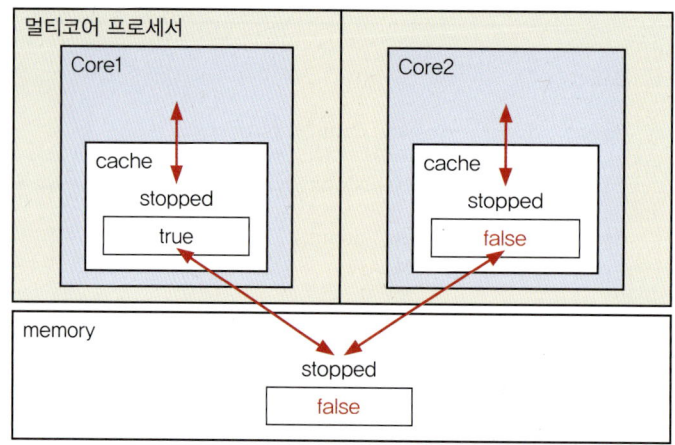

▲ 그림13-11 멀티코어 프로세서의 캐시(cache)와 메모리간의 통신

코어는 메모리에서 읽어온 값을 캐시에 저장하고 캐시에서 값을 읽어서 작업한다. 다시 같은 값을 읽어올 때는 먼저 캐시에 있는지 확인하고 없을 때만 메모리에서 읽어온다.

그러다보니 도중에 메모리에 저장된 변수의 값이 변경되었는데도 캐시에 저장된 값이 갱신되지 않아서 메모리에 저장된 값이 다른 경우가 발생한다. 그래서 변수 stopped의 값이 바뀌었는데도 쓰레드가 멈추지 않고 계속 실행되는 것이다.

```
boolean suspended = false;          volatile boolean suspended = false;
boolean stopped   = false;   →      volatile boolean stopped   = false;
```

그러나 위의 오른쪽과 같이 변수 앞에 volatile을 붙이면, 코어가 변수의 값을 읽어올 때 캐시가 아닌 메모리에서 읽어오기 때문에 캐시와 메모리간의 값의 불일치가 해결된다.

| 참고 | 간단히 설명했지만, 실제로 캐시와 메모리에서 값을 읽어오는 과정은 더 복잡하다.

변수에 volatile을 붙이는 대신에 synchronized블럭을 사용해도 같은 효과를 얻을 수 있다. 쓰레드가 synchronized블럭으로 들어갈 때와 나올 때, 캐시와 메모리간의 동기화가 이루어지기 때문에 값의 불일치가 해소되기 때문이다.

```
public void stop() {                public synchronized void stop() {
    stopped = true;          →          stopped = true;
}                                   }
```

volatile로 long과 double을 원자화

JVM은 데이터를 4 byte(=32bit)단위로 처리하기 때문에, int와 int보다 작은 타입들은 한 번에 읽거나 쓰는 것이 가능하다. 즉, 단 하나의 명령어로 읽거나 쓰기가 가능하다는 뜻이다. 하나의 명령어는 더 이상 나눌 수 없는 최소의 작업단위이므로, 작업의 중간에 다른 쓰레드가 끼어들 틈이 없다.

그러나, 크기가 8 byte인 long과 double타입의 변수는 하나의 명령어로 값을 읽거나 쓸 수 없기 때문에, 변수의 값을 읽는 과정에 다른 쓰레드가 끼어들 여지가 있다. 다른 쓰레드가 끼어들지 못하게 하려고 변수를 읽고 쓰는 모든 문장을 synchronized블럭으로 감쌀 수도 있지만, 더 간단한 방법이 있다. 변수를 선언할 때 volatile을 붙이는 것이다.

> **참고** 상수에는 volatile을 붙일 수 없다. 즉, 변수에 final과 volatile을 같이 붙일 수 없다. 상수는 변하지 않는 값이므로 멀티 쓰레드에 안전(thread-safe)하다. 그래서 volatile을 붙일 필요가 없다.

```
volatile long   sharedVal;  // long타입의 변수(8 byte)를 원자화
volatile double sharedVal;  // double타입의 변수(8 byte)를 원자화
```

volatile은 해당 변수에 대한 읽거나 쓰기가 원자화된다. 원자화라는 것은 작업을 더 이상 나눌 수 없게 한다는 의미인데, synchronized블럭도 일종의 원자화라고 할 수 있다. 즉, synchronized블럭은 여러 문장을 원자화함으로써 쓰레드의 동기화를 구현한 것이라고 보면 된다.

volatile은 변수의 읽거나 쓰기를 원자화 할 뿐, 동기화하는 것은 아니라는 점에 주의하자. 동기화가 필요할 때 synchronized블럭 대신 volatile을 쓸 수 없다.

예를 들어 아래와 같은 코드가 있을 때,

```
volatile long balance; // 인스턴스 변수 balance를 원자화 한다.

synchronized int getBalance() {    // balance의 값을 반환한다.
    return balance;
}

synchronized void withdraw(int money) { // balance의 값을 변경
    if(balance >= money) {
        balance -= money;
    }
}
```

인스턴스 변수 balance를 volatile로 원자화했으니까, 이 값을 읽어서 반환하는 메서드 getBalance()를 동기화할 필요가 없다고 생각할 수 있다. 그러나 getBalance()를 synchronized로 동기화하지 않으면, withdraw()가 호출되어 객체에 lock을 걸고 작업을 수행하는 중인데도 getBalance()가 호출되는 것이 가능해진다. 출금이 진행 중일 때는 기다렸다가 출금이 끝난 후에 잔고를 조회할 수 있도록 하려면 getBalance()에 synchronized를 붙여서 동기화를 해야 한다.

2.5 fork & join 프레임웍

2000년대 초반 이전까지 CPU의 속도는 매년 거의 2배씩 빠르게 향상되어왔다. 그러나 이제 그 한계에 도달하여 속도 보다는 코어의 개수를 늘려서 CPU의 성능을 향상시키는 방향으로 발전해 가고 있다.

이러한 하드웨어의 변화에 발맞춰 프로그래밍도 멀티 코어를 잘 활용할 수 있는 멀티쓰레드 프로그래밍이 점점 더 중요해지고 있다. 지금까지 배워서 잘 알겠지만 멀티 쓰레드 프로그래밍이 그리 쉽지는 않다.

그래서 JDK 7부터 'fork & join 프레임웍'이 추가되었고, 이 프레임웍은 하나의 작업을 작은 단위로 나눠서 여러 쓰레드가 동시에 처리하는 것을 쉽게 만들어 준다.

먼저 수행할 작업에 따라 RecursiveAction과 RecursiveTask, 두 클래스 중에서 하나를 상속받아 구현해야한다.

> RecursiveAction   반환값이 없는 작업을 구현할 때 사용
> RecursiveTask   반환값이 있는 작업을 구현할 때 사용

두 클래스 모두 compute( )라는 추상 메서드를 가지고 있는데, 우리는 상속을 통해 이 추상 메서드를 구현하면 된다. main( )이나 run( )를 구현하는 것과 다르지 않다.

> 참고 | java.lang.Void는 키워드 void를 지네릭 타입으로 사용하기 위한 것일 뿐 객체를 생성할 수 없다.

```java
public abstract class RecursiveAction extends ForkJoinTask<Void> {
    ...
    protected abstract void compute(); // 상속을 통해 이 메서드를 구현해야 한다.
    ...
}

public abstract class RecursiveTask<V> extends ForkJoinTask<V> {
    ...
    V result;
    protected abstract V compute(); // 상속을 통해 이 메서드를 구현해야한다.
    ...
}
```

예를 들어 1부터 n까지의 합을 계산한 결과를 돌려주는 작업의 구현은 다음과 같이 한다.

```java
class SumTask extends RecursiveTask<Long> {  // RecursiveTask를 상속받는다.
    long from, to;

    SumTask(long from, long to) {
        this.from = from;
        this.to   = to;
    }

    public Long compute() {
        // 처리할 작업을 수행하기 위한 문장을 넣는다.
    }
}
```

그 다음에는 쓰레드 풀과 수행할 작업을 생성하고, invoke( )로 작업을 시작한다. 쓰레드를 시작할 때 run( )이 아니라 start( )를 호출하는 것처럼, fork&join 프레임웍으로 수행할 작업도 compute( )가 아닌 invoke( )로 시작한다.

```
ForkJoinPool pool = new ForkJoinPool();   // 쓰레드 풀을 생성
SumTask task = new SumTask(from, to);     // 수행할 작업을 생성

Long result = pool.invoke(task);          // invoke()를 호출해서 작업을 시작
```

ForkJoinPool은 fork & join 프레임웍에서 제공하는 쓰레드 풀(thread pool)로, 지정된 수의 쓰레드를 생성해서 미리 만들어 놓고 반복해서 재사용할 수 있게 한다. 그리고 쓰레드를 반복해서 생성하지 않아도 된다는 장점과 너무 많은 쓰레드가 생성되어 성능이 저하되는 것을 막아준다는 장점이 있다.

쓰레드 풀은 쓰레드가 수행해야하는 작업이 담긴 큐를 제공하며, 각 쓰레드는 자신의 작업 큐에 담긴 작업을 순서대로 처리한다.

| 참고 | 쓰레드 풀은 기본적으로 코어의 개수와 동일한 개수의 쓰레드를 생성한다.

compute( )의 구현

compute( )를 구현할 때는 수행할 작업 외에도 작업을 어떻게 나눌 것인가에 대해서도 알려줘야 한다. 먼저 아래의 코드를 보자.

```
public Long compute() {
    long size = to - from + 1;  // from ≤ i ≤ to

    if(size <= 5)        // 더할 숫자가 5개 이하면
        return sum();  // 숫자의 합을 반환. sum()은 from부터 to까지의 수를 더해서 반환

    // 범위를 반으로 나눠서 두 개의 작업을 생성
    long half = (from+to)/2;

    SumTask leftSum  = new SumTask(from, half);
    SumTask rightSum = new SumTask(half+1, to);

    leftSum.fork(); // 작업(leftSum)을 작업 큐에 넣는다.
    return rightSum.compute() + leftSum.join();
}
```

실제 수행할 작업은 sum( )뿐이고 나머지는 수행할 작업의 범위를 반으로 나눠서 새로운 작업을 생성해서 실행시키기 위한 것이다. 좀 복잡해 보이지만, 작업의 범위를 어떻게 나눌 것인지만 정의해 주면 나머지는 항상 같은 패턴이다.

여기서는 지정된 범위를 절반으로 나누어서 나눠진 범위의 합을 계산하기 위한 새로운 SumTask를 생성하는데, 이 과정은 작업이 더 이상 나눠질 수 없을 때까지, size의 값이 5보다 작거나 같을 때까지, 반복된다.

| 참고 | compute( )의 구조는 일반적인 재귀호출 메서드와 동일하다.

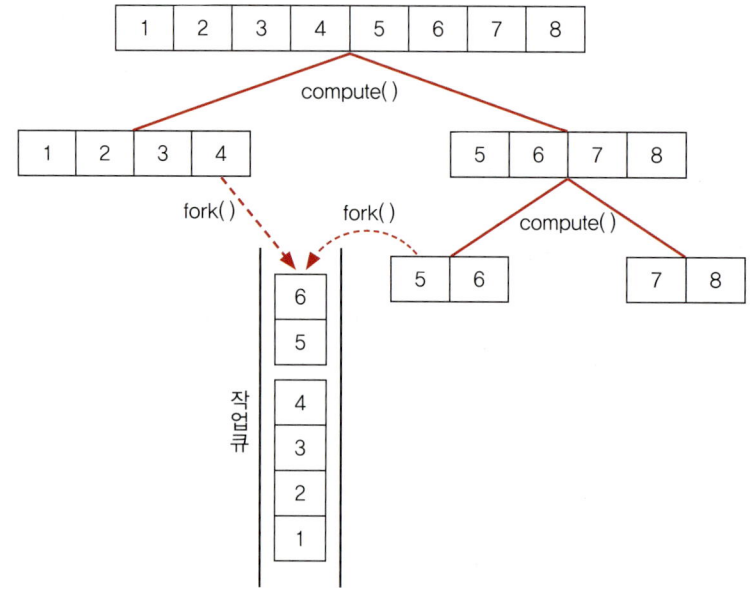

이해를 돕기 위해 1부터 8까지의 숫자를 더하는 과정을 그림으로 그려보았다. 이 그림에서는 작업의 size가 2가 될 때까지 나눈다. compute( )가 처음 호출되면, 더할 숫자의 범위를 반으로 나눠서 한 쪽에는 fork( )를 호출해서 작업 큐에 저장한다. 하나의 쓰레드는 compute( )를 재귀호출하면서 작업을 계속해서 반으로 나누고, 다른 쓰레드는 fork( )에 의해 작업 큐에 추가된 작업을 수행한다.

다른 쓰레드의 작업 훔쳐오기

fork( )가 호출되어 작업 큐에 추가된 작업 역시, compute( )에 의해 더 이상 나눌 수 없을 때까지 반복해서 나누고, 자신의 작업 큐가 비어있는 쓰레드는 다른 쓰레드의 작업 큐에서 작업을 가져와서 수행한다. 이것을 '작업 훔쳐오기(work stealing)'라고 하며, 이 과정은 모두 쓰레드 풀에 의해 자동적으로 이루어진다.

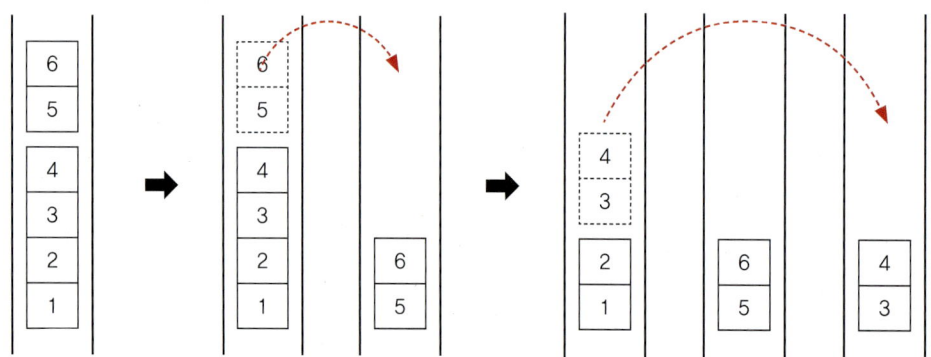

위의 그림은 작업 큐가 비어있는 쓰레드가 다른 쓰레드의 작업을 가져와서 수행하는 것을 그린 것이다. 이런 과정을 통해 한 쓰레드에 작업이 몰리지 않고, 여러 쓰레드가 골고루 작업을 나누어 처리하게 된다.

| 참고 | 작업의 크기를 충분히 작게 해야 각 쓰레드가 골고루 작업을 나눠가질 수 있다.

fork( )와 join( )

fork( )는 작업을 쓰레드의 작업 큐에 넣는 것이고, 작업 큐에 들어간 작업은 더 이상 나눌 수 없을 때까지 나뉜다. 즉 compute( )로 나누고 fork( )로 작업 큐에 넣는 작업이 계속해서 반복된다. 그리고 나눠진 작업은 각 쓰레드가 골고루 나눠서 처리하고, 작업의 결과는 join( )을 호출해서 얻을 수 있다.

fork( )와 join( )의 중요한 차이점이 하나 있는데, 그것은 바로 fork( )는 비동기 메서드(asynchronous method)이고, join( )은 동기 메서드(synchronous method)라는 것이다.

fork( )	해당 작업을 쓰레드 풀의 작업 큐에 넣는다. **비동기 메서드**
join( )	해당 작업의 수행이 끝날 때까지 기다렸다가, 수행이 끝나면 그 결과를 반환한다. **동기 메서드**

비동기 메서드는 일반적인 메서드와 달리 메서드를 호출만 할 뿐, 그 결과를 기다리지 않는다. (내부적으로 다른 쓰레드에게 작업을 수행하도록 지시만 하고 결과를 기다리지 않고 돌아오는 것이다.) 그래서 아래의 코드에서, fork( )를 호출하면 결과를 기다리지 않고 다음 문장인 return문으로 넘어간다.

return문에서 compute( )가 재귀호출될 때, join( )은 호출되지 않는다. 그러다가 작업을 더 이상 나눌 수 없게 되었을 때, compute( )의 재귀호출은 끝나고 join( )의 결과를 기다렸다가 더해서 결과를 반환한다. 재귀호출된 compute( )가 모두 종료될 때, 최종 결과를 얻는다.

| 참고 | 이 내용이 이해되지 않는다면, 6장의 재귀호출(p.294)을 다시 복습하자.

```java
public Long compute() {
    ...
    SumTask leftSum  = new SumTask(from, half);
    SumTask rightSum = new SumTask(half+1, to);
    leftSum.fork();    // 비동기 메서드. 호출 후 결과를 기다리지 않는다.

    return rightSum.compute()+leftSum.join(); // 동기 메서드. 호출결과를 기다린다.
}
```

▼ 예제 13-27/**ForkJoinEx.java**

```java
import java.util.concurrent.*;

class ForkJoinEx {
    static final ForkJoinPool pool = new ForkJoinPool();   // 쓰레드 풀을 생성

    public static void main(String[] args) {
        long from = 1L, to = 100_000_000L;

        SumTask task = new SumTask(from, to);

        long start = System.currentTimeMillis(); // 시작 시간 초기화
        Long result = pool.invoke(task);
        System.out.println("Elapsed time(4 Core):"+(System.currentTimeMillis()-start));

        System.out.printf("sum of %d~%d=%d%n", from, to, result);
        System.out.println();
```

```java
        result = 0L;
        start = System.currentTimeMillis(); // 시작시간 초기화
        for(long i=from;i<=to;i++)
            result += i;

        System.out.println("Elapsed time(1 Core):"+(System.currentTimeMillis()-start));
        System.out.printf("sum of %d~%d=%d%n", from, to, result);
    } // main의 끝
}
class SumTask extends RecursiveTask<Long> {
    long from, to;

    SumTask(long from, long to) {
        this.from = from;
        this.to   = to;
    }

    public Long compute() {
        long size = to - from + 1;   // from ≤ i ≤ to

        if(size <= 5)        // 더할 숫자가 5개 이하면
            return sum(); // 숫자의 합을 반환

        long half = (from+to)/2;

        // 범위를 반으로 나눠서 두 개의 작업을 생성
        SumTask leftSum  = new SumTask(from, half);
        SumTask rightSum = new SumTask(half+1, to);

        leftSum.fork();

        return rightSum.compute() + leftSum.join();
    }

    long sum() { // from~to의 모든 숫자를 더한 결과를 반환
        long tmp = 0L;

        for(long i=from;i<=to;i++)
            tmp += i;

        return tmp;
    }
}
```

▼ 실행결과

```
Elapsed time(4 Core):243
sum of 1~100000000=5000000050000000

Elapsed time(1 Core):133
sum of 1~100000000=5000000050000000
```

실행결과를 보면, fork&join프레임웍으로 계산한 결과보다 for문으로 계산한 결과가 시간이 덜 걸린 것을 알 수 있다. 왜냐하면, 작업을 나누고 다시 합치는데 걸리는 시간이 있기 때문이다. 재귀호출보다 for문이 더 빠른 것과 같은 이유인데, 항상 멀티쓰레드로 처리하는 것이 빠르다고 생각하면 안되고 반드시 테스트를 통해 성능을 확인해야 한다.

3. 가상 쓰레드(virtual thread)

자바는 오랫동안 널리 사용되면서 독점적인 지위를 누려왔지만, 그만큼 여러 진보된 새로운 기술로부터 많은 도전을 받기도 했다. 특히 자바의 성능에 있어서 개선 요구사항이 많았는데, 오라클은 이러한 요구사항을 반영하기 위해 부단히 노력해왔다.

그 결과로 JDK 9에서 새로운 방식의 가비지 컬렉터인 G1을 도입하면서 큰 개선이 있었고, JDK 21에서는 가상 쓰레드를 도입하면서 또 다른 눈에 띄는 개선을 달성하였다.

가상 쓰레드는 JDK 21에 추가된 여러 기능 중 가장 핵심적인 것으로 '왜 JDK 21을 사용해야하는가?'라는 물음에 답이 될 것이다.

3.1 가상 쓰레드란?

가상 쓰레드는 기존의 쓰레드보다 가벼운 '경량 쓰레드(light thread)'이다. 가볍다는 것은 더 적은 자원을 사용한다는 것을 의미하며, 기존의 쓰레드보다 훨씬 더 많은 수의 가상 쓰레드를 생성할 수 있다. 그리고 가상 쓰레드는 이름에서 알 수 있듯이 '가짜(virtual)'다. 결국 실제로 작업을 처리하는 것은 진짜 쓰레드지만 가짜 쓰레드를 내세우는 것은 여러가지 장점이 있기 때문이다.

이와 같은 특징을 제외하면 가상 쓰레드는 기존의 쓰레드와 별반 다르지 않다. 가상 쓰레드를 정의한 VirtualThread클래스는 기존의 Thread클래스를 확장한 것으로 최소한의 변경만으로 구현하는 것이 목표였다.

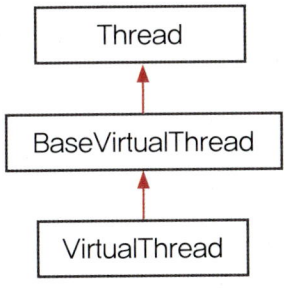

▲ 그림 13-12 가상 쓰레드의 상속 계층도

가운데의 BaseVirtualThread는 추상 클래스로 아래와 같이 단순히 park( ), unpark( ), parkNanos( )를 정의하고 있을 뿐이다.

```
sealed abstract class BaseVirtualThread extends Thread
        permits VirtualThread, ThreadBuilders.BoundVirtualThread
{
    BaseVirtualThread(String name, int characteristics, boolean bound){
        super(name, characteristics, bound);
    }
```

```
    abstract void park();
    abstract void parkNanos(long nanos);
    abstract void unpark();
}
```

park()와 unpark()는 가상 쓰레드의 스케쥴링과 관련된 메서드로 자세한 내용은 곧 배우게 될 것이다.

3.2 가상 쓰레드의 생성과 사용

가상 쓰레드와 구별하기 위해, 기존의 쓰레드를 '플랫폼 쓰레드(platform thread)'라고 부른다. 플랫폼 쓰레드를 생성하는 방법은 다음과 같다.

```
// 쓰레드가 수행할 작업을 작성
Runnable r = () -> { System.out.println("Hello"); };

// 플랫폼 쓰레드를 생성
Thread t = Thread.ofPlatform().start(r); // 아래 두 줄과 동일
// Thread t = new Thread(r);
// t.start();
```

플랫폼 쓰레드는 기존의 방식으로 생성해도 되고 새로 추가된 Thread.ofPlatform()로 생성해도 되지만, 가상 쓰레드는 다음과 같이 생성하고 실행한다. 그저 ofPlatform() 대신 ofVirtual()을 사용했다는 것만 다르다.

```
Runnable r = () -> { System.out.println("Hello"); };
Thread t = Thread.ofVirtual().start(r); // 가상 쓰레드를 생성
```

코드를 간단히 하기위해 람다식으로 작성하였는데, 람다식은 메서드의 반환 타입과 이름을 생략해서 간략히 한 것으로 앞으로 자주 등장할 것이다. 람다식이 어렵게 느껴지면, 14장의 람다와 스트림을 참고하자.

```
// 익명 객체
Runnable r = new Runnable() {
    public void run() {
        System.out.println("Hello");
    }
};
```
↔
```
// 람다식 ()->{}
Runnable r = () -> {
    System.out.println("Hello");
};
```

3.3 가상 쓰레드의 특징

앞서 살펴본 것처럼 가상 쓰레드는 기존의 플랫폼 쓰레드와 생성과 사용 방법이 거의 같지만 몇가지 차이점이 있다. 먼저 가상 쓰레드는 항상 데몬 쓰레드로만 가능하다. 그래서 다음과 같이 일반 쓰레드로 실행하면 예외가 발생한다.

```
// 실행 에러. 'false' not legal for virtual threads
vt.setDaemon(false);
```

그리고 가상 쓰레드의 우선 순위는 항상 NORM_PRIORITY인 5로 고정되어 있다. 아래와 같이 가상 쓰레드의 우선 순위를 바꾸려해도 에러만 안날 뿐 바뀌지 않는다. 가상 쓰레드는 아주 많이 생성될 것을 가정하기 때문에, 이 많은 쓰레드의 우선순위를 관리하는 것이 어렵기만하고 별 효과가 없기 때문이다.

```
vt.setPriority(10); // 에러는 없지만 무시된다. 의미없는 코드.
```

setPriority()의 실제 내용은 다음과 같다. 가상 쓰레드가 아닐때만 우선 순위가 바뀌도록 작성되어 있다는 것을 확인할 수 있다.

```java
public final void setPriority(int newPriority) {
    checkAccess();
    if(newPriority > MAX_PRIORITY || newPriority < MIN_PRIORITY){
        throw new IllegalArgumentException();
    }
    if(!isVirtual()) { // 가상 쓰레드가 아닐 때만 우선순위가 바뀐다.
        priority(newPriority);
    }
}
```

이처럼 가상 쓰레드가 도입되면서 기존 쓰레드와 다른 부분은 if문을 이용해서 가상 쓰레드일 때는 다르게 동작하도록 작성되었다. 가상 쓰레드의 구현 목표가 기존 쓰레드를 대체가 아닌, 기존의 쓰레드를 최소한으로 변경하면서 새로운 기능인 가상 쓰레드를 추가하기 위한 것이었기 때문이다.

▼ 예제 13-28/VirtualEx.java

```java
public class VirtualEx {
    public static void main(String[] args) throws InterruptedException {
        Runnable r = ()-> {
            try { Thread.sleep(1000);} catch(Exception e) {}
            System.out.println("Hello");
        };
```

```
            Thread vt = Thread.ofVirtual().unstarted(r); // 가상 쓰레드를 생성만 한다.
            vt.setPriority(10);  // vt의 우선 순위를 10으로 변경
//          vt.setDaemon(false); // 실행시 에러. 'false' not legal for virtual threads
            vt.start();  // 가상 쓰레드를 시작한다.

            System.out.println("vt.isVirtual() = " + vt.isVirtual());
            System.out.println("vt.isDaemon() = " + vt.isDaemon());
            System.out.println("vt.getPriority() = " + vt.getPriority());
            System.out.println("vt.getName() = " + vt.getName());
            System.out.println("vt.threadId() = " + vt.threadId());
            System.out.println("vt.getThreadGroup() = " + vt.getThreadGroup());
            vt.join();  // vt가 종료될 때까지 main쓰레드를 기다리게 한다.
    }
}
```

▼ 실행결과

```
vt.isVirtual() = true
vt.isDaemon() = true
vt.getPriority() = 5
vt.getName() =
vt.threadId() = 21
vt.getThreadGroup() = java.lang.ThreadGroup[name=VirtualThreads,maxpri=10]
vt.getThreadGroup().activeCount() = 0
Hello
```

실행결과를 보면 가상 쓰레드는 기본적으로 이름이 없고, id만 부여된다. 이름이 필요하면 setName( )으로 지정할 수 있지만 메모리 절약을 위해 특별한 경우, 예를 들어 디버깅 목적으로 구별해야하는 경우가 아니면 지정하지 않는다. 곧 살펴보겠지만 가상 쓰레드는 수천만개 이상 생성할 수 있기 때문에 쓰레드에 이름을 부여하지 않는 것만으로도 적지않은 메모리가 절약된다.

| 참고 | threadId( )는 JDK 19부터 Thread클래스에 추가되었다.

그리고 가상 쓰레드의 쓰레드 그룹이 ViruaIThreads인데, activeCount( )가 1이 아니라 0이다. 그 이유는 VirtualThreads 쓰레드 그룹은 명목상으로 존재할 뿐, 어떠한 쓰레드도 이 그룹에 속하지 않기 때문이다. 가상 쓰레드는 아주 많이 생성할 수 있어서 그룹으로 다루는 것이 별 의미가 없고 관리하는데 부담만 되므로 그룹으로 묶어서 관리하지 않는다.

예제의 마지막에 vt.join( )을 넣은 이유는 main쓰레드가 가상 쓰레드보다 먼저 끝날 수 있기 때문이다. 앞서 배운 것처럼 가상 쓰레드는 데몬 쓰레드이므로 데몬 쓰레드가 아닌 쓰레드가 모두 종료되면 자동 종료된다. 그래서 vt.join( )으로 main쓰레드를 기다리게 하지 않으면 가상 쓰레드가 실행을 완료하기 전에 종료될 수 있다.

3.4 플랫폼 쓰레드와 가상 쓰레드

플랫폼 쓰레드는 OS 쓰레드를 감싼 것으로 OS 쓰레드와 1:1로 연결된다. 그래서 플랫폼 쓰레드를 생성하면 OS로 요청이 전달되어 새로운 OS 쓰레드가 생성된다. 엄밀히 말하면 Thread객체를 생성하는 것은 단순히 자바 객체를 생성하는 것 뿐이고, start()를 호출해야 플랫폼 쓰레드가 생성된다. 아래는 Thread클래스의 start()의 내용이다.

```java
public void start() {
    synchronized (this) {
        if (holder.threadStatus != 0) // NEW 상태가 아니면 예외발생
            throw new IllegalThreadStateException();
        start0(); // 네이티브 메서드 호출
    }
}

private native void start0(); // 네이티브 메서드. 쓰레드를 생성
```

쓰레드의 상태가 NEW가 아닌 경우, 즉 이미 start()가 호출된 적이 있으면 예외를 발생시키고 그렇지 않으면 네이티브 메서드 start0()을 호출한다. start0()은 다시 JVM_StartThread라는 네이티브 메서드를 호출하는데, 이 메서드가 OS의 라이브러리를 이용해서 OS 쓰레드를 생성하고 플랫폼 쓰레드와 연결한다.

| 참고 | 네이티브 메서드는 자바가 아닌 다른 언어로 작성된 메서드를 자바에서 사용하기 위한 것이다.

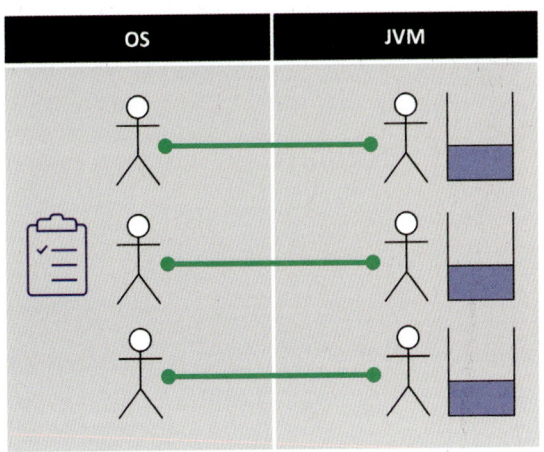

▲ 그림 13-13 1:1로 연결된 OS 쓰레드와 플랫폼 쓰레드

이렇게 생성된 OS 쓰레드는 OS의 스케쥴러에 의해 실행순서가 결정되며, OS 쓰레드도 플랫폼 쓰레드는 OS 쓰레드와 연결되기 때문에 OS 스케쥴러의 영향을 받는다. 그래서 JVM은 플랫폼 쓰레드의 스케쥴을 마음대로 할 수 없고 그저 OS 스케쥴러가 정한 스케쥴을 따를 뿐이다.

| 참고 | 자바는 대부분 OS에 독립적이지만, 플랫폼 쓰레드의 스케쥴링은 OS에 의존적이다.

▼ 예제 13-29/**VirtualEx2.java**

```java
public class VirtualEx2 {
    public static void main(String[] args) {
        final int THREAD_COUNT = 10_000;   // 스레드 개수
        Thread[] arr = new Thread[THREAD_COUNT];

        System.out.println("1.스레드 생성시간");
        long ptTime = newThread(arr, false, false);
        System.out.println("플랫폼 스레드 : " + ptTime + " ms");
        long vtTime = newThread(arr, true, false);
        System.out.println("가상 스레드   : " + vtTime + " ms");
        System.out.println();
        System.out.println("2.스레드 생성 & 시작시간");
        ptTime = newThread(arr, false, true);
        System.out.println("플랫폼 스레드 : " + ptTime + " ms");
        vtTime = newThread(arr, true, true);
        System.out.println("가상 스레드   : " + vtTime + " ms");
    }

    static long newThread(Thread[] arr, boolean isVirtual, boolean isStarted){
        long start = System.currentTimeMillis();
        Runnable r = () -> {};

        for(int i=0;i<arr.length;i++)
            if(isVirtual) {
                if(isStarted)
                    arr[i] = Thread.ofVirtual().start(r);
                else
                    arr[i] = Thread.ofVirtual().unstarted(r);
            } else {
                if(isStarted)
                    arr[i] = Thread.ofPlatform().start(r);
                else
                    arr[i] = Thread.ofPlatform().unstarted(r);
            }
        long end = System.currentTimeMillis();
        return end - start;
    }
}
```

▼ 실행결과
```
1.스레드 생성시간
플랫폼 스레드 : 10 ms
가상 스레드   : 7 ms

2.스레드 생성 & 시작시간
플랫폼 스레드 : 411 ms
가상 스레드   : 11 ms
```

이 예제는 쓰레드를 생성하는 시간과 생성하고 실행하는 시간을 측정한다. 쓰레드 객체를 생성하는 것은 플랫폼 쓰레드와 가상 쓰레드의 차이가 크지 않다. 단순히 자바 객체를 생성하는 것이기 때문이다.

그러나 플랫폼 쓰레드의 start()를 호출하면, JVM이 OS에게 OS 쓰레드의 생성을 요청하기 때문에 시간이 많이 걸린다. 즉 비용이 크다. 반면에 가상 쓰레드의 start()를 호출하면, OS에게 요청하지 않고 JVM내에 가짜 쓰레드를 생성하기 때문에 시간이 훨씬 적게 걸린다. 다만 가상 쓰레드의 작업을 실제로 수행하는 것은 플랫폼 쓰레드이므로 코어의 개수 만큼의 플랫폼 쓰레드도 함께 생성된다. 예를 들어 10코어의 CPU를 사용하는 경우, 10개의 플랫폼 쓰레드가 생성된다.

|참고| 가상 쓰레드의 기본 스케쥴러는 ForkJoinPool이며, 스케줄러의 종류와 플랫폼 쓰레드의 개수는 변경할 수 있다.

▼ 예제 13-30/**VirtualEx3.java**

```java
public class VirtualEx3 {
    public static void main(String[] args) {
        int count = 0;

        Runnable r =() -> {
            try {
                Thread.sleep(Integer.MAX_VALUE); // 종료되지 않고 오래 잠자게 한다.
            } catch (InterruptedException e) {}
        };

        try {
            while (true) {
                Thread.ofPlatform().start(r); // 플랫폼 쓰레드를 생성하고 시작
                if(++count%1000==0)
                    System.out.println("count = " + count);
            }
        } catch (OutOfMemoryError e) {
            e.printStackTrace();
        }
        System.out.println("max count = " + count);
    }
}
```

▼ 실행결과 1 – 윈도우즈, Windows 10 Pro, Intel Core i9, 8 core, 32 GB

```
count = 1000
count = 2000
... 중간 생략 ...
count = 335000
#
# There is insufficient memory for the Java Runtime Environment to continue.
# Native memory allocation (malloc) failed to allocate 2684648 bytes for AllocateHeap
# An error report file with more information is saved as:
# C:\Users\userid\jdk21\ch13\hs_err_pid591936.log
[5813.792s][warning][os] Loading hsdis library failed
# [ timer expired, abort... ]
```

▼ 실행결과 2 – MacOS, Sonoma 14.0 Apple M1 Max, 10 core 64 GB

```
count = 1000
count = 2000
... 중간 생략 ...
count = 16000
[2.910s][warning][os,thread] Failed to start thread "Unknown thread" - pthread_create failed (EAGAIN) for attributes: stacksize: 2048k, guardsize: 16k, detached.
[2.910s][warning][os,thread] Failed to start the native thread for java.lang.Thread "Thread-16362"
max count = 16362
java.lang.OutOfMemoryError: unable to create native thread: possibly out of memory or process/resource limits reached
        at java.base/java.lang.Thread.start0(Native Method)
        at java.base/java.lang.Thread.start(Thread.java:1526)
        at VirtualEx2.main(VirtualEx3.java:13)
```

이 예제는 최대로 생성할 수 있는 플랫폼 쓰레드의 수를 알아내기 위한 것이다. 실행 결과에서 알 수 있듯이, 윈도우즈에서 약 33만개를 생성하고 메모리 부족으로 종료되었고, 맥OS에서 약 1.6만개를 생성하고 시스템 제한으로 종료되었다.

이처럼 생성할 수 있는 쓰레드의 최대 개수는 OS의 설정이나 HW에 장착된 메모리 양에 따라 달라질 수 있다. 예를 들어 쓰레드마다 할당되는 호출 스택의 크기는 기본이 2048K(2M)인데, 이 값은 실행시 옵션으로 변경할 수 있으며 이 값을 줄이면 생성할 수 있는 쓰레드의 수가 늘어난다. 맥OS 또는 리눅스의 경우, 생성할 수 있는 쓰레드의 개수를 제한할 수 있고, 윈도우즈는 이 개수를 설정으로 제한할 수 있는 방법이 없다.

| 참고 | 호출 스택 크기는 java.exe의 실행 옵션 –Xss로 변경 가능하고, 힙의 크기는 –Xms(초기), –Xmx(최대)로 가능하다.
| 참고 | 맥OS나 리눅스에서 'sudo sysctl –a | more | grep thread'명령으로 생성가능한 쓰레드의 최대 개수를 확인가능

▼ 예제 13-31/`VirtualEx4.java`

```java
public class VirtualEx4 {
    public static void main(String[] args) {
        int count = 0;

        Runnable r =() -> {
            try {
                Thread.sleep(Integer.MAX_VALUE);
            } catch (InterruptedException e) {}
        };

        try {
            while (true) {
                Thread.ofVirtual().start(r); // 가상 쓰레드를 생성하고 시작
                if(++count%1000==0)
                    System.out.println("count = " + count);
            }
        } catch (OutOfMemoryError e) {
            e.printStackTrace();
        }
        System.out.println("max count = " + count);
    }
}
```

▼ 실행결과 – 윈도우즈, Windows 10 Pro, Intel Core i9, 8 core, 32 GB

```
count = 1000
count = 2000
... 중간 생략 ...
count = 18395000
count = 18396000

Exception: java.lang.OutOfMemoryError thrown from the UncaughtExceptionHand
ler in thread "main"
```

생성할 수 있는 가상 쓰레드의 최대 개수를 확인하는 예제이다. 가상 쓰레드를 생성한다는 것만 제외하면 이전 예제와 동일하다. 실행결과를 보면 생성할 수 있는 가상 쓰레드의 개수는 약 1.8천만 개이다. 같은 조건에서 생성한 플랫폼 쓰레드의 개수가 약 30만 개니까 대략 60배 정도 더 많은 숫자이다. 이렇게 많은 수의 가상 쓰레드를 생성할 수 있는 이

유는 플랫폼 쓰레드보다 더 적은 메모리를 사용하기 때문이다.

플랫폼 쓰레드는 start( )가 호출되면 쓰레드마다 호출 스택(고정 크기 2 MB)이 할당되지만, 가상 쓰레드는 호출 스택이 필요없다. 대신 호출 스택의 내용을 임시로 저장할 공간은 필요한데, 이 저장 공간은 아주 작은 크기의 메모리(4 KB)인 '스택 청크(StackCnunk)'를 필요한 개수 만큼 생성해서 연결하는 구조이므로 호출 스택보다 훨씬 메모리 적은 메모리를 사용한다. 게다가 종료된 가상 쓰레드가 사용하던 스택 청크를 재사용하기 때문에 메모리 할당과 제거에 걸리는 시간이 적다.

가상 쓰레드의 호출 스택이 필요없는 이유는 플랫폼 쓰레드가 가상 쓰레드의 작업을 처리하기 때문이고, 호출 스택의 내용을 저장해야하는 이유는 플랫폼 쓰레드가 여러 가상 쓰레드의 작업을 번갈아 처리하기 때문이다. 보다 자세한 내용은 곧 설명할 것이다.

| 참고 | java.exe의 실행 옵션 -Xss로 플랫폼 쓰레드의 호출 스택 크기를 변경할 수 있다.

CPU 집중적 작업 vs IO 집중적 작업

단순히 쓰레드의 수가 많다고 작업이 빨리 끝나는 것은 아니다. CPU의 코어의 수는 쓰레드보다 훨씬 적기 때문에 쓰레드를 너무 많이 생성하면, 작업을 전환(컨텍스트 스위칭)하는 횟수가 늘어나서 오히려 작업을 완료하는데 시간이 더 걸릴 수도 있다.

주로 CPU를 집중적으로 이용하는 계산 위주의 작업(CPU intensive task), 즉 외부와 입출력(Input & output)의 횟수가 적은 작업은 컨텍스트 스위칭이 잦을 수록 작업 시간이 더 걸린다. 그래서 이런 작업은 쓰레드의 개수를 적게, CPU의 코어 수와 비슷하게 생성해서 처리하는 것이 보통이다.

```
final int CORE_NUM = Runtime.getRuntime().availableProcessors();
```

이와 반대로 웹서버나 인터넷으로 대화를 주고 받는 메신저와 같은 프로그램은 작업의 대부분이 CPU는 적게 사용하면서 짧은 시간동안 빈번하게 단순히 데이터를 주고 받기 때문에 IO 집중적인 작업(Input & Output intensive task)라고 한다. 이런 작업은 IO블러킹이 자주 발생하며, 앞서 배운것과 같이 IO블러킹이 발생하면 CPU가 대기하게 된다.

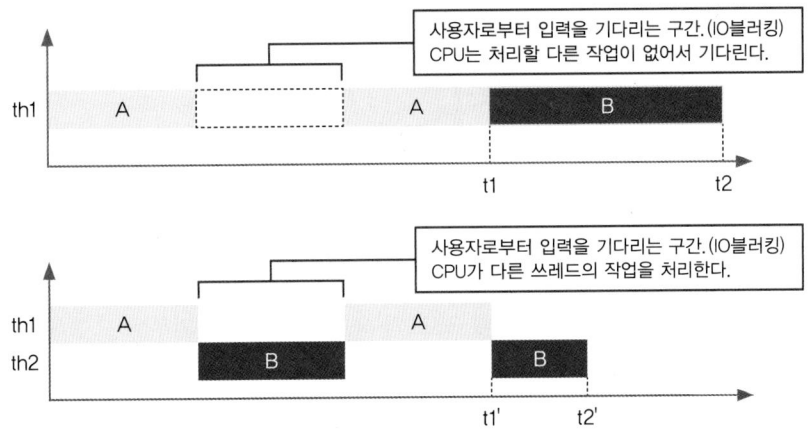

▲ 그림 13-14 IO 블러킹의 발생과 멀티 쓰레드

위의 그림은 그림13-8을 약간 수정한 것으로 IO 블러킹이 발생했을 때, 수행할 다른 작업이 없어서 CPU가 아무일도 안하고 기다린다는 것을 보여준다.

인터넷 채팅 프로그램처럼 사용자가 많고 입출력이 빈번한 경우, IO 블러킹도 자주 발생하기 때문에 CPU라는 값비싼 자원을 낭비하지 않으려면 쓰레드의 개수가 아주 많아야 한다. 그러나 플랫폼 쓰레드는 OS의 쓰레드와 일대일이므로 비용도 높고 생성할 수 있는 쓰레드의 개수가 제한적이어서 적합하지 않다.

| 참고 | 자바가 개발되기 시작한 1990년대 초는 인터넷이 일반적이지 않아서 동시 접속자가 많은 상황을 고려하지 못했다.

쓰레드 풀을 이용해서 여러 개의 쓰레드를 미리 만들어 놓고 재사용하는 방법도 있으나, 이 방법은 쓰레드의 생성비용을 줄일 수 있을 뿐 많은 수의 쓰레드를 생성할 수 없다는 단점을 여전히 가지고 있다.

또 다른 방법은 소수의 플랫폼 쓰레드로 여러 작업을 비동기로 처리하는 것인데, 하나의 작업을 여러 쓰레드가 나눠서 처리하는 것이라 문제가 발생했을때 원인을 추적하기 어렵다는 단점이 있다.

가상 쓰레드는 이런 문제들을 해결해준다. 하나의 쓰레드가 작업을 시작부터 끝까지 전담하기 때문에 문제 해결이나 디버깅이 쉽다. 게다가 쓰레드를 많이 생성할 수 있고, 쓰레드 간의 작업 전환, 즉 컨텍스트 스위칭 비용도 낮다.

컨텍스트 스위칭

'컨텍스트 스위칭(context switching)'이란 말그대로 컨텍스트를 바꾸는 것이다. 컨텍스트는 쓰레드가 작업을 수행하는데 필요한 정보를 의미하며, 쓰레드가 바뀌면 그에 맞게 컨텍스트도 같이 바뀌어야 한다. 즉 현재 쓰레드가 사용하던 컨텍스트는 따로 저장해 놓고, 새로운 쓰레드를 위한 컨텍스트를 읽어와야 한다. 이 과정에서 정보를 읽거나 쓰는 비용이 발생하며, 쓰레드가 많을 수록 컨텍스트 스위칭이 자주 발생해서 비용이 커진다.

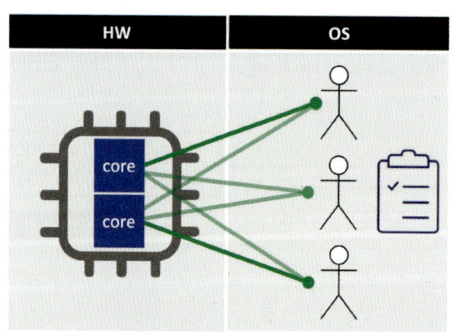

▲ 그림 13-15 OS 스케쥴러에 의해 OS 쓰레드를 번갈아 실행하는 CPU

플랫폼 쓰레드는 컨텍스트 스위칭할 때 OS로의 요청, 즉 JVM의 외부로 요청해야 하므로, JVM 내부에서 컨텍스트 스위칭하는 가상 쓰레드보다 훨씬 많은 비용이 든다.

| 참고 | 플랫폼 쓰레드와 가상 쓰레드의 컨텍스트 스위칭 비용 비교는 p.878의 표13-5를 참고하자.

▼ 예제 13-32/**VirtualEx5.java**

```java
public class VirtualEx5 {
    public static void main(String[] args) {
        final int THREAD_COUNT = 10_000;   // 스레드 개수
        Thread[] thArr = new Thread[THREAD_COUNT];

        System.out.println("=== 쓰레드 컨텍스트 스위칭 시간 ===");
        long ptTime = switchingTime(thArr, false);
        System.out.println("플랫폼 쓰레드 : " + ptTime + " ms");
        long vtTime = switchingTime(thArr, true);
        System.out.println("가상 쓰레드   : " + vtTime + " ms");
    }

    static long switchingTime(Thread[] htArr, boolean isVirtual){
        Runnable r = () -> {
            for(int i=0;i<1000;i++) {
                // Thread.sleep(1)에 의해 컨텍스트 스위칭 발생
                try { Thread.sleep(1); } catch (Exception e) { }
            }
        };

        long start = System.currentTimeMillis();

        for(int i=0;i<htArr.length;i++) {
            if (isVirtual)
                htArr[i] = Thread.ofVirtual().start(r);
            else
                htArr[i] = Thread.ofPlatform().start(r);
        }
        // 쓰레드 종료 대기 - 가상 쓰레드는 데몬 쓰레드라 이 코드가 없으면 바로 종료됨
        for (Thread th : htArr) {
            try {
                th.join();
            } catch (InterruptedException e) { e.printStackTrace(); }
        }
        long end = System.currentTimeMillis();
        return end - start;
    }
}
```

▼ 실행결과
```
=== 쓰레드 컨텍스트 스위칭시간 ===
플랫폼 쓰레드 : 112058 ms
가상 쓰레드   : 9389 ms
```

이 예제는 예제13-29를 변경해서 플랫폼 쓰레드일때의 컨텍스트 스위칭 시간과 가상 쓰레드일 때의 컨텍스트 스위칭 시간을 측정해서 출력한다. 쓰레드가 수행할 작업에 sleep(1)을 넣어서 컨텍스트 스위칭이 반복적으로 발생하게 하였다.

```java
Runnable r = () -> {
    for(int i=0;i<1000;i++) {
        // Thread.sleep(1)에 의해 컨텍스트 스위칭 발생
        try { Thread.sleep(1); } catch (Exception e) { }
    }
};
```

쓰레드는 Thread.sleep()을 만나면 진행중이던 작업을 중단하고 대기상태(TIMED_WAITING)가 되며 그 다음 차례의 쓰레드가 작업을 수행하는데, 이 과정에서 컨텍스트 스위칭이 발생한다.

실행결과의 시간은 쓰레드를 생성하고 시작하는데 걸린 시간(예제13-29 실행결과 참고)와 for문을 수행하는데 걸린 시간이 포함되어 있다. 이 시간을 제외하고 나면, 플랫폼 쓰레드와 가상 쓰레드의 컨텍스트 스위칭 비용은 대략 10배로 상당한 차이가 난다.

플랫폼 쓰레드와 가상 쓰레드의 비교
지금까지 배운 내용을 표로 정리하면 다음과 같다. 저자의 실행 환경(Sonoma 14.0 Apple M1 Max, 10 core, 64 GB)에서 예제를 실행해서 측정한 수치이다. 실행환경에 따라 다를 수 있지만, 플랫폼 쓰레드와 가상 쓰레드의 상대적인 차이를 확인하기엔 충분하다.

항목	플랫폼 쓰레드	가상 쓰레드
스케쥴링	OS 스케쥴러	JDK 스케쥴러*
최대 생성 개수*	수십만 개	수천만 개
호출 스택*	2 MB(고정)	4 KB 이상(가변)
생성시간	40 us*	0.4 us
컨텍스트 스위칭 시간	10 us	1 us

▲ 표13-5 플랫폼 쓰레드와 가상 쓰레드의 비교

| 참고 | JDK는 여러 종류의 스케쥴러를 제공하며, 가상 쓰레드의 기본 스케쥴러는 java.util.concurrent.ForkJoinPool이다.
| 참고 | 최대 생성 개수는 메모리의 양과 호출 스택의 크기(기본 2 MB, 208 KB ~ 수백 MB)에 따라 달라질 수 있다.
| 참고 | 가상 쓰레드는 호출 스택이 없다. 대신 호출 스택의 내용을 임시로 저장하기 위한 스택 청크가 필요하다.
| 참고 | 단위 us는 micro second이며, 1 us = 0.001 ms, 그리스 문자 m이 u와 비슷하게 생겨서 u를 사용한다.

3.5 가상 쓰레드의 상태

플랫폼 쓰레드는 OS의 스케쥴러가 관리하지만 가상 쓰레드는 JDK가 제공하는 스케쥴러에 의해 스케쥴링된다. 별도의 스케쥴러를 지정하지 않으면 기본적으로 ForkJoinPool 스케쥴러가 사용되는데, 이 스케쥴러는 이름에서 알 수 있듯이 소수의 워커 쓰레드(worker thread)를 미리 생성해놓고 재사용하는 쓰레드 풀이다. 각 워커 쓰레드는 자신의 작업 큐(queue)의 작업을 처리하는데, 앞서 fork&join 프레임웍(p.862)에서 배운 것처럼 작업 훔치기(work-stealing) 방식으로 동작한다.

| 참고 | 앞으로 별도의 언급이 없으면, 스케쥴러는 OS 스케쥴러가 아니라 가상 쓰레드 스케쥴러를 의미한다.

```
final class VirtualThread extends BaseVirtualThread {
    ...
    // 가상 쓰레드의 기본 스케쥴러
    private static final ForkJoinPool DEFAULT_SCHEDULER
                                   = createDefaultScheduler();
```

가상 쓰레드가 시작되면, 가상 쓰레드의 작업이 스케쥴러에게 전달되고, 이 작업은 워커 쓰레드의 작업 큐에 저장된다. 워커 쓰레드는 자신의 작업 큐에 있는 작업을 꺼내서 처리한다. 이 과정에서 가상 쓰레드의 상태가 변경되는데, 앞서 배운 플랫폼 쓰레드의 상태와 유사하지만 몇 개가 더 추가되었다.

| 참고 | 플랫폼 쓰레드의 상태(그림13-10)는 p.822에 있다.

```
private volatile int state;  // 가상 쓰레드의 상태를 저장하기 위한 인스턴스 변수

private static final int NEW       = 0;
private static final int STARTED   = 1;
private static final int RUNNABLE  = 2;   // runnable-unmounted
private static final int RUNNING   = 3;   // runnable-mounted
private static final int PARKING   = 4;
private static final int PARKED    = 5;   // unmounted
private static final int PINNED    = 6;   // mounted
private static final int YIELDING  = 7;   // Thread.yield
private static final int TERMINATED = 99; // final state
```

가상 쓰레드와 플랫폼 쓰레드의 연결 – mount( ), unmount( )

하나의 플랫폼 쓰레드에 여러 개의 가상 쓰레드가 번갈아 가면서 연결되어 작업이 처리되는데, 이 둘을 연결하는 것을 마운팅(mounting), 분리하는 것을 언마운팅(unmounting)이라 한다.

▲ 표13-16 플랫폼 쓰레드(캐리어)에 마운팅되는 가상 쓰레드

가상 쓰레드를 생성하고 시작하면 스케쥴러의 워커 쓰레드(플랫폼 쓰레드) 중의 하나와 연결되는데, 이를 가상 쓰레드의 '캐리어(carrier) 쓰레드'라고 한다. 그리고 가상 쓰레드의 상태는 실행가능(RUNNABLE)에서 실행중(RUNNING)으로 바뀐다.

```
final class VirtualThread extends BaseVirtualThread {
    ...
    // 컨티뉴에이션 - 가상 쓰레드의 작업을 여러 번에 나눠서 처리할 수 있게 해준다.
    private final Continuation cont;
    ...
    // 가상 쓰레드의 캐리어 쓰레드 (플랫폼 쓰레드)
    private volatile Thread carrierThread;

    private void mount() {
        Thread carrier = Thread.currentCarrierThread();
        // 가상 쓰레드와 캐리어 쓰레드 (플랫폼 쓰레드)를 연결
        setCarrierThread(carrier);
                ...
    }
```

앞서 설명한 것과 같이 가상 쓰레드의 작업을 실제로 처리하는 것은 캐리어 쓰레드(플랫폼 쓰레드)이며, 여러 가상 쓰레드의 작업을 번갈아 가며 처리한다. 이것이 가능한 것은 컨티뉴에이션(continuation)때문인데, 컨티뉴에이션은 작업을 중단했다가 나중에 다시 재개할 수 있게 해준다. 컨티뉴에이션에 대한 자세한 내용은 p.885에서 설명한다.

실행중(RUNNING)이던 가상 쓰레드에 yield()가 호출되면, unmount()가 호출되어 캐리어에서 분리되고 실행대기(RUNNABLE) 상태가 되고, 대기중이던 다른 가상 쓰레드가 캐리어와 연결된다.

| 참고 | Thread.yield()는 다른 쓰레드에게 양보(yield)를 하려고 시도할 뿐 항상 양보에 성공하는 것은 아니다.

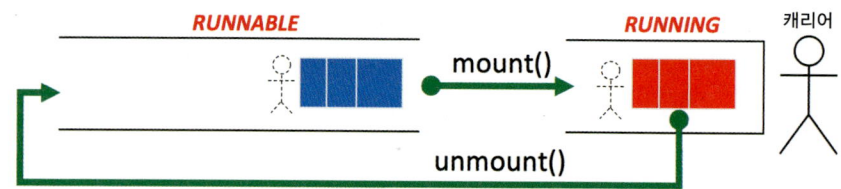

▲ 표13-17 플랫폼 쓰레드(캐리어)에서 언마운팅되는 가상 쓰레드

스케쥴링에서 제외, 포함 – park( ), unpark( )

이처럼 가상 쓰레드는 스케쥴러가 정한 스케쥴에 따라 실행과 실행대기를 반복하면서 작업을 처리한다. 그러나 가상 쓰레드가 실행중에 작업을 계속할 수 없는 상황이되면, 캐리어로부터 분리되어야 하고 스케쥴링 대상에서도 잠시 제외되어야 한다.

park()는 가상 쓰레드를 스케쥴링 대상에서 제외시키고, 반대로 unpark()는 다시 스케쥴링 대상으로 포함시킨다. 아래는 Thread.sleep()의 일부인데, 가상 쓰레드인 경우 VirtualThread클래스의 sleepNanos()를 호출한다.

```
public static void sleep(long millis) throws InterruptedException {
    ...
    if (currentThread() instanceof VirtualThread vthread) {
        vthread.sleepNanos(nanos);
```

그리고 sleepNanos()는 parkNanos()를 호출한다. 이 메서드는 지정된 시간동안 가상 쓰레드를 스케쥴 대상에서 제외된 상태(PARKED)로 만든다.

```
void sleepNanos(long nanos) throws InterruptedException {
    ...
    while (remainingNanos > 0) {
        // 가상 쓰레드를 언마운트시키고, 지정된 시간동안 스케쥴링에서 제외
        parkNanos(remainingNanos);
        ...
```

스케쥴링에서 제외된(PARKED) 상태의 가상 쓰레드는 지정된 시간이 지나거나 다시 작업을 재개할 상황이 되면, unpark()가 호출되어 다시 실행 가능(RUNNABLE) 상태로 바뀌어 스케쥴링 대상에 포함된다.

| 참고 | 아래 코드의 'this::unpark'는 unpark()를 호출하는 메서드를 간략히 한 것으로, 메서드 참조(p.946)라고 한다.

```
void parkNanos(long nanos) {
    ...
    // unpark()를 비동기로 호출. 지정한 시간이 지나면 자동으로 unpark()가 호출됨
    Future<?> unparker = scheduleUnpark(this::unpark, nanos);
```

가상 쓰레드가 작업을 진행할 수 없는 상황은 Thread클래스의 sleep( ), join( ), Object의 wait( ), 그리고 IO 블러킹 등이 발생한 경우이다.

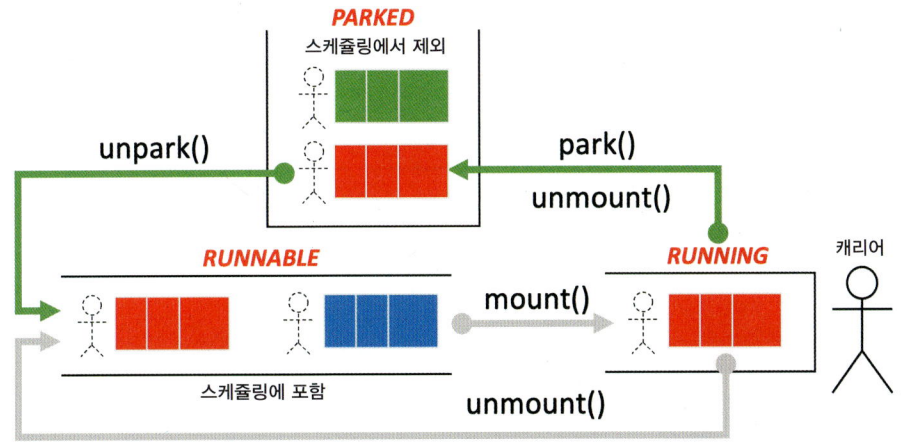

▲ 표13-18 플랫폼 쓰레드(캐리어)에 마운팅되는 가상 쓰레드

| 참고 | JDK 21이후로 IO 블러킹을 일으키는 메서드는 IO 논블러킹으로 개선되어가고 있다.

고정된(pinned) 가상 쓰레드

가상 쓰레드가 작업을 진행할 수 없는 상황일때 park( )가 호출되어 캐리어 쓰레드로부터 언마운트, 즉 분리되어야 한다. 그런데 언마운트되지 않고 캐리어 쓰레드에 마운트된 상태로 유지되는 상황을 '가상 쓰레드의 고정(pinning)'이라고 한다. 이 때 가상 쓰레드는 캐리어 쓰레드에 마운트되어 있지만 작업이 멈춰있는 상태(mounted & pinned)가 된다.

 가상 쓰레드의 고정이 발생하면, 캐리어 쓰레드에 다른 가상 쓰레드가 마운트될 수 없어서 사용할 수 있는 플랫폼 쓰레드의 개수가 줄어든다. 가변 크기의 쓰레드 풀을 사용하면 새로운 플랫폼 쓰레드가 자동으로 생성되지만, 플랫폼 쓰레드는 비용이 크고 생성할 수 있는 개수의 제한이 있기 때문에 '가상 쓰레드의 고정 문제'를 해결해야 한다.

```
class Continuation {
    ...
    // 가상 쓰레드의 고정이 발생하는 이유
    public enum Pinned {
        /** Native frame on stack */ NATIVE,
        /** Monitor held */          MONITOR,
        /** In critical section */   CRITICAL_SECTION
    }
```

Continuation클래스에 열거형 Pinned로 가상 쓰레드가 고정되는 이유가 정의되어 있다. 네이티브 메서드 내에서 IO 블러킹이 발생하는 경우는 할 수 있는 일이 없지만, 나머지 2개, MONITOR와 CRITICAL_SECTION은 synchronized블럭 내에서 발생하는 것이기 때문에 synchronized블럭을 ReentrantLock으로 변경하여 해결할 수 있다.

```
synchronized(lock) {
    // 임계 영역
}
```
→
```
lock.lock();
// 임계 영역
lock.unlock();
```

예제를 통해 고정된 가상 쓰레드의 문제를 직접 확인해 보자.

▼ 예제 13-33/**VirtualEx6.java**

```java
import java.util.concurrent.locks.ReentrantLock;

public class VirtualEx6 {
    static ReentrantLock lock = new ReentrantLock();

    public static void main(String[] args) throws Exception{
        Runnable r = ()->{
            syncMethod();
            lockMethod();
        };
        Thread.ofVirtual().start(r).join(); // main쓰레드의 종료 대기
    }

    private static synchronized void syncMethod() {
        System.out.println("[synchronized] - start");
        try {
            Thread.sleep(1_000); // 가상 쓰레드의 고정 발생!!!
        } catch (InterruptedException e) {}
        System.out.println("[synchronized] - end");
    }

    private static void lockMethod() {
        System.out.println("[lock] - start");
        lock.lock();
        try {
            Thread.sleep(1_000); // 가상 쓰레드의 고정 발생 안함
        } catch (InterruptedException e) {
        } finally {
            lock.unlock();
        }
        System.out.println("[lock] - end");
    }
}
```

▼ 실행결과

```
[synchronized] - start
Thread[#22,ForkJoinPool-1-worker-1,5,CarrierThreads]
    VirtualEx6.syncMethod(VirtualEx6.java:17) <== monitors:1
[synchronized] - end
[lock] - start
[lock] - end
```

가상 쓰레드가 작업 중일 때 Thread.sleep()이 호출되면, 캐리어 쓰레드로부터 언마운트 되어야 하는데 synchronized메서드인 syncMethod() 내에서 호출된 것이라 가상 쓰레드가 언마운트되지 못하고 고정된 것을 실행결과에서 확인할 수 있다.

반면에 ReentrantLock을 사용한 lockMethod()에서는 가상 메서드가 고정되지 않으므로 아무런 문제없이 종료되었다. 앞으로 가상 쓰레드가 수행하는 작업 내에 있는 synchronized블럭이나 메서드는 모두 ReentrantLock을 이용하는 코드로 바꾸는 것이 좋다.

> **참고** | JDK 24부터 synchronized블럭에 의해 가상 쓰레드의 고정이 발생하는 것이 개선되었다.(JEP 491)

실행결과는 예제를 실행할 때 '-Djdk.tracePinnedThreads=short'를 옵션으로 지정해서 출력한 것이다. 이 옵션은 가상 쓰레드의 고정이 발생하는 이유와 코드의 위치를 알려주는데, 옵션의 값으로 short대신 full을 지정하면 좀더 자세한 정보를 알 수 있다.

인텔리제이에서 실행할 때는 화면의 우측 상단에 있는 실행버튼(녹색 삼각형) 좌측의 예제 이름을 클릭하면 나오는 메뉴에서 'Edit Configurations...'를 클릭하면 아래와 같은 화면이 나타난다.

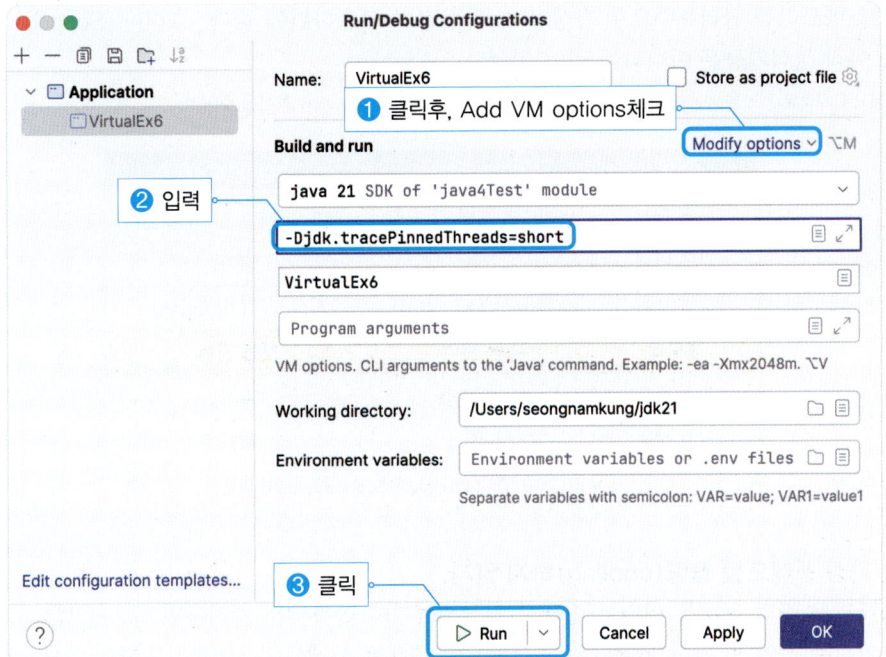

▲ 그림13-19 인텔리제이에서 VM options를 설정하고 실행하는 방법

위의 화면에서 실행 옵션을 입력하는 'VM options'라는 입력란이 없으면, 'Modify options'라는 글자를 클릭하면 나오는 메뉴에서 'Add VM options'를 체크해야 실행 옵션을 입력할 수 있다.

3.6 가상 쓰레드 작성시 주의사항

지금까지 가상 쓰레드와 관련된 많은 내용을 살펴봤는데, 마지막으로 가상 쓰레드를 작성할때 주의해야할 몇가지 사항에 대해서 정리하고 이것으로 가상 쓰레드에 대한 설명을 마치려 한다.

1. 가상 쓰레드가 고정되지 않게 주의하자.
좀전에 살펴본 것과 같이 syncnronized블럭을 사용하면 가상 쓰레드가 캐리어 쓰레드(플랫폼 쓰레드)에 고정되어 사용할 수 있는 캐리어 쓰레드의 수가 줄어든다. 가상 쓰레드가 고정되지 않게 synchronized블럭 대신 ReentrantLock을 사용하자.

2. ThreadLocal의 사용에 주의하자.
ThreadLocal은 쓰레드마다 개별 저장공간을 제공해주는 유틸 클래스이다. 락을 걸지 않고 저장공간을 사용할 수 있다는 것이 장점이지만 변수를 사용하고 난 후에 직접 메모리를 해제해야하므로 메모리 누수가 발생할 수 있다. 가상 쓰레드는 아주 많이 생성할 수 있으므로 약간의 메모리 누수도 심각한 문제가 될 수 있기 때문에 주의해야 한다. JDK 21부터 프리뷰 기능으로 추가된 ScopedValue는 ThreadLocal의 단점을 개선한 것으로 자동으로 메모리를 관리해주므로 가상 쓰레드와 같이 사용하기에 좋다. 그러나 ScopedValue가 아직 정식기능은 아니라는 것이 아쉽다.

| 참고 | 프리뷰 기능을 사용하려면 컴파일할때와 실행할때 —enable-preview 옵션을 주어야 한다. p.5 참고

항목	ThreadLocal	ScopedValue
사용 목적	쓰레드의 개별 값 저장	쓰레드의 개별 값 저장(임시)
값의 변경	가능	불가
값의 제거	수동(remove() 호출)	자동(범위 벗어나면)
메모리	**수동 관리**	**자동 관리**
자료구조	HashMap	Stack
읽기 성능	느림	빠름

▲ 표13-6 ThreadLocal과 ScopedValue의 비교

3. 가상 쓰레드를 풀링(pooling)하지 말자.
쓰레드 풀링의 장점은 미리 생성해서 저장해놨다가 반복해서 재사용함으로써 생성시간을 절약하는 것인데, 가상 쓰레드는 생성비용이 플랫폼 쓰레드의 1/100정도이므로 필요할 때

생성해도 충분하다. 게대가 많은 수의 가상 쓰레드를 풀링하려면, 이들을 관리하기 위한 저장공간이 커야 하므로 비용이 많이 든다. 그래서 가상 쓰레드를 풀링하기보다 일회용품처럼 필요할 때마다 생성해서 쓰는 것이 낫다.

보통은 쓰레드의 생성시간을 아끼려고 쓰레드풀을 사용하지만, 쓰레드 풀의 크기를 고정시킴으로써 공유 자원에 요청이 갑자기 몰리는 것을 막기 위한 용도로 쓰이기도 한다.

이런 목적이라면, 쓰레드 풀 대신 세마포어(semaphore)를 사용하자. 세마포어는 공유자원을 동시에 사용할 수 있는 쓰레드의 수를 제어할 수 있다. JDK에서는 세마포어의 구현체인 java.util.concurrent.Semaphore클래스를 제공한다.

3.7 Continuation과 StackChunk

플랫폼 쓰레드가 여러 가상 쓰레드를 번갈아가면서 실행할 수 있는 이유는 가상 쓰레드의 작업을 작업을 중단할 수 있고, 작업 진행 상황(호출 스택)을 저장할 수 있기 때문이다. 그래야 나중에 다시 작업을 이어서 할 수 있다.

이를 가능하게 하는 것이 컨티뉴에이션(Continuation)과 스택청크(StackChunk)이다. 컨티뉴에이션은 가상 쓰레드와 작업을 하나로 묶은 것으로 실행을 중단했다가 다시 재개하는 것이 가능하고 스택청크는 중단할 때 진행중이던 작업의 진행 상황, 즉 호출스택의 내용을 저장하는데 사용한다. 스택청크에 저장된 내용은 나중에 중단되었던 작업이 재개될 때 다시 호출스택으로 복사된다.

| 참고 | 스택청크의 크기는 JDK마다 다를 수 있으며, 보통 4KB 또는 8KB의 고정 크기이다.

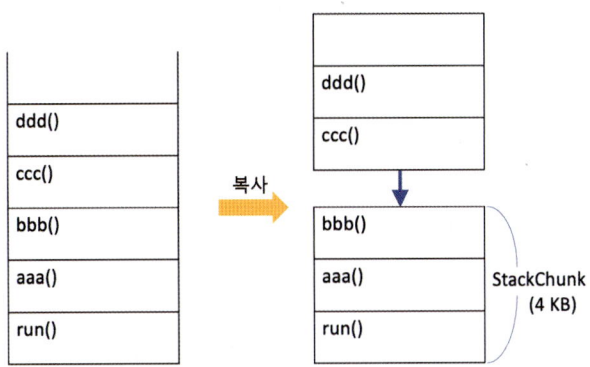

▲ 그림13-20 플랫폼 쓰레드의 호출스택을 스택청크에 복사

호출스택의 내용을 하나의 스택청크에 담을 수 없을 때는 새로운 스택청크를 생성해서 연결한다. 스택청크의 생성시간을 절약하기 위해 이미 종료된 작업에서 사용했던 스택청크를 재사용한다. 아래의 StackChunk클래스의 실제 코드인데, 호출 스택의 정보를 저장하기 위한 인스턴스 변수가 몇개 없다. 그 이유는 C++언어로 구현된 진짜 StackChunk를 자바에서 사용할 수 있게 작성한 껍데기이기 때문이다.

```java
public final class StackChunk {
    private StackChunk parent;  // 이전 StackChunk (링크드 리스트)
    private int size;
    private int sp;
    private int argsize;
    ...
```

컨티뉴에이션과 코루틴

일반적으로는 그림13-21의 윗 그림과 같이 routione()이 subroutine()을 호출하면, subroutine()은 종료될 때까지 수행을 멈출수 없고, 수행이 종료되어야 routine()으로 되돌아간다. 반면에 코루틴은 그림13-21의 아랫 그림과 같이 호출된 coroutine()이 수행을 중단했다가 다시 수행하기를 반복할 수 있다.

일방적으로 호출을 당하면, 수행을 멈출 수 없는 서브루틴(subroutine)과 달리 수행중에 멈출 수 있는 루틴(메서드)을 코루틴(coroutine)이라고 한다. 코루틴은 이미 오래전부터 여러 언어에서 구현되어 사용되어 왔으며, 코루틴을 자바에서 구현한 것이 컨티뉴에이션이다.

| 참고 | 코루틴은 기존의 서브루틴 달리 두 메서드(routine)가 서로 '협력적(cooperative)'이라는 뜻으로 붙여진 이름이다.

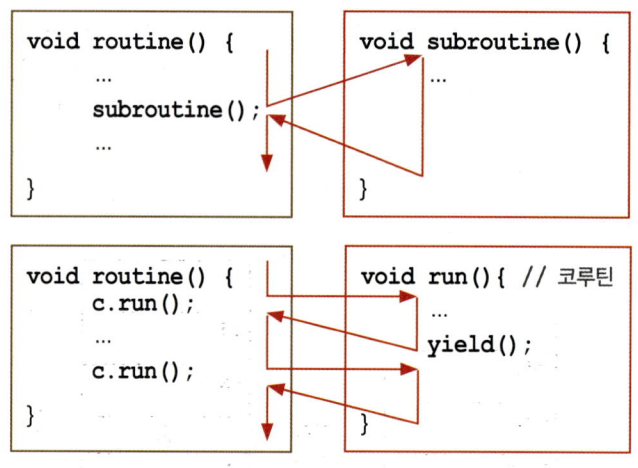

▲ 그림13-21 서브루틴(위의 오른쪽)과 코루틴(아래의 오른쪽)

다음은 컨티뉴에이션을 자바로 구현한 Continuation클래스의 실제 코드인데, 수행할 작업과 호출스택을 저장할 스택청크 그리고 작업의 진행 상태를 저장하기 위한 변수들이 선언되어 있다.

```java
public class Continuation {
    private final Runnable target;        // 실제 수행할 작업
    private StackChunk tail;              // StackChunk (링크드 리스트)
    private boolean preempted;            // 중단 여부
    private boolean done;                 // 완료 여부
    private volatile boolean mounted;     // 마운팅 여부
    ...
```

아래의 코드를 보면 VirtualThread는 Continuation을 포함하고 있으며, Continuation은 가상 쓰레드와 작업을 함께 묶은 것이라는 것을 확인할 수 있다.

```java
final class VirtualThread extends BaseVirtualThread {
    ...
    // 컨티뉴에이션 - 가상 쓰레드의 작업을 중단했다가나중에 다시 실행할 수 있게 해준다.
    private final Continuation cont;
    private final Runnable runContinuation;
    ...
    VirtualThread(Executor scheduler, String name, int characteristics,
                                                        Runnable task) {
        ...
        // 가상 쓰레드(this)와 작업(task)을 하나로 묶는 컨티뉴에이션을 생성해서 가상 쓰레드에 저장
        this.cont = new VThreadContinuation(this, ()-> this.run(task));
        this.runContinuation = this::runContinuation; // cont.run()호출
```

VirtualThread의 인스턴스 변수 runContinuation은 Continuation을 Runnable로 감싼 것으로 실제 코드는 14장에서 배울 메서드 참조(p.946)로 작성되어 있다. 이해하기 쉽게 변경하면 다음과 같다.

```java
// this.runContinuation = this::runContinuation; 아래의 코드 5줄과 동일
this.runContinuation = new Runnable() { // Runnable runContinuation
    public void run() {
        runContinuation(); // cont.run()을 호출
    }
}

private void runContinuation() {
    ...
    cont.run(); // vt.run(task)을 호출.
```

기존의 쓰레드, 즉 플랫폼 쓰레드는 작업을 Runnable로 다루기 때문에 가상 쓰레드의 작업인 Continuation을 Runnable로 감싸는 것이다. 이렇게 함으로써 기존의 코드를 변경 없이 재사용할 수 있다.

  가상 쓰레드를 시작하면, 즉 start()를 호출하면 스케쥴러에 가상 쓰레드의 작업(runContinuation)이 전달되고 스케쥴러의 워커 쓰레드(플랫폼 쓰레드) 중의 하나와 연결된다. 연결된 워커 쓰레드는 cont.run()을 호출하여 이 작업을 시작한다.

| 참고 | 대략적인 실행 흐름은 vt.start() → cont.run() → vt.run(task) → task.run()이며, task는 Runnable이다.

```java
public void start() { // VirtualThread의 start()
    // 스케쥴러에게 컨티뉴에이션(작업)을 전달. runContinuation은 Runnable
    scheduler.execute(runContinuation); // execute(Runnable r)
}
```

컨티뉴에이션의 중단과 재개

수행중이던 작업이 중단될 수 있는 이유는 가상 쓰레드의 작업을 컨티뉴에이션으로 처리하기 때문인데, 그림13-21에서 알 수 있듯이 컨티뉴에이션은 run()으로 시작해서 yield()을 호출하면 작업이 일시적으로 중단된다. 컨티뉴에이션의 yield()는 직접 호출하거나 작업을 진행할 수 없는 경우에 간접적으로 호출된다.

> **컨티뉴에이션의 중단**
> 1. 명시적 중단   - 직접 `Continuation.yield()`를 호출
> 2. 대기상황 발생 - IO 블러킹, 락의 획득, `Thread.sleep()`의 호출
>   (간접적으로 `Continuation.yield()`가 호출됨)

컨티뉴에이션의 yield()가 호출되면, 진행중이던 작업이 중단되고 호출스택의 내용은 스택청크에 저장된다. 그리고 중단된 컨티뉴에이션을 포함한 가상 쓰레드는 캐리어 쓰레드(플랫폼 쓰레드)로부터 언마운트된다.

  중단된 컨티뉴에이션은 작업을 재개할 수 있는 상황이되면 컨티뉴에이션의 run()이 직간접적으로 호출되어 실행가능한 상태(RUNNABLE)가 된다. 이 상태의 가상 쓰래드는 스케쥴러가 정한 스케쥴에 의해 적절한 시점에 다시 비어있는 캐리어 쓰레드에 마운트되고, 이 캐리어 쓰레드의 호출스택에 중단했을때 저장해두었던 스택청크의 내용을 다시 복사해서 중단되었던 지점부터 실행이 재개된다.

> **컨티뉴에이션의 재개 과정**
> 1. 컨티뉴에이션의 상태를 실행가능(**RUNNABLE**)으로 변경
> 2. 가상 쓰레드를 캐리어 쓰레드에 마운트
> 3. 스택청크의 내용을 캐리어 쓰레드의 호출스택에 복사
> 4. 중단된 지점부터 가상 쓰레드의 작업을 재개

4. Executor와 ExecutorService

Executor인터페이스는 쓰레드가 수행할 작업의 처리를 추상화한 것이다. 그리고 이를 보다 발전시킨 것이 ExecutorService인터페이스이다. Executors클래스를 통해 자주 사용되는 여러 종류의 ExecutorService의 구현체가 제공되므로 우리가 직접 ExecutorService를 구현할 일은 거의 없다. 그저 필요한 것을 선택해서 사용하기만 하면 된다. 덕분에 우리는 쓰레드를 생성하고 실행하는 코드를 작성할 필요가 없어지고, 쓰레드가 수행할 작업을 코드로 작성하는 일에만 전념할 수 있게 되었다.

> **참고** Executor(JDK 5부터)와 ExecutorService(JDK 8부터)는 java.util.concurrent패키지에 포함되어 있다.
> **참고** ExecutorService에 스케쥴링 기능을 추가한 ScheduledExecutorService도 있다.

4.1 Executor

우리가 쓰레드로 작업을 처리할 때, 먼저 쓰레드가 수행할 작업을 적고 그 다음에 어떻게 쓰레드를 생성하고 실행할 것인지 두 단계로 코드를 작성하는 것이 보통이다.

```java
// 1. 쓰레드가 수행할 작업을 작성
Runnable r = new Runnable() {
    // 쓰레드가 수행할 코드를 적는다.
};

// 2. 쓰레드의 생성과 실행
Thread th = new Thread(r);
th.setDaemon(true);
th.start();
```

쓰레드로 수행할 작업을 작성하는 코드는 매번 달라지겠지만, 쓰레드를 생성하고 실행하는 코드는 거의 달라지지 않는다. 달라진다 해도 그저 몇가지 패턴이 반복될 뿐이다.

이 패턴을 미리 작성해 놓고, 재사용하기 위한 것이 바로 Executor이다.

```java
interface Executor {
    void execute(Runnable task)   // 주어진 작업(task)을 실행
}
```

Exectuor로 데몬 쓰레드를 생성하는 DaemonExecutor를 작성하면 다음과 같다.

```java
// 주어진 작업(r)을 데몬 쓰레드로 처리하는 Executor
class DaemonExecutor implements Executor {
    public void execute(Runnable r) {
        Thread th = new Thread(r);
        th.setDaemon(true);
        th.start();
    }
}
```

이전의 코드에 위에서 작성한 DaemonExecutor를 적용하면 다음과 같이 된다.

```
// 1. 쓰레드가 수행할 작업을 작성
Runnable r = new Runnable() {
    // 쓰레드가 수행할 코드를 적는다.
};

// 2. 쓰레드의 생성과 실행
DaemonExecutor executor = new DaemonExecutor();
executor.execute(r); // execute(Runnable r)
```

이전의 코드가 워낙 간단해서 별차이가 없지만, 생성할 쓰레드의 개수가 많거나 좀더 복잡한 상황에서는 분명한 차이가 있다. 그리고 자주 사용될만한 Exetutor를 종류별로 만들어 놓으면, 상황에 따라 필요한 것을 선택만 하면되니까 코드가 간단해지고 재사용성이 높아진다.

4.2 ThreadFactory

Executor가 쓰레드의 생성과 실행을 같이 처리하기도 하지만, 생성과 실행은 별로의 작업이므로 분리하는 것이 코드의 재사용이나 유지보수에 더 유리하다. 이럴 때 사용하는 것이 '쓰레드 팩토리'이다. 쓰레드의 생성은 쓰레드 팩토리에게 맡기고, Executor는 쓰레드를 어떻게 실행할 것인가에만 전념하면 된다.
　쓰레드 팩토리는 ThreadFactory인터페이스로 정의되어 있으며, 쓰레드를 생성해서 반환하는 팩토리 메서드 하나만 가지고 있다.

| 참고 | 팩토리 메서드는 객체를 생성해서 반환하는 메서드를 말한다.

```
public interface ThreadFactory {
    Thread newThread(Runnable r); // 쓰레드를 생성해서 반환하는 팩토리 메서드
}
```

쓰레드를 생성할 때 생성자 대신 팩토리 메서드를 사용하면, 변경에 유리할 뿐만아니라 객체를 재사용할 수 있는 등 여러가지 장점을 얻게 된다.
　예를들어 플랫폼 쓰레드를 생성해서 반환하는 ThreadFactory는 다음과 같이 작성할 수 있다.

```
// 플랫폼 쓰레드를 생성해서 반환하는 ThreadFactory
class PlatformThreadFactory implements ThreadFactory {
    public Thread newThread(Runnable r) {
        Thread th = new Thread(r); // 플랫폼 쓰레드를 생성
        th.setName("platform-"+th.threadId());
        return th;
    }
}
```

이 쓰레드 팩토리를 이용해서 이전에 작성한 DaemonExecutor에서 쓰레드의 생성을 분리하면 다음과 같은 코드가 된다.

```java
// 1. 쓰레드가 수행할 작업
Runnable r = new Runnable() {
    // 쓰레드가 수행할 코드를 적는다.
};

// 2. 쓰레드의 생성
ThreadFactory factory = new PlatformThreadFactory();

// 3. 쓰레드의 실행
Executor executor = new DaemonExecutor(factory);
executor.execute(r);
```

그리고 DaemonExecutor도 다음과 같이 바뀌어야 한다. Executor내부에서 쓰레드를 어떻게 생성할지 결정하지 않고 생성자를 통해 ThreadFactory를 제공받아서 쓰레드를 생성한다.

```java
class DaemonExecutor implements Executor {
    private ThreadFactory factory;

    DaemonExecutor(ThreadFactory factory) {
        this.factory = factory;
    }

    public void execute(Runnable r) {
        Thread th = factory.newThread(r);
        th.setDaemon(true);
        th.start();
    }
}
```

이제 예제를 통해서 지금까지 배운 내용을 직접 확인해 보자.

▼ 예제 13-34/**ThreadFactoryEx.java**

```java
import java.util.concurrent.Executor;
import java.util.concurrent.ThreadFactory;

public class ThreadFactoryEx {
    public static void main(String[] args) {
        // 1. 쓰레드가 수행할 작업
        Runnable r = ()-> {
            System.out.println("Hello");
        };
```

```
        // 2. 쓰레드를 생성하는 방법
        ThreadFactory factory = new PlatformThreadFactory();

        // 3. 쓰레드를 실행하는 방법
        Executor executor = new DaemonExecutor(factory);
        executor.execute(r);
    }
}

// 플랫폼 쓰레드를 생성해서 반환하는 ThreadFactory
class PlatformThreadFactory implements ThreadFactory {
    public Thread newThread(Runnable r) {
        Thread th = new Thread(r);
        th.setName("platform-"+th.threadId());
        return th;
    }
}

// 가상 쓰레드를 생성해서 반환하는 ThreadFactory
class VirtualThreadFactory implements ThreadFactory {
    public Thread newThread(Runnable r) {
        return Thread.ofVirtual().unstarted(r);
    }
}

class DaemonExecutor implements Executor {
    private ThreadFactory factory;

    DaemonExecutor(ThreadFactory factory) {
        this.factory = factory;
    }

    public void execute(Runnable r) {
        Thread th = factory.newThread(r);
        th.setDaemon(true);
        th.start();
    }
}
```

▼ 실행결과
```
Hello
```

4.3 ExecutorService

Executor로 코드를 간단히 하고 재사용하는 것은 좋은데, 기능적으로 좀 아쉬움이 있다. 그래서 나온 것이 ExecutorService이다. ExecutorService는 Executor를 확장한 것으로 더 많은 기능이 추가되었다.

```
        // 작업을 제출하는 ExecutorService의 메서드. Executor의 execute()를 개선
        <T> Future<T>   submit(Callable<T> task);
        <T> Future<T>   submit(Runnable task, T result);
            Future<?>   submit(Runnable task);
```

execute()는 Runnable만 실행할 수 있지만, submit()은 Callable도 가능하므로 반환값이 있는 작업을 실행할 수 있다. 그리고 Runnable의 run()은 예외가 선언되어 있지 않아서 RuntimeException의 자손 예외만 던질 수 있는데 Callable의 call()은 Exception이 선언되어 있어서 모든 종류의 예외를 던질 수 있다.

```
public interface Runnable {
    void run();  // 반환 값이 없음. 예외를 선언하지 않음
}

public interface Callable<V> {
    V call() throws Exception;  // 반환 값이 있음. 필수처리 예외를 선언
}
```

submit()의 반환타입인 Future인터페이스는 비동기 작업의 결과를 담기 위한 것으로 먼저 ExecutorService에 대한 설명을 마치고 자세히 살펴볼 것이다.

submit()의 반환타입인 Future인터페이스는 비동기 작업의 결과를 담기 위한 것으로 먼저 ExecutorService에 대한 설명을 마치고 자세히 살펴볼 것이다.

ExecutorService는 submit()외에도 invokeAny()와 invokeAll()이 있는데, 이들은 여러 작업이 담긴 컬렉션을 받아서 한번에 처리할 수 있으며, 큰 작업을 작게 나눠서 여러 쓰레드가 병렬로 빠르게 처리하게 할 때 사용한다.

```
<T> T              invokeAny(Collection<? extends Callable<T>> tasks)
                        throws InterruptedException, ExecutionException
<T> List<Future<T>> invokeAll(Collection<? extends Callable<T>> tasks)
                        throws InterruptedException
```

invokeAny()는 여러 작업 중에 예외 발생없이 가장 먼저 완료된 작업의 결과를 반환하고, 완료되지 않은 나머지 작업은 취소된다. 다만 곧바로 취소되지 않고 시간이 걸릴 수 있다. 반면에 invokeAll()은 모든 작업이 완료되었을 때, 각 작업에 대한 결과가 담긴 List<Future>를 반환한다. 작업의 수행 중에 예외가 발생해도 작업이 끝난 것으로 간주된다.

예를 들어 invokeAny()는 많은 데이터에서 원하는 데이터 하나만 찾을 때, invokeAll()은 큰 이미지 파일을 여러개로 나눠서 여러 쓰레드가 동시에 빠르게 처리할 때 유용하다.

마지막으로 ExecutorService의 종료와 관련된 다음과 같은 메서드들이 있다.

```
boolean isTerminated()   // 모든 작업이 종료되었으면 true반환
boolean isShutdown()     // ExecutorService가 종료되었으면 true반환
void    shutdown()       // 모든 작업이 완료될 때까지 기다렸다가 종료 (작업제출금지)
List<Runnable> shutdownNow() // 모든 작업을 중단하고 종료. 미완료 작업 반환
boolean awaitTermination(long timeout, TimeUnit unit) // 지정된 시간
                         동안 대기후 작업 종료여부를 반환
```

shutdown( )은 제출된 모든 작업이 끝날때까지 기다렸다가 ExecutorService를 종료한다. 지정된 시간동안만 기다리게 하려면 awaitTermination( )과 shutdownNow( )를 호출하면 된다.

| 참고 | shutdown( )이 호출된 후에는 더이상 작업을 제출할 수 없다. 즉, submit( )을 호출할 수 없다.

```
// ExecutorService 종료시도
executorService.shutdown();  // 제출된 모든 작업이 종료되기를 기다렸다가 종료.

// 5초 동안 기다려도 종료되지 않으면 강제 종료.
if (!executorService.awaitTermination(5, TimeUnit.SECONDS)) {
    executorService.shutdownNow();  // 강제 종료
}
```

위의 코드는 shutdown( )을 호출한 후에 awaitTermination( )을 호출해서 최대 5초 동안 ExecutorService가 종료되기를 기다린다. 그래도 종료되지 않으면 shutdownNow( )로 강제 종료시킨다. awaitTermination( )은 지정된 시간 안에 종료되면 true를 반환하고, 그렇지 않으면 false를 반환한다.

| 참고 | shutdownNow( )는 작업 중인 쓰레드에 대해 interrupt( )를 호출하는 것 뿐이기 때문에 쓰레드의 작업이 interrupt가 발생했을 때 중단될 수 있게 작성되어 있어야 한다. p.911의 예제13-42를 참고하자.

▼ 예제 13-34/**ExecutorServiceEx.java**

```java
import java.util.concurrent.ExecutorService;
import java.util.concurrent.Executors;

public class ExecutorsEx {
    public static void main(String[] args) {
        // 하나의 쓰레드로 작업을 처리하는 ExecutorService를 생성
        ExecutorService executor = Executors.newSingleThreadExecutor();

        // 5개의 작업을 executor에게 제출(submit)
        for (int i = 1; i <= 5; i++) {
            final int no = i;  // final 생략 가능
            executor.submit(()->System.out.println("Hello"+no));
        }

        executor.shutdown();  // ExecutorService를 종료.
    }
}
```

▼ 실행결과
```
Hello1
Hello2
Hello3
Hello4
Hello5
```

Executors가 제공하는 하나의 쓰레드로 작업을 처리하는 Executor를 사용하는 간단한 예제이다. 자주 사용될만한 Executor는 이미 다 만들어서 Executors클래스로 제공하기 니까 용도에 맞는 것을 선택해서 사용하면 된다. 그 다음엔 submit( )으로 Executor에게 처리할 작업을 제공하면 끝이다. 일단 일부만 소개하고 나머지는 나중에 추가로 설명할 것이다.

1. 싱글 쓰레드 익스큐터 - 하나의 쓰레드만 생성. 하나의 쓰레드가 모든 작업을 처리
ExecutorService new**Single**ThreadExecutor()

2. 플랫폼 쓰레드 익스큐터 - 작업의 수만큼 플랫폼 쓰레드를 생성. 쓰레드 재사용 안함
ExecutorService new**Thread**PerTaskExecutor(ThreadFactory factory)

3. 가상 쓰레드 익스큐터 - 작업의 수만큼 가상 쓰레드를 생성. 쓰레드 재사용 안함
ExecutorService new**VirtualThread**PerTaskExecutor()

한가지 주의할 점은 작업을 모두 제출한 후에 반드시 shutdown()을 호출해야 한다는 것이다. 그렇지 않으면 Executor는 다음 작업의 제출(submit)을 계속 기다리므로 프로그램은 종료되지 않는다.

  shutdown()을 호출해도 바로 Executor가 종료되는 것은 아니고, 이미 제출된 작업이 모두 완료될 때까지 기다린 후에 종료된다. 작업의 완료를 기다리지 않고 Executor를 종료시키려면 shutdownNow()를 호출해야 한다. shutdownNow()는 제출된 작업 중에 아직 완료되지 않은 것들을 모두 취소시키는 것이기 때문에 다소 시간이 걸릴 수 있다.

▼ 예제 13-35/**ExecutorServiceEx2.java**

```java
import java.util.Arrays;
import java.util.List;
import java.util.concurrent.Callable;
import java.util.concurrent.ExecutorService;
import java.util.concurrent.Executors;

public class ExecutorServiceEx2 {
    public static void main(String[] args) {
        int[] arr = new int[40_000_000];
        int answer = (int)(Math.random() * arr.length);
        int bomb = (arr.length-1) - answer;  // anwer와 겹치지 않는 위치
        arr[answer] = 1;  // 임의의 위치에 정답(1)을 저장
        arr[bomb] = -1;   // 임의의 위치에 폭탄(-1)을 저장
        System.out.println("정답 = " + answer);
        System.out.println("폭탄 = " + bomb);

        Callable<String> task = ()->{
            String name = Thread.currentThread().getName();

            while(true) {
                int idx = (int)(Math.random() * arr.length);
                if(arr[idx]==1) {  // 정답을 찾으면, 쓰레드의 이름을 반환
                    System.out.println("정답 발견 by "+name+" idx="+idx);
                    return name;
                }
                if(arr[idx]==-1) {  // 폭탄(-1)을 발견하면 예외 발생시키기
                    System.out.println("폭탄 발견 by "+name+" idx="+idx);
                    throw new Exception("failed - " + name);
                }
            }
        };
```

```java
        // 5개의 작업(task)을 List에 저장
        List<Callable<String>> taskList =
                            Arrays.asList(task, task, task, task, task);

        // 플랫폼 쓰레드 생성하는 ThreadFactory
        ThreadFactory factory = Thread.ofPlatform().factory();
//      ThreadFactory factory = Thread.ofVirtual().factory();  // 가상 쓰레드

        // try-with-resources를 사용하면 executor.shutdown()을 호출하지 않아도 됨.
        try (ExecutorService executor = Executors.
                    newThreadPerTaskExecutor(factory)) {
            // 가장 먼저 성공적으로 완료된 task의 결과를 반환. 모두 실패하면 예외 발생.
            String result = executor.invokeAny(taskList);
            System.out.println("=== After invokeAny() ===");
            System.out.println("result = " + result);
        } catch(Exception e){
            e.printStackTrace();
        }
    }
}
```

▼ 실행결과

```
정답 = 16985820
폭탄 = 23014179
폭탄 발견 by Thread-1 idx=23014179
폭탄 발견 by Thread-2 idx=23014179
정답 발견 by Thread-4 idx=16985820
=== After invokeAny() ===  ← 첫 번째 성공적으로 완료된 작업이 있으면 출력됨(다음 예제와 비교)
result = Thread-4
폭탄 발견 by Thread-0 idx=23014179
폭탄 발견 by Thread-3 idx=23014179
```

이 예제는 ExecutorService의 invokeAny()의 사용 방법을 보여준다. List에 여러 작업을 담은 다음에 invokeAny()의 매개변수로 넘겨준다. invokeAny()는 List에 담긴 모든 작업을 각기 다른 플랫폼 쓰레드가 수행하게 하고, 이 작업들 중에 가장 먼저 성공적으로 완료된 작업의 결과를 반환한다. 실행결과를 보면 Thread-4가 수행한 작업이 가장 먼저 성공적으로 완료된 것을 확인할 수 있다. 만일 모든 작업이 실패하면, invokeAny()는 ExecutionException을 발생시킨다.

쓰레드가 수행하는 작업을 설명하면, 아주 큰 배열에 한 요소에는 정답(1)을 저장하고 다른 한 요소에는 폭탄(-1)을 저장해 놓고 여러 쓰레드가 배열의 요소를 랜덤하게 읽어서 가장 먼저 정답을 찾는 쓰레드의 이름을 출력한다. 만일 정답을 찾다가 폭탄을 발견하면 예외가 발생하고 작업은 실패하게 된다.

이전 예제13-34와 달리 try-with-resources구문을 사용해서 shutdown()을 호출하지 않았다는 점도 눈여겨 보자. ExecutorService는 AutoCloseable을 상속받으며, ExecutorService를 구현한 클래스의 close()는 shutdown()을 호출한다.

▼ 예제 13-36/**ExecutorServiceEx3.java**

```java
import java.util.*;
import java.util.concurrent.*;

public class ExecutorServiceEx3 {
    public static void main(String[] args) {
        int[] arr = new int[40_000_000];
        int answer = (int)(Math.random() * arr.length);
        int bomb = (arr.length-1) - answer; // anwer와 겹치지 않는 위치
        arr[answer] = 1;  // 임의의 위치에 정답(1)을 저장
        arr[bomb] = -1;   // 임의의 위치에 폭탄(-1)을 저장
        System.out.println("정답 = " + answer);
        System.out.println("폭탄 = " + bomb);

        Callable<String> task = ()->{
            String name = Thread.currentThread().getName();

            while(true) {
                int idx = (int)(Math.random() * arr.length);
                if(arr[idx]==1) { // 정답을 찾으면, 쓰레드의 이름을 반환
                    System.out.println("정답 발견 by " + name +" idx="+idx);
                    return name;
                }
                if(arr[idx]==-1) { // 폭탄(-1)을 발견하면 예외 발생시키기
                    System.out.println("폭탄 발견 by " + name +" idx="+idx);
                    throw new Exception("failed - " + name);
                }
            }
        };

        // 5개의 작업(task)을 List에 저장
        List<Callable<String>> taskList
                        = Arrays.asList(task, task, task, task, task);

        // try-with-resources를 사용하면 executor.shutdown()을 호출하지 않아도 됨.
        try(ExecutorService executor =
          Executors.newThreadPerTaskExecutor(Thread.ofPlatform().factory()))
        {
            // 작업 결과를 저장할 List
            List<Future<String>> resultList = executor.invokeAll(taskList);
            System.out.println("=== After invokeAll() ===");
            for(Future<String> future : resultList) {
                String result = "";
                try {
                    result = future.get();
                } catch(Exception e) {
                    result = "예외발생";
                }
                System.out.printf("future.state()=%-7s, future.get()=%-8s%n",
                                                future.state(), result);
            }
        } catch(Exception e){
            e.printStackTrace();
        }
    }
}
```

▼ 실행결과
```
정답 = 12721698
폭탄 = 27278301
정답 발견 by Thread-1 idx=12721698
폭탄 발견 by Thread-0 idx=27278301
폭탄 발견 by Thread-2 idx=27278301
정답 발견 by Thread-3 idx=12721698
폭탄 발견 by Thread-4 idx=27278301
=== After invokeAll() ===  ← 모든 작업이 완료되어야 출력됨(이전 예제와 비교)
future.state()=FAILED , future.get()=예외발생
future.state()=SUCCESS, future.get()=Thread-1
future.state()=FAILED , future.get()=예외발생
future.state()=SUCCESS, future.get()=Thread-3
future.state()=FAILED , future.get()=예외발생
```

이 예제는 invokeAny()대신 invokeAll()을 사용했다는 것을 제외하면 이전 예제와 같다.
   invokeAny()는 어느 하나의 작업만 성공적으로 완료되어도 결과를 반환하지만, invokeAll()은 모든 작업이 완료(성패 관계없이)되어야 결과(Future⟨String⟩)를 List에 담아 반환한다. 그리고 invokeAll()은 invokeAny()와 달리 모든 작업이 실패를 해도 ExecutionException이 발생하지 않는다.
   Future인터페이스는 미래에 완료될 비동기 작업결과(객체)의 기능(메서드)을 정의 한 것으로 자세한 내용은 p.903에서 설명한다.

4.4 쓰레드 풀(thread pool)

쓰레드 풀(thread pool)은 미리 여러 개의 쓰레드를 만들어놨다가 작업(task)이 들어오면 순서대로 작업 큐(task queue)에 저장되고 대기중이던 쓰레드가 작업 큐에서 작업을 하나씩 꺼내서 처리하는 방식이다.

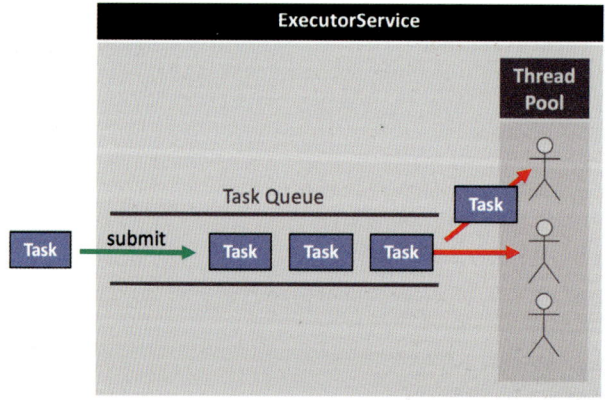

▲ 그림13-22 쓰레드 풀의 쓰레드가 작업을 처리하는 과정

쓰레드 풀의 장점은 미리 쓰레드를 생성해 놓고 재사용하기 때문에 쓰레드가 생성되고 시작하는 시간을 줄일 수 있다. 작업의 크기가 작고 요청의 수가 많은 경우 쓰레드 풀이 적합하다. 일반적인 쓰레드 풀의 동작방식은 위의 그림과 같지만, 쓰레드풀의 종류에 따라 내부적으로 다르게 처리할 수 있다.

Exexcutors는 다음과 같이 팩토리 메서드로 다양한 종류의 쓰레드 풀을 사용할 수 있는 ExecutorService를 제공한다.

| 참고 | newWorkStealingPool( )은 ForkJoinPool을 생성해서 반환한다.

```
1.고정 크기 쓰레드 풀 - 지정한 개수의 쓰레드만 생성해서 재사용하는 쓰레드 풀
ExecutorService newFixedThreadPool(int nThreads)

2.가변 크기 쓰레드 풀 - 필요할 때마다 새로운 쓰레드를 생성하는 쓰레드 풀
  짧은 비동기 작업이 많은 경우에 적합.  60초 동안 작업이 없으면 쓰레드 제거
ExecutorService newCachedThreadPool()

3.워크-스틸링(work-stealing) 쓰레드 풀 - 쓰레드의 수가 동적으로 변하는 쓰레드 풀
  쓰레드마다 작업 큐를 가지며 작업의 처리순서 보장 없음
ExecutorService newWorkStealingPool(int parallelism)

4.스케쥴링 쓰레드 풀 - 지연된 실행이나 주기적 실행이 가능한 쓰레드 풀
ScheduledExecutorService newScheduledThreadPool(int corePoolSize)
```

어떤 쓰레드 풀을 사용할 것인지는 처리하는 작업의 종류에 알맞은 것을 선택하면 된다.

예를들어 작업의 종류가 CPU를 이용한 계산에 집중되어 있다면, 프로세서의 개수 만큼의 고정된 수의 쓰레드를 생성해서 처리하는 것이 좋다.

```
int coreNum = Runtime.getRuntime().availableProcessors();
ExecutorService thPool = Executors.newFixedThreadPool(coreNum);
```

IO를 많이하는 작업이 많은, 즉 IO 집중적인 경우는 요청마다 새로운 가상 쓰레드를 생성하는 Executors.newVirtualThreadPerTaskExecutor( )를 사용하면 된다.

다음 예제는 쓰레드 풀의 원리를 단순화한 싱글 쓰레드풀인데, 쓰레드 풀이 어떻게 여러 작업을 처리하는지 이해하는데 도움이 될 것이다.

▼ 예제 13-37/ThreadPoolEx.java

```java
import java.util.concurrent.BlockingQueue;
import java.util.concurrent.LinkedBlockingQueue;

class SingleThreadPool {
    private volatile boolean isStopped = false;
    private final BlockingQueue<Runnable> taskQueue; // 작업 큐
    private Worker worker; // 일꾼 쓰레드

    public SingleThreadPool(int size){ // size는 작업 큐의 크기
        taskQueue = new LinkedBlockingQueue<>(size);
        worker = new Worker();
```

```java
            worker.start();
    }

    public void submit(Runnable task) {
        taskQueue.offer(task);  // 작업 큐에 작업(task) 추가
    }

    public void shutdown() {
        while(!taskQueue.isEmpty()){
            try {
                Thread.sleep(100);  // 0.1초마다 확인
            } catch(Exception e) { }
        }
        isStopped = true;
        worker.interrupt();
    }

    private class Worker extends Thread {
        public void run() {
            // 작업 큐에서 작업을 계속 꺼내서 실행
            while (!isStopped){
                try {
                    // 작업 큐에서 작업을 하나씩 꺼내서 실행
                    Runnable task = taskQueue.take();
                    task.run();
                } catch (InterruptedException e) {
                    break;
                }
            }
        } // end of run()
    }
}

public class ThreadPoolEx {
    public static void main(String[] args) {
        SingleThreadPool threadPool = new SingleThreadPool(10);

        // 5개의 작업을 제출(submit)
        for (int i = 1; i <= 5; i++) {
            final int taskNo = i;  // final 생략 가능
            threadPool.submit(() -> work(taskNo));
        }

        threadPool.shutdown();  // 모든 작업이 끝난 후에 종료
    }

    public static void work(int taskNo){
        // 1초간 작업한다고 가정 - 실제론 1초간 쉼.
        System.out.println("Task " + taskNo + " - started");
        try {
            Thread.sleep(1000);  // 작업 수행
        } catch (InterruptedException e) { }
        System.out.println("Task " + taskNo + " - finished");
    }
}
```

▼ 실행결과

```
Task 1 - started
Task 1 - finished
Task 2 - started
Task 2 - finished
Task 3 - started
Task 3 - finished
Task 4 - started
Task 4 - finished
Task 5 - started
Task 5 - finished
```

하나의 쓰레드로 여러 작업을 처리하는 방법을 보여주는 예제이다. 여러 작업을 작업 큐(BlockingQueue)에 저장해 놓고 일꾼 쓰레드(Worker)가 하나씩 꺼내서 처리한다.

> **참고** 블락킹 큐(BlockingQueue)는 가득찼을때 기다렸다가 추가하고 비어 있을 때는 기다렸다가 가져간다.

```
private class Worker extends Thread { // 일꾼 쓰레드
    public void run() {
        while (!isStopped) {
            try {
                // 작업 큐(BlockingQueue)에서 작업(Runnable) 을 하나씩 꺼내 실행
                Runnable task = taskQueue.take()
                task.run();
                ...
```

이 예제는 이해를 돕기 위해 하나의 쓰레드만 생성해서 사용하는데, 여러 쓰레드를 가진 쓰레드 풀을 만들려면 아래와 같이 여러 개의 쓰레드를 저장할 수 있는 리스트로 변경하고 쓰레드를 미리 생성해서 저장해야 한다.

```
class ThreadPool {
        ...
    //  private Worker worker;
    private List<Worker> workers;  // 일꾼 쓰레드 리스트
```

쓰레드 풀의 단점

쓰레드가 작업을 처리하는 도중에 sleep( )이나 IO블럭킹이 발생하면, 해당 쓰레드는 작업을 멈추고 기다리게 된다. 이러면 쓰레드 풀에서 사용가능한 쓰레드의 개수가 줄어들기 때문에 추가로 쓰레드를 더 생성해야 한다. 그래서 IO블럭킹이 자주 발생하는 IO 집중적인 작업은 요청마다 새로운 가상 쓰레드를 생성하는 Executors.newVirtualThreadPerTaskExecutor( )를 사용하는 것이 좋다.

▼ 예제 13-38/**ThreadPoolEx2.java**

```java
import java.util.Scanner;
import java.util.concurrent.ExecutorService;
import java.util.concurrent.Executors;

public class ThreadPoolEx2 {
    public static void main(String[] args) throws Exception {
        ExecutorService executorService = Executors.newFixedThreadPool(4);
        executorService.submit(()-> delaySayHello(5000));
        executorService.submit(()-> getUserInput());

        for (int i = 1; i <= 5; i++)
            executorService.submit(()-> sayHello());
```

```java
        executorService.shutdown();
    }

    public static void sayHello() {
        System.out.println("Hello - " + Thread.currentThread().getName());
    }

    public static void delaySayHello(int ms) {
        try {
            Thread.sleep(ms);
        } catch(Exception e) {}
        sayHello();
    }

    public static void getUserInput() {
        Scanner scanner = new Scanner(System.in);
        System.out.print("Input any number=");
        System.out.println(scanner.nextLine()+ " - "
                                + Thread.currentThread().getName());
    }
}
```

▼ 실행결과

```
Hello - pool-1-thread-4
Hello - pool-1-thread-3
Hello - pool-1-thread-4       2개의 쓰레드가 중단되고
Hello - pool-1-thread-3       2개의 쓰레드만 작업처리
Hello - pool-1-thread-4
Input any number=22222
22222 - pool-1-thread-2
Hello - pool-1-thread-1
```

이 예제는 쓰레드 풀에서 Thread.sleep()과 IO블러킹이 발생하면, 작업이 중단되어 사용할 수 있는 워커 쓰레드의 수가 줄어든다는 것을 보여준다.

먼저 4개의 워커 쓰레드를 가진 고정 쓰레드 풀을 생성하고 7개의 작업을 제출(submit)한다.

```java
ExecutorService executorService = Executors.newFixedThreadPool(4);
executorService.submit(()-> delaySayHello(5000)); // 5초 후 출력
executorService.submit(()-> getUserInput());  // 사용자 입력을 받는 작업

for (int i = 1; i <= 5; i++)
    executorService.submit(()-> sayHello());   // Hello를 출력하는 작업 5개
```

실행결과를 보면 Thread.sleep()을 호출하는 delaySay Hello()와 IO블러킹이 발생하는 getUserInput()을 처리하는 워커 쓰레드는 작업이 중단된 상태이므로 나머지 작업을 단지 2개의 쓰레드가 번갈아가면서 처리하는 것을 확인할 수 있다.

4.5 Future

문장을 작성된 순서대로 처리하는 것을 동기적(synchronous)이라하고, 순서대로 처리하지 않는 것을 비동기적(asynchronous)라고 한다. 우리가 작성하는 프로그래밍 문장은 동기적으로 수행되는 것이 기본이고, 멀티 쓰레드로 작성하면 비동기적으로 수행되게 할 수 있다. 작업을 비동기로 처리하는 이유는 간단하다. 보다 효율적으로 작업을 처리하기 위해서다.

예를 들어서 라면을 끓이려고 냄비에 물을 넣고 끓이는데, 물이 다 끓을때까지 가만히 기다리기(동기적) 보다 그동안 다른 작업(비동기적)을 하는 것이 더 효율적일 것이다.

마찬가지로 앞서 예로 들었던, 사용자 입력을 받는 작업을 동기적으로 수행하면 사용자가 입력을 마칠때까지 다른 일은 하지 못하고 가만히 기다려야 한다.

```
Integer input = getInput(); // 동기 메서드 호출
countDown(); // 입력을 받은 후에 시작.
System.out.println("input = "+input);
```

이럴때 사용자의 입력을 비동기적으로 처리한다면, 사용자의 입력을 기다리는 동안 그 다음 작업을 진행할 수 있어서 더 효율적이다.

```
Future<Integer> input = getInputAsync(); // 비동기 메서드 호출
countDown(); // 입력을 받기 전에 시작
System.out.println("input = "+input.get()); // 동기 메서드
```

다만 위의 마지막 줄의 input.get()은 입력결과, 즉 getInputAsync()의 결과를 필요로 하므로 비동기 메서드로 작성할 수 없고 반드시 동기 메서드로 작성되어야 한다. getInput()과 달리 getInputAsync()의 반환 타입이 Future인 것에 주목하자.

Future는 인터페이스로 비동기 작업의 결과를 담을 객체의 기능을 정의한 것이다. 비동기 메서드 getInputAsync()를 호출하면, 아직 작업이 끝나지 않았는데도 무조건 결과가 담겨질 Future객체를 반환한다. 그래서 비동기 메서드를 호출한 쪽에서는 작업이 끝날때까지 기다리지 않고 다른 작업을 할 수 있는 것이다. 하지만 작업의 결과가 필요할 때, 즉 input.get()을 호출하면 작업이 끝날 때까지 기다려야 한다. 경우에 따라 동기와 비동기가 별 차이가 없을 수도 있지만, 조금의 차이라도 이득을 볼 수 있다는 것이 중요하다.

Future패턴

Future패턴은 디자인 패턴(design pattern)중의 하나로 '결과를 미래(future)에 받겠다는 약속(promise)'을 표현한 것이다. 좀전에 살펴본 것처럼 비동기 작업을 호출할 때 작성한 코드가 Future패턴이다.

| 참고 | 디자인 패턴은 객체지향 설계에 자주 나오는 코드의 패턴에 이름을 붙인 것으로 'GoF(Gang of Four)'라 불리우는 4명이 정리한 23개의 패턴이 유명하다. Future패턴은 여기에 속하지 않는다. 자바스크립트에서는 Future패턴이 Promise라는 이름으로 구현되어 있다.

Future패턴을 좀더 이해하기 쉽게 실생활의 예를 들면 다음과 같다. 한 고객이 동네 빵집에 생일 케이크를 사려고 들렀다. 그러나 빵집에 미리 만들어놓은 케이크가 하나도 없었다. 케이크가 없다고 하면 고객을 놓칠까봐 제빵사는 일단 빈 상자(Future객체)를 주고, 케이크를 서둘러 만들기 시작했다.

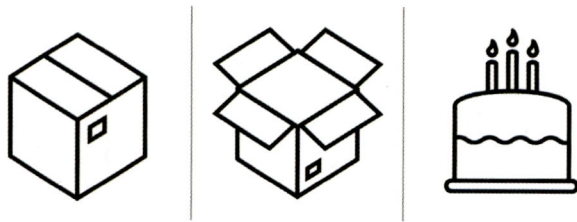

집에 도착한 고객은 상자를 열었는데(future.get()) 케이크가 없는 것을 보고 놀랐지만, 잠시후 새로 만든 케이크를 들고 방문한 제빵사를 보고 안심했다. 고객은 보다 적은 시간을 기다리고 케이크(작업결과)를 받을 수 있었다. 이 과정을 코드로 표현하면 다음과 같다.

```
Future cakeBox = buyCake();  // 빈 상자(Future) 주고, 케이크 만들기 시작 (비동기)
goHome();                    // 집으로 이동
cakeBox.get();               // 상자에서 케이크를 꺼냄 - 케이크가 완성되지 않았다면 기다려야 함 (동기)
```

이제 예제를 통해 지금까지 배운 내용을 직접 확인해 보자.

▼ 예제 13-39/`FutureEx.java`

```java
import java.util.Scanner;

public class FutureEx {
    public static void main(String[] args) {
        System.out.print("좋아하는 숫자를 입력하세요 >>");
        // 동기 메서드 호출(synchronous call)
        Integer input = getInput();
        System.out.println("=== after sync call ===");
        System.out.println("입력하신 내용="+input);
    }

    static Integer getInput() { // 동기 메서드
        Integer input = new Scanner(System.in).nextInt();
        return input;
    }
}
```

▼ 실행결과

```
좋아하는 숫자를 입력하세요 >>123
=== after sync call ===      ← 사용자가 입력을 마쳐야 이 문장이 실행된다.
입력하신 내용=123
```

사용자의 입력을 받아서 반환하는 getInput( )은 동기 메서드이므로 사용자가 입력을 마칠때까지 기다려야하고 그 전에는 다음 문장을 수행할 수 없다. 다음 예제는 동기 메서드인 getInput( )을 비동기 메서드로 바꾼 것이다.

▼ 예제 13-40/**FutureEx2.java**

```java
import java.util.Scanner;
import java.util.concurrent.*;

public class FutureEx2 {
    public static void main(String[] args) throws Exception {
        Callable<Integer> task = ()-> {
            return getInput();
        };

        System.out.print("좋아하는 숫자를 입력하세요 >>");
        Future<Integer> future = getInputAsync(task); // 비동기 메서드 호출
        countDown();
        System.out.println("입력하신 내용=" + future.get()); // 입력 완료까지 기다림
    }

    static Future getInputAsync(Callable<Integer> task) { // 비동기 메서드
        return new IntegerFuture(task);
    }

    static Integer getInput() { // 동기 메서드
        Integer input = new Scanner(System.in).nextInt();
        return input;
    }

    static void countDown() {
        for (int i = 10; i >= 1; i--) {
            try{
                Thread.sleep(1000);
            }catch(Exception e) {}
            System.out.println(i);
        }
    }

    static class IntegerFuture implements Future<Integer> {
        private boolean isDone = false;
        private boolean isCancelled = false;
        private Callable<Integer> task;
        private Integer result;

        IntegerFuture(Callable<Integer> task) {
            new Thread(() -> { // 작업(task)을 별도의 쓰레드로 처리 (동기 -> 비동기)
                try{
                    Integer tmp = task.call();
                    synchronized(this) {
                        result = tmp;
                        isDone = true;
                        notify();
                    }
```

```java
            } catch (Exception e) {
                e.printStackTrace();
            }
        }).start();
        this.task = task;
    }

    public Integer get() throws InterruptedException,ExecutionException {
        // 비동기 작업이 완료될 때까지 기다린다.
        synchronized (this) {
            while (!isDone)
                wait(); // 완료되지 않았으면 락을 풀고 기다린다.
        }
        return result;
    }

    public Integer get(long timeout, TimeUnit unit)
      throws InterruptedException, ExecutionException, TimeoutException {
        throw new UnsupportedOperationException("구현되지 않은 기능");
    }
    public boolean isCancelled() { return isCancelled; }
    public boolean isDone() { return isDone; }
    public boolean cancel(boolean mayInterruptIfRunning) {
        throw new UnsupportedOperationException("구현되지 않은 기능");
    }
}
```

▼ 실행결과

```
좋아하는 숫자를 입력하세요 >>10
9
8
7
6
5
4
93      ← 입력하는 동안 카운트다운이 진행되고 있다.
9999
2
1
입력하신 내용=99999
```

위 예제는 이전 예제를 비동기로 바꾼 것으로 비동기 메서드 getInputAsync()를 추가하였다. 이 메서드는 Future를 구현한 IntegerFuture클래스의 객체를 반환한다.

```java
    static Future getInputAsync(Callable<Integer> task) { // 비동기 메서드
        return new IntegerFuture(task); // task를 별도의 쓰레드에서 실행
    }
```

IntegerFuture는 Future를 간단히 구현한 것으로 동기 작업인 getInput()을 별도의 쓰레드로 처리해서 비동기 작업으로 만든다. getInputAsync()는 비동기 메서드이므로 작업이 끝나기 전에, 즉 사용자의 입력이 끝나지 않아도 다음 문장인 countDown()이 호출되어 콘솔에 카운트 다운이 출력된다.

```
Future<Integer> future = getInputAsync(task); // 비동기 메서드 호출
countDown();
System.out.println("입력하신 내용=" + future.get());
```

실행결과를 보면, 입력이 끝나지 않았는데도 countDown()이 시작된 것을 확인할 수 있다. Future객체에서 작업의 결과를 꺼낼 때 get()을 호출하는데, 작업이 아직 끝나지 않았으면 작업이 끝날때까지 기다려야 한다.

```
// 동기 메서드
public Integer get() throws InterruptedException,ExecutionException {
    // 비동기 작업이 완료될 때까지 기다린다.
    synchronized (this) {
        while (!isDone)
            wait(); // 완료되지 않았으면 락을 풀고 기다린다.
    }
    return result;
}
```

Future의 메서드

이제 Future인터페이스에 어떤 메서드가 있고, 어떻게 사용하는지 예제를 통해서 알아보자. 아래의 표에 있는 3개의 디폴트 메서드는 JDK 19부터 추가되었다.

Future인터페이스의 메서드	설명
`boolean cancel(boolean mayInterruptIfRunning)`	작업을 취소한다. 취소에 성공하면 true를 반환. 이미 완료되었으면 fase를 반환. mayInterruptIfRunning이 true이면, 작업 중인 쓰레드에 interrupt()를 호출
`boolean isCancelled()`	작업의 정상적 완료 전에 취소되면 true반환
`boolean isDone()`	작업이 완료(성공 또는 취소)되면 true를 반환
`V get()`	작업의 결과를 반환(작업 완료까지 대기, 동기 메서드) 작업 중에 interrupt() 되면, InterruptedException 발생. cancel() 되면, CancellationException 발생. 그 외의 예외가 발생하면, ExecutionException 발생.
`V get(long timeout, TimeUnit unit)`	get()과 동일. 그리고 지정된 시간동안 작업이 끝나지 않으면 TimeoutException 발생
`default V resultNow()`	get()과 달리 기다리지 않고 즉시 작업 결과를 반환. 작업이 성공하지 않으면 IllegalStateException발생
`default Throwable exceptionNow()`	작업중 예외 발생으로 실패한 경우, 발생한 예외를 반환
`default Future.State state()`	작업의 상태를 반환. RUNNING, CANCELLED, SUCCESS, FAILED

▲ 표13-7 Future인터페이스의 메서드

위의 표에 적힌 설명만으로 이해하기 쉽지 않으므로 앞으로 2개의 예제를 통해서 자세히 살펴볼 것이다.

▼ 예제 13-41/FutureEx3.java

```java
import java.util.Scanner;
import java.util.concurrent.Callable;
import java.util.concurrent.ExecutorService;
import java.util.concurrent.Executors;
import java.util.concurrent.Future;

public class FutureEx3 {
    public static void main(String[] args) {
        ExecutorService es = Executors.newSingleThreadExecutor();
        Callable<Integer> task = ()-> { return getInput(); };
        Future<Integer> future = es.submit(task); // 작업을 제출(submit)

        countDown(future); // 카운트 다운을 시작

        Integer result = 0;
        try {
            // 1. 작업(입력)이 끝날 때까지 계속 기다림
            //    작업이 성공으로 끝나면, 결과 반환
            //    작업이 실패(예외발생)로 끝나면, ExecutionException발생
//            result = future.get();

            // 2. 지정된 시간 동안만 기다렸다가 작업 결과 반환
            //    시간 내에 작업이 성공으로 끝나면, 결과 반환
            //    시간 내에 작업이 실패(예외발생)로 끝나면 ExecutionException발생
            //    시간 내에 작업이 안끝나면 TimeoutException발생
//            result = future.get(5, TimeUnit.SECONDS);

            // 3. 기다리지 않고 바로 작업 결과 반환
            //    작업이 성공으로 끝났으면, 결과 반환
            //    작업이 실패(예외발생)로 끝났으면 IllegalStateException발생
            //    작업이 안끝났으면 IllegalStateException발생
            result = future.resultNow();
            System.out.println("입력 내용=" + result);
        } catch(Exception e){
            // 작업중 예외가 발생하면 Future의 상태는 FAILED
            if(future.state()==Future.State.FAILED) {
                Throwable ex = future.exceptionNow();
                System.out.println("입력이 잘못되었습니다. : "+ex);
            } else {
                System.out.println("입력시간이 초과되었습니다.");
            }
        }
        es.shutdown();
        try { System.in.close(); } catch (Exception e) {}
    }

    static Integer getInput() { // 동기 메서드
        System.out.print("좋아하는 숫자를 입력하세요 >>");

        // 숫자를 입력하지 않으면 InputMismatchException 발생
        Integer input = new Scanner(System.in).nextInt();
        System.out.println("input = " + input);
        return input;
    }
}
```

```java
    static void countDown(Future future) {
        for (int i = 10; i >= 1; i--) {
            try {
                Thread.sleep(1000);
            } catch(Exception e) {}
            System.out.println(i);

            // 작업(입력)이 종료되면 카운트 다운을 중단
            if(future.state()!=Future.State.RUNNING)
                break;
        }
    }
}
```

▼ 실행결과 1 – 시간 내에 숫자를 입력한 경우. SUCCESS

```
좋아하는 숫자를 입력하세요  >>10
9
8
7
6
5
111
input = 111
4
입력 내용=111
```

▼ 실행결과 2 – 시간 내에 숫자가 아닌 것을 입력한 경우. resultNow()에서 IllegalStateException발생. FAILED

```
좋아하는 숫자를 입력하세요  >>10
9
8
asdf7

6
입력이 잘못되었습니다. : java.util.InputMismatchException  ← getInput()에서 발생한 예외
```

▼ 실행결과 3 – 시간 내에 아무것도 입력하지 않은 경우. resultNow()에서 IllegalStateException발생. FAILED

```
좋아하는 숫자를 입력하세요  >>10
9
8
7
6
5
4
3
2
1
입력시간이 초과되었습니다.
```

이 예제는 Future의 get( ), get(long timeout, TimeUnit unit), resultNow( )의 차이점을 비교할 수 있게 작성되어 있다. 이 3개의 메서드 중의 하나만 주석을 해제하고 실행해서 위의 실행결과처럼 숫자를 입력한 경우, 숫자가 아닌 내용을 입력한 경우, 입력을 아예 하지 않은 경우를 각각 테스트하고 결과를 아래의 주석과 비교해보자.

```
//              // 1. 작업(입력)이 끝날 때까지 계속 기다림
                //    작업이 성공으로 끝나면, 결과 반환
                //    작업이 실패(예외발생)로 끝나면, ExecutionException발생
//                 result = future.get();

                // 2. 지정된 시간 동안만 기다렸다가 작업 결과 반환
                //    시간 내에 작업이 성공으로 끝나면, 결과 반환
                //    시간 내에 작업이 실패(예외발생)로 끝나면 ExecutionException발생
                //    시간 내에 작업이 안끝나면 TimeoutException발생
//                 result = future.get(5, TimeUnit.SECONDS);

                // 3. 기다리지 않고 바로 작업 결과 반환
                //    작업이 성공으로 끝났으면, 결과 반환
                //    작업이 실패(예외발생)로 끝났으면 IllegalStateException발생
                //    작업이 안끝났으면 IllegalStateException발생
                result = future.resultNow();
```

resultNow()를 호출했을 때, 작업이 실패로 끝났다면 IllegalStateException이 발생한다. 작업이 실패로 끝났다는 것은 작업 중에 예외가 발생했다는 것을 의미하며 Future.state()의 결과는 Future.State.FAILED가 된다.

작업 중에 어떤 예외가 발생했는지 확인하려면, 아래의 코드와 같이 exceptionNow()를 호출해서 알아낼 수 있다.

```
                // 작업중 예외가 발생하면 Future의 상태는 FAILED
                if(future.state()==Future.State.FAILED) {
                    Throwable ex = future.exceptionNow();
                    System.out.println("입력이 잘못되었습니다. : "+ex);
                } else {
                    System.out.println("입력시간이 초과되었습니다.");
                }
```

getInput()은 숫자가 아닌 내용을 입력하면, InputMismatchException을 던진다. 하지만 resultNow()는 IllegalStateException을 던진다. 그래서 exceptionNow()를 호출해야 작업 중에 실제로 발생한 InputMismatchException을 얻을 수 있다.

▼ 예제 13-42/**FutureEx4.java**

```java
import javax.swing.*;
import java.util.*;

public class FutureEx4 {
    public static void main(String[] args) {
        Runnable task = ()-> {
            int downloaded = 0;
            Random r = new Random();

            while(!Thread.currentThread().isInterrupted()) {
                try {
                    Thread.sleep(200);
                } catch(InterruptedException e){
                    Thread.currentThread().interrupt();
                }
                downloaded += r.nextInt(10);
                int percent = (int) ((downloaded / (float) 100) * 100);
                percent = Math.min(percent, 100);
                final int WIDTH = 50; // 진행 바 너비

                int filled = (percent * WIDTH) / 100;
                String bar = "|".repeat(filled) + " ".repeat(WIDTH - filled);
                System.out.printf("\r[%s] %3d%%", bar, percent);

                if(percent==100)
                    break;
            }
            System.out.println();

            String status=Thread.currentThread().isInterrupted()?"중단":"완료";
            System.out.println("다운로드가 "+status+"되었습니다.");
        };

        ExecutorService es = Executors.newSingleThreadExecutor();
        Future<?> future = es.submit(task);

        Object[] options = {"OK", "Cancel"}; // 버튼 하나만 정의
        int result = JOptionPane.showOptionDialog( null, "다운로드를 시작합니다."
                + "\n취소하려면 "+options[1]+"버튼을 누르세요.", "Donwloading",
                JOptionPane.DEFAULT_OPTION, JOptionPane.WARNING_MESSAGE,
                null, options, options[0]   // 기본 선택 버튼
        );

        boolean cancelled = false;
        if (result == 1) { // Cancel버튼을 누르면 작업을 취소
            cancelled = future.cancel(true);
        }
        System.out.println("cancelled = " + cancelled);
        System.out.println("future.isCancelled() = " + future.isCancelled());
        System.out.println("future.isDone() = " + future.isDone());
        System.out.println("future.state() = "  + future.state());
        es.shutdown();
    }
}
```

▼ 실행결과 1 - 중단없이 작업이 성공한 경우

```
[||||||||||||||||||||||||||||||||||||||||||] 100%
다운로드가 완료되었습니다.
cancelled = false ← 새로 나타난 화면의 버튼(Cancel 또는 OK)을 눌러야 출력됨
future.isCancelled() = false
future.isDone() = true
future.state() = SUCCESS
```

▼ 실행결과 2 - 작업 중에 Cancel버튼을 눌러서 중단한 경우

```
[|||||||||||||||||||||||||||||||||||          ]  78%
cancelled = true
다운로드가 중단되었습니다.
future.isCancelled() = true
future.isDone() = true
future.state() = CANCELLED
```

이 예제를 실행하면 아래와 같은 화면이 나타나면서 콘솔에는 실행결과와 같이 다운로드의 진행상황을 보여준다.

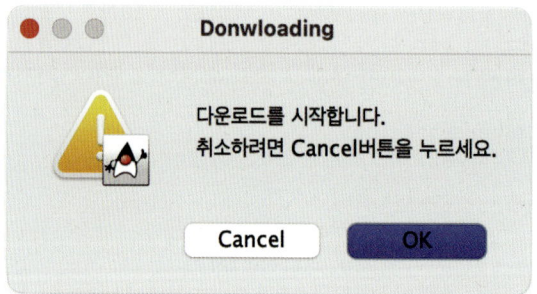

실제로 다운로드가 되는 것은 아니지만, 파일을 다운로드 받는 것과 비슷한 상황처럼 예제를 작성하였다. 다운로드가 100%가 되기 전에 위의 화면에서 Cancel버튼을 누르면 future.cancel(true)이 호출되어 두 번째 실행결과와 같이 된다.

cancel(boolean mayInterruptIfRunning)은 진행 중인 작업의 취소를 시도하며, 작업이 이미 완료되었거나 취소되었으면 아무일도 하지 않는다. 이 메서드의 매개변수를 true로, 즉 cancel(true)를 호출하면 작업을 중단시키기 위해 interrupt( )가 호출된다.

단지 작업 중인 쓰레드에 대해 interrupt( )를 호출한다고 작업이 멈추는 것은 아니고 아래와 같이 interrupt( )가 호출되면 작업이 중단되도록 코드가 작성되어야 한다.

```
Runnable task = () -> {
    int downloaded = 0;
    Random r = new Random();

    // 작업중에 interrupt()가 호출되면 조건식이 false가 되어 반복문을 벗어나 작업을 중단
    while(!Thread.currentThread().isInterrupted()) {
        ...
```

| 참고 | interrupt( )와 isInterrupted( )에 대해서는 p.826에서 설명했으므로 자세한 설명을 생략한다.

4.6 CompletableFuture

지금까지 Future에 대해서 자세히 살펴봤는데, Future는 독립적인 비동기 작업에 적절하지만, 서로 연관된 여러 비동기 작업을 처리하기에 기능이 부족하다. 그래서 추가된 것이 CompletableFuture클래스이다.

```
public class CompletableFuture<T> implements Future<T>, CompletionStage<T> {
    ...
```

위의 코드에서 알 수 있듯이 CompletableFuture는 Future에 CompletionStage를 추가로 구현하여 기능을 확장한 것이다. CompletionStage는 아래와 같은 메서드를 갖고 있다.

> **참고** 메서드의 반환 타입과 매개변수는 생략되었다. 반환타입은 모두 CompletionStage라서 이어서 호출가능하다.
> **참고** 14장에서 배울 람다식을 사용하므로 먼저 14장의 앞부분을 공부하고 이번 절을 공부하면 좋다.

1. **~Async()** - 작업을 비동기로 실행
   run**Async**(), supply**Async**(), handel**Async**()

2. **then~()** - 비동기 작업에 대한 후 처리
   thenRun(), **then**Accept(), **then**Apply(), **when**Complete()

3. 두 작업을 직렬 또는 병렬로 처리
   then**Combine**(), then**Compose**()

4. **~Both()** - 두 작업이 모두 끝난 후 처리
   runAfter**Both**(), thenAccept**Both**()

5. **~Either()** - 두 작업 중 하나가 먼저 끝난 후 처리
   runAfter**Either**(), applyTo**Either**(), accept**Either**()

6. 작접 중에 발생한 예외 처리
   exceptionally(), handle()

위 목록에서 디폴트 메서드와 일부 메서드는 제외되었으며, 자세한 내용은 Java API를 참고하자.

각 메서드가 실제 어떻게 사용되는지 예제로 보는 것이 이해가 빠르기 때문에 앞으로 예제를 통해서 하나씩 살펴보려 한다.

Future에 비해 CompletableFuture의 메서드의 수가 훨씬 많기 때문에 모든 메서드를 살펴볼 수 없지만 주요 메서드는 빠짐없이 설명하려고 노력했다. 그리고 예제를 단순화하여 실용적이지 않지만 독자가 스스로 테스트하기 쉽게 하였다. 예제를 다양하게 변경해보면 메서드를 이해하는데 도움이 될 것이다.

자 이제 예제를 하나씩 살펴보자.

▼ 예제 13-43/CompletableFutureEx.java

```java
import java.util.InputMismatchException;
import java.util.Scanner;
import java.util.concurrent.*;

public class CompletableFutureEx {
    public static void main(String[] args) {
        // 2개의 작업을 비동기로 실행
        CompletableFuture<String>  cFuture =
                    CompletableFuture.supplyAsync(() -> getInput());
        CompletableFuture<Void>    cFuture2 =
                    CompletableFuture.runAsync(() -> countDown(cFuture));

        String input = "";
        try {
            // get()은 필수 예외처리 필요 - ExecutionException, InterruptedException
            input = cFuture.get();
        } catch(Exception e) {
            System.out.println("e=" + e);
            input = "N"; // 예외가 발생하면 기본 값 "N"으로
        }
        System.out.println("input = " + input);
        System.out.println("cFuture.isCompletedExceptionally() = "
                                + cFuture.isCompletedExceptionally());

        final boolean JOIN = false; // true로 바꿔서 실행하고 결과 비교
        if(JOIN) {
            // 작업이 완료될 때까지 기다렸다가 결과 반환 - 카운트 다운이 완전히 끝날때까지 기다림
            System.out.println("cFuture2.join() = " + cFuture2.join());
        } else {
            // 작업이 완료되었으면 작업결과를 반환, 진행중이면 지정된 값을 결과로 반환
            System.out.println("cFuture2.getNow(null) = "
                                + cFuture2.getNow(null));
        }
    }

    static String getInput() { // 동기 메서드
        System.out.print("계속하시겠습니까? >>");

        String input = new Scanner(System.in).nextLine();
        if(!(input.equalsIgnoreCase("Y") || input.equalsIgnoreCase("N")))
            throw new InputMismatchException("입력이 잘못되었습니다.:" + input);

        return input;
    }

    static void countDown(CompletableFuture<String> cFuture) {
        for (int i = 10; i >= 1; i--) {
            System.out.println(i);
            try {
                Thread.sleep(1000);
            } catch(Exception e) {}
        }
    }
```

```
            // 10초 동안 입력작업(cFuture)이 끝나지 않으면 강제로 완료 시킨다.
            final boolean THROW_EXCEPTION = false;  // true로 바꿔서 실행하고 결과 비교
            if(THROW_EXCEPTION) {
                // 작업이 진행중이면, 예외를 발생시켜서 작업을 종료한다.
                cFuture.completeExceptionally(new TimeoutException("입력시간 초과."));
            } else {
                // 작업이 진행중이면, 작업을 종료하고 지정된 값을 작업 결과로 반환
                cFuture.complete("N");
            }
        }
    }
```

▼ 실행결과1 – JOIN = false, THROW_EXCEPTION = false

```
계속하시겠습니까? >>10
9
8
Y7    ← getInput()이 정상적으로 완료됨

input = Y
cFuture.isCompletedExceptionally() = false
cFuture2.getNow(null) = null   ← getNow()에 의해 countDown()이 즉시 완료됨
```

▼ 실행결과2 – JOIN = false, THROW_EXCEPTION = false

```
계속하시겠습니까? >>10
9
8
7
asdf
e=java.util.concurrent.ExecutionException: java.util.InputMismatchException:
입력이 잘못되었습니다.:asdf       ← getInput()에 의해 InputMismatchException발생
input = N    ← catch블럭에 의해 기본 값 "N"으로 변경
cFuture.isCompletedExceptionally() = true  ← 작업 중 예외가 발생해서 완료되었으므로 true
cFuture2.getNow(null) = null  ← getNow()에 의해 countDown()이 즉시 완료됨
```

▼ 실행결과3 – JOIN = false, THROW_EXCEPTION = false

```
계속하시겠습니까? >>10
9
8
7
6
5
4
3
2
1
input = N     ← countDown() 완료까지 입력되지 않아 complete("N")에 의해 작업결과가 "N"
cFuture.isCompletedExceptionally() = false
cFuture2.getNow(null) = null  ← getNow() 호출시 이미 countDown()이 완료됨
```

이 예제는 이전의 Future를 설명할 때 사용한 예제13-41을 CompletableFuture를 이용해서 변경한 것으로 Future대신 CompletableFuture를 사용하면 어떤 차이가 있는지 비교해서 설명하고자 한다.

먼저 비동기 작업의 실행 방법을 보면, Future는 ExecutorService를 생성하고 submit()으로 작업을 제출하는데, CompletableFuture는 바로 작업을 제출한다.

```
// 2개의 작업을 비동기로 실행
CompletableFuture<String>  cFuture  =   // 반환값이 있는 경우
                CompletableFuture.supplyAsync(() -> getInput());
CompletableFuture<Void>    cFuture2 =   // 반환값이 없는 경우
                CompletableFuture.runAsync(() -> countDown(cFuture));
```

supplyAsync()는 반환값이 있는 작업을, runSync()는 반환값이 없는 작업을 비동기로 처리할 때 사용한다. 이 메서드들이 반환하는 것은 비동기 작업의 결과를 저장할 CompletableFuture이며, 작업 결과의 타입을 지네릭 타입으로 적어줘야 한다.

runAsync()는 작업의 결과가 없으므로 'Void'를 지네릭 타입으로 지정하였는데, Void는 java.lang패키지에 속한 클래스로 반환 값이 없음을 나타내는 void를 객체로 표현할 때 사용한다. Void는 생성자가 private이므로 객체를 생성할 수 없다.

```
Void v  = null;         // OK. 오직 null만 저장 가능
Void v2 = new Void();   // 에러. 객체 생성 불가
```

runAsync()와 supplyAsync()는 아래와 같이 매개변수로 Executor를 지정할 수 있는 버전도 있는데, 지정하지 않으면 java.util.concurrent.ForkJoinPool가 Executor로 사용된다.

| 참고 | CompletableFuture는 ForkJoinPool을 기본 Executor로 사용하며, defaultExecutor()로 확인가능하다. 예제13-44

```
static <U> CompletableFuture<U> supplyAsync(Supplier<U> s, Executor ex)
static CompletableFuture<Void> runAsync(Runnable r, Executor ex)
```

참고로 아래는 기존의 Future로 작성한 코드를 CompletableFuture로 변경한 것인데, supplyAsync()를 호출할때 Executor를 따로 생성해서 지정하는 방법을 보여준다.

```
ExecutorService es = Executors.newSingleThreadExecutor();
Callable<Integer> task = ()-> getInput();
Future<Integer> future = es.submit(task);
```

⬇

```
ExecutorService es = Executors.newSingleThreadExecutor();
Callable<Integer> task = ()-> getInput();
CompletableFuture<Integer>  cFuture =
                CompletableFuture.supplyAsync(task, es);
```

CompletableFuture로부터 결과를 얻기 위한 메서드는 여러가지가 있는데, 예제13-41에서 살펴본 것과 같이 get()은 필수로 예외처리를 해야하고, join()과 getNow()는 예외처리가 선택적이다. join()은 비동기 작업이 완료될 때까지 기다렸다가 결과를 반환하고, getNow()는 호출 당시 작업이 완료되었으면 작업결과를 반환하고, 아직 완료되지 않았으면 기다리지 않고 지정된 값을 결과로 즉시 반환한다.

그래서 join()은 카운트 다운이 종료될 때까지 기다렸다가 null을 결과로 반환하지만, getNow()는 호출 즉시 지정된 값(null)으로 결과를 반환한다. 즉, 카운트 다운이 완료되지 않았으면 중단 시킨다.

```java
final boolean JOIN = false; // true로 바꿔서 실행하고 결과 비교
if(JOIN) {
    // 작업이 완료될 때까지 기다렸다가 결과 반환 - 카운트 다운이 완전히 끝날때까지 기다림
    System.out.println("cFuture2.join() = " + cFuture2.join());
} else {
    // 작업이 완료되었으면 작업결과를 반환, 진행중이면 지정된 값을 결과로 반환
    System.out.println("cFuture2.getNow(null) = "
                                        + cFuture2.getNow(null));
}
```

join()과 getNow()의 차이를 확인할 수 있도록 if문으로 작성하였으니 상수 JOIN의 값을 바꿔가면서 두 메서드의 차이를 직접 확인해보자.

아래의 코드는 countDown()의 일부인데, 카운트 다운이 끝났는데도 입력 작업이 끝나지 않았으면 강제로 종료시킨다.

```java
// 10초 동안 입력작업(cFuture)이 끝나지 않으면 강제로 완료 시킨다.
final boolean THROW_EXCEPTION = false; // true로 바꿔서 실행하고 결과 비교
if(THROW_EXCEPTION) {
    // 작업이 진행중이면, 예외를 발생시켜서 작업을 종료한다.
    cf.completeExceptionally(new TimeoutException("입력시간 초과."));
} else {
    // 작업이 진행중이면, 작업을 종료하고 지정된 값을 작업 결과로 반환
    cf.complete("N");
}
```

CompletableFuture는 complete()와 completeExceptionally()로 진행 중인 작업을 강제로 완료시키고, 완료된 작업의 결과는 get(), getNow()등으로 얻을 수 있다.

complete()는 지정된 값을 작업 결과로하는 성공적으로 완료된 작업(CompletableFuture)으로 만들고, completeExceptionally()는 지정된 예외를 발생시켜서 실패로 완료된 작업(CompletableFuture)으로 만든다.

Future와 달리, CompletableFuture는 이처럼 메서드를 통해 작업을 강제로 완료시킬 수 있어서, 즉 completable해서 이름 지어졌다.

▼ 예제 13-44/CompletableFutureEx2.java

```java
import java.util.InputMismatchException;
import java.util.Scanner;
import java.util.concurrent.*;

public class CompletableFutureEx2 {
    public static void main(String[] args) {
        CompletableFuture<String> cFuture =
            CompletableFuture.supplyAsync(()-> getInput())
                .orTimeout(11, TimeUnit.SECONDS) //11초 후 TimeoutException발생
                .exceptionally(e -> {  // 예외 처리
                    System.out.println("e=" + e);
                    if(e instanceof TimeoutException)
                        System.out.println("입력시간이 초과되었습니다.");
                    else if(e instanceof CompletionException)
                        System.out.println("입력이 잘못되었습니다.");
                    return "N";  // 기본값
                });

        // delayedExecutor()를 이용해서 작업이 1초 후에 시작되게 함
        CompletableFuture<Void> cFuture2 = CompletableFuture.runAsync(
                ()-> countDown(),
                CompletableFuture.delayedExecutor(1, TimeUnit.SECONDS));

        System.out.println("cFuture.join() = " + cFuture.join());
        System.out.println("cFuture.defaultExecutor() = "
                                    + cFuture.defaultExecutor());
        System.out.println("cFuture2.defaultExecutor() = "
                                    + cFuture2.defaultExecutor());
    }

    static String getInput() {  // 동기 메서드
        System.out.print("계속하시겠습니까? >>");

        String input = new Scanner(System.in).nextLine();
        if(!(input.equalsIgnoreCase("Y") || input.equalsIgnoreCase("N")))
            throw new InputMismatchException("입력이 잘못되었습니다.:" + input);

        return input;
    }

    static void countDown() {
        for (int i = 10; i >= 1; i--) {
            System.out.println(i);
            try {
                Thread.sleep(1000);
            } catch(Exception e) {}
        }
    }
}
```

▼ 실행결과1 – 입력이 유효한 경우

```
계속하시겠습니까? >>10
9
8
Y    ← getInput()이 정상적으로 완료
cFuture.join() = Y
cFuture.defaultExecutor() = java.util.concurrent.ForkJoinPool@776ec8df[
Running, parallelism = 9, size = 2, active = 1, running = 0, steals = 1,
tasks = 0, submissions = 0]
cFuture2.defaultExecutor() = java.util.concurrent.ForkJoinPool@776ec8df[
Running, parallelism = 9, size = 2, active = 1, running = 0, steals = 1,
tasks = 0, submissions = 0]
```

▼ 실행결과2 – 입력이 유효하지 않은 경우

```
계속하시겠습니까? >>10
9
asd8
f
e=java.util.concurrent.CompletionException: java.util.InputMismatchException
: 입력이 잘못되었습니다.:asdf    ← getInput()에 의해 InputMismatchException발생
입력이 잘못되었습니다.
cFuture.join() = N
cFuture.defaultExecutor() = java.util.concurrent.ForkJoinPool@776ec8df[
Running, parallelism = 9, size = 2, active = 1, running = 0, steals = 1,
tasks = 0, submissions = 0]
cFuture2.defaultExecutor() = java.util.concurrent.ForkJoinPool@776ec8df[
Running, parallelism = 9, size = 2, active = 1, running = 0, steals = 1,
tasks = 0, submissions = 0]
```

▼ 실행결과3 – 11초 동안 입력하지 않은 경우

```
계속하시겠습니까? >>10
9
8
7
6
5
4
3
2
1
e = java.util.concurrent.TimeoutException     ← orTimeout()에 의해 예외 발생
입력시간이 초과되었습니다.
cFuture.join() = N     ← exceptionally()가 반환한 기본 값이 작업결과가 됨
cFuture.defaultExecutor() = java.util.concurrent.ForkJoinPool@776ec8df[
Running, parallelism = 9, size = 2, active = 2, running = 1, steals = 0,
tasks = 0, submissions = 0]
cFuture2.defaultExecutor() = java.util.concurrent.ForkJoinPool@776ec8df[
Running, parallelism = 9, size = 2, active = 2, running = 1, steals = 0,
tasks = 0, submissions = 0]
```

이 전 예제를 약간 변경한 것으로 같은 예제를 CompletableFuture의 다른 메서드로 바꿔서 작성하였다. 먼저 orTimeout()은 지정된 시간동안 작업이 완료되지 않으면 TimeoutException을 발생시킨다. 그리고 exceptionally()는 작업 중에 발생한 예외를 처리하고 작업의 결과를 반환해야 한다.

```java
CompletableFuture<String>  cFuture =
        CompletableFuture.supplyAsync(()-> getInput())
        .orTimeout(11, TimeUnit.SECONDS) // 11초 후 TimeoutException발생
        .exceptionally(e -> {  // 예외 처리
            System.out.println("e=" + e);
            if(e instanceof TimeoutException)
                System.out.println("입력시간이 초과되었습니다.");
            else if(e instanceof CompletionException)
                System.out.println("입력이 잘못되었습니다.");
            return "N"; // 기본값
        });
```

이전 예제에서는 countDown()에서 입력 작업에 complete()를 호출해서 강제 완료시켰지만, 이번 예제에서는 orTimeout()을 이용해서 11초 동안 입력하지 않으면 TimeoutException이 발생하고, 이 예외는 exceptionally()의 매개변수로 전달된다. getInput()에서 예외가 발생하면, CompletionException으로 감싸져서 exceptionally()의 매개변수로 전달된다. 이전 예제에서는 try-catch로 예외처리를 했지만, 이 예제에서는 exceptionally()로 예외를 처리하였다. 입력시간이 초과되거나 잘못된 입력을 하면 작업의 결과가 **기본값**인 "N"이 되게 작성하였다.

  exceptionally() 외에도 handle()로 예외 처리를 할 수 있는데, 예외가 발생할 때만 작업을 처리하는 exceptionally()와 달리 handle()은 예외가 발생하건 발생하지 않건 지정된 작업을 처리한다.

```java
CompletableFuture<String>  cFuture =
        CompletableFuture.supplyAsync(() -> getInput())
          .orTimeout(11, TimeUnit.SECONDS) // TimeoutException발생
          .handle((value, e) -> {
             System.out.println("e = " + e);
             System.out.println("value = " + value);

             if(e!=null){ // 예외가 발생했으면
                if(e instanceof TimeoutException)
                   System.out.println("입력시간이 초과되었습니다.");
                else if(e instanceof CompletionException)
                   System.out.println("입력이 잘못되었습니다.");
                return "N"; // 기본값
             }
             // 예외가 발생하지 않았으면
             return value; // 작업 결과값
        });
```

예제의 코드를 completeOnTimeout( )을 이용해서 다음과 같이 작성할 수도 있다.

```
CompletableFuture<String>  cFuture =
            CompletableFuture.supplyAsync(()-> getInput())
//          .orTimeout(11, TimeUnit.SECONDS) // 11초 후 TimeoutException발생
    .completeOnTimeout("N", 10, TimeUnit.SECONDS) // TimeoutException발생 안함
            .exceptionally(e -> {  // 예외 처리
                System.out.println("e=" + e); // CompletionException발생
                System.out.println("입력이 잘못되었습니다.");
                return "N"; // 기본값
            });
```

completeOnTimeout( )은 orTimeout( )과 달리 TimeoutException이 발생하지 않는다. 다만 지정된 시간안에 작업이 끝나지 않으면 강제로 완료시킬 뿐이다. 그래서 exceptionally( )에 TimeoutException을 처리하는 코드가 없다. 예제를 위의 코드로 바꿔보고 직접 확인해 보자.

```
        // delayedExecutor()를 이용해서 작업이  1초 후에 시작되게 함
        CompletableFuture<Void> cFuture2 = CompletableFuture.runAsync(
                ()-> countDown(),
                CompletableFuture.delayedExecutor(1, TimeUnit.SECONDS));
```

위의 코드는 delayedExecutor( )를 이용해서 1초 후에 countDown( )을 비동기 작업으로 시작하게 하였다. 특별한 이유는 없고, 단지 delayedExecutor( )의 사용법을 보여주기 위한 것일 뿐이다. delayedExecutor( )를 이용하면 비동기 작업의 시작을 늦출 수 있다.

마지막으로 CompletableFuture의 기본 Executor는 java.util.concurrent. ForkJoinPool이며 defaultExecutor( )로 얻을 수 있는데, 실행결과를 보면 이를 확인할 수 있다.

▼ 예제 13-45/CompletableFutureEx3.java

```java
import java.util.concurrent.CompletableFuture;

public class CompletableFutureEx4 {
    public static void main(String[] args) {
        // 1. ~Async() - 작업을 비동기로 처리 - 예시 생략
        // 2. then~() - 1개의 비동기에 대한 후처리
        thenRun();        // 작업 결과 받지 않고, 후속 작업 실행. 반환값 없음.
        thenAccept();     // 작업 결과 받아서 후속 작업 실행. 반환값 없음.
        thenApply();      // 작업 결과 받아서 후속 작업 실행. 반환값 있음.
        whenComplete();   // 작업이 성공하건 실패하건 후속 작업 실행

        // 3. thenCombine(), thenCompose() 2개의 배동기 작업을 직렬 또는 병렬로 처리
        thenCombine();    // 두 작업이 모두 끝나면 결과를 받아서 처리 (병렬)
        thenCompose();    // 한 작업이 끝나면, 그 결과로 다음 작업을 시작 (직렬)

        // 4. ~Both() - 두 개가 모두 끝난후 처리
        runAfterBoth();    // 두 작업의 결과를 사용하지 않는 후처리
        thenAcceptBoth();  // 두 작업의 결과를 사용하는 후처리

        // 5. ~Either() - 둘 중 하나가 먼저 끝나면 하는 후처리 작업
        runAfterEither();  // 먼저 끝난 작업의 결과 사용 안함
        acceptEither();    // 먼저 끝난 작업의 결과 사용해서 결과 반환 안함
        applyToEither();   // 먼저 끝난 작업의 결과 사용해서 다른 결과 반환

        // 6. ~Of() - 여러 개의 비동기 작업의 처리
        allOf();  // 모든 비동기 작업이 종료될 때 결과 반환
        anyOf();  // 가장 먼저 종료된 작업의 결과 반환
    }

    // 2.1 작업 결과 받지 않고, 후속 작업 실행. 반환값 없음.
    static void thenRun() {
        CompletableFuture<String> cf = CompletableFuture.supplyAsync(()->"Y");
        cf.thenRun(()-> System.out.println("thenRun()=작업이 완료되었습니다."));
    }

    // 2.2 작업 결과 받아서 후속 작업 실행. 반환값 없음
    static void thenAccept() {
        CompletableFuture<String> cf = CompletableFuture.supplyAsync(()->"Y");
        cf.thenAccept(s -> System.out.println("thenAccept()="+s));
    }

    // 2.3 작업 결과 받아서 후속 작업 실행. 반환값 있음.
    static void thenApply() {
        CompletableFuture<String> cf = CompletableFuture.supplyAsync(()->"Y");
        CompletableFuture<String> cf2 = cf.thenApply(s -> "예");
        System.out.println("thenApply()=" + cf2.join());
    }

    // 2.4 작업이 성공하건 실패하건 후속 작업 실행 - 예외처리 필요.
    static void whenComplete() {
        CompletableFuture<Integer> cf1 = CompletableFuture.supplyAsync(()->2/1);
        CompletableFuture<Integer> cf2 = CompletableFuture.supplyAsync(()->2/0);
```

```java
    // 예외가 발생해서 작업을 실패했을 경우, 예외를 확인할 수 있을 뿐 예외를 처리하지 않음.
    cf1.whenComplete((result, ex) -> {
        if (ex == null) {
            System.out.println("whenComplte()="+cf1.state()+" "+result);
        } else {
            System.out.println("whenComplete()="+ cf2.state() + " "+ex);
        }
    }).exceptionally(ex-> 0).join(); // 예외가 발생할 수 있으므로 예외처리

    cf2.whenComplete((result, ex) -> {
        if (ex == null) {
            System.out.println("whenComplte()="+cf1.state()+" "+result);
        } else {
            System.out.println("whenComplete()="+ cf2.state() + " "+ex);
        }
    }).exceptionally(ex-> 0).join();
}

// 3.1 두 작업이 모두 끝나면 결과를 받아서 처리 (병렬)
static void thenCompose() {
    CompletableFuture<String> cf1 =
                        CompletableFuture.supplyAsync(()->"Hello");
    CompletableFuture<String> composed = cf1.thenCompose(str ->
            CompletableFuture.supplyAsync(() -> str + " World")
    );
    System.out.println("thenCompose()="+composed.join());// Hello World
}

// 3.2 한 작업이 끝나면, 그 결과로 다음 작업을 시작 (직렬)
static void thenCombine() {
  CompletableFuture<Integer> cf1 = CompletableFuture.supplyAsync(()->10);
  CompletableFuture<Integer> cf2 = CompletableFuture.supplyAsync(()->20);
  CompletableFuture<Integer> combined = cf1.thenCombine(cf2,(a, b)->a+b);

  System.out.println("thenCombine()="+combined.join());  // 출력: 30
}

// 4.1 두 작업의 결과를 사용하지 않는 후처리
static void runAfterBoth() {
    CompletableFuture<Void> cf1 = CompletableFuture.runAsync(() -> {
        System.out.println("작업1 시작");
        try { Thread.sleep(2000); } catch (InterruptedException e) {}
        System.out.println("작업1 끝");
    });

    CompletableFuture<Void> cf2 = CompletableFuture.runAsync(() -> {
        System.out.println("작업2 시작");
        try { Thread.sleep(1000); } catch (InterruptedException e) {}
        System.out.println("작업2 끝");
    });

    CompletableFuture<Void> combined = cf1.runAfterBoth(cf2, () -> {
      System.out.println("runAfterBoth()="+cf1.state()+" "+cf2.state());
    });

    combined.join(); // 작업이 완료될 때까지 기다림
}
```

```java
// 4.2 두 작업의 결과를 사용하는 후처리
static void thenAcceptBoth(){
   CompletableFuture<Integer> cf1 = CompletableFuture.supplyAsync(()->10);
   CompletableFuture<Integer> cf2 = CompletableFuture.supplyAsync(()->20);

   CompletableFuture<Void> both = cf1.thenAcceptBoth(cf2, (a, b) -> {
       System.out.println("thenAcceptBoth()=" + (a + b) + " "
                                   + cf1.state() + " "+cf2.state());
   });
   both.join();
}

// 5.1 둘 중에 먼저 끝난 작업의 결과 사용 안함
static void runAfterEither() {
    CompletableFuture<Void> cf1 = CompletableFuture.runAsync(() -> {
        System.out.println("작업1 시작");
        try { Thread.sleep(3000); } catch (InterruptedException e) {}
        System.out.println("작업1 끝");
    });

    CompletableFuture<Void> cf2 = CompletableFuture.runAsync(() -> {
        System.out.println("작업2 시작");
        try { Thread.sleep(1500); } catch (InterruptedException e) {}
        System.out.println("작업2 끝");
    });

    CompletableFuture<Void> combined = cf1.runAfterEither(cf2, () -> {
    System.out.println("runAfterEither()="+cf1.state()+ " "+cf2.state());
    });

    combined.join(); // 작업 종료까지 기다림
}

// 5.2 둘 중에 먼저 끝난 작업의 결과 사용해서 결과 반환 안함
static void acceptEither() {
    CompletableFuture<Integer> cf1 = CompletableFuture.supplyAsync(()->{
        try { Thread.sleep(2000); } catch (InterruptedException e) {}
        return 10;
    });

    CompletableFuture<Integer> cf2 = CompletableFuture.supplyAsync(()->{
        try { Thread.sleep(1000); } catch (InterruptedException e) {}
        return 20;
    });

    CompletableFuture<Void> cf3 = cf1.acceptEither(cf2, r -> {
        System.out.println("acceptEither()="+ r + " " + cf1.state()+" "
                                                +cf2.state());
    });
    cf3.join();
}
```

```java
    // 5.3 둘 중에 먼저 끝난 작업의 결과 사용해서 다른 결과 반환
    static void applyToEither() {
        CompletableFuture<Integer> cf1 = CompletableFuture.supplyAsync(()->{
            try { Thread.sleep(2000); } catch (InterruptedException e) {}
            return 10;
        });

        CompletableFuture<Integer> cf2 = CompletableFuture.supplyAsync(()->{
            try { Thread.sleep(1000); } catch (InterruptedException e) {}
            return 20;
        });

        CompletableFuture<Integer> cf3 = cf1.applyToEither(cf2, r -> r*2);
        System.out.println("applyToEither()=" + cf3.join() + " "
                                + cf1.state()+" "+cf2.state());
    }

    // 5.1 모든 비동기 작업이 종료될 때 결과 반환
    static void allOf() {
      CompletableFuture<Integer> cf1 = CompletableFuture.supplyAsync(()->10);
      CompletableFuture<Integer> cf2 = CompletableFuture.supplyAsync(()->20);
      CompletableFuture<Integer> cf3 = CompletableFuture.supplyAsync(()->30);
      CompletableFuture.allOf(cf1, cf2, cf3).join();  // 모든 작업이 끝날때까지 기다림.

      // 결과를 따로 꺼내야 함
      Integer r1 = cf1.join();
      Integer r2 = cf2.join();
      Integer r3 = cf3.join();
      System.out.println("allOf()="+(r1 + r2 + r3));
    }

    // 5.2 가장 먼저 종료된 작업의 결과 반환
    static void anyOf() {
      CompletableFuture<Integer> cf1 = CompletableFuture.supplyAsync(()->10);
 CompletableFuture<String>  cf2 = CompletableFuture.supplyAsync(()->"이십");
      CompletableFuture<Integer> cf3 = CompletableFuture.supplyAsync(()->30);
      // 가장 먼저 끝난 결과 반환
      Object result = CompletableFuture.anyOf(cf1, cf2, cf3).join();
        System.out.println("anyOf()=" + result);
    }
}
```

▼ 실행결과

```
thenRun()=작업이 완료되었습니다.
thenAccept()=Y
thenApply()=예
whenComplte()=SUCCESS 2
whenComplete()=FAILED java.util.concurrent.CompletionException: java.lang.ArithmeticException: / by zero
thenCombine()=30
thenCompose()=Hello World
작업1 시작
```

```
작업2 시작
작업2 끝
작업1 끝
runAfterBoth()=SUCCESS SUCCESS
thenAcceptBoth()=30 SUCCESS SUCCESS
작업1 시작
작업2 시작
작업2 끝
runAfterEither()=RUNNING SUCCESS
acceptEither()=20 RUNNING SUCCESS
작업1 끝
applyToEither()=40 RUNNING SUCCESS
allOf()=60
anyOf()=10
```

CompletableFuture가 구현한 CompletionStage인터페이스에 정의된 메서드의 사용방법을 보여주는 예제이다. 아주 간단히 구현하였으므로 이해하기 어렵지 않을 것이다.

각 메서드의 설명은 주석을 달아놓았으므로 자세한 설명은 생략한다. 예제를 변경해가면서 다양하게 테스트해보고 필요할 때 알맞은 것을 사용하면 된다.

| 참고 | 연습문제는 깃헙(https://github.com/castello/javajungsuk4)에서 PDF파일로 제공

Chapter 14

람다와 스트림
Lambda & stream

1. 람다식(Lambda expression)

자바가 1996년에 처음 등장한 이후로 세 번의 큰 변화가 있었는데, 한번은 JDK 5부터 추가된 지네릭스(generics)의 등장이고, 또 한 번은 JDK 8부터 추가된 람다식(lambda expression)의 등장, 그리고 마지막으로 JDK 9의 모듈화(modularity)이다. 이 세 가지 새로운 변화에 의해 자바는 더 이상 예전의 자바가 아니게 되었다.

특히 람다식의 도입으로 인해, 이제 자바는 객체지향언어인 동시에 함수형 언어가 되었다. 객체지향언어가 함수형 언어의 기능까지 갖추게 하는 일은 결코 쉬운 일이 아니었을 텐데도 기존의 자바를 거의 변경하지 않고도 함수형 언어의 장점을 잘 접목시키는데 성공했다. 앞으로 람다식을 배워가면서, JDK 8을 만든 사람들이 얼마나 많은 노력을 기울였는지 알게 될 것이다.

덕분에 우리는 큰 혼란없이 함수형 언어의 장점들을 자바에서도 누릴 수 있게 되었다. 자바를 배우는 입장에서는 이런 갑작스런 변화가 달갑지만은 않겠지만, 이 변화를 잘 받아들이기만 한다면 람다식이라는 더 강력한 무기를 얻게 될 것이다.

1.1 람다식이란?

람다식(Lambda expression)은 간단히 말해서 메서드를 하나의 '식(expression)'으로 표현한 것이다. 람다식은 함수를 간략하면서도 명확한 식으로 표현할 수 있게 해준다.

메서드를 람다식으로 표현하면 메서드의 이름과 반환값이 없어지므로, 람다식을 '익명함수(anonymous function)'이라고도 한다.

```java
int[] arr = new int[5];
Arrays.setAll(arr, (i) -> (int)(Math.random()*5) + 1);
```

앞서 11장에서 처음으로 람다식이 등장했는데, 위의 문장에서 '(i)->(int)(Math.random()*5)+1'이 바로 람다식이다. 이 람다식이 하는 일을 메서드로 표현하면 다음과 같다.

```java
int method(int i) { // 매개변수 i가 사용되지 않지만 필요
    return (int)(Math.random()*5) + 1;
}
```

위의 메서드보다 람다식이 간결하면서도 이해하기 쉽다는 것에 이견이 없을 것이다. 게다가 모든 메서드는 클래스에 포함되어야 하므로 클래스도 새로 만들어야 하고, 객체도 생성해야만 비로소 이 메서드를 호출할 수 있다. 그러나 람다식은 이 모든 과정없이 오직 람다식 자체만으로 이 메서드의 역할을 대신할 수 있다.

게다가 람다식은 메서드의 매개변수로 전달이 가능하고, 메서드의 결과로 반환될 수도 있어서 람다식으로 인해 메서드를 변수처럼 다루는 것이 가능해졌다.

> **Q.** 메서드와 함수의 차이가 뭐죠?
>
> **A.** 전통적으로 프로그래밍에서 함수라는 이름은 수학에서 따온 것입니다. 수학의 함수와 개념이 유사하기 때문이죠. 그러나 객체지향개념에서는 함수(function)대신 객체의 행위나 동작을 의미하는 메서드(method)라는 용어를 사용합니다. 메서드는 함수와 근본적으로 같지만, 특정 클래스에 반드시 속해야 한다는 제약이 있기 때문에 함수 대신 메서드라는 용어를 사용하는 것입니다. 그러나 이제 다시 람다식을 통해 메서드가 함수처럼 독립적으로 쓰일 수 있게 되어서 함수라는 용어를 사용하게 되었습니다.(실제로는 여전히 메서드)

1.2 람다식 작성하기

람다식을 작성하는 방법은 '익명 함수'답게 메서드에서 이름과 반환타입을 제거하고 매개변수 선언부와 몸통{ } 사이에 '->'를 추가하기만 하면 끝이다.

```
반환타입 메서드이름 (매개변수 선언)  {
        문장들
}
          ↓
반환타입 메서드이름  (매개변수 선언)  -> {
        문장들
}
```

예를 들어 두 값 중에서 큰 값을 반환하는 메서드 max를 람다식으로 변환하면, 아래의 오른쪽과 같이 된다.

```
int max(int a, int b) {          int max(int a, int b) -> {
    return a > b ? a : b;            return a > b ? a : b;
}                                }
```

반환값이 있는 메서드의 경우, return문 대신 '식(expression)'으로 대신 할 수 있다. 식의 연산결과가 자동적으로 반환값이 된다. 이때는 '문장(statement)'이 아닌 '식'이므로 끝에 ';'을 붙이지 않는다.

```
(int a, int b) -> { return a > b ? a : b; }  →  (int a, int b) -> a > b ? a : b
```

람다식에 선언된 매개변수의 타입은 추론이 가능한 경우는 생략할 수 있는데, 대부분의 경우에 생략가능하다. 람다식에 반환타입이 없는 이유도 항상 추론이 가능하기 때문이다.

```
(int a, int b) -> a > b ? a : b    →    (a, b) -> a > b ? a : b
```

| 참고 | JDK 11부터 람다식의 지역변수에도 var를 사용할 수 있게 되었다. (var a, var b) -> a > b ? a : b

아래와 같이 선언된 매개변수가 하나뿐인 경우에는 괄호()를 생략할 수 있다. 단, 매개변수의 타입이 있으면 괄호()를 생략할 수 없다.

```
    (a)     -> a * a                a     -> a * a  // OK
    (int a) -> a * a                int a -> a * a  // 에러
```

마찬가지로 괄호{} 안의 문장이 하나일 때는 괄호{}를 생략할 수 있다. 이 때 문장의 끝에 ';'을 붙이지 않아야 한다는 것에 주의하자.

```
(String name, int i) -> {              (String name, int i) ->
    System.out.println(name+"="+i);        System.out.println(name+"="+i)
}
```

그러나 괄호{} 안의 문장이 return문일 경우 괄호{}를 생략할 수 없다.

```
    (int a, int b) -> { return a > b ? a : b; }  // OK
    (int a, int b) -> return a > b ? a : b       // 에러
```

아래의 표는 메서드를 람다식으로 변환하여 보여준다. 람다식을 가리고 왼쪽의 메서드만 보면서 람다식을 직접 작성한 다음 바르게 변환하였는지 확인해 보자.

메서드	람다식

`int max(int a, int b) {`
`    return a > b ? a : b;`
`}`
	`(int a, int b) -> { return a > b ? a : b; }`
	`(int a, int b) -> a > b ? a : b`
	`(a, b) -> a > b ? a : b`

`void printVar(String name, int i) {`
`    System.out.println(name+"="+i );`
`}`
	`(String name, int i) ->`
	`    { System.out.println(name+"="+i) ; }`
	`(name, i) ->`
	`    { System.out.println(name+"="+i) ; }`
	`(name, i) ->`
	`        System.out.println(name+"="+i)`

`int square(int x) {`
`    return x * x;`
`}`
	`(int x) -> x * x`
	`(x)     -> x * x`
	`x       -> x * x`

`int roll() {`
`    return (int) (Math.random()*6);`
`}`
	`() -> { return (int) (Math.random()*6); }`
	`() -> (int) (Math.random() * 6)`

`int sumArr(int[] arr) {`
`    int sum = 0;`
`    for(int i : arr)`
`        sum += i;`
`    return sum;`
`}`
	`(int[] arr) -> {`
	`    int sum = 0;`
	`    for(int i : arr)`
	`        sum += i;`
	`    return sum;`
	`}`

▲ 표14-1 메서드를 람다식으로 변환한 예

1.3 함수형 인터페이스(functional interface)

자바에서 모든 메서드는 클래스 내에 포함되어야 하는데, 람다식은 어떤 클래스에 포함되는 것일까? 지금까지 람다식이 메서드와 동등한 것처럼 설명해왔지만, 사실 람다식은 익명 클래스의 객체, 즉 익명 객체와 동등하다.

```
(int a, int b) -> a > b ? a : b
```
⟷
```
new Object() {
    int max(int a, int b) {
        return a > b ? a : b;
    }
}
```

위의 오른쪽 코드에서 메서드 이름 max는 임의로 붙인 것일 뿐 의미는 없다. 어쨌든 람다식으로 정의된 익명 객체의 메서드를 어떻게 호출할 수 있을 것인가? 이미 알고 있는 것처럼 참조변수가 있어야 객체의 메서드를 호출 할 수 있으니까 일단 이 익명 객체의 주소를 f라는 참조변수에 저장해 보자.

> **타입** f = (int a, int b) -> a > b ? a : b;   // 참조변수의 타입을 뭘로 해야 할까?

그러면, 참조변수 f의 타입은 어떤 것이어야 할까? 참조형이니까 클래스 또는 인터페이스가 가능하다. 그리고 람다식과 동등한 메서드가 정의되어 있는 것이어야 한다. 그래야만 참조변수로 익명 객체(람다식)의 메서드를 호출할 수 있기 때문이다.

예를 들어 아래와 같이 max()라는 메서드가 정의된 MyFunction인터페이스가 정의되어 있다고 가정하자.

```
interface MyFunction {
    public abstract int max(int a, int b);
}
```

그러면 이 인터페이스를 구현한 익명 객체는 다음과 같이 생성할 수 있다.

```
MyFunction f = new MyFunction() {
                    public int max(int a, int b) {
                        return a > b ? a : b;
                    }
               };
int big = f.max(5, 3); // 익명 객체의 메서드를 호출
```

MyFunction인터페이스에 정의된 메서드 max( )를 람다식으로 바꾸면 '(int a, int b) -> a > b ? a : b'이므로 위 코드의 익명 객체를 람다식으로 아래와 같이 대체할 수 있다.

```
MyFunction f = (int a, int b) ->a > b ? a : b; // 익명 객체를 람다식으로 대체
int big = f.max(5, 3); // 익명 객체의 메서드를 호출
```

이처럼 MyFunction인터페이스를 구현한 익명 객체를 람다식으로 대체 가능한 이유는, 람다식이 실제로는 익명 객체이고, MyFunction인터페이스를 구현한 익명 객체의 메서드 max()와 람다식의 매개변수의 타입과 개수 그리고 반환값이 일치하기 때문이다.

지금까지 살펴본 것처럼, 하나의 메서드가 선언된 인터페이스를 정의해서 람다식을 다루는 것은 기존의 자바의 규칙들을 어기지 않으면서도 자연스럽다.

그래서 인터페이스를 통해 람다식을 다루기로 결정되었으며, 람다식을 다루기 위한 인터페이스를 '함수형 인터페이스(functional interface)'라고 부르기로 했다.

```
@FunctionalInterface
interface MyFunction {    // 함수형 인터페이스 MyFunction을 정의
    public abstract int max(int a, int b);
}
```

단, 함수형 인터페이스에는 오직 하나의 추상 메서드만 정의되어 있어야 한다는 제약이 있다. 그래야 람다식과 인터페이스의 메서드가 1:1로 연결될 수 있기 때문이다. 반면에 static메서드와 디폴트 메서드의 개수에는 제약이 없다.

| 참고 | @FunctionalInterface를 붙이면, 컴파일러가 함수형 인터페이스를 올바르게 정의하였는지 확인해주므로, 꼭 붙이도록 하자.

기존에는 아래와 같이 인터페이스의 메서드 하나를 구현하는데도 복잡하게 해야 했는데,

```
List<String> list = Arrays.asList("abc", "aaa", "bbb", "ddd", "aaa");
Collections.sort(list, new Comparator<String>() {
    public int compare(String s1, String s2) {
        return s2.compareTo(s1);
    }
});
```

이제 람다식으로 아래와 같이 간단히 처리할 수 있게 되었다.

```
List<String> list = Arrays.asList("abc", "aaa", "bbb", "ddd", "aaa");
Collections.sort(list, (s1, s2) -> s2.compareTo(s1));
```

함수형 인터페이스 타입의 매개변수와 반환타입
함수형 인터페이스 MyFunction이 아래와 같이 정의되어 있을 때,

```
@FunctionalInterface
interface MyFunction {
    void myMethod();          // 추상 메서드
}
```

메서드의 매개변수가 MyFunction타입이면, 이 메서드를 호출할 때 람다식을 가리키는 참조 변수를 매개변수로 지정해야 한다는 뜻이다.

```
void aMethod(MyFunction f) {  // 매개변수의 타입이 함수형 인터페이스
    f.myMethod();              // MyFunction에 정의된 메서드 호출
}
    ...
MyFunction f = () -> System.out.println("myMethod()");
aMethod(f);
```

또는 참조변수 없이 아래와 같이 직접 람다식을 매개변수로 지정하는 것도 가능하다.

```
aMethod(()-> System.out.println("myMethod()"));  // 람다식을 매개변수로 지정
```

그리고 메서드의 반환타입이 함수형 인터페이스타입이라면, 이 함수형 인터페이스의 추상메서드와 동등한 람다식을 가리키는 참조변수를 반환하거나 람다식을 직접 반환할 수 있다.

```
MyFunction myMethod() {   // 람다식을 반환하는 메서드
    MyFunction f = ()->{};
    return f;             // 이 줄과 윗 줄을 한 줄로 줄이면, return ()->{};
}
```

람다식을 참조변수로 다룰 수 있다는 것은 메서드를 통해 람다식을 주고받을 수 있다는 것을 의미한다. 즉, 변수처럼 메서드를 주고받는 것이 가능해진 것이다.

  사실상 메서드가 아니라 객체를 주고받는 것이라 근본적으로 달라진 것은 아무것도 없지만, 람다식 덕분에 예전보다 코드가 더 간결하고 이해하기 쉬워졌다.

▼ 예제 14-1/LambdaEx.java

```
@FunctionalInterface
interface MyFunction {
    void run();   // public abstract void run();
}

class LambdaEx {
    static void execute(MyFunction f) {  // 매개변수의 타입이 MyFunction인 메서드
        f.run();
    }

    static MyFunction getMyFunction() {  // 반환 타입이 MyFunction인 메서드
        MyFunction f = () -> System.out.println("f3.run()");
        return f;
    }

    public static void main(String[] args) {
        // 람다식으로 MyFunction의 run()을 구현
        MyFunction f1 = ()-> System.out.println("f1.run()");

        MyFunction f2 = new MyFunction() {  // 익명클래스로 run()을 구현
            public void run() {             // public을 반드시 붙여야 함
                System.out.println("f2.run()");
            }
        };
```

```
        MyFunction f3 = getMyFunction();

        f1.run();
        f2.run();
        f3.run();

        execute(f1);
        execute(()-> System.out.println("run()"));
    }
}
```

▼ 실행결과
```
f1.run()
f2.run()
f3.run()
f1.run()
run()
```

람다식의 타입과 형변환

함수형 인터페이스로 람다식을 참조할 수 있는 것일 뿐, 람다식의 타입이 함수형 인터페이스의 타입과 일치하는 것은 아니다. 람다식은 익명 객체이고 익명 객체는 타입이 없다. 정확히는 타입은 있지만 컴파일러가 임의로 이름을 정하기 때문에 알 수 없는 것이다. 그래서 대입 연산자의 양변의 타입을 일치시키기 위해 아래와 같이 형변환이 필요하다.

> **참고** MyFunction은 'interface MyFunction { void method( ); }'와 같이 정의되었다고 가정하였다.

```
MyFunction f = (MyFunction)(()->{});   // 양변의 타입이 다르므로 형변환이 필요
```

람다식은 MyFunction인터페이스를 직접 구현하지 않았지만, 이 인터페이스를 구현한 클래스의 객체와 완전히 동일하기 때문에 위와 같은 형변환을 허용한다. 그리고 이 형변환은 생략가능하다.

람다식은 이름이 없을 뿐 분명히 객체인데도, 아래와 같이 Object타입으로 형변환 할 수 없다. 람다식은 오직 함수형 인터페이스로만 형변환이 가능하다.

```
Object obj = (Object)(()->{});   // 에러. 함수형 인터페이스로만 형변환 가능
```

굳이 Object타입으로 형변환하려면, 먼저 함수형 인터페이스로 변환해야 한다.

```
        Object obj = (Object)(MyFunction)(()-> {});
        String str = ((Object)(MyFunction)(()-> {})).toString();
```

이제 예제를 통해 직접 확인해 보자.

▼ 예제 14-2/LambdaEx2.java
```
@FunctionalInterface
interface MyFunction2 {
    void myMethod();   // public abstract void myMethod();
}
class LambdaEx2 {
    public static void main(String[] args)    {
        MyFunction2 f = ()->{}; // MyFunction2 f = (MyFunction2)(()->{});
        Object obj = (MyFunction2)(()-> {});   // Object타입으로 형변환이 생략됨
        String str = ((Object)(MyFunction2)(()-> {})).toString();
```

```
        System.out.println(f);
        System.out.println(obj);
        System.out.println(str);
//      System.out.println(()->{});   // 에러. 람다식은 Object타입으로 형변환 안됨
        System.out.println((MyFunction2)(()-> {}));
//      System.out.println((MyFunction2)(()-> {}).toString()); // 에러
        System.out.println(((Object)(MyFunction2)(()-> {})).toString());
    }
}
```

▼ 실행결과

```
LambdaEx2$$Lambda/0x00000070010033f8@23fc625e
LambdaEx2$$Lambda/0x0000007001003610@3f99bd52
LambdaEx2$$Lambda/0x0000007001003828@f6f4d33
LambdaEx2$$Lambda/0x0000007001003a40@3a71f4dd
LambdaEx2$$Lambda/0x0000007001003c58@85ede7b
```

실행결과를 보면, 컴파일러가 람다식의 타입을 어떤 형식으로 만들어내는지 알 수 있다. 일반적인 익명 객체라면, 객체의 타입이 '외부클래스이름$번호'와 같은 형식으로 타입이 결정되었을 텐데, 람다식의 타입은 '외부클래스이름$$Lambda/번호'와 같은 형식으로 되어 있는 것을 확인할 수 있다.

외부 변수를 참조하는 람다식

람다식도 익명 객체, 즉 익명 클래스의 인스턴스이므로 람다식에서 외부에 선언된 변수에 접근하는 규칙은 앞서 익명 클래스에서 배운 것과 동일하다. 아래의 예제는 예제 7-35(p.438)를 람다식을 사용해서 변경한 것이다.

▼ 예제 14-3/**LambdaEx3.java**

```
@FunctionalInterface
interface MyFunction3 {
    void myMethod();
}

class Outer {
    int val=10;    // Outer.this.val

    class Inner {
        int val=20;    // this.val

        void method(int i) {   //  void method(final int i) {
            int val=30; // final int val=30;
//          i = 10;       // 에러. 상수의 값을 변경할 수 없음.

            MyFunction3 f = () -> {
                System.out.println("           i :" + i);
                System.out.println("         val :" + val);
                System.out.println("    this.val :" + ++this.val);
                System.out.println("Outer.this.val :" + ++Outer.this.val);
```

```
            };

            f.myMethod();
        }
    } // Inner클래스의 끝
} // Outer클래스의 끝

class LambdaEx3 {
    public static void main(String args[]) {
        Outer outer = new Outer();
        Outer.Inner inner = outer.new Inner();
        inner.method(100);
    }
}
```

▼ 실행결과
```
              i :100
            val :30
       this.val :21
 Outer.this.val :11
```

이 예제는 람다식 내에서 외부에 선언된 변수에 접근하는 방법을 보여준다. 람다식 내에서 참조하는 지역변수는 final이 붙지 않았어도 상수로 간주된다. 람다식 내에서 지역변수 i와 val을 참조하고 있으므로 람다식 내에서나 다른 어느 곳에서도 이 변수들의 값을 변경하는 일은 허용되지 않는다.

반면에 Inner클래스와 Outer클래스의 인스턴스 변수인 this.val과 Outer.this.val은 상수로 간주되지 않으므로 값을 변경해도 된다.

```
void method(int i) {
    int val = 30; // final int val = 30;
    i = 10;      // 에러1. 상수의 값을 변경할 수 없음

    MyFunction3 f = (i) -> { // 에러2. 외부 지역변수와 이름이 중복됨.
        System.out.println("              i :"+ i);
        System.out.println("          value :"+ val);
        System.out.println("     this.value :"+ ++this.val);
        System.out.println("Outer.this.value :"+ ++Outer.this.val);
    };
```

그리고 외부 지역변수와 같은 이름의 람다식 매개변수는 허용되지 않는다.(에러2)

| 참고 | 위 예제에서 람다식 내의 this는 람다식(익명 객체) 자신을 가리켜야 하지만, 이렇게 하는 것은 별로 유용하지 못하기 때문에 자바의 기본 원칙을 어기고 this가 람다식을 포함하고 있는 외부 클래스의 객체를 가리키도록 구현되었다.

1.4 java.util.function패키지

대부분의 메서드는 타입이 비슷하다. 매개변수가 없거나 한 개 또는 두 개, 반환 값은 없거나 한 개. 게다가 지네릭 메서드로 정의하면 매개변수나 반환 타입이 달라도 문제가 되지 않는다. 그래서 java.util.function패키지에 일반적으로 자주 쓰이는 형식의 메서드를 함수형 인터페이스로 미리 정의해 놓았다. 매번 새로운 함수형 인터페이스를 정의하지 말고, 가능하면 이 패키지의 인터페이스를 활용하는 것이 좋다.

그래야 함수형 인터페이스에 정의된 메서드 이름도 통일되고, 재사용성이나 유지보수 측면에서도 좋다. 자주 쓰이는 가장 기본적인 함수형 인터페이스는 다음과 같다.

함수형 인터페이스	메서드	설명
java.lang.Runnable	void run()	매개변수도 없고, 반환값도 없음.
Supplier\<T\>	T get() → T	매개변수는 없고, 반환값만 있음.
Consumer\<T\>	T → void accept(T t)	Supplier와 반대로 매개변수만 있고, 반환값이 없음
Function\<T,R\>	T → R apply(T t) → R	일반적인 함수. 하나의 매개변수를 받아서 결과를 반환
Predicate\<T\>	T → boolean test(T t) → boolean	조건식을 표현하는데 사용됨. 매개변수는 하나, 반환 타입은 boolean

▲ 표14-2 java.util.function패키지의 주요 함수형 인터페이스

매개변수와 반환값의 유무에 따라 4개의 함수형 인터페이스가 정의되어 있고, Function의 변형으로 Predicate가 있는데, 반환값이 boolean이라는 것만 제외하면 Function과 동일하다. Predicate는 조건식을 함수로 표현하는데 사용된다.

|참고| 타입 문자 'T'는 'Type'을, 'R'은 'Return Type'을 의미한다.

조건식의 표현에 사용되는 Predicate

Predicate는 Function의 변형으로, 반환타입이 boolean이라는 것만 다르다. Predicate는 조건식을 람다식으로 표현하는데 사용된다.

|참고| 수학에서 결과로 true 또는 false를 반환하는 함수를 '프레디케이트(predicate)'라고 한다.

```
Predicate<String> isEmptyStr = s -> s.length() == 0;
String s = "";

if(isEmptyStr.test(s))   // if(s.length()==0)
    System.out.println("This is an empty String.");
```

매개변수가 두 개인 함수형 인터페이스

매개변수의 개수가 2개인 함수형 인터페이스는 이름 앞에 접두사 'Bi'가 붙는다.

|참고| 매개변수의 타입으로 보통 'T'를 사용하므로, 알파벳에서 'T'의 다음 문자인 'U', 'V', 'W'를 매개변수의 타입으로 사용하는 것일 뿐 별다른 의미는 없다.

함수형 인터페이스	메서드	설명
BiConsumer\<T,U\>	T, U → void accept(T t, U u)	두개의 매개변수만 있고, 반환값이 없음
BiPredicate\<T,U\>	T, U → boolean test(T t, U u) → boolean	조건식을 표현하는데 사용됨. 매개변수는 둘, 반환값은 boolean
BiFunction\<T,U,R\>	T, U → R apply(T t, U u) → R	두 개의 매개변수를 받아서 하나의 결과를 반환

|참고| Supplier는 매개변수는 없고 반환값만 존재하는데, 메서드는 두 개 이상의 값을 반환할 수 없으므로 BiSupplier가 없는 것이다.

두 개 이상의 매개변수를 갖는 함수형 인터페이스가 필요하다면 직접 만들어서 써야한다. 만일 3개의 매개변수를 갖는 함수형 인터페이스를 선언한다면 다음과 같을 것이다.

```
@FunctionalInterface
interface TriFunction<T,U,V,R> {
    R apply(T t, U u, V v);
}
```

UnaryOperator와 BinaryOperator

Function의 또 다른 변형으로 UnaryOperator와 BinaryOperator가 있는데, 매개변수의 타입과 반환타입의 타입이 모두 일치한다는 점만 제외하고는 Function과 같다.

> **참고** UnaryOperator와 BinaryOperator의 조상은 각각 Function과 BiFunction이다.

함수형 인터페이스	메서드	설명
UnaryOperator⟨T⟩	T → [T apply(T t)] → T	Function의 자손. Function과 달리 매개변수와 결과의 타입이 같다.
BinaryOperator⟨T⟩	T, T → [T apply(T t, T t)] → T	BiFunction의 자손. BiFunction과 달리 매개변수와 결과의 타입이 같다.

컬렉션 프레임워크과 함수형 인터페이스

컬렉션 프레임워크의 인터페이스에 다수의 디폴트 메서드가 추가되었는데, 그 중의 일부는 함수형 인터페이스를 사용한다. 다음은 그 메서드들의 목록이다.

> **참고** 단순화하기 위해 와일드 카드는 생략하였다.

인터페이스	메서드	설명
Iterable	void forEach(Consumer⟨T⟩ action)	모든 요소에 작업 action을 수행
Collection	boolean removeIf(Predicate⟨E⟩ filter)	조건에 맞는 요소를 삭제
List	void replaceAll(UnaryOperator⟨E⟩ operator)	모든 요소를 변환하여 대체
Map	V compute(K key, BiFunction⟨K,V,V⟩ f)	지정된 키의 값에 작업 f를 수행
	V computeIfAbsent(K key, Function⟨K,V⟩ f)	키가 없으면, 작업 f 수행 후 추가
	V computeIfPresent(K key, BiFunction⟨K,V,V⟩ f)	지정된 키가 있을 때, 작업 f 수행
	V merge(K key, V value, BiFunction⟨V,V,V⟩ f)	모든 요소에 병합작업 f를 수행
	void forEach(BiConsumer⟨K,V⟩ action)	모든 요소에 작업 action을 수행
	void replaceAll(BiFunction⟨K,V,V⟩ f)	모든 요소에 치환작업 f를 수행

▲ 표14-3 컬렉션 프레임워크의 함수형 인터페이스를 사용하는 메서드

이름만 봐도 어떤 일을 하는 메서드인지 충분히 알 수 있을 것이다. Map인터페이스에 있는 'compute'로 시작하는 메서드들은 맵의 value를 변환하는 일을 하고 merge( )는 Map을 병합하는 일을 한다. 이 메서드들을 어떤 식으로 사용하는 지는 다음의 예제를 보자.

▼ 예제 14-4/`LambdaEx4.java`

```java
import java.util.*;

class LambdaEx4 {
    public static void main(String[] args)    {
        ArrayList<Integer> list = new ArrayList<>();
        for(int i=0;i<10;i++)
            list.add(i);

        // list의 모든 요소를 출력
        list.forEach(i->System.out.print(i+","));
        System.out.println();

        // list에서 2 또는 3의 배수를 제거
        list.removeIf(x-> x%2==0 || x%3==0);
        System.out.println(list);

        list.replaceAll(i->i*10); // list의 각 요소에 10을 곱한다.
        System.out.println(list);

        Map<String, String> map = new HashMap<>();
        map.put("1", "1");
        map.put("2", "2");
        map.put("3", "3");
        map.put("4", "4");

        // map의 모든 요소를 {k,v}의 형식으로 출력
        map.forEach((k,v)-> System.out.print("{"+k+","+v+"},"));
        System.out.println();
    }
}
```

▼ 실행결과

```
0,1,2,3,4,5,6,7,8,9,
[1, 5, 7]
[10, 50, 70]
{1,1},{2,2},{3,3},{4,4},
```

메서드의 기본적인 사용법만 보여주는 간단한 예제이므로 쉽게 이해가 될 것이다. 이 예제의 람다식을 변형해서 다양하게 테스트해보면 좋은 연습이 될 것이다.

다음은 앞서 설명한 함수형 인터페이스들을 사용하는 예제이다.

▼ 예제 14-5/`LambdaEx5.java`

```java
import java.util.function.*;
import java.util.*;

class LambdaEx5 {
    public static void main(String[] args) {
        Supplier<Integer>  s = ()-> (int)(Math.random()*100)+1;
        Consumer<Integer>  c = i -> System.out.print(i+", ");
        Predicate<Integer> p = i -> i%2==0;
        Function<Integer, Integer> f = i -> i/10*10; // i의 일의 자리를 없앤다.
```

```
        List<Integer> list = new ArrayList<>();
        makeRandomList(s, list);
        System.out.println(list);
        printEvenNum(p, c, list);
        List<Integer> newList = doSomething(f, list);
        System.out.println(newList);
    }

    static <T> List<T> doSomething(Function<T, T> f, List<T> list) {
        List<T> newList = new ArrayList<T>(list.size());

        for(T i : list) {
            newList.add(f.apply(i));
        }

        return newList;
    }

    static <T> void printEvenNum(Predicate<T> p, Consumer<T> c, List<T> list) {
        System.out.print("[");
        for(T i : list) {
            if(p.test(i))
                c.accept(i);
        }
        System.out.println("]");
    }

    static <T> void makeRandomList(Supplier<T> s, List<T> list) {
        for(int i=0;i<10;i++) {
            list.add(s.get());
        }
    }
}
```

▼ 실행결과
```
[43, 38, 79, 47, 34, 54, 68, 57, 17, 49]
[38, 34, 54, 68, ]
[40, 30, 70, 40, 30, 50, 60, 50, 10, 40]
```

기본형을 사용하는 함수형 인터페이스

지금까지 소개한 함수형 인터페이스는 매개변수와 반환값의 타입이 모두 지네릭 타입이었는데, 기본형 타입의 값을 처리할 때도 래퍼(wrapper)클래스를 사용해왔다. 그러나 기본형 대신 래퍼클래스를 사용하는 것은 당연히 비효율적이다. 그래서 보다 효율적으로 처리할 수 있도록 기본형을 사용하는 함수형 인터페이스들이 제공된다.

함수형 인터페이스	메서드	설 명
DoubleToIntFunction	int applyAsInt(double d)	AToBFunction은 입력이 A타입 출력이 B타입
ToIntFunction⟨T⟩	int applyAsInt(T value)	ToBFunction은 출력이 B타입이다. 입력은 지네릭 타입
IntFunction⟨R⟩	R apply(T t, U u)	AFunction은 입력이 A타입이고 출력은 지네릭 타입
ObjIntConsumer⟨T⟩	void accept(T t, U u)	ObjAFunction은 입력이 T, A 타입이고 출력은 없다.

이전 예제를 기본형을 사용하는 함수형 인터페이스로 변경하면 다음과 같다.

▼ 예제 14-6 / **LambdaEx6.java**

```java
import java.util.function.*;
import java.util.*;

class LambdaEx6 {
    public static void main(String[] args) {
        IntSupplier     s  = ()-> (int)(Math.random()*100)+1;
        IntConsumer     c  = i -> System.out.print(i+", ");
        IntPredicate    p  = i -> i%2==0;
        IntUnaryOperator op = i -> i/10*10; // i의 일의 자리를 없앤다.

        int[] arr = new int[10];

        makeRandomList(s, arr);
        System.out.println(Arrays.toString(arr));
        printEvenNum(p, c, arr);
        int[] newArr = doSomething(op, arr);
        System.out.println(Arrays.toString(newArr));
    }

    static void makeRandomList(IntSupplier s, int[] arr) {
        for(int i=0;i<arr.length;i++) {
            arr[i] = s.getAsInt();   // get()이 아니라 getAsInt()임에 주의
        }
    }

    static void printEvenNum(IntPredicate p, IntConsumer c, int[] arr) {
        System.out.print("[");
        for(int i : arr) {
            if(p.test(i))
                c.accept(i);
        }
        System.out.println("]");
    }

    static int[] doSomething(IntUnaryOperator op, int[] arr) {
        int[] newArr = new int[arr.length];

        for(int i=0; i<newArr.length;i++) {
            newArr[i] = op.applyAsInt(arr[i]); // apply()가 아님에 주의
        }
        return newArr;
    }
}
```

▼ 실행결과
```
[88, 13, 6, 15, 60, 28, 67, 53, 20, 36]
[88, 6, 60, 28, 20, 36, ]
[80, 10, 0, 10, 60, 20, 60, 50, 20, 30]
```

위 예제에서 만일 아래와 같이 IntUnaryOperator대신 Function을 사용하면 에러가 발생한다.

```
Function f = (a) -> 2*a; // 에러. a의 타입을 알 수 없으므로 연산 불가
```

매개변수 a와 반환 값의 타입을 추정할 수 없기 때문이다. 그래서 아래와 같이 타입을 지정해 주어야 한다.

```
// OK. 매개변수 타입과 반환타입이 Integer
Function<Integer, Integer> f = (a) -> 2 * a;
```

또는 아래와 같이 Function대신 IntFunction을 사용할 수도 있지만, IntUnaryOperator가 Function이나 IntFunction보다 오토박싱&언박싱의 횟수가 줄어들어 더 성능이 좋다.

```
// OK. 매개변수 타입은 int, 반환타입은 Integer
IntFunction<Integer> f = (a) -> 2 * a;
```

IntFunction, ToIntFunction, IntToLongFunction은 있어도 IntToIntFunction은 없는데, 그 이유는 IntUnaryOperator가 그 역할을 하기 때문이다. 매개변수의 타입과 반환타입이 일치할 때는 앞서 배운 것처럼 Function대신 UnaryOperator를 사용하자.

1.5 Function의 합성과 Predicate의 결합

앞서 소개한 java.util.function패키지의 함수형 인터페이스에는 추상메서드 외에도 디폴트 메서드와 static메서드가 정의되어 있다. 우리는 Function과 Predicate에 정의된 메서드에 대해서만 살펴볼 것인데, 그 이유는 다른 함수형 인터페이스의 메서드도 유사하기 때문이다. 이 두 함수형 인터페이스에 대한 설명만으로도 충분히 응용이 가능할 것이다.

| 참고 | 원래 Function인터페이스는 반드시 두개의 타입을 지정해 줘야하기 때문에, 두 타입이 같아도 Function<T>라고 쓸 수 없다. Function<T,T>라고 써야 한다.

```
Function
default <V> Function<T,V>  andThen(Function<? super R,? extends V> after)
default <V> Function<V,R>  compose(Function<? super V,? extends T> before)
static  <T> Function<T,T>  identity()

Predicate
default Predicate<T>       and(Predicate<? super T> other)
default Predicate<T>       or(Predicate<? super T> other)
default Predicate<T>       negate()
static  <T> Predicate<T>   isEqual(Object targetRef)
```

Function의 합성
두 람다식을 합성해서 새로운 람다식을 만들 수 있는데, 합성이라는 것은 단지 두 개의 람다식을 붙여서 하나로 만드는 것이다. 두 람다식을 붙이는 방법은 그림14-1처럼 2가지(f+g 또는 g+f)밖에 없으며, 연결 부분의 타입이 일치해야 한다.

함수 f, g가 있을 때, f.andThen(g)는 함수 f를 먼저 적용하고, 그 다음에 함수 g를 적용한다. 그리고 f.compose(g)는 반대로 g를 먼저 적용하고 f를 적용한다.

```
default <V> Function<T,V> andThen(Function<? super R,? extends V> after)
```

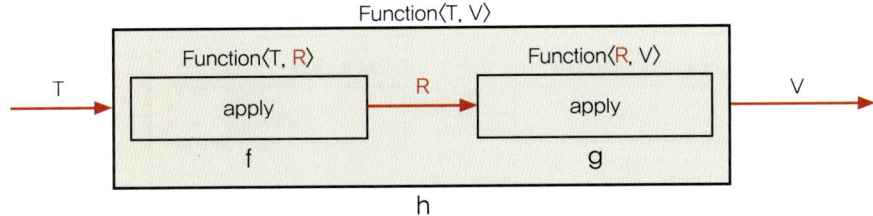

```
default <V> Function<V,R> compose(Function<? super V,? extends T> before)
```

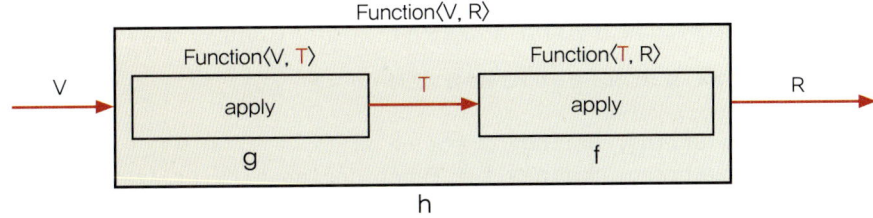

▲ 그림14-1 andThen( )과 compose( )의 비교

예를 들어, 문자열을 숫자로 변환하는 함수 f와 숫자를 2진 문자열로 변환하는 함수 g를 andThen( )으로 합성하여 새로운 함수 h를 만들어낼 수 있다.

```
Function<String, Integer> f = (s) -> Integer.parseInt(s, 16);
Function<Integer, String> g = (i) -> Integer.toBinaryString(i);
Function<String, String>  h = f.andThen(g);
```

함수 h의 지네릭 타입이 '〈String, String〉'이다. 즉, String을 입력받아서 String을 결과로 반환한다. 예를 들어 함수 h에 문자열 "FF"를 입력하면, 결과로 "11111111"을 얻는다.

```
System.out.println(h.apply("FF")); // "FF" → 255 → "11111111"
```

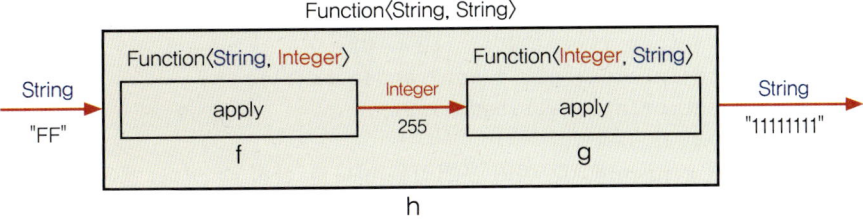

이번엔 compose( )를 이용해서 두 함수를 반대의 순서로 합성해보자.

```
Function<Integer, String>  g = (i) -> Integer.toBinaryString(i);
Function<String, Integer>  f = (s) -> Integer.parseInt(s, 16);
Function<Integer, Integer> h = f.compose(g);
```

이전과 달리 함수 h의 지네릭 타입이 '〈Integer, Integer〉'이다. 함수 h에 숫자 2를 입력하면, 결과로 16을 얻는다.

| 참고 | 함수 f는 "10"을 16진수로 인식하기 때문에 16을 결과로 얻는다.

```
System.out.println(h.apply(2));  //  2 → "10" → 16
```

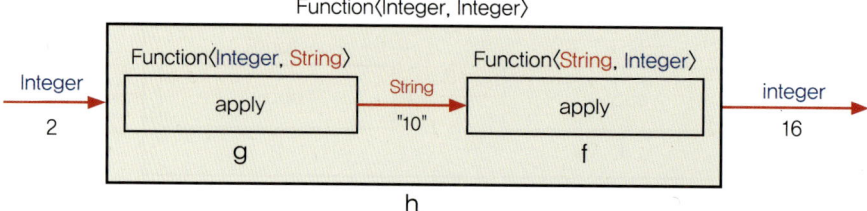

그리고 identity()는 함수를 적용하기 이전과 이후가 동일한 '항등 함수'가 필요할 때 사용한다. 이 함수를 람다식으로 표현하면 'x->x'이다. 아래의 두 문장은 동등하다.

| 참고 | 항등 함수는 함수에 x를 대입하면 결과가 x인 함수를 말한다. f(x) = x

```
    Function<String, String> f = x -> x;
//  Function<String, String> f = Function.identity();  // 위의 문장과 동일
    System.out.println(f.apply("AAA"));   // AAA가 그대로 출력됨
```

항등 함수는 잘 사용되지 않는 편이며, 나중에 배울 map()으로 변환작업할 때, 변환없이 그대로 처리할 때 사용된다.

Predicate의 결합

여러 조건식을 논리 연산자인 &&(and), ||(or), !(not)으로 연결해서 하나의 식을 구성할 수 있는 것처럼, 여러 Predicate를 and(), or(), negate()로 연결해서 하나의 새로운 Predicate로 결합할 수 있다.

```
    Predicate<Integer> p = i -> i < 100;
    Predicate<Integer> q = i -> i < 200;
    Predicate<Integer> r = i -> i%2 == 0;
    Predicate<Integer> notP = p.negate();        // i >= 100

    // 100 <= i && (i < 200 || i%2==0)
    Predicate<Integer> all = notP.and(q.or(r));
    System.out.println(all.test(150));           // true
```

이처럼 and(), or(), negate()로 여러 조건식을 하나로 합칠 수 있다. 물론 아래와 같이 람다식을 직접 넣어도 된다.

```
    Predicate<Integer> all = notP.and(i -> i < 200).or(i -> i%2 == 0);
```

| 주의 | Predicate의 끝에 negate()를 붙이면 조건식 전체가 부정이 된다.

그리고 static메서드인 isEqual()은 두 대상을 비교하는 Predicate를 만들 때 사용한다. 먼저, isEqual()의 매개변수로 비교대상을 하나 지정하고, 또 다른 비교대상은 test()의 매개변수로 지정한다.

```
        Predicate<String> p = Predicate.isEqual(str1);
        boolean result = p.test(str2);   // str1과 str2가 같은지 비교하여 결과를 반환
```

위의 두 문장을 합치면 아래와 같다. 오히려 아래의 문장이 이해하기 더 쉬울 것이다.

```
        // str1과 str2가 같은지 비교
        boolean result = Predicate.isEqual(str1).test(str2);
```

이제 예제로 지금까지 배운 내용들을 직접 확인해 보자.

▼ 예제 14-7/LambdaEx7.java

```java
import java.util.function.*;
class LambdaEx7 {
   public static void main(String[] args) {
        Function<String, Integer>   f = (s) -> Integer.parseInt(s, 16);
        Function<Integer, String>   g = (i) -> Integer.toBinaryString(i);

        Function<String, String>    h  = f.andThen(g);
        Function<Integer, Integer>  h2 = f.compose(g);

        System.out.println(h.apply("FF")); // "FF" → 255 → "11111111"
        System.out.println(h2.apply(2));    // 2 → "10" → 16

        Function<String, String> f2 = x -> x; // 항등 함수(identity function)
        System.out.println(f2.apply("AAA"));   // AAA가 그대로 출력됨

        Predicate<Integer> p = i -> i < 100;
        Predicate<Integer> q = i -> i < 200;
        Predicate<Integer> r = i -> i%2 == 0;
        Predicate<Integer> notP = p.negate(); // i >= 100

        Predicate<Integer> all = notP.and(q.or(r));
        System.out.println(all.test(150));          // true

        String str1 = "abc";
        String str2 = "abc";

        // str1과 str2가 같은지 비교한 결과를 반환
        Predicate<String> p2 = Predicate.isEqual(str1);
        boolean result = p2.test(str2);
        System.out.println(result);
   }
}
```

▼ 실행결과

```
11111111
16
AAA
true
true
```

1.6 메서드 참조

람다식으로 메서드를 이처럼 간결하게 표현할 수 있다는 것에 충분히 감탄했을 텐데, 놀랍게도 람다식을 더욱 간결하게 표현할 수 있는 방법이 있다. 항상 그런 것은 아니고, 람다식이 하나의 메서드만 호출하는 경우에는 '메서드 참조(method reference)'라는 방법으로 람다식을 간략히 할 수 있다. 예를 들어 문자열을 정수로 변환하는 람다식은 아래와 같이 작성할 수 있다.

```
Function<String, Integer> f = (String s) -> Integer.parseInt(s);
```

보통은 이렇게 람다식을 작성하는데, 이 람다식을 메서드로 표현하면 아래와 같다.

> |참고| 람다식은 엄밀히 말하자면 익명 객체지만 간단히 메서드만 적었다.

```
Integer wrapper(String s) {      // 이 메서드의 이름은 의미없다.
    return Integer.parseInt(s);
}
```

이 wrapper메서드는 별로 하는 일이 없다. 그저 값을 받아서 Integer.parseInt()에게 넘겨주는 일만 할 뿐이다. 차라리 이 거추장스러운 메서드를 벗겨내고 Integer.parseInt()를 직접 호출하는 것이 낫지 않을까?

```
Function<String, Integer> f = (String s) -> Integer.parseInt(s);
                                ↓
Function<String, Integer> f = Integer::parseInt;    // 메서드 참조
```

위 메서드 참조에서 람다식의 일부가 생략되었지만, 컴파일러는 생략된 부분을 우변의 parseInt메서드의 선언부로부터, 또는 좌변의 Function인터페이스에 지정된 지네릭 타입으로부터 쉽게 알아낼 수 있다.

한 가지 예를 더 보자. 아래의 람다식을 메서드 참조로 변경한다면, 어떻게 되겠는가? 람다식에서 생략해도 좋을 만한 부분이 어디인지 한번 생각해 보자.

```
BiFunction<String, String, Boolean> f = (s1, s2) -> s1.equals(s2);
```

참조변수 f의 타입만 봐도 람다식이 두 개의 String타입의 매개변수를 받는 다는 것을 알 수 있으므로, 람다식의 매개변수들은 없어도 된다. 위의 람다식에서 매개변수들을 제거해서 메서드 참조로 변경하면 아래와 같다.

```
BiFunction<String, String, Boolean> f = (s1, s2) -> s1.equals(s2);
                                ↓
BiFunction<String, String, Boolean> f = String::equals;    // 메서드 참조
```

매개변수 s1과 s2를 생략해버리고 나면 equals만 남는데, 두 개의 String을 받아서

Boolean을 반환하는 equals라는 이름의 메서드는 다른 클래스에도 존재할 수 있기 때문에 equals앞에 클래스 이름은 반드시 필요하다.

메서드 참조를 사용할 수 있는 경우가 한 가지 더 있는데, 이미 생성된 객체의 메서드를 람다식에서 사용한 경우에는 클래스 이름 대신 그 객체의 참조변수를 적어줘야 한다.

```
MyClass obj = new MyClass();
Function<String, Boolean> f  = (x) -> obj.equals(x);  // 람다식
Function<String, Boolean> f2 = obj::equals;           // 메서드 참조
```

지금까지 3가지 경우의 메서드 참조에 대해서 알아봤는데, 정리하면 다음과 같다.

종류	람다	메서드 참조
static메서드 참조	(x) -> ClassName.method(x)	ClassName::method
인스턴스 메서드 참조	(obj, x) -> obj.method(x)	ClassName::method
특정 객체 인스턴스 메서드 참조	(x) -> obj.method(x)	obj::method

▲ 표14-4 람다식을 메서드 참조로 변환하는 방법

> 하나의 메서드만 호출하는 람다식은
> '클래스이름::메서드이름' 또는 '참조변수::메서드이름'으로 바꿀 수 있다.

생성자의 메서드 참조

생성자를 호출하는 람다식도 메서드 참조로 변환할 수 있다.

```
Supplier<MyClass> s = () -> new MyClass();  // 람다식
Supplier<MyClass> s = MyClass::new;         // 메서드 참조
```

매개변수가 있는 생성자라면, 매개변수의 개수에 따라 알맞은 함수형 인터페이스를 사용하면 된다. 필요하다면 함수형 인터페이스를 새로 정의해야 한다.

```
Function<Integer, MyClass> f  = (i) -> new MyClass(i);  // 람다식
Function<Integer, MyClass> f2 = MyClass::new;           // 메서드 참조

BiFunction<Integer, String, MyClass> bf = (i, s) -> new MyClass(i, s);
BiFunction<Integer, String, MyClass> bf2 = MyClass::new;  // 메서드 참조
```

그리고 배열을 생성할 때는 아래와 같이 하면 된다.

```
Function<Integer, int[]> f  = x -> new int[x];  // 람다식
Function<Integer, int[]> f2 = int[]::new;       // 메서드 참조
```

메서드 참조는 람다식을 마치 static변수처럼 다룰 수 있게 해준다. 메서드 참조는 코드를 간략히 하는데 유용해서 많이 사용된다. 이해하기 어려운 메서드 참조는 람다식으로 바꿔보면 쉬워진다. 일단 '( ) -> ( )'를 적어놓고 시작해서 메서드의 매개변수를 보고 알맞게 채우면 된다.

2. 스트림(stream)

2.1 스트림이란?

지금까지 우리는 많은 수의 데이터를 다룰 때, 컬렉션이나 배열에 데이터를 담고 원하는 결과를 얻기 위해 for문과 Iterator를 이용해서 코드를 작성해왔다. 그러나 이러한 방식으로 작성된 코드는 너무 길고 알아보기 어렵다. 그리고 재사용성도 떨어진다.

또 다른 문제는 데이터 소스마다 다른 방식으로 다뤄야한다는 것이다. Collection이나 Iterator와 같은 인터페이스를 이용해서 컬렉션을 다루는 방식을 표준화하기는 했지만, 각 컬렉션 클래스에는 같은 기능의 메서드들이 중복해서 정의되어 있다. 예를 들어 List를 정렬할 때는 Collections.sort()를 사용해야하고, 배열을 정렬할 때는 Arrays.sort()를 사용해야 한다.

이러한 문제점들을 해결하기 위해서 만든 것이 '스트림(Stream)'이다. 스트림은 데이터 소스를 추상화하고, 데이터를 다루는데 자주 사용되는 메서드들을 정의해 놓았다. 데이터 소스를 추상화하였다는 것은, 데이터 소스가 무엇이던 간에 같은 방식으로 다룰 수 있게 되었다는 것과 코드의 재사용성이 높아진다는 것을 의미한다.

스트림을 이용하면, 배열이나 컬렉션뿐만 아니라 파일에 저장된 데이터도 모두 같은 방식으로 다룰 수 있다.

예를 들어, 문자열 배열과 같은 내용의 문자열을 저장하는 List가 있을 때,

```
String[]       strArr  = { "aaa", "ddd", "ccc" };
List<String> strList = Arrays.asList(strArr);
```

이 두 데이터 소스를 기반으로 하는 스트림은 다음과 같이 생성한다.

```
Stream<String> strStream1 = strList.stream();           // 스트림을 생성
Stream<String> strStream2 = Arrays.stream(strArr);      // 스트림을 생성
```

이 두 스트림으로 데이터 소스의 데이터를 읽어서 정렬하고 화면에 출력하는 방법은 다음과 같다. 원본 데이터 소스가 정렬되는 것은 아니라는 것에 유의하자.

```
strStream1.sorted().forEach(System.out::println);
strStream2.sorted().forEach(System.out::println);
```

두 스트림의 데이터 소스는 서로 다르지만, 정렬하고 출력하는 방법은 완전히 동일하다. 예전에는 아래와 같이 코드를 작성해야 했을 것이다.

```
Arrays.sort(strArr);
Collections.sort(strList);

for(String str : strArr)
    System.out.println(str);
```

```
for(String str : strList)
    System.out.println(str);
```

스트림을 사용한 코드가 간결하고 이해하기 쉬우며 재사용성도 높다는 것을 알 수 있다.

스트림은 데이터 소스를 변경하지 않는다.
그리고 스트림은 데이터 소스로 부터 데이터를 읽기만할 뿐, 데이터 소스를 변경하지 않는다는 차이가 있다. 필요하다면, 정렬된 결과를 컬렉션이나 배열에 담아서 반환할 수도 있다.

```
// 정렬된 결과를 새로운 List에 담아서 반환한다.
List<String> sortedList = strStream2.sorted().collect(Collectors.toList());
```

스트림은 일회용이다.
스트림은 Iterator처럼 일회용이다. Iterator로 컬렉션의 요소를 모두 읽고 나면 다시 사용할 수 없는 것처럼, 스트림도 한번 사용하면 닫혀서 다시 사용할 수 없다. 필요하다면 스트림을 다시 생성해야한다.

```
strStream1.sorted().forEach(System.out::println);
int numOfStr = strStream1.count();  // 에러. 스트림이 이미 닫혔음.
```

스트림은 작업을 내부 반복으로 처리한다.
스트림을 이용한 작업이 간결할 수 있는 비결중의 하나가 바로 '내부 반복'이다. 내부 반복이라는 것은 반복문을 메서드의 내부에 숨길 수 있다는 것을 의미한다. forEach()는 스트림에 정의된 메서드 중의 하나로 매개변수에 대입된 람다식을 데이터 소스의 모든 요소에 적용한다.

```
for(String str : strList)              stream.forEach(System.out::println);
    System.out.println(str);
```

| 참고 | 메서드 참조 System.out::println를 람다식으로 표현하면 (str) -> System.out.println(str)과 같다.

즉, forEach()는 for문을 메서드 안으로 넣은 것이다. 반복할 작업은 매개변수로 받는다.

```
void forEach(Consumer<? super T> action)  {
    Objects.requireNonNull(action);   // 매개변수의 널 체크

    for(T t : src) {                  // 내부 반복
        action.accept(T);
    }
}
```

스트림의 연산

스트림이 제공하는 다양한 연산을 이용해서 복잡한 작업들을 간단히 처리할 수 있다. 마치 데이터베이스에 SELECT문으로 질의(쿼리, query)하는 것과 같은 느낌이다.

> **참고** 스트림에 정의된 메서드 중에서 데이터 소스를 다루는 작업을 수행하는 것을 연산(operation)이라고 한다.

스트림이 제공하는 연산은 중간 연산과 최종 연산으로 나눌 수 있는데, 중간 연산은 연산 결과를 스트림으로 반환하기 때문에 중간 연산을 연속해서 연결할 수 있다. 반면에 최종 연산은 스트림의 요소를 소모하면서 연산을 수행하므로 마지막에 한번만 가능하다.

> **중간 연산** 연산 결과가 스트림인 연산. 스트림에 중간 연산을 연속해서 할 수 있음
> **최종 연산** 연산 결과가 스트림이 아닌 연산. 스트림의 요소를 소모하므로 단 한번만 가능

```
stream .distinct() .limit(5) .sorted() .forEach(System.out::println)
        중간 연산    중간 연산   중간 연산              최종 연산
```

모든 중간 연산의 결과는 스트림이지만, 연산 전의 스트림과 같은 것은 아니다. 위의 문장과 달리 모든 스트림 연산을 나누어 쓰면 아래와 같다. 각 연산의 반환타입을 눈여겨보자.

```
String[] strArr = { "dd","aaa","CC","cc","b" };
Stream<String> stream          = Stream.of(strArr);  // 문자열 배열이 소스인 스트림
Stream<String> filteredStream  = stream.filter();    // 걸러내기 (중간 연산)
Stream<String> distinctedStream = stream.distinct(); // 중복제거 (중간 연산)
Stream<String> sortedStream    = stream.sort();      // 정렬 (중간 연산)
Stream<String> limitedStream   = stream.limit(5);    // 스트림 자르기 (중간 연산)
int            total           = stream.count();     // 요소 개수 세기 (최종연산)
```

Stream에 정의된 연산을 정리하면 다음과 같다. 앞으로 하나씩 자세히 설명할 것이므로 지금은 어떤 것들이 있다는 정도만 가볍게 봐두자.

중간 연산	설명
`Stream<T> distinct()`	중복을 제거
`Stream<T> filter(Predicate<T> predicate)`	조건에 안 맞는 요소 제외
`Stream<T> limit(long maxSize)`	스트림의 일부를 잘라낸다.
`Stream<T> skip(long n)`	스트림의 일부를 건너뛴다.
`Stream<T> takeWhile(Predicate<T> p)` // 조건이 거짓인 요소를 만나면 나머지를 잘라낸다.	
`Stream<T> dropWhile(Predicate<T> p)` // 조건이 참인 요소를 만날때까지 건너뛴다. JDK 9	
`Stream<T> peek(Consumer<T> action)`	스트림의 요소에 작업수행
`Stream<T> sorted()` `Stream<T> sorted(Comparator<T> comparator)`	스트림의 요소를 정렬한다.

`Stream<R>     map (Function<T,R> mapper)`
`DoubleStream mapToDouble (ToDoubleFunction<T> mapper)`
`IntStream    mapToInt (ToIntFunction<T> mapper)`
`LongStream   mapToLong (ToLongFunction<T> mapper)`
	스트림의 요소를 변환한다.

Stream<R> DoubleStream IntStream LongStream	flatMap (Function<T,Stream<R>> mapper) flatMapToDouble (Function<T,DoubleStream> m) flatMapToInt (Function<T,IntStream> m) flatMapToLong (Function<T,LongStream> m)	스트림의 요소를 변환한다.
Stream<R> DoubleStream IntStream LongStream	mapMulti (BiConsumer<T, Consumer<R>> m) mapMultiToDouble (BiConsumer<T,DoubleConsumer> m) mapMultiToInt (BiConsumer<T,IntConsumer> m) mapMultiToLong (BiConsumer<T,LongConsumer> m)	스트림의 요소를 변환한다. (하나의 요소를 여러 요소로 변환가능. JDK 16)

▲ 표14-5 스트림의 중간 연산 목록

최종 연산	설명
void forEach (Consumer<? super T> action) void forEachOrdered (Consumer<? super T> action)	각 요소에 지정된 작업 수행
long count()	스트림의 요소의 개수 반환
Optional<T> max (Comparator<? super T> comparator) Optional<T> min (Comparator<? super T> comparator)	스트림의 최대값/최소값을 반환
Optional<T> findAny() // 아무거나 하나 Optional<T> findFirst() // 첫 번째 요소	스트림의 요소 하나를 반환

boolean allMatch (Predicate<T> p) // 모두 만족하는지
boolean anyMatch (Predicate<T> p) // 하나라도 만족하는지
boolean noneMatch (Predicate<> p) // 모두 만족하지 않는지
	주어진 조건을 모든 요소가 만족시키는지, 만족시키지 않는지 확인

Object[] toArray() A[] toArray (IntFunction<A[]> generator)	스트림의 모든 요소를 배열에 담아서 반환
List<T> toList()	스트림의 모든 요소를 List에 담아서 반환(JDK 16)
Optional<T> reduce (BinaryOperator<T> accumulator) T reduce (T identity, BinaryOperator<T> accumulator) U reduce (U identity, BiFunction<U,T,U> accumulator, BinaryOperator<U> combiner)	스트림의 요소를 하나씩 줄여가면서 (리듀싱) 계산한다.
R collect (Collector<T,A,R> collector) R collect (Supplier<R> supplier, BiConsumer<R,T> accumulator, BiConsumer<R,R> combiner)	스트림의 요소를 수집한다. 주로 요소를 그룹화하거나 분할한 결과를 컬렉션에 담아 반환하는데 사용된다.

▲ 표14-6 스트림의 최종 연산 목록

중간 연산은 map()과 flatMap(), 최종 연산은 reduce()와 collect()가 핵심이다. 나머지는 이해하기 쉽고 사용법도 간단하다.

| 참고 | 표14-6의 목록은 Stream에 정의된 연산만 나열한 것이다.
| 참고 | Optional은 일종의 래퍼 클래스(wrapper class)로 내부에 하나의 객체를 저장할 수 있다. p.971

지연된 연산

스트림 연산에서 한 가지 중요한 점은 최종 연산이 수행되기 전까지는 중간 연산이 수행되지 않는다는 것이다. 스트림에 대해 distinct()나 sort()같은 중간 연산을 호출해도 즉각적인 연산이 수행되는 것은 아니라는 것이다. 중간 연산을 호출하는 것은 단지 어떤 작업이 수행되어야하는지를 지정해주는 것일 뿐이다. 최종 연산이 수행되어야 비로소 스트림의 요소들이 중간 연산을 거쳐 최종 연산에서 소모된다.

Stream⟨Integer⟩와 IntStream

요소의 타입이 T인 스트림은 기본적으로 Stream⟨T⟩이지만, 오토박싱&언박싱으로 인한 비효율을 줄이기 위해 데이터 소스의 요소를 기본형으로 다루는 스트림, IntStream, LongStream, DoubleStream이 제공된다. 일반적으로 Stream⟨Integer⟩ 대신 IntStream을 사용하는 것이 더 효율적이고, IntStream에는 int타입의 값으로 작업하는데 유용한 메서드들이 포함되어 있다. 보다 자세한 것은 곧 설명할 것이다.

병렬 스트림

스트림으로 데이터를 다룰 때의 장점 중 하나가 바로 병렬 처리가 쉽다는 것이다. 앞서 13장에서 fork&join프레임웍으로 작업을 병렬처리하는 것을 배웠는데, 병렬 스트림은 내부적으로 이 프레임웍을 이용해서 자동적으로 연산을 병렬로 수행한다. 우리가 할일이라고는 그저 스트림에 parallel()이라는 메서드를 호출해서 병렬로 연산을 수행하도록 지시하면 될 뿐이다. 반대로 병렬로 처리되지 않게 하려면 sequential()을 호출하면 된다. 모든 스트림은 기본적으로 병렬 스트림이 아니므로 sequential()을 호출할 필요가 없다. 이 메서드는 parallel()을 호출한 것을 취소할 때만 사용한다.

| 참고 | parallel()과 sequential()은 새로운 스트림을 생성하는 것이 아니라, 그저 스트림의 속성을 변경할 뿐이다.

```
int sum = strStream.parallel()    // strStream을 병렬 스트림으로 전환
                   .mapToInt(s -> s.length())
                   .sum();
```

앞서 13장에서 설명한 것과 같이 병렬처리가 항상 더 빠른 결과를 얻게 해주는 것이 아니라는 것을 명심하자.

2.2 스트림 만들기

스트림으로 작업을 하려면, 스트림이 필요하니까 일단 스트림을 생성하는 방법부터 먼저 시작하자. 스트림의 소스가 될 수 있는 대상은 배열, 컬렉션, 임의의 수 등 다양하며, 이 다양한 소스들로부터 스트림을 생성하는 방법에 대해서 배우게 될 것이다.

컬렉션

컬렉션의 최고 조상인 Collection에 stream()이 정의되어 있다. 그래서 Collection의 자손인 List와 Set을 구현한 컬렉션 클래스들은 모두 이 메서드로 스트림을 생성할 수 있다. stream()은 해당 컬렉션을 소스(source)로 하는 스트림을 반환한다.

```
Stream<T> Collection.stream()
```

예를 들어 List로부터 스트림을 생성하는 코드는 다음과 같다.

```
List<Integer> list = Arrays.asList(1,2,3,4,5); // 가변인자
Stream<Integer> intStream = list.stream();     // list를 소스로 하는 컬렉션 생성
```

forEach()는 지정된 작업을 스트림의 모든 요소에 대해 수행한다. 아래의 문장은 스트림의 모든 요소를 화면에 출력한다.

```
intStream.forEach(System.out::println); // 스트림의 모든 요소를 출력한다.
intStream.forEach(System.out::println); // 에러. 스트림이 이미 닫혔다.
```

한 가지 주의할 점은 forEach()가 스트림의 요소를 소모하면서 작업을 수행하므로 같은 스트림에 forEach()를 두 번 호출할 수 없다는 것이다. 그래서 스트림의 요소를 한번 더 출력하려면 스트림을 새로 생성해야 한다. forEach()에 의해 스트림의 요소가 소모되는 것이지, 소스의 요소가 소모되는 것은 아니기 때문에 같은 소스로부터 다시 스트림을 생성할 수 있다.

   forEach()에 대한 것은 나중에 더 자세히 배우기로 하고, 지금은 forEach()로 스트림의 모든 요소를 화면에 출력하는 방법만 알아두자.

배열

배열을 소스로 하는 스트림을 생성하는 메서드는 다음과 같이 Stream과 Arrays에 static 메서드로 정의되어 있다.

```
Stream<T> Stream.of(T... values) // 가변 인자
Stream<T> Stream.of(T[])
Stream<T> Arrays.stream(T[])
Stream<T> Arrays.stream(T[] array, int startInclusive, int endExclusive)
```

예를 들어 문자열 스트림은 다음과 같이 생성한다.

```
Stream<String> strStream = Stream.of("a","b","c");   // 가변 인자
Stream<String> strStream = Stream.of(new String[]{"a","b","c"});
Stream<String> strStream = Arrays.stream(new String[]{"a","b","c"});
Stream<String> strStream = Arrays.stream(new String[]{"a","b","c"}, 0, 3);
```

그리고 int, long, double과 같은 기본형 배열을 소스로 하는 스트림을 생성하는 메서드도 있다.

```
IntStream IntStream.of(int... values)      // Stream이 아니라 IntStream
IntStream IntStream.of(int[])
IntStream Arrays.stream(int[])
IntStream Arrays.stream(int[] array, int startInclusive, int endExclusive)
```

이 외에도 long과 double타입의 배열로부터 LongStream과 DoubleStream을 반환하는 메서드들이 있지만 일일이 나열하지 않아도 쉽게 유추해낼 수 있을 것이므로 생략한다.

특정 범위의 정수

IntStream과 LongStream은 다음과 같이 지정된 범위의 연속된 정수를 스트림으로 생성해서 반환하는 range( )와 rangeClosed( )를 가지고 있다.

```
IntStream      IntStream.range(int begin, int end)
IntStream      IntStream.rangeClosed(int begin, int end)
```

range( )는 경계의 끝인 end가 범위에 포함되지 않고, rangeClosed( )는 포함된다.

```
IntStream  intStream = IntStream.range(1, 5);        // 1,2,3,4
IntStream  intStream = IntStream.rangeClosed(1, 5);  // 1,2,3,4,5
```

int보다 큰 범위의 스트림을 생성하려면 LongStream에 있는 동일한 이름의 메서드를 사용하면 된다.

임의의 수

난수를 생성하는데 사용하는 Random클래스에는 아래와 같은 인스턴스 메서드들이 포함되어 있다. 이 메서드들은 해당 타입의 난수들로 이루어진 스트림을 반환한다.

```
IntStream      ints()
LongStream     longs()
DoubleStream   doubles()
```

이 메서드들이 반환하는 스트림은 크기가 정해지지 않은 '무한 스트림(infinite stream)'이므로 limit( )도 같이 사용해서 스트림의 크기를 제한해 주어야 한다. limit( )은 스트림의 개수를 지정하는데 사용되며, 무한 스트림을 유한 스트림으로 만들어 준다.

```
IntStream          intStream = new Random().ints();   // 무한 스트림
intStream.limit(5).forEach(System.out::println);      // 5개의 요소만 출력한다.
```

아래의 메서드들은 매개변수로 스트림의 크기를 지정해서 '유한 스트림'을 생성해서 반환하므로 limit( )을 사용하지 않아도 된다.

```
IntStream      ints(long streamSize)
LongStream     longs(long streamSize)
DoubleStream   doubles(long streamSize)
```

```
IntStream  intStream = new Random().ints(5);  // 크기가 5인 난수 스트림을 반환
```

위 메서드들에 의해 생성된 스트림의 난수는 아래의 범위를 갖는다.

```
Integer.MIN_VALUE <=   ints()    <= Integer.MAX_VALUE
Long.MIN_VALUE    <=   longs()   <= Long.MAX_VALUE
              0.0 <=   doubles() <  1.0
```

지정된 범위(begin~end)의 난수를 발생시키는 스트림을 얻는 메서드는 아래와 같다. 단, end는 범위에 포함되지 않는다.

```
IntStream      ints(int begin,   int end)
LongStream     longs(long begin, long end)
DoubleStream   doubles(double begin, double end)

IntStream      ints(long streamSize, int begin,   int end)
LongStream     longs(long streamSize, long begin, long end)
DoubleStream   doubles(long streamSize, double begin, double end)
```

람다식 – iterate( ), generate( )

Stream의 iterate( )와 generate( )는 람다식을 매개변수로 받아서, 이 람다식에 의해 계산되는 값들을 요소로 하는 무한 스트림을 생성한다.

```
static <T> Stream<T> iterate(T seed, UnaryOperator<T> f)
static <T> Stream<T> generate(Supplier<T> s)
```

iterate( )는 씨앗값(seed)으로 지정된 값부터 시작해서, 람다식 f에 의해 계산된 결과를 다시 seed값으로 해서 계산을 반복한다. 아래의 evenStream은 0부터 시작해서 값이 2씩 계속 증가한다.

```
Stream<Integer> evenStream = Stream.iterate(0, n->n+2); // 0, 2, 4, 6, ...
```

```
n -> n + 2
0 -> 0 + 2
2 -> 2 + 2
4 -> 4 + 2
   ...
```

JDK 9부터 Stream⟨T⟩ iterate(T seed, Predicate⟨T⟩ hasNext, UnaryOperator⟨T⟩ next)가 추가되었다. hasNext에 조건(Predicate)을 주면, 조건이 참인 동안만 요소가 만들어지는 유한 스트림을 생성한다.

```
evenStream = Stream.iterate(0, n -> n < 10, n -> n+2); //0,2,4,6,8 유한 스트림
```

generate( )도 iterate( )처럼, 람다식에 의해 계산되는 값을 요소로 하는 무한 스트림을 생성해서 반환하지만, iterate( )와 달리, 이전 결과를 이용해서 다음 요소를 계산하지 않는다.

```
Stream<Double>  randomStream = Stream.generate(Math::random);
Stream<Integer> oneStream    = Stream.generate(()->1);
```

그리고 generate( )에 정의된 매개변수의 타입은 Supplier⟨T⟩이므로 매개변수가 없는 람다식만 허용된다. 한 가지 주의할 점은 iterate( )와 generate( )에 의해 생성된 스트림을 아래와 같이 기본형 스트림 타입의 참조변수로 다룰 수 없다는 것이다.

```
IntStream    evenStream    = Stream.iterate(0, n->n+2);        // 에러
DoubleStream randomStream  = Stream.generate(Math::random);    // 에러
```

굳이 필요하다면, 아래와 같이 mapToInt( )와 같은 메서드로 변환을 해야 한다.

```
IntStream evenStream = Stream.iterate(0, n->n+2).mapToInt(Integer::valueOf);
Stream<Integer> stream = evenStream.boxed(); // IntStream → Stream<Integer>
```

반대로 IntStream타입의 스트림을 Stream⟨Integer⟩타입으로 변환하려면, boxed( )를 사용하면 된다. 스트림간의 변환에 대해서는 나중에 모아서 같이 다룰 것이므로, 지금은 참고만 하자.

| 참고 | p.1000의 표14-8에 스트림 간의 변환방법이 정리되어 있다.

파일

java.nio.file.Files는 파일을 다루는데 필요한 유용한 메서드들을 제공하는데, list( )는 지정된 디렉토리(dir)에 있는 파일의 목록을 소스로 하는 스트림을 생성해서 반환한다.

| 참고 | Path는 하나의 파일 또는 파일 경로를 의미한다.

```
Stream<Path>    Files.list(Path dir)
```

이 외에도 Files클래스에 Path를 요소로 하는 스트림을 생성하는 메서드가 더 있지만, 이 장의 주제를 벗어나므로 설명을 생략한다.

그리고, 파일의 한 행(line)을 요소로 하는 스트림을 생성하는 메서드도 있다. 아래의 세 번째 메서드는 BufferedReader클래스에 속한 것인데, 파일 뿐만 아니라 다른 입력대상으로부터도 데이터를 행단위로 읽어올 수 있다.

> | 참고 | BufferedReader에 대한 자세한 내용은 p.1042를 참고하자.

```
Stream<String>   Files.lines(Path path)
Stream<String>   Files.lines(Path path, Charset cs)
Stream<String>   lines()        // BufferedReader클래스
Stream<String>   lines()        // String클래스. JDK 11
```

두 스트림의 연결
Stream의 static메서드인 concat()을 사용하면, 두 스트림을 하나로 연결할 수 있다. 물론 연결하려는 두 스트림의 요소는 같은 타입이어야 한다.

```
String[] str1 = {"123", "456", "789"};
String[] str2 = {"ABC", "abc", "DEF"};

Stream<String> strs1 = Stream.of(str1);
Stream<String> strs2 = Stream.of(str2);
Stream<String> strs3 = Stream.concat(strs1, strs2); //두 스트림을 연결
```

빈 스트림
요소가 하나도 없는 비어있는 스트림을 생성할 수도 있다. 스트림에 연산을 수행한 결과가 하나도 없을 때, null보다 빈 스트림을 반환하는 것이 낫다.

```
Stream emptyStream = Stream.empty();  // empty()는 빈 스트림을 생성해서 반환
long count = emptyStream.count();     // count의 값은 0
```

count()는 스트림 요소의 개수를 반환하며, 위의 문장에서 변수 count의 값은 0이 된다.

요소가 하나인 스트림
JDK 9부터 추가된 ofNullable()로 요소가 단 하나뿐인 스트림을 생성할 수도 있다. 매개변수로 null을 지정하면, 요소의 개수가 0인 '빈 스트림'을 반환한다.

```
String e = "aaa";
Stream<String> oneStream = Stream.ofNullable(e); // 요소가 하나뿐인 스트림
long count = oneStream.count();      // count의 값은 1
```

이런 특징을 이용하면, 여러 스트림을 연결할 때 if문을 사용하지 않고도 값이 null인 경우에 스트림에 포함되지 않게할 수 있다.

```
String[] strArr = { "aaa", null };
Stream<String> strs1 = Stream.ofNullable(strArr[0]);// count = 1
Stream<String> strs2 = Stream.ofNullable(strArr[1]);// count = 0
Stream<String> strs3 = Stream.concat(strs1, strs2); // 두 스트림을 연결
long count = strs3.count(); // count = 1
```

2.3 스트림의 중간연산

스트림 자르기 – skip( ), limit( ), dropWhile( ), takeWhile( )

skip( )과 limit( )은 스트림의 일부를 잘라낼 때 사용하며, 사용법은 아주 간단하다. skip(3)은 처음 3개의 요소를 건너뛰고, limit(5)는 스트림의 요소를 5개로 제한한다.

```
Stream<T> skip(long n)
Stream<T> limit(long maxSize)
```

예를 들어 10개의 요소를 가진 스트림에 skip(3)과 limit(5)을 순서대로 적용하면 4번째 요소부터 5개의 요소를 가진 스트림이 반환된다.

```
IntStream intStream = IntStream.rangeClosed(1, 10); // 1~10의 요소를 가진 스트림
intStream.skip(3).limit(5).forEach(System.out::print); // 45678
```

기본형 스트림에도 skip( )과 limit( )이 정의되어 있는데, 반환 타입이 기본형 스트림이라는 점만 다르다.

```
IntStream skip(long n)
IntStream limit(long maxSize)
```

JDK 9부터 추가된 dropWhile( )과 takeWhile( )은 건너뛰거나 잘라낸다는 점에서 skip( ), limit( )과 같은데, 요소의 개수대신 조건식을 사용한다는 점이 다르다.

```
IntStream intStream = IntStream.rangeClosed(1, 10); // 1~10의 요소를 가진 스트림
intStream.dropWhile(n-> n <= 5).forEach(System.out::print); // 678910

IntStream intStream = IntStream.rangeClosed(1, 10);
intStream.takeWhile(n-> n <= 5).forEach(System.out::print); // 12345
```

dropWhile( )은 조건식을 만족할 때까지 건너뛰고, takeWhile( )은 조건식을 만족하지 않는 요소를 만나면 잘라낸다.

스트림의 요소 걸러내기 – filter( ), distinct( )

distinct( )는 스트림에서 중복된 요소들을 제거하고, filter( )는 주어진 조건(Predicate)에 맞지 않는 요소를 걸러낸다.

```
Stream<T> filter(Predicate<? super T> predicate)
Stream<T> distinct()
```

distinct( )의 사용 방법은 간단하다.

```
IntStream intStream = IntStream.of(1, 2, 2, 3, 3, 3, 4, 5, 5, 6);
intStream.distinct().forEach(System.out::print); // 123456
```

filter( )는 매개변수로 Predicate를 필요로 하는데, 아래와 같이 연산결과가 boolean인 람다식을 사용해도 된다.

```
IntStream intStream = IntStream.rangeClosed(1, 10); // 1~10
intStream.filter(i -> i%2 == 0).forEach(System.out::print); // 246810
```

필요하다면 filter( )를 다른 조건으로 여러 번 사용할 수도 있다.

```
// 아래의 두 문장은 동일한 결과를 얻는다.
intStream.filter(i -> i%2!=0 && i%3!=0).forEach(System.out::print); //157
intStream.filter(i->i%2!=0).filter(i->i%3!=0).forEach(System.out::print);
```

정렬 – sorted( )
스트림을 정렬할 때는 sorted( )를 사용하면 된다.

```
Stream<T> sorted()
Stream<T> sorted(Comparator<? super T> comparator)
```

sorted( )는 지정된 Comparator로 스트림을 정렬하는데, Comparator대신 int값을 반환하는 람다식을 사용하는 것도 가능하다. Comparator를 지정하지 않으면 스트림 요소의 기본 정렬 기준(Comparable)으로 정렬한다. 단, 스트림의 요소가 Comparable을 구현한 클래스가 아니면 예외가 발생한다.

```
Stream<String> strStream = Stream.of("dd","aaa","CC","cc","b");
strStream.sorted().forEach(System.out::print); // CCaaabccdd
```

위의 코드는 문자열 스트림을 String에 정의된 기본 정렬(사전순 정렬)로 정렬해서 출력한다. 아래의 표는 위의 문자열 스트림(strStream)을 다양한 방법으로 정렬한 후에 forEach(System.out::print)로 출력한 결과를 보여준다.

| 참고 | String.CASE_INSENSITIVE_ORDER는 String클래스에 정의된 Comparator이다.

문자열 스트림 정렬 방법	출력결과

strStream.sorted( )   // 기본 정렬
strStream.sorted(Comparator.naturalOrder( ))   // 기본 정렬
strStream.sorted((s1, s2) -> s1.compareTo(s2));   // 람다식도 가능
strStream.sorted(String::compareTo);   // 위의 문장과 동일
	CCaaabccdd

strStream.sorted(Comparator.reverseOrder( ))   // 기본 정렬의 역순
strStream.sorted(Comparator.〈String〉naturalOrder( ).reversed( ))
	ddccbaaaCC

strStream.sorted(String.CASE_INSENSITIVE_ORDER) // 대소문자 구분안함	aaabCCccdd
strStream.sorted(String.CASE_INSENSITIVE_ORDER.reversed( )) // 오타 아님 →	ddCCccbaaa

strStream.sorted(Comparator.comparing(String::length))   // 길이 순 정렬
strStream.sorted(Comparator.comparingInt(String::length)) // no오토박싱
	bddCCccaaa

strStream.sorted(Comparator.comparing(String::length).reversed( ))	aaaddCCccb

▲ 표14-7 문자열 스트림을 정렬하는 다양한 방법

JDK 8부터 Comparator인터페이스에 static메서드와 디폴트 메서드가 많이 추가되었는데, 이 메서드들을 이용하면 정렬이 쉬워진다. 이 메서드들은 모두 Comparator⟨T⟩를 반환하며, 아래의 메서드 목록은 지네릭에서 와일드 카드를 제거하여 간단히 한 것이다. 보다 정확한 메서드의 선언을 보려면 Java API문서를 참조하자.

Comparator의 디폴트 메서드
```
reversed()
thenComparing(Comparator<T> other)
thenComparing(Function<T, U> keyExtractor)
thenComparing(Function<T, U> keyExtractor, Comparator<U> keyComp)
thenComparingInt(ToIntFunction<T> keyExtractor)
thenComparingLong(ToLongFunction<T> keyExtractor)
thenComparingDouble(ToDoubleFunction<T> keyExtractor)
```

Comparator의 static메서드
```
naturalOrder()
reverseOrder()
comparing(Function<T, U> keyExtractor)
comparing(Function<T, U> keyExtractor, Comparator<U> keyComparator)
comparingInt(ToIntFunction<T> keyExtractor)
comparingLong(ToLongFunction<T> keyExtractor)
comparingDouble(ToDoubleFunction<T> keyExtractor)
nullsFirst(Comparator<T> comparator)
nullsLast(Comparator<T> comparator)
```

정렬에 사용되는 메서드의 개수가 많지만, 가장 기본적인 메서드는 comparing( )이다.

```
comparing(Function<T, U> keyExtractor)
comparing(Function<T, U> keyExtractor, Comparator<U> keyComparator)
```

스트림의 요소가 Comparable을 구현한 경우, 매개변수 하나짜리를 사용하면 되고 그렇지 않은 경우, 추가적인 매개변수로 정렬기준(Comparator)을 따로 지정해 줘야한다.

```
comparingInt(ToIntFunction<T> keyExtractor)
comparingLong(ToLongFunction<T> keyExtractor)
comparingDouble(ToDoubleFunction<T> keyExtractor)
```

비교대상이 기본형인 경우, comparing( )대신 위의 메서드를 사용하면 오토박싱과 언박싱과정이 없어서 더 효율적이다. 그리고 정렬 조건을 추가할 때는 thenComparing( )을 사용한다.

```
thenComparing(Comparator<T> other)
thenComparing(Function<T, U> keyExtractor)
thenComparing(Function<T, U> keyExtractor, Comparator<U> keyComp)
```

예를 들어 학생 스트림(studentStream)을 반(ban)별, 성적(totalScore)순, 그리고 이름(name)순으로 정렬하여 출력하려면 다음과 같이 한다.

```
studentStream.sorted(Comparator.comparing(Student::getBan)
                .thenComparing(Student::getTotalScore)
                .thenComparing(Student::getName))
        .forEach(System.out::println);
```

다음의 예제는 학생의 성적을 반별 오름차순, 총점별 내림차순으로 정렬하여 출력한다.

▼ 예제 14-8/**StreamEx.java**

```java
import java.util.*;
import java.util.stream.*;

class StreamEx {
    public static void main(String[] args) {
        Stream<Student> studentStream = Stream.of(
                    new Student("이자바", 3, 300),
                    new Student("김자바", 1, 200),
                    new Student("안자바", 2, 100),
                    new Student("박자바", 2, 150),
                    new Student("소자바", 1, 200),
                    new Student("나자바", 3, 290),
                    new Student("감자바", 3, 180)
                );

        studentStream.sorted(Comparator.comparing(Student::getBan) // 반별 정렬
                .thenComparing(Comparator.naturalOrder()))         // 기본 정렬
            .forEach(System.out::println);
    }
}
class Student implements Comparable<Student> {
    String name;
    int ban;
    int totalScore;
    Student(String name, int ban, int totalScore) {
        this.name =name;
        this.ban =ban;
        this.totalScore =totalScore;
    }

    public String toString() {
        return String.format("[%s, %d, %d]", name, ban, totalScore);
    }

    String getName()      { return name;}
    int getBan()          { return ban;}
    int getTotalScore()   { return totalScore;}

    // 총점 내림차순을 기본 정렬로 한다.
    public int compareTo(Student s) {
        return s.totalScore - this.totalScore;
    }
}
```

▼ 실행결과
```
[김자바, 1, 200]
[소자바, 1, 200]
[박자바, 2, 150]
[안자바, 2, 100]
[이자바, 3, 300]
[나자바, 3, 290]
[감자바, 3, 180]
```

학생의 성적 정보를 요소로 하는 Stream<Student>을 반별로 정렬한 다음에, 총점별 내림차순으로 정렬한다. 정렬하는 코드를 짧게 하려고, Comparable을 구현해서 총점별 내림차순 정렬이 Student클래스의 기본 정렬이 되도록 했다.

```
studentStream.sorted(Comparator.comparing(Student::getBan)   // 반별 정렬
                    .thenComparing(Comparator.naturalOrder()))  // 기본 정렬
                    .forEach(System.out::println);
```

이 예제를 변형해서 다양한 기준과 방법으로 스트림을 정렬해보자.

변환 – map( )

스트림의 요소에 저장된 값 중에서 원하는 필드만 뽑아내거나 특정 형태로 변환해야 할 때가 있다. 이 때 사용하는 것이 바로 map( )이다. 이 메서드의 선언부는 아래와 같으며, 매개변수로 T타입을 R타입으로 변환해서 반환하는 함수를 지정해야한다.

> Stream<R> map(Function<? super T,? extends R> mapper)

예를 들어 File의 스트림에서 파일의 이름만 뽑아서 출력하고 싶을 때, 아래와 같이 map( )을 이용하면 File객체에서 파일의 이름(String)만 간단히 뽑아낼 수 있다.

```
Stream<File> fileStream = Stream.of(new File("Ex1.java"), new File("Ex1"),
        new File("Ex1.bak"), new File("Ex2.java"), new File("Ex1.txt"));

// map()으로 Stream<File>을 Stream<String>으로 변환
Stream<String> filenameStream = fileStream.map(File::getName);
filenameStream.forEach(System.out::println);  // 스트림의 모든 파일이름을 출력
```

map( ) 역시 중간 연산이므로, 연산결과는 String을 요소로 하는 스트림이다. map( )으로 Stream<File>을 Stream<String>으로 변환했다고 볼 수 있다.

그리고, map( )도 filter( )처럼 하나의 스트림에 여러 번 적용할 수 있다. 다음의 문장은 File의 스트림에서 파일의 확장자만을 뽑은 다음 중복을 제거해서 출력한다.

```
fileStream.map(File::getName)               // Stream<File> → Stream<String>
        .filter(s -> s.indexOf('.')!=-1)    // 확장자가 없는 것은 제외
        .map(s -> s.substring(s.indexOf('.')+1)) //Stream<String>→Stream<String>
        .map(String::toUpperCase)           // 모두 대문자로 변환
        .distinct()                         // 중복 제거
        .forEach(System.out::print);        // JAVABAKTXT
```

조회 – peek( )

연산과 연산 사이에 올바르게 처리되었는지 확인하고 싶다면, peek( )를 사용하자. forEach( )와 달리 스트림의 요소를 소모하지 않으므로 연산 사이에 여러 번 끼워 넣어도 문제가 되지 않는다.

```
        fileStream.map(File::getName)           // Stream<File> → Stream<String>
            .filter(s -> s.indexOf('.')!=-1)         // 확장자가 없는 것은 제외
            .peek(s->System.out.printf("filename=%s%n", s))    // 파일명을 출력
            .map(s -> s.substring(s.indexOf('.')+1))          // 확장자만 추출
            .peek(s->System.out.printf("extension=%s%n", s))  // 확장자를 출력
            .forEach(System.out::println);
```

filter( )나 map( )의 결과를 확인할 때 유용하게 사용될 수 있다. 아래의 예제에는 실행결과가 복잡해지지 않도록 peek( )를 넣지 않았는데, 직접 peek( )를 넣어보고 변경된 결과를 확인해 보자.

▼ 예제 14-9/StreamEx2.java

```
import java.io.*;
import java.util.stream.*;

class StreamEx2 {
    public static void main(String[] args) {
        File[] fileArr = { new File("Ex1.java"), new File("Ex1.bak"),
            new File("Ex2.java"), new File("Ex1"), new File("Ex1.txt")
        };

        Stream<File> fileStream = Stream.of(fileArr);

        // map()으로 Stream<File>을 Stream<String>으로 변환
        Stream<String> filenameStream = fileStream.map(File::getName);
        filenameStream.forEach(System.out::println);  // 모든 파일의 이름을 출력

        fileStream = Stream.of(fileArr);   // 스트림을 다시 생성

        fileStream.map(File::getName)          // Stream<File> → Stream<String>
            .filter(s -> s.indexOf('.')!=-1)         // 확장자가 없는 것은 제외
            .map(s -> s.substring(s.indexOf('.')+1)) // 확장자만 추출
            .map(String::toUpperCase)               // 모두 대문자로 변환
            .distinct()                              // 중복 제거
            .forEach(System.out::print);            // JAVABAKTXT

        System.out.println();
    }
}
```

▼ 실행결과
```
Ex1.java
Ex1.bak
Ex2.java
Ex1
Ex1.txt
JAVABAKTXT
```

mapToInt( ), mapToLong( ), mapToDouble( )

map( )은 연산의 결과로 Stream<T>타입의 스트림을 반환하는데, 스트림의 요소를 숫자로 변환하는 경우 IntStream과 같은 기본형 스트림으로 변환하는 것이 더 유용할 수 있다. Stream<T>타입의 스트림을 기본형 스트림으로 변환할 때 사용하는 것이 아래의 메서드이다.

```
DoubleStream    mapToDouble(ToDoubleFunction<? super T> mapper)
IntStream       mapToInt(ToIntFunction<? super T> mapper)
LongStream      mapToLong(ToLongFunction<? super T> mapper)
```

앞서 사용했던 studentStream에서, 스트림에 포함된 모든 학생의 성적을 합산해야 한다면, map( )으로 학생의 총점을 뽑아서 새로운 스트림을 만들어 낼 수 있다.

```
Stream<Integer> studentScoreStream = studentStream.map(Student::getTotalScore);
```

그러나 이럴 때는 애초부터 mapToInt( )를 사용해서 Stream〈Integer〉가 아닌 IntStream타입의 스트림을 생성해서 사용하는 것이 더 효율적이다. 성적을 더할 때, Integer를 int로 변환할 필요가 없기 때문이다.

```
IntStream studentScoreStream = studentStream.mapToInt(Student::getTotalScore);
int allTotalScore = studentScoreStream.sum();    // int sum();
```

count( )만 지원하는 Stream〈T〉와 달리 IntStream과 같은 기본형 스트림은 아래와 같이 숫자를 다루는데 편리한 메서드들을 제공한다.

| 참고 | max( )와 min( )은 Stream에도 정의되어 있지만, 매개변수로 Comparator를 지정해야 한다는 차이가 있다.

```
int            sum()              스트림의 모든 요소의 총합
OptionalDouble average()          sum() / (double)count()
OptionalInt    max()              스트림의 요소 중 제일 큰 값
OptionalInt    min()              스트림의 요소 중 제일 작은 값
```

스트림의 요소가 하나도 없을 때, sum( )은 0을 반환하면 그만이지만 다른 메서드들은 단순히 0을 반환할 수 없다. 여러 요소들을 합한 평균이 0일 수도 있기 때문이다. 이를 구분하기 위해 단순히 double값을 반환하는 대신, double타입의 값을 내부적으로 가지고 있는 OptionalDouble을 반환하는 것이다. OptionalInt, OptionalDouble 등은 일종의 래퍼 클래스로 각각 int값과 Double값을 내부적으로 가지고 있다. 이 Optional클래스들에 대한 내용은 잠시 후에 자세히 설명할 것이다.

그리고 이 메서드들은 최종연산이기 때문에 호출 후에 스트림이 닫힌다는 점을 주의해야 한다. 아래의 코드에서처럼 하나의 스트림에 sum( )과 average( )를 연속해서 호출할 수 없다.

```
IntStream scoreStream = studentStream.mapToInt(Student::getTotalScore);
long totalScore = scoreStream.sum(); // sum()은 최종 연산이라 호출 후 스트림이 닫힘
OptionalDouble average = scoreStream.average(); // 에러. 스트림이 이미 닫혔음.
```

sum( )과 average( )를 모두 호출해야할 때, 스트림을 또 생성해야하므로 불편하다. 그래서 summaryStatistics( )라는 메서드가 따로 제공된다.

```
IntSummaryStatistics stat = scoreStream.summaryStatistics();
long   totalCount = stat.getCount();
long   totalScore = stat.getSum();
double avgScore   = stat.getAverage();
int    minScore   = stat.getMin();
int    maxScore   = stat.getMax();
```

IntSummaryStatistics는 위와 같이 다양한 종류의 메서드를 제공하며, 이 중에서 필요한 것만 골라서 사용하면 된다.

기본형 스트림 LongStream과 DoubleStream도 IntStream과 같은 연산(반환타입은 다름)을 지원한다. 반대로 IntStream을 Stream⟨T⟩로 변환할 때는 mapToObj()를, Stream⟨Integer⟩로 변환할 때는 boxed()를 사용한다.

```
Stream<U>        mapToObj(IntFunction<? extends U> mapper)
Stream<Integer> boxed()
```

아래는 로또번호를 생성해서 출력하는 코드인데, mapToObj()를 이용해서 IntStream을 Stream⟨String⟩으로 변환하였다.

```
IntStream intStream = new Random().ints(1,46); // 1~45사이의 정수(46은 포함안됨)
Stream<String> lottoStream = intStream.distinct().limit(6).sorted()
                             .mapToObj(i -> i+","); // 정수를 문자열로 변환
lottoStream.forEach(System.out::print); // 12,14,20,23,26,29,
```

이 외에도 스트림의 변환에 대해서는 알아야할 것들이 더 있는데, 이에 대해서는 나중에 이 장의 마지막에 한꺼번에 정리할 것이다.

참고로 CharSequence에 정의된 chars()는 String이나 StringBuffer에 저장된 문자들을 IntStream으로 다룰 수 있게 해준다.

```
IntStream charStream = "12345".chars();  // default IntStream chars()
int charSum = charStream.map(ch -> ch-'0').sum(); // charSum=15
```

위의 코드에서 사용된 map()은 IntStream에 정의된 것으로 IntStream을 결과로 반환한다. 그리고 mapToInt()와 함께 자주 사용되는 메서드로는 Integer의 parseInt()나 valueOf()가 있다는 것도 알아두자.

```
Stream<String>  → IntStream 변환 할 때, mapToInt(Integer::parseInt)
Stream<Integer> → IntStream 변환 할 때, mapToInt(Integer::intValue)
```

▼ 예제 14-10/**StreamEx3.java**

```java
import java.util.*;
import java.util.stream.*;

class StreamEx3 {
    public static void main(String[] args) {
        Student[] stuArr = {
            new Student("이자바", 3, 300),
            new Student("김자바", 1, 200),
            new Student("안자바", 2, 100),
            new Student("박자바", 2, 150),
            new Student("소자바", 1, 200),
```

```java
            new Student("나자바", 3, 290),
            new Student("감자바", 3, 180)
        };

        Stream<Student> stuStream = Stream.of(stuArr);
        stuStream.sorted(Comparator.comparing(Student::getBan)
                    .thenComparing(Comparator.naturalOrder()))
                    .forEach(System.out::println);

        stuStream = Stream.of(stuArr);  // 스트림을 다시 생성한다.
        IntStream stuScoreStream= stuStream.mapToInt(Student::getTotalScore);

        IntSummaryStatistics stat = stuScoreStream.summaryStatistics();
        System.out.println("count=" + stat.getCount());
        System.out.println("sum=" + stat.getSum());
        System.out.printf("average=%.2f%n", stat.getAverage());
        System.out.println("min=" + stat.getMin());
        System.out.println("max=" + stat.getMax());
    }

    static class Student implements Comparable<Student> {
        String name;
        int ban;
        int totalScore;

        Student(String name, int ban, int totalScore) {
            this.name = name;
            this.ban = ban;
            this.totalScore = totalScore;
        }

        public String toString() {
            return String.format("[%s, %d, %d]",
                    name, ban, totalScore).toString();
        }

        String getName() { return name; }
        int getBan() { return ban; }
        int getTotalScore() { return totalScore; }

        public int compareTo(Student s) {
            return s.totalScore - this.totalScore;
        }
    }
}
```

▼ 실행결과
```
[김자바, 1, 200]
[소자바, 1, 200]
[박자바, 2, 150]
[안자바, 2, 100]
[이자바, 3, 300]
[나자바, 3, 290]
[감자바, 3, 180]
count=7
sum=1420
average=202.86
min=100
max=300
```

flatMap( ) - Stream⟨T[]⟩를 Stream⟨T⟩로 변환

스트림의 요소가 배열이거나 map( )의 연산결과가 배열인 경우, 즉 스트림의 타입이 Stream⟨T[ ]⟩인 경우, Stream⟨T⟩로 다루는 것이 더 편리할 때가 있다. 그럴 때는 map( ) 대신 flatMap( )을 사용하면 된다.

예를 들어 아래와 같이 요소가 문자열 배열(String[ ])인 스트림이 있을 때,

```java
Stream<String[]> strArrStrm = Stream.of(
        new String[]{"abc", "def", "ghi" },
        new String[]{"ABC", "GHI", "JKLMN"}
);
```

각 요소의 문자열들을 합쳐서 문자열이 요소인 스트림, 즉 Stream⟨String⟩으로 만들려면 어떻게 해야 할까? 먼저 스트림의 요소를 변환해야하니까 일단 map()을 써야할 것이고 여기에 배열을 스트림으로 만들어주는 Arrays.stream(T[ ])를 함께 사용해보자.

```
Stream<Stream<String>> strStrStrm = strArrStrm.map(Arrays::stream);
```

예상한 것과 달리, Stream⟨String[ ]⟩을 'map(Arrays::stream)'으로 변환한 결과는 Stream⟨String⟩이 아닌, Stream⟨Stream⟨String⟩⟩이다. 즉, 스트림의 스트림인 것이다. 이 상황을 그림으로 그려보면 다음과 같다.

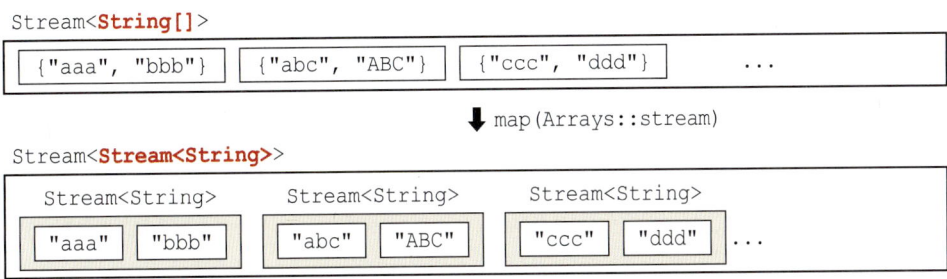

각 요소의 문자열들이 합쳐지지 않고, 스트림의 스트림 형태로 되어버렸다. 이 때, 간단히 map()을 아래와 같이 flatMap()으로 바꾸기만 하면 우리가 원하는 결과를 얻을 수 있다.

```
Stream<Stream<String>> strStrStrm = strArrStrm.map(Arrays::stream);
                    ↓
Stream<String> strStrm = strArrStrm.flatMap(Arrays::stream);
```

위의 코드를 그림으로 표현하면 다음과 같다.

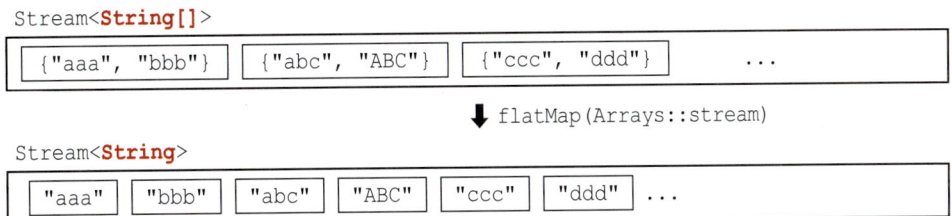

flatMap()은 map()과 달리 아래의 그림처럼, 스트림의 스트림이 아닌 스트림으로 만들어 준다.

또 다른 경우를 예로 들어보자. 아래와 같이 여러 문장을 요소로 하는 스트림이 있을 때, 이 문장들을 split()으로 나눠서 요소가 단어인 스트림을 만들고 싶다면 어떻게 해야 할까?

```
String[] lineArr = {
    "Belive or not It is true",
    "Do or do not There is no try",
};
Stream<String> lineStream = Arrays.stream(lineArr);
Stream<Stream<String>> strArrStream = lineStream
                    .map(line->Stream.of(line.split(" +")));
```

위의 문장에서 알 수 있는 듯이, map()은 Stream⟨String⟩이 아니라 Stream⟨Stream⟨String⟩⟩을 결과로 돌려준다. 이럴 때도 map() 대신 flatMap()으로 원하는 결과를 얻을 수 있다.

```
Stream<String> strStream = lineStream
                    .flatMap(line->Stream.of(line.split(" +")));
```

map()과 flatMap()의 차이를 간단히 정리하면 다음과 같다.

```
                    map(s -> Stream.of(s.split(" +")))
Stream<String> ─────────────────────────────────────────▶ Stream<Stream<String>>

                    flatMap(s -> Stream.of(s.split(" +")))
Stream<String> ─────────────────────────────────────────▶ Stream<String>
```

strStream의 단어들을 모두 소문자로 변환하고, 중복된 단어들을 제거한 다음에 정렬해서 출력하는 문장은 다음과 같다.

```
strStream.map(String::toLowerCase)      // 모든 단어를 소문자로 변경
        .distinct()                     // 중복된 단어를 제거
        .sorted()                       // 사전 순으로 정렬
        .forEach(System.out::println);  // 화면에 출력
```

드물지만, 스트림을 요소로 하는 스트림, 즉 스트림의 스트림을 하나의 스트림으로 합칠 때도 flatMap()을 사용한다.

```
Stream<String> strStrm  = Stream.of("abc", "def", "jklmn");
Stream<String> strStrm2 = Stream.of("ABC", "GHI", "JKLMN");

Stream<Stream<String>> strmStrm = Stream.of(strStrm, strStrm2);
```

위와 같이 요소의 타입이 Stream⟨String⟩인 스트림(Stream⟨Stream⟨String⟩⟩)이 있을 때, 이 스트림을 Stream⟨Sting⟩으로 변환하려면 다음과 같이 map()과 flatMap()을 함께 사용해야 한다.

```
Stream<String> strStream = strmStrm
    .map(s -> s.toArray(String[]::new))//Stream<Stream<String>> → Stream<String[]>
    .flatMap(Arrays::stream);          // Stream<String[]> → Stream<String>
```

toArray( )는 스트림을 배열로 변환해서 반환한다. 매개변수를 지정하지 않으면 Object[ ]을 반환하므로 위와 같이 특정 타입의 생성자를 지정해줘야 한다. 여기서는 String배열의 생성자(String[ ]::new)를 지정하였다. 그 다음엔 flatMap( )으로 Stream〈String[ ]〉을 Stream〈String〉으로 변환한다.

▼ 예제 14-11/**StreamEx4.java**

```java
import java.util.*;
import java.util.stream.*;

class StreamEx4 {
    public static void main(String[] args) {
        Stream<String[]> strArrStrm = Stream.of(
            new String[]{"abc", "def", "jkl"},
            new String[]{"ABC", "GHI", "JKL"}
        );
//      Stream<Stream<String>> strStrmStrm = strArrStrm.map(Arrays::stream);
        Stream<String> strStrm = strArrStrm.flatMap(Arrays::stream);

        strStrm.map(String::toLowerCase)
               .distinct()
               .sorted()
               .forEach(System.out::println);
        System.out.println();

        String[] lineArr = {
            "Believe or not It is true",
            "Do or do not There is no try",
        };

        Stream<String> lineStream = Arrays.stream(lineArr);
        lineStream.flatMap(line -> Stream.of(line.split(" +")))
               .map(String::toLowerCase)
               .distinct()
               .sorted()
               .forEach(System.out::println);
        System.out.println();

        Stream<String> strStrm1 = Stream.of("AAA", "ABC", "bBb", "Dd");
        Stream<String> strStrm2 = Stream.of("bbb", "aaa", "ccc", "dd");

        Stream<Stream<String>> strStrmStrm = Stream.of(strStrm1, strStrm2);
        Stream<String> strStream = strStrmStrm
                                .map(s -> s.toArray(String[]::new))
                                .flatMap(Arrays::stream);
        strStream.map(String::toLowerCase)
                 .distinct()
                 .forEach(System.out::println);
    }
}
```

▼ 실행결과
```
abc
def
ghi
jkl

believe
do
is
it
no
not
or
there
true
try

aaa
abc
bbb
dd
ccc
```

mapMulti( ) – 하나의 요소를 여러 요소로 변환
이 메서드는 Java 16부터 새로 추가되었는데, 이름에서 짐작할 수 있듯이 하나의 요소를 변환해서 여러 요소를 만들 수 있다.

```
Stream<R> mapMulti(BiConsumer<T, Consumer<R>> mapper)
```

스트림의 요소 T를 R로 변환하여 Consumer⟨R⟩에게 제공하면 Stream⟨R⟩을 결과로 반환한다. 아래의 코드는 String을 Integer로 변환하여, Stream⟨Integer⟩를 반환한다.

```
Stream<Integer> splitNumbers = List.of("12","34","56","78").stream()
    .mapMulti((e, resultStream) -> {   // "12" -> 10, 2
        resultStream.accept((e.charAt(0) -'0') * 10); // 결과 스트림에 추가
        resultStream.accept((e.charAt(1) -'0'));      // 결과 스트림에 추가
    }); // "12","34","56","78" -> 10,2,30,4,50,6,70,8
```

위의 코드에서 알 수 있듯이 mapMulti( )는 하나의 요소 "12"를 10과 2라는 두개의 요소로 변환하여 accept( )로 결과 스트림(resultStream)에 추가한다.

2.4 Optional<T>와 OptionalInt

앞서 잠시 언급된 것과 같이 최종 연산의 결과 타입이 Optional인 경우가 있다. 최종 연산에 대해 배우기 전에 Optional에 대해서 알아보자.

Optional<T>은 지네릭 클래스로 'T타입의 객체'를 감싸는 래퍼 클래스이다. 그래서 Optional타입의 객체에는 모든 타입의 참조변수를 담을 수 있다.

| 참고 | java.util.Optional은 Java 8부터 추가되었다.

```
public final class Optional<T> {
    private final T value;   // T타입의 참조 변수
        ...
}
```

최종 연산의 결과를 그냥 반환하는 게 아니라 Optional객체에 담아서 반환하는 것이다.

이처럼 객체에 담아서 반환을 하면, 반환된 결과가 null인지 매번 if문으로 체크하는 대신 Optional에 정의된 메서드를 통해서 간단히 처리할 수 있다.

이제 널 체크를 위한 if문 없이도 NullPointerException이 발생하지 않는 보다 간결하고 안전한 코드를 작성하는 것이 가능해진 것이다.

| 참고 | Objects클래스에 isNull( ), nonNull( ), requireNonNull( )과 같은 메서드가 있는 것도 널 체크를 위한 if문을 메서드 안으로 넣어서 코드의 간단히 하기 위한 것이다.

Optional객체 생성하기

Optional객체를 생성할 때는 of( ) 또는 ofNullable( )을 사용한다.

```
String str = "abc";
Optional<String> optVal = Optional.of(str);
Optional<String> optVal = Optional.of("abc");
Optional<String> optVal = Optional.of(new String("abc"));
```

만일 참조변수의 값이 null일 가능성이 있으면, of( )대신 ofNullable( )을 사용해야한다. of( )는 매개변수의 값이 null이면 NullPointerException일 발생하기 때문이다.

```
Optional<String> optVal = Optional.of(null);          // NullPointerException발생
Optional<String> optVal = Optional.ofNullable(null);  // OK
```

Optional<T>타입의 참조 변수를 기본값으로 초기화할 때는 empty( )를 사용한다. null로 초기화하는 것도 가능하지만, empty( )로 초기화 하는 것이 바람직하다.

| 참고 | empty( )는 지네릭 메서드라서 앞에 <T>를 붙였다. 대부분의 경우 추정 가능하므로 생략할 수 있다.

```
Optional<String> optVal = null;                       // 널로 초기화
Optional<String> optVal = Optional.<String>empty();   // 빈 객체로 초기화
```

Optional객체의 값 가져오기

Optional객체에 저장된 값을 가져올 때는 get()을 사용한다. 값이 null일 때는 NoSuchElementException이 발생하며, 이를 대비해서 orElse()로 대체할 값을 지정할 수 있다.

```
Optional<String> optVal = Optional.of("abc");
String str1 = optVal.get();          // optVal에 저장된 값을 반환. null이면 예외 발생
String str2 = optVal.orElse("");     // optVal에 저장된 값이 null일 때는, ""를 반환
```

orElse()의 변형으로는 null을 대체할 값을 반환하는 람다식을 지정할 수 있는 orElseGet()과 null일 때 지정된 예외를 발생시키는 orElseThrow()가 있다.

```
T orElseGet(Supplier<? extends T> other)
T orElseThrow(Supplier<? extends X> exceptionSupplier)
```

사용하는 방법은 아래와 같다.

```
String str3 = optVal2.orElseGet(String::new);                   // () -> new String()와 동일
String str4 = optVal2.orElseThrow(NullPointerException::new);   // 널이면 예외발생
```

Stream처럼 Optional객체에도 filter(), map(), flatMap()을 사용할 수 있다. map()의 연산결과가 Optional<Optional<T>>일 때, flatMap()을 사용하면 Optional<T>를 결과로 얻는다. 만일 Optional객체의 값이 null이면, 이 메서드들은 아무 일도 하지 않는다.

```
int result = Optional.of("123")
                .filter(x->x.length() > 0)
                .map(Integer::parseInt).orElse(-1);  // result = 123
    result = Optional.of("")
                .filter(x->x.length() > 0)
                .map(Integer::parseInt).orElse(-1);  // result = -1
```

우리가 이미 알고 있는 것처럼 parseInt()는 예외가 발생하기 쉬운 메서드이다. 만일 예외처리된 메서드를 만든다면 다음과 같을 것이다.

```
static int optStrToInt(Optional<String> optStr, int defaultValue) {
    try {
        return optStr.map(Integer::parseInt).get();
    } catch (Exception e) {
        return defaultValue;
    }
}
```

isPresent()는 Optional객체의 값이 null이면 false를, 아니면 true를 반환한다. ifPresent(Consumer<T> block)은 값이 있으면 주어진 람다식을 실행하고, 없으면 아무 일도 하지 않는다.

```
if(str!=null)
    System.out.println(str);
```

만일 위와 같은 조건문이 있다면, isPresent( )를 이용해서 다음과 같이 쓸 수 있다.

```
if(Optional.ofNullable(str).isPresent())
    System.out.println(str);
```

이 코드를 ifPresent( )를 이용해서 바꾸면 더 간단히 할 수 있다. 아래의 문장은 참조변수 str이 null이 아닐 때만 값을 출력하고, null이면 아무 일도 일어나지 않는다.

```
Optional.ofNullable(str).ifPresent(System.out::println);
```

ifPresent( )는 Optional⟨T⟩를 반환하는 findAny( )나 findFirst( )와 같은 최종 연산과 잘 어울린다. Stream에 정의된 메서드 중에 Optional⟨T⟩를 반환하는 것들은 다음과 같다.

```
Optional<T> findAny()
Optional<T> findFirst()
Optional<T> max(Comparator<? super T> comparator)
Optional<T> min(Comparator<? super T> comparator)
Optional<T> reduce(BinaryOperator<T> accumulator)
```

이처럼 Optional⟨T⟩를 결과로 반환하는 최종 연산 메서드들은 몇 개 없다. 심지어 max( )와 min( )같은 메서드들은 사실 reduce( )를 이용해서 작성된 것이다.

OptionalInt, OptionalLong, OptionalDouble

IntStream과 같은 기본형 스트림에는 Optional도 기본형을 값으로 하는 OptionalInt, OptionalLong, OptionalDouble을 반환한다. 아래의 목록은 IntStream에 정의된 메서드들이다.

```
OptionalInt     findAny()
OptionalInt     findFirst()
OptionalInt     max()
OptionalInt     min()
OptionalInt     reduce(IntBinaryOperator op)
OptionalDouble  average()
```

반환 타입이 Optional⟨T⟩가 아니라는 것을 제외하면 Stream에 정의된 것과 비슷하다. 그리고 기본형 Optional에서 값을 꺼낼 때 사용하는 메서드의 이름이 조금씩 다르다.

Optional 클래스	값을 반환하는 메서드
Optional⟨T⟩	T get( )
OptionalInt	int getAsInt( )
OptionalLong	long getAsLong( )
OptionalDouble	double getAsDouble( )

OptionalInt는 다음과 같이 정의되어 있다. 앞서 래퍼 클래스에 대해서 배웠으므로, 이렇게 정의되어 있을 것이라고 짐작하는 것은 그리 어려운 일이 아닐 것이다.

```
public final class OptionalInt {
    ...
    private final boolean isPresent;    // 값이 저장되어 있으면 true
    private final int value;            // int타입의 변수
```

기본형 int의 기본값은 0이므로 아무런 값도 갖지 않는 OptionalInt에 저장되는 값은 0이다. 그러면, 아래의 두 OptionalInt객체는 같은 것일까?

```
OptionalInt opt  = OptionalInt.of(0);    // OptionalInt에 0을 저장
OptionalInt opt2 = OptionalInt.empty();  // OptionalInt에 0을 저장
```

다행히 저장된 값이 없는 것과 0이 저장된 것은 isPresent라는 인스턴스 변수로 구분이 가능하다. isPresent()는 이 인스턴스변수의 값을 반환한다.

```
System.out.println(opt.isPresent());    // true
System.out.println(opt2.isPresent());   // false
System.out.println(opt.getAsInt());     // 0
System.out.println(opt2.getAsInt());    // NoSuchElementException예외발생
System.out.println(opt.equals(opt2));   // false
```

그러나 Optional객체의 경우 null을 저장하면 비어있는 것과 동일하게 취급한다.

```
Optional<String> opt  = Optional.ofNullable(null);
Optional<String> opt2 = Optional.empty();

System.out.println(opt.equals(opt2)); // true
```

이제 예제로 지금까지 배운 것을 확인해 보자.

▼ 예제 14-12/**OptionalEx.java**

```java
import java.util.*;

class OptionalEx1 {
    public static void main(String[] args) {
        Optional<String>  optStr = Optional.of("abcde");
        Optional<Integer> optInt = optStr.map(String::length);
        System.out.println("optStr="+optStr.get());
        System.out.println("optInt="+optInt.get());

        int result1 = Optional.of("123")
                        .filter(x->x.length() >0)
                        .map(Integer::parseInt).get();

        int result2 = Optional.of("")
                        .filter(x->x.length() >0)
                        .map(Integer::parseInt).orElse(-1);
```

```java
        System.out.println("result1="+result1);
        System.out.println("result2="+result2);

        Optional.of("456").map(Integer::parseInt)
                .ifPresent(x->System.out.printf("result3=%d%n",x));

        OptionalInt optInt1 = OptionalInt.of(0);      // 0을 저장
        OptionalInt optInt2 = OptionalInt.empty();    // 빈 객체를 생성

        System.out.println(optInt1.isPresent());     // true
        System.out.println(optInt2.isPresent());     // false

        System.out.println(optInt1.getAsInt());      // 0
//      System.out.println(optInt2.getAsInt());      // NoSuchElementException
        System.out.println("optInt1="+optInt1);
        System.out.println("optInt2="+optInt2);
        System.out.println("optInt1.equals(optInt2)?"+optInt1.equals(optInt2));

        Optional<String> opt  = Optional.ofNullable(null); // null을 저장
        Optional<String> opt2 = Optional.empty();          // 빈 객체를 생성
        System.out.println("opt ="+opt);
        System.out.println("opt2="+opt2);
        System.out.println("opt.equals(opt2)?"+opt.equals(opt2)); // true

        int result3 = optStrToInt(Optional.of("123"), 0);
        int result4 = optStrToInt(Optional.of(""), 0);

        System.out.println("result3="+result3);
        System.out.println("result4="+result4);
    }

    static int optStrToInt(Optional<String> optStr, int defaultValue) {
        try {
            return optStr.map(Integer::parseInt).get();
        } catch (Exception e){
            return defaultValue;
        }
    }
}
```

▼ 실행결과

```
optStr=abcde
optInt=5
result1=123
result2=-1
result3=456
true
false
0
optInt1=OptionalInt[0]
optInt2=OptionalInt.empty
optInt1.equals(optInt2)?false
opt =Optional.empty
opt2=Optional.empty
opt.equals(opt2)?true
result3=123
result4=0
```

2.5 스트림의 최종 연산

최종 연산은 스트림의 요소를 소모해서 결과를 만들어낸다. 그래서 최종 연산후에 스트림이 닫히게 되고 더 이상 사용할 수 없다. 최종 연산의 결과는 스트림 요소의 합과 같은 단일 값이거나, 스트림의 요소가 담긴 배열 또는 컬렉션일 수 있다.

forEach()나 count() 같은 최종 연산의 일부는 이미 배웠으며, 나머지도 별로 어렵지 않다. 다만, collect()는 별도로 다뤄야 할 정도로 복잡하므로 별도의 단원으로 설명할 것이다.

forEach( )

forEach()는 peek()와 달리 스트림의 요소를 소모하는 최종연산이다. 반환 타입이 void 이므로 스트림의 요소를 출력하는 용도로 많이 사용된다.

```
void forEach(Consumer<? super T> action)
```

지금까지 자주 사용해왔기 때문에 충분히 익숙할 것이라 생각하고 자세한 설명은 생략한다.

조건 검사 – allMatch( ), anyMatch( ), noneMatch( ), findFirst( ), findAny( )

스트림의 요소에 대해 지정된 조건에 모든 요소가 일치하는 지, 일부가 일치하는지 아니면 어떤 요소도 일치하지 않는지 확인하는데 사용할 수 있는 메서드들이다. 이 메서드들은 모두 매개변수로 Predicate를 요구하며, 연산결과로 boolean을 반환한다.

```
boolean allMatch (Predicate<? super T> predicate)
boolean anyMatch (Predicate<? super T> predicate)
boolean noneMatch(Predicate<? super T> predicate)
```

예를 들어 학생들의 성적 정보 스트림 stuStream에서 총점이 낙제점(총점 100이하)인 학생이 있는지 확인하는 방법은 다음과 같다.

```
boolean noFailed = stuStream.anyMatch(s-> s.getTotalScore()<=100)
```

이외에도 스트림의 요소 중에서 조건에 일치하는 첫 번째 것을 반환하는 findFirst()가 있는데, 주로 filter()와 함께 사용되어 조건에 맞는 스트림의 요소가 있는지 확인하는데 사용된다. 병렬 스트림인 경우에는 findFirst()대신 findAny()를 사용해야 한다.

```
Optional<Student> stu = stuStream.filter(s->s.getTotalScore()<= 100).findFirst();
Optional<Student> stu = parallelStream.filter(s->s.getTotalScore()<=100).findAny();
```

findAny()와 findFirst()의 반환 타입은 Optional<T>이며, 스트림의 요소가 없을 때는 비어있는 Optional객체를 반환한다.

| 참고 | 비어있는 Optional 객체는 내부에 null을 저장하고 있다.

통계 – count( ), sum( ), average( ), max( ), min( )

앞서 살펴본 것처럼 IntStream과 같은 기본형 스트림에는 스트림의 요소들에 대한 통계 정보를 얻을 수 있는 메서드들이 있다. 그러나 기본형 스트림이 아닌 경우에는 통계와 관련된 메서드들이 아래의 3개뿐이다.

> **참고** 기본형 스트림의 min( ), max( )와 달리 매개변수로 Comparator를 필요로 한다는 차이가 있다.

```
long         count()
Optional<T>  max(Comparator<? super T> comparator)
Optional<T>  min(Comparator<? super T> comparator)
```

대부분의 경우 위의 메서드를 사용하기보다 기본형 스트림으로 변환하거나, 아니면 앞으로 배우게 될 reduce( )와 collect( )를 사용해서 통계 정보를 얻는다.

리듀싱 – reduce( )

reduce( )는 이름에서 짐작할 수 있듯이, 스트림의 요소를 줄여나가면서 연산을 수행하고 최종결과를 반환한다. 처음 두 요소를 가지고 연산한 결과를 가지고 그 다음 요소와 연산한다. 그래서 매개변수의 타입이 BinaryOperator<T>인 것이다.

  이 과정에서 스트림의 요소를 하나씩 소모하게 되며, 스트림의 모든 요소를 소모하면 그 결과를 반환한다.

```
Optional<T> reduce(BinaryOperator<T> accumulator)
```

이 외에도 연산결과의 초기값(identity)을 갖는 reduce( )도 있는데, 이 메서드들은 초기값과 스트림의 첫 번째 요소로 연산을 시작한다. 스트림의 요소가 하나도 없는 경우, 초기값이 반환되므로, 반환 타입이 Optional<T>가 아니라 T이다.

> **참고** BinaryOperator<T>는 BiFunction의 자손이며, BiFunction<T,T,T>와 동등하다.

```
T reduce(T identity, BinaryOperator<T> accumulator)          // 이 메서드가 핵심
U reduce(U identity, BiFunction<U,T,U> accumulator, BinaryOperator<U> combiner)
```

위의 두 번째 메서드의 마지막 매개변수인 combiner는 병렬 스트림에 의해 처리된 결과를 합칠 때 사용하기 위해 사용하는 것이며, 후에 병렬 스트림에서 설명할 것이다.

  앞서 소개한 최종 연산 count( )와 sum( ) 등은 내부적으로 모두 reduce( )를 이용해서 아래와 같이 작성된 것이다.

```
int count = intStream.reduce(0, (a,b) -> a + 1);                    // count()
int sum   = intStream.reduce(0, (a,b) -> a + b);                    // sum()
int max   = intStream.reduce(Integer.MIN_VALUE, (a,b)-> a>b ? a:b); // max()
int min   = intStream.reduce(Integer.MAX_VALUE, (a,b)-> a<b ? a:b); // min()
```

사실 max( )와 min( )의 경우, 초기값이 필요없으므로 Optional<T>를 반환하는 매개변수 하나짜리 reduce( )를 사용하는 것이 낫다. 단, intStream의 타입이 IntStream인 경우

OptionalInt를 사용해야 한다. Stream⟨T⟩와 달리 IntStream에 정의된 reduce( )의 반환 타입이 OptionalInt이기 때문이다.

```
// OptionalInt reduce(IntBinaryOperator accumulator)
OptionalInt max = intStream.reduce((a,b) -> a > b ? a : b);  // max()
OptionalInt min = intStream.reduce((a,b) -> a < b ? a : b);  // min()
```

참고로 위의 코드에서 람다식을 Integer클래스의 static메서드 max( )와 min( )을 이용해서 메서드 참조로 바꾸면 다음과 같다.

```
OptionalInt max = intStream.reduce(Integer::max); // int max(int a, int b)
OptionalInt min = intStream.reduce(Integer::min); // int min(int a, int b)
```

그리고 OptionalInt에 저장된 값을 꺼내려면 아래와 같이 하면 된다.

```
int maxValue = max.getAsInt();  // OptionalInt에 저장된 값을 maxValue에 저장
```

reduce( )가 내부적으로 어떻게 동작하는지 이해를 돕기 위해, reduce( )로 스트림의 모든 요소를 다 더하는 과정을 for문으로 표현해 보았다.

```
int a = identity; // 초기값을 a에 저장한다.
for(int b : stream)
    a = a + b;    // 모든 요소의 값을 a에 누적한다.
```

위의 for문을 보고 나면, reduce( )가 아마도 다음과 같이 작성되어 있을 것이라고 추측하는 것은 그리 어려운 일이 아닐 것이다.

```
T reduce(T identity, BinaryOperator<T> accumulator) {
    T a = identity; // 1.초기값
    
    for(T b : stream)
        a = accumulator.apply(a, b); // 2.수행할 작업
    
    return a;
}
```

reduce( )를 사용하는 방법은 간단하다. 그저 초기값(identity)과 어떤 연산(BinaryOperator)으로 스트림의 요소를 줄여나갈 것인지만 결정하면 된다.

▼ 예제 14-13/**StreamEx5.java**

```java
import java.util.*;
import java.util.stream.*;
class StreamEx5 {
    public static void main(String[] args) {
        String[] strArr = {
            "Inheritance", "Java", "Lambda", "stream",
            "OptionalDouble", "IntStream", "count", "sum"
        };

        Stream.of(strArr).forEach(System.out::println);

        boolean noEmptyStr = Stream.of(strArr).noneMatch(s->s.length()==0);
        Optional<String> sWord = Stream.of(strArr)
                                    .filter(s->s.charAt(0)=='s').findFirst();

        System.out.println("noEmptyStr="+noEmptyStr);
        System.out.println("sWord="+ sWord.get());

        // Stream<String[]>을 IntStream으로 변환
        IntStream intStream1 = Stream.of(strArr).mapToInt(String::length);
        IntStream intStream2 = Stream.of(strArr).mapToInt(String::length);
        IntStream intStream3 = Stream.of(strArr).mapToInt(String::length);
        IntStream intStream4 = Stream.of(strArr).mapToInt(String::length);

        int count = intStream1.reduce(0, (a,b) -> a + 1);
        int sum   = intStream2.reduce(0, (a,b) -> a + b);

        OptionalInt max = intStream3.reduce(Integer::max);
        OptionalInt min = intStream4.reduce(Integer::min);
        System.out.println("count="+count);
        System.out.println("sum="+sum);
        System.out.println("max="+ max.getAsInt());
        System.out.println("min="+ min.getAsInt());
    }
}
```

▼ 실행결과

```
Inheritance
Java
Lambda
stream
OptionalDouble
IntStream
count
sum
noEmptyStr=true
sWord=stream
count=8
sum=58
max=14
min=3
```

2.6 collect()

스트림의 최종 연산중에서 가장 복잡하면서도 유용하게 활용될 수 있는 것이 collect( )이다. 그만큼 다뤄야할 내용이 많아서 별도의 단원으로 분리하였다.

collect( )는 스트림의 요소를 수집하는 최종 연산으로 앞서 배운 리듀싱(reducing)과 유사하다. collect( )가 스트림의 요소를 수집하려면, 어떻게 수집할 것인가에 대한 방법이 정의되어 있어야 하는데, 이 방법을 정의한 것이 바로 컬렉터(collector)이다.

컬렉터는 Collector인터페이스를 구현한 것으로, 직접 구현할 수도 있고 미리 작성된 것을 사용할 수도 있다. Collectors클래스는 미리 작성된 다양한 종류의 컬렉터를 반환하는 static메서드를 가지고 있으며, 이 클래스를 통해 제공되는 컬렉터만으로도 많은 일들을 할 수 있다.

collect( )	스트림의 최종연산. 매개변수로 컬렉터를 필요로 한다.
Collector	인터페이스. 컬렉터는 이 인터페이스를 구현해야한다.
Collectors	클래스. static메서드로 미리 작성된 컬렉터를 제공한다.

Collector인터페이스를 직접 구현해서 컬렉터를 만드는 방법은 다음 단원에서 배울 것이고, 이 단원에서는 Collectors클래스가 제공하는 컬렉터들을 사용하는 방법에 대해서 배운다.

₩collect( )는 매개변수의 타입이 Collector인데, 매개변수가 Collector를 구현한 클래스의 객체이어야 한다는 뜻이다. 그리고 collect( )는 이 객체에 구현된 방법대로 스트림의 요소를 수집한다.

| 참고 | sort( )할 때, Comparator가 필요한 것처럼 collect( )할 때는 Collector가 필요하다.

```
Object collect(Collector collector) // Collector는 아래 3개의 매개변수를 묶은 것
Object collect(Supplier supplier, BiConsumer accumulator, BiConsumer combiner)
```

그리고 매개변수가 3개나 정의된 collect( )는 잘 사용되지는 않지만, Collector인터페이스를 구현하지 않고 간단히 람다식으로 수집할 때 사용하면 편리하다. 나중에 Collector를 구현하는 방법을 배우고 나면, 이 메서드를 어떻게 활용해야하는지 쉽게 이해할 수 있으므로 지금은 설명을 생략한다.

스트림을 컬렉션과 배열로 변환 - toList( ), toSet( ), toMap( ), toCollection( ), toArray( )
스트림의 모든 요소를 컬렉션에 수집하려면, Collectors클래스의 toList( )와 같은 메서드를 사용하면 된다. List나 Set이 아닌 특정 컬렉션을 지정하려면, toCollection( )에 해당 컬렉션의 생성자 참조를 매개변수로 넣어주면 된다.

```
List<String> names = stuStream.map(Student::getName)
                        .collect(Collectors.toList());
ArrayList<String> list = names.stream()
                        .collect(Collectors.toCollection(ArrayList::new));
```

Map은 키와 값의 쌍으로 저장해야하므로 객체의 어떤 필드를 키로 사용할지와 값으로 사용할지를 지정해줘야 한다.

```
Map<String,Person> map = personStream
                  .collect(Collectors.toMap(p->p.getRegId(), p -> p));
```

위의 문장은 요소의 타입이 Person인 스트림에서 사람의 주민번호(regId)를 키로 하고, 값으로 Person객체를 그대로 저장한다.

| 참고 | 항등 함수는 입력을 그대로 반환하는 함수를 말하며, 람다식 'p → p' 대신 Function.identity( )를 쓸 수도 있다.

스트림에 저장된 요소들을 'T[ ]'타입의 배열로 변환하려면, toArray( )를 사용하면 된다. 단, 해당 타입의 생성자 참조를 매개변수로 지정해줘야 한다. 만일 매개변수를 지정하지 않으면 반환되는 배열의 타입은 'Object[ ]'이다.

```
Student[]  stuNames = studentStream.toArray(Student[]::new); // OK
Student[]  stuNames = studentStream.toArray();  // 에러.
Object[]   stuNames = studentStream.toArray();  // OK.
```

통계 – counting( ), summingInt( ), averagingInt( ), maxBy( ), minBy( )

앞서 살펴보았던 최종 연산들이 제공하는 통계 정보를 collect( )로 똑같이 얻을 수 있다. collect( )를 사용하지 않고도 쉽게 얻을 수 있는 데, 굳이 collect( )를 사용한 방법을 보여주는 것은 collect( )의 사용법을 보여주기 위한 것이다. 나중에 groupingBy( )와 함께 사용할 때 비로소 이 메서드들이 왜 필요한지 알게 될 것이다. 보다 간결한 코드를 위해 Collectors의 static메서드를 호출할 때는 'Collectors.'를 생략하였다. static import되어 있다고 가정하자.

| 참고 | summingInt( )외에도 summingLong( ), summingDouble( )이 있다. averagingInt( )도 마찬가지다.

```
long count = stuStream.count();
long count = stuStream.collect(counting()); // Collectors.counting()

long totalScore = stuStream.mapToInt(Student::getTotalScore).sum();
long totalScore = stuStream.collect(summingInt(Student::getTotalScore));

OptionalInt topScore = studentStream.mapToInt(Student::getTotalScore)
                                    .max();
Optional<Student> topStudent = stuStream
                  .max(Comparator.comparingInt(Student::getTotalScore));
Optional<Student> topStudent = stuStream
          .collect(maxBy(Comparator.comparingInt(Student::getTotalScore)));

IntSummaryStatistics stat = stuStream
                  .mapToInt(Student::getTotalScore).summaryStatistics();
IntSummaryStatistics stat = stuStream
                  .collect(summarizingInt(Student::getTotalScore));
```

| 참고 | summingInt( )와 summarizingInt( )를 혼동하지 않도록 주의하자.

리듀싱 – reducing( )

리듀싱 역시 collect( )로 가능하다. IntStream에는 매개변수 3개짜리 collect( )만 정의되어 있으므로 boxed( )를 통해 IntStream을 Stream<Integer>로 변환해야 매개변수 1개짜리 collect( )를 쓸 수 있다.

```
IntStream intStream = new Random().ints(1,46).distinct().limit(6);
OptionalInt        max = intStream.reduce(Integer::max);
Optional<Integer> max = intStream.boxed().collect(reducing(Integer::max));

long   sum = intStream.reduce(0, (a,b) -> a + b);
long   sum = intStream.boxed().collect(reducing(0, (a,b) -> a + b));

int grandTotal = stuStream.map(Student::getTotalScore).reduce(0, Integer::sum);
int grandTotal = stuStream.collect(reducing(0, Student::getTotalScore, Integer::sum));
```

Collectors.reducing( )에는 아래와 같이 3가지 종류가 있다. 세 번째 메서드만 제외하고 reduce( )와 같다. 세 번째 것은 위의 예에서 알 수 있듯이 map( )과 reduce( )를 하나로 합쳐놓은 것이다.

```
Collector reducing(BinaryOperator<T> op)
Collector reducing(T identity, BinaryOperator<T> op)
Collector reducing(U identity, Function<T,U> mapper, BinaryOperator<U> op)
```

위의 메서드 목록 역시 와일드 카드를 제거하여 간략히 하였다.

문자열 결합 – joining( )

문자열 스트림의 모든 요소를 하나의 문자열로 연결해서 반환한다. 구분자를 지정해줄 수도 있고, 접두사와 접미사도 지정가능하다. 스트림의 요소가 String이나 StringBuffer처럼 CharSequence의 자손인 경우에만 결합이 가능하므로 스트림의 요소가 문자열이 아닐 때는 먼저 map( )을 이용해서 스트림의 요소를 문자열로 변환해야 한다.

```
String studentNames = stuStream.map(Student::getName).collect(joining());
String studentNames = stuStream.map(Student::getName).collect(joining(","));
String studentNames = stuStream.map(Student::getName).collect(
                                            joining(",","[", "]"));
```

만일 map( )없이 스트림에 바로 joining( )하면, 스트림의 요소에 toString( )을 호출한 결과를 결합한다.

```
// Student의 toString()으로 결합
String studentInfo = stuStream.collect(joining(","));
```

이제 예제를 통해 지금까지 배운 내용을 직접 확인해 보자.

▼ 예제 14-14/**StreamEx6.java**

```java
import java.util.*;
import java.util.stream.*;
import static java.util.stream.Collectors.*;

class StreamEx6 {
    public static void main(String[] args) {
        Student[] stuArr = {
            new Student("이자바", 3, 300),
            new Student("김자바", 1, 200),
            new Student("안자바", 2, 100),
            new Student("박자바", 2, 150),
            new Student("소자바", 1, 200),
            new Student("나자바", 3, 290),
            new Student("감자바", 3, 180)
        };
        // 학생 이름만 뽑아서 List<String>에 저장
        List<String> names = Stream.of(stuArr).map(Student::getName)
                                    .collect(Collectors.toList());
        System.out.println(names);

        // 스트림을 배열로 변환
        Student[] stuArr2 = Stream.of(stuArr).toArray(Student[]::new);

        for(Student s : stuArr2)
            System.out.println(s);

        // 스트림을 Map<String, Student>로 변환. 학생 이름이 key
        Map<String,Student> stuMap = Stream.of(stuArr)
                        .collect(Collectors.toMap(s->s.getName(), p->p));

        for(String name : stuMap.keySet())
            System.out.println(name +"-"+stuMap.get(name));

        long count = Stream.of(stuArr).collect(counting());
        long totalScore = Stream.of(stuArr)
                            .collect(summingInt(Student::getTotalScore));
        System.out.println("count="+count);
        System.out.println("totalScore="+totalScore);

        totalScore = Stream.of(stuArr)
                .collect(reducing(0, Student::getTotalScore, Integer::sum));
        System.out.println("totalScore="+totalScore);

        Optional<Student> topStudent = Stream.of(stuArr)
            .collect(maxBy(Comparator.comparingInt(Student::getTotalScore)));
        System.out.println("topStudent="+topStudent.get());

        IntSummaryStatistics stat = Stream.of(stuArr)
                        .collect(summarizingInt(Student::getTotalScore));
        System.out.println(stat);

        String stuNames = Stream.of(stuArr).map(Student::getName)
                                .collect(joining(",", "{", "}"));
        System.out.println(stuNames);
    }
}
```

```
    static class Student implements Comparable<Student> {
        String name;
        int ban;
        int totalScore;

        Student(String name, int ban, int totalScore) {
            this.name =name;
            this.ban =ban;
            this.totalScore =totalScore;
        }

        public String toString() {
          return String.format("[%s, %d, %d]",name,ban,totalScore).toString();
        }

        String getName()      { return name;}
        int getBan()          { return ban; }
        int getTotalScore()   { return totalScore;}

        public int compareTo(Student s) {
            return s.totalScore - this.totalScore;
        }
    }
}
```

▼ 실행결과

```
[이자바, 김자바, 안자바, 박자바, 소자바, 나자바, 감자바]
[이자바, 3, 300]
[김자바, 1, 200]
[안자바, 2, 100]
[박자바, 2, 150]
[소자바, 1, 200]
[나자바, 3, 290]
[감자바, 3, 180]
안자바-[안자바, 2, 100]
나자바-[나자바, 3, 290]
박자바-[박자바, 2, 150]
김자바-[김자바, 1, 200]
감자바-[감자바, 3, 180]
이자바-[이자바, 3, 300]
소자바-[소자바, 1, 200]
count=7
totalScore=1420
totalScore=1420
topStudent=[이자바, 3, 300]
IntSummaryStatistics{count=7, sum=1420, min=100, average=202.857143, max=300}
{이자바, 김자바, 안자바, 박자바, 소자바, 나자바, 감자바}
```

그룹화와 분할 – groupingBy( ), partitioningBy( )

지금까지는 기존의 다른 연산으로도 대체가능한 경우에 대해서 설명했기 때문에, collect( )가 왜 필요한지 잘 느끼지 못했을 것이다. 그러나 이제부터는 본격적으로 collect ( )의 유용함을 알게 될 것이다.

   그룹화는 스트림의 요소를 특정 기준으로 그룹화하는 것을 의미하고, 분할은 스트림의 요소를 두 가지, 지정된 조건에 일치하는 그룹과 일치하지 않는 그룹으로의 분할을 의미한다. 아래의 메서드 정의에서 알 수 있듯이, groupingBy( )는 스트림의 요소를 Function 으로, partitioningBy( )는 Predicate로 분류한다.

```
Collector groupingBy(Function classifier)
Collector groupingBy(Function classifier, Collector downstream)
Collector groupingBy(Function classifier, Supplier mapFactory, Collector
                                                            downstream)
Collector partitioningBy(Predicate predicate)
Collector partitioningBy(Predicate predicate, Collector downstream)
```

메서드의 정의를 보면 groupingBy( )와 partitioningBy( )가 분류를 Function으로 하느냐 Predicate로 하느냐의 차이만 있을 뿐 동일하다는 것을 알 수 있다. 스트림을 두 개의 그룹으로 나눠야 한다면, 당연히 partitioningBy( )로 분할하는 것이 더 빠르다. 그 외에는 groupingBy( )를 쓰면 된다. 그리고 그룹화와 분할의 결과는 Map에 담겨 반환된다.

메서드의 정의만으로는 잘 감이 오지 않을 것이다. 이제 이 메서드들이 실제로 어떻게 쓰이는지 직접 보면 생각보다 어렵지 않다고 느끼게 될 것이다.

먼저 예시에 사용될 Student클래스는 다음과 같이 정의되어 있고 가정하자.

```
class Student {
    String  name;           // 이름
    boolean isMale;         // 성별
    int     hak;            // 학년
    int     ban;            // 반
    int     score;          // 점수

    Student(String name, boolean isMale, int hak, int ban, int score) {
        this.name   = name;
        this.isMale = isMale;
        this.hak    = hak;
        this.ban    = ban;
        this.score  = score;
    }

    String  getName()  { return name;   }
    boolean isMale()   { return isMale; }
    int     getHak()   { return hak;    }
    int     getBan()   { return ban;    }
    int     getScore() { return score;  }
```

```java
    public String toString() {
        return String.format("[%s, %s, %d학년 %d반, %3d점]",
            name, isMale ? "남":"여", hak, ban, score);
    }
    enum Level { HIGH, MID, LOW }   // 성적을 상, 중, 하 세 단계로 분류
} // class Student
```

그리고 스트림 stuStream은 아래와 같은 요소들로 이루어져 있다고 가정한다.

```java
Stream<Student> stuStream = Stream.of(
    new Student("나자바", true,  1, 1, 300),
    new Student("김지미", false, 1, 1, 250),
    new Student("김자바", true,  1, 1, 200),
    new Student("이지미", false, 1, 2, 150),
    new Student("남자바", true,  1, 2, 100),
    new Student("안지미", false, 1, 2,  50),
    new Student("황지미", false, 1, 3, 100),
    new Student("강지미", false, 1, 3, 150),
    new Student("이자바", true,  1, 3, 200),

    new Student("나자바", true,  2, 1, 300),
    new Student("김지미", false, 2, 1, 250),
    new Student("김자바", true,  2, 1, 200),
    new Student("이지미", false, 2, 2, 150),
    new Student("남자바", true,  2, 2, 100),
    new Student("안지미", false, 2, 2,  50),
    new Student("황지미", false, 2, 3, 100),
    new Student("강지미", false, 2, 3, 150),
    new Student("이자바", true,  2, 3, 200));
```

partitioningBy( )에 의한 분류

먼저 상대적으로 간단한 partitioningBy( )부터 시작하자. partitioningBy( )를 이해하고 나면, groupingBy( )는 쉽게 이해가 될 것이다. 가장 기본적인 분할은 학생들을 성별로 나누어 List에 담는 것이다.

```java
// 1. 기본 분할
Map<Boolean, List<Student>> stuBySex = stuStream
            .collect(partitioningBy(Student::isMale));  // 학생들을 성별로 분할
List<Student> maleStudent   = stuBySex.get(true);   // Map에서 남학생 목록을 얻는다.
List<Student> femaleStudent = stuBySex.get(false);  // Map에서 여학생 목록을 얻는다.
```

이번엔 counting( )을 추가해서 남학생의 수와 여학생의 수를 구해보자.

```java
// 2. 기본 분할 + 통계 정보
Map<Boolean, Long> stuNumBySex = stuStream
            .collect(partitioningBy(Student::isMale, counting()));
System.out.println("남학생 수 :"+ stuNumBySex.get(true));   // 남학생 수 :8
System.out.println("여학생 수 :"+ stuNumBySex.get(false));  //여학생 수 :10
```

counting( )대신 summingLong( )을 사용하면, 남학생과 여학생의 총점을 구할 수 있다. 그러면, 남학생 1등과 여학생 1등은 어떻게 구할 수 있을까?

```
Map<Boolean, Optional<Student>> topScoreBySex = stuStream
        .collect(
                partitioningBy(Student::isMale,
                        maxBy(comparingInt(Student::getScore))
                )
        );
System.out.println("남학생 1등 :"+ topScoreBySex.get(true));
System.out.println("여학생 1등 :"+ topScoreBySex.get(false));
// 남학생 1등 :Optional[[나자바, 남, 1, 1, 300]]
// 여학생 1등 :Optional[[김지미, 여, 1, 1, 250]]
```

maxBy( )는 반환타입이 Optional〈Student〉라서 위와 같은 결과가 나왔다. Optional 〈Student〉가 아닌 Student를 반환 결과로 얻으려면, 아래와 같이 collectingAndThen( ) 과 Optional::get을 함께 사용하면 된다.

```
Map<Boolean, Student> topScoreBySex = stuStream
    .collect(
        partitioningBy(Student::isMale,
            collectingAndThen(
                maxBy(comparingInt(Student::getScore)), Optional::get
            )
        )    // 남학생 1등 :[나자바, 남, 1, 1, 300]
    );       // 여학생 1등 :[김지미, 여, 1, 1, 250]
System.out.println("남학생 1등 :"+ topScoreBySex.get(true));
System.out.println("여학생 1등 :"+ topScoreBySex.get(false))
```

성적이 150점 아래인 학생들은 불합격처리하고 싶다. 불합격자를 성별로 분류하여 얻어내 려면 어떻게 해야 할까? partitioningBy( )를 한 번 더 사용해서 이중 분할을 하면 된다.

```
Map<Boolean, Map<Boolean, List<Student>>> failedStuBySex = stuStream
    .collect(
        partitioningBy(Student::isMale,
            partitioningBy(s -> s.getScore() < 150)
        )
    );
List<Student> failedMaleStu   = failedStuBySex.get(true).get(true);
List<Student> failedFemaleStu = failedStuBySex.get(false).get(true);
```

이제 예제를 통해 지금까지의 내용을 직접 확인해 보자. 예제는 다음 페이지에 있다.

▼ 예제 14-15 / **ch14/StreamEx7.java**

```java
import java.util.*;
import java.util.function.*;
import java.util.stream.*;
import static java.util.stream.Collectors.*;
import static java.util.Comparator.*;

class StreamEx7 {
    static class Student {
        String name;
        boolean isMale; // 성별
        int hak;        // 학년
        int ban;        // 반
        int score;

        Student(String name, boolean isMale, int hak, int ban, int score) {
            this.name   = name;
            this.isMale = isMale;
            this.hak    = hak;
            this.ban    = ban;
            this.score  = score;
        }
        String  getName()         { return name;   }
        boolean isMale()          { return isMale; }
        int     getHak()          { return hak;    }
        int     getBan()          { return ban;    }
        int     getScore()        { return score;  }

        public String toString() {
            return String.format("[%s, %s, %d학년 %d반, %3d점]",
                            name, isMale ? "남":"여", hak, ban, score);
        }
        // groupingBy()에서 사용
        enum Level { HIGH, MID, LOW }  // 성적을 상, 중, 하 세 단계로 분류
    }

    public static void main(String[] args) {
        Student[] stuArr = {
            new Student("나자바", true,  1, 1, 300),
            new Student("김지미", false, 1, 1, 250),
            new Student("김자바", true,  1, 1, 200),
            new Student("이지미", false, 1, 2, 150),
            new Student("남자바", true,  1, 2, 100),
            new Student("안지미", false, 1, 2,  50),
            new Student("황지미", false, 1, 3, 100),
            new Student("강지미", false, 1, 3, 150),
            new Student("이자바", true,  1, 3, 200),

            new Student("나자바", true,  2, 1, 300),
            new Student("김지미", false, 2, 1, 250),
            new Student("김자바", true,  2, 1, 200),
            new Student("이지미", false, 2, 2, 150),
            new Student("남자바", true,  2, 2, 100),
            new Student("안지미", false, 2, 2,  50),
            new Student("황지미", false, 2, 3, 100),
            new Student("강지미", false, 2, 3, 150),
            new Student("이자바", true,  2, 3, 200)
        };
```

```java
        System.out.printf("1. 단순분할(성별로 분할)%n");
        Map<Boolean, List<Student>> stuBySex =  Stream.of(stuArr)
                .collect(partitioningBy(Student::isMale));

        List<Student> maleStudent   = stuBySex.get(true);
        List<Student> femaleStudent = stuBySex.get(false);

        for(Student s : maleStudent)   System.out.println(s);
        for(Student s : femaleStudent) System.out.println(s);

        System.out.printf("%n2. 단순분할 + 통계(성별 학생수)%n");
        Map<Boolean, Long> stuNumBySex = Stream.of(stuArr)
                .collect(partitioningBy(Student::isMale, counting()));

        System.out.println("남학생 수 :"+ stuNumBySex.get(true));
        System.out.println("여학생 수 :"+ stuNumBySex.get(false));

        System.out.printf("%n3. 단순분할 + 통계(성별 1등)%n");
        Map<Boolean, Optional<Student>> topScoreBySex = Stream.of(stuArr)
                .collect(partitioningBy(Student::isMale,
                    maxBy(comparingInt(Student::getScore))
                ));
        System.out.println("남학생 1등 :"+ topScoreBySex.get(true));
        System.out.println("여학생 1등 :"+ topScoreBySex.get(false));

        Map<Boolean, Student> topScoreBySex2 = Stream.of(stuArr)
            .collect(partitioningBy(Student::isMale,
                collectingAndThen(
                    maxBy(comparingInt(Student::getScore)), Optional::get
                )
            ));

        System.out.println("남학생 1등 :"+ topScoreBySex2.get(true));
        System.out.println("여학생 1등 :"+ topScoreBySex2.get(false));

        System.out.printf("%n4. 다중분할(성별 불합격자, 100점 이하)%n");

        Map<Boolean, Map<Boolean, List<Student>>> failedStuBySex =
            Stream.of(stuArr).collect(partitioningBy(Student::isMale,
                partitioningBy(s -> s.getScore() <= 100))
            );
        List<Student> failedMaleStu   = failedStuBySex.get(true).get(true);
        List<Student> failedFemaleStu = failedStuBySex.get(false).get(true);

        for(Student s : failedMaleStu)   System.out.println(s);
        for(Student s : failedFemaleStu) System.out.println(s);
    }
}
```

이 예제의 실행결과는 다음 페이지에 있다.

▼ 실행결과

```
1. 단순분할(성별로 분할)
[나자바, 남, 1학년 1반, 300점]
[김자바, 남, 1학년 1반, 200점]
[남자바, 남, 1학년 2반, 100점]
[이자바, 남, 1학년 3반, 200점]
[나자바, 남, 2학년 1반, 300점]
[김자바, 남, 2학년 1반, 200점]
[남자바, 남, 2학년 2반, 100점]
[이자바, 남, 2학년 3반, 200점]
[김지미, 여, 1학년 1반, 250점]
[이지미, 여, 1학년 2반, 150점]
[안지미, 여, 1학년 2반,  50점]
[황지미, 여, 1학년 3반, 100점]
[강지미, 여, 1학년 3반, 150점]
[김지미, 여, 2학년 1반, 250점]
[이지미, 여, 2학년 2반, 150점]
[안지미, 여, 2학년 2반,  50점]
[황지미, 여, 2학년 3반, 100점]
[강지미, 여, 2학년 3반, 150점]

2. 단순분할 + 통계(성별 학생수)
남학생 수 :8
여학생 수 :10

3. 단순분할 + 통계(성별 1등)
남학생 1등 :Optional[[나자바, 남, 1학년 1반, 300점]]
여학생 1등 :Optional[[김지미, 여, 1학년 1반, 250점]]
남학생 1등 :[나자바, 남, 1학년 1반, 300점]
여학생 1등 :[김지미, 여, 1학년 1반, 250점]

4. 다중분할(성별 불합격자, 100점 이하)
[남궁성, 남, 1학년 2반, 100점]
[남궁성, 남, 2학년 2반, 100점]
[안지미, 여, 1학년 2반,  50점]
[황지미, 여, 1학년 3반, 100점]
[안지미, 여, 2학년 2반,  50점]
[황지미, 여, 2학년 3반, 100점]
```

groupingBy( )에 의한 분류

일단 가장 간단한 그룹화를 해보자. stuStream을 반 별로 그룹지어 Map에 저장하는 방법은 다음과 같다.

```
Map<Integer, List<Student>> stuByBan = stuStream
        .collect(groupingBy(Student::getBan));  // toList()가 생략됨
```

groupingBy( )로 그룹화를 하면 기본적으로 List<T>에 담는다. 그래서 위의 문장은 아래 문장의 생략된 형태이다. 만일 원한다면, toList()대신 toSet()이나 toCollection (HashSet ::new)을 사용할 수도 있다. 단, Map의 지네릭 타입도 적절히 변경해줘야 한다는 것을 잊지 말자.

```
Map<Integer, List<Student>> stuByBan = stuStream
  .collect(groupingBy(Student::getBan, toList())); // toList() 생략가능

Map<Integer, HashSet<Student>> stuByHak = stuStream
    .collect(groupingBy(Student::getHak, toCollection(HashSet::new)));
```

이번엔 조금 복잡하게 stuStream을 성적의 등급(Student.Level)으로 그룹화 해보자. 아래의 문장은 모든 학생을 세 등급(HIGH, MID, LOW)으로 분류하여 집계한다.

```
Map<Student.Level, Long> stuByLevel = stuStream
    .collect(groupingBy(s-> {
        if(s.getScore() >= 200)       return Student.Level.HIGH;
        else if(s.getScore() >= 100)  return Student.Level.MID;
        else                          return Student.Level.LOW;
    }, counting())
); // [MID] - 8명, [HIGH] - 8명, [LOW] - 2명
```

groupingBy( )를 여러 번 사용하면, 다수준 그룹화가 가능하다. 만일 학년별로 그룹화 한 후에 다시 반별로 그룹화하고 싶으면 다음과 같이 한다.

```
Map<Integer, Map<Integer, List<Student>>> stuByHakAndBan = stuStream
      .collect(groupingBy(Student::getHak,
            groupingBy(Student::getBan)
));
```

위의 코드를 발전시켜서 각 반의 1등을 출력하고 싶다면, collectingAndThen( )과 maxBy( )를 써서 다음과 같이 하면 된다.

```
Map<Integer, Map<Integer, Student>> topStuByHakAndBan = stuStream
      .collect(groupingBy(Student::getHak,
          groupingBy(Student::getBan,
              collectingAndThen(
                  maxBy(comparingInt(Student::getScore)),
                  Optional::get
              )
        )
));
```

아래의 코드는 학년별과 반별로 그룹화한 다음에, 3개의 성적그룹(HIGH, MID, LOW)으로 변환(mapping)하여 Set에 저장한다.

```
Map<Integer, Map<Integer, Set<Student.Level>>> stuByHakAndBan =  stuStream
    .collect(
       groupingBy(Student::getHak,
          groupingBy(Student::getBan,
             mapping(s-> {
                 if(s.getScore() >= 200)       return Student.Level.HIGH;
                 else if(s.getScore() >= 100)  return Student.Level.MID;
                 else                          return Student.Level.LOW;
             } , toSet())
          )
       )
    );
```

이제 예제를 통해 위의 코드를 직접 실행해보고 결과를 확인하자.

▼ 예제 14-16/StreamEx8.java

```java
import java.util.*;
import java.util.stream.*;
import static java.util.stream.Collectors.*;
import static java.util.Comparator.*;
class StreamEx8 {
    static class Student {
        String name;
        boolean isMale; // 성별
        int hak;        // 학년
        int ban;        // 반
        int score;

        Student(String name, boolean isMale, int hak, int ban, int score) {
            this.name   = name;
            this.isMale = isMale;
            this.hak    = hak;
            this.ban    = ban;
            this.score  = score;
        }

        String     getName()    { return name;   }
        boolean    isMale()     { return isMale; }
        int        getHak()     { return hak;    }
        int        getBan()     { return ban;    }
        int        getScore()   { return score;  }

        public String toString() {
            return String.format("[%s, %s, %d학년 %d반, %3d점]",
                         name, isMale ? "남":"여", hak, ban, score);
        }

        enum Level {
            HIGH, MID, LOW
        }
    }
```

```java
public static void main(String[] args) {
    Student[] stuArr = {
        new Student("나자바", true,  1, 1, 300),
        new Student("김지미", false, 1, 1, 250),
        new Student("김자바", true,  1, 1, 200),
        new Student("이지미", false, 1, 2, 150),
        new Student("남자바", true,  1, 2, 100),
        new Student("안지미", false, 1, 2,  50),
        new Student("황지미", false, 1, 3, 100),
        new Student("강지미", false, 1, 3, 150),
        new Student("이자바", true,  1, 3, 200),

        new Student("나자바", true,  2, 1, 300),
        new Student("김지미", false, 2, 1, 250),
        new Student("김자바", true,  2, 1, 200),
        new Student("이지미", false, 2, 2, 150),
        new Student("남자바", true,  2, 2, 100),
        new Student("안지미", false, 2, 2,  50),
        new Student("황지미", false, 2, 3, 100),
        new Student("강지미", false, 2, 3, 150),
        new Student("이자바", true,  2, 3, 200)
    };

    System.out.printf("1. 단순그룹화(반별로 그룹화)%n");
    Map<Integer, List<Student>> stuByBan = Stream.of(stuArr)
            .collect(groupingBy(Student::getBan));

    for(List<Student> ban : stuByBan.values()) {
        for(Student s : ban) {
            System.out.println(s);
        }
    }
    System.out.printf("%n2. 단순그룹화(성적별로 그룹화)%n");
    Map<Student.Level, List<Student>> stuByLevel = Stream.of(stuArr)
            .collect(groupingBy(s-> {
                     if(s.getScore() >= 200) return Student.Level.HIGH;
                else if(s.getScore() >= 100) return Student.Level.MID;
                else                         return Student.Level.LOW;
            }));

    TreeSet<Student.Level> keySet = new TreeSet<>(stuByLevel.keySet());

    for(Student.Level key : keySet) {
        System.out.println("["+key+"]");

        for(Student s : stuByLevel.get(key))
            System.out.println(s);
        System.out.println();
    }

    System.out.printf("%n3. 단순그룹화 + 통계(성적별 학생수)%n");
    Map<Student.Level, Long> stuCntByLevel = Stream.of(stuArr)
            .collect(groupingBy(s-> {
                     if(s.getScore() >= 200) return Student.Level.HIGH;
                else if(s.getScore() >= 100) return Student.Level.MID;
                else                         return Student.Level.LOW;
            }, counting()));
    for(Student.Level key : stuCntByLevel.keySet())
```

```java
            System.out.printf("[%s] - %d명, ", key, stuCntByLevel.get(key));
        System.out.println();
/*
        for(List<Student> level : stuByLevel.values()) {
            System.out.println();
            for(Student s : level) {
                System.out.println(s);
            }
        }
*/
        System.out.printf("%n4. 다중그룹화(학년별, 반별)");
        Map<Integer, Map<Integer, List<Student>>> stuByHakAndBan =
            Stream.of(stuArr)
                .collect(groupingBy(Student::getHak,
                        groupingBy(Student::getBan)
                ));

        for(Map<Integer, List<Student>> hak : stuByHakAndBan.values()) {
            for(List<Student> ban : hak.values()) {
                System.out.println();
                for(Student s : ban)
                    System.out.println(s);
            }
        }

        System.out.printf("%n5. 다중그룹화 + 통계(학년별, 반별 1등)%n");
        Map<Integer, Map<Integer, Student>> topStuByHakAndBan =
            Stream.of(stuArr)
                .collect(groupingBy(Student::getHak,
                        groupingBy(Student::getBan,
                            collectingAndThen(
                                maxBy(comparingInt(Student::getScore))
                                , Optional::get
                            )
                        )
                ));

        for(Map<Integer, Student> ban : topStuByHakAndBan.values())
            for(Student s : ban.values())
                System.out.println(s);

        System.out.printf("%n6. 다중그룹화 + 통계(학년별, 반별 성적그룹)%n");
        Map<String, Set<Student.Level>> stuByScoreGroup = Stream.of(stuArr)
            .collect(groupingBy(s-> s.getHak() + "-" + s.getBan(),
                    mapping(s-> {
                        if(s.getScore() >= 200)      return Student.Level.HIGH;
                        else if(s.getScore() >= 100) return Student.Level.MID;
                        else                         return Student.Level.LOW;
                    } , toSet())
            ));

        Set<String> keySet2 = stuByScoreGroup.keySet();

        for(String key : keySet2) {
            System.out.println("["+key+"]" + stuByScoreGroup.get(key));
        }
    } // main의 끝
}
```

▼ 실행결과

1. 단순그룹화 (반별로 그룹화)
[나자바, 남, 1학년 1반, 300점]
[김지미, 여, 1학년 1반, 250점]
[김자바, 남, 1학년 1반, 200점]
[나자바, 남, 2학년 1반, 300점]
[김지미, 여, 2학년 1반, 250점]
[김자바, 남, 2학년 1반, 200점]
[이지미, 여, 1학년 2반, 150점]
[남자바, 남, 1학년 2반, 100점]
[안지미, 여, 1학년 2반, 50점]
[이지미, 여, 2학년 2반, 150점]
[남자바, 남, 2학년 2반, 100점]
[안지미, 여, 2학년 2반, 50점]
[황지미, 여, 1학년 3반, 100점]
[강지미, 여, 1학년 3반, 150점]
[이자바, 남, 1학년 3반, 200점]
[황지미, 여, 2학년 3반, 100점]
[강지미, 여, 2학년 3반, 150점]
[이자바, 남, 2학년 3반, 200점]

2. 단순그룹화 (성적별로 그룹화)
[HIGH]
[나자바, 남, 1학년 1반, 300점]
[김지미, 여, 1학년 1반, 250점]
[김자바, 남, 1학년 1반, 200점]
[이자바, 남, 1학년 3반, 200점]
[나자바, 남, 2학년 1반, 300점]
[김지미, 여, 2학년 1반, 250점]
[김자바, 남, 2학년 1반, 200점]
[이자바, 남, 2학년 3반, 200점]

[MID]
[이지미, 여, 1학년 2반, 150점]
[남자바, 남, 1학년 2반, 100점]
[황지미, 여, 1학년 3반, 100점]
[강지미, 여, 1학년 3반, 150점]
[이지미, 여, 2학년 2반, 150점]
[남자바, 남, 2학년 2반, 100점]
[황지미, 여, 2학년 3반, 100점]
[강지미, 여, 2학년 3반, 150점]

[LOW]
[안지미, 여, 1학년 2반, 50점]
[안지미, 여, 2학년 2반, 50점]

3. 단순그룹화 + 통계 (성적별 학생수)
[MID] - 8명, [HIGH] - 8명, [LOW] - 2명,

4. 다중그룹화 (학년별, 반별)
[나자바, 남, 1학년 1반, 300점]
[김지미, 여, 1학년 1반, 250점]
[김자바, 남, 1학년 1반, 200점]

[이지미, 여, 1학년 2반, 150점]
[남자바, 남, 1학년 2반, 100점]
[안지미, 여, 1학년 2반, 50점]

```
[황지미, 여, 1학년 3반, 100점]
[강지미, 여, 1학년 3반, 150점]
[이자바, 남, 1학년 3반, 200점]

[나자바, 남, 2학년 1반, 300점]
[김지미, 여, 2학년 1반, 250점]
[김자바, 남, 2학년 1반, 200점]

[이지미, 여, 2학년 2반, 150점]
[남자바, 남, 2학년 2반, 100점]
[안지미, 여, 2학년 2반,  50점]

[황지미, 여, 2학년 3반, 100점]
[강지미, 여, 2학년 3반, 150점]
[이자바, 남, 2학년 3반, 200점]

5. 다중그룹화 + 통계(학년별, 반별 1등)
[나자바, 남, 1학년 1반, 300점]
[이지미, 여, 1학년 2반, 150점]
[이자바, 남, 1학년 3반, 200점]
[나자바, 남, 2학년 1반, 300점]
[이지미, 여, 2학년 2반, 150점]
[이자바, 남, 2학년 3반, 200점]

6. 다중그룹화 + 통계(학년별, 반별 성적그룹)
[1-1][HIGH]
[2-1][HIGH]
[1-2][MID, LOW]
[2-2][MID, LOW]
[1-3][MID, HIGH]
[2-3][MID, HIGH]
```

2.7 Collector구현하기

지금까지 Collectors클래스가 제공하는 컬렉터를 사용하는 방법에 대해서 배웠으니, 이제 우리가 직접 컬렉터를 작성해 보자. 컬렉터를 작성한다는 것은 Collector인터페이스를 구현한다는 것을 의미하는데, Collector인터페이스는 다음과 같이 정의되어 있다.

```
public interface Collector<T, A, R> {
    Supplier<A>          supplier();
    BiConsumer<A, T>     accumulator();
    BinaryOperator<A>    combiner();
    Function<A, R>       finisher();

    Set<Characteristics> characteristics(); //컬렉터의 특성이 담긴 Set을 반환
    ...
}
```

직접 구현해야하는 것은 위의 5개의 메서드인데, chracteristics( )를 제외하면 모두 반환 타입이 함수형 인터페이스이다. 즉, 4개의 람다식을 작성하면 되는 것이다.

supplier( )	작업 결과를 저장할 공간을 제공
accumulator( )	스트림의 요소를 수집(collect)할 방법을 제공
combiner( )	두 저장공간을 병합할 방법을 제공(병렬 스트림)
finisher( )	결과를 최종적으로 변환할 방법을 제공

supplier( )는 수집 결과를 저장할 공간을 제공하기 위한 것이고, accumulator( )는 스트림의 요소를 어떻게 supplier( )가 제공한 공간에 누적할 것인지를 정의한다. combiner( )는 병렬 스트림인 경우, 여러 쓰레드에 의해 처리된 결과를 어떻게 합칠 것인가를 정의한다. 그리고, finisher( )는 작업결과를 변환하는 일을 하는데 변환이 필요없다면, 항등 함수인 Function.identity( )를 반환하면 된다.

```
public Function finisher() {
    return Function.identity(); // 항등 함수를 반환. return x -> x;와 동일
}
```

마지막으로 characteristics( )는 컬렉터가 수행하는 작업의 속성에 대한 정보를 제공하기 위한 것이다.

Characteristics.CONCURRENT	병렬로 처리할 수 있는 작업
Characteristics.UNORDERED	스트림의 요소의 순서가 유지될 필요가 없는 작업
Characteristics.IDENTITY_FINISH	finisher( )가 항등 함수인 작업

위의 3가지 속성 중에서 해당하는 것을 다음과 같이 Set에 담아서 반환하도록 구현하면 된다.

| 참고 | 열거형 Characteristics는 Collector내에 정의되어 있다.

```
    public Set<Characteristics> characteristics() {
        return Collections.unmodifiableSet(EnumSet.of(
                    Collector.Characteristics.CONCURRENT,
                    Collector.Characteristics.UNORDERED
                ));
    }
```

만일 아무런 속성도 지정하고 싶지 않으면, 아래와 같이 하면 된다.

```
    Set<Characteristics> characteristics() {
        return Collections.emptySet(); // 지정할 특성이 없는 경우 비어있는 Set을 반환
    }
```

finisher( )를 제외하고 supplier( ), accumulator( ), combiner( )는 모두 앞서 리듀싱에 대해서 배울 때 등장했던 개념들이다. 결국 Collector도 내부적으로 처리하는 과정이 리듀싱과 같다는 것을 의미한다. IntStream의 count( ), sum( ), max( ), min( )등이 reduce( )로 구현되어 있다는 것을 기억할 것이다. 그리고 collect( )로도 count( )등의 메서드와 같은 일을 할 수 있었다.

```
        long count = stuStream.count();
        long count = stuStream.collect(counting());
```

이쯤에서 reduce( )와 collect( )의 차이에 대해서 궁금할 것인데, 이 둘은 근본적으로 하는 일이 같다. collect( )는 앞서 살펴 본 것처럼, 그룹화와 분할, 집계 등에 유용하게 쓰이고, 병렬화에 있어서 reduce( )보다 collect( )가 더 유리하다.

결론적으로 reduce( )에 대해서 잘 이해했으면, Collector를 구현하는 일이 그리 어렵지 않을 것이라는 얘기다.

만일 String배열의 모든 문자열을 하나의 문자열로 합치려면 어떻게 해야 할까? 아마도 다음과 같을 것이다.

```
    String[] strArr = { "aaa", "bbb", "ccc" };
    StringBuffer sb = new StringBuffer();   // supplier(), 저장할 공간을 생성
    for(String tmp : strArr)
        sb.append(tmp);                     // accumulator(), sb에 요소를 저장
    String result = sb.toString(); // finisher(), StringBuffer -> String
```

위의 코드만으로도 컬렉터를 어떻게 구현해야 하는지 감이 올 것이다. 그러면 위의 코드를 바탕으로 Stream<String>의 모든 문자열을 하나로 결합해서 String으로 반환하는 ConcatCollector를 작성해 보자.

▼ 예제 14-17/CollectorEx.java

```java
import java.util.*;
import java.util.function.*;
import java.util.stream.*;

class CollectorEx {
    public static void main(String[] args) {
        String[] strArr = { "aaa","bbb","ccc" };
        Stream<String> strStream = Stream.of(strArr);

        String result = strStream.collect(new ConcatCollector());

        System.out.println(Arrays.toString(strArr));
        System.out.println("result="+result);
    }
}

class ConcatCollector implements Collector<String, StringBuilder, String> {
    @Override
    public Supplier<StringBuilder> supplier() {
        return () -> new StringBuilder();
//      return StringBuilder::new;
    }

    @Override
    public BiConsumer<StringBuilder, String> accumulator() {
        return (sb, s) -> sb.append(s);
//      return StringBuilder::append;
    }

    @Override
    public Function<StringBuilder, String> finisher() {
        return sb -> sb.toString();
//      return StringBuilder::toString;
    }

    @Override
    public BinaryOperator<StringBuilder> combiner() {
        return (sb, sb2)-> sb.append(sb2);
//      return StringBuilder::append;
    }

    @Override
    public Set<Characteristics> characteristics() {
        return Collections.emptySet();
    }
}
```

▼ 실행결과

```
[aaa, bbb, ccc]
result=aaabbbccc
```

2.8 스트림의 변환

저자가 스트림으로 프로그램을 작성하면서 어려움을 겪었던 것 중의 하나가 스트림 간의 변환이었는데, 변환하는 방법이 어려운 것이 아니라 언제 어떤 메서드를 써야하는지 매번 찾아보는 것이 어려웠다. 아마 독자 여러분도 비슷한 어려움을 겪으리라 예상되어 표로 간단히 정리해 보았다. 앞서 배운 스트림의 생성과 함께 잘 정리해 두면 유용할 것이다.

from	to	변환 메서드
1. 스트림 → 기본형 스트림		
Stream\<T>	IntStream LongStream DoubleStream	mapToInt (ToIntFunction\<T> mapper) mapToLong (ToLongFunction\<T> mapper) mapToDouble (ToDoubleFunction\<T> mapper)
2. 기본형 스트림 → 스트림		
IntStream LongStream DoubleStream	Stream\<Integer> Stream\<Long> Stream\<Double>	boxed()
	Stream\<U>	mapToObj (DoubleFunction\<U> mapper)
3. 기본형 스트림 → 기본형 스트림		
IntStream LongStream DoubleStream	LongStream DoubleStream	asLongStream() asDoubleStream()
4. 스트림 → 부분 스트림		
Stream\<T> IntStream	Stream\<T> IntStream	skip (long n) limit (long maxSize)
5. 두 개의 스트림 → 스트림		
Stream\<T>, Stream\<T>	Stream\<T>	concat (Stream\<T> a, Stream\<T> b)
IntStream, IntStream	IntStream	concat (IntStream a, IntStream b)
LongStream, LongStream	LongStream	concat (LongStream a, LongStream b)
DoubleStream, DoubleStream	DoubleStream	concat (DoubleStream a, DoubleStream b)
6. 스트림의 스트림 → 스트림		
Stream\<Stream\<T>>	Stream\<T>	flatMap (Function mapper)
Stream\<IntStream>	IntStream	flatMapToInt (Function mapper)
Stream\<LongStream>	LongStream	flatMapToLong (Function mapper)
Stream\<DoubleStream>	DoubleStream	flatMapToDouble (Function mapper)
7. 스트림 ↔ 병렬 스트림		

Stream\<T>
IntStream
LongStream
DoubleStream
	Stream\<T>
	IntStream
	LongStream
	DoubleStream
		parallel() // 스트림 → 병렬 스트림
		sequential() // 병렬 스트림 → 스트림

8. 스트림 → 컬렉션		
Stream<T> IntStream LongStream DoubleStream	Collection<T>	collect(Collectors.toCollection(Supplier factory))
	List<T>	collect(Collectors.toList()) toList() // Java 16
	Set<T>	collect(Collectors.toSet())
9. 컬렉션 → 스트림		
Collection<T>, List<T>, Set<T>	Stream<T>	stream()
10. 스트림 → Map		

Stream<T>
IntStream
LongStream
DoubleStream
	Map<K,V>	collect(Collectors.toMap(Function key,
		                             Function value))
		collect(Collectors.toMap(Function k, Function v,
		                             BinaryOperator))
		collect(Collectors.toMap(Function k, Function v,
		                     BinaryOperator merge, Supplier mapSupplier))

11. 스트림 → 배열		
Stream<T>	Object[]	toArray()
	T[]	toArray(IntFunction<A[]> generator)
IntStream LongStream DoubleStream	int[] long[] double[]	toArray()
12. 배열 → 스트림		
T[]	Stream<T>	Stream.of(T... values) Stream.of(T[]) Arrays.stream(T[]) Arrays.stream(T[] array, int startInclusive, int endExclusive)
int[]	IntStream	IntStream.of(int... values) IntStream.of(int[]) Arrays.stream(int[]) Arrays.stream(int[] array, int startInclusive, int endExclusive)
long[]	LongStream	LongStream.of(long... values) LongStream.of(long[]) Arrays.stream(long[]) Arrays.stream(long[] array, int startInclusive, int endExclusive)
double[]	DoubleStream	DoubleStream.of(double... values) DoubleStream.of(double[]) Arrays.stream(double[]) Arrays.stream(double[] array, int startInclusive, int endExclusive)

▲ 표 14-8 스트림의 변환에 사용되는 메서드

| 참고 | 연습문제는 깃헙(https://github.com/castello/javajungsuk4)에서 PDF파일로 제공

Memo

Chapter 15

입출력
I/O

1. 자바에서의 입출력

1.1 입출력이란?

I/O란 Input과 Output의 약자로 입력과 출력, 간단히 줄여서 입출력이라고 한다. 입출력은 컴퓨터 내부 또는 외부의 장치와 프로그램간의 데이터를 주고받는 것을 말한다.

예를 들면 키보드로부터 데이터를 입력받는다든가 System.out.println( )을 이용해서 화면에 출력하는 것이 가장 기본적인 입출력의 예이다.

1.2 스트림(stream)

자바에서 입출력을 수행하려면, 즉 어느 한쪽에서 다른 쪽으로 데이터를 전달하려면, 두 대상을 연결하고 데이터를 전송할 수 있는 무언가가 필요한데 이것을 스트림(stream)이라고 정의했다. 스트림은 우리가 입출력을 쉽게 처리할 수 있게 도와준다. 입출력에서의 스트림은 14장의 스트림과 같은 용어를 쓰지만 다른 개념이다.

│참고│ 스트림은 TV와 DVD를 연결하는 입력선과 출력선과 같은 역할을 한다.

> **스트림이란 데이터를 운반하는데 사용되는 연결통로이다.**

스트림은 연속적인 데이터의 흐름을 물에 비유해서 붙여진 이름인데, 여러 가지로 유사한 점이 많다. 물이 한쪽 방향으로만 흐르는 것과 같이 스트림은 단방향 통신만 가능하기 때문에 하나의 스트림으로 입력과 출력을 동시에 처리할 수 없다.

그래서 입력과 출력을 동시에 수행하려면 입력을 위한 입력스트림(input stream)과 출력을 위한 출력스트림(output stream), 모두 2개의 스트림이 필요하다.

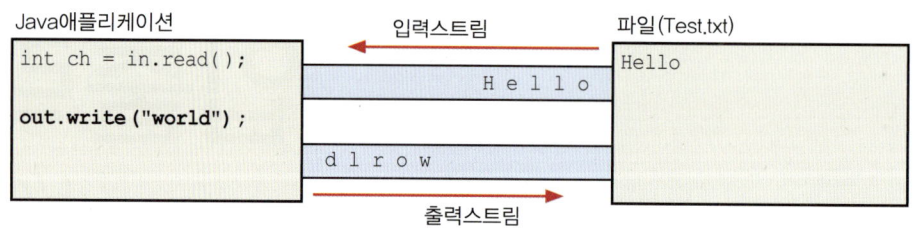

▲ 그림15-1 Java애플리케이션과 파일간의 입출력

스트림은 먼저 보낸 데이터를 먼저 받게 되어 있으며 중간에 건너뜀 없이 연속적으로 데이터를 주고받는다. 큐(queue)와 같은 FIFO(First In First Out)구조로 되어 있다고 생각하면 이해하기 쉬울 것이다.

1.3 바이트 기반 스트림 - InputStream, OutputStream

스트림은 바이트 단위로 데이터를 전송하며 입출력 대상에 따라 다음과 같은 입출력 스트림이 있다.

입력스트림	출력스트림	입출력 대상의 종류
`FileInputStream`	`FileOutputStream`	파일
`ByteArrayInputStream`	`ByteArrayOutputStream`	메모리(byte배열)
`PipedInputStream`	`PipedOutputStream`	프로세스(프로세스간의 통신)
`AudioInputStream`	`AudioOutputStream`	오디오장치

▲ 표15-1 입력스트림과 출력스트림의 종류

표15-1과 같이 여러 종류의 입출력 스트림이 있으며, 어떠한 대상에 대해서 작업을 할 것인지 그리고 입력을 할 것인지 출력을 할 것인지에 따라서 해당 스트림을 선택해서 사용하면 된다. 예를 들어 어떤 파일의 내용을 읽고자 하는 경우 FileInputStream을 사용하면 될 것이다.

이들은 모두 InputStream 또는 OutputStream의 자손들이며, 각각 읽고 쓰는데 필요한 추상 메서드를 자신에 맞게 구현해 놓았다.

자바에서는 java.io패키지를 통해서 많은 종류의 입출력 관련 클래스를 제공하고 있으며, 입출력을 처리할 수 있는 표준화된 방법을 제공함으로써 입출력의 대상이 달라져도 동일한 방법으로 입출력이 가능하기 때문에 프로그래밍을 하기에 편리하다.

InputStream	OutputStream
`abstract int read()`	`abstract void write(int b)`
`int read(byte[] b)`	`void write(byte[] b)`
`int read(byte[] b, int off, int len)`	`void write(byte[] b, int off, int len)`

▲ 표15-2 InputStream과 OutputStream에 정의된 읽기와 쓰기를 수행하는 메서드

| 참고 | read()의 반환타입이 byte가 아니라 int인 이유는 read()의 반환값의 범위가 0~255와 -1이기 때문이다.

표15-2에 나온 메서드의 사용법만 잘 알고 있어도 데이터를 읽고 쓰는 것은 입출력 대상의 종류에 관계없이 아주 간단한 일이 될 것이다.

InputStream의 read()와 OutputStream의 write(int b)는 입출력의 대상에 따라 읽고 쓰는 방법이 다를 것이기 때문에 각 상황에 알맞게 구현하라는 의미에서 추상 메서드로 정의되어 있다.

read()와 write(int b)를 제외한 나머지 메서드들은 추상 메서드가 아니니까 굳이 추상 메서드인 read()와 write(int b)를 구현하지 않아도 이들을 사용하면 될 것이라고 생각할 수도 있겠지만 사실 추상 메서드인 read()와 write(int b)를 이용해서 구현한 것들이기 때문에 read()와 write(int b)가 구현되어 있지 않으면 이들은 아무런 의미가 없다.

```java
public abstract class InputStream implements Closeable {
    ...
    // 입력스트림으로 부터 1 byte를 읽어서 반환한다. 읽을 수 없으면 -1을 반환
    abstract int read();

    // 입력스트림으로부터 len개의 byte를 읽어서 byte배열 b의 off위치부터 저장
    int read(byte[] b, int off, int len) {
        ...
        for(int i = off; i < off + len; i++) {
            // 추상 메서드 read()를 호출해서 데이터를 읽어서 배열을 채운다.
            b[i] = (byte)read();
        }
        ...
    // 입력 스트림으로부터 byte배열 b의 크기만큼 데이터를 읽어서 배열 b에 저장
    int read(byte[] b) {
        return read(b, 0, b.length);
    }
    ...
}
```

이 코드는 InputStream의 실제 소스코드의 일부를 이해하기 쉽게 약간 변경한 것인데, 여기서 read(byte[] b, int off, int len)의 코드를 보면 read()를 호출하는 것을 알 수 있다. read()가 추상 메서드이지만 이처럼 read(byte[] b, int off, int len)의 내에서 read()를 호출할 수 있다는 것은 이미 배운 바 있다.

read(byte[] b)도 read(byte[] b, int off, int len)를 호출하지만 read(byte[] b, int off, int len)가 다시 추상 메서드 read()를 호출하기 때문에 read(byte[] b)도 추상 메서드 read()를 호출한다고 할 수 있다.

메서드는 선언부만 알고 있어도 호출이 가능하기 때문에, 추상 메서드를 호출하는 코드를 작성할 수 있다. 실제로는 추상 클래스를 상속받아서 추상 메서드를 구현한 클래스의 인스턴스에 대해서 추상 메서드가 호출될 것이기 때문에 추상 메서드를 호출하는 코드를 작성해도 아무런 문제가 되지 않는다.

결론적으로 read()는 반드시 구현되어야하는 핵심적인 메서드이고, read()없이는 read(byte[] b, int off, int len)와 read(byte[] b)는 의미가 없다는 것을 확인할 수 있다.

1.4 보조 스트림

표15-1에서 언급한 스트림 외에도 스트림의 기능을 보완하기 위한 보조 스트림이 제공된다. 보조 스트림은 실제 데이터를 주고받는 스트림이 아니기 때문에 데이터를 입출력할 수 있는 기능은 없지만, 스트림의 기능을 향상시키거나 새로운 기능을 추가할 수 있다. 그래서 보조 스트림만으로는 입출력을 처리할 수 없고, 스트림을 먼저 생성한 다음에 이를 이용해서 보조 스트림을 생성해야한다.

예를 들어 test.txt라는 파일을 읽기위해 FileInputStream을 사용할 때, 입력 성능을 향상시키기 위해 버퍼를 사용하는 보조 스트림인 BufferedInputStream을 사용하는 코드는 다음과 같다.

```
// 먼저 기반 스트림을 생성한다.
FileInputStream fis = new FileInputStream("test.txt");

// 기반 스트림을 이용해서 보조 스트림을 생성한다.
BufferedInputStream bis = new BufferedInputStream(fis);

bis.read();    // 보조 스트림인 BufferedInputStream으로부터 데이터를 읽는다.
```

코드 상으로는 보조 스트림인 BufferedInputStream이 입력기능을 수행하는 것처럼 보이지만, 실제 입력기능은 BufferedInputStream과 연결된 FileInputStream이 수행하고, 보조 스트림인 BufferedInputStream은 버퍼만을 제공한다. 버퍼를 사용한 입출력과 사용하지 않은 입출력의 성능 차이는 상당하기 때문에 대부분의 경우에 버퍼를 이용한 보조 스트림을 사용한다.

BufferedInputStream, DataInputStream, DigestInputStream, LineNumberInputStream, PushbackInputStream은 모두 FilterInputStream의 자손들이고, FilterInputStream은 InputStream의 자손이라서 결국 모든 보조스트림 역시 InputStream과 OutputStream의 자손들이므로 입출력방법이 같다.

입력	출력	설명
FilterInputStream	FilterOutputStream	필터를 이용한 입출력 처리
BufferedInputStream	**Buffered**OutputStream	버퍼를 이용한 입출력 성능향상
DataInputStream	**Data**OutputStream	int, float와 같은 기본형 단위(primitive type)로 데이터를 처리하는 기능
SequenceInputStream	없음	두 개의 스트림을 하나로 연결
LineNumberInputStream	없음	읽어 온 데이터의 라인 번호를 카운트 (JDK1.1부터 LineNumberReader로 대체)
ObjectInputStream	**Object**OutputStream	데이터를 객체단위로 읽고 쓰는데 사용. 주로 파일을 이용하며 객체 직렬화와 관련있음
없음	PrintStream	버퍼를 이용하며, 추가적인 print관련 기능 (print, printf, println메서드)
PushbackInputStream	없음	버퍼를 이용해서 읽어 온 데이터를 다시 되돌리는 기능(unread, push back to buffer)

▲ 표15-3 보조스트림의 종류

1.5 문자 기반 스트림 – Reader, Writer

지금까지 알아본 스트림은 모두 바이트 기반의 스트림이었다. 바이트 기반이라 함은 입출력의 단위가 1 byte라는 뜻이다. 이미 알고 있는 것과 같이 C언어와 달리 Java에서는 한 문자를 의미하는 char형이 1 byte가 아니라 2 byte이기 때문에 바이트 기반의 스트림으로 2 byte인 문자를 처리하는 데는 어려움이 있다.

이 점을 보완하기 위해서 문자기반의 스트림이 제공된다. 문자데이터를 입출력할 때는 바이트기반 스트림 대신 문자기반 스트림을 사용하자.

```
InputStream  ──▶ Reader
OutputStream ──▶ Writer
```

바이트기반 스트림	문자기반 스트림
FileInputStream **File**OutputStream	**File**Reader **File**Writer
ByteArrayInputStream **ByteArray**OutputStream	**CharArray**Reader **CharArray**Writer
PipedInputStream **Piped**OutputStream	**Piped**Reader **Piped**Writer
StringBufferInputStream *(deprecated)* **StringBuffer**OutputStream *(deprecated)*	**String**Reader **String**Writer

▲ 표15-4 바이트기반 스트림과 문자기반 스트림의 비교

| 참고 | StringBufferInputStream, StringBufferOutputStream은 StringReader와 StringWriter로 대체되어 더 이상 사용되지 않는다.

문자 기반 스트림의 이름은 바이트 기반 스트림의 이름에서 InputStream은 Reader로 OutputStream은 Writer로만 바꾸면 된다. 단, ByteArrayInputStream에 대응하는 문자 기반 스트림은 char배열을 사용하는 CharArrayReader이다.

표15-5는 바이트기반 스트림과 문자 기반 스트림의 읽기와 쓰기에 사용되는 메서드를 비교한 것인데 byte배열 대신 char배열을 사용한다는 것과 추상 메서드가 달라졌다. Reader와 Writer에서도 역시 추상 메서드가 아닌 메서드들은 추상 메서드를 이용해서 작성되었으며, 프로그래밍적인 관점에서 볼 때 read()를 추상 메서드로 하는 것보다 int read(char[] cbuf, int off, int len)를 추상메서드로 하는 것이 더 바람직하다.

바이트 기반 스트림과 문자 기반 스트림은 이름만 조금 다를 뿐 활용 방법은 거의 같다.

InputStream	Reader

`abstract int read()`
`int read(byte[] b)`
`int read(byte[] b, int off, int len)`
	`int read()`
	`int read(char[] cbuf)`
	`abstract int read(char[] cbuf, int off, int len)`

OutputStream	Writer
abstract void write(int b) void write(**byte[]** b) void write(**byte[]** b, int off, int len)	void write(int c) void write(**char[]** cbuf) **abstract** void write(**char[]** cbuf, int off, int len) void write(String str) void write(String str, int off, int len)

▲ 표 15-5 바이트기반 스트림과 문자기반 스트림의 읽고 쓰는 메서드 비교

보조 스트림 역시 다음과 같은 문자기반 보조 스트림이 존재하며 사용 목적과 방식은 바이트 기반 보조 스트림과 다르지 않다.

바이트 기반 보조 스트림	문자 기반 보조 스트림
BufferedInputStream **Buffered**OutputStream	**Buffered**Reader **Buffered**Writer
FilterInputStream **Filter**OutputStream	**Filter**Reader **Filter**Writer
LineNumberInputStream (deprecated)	**LineNumber**Reader
PrintStream	**Print**Writer
PushbackInputStream	**Pushback**Reader

▲ 표 15-6 바이트 기반 보조 스트림과 문자 기반 보조 스트림

2. 바이트 기반 스트림

2.1 InputStream과 OutputStream

앞서 얘기한 바와 같이 InputStream과 OutputStream은 모든 바이트 기반의 스트림의 조상이며 다음과 같은 메서드가 선언되어 있다.

메서드명	설 명
int available( )	스트림으로부터 읽어 올 수 있는 데이터의 크기를 반환한다.
void close( )	스트림을 닫음으로써 사용하고 있던 자원을 반환한다.
void mark(int readlimit)	현재위치를 표시해 놓는다. 후에 reset( )에 의해서 표시해 놓은 위치로 다시 돌아갈 수 있다. readlimit은 되돌아갈 수 있는 byte의 수이다.
boolean markSupported( )	mark( )와 reset( )을 지원하는지를 알려 준다. mark( )와 reset( )기능을 지원하는 것은 선택적이므로, mark( )와 reset( )을 사용하기 전에 markSupported( )를 호출해서 지원여부를 확인해야한다.
abstract int read( )	1 byte를 읽어 온다(0~255사이의 값). 더 이상 읽어 올 데이터가 없으면 -1을 반환한다. abstract메서드라서 InputStream의 자손들은 자신의 상황에 알맞게 구현해야한다.
int read(byte[ ] b)	배열 b의 크기만큼 읽어서 배열을 채우고 읽어 온 데이터의 수를 반환한다. 반환하는 값은 항상 배열의 크기보다 작거나 같다.
int read(byte[ ] b, int off, int len)	최대 len개의 byte를 읽어서, 배열 b의 지정된 위치(off)부터 저장한다. 실제로 읽어 올 수 있는 데이터가 len개보다 적을 수 있다.
void reset( )	스트림에서의 위치를 마지막으로 mark( )이 호출되었던 위치로 되돌린다.
long skip(long n)	스트림에서 주어진 길이(n)만큼을 건너뛴다. 실제 건너뛴 길이를 반환.
void skipNBytes(long n)	스트림에서 정확히 주어진 길이(n)를 건너뛴다. JDK 12
static InputStream nullInputStream( )	널 입력 스트림을 반환한다. 널 입력 스트림은 아무 것도 읽을 것이 없는 빈 스트림이다. 읽으면 스트림의 끝에 도달한 것처럼 동작한다. JDK 11
byte[ ] readAllBytes( )	입력 스트림에 남아있는 모든 데이터를 읽어서 반환. JDK 9
byte[ ] readNBytes(byte[ ] b, int off, int len)	정확히 len개의 byte를 읽어서, 배열 b의 지정된 위치(off)부터 저장한다. 읽을 수 있는 데이터가 len보다 적으면 기다린다. JDK 9
byte[ ] readNBytes(int len)	지정된 길이(len)만큼 읽어서 반환. JDK 11
long transferTo(OutputStream out)	입력 스트림의 모든 데이터를 출력 스트림(out)으로 전송하고 전송한 데이터의 길이를 반환. JDK 9

▲ 표15-7 InputStream의 메서드

메서드명	설 명
void close( )	입력소스를 닫음으로써 사용하고 있던 자원을 반환한다.
void flush( )	스트림의 버퍼에 있는 모든 내용을 출력소스에 쓴다.
abstract void write(int b)	주어진 값을 출력소스에 쓴다.
void write(byte[ ] b)	주어진 배열 b에 저장된 모든 내용을 출력소스에 쓴다.

void write(byte[ ] b, int off, int len)	주어진 배열 b에 저장된 내용 중에서 off번째부터 len개 만큼만을 읽어서 출력소스에 쓴다.
static OutputStream nullOutputStream( )	널 출력 스트림을 반환한다. 널 출력 스트림에 쓰기를 하면, 일반 출력 스트림과 똑같이 동작하지만 실제로 출력되는 것은 없다. JDK 9

▲ 표15-8 OutputStream의 메서드

스트림의 종류에 따라서 mark( )와 reset( )을 사용하여 이미 읽은 데이터를 되돌려서 다시 읽을 수 있다. 이 기능을 지원하는 스트림인지 확인하는 markSuppoprted( )를 통해서 알 수 있다. JDK 9 이후로 skipNBytes(long n), readNBytes(int len) 등의 메서드가 추가되었는데, 기존의 메서드와 달리 지정된 만큼의 byte을 정확히 건너뛰거나 읽는다.

기존의 skip(long n)이나 read(byte[ ] bArr, int off, int len)이 호출 당시 상황에 따라 지정한 것보다 적은 수를 건너뛰거나 읽어온다. 예를 들어 read(bArr, 0, 5)를 호출했는데 읽을 수 있는 데이터가 3 byte뿐이면 3 byte만 읽어서 반환한다. 반면에 readNBytes(5)는 5 byte를 모두 읽을 때까지 기다린다.

JDK 11부터 추가된 nullInputStream( )은 빈 입력 스트림을 반환하는데, 빈 입력 스트림은 입력 스트림이 필요하다 적당한게 없을 때 사용한다. null보다 빈 문자열을 사용하는 것과 같은 개념이다.

마찬가지로 nullOutputStream( )은 널 출력 스트림을 반환하는데, 이 스트림은 일반 스트림과 똑같이 동작한다. 다만 출력한 내용이 출력되지 않을 뿐이다. 예를 들어 파일에 로그를 출력하는 프로그램에 널 출력 스트림을 지정하면 일시적으로 로그가 출력되지 않게 할 수 있다.

flush( )는 버퍼가 있는 출력스트림의 경우에만 의미가 있으며, OutputStream에 정의된 flush( )는 아무런 일도 하지 않는다.

프로그램이 종료될 때, JVM이 사용하던 모든 자원을 반환하므로 사용하고 닫지 않은 스트림도 반환되지만, 가능하면 스트림을 사용해서 모든 작업을 마치고 난 후에는 close( )를 호출해서 반드시 닫아 주는 습관을 들이는 것이 좋다.

| 참고 | ByteArrayInputStream과 같이 메모리를 사용하는 스트림과 System.in, System.out과 같은 표준 입출력 스트림은 닫지 않아도 된다.

2.2 ByteArrayInputStream과 ByteArrayOutputStream

ByteArrayInputStream과 ByteArrayOutputStream은 메모리, 즉 바이트배열에 데이터를 입출력 하는데 사용되는 스트림이다. 주로 다른 곳에 입출력하기 전에 데이터를 임시로 바이트배열에 담아서 변환 등의 작업을 하는데 사용된다.

자주 사용되지 않지만 스트림을 이용한 입출력 방법을 보여 주는 예제를 작성하기에 적합해서, 이 스트림을 이용해서 읽고 쓰는 여러 방법을 보여 주는 예제들을 작성해 보았다. **스트림의 종류가 달라도 읽고 쓰는 방법은 동일하므로 이 예제들을 통해서 스트림에 읽고 쓰는 방법을 잘 익혀두기 바란다.**

▼ 예제 15-1/`IOEx.java`

```java
import java.io.*;
import java.util.Arrays;

class IOEx {
    public static void main(String[] args) {
        byte[] inSrc = {0,1,2,3,4,5,6,7,8,9};
        byte[] outSrc = null;

        ByteArrayInputStream  input  = null;
        ByteArrayOutputStream output = null;

        input  = new ByteArrayInputStream(inSrc);
        output = new ByteArrayOutputStream();

        int data = 0;

        while((data = input.read())!=-1) {
            output.write(data);        // void write(int b)
        }

        outSrc = output.toByteArray(); // 스트림의 내용을 byte배열로 반환한다.

        System.out.println("Input Source  :" + Arrays.toString(inSrc));
        System.out.println("Output Source :" + Arrays.toString(outSrc));
    }
}
```

▼ 실행결과
```
Input Source  :[0, 1, 2, 3, 4, 5, 6, 7, 8, 9]
Output Source :[0, 1, 2, 3, 4, 5, 6, 7, 8, 9]
```

ByteArrayInputStream/ByteArrayOutputStream을 이용해서 바이트 배열 inSrc의 데이터를 outSrc로 복사하는 예제인데, read( )와 write( )를 사용하는 가장 기본적인 방법을 보여준다. while문의 조건식이 조금 복잡한데, 이 조건식은 아래와 같은 순서로 처리된다.

```
(data = input.read())!=-1
① data = input.read()    // read()를 호출한 반환값을 변수 data에 저장 (괄호 먼저)
② data != -1             // data에 저장된 값이 -1이 아닌지 비교
```

바이트 배열은 사용하는 자원이 메모리 밖에 없으므로 가비지 컬렉터에 의해 자동적으로 자원을 반환하므로 close( )를 이용해서 스트림을 닫지 않아도 된다. read( )와 write(int b)를 사용하기 때문에 한 번에 1 byte만 읽고 쓰므로 작업 효율이 떨어진다.

다음 예제는 배열을 사용해서 입출력 작업이 보다 효율적으로 이루어지도록 했다.

▼ 예제 15-2/**IOEx2.java**

```java
import java.io.*;
import java.util.Arrays;

class IOEx2 {
    public static void main(String[] args) {
        byte[] inSrc = {0,1,2,3,4,5,6,7,8,9};
        byte[] outSrc = null;
        byte[] temp = new byte[10];

        ByteArrayInputStream  input  = null;
        ByteArrayOutputStream output = null;

        input  = new ByteArrayInputStream(inSrc);
        output = new ByteArrayOutputStream();

        input.read(temp,0,temp.length); // 읽어 온 데이터를 배열 temp에 담는다.
        output.write(temp,5, 5);        // temp[5]부터 5개의 데이터를 write한다.

        outSrc = output.toByteArray();

        System.out.println("Input Source  :" + Arrays.toString(inSrc));
        System.out.println("temp          :" + Arrays.toString(temp));
        System.out.println("Output Source :" + Arrays.toString(outSrc));
    }
}
```

▼ 실행결과
```
Input Source  :[0, 1, 2, 3, 4, 5, 6, 7, 8, 9]
temp          :[0, 1, 2, 3, 4, 5, 6, 7, 8, 9]
Output Source :[5, 6, 7, 8, 9]
```

int read(byte[ ] b, int off, int len)와 void write(byte[ ] b, int off, int len)를 사용해서 입출력하는 방법을 보여주는 예제이다. 이전 예제와는 달리 byte배열을 사용해서 한 번에 배열의 크기만큼 읽고 쓸 수 있다. 바구니(배열 temp)를 이용하면 한 번에 더 많은 물건을 옮길 수 있는 것과 같다고 이해하면 좋을 것이다.

byte배열 temp의 크기(temp.length)가 10이라서 10 byte를 읽어왔지만 output에 출력할 때는 temp[5]부터 5 byte만 출력하였다.

```
input.read(temp, 0, temp.length); // 읽어 온 데이터를 배열 temp에 담는다.
output.write(temp, 5, 5);         // temp[5]부터 5개의 데이터를 write한다.
```

배열을 이용하면 입출력의 효율이 증가하므로 가능하면 입출력 대상에 따라 적절한 크기의 배열을 사용하는 것이 좋다.

▼ 예제 15-3/IOEx3.java

```java
import java.io.*;
import java.util.Arrays;
class IOEx3 {
    public static void main(String[] args) {
        byte[] inSrc = {0,1,2,3,4,5,6,7,8,9};
        byte[] outSrc = null;
        byte[] temp = new byte[4];    // 이전 예제와 배열의 크기가 다르다.

        ByteArrayInputStream  input  = null;
        ByteArrayOutputStream output = null;

        input  = new ByteArrayInputStream(inSrc);
        output = new ByteArrayOutputStream();

        System.out.println("Input Source  :" + Arrays.toString(inSrc));

        try {
            while(input.available() > 0) {
                input.read(temp);
                output.write(temp);
//              System.out.println("temp :" + Arrays.toString(temp));

                outSrc = output.toByteArray();
                printArrays(temp, outSrc);
            }
        } catch(IOException e) {}
    } // main의 끝

    static void printArrays(byte[] temp, byte[] outSrc) {
        System.out.println("temp          :" +Arrays.toString(temp));
        System.out.println("Output Source :" +Arrays.toString(outSrc));
    }
}
```

▼ 실행결과

```
Input Source  :[0, 1, 2, 3, 4, 5, 6, 7, 8, 9]
temp          :[0, 1, 2, 3]
Output Source :[0, 1, 2, 3]
temp          :[4, 5, 6, 7]
Output Source :[0, 1, 2, 3, 4, 5, 6, 7]
temp          :[8, 9, 6, 7]
Output Source :[0, 1, 2, 3, 4, 5, 6, 7, 8, 9, 6, 7]
```

read()나 write()이 IOException을 발생시킬 수 있기 때문에 try-catch문으로 감싸주었다. available()은 블락킹(blocking)없이 읽어 올 수 있는 바이트의 수를 반환한다.

아마도 예상과 다른 결과가 나왔을 텐데 그 이유는 마지막에 읽은 배열의 9번째와 10번째 요소값인 8과 9만을 출력해야하는데 temp에 남아 있던 6, 7까지 출력했기 때문이다.

보다 나은 성능을 위해서 temp에 담긴 내용을 지우고 쓰는 것이 아니라 그냥 기존의 내용 위에 덮어 쓴다. 그래서 temp의 내용은 '[4, 5, 6, 7]'이었는데, 8과 9를 읽고 난 후에는 '[8, 9, 6, 7]'이 된다.

원하는 결과를 얻기 위해서는 아래 왼쪽의 코드를 오른쪽과 같이 수정해야 한다. 왼쪽의 코드는 배열의 내용전체를 출력하지만, 오른쪽의 코드는 읽어온 만큼(len)만 출력한다.

```
while(input.available()>0) {
    input.read(temp);
    output.write(temp);
}
```
→
```
while(input.available() > 0) {
    int len = input.read(temp);
    output.write(temp, 0, len);
}
```

블락킹이란 데이터를 읽을 때, 데이터가 아직 없어서 멈춰있는 것을 뜻한다. 예를 들어 사용자가 데이터를 입력하기 전까지 기다리고 있을 때 블락킹 상태에 있다고 한다.
 앞서 설명한 것과 같이 JDK 9 이후로 새로 추가된 skipNbytes(long n)나 readNBytes(int len)과 같은 메서드는 지정된 수의 데이터를 다 읽을 때까지 블락킹 상태가 된다.

▼ 예제 15-4/IOEx4.java

```java
import java.io.*;
import java.util.Arrays;

class IOEx4 {
    public static void main(String[] args) {
        byte[] inSrc = {0,1,2,3,4,5,6,7,8,9};
        byte[] outSrc = null;
        byte[] temp = new byte[4];

        ByteArrayInputStream  input  = null;
        ByteArrayOutputStream output = null;

        input  = new ByteArrayInputStream(inSrc);
        output = new ByteArrayOutputStream();

        try {
            while(input.available() > 0) {
                int len = input.read(temp);    // 읽어 온 데이터의 개수를 반환한다.
                output.write(temp, 0, len);    // 읽어 온 만큼만 write한다.
            }
        } catch(IOException e) {}

        outSrc = output.toByteArray();

        System.out.println("Input Source  :" + Arrays.toString(inSrc));
        System.out.println("temp          :" + Arrays.toString(temp));
        System.out.println("Output Source :" + Arrays.toString(outSrc));
    }
}
```

▼ 실행결과
```
Input Source  :[0, 1, 2, 3, 4, 5, 6, 7, 8, 9]
temp          :[8, 9, 6, 7]
Output Source :[0, 1, 2, 3, 4, 5, 6, 7, 8, 9]
```

이전 예제의 문제점을 수정한 예제이다. 출력할 때, temp에 저장된 모든 내용을 출력하는 대신 값을 읽어온 만큼만 출력하도록 변경하였다. 그래서 이전 예제와 달리 올바른 결과를 얻은 것을 확인할 수 있다.

2.3 FileInputStream과 FileOutputStream

FileInputStream/FileOutputStream은 파일에 입출력을 하기 위한 스트림이다. 실제 프로그래밍에서 많이 사용되는 스트림 중의 하나이다.

| 참고 | FileDescriptor는 OS가 관리하는 열린 파일의 정보가 담긴 행의 번호를 저장한다.

생성자	설명
FileInputStream(String name)	지정된 파일이름(name)을 가진 실제 파일과 연결된 FileInputStream을 생성한다.
FileInputStream(File file)	파일의 이름이 String이 아닌 File인스턴스로 지정해주어야 하는 점을 제외하고 FileInputStream(String name)와 같다.
FileInputStream(FileDescriptor fdObj)	파일 디스크립터(fdObj)로 FileInputStream을 생성한다.
FileOutputStream(String name)	지정된 파일이름(name)을 가진 실제 파일과의 연결된 FileOutputStream을 생성한다.
FileOutputStream(String name, boolean append)	지정된 파일이름(name)을 가진 실제 파일과 연결된 FileOutputStream을 생성한다. 두번째 인자인 append를 true로 하면, 출력 시 기존의 파일 내용의 마지막에 덧붙인다. false면, 기존의 파일 내용을 덮어쓰게 된다.
FileOutputStream(File file)	파일의 이름을 String이 아닌 File인스턴스로 지정해주어야 하는 점을 제외하고 FileOutputStream(String name)과 같다.
FileOutputStream(File file, boolean append)	파일의 이름을 String이 아닌 File인스턴스로 지정해주어야 하는 점을 제외하고 FileOutputStream(String name, boolean append)과 같다.
FileOutputStream(FileDescriptor fdObj)	파일 디스크립터(fdObj)로 FileOutputStream을 생성한다.

▲ 표 15-9 FileInputStream과 FileOutputStream의 생성자

▼ 예제 15-5/`FileViewer.java`

```java
import java.io.*;

class FileViewer {
    public static void main(String args[]) throws IOException{
        FileInputStream fis = new FileInputStream(args[0]);
        int data = 0;

        while((data=fis.read())!=-1) {
            char c = (char)data;
            System.out.print(c);
        }
    }
}
```

▼ 실행결과 - C:\Users\userid\jdk21\ch15\out\production\ch15>

```
C:\...\ch15>java FileViewer ../../../src/FileViewer.java
import java.io.*;

class FileViewer {
        public static void main(String args[]) throws IOException{
                FileInputStream fis = new FileInputStream(args[0]);
```

```
            int data = 0;

            while((data=fis.read())!=-1) {
                    char c = (char)data;  // read()의 반환값이 int이므로 형변환 필요
                    System.out.print(c);
            }
        }
}
```

커맨드라인으로부터 입력받은 파일의 내용을 읽어서 그대로 화면에 출력하는 간단한 예제이다. read()의 반환값이 int형(4 byte)이긴 하지만, 더 이상 입력값이 없음을 알리는 -1을 제외하고는 0~255(1 byte)범위의 정수값이기 때문에, char형(2 byte)으로 변환한다 해도 손실되는 값은 없다.

  read()가 한 번에 1 byte씩 파일로부터 데이터를 읽어 들이긴 하지만, 데이터의 범위가 십진수로 0~255(16진수로는 0x00~0xff)범위의 정수값이고, 또 읽을 수 있는 입력값이 더 이상 없음을 알릴 수 있는 값(-1)도 필요하다. 그래서 다소 크긴 하지만 정수형 중에서는 연산이 가장 효율적이고 빠른 int형 값을 반환하도록 설계한 것이다.

```
        fis.transferTo(System.out);  // fis에서 모든 데이터를 읽어서 콘솔(System.out)로 출력
```

JDK 9부터 InputStream에 추가된 transferTo( )를 이용하면 위 예제의 while문을 위의 한 줄로 대체할 수 있다. 직접 바꿔보고 실행해서 같은 결과가 나오는지 확인해 보자.

▼ 예제 15-6/**FileCopy.java**

```
import java.io.*;

class FileCopy {
    public static void main(String args[]) {
        try {
            FileInputStream  fis  = new FileInputStream(args[0]);
            FileOutputStream fos  = new FileOutputStream(args[1]);
//          int data =0;
//          while((data=fis.read())!=-1) {
//              fos.write(data);       // void write(int b)
//          }
            fis.transferTo(fos);

            fis.close();
            fos.close();
        } catch (IOException e) {
            e.printStackTrace();
        }
    }
}
```

▼ 실행결과 - C:\Users\userid\jdk21\ch15\out\production\ch15>

```
C:\...\ch15>java FileCopy  ..\..\..\src\FileCopy.java  FileCopy.bak
```

```
C:\...\ch15>type FileCopy.bak
import java.io.*;

class FileCopy {
    public static void main(String args[]) {
        try {
            FileInputStream  fis = new FileInputStream(args[0]);
            FileOutputStream fos = new FileOutputStream(args[1]);
//          int data =0;
//          while((data=fis.read())!=-1) {
//              fos.write(data);            // void write(int b)
//          }
            fis.transferTo(fos);

            fis.close();
            fos.close();
        } catch (IOException e) {
            e.printStackTrace();
        }
    }
}

C:\...\ch15>
```

FileInputStream과 FileOutputStream을 사용해서 FileCopy.java파일의 내용을 그대로 FileCopy.bak로 복사하는 일을 한다.

단순히 FileCopy.java의 내용을 read( )로 읽어서, write(int b)로 FileCopy.bak에 출력한다. 이처럼 바이너리 파일이 아닌 텍스트 파일을 다루는 경우에는 FileInputStream/FileOutputStream보다 문자 기반의 스트림인 FileReader/FileWriter를 사용하는 것이 더 좋다.

| 참고 | 기존의 파일의 끝에 새로운 내용을 추가하려면, FileOutputStream fos = new FileOutputStream(args[1], true); 와 같이 생성자의 두 번째 매개변수의 값을 true로 해야한다.

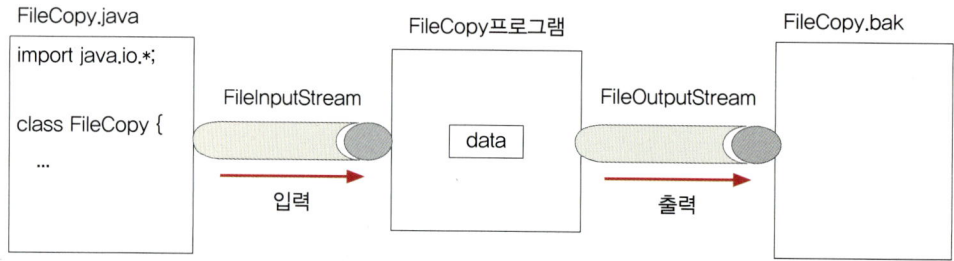

▲ 그림 15-2 FileInputStream과 FileOutputStream을 이용한 파일 복사

3. 바이트 기반의 보조 스트림

3.1 FilterInputStream과 FilterOutputStream

FilterInputStream/FilterOutputStream은 InputStream/OutputStream의 자손이면서 모든 보조 스트림의 조상이다. 보조 스트림은 자체적으로 입출력을 할 수 없기 때문에 기반 스트림을 필요로 한다. 다음은 FilterInputStream/FilterOutputStream의 생성자다.

```
protected   FilterInputStream(InputStream in)
public      FilterOutputStream(OutputStream out)
```

FilterInputStream/FilterOutputStream의 모든 메서드는 단순히 기반스트림의 메서드를 그대로 호출할 뿐이다. FilterInputStream/FilterOutputStream자체로는 아무런 일도 하지 않음을 의미한다. FilterInputStream/FilterOutputStream은 상속을 통해 원하는 작업을 수행하도록 읽고 쓰는 메서드를 오버라이딩해야 한다.

```java
public class FilterInputStream extends InputStream {
    protected volatile InputStream in;
    protected FilterInputStream(InputStream in) {
        this.in = in;
    }
    public int read() throws IOException {
        return in.read();
    }
    ...
}
```

생성자 FilterInputStream(InputStream in)는 접근 제어자가 protected이기 때문에 FilterInputStream의 인스턴스를 생성해서 사용할 수 없고 상속을 통해서 오버라이딩되어야 한다. FilterInputStream/FilterOutputStream을 상속받아서 기반 스트림에 보조 기능을 추가한 보조 스트림 클래스는 다음과 같다.

FilterInputStream의 자손 BufferedInputStream, DataInputStream, PushbackInputStream 등
FilterOutputStream의 자손 BufferedOutputStream, DataOutputStream, PrintStream 등

3.2 BufferedInputStream과 BufferedOutputStream

BufferedInputStream과 BufferedOutputStream은 스트림의 입출력 효율을 높이기 위해 버퍼를 사용하는 보조 스트림이다. 한 바이트씩 입출력하는 것 보다는 버퍼(바이트 배열)를 이용해서 한 번에 여러 바이트를 입출력하는 것이 빠르기 때문에 자주 사용된다.

생성자	설 명
BufferedInputStream(InputStream in, int size)	주어진 InputStream인스턴스를 입력소스(input source)로 하며 지정된 크기(byte단위)의 버퍼를 갖는 BufferedInputStream인스턴스를 생성한다.
BufferedInputStream(InputStream in)	주어진 InputStream인스턴스를 입력소스(input source)로 하며 버퍼의 크기를 지정해주지 않으므로 기본적으로 8192 byte 크기의 버퍼를 갖게 된다.

▲ 표15-10 BufferedInputStream의 생성자

BufferedInputStream의 버퍼크기는 입력소스로부터 한 번에 가져올 수 있는 데이터의 크기로 지정하면 좋다. 보통 입력 소스가 파일인 경우 8192(8K) 정도의 크기로 하는 것이 보통이며, 버퍼의 크기를 변경해가면서 테스트하면 최적의 버퍼 크기를 알아낼 수 있다.

  프로그램에서 입력 소스로부터 데이터를 읽기 위해 처음으로 read메서드를 호출하면, BufferedInputStream은 입력 소스로 부터 버퍼 크기만큼의 데이터를 읽어다 자신의 내부 버퍼에 저장한다. 이제 프로그램에서는 BufferedInputStream의 버퍼에 저장된 데이터를 읽으면 되는 것이다. 외부의 입력 소스로 부터 읽는 것보다 내부의 버퍼로부터 읽는 것이 훨씬 빠르기 때문에 그만큼 작업 효율이 높아진다.

  프로그램에서 버퍼에 저장된 모든 데이터를 다 읽고 그 다음 데이터를 읽기위해 read메서드가 호출되면, BufferedInputStream은 입력소스로부터 다시 버퍼 크기 만큼의 데이터를 읽어다 버퍼에 저장해 놓는다. 이와 같은 작업이 계속해서 반복된다.

메서드 / 생성자	설 명
BufferedOutputStream(OutputStream out, int size)	주어진 OutputStream인스턴스를 출력소스(output source)로하며 지정된 크기(단위byte)의 버퍼를 갖는 BufferedOutputStream인스턴스를 생성한다.
BufferedOutputStream(OutputStream out)	주어진 OutputStream인스턴스를 출력소스(output source)로하며 버퍼의 크기를 지정해주지 않으므로 기본적으로 8192 byte 크기의 버퍼를 갖게 된다.
flush( )	버퍼의 모든 내용을 출력소스에 출력한 다음, 버퍼를 비운다.
close( )	flush( )를 호출해서 버퍼의 모든 내용을 출력소스에 출력하고, BufferedOutputStream인스턴스가 사용하던 모든 자원을 반환한다.

▲ 표15-11 BufferedOutputStream의 생성자와 메서드

BufferedOutputStream 역시 버퍼를 이용해서 출력 소스와 작업한다. 입력 소스에서 데이터를 읽을 때와 반대로, 프로그램에서 write메서드를 이용한 출력이 BufferedOutputStream의 버퍼에 저장된다.

버퍼가 가득 차면, 그 때 버퍼의 모든 내용을 출력 소스에 출력한다. 그리고는 버퍼를 비우고 다시 프로그램으로부터의 출력을 저장할 준비를 한다.

버퍼가 가득 찼을 때만 출력 소스에 출력을 하기 때문에, 마지막 출력 부분이 출력 소스에 쓰이지 못하고 BufferedOutputStream의 버퍼에 남아있는 채로 프로그램이 종료될 수 있다는 점을 주의해야 한다. 그래서 프로그램에서 모든 출력작업을 마친 후 BufferedOutputStream에 close( )나 flush( )를 호출해서 마지막에 버퍼에 있는 모든 내용이 출력 소스에 출력되게 해야 한다.

| 참고 | BufferedOutputStream의 close( )는 flush( )를 호출하여 버퍼의 내용을 출력스트림에 쓰도록 한 후, BufferedOutputStream인스턴스의 참조변수에 null을 지정함으로써 사용하던 자원들이 반환되게 한다.

▼ 예제 15-7/**BufferedOutputStreamEx.java**

```
import java.io.*;

class BufferedOutputStreamEx {
    public static void main(String args[]) {
        try {
            FileOutputStream fos = new FileOutputStream("123.txt");
            // BufferedOutputStream의 버퍼 크기를 5로 한다.
            BufferedOutputStream bos = new BufferedOutputStream(fos, 5);
            // 파일 123.txt에  1 부터 9까지 출력한다.
            for(int i='1'; i <= '9'; i++) {
                bos.write(i);
            }

            fos.close();
        } catch (IOException e) {
            e.printStackTrace();
        }
    }
}
```

▼ 실행결과 - C:\Users\userid\jdk21\ch15\out\production\ch15>

```
C:\...\ch15>java BufferedOutputStreamEx

C:\...\ch15>type 123.txt
12345
```

크기가 5인 BufferedOutputStream을 이용해서 파일 123.txt에 1부터 9까지 출력하는 예제인데 결과를 보면 5까지만 출력된 것을 알 수 있다. 그 이유는 버퍼에 남아있는 데이터가 출력되지 못한 상태로 프로그램이 종료되었기 때문이다.

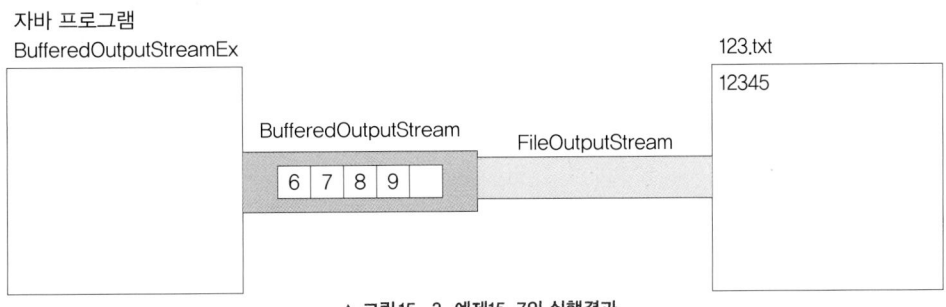

▲ 그림15-3 예제15-7의 실행결과

이 예제에서 fos.close()를 호출해서 스트림을 닫아주기는 했지만, 이래서는 BufferedOutputStream의 버퍼에 있는 내용이 출력되지 않는다. bos.close();와 같이 해서 BufferedOutputStream의 close()를 호출해 주어야 버퍼에 남아있던 모든 내용이 출력된다.

BufferedOutputStream의 close()는 기반 스트림인 FileOutputStream의 close()를 호출하기 때문에 FileOutputStream의 close()는 따로 호출해주지 않아도 된다.

아래의 코드는 BufferedOutputStream의 조상인 FilterOutputStream의 소스코드인데 FilterOutputStream에 정의된 close()는 flush()를 호출한 다음에 기반스트림의 close()를 호출하는 것을 알 수 있다. BufferedOutputStream는 FilterOutputStream의 close()를 오버라이딩 없이 그대로 상속받는다.

```java
public class FilterOutputStream extends OutputStream {
    protected OutputStream out;
    public FilterOutputStream(OutputStream out) {
        this.out = out;
    }
      ...
    public void close() throws IOException {
        try {
            flush();
        } catch (IOException ignored) {}
        out.close(); // 기반 스트림의 close()를 호출한다.
    }
}
```

이처럼 보조 스트림을 사용한 경우에는 기반스트림의 close()나 flush()를 호출할 필요없이 단순히 보조 스트림의 close()를 호출하기만 하면 된다.

3.3 DataInputStream과 DataOutputStream

DataInputStream/DataOutputStream도 각각 FilterInputStream/FilterOutputStream의 자손이며 DataInputStream은 DataInput인터페이스를, DataOutputStream은 DataOutput인터페이스를 각각 구현하였기 때문에, 데이터를 읽고 쓰는데 있어서 byte단위가 아닌, 기본형 단위로 읽고 쓸 수 있다는 장점이 있다.

DataOutputStream이 출력하는 형식은 각 기본형 값을 16진수로 표현하여 저장한다. 예를 들어 int값을 출력한다면, 4 byte의 16진수로 출력된다.

각 자료형의 크기가 다르므로, 출력한 데이터를 다시 읽어 올 때는 출력했을 때의 순서를 염두에 두어야 한다.

메서드 / 생성자	설명
DataInputStream(InputStream in)	주어진 InputStream인스턴스를 기반 스트림으로 하는 DataInputStream인스턴스를 생성한다.
boolean readBoolean( ) byte readByte( ) char readChar( ) short readShort( ) int readInt( ) long readLong( ) float readFloat( ) double readDouble( ) int readUnsignedByte( ) int readUnsignedShort( )	각 타입에 맞게 값을 읽어 온다. 더 이상 읽을 값이 없으면 EOFException을 발생시킨다.
void readFully(byte[ ] b) void readFully(byte[ ] b, int off, int len)	입력스트림에서 지정된 배열의 크기만큼 또는 지정된 위치에서 len만큼 데이터를 읽어온다. 파일의 끝에 도달하면 EOFExcpetion, I/O에러가 발생하면 IOException이 발생한다.
String readUTF( )	UTF-8형식으로 쓰여진 문자를 읽는다. 더 이상 읽을 값이 없으면 EOFException이 발생한다.
static String readUTF(DataInput in)	입력스트림(in)에서 UTF-8형식의 유니코드를 읽어온다.
int skipBytes(int n)	현재 읽고 있는 위치에서 지정된 숫자(n) 만큼을 건너뛴다.

▲ 표15-12 DataInputStream의 생성자와 메서드

메서드 / 생성자	설명
DataOutputStream(OutputStream out)	주어진 OutputStream인스턴스를 기반스트림으로 하는 DataOutputStream인스턴스를 생성한다.
void writeBoolean(boolean b) void writeByte(int b) void writeBytes(String s) void writeChar(int c) void writeChars(String s) void writeShort(int s) void writeInt(int l) void writeLong(long l) void writeFloat(float f) void writeDouble(double d)	각 자료형에 알맞은 값들을 출력한다.

void writeUTF(String s)	UTF형식으로 문자를 출력한다.
void writeChars(String s)	주어진 문자열을 출력한다. writeChar(int c)메서드를 여러 번 호출한 결과와 같다.
int size( )	지금까지 DataOutputStream에 쓰여진 byte의 수를 알려 준다.

▲ 표15-13 DataOutputStream의 생성자와 메서드

▼ 예제 15-8/**DataOutputStreamEx.java**

```java
import java.io.*;

class DataOutputStreamEx {
    public static void main(String args[]) {
        FileOutputStream fos = null;
        DataOutputStream dos = null;

        try {
            fos = new FileOutputStream("sample.dat");
            dos = new DataOutputStream(fos);
            dos.writeInt(10);
            dos.writeFloat(20.0f);
            dos.writeBoolean(true);

            dos.close();
        } catch (IOException e) {
            e.printStackTrace();
        }
    } // main
}
```

FileOutputStream을 기반으로 하는 DataOutputStream을 생성한 후, DataOutput Stream의 메서드들을 이용해서 sample.dat파일에 값들을 출력했다. 이 때 출력한 값은 이진 데이터(binary data)로 저장 된다. 문자 데이터(text data)가 아니므로 문서 편집기로 sample.dat를 열어 봐도 알 수 없는 글자들로 이루어져 있을 것이다. 파일을 16진 코드로 볼 수 있는 UltraEdit과 같은 프로그램이나 ByteArrayOutputStream을 사용하면 이진 데이터를 확인할 수 있다.

▼ 예제 15-9/**DataOutputStreamEx2.java**

```java
import java.io.*;
import java.util.Arrays;

class DataOutputStreamEx2 {
    public static void main(String args[]) {
        ByteArrayOutputStream bos = null;
        DataOutputStream dos = null;

        byte[] result = null;

        try {
```

```
            bos = new ByteArrayOutputStream();
            dos = new DataOutputStream(bos);
            dos.writeInt(10);
            dos.writeFloat(20.0f);
            dos.writeBoolean(true);

            result = bos.toByteArray();

            String[] hex = new String[result.length];

            for(int i=0;i<result.length; i++) {
                if(result[i] < 0) {
                    hex[i] = String.format("%02x", result[i]+256);
                } else {
                    hex[i] = String.format("%02x", result[i]);
                }
            }

            System.out.println("10진수  :" + Arrays.toString(result));
            System.out.println("16진수  :" + Arrays.toString(hex));

            dos.close();
        } catch (IOException e) {
            e.printStackTrace();
        }
    } // main
}
```

▼ 실행결과
```
10진수  :[0, 0, 0, 10, 65, -96, 0, 0, 1]
16진수  :[00, 00, 00, 0a, 41, a0, 00, 00, 01]
```

이전의 예제를 변경해서 FileOutputStream대신 ByteArrayOutputStream를 사용하였다. 결과를 보면 첫 번째 4 byte인 '0, 0, 0, 10'는 writeInt(10)에 의해서 출력된 값이고, 두 번째 4 byte인 '65, -96, 0, 0'은 writeFloat(20.0f)에 의해서 출력된 것이다. 그리고 마지막 1 byte인 1은 writeBoolean(true)에 의해서 출력된 것이다.

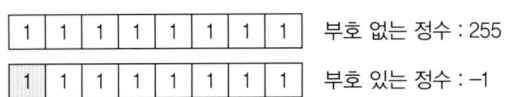

▲ 그림15-4 모든 bit의 값이 1인 1 byte(8 bit)

위와 같이 모든 bit의 값이 1인 1 byte의 데이터가 있다고 할 때, 왼쪽에서 첫 번째 비트를 부호로 인식하지 않으면 부호 없는 1 byte가 되어 범위는 0~255이므로 이 값은 최대값인 255가 되지만, 부호로 인식하는 경우 범위는 -128~127이 되고, 이 값은 0보다 1작은 값인 -1이 된다.

결국 같은 데이터이지만 자바의 자료형인 byte의 범위가 부호 있는 1 byte 정수의 범위인 -128~127이기 때문에 -1로 인식한다는 것이다. 그래서 이 값을 0~255사이의 값으로 변환하려면 256을 더해주어야 한다.

예를 들어 -1의 경우 -1 + 256 = 255가 된다. 그리고 반대의 경우 256을 빼면 된다. 그 다음에 String.format()을 사용해서 10진 정수를 16진 정수로 변환하여 출력했다.

이처럼 ByteArrayInputStream과 ByteArrayOutputStream을 사용하면 byte단위의 데이터 변환 및 조작이 가능하다는 것을 알아두자.

I 참고 I InputStream의 read( )는 반환타입이 int이며 0~255의 값을 반환하므로 256을 더하거나 뺄 필요가 없다. 반면에 read(byte[ ] b)와 같이 byte배열을 사용하는 경우 상황에 따라 0~255범위의 값으로 변환할 필요가 있다.

사실 DataOutputStream에 의해서 어떻게 저장되는지 몰라도 DataOutputStream의 write메서드들로 기록한 데이터는 DataInputStream의 read메서드로 읽기만 하면 된다.

이 때 한 가지 주의할 것은 이 예제와 같이 여러 가지 종류의 자료형으로 출력한 경우, 읽을 때는 반드시 쓰인 순서대로 읽어야 한다는 것이다.

▼ 예제 15-10/**DataInputStreamEx.java**

```
import java.io.*;

class DataInputStreamEx {
    public static void main(String args[]) {
        try {
            FileInputStream fis = new FileInputStream("sample.dat");
            DataInputStream dis = new DataInputStream(fis);

            System.out.println(dis.readInt());
            System.out.println(dis.readFloat());
            System.out.println(dis.readBoolean());
            dis.close();
        } catch (IOException e) {
            e.printStackTrace();
        }
    } // main
}
```

▼ 실행결과
```
10
20.0
true
```

예제15-8을 실행해서 만들어진 sample.dat를 읽어서 화면에 출력하는 예제이다. sample.dat파일로부터 데이터를 읽어 올 때, 아무런 변환이나 자릿수를 셀 필요없이 단순히 readInt( )와 같이 읽어 올 데이터의 타입에 맞는 메서드를 사용하기만 하면 된다.

문자로 데이터를 저장하면, 다시 데이터를 읽어 올 때 문자들을 실제 값으로 변환하는, 예를 들면 문자열 "100"을 숫자 100으로 변환하는, 과정을 거쳐야 하고, 또 읽어야 할 데이터의 개수를 결정해야하는 번거로움이 있다.

하지만 이처럼 DataInputStream과 DataOutputStream을 사용하면, 데이터를 변환할 필요도 없고, 자리수를 세어서 따지지 않아도 되므로 편리하고 빠르게 데이터를 저장하고 읽을 수 있게 된다.

▼ 예제 15-11/**DataOutputStreamEx3.java**

```java
import java.io.*;

class DataOutputStreamEx3 {
    public static void main(String args[]) {
        int[] score = { 100, 90, 95, 85, 50 };

        try {
            FileOutputStream fos = new FileOutputStream("score.dat");
            DataOutputStream dos = new DataOutputStream(fos);

            for(int i=0; i<score.length;i++) {
                dos.writeInt(score[i]);
            }

            dos.close();
        } catch (IOException e) {
            e.printStackTrace();
        }
    } // main
}
```

▼ 실행결과
```
C:\...\ch15>java DataOutputStreamEx3

C:\...\ch15>type score.dat
   d   Z   _   U   2
```

int배열 score의 값들을 DataOutputStream을 이용해서 score.dat파일에 출력하는 예제이다. type명령으로 score.dat의 내용을 보면 숫자가 아니라 문자들이 나타나는데, 그 이유는 type명령이 파일의 내용을 문자로 변환해서 보여주기 때문이다. 파일에 실제 저장된 내용은 다음과 같다.

| 참고 | 크롬 브라우저의 확장 프로그램인 Cloud Hex Text Editor로 파일 'score.dat'의 실제 저장된 내용을 볼 수 있다.

00 00 00 64	00 00 00 5A	00 00 00 5F	00 00 00 55	00 00 00 32
100	90	95	85	50

int의 크기가 4 byte이므로 모두 20 byte의 데이터가 저장되어 있다. 참고로 16진수 두 자리가 1 byte이다. 밑줄 아래의 숫자는 10진수로 변환한 결과이다.

다음 예제에서는 이 파일을 읽어서 데이터의 총합을 구할 것이다.

▼ 예제 15-12/**DataInputStreamEx2.java**

```java
import java.io.*;

class DataInputStreamEx2 {
    public static void main(String args[]) {
        int sum   = 0;
        int score = 0;

        FileInputStream fis  = null;
        DataInputStream dis  = null;

        try {
            fis = new FileInputStream("score.dat");
            dis = new DataInputStream(fis);
```

```java
        while(true) {
            score = dis.readInt();
            System.out.println(score);
            sum += score;
        }
    } catch (EOFException e) {
        System.out.println("점수의 총합은 " + sum +"입니다.");
    } catch (IOException ie) {
        ie.printStackTrace();
    } finally {
        try {
            if(dis!=null)
                dis.close();
        } catch(IOException ie){
            ie.printStackTrace();
        }
    } // try
} // main
}
```

▼ 실행결과
```
100
90
95
85
50
점수의 총합은 420입니다.
```

DataInpuStream의 readInt()와 같이 데이터를 읽는 메서드는 더 이상 읽을 데이터가 없으면 EOFException을 발생시킨다. 그래서 다른 입력 스트림과 달리 무한 반복문과 EOFException을 처리하는 catch문을 이용해서 데이터를 읽는다.

원래 while문으로 작업을 마친 후에 스트림을 닫아 줘야 하는 데, while문이 무한 반복문이기 때문에 finally블럭에서 스트림을 닫도록 처리하였다.

```java
        ...
    } finally {
        try {
            if(dis! = null)        // dis가 null인지 확인한다.
                dis.close();       // 스트림을 닫는다.
        } catch(IOException ie){
            ie.printStackTrace();
        }
    } // try
        ...
```

참조변수 dis가 null일 때 close()를 호출하면 NullPointerException이 발생하므로 if문을 사용해서 dis가 null인지 체크한 후에 'close()'를 호출해야 한다. 그리고 'close()'는 IOException을 발생시킬 수 있으므로 try-catch블럭으로 감싸주었다.

지금까지는 try블럭 내에서 스트림을 닫아주었지만, 작업도중에 예외가 발생해서 스트림을 닫지 못하고 try블럭을 빠져나갈 수 있기 때문에 이처럼 finally블럭을 이용해서 스트림을 닫아주는 것이 더 확실한 방법이다.

그러나 이 책에서는 예제가 복잡해지는 것을 막기 위해 간단히 try블럭 내에서 스트림을 닫도록 코드를 작성하였다.

사실 프로그램이 종료될 때, 가비지 컬렉터가 사용하던 자원들을 모두 해제 해주기 때문에 이렇게 간단한 예제에서는 스트림을 닫지 않아도 별문제가 되지는 않는다. 그래도 가능하면 스트림을 사용한 직후에 바로 닫아서 자원을 반환하는 것이 좋다.

JDK 7부터는 try-with-resources문을 이용해서 close()를 직접 호출하지 않아도 자동호출되도록 할 수 있다. 아래의 예제는 예제15-12를 try-with-resources문을 이용해서 변경한 것인데, 전보다 훨씬 간결해졌다.

▼ 예제 15-13/**DataInputStreamEx3.java**

```java
import java.io.*;
class DataInputStreamEx3 {
    public static void main(String args[]) {
        int sum   = 0;
        int score = 0;

        try (FileInputStream fis   = new FileInputStream("score.dat");
             DataInputStream dis = new DataInputStream(fis)) {

            while(true) {
                score = dis.readInt();
                System.out.println(score);
                sum += score;
            }
        } catch (EOFException e) {
            System.out.println("점수의 총합은 " + sum +"입니다.");
        } catch (IOException ie) {
            ie.printStackTrace();
        } // try
    } // main
}
```

3.4 SequenceInputStream

SequenceInputStream은 여러 개의 입력스트림을 연결해서 하나의 스트림으로부터 데이터를 읽는 것과 같이 처리할 수 있도록 도와준다. SequenceInputStream의 생성자를 제외하고 나머지 작업은 다른 입력 스트림과 다르지 않다. 큰 파일을 여러 개의 작은 파일로 나누었다가 하나의 파일로 합치는 것과 같은 작업을 수행할 때 사용하면 좋을 것이다.

| 참고 | SequenceInputStream은 다른 보조 스트림들과는 달리 FilterInputStream의 자손이 아닌 InputStream을 바로 상속받아서 구현하였다.

메서드 / 생성자	설 명
SequenceInputStream(Enumeration e)	Enumeration에 저장된 순서대로 입력스트림을 하나의 스트림으로 연결한다.
SequenceInputStream(InputStream s1, InputStream s2)	두 개의 입력스트림을 하나로 연결한다.

▲ 표15-14 SequenceInputStream의 생성자

Vector에 연결할 입력스트림들을 저장한 다음 Vector의 Enumeration elements( )를 호출해서 생성자의 매개변수로 사용한다.

[사용 예 1]
```
Vector files = new Vector();
files.add(new FileInputStream("file.001"));
files.add(new FileInputStream("file.002"));
SequenceInputStream in = new SequenceInputStream(files.elements());
```

[사용 예 2]
```
FileInputStream  file1 = new FileInputStream("file.001");
FileInputStream  file2 = new FileInputStream("file.002");
SequenceInputStream in = new SequenceInputStream(file1, file2);
```

▼ 예제 15-14/**SequenceInputStreamEx.java**

```java
import java.io.*;
import java.util.*;
class SequenceInputStreamEx {
    public static void main(String[] args) {
        byte[] arr1 = {0,1,2};
        byte[] arr2 = {3,4,5};
        byte[] arr3 = {6,7,8};
        byte[] outSrc = null;

        Vector v = new Vector();
        v.add(new ByteArrayInputStream(arr1));
        v.add(new ByteArrayInputStream(arr2));
        v.add(new ByteArrayInputStream(arr3));

        SequenceInputStream  input  = new SequenceInputStream(v.elements());
        ByteArrayOutputStream output = new ByteArrayOutputStream();

        int data = 0;
        try {
            while((data = input.read())!=-1)
                output.write(data);   // void write(int b)
        } catch(IOException e) {}

        outSrc = output.toByteArray();
        System.out.println("Input Source1  :" + Arrays.toString(arr1));
        System.out.println("Input Source2  :" + Arrays.toString(arr2));
        System.out.println("Input Source3  :" + Arrays.toString(arr3));
        System.out.println("Output Source  :" + Arrays.toString(outSrc));
    }
}
```

▼ 실행결과
```
Input Source1  :[0, 1, 2]
Input Source2  :[3, 4, 5]
Input Source3  :[6, 7, 8]
Output Source  :[0, 1, 2, 3, 4, 5, 6, 7, 8]
```

3개의 ByteArrayInputStream을 Vector와 SequenceInputStream을 이용해서 하나의 입력스트림처럼 다룰 수 있다. Vector에 저장된 순서대로 입력되므로 순서에 주의하자.

3.5 PrintStream

PrintStream은 데이터를 기반 스트림에 다양한 형태로 출력할 수 있는 print, println, printf와 같은 메서드를 오버로딩하여 제공한다.

    PrintStream은 데이터를 적절한 문자로 출력하는 것이기 때문에 문자 기반 스트림의 역할을 수행한다. 그래서 JDK 1.1에서 부터 PrintStream보다 향상된 기능의 문자 기반 스트림인 PrintWriter가 추가되었으나 그 동안 매우 빈번히 사용되던 System.out이 PrintStream이다 보니 둘 다 사용할 수밖에 없게 되었다.

    PrintStream과 PrintWriter는 거의 같은 기능을 가지고 있지만 PrintWriter가 PrintStream에 비해 다양한 언어의 문자를 처리하는데 적합하기 때문에 가능하면 PrintWriter를 사용하는 것이 좋다.

| 참고 | PrintStream은 우리가 지금까지 알게 모르게 많이 사용해 왔다. System클래스의 static멤버인 out과 err, 즉 System.out, System.err이 PrintStream이다.

생성자 / 메서드	설명

PrintStream(File file)
PrintStream(File file, String csn)
PrintStream(OutputStream out)
PrintStream(OutputStream out,
                    boolean autoFlush)
PrintStream(OutputStream out,
    boolean autoFlush, String encoding)
PrintStream(String fileName)
PrintStream(String fileName, String csn)
	지정된 출력스트림을 기반으로 하는 PrintStream인 스턴스를 생성한다. autoFlush의 값을 true로 하면 println메서드가 호출되거나 개행문자가 출력될 때 자동으로 flush된다. 기본값은 false이다.
	그리고 csn은 characterset의 이름을 의미한다.
	지면 관계상 유사한 생성자 몇개는 생략하였다.

boolean checkError()	스트림을 flush하고 에러가 발생했는지를 알려 준다.
void print(boolean b) void println(boolean b) void print(char c) void println(char c) void print(char[ ] c) void println(char[ ] c) void print(double d) void println(double d) void print(float f) void println(float f) void print(int i) void println(int l) void print(long l) void println(long l) void print(Object o) void println(Object o) void print(String s) void println(String s)	인자로 주어진 값을 출력소스에 문자로 출력한다. println메서드는 출력 후 줄바꿈을 하고, print메서드는 줄을 바꾸지 않는다.
void println()	줄바꿈 문자(line separator)를 출력함으로써 줄을 바꾼다.
PrintStream printf(String format, Object... args)	정형화된(formatted) 출력을 가능하게 한다.
protected void setError()	작업 중에 오류가 발생했음을 알린다. (setError()를 호출한 후에, checkError()를 호출하면 true를 반환한다.)
void writeBytes(byte[ ] buf)	지정된 배열(buf)의 내용을 모두 스트림에 출력한다. JDK 14

▲ 표15-15 PrintStream의 생성자와 메서드

print( )나 println( )을 이용해서 출력하는 중에 PrintStream의 기반스트림에서 IOException이 발생하면 checkError( )를 통해서 인지할 수 있다. println( )이나 print( )는 예외를 던지지 않고 내부에서 처리하도록 정의하였는데, 그 이유는 println( )과 같은 메서드가 매우 자주 사용되는 것이기 때문이다.

만일 println( )이 예외를 던지도록 정의되었다면 println( )을 사용하는 모든 곳에 try-catch문을 사용해야 할 것이다.

```
public class PrintStream extends FilterOutputStream
                        implements Appendable, Closeable {
    ...
    private boolean trouble = false;
    public void print(int i) {
        write(String.valueOf(i));    // write(i+"");와 같다.
    }
    private void write(String s) {
        try {
            ...
        } catch (IOException x) {
            trouble = true;
        }
    }
    ...
    public boolean checkError() {
        if (out != null) flush();
        return trouble;
    }
}
```

| 참고 | i+""와 String.valueOf(i)는 같은 결과를 얻지만, String.valueOf(i)가 더 성능이 좋다.

printf( )는 JDK 5부터 추가된 것으로, C언어와 같이 편리한 형식화된 출력을 지원하게 되었다. printf( )에 사용될 수 있는 옵션은 꽤나 다양한데 그에 대한 자세한 내용은 Java API문서에서 Formatter클래스를 참고하면 된다. 우선 자주 사용되는 옵션들만을 골라서 정리해보았다.

format	설명	결과(int i=65)
%d	10진수(decimal integer)	65
%o	8진수(octal integer)	101
%x	16진수(hexadecimal integer)	41
%c	문자	A
%s	문자열	65
%5d	5자리 숫자. 빈자리는 공백으로 채운다.	65
%-5d	5자리 숫자. 빈자리는 공백으로 채운다.(왼쪽 정렬)	65
%05d	5자리 숫자. 빈자리는 0으로 채운다.	00065

▲ 표15-16 정수의 출력에 사용될 수 있는 옵션

format	설 명	결 과(String str = "ABC")
%s	문자열(string)	ABC
%5s	5자리 문자열. 빈자리는 공백으로 채운다.	ABC
%-5s	5자리 문자열. 빈자리는 공백으로 채운다.(왼쪽 정렬)	ABC

▲ 표 15-17 문자열의 출력에 사용될 수 있는 옵션

format	설 명	결과(float f = 1234.56789f)
%e	지수형태표현(exponent)	1.234568e+03
%f	10진수(decimal float)	1234.56789
%3.1f	출력될 자리수를 최소 3자리(소수점포함), 소수점 이하 1자리 (2번째 자리에서 반올림)	1234.6
%8.1f	소수점이상 최소 6자리, 소수점 이하 1자리. 출력될 자리수를 최소 8자리(소수점포함)를 확보한다. 빈자리는 공백으로 채워진다.(오른쪽 정렬)	1234.6
%08.1f	소수점이상 최소 6자리, 소수점 이하 1자리. 출력될 자리수를 최소 8자리(소수점포함)를 확보한다. 빈자리는 0으로 채워진다.	001234.6
%-8.1f	소수점이상 최소 6자리, 소수점 이하 1자리. 출력될 자리수를 최소 8자리(소수점포함)를 확보한다. 빈자리는 공백으로 채워진다.(왼쪽 정렬) 1234.6	1234.6

▲ 표 15-18 실수의 출력에 사용될 수 있는 옵션

format	설 명
\t	탭(tab)
%n	줄바꿈 문자(new line)
%%	%

▲ 표 15-19 특수문자를 출력하는 옵션

format	설 명	결 과
%tR %tH:%tM	시분(24시간)	21:05 21:05
%tT %tH:%tM:%tS	시분초(24시간)	21:05:33 21:05:33
%tD %tm/%td/%ty	월일년	11/16/24 11/16/24
%tF %tY-%tm-%td	년월일	2024-11-16 2024-11-16

▲ 표 15-20 날짜와 시간의 출력에 사용될 수 있는 옵션

▼ 예제 15-15/`PrintStreamEx.java`

```java
import java.util.Date;
class PrintStreamEx {
    public static void main(String[] args) {
        int i = 65;
        float f = 1234.56789f;

        Date d = new Date();

        System.out.printf("문자 %c의 코드는 %d%n", i, i);
        System.out.printf("%d는 8진수로 %o, 16진수로 %x%n", i ,i, i);
        System.out.printf("%3d%3d%3d\n", 100, 90, 80);
        System.out.println();
        System.out.printf("12345678901234567890123456789 0%n");
        System.out.printf("%s%-5s%5s%n", "123", "123", "123");
        System.out.println();
        System.out.printf("%-8.1f%8.1f %e%n",f,f,f);
        System.out.println();
        System.out.printf("오늘은 %tY년 %tm월 %td일 입니다.%n", d,d,d );
        System.out.printf("지금은 %tH시 %tM분 %tS초 입니다.%n", d,d,d );
        System.out.printf("지금은 %1$tH시 %1$tM분 %1$tS초 입니다.%n", d );
    }
}
```

▼ 실행결과

```
문자 A의 코드는 65
65는 8진수로 101, 16진수로 41
100 90 80

12345678901234567890123456789 0
123123    123

1234.6     1234.6 1.234568e+03

오늘은 2024년 08월 29일 입니다.
지금은 16시 37분 12초 입니다.
지금은 16시 37분 12초 입니다.
```

옵션을 변경해가면서 테스트하고 그 결과를 확인하도록 하자. 한 가지 덧붙여 설명할 것은 매개변수(argument)의 개수에 대한 것인데, 형식화된 문자열에 사용된 옵션의 개수와 매개변수의 개수가 일치하도록 신경 써야 한다.

```
System.out.printf("지금은 %tH시 %tM분 %tS초 입니다.%n", d,d,d );
System.out.printf("지금은 %1$tH시 %1$tM분 %1$tS초 입니다.%n", d );
```

위의 두 문장은 같은 결과를 출력하는데, 두 번째 문장의 경우 형식화된 문자열에 사용된 옵션의 개수와 매개변수의 개수가 일치하지 않는다는 것을 알 수 있다. 이처럼 '숫자$'를 옵션 앞에 붙여 줌으로써 출력된 매개변수를 지정해 줄 수 있다. 예를 들어 '1$'라면 첫 번째 매개변수를 의미한다.

4. 문자 기반 스트림

문자 데이터를 다루는데 사용된다는 것을 제외하고는 바이트 기반 스트림과 문자 기반 스트림의 사용방법은 거의 같기 때문에 앞서 설명한 바이트 기반 스트림에 대한 내용만으로도 별도의 설명은 필요없을 것이라 생각한다. 예제 중심으로 기본적인 사용법과 추가적으로 설명이 필요한 부분만을 추가적으로 소개하고자 한다.

4.1 Reader와 Writer

바이트 기반 스트림의 조상이 InputStream/OutputStream인 것과 같이 문자 기반의 스트림에서는 Reader/Writer가 그와 같은 역할을 한다. 다음은 Reader/Writer의 메서드인데 byte배열 대신 char배열을 사용한다는 것 외에는 InputStream/OutputStream의 메서드와 다르지 않다.

메서드	설 명
abstract void close( )	입력스트림을 닫음으로써 사용하고 있던 자원을 반환한다.
void mark(int readlimit)	현재위치를 표시해놓는다. 후에 reset( )에 의해서 표시해 놓은 위치로 다시 돌아갈 수 있다.
boolean markSupported( )	mark( )와 reset( )을 지원하는지를 알려 준다.
int read( )	입력소스로부터 하나의 문자를 읽어 온다. char의 범위인 0~65535범위의 정수를 반환하며, 입력스트림의 마지막 데이터에 도달하면, -1을 반환한다.
int read(char[ ] c);	입력소스로부터 매개변수로 주어진 배열 c의 크기만큼 읽어서 배열 c에 저장한다. 읽어 온 데이터의 개수 또는 -1을 반환한다.
abstract int read(char[ ] c, int off, int len)	입력소스로부터 최대 len개의 문자를 읽어서, 배열 c의 지정된 위치(off)부터 읽은 만큼 저장한다. 읽어 온 데이터의 개수 또는 -1을 반환한다.
int read(CharBuffer target)	입력소스로부터 읽어서 문자버퍼(target)에 저장한다.
boolean ready( )	입력소스로부터 데이터를 읽을 준비가 되어있는지 알려 준다.
void reset( )	입력소스에서의 위치를 마지막으로 mark( )가 호출되었던 위치로 되돌린다.
long skip(long n)	현재 위치에서 주어진 문자 수(n)만큼을 건너뛴다.
static Reader nullReader( )	아무 것도 읽을 수 없는 널 Reader를 반환한다. JDK 11
long transferTo(Writer out)	모든 데이터를 Writer로 전송하고 전송한 데이터의 길이를 반환. JDK 10

▲ 표15-21 Reader의 메서드

메서드	설 명
Writer append(char c)	지정된 문자를 출력소스에 출력한다.
Writer append(CharSequence c)	지정된 문자열(CharSequence)을 출력소스에 출력한다.
Writer append(CharSequence c, int start, int end)	지정된 문자열(CharSequence)의 일부를 출력소스에 출력 (CharBuffer, String, StringBuffer가 CharSequence를 구현)

abstract void close()	출력스트림을 닫음으로써 사용하고 있던 자원을 반환한다.
abstract void flush()	스트림의 버퍼에 있는 모든 내용을 출력소스에 쓴다.(버퍼가 있는 스트림에만 해당됨)
void write(int b)	주어진 값을 출력소스에 쓴다.
void write(char[ ] c)	주어진 배열 c에 저장된 모든 내용을 출력소스에 쓴다.
abstract void write(char[ ] c, int off, int len)	주어진 배열 c에 저장된 내용 중에서 off번째부터 len길이만큼만 출력소스에 쓴다.
void write(String str)	주어진 문자열(str)을 출력소스에 쓴다.
void write(String str, int off, int len)	주어진 문자열(str)의 일부를 출력소스에 쓴다.(off번째 문자부터 len개 만큼의 문자열)
static Writer nullWriter()	널 Writer를 반환한다. 널 Writer에 쓰기를 하면, 일반 Writer와 똑같이 동작하지만 실제로 출력되는 것은 없다. JDK 11

▲ 표15-22 Writer의 메서드

한 가지 더 얘기하고 싶은 것은 문자기반 스트림이라는 것이 단순히 2 byte로 스트림을 처리하는 것만을 의미하지는 않는다는 것이다. 문자 데이터를 다루는데 필요한 또 하나의 정보는 인코딩(encoding)이다.

문자기반 스트림, 즉 Reader/Writer 그리고 그 자손들은 여러 종류의 인코딩과 자바에서 사용하는 유니코드(UTF-16)간의 변환을 자동적으로 처리해준다. Reader는 특정 인코딩을 읽어서 유니코드로 변환하고 Writer는 유니코드를 특정 인코딩으로 변환하여 저장한다.

4.2 FileReader와 FileWriter

FileReader/FileWriter는 파일로부터 텍스트데이터를 읽고, 파일에 쓰는데 사용된다. 사용방법은 FileInputStream/FileOutputStream과 다르지 않으므로 자세한 내용은 생략한다.

▼ 예제 15-16/**FileReaderEx.java**

```java
import java.io.*;

class FileReaderEx {
    public static void main(String args[]) {
        try {
            String fileName = "test.txt";
            FileInputStream fis = new FileInputStream(fileName);
            FileReader fr = new FileReader(fileName);

            int data =0;
            // FileInputStream을 이용해서 파일내용을 읽어 화면에 출력한다.
            while((data=fis.read())!=-1) {
                System.out.print((char)data);
            }
            System.out.println();
            fis.close();

            // FileReader를 이용해서 파일내용을 읽어 화면에 출력한다.
            while((data=fr.read())!=-1)
                System.out.print((char)data);
            System.out.println();
            fr.close();
        } catch (IOException e) {
            e.printStackTrace();
        }
    } // main
}
```

▼ 실행결과 – C:\...\ch15>는 C:\Users\userid\jdk21\ch15\out\production\ch15>를 의미

```
C:\...\ch15>type test.txt
Hello, 안녕하세요?

C:\...\ch15>java FileReaderEx1
Hello, ¾?³???¼¼¿??
Hello, 안녕하세요?
```

이 예제는 바이트기반 스트림인 FileInputStream과 문자기반 스트림인 FileReader의 차이점을 보여 주기 위한 것으로 같은 내용의 파일(test.txt)을 한번은 FileInputStream으로 다른 한번은 FileReader로 읽어서 화면에 출력했다. 결과에서도 알 수 있듯이, FileInputStream을 사용하면 1 byte씩 읽어서 출력하므로 한글이 깨진다.

▼ 예제 15-17 / `FileConversion.java`

```java
import java.io.*;
class FileConversion {
    public static void main(String args[]) {
        try {
            FileReader fr = new FileReader(args[0]);
            FileWriter fw = new FileWriter(args[1]);

            int data =0;
            while((data=fr.read())!=-1) {
                if(data!='\t' && data!='\n' && data!=' ' && data !='\r')
                    fw.write(data);
            }

            fr.close();
            fw.close();
        } catch (IOException e) {
            e.printStackTrace();
        }
    } // main
}
```

▼ 실행결과 – C:\...\ch15>는 C:\Users\userid\jdk21\ch15\out\production\ch15>를 의미

```
C:\...\ch15>java FileConversion ..\..\..\src\FileConversion.java convert.txt

C:\...\ch15>type convert.txt
importjava.io.*;classFileConversion{publicstaticvoidmain(Stringargs[])
{try{FileReaderfis=newFileReader(args[0]);FileWriterfos=newFileWriter(a
rgs[1]);intdata=0;while((data=fis.read())!=-1){if(data!='\t'&&data!='\
n'&&data!=''&&data!='\r')fos.write(data);}fis.close();fos.close();}
catch(IOExceptione){e.printStackTrace();}}//main}
```

파일의 공백을 모두 없애는 예제인데 입력 스트림으로부터 읽은 데이터를 변환해서 출력 스트림에 쓰는 작업의 예를 보여 주기 위한 것이다. 간단한 예제이므로 이해하는데 어려움이 없을 것이다.

4.3 PipedReader와 PipedWriter

PipedReader/PipedWriter는 쓰레드 간에 데이터를 주고받을 때 사용된다. 다른 스트림과는 달리 입력과 출력스트림을 하나의 스트림으로 연결(connect)해서 데이터를 주고받는다는 특징이 있다.

스트림을 생성한 다음에 어느 한쪽 쓰레드에서 connect( )를 호출해서 입력 스트림과 출력 스트림을 연결한다. 입출력을 마친 후에는 어느 한쪽 스트림만 닫아도 나머지 스트림은 자동으로 닫힌다. 이 점을 제외하고는 일반 입출력 방법과 다르지 않다.

▼ 예제 15-18/**PipedReaderWriter.java**

```java
import java.io.*;

public class PipedReaderWriter {
    public static void main(String args[]) {
        InputThread   inThread  = new InputThread("InputThread");
        OutputThread outThread = new OutputThread("OutputThread");

        //PipedReader와 PipedWriter를 연결한다.
        inThread.connect(outThread.getOutput());

        inThread.start();
        outThread.start();
    } // main
}

class InputThread extends Thread {
    PipedReader  input =new PipedReader();
    StringWriter sw = new StringWriter();

    InputThread(String name) {
        super(name);              // Thread(String name);
    }

    public void run() {
        try {
            int data = 0;

            while((data=input.read()) != -1) {
                sw.write(data);
            }
            System.out.println(getName() + " received : " + sw.toString());
        } catch(IOException e) {}
    } // run
    public PipedReader getInput() {
        return input;
    }

    public void connect(PipedWriter output) {
        try {
            input.connect(output);
```

```java
            } catch(IOException e) {}
    } // connect
}

class OutputThread extends Thread {
    PipedWriter output = new PipedWriter();

    OutputThread(String name) {
        super(name);                    // Thread(String name);
    }

    public void run() {
        try {
            String msg = "Hello";
            System.out.println(getName() + " sent : " + msg);
            output.write(msg);
            output.close();
        } catch(IOException e) {}
    } // run

    public PipedWriter getOutput() {
        return output;
    }

    public void connect(PipedReader input) {
        try {
            output.connect(input);
        } catch(IOException e) {}
    } // connect
}
```

▼ 실행결과

```
OutputThread sent : Hello
InputThread received : Hello
```

두 쓰레드가 PipedReader/PipedWriter를 이용해서 서로 메시지를 주고받는 예제이다. 쓰레드를 시작하기 전에 PipedReader와 PipedWriter를 연결해야한다는 것에 유의 하자.

StringWriter는 CharArrayWriter처럼 메모리를 사용하는 스트림인데 내부적으로 StringBuffer를 가지고 있어서 출력하는 내용이 여기에 저장된다.

4.4 StringReader와 StringWriter

StringReader/StringWriter는 CharArrayReader/CharArrayWriter와 같이 입출력 대상이 메모리인 스트림이다. StringWriter에 출력되는 데이터는 내부의 StringBuffer에 저장되며 StringWriter의 다음과 같은 메서드를 이용해서 저장된 데이터를 얻을 수 있다.

StringBuffer	**getBuffer( )**	StringWriter에 출력한 데이터가 저장된 StringBuffer를 반환
String	**toString( )**	StringWriter에 출력된 (StringBuffer에 저장된) 문자열을 반환

근본적으로는 String도 char배열이지만, 아무래도 char배열보다 String으로 처리하는 것이 여러모로 편리한 경우가 더 많을 것이다.

▼ 예제 15-19/`StringReaderWriterEx.java`

```java
import java.io.*;

class StringReaderWriterEx {
    public static void main(String[] args) throws IOException {
        String inputData = "ABCD";
        StringReader input = new StringReader(inputData);
        StringWriter output = new StringWriter();
//      int data = 0;
//      while((data = input.read())!=-1) {
//          output.write(data);     // void write(int b)
//      }
        input.transferTo(output);

        System.out.println("Input Data  :" + inputData);
        System.out.println("Output Data :" + output.toString());
//      System.out.println("Output Data :" + output.getBuffer().toString());
    }
}
```

▼ 실행결과

```
Input Data  :ABCD
Output Data :ABCD
```

5. 문자 기반의 보조스트림

5.1 BufferedReader와 BufferedWriter

BufferedReader와 BufferedWriter는 버퍼를 이용해서 입출력의 효율을 높일 수 있도록 해주는 역할을 한다. 버퍼를 이용하면 입출력의 성능이 비교할 수 없을 정도로 높아지기 때문에 사용하는 것이 좋다.

BufferedReader의 readLine()을 사용하면 데이터를 라인 단위로 읽을 수 있고 BufferedWriter는 newLine()이라는 줄바꿈 해주는 메서드를 가지고 있다.

▼ 예제 15-20/**BufferedReaderEx.java**

```java
import java.io.*;
class BufferedReaderEx {
    public static void main(String[] args) {
        try {
            FileReader fr = new FileReader("src/BufferedReaderEx.java");
            BufferedReader br = new BufferedReader(fr);

            String line = "";
            for(int i=1;(line = br.readLine())!=null;i++) {
                // ";"를 포함한 라인을 출력한다.
                if(line.indexOf(";")!=-1)
                    System.out.println(i+":"+line);
            }

            br.close();
        } catch(IOException e) {}
    } // main
}
```

▼ 실행결과

```
1:import java.io.*;
6:            FileReader fr = new FileReader("BufferedReaderEx.java");
7:            BufferedReader br = new BufferedReader(fr);
9:            String line = "";
10:           for(int i=1;(line = br.readLine())!=null;i++) {
11:               // ";"를 포함한 라인을 출력한다.
12:               if(line.indexOf(";")!=-1)
13:                   System.out.println(i+":"+line);
16:           br.close();
```

BufferedReader의 readLine()을 이용해서 파일을 라인단위로 읽은 다음 indexOf()를 이용해서 ';'를 포함하고 있는지 확인하여 출력하는 예제이다. 파일에서 특정 문자 또는 문자열을 포함한 라인을 쉽게 찾아낼 수 있음을 보여 준다.

5.2 InputStreamReader와 OutputStreamWriter

InputStreamReader/OutputStreamWriter는 이름에서 알 수 있는 것과 같이 바이트 기반 스트림을 문자 기반 스트림으로 연결해주는 역할을 한다. 예를 들어 인터넷 연결은 바이트 기반 스트림이라서 문자를 입출력하기에 불편하므로 바이트 기반 스트림을 Reader/Writer로 바꾸면 편리하다. 이럴 때 InputStreamReader/OuputStreamWriter를 사용하면 좋다.

그리고 바이트 기반 스트림의 데이터를 지정된 인코딩의 문자 데이터로 변환하는 작업을 수행할때 사용한다.

| 참고 | InputStreamReader/OutputStreamWriter는 Reader/Writer의 자손이다.

생성자 / 메서드	설 명
InputStreamReader(InputStream in)	OS에서 사용하는 기본 인코딩의 문자로 변환하는 InputStreamReader를 생성한다.
InputStreamReader(InputStream in, String encoding)	지정된 인코딩을 사용하는 InputStreamReader를 생성한다.
String getEncoding()	InputStreamReader의 인코딩을 알려 준다.

▲ 표15-23 InputStreamReader의 생성자와 메서드

생성자 / 메서드	설 명
OutputStreamWriter(OutputStream out)	OS에서 사용하는 기본 인코딩의 문자로 변환하는 OutputStreamWriter를 생성한다.
OutputStreamWriter(OutputStream out, String encoding)	지정된 인코딩을 사용하는 OutputStreamWriter를 생성한다.
String getEncoding()	OutputStreamWriter의 인코딩을 알려 준다.

▲ 표15-24 OutputStreamWriter의 생성자와 메서드

한글 윈도우에서 중국어로 작성된 파일을 읽을 때 InputStreamReader(InputStream in, String encoding)를 이용해서 인코딩이 중국어로 되어 있다는 것을 지정해주어야 파일의 내용이 깨지지 않고 올바르게 보일 것이다. 인코딩을 지정해 주지 않는다면 OS에서 사용하는 인코딩을 이용해서 파일을 해석해서 보여 주기 때문에 원래 작성된 내용과 다르게 보일 것이다.

이와 마찬가지로 OutputStreamWriter를 이용해서 파일에 텍스트 데이터를 저장할 때 생성자 OutputStreamWriter(OutputStream out, String encoding)를 이용해서 인코딩을 지정하지 않으면 OS에서 사용하는 인코딩으로 데이터를 저장할 것이다.

| 참고 | 시스템 속성에서 native.encoding의 값을 보면 OS에서 사용하는 인코딩의 종류를 알 수 있다.

```
Properties prop = System.getProperties();
System.out.println(prop.get("native.encoding"));
```

▼ 예제 15-21/**InputStreamReaderEx.java**

```java
import java.io.*;

class InputStreamReaderEx {
    public static void main(String[] args) {
        String line = "";

        try {
            InputStreamReader isr = new InputStreamReader(System.in);
            BufferedReader br = new BufferedReader(isr);

            System.out.println("사용중인 OS의 인코딩 :" + isr.getEncoding());

            do {
                System.out.print("문장을 입력하세요. 마치시려면 q를 입력하세요.>");
                line = br.readLine();
                System.out.println("입력하신 문장 : "+line);
            } while(!line.equalsIgnoreCase("q"));
//          br.close();    // System.in과 같은 표준 입출력은 닫지 않아도 된다.
            System.out.println("프로그램을 종료합니다.");
        } catch(IOException e) {}
    } // main
}
```

▼ 실행결과 – C:\...\ch15>는 C:\Users\userid\jdk21\ch15\out\production\ch15>를 의미

```
C:\...\ch15>java InputStreamReaderEx
사용중인 OS의 인코딩 :MS949
문장을 입력하세요. 마치시려면 q를 입력하세요.>asdf
입력하신 문장 : asdf
문장을 입력하세요. 마치시려면 q를 입력하세요.>hello
입력하신 문장 : hello
문장을 입력하세요. 마치시려면 q를 입력하세요.>q
입력하신 문장 : q
프로그램을 종료합니다.
```

BuffredReader의 readLine()을 이용해서 사용자의 화면입력을 라인단위로 입력받으면 편리하다. 그래서 BufferedReader와 InputStream인 System.in을 연결하기 위해 InputStreamReader를 사용하였다. JDK 5부터는 Scanner가 추가되어 이와 같은 방식을 사용하지 않아도 간단하게 처리가 가능하다.

그리고, 현재 사용 중인 OS의 인코딩을 확인하려면 생성자 InputStreamReader(InputStream in)를 사용해서 InputStreamReader의 인스턴스를 생성한 다음, getEncoding()을 호출하면 된다.

한글 윈도우즈에서 사용하는 인코딩의 종류는 MS949이며, MacOS는 UTF-8이다. 이 예제를 실행하는 OS의 종류에 따라 인코딩이 다를 수 있다.

6. 표준 입출력과 File

6.1 표준 입출력 - System.in, System.out, System.err

표준 입출력은 콘솔(console, 도스창)을 통한 데이터 입력과 콘솔로의 데이터 출력을 의미한다. 자바에서는 표준 입출력(standard I/O)을 위해 3가지 입출력 스트림, System.in, System.out, System.err을 제공하는데, 이 들은 자바 어플리케이션의 실행과 동시에 사용할 수 있게 자동적으로 생성되기 때문에 개발자가 별도로 스트림을 생성하는 코드를 작성하지 않고도 사용이 가능하다.

자바를 처음 시작할 때부터 지금까지 줄 곧 사용해온 System.out을 스트림의 생성없이 사용할 수 있었던 것이 바로 이러한 이유 때문이다.

System.in	콘솔로부터 데이터를 입력받는데 사용
System.out	콘솔로 데이터를 출력하는데 사용
System.err	콘솔로 데이터를 출력하는데 사용

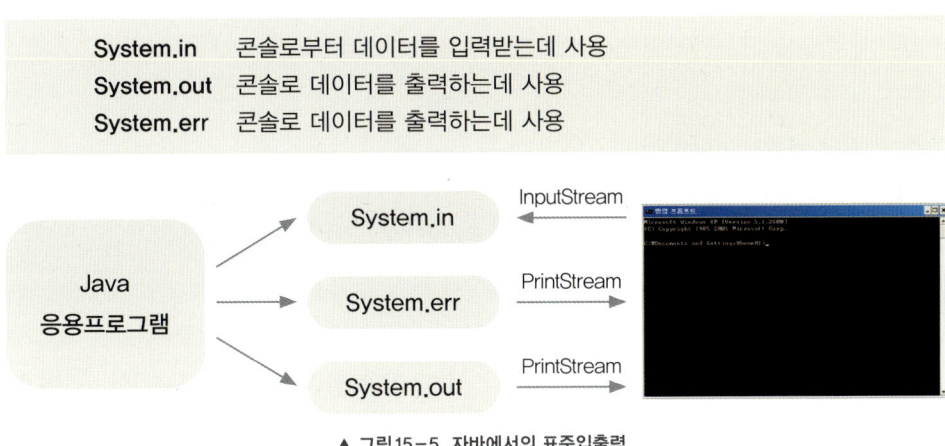

▲ 그림15-5 자바에서의 표준입출력

아래의 System클래스의 소스에서 알 수 있듯이 in, out, err은 System클래스에 선언된 클래스 변수(static변수)이다. 선언 부분만을 봐서는 out, err, in의 타입은 InputStream과 PrintStream이지만 실제로는 버퍼를 이용하는 BufferedInputStream과 BufferedOutputStream의 인스턴스를 사용한다.

```
public final class System {
    public final static InputStream in = nullInputStream();
    public final static PrintStream out = nullPrintStream();
    public final static PrintStream err = nullPrintStream();
    ...
}
```

| 참고 | 인텔리제이나 이클립스와 같은 에디터는 콘솔로의 출력을 중간에 가로채서 에디터에 뿌려 주는 것이다.

▼ 예제 15-22/`StandardIOEx.java`

```java
import java.io.*;
class StandardIOEx {
    public static void main(String[] args) throws IOException {
        int input = 0;

        while((input=System.in.read())!=-1) {
            System.out.println("input :" + input + ", (char)input :"
                                            + (char)input);
        }
    } // main
}
```

▼ 실행결과 - C:\...\ch15>는 C:\Users\userid\jdk21\ch15\out\production\ch15>를 의미

```
C:\...\ch15>java StandardIOEx
hello
input :104, (char)input :h
input :101, (char)input :e
input :108, (char)input :l
input :108, (char)input :l
input :111, (char)input :o
input :13,  (char)input :          ← 특수문자라서 화면에 보이지 않는다.
input :10,  (char)input :
                                   ← 개행문자가 출력되어 줄바꿈 되었다.
^Z                       ← Ctrl+Z를 눌러서 입력의 끝(EOF)를 알린다.

C:\...\ch15>
```

화면에 커서가 입력을 기다리고 있을 것이다. hello라고 입력하고 '^Z'(Ctrl키와 z키를 동시에 누름)를 누르거나 Enter를 누르면, 입력한 문자들이 출력되고 프로그램이 종료된다.

예제를 실행하여 System.in.read()가 호출되면, 코드의 진행을 멈추고 콘솔에 커서가 깜빡이며 사용자의 입력을 기다린다.

```
while((input = System.in.read()) ! = -1) {
```

콘솔입력은 버퍼를 가지고 있기 때문에 Backspace키를 이용해서 편집이 가능하며 한 번에 버퍼의 크기만큼 입력이 가능하다. 그래서 Enter키나 입력의 끝을 알리는 '^z'를 누르기 전까지는 아직 데이터가 입력 중인 것으로 간주되어 커서가 입력을 계속 기다리는 상태(블럭킹 상태)에 머무르게 된다.

콘솔에 데이터를 입력하고 Enter키를 누르면 입력대기상태에서 벗어나 입력된 데이터를 읽기 시작하고 입력된 데이터를 모두 읽으면 다시 입력대기 상태가 된다.

이러한 과정이 반복되다가 사용자가 '^z'를 입력하면, read()는 입력이 종료되었음을 인식하고 -1을 반환하여 while문을 벗어나 프로그램이 종료된다.

| 참고 | 윈도우에서는 '^z', 리눅스와 맥에서는 '^d'를 누르는 것이 스트림의 끝을 의미한다. 인텔리제이와 같은 IDE에서는 좌측 하단이나 우측 상단의 빨간색 'stop'버튼을 눌러야 종료된다.

위의 결과에서 알 수 있듯이 Enter키를 누르는 것은 두 개의 특수문자 '\r'과 '\n'이 입력된 것으로 간주된다. '\r'은 캐리지리턴(carriage return), 즉 커서를 현재 라인의 첫 번째 컬럼으로 이동시키고 '\n'은 커서를 다음 줄로 이동시키는 줄바꿈(new line)을 한다.

그래서 Enter키를 누르면, 캐리지리턴과 줄바꿈이 수행되어 다음 줄의 첫 번째 칼럼으로 커서가 이동하는 것이다.

여기서 한 가지 문제는 Enter키도 사용자입력으로 간주되어 매 입력마다 '\r'과 '\n'이 붙기 때문에 이 들을 제거해주어야 하는 불편함이 있다는 것이다. 이러한 불편함을 제거하려면 전에 살펴본 것과 같이 System.in에 BufferedReader를 이용해서 readLine()을 통해 라인 단위로 데이터를 입력받으면 된다.

텍스트기반의 사용자인터페이스 시대에 탄생한 C언어는 콘솔이 데이터를 입력받는 주요 수단이었지만, 자바가 탄생한 그래픽기반의 사용자인터페이스 시대는 콘솔을 통해서 데이터를 입력받는 경우는 드물기 때문에 Java에서 콘솔을 통한 입력에 대한 지원이 미약했다. 나중에 Scanner와 Console같은 클래스가 추가되면서 많이 보완되었다.

> **참고** 윈도우의 개행 문자는 '\r', '\n' 2개이고, 맥이나 리눅스는 '\n'이다.

6.2 표준 입출력의 대상변경 – setIn(), setOut(), setErr()

초기에는 System.in, System.out, System.err의 입출력대상이 콘솔화면이지만, setIn(), setOut(), setErr()를 사용하면 입출력을 콘솔 이외에 다른 입출력 대상으로 변경하는 것이 가능하다.

메서드	설명
static void **setIn**(InputStream in)	System.in의 입력을 지정한 InputStream으로 변경
static void **setOut**(PrintStream out)	System.out의 출력을 지정된 PrintStream으로 변경
static void **setErr**(PrintStream err)	System.err의 출력을 지정한 PrintStream으로 변경

그러나 JDK 5부터 Scanner클래스가 제공되면서 System.in으로부터 데이터를 입력받아 작업하는 것이 편리해졌다.

▼ 예제 15-23/**StandardIOEx2.java**

```java
class StandardIOEx2 {
    public static void main(String[] args) {
        System.out.println("out : Hello World!");
        System.err.println("err : Hello World!");
    }
}
```

▼ 실행결과
```
out : Hello World!
err : Hello World!
```

System.out, System.err 모두 출력대상이 콘솔이기 때문에 System.out대신 System.err을 사용해도 같은 결과를 얻는다.

▼ 예제 15-24/**StandardIOEx3.java**

```java
import java.io.*;
class StandardIOEx3 {
    public static void main(String[] args) {
        PrintStream ps = null;
        FileOutputStream fos=null;

        try {
            fos = new FileOutputStream("test.txt");
            ps = new PrintStream(fos);
            System.setOut(ps);     // System.out의 출력대상을 test.txt파일로 변경
        } catch(FileNotFoundException e) {
            System.err.println("File not found.");
        }

        System.out.println("Hello by System.out");
        System.err.println("Hello by System.err");
    }
}
```

▼ 실행결과

```
C:\...\ch15>java StandardIOEx3
Hello by System.err

C:\...\ch15>type test.txt
Hello by System.out

C:\...\ch15>
```

System.out의 출력 소스를 test.txt파일로 변경하였기 때문에 System.out을 이용한 출력은 모두 test.txt파일에 저장된다. 그래서 실행 결과에는 System.err를 이용한 출력만 나타난다.

setOut()과 같은 메소드를 사용하는 방법 외에도 커맨드 라인에서 표준 입출력의 대상을 간단히 바꿀 수 있는 다음과 같은 방법이 있다.

```
C:\...\ch15>java StandardIOEx2
out : Hello World!
err : Hello World!
```

StandardIOEx2의 System.out출력을 콘솔이 아닌 output.txt로 지정한다. 즉, System.out에 출력하는 것은 output.txt에 저장된다. 기존에 output.txt파일이 있었다면 기존의 내용은 삭제된다.

```
C:\...\ch15>java StandardIOEx2 > output.txt
err : Hello World!

C:\...\ch15>type output.txt
out : Hello World!
```

StandardIOEx2의 System.out출력을 output.txt에 저장한다. '>'를 사용했을 때와는 달리 '>>'는 기존 내용의 마지막에 새로운 내용이 추가된다.

```
C:\...\ch15>java StandardIOEx2 >> output.txt
err : Hello World!

C:\...\ch15>type output.txt
out : Hello World!
out : Hello World!
```

StandardIOEx2의 표준 입력을 output.txt로 지정한다. 즉, 콘솔이 아닌 output.txt로부터 데이터를 입력받는다.

```
C:\...\ch15>java StandardIOEx2 < output.txt
out : Hello World!
out : Hello World!
```

6.3 RandomAccessFile

자바에서는 기본적으로 입력과 출력이 각각 분리되어 별도로 작업을 하도록 설계되어 있는데, RandomAccessFile만은 하나의 클래스로 파일에 대한 입력과 출력을 모두 할 수 있게 되어 있다. 그림15-6에서도 알 수 있듯이, InputStream이나 OutputStream으로부터 상속받지 않고, DataInput인터페이스와 DataOutput인터페이스를 모두 구현했기 때문에 읽기와 쓰기가 모두 가능하다.

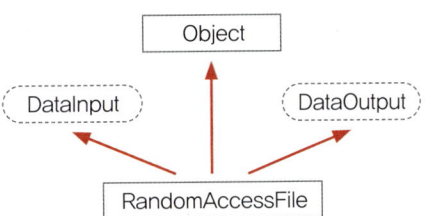

▲ 그림 15-6 RandomAccessFile의 상속 계층도

사실 DataInputStream은 DataInput인터페이스를, DataOutputStream은 DataOutput인터페이스를 구현했다. 이 두 클래스의 기본형(primitive data type)을 읽고 쓰기 위한 메서드들은 모두 이 2개의 인터페이스에 정의되어있는 것들이다.

따라서, RandomAccessFile클래스도 DataInputStream과 DataOutputStream처럼, 기본형 단위로 데이터를 읽고 쓸 수 있다.

그래도 역시 RandomAccessFile클래스의 가장 큰 장점은 파일의 어느 위치에나 읽기/쓰기가 가능하다는 것이다. 다른 입출력 클래스들은 입출력 소스에 순차적으로 읽기/쓰기를 하기 때문에 읽기와 쓰기가 제한적인데 반해서 RandomAccessFile클래스는 파일에 읽고 쓰는 위치에 제한이 없다.

이것을 가능하게 하기 위해서 내부적으로 파일 포인터를 사용하는데, 입출력 시에 작업이 수행되는 곳이 바로 파일 포인터가 위치한 곳이 된다.

파일 포인터의 위치는 파일의 제일 첫 부분(0부터 시작)이며, 읽기 또는 쓰기를 수행할 때 마다 작업이 수행된 다음 위치로 자동으로 이동하게 된다. 그래서 순차적으로 읽기나 쓰기를 한다면, 파일 포인터를 수동으로 이동시키지 않아도 되지만, 파일의 임의의 위치에 있는 내용에 대해 작업하고자 한다면, 먼저 파일 포인터를 원하는 위치로 옮겨야 한다.

현재 작업 중인 파일에서 파일 포인터의 위치를 알고 싶을 때는 getFilePointer( )를 사용하면 되고, 파일 포인터의 위치를 옮기기 위해서는 seek(long pos)나 skipBytes(int n)를 사용하면 된다.

|참고| 모든 입출력에 사용되는 클래스들은 입출력 시 다음 작업이 이루어질 위치를 저장하고 있는 포인터(변수)를 내부적으로 갖고 있다. 다만 내부에서만 접근할 수 있기 때문에 외부에서 포인터의 위치를 마음대로 변경할 수 없다는 것이 RandomAccessFile과 다른 점이다.

생성자 / 메서드	설 명
RandomAccessFile(File file, String mode) RandomAccessFile(String fileName, String mode)	주어진 file에 읽기 또는 읽기와 쓰기를 하기 위한 RandomAccessFile인스턴스를 생성한다. mode의 값은 "r", "rw", "rws", "rwd"가 지정가능하다. "r" – 파일로부터 읽기(r)만을 수행할 때 "rw" – 파일에 읽기(r)와 쓰기(w) "rws"와 "rwd"는 기본적으로 "rw"와 같은데, 출력내용이 파일에 지연 없이 바로 쓰이게 한다. "rwd"는 파일 내용만, "rws"는 파일의 메타정보도 포함
FileChannel getChannel( )	파일의 파일 채널을 반환한다.
FileDescriptor getFD( )	파일의 파일 디스크립터를 반환
long getFilePointer( )	파일 포인터의 위치를 알려 준다.
long length( )	파일의 크기를 얻을 수 있다.(단위 byte)
void seek(long pos)	파일 포인터의 위치를 변경한다. 위치는 파일의 첫 부분부터 pos크기만큼 떨어진 곳이다.(단위 byte)
void setLength(long newLength)	파일의 크기를 지정된 길이로 변경한다.(byte단위)
int skipBytes(int n)	지정된 수만큼의 byte를 건너뛴다.

▲ 표15-25 RandomAccessFile의 생성자와 메서드

|참고| RandomAccessFile의 인스턴스를 "rw" mode로 생성할 때, 지정된 파일이 없으면 새로운 파일을 생성한다.

▼ 예제 15-25/RandomAccessFileEx.java

```java
import java.io.*;

class RandomAccessFileEx {
    public static void main(String[] args) {
        try {
            RandomAccessFile raf = new RandomAccessFile("test.dat", "rw");
            System.out.println("파일 포인터의 위치: " + raf.getFilePointer());
            raf.writeInt(100);
            System.out.println("파일 포인터의 위치: " + raf.getFilePointer());
```

```
            raf.writeLong(100L);
            System.out.println("파일 포인터의 위치: " + raf.getFilePointer());
        } catch (IOException e) {
            e.printStackTrace();
        }
    }
}
```

▼ 실행결과
```
파일 포인터의 위치: 0
파일 포인터의 위치: 4
파일 포인터의 위치: 12
```

이 예제는 파일에 출력작업이 수행되었을 때 파일 포인터의 위치가 어떻게 달라지는지를 보여 준다. int가 4 byte이기 때문에 writeInt( )를 호출한 다음 파일 포인터의 위치가 0에서 4로 바뀐 것을 알 수 있다. 마찬가지로 8 byte인 long을 출력하는 writeLong( )을 호출한 후에는 파일 포인터의 위치가 4에서 12로 변경된 것을 알 수 있다.

▼ 예제 15-26/RandomAccessFileEx2.java

```
import java.io.*;

class RandomAccessFileEx2 {
    public static void main(String args[]) {
//                        번호, 국어, 영어, 수학
        int[] score = { 1, 100,  90,  90,
                        2,  70,  90, 100,
                        3, 100, 100, 100,
                        4,  70,  60,  80,
                        5,  70,  90, 100
        };

        try {
            RandomAccessFile raf = new RandomAccessFile("score2.dat", "rw");
            for(int i=0; i<score.length;i++) {
                raf.writeInt(score[i]);
            }

            while(true) {
                System.out.println(raf.readInt());
            }
        } catch (EOFException eof) {
            // readInt()를 호출했을 때 더 이상 읽을 내용이 없으면 EOFException이 발생한다.
        } catch (IOException e) {
            e.printStackTrace();
        }
    } // main
}
```

이 예제는 int배열 score에 저장된 데이터를 score2.dat에 저장한 다음, 저장된 내용을 readInt( )로 읽어서 출력하도록 한 것이다. 그러나 score2.dat파일은 생성되지만 화면에는 아무 것도 출력되지 않는다.

| 참고 | 인텔리제이의 경우, score2.dat파일은 프로젝트의 루트에 생성된다. 보이지 않는다면, 프로젝트 창에서 우클릭, 'Reload from Disk'를 클릭한다.

그 이유는 writeInt( )를 수행하면서 파일 포인터의 위치가 파일의 마지막으로 이동되었기 때문이다. 그 다음에 readInt( )를 호출했으므로 파일의 앞부분이 아닌 마지막 부분부터 읽기 시작하기 때문에 아무 것도 읽지 못하고 EOFException이 발생해서 무한 반복문을 벗어나게 된다.

그래서 다음과 같이 seek(long pos)를 이용해서 파일 포인터의 위치를 다시 처음으로 이동시킨 다음에 readInt( )를 호출하도록 해야 한다.

```
while(true) {
    System.out.println(raf.readInt());
}
```
→
```
raf.seek(0);
while(true) {
    System.out.println(raf.readInt());
}
```

이처럼 RandomAccdessFile을 'rw(읽기쓰기)모드'로 작업할 때는 이 점을 염두에 두어야 한다.

▼ 예제 15-27/RandomAccessFileEx3.java

```java
import java.io.*;
class RandomAccessFileEx3 {
    public static void main(String args[]) {
        int sum = 0;

        try {
            RandomAccessFile raf = new RandomAccessFile("score2.dat", "r");
            int i=4;

            while(true) {
                raf.seek(i);
                sum += raf.readInt();  // 더 이상 읽을게 없으면 EOFException발생
                i+=16;
            }
        } catch (EOFException e) {
            System.out.println("sum : " + sum);
        } catch (IOException e) {
            e.printStackTrace();
        }
    }
}
```

▼ 실행결과
```
sum : 410
```

이전 예제에서 데이터를 저장한 score2.dat파일에서 국어 과목의 점수만을 합계를 내는 예제이다. 한 학생의 데이터가 번호와 세 과목의 점수로 모두 4개의 int값(4 × 4 = 16 byte)으로 되어 있기 때문에 'i+=16'로 파일 포인터의 값을 16씩 증가시켜가면서 readInt( )를 호출 했다. readInt( )는 더이상 읽을 데이터가 없으면 EOFException을 발생시키므로 catch블럭에서 합계를 출력했다.

6.4 File

파일은 기본적이면서도 가장 많이 사용되는 입출력 대상이기 때문에 중요하다. 그래서 관련된 기본적인 내용뿐 만 아니라 다양한 활용 예제들을 실었다. 이 들을 응용해서 다양한 예제들을 만들어 보면 실력향상에 많은 도움이 될 것이다.

자바에서는 File클래스를 통해서 파일과 디렉토리를 다룰 수 있도록 하고 있다. 그래서 File인스턴스는 파일 일 수도 있고 디렉토리일 수도 있다. 앞으로 File클래스의 생성자와 메서드를 관련된 것들 끼리 나누어서 예제와 함께 설명하고자 한다.

먼저 File의 생성자와 경로에 관련된 메서드를 알아보자.

생성자 / 메서드	설 명
File(String fileName)	주어진 문자열(fileName)을 이름으로 갖는 파일을 위한 File인스턴스를 생성한다. 파일 뿐만 아니라 디렉토리도 같은 방법으로 다룬다. 여기서 fileName은 주로 경로(path)를 포함해서 지정해주지만, 파일 이름만 사용해도 되는 데 이 경우 프로그램이 실행되는 위치가 경로(path)로 간주된다.
File(String pathName, String fileName) File(File pathName, String fileName)	파일의 경로와 이름을 따로 분리해서 지정할 수 있도록 한 생성자. 이 중 두 번째 것은 경로를 문자열이 아닌 File인스턴스인 경우를 위해서 제공된 것이다.
File(URI uri)	지정된 uri로 파일을 생성
String getName()	파일이름을 String으로 반환
String getPath()	파일의 경로(path)를 String으로 반환
String getAbsolutePath() File getAbsoluteFile()	파일의 절대경로를 String으로 반환 파일의 절대경로를 File로 반환
String getParent() File getParentFile()	파일의 조상 디렉토리를 String으로 반환 파일의 조상 디렉토리를 File로 반환
String getCanonicalPath() File getCanonicalFile()	파일의 정규경로를 String으로 반환 파일의 정규경로를 File로 반환

▲ 표15-26 File의 생성자와 경로와 관련된 메서드

멤버변수	설 명
static String pathSeparator	OS에서 사용하는 경로(path) 구분자. 윈도우 ";", 유닉스 ":"
static char pathSeparatorChar	OS에서 사용하는 경로(path) 구분자. 윈도우에서는 ';', 유닉스 ':'
static String separator	OS에서 사용하는 이름 구분자. 윈도우 "\", 유닉스 "/"
static char separatorChar	OS에서 사용하는 이름 구분자. 윈도우 '\', 유닉스 '/'

▲ 표15-27 경로와 관련된 File의 멤버변수

표15-27에서 알 수 있는 것과 같이 파일의 경로(path)와 디렉토리나 파일의 이름을 구분하는 데 사용 되는 구분자가 OS마다 다를 수 있기 때문에, OS독립적으로 프로그램을 작

성하기 위해서는 반드시 위의 멤버 변수들을 이용해야한다. 만일 윈도우에서 사용하는 구분자를 코드에 직접 적어 놓았다면, 이 코드는 다른 OS에서는 오류를 일으킬 수 있다.

▼ 예제 15-28/**FileEx.java**

```java
import java.io.*;
class FileEx {
   public static void main(String[] args) throws IOException {
      File f = new File("c:\\jdk21\\ch15\\FileEx.java");
      String fileName = f.getName();
      int pos = fileName.lastIndexOf(".");

      System.out.println("경로를 제외한 파일이름 - " + f.getName());
      System.out.println("확장자를 제외한 파일이름 - "+ fileName.substring(0,pos));
      System.out.println("확장자 - " + fileName.substring(pos+1));

      System.out.println("경로를 포함한 파일이름 - " + f.getPath());
      System.out.println("파일의 절대경로       - " + f.getAbsolutePath());
      System.out.println("파일의 정규경로       - " + f.getCanonicalPath());
      System.out.println("파일이 속해 있는 디렉토리 - " + f.getParent());
      System.out.println();
      System.out.println("File.pathSeparator - " + File.pathSeparator);
      System.out.println("File.pathSeparatorChar - "
                                 + File.pathSeparatorChar);
      System.out.println("File.separator - " + File.separator);
      System.out.println("File.separatorChar - " + File.separatorChar);
      System.out.println();
      System.out.println("user.dir="+System.getProperty("user.dir"));
      System.out.println("java.library.path="
                        + System.getProperty("java.library.path"));
   }
}
```

▼ 실행결과

```
경로를 제외한 파일이름 - FileEx.java
확장자를 제외한 파일이름 - FileEx
확장자 - java
경로를 포함한 파일이름 - C:\jdk21\ch15\FileEx.java
파일의 절대경로       - C:\jdk21\ch15\FileEx.java
파일의 정규경로       - C:\jdk21\ch15\FileEx.java
파일이 속해 있는 디렉토리 - C:\jdk21\ch15

File.pathSeparator - ;
File.pathSeparatorChar - ;
File.separator - \
File.separatorChar - \

user.dir=C:\Users\userid\jdk21\ch15
java.library.path=C:\Users\userid\.jdks\corretto-21.0.5\bin;C:\WINDOWS\Sun\
Java\bin;C:\WINDOWS\system32;C:\WINDOWS;C:\Program Files (x86)\Intel\iCLS
Client\;C:\WINDOWS\System32\Wbem;C:\WINDOWS\System32\WindowsPowerShell\
v1.0\;C:\Program Files\Intel\Intel(R) Management Engine Components\DAL;
...중간생략...
```

File인스턴스를 생성하고 메서드를 이용해서 파일의 경로와 구분자 등의 정보를 출력하는 예제이다. 결과를 보면 어떤 결과를 얻기 위해서는 어떤 메서드를 사용해야하는지 감이 잡힐 것이다.

절대 경로(absolute path)는 파일 시스템의 루트(root)로부터 시작하는 파일의 전체 경로를 의미한다. OS에 따라 다르지만, 하나의 파일에 대해 둘 이상의 절대 경로가 존재할 수 있다. 현재 디렉토리를 의미하는 '.'와 같은 기호나 링크를 포함하고 있는 경우가 이에 해당한다. 그러나 정규 경로(canonical path)는 기호나 링크 등을 포함하지 않는 유일한 경로를 의미한다.

예를 들어 'C:\jdk21\ch15\FileEx.java'의 또 다른 절대 경로는 'C:\jdk21\ch15\.\FileEx.java'가 있지만, 정규경로는 'C:\jdk21\ch15\File Ex.java' 단 하나 뿐이다.

시스템 속성 중에서 user.dir의 값을 확인하면 현재 프로그램이 실행 중인 디렉토리를 알 수 있다. 그리고 우리가 OS의 시스템 변수로 설정하는 classpath외에 sun.boot.class.path라는 시스템 속성에 기본적인 classpath가 있어서 기본적인 경로들은 이미 설정되어 있다. 그래서 처음에 JDK설치 후 classpath를 따로 지정해주지 않아도 되는 것이다.

| 참고 | JDK 9부터 모듈이 도입되면서 sun.boot.class.path는 더이상 사용하지 않는다.

예제에서 사용된 'File f = new File("c:\\jdk21\\ch15\\FileEx.java");'대신 다른 생성자를 사용해서 File인스턴스를 생성할 수 있다.

```
File f = new File("c:\\jdk21\\ch15", "FileEx.java");
    또는
File dir = new File("c:\\jdk21\\ch15");
File f = new File(dir, "FileEx.java");
```

한 가지 더 알아두어야 할 것은 File인스턴스를 생성했다고 해서 파일이나 디렉토리가 생성되는 것은 아니라는 것이다. 파일명이나 디렉토리명으로 지정된 문자열이 유효하지 않더라도 컴파일 에러나 예외를 발생시키지 않는다.

새로운 파일을 생성하기 위해서는 File인스턴스를 생성한 다음, 출력스트림을 생성하거나 createNewFile( )을 호출해야한다.

1. 이미 존재하는 파일을 참조할 때 :
```
File f = new File("c:\\jdk21\\ch15", "FileEx.java");
```
2. 기존에 없는 파일을 새로 생성할 때 :
```
File f = new File("c:\\jdk21\\ch15", "NewFile.java");
f.createNewFile();    // 새로운 파일이 생성된다.
```

다음은 앞으로 소개할 예제에 사용된 메서드이다. 가볍게 훑어보고 예제를 통해 사용법을 자세히 알아보자.

메서드	설명
boolean canRead( )	읽을 수 있는 파일인지 검사한다.
boolean canWrite( )	쓸 수 있는 파일인지 검사한다.
boolean canExecute( )	실행할 수 있는 파일인지 검사한다.
int compareTo(File pathname)	주어진 파일 또는 디렉토리를 비교한다. 같으면 0을 반환하며, 다르면 1 또는 -1을 반환한다.(Unix시스템은 대소문자를 구별하고, Windows는 구별하지 않는다.)
boolean exists( )	파일이 존재하는지 검사한다.
boolean isAbsolute( )	파일 또는 디렉토리가 절대경로명으로 지정되었는지 확인한다.
boolean isDirectory( )	디렉토리인지 확인한다.
boolean isFile( )	파일인지 확인한다.
boolean isHidden( )	파일의 속성이 '숨김(Hidden)'인지 확인한다. 또한 파일이 존재하지 않으면 false를 반환한다.
boolean createNewFile( )	아무런 내용이 없는 새로운 파일을 생성한다.(단, 생성하려는 파일이 이미 존재하면 생성되지 않는다.) File f = new File("c:\\jdk21\\ch15\\test3.java"); f.createNewFile( );
static File createTempFile (String prefix, String suffix)	임시파일을 시스템의 임시 디렉토리에 생성한다. System.out.println(File.createTempFile("work", ".tmp")); 결과 : c:\Users\userid\AppData\Local\Temp\work14247.tmp
static File createTempFile (String prefix, String suffix, File directory)	임시파일을 시스템의 지정된 디렉토리에 생성한다.
boolean delete( )	파일을 삭제한다.
void deleteOnExit( )	응용 프로그램 종료시 파일을 삭제한다. 주로 실행 시 작업에 사용된 임시파일을 삭제하는데 사용된다.
boolean equals(Object obj)	주어진 객체(주로 File인스턴스)가 같은 파일인지 비교한다. (Unix 시스템에서는 대소문자를 구별하며, Windows에서는 구별하지 않는다.)
long lastModified( )	파일의 마지막으로 수정된 시간을 지정된 시간을 반환
long length( )	파일의 크기를 반환한다.
String[ ] list( )	디렉토리의 파일목록(디렉토리 포함)을 String배열로 반환한다.
String[ ] list(FilenameFilter filter) File[ ] list(FilenameFilter filter)	FilenameFilter인스턴스에 구현된 조건에 맞는 파일을 String배열 (File배열)로 반환한다.
File[ ] listFiles( ) File[ ] listFiles(FileFilter filter) File[ ] listFiles(FilenameFilter f)	디렉토리의 파일목록(디렉토리 포함)을 File배열로 반환 (filter가 지정된 경우에는 filter의 조건과 일치하는 파일만 반환)
static File[ ] listRoots( ) long getFreeSpace( ) long getTotalSpace( ) long getUsableSpace( )	컴퓨터의 파일시스템의 root의 목록(SSD, HDD, USB)을 반환(예: C:\, D:\) get으로 시작하는 메서드들은 File이 root일 때, 비어있는 공간, 전체 공간, 사용가능한 공간을 바이트 단위로 반환

boolean mkdir( ) boolean mkdirs( )	파일에 지정된 경로로 디렉토리(폴더)를 생성. 성공하면 true mkdirs는 필요하면 부모 디렉토리까지 생성
boolean renameTo(File dest)	지정된 파일(dest)로 이름을 변경
boolean setExecutable(boolean executable) boolean setExecutable(boolean executable, boolean ownerOnly) boolean setReadable(boolean readable) boolean setReadable(boolean readable, boolean ownerOnly) boolean setReadOnly( ) boolean setWritable(boolean writable) boolean setWritable(boolean writable,　　boolean ownerOnly)	파일의 속성을 변경한다. ownerOnly가 true면, 파일의 소유자만 해당 속성을 변경할 수 있다.
boolean setLastModified(long t)	파일의 마지막으로 수정된 시간을 지정된 시간(t)으로 변경
Path toPath( )	파일을 Path로 변환해서 반환
URI toURI( )	파일을 URI로 변환해서 반환

▲ 표15-28 File의 메서드

▼ 예제 15-29/**FileEx2.java**

```
import java.io.*;

class FileEx2 {
    public static void main(String[] args) {
        if(args.length != 1) {
            System.out.println("USAGE : java FileEx2 DIRECTORY");
            System.exit(0);
        }

        File f = new File(args[0]);

        if(!f.exists() || !f.isDirectory()) {
            System.out.println("유효하지 않은 디렉토리입니다.");
            System.exit(0);
        }

        File[] files = f.listFiles();

        for(int i=0; i < files.length; i++) {
            String fileName = files[i].getName();
            System.out.println(
                    files[i].isDirectory() ? "["+fileName+"]" : fileName);
        }
    } // main
}
```

▼ 실행결과 - C:\...\ch15>는 C:\Users\userid\jdk21\ch15\out\production\ch15>를 의미

```
C:\...\ch15>java FileEx2
USAGE : java FileEx2 DIRECTORY

C:\...\ch15>java FileEx2 work
유효하지 않은 디렉토리입니다.

C:\...\ch15>java FileEx2 c:\jdk21
ADDITIONAL_LICENSE_INFO
ASSEMBLY_EXCEPTION
[bin]
```

```
commitId.txt
[conf]
[include]
[jmods]
[legal]
[lib]
LICENSE
README.md
release
version.txt
```

지정한 디렉토리(폴더)에 포함된 파일과 디렉토리의 목록을 보여 주는 예제이다. 간단한 예제이므로 자세한 설명은 생략한다.

▼ 예제 15-30/**FileEx3.java**

```java
import java.io.*;
import java.util.ArrayList;

class FileEx3 {
    static int totalFiles = 0;
    static int totalDirs  = 0;

    public static void main(String[] args) {
        if(args.length != 1) {
            System.out.println("USAGE : java FileEx3 DIRECTORY");
            System.exit(0);
        }

        File dir = new File(args[0]);

        if(!dir.exists() || !dir.isDirectory()) {
            System.out.println("유효하지 않은 디렉토리입니다.");
            System.exit(0);
        }

        printFileList(dir);

        System.out.println();
        System.out.println("총 " + totalFiles + "개의 파일");
        System.out.println("총 " + totalDirs  + "개의 디렉토리");
    } // main

    public static void printFileList(File dir) {
        System.out.println(dir.getAbsolutePath()+" 디렉토리");
        File[] files = dir.listFiles();

        ArrayList subDir = new ArrayList();

        for(int i=0; i < files.length; i++) {
            String filename = files[i].getName();

            if(files[i].isDirectory()) {
                filename = "[" + filename + "]";
                subDir.add(i+"");
            }
            System.out.println(filename);
        }
```

```
        int dirNum = subDir.size();
        int fileNum = files.length - dirNum;

        totalFiles += fileNum;
        totalDirs  += dirNum;

        System.out.println(fileNum + "개의 파일, " + dirNum + "개의 디렉토리");
        System.out.println();

        for(int i=0; i < subDir.size(); i++) {
            int index = Integer.parseInt((String)subDir.get(i));
            printFileList(files[index]);
        }
    } // printFileList
}
```

▼ 실행결과 - C:\...\ch15>는 C:\Users\userid\jdk21\ch15\out\production\ch15>를 의미

```
C:\...\ch15>java FileEx3 C:\jdk21\ch15
C:\jdk21\ch15 디렉토리
FileEx1.java
FileEx2.class
FileEx2.java
...
20개의 파일, 2개의 디렉토리

C:\jdk21\ch15\temp 디렉토리
FileEx9.class
FileEx9.java
FileEx9.java.bak
result.txt
[temptemp]
[temptemp2]
4개의 파일, 2개의 디렉토리

C:\jdk21\ch15\temp\temptemp 디렉토리
[temptemptemp]
0개의 파일, 1개의 디렉토리

C:\jdk21\ch15\temp\temptemp\temptemptemp 디렉토리
0개의 파일, 0개의 디렉토리

C:\jdk21\ch15\temp\temptemp2 디렉토리
0개의 파일, 0개의 디렉토리

C:\jdk21\ch15\temp2 디렉토리
FileEx9.java.bak
1개의 파일, 0개의 디렉토리


총  25개의 파일
총   5개의 디렉토리
```

이전 예제를 발전시켜서 서브디렉토리와 그에 포함된 파일과 디렉토리의 목록까지 보여 주도록 하였다.

printFileList(File dir)는 디렉토리에 포함된 파일과 디렉토리의 목록을 출력하는 메서 드인데 재귀호출을 이용하였다.

```
ArrayList subDir = new ArrayList();

for(int i = 0; i < files.length; i++) {
    String filename = files[i].getName();

    if(files[i].isDirectory()) {
        filename = "[" + filename + "]";
        subDir.add(i+"");
    }
    System.out.println(filename);
}
```

먼저 파일의 목록을 출력하고 디렉토리인 경우 ArrayList에 담았다가 각 디렉토리에 대해 printFileList(File dir)를 재귀호출한다.

```
for(int i = 0; i < subDir.size(); i++) {
    int index = Integer.parseInt((String)subDir.get(i));
    printFileList(files[index]);
}
```

사실 ArrayList에 담지 않고 재귀호출만으로도 처리가 가능하지만 보다 정돈된 형태로 출력하기 위해서 이렇게 하였다.

▼ 예제 15-31/**FileEx4.java**

```java
import java.io.*;
import java.text.SimpleDateFormat;
import java.util.Date;

class FileEx4 {
    public static void main(String[] args) {
        String currDir = System.getProperty("user.dir");
        File dir = new File(currDir);

        File[] files = dir.listFiles();

        for(int i=0; i < files.length; i++) {
            File f = files[i];
            String name = f.getName();
            SimpleDateFormat df =new SimpleDateFormat("yyyy-MM-dd HH:mma");
            String attribute = "";
            String size = "";

            if(files[i].isDirectory()) {
                attribute = "DIR";
```

```
            } else {
                size = f.length() + "";
                attribute  = f.canRead()   ? "R" : " ";
                attribute += f.canWrite()  ? "W" : " ";
                attribute += f.isHidden()  ? "H" : " ";
            }

            System.out.printf("%s %3s %6s %s\n"
                , df.format(new Date(f.lastModified())), attribute, size, name );
        }
    }
} // end of class
```

▼ 실행결과 – C:\...\ch15>는 C:\Users\userid\jdk21\ch15\out\production\ch15>를 의미

```
C:\...\ch15>java FileEx4
2025-06-01 08:42오후 RW     2553 FileEx.class
2025-06-01 08:22오후 RW     1632 FileEx2.class
2025-06-01 08:43오후 RW     2696 FileEx3.class
...
C:\...\ch15>
```

현재 디렉토리에 속한 파일과 디렉토리의 이름과 크기 등 상세정보를 보여 주는 예제다.

▼ 예제 15-32/**FileEx5.java**

```
import java.io.*;
import java.text.SimpleDateFormat;
import java.util.*;

class FileEx5 {
    public static void main(String[] args) {
        if(args.length != 1 || args[0].length() != 1
                                  || "tTlLnN".indexOf(args[0]) == -1) {
            System.out.println("USAGE : java FileEx5 SORT_OPTION    ");
            System.out.println("   SORT_OPTION :                    ");
            System.out.println("      t     Time ascending sort.    ");
            System.out.println("      T     Time descending sort.   ");
            System.out.println("      l     Length ascending sort.  ");
            System.out.println("      L     Length descending sort. ");
            System.out.println("      n     Name ascending sort.    ");
            System.out.println("      N     Name descending sort.   ");
            System.exit(0);
        }

        final char option = args[0].charAt(0);

        String currDir = System.getProperty("user.dir");
        File   dir   = new File(currDir);
        File[] files = dir.listFiles();

        Comparator<File> comp = null;
```

```java
        switch(option){
            case 't':
             comp = (f, f2) -> Long.compare(f.lastModified(),f2.lastModified());
                break;
            case 'T':
             comp = (f, f2) -> Long.compare(f2.lastModified(),f.lastModified());
                break;
            case 'l':
                comp = (f, f2) -> Long.compare(f.length(), f2.length());
                break;
            case 'L':
                comp = (f, f2) -> Long.compare(f2.length(), f.length());
                break;
            case 'n':
                comp = (f, f2) -> f.getName().compareTo(f2.getName());
                break;
            case 'N':
                comp = (f, f2) -> f2.getName().compareTo(f.getName());
                break;
        }

        Arrays.sort(files, comp);

        for(int i=0; i < files.length; i++) {
            File f = files[i];
            String name = f.getName();
            SimpleDateFormat df =new SimpleDateFormat("yyyy-MM-dd HH:mm");
            String attribute = "";
            String size = "";
            if(files[i].isDirectory()) {
                attribute = "DIR";
            } else {
                size = f.length() + "";
                attribute  = f.canRead()  ? "R" : " ";
                attribute += f.canWrite() ? "W" : " ";
                attribute += f.isHidden() ? "H" : " ";
            }

            System.out.printf("%s %3s %6s %s%n"
                    ,df.format(new Date(f.lastModified())),attribute,size,name );
        } // for
    } // main
} // end of class
```

▼ 실행결과 - C:\...\ch15>는 C:\Users\userid\jdk21\ch15\out\production\ch15>를 의미

```
C:\...\ch15>java FileEx5
USAGE : java FileEx5 SORT_OPTION
    SORT_OPTION :
    t     Time ascending sort.
    T     Time descending sort.
    l     Length ascending sort.
    L     Length descending sort.
    n     Name ascending sort.
    N     Name descending sort.
```

```
C:\...\ch15>java FileEx5 T
2025-06-01 08:46 RW     3278 FileEx5.class
2025-06-01 08:46 RW     1591 FileEx5$1.class
2025-06-01 08:43 RW     2696 FileEx3.class
2025-06-01 08:42 RW     2553 FileEx.class
...

C:\...\ch15>java FileEx5 L
2025-06-01 08:46 RW     1591 FileEx5$1.class
2025-06-01 08:36 RW     2367 FileEx4.class
2025-06-01 08:46 RW     2696 FileEx3.class
2025-06-01 14:46 RW     3278 FileEx5.class
...
```

이전의 파일의 속성을 보여 주는 예제에 정렬기능을 추가한 예제이다. 시간이나 파일크기, 이름으로 오름차순 또는 내림차순으로 파일목록을 정렬하여 볼 수 있다.

▼ 예제 15-33/**FileEx6.java**

```java
import java.io.*;

class FileEx6 {
    static int found = 0;

    public static void main(String args[]) {
        if(args.length != 2) {
            System.out.println("USAGE : java FileEx6 DIRECTORY KEYWORD");
            System.exit(0);
        }
        File dir = new File(args[0]);
        String keyword = args[1];

        if(!dir.exists() || !dir.isDirectory()) {
            System.out.println("유효하지 않은 디렉토리입니다.");
            System.exit(0);
        }

        try {
            findInFiles(dir, keyword);
        } catch(IOException e) {
            e.printStackTrace();
        }

        System.out.println();
        System.out.println("총 " + found + "개의 라인에서 '" + keyword
                                            + "'을/를 발견하였습니다. ");
    } // main

    public static void findInFiles(File dir, String keyword) throws IOException
    {
        File[] files = dir.listFiles();

        for(int i=0; i < files.length; i++) {
            if(files[i].isDirectory()) {
                findInFiles(files[i], keyword);
```

```java
            } else {
                String filename = files[i].getName();
                String extension =
                        filename.substring(filename.lastIndexOf(".")+1);
                extension = "," + extension + ",";

                if(",java,txt,bak,".indexOf(extension) == -1) continue;

                filename = dir.getAbsolutePath() + File.separator + filename;
                FileReader     fr = new FileReader(files[i]);
                BufferedReader br = new BufferedReader(fr);

                String data = "";
                int lineNum = 0;

                while((data=br.readLine())!=null) {
                    lineNum++;

                    if(data.indexOf(keyword)!=-1) {
                        found++;
                        System.out.println("["+filename
                                + "("+lineNum+")" + "]" + data);
                    }
                } // while

                br.close();
            }
        } // for
    } // findInFiles
} // class
```

▼ 실행결과 – C:\...\ch15>는 C:\Users\userid\jdk21\ch15\out\production\ch15>를 의미

```
C:\...\ch15>java FileEx6 ..\..\..\src exit
[C:\Users\userid\jdk21\ch15\out\production\ch15\..\..\..\src\FileEx2.
java(7)]             System.exit(0);
[C:\Users\userid\jdk21\ch15\out\production\ch15\..\..\..\src\FileEx2.
java(14)]            System.exit(0);
[C:\Users\userid\jdk21\ch15\out\production\ch15\..\..\..\src\FileEx3.
java(11)]            System.exit(0);
[C:\Users\userid\jdk21\ch15\out\production\ch15\..\..\..\src\FileEx3.
java(18)]            System.exit(0);
[C:\Users\userid\jdk21\ch15\out\production\ch15\..\..\..\src\FileEx5.
java(16)]            System.exit(0);
[C:\Users\userid\jdk21\ch15\out\production\ch15\..\..\..\src\FileEx6.
java(9)]             System.exit(0);
[C:\Users\userid\jdk21\ch15\out\production\ch15\..\..\..\src\FileEx6.
java(17)]            System.exit(0);

총 7개의 라인에서 'exit'을/를 발견하였습니다.
```

이전 디렉토리에 포함된 파일의 목록 및 서브디렉토리의 목록을 출력한 것과 같이 재귀호출을 이용해서 지정한 디렉토리와 서브디렉토리에 포함된, 확장자가 'java', 'txt', 'bak'인 모든 파일의 내용을 읽어서 지정한 키워드가 포함된 라인을 출력하는 예제이다.

파일의 내용을 라인단위로 읽기 위해서 BufferedReader의 readLine( )을 이용하였다. 그리고 아래의 조건식을 한 번 살펴보는 정도면 더 이상 설명할 부분은 없을 것 같다.

```
extension = "," + extension + "," ;
if(",java,txt,bak,".indexOf(extension) == -1) continue;
```

구분자를 ','로 하여 확장자를 붙여서 문자열을 만든 다음, indexOf( )를 이용해서 이 문자열에 확장자가 포함되었는지 확인하고 없으면 넘어가도록 되어 있다. 확장자(extension)의 뒤쪽이나 앞쪽에만 구분자를 붙이면 확장자가 'ava'와 같이 부분적으로 일치하는 경우에 문제가 생긴다.

▼ 예제 15-34 / **FileEx7.java**

```java
import java.io.*;

class FileEx7 {
    public static void main(String[] args) throws Exception {
        if(args.length != 1) {
            System.out.println("USAGE : java FileEx7 pattern");
            System.exit(0);
        }

        String currDir = System.getProperty("user.dir");

        File dir = new File(currDir);
        final String pattern = args[0];

        // String[] list (FilenameFilter filter)
        String[] files = dir.list(new FilenameFilter() {
            public boolean accept(File dir, String name) {
                return name.indexOf(pattern) != -1;
            }
        });

        for(int i=0; i < files.length; i++)
            System.out.println(files[i]);
    } // end of main
} // end of class
```

▼ 실행결과 – C:\...\ch15>는 C:\Users\userid\jdk21\ch15\out\production\ch15>를 의미

```
C:\...\ch15>java FileEx7 FileEx
FileEx.class
FileEx2.class
FileEx3.class
FileEx4.class
...
```

FilenameFilter를 구현해서 String[ ] list(FilenameFilter filter)와 함께 사용해서 특정 조건에 맞는 파일의 목록을 얻는 방법을 보여 주는 예제이다.

　FilenameFilter의 내용은 다음과 같이 accept메서드 하나만 선언되어 있으며 이 메서드만 구현해 주면 된다.

```
public interface FilenameFilter {
    boolean accept(File dir, String name);
}
```

▼ 예제 15-35/**FileEx8.java**

```java
import java.io.*;
class FileEx8 {
    static int deletedFiles = 0;

    public static void main(String[] args) {
        if(args.length != 1) {
            System.out.println("USAGE : java FileEx8 Extension");
            System.exit(0);
        }

        String currDir = System.getProperty("user.dir");

        File dir = new File(currDir);
        String ext = "." + args[0];

        delete(dir, ext);
        System.out.println(deletedFiles + "개의 파일이 삭제되었습니다.");
    } // end of main

    public static void delete(File dir, String ext) {
        File[] files = dir.listFiles();

        for(int i=0; i < files.length; i++) {
            if(files[i].isDirectory()) {
                delete(files[i], ext);
            } else {
                String filename = files[i].getAbsolutePath();

                if(filename.endsWith(ext)) {
                    System.out.print(filename);
                    if(files[i].delete()) {
                        System.out.println(" - 삭제 성공");
                        deletedFiles++;
                    } else {
                        System.out.println(" - 삭제 실패");
                    }
                }
            }
        } // if(files[i].isDirectory()) {
    } // for
} // end of delete
```

▼ 실행결과 - C:\...\ch15>는 C:\Users\userid\jdk21\ch15\out\production\ch15>를 의미

```
C:\...\ch15>java FileEx8 class
C:\Users\userid\jdk21\ch15\out\production\ch15\FileEx.class - 삭제 성공
C:\Users\userid\jdk21\ch15\out\production\ch15\FileEx2.class - 삭제 성공
...
35개의 파일이 삭제되었습니다.
```

이 예제 역시 재귀호출을 이용해서 지정된 디렉토리와 하위 디렉토리에 있는 파일 중에서 지정된 확장자를 가진 파일을 delete()를 호출해서 삭제한다. delete()는 해당 파일을 삭제하는데 성공하면 true를 실패하면 false를 반환한다.

▼ 예제 15-36/FileEx9.java

```java
import java.io.*;

class FileEx9 {
    public static void main(String[] args) {
        if (args.length != 1) {
            System.out.println("Usage: java FileEx9 DIRECTORY");
            System.exit(0);
        }

        File dir = new File(args[0]);

        if(!dir.exists() || !dir.isDirectory()) {
            System.out.println("유효하지 않은 디렉토리입니다.");
            System.exit(0);
        }

        File[] list = dir.listFiles();
        final String ZERO = "0000";

        for (int i = 0; i < list.length; i++) {
            String fileName = list[i].getName();
            String newFileName = ZERO + fileName;
            newFileName = newFileName.substring(newFileName.length()-7);
            list[i].renameTo(new File(dir, newFileName));
        }
    } // end of main
}
```

renameTo(File f)를 이용해서 파일의 이름을 바꾸는 간단한 예제이다. 여기서는 파일명이 숫자로 되어 있을 때 앞에 '0000'을 붙인 다음 substring()으로 이름의 길이를 맞춰 주는 내용으로 작성하였다.

파일이름이 '1.jpg', '2.jpg'와 같이 숫자로 되어 있는 경우, 파일이름으로 정렬을 하면 '1.jpg' 다음에 '2.jpg'가 아닌 '11.jpg'가 오게 된다. 이것을 바로 잡기위해 파일이름 앞에 '0000'을 붙이면, 파일이름으로 정렬하였을 때 '00001.jpg' 다음에 '00002.jpg'가 온다.

이 예제는 저자가 이미지 뷰어를 통해서 파일명이 숫자인 이미지파일들을 슬라이드로 볼 때 순서를 바로잡기 위해서 사용하던 것이다.

▼ 예제 15-37/**FileSplit.java**

```
import java.io.*;
class FileSplit {
    public static void main(String[] args) {
        if (args.length < 2) {
            System.out.println("USAGE : java FileSplit filename SIZE_KB");
            System.exit(0); // 프로그램을 종료한다.
        }
        final int VOLUME = Integer.parseInt(args[1]) * 1000;

        try {
            String filename = args[0];
            FileInputStream    fis = new FileInputStream(filename);
            BufferedInputStream bis = new BufferedInputStream(fis);

            FileOutputStream    fos = null;
            BufferedOutputStream bos = null;

            int data = 0;
            int i = 0;
            int number = 0;

            while((data = bis.read()) != -1) {
                if (i%VOLUME==0) {
                    if (i!=0) {
                        bos.close();
                    }
                    fos = new FileOutputStream(filename + "_."+ ++number);
                    bos = new BufferedOutputStream(fos);
                }
                bos.write(data);
                i++;
            }
            bis.close();
            bos.close();
        } catch (IOException e) {
            e.printStackTrace();
        }
    } // end of main
}
```

▼ 실행결과

```
C:\...\ch15>java FileSplit temp.dat 1000

C:\...\ch15>dir temp.dat*
 C 드라이브의 볼륨: Windows
 볼륨 일련 번호: 96CB-48D9

 C:\Users\userid\jdk21\ch15\out\production\ch15 디렉터리

2025-05-31  오후 06:58         4,881,080 temp.dat
2025-05-31  오후 12:26         1,000,000 temp.dat_.1
2025-05-31  오후 12:26         1,000,000 temp.dat_.2
2025-05-31  오후 12:26         1,000,000 temp.dat_.3
2025-05-31  오후 12:26         1,000,000 temp.dat_.4
2025-05-31  오후 12:26           881,080 temp.dat_.5
               6개 파일           9,762,160 바이트
               0개 디렉터리   9,039,626,240 바이트 남음
```

지정한 파일을 지정한 크기로 잘라서 여러 개의 파일로 만드는 예제이다. 다음 예제에서는 잘라진 파일들을 붙여서 다시 원래의 파일로 만들 것이다.

▼ 예제 15-38/`FileMerge.java`

```java
import java.io.*;

class FileMerge {
    public static void main(String[] args) {
        if (args.length != 1) {
            System.out.println("USAGE : java FileMerge filename");
            System.exit(0); // 프로그램을 종료한다.
        }

        String mergeFilename = args[0];

        try {
            File tempFile = File.createTempFile("~mergetemp",".tmp");
            tempFile.deleteOnExit();

            FileOutputStream fos = new FileOutputStream(tempFile);
            BufferedOutputStream bos = new BufferedOutputStream(fos);

            BufferedInputStream bis = null;

            int number = 1;

            File f = new File(mergeFilename + "." + number);

            while(f.exists()) {
                f.setReadOnly();         // 작업중에 파일의 내용이 변경되지 않도록 한다.
                bis = new BufferedInputStream(new FileInputStream(f));

                int data = 0;
                while((data = bis.read()) != -1) {
                    bos.write(data);
                }

                bis.close();

                f = new File(mergeFilename + "." + ++number);
            } // while

            bos.close();

            File oldFile = new File(mergeFilename);
            if(oldFile.exists())
                oldFile.delete();
            tempFile.renameTo(oldFile);
        } catch (IOException e) {}
    } // main
} // class
```

이전 예제에서 나눈 파일을 다시 합치는 예제이다. 작업할 임시파일을 새로 만들고 프로그램 종료시 자동 삭제되게 했다. 프로그램의 실행도중에 사용자에 의해 중단되거나 했을 때, 파일이 합쳐지는 과정에서 생성된 불완전한 파일이 생성되는 것을 막기 위해서 임시파일을 사용하는 것이다.

파일을 합치는 작업을 온전히 마치고 나면, 기존 파일을 삭제하고 임시파일의 이름을 기존 파일의 이름으로 변경한다.

```
File tempFile = File.createTempFile("~mergetemp",".tmp");
tempFile.deleteOnExit();
```

임시파일이 생성되는 곳은 createTempFile메서드에서 지정할 수도 있지만, 지정하지 않으면, 시스템 속성인 'java.io.tmpdir'에 지정된 디렉토리가 된다.

| 참고 | System.getProperty("java.io.tmpdir")를 출력해보면 임시 디렉토리의 위치를 확인할 수 있다.

```
File oldFile = new File(mergeFilename);
if(oldFile.exists()) oldFile.delete();
tempFile.renameTo(oldFile);
```

작업을 마치고 나면 기존 파일을 삭제하고 임시파일의 이름을 기존 파일의 이름으로 변경한다.

7. 직렬화(serialization)

객체를 컴퓨터에 저장했다가 다음에 다시 꺼내 쓸 수는 없을지 또는 네트웍을 통해 컴퓨터 간에 서로 객체를 주고받을 수는 없을까라고 고민해 본 적이 있는가? 과연 이러한 일들이 가능할까? 그렇다. 가능하다. 지금부터 배울 직렬화(Serialization)가 이러한 일들을 가능하게 해준다.

7.1 직렬화란?

직렬화(serialization)란 객체를 데이터 스트림으로 만드는 것을 뜻한다. 다시 얘기하면 객체에 저장된 데이터를 스트림에 쓰기(write)위해 연속적인(serial) 데이터로 변환하는 것을 말한다.

반대로 스트림으로부터 데이터를 읽어서 객체를 만드는 것을 역직렬화(deserialization)라고 한다.

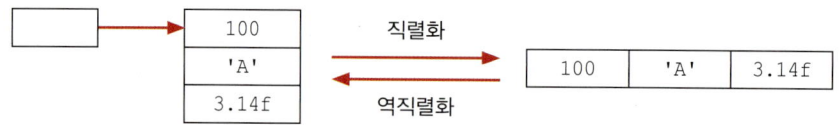

▲ 그림 15-7 객체의 직렬화와 역직렬화

직렬화라는 용어 때문에 꽤히 어렵게 느껴질 수 있는데 사실 객체를 저장하거나 전송하려면 당연히 이렇게 할 수 밖에 없다.

이미 앞서 객체에 대해서 설명했지만, 여기서 객체란 무엇이며, 객체를 저장한다는 것은 무엇을 의미하는가에 대해서 다시 한 번 정리하고 넘어가는 것이 좋을 것 같다.

객체는 클래스에 정의된 인스턴스 변수의 집합이다. 객체에는 클래스 변수나 메서드가 포함되지 않는다. 객체는 오직 인스턴스 변수들로만 구성되어 있다.

객체를 생성하면 논리적으로 인스턴스 변수와 메서드가 함께 존재하지만, 객체의 실제 구현에는, 즉 물리적으로는 메서드가 포함되지 않는다. 인스턴스 변수는 인스턴스마다 다른 값을 가질 수 있어야하기 때문에 별도의 메모리 공간이 필요하지만 메서드는 변하는 것이 아니라서 메모리를 낭비해 가면서 인스턴스마다 같은 내용의 코드(메서드)를 포함시킬 이유가 없기 때문이다.

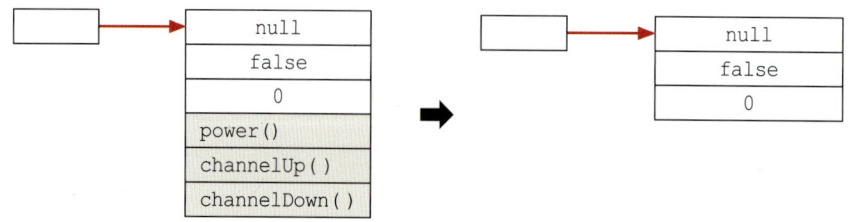

▲ 그림 15-8 Tv클래스의 인스턴스

그림15-8의 왼쪽 그림은 6장에 나오는 Tv클래스의 객체가 생성되었을 때 사용한 그림인데, 왼쪽은 논리적인 그림으로 인스턴스에 메서드를 포함시켜서 그렸지만, 물리적으로는 오른쪽 그림과 같이 인스턴스에 메서드가 포함되지 않는다.

이 내용이 잘 이해가 되지 않는다면 인스턴스 메서드와 static메서드의 차이에 대해서 완전히 이해하지 못한 것이니, 이 부분을 복습해야 한다.

그래서 객체를 저장한다는 것은 바로 객체의 모든 인스턴스 변수의 값을 저장한다는 것과 같은 의미이다. 어떤 객체를 저장하고자 한다면, 현재 객체의 모든 인스턴스 변수의 값을 저장하기만 하면 된다. 그리고 저장했던 객체를 다시 생성하려면, 객체를 생성한 후에 저장했던 값을 읽어서 생성한 객체의 인스턴스 변수에 저장하면 되는 것이다.

클래스에 정의된 인스턴스 변수가 단순히 기본형일 때는 인스턴스 변수의 값을 저장하는 일이 간단하지만, 인스턴스 변수의 타입이 참조형 일 때는 그리 간단하지 않다. 예를 들어 인스턴스변수의 타입이 배열이라면 배열에 저장된 값들도 모두 저장되어야할 것이다.

그러나 우리는 객체를 어떻게 직렬화해야 하는지 전혀 고민하지 않아도 된다. 다만 객체를 직렬화/역직렬화할 수 있는 ObjectInputStream과 ObjectOutputStream을 사용하는 방법만 알면 된다.

| 참고 | 두 객체가 동일한지 판단하는 기준이 두 객체의 인스턴스변수의 값들이 같고 다름이라는 것을 상기하자.

7.2 ObjectInputStream와 ObjectOutputStream

직렬화(스트림에 객체를 출력)에는 ObjectOutputStream을 사용하고 역직렬화(스트림으로부터 객체를 입력)에는 ObjectInputStream을 사용한다.

ObjectInputStream과 ObjectOutputStream은 각각 InputStream과 OutputStream을 직접 상속받지만 기반스트림을 필요로 하는 보조스트림이다. 그래서 객체를 생성할 때 입출력(직렬화/역직렬화)할 스트림을 지정해주어야 한다.

```
ObjectInputStream(InputStream in)
ObjectOutputStream(OutputStream out)
```

만일 파일에 객체를 저장(직렬화)하고 싶다면 다음과 같이 하면 된다.

```
FileOutputStream fos = new FileOutputStream("objectfile.ser");
ObjectOutputStream out = new ObjectOutputStream(fos);

out.writeObject(new UserInfo());
```

위의 코드는 'objectfile.ser'이라는 파일에 UserInfo객체를 직렬화하여 저장한다. 출력할 스트림(FileOutputStream)을 생성해서 이를 기반스트림으로 하는 ObjectOutputStream을 생성한다.

ObjectOutputStream의 writeObject(Object obj)를 사용해서 객체를 출력하면, 객체가 파일에 직렬화되어 저장된다.

역직렬화 방법 역시 간단하다. 직렬화할 때와는 달리 입력 스트림을 사용하고 writeObject(Object obj)대신 readObject( )를 사용하여 저장된 데이터를 읽기만 하면 객체로 역직렬화된다.

다만 readObject( )의 반환타입이 Object이기 때문에 객체 원래의 타입으로 형변환해주어야 한다.

```
FileInputStream fis = new FileInputStream("objectfile.ser");
ObjectInputStream in= new ObjectInputStream(fis);

UserInfo info = (UserInfo)in.readObject();
```

ObjectInputStream과 ObjectOutputStream에는 readObject( )와 writeObject( )이외에도 여러 가지 타입의 값을 입출력할 수 있는 메서드를 제공한다.

ObjectInputStream		ObjectOutputStream
void	defaultReadObject( )	void defaultWriteObject( )
int	read( )	void write(byte[ ] buf)
int	read(byte[ ] buf, int off, int len)	void write(byte[ ] buf, int off, int len)
boolean	readBoolean( )	void write(int val)
byte	readByte( )	void writeBoolean(boolean val)
char	readChar( )	void writeByte(int val)
double	readDouble( )	void writeBytes(String str)
float	readFloat( )	void writeChar(int val)
int	readInt( )	void writeChars(String str)
long	readLong( )	void writeDouble(double val)
short	readShort( )	void writeFloat(float val)
Object	readObject( )	void writeInt(int val)
int	readUnsignedByte( )	void writeLong(long val)
int	readUnsignedShort( )	void writeObject(Object obj)
Object	readUnshared( )	void writeShort(int val)
String	readUTF( )	void writeUnshared(Object obj)
		void writeUTF(String str)

▲ 표15-29 ObjectInputStream과 ObjectOutputStream의 메서드

이 메서드들은 직렬화와 역직렬화를 직접 구현할 때 주로 사용되며, defaultReadObject( )와 defaultWriteObject( )는 자동 직렬화를 수행한다.

객체를 직렬화/역직렬화하는 작업은 객체의 모든 인스턴스 변수가 참조하고 있는 모든 객체에 대한 것이기 때문에 상당히 복잡하며 시간도 오래 걸린다. readObject( )와 writeObject( )를 사용한 자동 직렬화가 편리하기는 하지만 직렬화 작업 시간을 단축시키려면 직렬화하고자 하는 객체의 클래스에 추가적으로 다음과 같은 2개의 메서드를 직접 구현해주어야 한다.

```
    private void writeObject(ObjectOutputStream out)
        throws IOException {
        // write메서드를 사용해서 직렬화를 수행
    }
    private void readObject(ObjectInputStream in)
        throws IOException, ClassNotFoundException {
        // read메서드를 사용해서 역직렬화를 수행
    }
```

위 메서드에 대한 구현은 나중에 예제를 통해서 설명하겠다.

7.3 직렬화 가능한 클래스 만들기 – Serializable, transient

직렬화가 가능한 클래스를 만드는 방법은 간단하다. 직렬화하고자 하는 클래스가 java.io. Serializable인터페이스를 구현하도록 하면 된다.

예를 들어 왼쪽과 같이 UserInfo라는 클래스가 있을 때, 이 클래스를 직렬화가 가능하도록 변경하려면 오른쪽과 같이 Serializable인터페이스를 구현하도록 변경하면 된다.

```
public class UserInfo {
    String name;
    String password;
    int age;
}
```

→

```
public class UserInfo
    implements java.io.Serializable {
    String name;
    String password;
    int age;
}
```

Serializable 인터페이스는 아무런 내용도 없는 빈 인터페이스이지만, 직렬화를 고려하여 작성한 클래스인지 판단하는 기준이 된다.

```
        public interface Serializable { }
```

아래와 같이 Serializable을 구현한 클래스를 상속받는다면, Serializable을 구현하지 않아도 된다. UserInfo는 Serializable을 구현하지 않았지만 조상인 SuperUserInfo가 Serializable를 구현하였으므로 UserInfo역시 직렬화가 가능하다.

```
        public class SuperUserInfo implements Serializable {
            String name;
            String password;
        }
        public class UserInfo extends SuperUserInfo { // 자손도 직렬화 가능
            int age;
        }
```

위의 경우 UserInfo객체를 직렬화하면 조상인 SuperUserInfo에 정의된 인스턴스 변수 name, password도 함께 직렬화된다.

그러나 다음과 같이 조상 클래스가 Serializable을 구현하지 않았다면 자손 클래스를 직렬화할 때 조상 클래스에 정의된 인스턴스 변수 name과 password는 직렬화 대상에서 제외된다.

```java
public class SuperUserInfo { // 직렬화 가능하지 않은 조상
    String name;
    String password;
}
public class UserInfo extends SuperUserInfo implements Serializable {
    int age;
}
```

조상 클래스에 정의된 인스턴스 변수 name과 password를 직렬화 대상에 포함시키기 위해서는 조상 클래스가 Serializable을 구현하도록 하던가, UserInfo에서 조상의 인스턴스 변수들이 직렬화되도록 처리하는 코드를 직접 추가해 주어야한다. 코드를 직접 추가하는 방법에 대해서는 나중에 예제를 통해서 설명하겠다.

아래의 UserInfo클래스는 Serializable을 구현하고 있지만, 이 클래스의 객체를 직렬화하면 java.io.NotSerializableException이 발생하면서 직렬화에 실패한다. 그 이유는 직렬화할 수 없는 클래스의 객체를 인스턴스 변수가 참조하고 있기 때문이다.

모든 클래스의 최고조상인 Object는 Serializable을 구현하지 않았기 때문에 직렬화할 수 없다. 만일 Object가 Serializable을 구현했다면 모든 클래스가 직렬화될 수 있을 것이다.

```java
public class UserInfo implements Serializable {
    String name;
    String password;
    int    age;

    Object obj = new Object();      // Object객체는 직렬화될 수 없다.
}
```

위의 경우와 비교해서 다음과 같은 경우에는 직렬화가 가능하다는 것을 알아두자. 인스턴스변수 obj의 타입이 직렬화가 안 되는 Object이긴 하지만 실제로 저장된 객체는 직렬화가 가능한 String인스턴스이기 때문에 직렬화가 가능하다.

직렬화 가능 여부는 인스턴스 변수의 타입이 아니라 실제로 연결된 객체의 종류에 의해서 결정된다는 것을 기억하자.

```java
public class UserInfo implements Serializable {
    String name;
    String password;
    int    age;

    Object obj = new String("abc");   // String은 직렬화될 수 있다.
}
```

직렬화하고자 하는 객체의 클래스에 직렬화가 안 되는 객체에 대한 참조를 포함하고 있다면, 제어자 transient를 붙여서 직렬화 대상에서 제외되도록 할 수 있다.

또는 password와 같이 보안상 직렬화되면 안 되는 값에 대해서 transient를 사용할 수 있다. 다르게 표현하면 transient가 붙은 인스턴스 변수의 값은 그 타입의 기본값으로 직렬화된다고 볼 수 있다.

즉, UserInfo객체를 역직렬화하면 참조변수인 obj와 password의 값은 null이 된다.

```
public class UserInfo implements Serializable {
    String name;
    transient String password;   // 직렬화 대상에서 제외
    int     age;

    transient Object obj = new Object();  // 직렬화 대상에서 제외
}
```

▼ 예제 15-39/`UserInfo.java`

```java
public class UserInfo implements java.io.Serializable {
    String name;
    String password;
    int age;

    public UserInfo() {
        this("Unknown", "1111", 0);
    }

    public UserInfo(String name, String password, int age) {
        this.name = name;
        this.password = password;
        this.age = age;
    }

    public String toString() {
        return "("+ name + "," + password + "," + age + ")";
    }
}
```

예제15-39는 예제15-40에 사용될 UserInfo클래스의 소스이다. 그래서 예제15-40을 실행하기 전에 예제15-39를 먼저 컴파일해야 한다.

▼ 예제 15-40/SerialEx.java

```java
import java.io.*;
import java.util.ArrayList;

public class SerialEx {
    public static void main(String[] args) {
        try {
            String fileName = "UserInfo.ser";
            FileOutputStream     fos = new FileOutputStream(fileName);
            BufferedOutputStream bos = new BufferedOutputStream(fos);

            ObjectOutputStream out = new ObjectOutputStream(bos);

            UserInfo u1 = new UserInfo("JavaMan","1234",30);
            UserInfo u2 = new UserInfo("JavaWoman","4321",26);

            ArrayList<UserInfo> list = new ArrayList<>();
            list.add(u1);
            list.add(u2);

            // 객체를 직렬화한다.
            out.writeObject(u1);
            out.writeObject(u2);
            out.writeObject(list);
            out.close();
            System.out.println("직렬화가 잘 끝났습니다.");
        } catch(IOException e) {
            e.printStackTrace();
        }
    } // main
} // class
```

▼ 실행결과

```
직렬화가 잘 끝났습니다.
```

생성한 객체를 직렬화하여 파일(UserInfo.ser)에 저장하는 예제이다. 버퍼를 이용한 FileOutputStream을 기반으로 하는 ObjectOutputStream생성한 다음, writeObject()를 이용해서 객체를 ObjectOutputStream에 출력하면 UserInfo.ser 파일에 객체가 직렬화되어 저장된다.

객체를 직렬화하는 것은 이처럼 허무하게 간단하지만, 객체에 정의된 모든 인스턴스 변수에 대한 참조를 찾아들어가기 때문에 상당히 복잡하고 시간이 걸리는 작업이 될 수 있다.

이 예제처럼 ArrayList와 같은 객체를 직렬화하면 ArrayList에 저장된 모든 객체들과 각 객체의 인스턴스 변수가 참조하고 있는 객체들까지 모두 직렬화된다.

| 참고 | 확장자를 직렬화(serialization)의 약자인 'ser'로 하는 것이 보통이지만 이에 대한 제약은 없다.

▼ 예제 15-41/**SerialEx2.java**

```java
import java.io.*;
import java.util.ArrayList;

public class SerialEx2 {
    public static void main(String[] args) {
        try {
            String fileName = "UserInfo.ser";
            FileInputStream     fis = new FileInputStream(fileName);
            BufferedInputStream bis = new BufferedInputStream(fis);

            ObjectInputStream in = new ObjectInputStream(bis);

            // 객체를 읽을 때 출력한 순서와 일치해야 한다.
            UserInfo u1 = (UserInfo)in.readObject();
            UserInfo u2 = (UserInfo)in.readObject();
            ArrayList list = (ArrayList)in.readObject();

            System.out.println(u1);
            System.out.println(u2);
            System.out.println(list);
            in.close();
        } catch(Exception e) {
            e.printStackTrace();
        }
    } // main
} // class
```

▼ 실행결과

```
(JavaMan,1234,30)
(JavaWoman,4321,26)
[(JavaMan,1234,30), (JavaWoman,4321,26)]
```

이 전의 예제에서 직렬화한 객체를 역직렬화하는 예제이다. 전과는 반대로 FileInputStream과 ObjectInputStream을, 그리고 writeObject( )대신 readObject( )를 사용했다는 점을 제외하고는 거의 같다.

ObjectInputStream의 readObject( )로 직렬화한 객체를 역직렬화하였는데, readObject( )의 리턴타입이 Object이므로 원래의 타입으로 형변환을 해주어야 한다.

한 가지 주의해야할 점은 객체를 역직렬화 할 때는 직렬화할 때의 순서와 일치해야 한다는 것이다. 예를 들어 객체 u1, u2, list의 순서로 직렬화 했다면, 역직렬화 할 때도 u1, u2, list의 순서로 처리해야한다.

그래서 직렬화할 객체가 많을 때는 각 객체를 개별적으로 직렬화하는 것보다 ArrayList와 같은 컬렉션에 저장해서 직렬화하는 것이 좋다.

역직렬화할 때 ArrayList 하나만 역직렬화 하면 되므로 역직렬화할 객체의 순서를 고려하지 않아도 되기 때문이다.

▼ 예제 15-42/`UserInfo2.java`

```java
import java.io.*;
class SuperUserInfo {
    String name;
    String password;

    SuperUserInfo() {
        this("Unknown","1111");
    }

    SuperUserInfo(String name, String password) {
        this.name = name;
        this.password = password;
    }
} // class SuperUserInfo

public class UserInfo2 extends SuperUserInfo implements java.io.Serializable
{
    int age;
    public UserInfo2() {
        this("Unknown", "1111", 0);
    }

    public UserInfo2(String name, String password, int age) {
        super(name, password);
        this.age = age;
    }

    public String toString() {
        return "("+ name + "," + password + "," + age + ")";
    }

    private void writeObject(ObjectOutputStream out)
        throws IOException {
        out.writeUTF(name);
        out.writeUTF(password);
        out.defaultWriteObject();
    }

    private void readObject(ObjectInputStream in)
        throws IOException, ClassNotFoundException {
        name = in.readUTF();
        password = in.readUTF();
        in.defaultReadObject();
    }
} // class UserInfo2
```

이 예제는 전에 언급한 직렬화되지 않는 조상으로부터 상속받은 인스턴스 변수에 대한 직렬화를 구현한 것이다. 직렬화될 객체의 클래스에 아래와 같이 writeObject( )와 readObject( )를 추가해서 조상으로 부터 상속받은 인스턴스 변수인 name과 password가 직접 직렬화되도록 해야 한다. 이 메서드들은 직렬화/역직렬화 작업시에 자동적으로 호출된다.

이 두 메서드의 접근 제어자가 private이라는 사실이 좀 의아하겠지만, 이것은 단순히 미리 정해진 규칙일 뿐이다. 우리는 그 규칙을 충실히 따르기만 하면 되는 것이다.

```
private void writeObject(ObjectOutputStream out)
    throws IOException {
    out.writeUTF(name);
    out.writeUTF(password);
    out.defaultWriteObject();
}

private void readObject(ObjectInputStream in)
    throws IOException, ClassNotFoundException {
    name = in.readUTF();
    password = in.readUTF();
    in.defaultReadObject();
}
```

name과 password의 타입이 String이기 때문에 writeUTF( )/readUTF( )를 사용했으며 이 외에도 ObjectInputStream, ObjectOutputStream에는 writeInt( ), readInt( )와 같은 타입에 따른 다양한 종류의 메서드들을 제공하므로 각 인스턴스 변수의 타입에 맞는 것을 선택해서 사용하면 된다. 그리고 defaultWriteObject( )는 UserInfo2클래스 자신에 정의된 인스턴스 변수 age의 직렬화를 수행한다.

예제15-41에서 UserInfo클래스 대신 UserInfo2클래스로 바꾼 다음 writeObject( ), readObject( )의 전체 또는 일부를 주석처리 해가면서 테스트해보고 그 결과를 비교해보자.

7.4 직렬화 가능한 클래스의 버전관리

직렬화된 객체를 역직렬화할 때는 직렬화 했을 때와 같은 클래스를 사용해야 한다. 그러나 클래스의 이름이 같더라도 클래스의 내용이 변경된 경우 역직렬화는 실패하며 다음과 같은 예외가 발생한다.

```
java.io.InvalidClassException: UserInfo; local class incompatible:
stream classdesc serialVersionUID = 6953673583338942489, local
class serialVersionUID = -6256164443556992367
...
```

위 예외의 내용은 직렬화 할 때와 역직렬화 할 때의 클래스의 버전이 같아야 하는데 다르다는 것이다. 객체가 직렬화될 때 클래스에 정의된 멤버들의 정보를 이용해서 serialVersionUID라는 클래스의 버전을 자동 생성해서 직렬화 내용에 포함된다.

그래서 역직렬화 할 때 클래스의 버전을 비교함으로써 직렬화할 때의 클래스의 버전과 일치하는지 확인할 수 있는 것이다.

그러나 static변수나 상수 또는 transient가 붙은 인스턴스 변수가 추가되는 경우에는 직렬화에 영향을 미치지 않기 때문에 클래스의 버전을 다르게 인식하도록 할 필요는 없다.

 네트워크로 객체를 직렬화하여 전송하는 경우, 보내는 쪽과 받는 쪽이 모두 같은 버전의 클래스를 가지고 있어야하는데 클래스가 조금만 변경되어도 해당 클래스를 재배포하는 것은 프로그램을 관리하기 어렵게 만든다.

이럴 때는 클래스의 버전을 수동으로 관리해주면 된다.

```
class MyData   implements java.io.Serializable
{
    int value1;
}
```

위와 같이 MyData라는 직렬화가 가능한 클래스가 있을 때, 클래스의 버전을 수동으로 관리하려면 다음과 같이 serialVersionUID를 추가로 정의해야 한다.

```
class MyData   implements java.io.Serializable
{
    static final long serialVersionUID = 3518731767529258119L;
    int value1;
}
```

이렇게 클래스 내에 serialVersionUID를 정의해주면, 클래스의 내용이 바뀌어도 클래스의 버전이 자동 생성된 값으로 변경되지 않는다.

 serialVersionUID 의 값은 정수값이면 어떠한 값으로도 지정할 수 있지만 서로 다른 클래스간에 같은 값을 갖지 않도록 serialver.exe 를 사용해서 생성된 값을 사용하는 것이 보통이다.

```
C:\Users\userid\jdk21\ch15\out\production\ch15> serialver MyData
MyData:    static final long serialVersionUID = 3518731767529258119L;
```

serialver.exe 뒤에 serialVersionUID를 얻고자 하는 클래스의 이름만 적어주면 클래스의 serialVersionUID를 알아낼 수 있다. serialver.exe는 클래스에 serialVersionUID가 정의되어 있으면 그 값을 출력하고 정의되어 있지 않으면 자동 생성한 값을 출력한다.

 serialver.exe 에 의해서 생성되는 serialVersionUID값은 클래스의 멤버들에 대한 정보를 바탕으로 하기 때문에 이 정보가 변경되지 않는 한 항상 같은 값을 생성한다.

| 참고 | 연습문제는 깃헙(https://github.com/castello/javajungsuk4)에서 PDF파일로 제공

Chapter 16

네트워킹
Networking

1. 네트워킹(networking)

네트워킹(networking)이란 두 대 이상의 컴퓨터를 케이블로 연결하여 네트워크(network)를 구성하는 것을 말한다. 네트워킹의 개념은 컴퓨터들을 서로 연결하여 데이터 손쉽게 주고받거나 또는 자원(프린터, 디스크와 같은 주변기기)을 함께 공유하고자 하는 노력에서 시작되었다.

초기의 네트워크는 단 몇 대의 컴퓨터로 구성되었으나 지금은 전 세계의 셀 수도 없을 만큼 많은 수의 컴퓨터가 인터넷이라는 하나의 거대한 네트워크를 구성하고 있으며, 인터넷을 통해 다양하고 방대한 양의 데이터를 공유하는 것이 가능해졌다.

이에 맞춰 메신저나 온라인 게임과 같은 인터넷을 이용하는 다양한 네트워크 어플리케이션들이 많이 생겨났다.

자바에서 제공하는 java.net패키지를 사용하면 이러한 네트워크 어플리케이션의 데이터 통신 부분을 쉽게 작성할 수 있으며, 간단한 네트워크 어플리케이션은 단 몇 줄의 자바 코드 만으로도 작성이 가능하다.

이 장에서는 가장 기본적인 네트워킹 예제들과 채팅 어플리케이션을 작성할 수 있을 정도 수준의 내용만을 다룰 것이지만 이를 기반으로 점차 발전시켜 나간다면 메신저나 간단한 온라인게임을 자신의 손으로 직접 작성해낸다는 것이 꿈만은 아닐 것이다.

만일 자바로 네트워킹 어플리케이션을 작성하는 것이 어렵게 느껴진다면, 아마도 네트워킹과 관련된 기본지식을 아직 충분히 학습하지 못했기 때문일 것이다. 이 단원에서 기본적인 네트워킹 관련지식에 대해서 학습하겠지만 보다 자세한 내용은 전문서적을 참고하길 바란다.

1.1 클라이언트/서버(client/server)

'클라이언트/서버'는 컴퓨터간의 관계를 역할(role)로 구분하는 개념이다. 서버(server)는 서비스를 제공하는 컴퓨터(service provider)이고, 클라이언트(client)는 서비스를 사용하는 컴퓨터(service user)가 된다.

일반적으로 서버는 다수의 클라이언트에게 서비스를 제공하기 때문에 고사양의 하드웨어를 갖춘 컴퓨터이지만, 하드웨어의 사양으로 서버와 클라이언트를 구분하는 것이 아니기 때문에 하드웨어의 사양에 관계없이 서비스를 제공하는 소프트웨어가 실행되는 컴퓨터를 서버라 한다.

서비스는 서버가 클라이언트로부터 요청받은 작업을 처리하여 그 결과를 제공하는 것을 뜻하며 서버가 제공하는 서비스의 종류에 따라 파일 서버(file server), 메일 서버(mail server), 애플리케이션 서버(application server) 등이 있다. 예를 들어 파일 서버(file server)는 클라이언트가 요청한 파일을 제공하는 서비스를 제공한다.

서버에 접속하는 클라이언트의 수에 따라 하나의 서버가 여러 가지 서비스를 제공하기도 하고 하나의 서비스를 여러 대의 서버로 제공하기도 한다.

서버가 서비스를 제공하기 위해서는 서버 프로그램이 있어야 하고 클라이언트가 서비스를 제공받기 위해서는 서버 프로그램과 연결할 수 있는 클라이언트 프로그램이 있어야 한다. 예를 들어 웹서버에 접속하여 정보를 얻기 위해서는 웹브라우저(클라이언트 프로그램)가 있어야 하고, FTP서버에 접속해서 파일을 전송받기 위해서는 'FileZilla Client'와 같은 FTP클라이언트 프로그램이 필요하다.

일반 PC의 경우 주로 서버에 접속하는 클라이언트 역할을 수행하지만, 'FileZilla Server' 와 같은 FTP서버프로그램이나 Tomcat과 같은 웹서버 프로그램을 설치하면 서버역할도 수행할 수 있다.

파일 공유 프로그램인 토렌트나 드랍박스와 같은 프로그램은 클라이언트 프로그램과 서버 프로그램을 하나로 합친 것으로 이를 설치한 컴퓨터는 클라이언트인 동시에 서버가 되어 다른 컴퓨터로부터 파일을 가져오는 동시에 다른 컴퓨터에게 파일을 제공할 수 있다.

네트워크를 구성할 때 전용 서버를 두는 것을 서버 기반 모델(server-based model)이라 하고 별도의 전용서버없이 각 클라이언트가 서버역할을 동시에 수행하는 것을 P2P모델 (peer-to-peer)이라 한다.

각 모델의 특징과 장단점은 다음과 같다.

서버기반 모델(server-based model)	P2P 모델(peer-to-peer model)
- 안정적인 서비스의 제공이 가능하다. - 공유 데이터의 관리와 보안이 용이하다. - 서버 구축 비용과 관리 비용이 든다.	- 서버 구축 및 운용 비용을 절감할 수 있다. - 자원의 활용을 극대화 할 수 있다. - 자원의 관리가 어렵다. - 보안이 취약하다.

▲ 표16-1 서버기반 모델과 P2P모델간의 비교

1.2 IP주소(IP address)

IP주소는 컴퓨터(호스트, host)를 구별하는데 사용되는 고유한 값으로 인터넷에 연결된 모든 컴퓨터는 IP주소를 갖는다. IP주소는 4 byte(32 bit)의 정수로 구성되어 있으며, 4개의 정수가 마침표를 구분자로 'a.b.c.d'와 같은 형식으로 표현된다. 여기서 a, b, c, d는 부호없는 1 byte값, 즉 0~255사이의 정수이다.

IP주소는 다시 네트워크 주소와 호스트 주소로 나눌 수 있는데, 32 bit(4 byte)의 IP주소 중에서 네트워크 주소와 호스트 주소가 각각 몇 bit를 차지하는 지는 네트워크를 어떻게 구성하였는지에 따라 달라진다. 그리고 서로 다른 두 호스트의 IP주소의 네트워크 주소가 같다는 것은 두 호스트가 같은 네트워크에 포함되어 있다는 것을 의미한다.

| 참고 | 32bit인 기존의 IP주소(IPv4)가 2011년에 고갈되어 새로운 주소 체계인 IPv6(128 bit)를 병행해서 사용한다.

윈도우즈에서 호스트의 IP주소를 확인하려면 콘솔에서 ipconfig.exe를 실행시키면 된다.

```
C:\Users\userid>ipconfig

Windows IP 구성

무선 LAN 어댑터 로컬 영역 연결* 11:
   미디어 상태 . . . . . . . . . : 미디어 연결 끊김
   연결별 DNS 접미사. . . . :

무선 LAN 어댑터 Wi-Fi:
   연결별 DNS 접미사. . . . :
   링크-로컬 IPv6 주소 . . . . : fe80::7d7c:a160:d6a8:cab8%7
   IPv4 주소 . . . . . . . . : 192.168.10.100
   서브넷 마스크 . . . . . . . : 255.255.255.0
   기본 게이트웨이 . . . . . . : 192.168.0.1
```

위의 결과에서 얻은 IP주소와 서브넷 마스크를 2진수로 표현하면 다음과 같다.

IP주소

192	168	10	100
1 1 0 0 0 0 0 0	1 0 1 0 1 0 0 0	0 0 0 0 1 0 1 0	0 1 1 0 0 1 0 0
네트워크 주소			호스트 주소

서브넷 마스크(Subnet Mask)

255	255	255	0
1 1 1 1 1 1 1 1	1 1 1 1 1 1 1 1	1 1 1 1 1 1 1 1	0 0 0 0 0 0 0 0

▲ 그림16-1 IP주소(192.168.10.100)와 서브넷 마스크(255.255.255.0)의 2진법 표기

IP주소와 서브넷 마스크를 비트 연산자 '&'로 연산하면 IP주소에서 네트워크 주소만을 뽑아낼 수 있다.

```
1 1 0 0 0 0 0 0 1 0 1 0 1 0 0 0 0 0 0 0 1 0 1 0 0 1 1 0 0 1 0 0
& 1 1 1 1 1 1 1 1 1 1 1 1 1 1 1 1 1 1 1 1 1 1 1 1 0 0 0 0 0 0 0 0
─────────────────────────────────────────────────────────────
1 1 0 0 0 0 0 0 1 0 1 0 1 0 0 0 0 0 0 0 1 0 1 0 0 0 0 0 0 0 0 0
```

▲ 그림 16-2 IP주소(192.168.10.100)와 서브넷 마스크(255.255.255.0)의 &연산

'&'연산자는 bit의 값이 모두 1일 때만 1을 결과로 얻기 때문에 IP주소의 마지막 8 bit는 모두 0이 되었다. 이 결과로 부터 IP주소 192.168.10.100의 네트워크 주소는 24 bit(192.168.10)이라는 것과 호스트 주소는 마지막 8 bit(100)이라는 것을 알 수 있다.

IP주소에서 네트워크 주소가 차지하는 자리수가 많을수록 호스트 주소의 범위가 줄어들기 때문에 네트워크의 규모가 작아진다. 이 경우 호스트 주소의 자리수가 8자리이기 때문에 256개(2^8)의 호스트만 이 네트워크에 포함될 수 있다.

호스트 주소가 0인 것은 네트워크 자신을 나타내고, 255는 브로드캐스트 주소로 사용되기 때문에 실제로는 네트워크에 포함 가능한 호스트 개수는 254개이다.

이처럼 IP주소와 서브넷 마스크를 '&'연산하면 네트워크 주소를 얻어낼 수 있어서 서로 다른 두 호스트의 IP주소를 서브넷 마스크로 '&'연산을 수행해서 비교하면 이 두 호스트가 같은 네트워크 상에 존재하는지를 쉽게 확인할 수 있다.

1.3 InetAddress

자바는 IP주소를 다루기 위한 클래스로 InetAddress를 제공하며 다음과 같은 메서드가 정의되어 있다.

메서드	설명
byte[ ] getAddress( )	IP주소를 byte배열로 반환한다.
static InetAddress[ ] getAllByName(String host)	도메인명(host)에 지정된 모든 호스트의 IP주소를 배열에 담아 반환한다.
static InetAddress getByAddress(byte[ ] addr)	byte배열을 통해 IP주소를 얻는다.
static InetAddress getByName(String host)	도메인명(host)을 통해 IP주소를 얻는다.
String getCanonicalHostName( )	FQDN(fully qualified domain name)을 반환한다.
String getHostAddress( )	호스트의 IP주소를 반환한다.
String getHostName( )	호스트의 이름을 반환한다.
static InetAddress getLocalHost( )	지역호스트의 IP주소를 반환한다.
boolean isMulticastAddress( )	IP주소가 멀티캐스트 주소인지 알려준다.
boolean isLoopbackAddress( )	IP주소가 loopback 주소(127.0.0.1)인지 알려준다.

▲ 표 16-2 InetAddress의 메서드

▼ 예제 16-1/NetworkEx.java

```java
import java.net.*;
import java.util.*;

class NetworkEx {
    public static void main(String[] args)
    {
        InetAddress ip = null;
        InetAddress[] ipArr = null;

        try {
            ip = InetAddress.getByName("www.naver.com");
            System.out.println("getHostName() :"+ip.getHostName());
            System.out.println("getHostAddress() :"+ip.getHostAddress());
            System.out.println("toString() :"+ip.toString());

            byte[] ipAddr = ip.getAddress();
            System.out.println("getAddress() :"+Arrays.toString(ipAddr));

            String result = "";
            for(int i=0; i < ipAddr.length;i++) {
                result += (ipAddr[i] < 0) ? ipAddr[i] + 256 : ipAddr[i];
                result += ".";
            }
            System.out.println("getAddress()+256 :"+result);
            System.out.println();
        } catch (UnknownHostException e) {
            e.printStackTrace();
        }

        try {
            ip = InetAddress.getLocalHost();
            System.out.println("getHostName() :"+ip.getHostName());
            System.out.println("getHostAddress() :"+ip.getHostAddress());
            System.out.println();
        } catch (UnknownHostException e) {
            e.printStackTrace();
        }

        try {
            ipArr = InetAddress.getAllByName("www.naver.com");

            for(int i=0; i < ipArr.length; i++) {
                System.out.println("ipArr["+i+"] :" + ipArr[i]);
            }
        } catch (UnknownHostException e) {
            e.printStackTrace();
        }

    } // main
}
```

▼ 실행결과
```
getHostName() :www.naver.com
getHostAddress() :223.130.192.248
toString() :www.naver.com/223.130.192.248
getAddress() :[-33, -126, -64, -8]
getAddress()+256 :223.130.192.248.

getHostName() :Seongui-MacBookPro.local    ← 사용자마다 다름
getHostAddress() :127.0.0.1

ipArr[0] :www.naver.com/223.130.192.248
ipArr[1] :www.naver.com/223.130.200.236
ipArr[2] :www.naver.com/223.130.200.219
ipArr[3] :www.naver.com/223.130.192.247
```

InetAddress의 주요 메서드들을 활용하는 예제이다. 하나의 도메인명(www.naver.com)에 여러 IP주소가 맵핑될 수도 있고 또 그 반대의 경우도 가능하기 때문에 전자의 경우 getAllByName( )을 통해 모든 IP주소를 얻을 수 있다.
  그리고 getLocalHost( )를 사용하면 호스트명과 IP주소를 알아낼 수 있다.

1.4 URL과 URI

URL(Uniform Resource Locator)은 인터넷에 존재하는 웹서버들이 제공하는 자원에 접근할 수 있는 주소를 표현하기 위한 것으로 '프로토콜://호스트명:포트번호/경로명/파일명?쿼리스트링#참조'의 형태로 이루어져 있다.

| 참고 | URL에서 포트번호, 쿼리, 참조는 생략할 수 있다.

http://www.codechobo.com:80/sample/hello.html?referer=codechobo#index1

프로토콜	자원에 접근하기 위해 서버와 통신하는데 사용되는 통신규약(http)
호스트명	자원을 제공하는 서버의 이름(www.codechobo.com)
포트번호	통신에 사용되는 서버의 포트번호(80)
경로명	접근하려는 자원이 저장된 서버상의 위치(/sample/)
파일명	접근하려는 자원의 이름(hello.html)
쿼리(query)	URL에서 '?'이후의 부분(referer=codechobo)
참조(anchor)	URL에서 '#'이후의 부분(index1)

| 참고 | HTTP프로토콜에서는 80번 포트를 사용하기 때문에 URL에서 포트번호를 생략하는 경우 80으로 간주된다. 프로토콜마다 통신에 사용하는 포트번호가 다르며 생략되면 각 프로토콜의 기본 포트가 사용된다.

자바에서는 URL을 다루기 위한 클래스로 URL클래스를 제공하며 다음과 같은 메서드가 정의되어 있다.

메서드	설명
~~URL(String spec)~~ deprecated되었음	지정된 문자열 정보의 URL객체를 생성한다.
~~URL(String protocol, String host, String file)~~	지정된 값으로 구성된 URL객체를 생성한다.
~~URL(String protocol, String host, int port, String file)~~	지정된 값으로 구성된 URL객체를 생성한다.
String getAuthority()	호스트명과 포트를 문자열로 반환한다.
Object getContent()	URL의 Content객체를 반환한다.
Object getContent(Class[] classes)	URL의 Content객체를 반환한다.
int getDefaultPort()	URL의 기본 포트를 반환한다.(http는 80)
String getFile()	파일명을 반환한다.
String getHost()	호스트명을 반환한다.
String getPath()	경로명을 반환한다.
int getPort()	포트를 반환한다.
String getProtocol()	프로토콜을 반환한다.
String getQuery()	쿼리를 반환한다.
String getRef()	참조(anchor)를 반환한다.
String getUserInfo()	사용자정보를 반환한다.
URLConnection openConnection()	URL과 연결된 URLConnection을 얻는다.
URLConnection openConnection(Proxy proxy)	URL과 연결된 URLConnection을 얻는다.
InputStream openStream()	URL과 연결된 URLConnection의 InputStream을 얻는다.
boolean sameFile(URL other)	두 URL이 서로 같은 것인지 알려준다.
void set(String protocol, String host, int port, String file, String ref)	URL객체의 속성을 지정된 값으로 설정한다.
void set(String protocol, String host, int port, String authority, String userInfo, String path, String query, String ref)	URL객체의 속성을 지정된 값으로 설정한다.
String toExternalForm()	URL을 문자열로 변환하여 반환한다.
URI toURI()	URL을 URI로 변환하여 반환한다.

▲ 표16-3 URL의 메서드

URL의 생성자는 모두 디프리케이티드(deprecated)되었으므로 URI의 생성자로 객체를 만들고, toURL()을 호출해서 URL객체를 얻어야 한다.

```
String address = "http://www.codechobo.com/sample/hello.html"
URI uri = new URI(address);
URL url = uri.toURL();    // URI객체를 URL객체로 변환
```

URL의 생성자는 모두 디프리케이티드(deprecated)되었으므로 URI의 생성자로 객체를 만들고, toURL()을 호출해서 URL객체를 얻어야 한다.

원래 URL클래스는 웹 상의 어떤 자원의 주소(URL)에 연결하기 위해 설계되었다. 항상 URL에 연결하는 것은 아니기 때문에 단순한 문자열인 웹 주소(문자열)를 다루는 기능은 URI클래스가 담당하고, 해당 자원에 연결이 필요할 때는 toURL()을 이용해서 URI를 URL로 변환하도록 개선되었다.

| 참고 | URI(Uniform Resource Identifier)는 URL과 URN을 포함하는 보다 큰 개념이다.
| 참고 | URL인코딩이 필요할 땐, URI클래스의 toASCIIString()를 사용하자.

▼ 예제 16-2/**NetworkEx2.java**

```java
import java.net.*;

class NetworkEx2 {
    public static void main(String args[]) throws Exception {
        String address = "https://www.example.com:80/"
                        +"index.html?referer=codechobo#index1";
        URL url = new URI(address).toURL();

        System.out.println("url.getAuthority():"+ url.getAuthority());
        System.out.println("url.getDefaultPort():"+ url.getDefaultPort());
        System.out.println("url.getPort():"+ url.getPort());
        System.out.println("url.getFile():"+ url.getFile());
        System.out.println("url.getHost():"+ url.getHost());
        System.out.println("url.getPath():"+ url.getPath());
        System.out.println("url.getProtocol():"+ url.getProtocol());
        System.out.println("url.getQuery():"+ url.getQuery());
        System.out.println("url.getRef():"+ url.getRef());
        System.out.println("url.getUserInfo():"+ url.getUserInfo());
        System.out.println("url.toExternalForm():"+ url.toExternalForm());
        System.out.println("url.toURI():"+ url.toURI());
    }
}
```

▼ 실행결과

```
url.getAuthority():www.example.com:80
url.getDefaultPort():443
url.getPort():80
url.getFile():/index.html?referer=codechobo
url.getHost():www.example.com
url.getPath():/index.html
url.getProtocol():https
url.getQuery():referer=codechobo
url.getRef():index1
url.getUserInfo():null
url.toExternalForm():https://www.example.com:80/index.html?referer=codechobo#index1
url.toURI():https://www.example.com:80/index.html?referer=codechobo#index1
```

1.5 URLConnection

URLConnection은 어플리케이션과 URL간의 통신연결을 나타내는 클래스의 최상위 클래스로 추상 클래스이다. URLConnection을 상속받아 구현한 클래스로는 HttpURLConnection과 JarURLConnection이 있으며 URL의 프로토콜이 http프로토콜이라면 openConnection( )은 HttpURLConnection을 반환한다. URLConnection을 사용해서 연결하고자하는 자원에 접근하고 읽고 쓰기를 할 수 있다. 그 외에 관련된 정보를 읽고 쓸 수 있는 메서드가 제공된다.

| 참고 | openConnection( )은 URL클래스의 메서드이다.
| 참고 | HttpURLConnection은 sun.net.www.protocol.http패키지에 있다.

메서드	설명
void addRequestProperty(String key, String value)	지정된 키와 값을 RequestProperty에 추가한다. 기존에 같은 키가 있어도 값을 덮어쓰지 않는다.
void connect( )	URL에 지정된 자원에 대한 통신연결을 연다.
boolean getAllowUserInteraction( )	UserInteraction의 허용여부를 반환한다.
int getConnectTimeout( )	연결종료시간을 천분의 일초로 반환한다.
Object getContent( )	content객체를 반환한다.
Object getContent(Class[ ] classes)	content객체를 반환한다.
String getContentEncoding( )	content의 인코딩을 반환한다.
int getContentLength( )	content의 크기를 반환한다.
String getContentType( )	content의 type을 반환한다.
long getDate( )	헤더(header)의 date필드의 값을 반환한다.
boolean getDefaultAllowUserInteraction( )	defaultAllowUserInteraction의 값을 반환한다.
String getDefaultRequestProperty(String key)	RequestProperty에서 지정된 키의 디폴트값을 얻는다.
boolean getDefaultUseCaches( )	useCache의 디폴트 값을 얻는다.
boolean getDoInput( )	doInput필드값을 얻는다.
boolean getDoOutput( )	doOutput필드값을 얻는다.
long getExpiration( )	자원(URL)의 만료일자를 얻는다.(천분의 일초단위)
FileNameMap getFileNameMap( )	FileNameMap(mimetable)을 반환한다.
String getHeaderField(int n)	헤더의 n번째 필드를 읽어온다.
String getHeaderField(String name)	헤더에서 지정된 이름의 필드를 읽어온다.
long getHeaderFieldDate(String name, long Default)	지정된 필드의 값을 날짜값으로 변환하여 반환한다. 필드값이 유효하지 않을 경우 Default값을 반환한다.
int getHeaderFieldInt(String name, int Default)	지정된 필드의 값을 정수값으로 변환하여 반환한다. 필드값이 유효하지 않을 경우 Default값을 반환한다.
String getHeaderFieldKey(int n)	헤더의 n번째 필드를 읽어온다.
Map getHeaderFields( )	헤더의 모든 필드와 값이 저장된 Map을 반환한다.
long getIfModifiedSince( )	ifModifiedSince(변경여부)필드의 값을 반환한다.
InputStream getInputStream( )	URLConnetion에서 InputStream을 반환한다.
long getLastModified( )	LastModified(최종변경일)필드의 값을 반환한다.
OutputStream getOutputStream( )	URLConnetion에서 OutputStream을 반환한다.
Permission getPermission( )	Permission(허용권한)을 반환한다.

int getReadTimeout()	읽기제한시간의 값을 반환한다.(천분의 일초)
Map getRequestProperties()	RequestProperties에 저장된 (키, 값)을 Map으로 반환
String getRequestProperty(String key)	RequestProperty에서 지정된 키의 값을 반환한다.
URL getURL()	URLConnection의 URL을 반환한다.
boolean getUseCaches()	캐쉬의 사용여부를 반환한다.
String guessContentTypeFromName(String fname)	지정된 파일(fname)의 content-type을 추측하여 반환한다.
String guessContentTypeFromStream(InputStream is)	지정된 입력스트림(is)의 content-type을 추측하여 반환한다.
void setAllowUserInteraction(boolean allowuserinteraction)	UserInteraction의 허용여부를 설정한다.
void setConnectTimeout(int timeout)	연결종료시간을 설정한다.
void setContentHandlerFactory(ContentHandlerFactory fac)	ContentHandlerFactory를 설정한다.
void setDefaultAllowUserInteraction(boolean defaultallowuserinteraction)	UserInteraction허용여부의 기본값을 설정한다.
void setDefaultRequestProperty(String key, String value)	RequestProperty의 기본 키쌍(key-pair)을 설정한다.
void setDefaultUseCaches(boolean defaultusecaches)	캐쉬 사용여부의 기본값을 설정한다.
void setDoInput(boolean doinput)	DoInput필드의 값을 설정한다.
void setDoOutput(boolean dooutput)	DoOutput필드의 값을 설정한다.
void setFileNameMap(FileNameMap map)	FileNameMap을 설정한다.
void setIfModifiedSince(long ifmodifiedsince)	ModifiedSince필드의 값을 설정한다.
void setReadTimeout(int timeout)	읽기제한시간을 설정한다.(천분의 일초)
void setRequestProperty(String key, String value)	ReqeustProperty에 (key, value)를 저장한다.
void setUseCaches(boolean usecaches)	캐쉬의 사용여부를 설정한다.

▲ 표 16-4 URLConnection의 메서드

▼ 예제 16-3/`NetworkEx3.java`

```java
import java.net.*;

class NetworkEx3 {
    public static void main(String args[]) {
        URL url = null;
        String address = "http://www.codechobo.com/sample/hello.html";

        try {
            url = new URI(address).toURL();
            URLConnection conn = url.openConnection();

            System.out.println("conn.toString():"+conn);
            System.out.println("getAllowUserInteraction():"
                                    +conn.getAllowUserInteraction());
            System.out.println("getConnectTimeout():"
                                    +conn.getConnectTimeout());
            System.out.println("getContent():"+conn.getContent());
```

```java
            System.out.println("getContentEncoding():"
                                    +conn.getContentEncoding());
            System.out.println("getContentLength():"+conn.getContentLength());
            System.out.println("getContentType():"   +conn.getContentType());
            System.out.println("getDate():"+conn.getDate());
            System.out.println("getDefaultAllowUserInteraction():"
                                    +conn.getDefaultAllowUserInteraction());
            System.out.println("getDefaultUseCaches():"
                                    +conn.getDefaultUseCaches());
            System.out.println("getDoInput():"+conn.getDoInput());
            System.out.println("getDoOutput():"+conn.getDoOutput());
            System.out.println("getExpiration():"+conn.getExpiration());
            System.out.println("getHeaderFields():"+conn.getHeaderFields());
            System.out.println("getIfModifiedSince():"
                                    +conn.getIfModifiedSince());
            System.out.println("getLastModified():"+conn.getLastModified());
            System.out.println("getReadTimeout():"+conn.getReadTimeout());
            System.out.println("getURL():"+conn.getURL());
            System.out.println("getUseCaches():"+conn.getUseCaches());
        } catch(Exception e) {
            e.printStackTrace();
        }
    } // main
}
```

▼ 실행결과

```
conn.toString():sun.net.www.protocol.https.DelegateHttpsURLConnection:https
://www.example.com/index.html
getAllowUserInteraction():false
getConnectTimeout():0
getContent():sun.net.www.protocol.http.HttpURLConnection$HttpInputStream@74
0773a3
getContentEncoding():null
getContentLength():1256
getContentType():text/html
getDate():1749072868000
getDefaultAllowUserInteraction():false
getDefaultUseCaches():true
getDoInput():true
getDoOutput():false
getExpiration():0
getHeaderFields():{null=[HTTP/1.1 200 OK], Cache-Control=[max-age=3551],
Alt-Svc=[h3=":443"; ma=93600,h3-29=":443"; ma=93600,quic=":443"; ma=93600;
v="43"], ETag=["84238dfc8092e5d9c0dac8ef93371a07:1736799080.121134"],
Connection=[keep-alive], Last-Modified=[Mon, 13 Jan 2025 20:11:20 GMT],
Content-Length=[1256], Date=[Wed, 04 Jun 2025 21:34:28 GMT], Content-
Type=[text/html]}
getIfModifiedSince():0
getLastModified():1736799080000
getReadTimeout():0
getURL():https://www.example.com/index.html
getUseCaches():true
```

URLConnection을 생성하고 get메서드들을 통해서 관련정보를 얻어서 출력하는 예제이다. 예제의 결과를 보고 어떤 메서드를 통해 어떠한 정보를 얻을 수 있는지 확인해보자.

▼ 예제 16-4/NetworkEx4.java

```java
import java.net.*;
import java.io.*;

public class NetworkEx4 {
    public static void main(String args[]) {
        URL url = null;
        BufferedReader input = null;
        String address = "https://www.example.com/index.html";
        String line = "";

        try {
            url  = new URI(address).toURL();
            input = new BufferedReader(new InputStreamReader(url.openStream()));

            while((line=input.readLine()) !=null) {
                System.out.println(line);
            }
            input.close();
        } catch(Exception e) {
            e.printStackTrace();
        }
    }
}
```

▼ 실행결과

```
<!doctype html>
<html>
<head>
    <title>Example Domain</title>

    <meta charset="utf-8" />
    <meta http-equiv="Content-type" content="text/html; charset=utf-8" />
    <meta name="viewport" content="width=device-width, initial-scale=1" />
... 중간 생략 ...
```

URL에 연결하여 그 내용을 읽어오는 예제이다. 만일 URL이 유효하지 않으면 MalformedURLException이 발생한다. 읽어올 데이터가 문자데이터이기 때문에 BufferedReader를 사용하였다. openStream()을 호출해서 URL의 InputStream을 얻은 이후로는 파일로 부터 데이터를 읽는 것과 다르지 않다.

openStream()은 openConnection()을 호출해서 URLConnection을 얻은 다음 여기에 다시 getInputStream()을 호출한 것과 같다. 즉, URL에 연결해서 InputStream을 얻어 온다.

```
InputStream in = url.openStream();     ◀──▶     URLConnection conn =
                                                        url.openConnection();
                                                InputStream in =
                                                        conn.getInputStream();
```

▼ 예제 16-5/**NetworkEx5.java**

```java
import java.net.*;
import java.io.*;

public class NetworkEx5 {
    public static void main(String args[]) {
        URL url = null;
        InputStream in = null;
        FileOutputStream out = null;
        String address = "https://github.com/castello/javajungsuk4/blob/main/"
                        + "java_jungsuk4_src_20250601.zip";

        int ch = 0;

        try {
            url = new URL(address);
            in = url.openStream();
            out = new FileOutputStream("javajungsuk3_src.zip");

            while((ch=in.read()) !=-1) {
                out.write(ch);
            }
            in.close();
            out.close();
        } catch(Exception e) {
            e.printStackTrace();
        }
    } // main
}
```

▼ 실행결과

```
C:\Users\userid\jdk21\ch16>dir *.zip
 C 드라이브의 볼륨에는 이름이 없습니다.
 볼륨 일련 번호: B962-DF19

 C:\Users\userid\jdk21\ch16 디렉터리

2025-06-08  22:46p            178,560 javajungsuk3_src.zip
               1개 파일             178,560 바이트
               0 디렉터리       9,450,337,280 바이트 남음
```

이전 예제와 유사한데 텍스트 데이터가 아닌 이진 데이터를 읽어서 파일에 저장한다는 것만 다르다. 그래서 FileReader가 아닌 FileOutputStream을 사용하였다.

2. 소켓 프로그래밍

소켓 프로그래밍은 소켓을 이용한 통신 프로그래밍을 뜻하는데, 소켓(socket)이란 프로세스간의 통신에 사용되는 양쪽 끝단(end point)을 의미한다. 서로 멀리 떨어진 두 사람이 통신하기 위해서 전화기가 필요한 것처럼, 원격 프로세스간의 통신을 위해서는 그 무언가가 필요하고 그것이 바로 소켓이다.

자바에서는 java.net패키지를 통해 소켓 프로그래밍을 지원하는데, 소켓 통신에 사용되는 프로토콜에 따라 다른 종류의 소켓을 구현하여 제공한다.

이 단원에서는 TCP와 UDP를 이용한 소켓 프로그래밍에 대해서 학습할 것이다.

2.1 TCP와 UDP

TCP/IP 프로토콜은 이기종 시스템간의 통신을 위한 표준 프로토콜로 프로토콜의 집합이다. TCP와 UDP 모두 TCP/IP 프로토콜(TCP/IP protocol suites)에 포함되어 있으며, OSI 7계층의 전송 계층(transport layer)에 해당하는 프로토콜이다.

TCP와 UDP는 전송 방식이 다르며, 각 방식에 따른 장단점이 있다. 어플리케이션의 특징에 따라 적절한 프로토콜을 선택하여 사용하도록 하자.

항목	TCP	UDP
연결방식	연결기반(connection-oriented) - 연결 후 통신(전화기) - 1:1 통신방식	비연결기반(connectionless-oriented) - 연결없이 통신(소포) - 1:1, 1:n, n:n 통신방식

특징	데이터의 경계를 구분안함 (byte-stream)
	신뢰성 있는 데이터 전송
	- 데이터의 전송순서가 보장됨
	- 데이터의 수신여부를 확인함
	  (데이터가 손실되면 재전송됨)
	- 패킷을 관리할 필요가 없음
	UDP보다 전송속도가 느림
		데이터의 경계를 구분함.(datagram)
		신뢰성 없는 데이터 전송
		- 데이터의 전송순서가 바뀔 수 있음
		- 데이터의 수신여부를 확인안함
		  (데이터가 손실되어도 알 수 없음)
		- 패킷을 관리해주어야 함
		TCP보다 전송속도가 빠름

관련 클래스	Socket ServerSocket	DatagramSocket DatagramPacket MulticastSocket

▲ 표16-5 TCP와 UDP의 비교

TCP를 이용한 통신은 전화에, UDP를 이용한 통신은 소포에 비유된다. TCP는 데이터를 전송하기 전에 먼저 상대편과 연결을 한 후에 데이터를 전송하며 잘 전송되었는지 확인하고 전송에 실패했다면 해당 데이터를 재전송하기 때문에 신뢰 있는 데이터의 전송이 요구되는 통신에 적합하다. 예를 들면 파일을 주고받는데 적합하다.

UDP는 상대편과 연결하지 않고 데이터를 전송하며, 데이터를 전송하지만 데이터가 바르게 수신되었는지 확인하지 않기 때문에 데이터가 전송되었는지 확인할 길이 없다. 또한 데이터를 보낸 순서대로 수신한다는 보장이 없다.

대신 이러한 확인과정이 필요하지 않기 때문에 TCP에 비해 빠른 전송이 가능하다. 게임이나 동영상의 데이터를 전송하는 경우와 같이 데이터가 중간에 손실되어 좀 끊기더라도 빠른 전송이 필요할 때 적합하다. 이때 전송 순서가 바뀌어 늦게 도착한 데이터는 무시하면 된다.

앞으로 이 두 프로토콜을 이용한 소켓프로그래밍에 대해서 알아볼 것인데, 이들의 장단점을 잘 파악하여 목적에 맞는 것을 선택하여 사용하자.

2.2 TCP소켓 프로그래밍

앞서 살펴본 것과 같이 TCP소켓 프로그래밍은 클라이언트와 서버간의 일대일 통신이다. 먼저 서버 프로그램이 실행되어 클라이언트 프로그램의 연결 요청을 기다리고 있어야 한다. 서버 프로그램과 클라이언트 프로그램간의 통신과정을 단계별로 보면 다음과 같다.

> 1. 서버 프로그램에서는 서버소켓을 사용해서 서버 컴퓨터의 특정 포트에서 클라이언트의 연결 요청을 처리할 준비를 한다.
> 2. 클라이언트 프로그램은 접속할 서버의 IP주소와 포트 정보를 가지고 소켓을 생성해서 서버에 연결을 요청한다.
> 3. 서버소켓은 클라이언트의 연결요청을 받으면 서버에 새로운 소켓을 생성해서 클라이언트의 소켓과 연결되도록 한다.
> 4. 이제 클라이언트의 소켓과 새로 생성된 서버의 소켓은 서버소켓과 관계없이 일대일 통신을 한다.

서버 소켓(ServerSocket)은 포트와 결합(bind)되어 포트를 통해 원격 사용자의 연결 요청을 기다리다가 연결 요청이 올 때마다 새로운 소켓을 생성하여 상대편 소켓과 통신할 수 있도록 연결한다. 여기까지가 서버 소켓의 역할이고, 실제적인 데이터 통신은 서버 소켓과 관계없이 소켓과 소켓 간에 이루어진다.

이는 마치 전화 시스템과 유사해서 서버소켓은 전화 교환기에, 소켓은 전화기에 비유할 수 있다. 전화 교환기(서버 소켓)는 외부 전화기(원격 소켓)로부터 걸려온 전화를 내부의 전화기(소켓)로 연결해주고 실제 통화는 전화기(소켓) 대 전화기(원격 소켓)로 이루어지게 하기 때문이다.

여러 개의 소켓이 하나의 포트를 공유해서 사용할 수 있지만, 서버 소켓은 다르다. 서버 소켓은 포트를 독점한다. 만일 한 포트를 둘 이상의 서버 소켓과 연결하는 것이 가능하다면 클라이언트 프로그램이 어떤 서버 소켓과 연결되어야하는지 알 수 없을 것이다.

포트(port)는 호스트(컴퓨터)가 외부와 통신을 하기 위한 통로로 하나의 호스트가 65536개의 포트를 가지고 있으며 포트는 번호로 구별된다. 포트의 번호는 0~65535의 범위에 속하는 값인데 보통 1023번 이하의 포트(well-known port)는 FTP나 Telnet과 같은 기존의 다른 통신 프로그램들에 의해서 사용되므로 되는 경우가 많기 때문에 1023번 이상의 번호 중에서 사용하지 않는 포트를 골라서 사용해야 한다.

| 참고 | 두 서버 소켓이 서로 다른 프로토콜을 사용하는 경우에는 같은 포트를 사용할 수 있다. 포트는 같아도 클라이언트 프로그램이 사용하는 프로토콜로 어떤 서버 소켓과 연결되어야하는지 구별할 수 있기 때문이다.

다시 정리하면, 서버 소켓은 소켓간의 연결만 처리하고 실제 데이터는 소켓들끼리 서로 주고받는다. 소켓들이 데이터를 주고받는 연결통로는 바로 입출력 스트림이다.

소켓은 두 개의 스트림, 입력 스트림과 출력 스트림을 가지고 있으며, 이 스트림들은 연결된 상대편 소켓의 스트림들과 교차연결된다. 한 소켓의 입력 스트림은 상대편 소켓의 출력 스트림과 연결되고, 출력 스트림은 입력 스트림과 연결된다. 그래서 한 소켓에서 출력 스트림으로 데이터를 보내면 상대편 소켓에서는 입력 스트림으로 받게 된다.
이것 역시 앞서 비유한 전화기(소켓)와 비슷해서 소켓이 두 개의 입출력 스트림을 갖는 것처럼 전화기 역시 입력과 출력을 위한 두 개의 라인을 가지고 있다.

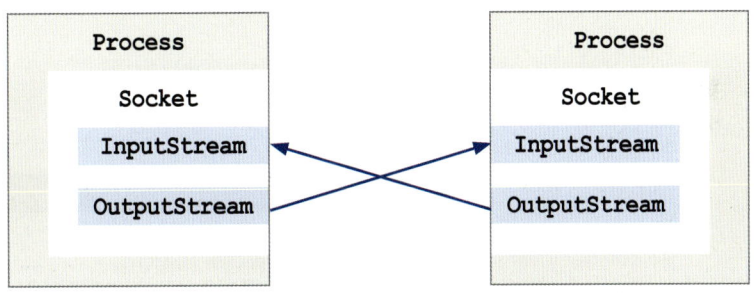

▲ 그림16-3 소켓간의 입출력 스트림 연결

자바에서는 TCP를 이용한 소켓프로그래밍을 위해 Socket과 ServerSocket클래스를 제공하며 다음과 같은 특징을 갖는다.

> **Socket** 프로세스간의 통신을 담당하며, InputStream과 OutputStream을 가지고 있다. 이 두 스트림을 통해 프로세스간의 통신(입출력)이 이루어진다.
>
> **ServerSocket** 포트와 연결(bind)되어 외부의 연결요청을 기다리다 연결요청이 들어오면, Socket을 생성해서 소켓과 소켓간의 통신이 이루어지도록 한다.
> 한 포트에 하나의 ServerSocket만 연결할 수 있다.
> (프로토콜이 다르면 같은 포트를 공유할 수 있다.)

▼ 예제 16-6/`TcpIpServer.java`

```java
import java.net.*;
import java.io.*;
import java.util.Date;
import java.text.SimpleDateFormat;

public class TcpIpServer {
    public static void main(String args[]) {
        ServerSocket serverSocket = null;

        try {
            // 서버소켓을 생성하여 7777번 포트와 결합(bind)시킨다.
            serverSocket = new ServerSocket(7777);
            System.out.println(getTime()+"서버가 준비되었습니다.");
        } catch(IOException e) { e.printStackTrace(); }
```

```java
        while(true) {
            try {
                System.out.println(getTime()+"연결요청을 기다립니다.");
                // 서버소켓은 클라이언트의 연결요청이 올 때까지 실행을 멈추고 계속 기다린다.
                // 클라이언트의 연결요청이 오면 클라이언트 소켓과 통신할 새로운 소켓을 생성한다.
                Socket socket = serverSocket.accept();
                System.out.println(getTime()+ socket.getInetAddress()
                                    + "로부터 연결요청이 들어왔습니다.");
                // 소켓의 출력스트림을 얻는다.
                OutputStream out = socket.getOutputStream();
                DataOutputStream dos = new DataOutputStream(out);

                // 원격 소켓(remote socket)에 데이터를 보낸다.
                dos.writeUTF("[Notice] Test Message1 from Server.");
                System.out.println(getTime()+"데이터를 전송했습니다.");

                // 스트림과 소켓을 닫아준다.
                dos.close();
                socket.close();
            } catch (IOException e) {
                e.printStackTrace();
            }
        } // while
    } // main

    // 현재시간을 문자열로 반환하는 함수
    static String getTime() {
        SimpleDateFormat f = new SimpleDateFormat("[hh:mm:ss]");
        return f.format(new Date());
    }
} // class
```

▼ 실행결과

```
[11:46:31]서버가 준비되었습니다.
[11:46:31]연결요청을 기다립니다.
[11:47:26]/127.0.0.1로부터 연결요청이 들어왔습니다.
[11:47:26]데이터를 전송했습니다.
[11:47:26]연결요청을 기다립니다.
```

이 예제는 간단한 TCP/IP서버를 구현한 것이다. 이 예제를 실행하면 서버 소켓이 7777번 포트에서 클라이언트 프로그램의 연결 요청을 기다린다. 클라이언트의 요청이 올 때까지 진행을 멈추고 계속 기다린다. 그러다가 클라이언트 프로그램이 서버에 연결을 요청하면, 서버소켓은 새로운 소켓을 생성하여 클라이언트 프로그램의 소켓(원격 소켓)과 연결한다.

새로 생성된 소켓은 "[Notice] Test Message1 from Server."라는 데이터를 원격 소켓에 전송하고 연결을 종료한다. 그리고 서버소켓은 다시 클라이언트 프로그램의 요청을 기다린다. 실행결과는 서버 프로그램(TcpIpServer.java)을 실행시킨 후 클라이언트 프로그램(TcpIpClient.java)를 실행시키고 바로 IDE에서 서버 프로그램을 종료시킨 것이다.

```java
        while(true) {
            try {
                ...
                Socket socket = serverSocket.accept();
                ...
```

클라이언트 프로그램의 요청을 지속적으로 처리하기 위해 무한반복문을 사용했기 때문에 서버 프로그램을 종료시키려면 IDE에서 강제종료시켜야한다. 이 예제의 자세한 실행과정은 다음 예제인 클라이언트 프로그램과 함께 단계별로 자세히 설명하겠다.

▼ 예제 16-7/TcpIpClient.java

```java
import java.net.*;
import java.io.*;

public class TcpIpClient {
    public static void main(String args[]) {
        try {
            String serverIp = "127.0.0.1";

            System.out.println("서버에 연결중입니다. 서버IP :" + serverIp);
            // 소켓을 생성하여 연결을 요청한다.
            Socket socket = new Socket(serverIp, 7777);

            // 소켓의 입력스트림을 얻는다.
            InputStream in = socket.getInputStream();
            DataInputStream dis = new DataInputStream(in);

            // 소켓으로 부터 받은 데이터를 출력한다.
            System.out.println("서버로부터 받은 메시지 :"+dis.readUTF());
            System.out.println("연결을 종료합니다.");

            // 스트림과 소켓을 닫는다.
            dis.close();
            socket.close();
            System.out.println("연결이 종료되었습니다.");
        } catch(ConnectException ce) {
            ce.printStackTrace();
        } catch(IOException ie) {
            ie.printStackTrace();
        } catch(Exception e) {
            e.printStackTrace();
        }
    } // main
}
```

▼ 실행결과
```
서버에 연결중입니다. 서버IP :127.0.0.1
서버로부터 받은 메시지 :[Notice] Test Message1
from Server.
연결을 종료합니다.
연결이 종료되었습니다.
```

이 예제는 이전 예제인 TCP/IP서버(TcpIpServer.java)와 통신하기 위한 클라이언트 프로그램이다. 연결하고자 하는 서버의 IP와 포트번호를 가지고 소켓을 생성하면 자동적으로 서버에 연결요청을 하게 된다.

```java
String serverIp = "127.0.0.1";
Socket socket = new Socket(serverIp, 7777);
```

서버 프로그램이 실행되고 있지 않거나 서버의 전원이 꺼져있어서 서버와 연결을 실패하면 ConnectException이 발생한다.
  서버와 연결되면 소켓의 입력 스트림을 얻어서 서버가 전송한 데이터를 읽을 수 있다.

```java
InputStream in = socket.getInputStream();
DataInputStream dis = new DataInputStream(in);

// 소켓으로 부터 받은 데이터를 출력한다.
System.out.println("서버로부터 받은 메시지 :"+dis.readUTF());
```

그리고 서버와의 작업이 끝나면 소켓과 스트림을 닫아야 한다.

```
dis.close();
socket.close();
```

지금까지 TCP/IP를 이용하는 아주 간단한 클라이언트/서버 프로그램을 살펴보았는데 그리 어렵게 느끼지는 않았을 것 같다. 서버와 클라이언트가 어떻게 통신하는지만 이해하면 그 외에는 다른 프로그램들과 다르지 않기 때문이다.

위의 예제에서는 한 대의 호스트에서 서버 프로그램과 클라이언트 프로그램을 테스트할 수 있도록 서버의 IP를 127.0.0.1로 설정하였지만, 원래는 서버가 실제로 사용하고 있는 IP를 지정해 주어야 한다. 이제 서버와 클라이언트의 연결과정을 단계별로 그림과 함께 자세히 살펴볼 것인데 이전 예제와는 달리 서버의 IP는 192.168.10.100, 클라이언트의 IP는 192.168.10.101이라고 가정하고 시작하겠다.

1. 서버 프로그램(TcpIpServer.java)를 실행한다.

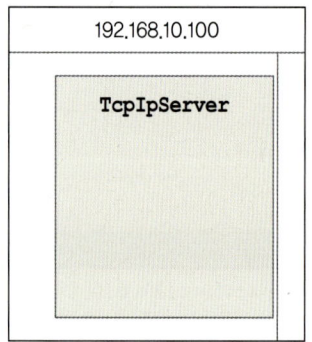

2. 서버 소켓을 생성한다.

```
serverSocket =new ServerSocket(7777); // TcpIpServer.java
```

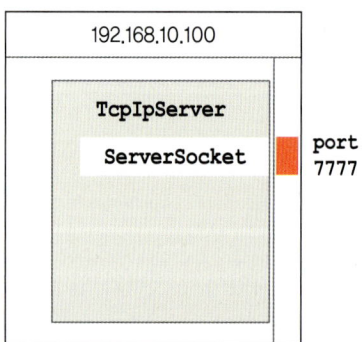

3. 서버 소켓이 클라이언트 프로그램의 연결 요청을 처리할 수 있도록 대기 상태로 만든다.
   클라이언트 프로그램의 연결 요청이 오면 새로운 소켓을 생성해서 클라이언트 프로그램의 소켓과 연결한다.

```
Socket socket = serverSocket.accept(); // TcpIpServer.java
```

4. 클라이언트 프로그램(TcpIpClient.java)에서 소켓을 생성하여 서버 소켓에 연결을 요청한다.

```
// TcpIpClient.java
Socket socket = new Socket("192.168.10.100", 7777);
```

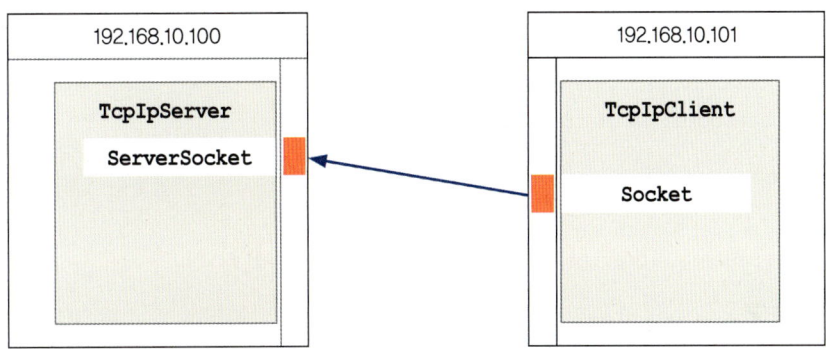

5. 서버 소켓은 클라이언트 프로그램의 연결요청을 받아 새로운 소켓을 생성하여 클라이언트 프로그램의 소켓과 연결한다.

```
Socket socket = serverSocket.accept();
```

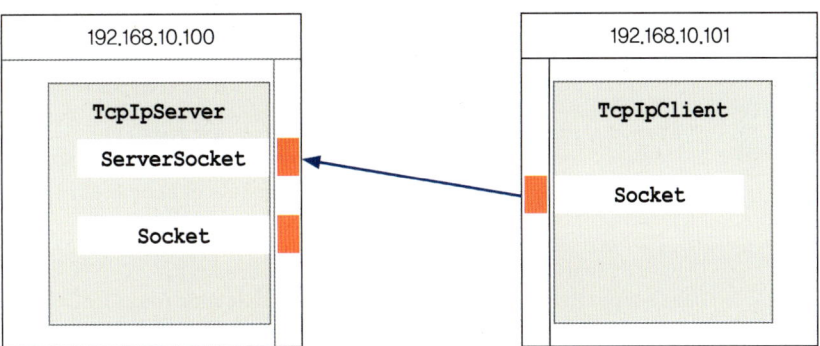

6. 서버 소켓은 클라이언트 프로그램의 연결 요청을 받아 새로운 소켓을 생성하여 클라이언트 프로그램의 소켓과 연결한다.

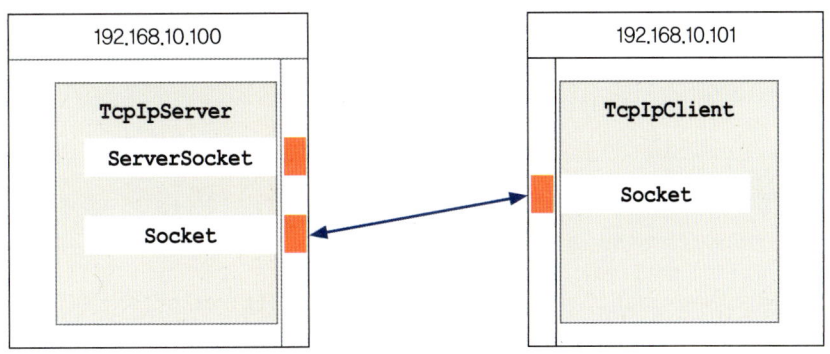

▼ 예제 16-8/TcpIpServer2.java

```java
import java.net.*;
import java.io.*;
import java.util.Date;
import java.text.SimpleDateFormat;

public class TcpIpServer2 {
    public static void main(String args[]) {
        ServerSocket serverSocket = null;

        try {
            // 서버소켓을 생성하여 7777번 포트와 결합(bind)시킨다.
            serverSocket = new ServerSocket(7777);
            System.out.println(getTime()+"서버가 준비되었습니다.");

        } catch(IOException e) {
            e.printStackTrace();
        }

        while(true) {
            try {
                // 서버소켓
                System.out.println(getTime()+"연결요청을 기다립니다.");
                Socket socket = serverSocket.accept();
                System.out.println(getTime()+ socket.getInetAddress()
                                    + "로부터 연결요청이 들어왔습니다.");

                System.out.println("getPort():"+socket.getPort());
                        System.out.println("getLocalPort():"
                                            +socket.getLocalPort());

                // 소켓의 출력스트림을 얻는다.
                OutputStream out = socket.getOutputStream();
                DataOutputStream dos = new DataOutputStream(out);

                // 원격 소켓(remote socket)에 데이터를 보낸다.
                dos.writeUTF("[Notice] Test Message1 from Server.");
                System.out.println(getTime()+"데이터를 전송했습니다.");

                // 스트림과 소켓을 닫아준다.
                dos.close();
                socket.close();
            } catch (IOException e) {
                e.printStackTrace();
            }
        } // while
    } // main

    // 현재시간을 문자열로 반환하는 함수
    static String getTime() {
        SimpleDateFormat f = new SimpleDateFormat("[hh:mm:ss]");
        return f.format(new Date());
    }
} // class
```

▼ 실행결과

```
[04:59:00] 서버가 준비되었습니다.
[04:59:00] 연결요청을 기다립니다.
[04:59:17] /127.0.0.1로부터 연결요청이 들어왔습니다.
getPort():2839
getLocalPort():7777
[04:59:17] 데이터를 전송했습니다.
[04:59:17] 연결요청을 기다립니다.
```

Socket클래스에 정의된 getPort( )와 getLocalPort( )를 사용해서 TCP/IP통신에서 소켓이 사용하고 있는 포트를 알아낼 수 있다. getPort( )가 반환하는 값은 상대편 소켓(원격소켓)이 사용하는 포트이고 getLocalPort( )가 반환하는 값은 소켓 자신이 사용하는 포트이다.

실행결과를 보면, 연결을 요청한 클라이언트 프로그램의 소켓이 사용한 포트는 2839번이고 서버 프로그램의 소켓은 7777번이다.

이를 통해 알 수 있는 것은 서버소켓이 7777번 포트를 사용하고 있어도, 서버소켓이 아닌 소켓은 7777번 포트를 사용할 수 있다는 것이다.

클라이언트 프로그램의 소켓이 사용하는 포트는 사용가능한 임의의 포트가 선택된다.

▼ 예제 16-9/**TcpIpServer3.java**

```java
import java.net.*;
import java.io.*;
import java.util.Date;
import java.text.SimpleDateFormat;

public class TcpIpServer3 {
    public static void main(String args[]) {
        ServerSocket serverSocket = null;

        try {
            // 서버소켓을 생성하여 7777번 포트와 결합(bind)시킨다.
            serverSocket = new ServerSocket(7777);
            System.out.println(getTime()+"서버가 준비되었습니다.");
        } catch(IOException e) {
            e.printStackTrace();
        }

        while(true) {
            try {
                System.out.println(getTime()+"연결요청을 기다립니다.");

                // 요청대기시간을 5초로 설정한다.
                // 5초동안 접속요청이 없으면 SocketTimeoutException이 발생한다.
                serverSocket.setSoTimeout(5*1000);
                Socket socket = serverSocket.accept();
                System.out.println(getTime()+ socket.getInetAddress()
                                    + "로부터 연결요청이 들어왔습니다.");
                // 소켓의 출력스트림을 얻는다.
                OutputStream out = socket.getOutputStream();
```

```java
                    DataOutputStream dos = new DataOutputStream(out);

                    // 원격 소켓(remote socket)에 데이터를 보낸다.
                    dos.writeUTF("[Notice] Test Message1 from Server.");
                    System.out.println(getTime()+"데이터를 전송했습니다.");

                    // 스트림과 소켓을 닫아준다.
                    dos.close();
                    socket.close();
            } catch (SocketTimeoutException  e) {
                    System.out.println("지정된 시간동안 접속요청이 없어서 서버를 종료합니다.");
                    System.exit(0);
            } catch (IOException e) {
                    e.printStackTrace();
            }
        } // while
    } // main

    static String getTime() {   // 현재시간을 문자열로 반환하는 함수
        SimpleDateFormat f = new SimpleDateFormat("[hh:mm:ss]");
        return f.format(new Date());
    }
} // class
```

▼ 실행결과

```
[08:48:06]서버가 준비되었습니다.
[08:48:06]연결요청을 기다립니다.
지정된 시간동안 접속요청이 없어서 서버를 종료합니다.
```

ServerSocket클래스의 setSoTimeout(int timeout)을 사용해서 서버 소켓의 대기시간을 지정할 수 있다. timeout의 값은 천분의 일초단위이며 0을 입력하면 제한시간 없이 대기하게 된다. 지정한 대기시간이 지나면 accept( )에서 SocketTimeoutException이 발생하므로 catch문에서 적절한 처리를 할 수 있다.

▼ 예제 16-10/TcpIpServer4.java

```java
import java.net.*;
import java.io.*;
import java.util.Date;
import java.text.SimpleDateFormat;

public class TcpIpServer4 implements Runnable {
    ServerSocket serverSocket;
    Thread[] threadArr;

    public static void main(String args[]) {
        // 5개의 쓰레드를 생성하는 서버를 생성한다.
        TcpIpServer4 server = new TcpIpServer4(5);
        server.start();
    } // main
```

```java
    public TcpIpServer4(int num) {
        try {
            // 서버소켓을 생성하여 7777번 포트와 결합(bind)시킨다.
            serverSocket = new ServerSocket(7777);
            System.out.println(getTime()+"서버가 준비되었습니다.");

            threadArr = new Thread[num];
        } catch(IOException e) {
            e.printStackTrace();
        }
    }

    public void start() {
        for(int i=0; i < threadArr.length; i++) {
            threadArr[i] = new Thread(this);
            threadArr[i].start();
        }
    }

    public void run() {
        while(true) {
            try {
                System.out.println(getTime()+ "가 연결요청을 기다립니다.");

                Socket socket = serverSocket.accept();
                System.out.println(getTime()+ socket.getInetAddress()
                                        + "로부터 연결요청이 들어왔습니다.");

                // 소켓의 출력스트림을 얻는다.
                OutputStream out = socket.getOutputStream();
                DataOutputStream dos = new DataOutputStream(out);

                // 원격 소켓(remote socket)에 데이터를 보낸다.
                dos.writeUTF("[Notice] Test Message1 from Server.");
                System.out.println(getTime()+"데이터를 전송했습니다.");

                // 스트림과 소켓을 닫아준다.
                dos.close();
                socket.close();
            } catch (IOException e) {
                e.printStackTrace();
            }
        } // while
    } // run

    // 현재시간을 문자열로 반환하는 함수
    static String getTime() {
        String name = Thread.currentThread().getName();
        SimpleDateFormat f = new SimpleDateFormat("[hh:mm:ss]");
        return f.format(new Date()) + name ;
    }
} // class
```

▼ 실행결과

```
[08:52:17]main서버가 준비되었습니다.
[08:52:17]Thread-0가 연결요청을 기다립니다.
[08:52:17]Thread-1가 연결요청을 기다립니다.
[08:52:17]Thread-2가 연결요청을 기다립니다.
[08:52:17]Thread-3가 연결요청을 기다립니다.
[08:52:17]Thread-4가 연결요청을 기다립니다.
[08:52:23]Thread-0/127.0.0.1로부터 연결요청이 들어왔습니다.
[08:52:23]Thread-0데이터를 전송했습니다.
[08:52:23]Thread-0가 연결요청을 기다립니다.
[08:52:26]Thread-1/127.0.0.1로부터 연결요청이 들어왔습니다.
[08:52:26]Thread-1데이터를 전송했습니다.
[08:52:26]Thread-1가 연결요청을 기다립니다.
[08:52:27]Thread-2/127.0.0.1로부터 연결요청이 들어왔습니다.
[08:52:27]Thread-2데이터를 전송했습니다.
[08:52:27]Thread-2가 연결요청을 기다립니다.
```

여러 개의 쓰레드를 생성해서 클라이언트의 요청을 동시에 처리하도록 하였다. 서버에 접속하는 클라이언트의 수가 많을 때는 쓰레드를 이용해서 클라이언트의 요청을 병렬적으로 처리하는 것이 좋다. 그렇지 않으면 서버가 접속을 요청한 순서대로 처리하기 때문에 늦게 접속을 요청한 클라이언트는 오랜 시간을 기다릴 수 있다.

위의 실행결과는 서버 프로그램(TcpIpServer4.java)을 먼저 실행시킨 다음, 클라이언트 프로그램(TcpIpClient.java)을 여러 개 실행하여 얻은 결과이다.

▼ 예제 16-11/**TcpIpServer5.java**

```java
import java.net.*;
import java.io.*;
import java.util.Scanner;

public class TcpIpServer5 {
    public static void main(String args[]) {
        ServerSocket serverSocket = null;
        Socket socket = null;

        try {
            // 서버소켓을 생성하여 7777번 포트와 결합(bind)시킨다.
            serverSocket = new ServerSocket(7777);
            System.out.println("서버가 준비되었습니다.");

            socket = serverSocket.accept();

            Sender   sender   = new Sender(socket);
            Receiver receiver = new Receiver(socket);

            sender.start();
            receiver.start();
        } catch (Exception e) {
            e.printStackTrace();
        }
    } // main
```

```java
} // class

class Sender extends Thread {
    Socket socket;
    DataOutputStream out;
    String name;

    Sender(Socket socket) {
        this.socket = socket;
        try {
            out = new DataOutputStream(socket.getOutputStream());
            name = "["+socket.getInetAddress()+":"+socket.getPort()+"]";
        } catch(Exception e) {}
    }

    public void run() {
        Scanner scanner = new Scanner(System.in);
        while(out!=null) {
            try {
                out.writeUTF(name+scanner.nextLine());
            } catch(IOException e) {}
        }
    } // run()
}

class Receiver extends Thread {
    Socket socket;
    DataInputStream in;

    Receiver(Socket socket) {
        this.socket = socket;
        try {
            in = new DataInputStream(socket.getInputStream());
        } catch(IOException e) {}

    }

    public void run() {
        while(in!=null) {
            try {
                System.out.println(in.readUTF());
            } catch(IOException e) {}
        }
    } // run
}
```

▼ 예제 16-12/`TcpIpClient5.java`

```java
import java.net.*;
import java.io.*;

public class TcpIpClient5 {
    public static void main(String args[]) {
        try {
            String serverIp = "127.0.0.1";
            // 소켓을 생성하여 연결을 요청한다.
            Socket socket = new Socket(serverIp, 7777);

            System.out.println("서버에 연결되었습니다.");
            Sender sender = new Sender(socket);
            Receiver receiver = new Receiver(socket);

            sender.start();
            receiver.start();
        } catch(ConnectException ce) {
            ce.printStackTrace();
        } catch(IOException ie) {
            ie.printStackTrace();
        } catch(Exception e) {
            e.printStackTrace();
        }
    } // main
} // class
```

▼ 실행결과 1

```
C:\...\ch16>java TcpIpServer5
서버가 준비되었습니다.
Hello
[/127.0.0.1:7777]me, too
[/127.0.0.1:7777]안녕하세요
날씨가 좋군요
```

▼ 실행결과 2

```
C:\...\ch16>java TcpIpClient5
서버에 연결되었습니다.
[/127.0.0.1:52529]Hello
me, too
안녕하세요
[/127.0.0.1:52529]날씨가 좋군요
```

소켓으로 데이터를 송신하는 작업과 수신하는 작업을 별도의 쓰레드 Sender와 Receiver 가 처리하도록 하여 송신과 수신이 동시에 이루어지도록 했다. 그 외에는 이전의 예제들과 거의 같기 때문에 이해하는데 별 어려움이 없을 것이다.

서버 프로그램(TcpIpServer5.java)과 클라이언트 프로그램(TcpIpClient5.java)의 화면에 입력한 데이터가 상대방의 화면에 출력되므로 1:1 채팅이 가능하다.

▼ 예제 16-13/`TcpIpMultichatServer.java`

```java
import java.net.*;
import java.io.*;
import java.util.*;

public class TcpIpMultichatServer {
    HashMap clients;

    TcpIpMultichatServer() {
        clients = new HashMap();
        Collections.synchronizedMap(clients);
    }
```

```java
    public void start() {
        ServerSocket serverSocket = null;
        Socket socket = null;

        try {
            serverSocket = new ServerSocket(7777);
            System.out.println("서버가 시작되었습니다.");

            while(true) {
                socket = serverSocket.accept();
                System.out.println("["+socket.getInetAddress()
                            +":"+socket.getPort()+"]"+"에서 접속하였습니다.");
                ServerReceiver thread = new ServerReceiver(socket);
                thread.start();
            }
        } catch(Exception e) {
            e.printStackTrace();
        }
    } // start()

    void sendToAll(String msg) {
        Iterator it = clients.keySet().iterator();

        while(it.hasNext()) {
            try {
                DataOutputStream out=(DataOutputStream)clients.get(it.next());
                out.writeUTF(msg);
            } catch(IOException e){}
        } // while
    } // sendToAll

    public static void main(String args[]) {
        new TcpIpMultichatServer().start();
    }
}

class ServerReceiver extends Thread {
    Socket socket;
    DataInputStream  in;
    DataOutputStream out;

    ServerReceiver(Socket socket) {
        this.socket = socket;
        try {
            in  = new DataInputStream(socket.getInputStream());
            out = new DataOutputStream(socket.getOutputStream());
        } catch(IOException e) {}
    }

    public void run() {
        String name = "";

        try {
            name = in.readUTF();
            sendToAll("#"+name+"님이 들어오셨습니다.");

            clients.put(name, out);
            System.out.println("현재 서버접속자 수는 "+ clients.size()+"입니다.");
```

```java
                while(in!=null) {
                    sendToAll(in.readUTF());
                }
            } catch(IOException e) {
                // ignore
            } finally {
                sendToAll("#"+name+"님이 나가셨습니다.");
                clients.remove(name);
                System.out.println("["+socket.getInetAddress()
                        +":"+socket.getPort()+"]"+"에서 접속을 종료하였습니다.");
                System.out.println("현재 서버접속자 수는 "+ clients.size()+"입니다.");
            } // try
        } // run
    } // ReceiverThread
} // class
```

▼ 예제 16-14/**TcpIpMultichatClient.java**

```java
import java.net.*;
import java.io.*;
import java.util.Scanner;

public class TcpIpMultichatClient {
    public static void main(String args[]) {
        if(args.length!=1) {
            System.out.println("USAGE: java TcpIpMultichatClient 대화명");
            System.exit(0);
        }

        try {
            String serverIp = "127.0.0.1";
            // 소켓을 생성하여 연결을 요청한다.
            Socket socket = new Socket(serverIp, 7777);
            System.out.println("서버에 연결되었습니다.");
            Thread sender   = new Thread(new ClientSender(socket, args[0]));
            Thread receiver = new Thread(new ClientReceiver(socket));

            sender.start();
            receiver.start();
        } catch(ConnectException ce) {
            ce.printStackTrace();
        } catch(Exception e) {}
    } // main

    static class ClientSender extends Thread {
        Socket socket;
        DataOutputStream out;
        String name;

        ClientSender(Socket socket, String name) {
            this.socket = socket;
            try {
                out = new DataOutputStream(socket.getOutputStream());
                this.name = name;
            } catch(Exception e) {}
        }
```

```java
        public void run() {
            Scanner scanner = new Scanner(System.in);
            try {
                if(out!=null) {
                    out.writeUTF(name);
                }

                while(out!=null)
                    out.writeUTF("["+name+"]"+scanner.nextLine());
            } catch(IOException e) {}
        } // run()
    } // ClientSender

    static class ClientReceiver extends Thread {
        Socket socket;
        DataInputStream in;

        ClientReceiver(Socket socket) {
            this.socket = socket;
            try {
                in = new DataInputStream(socket.getInputStream());
            } catch(IOException e) {}
        }

        public void run() {
            while(in!=null) {
                try {
                    System.out.println(in.readUTF());
                } catch(IOException e) {}
            }
        } // run
    } // ClientReceiver
} // class
```

▼ 실행결과

```
서버가 시작되었습니다.
[/127.0.0.1:2010]에서 접속하였습니다.
현재 서버접속자 수는 1입니다.
[/127.0.0.1:2011]에서 접속하였습니다.
현재 서버접속자 수는 2입니다.
[/127.0.0.1:2012]에서 접속하였습니다.
현재 서버접속자 수는 3입니다.
[/127.0.0.1:2011]에서 접속을 종료하였습니다.
현재 서버접속자 수는 2입니다.
[/127.0.0.1:2012]에서 접속을 종료하였습니다.
현재 서버접속자 수는 1입니다.
[/127.0.0.1:2010]에서 접속을 종료하였습니다.
현재 서버접속자 수는 0입니다.
```

▼ 실행결과 - C:\...\ch16>은 C:\Users\userid\jdk21\ch16\out\production\ch16>을 의미

```
C:\...\ch16>java TcpIpMultichatClient aaa
서버에 연결되었습니다.
#bbb님이 들어오셨습니다.
#ccc님이 들어오셨습니다.
안녕하세요?
[aaa]안녕하세요?
[bbb]네 어서오세요.
[ccc]반가워요
[bbb]저는 이만 가볼께요.
#bbb님이 나가셨습니다.
```

▼ 실행결과

```
C:\...\ch16>java TcpIpMultichatClient bbb
서버에 연결되었습니다.
#ccc님이 들어오셨습니다.
[aaa]안녕하세요?
네 어서오세요.
[bbb]네 어서오세요.
[ccc]반가워요
저는 이만 가볼께요.
[bbb]저는 이만 가볼께요.
```

▼ 실행결과

```
C:\...\ch16>java TcpIpMultichatClient ccc
서버에 연결되었습니다.
[aaa]안녕하세요?
[bbb]네 어서오세요.
반가워요.
[ccc]반가워요
[bbb]저는 이만 가볼께요.
```

> **참고** 이 예제의 실행결과가 3개인 이유는 3개의 클라이언트 프로그램을 실행시켜서 서로 대화를 나눈 것을 적은 것이다.

이번엔 이전의 예제를 발전시켜서 여러 클라이언트가 서버에 접속해서 채팅을 할 수 있는 멀티채팅서버 프로그램(TcpIpMultiChatServer.java)을 작성한 것이다.

서버 프로그램(TcpIpMultichatServer.java)을 보면 서버에 접속한 클라이언트(TcpIpMulti chatCient.java)를 HashMap에 저장해서 관리하고 있다.

```java
TcpIpMultichatServer() {
    clients = new HashMap();
    Collections.synchronizedMap(clients); // 동기화 처리
}
```

클라이언트가 멀티 채팅 서버에 접속하면 HashMap에 저장되고 접속을 해제하면 HashMap에서 제거한다. 클라이언트가 데이터를 입력하면, 멀티 채팅 서버는 HashMap에 저장된 모든 클라이언트에게 데이터를 전송한다.

```
        void sendToAll(String msg) {
            Iterator it = clients.keySet().iterator();

            while(it.hasNext()) {
                try {
                    DataOutputStream out =
                            (DataOutputStream)clients.get(it.next());
                    out.writeUTF(msg);
                } catch(IOException e) {}
            } // while
        } // sendToAll
```

멀티 채팅 서버의 ServerReceiver쓰레드는 클라이언트가 추가될 때마다 생성되며 클라이언트의 입력을 서버에 접속된 모든 클라이언트에게 전송하는 일을 한다.

```
    public void run() {
        ...
        try {
            ...
            clients.put(name, out);
            System.out.println("현재 서버접속자 수는 "+clients.size()+"입니다.");
            while(in!=null) {
                sendToAll(in.readUTF());
            }
        } catch(IOException e) {
            // ignore
        } finally {
            sendToAll("#"+name+"님이 나가셨습니다.");
            clients.remove(name);
            ...
        } // try
    } // run
```

이 쓰레드의 run()을 보면 클라이언트가 새로 추가되었을 때 클라이언트의 이름을 key로 클라이언트의 출력 스트림을 HashMap인 clients에 저장해서 다른 클라이언트가 입력한 데이터를 전송하는데 사용하는 것을 알 수 있다.

만일 클라이언트가 종료되어 클라이언트의 입력 스트림(in)이 null이 되면 while문을 빠져나가서 clients의 목록에서 해당 클라이언트를 제거한다.

클라이언트 프로그램인 TcpIpMultiChatClient.java는 이전 예제와 거의 동일하므로 설명을 생략하겠다.

2.3 UDP소켓 프로그래밍

TCP소켓 프로그래밍에서는 Socket과 ServerSocket을 사용하지만, UDP소켓 프로그래밍에서는 DatagramSocket과 DatagramPacket을 사용한다.

앞서 살펴본 바와 같이 UDP는 연결지향적인 프로토콜이 아니기 때문에 ServerSocket이 필요하지 않다. UDP통신에서 사용하는 소켓은 DatagramSocket이며 데이터를 DatagramPacket에 담아서 전송한다.

DatagramPacket은 헤더와 데이터로 구성되어 있으며, 헤더에는 DatagramPacket을 수신할 호스트의 정보(호스트의 주소와 포트)가 저장되어 있다. 소포(packet)에 수신할 상대편의 주소를 적어서 보내는 것과 같다고 이해하면 된다.

그래서 DatagramPacket을 전송하면 DatagramPacket에 지정된 주소(호스트의 포트)의 DatagramSocket에 도착한다.

▼ 예제 16-15/UdpClient.java

```java
import java.net.*;
import java.io.*;

public class UdpClient {
    public void start() throws IOException, UnknownHostException {
        DatagramSocket datagramSocket = new DatagramSocket();
        InetAddress    serverAddress = InetAddress.getByName("127.0.0.1");

        // 데이터가 저장될 공간으로 byte배열을 생성한다.
        byte[] msg = new byte[100];

        DatagramPacket outPacket =
                    new DatagramPacket(msg, 1, serverAddress, 7777);
        DatagramPacket inPacket = new DatagramPacket(msg, msg.length);

        datagramSocket.send(outPacket);     // DatagramPacket을 전송한다.
        datagramSocket.receive(inPacket);   // DatagramPacket을 수신한다.

        System.out.println("current server time :"
                                    + new String(inPacket.getData()));

        datagramSocket.close();
    } // start()

    public static void main(String args[]) {
        try {
            new UdpClient().start();
        } catch(Exception e) {
            e.printStackTrace();
        }
    } // main
}
```

▼ 실행결과
```
C:\...\ch16>java UdpClient
current server time :[09:19:20]

C:\...\ch16>
```

▼ 예제 16-16/`UdpServer.java`

```java
import java.net.*;
import java.io.*;
import java.util.Date;
import java.text.SimpleDateFormat;

public class UdpServer {
    public void start() throws IOException {
        // 포트 7777번을 사용하는 소켓을 생성한다.
        DatagramSocket socket = new DatagramSocket(7777);
        DatagramPacket inPacket, outPacket;

        byte[] inMsg = new byte[10];
        byte[] outMsg;

        while(true) {
            // 데이터를 수신하기 위한 패킷을 생성한다.
            inPacket = new DatagramPacket(inMsg, inMsg.length);

            // 패킷을 통해 데이터를 수신(receive)한다.
            socket.receive(inPacket);

            // 수신한 패킷으로 부터 client의 IP주소와 Port를 얻는다.
            InetAddress address = inPacket.getAddress();
            int port = inPacket.getPort();

            // 서버의 현재 시간을 시분초 형태([hh:mm:ss])로 반환한다.
            SimpleDateFormat sdf = new SimpleDateFormat("[hh:mm:ss]");
            String time = sdf.format(new Date());
            outMsg = time.getBytes(); // time을 byte배열로 변환한다.

            // 패킷을 생성해서 client에게 전송(send)한다.
            outPacket = new DatagramPacket(outMsg, outMsg.length, address, port);
            socket.send(outPacket);
        }
    } // start()

    public static void main(String args[]) {
        try {
            // UDP서버를 실행시킨다.
            new UdpServer().start();
        } catch (IOException e) {
            e.printStackTrace();
        }
    } // main
}
```

서버로부터 서버 시간을 전송받아 출력하는 간단한 UDP소켓 클라이언트와 서버 프로그램이다. 클라이언트가 DatagramPacket을 생성해서 DatagramSocket으로 서버에 전송하면, 서버는 전송받은 DatagramPacket의 getAddress( ), getPort( )를 호출해서 클라이언트의 정보를 얻어서 서버시간을 DatagramPacket에 담아서 전송한다.

| 참고 | UdpClient를 실행하기 전에 UdpServer를 먼저 실행해야 한다.
| 참고 | 연습문제는 깃헙(https://github.com/castello/javajungsuk4)에서 PDF파일로 제공

Memo

Index

새로운 기능 (JDK 8~21) 004

숫자와 기호

1의 보수	075
16진법	044
2의 보수법	072
2진법	064
2차원 배열	238
8진법	066
% – printf( ) 지시자	058, 1032
? :	152
〈?〉	711
〈? extends T〉	711
〈? super T〉	711
@interface	748

ㄱ - ㄴ

가변	508
가변 배열	243
가변 인자	311
가상 쓰레드	867
가수	93
객체	255
객체 배열	264
객체지향언어	254
경쟁 상태	853
고정된 가상 쓰레드	881
공변 반환타입	487
교착상태	797
구조체	267
구체화	407
구현	412
그룹화와 분할	985
기능	257
기본 생성자	316

기본형	47, 48
기본형 매개변수	288
기본형 함수형 인터페이스	940
기본형의 범위	49
기아 현상	852
깊은 복사	489
나머지 연산자	130
내부 클래스	434
네이티브 메서드	747
네트워킹	1084
네트워크 주소	1086
노드	668
논리 부정 연산자	141
논리 연산자	136
논리적 에러	444
논리형	76

ㄷ - ㄹ

다운캐스팅	381
다중 상속	415
다차원 배열	238
다형성	378
다형적 배열	400
단일 상속	347
단항 연산자	115
대소비교 연산자	131
대입 연산자	154
대입된 타입	705
데몬 쓰레드	818
데이터 감추기	373
덱	643
동기화	841
동적 로딩	7
등가비교 연산자	131
디코딩	80
디폴트 메서드	430

람다식	928
래퍼 클래스	521
런타임 에러	444
레코드	754
레코드 컴포넌트	758
로그	517
리듀싱	977
리터럴	51
리플렉션 API	493

ㅁ

마운팅	879
매개변수	276
매개변수의 다형성	397
멀티 catch블럭	453
멀티 쓰레드	806
멀티 태스킹	797
메서드	273
메서드 영역	285
메서드 참조	946
메서드 호출	278
메타 애너테이션	744
멤버 변수	257
멤버변수의 초기화	328
명명규칙	46
명시적 초기화	325
모듈	774
모듈 설명자	776
모듈 패스	791
모듈 해석	791
모듈화된 jar	789
문맥 예약어	46
문자 기반 스트림	1008, 1035
문자 리터럴	55
문자 배열	233
문자 인코딩 변환	503

Index

문자 집합	82	
문자열 결합	55	
문자열 리터럴	55, 496	
문자열 배열	230	
문자열 비교	134	
문자형	76	
문장	108	

ㅂ

바이트	65
바이트 기반 보조 스트림	1019
바이트 기반 스트림	1005
반복 순환 패턴	184
반복문	180
반올림	514
반올림 모드	553
반환값	283
반환타입	277
배열	206
배열 섞기	222
배열 카운팅	228
배열의 길이	211
배열의 복사	216
배열의 생성	207
배열의 요소	208
배열의 인덱스	208
배열의 초기화	213
배열의 출력	214
버림	514
버블 정렬	226
범위 주석	33
변수	40
변수 값교환	43
변수 명명규칙	45
변수 초기화	41
변수 타입	40, 47
변수의 기본값	230, 324
변수의 초기화	324
별찍기	185, 189
병렬 스트림	952
보조 스트림	1007
복합 대입 연산자	155
부동 소수점 오차	93
부호 연산자	118
불변	494
블럭	160
비교 연산자	131
비트	65
비트 연산자	143
비트 전환 연산자	145
빈 문자열	497

ㅅ

사용자 정의 타입	267
사용자 정의 예외	469
사칙 연산자	119
산술 변환	113
산술 연산자	119
삼각함수	517
삼항 연산자	152
상속	334
상속 계층도	335
상속 관계	341
상수	50
생성자	315
서버	1085
서비스 로더	777
서브넷 마스크	1086
소켓 프로그래밍	1097
속성	257
순환 의존성	787
쉬프트 연산자	146
스태틱 클래스	435
스택	634
스택 오버플로우	298
스택청크	885
스트림	948, 1004
스트림의 변환	1000
시스템 속성	693
식(expression)	108
식별자	45
실드 클래스	766
실수형	89
실수형 범위	89
실수형 저장형식	92
싱글 쓰레드	806
싱글톤	375
쓰레드	796
쓰레드 그룹	815
쓰레드 스케쥴링	822
쓰레드 우선순위	812
쓰레드 풀	898
쓰레드의 상태	822

ㅇ

아스키	81
애너테이션	735
애플릿	3
얕은 복사	489
억제된 예외	468
언더플로우	89
언마운팅	879
언박싱	524
업캐스팅	381
에러	444
에포크 타임	590
역직렬화	1072
연결된 예외	474

Index

연산자	108	인코딩	80	제어문	158
연산자 결합규칙	111	인터페이스	411	제어자	368
연산자 우선순위	110	인텔리제이 설치	20	조건 연산자	152
연산자 종류	109	임계 영역	841	조건문	158
열거형	724	임시 파일	1071	주석	33
예약어	45	입출력	1004	중간 연산	950, 958
예외	444			중첩 for문	185
예외 되던지기	472			중첩 if문	166
예외 선언	457	**ㅈ**		증감 연산자	115
예외 처리	446			지네릭 레코드	762
오버라이딩	351	자동 메모리 관리	7	지네릭 메서드	717
오버로딩	307	자동 모듈	793	지네릭 클래스	704
오버플로우(정수형)	85	자동 자원 반환	466	지네릭 타입의 형변환	720
오크	3	자동 형변환	103	지네릭스	702
오토박싱	524	자료형	48	지수	93, 517
올림	514	자바	2	지시자	58
와일드 카드	711	자바 가상 머신	8	지역 변수	271
우선순위 큐	642	자바 개선 제안 제도	6	지역 클래스	435
워드	65	자바 인터프리터	28	지역변수	278
원시타입	704	자바 컴파일러	28	직렬화	1072
유니코드	81	자바언어의 특징	6	진법	64
유니코드 보충 문자	502	자바의 새로운 기능	4	진법 변환	68, 70
유효성 검사	284	자바의 역사	3	집합 모듈	786
이름 붙은 반복문	202	작업 훔쳐오기	864		
이름없는 모듈	779	장기 지원 정책	4		
이름없는 패키지	361	재귀 호출	294	**ㅊ - ㅎ**	
이중 연결 리스트	626	전이적 의존성	786		
이중 원형 연결 리스트	626	절대 경로	1055	참조 변수	261
이진 탐색 트리	668	접근 제어자	372	참조변수의 형변환	380
익명 클래스	441	접두사	52	참조형	47
인스턴스	256	접미사	52	참조형 매개변수	288
인스턴스 메서드	301	정규 경로	1055	참조형 반환타입	292
인스턴스 멤버	304	정규식	535	초기화 블럭	326
인스턴스 변수	270	정밀도	50, 89	최고 조상 클래스	349
인스턴스 초기화	315	정수형	83	최종 연산	950, 976
인스턴스 클래스	435	정수형 범위	83	추상 메서드	405
인스턴스화	256	정수형 선택 기준	84	추상 클래스	405
인자	278	정수형 저장형식	83	추상화	407

Index

캐리어 쓰레드	879	프로세스	796	automatic module	793
캐스팅	95	프리뷰 기능	5	BaseVirtualThread	867
캡슐화	373	플랫폼 쓰레드	868	BiConsumer	937
커맨드라인 입력	236	피연산자	108	BiFunction	937
컨텍스트 스위칭	806, 876	필수 예외	458	BigDecimal	551
컨티뉴에이션	885	함수	929	BigInteger	548
컬렉션 프레임워	608	함수형 인터페이스	931	binary search tree	668
컴파일 에러	444	항등함수	944	BinaryOperator	938
컴파일러 최적화	126	해시코드	682	BiPredicate	937
컴팩트 문자열	507	해시함수	681	bit	65
컴팩트 생성자	756	해싱	681	block	160
코드 페이지	81	향상된 for문	190	boolean	76
코루틴	886	형변환	95	break	199
큐	634	형식화 클래스	570	BufferedInputStream	1020
클라이언트	1085	형식화된 출력	58	BufferedOutputStream	1020
클래스	255	호스트 주소	1086	BufferedReader	1042
클래스 로더	492	호출 스택	285	BufferedWriter	1042
클래스 리터럴	493	화면 입력	62	byte	65, 83
클래스 메서드	301	확장 아스키	81	ByteArrayInputStream	1012
클래스 멤버	304	힙	285	ByteArrayOutputStream	1012
클래스 변수	270				
클래스 파일	28				
클래스 패스	362	**A – B**		**C – D**	
타임스탬프	590				
타입	47	absolute path	1055	Calendar	558
타입 변환	105	abstract	371	call stack	285
타입 불일치	53	abstract class	405	Callable	893
타입 추론	54	abstract method	405	canonical path	1055
텍스트 블록	56	access modifier	372	carrier thread	879
특수 문자	77	annotation	735	CASE_INSENSITIVE_ORDER	660
파일	1053	Annotation	750		
패키지	360	anonymous class	441	casting	95
패턴 매칭	388, 390	Applet	3	catch block	450
팩토리 메서드	522	argument	278	chained exception	474
평가	108	array	206	char	76
포함 관계	340	ArrayList	615	character set	82
표준 애너테이션	736	Arrays	654	CharSequence	501
표준 입출력	1045	ASCII	81	checked exception	456
프로그램 오류	444	autoboxing	524	ChoiceFormat	578

Index

ChronoField	587	daemon thread	818
ChronoUnit	588	data hiding	373
class	255	data type	48
Class	492	DatagramPacket	1116
class hierarchy	335	DatagramSocket	1116
class literal	493	DataInputStream	1023
class loader	492	DataOutputStream	1023
class variable	270	Date	558
classpath	362	DateTimeFormatter	602
client	1085	deadlock	797
clone()	486	DecimalFormat	570
code page	81	decoding	80
collect()	980	deep copy	489
Collection	610	default	372
collections framework	608, 694	default constructor	316
Collector	980	default method	431
comment	33	Deprecated	737
compact constructor	756	Deque	643
compact string	507	deserialization	1072
Comparable	658	do-while	197
Comparator	658	Documented	746
compile-time error	444	doubly-circular-linked list	626
CompletableFuture	913	doubly-linked list	626
Condition	855	down-casting	381
Console	540	Duration	597
constant	50	dynamic loading	7
constructor	315		
Consumer	937		
context switching	806, 876		
contextual keyword	46	**E – F**	
Continuation	885	empty string	497
continue	200	encapsulation	373
coroutine	886	encoding	80
covariant return type	487	enhanced for	190
CPU intensive work	875	enum	725
critical section	841	Enum	726
CRITICAL_SECTION	882	Enumeration	647
currentThread()	800	epoch time	590

equals()	134, 480
equalsIgnoreCase()	135
error	444
evaluation	108
exception	444
Exception	446
exception handling	446
exception re-throwing	472
execution stack	285
Executor	889
ExecutorService	892
explicit initialization	325
exponent	93
exports	777
expression	108
extended ASCII	81
extends	334
factory method	522
FIFO	634
File	1053
FileInputStream	1016
FileOutputStream	1016
FileReader	1037
FileWriter	1037
FilterInputStream	1019
FilterOutputStream	1019
final	50, 369
finally	464
flow control statement	158
fork & join	862
fork()	865
FormatStyle	603
forName()	493
for	180
function	929
FunctionalInterface	739, 931
Future	903

Index

G – I

G1 GC	4, 7
garbage collection	7
generic method	717
generic record	762
generics	702
getClass()	492
getMessage()	452
GMT	590
Graal VM	9
GregorianCalendar	558
has-a	341
hash code	682
hash function	681
hashCode()	483, 665, 683
hashing	681
HashMap	674
HashSet	661
Hashtable	674
heap	285
host address	1086
Hotspot VM	9
identifier	45
identityHashCode()	483
if	158
if-else	162
if-else if	163
immutable	494
implements	412
import	364
import static	366
InetAddress	1087
inheritance	334
Inherited	746
initialization block	325
inner class	434
Input/Output	1004
InputStream	1005, 1010
InputStreamReader	1043
instance	256
instance class	435
instance variable	270
instanceof	386
Instant	590
int	83
Integer.parseInt()	504
Integer.valueOf()	522
interface	411
interrupt(), interrupted()	826
IO blocking	875
IO intensive work	875
IP address	1086
is-a	341
ISO-8859-1	507
Iterable	644
Iterator	644

J – L

jar	360
java	2
java.base module	780
java.io.tmpdir	1071
java.lang package	480
java.net	1085
java.se	786
java.time 패키지	582
java.time.format	602
java.util.function	936
JDK	10
JEP	6
JIT compiler	8
jmod file	781
join()	837, 865
JVM	8
JVM의 메모리 구조	285
keyword	45
labeled loop	202
lambda expression	928
Latin-1	507
LIFO	634
LinkedHashSet	661
LinkedList	626
List	611
ListIterator	647
literal	51
local class	435
local variable	271, 278
LocalDate	585
LocalDateTime	591
LocalTime	585
Lock	853
LogBack, Logger	784
logical error	444
long	83
LTS	4
lvalue	154

M – O

main method	29
mantissa	93
Map	612
Map.Entry	613, 674
Matcher	535
Math	514
MathContext	554
Math.random()	173
MathContext	554
MessageFormat	579
method	273

Index

method area	285			Reader	1008, 1035	
method reference	946			record	754	
modifier	368	**P – R**		record component	758	
modular jar	789	P2P	1085	recursive call	294	
module	774	package	360	RecursiveAction	862	
module descriptor	776	package-info.java	776	RecursiveTask	862	
module path	791	parameterized type	705	reduce()	977	
module resolution	791	park()	880	ReentrantLock	853	
module-info.java	776	Pattern	535	ReentrantReadWriteLock	853	
mounting	879	pattern matching	388	reference parameter	288	
multi catch	453	pattern matching(switch)	390	reference type	47	
multi-tasking	797	Period	597	reflection API	493	
mutable	508	permits	767	regular expression	535	
Native, native	747	pinned virtual thread	881	Repeatable	746	
network address	1086	PipedReader	1039	requires	777	
networking	1084	PipedWriter	1039	reserved keyword	45	
node	668	platform thread	868	Retention	745	
non-daemon thread	803	polymorphic parameter	397	return type	277	
non-sealed	767	polymorphism	378	return value	283	
notify(), notifyAll()	845	precision	50	return문	277	
Number	524	Predicate	937	return문	282	
object	255	preview features	5	RoundingMode	553	
Object class	349, 480	primitive parameter	288	rt.jar	360	
ObjectInputStream	1073	primitive type	47	Runnable	798	
ObjectOutputStream	1073	printf()	58	runtime error	444	
Objects	526	printStackTrace()	452	RuntimeException	446	
OffsetDateTime	593	PrintStream	1031	rvalue	154	
open, opens	777	PriorityQueue	642			
OpenJDK	3	private	372			
operand, operator	108	private method	432	**S**		
Optional	971	Properties	688			
OutputStream	1005, 1010	protected	372	SafeVarargs	741	
OutputStreamWriter	1043	provides	777	Scanner	62, 540	
overflow	85	public	372	ScheduledExecutorService	889	
overloading	307	Queue	634	sealed class	766	
Override	736	race condition	853	SequencedCollection	614	
overriding	351	Random	530	SequenceInputStream	1029	
		RandomAccessFile	1049	Serializable	1075	
		raw type	704			

Index

serialization	1072	super	354	TreeSet	668		
serialver	1082	super()	356	try–catch	446		
serialVersionUID	1082	supplementary characters	503	try–with–resources	466		
server	1085	Supplier	937	type conversion	95		
ServerSocket	1099	suppressed exception	468	UDP	1097		
ServiceLoader	777	SuppressWarnings	739	unary operator	115		
Set	611	switch statement	168	UnaryOperator	938		
shallow copy	489	switch expression	178	unboxing	524		
short	83	synchronized	841	UncaughtExceptionHandler	446		
short circuit evaluation	140	System.arraycopy()	218	unchecked exception	456		
SimpleDateFormat	574	System.err	1045	underflow	89		
single inheritance	347	System.getProperties()	693	unicode	81		
singleton	375	System.in	1045	unmounting	879		
sleep()	824	System.out	1045	unnamed module	779		
Socket	1099			unnamed package	361		
Stack	634			unpark()	880		
stack overflow	298			up–casting	381		
StackChunk	885	**T – Z**		URI	1089		
StampedLock	853	Target	744	URL	1089		
starvation	852	TCP	1097	URLConnection	1092		
statement	108	Temporal	583	user–defined type	267		
static	368	TemporalAdjusters	595	uses	777		
static class	435	TemporalAmount	583	usual arithmetic conversion	113		
static import	366	TemporalField	584	UTC	590		
static메서드	301	TemporalUnit	584	UTF–16	82		
Stream	948	text block	56	UTF–8	82		
stream	1004	this	319	variable	40, 54		
StrictMath	520	this()	319	variable argument	311		
String array	230	thread group	815	Vector	615		
String	494	thread pool	898	virtual thread	867		
String.format()	504	ThreadFactory	890	void	277, 282		
StringBuffer	508	throw	454	volatile	860		
StringBuilder	513	throws	457	wait()	845		
StringJoiner	502	timestamp	590	while문	191		
StringReader	1041	toString()	484	wild card	711		
StringTokenizer	543	transient	1075	WORA	6		
StringWriter	1041	transitive	786	word	65		
submet mask	1086	TreeMap	684	work stealing	864		

Index

wrapper class	521
Writer	1008, 1035
yield()	834
ZonedDateTime	591
ZoneId	592
ZoneOffset	592

Java의 정석 4판

● **지은이** 남궁성 castello@naver.com   ● **펴낸이** 이정자   ● **펴낸곳** 도우출판   ● **전화** 031.266.8940
● **팩스** 0505.589.8945   ● **인쇄일** 2025년 6월 23일   ● **발행일** 2025년 6월 30일

https://cafe.naver.com/javachobostudy.cafe – Q&A 게시판 및 자료실
https://github.com/castello/javajungsuk4 – 소스코드 & 연습문제
https://www.youtube.com/@MasterNKS – 무료 동영상 강좌

값 40,000원

© 2025 남궁성
이 도서의 저작권은 도우출판에 있으며 일부 혹은 전체 내용을 무단 복제하는 것은 저작권법에 저촉됩니다.
파본은 구입하신 곳에서 교환해 드립니다.

ISBN 978-89-94492-00-1